Kohlhammer

Adelheid M. von Hauff (Hrsg.)

Frauen gestalten Diakonie

Band 2: Vom 18. bis zum 20. Jahrhundert

Verlag W. Kohlhammer

Umschlag: Gestaltungskonzept Peter Horlacher
Gesamtherstellung:
W. Kohlhammer Druckerei GmbH + Co. KG, Stuttgart
Printed in Germany

ISBN 3-17-019324-4

Inhalt

Vorwort

Wer von Frauen und Diakonie hört, denkt wahrscheinlich an Diakonissen, die als Krankenschwestern, Kindergärtnerinnen oder Gemeindeschwestern über hundert Jahre lang das Bild der weiblichen Diakonie geprägt haben. Obwohl solche „Diakonissen" heute in der Öffentlichkeit kaum noch sichtbar sind, bestimmen sie immer noch das Bild von Frauen in der Diakonie. Demütige Selbsthingabe, ständige Dienstbereitschaft, Selbstlosigkeit, Unterwerfung unter meist männliche Autorität und Verzicht auf persönliches Glück sind die wichtigsten Merkmale dieses Diakoniebildes. Dass es unter Diakonissen eindrucksvolle Führungspersönlichkeiten mit großer Unabhängigkeit gab, ist im Allgemeinen nicht bekannt. Der aus dem Zusammenhang gerissene Satz von Wilhelm Löhe „Mein Lohn ist, dass ich dienen darf", hat sich tief in das so genannte kulturelle Gedächtnis eingegraben.

Der Band demonstriert mit seinen Lebensbildern nicht nur, dass dieses Bild der Diakonisse ein sehr korrekturbedürftiges Klischee darstellt. Unter den Diakonissen gab es genauso viele unterschiedliche Persönlichkeiten wie in vielen anderen Berufsgruppen auch. Darüber hinaus ist festzustellen, dass Frauen in der Diakonie nicht zwangsläufig Diakonissen sein müssen. Es gab und gibt vielfältige Formen weiblichen Engagements in der Diakonie, verschiedene professionelle Profile, jeweils verbunden mit ganz unterschiedlichen persönlichen Entscheidungen für oder gegen spezifische Lebensformen. Die Motivationen für das diakonische Handeln der Frauen waren dabei schon immer sehr verschieden. Sucht man dennoch nach einem gemeinsamen Motto für die hier versammelten Lebensgeschichten, so könnte es lauten: Helfen und Leiten, immer in Beziehung zu anderen Menschen, die sich dadurch unterstützt und bereichert sehen. Könnte das nicht – unabhängig von den jeweils gegebenen gesellschaftlichen und lebensgeschichtlichen Bedingungen, die zum Teil nicht mehr reproduzierbar sind, – ein immer noch faszinierendes Lebensmodell sein?

Das Buch begleitet zwei Bände mit Unterrichtsmaterialien, die unter dem Titel „Frauen in der Diakonie" für das 1.-6. Schuljahr bzw. für die Sekundarstufe 1 bei RPE/Calwer Verlag in Stuttgart erscheinen. Dort finden sich Vorschläge, wie dieses Lebensmodell für Kinder und Jugendliche pädagogisch erschlossen werden kann.

Heidelberg, Oktober 2005 — Heinz Schmidt

Geleitwort der Herausgeberin

„... aus der endlosen, zahllosen Vielheit ist eine Auswahl dessen vorbereitet, was darstellungswürdig ist. Und zwischen diesen Gliedern ist ein Zusammenhang gesehen, der freilich nicht ein einfaches Abbild des realen Lebensverlaufs so vieler Jahre sein kann, der es auch nicht sein will, weil es sich um ein Verstehen handelt ...“[1] Wilhelm Dilthey

Auf vielfältige Art und Weise haben Frauen im Laufe der Jahrhunderte die Geschichte der Diakonie geprägt. Fünfunddreißig dieser Lebensbilder werden in dem vorliegenden Band präsentiert. Die Biografien wurden von nahezu eben so vielen Frauen und Männern unter einem gemeinsamen Thema betrachtet.

So unterschiedlich wie die Lebensentwürfe der porträtierten Protagonistinnen, so vielfältig sind auch die Darstellungen der einzelnen Biografien. Die Lebensbilder haben als Datengrundlage Autobiografien, Biografien, Briefe, Nachrufe, Zeitungsberichte und teilweise auch Schriften der vorgestellten Frauen. Manche Quellenschriften tragen hagiographische Züge, andere – und das ist die Mehrzahl – geben nachprüfbare Fakten wieder; auf beides stützen sich die Texte. Die einzelnen Lebensgeschichten weisen Bezüge zu Biografien anderer Personen auf, die in der gleichen Zeit lebten. Aus diesem Grund kann es gar nicht unterbleiben, dass auch die gegenseitige Beeinflussung von Männer und Frauen zur Sprache gebracht wird.

Bei den hier ausgewählten Biografien handelt es um Berichte von Frauen, die eigenständig initiativ wurden und damit als Frauen diakonische Zeitgeschichte schrieben. Wenn Erich Beyreuther im Blick auf den „Eintritt der Frau in die Liebesarbeit“ noch schreiben konnte: „...doch ist die Geschichte der Frauendiakonie keineswegs nur eine Geschichte von Männern“,[2] so sei hier dagegen gehalten: Die Frauendiakonie ist eine Geschichte von Frauen. Es waren Frauen, die fähig waren, selbstständig und selbstbewusst tätig zu werden. Manchmal von Männern inspiriert, manchmal von diesen unterstützt, manchmal auch im Alleingang und von Männern kritisch beobachtet, besaßen sie die Größe, Ratschläge zu erbitten, diese reflektierend in ihre eigenen Überlegungen einzubeziehen, um danach zielgerichtet ihren eigenen Weg zu gehen. Die hier porträtierten Frauen bedurften weit weniger eines männlichen Anstoßes, als dies in der älteren Diakoniegeschichtsschreibung vermutet wurde.

---

1 Wilhelm Dilthey, Das Erleben und die Selbstbiographie (1906-1911/1927), zit.n. Niggl, Günther, die Autobiographie: zu Form und Geschichte einer literarischen Gattung, Darmstadt 1989, 29.

2 Erich Beyreuther, Geschichte der Diakonie und Inneren Mission in der Neuzeit, Berlin ^{2}1962, 87.

Bei der Auswahl der Akteurinnen dieses Bandes habe ich darauf geachtet, dass es sich um Gestalten handelt, die aus eigenem Antrieb heraus tätig wurden. Vor diesem Hintergrund wurde darauf verzichtet, die beiden Frauen Theodor Fliedners, Friederike und Karoline, in dieses Buch aufzunehmen, obwohl beide zweifelsfrei zu den großen Gestalten der weiblichen Diakoniegeschichte gehören. Drei Frauen-Biografien haben sich eingeschlichen, bei denen Männer eine Vorreiterrolle spielten. Da diese Frauen jedoch noch wenig oder überhaupt nicht vorgestellt wurden, fanden auch sie Einlass in den vorliegenden Band.

Biografik ist immer auch subjektive Konstruktion eines historischen Sachverhaltes. Vergangenheit wird aus heutiger Sicht rekonstruiert und interpretiert. Die Verfasserinnen und Verfasser haben mittels der von ihnen ausgewählten Quellen, der von ihnen vorgenommenen Bewertung und der Einreihung in einen zeitgeschichtlichen Zusammenhang versucht, der jeweiligen Person gerecht zu werden. Dabei darf nicht außer Acht gelassen werden, was Iris Mandl-Schmidt in ihrer Dissertation feststellt: „Das Vergangene geht dabei durch den Filter der gegenwärtigen Bewertung. Das schreibende Subjekt beurteilt die Geschehnisse der Vergangenheit mit den Kriterien der Gegenwart.“[3]

Das Sammeln nachprüfbarer Fakten ist nur ein, wenn auch wesentlicher Teil der Biografik. Die mündliche und schriftliche Wiedergabe von Lebensgeschichten ist immer auch ein Stück Erzählung, wie auch die Geschichten der Bibel als Erzählungen betrachtet werden können. Volker Drehsen äußert gar die Ansicht, dass berichtete Lebensgeschichte auch auf Fiktionalität gründet. Nach ihm liegt der „Unterschied zum Roman oder zur Dichtung allein in dem verarbeiteten Material: statt Phantasieprodukte werden erinnerte (und nachprüfbare) Ereignisse“ neu geschrieben.[4]

In den vorliegenden Aufsätzen wurden Lebensgeschichten von diakonisch wirkenden Frauen neu geschrieben. Dass es sich dabei auch um eine Verzahnung von Kirchengeschichte und Geschlechtergeschichte[5] handelt, versteht sich vor dem Hintergrund der religiösen Prägung der porträtierten Gestalten von selbst. Die Motivation für ihr Wirken gründet bei nahezu allen in ihrem christlichen Glauben. Dem Einsatz für ihre notleidenden Nächsten liegt das christliche Menschenbild zugrunde und in vielen Fällen auch die Berufung zu der Aufgabe, der sich die Frauen in sozial-religiöser Verantwortung stellten. Die Art ihrer Frömmigkeit prägt das Selbstverständnis der Frauen und weist ihren Handlungen die Richtung. Bei all dem aber geht es um die individuelle Ge-

[3] Iris Mandl-Schmidt, Biographie – Identität – Glaubenskultur. Zur Entwicklung religiös-spiritueller Identität am Beispiel Thomas Mertons, Mainz 2003, 23.

[4] Vgl. Volker Drehsen, Lebensgeschichte Frömmigkeit. Eine Problemskizze zu christlich-religiösen Dimensionen, in Sparn, Walter, Wer schreibt meine Lebensgeschichte: Biographie, Autobiographie, Hagiographie und ihre Entstehungszusammenhänge, Gütersloh, 33-62, zit.n. a.a.O., 25.

[5] Vgl. Ute Gause, „Frauen entdecken ihren Auftrag“!, in Ökonomie der Hoffnung. Impulse zum 200. Geburtstag von Theodor und Friederike Fliedner, hg.v. Der Kaiserswerther Diakonie, Düsseldorf 2001, 76.

schichte jeder einzelnen Frau. Allen gemeinsam ist dabei, dass sie ihr persönliches Schicksal ihrem Auftrag unterordneten und darin Lebenssinn fanden. Dass es innerhalb dieser Lebensläufe auch Zeiten des Suchens, der Krise, der Rückschritte und des Scheiterns gab, steht dazu nicht im Widerspruch. Es zeigt vielmehr, dass Leben nicht immer gradlinig verläuft und Erfüllung nicht so nebenbei gefunden wird, sondern unter Einsatz des eigenen Kräftepotentials und der zur Verfügung stehenden Zeit im jeweiligen Kontext neu errungen werden muss. Es zeigt auch, dass Reformen eines langen Atems bedürfen.

Historische Zeugnisse wurden von gegenwärtigen Autorinnen und Autoren anhand von Quellenmaterial zusammengetragen, interpretiert und neu geschrieben. Sie wehren damit einerseits der Vergessenheit von gelungenen Lebensentwürfen und geben andererseits heutigen Leserinnen und Lesern in Auseinandersetzung mit der Geschichte Anregung für neue Ansätze in der Gegenwart. Die Aufsätze enthalten zugleich aber auch den Forschungsauftrag, die Spuren der porträtierten Frauen weiter zu verfolgen.

Hinführung zu den Biografien

„Es gibt nur einen Weg, auf welchem einer vornehmen Dame erlaubt ist, wirklich christliche Arbeit zu tun. Setzt euch eine weiße Haube auf und stellt euer geistiges Leben und eure Individualität unter die absolute Herrschaft – nicht Christi – sondern eines Diakonissenhauspastors ... Da ich keinen Ruf in mir fühlte, meinen Mitmenschen unter so sklavischen Bedingungen zu dienen und da ich mich entschlossen hatte, nur die Führerschaft Christi anzuerkennen, nahm ich mein Recht, Gott zu dienen ... allein in Anspruch“, so resümierte die religiöse Individualistin Gräfin Schimmelmann.

Nicht ganz so extrem äußerte sich Amalie Sieveking, aber auch sie lehnte es ab, unter einem Diakonissenhauspastor tätig zu werden. Den Ruf Theodors Fliedners, als Oberin nach Kaiserswerth zu kommen, schlug sie aus und gründete in Hamburg den weiblichen Verein für Armen- und Krankenpflege.

Ihren eigenen Vorstellungen folgte auch die große Frau der Heiligen Allianz, Juliana Barbara von Krüdener, die durch beispielhafte Freigebigkeit bereits 1816/17 einen Anstoß zur Inneren Mission gab.

Dass Mutterhausdiakonie durchaus nicht Unterordnung unter einen Diakonissenhauspastor bedeuten musste, zeigte die Witwe Regine Jolberg. Sie war Gründerin ihres Hauses und blieb zeitlebens auch dessen Vorsteherin. In ihrer Nachfolge initiierte Wilhelmine Canz in Württemberg ein Mutterhaus für Kinderpflege, dem sie anfangs allein vorstand, in dem sie aber in den letzten Jahren ihrer Tätigkeit die männliche Leitung durch einen Pfarrer – neben der weiblichen Vorsteherin – nicht verhindern konnte.

So wie die eben genannten Frauen gaben auch Charlotte Reihlen und Sophie von Wurstemberger den Anstoß zur Gründung eines Diakonissenhauses, ohne je selbst Diakonisse gewesen zu sein. Beide waren zudem verheiratet. Während Charlotte Reihlen ganz ohne ihren Mann wirkte, wurde Sophie von Wurstemberger nach der Eheschließung von ihrem Gatten, Johann Friedrich Daendliker, in der Leitung des Berner Diakonissenhauses unterstützt.

Die Tracht mit der dazu gehörenden Haube trugen die beiden Diakonissenhausgründerinnen Elise Averdieck und Eva von Tiele-Winckler. Aber auch ihnen kann nicht nachgesagt werden, dass sie sich einer männlichen Leitung unterordneten. Selbst nach dem Eintritt in den Kaiserswerther Verband blieb Elise Averdieck für häusliche Frömmigkeitsformen wie Morgen- und Abendandachten mit den Diakonissen und Patienten allein zuständig. Eva von Tiele-Winckler gab sogar den Anstoß zum Rücktritt des gesamten Vorstandes, als dieser mit ihren Plänen nicht übereinstimmte. Beide Frauen erlangten darüber hinaus in den Kreisen der Erweckungs- und Gemeinschaftsbewegung Bekanntheit durch die Vielfalt ihrer Schriften.

Eigenständigkeit und Selbstbewusstsein bewies Charlotte Pilz, die über 50 Jahre als Diakonisse in Jerusalem wirkte und die längste Zeit davon Vorsteherin der dortigen Kaiserswerther Anstalten war.

Die erste Oberin des Diakonissenhauses Riehen, Trinette Bindschedler, nahm mit ihrer Stellung als leitende Oberin einer Schwesternschaft eine spezielle Rolle ein. Das Leitungsmodell der Riehener Schwestern unterschied sich damit von der damals üblichen Leitungsstruktur anderer Diakonissenhäuser im deutschsprachigen Raum.

Dass zur diakonischen Verantwortung auch eine missionarische Komponente gehört, erkannten die Vertreterinnen der Gemeinschaftsbewegung. Für die Schwestern Therese und Ingeborg Hennigs ging das karitative Wirken mit der Seelsorge einher. Beide erwarben sich autodidaktisch theologische Kenntnisse, gründeten in Berlin-Moabit eine Gemeinschaft und wirkten auch als Bibellehrerinnen.

Emilie Siekmeier konnte sich nicht vorstellen, in eines der bestehenden Mutterhäuser aus Kaiserswerther Provenienz einzutreten, da sie in diesen Häusern ihre eigene Frömmigkeit nicht repräsentiert sah. Ihrer Wahrnehmung, die von vielen jungen Frauen der Gemeinschaftsbewegung geteilt wurde, verdankt die Gemeinschaftsdiakonie ihre Entstehung. Emilie Siekmeier wurde die erste Oberin innerhalb des Gemeinschaftsdiakonieverbandes. Eine andere, Wilhelmine Clasina Blazejewski, prägte als Frau des ersten Pfarrers innerhalb der Gemeinschaftsdiakonie Generationen von Schwestern und hielt dem Werk auch als junge Witwe die Treue.

Mathilde Gräfin von der Recke-Volmerstein ist die zweite der porträtierten Frauen, die an der Seite eines Mannes tätig wurde. Die Eintragungen in ihrem Tagebuch hatten ihren späteren Mann veranlasst, den Entschluss, zölibatär zu leben, aufzugeben und um ihre Hand anzuhalten. Sie hat neben Graf Adelberdt von der Recke-Volmerstein den Geist und das Leben in der Düsselthaler Rettungsanstalt für „verwaiste und verwahrloste Kinder" entscheidend mitgeprägt. Angesichts leerer Kassen übertrug von der Recke-Volmerstein ihr sogar die Verwaltung der Finanzen.

Nicht an der Seite eines Ehemannes, aber an der des väterlichen Freundes, Friedrich Oberlin, wirkte Louise Scheppler. Die Protagonistin der Kleinkinderpädagogik war eine geborene Erzieherin. Sie stellte ihr ganzes Leben in den Dienst der armen und ungebildeten Kinder des elsässischen Steintals. Louise Scheppler war eine Diakonisse ohne Diakonissenkleid.

In Kaiserwerth ausgebildet und doch nicht als Diakonisse, sondern als Krankenschwester tätig, vertrat Florence Nightingale die Rechte der Krankenschwestern in England. Sie bewies während des Krimkrieges Mut und großes Organisationstalent. Im konservativen England war es geradezu ein Skandal, dass eine junge Frau aus gutem Hause innerhalb des rauen Soldatenlebens agierte.

Eine andere Engländerin wurde gar für Theodor Fliedner zur Impulsgeberin bei der Entstehung der Kaiserswerther Diakonie. Die Quäkerin Elisabeth Fry gehört zu den herausragenden Frauen in Europa. Die Mutter von elf Kindern hat die Aufbrüche in der Diakonie während der ersten Hälfte des 19. Jahrhunderts wegweisend mit bestimmt. Als Expertin für Gefängnisreformen hat sie sich international einen Namen erworben.

Pionierarbeit auf dem Gebiet der Gefängnisreform leistete auch die Finnin Mathilda Wrede. Die Gefängnisse in ganz Finnland waren das Arbeitsfeld der Freundin der Gefangenen. Sie hatte keine Angst, allein die Zelle des mehrfachen Mörders zu betreten, ihm die Hand zu reichen und mit ihm zu kommunizieren. Obwohl die Tochter eines Gouverneurs aus wohlhabendem Hause stammte, beschloss sie eines Tages, für sich selbst nicht mehr Geld zu verbrauchen, als einem Gefangenen täglich zugestanden wurde.

Reformen anderer Art gehen auf die Engländerin Josephine Butler zurück. Ihr Name steht für die Verbesserung der Frauenbildung und für den Kampf gegen eine staatliche Reglementierung der Prostitution. Seit den sechziger Jahren des 19. Jahrhunderts wirkte sie maßgeblich an einer öffentlichen Mobilisierung von Frauen und Männern in Fragen der Gleichstellung der Geschlechter mit. In ihren Reden und Schriften hat sie eine Bandbreite von Themen angesprochen, die in Deutschland erst in der zweiten Hälfte des 20. Jahrhunderts durch die Frauenbewegung aufgeworfen wurden.

Ihr mutiger Fronteinsatz während des Amerikanischen Bürgerkrieges prägte den Beinamen von Clara Barton als „angel of the battlefield". Die Philanthropin konstituierte die Rote-Kreuz-Gesellschaft der USA und führte die Vereinigten Staaten von Nordamerika mit dem Ratifizieren der Genfer Konvention durch Präsident Chester A. Arthur aus dem Milieu der Monroe Doktrin der Gemeinschaft internationale Politik treibender Staaten zu.

Wiederum ganz und gar religiös motiviert, gründeten Dorothea Trudel in Männedorf in der Schweiz und Henriette von Seckendorff in Stuttgart Gebetsheilanstalten. Sie setzen eine im Neuen Testament als Geistesgabe hervorgehobene Fähigkeit zum Wohl der Menschen ein, die sich hilfesuchend an sie wandten.

Zu Impulsgeberinnen für die Einrichtung von landeseigenen Diakoniewerken wurden Gräfin de La Tour in Österreich und Kristina Royová in der Slowakei. In ihren Lebensgeschichten zeigt sich, wie Gründungen in Deutschland und der Schweiz für das eigene Wirken richtungweisend wurden.

Anregungen aus ihrem Heimatland nahm Erzherzogin Maria Dorothea mit nach Ungarn. Das Vorbild ihrer Mutter, Herzogin Henriette, stand Pate bei den von Maria Dorothea initiierten Einrichtungen. Herzogin Henriette von Württemberg, die „Diakonisse im Fürstengewand", war Gründerin von vielen diakonischen Einrichtungen in Kirchheim/Teck. Neben anderen Werken gehen die dortigen Industrieschulen, das Krankenhaus und die Feuerwehr auf Henriette zurück.

Dass eine sozialverantwortliche Regentschaft mit der Fürsorge für die Untergebenen einhergeht, zeigt sich auch am Leben der Fürstin Pauline zur Lippe. Sie verstand ihr Regierungsamt als „diakonia", als wohltätigen Dienst am Volk.. „Mildtätigkeit, soziales Handeln" waren für sie keine Notwendigkeit, die sich aus ihrer Regentschaft herleitende, sondern Gottesdienst.

Obwohl sie bereits im Alter von 31 Jahren starb, gehen unzählige Sozialeinrichtungen in Württemberg auf Königin Katharina zurück. Ihr sozialpolitischer Ansatz bestand darin, durch wohltätige Initiativen den Bedürftigen Hilfe zur Selbsthilfe zu leisten. Die heutige Landesgirokasse verdankt ihre Entstehung Katharina; die Sparkasse war eine der ersten in Deutschland.

Dass zum Amt eines Staatsoberhauptes Wohltätigkeit gehört, zeigt sich bis in die Gegenwart, wenn von den Gattinnen unserer Bundespräsidenten die Übernahme einer Schirmherrschaft erwartet wird. Begonnen hat dies mit Elly Heuss-Knapp, die zusammen mit Toni Nopitsch zur Gründerin des Müttergenesungswerkes wurde.

Brigitte Schröder, die Gattin des früheren Bundesinnen- und -außenministers Gerhard Schröder, hat die Möglichkeiten, die ihr als Ehefrau eines Politikers gegeben waren, ihrerseits zur Verwirklichung eigener Ideen genutzt. Sie wurde zur Gründerin des Krankenhausbesuchsdienstes der „Grünen Damen".

Zum Engel von Kriegs-Gefangenen und Kriegs-Flüchtlingen wurden die Schwedin Elsa Brändström und die Schweizerin Gertrud Kurz. Der Verhinderung von Kriegen galt der Einsatz der aus Böhmen stammenden Berta von Suttner. Sie erhielt als erste Frau den Friedensnobelpreis.

Dank

Ich danke allen Autorinnen und Autoren für ihr Interesse, mit dem sie das Entstehen dieses Biografienbandes begleiteten und Beiträge dafür schrieben. Die Kommunikation mit jeder/jedem Einzelnen – meist per E-Mail – hat mir viel Freude gemacht.

Dem Direktor des Diakoniewissenschaftlichen Instituts Prof. Dr. Heinz Schmidt danke ich, dass er mir als Projektmitarbeiterin die Möglichkeit zur Herausgabe dieses Buches gegeben hat. Mein Dank gilt auch Prof. Dr. Volker Herrmann, den ich bei der Gestaltung des Bandes oft um Rat fragen konnte.

Mit Margret Schulz-Ballier habe ich über viele der vorliegenden Biografien diskutiert. Ihre Sichtweise war mir dabei sehr wertvoll. Barbara Sadlowski und Ursel Rapp-Bendkowsky haben korrekturlesend noch einen letzten Blick auf die Aufsätze geworfen. Diesen drei Freundinnen danke ich herzlich.

Sabine Falter stand mir mit ihrem Fachwissen bei der Erstellung der Druckvorlage hilfreich zur Seite. Ihr danke ich besonders.

Nun bleibt mir noch der Hinweis auf den 1. Band dieser Reihe, für den bereits viele Aufsätze vorliegen. Er soll mit Gestalten des Alten Testaments beginnen und mit Frauen aus der Zeit des Pietismus enden. Seine Herausgabe ist für Herbst 2006 vorgesehen.

ELISABETH MOLTMANN-WENDEL

Frömmigkeit und autonomes Handeln

„Lass dich gelüsten nach der Männer Bildung, Kunst, Weisheit und Macht" – dieses Gebot Schleiermachers aus der Reihe seiner zehn neuen Gebote für Frauen einigte am Anfang des 19. Jahrhunderts viele der bürgerlichen Frauen. „Ob konfessionell, nichtkonfessionell oder freireligiös, allen gemeinsam ist die feste Überzeugung, dass Bildung eine über die bloße Erwerbstätigkeit hinausreichende Bedeutung hat", konstatiert Juliane Jacobi und nennt diese Tatsache „die Religiosität der Frauenbildungsbewegung im 19. Jahrhundert".[1]

Doch eine gemeinsame Religiosität hielt nur kurze Zeit. Den philanthropischen, aufklärerischen Ideen folgten die Erschütterungen der Freiheitskriege, ein neuer Nationalismus und eine Erweckungsbewegung, in der Frauen wieder zu Selbstaufgabe und Opfer motiviert wurden, das Vaterland das Ziel aller Dinge und aus der Weite der neu entdeckten Persönlichkeit die Rückkehr zu alten Weiblichkeitsvorstellungen wurde.

Selbst der so fortschrittliche Schleiermacher kehrte zum alten theologischen System von der Überordnung des Mannes und der Unterordnung der Frau um, zur eindeutigen Festlegung auf den Familienbereich. „Als wenn Schleiermacher uns getraut hätte ..." spottete Wilhelm von Humboldt, als seine Frau ihn um etwas um Erlaubnis fragte.

Manche sagten sich grundsätzlich von der alten und aber auch von der neuen Religiosität los, von Schleiermachers „Ergebenheitsphilosophie", die für sie „in den Mässigkeitsverein gehörte wie die Freiheiten des Konstitutionalismus".[2] Religion war für diese jetzt ein Hindernis auf dem Weg zu einer demokratischen Gesellschaft.

1. Verschiedene Frauenaufbrüche

Die gemeinsame Bildungsreligion brach auseinander. Auf der einen Seite standen die „Emanzipierten", eine von vielen Zeitgenossen negativ besetzte Vorstellung, die scheinbar jeden Libertinismus zuließ und allseitig bürgerliche Abscheu hervorrief.

Auf der andern Seite zeichnete sich ein aus den Freiheitskriegen gegen Napoleon stammendes Ideal der aufopfernden Krankenpflegerin ab, das nun auch ein Bild der für alle Sozialfälle immer einsatzbereiten Frau abgab – ein Vorschlag des Pfarrers Klönne um 1820! Das war zugleich eine Vorschau auf die diakonisch tätige Frau. 1836 gründete Theodor Fliedner die Kaiserswerther

---

[1] Juliane Jacobi, Religiosität und Mädchenbildung im 19. Jahrhundert, in: Margret Kraul/Christoph Lüth (Hg.), Erziehung der Menschengeschlechter, Weinheim 1996, 107.

[2] Renate Möhrmann, Frauenemanzipation im deutschen Vormärz, Stuttgart 1978, 216 f.

Diakonissenanstalt. Schon 1833 hatte Johann Heinrich Wichern im Rauhen Haus in Hamburg seine diakonische Arbeit mit gefährdeten Jungen begonnen. Vorläufer hatte es schon gegeben, aber nun folgten die ersten großen Gründungen: Bethanien in Berlin und später Neuendettelsau, in denen viele Frauen Ausbildung, Arbeit und ein erfülltes Leben entsprechend den Idealen der Zeit fanden, getragen und begleitet von einer national und kirchlich geprägten Erweckungsbewegung.

Doch dazwischen gab es eine bisher wenig beachtete Gruppe von Frauen, die ebenfalls Sozialarbeit machen wollten, doch nicht auf der Basis einer Erweckung aus sündigen Verhältnissen, sondern ausgehend von der Güte und ungeahnten Fähigkeit des Kindes. Es waren die Schülerinnen des Kindergarten-Pädagogen Friedrich Fröbel.[3] Zu diesen gehörten zuweilen auch die, die für eine sozial und religiös erneuerte Gesellschaft sich engagierten, Frauen aus den evangelisch orientierten Lichtfreunden und den Deutsch-Katholiken.[4] Sie waren meist hoch motivierte Christinnen. Die ersteren im Glauben an die Unversehrtheit der von Gott geschaffenen und zu erziehenden Natur und in der Hoffnung, Mädchen und Jungfrauen dazu zu berufen. Die anderen erwarteten die Verwirklichung des Reiches Gottes in der Gesellschaft wie z. B. Louise Otto-Peters, die dies als Nachfolge Jesu, wie die Jüngerinnen Maria und Martha, ansah.

Diese Gruppe vertrat eine in der angelsächsischen Welt weit verbreitete Sicht der Frauenemanzipation, das heißt ihrer Befreiung aus einem geringeren sozialen Status als der Mann und damit verbunden ein Engagement für andere Minderheiten wie Schwarze, Leibeigene und ausgebeutete Arbeitende. Diese Art von Emanzipation basierte auf kirchlich und theologisch in den angelsächsischen Gesellschaften verbreiteten Grundsätzen von der biblischen Schöpfungsgleichheit von Frau und Mann und dem paulinischen Satz, dass es in Christus weder Jude noch Grieche, weder Knecht noch Freier, weder Mann noch Frau gäbe. Vertreten wurden sie von vielen Freikirchen, die großenteils nach den USA hatten auswandern müssen, aber auch in England noch weit verbreitet waren, und Frauen – früher als in Mitteleuropa – Mitbeteiligung in Kirchen und Gesellschaft, in Bildung und Sozialarbeit möglich machten. Auf der Frauenkonferenz in Seneca Falls (USA) 1848 hatte diese Überzeugung auch ihre theologische und gesellschaftliche Form gefunden.[5]

---

[3] Zu Friedrich Fröbel vgl. Elisabeth Moltmann-Wendel, Macht der Mütterlichkeit. Die Geschichte der Henriette Schrader-Breymann, Berlin 2003, 18 ff.

[4] Elisabeth Moltmann-Wendel (Hg.), Menschenrechte für die Frau, München 1974, 29 ff.; Ruth-Ellen Boetcher Joeres, Die Anfänge der deutschen Frauenbewegung. Louise Otto-Peters, Frankfurt am Main 1983; Silvia Palatschek, Frauen und Dissens. Frauen im Deutschkatholizismus und in den freien Gemeinden, 1841-1852, Göttingen 1990.

[5] Vgl. Richard S. Evans, The Feminist Movement in Germany 1894-1933, 6. „The rigorous Protestant sectarianism that played such a major part in the growth of political radicalism in Britain was absent in Germany. Perpetuing the political quietism of the lutheran

Damit war ein Programm in die Welt gesetzt, das die Individua zum ersten Mal in den Blick nahm, das sie mit den höchsten Würden aber auch Zumutungen versah, und dessen kreative und phantasievolle Wirkungen man bis hinein in die Feministische Theologie verfolgen kann. Ein Programm, das aber auch Kirchen und Theologien verändern konnte und neue Sozialarbeit und Bildungsmöglichkeiten erschloss. Schon um die Mitte des Jahrhunderts gab es Zugänge für Frauen zu Universitäten in den USA.

In Deutschland – durch die Lutherischen Staatskirchen geprägt – sah es dagegen weniger hoffnungsvoll aus. Während die Amerikanerinnen 1848 das neue Frauenprogramm vorstellten, brachen im gleichen Jahr die Träume eines neuen deutschen Frauenaufbruchs zusammen. Die Niederschlagung der Revolution beendete viele demokratische Erwartungen.

Ein neues Gesetz verbot 1850 Frauen, an politischen Versammlungen teilzunehmen. Die Kindergärten wurden 1850 in Preußen geschlossen und erst 1860 wieder eröffnet. Die auf demokratischen und freien religiösen Grundsätzen aufgebaute Hamburger Frauenhochschule, an der Fröbelschülerinnen beteiligt waren, musste 1851 schließen.

Fraueninitiativen waren gedrosselt, Kindergärten wurden wegen revolutionärer Tendenzen misstraut, Politik war verboten. Frauen waren wieder auf Eigen- und Einzelgänge zurückgeworfen und mussten Lücken entdecken, die sie füllen konnten. Die einmal angestoßene Frauenmacht musste sich andere Kanäle suchen oder die auch vom Staat anerkannten Möglichkeiten – z. B. die diakonischen Anstalten – nutzen.

Auf den Trümmern der frühen Ansätze formierte sich erst spät eine deutsche Frauenbewegung, die – im Unterschied zu den kühnen politischen und rechtlichen Vorstößen der angelsächsischen Frauen – vorsichtig, ängstlich und angepasst an das bis zum Ende des ersten Weltkriegs Gesellschaft und Kirche dominierende Kaiserreich blieb.

2. Kirchen-Väter und Frauen-Sichten

Auf dem Wittenberger Kirchentag hielt Johann Hinrich Wichern 1848 seine programmatische Rede für die Gründung einer „Inneren Mission“, in der er auch die demokratischen Versuche mit ihren neuen christlichen Ansätzen der Blasphemie beschuldigte und Deutschland Heilung von den Sünden und Korruptionen, eine nationale Kirche und eine nationale Wiedergeburt versprach.[6]

Auch wenn Wichern die wachsende Bedeutung von Frauen für diese „Innere Mission“ sah, so war klar, dass er diese Frauen in seine Arbeit einband, ihnen jedoch keine führenden Funktionen geben wollte.

Church, German Protestantism ... represented conservative values and indoctrinated its congregation into loyalty to the state ...".

6 Eine gute Charakteristik von Wicherns Ideen findet sich bei Arndt Hollweg, Emanzipation – soziale Hilfe – Heil, in: Diakonie 73. Jahrbuch des Diakonischen Werkes, Stuttgart 1973, 141 ff.

Ähnlich konservativ hatte sich auch Theodor Fliedner über die Frauenrolle in seiner 1836 errichteten Kaiserswerther Diakonissenanstalt geäußert: „Das Mädchen ist nicht für den Schreibtisch gemacht, nicht für die Studierstube, nicht für die Werkstatt. Solche Blaustrümpfe wollen wir gern andern Ländern überlassen ..." [7] Eine Kampfansage an internationale Frauenaufbrüche und statt dessen eine nationale Beschwörung der deutschen Hausfrau mit Strickstrumpf, Kindern und Küche.

Zögerlich und pragmatisch änderten sich diese Ansichten der Diakonieväter, aber das Grundmuster, das verteidigt wurde, blieb lange das Gleiche: die Unterordnung der Frau unter den Mann und die theologische Fixierung auf den Heiland der Sünder. Die Erweckten ließen die einst hoffnungsvolle Sicht auf Gott und Natur wieder hinter sich, wie sie die Philosophenväter Lavater, Swedenborg und Oetinger vertreten hatten, und kehrten damit auch zu alten Rollenmustern zurück. Nachdem aus der Fröbelschule die Fliednerschen Seminaristinnen als „Heuchlerinnen und Kopfhängerinnen" bezeichnet worden waren, schoss Fliedner zurück, dass es besser sei, den Kindern den Heiland der Sünder bekannt zu machen, als sie „mit Liedern aus Bällchen und Würfelchen und ähnlich kindischen, nicht kindlichen Spielen zu erquicken".[8] Zwei höchst unterschiedliche Religionen waren hier gegeneinander aufgelaufen. Aber die staatlich anerkannte kirchliche Version behielt die Vorherrschaft.

Die Wurzeln für die spätere deutsche gesellschaftliche Entwicklung reichen bis in diese Zeit zurück, und sie prägten Theologie, Kirche, Diakonie und Frauenbewegung bis ins 20. Jahrhundert. In der missglückten 48er Revolution gingen Ideale wie Menschenrechte und Frauenrechte und die Visionen von gemeinsamem gesellschaftlichem und kirchlichem Handeln verloren.

Die um die Jahrhundertwende entstandenen Frauenverbände, Frauenhilfe und Deutsch-Evangelischer Frauenbund, waren ebenfalls aufgebaut auf den Gedanken von Dienst, Vaterland und Heilung der Wunden.[9] Die Welt ein großes Krankenhaus und die Frauen aufgerufen zur selbstlosen Pflege! Vorstellungen vom Selbstsein, Selbstachtung und dem Erlangen von Selbstwürde kamen zunächst nicht vor. Selbstliebe und Selbstverwirklichung blieben bis in die Gegenwart Schreckensbilder, die Gottlosigkeit und Anarchie mit sich führten.

Frauen waren in erster Linie als Mütter und als Dienende angesehen, und ihre politischen Rechte, die 1919 eingeführt wurden, waren in den Köpfen vieler führender Christen zunächst unnötig. Die Not und nicht die verletzten Men-

---

7 Martin Gerhardt, Theodor Fliedner. Ein Lebensbild II, Düsseldorf-Kaiserswerth 1937, 363.

8 Gerhardt, Fliedner II, 349.

9 Fritz Mybes, Geschichte der Evangelischen Frauenhilfe in Quellen. Gladbeck 1975. – Auch der BDF (Bund deutscher Frauenvereine) betonte noch in seinem Programm nach dem Ersten Weltkrieg „a spirit of self-sacrifice", Evans, Feminist Movement, 235.

schenrechte diktierten das Sozialprogramm der Frauen, das im Müttergenesungswerk nach dem zweiten Weltkrieg noch einmal eine Blüte erlebte.[10]

Erst langsam – vor allem nach dem Ende des 2. Weltkrieges – setzten sich Einflüsse angelsächsischen Denkens, eine liberale Theologie und neue theologische Denkmuster durch, die die fatale lutherische Zwei-Reiche-Lehre relativierten, eine gesellschaftliche Gerechtigkeit für Frauen auch in der Theologie und Kirche forderten und von den Kirchen getragene neue Gesellschaftsvisionen erwarteten. Ein Markstein für solche Einflüsse war die Weltkirchenkonferenz in Uppsala 1968,[11] und die 1974 darauf folgende Konsultation „Sexism in the Seventies“ in Berlin konkretisierten ein Umdenken.[12] Ins Zentrum neuer theologischer Fragen rückten von nun an die Probleme von Frauen und Minderheiten, Theologie, Kirche und Gesellschaft begegneten sich neu. Ein paar Träume der 48er Reformer und Reformerinnen lebten 120 Jahre später noch einmal auf. Die vergessenen Menschenrechte kehrten zurück und mit ihnen Chancen weiblicher Autonomie.

Doch wie dachten, lebten und glaubten die Frauen der Anfangszeit selbst? Teilten sie die weltanschaulichen, religiösen und politischen Hintergründe der herrschenden Kultur oder ihrer Vorbilder und Vorgesetzten? Ein Beispiel lässt aufhorchen:

Amalie Sieveking, seit Jahren sozial aktiv in Hamburg tätig, bemerkte in einer Berliner Rede kühl, dass das, was Wichern proklamiert hatte, von ihr schon 20 Jahre lang in Hamburg betrieben worden sei. Doch was sie wollte, Selbständigkeit und Förderung von Frauenfähigkeiten, lag nicht im Konzept von Wichern.[13] Die Not, die Sünde, die Krankheit motivierte sein Programm.

Wir sollten versuchen, die in der Diakonie tätigen Frauen aus ihren eigenen Motivationen, religiösen Gedanken und eigenständigen Taten neu zu sehen. Sie sind oft nur unter dem Schirm der Diakonieväter betrachtet worden. Das Beispiel Sieveking zeigt jedoch, dass dies keineswegs berechtigt ist. Es gab unter ihnen auch die verschiedensten Ansätze zur Sozialarbeit: nicht nur die Heilung der sündigen Welt. Es gab auch die Lust an der eigenen Fähigkeit, aus der traditionellen Familienrolle herauszutreten und Eigenes zu schaffen.

Es gab auch die geliebte und oft lange bewahrte Unabhängigkeit. Verschiedene Lebenswege kreuzten sich. Vielleicht blieb allen eine geheime Sehnsucht nach Selbstsein und Selbstinteresse, nach dem was Schleiermacher in seinem Glaubensbekenntnis für Frauen so ausgedrückt hatte: „Ich glaube, dass ich nicht lebe, um zu gehorchen oder um mich zu zerstreuen, sondern um zu sein und zu werden, und ... mich aus den Fesseln der Missbildung zu erlösen und mich von den Schranken des Geschlechts unabhängig zu machen.“

---

10 Moltmann-Wendel, Menschenrechte, 54.

11 Uppsala 68 spricht, Genf 1958, 98 f.

12 World Council of Churches (Ed.), Sexism in the 1970; Report of the World Council of Churchs Consultation, West Berlin 1974, Genf 1975.

13 Prelinger, Charity, 166.

Wie das aussah, möchte ich im Folgenden an einzelnen Frauengestalten, vor allem aus dem 19. Jahrhundert, zeigen.

3. Bekehrungen

Die Frauen, die ihre traditionellen weiblichen Rollen verließen, um etwas Neues zu beginnen, kamen meist aus Bürgerfamilien, Adels- und auch Kaufmannskreisen. Sie hatten fast alle eine typische Mädchenbildung genossen, in Mädchenschulen, Pensionaten oder durch Hauslehrer, aber manche behielten einen noch lange unbefriedigten Wissensdurst. Für die meisten stand am Anfang ihres eigenen Weges ein religiöses Erlebnis. Es konnte die Starrheit der Kindheitsreligion sein: Regine Jolberg litt an jüdischen Zeremonien,[14] Elisabeth Gnauck-Kühne an einem kalten Protestantismus,[15] Henriette Schrader-Breymann an dem orthodoxen Luthertum ihres Vaters.[16] Während Jolberg protestantisch wurde, trat Gnauck-Kühne zum Katholizismus über, und Schrader-Breymann fand ihren eigenen freien religiösen Weg, ausgerichtet an den 48ern.

Die meisten leiteten ihre Tätigkeiten aber aus einer Bekehrung her, die auch unterschiedlich aussehen konnte. In erweckten Gruppen konnten Menschen sich plötzlich in ihrer eigenen Persönlichkeit entdecken, die aufgerufen war, sich zu entfalten. Es konnte aber auch eine Bekehrung sein, in der die eigene Sünde im Zentrum stand und der allmächtige heilige Gott erfahren wurde, der zum Bekennen und Tun herausrief.

Elternerfahrungen spiegelten sich in Gotteserfahrungen wieder. Wilhelmine Canz hatte traumatische Muttererfahrungen, die sich in Gotteserfahrungen wiederholten und sie zu einer strengen Pietistin machten. Jolbergs Sündenverständnis scheint dagegen noch lange überlagert worden zu sein von einem frühen jüdischen Selbstverständnis „panentheistischer" Gottes-Vorstellungen.[17]

Wer nach gemeinsamen religiösen Erfahrungen dieser Frauen sucht, stößt auf eine mystische Frömmigkeit, die immun war gegen jede später erlebte Lehre. Amalie Sieveking sah sich als eine „rationalistische Mystikerin".[18] Amanda Wichern, die Ehefrau des Rauhen Haus-Gründers, war Nachfahrin des Mystikers und Theosophen Jakob Böhme und zeigte sich „in Sanftmut und völliger Gelassenheit in den göttlichen Willen".[19] Schrader-Breymann kehrte nach langem

---

[14] Adelheid M. von Hauff, Regine Jolberg (1800-1870). Leben, Werk und Pädagogik. „Das ganze Wesen der Kinderpflege ist Liebe" (Veröffentlichungen des Diakoniewissenschaftlichen Instituts 13), Heidelberg 2002, 27.

[15] Elisabeth Moltmann-Wendel, Das Leben lieben – mehr als den Himmel, Gütersloh 2005, 87 f.

[16] Moltmann-Wendel, Mütterlichkeit, 15 f.

[17] Vgl. Hauff, Regine Jolberg, 167 passim.

[18] Ursula Baumann, Protestantismus und Frauenemanzipation in Deutschland. 1850-1920, Frankfurt/New York 1992, 40.

[19] Zit.n. Johanna Kutzke und Ute Zeisler, Weibliche Qualitäten in männlichen Traditionen. Diakonenfrauen und Diakoninnen im Rauhen Haus (Impulse – Forschungswerkstatt Fachhochschule 1), Hamburg 2000, 104.

Suchen zu einer Art Jesusmystik zurück,[20] mystische Frömmigkeit wird von Eva von Tiele-Winkler und Juliane von Krüdener berichtet, und bei der asketischen Wilhelmine Canz sprach man von einer Leidensmystik.

Mystik – die Möglichkeit Gott und Selbst zusammen zu erfahren, machte frei von orthodoxen Vorstellungen und schuf die Möglichkeit, im Einssein mit der göttlichen Kraft neue Wege zu gehen. Und die waren in der Tat ungewöhnlich, gefährlich, machten einsam und oft angefochten. Bei vielen wurde die Rückkehr zur Jesusgestalt – weg von der Kirchenlehre – wichtig.

Auch der Wunsch, als Frauen in Theologie und Kirche eine Rolle zu spielen tauchte auf. Schon die junge Eva von Tiele-Winkler ärgerte sich über einen Bibeltext, der nur auf einen Mann bezogen ist.[21] Später träumte sie von zwölf Apostelinnen.

Henriette Schrader-Breymann gab kühne Gedanken von der Frau preis, die Leben gibt und eigentlich vom Leben predigen müsste. Praktiziert hatte dies scheinbar schon Juliane von Krüdener, selbst im katholischen Predigerseminar in Luzern. Und in Horn errichtete das begeisterte Volk ihr nachts sogar eine Kanzel im Baum.[22]

Ähnlich selbstbewusst, wenn auch bescheidener in der Form, verlangte Elise Averdieck in Hamburg, die Andachten für ihre Gemeinschaften selbst zu halten. Das konnte eine Machtausübung sein, aber auch die Sehnsucht, der eigenen Religiosität endlich einmal Ausdruck zu verleihen.

Zeit für theologische Reflexionen hatten diese vielbeschäftigten Frauen wenig. Aber eine praktische, auf der Basis einer mystischen Gottesfreiheit beruhende Religiosität mag für viele eine beglückende Lösung gewesen sein. Von der frühen Kinderpädagogin Louise Scheppler ist allerdings bekannt, dass ein Enkel Oberlins ihr sogar seine Magisterthesen über Swedenborg zu lesen gab. Frauen hatten in ihrer Arbeit eine eigene religiöse Kompetenz erworben.

Als Ziel ihrer Arbeit nannten die meisten das Reich Gottes. Für Amalie Sieveking kam noch die Aufgabe hinzu, für Frauen sinnvolle Tätigkeiten zu gestalten. Louise Scheppler konnte noch Reich Gottes und Gesellschaft zusammendenken und die Gottesherrschaft schon hier beginnen sehen. Doch „das Reich der Freiheit“, dem Luise Otto Peters Bürgerinnen werben wollte (so der Titel ihrer Frauenzeitschrift), war bald für andere nur noch ein spirituelles Gottesziel und kein politisches Ziel mehr. Die Reich Gottes-Hoffnungen verflüchtigten sich. Juliane von Krüdener betonte noch hoffnungsvoll bei der Einweihung einer ihrer Kolonien den Jeffersonschen Satz aus der amerikanischen Unabhängigkeitserklärung: „... dass alle Menschen gleich geschaffen sind ...“. Die Rebellin, Wohltäterin und durch den von ihr

---

[20] Moltmann-Wendel, Mütterlichkeit, 169.

[21] Peter Zimmerling, Starke fromme Frauen. Begegnungen mit Erdmuthe von Zinzendorf Juliane von Krüdener Anna Schlatter Friederike Fliedner Dora Rappard Eva von Tiele-Winckler Ruth von Kleist-Retzow, Giessen/Basel 1996, 112.

[22] So Joachim von Kürenberg, Das Sonnenweib, 1941, 276 f.

angeregten Andreas Bräm indirekte Gründerin der Neukirchner Anstalten hatte noch Visionen von einer gelingenden Gesellschaft aus christlichem Geist und scheint eine Anregerin der „Heiligen Allianz“, dem politischen Bündnis zwischen dem preußischen König, dem österreichischen Kaiser und dem russischen Zaren gewesen zu sein, das sich allerdings später unter Metternich als unheilvoll erwies. Doch innerhalb des Jahrhunderts waren die alten Ordnungen und die alte Unterordnung der Frau unter den Mann in alle Köpfe der Erweckten und der Diakoniearbeiterinnen zurückgekehrt. Erst am Ende des Jahrhunderts begann man in der Kirche die Unterordnung auf die Ehe zu reduzieren und die in der Öffentlichkeit arbeitenden Frauen auch kirchlich-theologisch zu legitimieren. Doch die von einigen früher so leidenschaftlich ersehnte Demokratie war kein religiöses Ziel mehr.

Auch noch nach dem Zweiten Weltkrieg forderte Antonie Nopitsch, die Gründerin des Bayrischen Mütterdienstes und Mitbegründerin mit Elly Heuss-Knapp des Müttergenesungswerks, auf der Synode der EKD in Berlin Weissensee 1950 nicht „Rechte“ sondern ein „Mitdienen“ der Frauen. Ihr Bischof Meiser hatte ihr schon früh den Rat gegeben, sich „emporzudienen“ bevor er sie finanziell unterstützen würde. Erst die ökumenischen und angelsächsischen Einflüsse in den folgenden Jahrzehnten brachten ein Umdenken in der Frauenfrage. An die Stelle der Dienste und Pflichten traten die Rechte. Die biblischen Traditionen von der Gleichstellung von Frau und Mann lösten die Bilder von der Unterordnung ab und schufen Raum für demokratische Strukturen. Die rückständigen deutschen Theologien und Kirchen lernten ein anderes Christentum kennen.

4. Tätigkeitsfelder

Zu den Fähigkeiten, die wohl fast alle diese Frauen auszeichneten, gehörten Mut – eine Art Furchtlosigkeit, Fantasie und ein Schuss Pragmatismus.

Ihre Tätigkeitsfelder waren vielfältig, meist angepasst an Zeitprobleme. Sie reichten vom Soforthilfeprojekt, das die Baltin Juliane von Krüdener für notleidende Schweizer am Anfang des 19. Jahrhunderts initiierte, bis zur Bekämpfung der Prostitution, das das Hauptproblem christlicher Frauen am Ende des Jahrhunderts war. Akute Not wie die Cholera 1841 in Hamburg stieß Amalie Sieveking zu ersten eigenen Schritten an, die später in Bildungs- und Sozialarbeit führten.[23] Hundert Jahre später waren es die Mütter, ihre fehlende Erholung und mangelnde Schulung, die Antonie Nopitsch anregten, Mütterarbeit zu entwickeln.

Auf Dauer zeichneten sich aber drei große Bereiche öffentlicher weiblicher Tätigkeit ab, die sich aus der traditionellen Arbeit in Familie, nachbarschaftlichem Engagement und Armenfürsorge entfaltete, die aber zugleich ungewöhnliche Schritte innerhalb der Gesellschaft bedeuteten. Einmal die Arbeit mit

[23] Moltmann-Wendel, Leben, 38 ff.

Kleinkindern. Bekannt waren für solche Initiativen lange nur die Namen von Johann Friedrich Oberlin im Steintal und Friedrich Fröbel. Genau besehen ist aber Oberlin ohne Louise Scheppler und deren praktisch, organisatorische und fantasievolle Gestaltung der Strickschule nicht zu denken. Und ohne Fröbels begeisterte Schülerinnen, die die Botschaft von seinen Kindergärten in alle Welt trugen, wäre deren Siegeszug wohl auch nicht denkbar gewesen.

Eigene Kleinkinderpflegen schufen Regine Jolberg in Nonnenweier bei Lahr und in ihrem Gefolge Wilhelmine Canz, die Gründerin des Grossheppacher Mutterhauses. Ihre Motivation war, Kindern armer und sozial gefährdeter Familien Heimat, Befriedigung und christliche Bildung zu geben und zugleich junge Frauen dafür auszubilden.

Waren noch die Väter solcher frühen Kinderpädagogik geprägt von philosophischen oder theologischen Grundsätzen: Oberlin von Swedenborgs Naturphilosophie, Fröbel von einem romantisch-mystischem Gottes- und Menschenbild, Fliedner von der Überzeugung, den Kindern den Heiland der Sünder nahe zu bringen, so waren die pragmatisch denkenden und arbeitenden Frauen weniger an solchen Fragen interessiert. Der Pietismus hatte Regine Jolbergs natürliches Menschenbild nicht ruiniert. Sie konnte frei mit Schülerinnen und Kindern umgehen. Die stark pietistische Wilhelmine Canz setzte sogar bei ihren Kindern die Fröbelschen Spielgaben ein, die Fliedner als „kindisch“ empfunden hatte. Aber selbst in den Fliednerschen Kinderstätten konnte man sie schließlich antreffen. Wiederum ließen sich die von Fröbelschen Schülerinnen z. T. abgelehnten biblischen Geschichten auf Dauer auch nicht aus den Kindergärten verbannen. Auch die Namen „Kleinkinderschulen“, die kirchliche Benennung, und die eine Zeitlang als revolutionär geltenden „Kindergärten“ wurden austauschbar.

Ein weiteres wichtiges Tätigkeitsfeld war – angestoßen durch die Freiheitskriege – die Krankenpflege. Sie wurde durch Einzelpersonen wie Amalie Sieveking und durch Frauengruppen initiiert, aber vor allem durch Diakonissenanstalten. Damit war ein Ausbildungszweig geschaffen, der für Frauen einen eigenen Beruf eröffnete. Meist von Männern geleitet, hatten die Frauen doch darin eigene Gestaltungsmöglichkeiten. Sie versuchten innerhalb der Frauengemeinschaft ein gemeinsames Leben zu organisieren und – wie Friederike Fliedner – auch hierarchische Strukturen abzubauen.[24]

Ein dritter erfolgreicher Zweig von Frauenaktivitäten war die Mädchenbildung. Die Schulerfahrungen vieler Frauen waren nicht gerade positiv gewesen. Elisabeth Gnauck-Kühne klagte über das öde, rationale Lehrerinnenseminar lutherischer Prägung, das ihr ihre Jugend genommen hätte und begann mit einer eigenen Mädchenschule.[25] Die Pädagogin Henriette Breymann erinnerte sich mit Schrecken an langweiliges Auswendiglernen und trostlose Schulstunden, um dann später aus einer ganzheitlichen Perspektive in dem von ihr gegründeten

---

[24] Vgl. Zimmerling, Frauen, 88 f.; Kutzke/Zeisler, Qualitäten, 104 f.

[25] Moltmann-Wendel, Leben, 83.

Pestalozzi-Fröbelhaus andere kreative Unterrichtsnormen einzuführen.[26] Aber nicht immer war progressive Pädagogik erwünscht. In Wolfenbüttel z. B. siegte die konservative Pädagogin Anna Vorwerk mit ihrer Schule, in der der politisch konservative „Reichsbote" gelesen wurde, Fröbel nicht mehr vorkommen sollte und traditionelle Frömmigkeitsstile den Ton angaben, über Henriette Breymann.

Eine an Mädchenbildung anknüpfende Aktion kann auch der Mütterdienst der 30er Jahre des 20. Jahrhunderts genannt werden. Antonie Nopitsch machte Erfahrungen in England, bei den Quäkern und später in der Ökumene, und erkannte, dass Mütter nicht nur wieder fit gemacht werden müssten, sondern dass neben dem „zur Ruhe kommen", auch das „zu sich selbst kommen" eine zentrale Rolle spielte, später auch die politische Bildung zur Stärkung der Urteilskraft der Frauen.

5. Die Ordnung der Mütter

Ob Witwen, Jungfrauen, Alleinlebende, Mütter mit Kindern – die meisten erhielten im Lauf ihrer Arbeit einen neuen Titel zuerkannt: sie wurden „Mütter". Mütterlich zu sein war notwendig sowohl für die Krankenpflege als auch für die Sozialarbeit. Mit dem Wort „Mutter" kam etwas Warmes und Unmittelbares in die neu entstandenen Gemeinschaften. Mütter trösteten, linderten Not und Schmerz. Doch Mütter versahen auch einen Ordnungsanspruch. Von ihnen konnte erwartet werden, Ordnungen und zwar die der Hierarchie aufrechtzuerhalten, Gehorsam zu fordern und patriarchale Verhältnisse zu stabilisieren.

Es ist vielleicht kein Zufall, dass das Wort „Mütterlichkeit" zu einem Kennwort deutscher Frauenbewegung wurde. Helene Langes „psychische Mütterlichkeit", mit der es ihr gelang, die preußischen Behörden von gewissen Frauenrechten zu überzeugen, hatte ihre Wurzeln in Henriette Breymanns „geistiger Mütterlichkeit", mit der sie *alle* Frauen, auch die Unverheirateten und Kinderlosen zur Sozialarbeit anregen wollte.[27] Die wieder scheint von ihrem Onkel und Lehrer Fröbel solche „Mütterlichkeit" aus seinen romantischen Ideen herausgelöst und dem Muttersein einen neuen gesellschaftlichen Sinn gegeben zu haben. Aus dem religiösen Milieu wanderte der Begriff also in die säkulare Frauenbewegung, aber verband letzten Endes alle aufbrechenden Frauen. In einem Nachruf wurde Antonie Nopitsch „mater matrum" genannt.

Die Amerikanerin Ann Taylor Allen hebt in Kritik und Würdigung der deutschen Frauenbewegung hervor, dass bisher „die Bedeutung der Mutter-Kind-Beziehung als Erfahrung und Metapher für die Ideologieentwicklung sowohl der Gemäßigten wie der Radikalen nicht erkannt worden ist.[28] In der Tat haben

---

[26] Moltmann-Wendel, Mütterlichkeit, u. a. 140 f.

[27] Moltmann-Wendel, Mütterlichkeit, 156 ff.; Christoph Sachße, Mütterlichkeit als Beruf, Frankfurt 1996, 114; Ann Taylor Allen, Feminismus und Mütterlichkeit in Deutschland, 1800–1914, Weinheim 2000; Evans, Feminist Movement, 28 ff.

[28] Allen, Feminismus, 26.

hier gesellschaftliche und wissenschaftliche Engführungen einen wesentlichen Teil der Frauenbewegung in ihren verschiedenen und doch wieder parallelen Facetten gar nicht erfasst. Frauen, die sich mit Fragen der Mütterlichkeit identifizierten, wurden von der Forschung von vornherein ausgeklammert. Damit blieb auch das verbindende Band zwischen Diakonie und Frauenbewegung verborgen. In der Vorstellung „Mütterlichkeit“ liegt aber mehr als eine heimliche Anerkennung des Patriarchats. „Die mütterliche Liebe“, so Julia Kristeva, „ist vielleicht die Morgenröte der Beziehung zum andern, die der Liebende und der Mystiker später wiederentdecken.“[29] Mütterlichkeit blieb weiterhin ein schillernder Begriff, der konservative Denkmuster als auch psychologische Neuinterpretationen einschließt.

Dass es allerdings auch andere als familienzentrierte Beziehungsmuster gab, zeigt die Finnin Mathilda Wrede, die in ihrer Gefangenen-Betreuung von Freund und Freundschaft sprach. Hier waren freikirchliche Einflüsse von Quäkern zu spüren, für die hierarchisch falsch zu verstehende Ordnungen mit dem Evangelium nicht zu vereinen waren. Eine Vorstellung, die heute wieder Raum gewinnt.

Doch Mütter, auch wenn sie nur solche Namen trugen, sind eingebunden in Väterstrukturen. Welche Möglichkeit der Unabhängigkeit gab es für die, die einmal unabhängig im Vertrauen auf ihre eigene Gestaltungskraft gestartet waren? Dass es manchen gelang, diese Unabhängigkeit möglichst lange zu bewahren, zeigt etwas von dem Selbstbewusstsein, das sie mitbrachten und entwickelt hatten.

Amalie Sieveking, die stets das Ideal einer ordensähnlichen Schwesternschaft gehabt hatte, was aber letzten Endes nicht gelang, wollte nicht in Fliedners Diakonissenanstalt einsteigen, da sie in ihrem „religiösen Leben an eine gewisse selbständige Entwicklung gewöhnt war“ und durch „vorgeschriebene Formen“ sich beengt gefühlt hätte.

Auch Elise Averdieck, die Gründerin von Bethesda, dem ersten Diakonissenmutterhaus in Hamburg gab Fliedner eine Absage. In ihrem eigenen Haus zog sie später keinen Mann in ebenbürtiger oder übergeordneter Stellung hinzu.

Eigenwillig und ohne Lust, sich in die Bodelschwinghschen Anstaltsordnungen einzubinden, blieb auch Eva von Tiele-Winkler.

Regine Jolberg behielt – trotz Beratung durch ein männliches Komitee – zeitlebens ihre Unabhängigkeit. Dagegen gab Wilhelmine Canz schließlich ihr „eigener Herr-sein“ auf und ordnete sich der Leitung eines Komitees unter, um dem Werk eine gewisse materielle Basis zu verschaffen.

Antonie Nopitschs Werk begegneten Kirche und verfasste Diakonie mit Misstrauen. Aber der Versuch, den Mütterdienst in ihre Organisationen einzubeziehen, misslang.

---

[29] Julia Kristeva, Das weibliche Genie, Hannah Arendt, Berlin/Wien 2001, 83.

Manche Frauenvereine wurden später von der Inneren Mission übernommen oder ordneten sich in größere Anstalten ein. Geldmangel und das Alter der ursprünglichen Führungsgestalten zwangen, sich der Realität zu stellen.

6. Handeln statt Ergebenheit

Frauen, die der Diakonie ein weibliches Gesicht gaben, versuchten ein Stück Autonomie zu erhalten: ihre eigene Idee, ihre selbst entworfene Arbeit, die Fantasien und das Engagement, das oft gegen das Misstrauen der Umgebung, der Familie, der Gesellschaft und der männlich dominierten Kirche aufrechterhalten werden musste.

Imponierend ist ihr Suchen und Experimentieren, ihr Scheitern und Gelingen. Selten gab es einen von vornherein direkten Weg zu dem erhofften Ziel. Stattdessen plagten sie Geldnot und menschliche Pannen. Sie organisierten und motivierten, fanden Sympathisanten und trafen Zweifler, aber hatten wohl stets in gleicher Weise Vertrauen in Gott, Spenden und Mäzene. Manche von ihnen schrieben, andere entwarfen Kleider oder neue Lebensstile, die eine eigene kleine, aber zukunftsorientierte Welt in ihren Häusern oder Organisationen widerspiegeln sollte.

Nicht immer half ihnen dabei eine spirituelle oder theologische Autorisierung, wie sie den Schwung und die Gestaltungskraft der amerikanischen Frauenbewegung auszeichnet. Gottes gleichberechtigte Tochter, Prophetin und unmittelbar zu Gott zu sein, konnte zu Kühnheit motivieren, alle Ängste und sozialen Hindernisse hinter sich zu lassen. Davon ist bei deutschen Frauen nur in Ausnahmen etwas zu spüren. Doch auch bei ihnen begegnen wir religiösen Erfahrungen, die ihr Handeln motivierten. Das durch Erweckungspredigten erreichte Gefühl „Sünder" zu sein, wies sie auf das Elend von Menschen, von Kindern und Kranken und ließ sie alle üblichen Konventionen vergessen. Ihre Autonomie entsprang nicht ihrem Glauben an die Gottebenbildlichkeit, sondern kam aus ihrem sozialen Handeln. Das unterschied sie von ihren Müttern, die statt männlichen Handelns nur weibliche „Ergebenheit" kannten. Das trieb sie in eine neue Welle von Selbst- und Weltgefühl. „Ergebung und Vertrauen ist für Frauen einzige Zuflucht, für die Männer ist Handeln ....",[30] stellte Regine Jolberg fest, um dann selbst das scheinbar männliche Handeln zu übernehmen. Auch so konnte Furchtlosigkeit gegenüber der Gesellschaft und Unbekümmertheit vor der Zukunft entstehen, die es jedoch immer neu zu erwerben galt.

Auch wenn es unter den verschiedenen Fraueninitiativen Austausch, Anregung und Solidarität gab, so ist es doch erstaunlich – und auch schmerzlich – , wie stark die Spannungen unter Frauen waren, beispielhaft allerdings vorgeführt von Theologen-Lehrern, aber dann an der Basis heftig wiederholt.

---

[30] Martin Gottlieb Wilhelm Brandt, Mutter Jolberg – Leben und Werk, Erste Hälfte Barmen 1871, 26; vgl. Hauff, Jolberg, 31; Juliane Jacobi, Regine Jolberg, in: Neue Sammlung 42, 87.

Amalie Sieveking brachte kein Verständnis für die 48er Frauen und die Fröbelianerinnen auf, die die Hamburger Frauenhochschule gründeten, attackierte sie und war an der Schließung der neuen Institution nicht unbeteiligt. Ihren Grundsatz erklärte sie so: „Wir träumen nicht mit Jean Jacques Rousseau von einem unschuldigen Naturzustand des Menschen. Wir haben sein tiefes inneres Verderben erkannt und erkennen es zunächst in uns." Damit war „die Frontstellung der Bildungsaktivitäten christlicher Frauen zur demokratischen Bewegung des Vormärz" klar umrissen.[31] Folglich nahm Amalie Sieveking religiös freisinnige Frauen auch nicht in ihren Verein auf.

Elisabeth Gnauck-Kühne, die erste Rednerin auf dem evangelisch-sozialen Kongress 1895 in Erfurt, Arbeiterin und erste Sozialwissenschaftlerin, die im Katholizismus etwas vom mystischen Element der weiblichen Seele wiederentdeckte, spottete über die neu gegründete Diakonieschwesternschaft: Friedrich Zimmer, ihr Gründer, habe „der Psyche die Flügel abgeschnitten und sie zu nützlichen Flederwischen gemacht".[32]

Gegen die „Emanzipierten", die lustbetont und gottlos seien, hatte sich schon Louise Otto-Peters abgegrenzt. Doch am Ende des Jahrhunderts klang es noch heftiger und dogmatischer, und die „Emanzipierten" waren nun Frauen der Frauenbewegung: Die neugegründete Frauenhilfe ließ verlauten, dass für ihre Theorie und Praxis der Emanzipationsgedanke gar nichts zu sagen habe. Dem „Emanzipationsprinzip" wurde das „Dienstprinzip" gegenübergestellt. Mit der Frauenbewegung wolle man nichts zu tun haben.[33]

Wer aber vertrat den christlichen Standpunkt?

Auguste Schmidt, Lehrerin, Freundin und Mitarbeiterin von Louise Otto-Peters, glaubte „im Sinne des echten Evangeliums zu handeln, wenn wir keine Schranken ziehen und uns bestreben, im Dienste der Humanität zu wirken".[34]

Gab es keine gemeinsame Mitte? Waren die Abgrenzungen nicht auch Ausgrenzungen?

Doch mussten nicht viele Frauen das, was sie gegen alle Widerstände mit Herzblut erkämpft hatten, nicht auch verteidigen? Wie man ein gefährdetes Kind verteidigt, wenn das Eigene, das Heilige bedroht ist?

Vielleicht war es kein Zufall, dass im 20. Jahrhundert die Konflikte kaum mehr eine Rolle spielten, als das Abenteuer gelungen oder die Ideen eine Form gefunden hatten.

---

[31] Vgl. Juliane Jacobi, Zwischen antiaufklärerischem Konfessionalismus und demokratischem Liberalismus: Frauenbild und Frauenbildung im Kontext der Revolution von 1848, in: Die Leidenschaft der Aufklärung, Weinheim 1999, 247.

[32] Zit.n. Moltmann-Wendel, Leben, 87.

[33] Luise Döring, Frauenbewegung und christliche Liebestätigkeit, Leipzig 1917, 159.

[34] A.a.O., 170 f.

7. Ein neues Selbstverständnis

Drei Vorstellungen begegnen uns bei den diakonisch tätigen Frauen immer wieder, die aus heutiger Interpretation ein neues Licht auf deren Arbeit werfen. Sie wollten d i e n e n und verstanden ihre Arbeit als *Dienst.* Sie sahen sich als *Mütter* und wollten *Mütterlichkeit* verbreiten. Ihr spirituelles Ziel war häufig das *Reich Gottes.* Sie identifizierten sich mit traditionellen Vorstellungen, die aber auch schon ein rebellisches Potential enthielten.

Dienen verstanden sie meist als Opfer und Selbstaufgabe, als persönlicher Einsatz für ein höheres Ziel. Doch sehen wir heute genauer hin, so ist „Dienen" im Neuen Testament nur von den Frauen ausgesagt. Sie dienen wie Jesus gekommen ist zu dienen und sein Leben zu geben. Diakonein lässt sich „nicht auf Tischdienst allein beschränken, denn diakonia faßt das gesamte Wirken Jesu zusammen ...".[35] Die dienenden Frauen, sind die, die die „wahre christliche Leitung verstanden und ausgeübt haben."[36]

Sie wollten Mütter sein und sahen sich eingebunden in eine große patriarchale Familie, in der die Mutter Wärme und Liebe aber auch Ordnung und Einordnung repräsentiert. „Mütterlichkeit" wurde in der Frauenbewegung ausgeweitet auf alle Frauen und sollte die verdrängten Werte von Frauen wieder in die Gesellschaft und Kirche integrieren. Sehen wir aber näher hin, so steckt hinter der Mutter-Kind-Beziehung das Urmodell der gegenseitigen und Leben-gebenden Beziehung.[37] Was wie ein Mutterkomplex aussieht, ergibt sich als ein weises Lebensmuster, das – fern jeder patriarchalen Besitznahme – in Kirche und Gesellschaft zentral sein sollte.

Einige Frauen sprachen in unterschiedlicher Weise vom Reich Gottes, erwarteten es innerhalb der Gesellschaft, herbeigeführt durch freie Bürgerinnen oder als eschatologisches Ziel. Heutige Frauen versuchen schwergewichtige theologische Ausdrücke wieder in den Alltag hineinzuziehen und übersetzen Reich Gottes mit „the Wellbeing of all".[38]

Damit meinen sie den konkreten Sehnsüchten von Menschen und zugleich der christlichen Hoffnung einen verständlichen Ausdruck gegeben zu haben. Das Heil ereignet sich hier, in Gerechtigkeit und in einem guten Leben. Diese Sicht entsprach in vielem der diakonischen Praxis.

---

[35] Elisabeth Schüssler Fiorenza, Zu ihrem Gedächtnis. Eine feministisch-theologische Rekonstruktion der christlichen Ursprünge, München/Mainz 1988, 390.

[36] Ebd.

[37] Im Wörterbuch der Feministischen Theologie, Gütersloh ²2002, 413 heißt es: „Mütterlichkeit ist ... wie Väterlichkeit, ein Beziehungsbegriff, der eine Bewegung im Zwischenraum beschreibt ... In diesem Sinn können Mütterlichkeiten Weisen der Beziehung und des Handelns bezeichnen und müssen keine festen Rollen- oder Geschlechtszuschreibungen beinhalten."

[38] Über „das gute Leben", vgl. Michaela Moser/Ina Prätorius, Welt gestalten im ausgehenden Patriarchat, Königstein 2003.

Aus heutiger Perspektive fällt damit ein neues Licht auf das Selbstverständnis und die Arbeit der diakonisch tätigen Frauen. Was sie in der Sprache ihrer Zeit bescheiden und demütig erscheinen ließ, was ihrer traditionellen weiblichen Zuordnung scheinbar entsprach, hatte letztlich einen herausfordernden Anspruch, der ihren Aufbruch mit all seinen Facetten anders sehen lässt.

Der „Dienst" von „Müttern" am „Reich Gottes" kann deshalb auch als eigenständige Verwirklichung vergessener weiblicher Lebensmuster in der Realität von Gesellschaft und Kirche verstanden werden. So wird eine weibliche Autonomie sichtbar, die lange, auch in der Frauenforschung, verborgen war. Ohne das Ziel der Gleichberechtigung, ohne den Anspruch religiöser Legitimation, erwarben Frauen Kompetenzen und schufen kulturelle und geistige Werte, die wir heute wieder sehen lernen. Neben dem Weg der offiziellen Frauenbewegung durch die Institutionen zu neuen Ordnungen, gab es noch einen – oft verkannten – Frauenweg, innerhalb der Strukturen einen Aufbruch zu riskieren, zu gestalten, und zwischen Frömmigkeit und Autonomie ein eigenes, an den Problemen der Zeit orientiertes Lebensmodell zu entwickeln.

CHRISTINE SCHULER

Louise Scheppler (1763-1837)

Louise Scheppler. Nach einem Holzstich aus dem 19. Jahrhundert.

Die Arbeit Louise Schepplers mit den Kindern im Steintal kann nicht losgelöst vom Lebenswerk des Steintalpfarrers Johann Friedrich Oberlin (1740-1826) betrachtet werden. Auch wenn ihre Arbeit immer wieder im Spiegel des Lebenswerks von Oberlin gesehen wird, so hat sie doch – zusammen mit anderen Frauen in den Steintalgemeinden – den erzieherischen Teil von Oberlins Arbeit entscheidend mitgetragen und mitgeprägt.

Das Reformwerk Oberlins ist in den Jahren 1769-1826 anzusiedeln. Somit ist die im Steintal initiierte Arbeit mit Kindern die früheste und geht allen anderen Einrichtungen der Kleinkinderpädagogik voraus, auf die sie einen nachweisbaren Einfluss ausübte.

Die Idee für den von Oberlin begonnenen Dienst an den Kindern seiner Gemeinden war – und bereits das sollte im Zusammenhang mit der Thematik dieses Buches aufhorchen lassen – eigentlich von einer Frau geboren worden: eine junge unverheiratete Frau, Sara Banzet, hatte schon im Jahre 1769, dem zweiten Amtsjahr Oberlins im Steintal, „aus eigenem Antrieb", wie Oberlin schrieb, in der Wohnzimmerstube ihres Vaters, der pôele, Kinder „um den heimeligen Ofen herum" versammelt und brachte ihnen – oder zumindest den Größeren von ihnen – das Stricken bei. Nebenher wurden Geschichten erzählt, vorgelesen oder gesungen. 1770 richtete Oberlin dann die ersten Strickschulen in Belmont, Bellefosse und Waldersbach ein, die jeweils von einer Frau geführt wurden.

Der Pädagoge Ernst Schering schreibt über die Arbeit Oberlins und seiner Mitarbeiterinnen Folgendes: „Oberlin hat wohl als erster die Bedeutung der Ämter der Frau für den Aufbau der Gemeinde erkannt. Dies war fürwahr eine revolutionäre Tat, sowohl für die Pädagogik wie für den Aufbau der christlichen Gemeinde. ... Hier bahnt sich bereits das an, was bei dem von Fliedner geschaffenen Diakonissenamt vollends ans Tageslicht tritt, dass die großen Sozialpädagogen zugleich als Wegbereiter der Frauenemanzipation gesehen werden müssen. ... Eine neue Epoche der Kirchengeschichte hebt an, in der auch die Frau in der Kirche voll mitarbeitet und selbständig Verantwortung trägt."[1] Mit dieser Feststellung stimmt Schering mit der aus dem Mutterhaus Witten a.d. Ruhr stammenden Diakonisse Martha Buch überein, die sich bereits in den 1930er Jahren im Rahmen ihrer Dissertation mit Oberlins Pädagogik beschäftigt hat.[2] Wie sich Oberlins Diakonissenamt zum später entstandenen Diakonissenamt bei Theodor Fliedner ins Verhältnis setzen lässt, hat eine am Diakoniewissenschaftlichen Institut in Heidelberg geschriebene Abschlussarbeit aus dem Jahre 1991 gezeigt: „Anders als das heute noch bestehende Diakonissenamt Fliednerscher Prägung, denkt Oberlin bei seinem Diakonat weder an ehelos lebende Frauen, noch an eine spezielle Beauftragung der Diakonissen im Bereich der Krankenpflege oder gar an das Prinzip der Mutterhausdiakonie. Der Dreh- und Angelpunkt seines Diakonisseninstituts ist die auf das Reich Gottes ausgerichtete Gemeinde."[3]

Louise Scheppler ist unter den Frauen, die in den Steintäler Strick- oder Kleinkinderschulen gewirkt haben, die bekannteste geworden, da sie als Magd und Hausleiterin in Oberlins Pfarrhaus die Tätigkeit als Erzieherin oder „Führerin der zarten Jugend" in dessen Gemeinden über lange Jahre hinweg ausübte. Ihr gesamtes Leben war wie eine Hingabe an die Erziehung der Kinder.

Wir besitzen leider wenig Aufzeichnungen von Louises eigener Hand. Was sie schriftlich hinterlassen hat, sind zumeist Briefe, die sie an Familienangehörige schrieb und ein Bericht aus dem Jahre 1834, in welchem sie – bereits 71-jährig – die Entstehung der Strickstuben im Rückblick schildert. Deshalb kommt man nicht umhin, auch vieles aus Pfarrer Oberlins Leben in die Lebensgeschichte Louise Schepplers mit einfließen zu lassen, wenn man deren Leben verständlich beschreiben möchte.

1. Zu Friedrich Oberlins Wirken im Steintal

Das Steintal liegt am Nord-Osthang des Hochfeldes (Champ du Feu) inmitten der Vogesen an der Grenze zwischen Elsass und Lothringen. Zu dem Gebiet gehören acht Dörfer: Rothau, Neuviller, Wildersbach, Fouday, Solbach, Waldersbach, Bellefosse und Belmont, zu denen die fünf folgenden Weiler hinzukommen: La Haute-Goutte, Riangoutte, Le Trouchy, Le Bambois und La Hutte.[4] Da die meisten der Orte sehr hoch gelegen sind, findet man dort ein

---

[1] Ernst Schering, J.F.Oberlin, Sternstunde der Sozialpädagogik, Bielefeld, 1959, 29 ff., zit.n. Erich Psczolla, Louise Scheppler und andere Frauen in den Gemeinden Oberlins, Lahr 1988, 17.

[2] Vgl. Martha Buch, Die pädagogischen und sozialpädagogischen Ideen Johann Friedrich Oberlins, Berlin/Leipzig, 1932.

[3] Wiltrud Schröder-Enders, Das Diakonissenamt bei Johann Friedrich Oberlin – Zur Umsetzung eines biblischen Ideals, Abschlussarbeit am DWI, Heidelberg 1991, 28 f.

[4] Vgl. Museumsführer – deutsche Ausgabe – Musée Oberlin, Waldersbach, imprimé à Colmar en 1982. Manche der Ortsnamen haben eine deutsche Übersetzung – so: Fouday - Urbach; Solbach – Zollbach; Bellefosse – Schönfuß bzw. Schöngrund; Belmont – Schönberg; Le Bambois oder auch Panbois - Hangholz.

raues Klima mit langen harten Wintern. Der Name „Steintal" geht zurück auf die Burg Stein (Le château de la Roche), die der Familie de Rupe (Stein) gehörte und die erstmals 1180 erwähnt wird – es ist also der Name der alten Grafschaft der Herren „zum Stein" (Le Ban de la Roche).

Johann Friedrich Oberlin hatte das Pfarramt in Waldersbach sowie in den anderen Orten und Weilern insgesamt 59 Jahre lang inne. Sein Amtsvorgänger Johann Georg Stuber (1722-1797) hatte viele Grundpfeiler des Reformwerkes gelegt, das Pfarrer Oberlin später vollendete. Oberstes Ziel war die Verbesserung der Lebensbedingungen in diesem abgeschiedenen Landstrich in den Vogesen.

Das Reformwerk umfasste im Wesentlichen drei Teile: einen theologischen Ansatz, dazu gehörte die religiöse Bildung der Gemeindemitglieder und die Verbreitung von Bibeln; einen sozialreformerischen Ansatz, der die Förderung des Gesundheitswesen, die bessere Ausbildung der Handwerker, Verbesserungen in der Landwirtschaft sowie im Straßen- und Brückenbau beinhaltete und einen pädagogischen Ansatz, der den Ausbau des Schulwesens – angefangen bei der Betreuung der noch nicht schulpflichtigen Kinder – und die Förderung der Volksbildung einschloss. Oberlins pädagogischer Ansatz lässt seine Nähe zum Philanthropismus erkennen, der jedoch durch seine eigenen theologischen Beweggründe ein religiöses Fundament erhält. Oberlin war Pfarrer, Sozialreformer und Pädagoge in einem.

2. Louise Schepplers Biographie

Louise Scheppler stammte aus Bellefosse, einer der fünf Steintalgemeinden Oberlins. Ihr Vater betrieb ein kleines Wirtshaus. Die Vorfahren väterlicherseits waren Jäger, Forstleute und Lehrer. Mütterlicherseits lässt sich die Linie auf den Steintalpfarrer Marmet (gestorben 1675) zurückverfolgen.

Getauft wurde Louise Scheppler am 5. November 1763, einen Tag nach ihrer Geburt, von Pfarrer Stuber, dem Amtsvorgänger Oberlins im Steintal. Sie hatte wahrscheinlich neun Geschwister und musste sich früh um die drei jüngeren Geschwister kümmern, da ihre Mutter starb als Louise zehn oder elf Jahre alt war. Demgemäß sammelte sie ihre ersten pädagogischen Erfahrungen noch früher als Johann Friedrich Oberlin.

So ist es auch zu erklären, dass sie ihre spätere Tätigkeit der Unterweisung kleiner Kinder in den Strickschulen als „tout naturel" (ganz natürlich) bezeichnet und als nicht der Bewunderung wert.

Im Pfarrregister der Gemeinde Waldersbach lesen wir unter der Eintragung von Louises Geburts- und Taufdatum von Oberlins Hand geschrieben: „touchée 1771", was bedeutet, dass Oberlin von einem inneren Erlebnis Louises wusste, bei dem sie „von der Gnade Gottes ergriffen" worden war; dies muss einem Bekehrungserlebnis gleich gekommen sein. Louise war zu diesem Zeitpunkt acht Jahre alt. Weiter wissen wir aus Bemerkungen Oberlins, dass sie in der Schule die „Erste" im Aufsagen und Vortragen von auswendig gelernten Texten war und deshalb auch später gut vorlesen und unterweisen konnte.[5]

Mit fünfzehn Jahren – nach ihrer Konfirmation – trat Louise am 16. Juni 1779 im Pfarrhaus als „Kindsmagd" in den Dienst. Schon bald wirkte sie auch als Kleinkinderschullehrerin und als „Führerin oder Leiterin der zarten Jugend", auf Französisch: conductrice. Sie half der Pfarrfrau bei der Betreuung der noch kleinen Kinder – für die Küchen- und Putzarbeiten gab es zusätzlich noch weiteres Dienstpersonal. Am 18. Januar 1783 starb Magdalena Salomé Oberlin (1747-1783) mit erst 36 Jahren sechs Wochen nach der Geburt ihres jüngsten Kindes. Nach dem Tod der Pfarrfrau wurde die Betreuung der Kinder und die Haushaltsführung vollverantwortlich auf Louise übertragen. Louise wurde mehr und mehr zu einem Familienmitglied und war für die anderen Kinder Oberlins wie eine große Schwester, die allerdings mütterliche Pflichten wahrnahm und ihnen nach Kräften die nun fehlende Liebe der Mutter zu ersetzen versuchte. Bei Krankheiten pflegte sie die Kinder und den Pfarrer, betreute die Gäste und sorgte für die Pensionärinnen, die im Pfarrhaus aufgenommen wurden. Dabei handelte es sich meist um junge Mädchen zwischen 11 und 14 Jahren, die als Haustöchter in der Familie mit lebten, mitarbeiteten und dafür Kost, Logis und Unterricht erhielten. Größtenteils kamen sie aus den Gemeinden Oberlins. Sie sollten „Zellen einer guten Saat" werden, damit sich eine wirtschaftliche Haushaltsführung und Gottesliebe in den Häusern des Steintales ausbreiten konnte.[6] Neben dem Unterricht in der Dorfschule wurden die Mädchen auch von Louise Scheppler und dem Pfarrer unterrichtet. Aus Zeitmangel musste dies jedoch in den frühen Morgenstunden bei Kerzenschein geschehen.

Schon bald gab Louise auch in den verschiedenen Gemeinden Strickunterricht, der Strickschule genannt wurde. Nachdem der Pfarrer von Rothau, dem Hauptort der Nachbarpfarrei von Waldersbach, mit der Bitte um eine Kleinkinderschullehrerin an Oberlin herangetreten war, war sie dort ab März 1783 zudem als Conductrice ambulante („wandernde Erzieherin") tätig.

Louises schnelle Auffassungsgabe, ihre Disziplin und Strenge prädestinierten sie für Oberlin zur Erzieherin der Kinder seiner eigenen Gemeinde und der Nachbargemeinde Rothau. Mit diesen Begabungen ähnelte sie ihrem Pfarrer. Durch ihre enge Einbindung ins Pfarrhaus hatte sie in Oberlin ein unmittelbares theologisches und pädagogisches Vorbild. So äußerte sich Louise einmal in einem Brief in höchstem Maße lobend über alles, was sie in den Jahren des Erwachsenwerdens von Oberlin, und vor allem von seiner Frau, lernen konnte, nämlich „Gefallen am Schönen und Guten, die Liebe zu einem tugendhaften Leben und die Hingabe an den Herrn und Heiland".[7]

---

[5] Vgl. Psczolla, Louise Scheppler, 53 f.

[6] Vgl. Jörg Erb, Die Wolke der Zeugen I, Kassel 1962, 403.

[7] Louise schrieb diesen Brief an den „Niederrheinischen Kurier" mit der Bitte, um Richtigstellung der Umstände, denen sie die Verleihung des am 11. September 1829 erhaltenen Tugendpreises verdankte, zit.n. Psczolla, Louise Scheppler, 76.

Louises Glaube wurde entscheidend von Oberlin geprägt, dessen Schülerin und Konfirmandin sie war. Es kann deshalb davon ausgegangen werden, dass sie weitgehend seine Glaubensüberzeugungen teilte. Ihrer Frömmigkeit nach kann sie, wie Oberlin, dem Pietismus zugerechnet werden. Oberlin selbst war geprägt durch pietistische Kreise in Straßburg, zu denen er durch seine Mutter und seinen Patenonkel, Franz Christian Lembke, Kontakt bekommen hatte. Außerdem besuchte Pfarrer Sigismund Friedrich Lorenz, bei dem er an der Straßburger Universität viele theologische Vorlesungen gehört hatte, ebenfalls die neu entstandenen Konventikel der Pietisten. Oberlins Verbindung zum Pietismus ist unter anderem erkennbar in dem Briefwechsel, den er und später sein Sohn Heinrich Gottfried Oberlin über 13 Jahre hinweg mit der Predigerkonferenz in Herrnhut geführt hat.[8]

Dass auch für Louise der Glaube und die praktizierte Liebe zusammen gehörten, kann man sehr schön einem Text entnehmen, in dem Oberlin die Arbeit seiner Mitarbeiterin rückblickend beschreibt: In einem Anhang an sein Testament schrieb er Folgendes:

„Meine teuersten Kinder!

Indem ich Euch verlasse, vermache ich Euch meine getreue Wärterin, die Euch erzogen hat, die unermüdliche Louise. Ihre Verdienste für unsere Familie sind zahllos. ... Ihr Eifer erstreckte sich noch weiter; wie ein wahrer Apostel des Herrn ging sie in alle Dörfer, wo ich sie hinsandte, und sammelte die Kinder um sich, sie im Willen Gottes zu unterweisen, schöne Lieder singen zu lehren, ihnen die Werke des väterlich gesinnten, allmächtigen Gottes in der Natur zu zeigen, mit ihnen zu beten, und denselben all' den Unterricht beizubringen, den sie von mir und Eurer lieben Mama erhalten hatte. ... Sie opferte somit meinem Dienst und dem Dienste unseres Heilandes nicht bloß ihre Zeit und ihre Talente, sondern sogar ihre ganze Person und ihre Gesundheit. ... Ihr werdet vielleicht sagen, dass sie hierfür durch den guten Lohn, den ich ihr gab, entschädigt wurde? Nein, liebe Kinder, nein! Wißt, daß seit dem Tode Eurer lieben Mutter ich sie nie dazu bringen konnte, den geringsten Lohn anzunehmen; sie verwendete das Pachtgeld von ihren Grundstücken zum Wohltun für andere und zur nötigsten Kleidung für sich, und es glich stets einer Gefälligkeit von ihrer Seite, wenn sie nur ein Kleidungsstück von mir und meinem Vorrat annahm, den ich doch ihrer Sparsamkeit und Treue verdanke. ...

Noch einmal vermache ich sie Euch. Ihr werdet durch die Aufmerksamkeit und Pflege, die Ihr ihr erweiset, zeigen, ob Ihr den letzten Willen eines Vaters ehrt, der Euch stets Gesinnungen der Dankbarkeit und der Wohltätigkeit eingeflößt hat. – Doch ja, ja, ja, Ihr werdet meine Wünsche erfüllen, Ihr werdet Eu-

---

[8] Vgl. Christine Schuler, Das pädagogische Wirken Johann Friedrich Oberlins. Eine Darstellung, ausgehend von seinem Briefwechsel mit der Predigerkonferenz der Herrnhuter Brüdergemeine. Ein Beitrag zur Behandlung der Diakoniegeschichte im Religionsunterricht, unveröffentlichte Wissenschaftliche Hausarbeit an der Pädagogischen Hochschule Heidelberg 2001.

rerseits alle zugleich und jedes wieder allein für sich das sein, was sie für Euch war, soweit dies Eure Mittel und die Nähe Eures Aufenthaltsortes gestatten. Behüt' Euch Gott, meine teuersten Kinder! Euer Papa, J. F. Oberlin"[9]

In diesem Schreiben legte er seinen Kindern Louises Wohlergehen für deren letzte Lebensjahre ans Herz und erwies auch Louise seinen Dank.

Louise trug nach des Pfarrers Tod – gemeinsam mit Frédérique-Bienvenue Rauscher, der jüngsten Tochter des Ehepaares Oberlin – die Verantwortung für die Leitung der 1827 entstandenen „Oberlinschen Anstalt der Vorsteherinnen für die Jugend der Pfarrei Waldersbach", die am 1. Juni 1827 als „mildtätige Stiftung" ins Leben gerufen wurde. Durch die Gründung dieser „Anstalt" sollte die Bezahlung der conductrices und damit das Fortbestehen der Arbeit der Kleinkindererziehung gewährleistet werden. Der Basler Textilfabrikant Jean-Luc Legrand beteiligte sich daran maßgeblich durch finanzielle und ideelle Unterstützung.[10]

Auch ihren Lebensabend verbrachte die gealterte Louise Scheppler in dem Pfarrhaus, in das ein Jahr vor Oberlins Tod dessen Tochter und Schwiegersohn, Frédérique-Bienvenue und Philipp Louis Rauscher, eingezogen waren. Rauscher versah als Nachfolger Oberlins in den Gemeinden den Pfarrdienst.

Dass sie „mit Leib und Seele" den Kindern und Jugendlichen zugetan war, beweist, dass Louise bis fünf Tage vor ihrem Tod, noch mit bereits 73 Jahren, die Strickschulen abgehalten hat. In ihrem testamentarischen Nachlass richtet sie an ihre Schützlinge die Bitte, die Liebe, die diese ihr entgegenbrachten, auf ihre Nachfolgerin zu übertragen. Sie selbst werde „vom Himmel aus" für das Steintal Fürbitte tun und es segnen.[11]

Eine besondere Würdigung fand Louises Lebenswerk, die Kleinkinderschularbeit im Steintal, in der Verleihung des Tugendpreises der Stiftung des Barons von Monthyon im Jahre 1829 durch die Académie Française. Das Preisgeld von 5.000 Francs[12] verwendete sie größtenteils für andere – vor allem für besonders Bedürftige.

Zu Louises Leben gehörte außerdem, dass sie nachweislich 80 Patenschaften von Kindern in den Steintalgemeinden übernommen hatte. Sie schloss alle in ihre Fürbitte ein.[13]

In den letzten Lebensjahren nahmen ihre Kräfte spürbar und schnell ab; der Körper, der so vieles geleistet hatte, war angegriffen von den rauen Bedingungen der bergigen Gegend. Am 25. Juli 1837 starb Louise Scheppler, nachdem sie fünf Tage zuvor an einer Lungenentzündung erkrankt war. Die Beerdi-

---

9 W. Burckardt, u.a., Johann Friedrich Oberlins, Pfarrer im Steinthal, vollständige Lebensgeschichte und gesammelte Schriften 1,Stuttgart 1843, 299 ff; zit.n Psczolla, Louise Scheppler, 69 f.

10 Psczolla, Louise Scheppler, 108 f.

11 A.a.O., 79.

12 Zum Vergleich: Der Jahreslohn einer Kleinkinderlehrerin betrug 300 Francs.

13 Psczolla, Louise Scheppler, 71.

gungsansprachen, die von Philipp Louis Rauscher und dessen Sohn Louis Frédéric Rauscher gehalten wurden, malten den Anwesenden das Lebenswerk dieser tatkräftigen Wohltäterin des Steintales noch einmal vor Augen.

Auf ihrem Grabkreuz steht schlicht „Louise" und der Bibelvers, den sie sich selbst vier Jahre zuvor als Beerdigungstext ausgesucht hatte: „Wenn ihr alles getan habt, was euch befohlen wird, so sprecht: wir sind unnütze Knechte".[14] Dieses Schriftwort lässt die Bedeutung sichtbar werden, die sie von ihrem Leben und Dienst hatte: bescheiden und demütig verstand sie sich als Dienerin ihres Heilandes. Die Kleider, die sie für ihre Beerdigung zurückgelegt hatte, waren ebenso alt und bescheiden. Louise wollte nichts in die Erde legen, was andere noch dringend gebrauchen konnten. Das Grab Louise Schepplers liegt auf dem Friedhof des Ortes Fouday direkt oberhalb von Oberlins Ruhestätte.[15]

Auf ihre Verdienste weisen bis heute viele Einrichtungen der Evangelischen Kinder- und Jugendhilfe – sowohl in Frankreich als auch in Deutschland – hin, die ihren Namen tragen.

Es sind vor allen Dingen Kindergärten, die Louise Scheppler durch ihre Namensgebung ehren.

3. Louise Schepplers Wirken

a. Die Entstehung der Strickstuben im Jahre 1770

Nachdem Sara Banzet schon 1769 in Belmont Kinder in ihrer Wohnstube versammelt hatte, nannte Oberlin diese Einrichtungen im Jahre 1770 „Strickschulen". Die französische Bezeichnung war pôeles à tricoter,[16] was eigentlich „Strickstube" heißt.[17] Le pôele war der Ofen der Stube, der durch seine Wärme und Gemütlichkeit den Raum erst zur Wohnstube machte. Mit pôeles à tricoter sind damit die Kleinkinderschulen gemeint, in denen die Kinder von einer Erzieherin, der conductrice de la tendre jeunesse, unterrichtet und neben anderem durch Stricken beschäftigt wurden. Die Anfänge können mit einer Familie verglichen werden, in der die Mutter Zeit hat, sich um alle Kinder – die Großen wie die Kleinen – zu kümmern. Im Steintal war dies infolge der harten Arbeit in der Landwirtschaft, bei der die Mitarbeit der Frauen unabdingbar war, nicht in dem Maß möglich, wie das für die körperliche und geistige Entwicklung der Kinder förderlich gewesen wäre. Bis zum Jahr 1783 hatte Pfarrer Oberlin deshalb in allen seinen Gemeinden Strickstuben in den Schulhäusern eingerichtet und zur Betreuung der Kinder jeweils eine conductrice eingesetzt.

Die Kinder, die dort betreut und unterrichtet wurden, waren im Alter zwischen vier und sieben Jahren, also im Kindergarten- und Vorschulalter. Die Erzieherinnen wurden meistens conductrices genannt, seltener auch institutrices

---

[14] Lk.17,10.

[15] Psczolla, Louise Scheppler, 80-87.

[16] A.a.O., 93.

[17] Es existieren für die Strickstuben im elsässischen Steintal mehrere Begriffe nebeneinander, die alle dieselbe Einrichtung meinen: Strickstube, Kleinkinderschule, Strickschule.

oder maîtresses, beides ist zu übersetzen mit „Lehrerin", beziehungsweise hier im engeren Sinne mit „Kleinkinderlehrerin".[18] Die Strickstuben waren – und das gehört mit zum Steintäler Spezifikum – innerhalb der Schulhäuser in einem extra Raum untergebracht. Dieses Zimmer war gut zu heizen und sollte den kleinen Kindern die heimatliche Wohnstube ein Stück weit ersetzen. Dadurch, dass die Kleinkinderschulen räumlich in das Schulhaus integriert waren, kommt zum Ausdruck, dass die Erziehung der Vorschulkinder bereits für Oberlin und seine Mitarbeiterinnen Teil der gesamten Bildung waren. Die Einrichtung, die im Steintal „Strickstube" hieß, bekam im Verlauf ihrer Institutionalisierung verschiedene Namen. So hießen die vergleichbaren Einrichtungen bei Regine Jolberg beispielsweise „Kinderpflegen".

Später gab es in einigen Dörfern neben den Strickstuben für die Kinder im Alter von vier bis sieben Jahren darüber hinaus separate Strickschulen für Kinder und Jugendliche höheren Alters. In diese Schulen gingen die Kinder an zwei Nachmittagen in der Woche.[19] Von diesen speziellen Strickschulen, die dem Zweck dienten, stricken zu lernen, um die dabei gefertigten Handarbeiten später auch verkaufen zu können, soll hier nicht die Rede sein, sondern ausschließlich von den Strickstuben, den pôeles à tricoter für die Kinder im Vorschulalter.

Die Ziele der von Oberlin theoretisch ins Leben gerufenen und von den Frauen praktisch durchgeführten Arbeit an den Kindern hat der Steintalpfarrer im Jahr 1770 wie folgt beschrieben:

„Die Ursachen, die mich bewegen, alles mögliche zu thun, um die Strickschuhlen[20] in Gang zu bringen, sind leicht zu errathen. Denn 1) laufen die Kinder herum, bis sie groß genug sind, den Eltern zu helfen. Ob sie nun schon keine Bosheiten ausüben, so lernen sie doch den Müßiggang und viele Unarten. 2) Die hiesige Landes Sprache ist vom Französischen ungemein verschieden, daher viele Große weder von den Examina der Kinderlehre, noch Predigten, noch Lieder, noch ... gar wenig recht und gar vieles übel verstehen.

Durch diese Anstalt aber, wann der liebe Gott dazu Seinen Segen gibt, haben wir folgende Vortheile zu hoffen:
1. kommen die Kinder von den Straßen.
2. werden sie nach und nach zur Arbeit angewöhnt.
3. kommen sie unter eine gute Aufsicht.
4. wird früh an ihren Seelen gearbeitet, wann Gott ferner solche gottesfürchtige Seelen erwecket, die sich zu Meisterinnen wollen brauchen lassen.
5. lernen sie dadurch Französisch, welches ein gar ungemein wichtiger Grund ist.
6. werden sie fleißiger zur Schuhle gehen gemacht, denn je mehr ein Kind herumlaufen darf, je weniger ist es zum Lernen zu bringen.

---

[18] Psczolla, Louise Scheppler, 94.

[19] Vgl. Chamel, La petite école dans l'école. Origine piétiste-Morave de l'école maternelle française, Bern 1996, 154.

[20] Oberlin benutzt hier den Ausdruck „Strickschuhle" für die Strickstuben.

7. verdienen dadurch die Kinder wo nicht viel doch wenig. Ein treuer Haushalter aber verachtet nichts.
8. Sollte das Stricken in Aufnahme kommen, so würde manches Geld im Lande bleiben, und manche sonst verlohrene Zeit nützlich angewendet werden. Ich habe in meiner Pfarrey ohngefähr 200 Haushaltungen, rechnet man nur 3 Paar Strümpf jährlich auf eine, das Paar zu 40 S. so giengen jährlich 600 Fr. aus meinen Dörfern für Strümpfe. Da nun gar so wenig Geld ins Land hereinkommt so wäre dieses ein großer Vortheil, wann man es drin behalten könnte."[21]

Es waren also pädagogische, didaktische, religiöse, soziale und volkswirtschaftliche Aspekte, die Oberlin bei der Gründung der Strickschulen mit heranzog.[22] In religiöser Hinsicht war es vor allem der Wunsch, die Kleinen mit ihrem Schöpfer bekannt zu machen. «Toutes les activités proposées par les conductrices convergent vers ce même but: la rencontre personnelle avec le Divin à travers la connaissance des merveilles de la création, du génie humain et du message évangélique.»[23]

Die Strickstuben fanden an 4 Tagen der Woche statt. Während die Kinder die Strickstuben besuchten, wurden sie nicht nur „aufbewahrt" und beaufsichtigt, sondern in Sitte, Religion, häuslichen Arbeiten und anderem mehr unterrichtet. Gelegentlich gab es getrennte Unterrichtsangebote für Jungen und Mädchen. Im Allgemeinen wurden die Kinder aber gemeinsam unterrichtet.

In einem undatierten – wahrscheinlich von 1834 stammenden – handschriftlichen Bericht beschrieb Louise Scheppler die Arbeit der Kleinkinderlehrerinnen so:

„Die Leiterinnen unterrichten die Kinder in den verschiedenen Fächern wie folgt:
1. Das Stricken, gilt für Buben wie für Mädchen.
2. Man berichtet ihnen die Geschichten der Heiligen Schrift.
3. Man lässt sie auswendig lernen, Gesangbuchlieder und geistliche Lieder, die sie dann stets auch gleich singen werden, man erklärt ihnen den Sinn dieser Lieder.
4. Man bringt ihnen schon die Anfangsgründe von Geographie und Naturgeschichte bei.
5. Man erzählt ihnen verschiedene erbauliche Geschichten, ihrem Alter und Auffassungsvermögen entsprechend.

---

21 Vgl. Psczolla, Louise Scheppler, 92 f; zit. aus den *Règlements* (Verordnungen) 61 b.
22 Vgl. ders., Louise Scheppler, 92.
23 Vgl. Loïc Chalmel, La petite école dans l'école. Origine piètiste-Morave de l'école maternelle française, Bern 1996, 139. Übersetzung des Zitats: Alle Bestrebungen der Erzieherinnen sollten deshalb zu folgendem Ziel führen: zur persönlichen Begegnung mit Gott. Gott kann man begegnen durch das Studium der Naturwunder, durch das Erkennen der Größe des menschlichen Geistes und durch die Botschaft des Evangeliums.

6. Man versucht, ihnen die Gegenwart Gottes deutlich zu machen, zu jeder Zeit und an jedem Ort, und überall, wo sie sich befinden, und in allem, was sie tun, spornt man sie an, sich dessen zu erinnern.

Man hält sie dazu an (muntert sie auf), nur ja all das zu tun, was Gott, dem Allgegenwärtigen, Freude machen kann. Im Gegensatz dazu zeigt man ihnen auch, was Gott missfällt; man versucht ihnen zu zeigen, wie hässlich es ist, sich dem Lügen und Schwören hinzugeben, ebenso wie der Respektlosigkeit den Eltern gegenüber, der Unsauberkeit, der Faulheit und anderem mehr. Und endlich versucht man, ihnen das Gebet des Herzens nahe zu bringen, indem man mit ihnen kniend betet und man betet in einer Art und Weise, wie sie es verstehen."[24]

Eine genauere Vorstellung des Beschäftigungsplans der Strickstuben im Steintal gewinnen wir durch Pläne, die uns der Darmstädter Kleinkinderschulpädagoge Johannes Fölsing (1816-1882) übermittelt hat. Es ist davon auszugehen, dass diese so im Steintal entworfen und verwendet wurden. Eine andere Quelle aus dem Jahr 1888 verweist auf denselben Plan. Demnach umfasste der Beschäftigungsplan ursprünglich folgende Elemente:

Religiöses:
- Moralische Erzählungen
- Gebete
- Sprüche, insbesondere biblische Sprüche
- Biblische Erzählungen aus dem Alten und Neuen Testament
- Gesang
- Unterricht
- Sprech- und Sprachübungen, das Patois (Platt) zu beseitigen
- Naturgeschichtliche Bilder
- Die älteren Kinder auf einer Karte des Wohnortes das Vaterhaus aufsuchen
- Papier bemalen. Entwicklung des Farbensinns
- Figurenlegen von Steinchen und Hölzchen

Beschäftigungen:
- Wollene, baumwollene, seidene, etc. Stoffe ordnen
- Verschiedene Gegenstände nach Farbe und Form ordnen
- Blüten-Teilchen einfädeln
- Stricken mit hölzernen Nadeln mit grober Wolle. Mädchen sollen breite Tafeln stricken, aus denen Röcke verfertigt werden
- Einfaches Papierfalten
- Spiele und körperliche Übungen
- Ballspiele
- Federblasen.
- Ringwerfen.
- Stühle verrücken.

---

[24] Zit.n. Psczolla, Louise Scheppler, 102 f.

- Plätze verwechseln.
- Gärten jäten, an Pflanzen anbinden, dürre Blätter wegpflücken, Wege reinigen, begießen, etc.
- Im Freien spazieren gehen und dabei – „damit nichts umkomme" – Späne, Hölzchen, Läppchen aufheben und in einen Korb sammeln.[25]

Beim Betrachten dieses Beschäftigungsplans ist unschwer erkennbar, dass er, gemessen an heutigen Maßstäben, sehr modern erscheint und dass sich viele Inhalte der gegenwärtigen Vorschulpädagogik darin finden lassen.

b. Spracherziehung in den Strickstuben

Zu den weiteren Zielen, die in Kleinkinderschulen verfolgt wurden, gehörte es, den Dialekt des Steintals, das Patois[26], auszumerzen. Da das Patois in den umliegenden Dörfern nicht verstanden wurde, isolierte es die Bewohner des ohnehin abgelegenen Steintals noch zusätzlich und es war deshalb wichtig, den Kindern den flüssigen und korrekten Gebrauch der französischen Sprache beizubringen. Durch die Einführung der französischen Sprache sollten bessere Bildungschancen für die Steintäler – zunächst für die Kinder und Jugendlichen – erreicht werden. Zu Oberlins Argumenten gehörte weiterhin, dass der Erwerb der französischen Sprache auch für das Lesen der Bibel von Bedeutung sei. Die Steintäler sollten vom geistig-kulturellen Erbe ihrer Nachbarn auf beiden Seiten – den Franzosen und den Deutschen – profitieren können; deshalb wurde in den mittleren und höheren Klassen der Primärschulen in den Dörfern zusätzlich noch die deutsche Sprache unterrichtet.[27] Oberlin selbst entwarf Materialien für den Sprachunterricht und gab seinen Erzieherinnen Anweisungen für deren Gebrauch. Louise und die anderen conductrices übten mit den Kindern die Bezeichnungen von Tieren und Pflanzen in den Sprachen Deutsch und Französisch im Vergleich zu den Patois-Wörtern ein.

Oberlin formulierte seine Bemühungen, den Kindern beim Erlernen des Französischen zu helfen, so: „Ich stellte eine Sammlung von Tierfiguren her, auf weißes Papier geklebt, und schrieb die Namen der Tiere und etliche interessante Merkmale darunter. Ich preßte Pflanzen und schrieb dort die Namen auf Französisch, Patois und Deutsch und auch einige Merkmale und

[25] Johannes Hübener, Die christliche Kleinkinderschule, ihre Geschichte und ihr gegenwärtiger Stand, Gotha 1888, zit.n. Psczolla, Louise Scheppler, 1988, 96.

[26] Das Steintaler Patois war ein französisch-lothringisches Sprachgemisch. Bei der genauen Herkunft des Steintäler Patois wird auch vermutet, dass es möglicherweise auf die keltische Sprache zurückgeht und im Laufe der Zeit Elemente aus dem Deutschen mit aufgenommen hat. Oberlins Bruder Friedrich Jeremias hatte bereits über diesen Dialekt geforscht und ein Wörterbuch desselben herausgegeben. Wenn Oberlin selbst – im Zusammenhang mit seiner Berufung ins Steintal – von den Steintälern als von „diesem lieben welschen Volk" gesprochen hat, dann kann „welsch" zum einen bedeuten, dass ihre Sprache ein für andere unverständliches Kauderwelsch ist. Vielleicht meinte es aber auch den Ursprung der Sprache im Walisisch-Keltischen.

[27] Vgl. Buch, Oberlin, 56.

Eigenschaften der Pflanzen dazu. Ich gab ihnen kleine allgemeine Karten des Globus und der vier Teile der Erde in die Hand. Ein Freund übersetzte mir deutsche Lieder ins Französische ... All dies stärkte die Erzieherin darin, die Kinder den ganzen Tag hindurch zu beschäftigen, zu erfreuen und zum Reden zu bringen.“[28]

c. Die Kinder als Erzieher ihrer Eltern

Dass Kinder das in der Schule, beziehungsweise im Kindergarten Gelernte zu Hause einbringen und die Eltern dadurch herausfordern, das ist bis heute so geblieben. Alles, – oder zumindest einiges davon – was an sprachlicher Erziehung, an Gesundheits- und Hygieneerziehung, an kreativem Schaffen, wozu das Zeichnen und das Stricken gehörten, an religiösen Inhalten und in Bezug auf das Streben nach einer guten Lebensführung in den Schulen vermittelt wurde, haben die Kinder auch zu Hause umgesetzt. Dadurch wurden manche Gewohnheiten in den Elternhäusern in Frage gestellt und teilweise konnten die Kinder einen Anstoß zum Besseren geben.

So kam es dann, dass sich das von den Schülerinnen und Schülern in den Kleinkinderschulen und Schulen über Pflanzen, Gartenbau und Landwirtschaft Erlernte zum Beispiel in der Weise niederschlug, dass die Kinder ihre Eltern baten, auch zu Hause kleine Gartenbeete anlegen zu dürfen. Durch die mit hübschen Blumen gepflegten Beete wurden die Dörfer sichtbar verschönert.[29] In moralischer Hinsicht konnte der schulische Einfluss dazu führen, dass ein cholerischer Vater, der das Fluchen gewohnt war, von seinen Söhnen und Töchtern ermahnt wurde, sein Verhalten zu ändern, da es Gott missfalle.

d. Die Strickstuben des Steintals als Vorbild für andere Einrichtungen der Kleinkindpädagogik in Europa

Vieles von dem, was in den Steintäler Strickstuben mit den Vorschulkindern praktiziert wurde, übte einen nachhaltigen Einfluss auf andere Entwicklungen der Kleinkindpädagogik in Europa aus. Zunächst muss die Strickstube als wichtigste Vorläuferin des Kindergartens in Frankreich, der école maternelle, genannt werden. Genauso nachweisbar ist aber auch ihr Einfluss auf die Entstehung der infant schools in Großbritannien und des Kindergartens in Deutschland. Hier seien genannt: Friedrich Fröbel (1782-1852), der Gründer des Deutschen Kindergartens und Theodor Fliedner, der 1836 in Kaiserswerth das erste Seminar für Kleinkinderlehrerinnen initiierte. Die Vorschulpädagogin Regine Jolberg lernte das auf die Einrichtungen im Steintal zurückgehende Modell der Strickstuben 1839 im Haus des Pfarrerehepaares Fink in Leutesheim

---

[28] AMS (Archives municipales de Strasbourg) Ms 183; zit.n. Erich Psczolla, Johann Friedrich Oberlin 1740-1826, Gütersloh 1979, 80 f.

[29] Vgl. Psczolla, Louise Scheppler, 99.

bei Kehl kennen.[30] Am Anfang der Vorschulpädagogik stand Louise Scheppler; sie hat im Laufe der Zeit viele Nachfolgerinnen und mittlerweile auch Nachfolger gefunden.

30 Vgl. Adelheid M. von Hauff, Regine Jolberg (1800-1870). Leben, Werk und Pädagogik. „Das ganze Wesen der Kinderpflege ist Liebe" (Veröffentlichungen des Diakoniewissenschaftlichen Instituts 13), Heidelberg 2002.

PETER ZIMMERLING

Barbara Juliane von Krüdener (1764-1824)

Juliane Barbara von Krüdener. Frontispiz der 2. Ausgabe von „Valérie ou lettres de Gustavs de Linar à Ernest", 1846 (Ausschnitt).

Barbara Juliane von Krüdener gehört zu den beeindruckendsten und gleichzeitig umstrittensten Frauen der neueren Kirchengeschichte.[1] Das zeigt schon die kontroverse Beurteilung ihrer Person durch die Zeitgenossen und die Fülle der Literatur, die sich mit ihr beschäftigt.[2]

1. Romantisch eingefärbte Spiritualität

Juliane von Krüdener ist sicherlich die schillerndste Gestalt der Erweckungsbewegung, die im Zug der napoleonischen Eroberung Europas und der sich anschließenden Befreiungskriege Europa im ersten Drittel des 19. Jahrhunderts erfasste.[3] Die frühe Erweckungsbewegung war stark von der romantischen Auffassung des besonderen Wertes der einzelnen Persönlichkeit geprägt, von der Überzeugung der ewigen göttlichen Liebe und der Neuentdeckung der unsichtbaren Welt.[4] Zwar war sie ökumenisch ausgerichtet, hat aber eine ausgesprochene Vorliebe für die katholische Frömmigkeit entwickelt, die sie als wesentlich mystisch geprägt betrachtete. Erst später teilte sie sich in konfessionell ausgerichtete Zweige auf.

Juliane von Krüdener glaubte mit der frühen Erweckungsbewegung, dass im vorangegangenen Zeitalter der Aufklärung und des Rationalismus der christliche Glaube nur unvollständig begriffen worden war: „Ich fühlte, wie die Reli-

---

1 Ausführlicher habe ich mich mit Juliane von Krüdener beschäftigt in meinem Buch: Starke fromme Frauen. Begegnungen mit Erdmuthe von Zinzendorf, Juliane von Krüdener, Anna Schlatter, Friederike Fliedner, Dora Rappard, Eva von Tiele-Winckler, Ruth von Kleist-Retzow, Gießen ³1999, 22-46.

2 Vgl. dazu die Literaturhinweise am Ende.

3 Zur Erweckungsbewegung allgemein vgl. Hartmut Lehmann, Die neue Lage, in: Geschichte des Pietismus III. Neunzehntes und zwanzigstes Jahrhundert, hg. von Ulrich Gäbler, Göttingen 2000, 1-26.

4 Erich Beyreuther, Die Erweckungsbewegung (Die Kirche in ihrer Geschichte 4, Lieferung R 1. Teil), Göttingen ²1977, R 25.

gion überall entstellt worden."[5] Im Buch „Der Einsiedler" hat sie den Gegensatz zwischen der vom Rationalismus geprägten Frömmigkeit der Aufklärung und der Frömmigkeit der Erweckungsbewegung näher entfaltet. Sie schreibt, dass die Vernunft kalt und beschränkt sei; über sie führe kein Weg zu Gott.[6] Gott sei nicht dem Stolz, sondern allein der Liebe zugänglich. Um Gott zu erfahren, müsse man von neuem wie ein Kind werden. Hier steht Rousseaus Ideal der Natürlichkeit und Kindlichkeit im Hintergrund. An anderer Stelle im „Einsiedler" heißt es: „Kommt zu mir, ihr alle, die ihr belastet seid, ich will euch eure Schmerzen abnehmen. Diese Worte der Liebe, der grenzenlosen Zärtlichkeit rührten und trösteten meine Seele."[7] Juliane von Krüdener interpretiert hier den Heilandsruf aus Mt 11, 28 ff. in typisch romantischer Weise als Liebeserklärung Jesu Christi an die Menschen. Dabei fällt ein Zug zur Sentimentalität auf („grenzenlose Zärtlichkeit"), der den Worten Jesu im Matthäusevangelium fremd ist. Der Heilandsruf geht ja noch weiter und fordert dazu auf, auch das Joch Jesu auf sich zu nehmen.

Zentrum des christlichen Glaubens ist für die Erweckungsbewegung nicht Metaphysik oder Moral, sondern die Erkenntnis eines liebenden Versöhners, die persönliche Erfahrung von der Vergebung der Schuld im Glauben an Jesus Christus. „Gott hatte einen Strahl des lebendigen Glaubens in mein Herz gesenkt und der Gott der Christen und des Weltalls war in meinem Gemüthe eingekehrt. Liebend war er ja auch für mich am Kreuze gestorben; ich fühlte, dass mir vergeben sei."[8] Die Gewissheit, mit Gott versöhnt zu sein, wird Juliane von Krüdener – wiederum typisch romantisch – durch das Gefühl zuteil.[9] Der damals führende Theologe Friedrich Schleiermacher (1768-1834) hat das Gefühl als Sitz der Religion beschrieben und damit den Glauben anthropologisch zu verankern vermocht. Von einer solchen theologischen Systematisierung ist die Krüdener allerdings weit entfernt. Ihre Frömmigkeit ist geprägt vom Herrnhutertum, dessen Auffassung von der Versöhnung, von der Vergebung der Schuld durch das Opfer Jesu Christi am Kreuz, sie sich zu Eigen gemacht hat.

Es fällt auf, dass Juliane von Krüdener im „Einsiedler" die Bekehrungsgeschichte eines Eremiten erzählt. Dabei mag ihre Herkunft aus dem Baltikum eine Rolle gespielt haben, wo man von den russischen geistlichen Vätern, den Starzen, aus den Einöden des Landes gewusst hat. Diese Starzen haben im 19. Jahrhundert viele russisch-orthodoxe Christen zu einem lebendigen Glauben

5 Juliane von Krüdener, Der Einsiedler. Ein Fragment, hg. von K.S., Leipzig 1818, 44; vgl. dazu auch Frau von Krüdener in der Schweiz. Aus dem Tagebuche Joh. Georg Müller's. Zur Geschichte der religiösen Bewegungen nach den Befreiungskriegen, in: Protestantische Monatsblätter für innere Zeitgeschichte XXII, 1863, 215.

6 Krüdener, Einsiedler, 40 f.

7 A.a.O., 43.

8 A.a.O., 42.

9 Vgl. Friedrich Schleiermacher, Über die Religion. Reden an die Gebildeten unter ihren Verächtern, Berlin 1799.

geführt. Im Hintergrund der kontemplativen Frömmigkeit Frau von Krüdeners steht wiederum die Geisteshaltung der Romantik. Der Wert von Stille und Abgeschiedenheit wurden neu entdeckt. Die Natur wurde zum hervorragenden Ort der Gottesbegegnung. Man meinte, damit auf den Spuren der altkirchlichen Asketen und Eremiten zu wandeln. Allerdings unterschied sich das Naturideal der Romantik deutlich vom Naturverständnis der altkirchlichen Asketen. Wurde die Natur in der Romantik zum Bild für die Größe und Allmacht Gottes, war sie bei den frühen Asketen Ort des Kampfes gegen Dämonen und feindliche Lebensbedingungen.

Juliane von Krüdeners Frömmigkeit hatte einen stark mystischen Zug. Sie las regelmäßig in den zur romantischen Mystik gehörenden Schriften: von Teresa von Avila (1515-1582), Madame Guyon (1648-1717) und Francois Fénelon (1651-1715). Darin fand sie nicht nur Anleitung zur Kontemplation, sondern auch zur Übung der selbstlosen Liebe.[10] Überhaupt kann man die Bedeutung der spanischen und französischen Mystik für die Erweckungsbewegung nicht hoch genug einschätzen.

Der Tagesablauf Frau von Krüdeners wurde – ganz klösterlich – durch regelmäßige Gebetszeiten eingeteilt. Auf ihren Reisen befand sich immer eine Schar von Menschen an ihrer Seite, mit denen sie predigend, prophezeiend und heilend durch die Lande zog und sozial tätig war. Dabei bildete sie mit ihrer Begleitung eine Art wandernde Gemeinde (vielleicht nach dem Vorbild von Zinzendorfs berühmter Pilgergemeine). 1815 verbrachte sie den Frühling in Baden-Baden. Es ist überliefert, dass sie und ihre Begleitung alle drei Stunden ihre Beschäftigung unterbrachen und zu einer Gebetszeit zusammenkamen.[11] Das Gleiche galt für das Leben an anderen Orten und auf ihren eigenen Gütern.

Mit der frühen Erweckungsbewegung teilte Juliane von Krüdener eine Geringschätzung der Unterschiede zwischen den einzelnen Konfessionen. Die Erfahrung der persönlichen Hinwendung zum auferstandenen Christus ließ die konfessionellen Besonderheiten zurücktreten. In der Vorrede zum „Einsiedler" wird ein Zeitungsartikel über die ökumenische Gesinnung Juliane von Krüdeners zitiert: „Frau von Krüdener, erzählte damals ein Schaffhausner Blatt, huldigt keiner der bestehenden Sekten, selbst jener der Herrnhuther nicht. Ihre Ansichten, die am Schlusse auf Vereinigung aller Religionssocietäten hinzielen, sind aus den wesentlichen Bestandtheilen aller christlichen Konfessionen zusammengesetzt; daher auch Leute von allen Konfessionen zu ihr wallfahrten, und von ihr befriedigt wegziehen."[12] In einem Brief von 1811 an Pfarrer Fontaine meinte sie, dass alle, die auf die unsichtbare Kirche schauen, überall

---

[10] Wilhelm Baur, Art. Krüdener, in: Allgemeine Deutsche Biographie XVII, Leipzig 1883, 201.

[11] A.a.O., 204.

[12] Krüdener, Einsiedler, 19.

Christen finden werden, weil Gott überall seine Kinder hat – sowohl unter Katholiken wie auch unter Protestanten.[13]

Später hat man Juliane von Krüdener diese ökumenische Haltung vorgeworfen und als mangelhaftes Christsein kritisiert. So dachte man jedoch erst, nachdem sich die Erweckungsbewegung konfessionalistisch ausgerichtet hatte. Den Anfang bildete ein ökumenischer Impuls, der alle Konfessionen erfasste.

Mit vielen Vertretern und Vertreterinnen der Erweckungsbewegung teilte Frau von Krüdener die Gewissheit, dass die Wiederkunft Jesu Christi unmittelbar bevorstand.[14] Alles kam darauf an, sich vorzubereiten. Das galt für den einzelnen Menschen genauso wie für die Völker und ihre Regierungen. Als Zufluchtsort vor den schweren Gerichten, mit denen Gott die Welt vor der Wiederkunft Christi heimsuchen würde, hat Juliane von Krüdener – wiederum wie viele andere Christen ihrer Zeit – den Osten, die Weiten Russlands bis zum Kaukasus betrachtet.[15] Diese Vorstellung führte in Mitteleuropa viele Erweckte zur Auswanderung nach Russland. Auch sie hat sich am Ende ihres Lebens diesem Zug angeschlossen.

In der Entdeckung der unsichtbaren Welt ist Juliane mit der romantischen Zeitströmung verbunden. Nach der Aufklärung, die allein die sichtbare Welt gelten lassen wollte, war die Romantik umgekehrt der Auffassung, dass nur die uns umgebende unsichtbare Welt wesentlich ist. Sie rechnete mit der Realität von Geistern, erlebte Visionen und Prophezeiungen und scheint auch die Gabe der Krankenheilung besessen zu haben. Bereits zu ihren Lebzeiten wurde Juliane von Krüdener wegen verschiedener Sonderlehren heftig angegriffen. Sie verehrte Maria,[16] war der Auffassung, dass der erste Mensch androgyn gewesen sei, also männliche und weibliche Merkmale in sich vereinigt habe, und im Himmel der Unterschied zwischen den Geschlechtern wieder verschwinden werde.[17] Auch rät sie, für entschlafene Seelen zu beten und Almosen zu geben.[18] Viele dieser Lehren scheint sie von den beiden Patriarchen der Erweckungsbewegung Johann Heinrich Jung-Stilling (1740–1817) und Pfarrer Johann Friedrich Oberlin (1740–1826) aus dem Elsässer Steintal übernommen zu haben.

Trotz aller Sonderlehren wurde jedoch ihre Botschaft von der Versöhnung des Menschen in Jesus Christus nicht verdeckt, sondern blieb der ausstrahlungskräftige Mittelpunkt. So urteilte auch ihr kritisch-wohlwollender Zeitgenosse aus Schaffhausen, Professor Johann Georg Müller. Er schrieb in sein Tagebuch am 26. Juli 1817: „Ich lasse ihr ihre besondere Meinung und auch den schwärmerischen Anflug, der bei einem Weibe am wenigsten befremden muß

---

[13] Ernest John Knapton, The Lady of the Holy Alliance. The Life of Julie de Krüdener, New York [2]1942, 126.

[14] Frau von Krüdener in der Schweiz, 209.

[15] A.a.O., 209, 197 f.; vgl. auch Lehmann, Die neue Lage, 11.

[16] Frau von Krüdener in der Schweiz, 198.

[17] A.a.O., 206.

[18] A.a.O., 209.

(auch Origenes und alle originellen Denker über Religion hatten ihre besonderen Meinungen), und sehe auf die Hauptsache, und da bekenne ich, daß ich den Geist der christlichen Weisheit, Demuth und Liebe, die Liebe zum Herrn und um des Herrn willen zu den Menschen – seit Langem nie in dieser Vollkommenheit gesehen habe."[19] Außerdem sollte man bedenken, dass zu jedem neuen Frömmigkeitsaufbruch eine gute Portion Schwärmerei gehört. Erneuerung wurde der Kirche meist durch Gruppen an ihren Rändern geschenkt. Erst im Verlaufe einer Erweckungsbewegung kann die Theologie klärend und auf das Errungene festigend einwirken. Wollte man von vornherein jeden Überschwang vermeiden, würde man einen solchen Aufbruch im Keim ersticken. Die Theologie bleibt Kostgängerin einer lebendigen Praxis! Vielleicht trifft die Aussage einer Schweizer Zeitung, abgedruckt im Vorwort zum „Einsiedler", den Sachverhalt am besten: „Von Schwärmerei möchten wir sie weniger frei sprechen; aber wo bewegte sich irgendwas Großartiges im Leben, ohne einen gewissen Zuschlag von Schwärmerei, nicht davon zu reden, daß den Lauen und Nüchternen jeder Flügelschlag eines sie überschwebenden Geistes schwärmerisch erscheint."[20]

2. Auf dem Weg zur Bußpredigerin Europas: Biographische Streiflichter

Barbara Juliane von Krüdener, geb. von Vietinghoff, wurde am 11. November 1764 in Riga geboren. Lettland – oder Livland, wie man damals sagte – war seit mehreren Jahrzehnten Teil des russischen Reiches. Die baltischen Provinzen bildeten Russlands Fenster nach Europa. Die Kultur der baltendeutschen Oberschicht, der Juliane entstammte, war kosmopolitisch. Neben Deutsch wurden Französisch und Russisch gesprochen. Die Vorfahren Juliane von Krüdeners hatten bereits im 14. Jahrhundert führende Positionen im alten Staat des Schwertritterordens inne. Ihr Urgroßvater mütterlicherseits – Burkhard Christoph von Münnich – war unter Katharina I. und Anna Iwanowna zum Feldmarschall und Ersten Minister Russlands aufgestiegen, bevor er durch Elisabeth I. zu zwanzig Jahren Haft in Sibirien verurteilt wurde. Erst Zar Peter III. rief den 79jährigen 1762 – zwei Jahre vor der Geburt Julianes – nach St. Petersburg zurück.[21] Der Vater Julianes spielte als Senator und Fabrikant im gesellschaftlichen Leben Rigas eine wichtige Rolle.

Zusammen mit ihren Brüdern erhielt Juliane von Krüdener eine hervorragende Erziehung, zu der eine gediegene geisteswissenschaftliche Ausbildung gehörte. Mit ihren Eltern und Brüdern unternahm sie als Jugendliche eine Bildungsreise nach Westeuropa, auf der sie besonders England und Frankreich stark beeindruckten. Zurück in Riga, wurde sie – noch nicht ganz 18-jährig – mit dem zwanzig Jahre älteren russischen Diplomaten Konstantin von Krüde-

[19] A.a.O., 208.

[20] Krüdener, Einsiedler, 24.

[21] Zum Leben Münnichs vgl. Anni Wienbruch, Im Schatten der Zaren, Lahr-Dinglingen 1972, dort auch weitere Literaturangaben.

ner verheiratet. Als Mitgift erhielt Juliane das Gut Kosse mit tausend Leibeigenen, das einmal die wirtschaftliche Basis ihres Unterhalts bilden sollte. Ihr Mann war kurz vor der Heirat von Katharina II. zum Minister von Kurland mit Sitz in Mitau ernannt worden. 1785 wurde er russischer Gesandter in Venedig, zwei Jahre später Gesandter in Kopenhagen. Julianes Leben war fortan angefüllt mit öffentlichen Verpflichtungen. Bei den abendlichen Gesellschaften wurden politische Kontakte geknüpft und diplomatische Vorgänge auf den Weg gebracht.

Allerdings wurde das Leben Frau von Krüdeners, die zwei Kindern das Leben schenkte, schon bald durch einen Mitarbeiter ihres Mannes, der sich leidenschaftlich in sie verliebte, aus der Bahn geworfen. Dieser hatte ihrem Mann in einem Brief seine Liebe zu ihr offenbart und um Entlassung aus dem diplomatischen Dienst gebeten. Konstantin von Krüdener gab seiner Frau den Brief zu lesen, wodurch diese in große Aufregung geriet. In der Folge erkrankte sie psychosomatisch. Eine Kur in Südfrankreich sollte Abhilfe schaffen. Von dort reiste Frau von Krüdener nach Paris. In Frankreich verliebte sich ein attraktiver junger Offizier in sie, woraus sich trotz anfänglicher Ablehnung von Seiten Julianes ein Verhältnis entwickelte. In Kopenhagen – wohin sie in Begleitung des als Leibwächter getarnten Liebhabers zurückgekehrt war – erbat sie die Scheidung von ihrem Mann, die dieser jedoch verweigerte. Bis zu dessen Tod 1802 führte sie fortan ein rastloses Leben, das sie kreuz und quer durch Europa brachte.

Nach der Zeit in Kopenhagen wurde Konstantin von Krüdener russischer Gesandter in Berlin. Trotz seiner dringenden Bitten, sie möge zu ihrer Familie zurückkehren, zog Juliane das ungebundene gesellschaftliche Leben in der Schweiz und in Paris vor. Dort verkehrte sie mit Madame de Stael (1766-1817), die eine frühe Feministin und die damals führende französische Schriftstellerin war. Juliane wurde in den Pariser Salons für einen von ihr aufgeführten mimischen Tanz berühmt, den so genannten Shawltanz. Germaine de Stael schrieb: „Niemals haben Grazie und Schönheit auf eine zahlreiche Gesellschaft eine außerordentlichere Wirkung hervorgebracht." Neben Madame de Stael verkehrte sie vor allem mit dem Staatsmann und Dichter Francois de Chateaubriand (1768-1848), der zusammen mit Madame de Stael der Romantik in Frankreich zum Durchbruch verhalf. Juliane war auch selbst literarisch tätig. Ihr Roman „Valerie ou lettres de Gustave de Linar à Ernest", 1803 auf Französisch erschienen, hatte außerordentlichen Erfolg. Bereits ein Jahr später erschien eine deutsche Übersetzung. Ganz im Stil der Romantik mit ihrer Betonung des Gefühls flocht Juliane von Krüdener autobiographische Züge in den Roman ein. Valerie besitzt große Ähnlichkeit mit ihr selbst. Gustav ist offensichtlich Stakieff, jener russische Mitarbeiter ihres Mannes, der seine Leidenschaft für sie zurückgehalten hatte. Der Graf, der Gustav als Adoptivsohn bei sich hat, scheint Konstantin von Krüdener abzubilden. Der Roman erzählt die Geschichte der wachsenden leidenschaftlichen Liebe des Pflegesohnes zu der Frau seines Pflegevaters. Bemerkenswert ist, dass sich in dem Roman bereits Elemente von Julianes späterem, von der Erweckungsbewegung geprägten christlichen Glauben ankündigen.

Zu ihrer Mutter nach Riga zurückgekehrt, hatte sie im Herbst 1804 ein Bekehrungserlebnis, das ihr weiteres Leben entscheidend veränderte. Wie kam es dazu? Eines Tages beobachtete sie, wie ein mit ihr bekannter Adliger, der gerade an ihrem Fenster vorüberging, vom Schlag getroffen zu Boden fiel und starb. Von Todesangst erfasst, erschrak sie über die Sinnlosigkeit ihres bisherigen Lebens. Etwa zur gleichen Zeit ließ sie sich bei einem Schuhmacher neue Schuhe anfertigen. Auf ihre Frage, ob er glücklich sei, antwortete dieser: „Ich bin der Glücklichste aller Menschen." Diese Antwort ließ ihr keine Ruhe. Durch den einfachen Schuhmacher, der Mitglied der Herrnhuter Brüdergemeine war, hörte die baltische Aristokratin die Botschaft von Gottes Liebe, die sich im Leiden und Sterben Jesu Christi offenbart hat. Fortan wurde die Weitergabe dieser Botschaft zu ihrem bestimmenden Lebensinhalt. Sie nahm ihr früheres Reiseleben wieder auf und wurde zur Evangelistin der oberen Gesellschaftsschicht Europas.

Zuerst kam sie in Königsberg in Verbindung mit der Königin Luise, die nach der Niederlage Preußens gegen Napoleon im Herbst 1806 dorthin geflohen war. Beide widmeten sich der Pflege verwundeter Soldaten. Von Königsberg aus reiste Juliane von Krüdener nach Südwestdeutschland. In Karlsruhe traf sie Jung-Stilling.[22] Juliane nahm am Familienleben Jung-Stillings teil und wurde seine begeisterte Schülerin. Sie nahm Verbindung zu pietistischen Gruppen im nahe gelegenen Württemberg auf und widmete sich in Karlsruhe der Pflege von Armen.

Prägend wurde in dieser Zeit auch die Begegnung mit Pfarrer Friedrich Fontaine aus St. Marie-aux-Mines im Elsass, der stark von der visionär begabten Bäuerin Marie Kummer beeinflusst war. Durch eine Prophetie kam Marie Kummer zu der Erkenntnis, Juliane von Krüdener sei dazu berufen, in Europa zur Buße zu rufen. Mehrere Jahre reisten die Drei miteinander durch Westeuropa. In ihren Predigten rief Juliane zur Bekehrung der Völker auf. Die Wiederkunft Jesu Christi stünde unmittelbar bevor. Immer wieder gelang es ihr, Menschen in wichtigen öffentlichen Ämtern mit dem Evangelium bekannt zu machen, z. B. den Präfekten von Straßburg, Graf Lezay-Marnesia. Durch einen Briefwechsel kam sie in Kontakt mit der Gesellschafterin der Königin von Holland, Hortensie von Beauharnais.

Die damalige politische Situation war geprägt vom Kampf Europas gegen Napoleon. 1812 hatte sich die Katastrophe der „Großen Armee" in Russland ereignet. 1814 musste Napoleon abdanken. Während des Wiener Kongresses (1814-1815) kehrte er noch einmal von seinem Verbannungsort Elba zurück. Der russische Zar Alexander I. zog daraufhin mit seinem Heer von Wien über Heilbronn und Heidelberg Richtung Holland. In dieser Zeit großer politischer

[22] Einen Einblick in die weite Wirksamkeit Jung-Stillings gibt sein Briefwechsel „Wenn die Seele geadelt ist. Aus dem Briefwechsel Jung-Stillings", Gießen/Basel 1967.

Ungewissheit begegnete Alexander Juliane von Krüdener. Durch eine Hofdame seiner Gemahlin, Roxandra Stourdza, die wiederum eine Freundin Jung-Stillings war, hatte Alexander bereits während des Wiener Kongresses von Juliane gehört. Er war seitdem stark an einer Begegnung mit ihr interessiert. Bei ihrem ersten Treffen in der Nähe von Heilbronn verkündigte Juliane von Krüdener dem Kaiser die Botschaft von der vergebenden Liebe Jesu Christi, die ihm ganz persönlich galt. Zar Alexander besuchte in den folgenden Wochen regelmäßig die Bibelgesprächsstunden, die Juliane in der Nähe von Heidelberg hielt, wohin das Hauptquartier der russischen Armee verlegt worden war. Während dieser Zusammenkünfte in einem einfachen Bauernhaus wurde von allen Anwesenden auf Knien gebetet.[23] Auf Wunsch Alexanders folgte Juliane von Krüdener ihm nach Paris, nachdem Napoleon bei Waterloo 1815 endgültig besiegt worden war. In dieser Zeit scheint Juliane den Zaren unter Hinweis auf das Gebot der christlichen Feindesliebe zur Milde gegen Frankreich beeinflusst zu haben. Frankreich wurde nicht in verschiedene Staaten aufgeteilt.

Auch in den folgenden Jahren wirkte Juliane von Krüdener als Bußpredigerin und Evangelistin vor allem in der Schweiz und in Südwestdeutschland. Weil sie die unhaltbaren sozialen Zustände in Basel und anderen Schweizer Kantonen anprangerte, wurde sie immer wieder von den Behörden ausgewiesen. Die Situation sollten wir uns möglichst drastisch vor Augen malen: Julianes Sohn war mittlerweile russischer Gesandter in Bern geworden. Auf ihren Evangelisationsreisen begleitete sie ihr Schwiegersohn Baron Berckheim, der frühere Innenminister von Baden. Trotz dieser verwandtschaftlichen Verbindungen zu politisch einflussreichen Persönlichkeiten musste sie schließlich auch die deutschen Staaten verlassen. Sie kehrte nach Livland auf ihr Gut Kosse zurück. Zar Alexander verbat sich jedoch jeden weiteren Kontakt. Er hatte sich inzwischen zu einem streng orthodoxen Glauben bekehrt.

Juliane von Krüdener starb am 25. Dezember 1824 auf der Halbinsel Krim in Karasu-Bazar. Dorthin hatte sie sich mit ihrer Freundin Fürstin Galitzin und mehr als hundert Siedlern aus Westeuropa aufgemacht, um auf dem Gut der Fürstin in Korais eine christliche Siedlung zu gründen und die Wiederkunft Jesu Christi zu erwarten. Der letzte Brief an ihren Sohn, kurz vor dem Tod geschrieben, stellt so etwas wie ihr geistliches Vermächtnis dar: „Was ich Gutes getan habe, wird bleiben: was ich Böses getan (denn wie oft habe ich nicht für Gottes Stimme genommen, was die Frucht meiner Einbildung und meines Stolzes war), das wird die Barmherzigkeit meines Gottes auslöschen. Ich habe Gott und den Menschen nichts als meine zahlreichen Ungerechtigkeiten darzubieten, aber das Blut Jesu Christi reinigt mich von allen Sünden."[24]

---

[23] Baur, Krüdener, 205.
[24] A.a.O., 212.

3. Die große Frau der Heiligen Allianz: Einsatz im Raum der politischen Diakonie

Juliane von Krüdener trat für die Erneuerung der politischen Verhältnisse aus dem Geist des Evangeliums ein. Voraussetzung war für sie, dass der Einzelne zum Glauben an Jesus Christus kommt und von ihm die Grundsätze seines Handelns empfängt: „Es ist der alte Krieg der Finsterniß gegen das Licht. Fürsten und Beamte sind nur Sklaven jener Macht, solange sie Jesum Christum den lebendigen Gott nicht zum König und Erlöser, sein Evangelium nicht zum Gesetzbuch, und sein Leben nicht zum Vorbilde haben.“[25]

Theologisch ungeklärt ist bis heute die Frage, inwieweit das Evangelium – insbesondere die Bergpredigt mit dem Gebot der Feindesliebe – geeignet ist, das politische Leben zu bestimmen. Karl Barth machte in seiner Schrift „Christengemeinde und Bürgergemeinde“ den Versuch, das Evangelium als Vorbild für das staatliche Gesetzbuch darzustellen. Damit lag er auf seine Weise ganz auf der Linie Frau von Krüdeners. Dagegen hat das Luthertum lange Zeit ein Verständnis der Zwei-Reiche-Lehre Luthers kultiviert, das einer Emanzipation des staatlichen Handelns von den göttlichen Geboten Vorschub leistete. Dabei war man sich anscheinend nicht im Klaren, dass auch der völlige Verzicht auf jede kirchliche Einflussnahme im Bereich der Politik eine politische Entscheidung beinhaltete: nämlich die jeweilige Regierungsmeinung als von Gott gegeben anzusehen. Dahinter stand eine defizitäre Auslegung von Röm 13, wo Paulus eine Unterordnung unter das staatliche Handeln verlangt.

Trotzdem kann kein Zweifel bestehen, dass sich die Gebote der Bergpredigt nicht direkt ins politische Leben umsetzen lassen. Aufgrund dieser immer noch ungelösten Spannungen ist der von Juliane von Krüdener inspirierte Versuch Zar Alexanders bemerkenswert, auf der Grundlage des christlichen Glaubens für die Versöhnung zwischen den Völkern einzutreten. Noch vor dem endgültigen Sieg über Napoleon bei Waterloo deutete Frau von Krüdener dem Zaren anhand der Lektüre einzelner Psalmen seine Mission: Friedensstifter für die Völker Europas zu sein und ihnen das Evangelium zu bringen.[26] In der Folgezeit hat sich Alexander immer mehr von der Überzeugung Julianes leiten lassen, dass allein im öffentlichen Bekenntnis zu Gottes Herrschaft Europas Rettung lag.[27] „Ich wünschte, sagte er (Alexander), dass der Kaiser von Österreich und der König von Preußen sich mit mir in diesem Amt der Anbetung vereinigen, damit man uns, wie die Weisen aus dem Morgenlande, die oberste Herrschaft Gottes, des Heilandes, anerkennen sehe.“[28] Aus dieser Überzeugung ist schließlich der Gedanke der Heiligen Allianz erwachsen. In dem Bündnis verpflichteten sich die Herrscher von Russland, Österreich und Preußen zur Aufrichtung und Erhaltung einer christlichen Ordnung in Europa. Dabei begünstigte die

---

[25] Krüdener, Einsiedler, 22.
[26] Baur, Krüdener, 206.
[27] Knapton, Lady, 139.
[28] Baur, Krüdener, 212.

damalige gesellschaftliche Gemütslage den Gedanken einer europäischen Einigung auf der Grundlage des christlichen Glaubens: Nachdem Napoleon, als Ausgeburt der anti-göttlichen Aufklärungszeit und ihrer Revolution, durch seine Eroberungen ganz Europa versklavt hatte, waren die Völker kriegsmüde und von der Sehnsucht nach einem Herrscher erfüllt, der Frieden und Einheit aus dem Glauben bringen sollte. Genauso wie Zar Alexander dachten der preußische König Friedrich Wilhelm III. und der süddeutsche Philosoph Hans von Baader darüber nach, wie nach dem Sieg über Napoleon die Politik ein religiöses Fundament erhalten konnte. Eine Wiederholung der durch Napoleon ausgelösten Katastrophe Europas sollte unter allen Umständen verhindert werden.[29]

Es ist bis heute unter Historikern umstritten, welche Bedeutung die Heilige Allianz für die Entwicklung des modernen Europa besaß. Sicher ist, dass sie jahrzehntelang den Frieden in Europa sicherte. Von ihren Gegnern ist hervorgehoben worden, dass sie als Unterdrückungsinstrument gegen fortschrittliche Kräfte benutzt wurde. Tatsächlich hat besonders Fürst Metternich, der Leiter der österreichischen Regierung, die Heilige Allianz als Instrument zur Knebelung demokratischer Forderungen missbraucht und mit ihr seine reaktionäre Politik gerechtfertigt.

Zweifellos stellte der Versuch der Heiligen Allianz, moderne Staatspolitik auf das Evangelium zu gründen, einen Anachronismus dar. Zwar wurde auch die Bundesrepublik Deutschland nach dem Zweiten Weltkrieg von in der Mehrzahl christlich motivierten Männern und Frauen aufgebaut. Unser Staat wurde – wie es in der Präambel des Grundgesetzes heißt – „in der Verantwortung vor Gott und den Menschen" nach der Katastrophe des Dritten Reiches neu begründet. Gleichzeitig macht die Verfassung jedoch deutlich, dass die Bundesrepublik ein weltanschaulich neutraler Rechtsstaat ist. Auch gegenwärtig leben wir wieder in einer politischen Phase, wo mit Hochdruck am Bau des europäischen Hauses gearbeitet wird. Wie der Entwurf zur europäischen Verfassung zeigt, bildet jedoch nicht eine gemeinsame religiöse Grundüberzeugung das Fundament der europäischen Einigung. Vielmehr soll ein gemeinsamer wirtschaftlicher Markt mit einer gemeinsamen Währung zur Einheit führen. Auch wenn inzwischen alle größeren Kirchen Europas Büros am Sitz der EU in Brüssel eingerichtet haben, ist ihr politischer Einfluss auf die europäische Politik eher gering.

Juliane von Krüdener ist im 19. Jahrhundert besonders von Deutschen wegen ihrer Einflussnahme auf Zar Alexander heftig angegriffen worden. Man war aufgebracht, dass sie zur Milde gegenüber Frankreich – dem „deutschen Erbfeind" – aus christlicher Feindesliebe aufgerufen hatte.[30] Zudem wurde ihre prophetische Berufung als grundsätzlich fragwürdige Vermischung von Evan-

---

[29] Vgl. dazu im Einzelnen: Ernst Benz, Die abendländische Sendung der östlich-orthodoxen Kirche. Die russische Kirche und das abendländische Christentum im Zeitalter der Heiligen Allianz, Mainz 1950.

[30] Baur, Krüdener, 206.

gelium und Politik betrachtet. Schließlich warf man ihr vor, „die Schranke christlicher Weiblichkeit" in ihrem Wirken überschritten zu haben.[31] Es sei nicht ihre Aufgabe gewesen, über den Bereich der Familie und der Armenpflege hinauszugehen. Einer solchen Beurteilung liegt kein biblisch begründetes, sondern ein vom Zeitalter des Biedermeier geprägtes Frauenbild zugrunde.

4. Pionierin der Inneren Mission: Entdeckung der diakonischen Dimension des Evangeliums

Juliane von Krüdener entdeckte – wie andere Vertreterinnen und Vertreter der Erweckungsbewegung auch – die diakonische Dimension des christlichen Glaubens. Dadurch wurde sie zu einer der Mittegründerinnen der Inneren Mission. Von Anfang an war ihr deutlich, dass es keine vollmächtige Verkündigung des Evangeliums ohne die Sorge für die leiblichen Belange des Menschen geben kann. Das zeigt z. B. folgende Begebenheit während eines Aufenthalts in Heidelberg im Jahr 1812. Im Gefängnis, das ihrem Gasthaus gegenüber lag, saßen Menschen wegen Diebstahlsdelikten ein. Juliane bemühte sich, mit ihnen in Kontakt zu kommen und ließ ihnen ein gutes Sonntagsessen vom Wärterehepaar bereiten und christliche Literatur verteilen. Kurze Zeit später begannen die Gefangenen aus Dankbarkeit christliche Lieder zu singen.

Die Überzeugung von der Notwendigkeit diakonischen Handelns gewann Juliane von Krüdener durch das Studium der Bibel. Sie leitete die diakonische Verpflichtung der Christenheit z. B. aus Mt 25, 31–46 ab, der Rede Jesu vom Weltgericht. In einem Brief an ihren späteren Schwiegersohn Berckheim, den Innenminister des Großherzogtums Baden, schrieb sie: „Ich sollte denken, es wäre unnöthig, mich weiter gegen den Vorwurf zu rechtfertigen, dass ich Arme genährt habe, wiewohl die Beamten in Lörrach sagen, ich sollte es nicht thun. In einem andern Zeitalter wäre ich der Vertheidigung überhoben gewesen. Wozu dient unsere angebliche Aufklärung, und die Begriffe der Freiheit, wenn man nicht mehr den Armen nähren, kleiden, herbergen, seine Rechte verfechten, noch ihn mit dem Evangelium in der Hand trösten darf?"[32]

Konkret gab Frau von Krüdener durch ihre beispielhafte Freigebigkeit während des europäischen Hungerwinters 1816/17 einen der Anstöße zur Entstehung der ersten Werke der Inneren Mission. Sie hielt sich damals in Basel und in Südwestdeutschland auf, wo die Hungersnot besonders drückend war. In Basel organisierte sie ein soziales Soforthilfeprogramm, um wenigstens die größte Not zu lindern, indem sie ihre Diamanten im Wert von 30.000 Franken verkaufte und das Geld neben ihren Einkünften aus Russland zur Unterstützung der hungernden Menschen einsetzte.[33] Angespornt durch ihr Vorbild, gaben auch Freunde und Bekannte große Geldbeträge. „Es wurde gepredigt und ge-

---

[31] A.a.O., 203.

[32] Krüdener, Einsiedler, 20.

[33] Baur, Krüdener, 208.

betet, es wurden Suppen gekocht und Decken vertheilt, alles unter der Verfolgung der staatlichen Gewalt."[34]

Ihr diakonisches Engagement wurde also nicht nur begrüßt, sondern auch heftig kritisiert. Vor allem Mitglieder der privilegierten Schichten betrachteten die Hilfstätigkeit auf privater Basis als gesetzlose Einmischung in das staatliche System. Angesichts dieser Situation wurde Juliane von Krüdener zur Bußpredigerin der reichen Basler Regierungsschicht. Sie polemisierte heftig gegen eine Regierung, die ihr verbieten wollte, sich der Armen anzunehmen, Kranke zu pflegen und Fremde zu beherbergen. Gesetze, die Almosengeben, Beherbergung u. a. verboten, sah sie als antichristlich an.[35] In dem bereits zitierten Brief an Berckheim stellte sie fest: „Nein, mein Herr, weit entfernt, den Müssiggang zu begünstigen, habe ich der millionenreichen Stadt, diesem Basel, das mich hasst und obige Dinge [ihre Ausweisung] angezettelt hat, vorgeworfen, dass es nicht besser für so viele Arme sorgt, und dass es die Geschäfte vermindert, statt Arbeit zu geben. Aber man lässt die Armen in den Gemeinden wieder für die Armen sorgen, und die Reichen sorgen für die Reichen in Basel. Man stützt sich auf einige Wohlthätigkeitsanstalten, welche gänzlich die Liebe ersticken. Schaaren von Hilfsbedürftigen kommen und verlangen Brod von mir, aus demselben Basel, wo man alle ihrer Nothdurft zu steuern behauptete."[36] Juliane von Krüdener verwendet in diesem Brief Formulierungen aus den Sendschreiben des auferstandenen Christus an die kleinasiatischen Gemeinden (Offb 2f.) und fordert ihre Adressaten zur Umkehr auf, um dem unmittelbar bevorstehenden Gericht Gottes zu entgehen. Gleichzeitig knüpft sie mit solchen Gedanken an die Sozialkritik der alttestamentlichen Propheten an.

Aktuell ist auch der Gedanke, dass die Delegierung sozialer Hilfe an diakonische Anstalten dazu verführt, dass soziale Tugenden in der Gesellschaft mehr und mehr verschwinden. Keiner fühlt sich dann noch für die Nöte des Nächsten verantwortlich. Im weiteren Verlauf des Briefes wendet sie sich gegen die falsche Behauptung, dass der Grund für die Armut in einem persönlichen Versagen der Betroffenen liege. Sie erkennt, dass die Ursache für die Hungersnöte vielmehr struktureller Natur ist. „Noch muss ich Ihnen die Bemerkung machen, mein Herr, dass es eine unverschämte Lüge der Zeitungen ist, von Müssiggängern zu reden in einem Augenblick, wo Niemand Arbeit hat, wo Tausende darnach seufzen, wo alle Fabriken stille stehen, als Folge jener Gerichte, welche die Habsucht und Selbstsucht treffen, und den Armen und den Arbeitsmann lehren, den Herrn zu suchen und ihm allein zu vertrauen. Weit entfernt, von Diebstählen zu hören, wie es ebenfalls heißt, ist sich vielmehr zu verwundern, dass nicht alles voll Räuber ist."[37] Juliane von Krüdener verwarf damit jeden Versuch der Regierung, sich ihrer sozialen Verpflichtung zu entziehen. Das hinderte sie

---

34 Ebd.

35 Frau von Krüdener in der Schweiz, 197.

36 Krüdener, Einsiedler, 21 f.

37 A.a.O., 21.

nicht, die Wirtschaftskrise im Gefolge der napoleonischen Kriege als Chance zu verstehen, durch die Menschen zur Umkehr und zum Glauben an das Evangelium kommen sollten. Juliane von Krüdener verband somit persönliche Frömmigkeit und sozialethische Verantwortung. Gerade diese Verbindung ließ sie zu einer der interessantesten Frauengestalten der Diakonie werden. Die Entschiedenheit ihrer Christusnachfolge, um derentwillen sie Ansehen und Vermögen preisgab, macht sie bis heute glaubwürdig. Als eine der wenigen Menschen ihrer Zeit erkannte sie die unaufgebbare diakonische Dimension des Glaubens. Als Mitglied der europäischen Aristokratie wurde sie zum ungeliebten sozialen Gewissen der damaligen Regierungen. Als Einzelne, ohne mächtige Lobby, hat sie deren soziale Versäumnisse unmissverständlich beim Namen genannt.

Fürstin Pauline zur Lippe (1769-1820)

Pauline zur Lippe. Anonymes Gemälde, um 1799 (Ausschnitt), Schloss Detmold.

In einer 1821 vorgenommenen Charakterisierung der Fürstin Pauline sprach Ferdinand Weerth, der damalige General-Superintendent des Fürstentums Lippe, mit ihrem sozialpolitischen Interesse nicht nur einen wichtigen Aspekt in Leben und Arbeit der Regentin an, sondern machte auch deutlich, in welchem Umfang gerade diese Sozialfürsorge für ihre öffentliche Wahrnehmung von Bedeutung war: „Unsere Fürstin hat vielen geholfen! So hieß es von allen Seiten, als man die Nachricht von ihrem Tod vernahm, und es wird sie mancher dabei in seinem Herzen gesegnet haben."[1]

Diese Wertung sollte den Tenor für die weitere Sicht auf Pauline vorgeben. Ihrer Auffassung von Herrschaft als ‚diakonia', als wohltätigem Dienst am Volk, ist es im Wesentlichen zu verdanken, dass Pauline im historischen Gedächtnis der Lipper einen so ehrenhaften Platz besitzt. Bereits kurz nach ihrem Tod setzte eine umfangreiche Produktion von Pauline-Literatur ein, in der sie als landesmütterliche „Krone einer echten Frauenhoheit"[2] oder als „reich an allen Tugenden und Eigenschaften, welche eine Regentin zieren, thaetig, geisteskraeftig, Gerechtigkeit liebend, strebend fuer das Wohl ihres Landes und ihrer Unterthanen, wohlthaetig und mitleidig und fromm, glaeubigen Sinnes"[3] bezeichnet wird. Eine kleine, aber überaus freundliche Monographie zur „Liebesthätigkeit" der Fürstin Pauline verfasste im Jahre 1901 der Pastor am Diakonissenhaus in Detmold, Karl Meyer.[4] Die bis heute für die positive Pauline-Re-

---

1 Ferdinand Weerth, Zwei Predigten, gehalten zum Gedächtniß der Durchlauchten Fürstin Pauline Christine Wilhelmine, Fürstin zur Lippe, geborene Prinzessin in Anhalt-Bernburg, in der Kirche zu Detmold, nebst einer Zugabe, Lemgo 1821, 60.

2 Elise Polko, Eine deutsche Fürstin. Pauline zur Lippe. Versuch eines Lebensbildes, Leipzig 1870, VI.

3 N.N., Pauline Christine Wilhelmine, Fürstin zur Lippe-Detmold, in: Allgemeine Unterhaltungs-Blaetter zur Verbreitung des Schoenen, Guten und Nützlichen 2,1828, 147.

4 Karl Meyer, Die Fürstin Pauline zur Lippe und ihre Liebesthätigkeit, Detmold 1901.

zeption einflussreichste biographische Schrift legte aber der Detmolder Archivar Hans Kiewning im Jahre 1930 unter dem Titel ‚Fürstin Pauline zur Lippe 1769-1820' vor.[5] Eine kritische Biographie hat Kiewning jedoch nicht verfasst, da er über das tradierte Pauline-Bild eben nicht reflektiert, sondern dieses dem Leser als Muster einer vorbildhaften Fürstin vermitteln will. Seine Bewunderung für die tatkräftige Pauline formuliert Kiewning besonders deutlich in der Schlusswürdigung ihres Lebens: „Darüber besteht wohl kaum ein Zweifel, daß Pauline alle lippischen Regenten, die vor und nach ihr waren, weit überragte und sich zu ihren Lebzeiten über die Grenzen ihres Landes einen Namen gemacht hat, wie niemand unter ihnen."[6]

Erst die historische Forschung ab der zweiten Hälfte des 20. Jahrhunderts versuchte gegen die Flut der bis heute immer noch weitgehend unkritischen Pauline-Literatur[7] anzugehen und das vertraute Geschichtsbild der fürsorglichen Landesmutter tiefer und grundlegender zu erforschen, ohne es deshalb mutwillig beschädigen zu wollen. Ein wichtiger Ansatzpunkt zum Verständnis des diakonischen Interesses der Fürstin ist die Frage nach Paulines Religiosität, wie sie 1969 insbesondere von Elisabeth Solle in einem Beitrag für die ‚Lippische Mitteilungen aus Geschichte und Landeskunde' gestellt wurde.[8] Auch jüngere Untersuchungen haben diesen Aspekt in allerdings meist größeren Zusammenhängen als Beitrag zum besseren Verständnis der Fürstin erörtert.[9]

---

5 Hans Kiewning, Fürstin Pauline zur Lippe 1769-1820, Detmold 1930.

6 A.a.O., 622.

7 In einer Aufzählung von 1990 werden bereits 126 Pauline-Titel gezählt. Seither sind es noch einige mehr geworden. Vgl. Hermann Niebuhr, Eine Fürstin unterwegs. Reisetagebücher der Fürstin Pauline zur Lippe 1799-1818 (Lippische Geschichtsquellen 19), Detmold 1990, IX. Ein typisches Beispiel für bis in die Gegenwart eher unkritische Würdigungen bei Gisbert Strotdrees, ‚Edle Landesmutter' in Lippe, in: Landwirtschaftliches Wochenblatt Westfalen-Lippe vom 28.2.1991, Ausgabe B, 148, 1991, 100.

8 Elisabeth Solle, Glaube und soziales Handeln der Fürstin Pauline zur Lippe (1769-1820), in: Lippische Mitteilungen aus Geschichte und Landeskunde 52, 1969, 101-150.

9 Insbesondere sind für die jüngste Zeit zu nennen: Tobias Arand, ‚Unsere Fürstin hat vielen geholfen!'. Paulines Leben und ihre Regentschaft, in: Jutta Prieur (Hg.), Frauenzimmer, Regentin, Reformerin. Fürstin Pauline zur Lippe 1802-1820, Detmold 2002, 8-29; Ders., Fürstin Pauline und die lippischen Schulreformen, in: Prieur, Pauline, 72-79; Ders., Eine ‚geniale Natur'. Zur Entwicklung des Pauline-Bildes in Literatur und Forschung, in Prieur, Pauline, 142-147; Johannes Arndt, Fürstin Pauline zur Lippe. Regentin im Geist des Aufgeklärten Absolutismus. Versuch einer Neubewertung, in: Johannes Arndt/Peter Nitschke (Hg.), Kontinuität und Umbruch in Lippe. Sozialpolitische Verhältnisse zwischen Aufklärung und Restauration 1750-1820 (Lippische Studien 13), Detmold 1994, 67-85; Ralf Brachtendorf/Julia Lederle/Ingo Runde, ‚Keines ist blos Mittel, jedes für sich ganz Zweck, in: Prieur, Pauline, 80-97; Ralf Brachtendorf, Das Strafwerkhaus in Detmold, in: Prieur, Pauline, 98-101; Wolfgang Bender, ‚...aber die Anstalt wird darum nicht minder Statt haben'. Fürstin Pauline und die Gründung der ‚Irrenanstalt' in Brake, in: Prieur, Pauline, 102-111; Beatrix Häusler/Birgit Kampmann, ‚Gescheidt, thätig, aber sehr eigenwillig'. Fürstin Pauline zur Lippe, in: Ann Brünink (Hg.), Was für eine Frau! Portraits aus Ost-

Es kann also an dieser Stelle nur Aufgabe sein, diese Forschungen zusammenzufassen und vor dem Hintergrund der Erläuterung ihrer Religiosität in kurzer Form eine möglichst sachliche Darstellung Paulines zur Lippe und ihrer sozialen Reformen vorzunehmen, ohne dabei in Hyperkritik zu verfallen oder umgekehrt, altgewohnten Überhöhungstendenzen Vorschub zu leisten.

1. Leben und Herrschaft

Pauline Christine Wilhelmine kam am 23. Februar 1769 in Ballenstedt als zweites Kind des regierenden Fürsten Friedrich Albrecht von Anhalt-Bernburg (1735-1796) und der Fürstin Louise Albertine, geborene Prinzessin von Holstein-Sonderburg (1748-1769) zur Welt. Die Mutter verstarb kurz nach Paulines Geburt.

Pauline wurde in die Herrschaftsfamilie eines wenig bedeutenden, aufgeklärt-absolutistisch und protestantisch regierten deutschen Kleinstaates geboren. Hervorgegangen war das Fürstentum Anhalt-Bernburg, das sich im Gebiet des heutigen Bundeslandes Sachsen-Anhalt befand, aus einer 1603 erfolgten Teilung Anhalts in fünf Territorien. Die wichtigsten Städte des Fürstentums waren Bernburg an der Saale und Ballenstedt am Rande des Harz, seit 1765 Residenzort des Fürstentums.

Von Jugend an legte Paulines Vater Wert darauf, seine Tochter in die Regierungsgeschäfte einzubeziehen. Er nahm Pauline mit auf Reisen durch das Fürstentum, brachte sie damit in Berührung mit den alltäglichen Problemen eines Staatswesens und interessierte sie so für Verwaltungs- und Wirtschaftsfragen. 1793 übernahm dann Pauline die Führung der auswärtigen Geschäfte des Fürstentums und die Position eines Geheimsekretärs ihres Vaters. Mit 24 Jahren erfüllte Pauline so bereits wesentliche Regierungsaufgaben an der Seite ihres Vaters, dessen Gesundheitszustand sich zunehmend verschlechterte. Bald war Friedrich Albrecht so erkrankt, dass seine Tochter die Regierungsgeschäfte des Fürstentums faktisch selbst führte. Neben Korrespondenzen mit ihrer Tante, Zarin Katharina II. von Russland,[10] bedeutete dies für Pauline vor allem stundenlange mühsame Aktenarbeit und die Beschäftigung mit Verwaltungsfragen. Vom Vater hatte Pauline jedoch offensichtlich nicht nur die aufgeklärten Regierungsideale, sondern auch sein cholerisches Temperament geerbt. Die Regierungsgeschäfte in Anhalt-Bernburg boten Vater und Tochter jedenfalls hinreichend Gelegenheit zu heftigen Auseinandersetzungen. 1794 gab Pauline im Streit den Geheimsekretärsdienst auf und beschloss, sich künftig von Regierungsgeschäften gänzlich fern zu halten

Dass Pauline diese innere Abkehr von jeder Regierungsarbeit jedoch nicht in die Praxis umsetzen konnte, ist ursächlich auf die Heiratspolitik ihres Vaters zurückzuführen, der die anfangs wenig begeisterte Tochter am 2. Januar 1796 mit

---

westfalen-Lippe, Bielefeld 1992, 13-31; Gerald Kreucher, Paulines literarische Arbeiten, in: Prieur, Pauline, 128-141.

[10] Brief der Zarin an Pauline vom 23.9.1794 im NWStADetmold, Fach 24, Nr. 36.

dem Erbgrafen Leopold zur Lippe (1767-1802), einem entfernten Verwandten Paulines, verheiratete. Mit dieser Hochzeit und dem folgenden Umzug in die lippische Residenzstadt Detmold begannen für Pauline Jahre, in denen sie sich weniger intensiv als in Anhalt-Bernburg politisch betätigte, aber doch zumindest Zeit fand, als Kabinettssekretärin ihres Mannes zu arbeiten, ihn während seiner häufigen Krankheiten zu vertreten und ihr wichtig erscheinende soziale Projekte zu befördern. In den sechs Jahren ihrer Ehe gebar Pauline drei Kinder, von denen das jüngste, eine Tochter, gleich nach schwieriger Geburt verstarb.[11]

Nachdem Leopold I. am 4. April 1802 nach langem Siechtum und in geistiger Umnachtung an Darmtuberkulose gestorben war, übernahm Pauline am 18. Mai 1802 als Vormund des minderjährigen Erbprinzen die Regierung. Die Einstellung, mit der Pauline ihre Aufgabe übernahm, sollte im Folgenden typisch werden für ihr frommes Pflichtbewusstsein und ihre guten Absichten: „...ich ward dann bald berufen, dem Lande Mutter zu seyn wie meinen verwaisten Söhnen. Ich habe die ernste Pflicht in vollem Vertrauen zu Gott übernommen, ich werde treu seyn in meinem Beruf ...“[12]

Pauline war nun Regentin eines kleinen Landes mit einer Größe von etwa 1200 qkm und einer Einwohnerschaft von ungefähr 70.000 Menschen. Sie stand einer Regierung vor, an deren Spitze ein so genannter ‚Regierungspräsident', im Falle eines adeligen Amtsinhabers, beziehungsweise ein ‚Kanzler', im Falle eines bürgerlichen Amtsinhabers, stand. Mit den Ständen, also den Rittern als adeligen Landbesitzern und den Vertretern der Städte Lippstadt, Lemgo, Horn, Blomberg, Salzuflen sowie Detmold mussten sich Regentin und Regierung auf den Landtagen oder den kleineren, häufiger abgehaltenen Kommunikationstagen in wesentlichen politischen Fragen verständigen. Bis zum Regierungsantritt Paulines hatten Grafen, Regierung und Stände trotz vieler Gegensätze häufig zu Konsens- oder Kompromissentscheidungen kommen können. Paulines Selbstverständnis einer Herrscherin kann jedoch keineswegs als kompromissorientiert bezeichnet werden. Aus Anhalt-Bernburg war sie ein Verfassungssystem gewohnt, in dem bei aller Aufgeklärtheit einzig fürstlicher Wille galt. Durchdrungen von wohlmeinenden Ideen dachte sie nicht daran, sich in ihrer zweiten Heimat von den Ständen hineinregieren zu lassen. Hier schlug die Fülle ihrer guten Absichten in eine Neigung um, eben aus dem Bewusstsein eigener aufgeklärt-gläubiger Moralität heraus, am besten wissen zu wollen, was für Land und Bewohner das einzig Richtige sei. Nach einem Eklat im Jahre 1805 – die Stände verweigerten auf dem Landtag die Einführung einer Branntweinsteuer zur Finanzierung einer geplanten Heilanstalt für Geisteskranke – berief Pauline die Stände kaum noch ein und regierte so an diesen vorbei.

---

[11] Entbindung Paulines von einer Prinzessin, NWStADetmold Fach 1, Nr. 8 u.a. mit Bericht der Aufbahrung und Einsargung der toten Prinzessin.

[12] Brief Paulines an Christiane Brand vom 30.5.1802 im NWStADetmold L 77 B, Fach 24, Nr. 21.

Seit dem 18. Jahrhundert verfügte auch die lippische Regierung über erhebliches politisches Eigengewicht. Da sich die Reformideen der Regierung allerdings häufig ohnehin mit Paulines Vorstellungen deckten, kam es hier zu bedeutend weniger Reibungen. Pauline wohnte den Regierungssitzungen regelmäßig bei und übernahm auch die Aktenarbeit einzelner Ressorts, wenn deren Vertreter erkrankt waren. Das auswärtige Ressort übernahm sie ab 1810 vollständig selbst, im Juni 1817 folgten die Ressorts ‚Irrenhaus', ‚Prämienverteilung' und ‚Zuchthaus'. Dass Pauline allerdings mit ihrer Ungeduld und ihrem Herrschaftswillen die Kammersitzungen gerne dominierte, dokumentiert das Zeugnis des damaligen Archivrates Christian Gottlieb Clostermeier, der anführt, „daß im Collegio der Regentin keine Stimmfreiheit herrschte, indem Serenissima immer gleich, zumal in Sachen, welche irgendein Interesse oder gar eine Leidenschaftlichkeit erregte, vorgriff und, weil ihre Meinung voranging und dadurch ihre Räte intimidierte, mit der ihrigen hervortrat."[13]

Ihr Verhältnis zur regierten Bevölkerung war direkt. Sie hielt sogar Sprechstunden für ihre Untertanen ab. Trotz dieser Volksnähe kann Paulines Regierung aber insgesamt sowohl in ihrem Verhältnis zu den Ständen als auch zur Regierung als durchaus autokratisch bezeichnet werden.

Nach einer energisch geführten Vormundschaftsregierung, in der sie nicht nur mit etwas opportunistisch erscheinenden Methoden Lippes Unabhängigkeit durch die Wirren der Napoleonischen Kriege sichern konnte, sondern – wie noch zu sehen sein wird – auch in umfassender Weise soziale Reformen initiiert hat, dankte Pauline am 3. Juli 1820 zu Gunsten ihres nun regierungsfähigen Sohnes Leopold ab. Nur kurz darauf starb Pauline zur Lippe am 29. Dezember 1820 an einer schmerzhaften Lungenvereiterung

2. Regierungsethos und religiöse Einstellung

Paulines Vater, der sich nach dem frühen Tod seiner Frau nicht wiederverheiraten wollte, kümmerte sich um ihre Erziehung. Gemeinsam mit ihrem etwas älteren Bruder Alexius (1767-1834) wurde sie nach einem vom Vater aufgestellten Lehrplan erzogen. Die wissenschaftlichen Begabungen und auch Neigungen der Prinzessin wurden dabei ebenso bewusst gefördert wie darauf geachtet wurde, dass Paulines Erziehung keine „Verzärtelung"[14] erfuhr. Seit ihrem 15. Lebensjahr beschäftigte sie sich selbstständig mit Geschichte, Philosophie, insbesondere Philosophie der Aufklärung, Geographie und Rechtswissenschaft. Unter Anleitung des Dichters Johann Wilhelm Ludwig Gleim entwickelte Pauline auch schriftstellerische Ambitionen, die in der Abfassung einer ganzen Ge-

---

[13] Zit.n. Erich Kittel, Geschichte des Landes Lippe. Heimatchronik der Kreise Detmold und Lemgo (Heimatchroniken der Städte und Kreise des Bundesgebietes 18), Köln ^{2}1978, 189 f.

[14] Solle, Glaube, 103.

dichtsammlung gipfelten.[15] Selbstverständlich befasste sich die Prinzessin auch mit der zeitgenössischen französischen und deutschen Literatur.

Auch der Erziehungswissenschaft galt ein besonderes Augenmerk der jungen Pauline. Auf diesem Gebiet las sie nicht nur, sondern verfasste auch eigene moralisierende Abhandlungen. 1788, also bereits mit 19 Jahren, veröffentlichte sie im ‚Jahrbuch fuer die Menschheit oder Beytraege zur Befoerderung haeuslicher Erziehung, haeuslicher Glueckseligkeit und praktischer Menschenkenntnis' anonym zwei Beiträge, die sich mit Fragen der Mädchenerziehung beschäftigten.[16] Sowohl ihre Philantropie wie auch die Vernunftbetontheit der jungen Pauline, die sie noch als Fürstin prägen sollten, fallen sofort ins Auge, wie auch ihre moralisierende Strenge, aus der heraus sie als spätere Herrscherin gutwollende Vorhaben in autokratischer Weise durchzusetzen pflegte: „Ob das Toechterchen vernuenftiger und besser wird, ob es sich solche Eigenschaften und Talente erwirbt, die einmal ihm und einem rechtschaffenden Gatten das Leben heiter und angenehm machen koennen, darum kuemmert sich die eitle Mutter nicht, wenn es sein Menuett à la Reine mit Grazie tanzt ..."[17]

In philosophischen Fragen bewunderte sie u.a. Immanuel Kant: „Es ist unmöglich, für Kant nicht Bewunderung zu empfinden ..."[18] Pauline widmete der Aufklärung sogar ein eigenes Gedicht.[19] Aufklärungsphilosophen aber, die sich zu Glaubensfragen indifferent oder gar herabsetzend äußerten, lehnte Pauline ab. Die Begeisterung Paulines für die Aufklärung fand in der Frömmigkeit der Prinzessin und Fürstin deutlich ihre Grenzen: „Ueberhaupt lese ich ungern Religionsspöttereyen, es kann meinen Glauben nicht erschüttern, aber es ist mir höchst wiedrig ..."[20] Denn der reformierte Religionsunterricht, der in ihrem Erziehungsplan eine große Rolle gespielt hatte, war nicht ohne Wirkung geblieben und führte zu einer zeitlebens starken Gläubigkeit Paulines.[21]

Die 864 Bücher umfassende Bibliothek, die sich Pauline bereits seit Jugend an sukzessive von ihrer Apanage erworben hatte, macht ihre lebenslange Be-

---

15 Die Gedichtsammlung im NWStADetmold, L 77B, Fach 24, Nr. 3.

16 Das Jahrbuch wurde seit 1788 in Hannover von Friedrich B. Beneken herausgegeben. 1788 veröffentlichte sie in Band 1, 521-531, den Aufsatz 'Über den Tanz, in seiner Rücksicht auf das weibliche Herz', und 1789 in Band 1, 1-8, den Beitrag 'Über die jetzt allgemeine Gewohnheit, jungen Frauenzimmern Talente zu geben'. Der zweite Aufsatz wurde 1903 erneut ediert: Hans Schulz (Hg.), Zur Frauenzimmer-Moral von Pauline, Fürstin zur Lippe, Prinzessin von Anhalt-Bernburg, Leipzig 1903; vgl. auch Solle, Glaube, 105 f.

17 Pauline, Tanz, 524.

18 Brief Paulines vom 3.4.1791 an ihren Cousin Friedrich Christian von Augustenburg, zit.n. Paul Rachel (Hg.), Fürstin Pauline zur Lippe und Herzog Friedrich Christian von Augustenburg. Briefe aus den Jahren 1790-1812, Leipzig 1903, 152; vgl. auch Solle, Glaube, 116 und Arndt, Neubewertung, 69.

19 An die Aufklärung', NWStADetmold L77 B, Fach 24, Nr. 4.

20 Brief Paulines vom 3.4.1792 an ihren Cousin Friedrich Christian von Augustenburg, zit.n. Rachel, Briefe, 171; vgl. auch Solle, Glaube, 117.

21 Vgl. Solle, Glaube, 111ff.

schäftigung mit allen intellektuellen Fragen greifbar.[22] Die Auswahl der Titel beweist ihre seit den Tagen als Prinzessin in Ballenstedt vorhandene Affinität zum Gedankengut der Aufklärung, ihre gleichzeitige Religiosität und ihr starkes Interesse an pädagogischen, aber auch an moralisch-didaktischen Schriften: Neben 64 theologischen Schriften und Predigten finden sich in der Bibliothek auch Werke von Johann Bernhard Basedow, August Hermann Niemeyer, Jean Paul, Johann Heinrich Pestalozzi, Jean Jacques Rousseau oder Johann Gottfried Herder. Auch politikwissenschaftliche Werke, z.B. von François Auguste René de Chateaubriand, oder historiographische Bücher fehlen nicht. Schöngeistige Literatur findet sich u.a. von Jean Baptiste Molière, Friedrich Gottlieb Klopstock, Heinrich von Kleist, Johann Wolfgang von Goethe, Friedrich Schiller und Gotthold Ephraim Lessing.

In der beschriebenen Erziehung und Selbsterziehung der jungen Prinzessin lag wohl der Grund für Charaktereigenschaften Paulines wie Ernsthaftigkeit, Festigkeit und Energie. Der Umstand, dass Pauline eben nicht nur zu Handarbeiten oder zu anderen, nach damaligem Verständnis weiblichen Beschäftigungen erzogen wurde, sondern sich geistig umfassend bilden konnte, war die hauptsächliche Voraussetzung für ihr späteres Wirken als Regentin. Allerdings schien Pauline von Jugend auf von einer eisernen, geradezu protestantisch-bürgerlichen Pflichtethik durchdrungen gewesen zu sein, der sie offensichtlich durchaus genussvolle Seiten abgewinnen konnte. In einem weiteren Brief an ihren Cousin in Augustenburg schreibt sie am 20. November 1790: „Und dann den folgenden Morgen eile ich mit erneuerten Kräften zum Schreibtisch und bemercke, wie meine Mitbewohner allmählich sich ihren lieben Federn entwinden. Wann sie erst caffée oder Thee schlürfen, habe ich schon manchen Bogen beschrieben oder einen Aufsatz gefertiget. So verlängere ich mein Leben, so schaffe ich mir Freuden, die kein Schicksal mir zu rauben vermag ...“[23] In diesem Arbeitsethos auch einen Ausdruck ihrer religiösen Vorstellungen zu sehen, ist nahe liegend. Pauline gibt hierfür selbst in einem einige Zeit nach ihrem Regierungsantritt verfassten Brief an den General-Superintendenten Weerth Zeugnis: „Ich hatte das nie erwartet, nie gewünscht, ich fühlte den großen Umfang des Berufs, der davon abzulegenden Rechenschaft, ich sah wohl ein, daß manches Opfer zu bringen sey, der Kreiß meines Daseyns von Pflichten beengter seyn würde, ich konnte mir nicht läugnen, daß manche Last zu schwehr mir düncke und die neue Laufbahn dornigter sey: aber ich hatte sie mir nicht bereitet, es war Gottes Ruf und ich begann und bin jetzt ruhiger und froher ge-

---

[22] Ein kompletter Katalog in Hilde Kraemer, Die Handbibliothek der Fürstin Pauline zur Lippe, in: Lippische Mitteilungen aus Geschichte und Landeskunde 38, 1969, 22 ff.; vgl. auch Monika Lengelsen, Die Handbibliothek der Fürstin Pauline zur Lippe. Einblicke in westfälische Adelsbibliotheken, in: Walter Gödden (Hg.),Von den Musen wachgeküsst ...' – Als Westfalen lesen lernte, Paderborn 1990, 139-147.

[23] Brief Paulines vom 20.11.1790 an ihren Cousin Friedrich Christian von Augustenburg, zit.n. Rachel, Briefe, 143.

worden, ich sage mir auch in den schlimmsten Stunden, in den unangenehmsten Augenblicken, siehe der Herr hat geholfen, wird ferner helfen und er gibt dir den schönsten Seegen, manches Gute als sein Werkzeug zu Stand zu bringen."[24]

3. Paulines Sozialfürsorge

Als ‚Werkzeug des Herrn' manches Gute zu tun, sollte das Hauptanliegen der Fürstin Pauline sein, sind „Mildtätigkeit, soziales Handeln" für sie doch „weder ein ‚hobby', noch eine sich aus ihrer Regentschaft herleitende Notwendigkeit, sondern ‚Gottesdienst'"[25]. Selbst nach ihrer Abdankung hatte sich Pauline noch die Arbeit an einem Ressort vorbehalten. Bezeichnender Weise war es das Ressort ‚Armenfürsorge', das ihr wie kein anderes am Herzen lag.

Noch bevor sie die vormundschaftliche Regentschaft übernahm, hatte sie sich schon an der Seite des Fürsten Leopold I. für die Belange des Armenwesens interessiert. Im Jahre 1800 erschien in der vom damaligen General-Superintendenten Ludwig Friedrich von Cölln herausgegebenen Zeitschrift ‚Beiträge zur Befoerderung der Volksbildung' ein Aufsatz der Fürstin. Unter dem Titel ‚Einige Winke ueber bessere, zweckmaeßigere Veranstaltungen zur Armenversorgung in der Stadt Detmold' entwickelte sie präzise Vorstellungen zum Armenwesen.[26] Großen Eindruck hatte das Wirken ihres Zeitgenossen Benjamin Thompson, Graf von Rumford, auf sie gemacht, der nicht nur zur Bekämpfung von Armut und Hunger die Kartoffel in Bayern einführte, sondern auch als Erfinder der ‚Rumford-Suppe', einer Knochenbrühe mit sättigenden Einlagen, die ersten Massenspeisungen organisierte: Ein „in jeder edlen Brust unsterblicher Name."[27]

Die Armut in ihrer unmittelbaren Umgebung, der Residenzstadt Detmold, empfand sie als bedrückend: „Wer sollte nicht, wenn er in der Stadt Detmold 65 arme Kinder findet, eine dreimal groeßere Bevoelkerung vermuthen!"[28] Gründe, die aus ihrer Sicht dafür verantwortlich seien, nannte sie ebenfalls: „eine sehr verderbte Moralitaet, oder ganz zweckwidrige Armeneinrichtungen."[29] Als Folgerung ihrer weiteren Beobachtungen forderte sie die „gaenzliche Umschmelzung der bisherigen Armenunterstuetzungsanstalt",[30] die ihrer Meinung nach die Bettler zur Faulheit erzogen bzw. Faule zu Bettlern gemacht habe, da es vielen als angenehmer erschienen sei, von Almosen als von ehrlicher Arbeit zu leben. Den unverschuldet Verarmten wiederum, die unter den vielen Bettlern

---

[24] Brief vom 26. 9. 1805 an Ferdinand Weerth, zit.n. Solle, Glaube, 118.

[25] Solle, Glaube, 134.

[26] Pauline zur Lippe, Einige flüchtige Winke ueber bessere, zweckmaeßigere Veranstaltungen zur Armenversorgung in der Stadt Detmold, in: Ludwig Friedrich von Cölln (Hg.), Beitrage zur Befoerderung der Volksbildung, Lemgo 1800, 5 ff.

[27] A.a.O., 5.

[28] A.a.O., 7.

[29] Ebd.

[30] A.a.O., 12.

und der zugleich abnehmenden Spendenfreudigkeit der Detmolder litten, wollte sie eine wirklich helfende Unterstützung zukommen lassen. Hierfür entwickelte sie konkrete Vorschläge: So sollte die Stadt Detmold in sechs Armenbezirke unterteilt werden, die dann unter Aufsicht ehrenamtlicher Armenaufseher stehen sollten. Die armen Bürger Detmolds wollte Pauline in vier Klassen unterteilen. Klasse A umfasste die Alten, Kranken und dauerhaft Arbeitsunfähigen, Klasse B die zeitweise durch Krankheit Arbeitsunfähigen oder nur zu leichter Arbeit Fähigen, Klasse C arbeitsfähige, aber verschuldete Arme und Klasse D die gesunden, arbeitsunwilligen Armen, die sie als ‚Bettler' bezeichnete.[31] Für den weiteren Umgang mit diesen differenzierten Armenklassen empfahl Pauline auch Baumaßnahmen. So sollte das bisherige Zuchthaus, „dem Schlosse, Waisenhause, Seminar und der Industrieschule so traurig nahe",[32] zu einem freiwilligen Arbeitshaus umgebaut werden. In diesem freiwilligen Arbeitshaus, das sich Pauline als "Tempel der Liebe und Milde"[33] wünschte, sollten die Armen der Klassen B und C in freundlicher Atmosphäre entsprechend ihren körperlichen Möglichkeiten arbeiten können und dadurch resozialisiert werden. Auch die Kinder dieser Armen sollten im Arbeitshaus betreut werden. Das Zuchthaus wollte Pauline am Rand der Stadt neu errichten lassen. Zugleich sollte dabei auch ein Strafwerkhaus entstehen, in dem die Armen der Klasse D zur Arbeit gezwungen werden konnten. Die Bettler sollten im Strafwerkhaus gekleidet und ausreichend ernährt werden. Körperliche Strafen sollten keine Anwendung finden, da es Pauline nicht um Züchtigung, sondern um Besserung ging. Bei Entlassung aus dem Strafwerkhaus sollten die vormaligen Bettler den Lohn ihrer Arbeit erhalten. Die Polizei, so regte Pauline an, sollte Bettler, die in den Straßen Detmolds angetroffen werden, direkt in dieses Strafarbeitshaus bringen dürfen.

Weiterhin regte Pauline den Bau eines zweckmäßigen Armen- und Krankenhauses, insbesondere für die Armen der Klasse A an. Die kranken Armen der Klasse B sollten in ihren Wohnungen gepflegt werden. Um die Differenziertheit ihrer Armenfürsorge zu unterstreichen, empfahl Pauline schließlich auch eine getrennte Aufsicht über Arbeitshaus, Strafarbeitshaus und Zuchthaus.

Am 13. Oktober 1801 wurde die Verordnung über die Errichtung eines Strafwerkhauses veröffentlicht. Das strenge Vorgehen, das Pauline im Umgang mit Bettlern forderte, fand sich in der Verordnung umgesetzt. Diese untersagte Betteln grundsätzlich und drohte erwischten Bettlern mit der Einweisung in das Strafarbeitshaus.[34]

---

[31] Pauline hat sogar ein Formularblatt entworfen, mit dem die Armenaufseher die Armen ihres Bezirkes nach Alter, Namen, Gesundheitszustand u.ä. erfassen sollten; vgl. Pauline, Winke, Anhang I. 'Tabelle fuer den Quartier-Aufseher'.

[32] A.a.O., 18.

[33] A.a.O., 19.

[34] Verordnung im NWStADetmold L 77 A, Fach 153, Nr.4., fol.2.

Der Bau eines neuen Gefängnisses und eines Strafwerkhauses wurde jedoch nicht realisiert. Das Strafwerkhaus wurde stattdessen im alten Detmolder Waisenhaus untergebracht, das zuvor neben den Waisen noch das Lehrerseminar und die 1799 auf Paulines Mitinitiative hin gegründete Industrie- oder Erwerbsschule für Kinder verarmter Detmolder Familien beherbergt hatte.

Waisenhaus, Lehrerseminar, Industrieschule, die freiwillige Arbeitsanstalt und das Krankenhaus waren schon zuvor am 31. August 1801 in das ehemals sogenannte ‚von Donopsche Haus' in Detmold gezogen. Die gesamte Einrichtung nannte sich fortan 'Pflegeanstalt'. Für den Ankauf des ‚von Donopschen Hauses' hatte Pauline 4000 Taler aus eigenem Vermögen beigesteuert.

Wesentliches Ziel aller Bemühungen Paulines auf dem Gebiet der Armenfürsorge war es, den Arbeitsfähigen Hilfen zur Selbsthilfe bereitzustellen und den kranken Armen würdige Lebensumstände zu ermöglichen. Die enge Zusammenarbeit von Armeneinrichtungen und Arbeitshäusern erschien Pauline, die 1801 praktischerweise auch den Vorsitz der Armenkommission in Detmold übernommen hatte, für diese Absicht unerlässlich zu sein. Für ihren Standpunkt warb sie auch in Veröffentlichungen. So u.a. in einer gedruckten Mitteilung ‚An die Bewohner hiesiger Stadt' vom 16. April 1801[35], die in einer Auflage von 600 Stück erschien und den Detmolder Bürgern Verhaltensvorschläge im Umgang mit Armen oder Bettlern machte.

Als Hilfe zur Selbsthilfe war auch die Umsetzung ihres Planes für die Einführung einer ‚Pariser Mode' in Detmold zu verstehen. In einer Ausgabe der ‚Vorschlaege und Versuche zur Befoerderung des Menschenwohls und der Volkskultur', der Nachfolgezeitschrift der von Cöllnschen ‚Beitraege', veröffentlichte Pauline 1803 einen Aufsatz über die Möglichkeiten und Vorzüge der Einrichtung einer Kinderbewahranstalt.[36] In ihrem ‚Vorschlag, eine Pariser Mode nach Detmold zu verpflanzen' befürwortet sie, angeregt durch das Beispiel der „Madam Buonaparte"[37] in Paris, auch in Detmold die Einrichtung eines Kindergartens. Ziel dieses Kindergartens sollte es sein, verarmten Familien eine Erwerbstätigkeit der Frauen zu ermöglichen, ohne darunter die Kindererziehung und -pflege leiden zu lassen: „Wie manches bedraengte Weib waere ihrer peinlichen Sorgen entlastet, koennte den Ihrigen durch fleißige Arbeit ... recht viel seyn, wenn die Pflege ihrer Kinder, bis zum vierten und fuenften Jahre es nicht hinderte ..."[38] Die Kinder sollten eingekleidet, gepflegt, mit Milchspeisen ernährt und mit „ihrem Alter angemessene[r] Beschaeftigung"[39] betreut werden. In dem 1803 mit Verspätung erschienenen Beitrag kündigte Pauline

---

[35] Vgl. Solle, Glaube, 140.

[36] Pauline zur Lippe, Vorschlag, eine Pariser Mode nach Detmold zu verpflanzen, in: Ludwig Friedrich von Cölln (Hg.), Vorschlaege und Versuche zur Befoerderung des Menschenwohls und der Volkskultur, Frankfurt/Main 1803, 23 ff.

[37] A.a.O., 24.

[38] A.a.O., 26.

[39] A.a.O., 27.

schließlich für den Sommer 1802 die Eröffnung einer solchen Kinderbewahranstalt an. Eine Anmerkung des Herausgebers und General-Superintendenten von Cölln bestätigt die tatsächliche Umsetzung dieser Ankündigung des Vorjahres: „Diese wohlthaetige Anstalt ist wirklich im vorigen Sommer begonnen und hat bis zum Ende des Herbstes unter der Aufsicht zwoelf edler Bewohnerinnen unserer Stadt ... die Lasten und Sorgen armer Muetter erleichtert."[40]

Doch nicht nur in der Residenzstadt, sondern auch in den ländlichen Gebieten Lippes war Armut ein weit verbreitetes Problem. Auch auf dem Land wollte Pauline durch Arbeitsangebote und Verdienstmöglichkeiten einen Weg aus der Armut ebnen. Zu diesem Zweck wurden seit 1802 Flachsmagazine angelegt, von denen die Armen Flachs zum Weben oder Spinnen erhielten.

Eine nach den damaligen Maßstäben sehr moderne Heilanstalt für Geisteskranke ließ Pauline gegen den Widerstand der Stände 1811 zu Brake einrichten. Die Pläne für diese Anstalt hatten schon 1803 vorgelegen, waren aber u. a. durch den bereits erwähnten Widerstand der Stände 1805 vorerst verhindert worden. Vorbild dieser Einrichtung war die 1801 in Neuruppin gegründete Anstalt für Geisteskranke, über die sich Pauline ausführlich informiert hatte. Bei der Planung und Einrichtung nahm Pauline entsprechend starken Einfluss.[41] Eine von Pauline geplante Heilanstalt für Epileptiker konnte allerdings nicht verwirklicht werden.

Schließlich interessierte sich Pauline, wie schon mehrfach angedeutet, auch für Fragen der schulischen Bildung. Eine ausreichende Schulbildung erschien ihr als ein wichtiges Instrument im Kampf gegen Armut beziehungsweise als ein Mittel zur Verhinderung von Armut. Da für Pauline Armut und mangelnde Glaubensfestigkeit als Ausdruck einer in ihren Augen allgemein gefährdeten öffentlichen Moral in einem engen Zusammenhang standen, verstand sie Schulförderung allerdings auch immer zugleich als Glaubensförderung. Nach Vorleistungen der General-Superintendenten Johann Ludwig Ewald und Ludwig Friedrich von Cölln war es seit 1805 insbesondere der schon mehrfach erwähnte Ferdinand Weerth, mit dem Pauline gemeinsam versuchte, die neuesten erziehungswissenschaftlichen Erkenntnisse der Zeit auch in Lippe umzusetzen. Pauline beschäftigte sich nicht nur intensiv mit den Theorien des Schweizer Pädagogen Johann Heinrich Pestalozzi (1746-1827), sondern auch mit deren praktischer Umsetzung. Sie sorgte dafür, dass dessen fortschrittliche Unterrichtsmethoden auch am Detmolder Lehrerseminar gelehrt und so in die Schulstuben des Landes gebracht wurden. Pauline kümmerte sich weiterhin persönlich um die Verbesserung des Detmolder Gymnasiums, und in ihre Regierungszeit fiel auch die 1808 erfolgte Gründung einer jüdischen Schule in der Residenzstadt. Gründungsversuche für eine ‚höhere Töchterschule' schlugen jedoch fehl.

---

[40] A.a.O., Anm. *.

[41] Beleg für Paulines Beteiligung an der Planung ist die entsprechende Akte im NWStADetmold L 77 A, Fach 186.

Die zum Teil völlig unzureichenden Umstände, unter denen in den ländlichen Elementarschulen unterrichtet wurde – in manchen Orten teilten sich 100 Kinder stehend einen Klassenraum, häufig verweigerten Eltern ihren Kindern den Schulbesuch – waren allerdings Probleme, die auch Pauline nicht so einfach lösen konnte. So gab Ferdinand Weerth in einem Bericht über die Elementarschulen im Fürstentum Lippe 1810 an, dass es trotz des schon erreichten Fortschritts noch „Dezennien“ dauern könne, bis in ausreichendem Maße Schulhäuser vorhanden sein würden.[42] Das Problem der chronischen Unterbezahlung der Lehrer, die diese zu Nebenerwerbstätigkeiten zwangen und unter denen natürlich der Unterricht litt, wurde durch Gehaltserhöhungen derart gemindert, dass Lippe schließlich die höchsten Lehrergehälter aller deutschen Bundesstaaten zahlte.[43] Auch in die sachgemäße Ausstattung der Schulen mit Lehrmaterialien wurde im Fürstentum Lippe erst seit Paulines Zeiten umfangreicher investiert. In seiner Würdigung von 1821 beschrieb Weerth nicht nur Paulines persönliches Engagement bei Lehrereinstellungen, sondern auch ihr Interesse an Schulprüfungen: „Daß sie es nicht verschmaehete, den oeffentlichen Pruefungen beizuwohnen, ja selbst nachher die ... von den Schuelern gelieferten schriftlichen Arbeiten zu lesen und mit wenigen Worten zu recensieren, soll nicht verschwiegen werden."[44]

4. Würdigung Paulines

In ihrer Abschiedsrede vom 3. Juli 1820 zog Pauline eine Bilanz ihrer Regierung, die sowohl aussagekräftig ist für ihre Leistungen, aber auch für ihr moralisches Selbstverständnis. Nachdem sie darauf verwiesen hatte, dass bei ihrem Amtsantritt „Mangel und Theurung im Lande ... jetzt Wohlfeilheit und Ueberfluß“[45] herrschten, führte sie weiter aus: „Meine Regentschaft war ernst und beschwerlich durch mancherley Pruefungen. Kriegsbeschwerde und Misverstaendnisse ... so oft ich auch gefehlt haben mag, mein Gewissen versagt mir das Zeugniß der Pflichttreue nicht ... und so ist viel geschehen, manches gelungen, mehr noch vorbereitet. ...“[46]

Mit dem Hinweis, dass 'viel geschehen, manches gelungen, mehr noch vorbereitet' sei, verkleinerte sie allerdings ihre größten Leistungen. Die Einrichtung der Kinderbewahranstalt, das zwar obrigkeitsstaatlich-rigorose, aber auch prinzipiell menschenfreundliche Hilfsprogramm gegen die Armut, die Gründung

---

42 Friedrich Weerth, Ueber die Elementar-Schulen im Fuerstenthum Lippe. Ein historischer Bericht, Duisburg u.a. 1810, 111.

43 Vgl. hierzu Johannes Arndt, Das Fürstentum Lippe im Zeitalter der Französischen Revolution 1770-1820, Münster u.a. 1992, 410, Anm. 56, der sich dabei auf eine ältere Studie von Hans-Ulrich Wehler bezieht.

44 Weerth, Predigten 1821, 60.

45 Pauline zur Lippe, Worte bey Niederlegung der Regentschaft am 3ten Julius 1820 oeffentlich gesprochen, Druck o.O. 1820.

46 Ebd.

eines Krankenhauses, die intensive Schulpflege oder die Gründung der Heilanstalt für Geisteskranke waren Leistungen, die durchaus noch einmal ins Gedächtnis gerufen werden sollten. Hier war Pauline theoretisch auf dem Stand der Zeit, in der praktischen Umsetzung den meisten deutschen Staaten hingegen weit voraus.

Für ihre Wesensart ist in den wenigen Worten manches bezeichnend: Die aus ihrem rationalen Geist, aber auch der protestantisch-frommen Demut geborene Selbstkritik, mit der sie darauf verwies, 'gefehlt' zu haben, die Bescheidenheit, mit der sie ihre wirklichen Leistungen nur andeutete, die eiserne Disziplin, die aus ihren immer wiederkehrenden Formeln von der 'Pflichttreue' durchscheint und die Moralität, mit der sie das ‚Gewissen' ihre Regierungsbilanz prüfen ließ. Aber weder Umfang noch Ergebnisse ihrer nicht nur durch religiöse oder philosophische Überzeugungen, sondern auch durch eine sich letztlich selbst motivierende Humanität bewirkten sozialpolitischen Leistungen kommen in ihren Worten hinreichend zum Ausdruck. Es erscheint daher vielleicht nicht zu weit hergeholt, sich noch einmal die über hundert Jahre zurück liegende Wertung Paulines durch Karl Meyer vor Augen zu führen, in dessen zeitgemäß begeisterten Worten dennoch viel Zutreffendes steckt: „... eine Persönlichkeit, die, ausgestattet mit scharfem Verstand und von barmherziger Liebe glühendem Herzen, ihre hohe Stellung und die ihr zu Gebote stehenden Mittel benutzt hat, um die Not zu beseitigen, wie und wo sie ihr in ihrem Wirkungskreise entgegentrat. In welchem Geist und von welchem Motiv aus sie ihre ausgedehnte Liebesarbeit entfaltete, dürfte dem Kundigen, da sie eine Persönlichkeit wie aus einem Guß war, aus ihrem Lebensgang und ihrer Charakteristik mit genügender Klarheit hervorzugehen. Ihr Wirken war Humanität – nicht in einem Gegensatz zu dem wahren Springquell christlicher Liebe, sondern eine mit Bewußtsein aus demselben abgeleitete."[47]

---

[47] Meyer, Liebesthätigkeit, 44.

GERLINDE VIERTEL

Elizabeth Fry (1780-1845)

Elizabeth Fry. Stahlstich nach einem Portrait von Mrs. Charles Pearson, um 1840.

„Die Zeit ist herangereift, in der auch der Mensch im Dunkeln als Mensch erkannt und anerkannt wird!"[1]

1. Leben und Wirken Elizabeth Frys

Elizabeth Fry, geb. Gurney, wird in einer Zeit massiver gesellschaftlicher Umbrüche geboren: Revolution und Restauration, Aufklärung und Erweckung, Industrialisierung und Massenverelendung bestimmen den Ausgang des 18. Jahrhunderts bis tief in das 19. Jahrhundert hinein. Sie wird die Veränderungen nicht passiv nur hinnehmen, vielmehr wird sie das Neue aktiv und kreativ mitgestalten. Dabei geht ihre Wirkung weit über ihre Heimat England hinaus auf den Kontinent hinüber, wo ihre Anstöße aufgenommen werden – in Deutschland vor allem von Theodor Fliedner, später von Johann Hinrich Wichern und anderen.

Bis zu ihrem 18. Lebensjahr indessen deutet nichts darauf hin, dass sie einmal die Aufbrüche in der Diakonie in der ersten Hälfte des 19. Jahrhunderts wegweisend mit bestimmen und zu den herausragenden Frauen in Europa gehören wird. Zunächst lebt sie wie ihre begüterten Gleichaltrigen: Sie liebt Tanz, Gesang, Reiten, diskutiert gern mit Freunden, während der Unterricht, den sie bei Gouvernanten und Hauslehrern zusammen mit ihren 11 Geschwistern erhält, sie wenig begeistert. Dass sie das Erlernen einer Fremdsprache verweigert, wird sie später bereuen. Der frühe Tod der klugen und frommen Mutter, den die damals Zwölfjährige erleben muss, bedrückt sie – wie aus den Tagebuchaufzeichnungen hervorgeht – noch nach Jahren „schmerzlich".[2] Elizabeth hat sehr an ihr gehangen. Ihr Vater bleibt Witwer.

---

[1] Heinz Vonhoff/Hans-Joachim Hoffmann, Samariter der Menschheit, München 1977, 130.

[2] Leben und Denkwürdigkeiten der Frau Elisabeth Fry, nach dem Werke der Töchter und andern Quellen, bearbeitet von der Verfasserin der „Hanna More" und der „Sara Martin", [=Henriette Maria Julius] I, Hamburg ²1850, 10.

Die Familie Gurney gehört der christlichen „Gesellschaft der Freunde“ („Society of friends“), den „Quäkern“, an, die keine festen kirchlichen Strukturen aufweist.

Zwischen ihrem 14. und 17. Lebensjahr gerät Elizabeth in schwere Krisen. Mit 16 Jahren vertraut sie dem Tagebuch ihr Ringen um Identität an:

„Ich bin wie ein Schiff auf dem Meere ohne Steuermann; mein Herz und Gemüth sind übervoll, – Ich bedarf Jemand, auf den ich mich stützen kann ... Ich sehe alles im Dunkeln. Ich verstehe nichts, alles scheint mir nur Thorheit – ich zweifle an allem.“[3]

Ein späterer Eintrag mutet wie ein Selbstgericht an, er offenbart ihre Zerrissenheit zwischen der bisherigen, nunmehr als hohl und unwürdig empfundenen Lebensweise und den Erwartungen an sich selbst:

„Ich bin eine Seifenblase ohne Vernunft, ohne Schönheit der Seele oder des Gemüths; ich bin eine Thörin. Täglich sinke ich tiefer in meiner Selbstachtung. Wie schön könnt' es sein, wüsst' ich meine Zeit und meine Gedanken würdig auszufüllen. Ich bin jetzt siebzehn, und wenn nicht ein Wunder geschieht, werden meine Gaben vom Rost und von den Motten verzehrt werden, sie werden ihren Glanz und ihre Kraft verlieren.“[4]

Innerlich rebelliert sie gegen die an „höhere Töchter“[5] ihrer Zeit gerichteten Rollenerwartungen. Wie kann sie die Achtung vor sich selbst wiedergewinnen? Welche Möglichkeiten bieten sich ihr – einer jungen Frau zu Beginn des 19.Jahrhunderts – ihre Identität in dem vorgegebenen engen Lebensraum zu finden?

Im Jahre 1798 – eine tragisch endende Liebesromanze liegt hinter ihr – hört sie in einer Versammlung der „Freunde“ den amerikanischen Prediger William Savery; wahrscheinlich hat er über Mt 25 gesprochen: „Was ihr getan habt einem meiner geringsten Brüder, das habt ihr mir getan!“ Durch ihn erhält Elizabeth zukunftsbestimmende Wegweisungen. Sie wird eine „Erweckte“. Die Achtzehnjährige wendet den Blick von sich selbst hin zu den Menschen, die auf Hilfe angewiesen sind. Gewiss gerät sie noch in manchen Zwiespalt und ringt mit Zweifeln, doch weiß sie sich immer deutlicher von Gott dazu berufen, sich in seinem Namen der Bedürftigen anzunehmen.

Familienangehörige beobachten, wie sie ernster, mutiger und freier wird. Ihre ältere Schwester bemerkt: „Von diesem Tage an schien ihre Liebe zur Welt und zum Vergnügen dahin geschwunden.“[6] Sie selbst teilt später einer ihrer Töchter mit, „dass sie von da an nie erwacht sey ohne den Gedanken an Gott, und ohne mit Ernst zu erwägen, wie sie den kommenden Tag in Seinem Dienste und Ihm wohlgefällig zubringen möge.“[7]

---

[3] Zit.n. a.a.O., 14.

[4] Zit.n. a.a.O., 15.

[5] Der Vater ist Bankier und Großgrundbesitzer in der Grafschaft Norfolk.

[6] Leben und Denkwürdigkeiten, I, 16.

[7] Ebd.

Ausdruck ihres inneren Wandels ist ihr öffentliches Bekenntnis zum Quäkertum; sie kleidet sich seit 1799 bis an ihr Lebensende in die einfache Tracht der Quäkerin, ein schiefergraues, knöchellanges Gewand und eine Haube. Im Umgang mit Personen aller Stände und Nationalitäten bedient sie sich eines weiteren Merkmals der Quäker: sie verwendet das „Du“, was ihr, so berichten Zeitgenossen, bei ihrer Schüchternheit – insbesondere gegenüber dem anderen Geschlecht – oft schwer gefallen ist.

Zunächst – in England besteht noch keine Schulpflicht – sammelt die junge Frau Kinder von armen Dorfbewohnern aus der Umgebung um sich und unterrichtet sie in Lesen, Schreiben und Rechnen, vor allem aber erzählt sie ihnen biblische Geschichten. Bis zu ihrem Tod bleibt sie davon überzeugt, dass mangelnde Frömmigkeit zum Verstoß gegen sittliche Normen verleitet und Armut zur Folge hat. Durch religiöse Gleichgültigkeit werde der Mensch an Leib und Seele zerstört. Ihr Kampf gegen Armut und Analphabetismus ist vor allem ein Kampf gegen religiöse Unwissenheit. Ein von ihr häufig zu hörendes Motto lautet: "Charity to the soul is the soul of Charity!“[8] Es ist laut Wichern „in Deutschland die Losung überallhin verbreiteter christlicher Armenpflege geworden.“[9]

Ihre etwa 70 Schulkinder in Norwich muss Elizabeth zurücklassen, als sie 1800 den Londoner Bankier und Quäker Joseph Fry heiratet, dem sie 11 Kinder gebiert. Ihre außerhäuslichen Aktivitäten werden durch familiäre Aufgaben zunächst blockiert. Bis zu ihrem 36. Lebensjahr (1816), dem Geburtsjahr ihres 10. Kindes, widmet sie sich vorwiegend ihren Pflichten als Ehefrau und Mutter. Ende 1822 kommen ihr jüngstes Kind sowie das erste von 25 Enkelkindern zur Welt. Zu diesem Zeitpunkt dehnt sich ihre diakonische Tätigkeit immer weiter aus. Zwar erzieht sie ihre Kinder früh zur Selbstständigkeit und zur Mitarbeit im Haus, zwar kann sie jederzeit auf die Unterstützung ihrer häuslichen und karitativen Arbeit durch ihre Großfamilie rechnen, dennoch und trotz ihres unvergleichlichen Organisationstalentes bleiben Konflikte nicht aus: Von Seiten der halb erwachsenen Kinder und des Ehemanns – der ihren diakonischen Einsatz grundsätzlich jedoch unterstützt und sie gelegentlich auf Reisen begleitet –, von Seiten konservativer Quäker oder auch Außenstehender trifft sie immer wieder der Vorwurf, ihre eigentliche Bestimmung als Hausfrau und Mutter aufgrund ihrer häufigen Abwesenheit zu vernachlässigen. Derartige Vorhaltungen bedrücken sie sehr, ist sie doch unermüdlich bestrebt, alle anstehenden Pflichten perfekt zu erfüllen. Aber sie muss sich eingestehen – wie etwa aus einem Brief an ihre Schwester hervorgeht – dass sie sich von der Fülle der häuslichen Aufgaben nicht selten erdrückt fühlt:

„Möchte' ich nie an den Dingen dieser Erde kleben, um die ich mich doch kümmern muß. Ich bin mir dieser Tage doch recht als ein Erdwurm vorge-

---

[8] Peter Meinhold (Hg.), Johann Hinrich Wichern, Sämtliche Werke 5, Hamburg 1971, 140.

[9] Ebd.

kommen. So viel hab' ich in Küche, Keller, Vorrathskammer und Waschhaus zu schaffen gehabt, – möge ich in allem das rechte Maaß halten."[10]

Nur dank ihres Sendungsbewusstseins kann sie sich letztlich von dem Zwang befreien, rollenspezifischen Erwartungen entsprechen zu müssen.

Das verbreitete soziale Elend lässt sie nicht zur Ruhe kommen; sie besucht Waisenheime und Anstalten für geistig behinderte Menschen, berät Leidende aller Art, regt Schulgründungen an. Die Erfahrung, dass bitterste Not Kinder und Erwachsene zu Dieben und Verbrechern werden lässt, beunruhigt Elizabeth Fry unablässig. So nimmt sie tief betroffen das Elend einer bettelnden Frau wahr, die ein von Husten gequältes Baby auf dem Arm hält. Trotz massiver Abwehr folgt sie der Frau in deren „Wohnhöhle", in der weitere sechs Kleinkinder krank und verschmutzt in ihrem Kot auf dem nackten Lehmboden herumliegen. Elizabeth hilft mit dem, was sie bei sich hat, und verspricht, am folgenden Tag mit einem Arzt wiederzukommen. Doch sie findet die Behausung leer. Eindringliche Fragen an die Nachbarn ergeben, dass die ‚Mutter' eine sogenannte ‚Engelmacherin' ist, die gegen Geld unerwünschte Kinder bei sich aufnimmt, um sie verhungern zu lassen. Davon – so berichten die Umstehenden – gebe es viele in den Slums: Frauen, die auf diese Weise ihr Leben fristeten. Unermüdlich appelliert Elizabeth fortan an die höheren Stände, ihre Untergebenen nicht schamlos auszunutzen und „zu bloßen Werkzeugen zu erniedrigen"[11], sondern ihre Verantwortung für sie und ihre Kinder zu erkennen, „sind sie doch in unserer christlichen Gesellschaft oft schlimmer gestellt, als der Haussklave in der heidnischen es war!"[12] Sie selbst gründet einen „Verein zum Wohle der dienenden Klasse", um diesem Stand zu mehr Gerechtigkeit zu verhelfen.

Den entscheidenden Anstoß für ihre spätere Wirksamkeit erhält sie durch den Bericht einiger Quäker über deren Besuch in dem berüchtigten Gefängnis Newgate in London. Um sich selbst einen Eindruck zu verschaffen, begibt sie sich im Winter 1813 trotz massiver Warnungen dorthin; einer Freundin schildert sie ihre Eindrücke:

„Damals waren in zwey Sälen und zwey Zellen ... dreyhundert Weiber zusammengepfercht; – solche, die noch nicht verurtheilt waren, und also, nach den Gesetzen des Landes, noch für schuldlos galten, und die, welche bereits ihr Urtheil empfangen hatten. Ohne Rücksicht auf die Größe ihrer Vergehen (sollte auch die Todesstrafe zuerkannt worden seyn) waren sie, ohne Unterschied und ohne Klassenordnung, unter der Aufsicht eines einzigen Mannes und seines Sohnes vereinigt. Hier wurden sie von ihren Freunden besucht, hatten eine Unzahl ihrer Kinder bey sich; hier kochten, wuschen, schliefen sie, denn es war kein anderer Raum vorhanden. Sie schliefen am Boden, zuweilen hundert und zwanzig in einem Saale, ohne nur eine Matte zum Lager zu haben ... Einige wa-

---

[10] Leben und Denkwürdigkeiten, I, 62.

[11] Leben und Denkwürdigkeiten, I, 186.

[12] Ebd.

ren fast nackt. Hier sah man sie öffentlich Branntwein trinken, der in einer Schenke im Gefängniß selbst feil war, und wozu sie sich das Geld mit lärmender Begier erbettelt hatten ... Alles, was ich dir sage ..., bleibt nur ein schwacher Schattenriß gegen die Wirklichkeit; der Unrath, die verpestete Luft der Räume, die wilden Sitten und Worte der Weiber untereinander sind nicht zu beschreiben.“[13]

Elizabeth kann zunächst nur mit Kleidungs- und Lebensmittelspenden helfen, da ihre familiäre Situation ihr keinen weiteren Einsatz erlaubt. Sie muss sich damit zufrieden geben, dass auf ihr Drängen hin die Raumenge durch die Bereitstellung von sechs weiteren Sälen vermindert wird. Erst Weihnachten 1816 nimmt sie ihre Besuche in Newgate wieder auf, um sich nunmehr intensiv der Hilfe für die weiblichen Gefangenen zu widmen.

Gegen alle Warnungen des Gefängnisdirektors und der Aufseher verweilen sie und ihre Freundin bereits bei ihrem zweiten Besuch ohne „Bodyguards“ mehrere Stunden im Frauen-Trakt. Als mehrere Inhaftierte bei ihrem Eintritt vor Überraschung schweigen, spricht Elizabeth die Frauen mit ihrer ruhigen Stimme an und legt ihnen das Gleichnis von den Arbeitern im Weinberge unter besonderer Hervorhebung der „elften Stunde“ aus (Mt 20). „Einige fragen „wer Christus sey? Andere fürchten: „für sie sey es zu spät.“[14] Dann nimmt sie ein schmutziges, abgezehrtes, nacktes Kind auf den Arm und ruft: „Mütter, lasst uns eine Schule errichten für eure armen Kinder!“[15] Viele weinen vor Erschütterung über so viel Sorge um die Zukunft ihrer Kinder. Fast schlagartig verändert sich das Klima innerhalb der dunklen, nur mit einem schmalen Lichtschlitz versehenen Räume.

Von Anfang an – und das ist mit ein Grund ihres Erfolges – besteht Elizabeth Fry auf der Mitwirkung und Mitentscheidung der inhaftierten Frauen – ein geradezu revolutionärer Ansatz: “Ernennet denn sogleich eine aus eurer Mitte, dass sie die Schule halte: meine Freundin und ich wollen die Leitung übernehmen und täglich zur Schule kommen.“[16] Das Experiment gelingt. Trotz des anfänglichen massiven Widerstands der Gefängnisleitung wird eine kleine Zelle als Unterrichtsraum eingerichtet. Die Inhaftierten wählen aus ihren Reihen eine junge Frau zur Lehrerin, die wegen Diebstahls einer Uhr auf ihre Verurteilung wartet. Nach 15 Monaten wird sie wegen hervorragender Führung begnadigt, stirbt aber kurz darauf an Tuberkulose. Von Montag bis Samstag erhalten 30 Kinder und einige Erwachsene unter Aufsicht Elizabeths und ihrer Freundinnen Unterricht vor allem im Lesen und Schreiben.

---

[13] Leben und Denkwürdigkeiten, I, 55f.; vgl. dazu: o. Verf. [=Christian Karl Josias Frhr. v. Bunsen (Hg.)], Elisabeth Fry, an die christlichen Frauen und Jungfrauen Deutschlands, Worte eines christlichen Freundes von Elisabeth Fry, Hamburg 1840, 3f.

[14] Leben und Denkwürdigkeiten, I, 77.

[15] Bunsen, Fry, 4.

[16] Ebd.

E. Frys enger Freund, Freiherr v. Bunsen, betont, dass für sie „das Wort Gottes ..., die ernste, mit Gebet verbundene Verlesung der Schrift Anfang und Ende der Unterweisung“ gewesen sei. „Denn die Verzweiflung an der Gnade Gottes muß bei ihnen [den Gefangenen] eben so gut überwunden werden, als die gänzliche Gottesvergessenheit und Gottlosigkeit, wenn irgend eine Besserung eintreten soll“.[17]

Nachdem Elizabeth im Rahmen ihrer täglichen Besuche das Vertrauen der inhaftierten Frauen gewonnen hat, führt sie mit ihnen zusammen eine grundlegende Reform der Haftbedingungen – zunächst nur für Frauen – durch. Sie organisiert mit Zustimmung der Betroffenen eine Klassenordnung je nach „dem Stand der Verkommenheit“. Jeder zwölf Personen umfassenden Klasse steht eine von den Gefangenen aus ihren Reihen gewählte „Aufseherin“, auch „Fürsprecherin“ oder „Werkmeisterin“ genannt, vor, die ihrerseits einer „Oberwerkmeisterin“ unterstellt ist. Die Tatsache, dass Frauen von Frauen erfolgreich geführt werden können, bewirkt, dass das englische Parlament 1824 die Anstellung ausschließlich weiblicher Aufseherinnen für die weiblichen Gefangenen in den Gefängnissen von Großbritannien zum Gesetz erhebt. Mit den Inhaftierten erarbeitet E. Fry eine für alle verpflichtende „Hausordnung“, die aushängt und einmal wöchentlich verlesen wird. Das Prinzip der Freiwilligkeit und Mitarbeit, das für Elizabeth wichtig ist, trägt wesentlich zum Gelingen der Reformbemühungen bei. Jeder Tag beginnt mit der Lesung eines Textes aus der Bibel und mit Gebet, es folgen eine kurze Auslegung des Vorgelesenen, Ermahnung und Zuspruch für den Tag.

Zu den intendierten Maßnahmen gehört neben dem Kampf gegen Schmutz und Unordnung der Einsatz gegen die Langeweile, die immer wieder Unzufriedenheit und Streitsucht provoziert. Auf ausdrücklichen Wunsch vieler Frauen organisiert Elizabeth Arbeit: In Gruppen zu je zwölf Frauen wird gestickt, werden Tücher zugeschnitten, aus Stoffresten Teppiche hergestellt und Strümpfe gestrickt. Mitarbeiterinnen aus dem Kreis der Quäker helfen bei der Beschaffung des Materials und beim Verkauf der Waren. Die Gefangenen erhalten nur einen geringen Lohn, für den sie in einem eigens eingerichteten Lebensmittelladen einkaufen können. Zugleich aber werden Sparkonten angelegt, die nach der Entlassung den Frauen den Start in ein „normales“ Leben erleichtern. Kleine Geschenke für besonders gute Arbeiten oder „Aufmunterungen“ wirken motivierend und lassen bei den Deklassierten ein neues Selbstwertgefühl entstehen. Zur neuen Ordnung gehört ferner das Verbot, Besucher anzubetteln, da die Bettelnde sich selbst erniedrige, ihre oft geringe Selbstachtung gänzlich verliere. Nicht einmal die Annahme von Geschenken ist gestattet. Für Außenstehende, die helfen möchten, wird eine Armenkasse eingerichtet.

Von Anfang an erfährt Frau Fry den Widerstand der Verwaltung gegen alle Neuerungen. Bis zum Gouverneur von London dringt sie vor, um Zustimmung

---

[17] Bunsen, Fry, 14 f.

zu ihren Reformvorhaben und offizielle Unterstützung zu finden, doch auch er weist sie mit der Bemerkung ab, die „Sträflinge“ in Newgate seien unverbesserlich und jeder Einsatz für sie zum Scheitern verurteilt. E. Fry hält dagegen, sie habe sein Urteil zwar zur Kenntnis genommen, teile es aber nicht mit ihm. Ein neues Verständnis von Strafe bahnt sich an: Strafe darf niemals auf Rache beruhen, sondern ihr Ziel muss es sein, „Verbrecher“ zu bessern, ihnen den Weg zu einer „inneren Umkehr“ zu zeigen. BESSERUNGSANSTALTEN anstelle von ZUCHT-Häusern und Kerkern fordert die Sozialreformerin.

Schon nach wenigen Wochen haben sich die Zustände in einem der „betreuten“ Räume, in einem von (nur noch!) 70 Frauen bewohnten Saal, grundlegend verändert: Ruhe, Ordnung, Lernbereitschaft, Arbeit bestimmen den Alltag. Bereits 1818, etwa zwei Jahre nach Beginn der Umgestaltung, konstatiert der Lord Mayor von London, dass die Zahl der Rückfälligen, die aus Newgate entlassen wurden, signifikant niedriger als zuvor sei. Er selbst setzt sich daraufhin für den Aufbau weiterer Gefängnisschulen nach dem Vorbild von Newgate ein, auch deren Finanzierung wird nun sichergestellt und nicht mehr – wie bisher – ausschließlich aus Spendengeldern bestritten. Im selben Jahr berichtet Elizabeth Fry in dem Ausschuss des Unterhauses, der sich mit den „Gefängnissen der Hauptstadt“ befasst, über die Erneuerung der Haftbedingungen. Sie ist die erste Frau, die vom englischen Parlament als Expertin angehört wird – ein über die Grenzen Großbritanniens hinaus weithin beachteter Vorgang. Mutig benennt sie unzählige Missstände, wie etwa den Mangel an Kleidung:

„Eine hochschwangere Frau, die ein paar Stunden nach ihrem Eintritte in's Gefängniß entbunden wurde, hatte keine Decke, keine Strümpfe und kaum ein dünnes Röckchen. Wir mussten diese Frau, wie ihr Kind, ganz aufkleiden“.[18]

Nicht um Frauenemanzipation geht es Fry und den von ihr initiierten Besuchsdiensten und Frauen-Ausschüssen „zum Wohl der Gefangenen“, sondern einzig um die Verbesserung des Loses der Inhaftierten. Ein weiteres Arbeitsgebiet dieser „Hülfsvereine“ liegt in der Sorge um entlassene Gefangene, die bisher nach Verbüßung ihrer Strafe hilflos vor den Toren der Anstalt standen und oft nicht wussten, wohin. An vielen Orten in England, Schottland und Irland öffnen „Asyle“ oder „Zufluchtshäuser“ ihre Türen für diese Menschen. Den in der Regel völlig Mittellosen, Verachteten und Obdachlosen will man damit die Rückkehr in die Freiheit erleichtern und sie vor Rückfall schützen.

Eine damals übliche Strafe war die Verbannung der Verurteilten in die Sträflingskolonie Australien.[19] Dortige Kolonisten und Siedler erhielten von den Behörden Verbannte als Arbeitskräfte zugewiesen, deren restliches Leben sich nur unwesentlich von einem Sklavendasein unterschied.[20]

[18] Leben und Denkwürdigkeiten, I, 103.

[19] Vgl. John Kent, Elizabeth Fry, London 1962, 83 ff.

[20] Ein Mitglied des britischen Oberhauses bezeichnete eine derartige Verbannung zynisch als „easy migration to a milder climate“, ebd.

Der Abtransport der zur Deportation Verurteilten zu den Schiffen verlief auf unwürdigste Weise: Auf offenen Pferdewagen kreischten die Verzweifelten, während „Gaffer" sie mit Dreck und Steinen bewarfen. Elizabeth setzt durch, dass die Verbannten in geschlossenen Droschken zum Hafen gefahren werden; ferner, dass die Bedingungen auf den oft hoffnungslos überfüllten Segelschiffen, die monatelang jeder Witterung ausgesetzt waren, verbessert werden. Schon 1818 begleiten sie und ihre Mitarbeiterinnen die Transporte zu den Schiffen, gelegentlich segelt sie ihnen bis zur Themse-Mündung nach und gerät dabei einmal wegen der starken Strömung in Lebensgefahr. Sie will den Frauen, die für immer die Heimat verlassen müssen, ein letztes Mal ihre Verbundenheit zeigen und liest ihnen tröstende Bibelworte vor. Sie und die ebenfalls ehrenamtlich wirkende „British Ladies' Society" organisieren unter erheblichem Kostenaufwand für die Reisen Lebensmittel, Kleidung und Arbeit, Bibeln als Lektüre für die Überfahrt, ja sie senden sogar Begleiterinnen mit, die die oft katastrophalen Zustände unterwegs und bei der Ausschiffung in Australien in geordnete und menschenwürdige Bahnen lenken sollen. Selbst in diesen für damalige Verhältnisse unendlich weit abgelegenen Kolonien, die außerhalb des Gesichtskreises jedes normalen Bürgers lagen, kann Elizabeth auf Grund der inzwischen erworbenen Autorität grundlegende Verbesserungen erreichen.

Ein weiterer entscheidender Einsatz gilt der Heraufsetzung des Alters der Strafmündigkeit und dem Kampf gegen die Todesstrafe. Quäker setzten sich weltweit nicht nur intensiv für die Abschaffung der Sklaverei ein, sie lehnen auch bis heute jeden Dienst an der Waffe ab, ebenso die Tötung als Mittel der Selbstverteidigung und damit konsequenterweise die Todesstrafe und Kriege. Bei „Entwendung von Privateigenthum"[21] und bei Fälschungen sah das englische Gesetz selbst für Kinder ab 12 Jahren die Todesstrafe vor. Darunter leidet Elizabeth – erst recht, wenn sie mit einer Kindsmörderin spricht. Die Klage einer jungen wegen Diebstahls zum Tode verurteilten Frau verfolgt sie innerlich: „Ich fühle das Leben so kräftig in mir, dass ich's nicht denken kann: morgen um diese Zeit bist du todt!"[22] In einem Memorandum hält E. Fry fest: „Besides this poor young woman, there are also six men to be hanged … and seven young children."[23] Elizabeth empört sich – besonders auch nach ihren Gefängnisbesuchen in Deutschland – beim Anblick von Gefangenen, die mit tief in das Fleisch einschneidenden Ketten an die Mauer der Zelle gefesselt sind. Nur im Gebet, in der stillen Zwiesprache mit Gott, kann sie ihre Wut und Verzweiflung angesichts von Todesurteilen auch für Unschuldige allmählich bezwingen und Kraft zum Weitermachen gewinnen. Ein Erlebnis in Newgate bleibt ihr unvergessen: Bei einer jungen zum Tode verurteilten Frau stellte sich kurz vor der Hinrichtung ihre Unschuld heraus. Da aber der zuständige Richter

[21] Leben und Denkwürdigkeiten, I, 107.
[22] A.a.O., 108.
[23] 4. März 1817, in: Memoir of the life of Elizabeth Fry with extracts from her journal and letters, edited by two of her daughters, in two volumes, vol. I, London 1847, 263.

unerreichbar und die „Gaffer“ bereits versammelt waren, wagte man nicht, die Hinrichtung auszusetzen, denn das Volk verlangte nach dem bereits Tage zuvor öffentlich angezeigten „Spektakel.“ Jahre später (1838) schildert Charles Dickens, der jüngere Zeitgenosse von Elizabeth Fry, eine vergleichbare Szene:

„Der Tag [der Hinrichtung des Juden] brach an ... Es wimmelte bereits von Menschen; die Fenster waren mit Leuten angefüllt, die sich durch Rauchen und Kartenspielen die Zeit verkürzt hatten, während sich die Menge auf der Straße bald zankend, bald lachend hin und her stieß. Alles verkündete Leben und Heiterkeit, mit Ausnahme eines dunklen Haufens von Gegenständen ganz in der Mitte – das schwarze Gerüst – der Querbalken – der Strick und die übrigen grauenvollen Insignien des Todes.“ [24]

Elizabeth hat sich in wenigen Jahren den Ruf einer Expertin für Gefängnisreformen erworben, deren Rat international gefragt ist. Ein immenser Schriftverkehr – es gibt ungezählte Anfragen von Privatleuten, Behörden, Fürsten und Königen aus dem In- und Ausland – hat sich inzwischen derart erweitert, dass ein eigener „Ausschuss“ zur Beantwortung der Briefe eingerichtet werden muss, in dem auch einige ihrer Töchter und Nichten ehrenamtlich arbeiten. Am meisten Zeit beanspruchen Besuchergruppen sowie Komitees, die sich über die Gefängnisreformen informieren und den persönlichen Rat von E. Fry einholen wollen. Häufig treffen Einladungen vom Kontinent ein mit der Bitte um persönliche Gutachten vor Ort.

Obwohl von schmerzhaften Krankheiten geplagt, besucht E. Fry zwischen 1837 und 1843 mehrmals das Festland[25] und kann bereits deutliche Erfolge ihres Einsatzes für Inhaftierte auch hier feststellen. Dreimal weilt sie in Frankreich, zweimal in Deutschland, sie reist in die Schweiz, nach Belgien, Holland und Dänemark. Der Einladung in das preußische Königshaus gehen jahrelange Kontakte mit dem damaligen Kronprinzen und späteren König Friedrich Wilhelm IV. voraus, der sie wiederum mit einem Gegenbesuch in England beehrt. Die preußische Gefängnisreform basiert letztlich auf diesen Kontakten.

Welche Strapazen und welcher Zeitaufwand mit diesen Reisen verbunden waren – das ist für uns kaum noch vorstellbar. Allein die Schiffe zum Festland lagen oft tagelang wegen ungünstiger Wetterverhältnisse fest. Für die schwierige und höchst anstrengende Fahrt mit der Postkutsche wurden – bei reibungslosem Verlauf – etwa für die Strecke von Lübeck nach München mindestens 112 Stunden benötigt, und zwar für die reine Fahrzeit, also ohne Pferdewechsel, zeitraubende Wartezeiten an zahlreichen Zollstationen oder gelegentliche Radbrüche.

---

24 Charles Dickens, Oliver Twist, München o. J. (Goldmann Klassiker, KL 724), 438.

25 Vgl. Elizabeth Fry's journeys on the Continent, 1840-1841 from a diary kept by her niece Elizabeth Gurney edited, London o.J. (1931?) [Account of a journey to Holland, Belgium and Germany by Elizabeth Gurney in company of her father and her Aunt Elizabeth Fry, also Josiah Forster, William Allen and his niece, Lucy Bradshaw, in 1840].

Im Alter von 60 Jahren weilt Elizabeth Fry 1840 auch fünf Tage in Düsseldorf,[26] wo sie u.a mit Hilfe von Übersetzern mehrmals zu den Gefangenen spricht und Versammlungen abhält. Besonders beeindruckt zeigt sie sich von der Begegnung mit Adelberdt Graf von der Recke-Volmerstein,[27] der ein großes „Rettungshaus für verwaiste und verwahrloste Kinder" in Düsselthal bei Düsseldorf gegründet hat (1822) sowie seiner Gattin Mathilde. Die Gräfin berichtet:

„Dieser Tage hatten wir große Freude hier, nämlich die berühmte Elisabeth Fry ... war bei uns, und wir zweimal bei ihr in Düsseldorf ... Ihr äußeres Erscheinen ist ungemein imponierend durch ihre hohe Würde mit dem Ausdruck der höchsten Demut, der größten Liebe, mit der sie alle Menschen empfängt ... und selbst den ärgsten Verbrechern entgegenträgt ... Sie sprach mehrmals zu den Gefangenen, die mit großer Begierde ihren Worten lauschten und tief ergriffen wurden."[28] Zum Abschied überlässt die Quäkerin auf Bitten hin ihr Bildnis – eine Lithographie von 1823[29] – der Anstalt zum Verkauf. Der Erlös diente als Beitrag zur Errichtung eines „Bettempelchens" auf dem Düsselthaler Friedhof.[30]

Mit Theodor Fliedner in Düsseldorf-Kaiserwerth, ihrem „dear friend, the Pastor",[31] unterhält E. Fry seit mehr als 15 Jahren Kontakte. Bereits 1824 besuchte Fliedner im Rahmen einer Kollektenreise Newgate und andere nach den Forderungen von Fry reformierte Gefängnisse. Zurückgekehrt nach Kaiserswerth, wurde für ihn die Sorge um die Gefangenen sowie die Nachsorge für die Entlassenen zu einem zentralen Thema seiner Arbeit. Es gelang Fliedner, die katholische Kirche in die Mitarbeit bei einer Gefängnisreform nach englischem Vorbild einzubinden. So plante er mit einflussreichen Mitarbeitern seit 1826 die Gründung einer interkonfessionellen Gesellschaft

---

26 Elizabeth Fry's journeys, 99 ff.

27 Recke hatte bereits 1819 in dem „Ursprünglichen Plan der Gesellschaft der Menschenfreunde" ausgeführt: „Sind die Gefängnisbewohner eines anderen Ursprungs? – Lag nicht auch ihre Sittenlosigkeit in dem Mangel der richtigen Erkenntniß ihrer Christenpflichten? Wären ihnen diese heilig und theuer, der Gottes Sohn bekannt gewesen, würden sie nicht anders gehandelt haben, der menschlichen Gesellschaft nützlich, statt jetzt höchst verderblich geworden sein? Darum lehre man sie ihre Pflichten kennen und achten, lege Schulen für sie an ..." Nachdruck in „Der Menschenfreund", Düsselthal 1858, 342.

28 Mathilde Gräfin von der Recke-Volmerstein in einem Brief v. 11. Mai 1840, abgedruckt in: Karl Schöpff/Walter Vogel (Hg.), Ein Menschenfreund. Adelberdt Graf von der Recke-Volmerstein. Sein Lebensbild und Lebenswerk nach Briefen, Tagebuchblättern und sonstigen Urkunden, Gütersloh 1922, 268 f.

29 Nach dem Gemälde von C. R. Leslie.

30 „So hat unter Andern Ihre Majestät die Königin von Preußen für mehrere Bilder 10 Thl. gesandt, Ihre Majestät die Königin von Dänemark 20Thl. 20-Sgr." bemerkt Adelberdt Graf v.d. Recke im „Bericht über die Rettungs-Anstalten zu Overdyck und Düsselthal ..." von 1841/42, 10.

31 Memoir, vol. II, London 1848, 360, vgl. a.a.O., 356 ff.

zugunsten Inhaftierter und entlassener Häftlinge, die nach manchen Verzögerungen 1828 vom Ministerium in Berlin genehmigt wurde und den Namen „Rheinisch–Westfälische Gefängnis-Gesellschaft" erhielt. Ihre Ziele sind denen Elizabeth Frys weitgehend verpflichtet, ja führen darüber hinaus. Auf seiner zweiten Reise nach England und Schottland 1832 erfüllte sich für Fliedner im Hause Fry die lang gehegte Hoffnung auf eine persönliche Begegnung mit Elizabeth sowie intensive Gespräche, aus denen er entscheidende Impulse für seine erste Anstaltsgründung in Kaiserswerth (1833) empfing, der schließlich (1836) die Eröffnung des Diakonissenhauses folgte.[32] Nach dem Tod von Elizabeth Fry bekennt Fliedner den Töchtern: „Of all my contemporaries none has exercised a like influence on my heart and life."[33]

Angeregt von den Erfahrungen in Kaiserswerth, gründet wiederum Elizabeth Fry unmittelbar nach ihrer Rückkehr in London 1840 die Organisation: „The Protestant Sisters of Charity", die bald darauf umbenannt wird in: "The Institution of Nursing Sisters", auch genannt „Fry Nurses", die erste ernst zu nehmende protestantische Krankenpflegeschule mit Residenzpflicht in Großbritannien.[34] Hier wird die wechselseitige Befruchtung im diakonischen Bereich und im Rahmen der Erweckungsbewegung zwischen Fry und Fliedner, zwischen Insel und Kontinent, deutlich, die mit der Schwesternausbildung von Florence Nightingale (1820-1910) in Kaiserswerth 1851 ihre Fortsetzung findet.

In ihrer zweibändigen Biografie haben die Töchter Elizabeth Frys zu Recht den Schwerpunkt der Wirksamkeit ihrer Mutter auf die Gefängnisreform gelegt. Manche anderen Arbeitsgebiete treten dahinter zurück. Sie sind gleichwohl von Belang. So hat – um nur eines noch zu erwähnen – Elizabeth nach der Begegnung mit einem Leuchtturmwärter für eine völlig vergessene Gruppe von Menschen am Rande der Insel mit einem Spendenaufruf mehr als 500 Bibliotheken einrichten können – im Kampf gegen Stumpfsinn und Langeweile. Später stiftet sie ähnliche Büchersammlungen für Schafhirten und Fischer.

1845 ist Elizabeth Fry nach eineinhalbjährigem Krankenlager, umsorgt von ihrer großen Familie, gelähmt und völlig entkräftet gestorben. Viele haben sie als „Engel von Newgate" verehrt.

2. Das „Welt- und Menschenbild" Elizabeth Frys

In dem biografischen Abriss wurden bereits Aspekte der „Weltanschauung" Elizabeth Frys erwähnt und veranschaulicht. Um der Klarheit willen seien diese noch einmal im Zusammenhang dargestellt: Elizabeth ist vom Christentum in

---

[32] Vgl. Martin Gerhardt, Theodor Fliedner. Ein Lebensbild I, Kaiserswerth 1933, 256 ff.; ders., Ein Lebensbild II, Kaiserswerth 1937, 24 f.

[33] Rachel Cresswell, A Memoir of Elizabeth Fry, London 1856, 459.

[34] Vgl. R.G. Huntsman/Mary Bruin/Deborah Holtum, Twixt Candle and Lamp: The Contribution of Elizabeth Fry and the Institution of Nursing Sisters to Nursing Reform, in: Medical History, Jg. 46, London 2002, 351-380; vgl. Janet Whitney, Elizabeth Fry. Quaker Heroine, London [3]1938, 297 ff.

seiner Ausgestaltung durch die Erweckungsbewegung geprägt. Als Quäkerin zählt sie zu den „Freunden" der liberalen, progressiven Richtung, die sich auszeichnen durch ihren philanthropischen Einsatz für Benachteiligte und Verfolgte, gleichzeitig der Bildung einen hohen Stellenwert beimessen. Entscheidend ist nicht die Konfession, sondern die Ausrichtung des Lebens nach der Bibel. Gott fordert jeden Menschen auf, sich für oder gegen ihn zu entscheiden. Die Antwort auf diese Herausforderung bestimmt sein Schicksal in der Gegenwart: Himmel oder Hölle. Dass auch der „Verkommene" und „Verstockte" eine Chance für einen zumindest „inneren" Neuanfang erhält, bewirkt Jesus, der Sündenheiland. Mit seinem Blut hat er Vergebung für alle Menschen erworben, die ihre Sünden erkennen und zur Umkehr bereit sind. Er wirbt um jede Seele. Aus diesem Grunde untersagt Elizabeth Fry den weiblichen Gefangenen, voreinander mit ihren Vergehen zu prahlen. Sie selbst und ihr Besuchskreis verzichten darauf, die Verurteilten nach ihrer Vergangenheit zu befragen. Bekehrung und ein Leben gegen christliche Normen sind unverträglich. Die Verbesserung der äußeren Lebensumstände, die Herstellung der Menschenwürde sollen zudem vor Rückfällen bewahren. All diese Bemühungen zeugen vom Glauben an die Erziehbarkeit des Menschen, den E. Fry mit vielen Erweckten teilt.

Damit das göttliche Angebot unter den Menschen bekannt wird, ruft Gott bzw. Jesus Männer und Frauen in seinen Dienst, die als „Werkzeuge" für ihn wirken; sie geben weiter, was sie empfangen haben. Nicht aus sich heraus, sondern aus der von ihr erfahrenen Liebe Gottes heraus wird auch Elizabeth Fry tätig. „What a cause for deep thanksgiving ... to have been in any degree one of the instruments made use of to bring about these results."[35] Vor wichtigen Entscheidungen und in Krisensituationen erforscht sie lange ihr Gewissen, um herauszufinden, ob der nächste Schritt noch dem Willen Gottes entspricht. Im Gebet wartet sie auf Weisung und Kraft für ihren Einsatz. In der Bibel – ihrem Wegweiser – findet sie Gottes Botschaft an den Menschen. So beginnt Elizabeth Fry – ob im Gefängnis oder in der Öffentlichkeit, ob vor einfachen Leuten oder königlichen Familien – ihre Ansprachen stets mit Lesungen aus der Bibel.

Die Gewissheit, von Gott gesandt zu sein, ermutigt Elizabeth Fry, ihren völlig unkonventionellen Weg entschlossen zu gehen – trotz mannigfaltiger Schwierigkeiten, mit denen sie zu kämpfen hat. Dass sie dabei Grenzen überschreitet, die ihr als Frau von der damaligen Gesellschaft gesetzt sind, zeugt nicht von Widerspenstigkeit oder Eigensinn (obwohl sie beide Eigenschaften an sich wahrgenommen hat), sondern – dessen ist sie gewiss – vor allem von der Erfüllung des göttlichen Willens. Trotz angeborener Schüchternheit erlangt sie überlegene Gelassenheit, wenn sie vor „hohen Persönlichkeiten" oder in großen Versammlungen auftritt. Sie zeigt Zähigkeit und Ausdauer, wenn bürokratische Schwierigkeiten zu überwinden sind. Mit ihrem gütigen, festen und klaren Blick,

---

[35] E. Fry, Tagebucheintrag v. 25. April 1825, in: Memoir, vol. I, 485.

ihrer tiefen, Ruhe ausströmenden Stimme und sparsamen Gestik zieht sie Mitmenschen in ihren Bann, wie viele Zeitgenossen aus England, Frankreich und Deutschland übereinstimmend berichten.[36]

Elizabeth Fry geht es nicht um die Emanzipation der Frau, wenn sie auch mehr oder weniger bewusst Anstöße dazu gegeben hat. Ihr Engagement für notleidende, an den Rand der Gesellschaft gedrängte Menschen, versteht sie als diakonischen Auftrag, den Gott ihr zugeteilt hat, weil auch diese Verschmähten seine geliebten „Kinder" sind. Das Wort Gottes zu verkündigen und entschlossen für mehr Gerechtigkeit und Menschlichkeit zu kämpfen, gehören für sie aufs engste zusammen.

[36] „Mrs. Fry ist groß, sie trägt das lange, etwas schleppende Quäker-Gewand ..., die schlichte Haube, unter der die glatten Haare vorne kurz geschnitten sind. ... Ihre Züge sind fein, die lebhaften, etwas tief liegenden Augen blau. Eine unbeschreibliche Ruhe liegt in ihrem ganzen Wesen. Aufregung und Verlegenheit sind ihr fremd". Zit.n. Mrs. Fry in Paris (1838), Fliegende Blätter aus dem Rauhen Hause zu Horn bei Hamburg, VI. Serie, Nr. 3, Hamburg 1849, 33-42, hier: 33.

WOLFGANG KRESS

Herzogin Henriette von Württemberg (1780-1857)

Henriette von Württemberg. Gemälde, Privatbesitz.

Man nannte sie in Nachrufen und Biographien „Fürstin von innen und außen", „Großmutter Europas", „Mutter der Armen und Notleidenden" oder „Diakonisse im Fürstengewand", doch wer war Herzogin Henriette von Württemberg wirklich?[1]

1. Biografisches

Geboren wurde Henriette am 22. April 1780 als Prinzessin von Nassau-Weilburg in Kirchheimbolanden, einer kleinen Stadt unweit von Worms. Das Haus Nassau gehörte zu den ältesten deutschen Fürstengeschlechtern. Ihr Vater Fürst Karl Christian von Nassau-Weilburg (1735-1788) wird als bescheiden, großmütig und gerechtigkeitsliebend beschrieben. Bereits mit 18 Jahren trat er die

---

1 Karl Friedrich Ledderhose, Die Herzogin Henriette von Württemberg, geb. Prinzessin von Nassau-Weilburg. Ein Lebensbild der Gegenwart, Heidelberg, 1867.
Albert Landenberger, Zur Erinnerung an die fünfzigjährige Wiederkehr des Todestages von Herzogin Henriette von Württemberg, der Urgroßmutter Seiner Majestät König Wilhelms II., in: Besondere Beilage des Staatsanzeigers für Württemberg, Stuttgart 22. November 1906, 241-247.
Marie Ballauff, Herzogin Henriette von Württemberg und Königin Marie von Hannover, Hermannsburg 1910.
Karin Peters, Herzogin Henriette von Württemberg und ihr soziales Wirken in Kirchheim unter Teck (Schriftenreihe des Stadtarchivs Kirchheim unter Teck 1), Kirchheim unter Teck 1975.
Dieter Brosius, „Allerhöchstihrer Majestät Lieblingsstiftung". Königin Marie von Hannover und das Henriettenstift, in: Wolfgang Helbig (Hg.), Neue Wege, alte Ziele. 125 Jahre Henriettenstiftung Hannover, Hannover 1985, 131-142.
Sönke Lorenz (Hg.), Das Haus Württemberg – ein biographisches Lexikon, Stuttgart/Berlin/Köln 1997.

Nachfolge seines Vaters an, setzte für Nassau-Weilburg einen Statthalter ein und schlug die Militärlaufbahn ein, zuerst im Dienste des oberrheinischen Kreises, dann der Kurpfalz und schließlich der Niederlande. Im März 1760 heiratete er in Den Haag Karoline von Nassau-Oranien (1743-1787), die Tochter des Erbstatthalters der niederländischen Republik und Enkelin des englischen Königs George II. Das Paar residierte in Den Haag, damit Karoline ihrem fünf Jahre jüngeren Bruder nah war, zeitweise übernahm sie auch die Regentschaft für ihn in Friesland.

In 25 Jahren brachte Karoline 15 Kinder zur Welt, fünf davon wurden tot geboren oder starben kurz nach der Geburt, drei, darunter zwei Erbprinzen, starben noch im Kindesalter. Henriette war das 13. Kind und wuchs mit zwei Brüdern und vier Schwestern in Kirchheimbolanden auf, bis Karoline, deren Gesundheit durch die vielen Geburten angegriffen war, im Mai 1787 starb. Henriette war damals gerade sieben Jahre alt. Ein Jahr später, im November 1788, verlor sie auch ihren Vater.[2]

Henriettes ältester Bruder Friedrich Wilhelm (1768-1816), der im Juli 1788 Luise Isabella Erbgräfin von Sayn-Hachenburg geheiratet hatte, trat als Nachfolger des Vaters die Regierung in Nassau-Weilburg an und sorgte jetzt für seine Geschwister. Er überwachte deren Erziehung und erteilte selbst Unterricht. Einen Schwerpunkt bildete Geschichte, in der er sehr bewandert war. Henriette war eine gelehrige Schülerin, die auch an anderen Wissensgebieten großes Interesse fand.[3]

Der Ausbruch der französischen Revolution 1789 brachte erneut eine Veränderung in das Leben von Henriette: Friedrich Wilhelm sah sich gezwungen, mit seiner Familie und seinen Geschwistern Schloss Kirchheimbolanden zu verlassen, da das linksrheinische Städtchen nahe der französischen Grenze lag und deshalb akut gefährdet war.

Friedrich Wilhelm ließ sich im preußischen Bayreuth nieder, wo Henriette zu einer bildhübschen Frau heranwuchs, die vielseitig interessiert war und große Kenntnisse in der Naturlehre, vor allem den Heilkräutern hatte.[4] In Bayreuth lernte sie Herzog Ludwig von Württemberg (1756-1817), den Gouverneur von Ansbach-Bayreuth, kennen. Ludwig, streng erzogen, hatte seine Kindheit im Schloss zu Treptow/Pommern, am väterlichen Garnisonsstandort und in Mömpelgard, dem heutigen Montbeliard, verbracht. Sein Vater Herzog Friedrich Eugen von Württemberg war katholisch, doch er und seine neun Geschwister wurden von der Mutter Dorothea, geborene Prinzessin vom Brandenburg-Schwedt, evangelisch erzogen. Nach einem dreijährigen Bildungsaufenthalt in Lausanne trat Ludwig 1774 in preußische Dienste ein.

Ludwigs Verhältnis zu seinem Bruder Friedrich, dem Thronfolger, war zeitlebens angespannt. Das standesgemäße Leben, das er für sich angebracht hielt,

---

2 L'Allemagne Dynastique III Brunswick-Nassau-Schwarzbourg, Le Perreux 1989, 429 f.

3 Ledderhose, Herzogin, 9 f.

4 Ballauff, Herzogin, 3.

erforderte mehr Bedienstete als er sich leisten konnte, was zu Schulden führte. Seine erste Ehe mit der vermögenden polnischen Prinzessin Maria Anna Czartoryska sollte hier abhelfen. Mit seiner Frau ging Ludwig geradezu militärisch streng um, trat ihr zuliebe aber unter Beibehaltung seiner preußischen Dienste in die polnische Armee ein, wo er 1790 Generalleutnant und Kommandant von Warschau wurde. 1792 verließ Ludwig, immerhin kommandierender General, angesichts einer militärischen russischen Übermacht den polnischen Kriegsdienst. Als Bruder der russischen Zarin konnte er keine Armee gegen Russland führen, außerdem hatte Preußen seine Dienste angefordert. In Polen galt Ludwig damit als Verräter, seine Frau trennte sich von ihm. Fluchtartig musste er zu seiner eigenen Sicherheit das Land verlassen. Im Oktober 1793 wurde die Ehe geschieden: Ludwig verlor eine halbe Million Goldgulden aus der Aussteuer, bekam dafür aber seinen 1792 geborenen Sohn Adam. In preußischen Diensten kämpfte Ludwig gegen Frankreich. Nach Zwistigkeiten mit der militärischen Führung wurde er 1794 beurlaubt.

Obwohl Henriette für den 24 Jahre älteren Ludwig und sein aufbrausendes, derbes Wesen wenig übrig hatte, beschlossen beider Familien die Vermählung, die am 28. Januar 1797 auf Schloss Eremitage in Bayreuth stattfand. Für Henriette, die dem fünfjährigen Stiefsohn Adam ein mütterlicher Ersatz war, bedeutete die Ehe schwere Jahre. In sieben Jahren brachte sie selbst fünf Kinder, einen Sohn und vier Töchter, zur Welt. Das erste Kind, Maria Dorothea (1797-1855), wurde im Schloss zu Carlsruhe in Schlesien, dem Wohnsitz von Herzog Eugen von Württemberg, einem jüngeren Bruder von Ludwig, geboren. 1798 erwarb Ludwig Schloss Wallisfurth bei Glatz in Niederschlesien als ständiges Domizil für seine Familie. Hier kam Amalie (1799-1848) zur Welt. Nachdem Ludwig durch einen Sturz vom Pferd für längere Zeit dienstuntauglich war, verließ er im Frühjahr 1800 die preußischen Dienste und ging mit seiner Familie nach Russland, wo er Gouverneur von Riga wurde und General eines Kürassierregiments, das seinen Namen trug. Riga war damals die bedeutendste Stadt im Baltikum und wurde vorwiegend von Deutschen bewohnt. In Riga wurde Tochter Pauline (1800-1873) geboren.[5]

Die Aufnahme in Russland verdankte Ludwig seiner Schwester Sophie Dorothee, die als Maria Feodorowna den russischen Zaren Paul geheiratet hatte. Nach einer durch Krankheit verursachten Willkürherrschaft kam dieser 1801 bei einem Staatsstreich ums Leben. Maria Feodorowna zog sich fortan von der Politik zurück, behielt aber als Mutter von Zar Alexander ihren hohen Rang und großen höfischen Einfluss. So hatte sie weiterhin die oberste Leitung der weiblichen Bildungseinrichtungen und Findelhäuser in Russland. Sie gründete weitere Bildungseinrichtungen für Mädchen und Wohltätigkeitseinrichtungen für Kranke, Arme und Waisen, um deren Ausstattung und Betreuung sie

---

[5] Wolfgang Kress, Art. Ludwig: Lorenz, Lexikon, 343-345; ders., Art. Henriette: a.a.O., 346 f.; s.a. Rudolf Bütterlin, Art. Maria Anna: a.a.O., 345 f.; vgl. Ledderhose, Herzogin, 11 f.

sich mit Eifer kümmerte.[6] Henriette entwickelte zu ihr, ihrer Tochter Katharina, der späteren Königin von Württemberg,[7] und ihrer Schwiegertochter, der Zarin Elisabeth, eine enge Freundschaft, die sie bis an ihr Lebensende mit dem russischen Zarenhof verband. Zar Alexander verlieh Henriette das Großkreuz des St. Katharinenordens. Auf Fürsprache seiner Schwester übertrug er Ludwig das Gut Würzau in Kurland auf 50 Jahre. Henriette bezog die Einkünfte daraus nach dem Tod ihres Mannes weiter. Würzau war auch der Geburtsort von Henriettes Tochter Elisabeth (1802-1864).[8]

In der Residenz von Maria Feodorowna, im Schloss Pawlowsk bei St. Petersburg, kam Henriettes Sohn Alexander (1804-1885) zur Welt. Ende 1804 erkrankte Henriette. Nachdem selbst der Leibarzt des Zaren ihr nicht helfen konnte, beschloss Ludwig 1805 mit seiner Frau und den Kindern nach Nassau zu reisen, wo Henriette in Bad Ems eine Kur machen konnte. Im folgenden Jahr besuchten sie auch Württemberg und nahmen in Stuttgart und Ludwigsburg Aufenthalt. König Friedrich war seit 1805 mit Napoleon verbündet, dem eine europäische Koalition mit Russland entgegen stand. Herzog Ludwig und seine Familie konnten so nicht mehr nach Russland zurück. Für Henriette war dies besonders bitter. Zumal es ihr auch missfiel, dass Ludwig auf Seiten Frankreichs gegen Preußen und Österreich kämpfen musste und ihre württembergische Nichte Katharina Napoleons jüngsten Bruder Jerome heiratete. Beim Erfurter Fürstentreffen von 1808, wo Zar Alexander und Napoleon anwesend waren, kam Henriette unvermeidlich mit dem französischen Kaiser ins Gespräch. In fließendem Französisch sprach sie offen ihre Sympathien für Deutschland und Russland aus, ebenso wie ihre Antipathien gegen Frankreich, was Napoleon zu Respekt genötigt haben soll.

König Friedrich hatte seinen Bruder Ludwig als Feldmarschall wieder in württembergische Dienste genommen und ihm 1807 ein Jägerregiment zu Pferde übertragen. Das Verhältnis zwischen den Brüdern blieb jedoch gespannt, denn Ludwigs Apanage war knapp bemessen, die Kosten seines Haushalts aber hoch.

Das „annus horibilis" in der Ehe von Henriette dürfte das Jahr 1810 gewesen sein, als Ludwig versuchte private Wertgegenstände aus dem Gut Würzau zu holen und dabei in Warschau von Gläubigern für fast ein Jahr in Haft gesetzt wurde. Den Bemühungen seines Bruders König Friedrich ist es zu verdanken, dass Ludwig schließlich wieder zurück konnte. Friedrich wies Ludwig mit seiner Familie nun das Schloss Kirchheim unter Teck zum bleibenden Aufenthalt zu. Entfernt von den Residenzen sollte ihm ein sparsameres Wirtschaften ermöglicht werden. Henriette ertrug mit Geduld und Weisheit ihre „von manchem drückendem Kreuz durchflochtene" Ehe. Als die Gesundheit von Ludwig

---

[6] Hans-Martin Maurer, Art. Sophie Dorothee: Lorenz, Lexikon, 295 f.

[7] Vgl. Andrea Kittel/Gisela Hengstenberg, Königin Katharina von Württemberg (1788-1819)

[8] Ledderhose, Herzogin, 12 f.; s.a. Wolfgang Kress, Art. Ludwig: Lorenz, Lexikon, 343-345.

schlechter wurde, übernahm sie liebevoll seine Pflege. Er starb am 20. September 1817 im Kirchheimer Schloss.[9]

Das kleine Landstädtchen Kirchheim unter Teck liegt rund 25 Kilometer von Stuttgart entfernt. Am Rande der Stadtbefestigung erhebt sich das 1556 fertig gestellte Schloss. Im Innern bescheiden ausgebaut, diente es als Jagdquartier den württembergischen Landesherren. Seit 1628 war es herzoglicher Witwensitz. Für Henriette wurde Kirchheim in 46 Jahren zum Ersatz für das 1790 verlassene Kirchheimbolanden – und dadurch Heimat.

Henriette brauchte nach dem Tod ihres Mannes Abstand. Da ihre Gesundheit angegriffen war, reiste sie 1818/19 zusammen mit ihrer ebenfalls kränkelnden ältesten Tochter Maria an den Golf von Neapel um Seebäder zu nehmen. Auf der Reise in den Süden wurde in zahlreichen Städten Station gemacht, was ihrem Kunstsinn viel Nahrung bot und ihr Zeit für interessante Zeichenstudien gab. Im Vatikan hatte sie sogar eine Audienz bei Papst Pius VII. (1800-1823).

Wieder zurück in Kirchheim setzte Henriette vorrangig ihre Bemühungen um die Zukunft ihrer Kinder, deren Erziehung und geistige Ausbildung, fort. In die Erziehung waren die besonderen Interessen Henriettes eingeflossen, etwa die Musik und verschiedenste Wissenschaften. Neben Geschichte hatte sie ihre Kinder auch mit der deutschen Literatur vertraut gemacht, kannte sie doch die bedeutendsten Dichter der Zeit, darunter Goethe und Herder, persönlich. Von den Verstrickungen der Politik hielt sie sich fern, wollte ihre Kinder aber befähigen, öffentliche Verantwortung zu übernehmen.[10]

Durch geschickte Heiratspolitik wurde Henriette zu einer „Großmutter Europas". Ihre Kinder rechnete Henriette zum Glück ihres Lebens, an dem sie durch überraschende, aber gerne gesehene Besuche in Stuttgart und Karlsruhe, Ofen und Altenburg oftmals teilnahm. Als sie nach 1840 Kirchheim seltener verließ, waren es ihre Kinder und deren Familien, die oft und gerne nach Kirchheim kamen.

Henriette war im christlich reformierten Glauben erzogen worden. Diesen gab sie ohne Zwang an ihre Kinder weiter, indem sie Gelegenheiten förderte, bei denen diese den wahren Glauben selbst entdecken und sich aus freien Stücken davon angesprochen fühlen konnten. Sie gab christliche Schriften dazu gezielt weiter.

Von der Bürde der Ehe befreit, konnte Henriette neben der Sorge für ihre Kinder zwei Züge ihres Wesens, die miteinander verbunden waren, offen und voll Eifer ausleben, ihren Glauben und ihre soziale Fürsorge. „Im Herrn allein Trost und Kraft" war ihr Siegelspruch. Auf ihren Wunsch hin, war der Theologe Albert Knapp mehrere Jahre in Kirchheim, der sich vom einseitig pietistischen Standpunkt absetzte. Er war auch Verfasser zahlreicher Gedichte und Lieder sowie Gründer des ersten deutschen Tierschutzvereins. Mit Geist, Kraft

---

9 Ledderhose, Herzogin, 14 ff.; s.a. Landenberger, Erinnerung, 242; Wolfgang Kress, Art. Ludwig: Lorenz, Lexikon, 345.

10 Scheffbuch, Henriette, 27 ff.

und tiefem Verständnis wirkte er in Kirchheim und fand in Henriette eine eifrige Zuhörerin, die nach seiner Versetzung nach Stuttgart weiter mit ihm Kontakt hielt. Mit Hilfe von Knapp bemühte sich Henriette darum, ein nicht ihren Vorstellungen entsprechendes Gesangbuch rasch durch ein neues zu ersetzen. Zusammen mit ihrer Tochter Königin Pauline sorgte sie auch dafür, dass Gefangene gute christliche Schriften, vor allem die Bibel und das Neue Testament bekamen. Und 1850, zu ihrem 70. Geburtstag, schenkte sie allen Kirchheimer Bürgerinnen und Bürgern, die mit ihr in Geschäftskontakt standen, schön gebundene Bibeln. Als Widmung ließ sie hineinschreiben: „Ich möchte denen von meinen lieben Kirchheimern, welche in der langen Reihe von Jahren, die ich in ihrer Mitte lebe, mit meinem Hause in Gewerbsverbindung standen, ein Andenken zurücklassen. Dieser Wunsch wurde natürlich im Jahr 1850 lebhafter, in welchem ich mein 70. Lebensjahr und das 39. meines Aufenthalts in dem mir sehr teuer gewordenen Kirchheim beschließe. Was für ein besseres könnte ich als Andenken hinterlassen, als das teure Bibelbuch? Möchte doch das Wort Gottes allen, die meinem Herzen lieb und wert sind, in die Seele dringen! Wer den Herrn im Herzen trägt, genießt schon hienieden seinen Frieden, und ist der Seligkeit gewiss, die sein Kreuzestod denen verheißt, die an ihn glauben. Lasst uns alle glauben an ihn, der für uns litt und starb!" Von mindestens einem Kirchheimer ist bekannt, dass dies Früchte trug.[11]

Henriette lebte ihren Glauben: Wenn ein geistlicher Mann zu Henriette nach Kirchheim kam, wurde er geradezu genötigt, vor der ganzen Dienerschaft und einigen Freunden aus der Stadt einen Vortrag zu halten und seinen geistlichen Segen zu geben. Die unter ihrem Präsidium im Schloss stattfindenden Armenvereinssitzungen wurden mit Gesang und Gebet begonnen. Kompromisse ging sie in Glaubensfragen nicht ein, denn als Pfarrer Dann aus Stuttgart wegen seiner Predigten in die Nähe von Tübingen versetzt worden war, hörte sie seine Predigten eben dort, ungeachtet davon, ob ihr Schwiegersohn oder seine Regierung darüber Missfallen zeigen könnten. Sie blieb dabei anderen gegenüber tolerant und überging es, wenn etwa ein Besucher versehentlich die lutherische Lehre der reformierten, in der sie erzogen war, voranstellte.

In engem Kontakt stand Henriette mit Christian Heinrich Zeller, einem der bedeutendsten Pädagogen des 18. Jahrhunderts. Während seinem Tübinger Jurastudium gehörte er einem Kreis pietistischer Studenten an, dem unter anderen auch Christian Gottlieb Blumhardt angehörte.[12] Zeller war in St. Gallen im Hause Schlatter zu Gast gewesen und mit einem Kreis von Menschen in Verbindung gekommen, die sich um den 1801 verstorbenen Johann Kaspar Lavater und dessen Schwiegersohn, den Zürcher Pfarrer Georg Gessner, und den Pestalozzianhänger Heinrich Jung-Stilling gesammelt hatten. Anna Schlatter-Bernet war eine pietistische Briefschriftstellerin und lebenslang mit Lavaters

[11] Ledderhose, Herzogin, 34, 58 f.

[12] Karl Rennstich, Art. Christian Heinrich Zeller: Biographisch-bibliographisches Kirchenlexikon XIV, Herzberg 1998, Sp. 385-388.

Tochter Nette befreundet. Sie war eine der bedeutendsten Vertreterinnen des Pietismus und unterhielt darüber hinaus freundschaftliche Beziehungen auch zu Christian Friedrich Spittler. Henriette, die Kontakt mit Louise Lavater unterhielt, hatte Anna Schlatter-Bernet zusammen mit Sohn Alexander in St. Gallen besucht.[13]

Enge Glaubensbeziehungen hatte Henriette auch mit dem Diasporabruder Johann Conrad Weiz von der Herrnhuter Brüdergemeine, für die sie sich sehr interessierte. Sie hatte Weiz 1822 und 1823 mit ihren Kindern Elisabeth und Alexander besucht und traf ihn mehrfach in Stuttgart und Kirchheim. Um sich seiner Besuche zu versichern, erklärte sie, dass sie ihr Schloss als zur Gemeine derer gehörend ansehe, die dem Herrn nachfolgen wollten und deshalb den gleichen Anspruch wie jeder andere Ort der Gemeine auf einen Besuch erheben würde.[14]

Henriette verstand es durch ihr gütiges Wesen, ihr bescheidenes Auftreten und ihren Charme, anderen Menschen die Angst vor ihrer hohen gesellschaftlichen Stellung zu nehmen. In der Kirche setzte sie sich gerne mitten unter die übrigen Kirchgänger. Bemerkte sie dabei, dass jemand fehlte, erinnerte sie diesen bei passender Gelegenheit an seine Pflichten. Stellte sich mangelnde Kleidung als Grund heraus, sorgte sie oft für Abhilfe. [15] Als sie darauf aufmerksam wurde, dass beim Fest des silbernen Thronjubiläums von König Wilhelm I. von Württemberg, kein Dank an Gott vorgesehen war, sorgte sie dafür, dass wenigstens ein passender Choral vom Turm der Stuttgarter Stiftskirche zu hören war.[16]

Ihr einfühlsamer Umgang mit anderen Menschen half ihr bei den vielen wohltätigen Projekten, die sie initiierte, Hindernisse zu beseitigen. Henriette verband „edle Herzensfrömmigkeit und tiefe Demut mit einem hellen, klaren, reich ausgebildeten Verstande, regem, vielseitigem Interesse und unermüdlicher Wohltätigkeit".[17]

Henriette lebte einfach und bescheiden, ohne Pracht und Aufwand. Ihr Abendessen bestand oft aus Milch und Brot. Fehlten Gäste, tat es auch ein einfaches Mittagessen, den Dienern gab sie dann Kostgeld. Auch ihrer Dienerschaft half sie, sparen zu lernen.

Die ruhige Oberamtsstadt Kirchheim hatte noch nie so viele und so hohe Besucher in ihren Mauern begrüßen können, als zu Lebzeiten Henriettes. Selbst

---

13 Hans Hermann Fries, Art. Anna Schlatter-Bernet: Biographisch-bibliographisches Kirchenlexikon XXIV, Nordhausen 2005, Sp. 1284-1286.

14 Gerhard Meyer, Weiz, 108-141; vgl. Karl Friedrich Ledderhose, Aus dem Leben des Diaspora-Arbeiters der Brüdergemeinde Johann Conrad Weiz, Gnadau 1876, 1 ff.

15 A.a.O., 72 ff.

16 Ledderhose, Herzogin, 117 f.

17 Dekan Albert Landenberger, Kirchheim u. T., Rückblick über seine Vergangenheit, besonders in kirchlicher, sittlicher und religiöser Hinsicht, in: Literarische Beilage des Staatsanzeigers für Württemberg, Stuttgart 30. März 1906, 41 ff.: 47.

Zarin Alexandra Feodorowna und ihre Tochter Olga, die spätere württembergische Königin, besuchten Henriette im Oktober 1856.[18] Auch ohne Besuche war untätiges Herumsitzen nicht ihre Art. Mit Fleiß und Geschicklichkeit spann sie Wolle, ließ daraus Taschentücher weben, die sie dann selbst säumte und für wohltätige Zwecke stiftete. Auch gestrickte Hauben, kunstvoll gestickte Decken für Altäre oder Taufsteine entstanden so.

In jüngeren Jahren suchte Henriette die Behausungen der Armen selbst auf, um zu helfen. Oft nahm sie auf dem Weg nach Hause noch jemanden mit, etwa ein armes schmutziges Weib, das bei Regen die Straße entlang schlich. Ungebeten, aus reiner Intuition heraus, schickte sie oftmals von sich aus kleine oder größere Gaben, etwa als Beitrag zu einer Beerdigung. Henriette half aber nicht nur mit Geld: War fehlende Arbeit die Ursache für Not, ließ sie selbst Arbeiten durchführen. Fehlte Werkzeug um zu arbeiten, beschaffte sie es. Mehrere Monate ließ sie eine Lehrerin für das Spitzenklöppeln im Schloss wohnen, damit diese ihre Kunstfertigkeit armen Mädchen aus Kirchheim und dem Amt lehren konnte. [19] Ihre Hilfen reichten weit über Kirchheim hinaus: Der spätere Wiener Dombaumeister Friedrich Schmidt aus Frickenhausen verlor 1838 seinen Vater, einen Geistlichen. Seine Ausbildung an der Oberrealschule in Stuttgart und danach am Polytechnikum konnte er dank ihrem Stipendium fortsetzen.[20]

2. Das diakonische Wirken von Herzogin Henriette

Bald nach dem Tod von Ludwig hatte Henriette das Präsidium des Kirchheimer Wohltätigkeitsvereins übernommen. 1821 erreichte sie, dass an 22 Orten im Oberamt Kirchheim so genannte Industrieschulen eingerichtet wurden. Neben den üblichen Fächern wie Rechnen, Naturkunde, Deutsch und Religion wurden die Schülerinnen und Schüler handwerklich in Korb- und Strohflechterei sowie Strick- und Näharbeiten ausgebildet. Die Schulen sollten sich durch den Verkauf dieser Arbeiten finanzieren. Henriette scheint ihren Einfluss erfolgreich genutzt zu haben, denn die Stuttgarter Zentralleitung der württembergischen Wohltätigkeitsvereine gab vor allem für die Gehälter der Lehrer Zuschüsse.[21]

Während die Industrieschulen Ende des 19. Jahrhunderts ihre Notwendigkeit verloren und aufgelöst wurden, hat eine andere Einrichtung des Wohltätigkeitsvereins bis heute Bestand. Am 16. Juli 1838 stiftete Henriette 1.000 Gulden als Kapital für eine Kleinkinderschule und einen jährlichen Betrag von 100 Gulden. Im Jahr 1850 erhöhte sie das Kapital um weitere 1.000 Gulden. Der Zins daraus sollte vorrangig dem Kapital zugeschlagen werden, sofern er nicht für laufende

---

[18] Karl Mayer, Aus Kirchheims Vergangenheit, Kirchheim unter Teck 1913, 117.

[19] Ledderhose, Herzogin, 82 ff.

[20] Peri Terbuyken, Die Geschichte der Pfarrei Herz Jesu. Festschrift zum 100-jährigen Jubiläum der Konsekration der Kirche, Köln 2000; vgl. Walter Troxler, Art. Friedrich Schmid: Biographisch-bibliographisches Kirchenlexikon IX, Herzberg 1995, Sp. 447-451.

[21] Peters, Herzogin, 10 f.

Ausgaben benötigt wurde. Die Stadt unterstützte die Einrichtung mit Räumlichkeiten und Holz. 150-170 Kinder wurden in der Kleinkinderschule, dem heutigen Teck-Kindergarten, durch zwei von der Stadt besoldete Aufseherinnen beaufsichtigt und betreut, damit deren Eltern ihrem Broterwerb nachgehen konnten.[22]

Ein besonderes Anliegen wurde Henriette die Hilfe für verwahrloste und verwaiste Kinder, für die sie in Kirchheim eine Rettungsanstalt gründen wollte. Bereits 1820 war in Stuttgart von Königin Pauline eine Einrichtung mit der Aufgabe ins Leben gerufen worden, Kinder und Jugendliche, die in ihrer aktuellen Lebenssituation beeinträchtigt waren, durch liebevolle Zuwendung und Erziehung in ihrer Entwicklung zu unterstützen, sie zu fördern und zu unterrichten. Diese Stuttgarter Paulinenhilfe und das Vorhaben von Henriette entsprachen den Zielen des schon erwähnten Christian Heinrich Zeller.

Bereits 1823, anlässlich der Geburt des späteren König Karl, hatte Henriette in ihrer Eigenschaft als Präsidentin des Wohltätigkeitsvereins den Wunsch des württembergischen Königspaars bei der Stadtverwaltung und dem Stiftungsrat in Kirchheim geäußert, dass eine „Erziehungsanstalt für arme Kinder" eingerichtet werden solle. Die Stadt wollte dazu nur einige Räume in einem geplanten, aber dann nicht verwirklichten Armenhaus zur Verfügung stellen, womit das ganze Projekt liegen blieb. Doch Henriette gab nicht auf und nutzte ihre Kontakte zum Oberamt, das auch elternlose Kinder aus der Umgebung versorgt sehen wollte und deshalb 1825 ähnliche Einrichtungen in Württemberg besichtigte. Geplant war schließlich eine Einrichtung für 24 Buben und Mädchen im Alter von sechs bis vierzehn Jahren. Die Finanzierung sollte nicht über die öffentlichen Kassen, sondern mit Stiftungsmitteln erfolgen, u. a. hatte Königin Pauline für diesen Zweck 100 Gulden bei einer Bank angelegt, für den laufenden Unterhalt waren Zinsen von Armenstiftungen vorgesehen sowie jährliche Zuschüsse aus den Kirchenopfern des Oberamts, vom Zentralwohltätigkeitsverein in Stuttgart und der Amtspflege. Die Gemeinden, aus denen die Kinder kamen, zahlten die Kostgelder. Vor allem war man natürlich auf Spenden angewiesen, wobei sich Henriette und ihre Familie besonders auszeichneten. Es war ein mühsamer Weg, bis die Finanzierung gesichert schien. Doch dann fehlten für den Kauf eines Hauses erneut 500 Gulden. Da ein Zahlungstermin eingehalten werden musste, stiftete Henriette auch diesen fehlenden Betrag. Die „Paulinenpflege", die heute noch Bestand hat, konnte so 1826 eröffnet werden.[23]

Intensiv kümmerte Henriette sich um alle Fragen und behielt die Einrichtung unter scharfer, aber nicht verletzender Kontrolle. Schon bald nach der Eröffnung veranlasste sie König Wilhelm und seine Frau Pauline zu einem Besuch. Als die Finanzen der Einrichtung stabil waren, berief sie 1835 einen eigenen,

---

[22] Das Oberamt Kirchheim, Beschreibung des Königreichs Württemberg XVI, Stuttgart/Tübingen 1942, Nachdruck Kirchheim u. T. 1996, 143; s.a. Peters, Herzogin, 11 f.

[23] Das Oberamt Kirchheim, 142 f.; Peters, Herzogin, 12 ff.

selbständigen Hausvater. Ebenfalls 1835 rief sie den Kirchheimer Frauenverein für verwahrloste Kinder ins Leben, den so genannten Sechser-Verein, weil jedes Mitglied wöchentlich einen Sechser beisteuerte. Sie übernahm auch hier den Vorsitz. Der Verein war bemüht, Kinder, die nicht in die Paulinenpflege konnten, in anderen Einrichtungen oder in Familien unterzubringen.[24]

Um Platz für mehr Kinder zu haben, zog die Paulinenpflege 1841, zum silbernen Thronjubiläum von König Wilhelm I., in ein größeres Gebäude um, das auch landwirtschaftliche Nutzungen ermöglichte. Die Oberamtsbeschreibung von 1842 berichtet über die Paulinenpflege: „Für den Unterricht der Zöglinge, welche nach zurückgelegtem sechsten Jahr eintreten, sorgt eine nach dem Wunsche des Königs eigens errichtete Schule, wozu er einen Jahresbeitrag aus der Oberhofkasse verwilligt hat." Überdies wurden die Mädchen und Jungen mit handwerklichen Arbeiten etwa Garten- und Hausarbeiten, Fertigung von Winterschuhen, Strohflechten, Nähen, Stricken oder Spinnen beschäftigt. Selbst Seidenzucht wurde hier betrieben. Im Alter von 14-15 Jahren wurden die Knaben auf Kosten der Gemeinden in die Lehre bei Handwerkern oder Bauern untergebracht, die Mädchen traten in Magddienste ein. Geldgeschenke für die Kinder wurden in Sparbüchsen gesammelt, die bei Notfällen der Kinder Verwendung fanden, vor allem aber als Kapital dienten, das sie bei Volljährigkeit erhielten. Unter dem Präsidium von Henriette wurde die Anstalt von einem aus weltlichen und geistlichen Vorstehern und einigen Frauen bestehenden Komitee geleitet. Sie hatten die Aufsicht über den Hausvater, der zugleich Lehrer war, und die Hausmutter, sowie ein Unteraufseher und eine Unteraufseherin, welche die Erziehung und Haushaltung besorgten.[25] Im Jahr 1848 waren 48 Kinder in Pflege.

Ein düsteres Kapitel in Kirchheim war die Krankenversorgung. Schon 1833 war man sich bewusst geworden, dass dringend Krankenzimmer benötigt wurden, doch die zuständige Ortsarmenbehörde sah aus Kostengründen keinen Anlass dafür. Auch hier zeigte sich Henriette sozusagen als „Sozialmanagerin": Sie, die am Stadtgeschehen regen Anteil nahm, griff zu geeigneter Zeit das Thema auf, nutzte ihre Erfahrungen und sorgte so dafür, dass ein Plan entwickelt wurde, dessen Verwirklichung sie auf vielerlei Wegen voranbrachte und förderte. Aus ihrer christlichen Fürsorge heraus sah Henriette den Bedarf für ein Krankenhaus, genauer gesagt eine freiwillige Krankenverpflegungsanstalt für Stadt und Amt. Als die Stadtverwaltung nur eine Einrichtung für die Stadt wollte, schlug sie die Gründung eines Vereins vor, was der Stadt das finanzielle Risiko nahm und das Sammeln von Spenden erleichterte. Der Verein wurde im März 1839 gegründet, das Präsidium übernahm sie auch hier selbst. Zwar leisteten Kirchheim und die anderen Gemeinden im Oberamt einen Beitrag, doch der größte Teil der Mittel war vom Verein aufzubringen, weshalb ein Spendenaufruf erlassen wurde. Henriette ließ erfolgreich in Gasthäusern Spen-

---

[24] Ledderhose, Herzogin, 101 ff.

[25] Das Oberamt Kirchheim, 142 f.

denbüchsen aufstellen und Versteigerungen von gespendeten Gegenständen durchführen. Ein Versuch, über staatliche Lotterielose Geld zu gewinnen, scheint dagegen ohne Erfolg geblieben zu sein. Großzügige Beiträge kamen wieder von Henriettes Familie und viele Einzelspenden von Bürgern und Einrichtungen. Henriette selbst beteilige sich in aller Stille mit einer stattlichen Summe. Zuletzt wollte auch die Ortsarmenbehörde nicht mehr abseits stehen und stellte einen Bauplatz zur Verfügung, der als Geburtstagsgeschenk für Henriette sogar noch vergrößert wurde. So konnte bereits am 25. September 1839 der Grundstein mit Hammerschlägen der Herzogin gelegt werden. Am 1. Oktober 1840 wurde das Krankenhaus eingeweiht. Das zu Ehren des württembergischen Königs „Wilhelmshospital" genannte Krankenhaus war eines der modernsten seiner Zeit. Es war für 36 Kranke berechnet, konnte notfalls aber bis zu 50 Personen aufnehmen. Bis 1963 wurde das inzwischen völlig veraltete Gebäude als Krankenhaus genutzt.[26]

Henriette sorgte sich auch um die Pflege der Kranken. Interessiert hatte sie 1836 die bahnbrechende Gründung eines Krankenhauses als Bildungsanstalt für evangelische Pflegerinnen durch Theodor und Friederike Fliedner in Kaiserswerth verfolgt. Da auch junge Frauen aus Württemberg ausgebildet wurden, schrieb sie im Mai 1840 an Theodor Fliedner und bat um die Überlassung von zwei „Krankenwärterinnen".[27] Es sollten allerdings Frauen aus Württemberg sein, „weil Ausländerinnen nicht leicht hier mit demselben Vertrauen aufgenommen würden". Die Antwort aus Kaiserswerth war positiv: „Wir können zwei württembergische Diakonissen, die gläubig sind und liebevoll und sich sehr begabt für die leibliche und geistliche Pflege der Kranken ... erwiesen haben, ... senden." Allerdings verband Theodor Fliedner damit die Bedingung, dass die Diakonissen auch die innere häusliche Verwaltung der Anstalt übernehmen, „Denn nur alsdann können sie möglichst wohlfeil die Anstalt verwalten, und nur dann kann der Organismus der Anstalt in sich übereinstimmend sein, weil der christliche Geist der Schwestern dann allein das Ganze zu durchdringen vermag, dass es aus einem Guss ist." Außerdem sollten die Diakonissen in Verbindung mit dem Mutterhaus in Kaiserswerth und in dessen Verwaltung bleiben.

Die Herzogin und der Verein taten sich schwer damit, Filiale einer nicht in Württemberg liegenden Anstalt zu werden. Henriette schrieb deshalb im Juni an Fliedner: „Sollte es nicht zum Wohl der Sache sein, wenn zwei der bei Ihnen unter der Leitung der würdigen Vorsteherin ausgebildeten Württembergerinnen sich von der äußeren Form lossagten ... um im Vaterland zu wirken, und die, wo eine Diakonissenanstalt vielleicht früher oder später sich bilden wird, als

---

[26] Ledderhose, Herzogin, 113 ff. ; Peters, Herzogin, 22 ff.; Das Oberamt Kirchheim, 140 ff.

[27] Anna Sticker, Fliedner, 248-274. Der Originalbriefwechsel zwischen dem Ehepaar Fliedner, der Herzogin und den Kirchheimer Diakonissen das Wilhelmshospital betreffend, liegt im Archiv der Fliedner-Kulturstiftung Kaiserswerth, Nachlass Fliedner II FL 12 Kirchheim; s.a. Peters, Herzogin, 31-33.

Vorbild in dem Haus eine Wirksamkeit anfangen werden? ... Wenn Sie wüssten, hochwürdiger Herr Pfarrer, wie sehr ich wünsche, dass neben dem physischen Pflegen der armen Kranken auch Worte des ewigen Lebens neben der Arznei gereicht werden, so würden Sie selbst raten, lieber unabhängig als gar nicht hierher zu kommen". Fliedner blieb fest, woraufhin Henriette und der Verein nachgaben. Allerdings baten sie sich für die Diakonissen eine vierteljährliche Kündigungsfrist aus.

Friederike Fliedner brachte die beiden Diakonissen selbst nach Kirchheim, eine dritte folgte Anfang 1841. Henriette nahm die Frauen in ihre Obhut. Es war ihr ausdrücklicher Wunsch, dass sie als Präsidentin alles unter Kontrolle behielt. Sie hatte deshalb morgens und nachmittags eine Stunde bestimmt, in der die Pflegerinnen zu ihr kommen konnten, wenn sie ein Anliegen hatten. Im Übrigen behandelte die Herzogin „die Pflegerinnen mit großer Achtung ... Sie nennt sie ‚Sie' und will dies beibehalten, wie sie mir sagte, um Kranker und des Vereins willen, obgleich sie gewöhnt ist, alle ihre Umgebung Du zu nennen." Henriette achtete auch darauf, dass die Diakonissen immer ihre Tracht trugen. Durch ihr Verhalten wollte sie die Stellung der Schwestern stärken, denn der leitende Arzt versuchte die Leitung des Hauses an sich zu ziehen. Auch Friederike Fliedner bescheinigte der Herzogin hier eine „außerordentliche Menschenkenntnis".[28] Bereits 1846 schieden die schwäbischen Diakonissen aus dem Kaiserswerther Verband aus, das Hospital war damit, dem Wunsch der Herzogin entsprechend, unabhängig geworden.[29].

Das Wilhelmshospital in Kirchheim zählte im ersten Jahr bereits 87 Patienten. Es wurde zur oft besichtigten Musteranstalt, die vor allem wegen ihrer Reinlichkeit und Ordnung viel Lob fand. Die Diakonissen erfüllten auch darin alle Erwartungen, die Henriette in sie gesetzt hatte. Durch ihr vorbildliches Wirken bewiesen sie, dass es richtig war, junge Mädchen zu Krankenpflegerinnen auszubilden, und sie widerlegten damit die vor allem in Stuttgart herrschende Meinung, dass sich als Diakonissen nur „verkehrte Mägde" melden würden. Hatte Henriette schon 1840 die Hoffnung zum Ausdruck gebracht, dass in Württemberg auch eine Diakonissenanstalt entstehen müsse, so hat das Wilhelmshospital dafür langfristig den Boden vorbereitet. Eine direkte Beteiligung von Henriette an der 1854 erfolgten Gründung der Stuttgarter Diakonissenanstalt ist nicht nachzuweisen. Allerdings stand sie in engem Kontakt mit dem früher in Kirchheim, nun in Stuttgart tätigen Stadtpfarrer Albert Knapp, dessen Frau Mitglied des Gründungskomitees war. Knapp hatte jedoch schon 1840 direkten Kontakt mit Friederike Fliedner in Stuttgart. Erste Schirmherrin in Stuttgart wurde Königin Pauline, die Tochter von Henriette.[30]

Mit dem Krankenhaus wurde auch ein Hilfsverein des Wilhelmshospitals gegründet, der als freiwillige Versicherung für Dienstboten und Handwerks-

---

28 Sticker, Fliedner, 253.

29 A.a.O., 273 f.

30 Brosius, Majestät, 132; s.a. Sticker, Fliedner, 248 ff.

gehilfen tätig war. Die Beiträge, die direkt dem Krankenhaus zuflossen, zahlten die Herrschaften. Von Nichtversicherten wurden mäßige Kostgelder aus eigenen oder Gemeindemitteln verlangt. Dieser Verein kann als Vorläufer der durch Reichsgesetz von 1882 geschaffenen Ortskrankenversicherung angesehen werden.[31]

Neben diesen beiden großen Einrichtungen war Henriette bei weiteren beteiligt: Mit den von ihr gefertigten Taschentüchern und anderen Gaben unterstütze sie den Missionsverein. Nach einem Brand in Kirchheim 1848 berichtete der dabei anwesende Markgraf Wilhelm von Baden über die Zustände im Feuerlöschwesen, worauf Henriette auf eigene Kosten eine Abordnung nach Karlsruhe und Durlach schickte, die sich die dortigen Einrichtungen ansehen sollte. Dies führte 1849 zur Gründung einer freiwilligen Feuerwehr, zu deren Ausrüstung Henriette einen größeren Betrag beisteuerte. Als das 1846 gegründete Göppinger Frauenstift neue Räume suchte, fand es diese durch Vermittlung von Henriette 1852 in Kirchheim. 25 Witwen und unverheirateten Frauen bot es christliche Gemeinschaft und eine gesicherte Unterkunft. Henriette hielt engen Kontakt zu den Stiftsdamen, unterstützte die Einrichtung mit 100 Gulden und spendete auch den Jahresbedarf an Kaffee. Die 1874 in Henriettenstift umbenannte Einrichtung ist heute ein Altenpflegeheim.[32]

Im Jahr 1855 schließlich stiftete der zu Besuch in Kirchheim weilende König Georg V. von Hannover zur Erinnerung an die Silberhochzeit von Markgraf Wilhelm von Baden und Henriettes Tochter Elisabeth die Elisabethenstiftung mit einem Kapital von 500 Talern. Aus den Erträgen bekamen unbescholtene Dienstmädchen, die mindestens 10 Jahre einer Herrschaft gedient hatten, eine Aussteuer.[33] Die letzte Einrichtung, die Henriette selbst noch gefördert hatte, war die Töchterschule, die auf ein privates Töchterpensionat von 1853 zurückging. Um der ungenügenden Raumsituation abzuhelfen, wurde 1856 eine Aktiengesellschaft gegründet, die ein geeignetes Haus erwerben sollte. Zu den ersten Zeichnern von Aktien zu 100 Gulden gehörten Henriette sowie ihre Kinder Alexander und Elisabeth.[34]

Selbst mit ihrem Tod nützte Henriette indirekt noch den Kranken. Sie hatte 1829 von Maria Feodorowna einen beträchtlichen Geldbetrag geerbt, den sie als „Spar-Pfennig" bei einer Bank in St. Petersburg stehen ließ.[35] Niemand wusste davon. Bei ihrem Tod war der „Spar-Pfennig" auf über 140.000 Gulden angewachsen. Über 11.000 Gulden davon erbte ihre Enkelin, Königin Marie von Hannover, die damit den Grundstock für ein Diakonissenhaus in Hannover

---

31 Peters, Herzogin, 33 ff.

32 A.a.O., 35 ff.

33 Brosius, Majestät, 142, Anm. 7; s.a. C. L. Weitzel, Trauergottesdienst zum Gedächtnis Ihrer Königlichen Hoheit der hochseligen Frau Herzogin Henriette von Württemberg, geb. Prinzessin von Nassau-Weilburg, Kirchheim u. T. 1857, 4.

34 Peters, Herzogin, 36 f.

35 Hauptstaatsarchiv Stuttgart, E 55, Bü 255.

legte, das sie sich schon länger gewünscht hatte. Weil der Stiftung weitere Mittel zuflossen, konnte sie eine völlig neue Einrichtung für die Kranken- und Altenpflege schaffen, die in Erinnerung an die verehrte Großmutter Henriettenstiftung hieß. Am 1. Juli 1859 unterzeichnete Königin Marie die Gründungsurkunde, im Juli 1860 wurde das Henriettenstift eröffnet. Und am Jahresfest 1861 konnten die beiden ersten Frauen zu Diakonissen eingesegnet werden. Die Einrichtung, die bereits 1863 ein größeres Haus beziehen musste, besteht bis heute, seit Anfang 2005 am Henriettenweg.[36]

Nachdem sich das Alter schon länger bemerkbar gemacht hatte, starb Herzogin Henriette von Württemberg am 2. Januar 1857 im Kirchheimer Schloss. Ihr Tod löste bei den drei lebenden Kindern, 16 Enkeln und 14 Urenkeln tiefe Trauer aus. „Neben diesen trauern aber auch die Armen Kirchheims und seiner Umgebung um die hohe Wohltäterin, die mit seltener Hingebung ihnen eine Segen bringende Mutter war".[37] In ganz Württemberg herrschte Trauer. Die Menschen strömten ins Schloss, wo Henriette aufgebahrt wurde, die Kirchheimer Kirche war beim Trauergottesdienst überfüllt. Begraben wurde sie in der Gruft der Stuttgarter Stiftskirche. Im Schwäbischen Merkur war zu lesen: „Es kommt uns nicht zu und ist auch nicht im Sinne der hohen Verstorbenen von ihren Tugenden zu reden, aber das dürfen wir wohl sagen, sie ist eine edle Dame nicht nur der Geburt nach gewesen, sondern auch durch ihre Gesinnung, und wie ihre Nähe eine veredelnde war, so wird auch ihr Andenken im Segen bleiben bei Vielen!"[38] An anderer Stelle wird daran erinnert, dass sie „allen Armen und Hilfsbedürftigen, Verwaisten und Verunglückten, Bedrängten und Gebrechlichen in der Umgegend eine Mutter im vollsten Sinne des Wortes, eine Trösterin und Wohltäterin, auch der verschämten Armut, eine weitherzige, sinnige und unermüdliche Spenderin zahlloser Guttaten und Freuden an ihre Umgebungen in einer Reihe von mehr als 40 Jahren …" gewesen sei.[39]

Ein Freund nannte sie „unsere edle Mutter in Israel" und schreibt weiter: „Diese Vereinigung von Hoheit und Demut, von Geistreichheit und Einfalt, von Nüchternheit und Eifer, von Milde und Ernst, findet sich nicht leicht wieder ..."[40] Albert Knapp verfasste einen gedichteten Nachruf auf Herzogin Henriette, in dem heißt:

[36] Brosius, Majestät, 131 ff.; vgl. Straßenbenennung im Stadtteil Groß-Buchholz, Ratsdrucksache der Landeshauptstadt Hannover 0265/2004.

[37] Staatsanzeiger für Württemberg, Stuttgart 4. Januar 1857, 17 f.

[38] Schwäbischer Merkur (Chronik), Stuttgart 4. Januar 1857, 19.

[39] A.a.O., 9. Januar 1857, 39.

[40] Ledderhose, Herzogin, 72.

„Fürstin von außen, Fürstin auch von innen!" –
Ja, theure Seele, das war Dein Gepräg!
In Deinem Auge, Deinem Wort und Sinnen,
Auf Deines Schaffens gottgeweihtem Weg,
In aller Triebe herzlichem Beginnen
Blieb ein Gefühl bei all' den Deinen reg:
„Du, die nach Licht und Gottes Willen dürstet,
„Du bleibst für Zeit und Ewigkeit gefürstet!" – [41]

[41] Albert Knapp, Nachruf an die selig vollendete Frau Herzogin Henriette von Württemberg, Königl. Hoheit, geb. Prinzessin von Nassau-Weilburg, Stuttgart 1857, 5.

ANDREA KITTEL/GISELA HENGSTENBERG

Königin Katharina von Württemberg (1788-1819)

Katharina von Württemberg. Gemälde von oder nach Franz Seraph Stirnbrand, um 1819, Privatbesitz.

Mitte des 19. Jahrhunderts wurden in Württemberg eine Vielzahl sozialer Initiativen und diakonischer Anstalten begründet. Neu und für die damalige Zeit einmalig war die Effektivität dieser Einrichtungen. Sie arbeiteten nicht vereinzelt, den jeweiligen Anliegen folgend, sondern wurden gelenkt und aufeinander abgestimmt durch eine Hilfsorganisation, die „Zentralleitung des Wohltätigkeitsvereins". Urheberin dieser Organisation war die aus Russland stammende württembergische Königin Katharina, Ehefrau von König Wilhelm I. (1781-1864, König 1816). Mit unermüdlichem Einsatz und großem politischen Geschick hatte Katharina erreicht, bestehende kirchliche Stiftungen, kommunale Einrichtungen und private Hilfsvereine zu bündeln, dazu finanzkräftige Sponsoren zu gewinnen, um die damals herrschende drastische soziale Notlage der Bevölkerung nicht nur kurzfristig zu lindern, sondern durch konkrete Hilfe zur Selbsthilfe die Lebensgrundlagen der Menschen zu verbessern.

In ihrer nur drei Jahre währenden Regierungszeit vermochte sie ein umfassendes Hilfswerk auf die Beine zu stellen, das über ihren frühen Tod hinaus das ganze Jahrhundert über die württembergische Sozialpolitik bestimmt hat.

1. Wege zur Macht

Katharina Pawlowna Romanowa wurde am 21. Mai 1788 im russischen Zarskoje Selo als sechstes von zehn Kindern des Großfürsten Paul von Russland[1] und Maria Fjodorowna, einer württembergischen Prinzessin[2], geboren. Ihre Kindheit fiel in eine Zeit voller Umbrüche, kriegerischer Auseinandersetzungen und politischer Intrigen: Ihre Großmutter Zarin Katharina, regierte 34 Jahre lang als autokratische Herrscherin das russische Reich. Deren Sohn,

---

1 Paul I. Petrowitsch (1754-1801).

2 Maria Fjodorowna (1759-1828), geborene Prinzessin Sophie Dorothea von Württemberg-Mömpelgard, Schwester von Herzog Friedrich Wilhelm Karl, der 1805 erster württembergischer König wurde.

Großfürst Paul, musste lange auf die Thronfolge warten. Als er nach dem Tod der Zarin 1796 endlich die Macht übernehmen konnte, erwies er sich als unberechenbarer, rücksichtsloser Herrscher. In Folge einer Offiziersverschwörung wurde er 1801 ermordet, worauf sein Sohn Alexander (1777-1825) die Regierung antrat.

Standesgemäß hatte Katharina eine solide, auf politisches Denken zielende Ausbildung genossen: Geschichte, Geographie, Mathematik und Französisch standen neben der Staatswissenschaft auf dem Lehrplan. Schon als junge Frau nahm Katharina interessiert Anteil an der großen Politik. Die Frauen ihrer Familie, ihre Mutter und ihre Großmutter, standen ihr von klein auf als politisch Handelnde vor Augen.

Zu ihrem elf Jahre älteren Bruder, dem Zaren Alexander, hatte sie ein inniges Verhältnis. Er schätzte nicht nur ihr reizendes und leidenschaftliches Wesen, sondern auch ihren scharfen Verstand, so dass sie ihm zu einer wichtigen politischen Beraterin wurde, mit der er regelmäßig anstehende Fragen der Innen- und Außenpolitik durchzusprechen pflegte. Während seiner Feldzüge unterhielten die beiden einen regen Briefwechsel. Bei entscheidenden politischen Ereignissen scheute sie sich nicht, ihren Einfluss auf den Bruder geltend zu machen und sich zu Wort zu melden. Katharina war eine Patriotin, die sich engagiert für den Erhalt der Werte der russischen Autokratie einsetzte. Der Aufstieg Russlands zu einer europäischen Großmacht und der Kampf gegen die Vorherrschaft Napoleons in Europa war ihr ein persönliches Anliegen, mit dem sie immer wieder auf den Zaren eindrang.[3]

Katharina begnügte sich jedoch nicht mit indirekter politischer Einflussnahme. Sie war sich ihrer Chancen und Pflichten als Tochter des Hauses Romanow bewusst. Wie schon ihre älteren Schwestern war sie dazu bestimmt, eine politisch und finanziell günstige Ehe einzugehen. Dynastische Eheverbindungen waren in diesen Zeiten nötiger denn je, um die Standfestigkeit der europäischen Monarchien zu sichern und die Interessen des russischen Reichs durchzusetzen. Katharina nahm diese Bestimmung selbstverständlich an und engagierte sich darüber hinaus noch selbst bei der Suche nach einer einflussreichen Verbindung mit dem größtmöglichen machtpolitischen Gewinn. Sie war nicht abgeneigt, auf diesem Wege Königin oder gar Kaiserin zu werden. Mehrere Erzherzöge kamen als Heiratskandidaten ins Gespräch, kurze Zeit auch der verwitwete österreichische Kaiser Franz I. (1768-1835) Doch alle Pläne führten zu keinem Ergebnis. Als schließlich 1808, im Zusammenhang mit dem Erfurter Kongress,[4] Napoleon um ihre Hand anhielt, lehnte die 20-jährige entrüstet ab – war er doch für sie nichts anderes als ein revolutionärer Emporkömmling, ein Feind der Monarchie und Gegner der von ihr so geschätzten christlichen Grundwerte.

---

[3] So kritisierte sie beispielsweise ihren Bruder heftig, als dieser 1807 aus taktischen Gründen ein Bündnis mit Napoleon einging.

[4] 1808 traf sich Napoleon I. mit Zar Alexander I. und den Fürsten des Rheinbundes in Erfurt, um Unterstützung und militärische Entlastung zu suchen.

Die prominente Werbung und Katharinas Ablehnung brachte den russischen Hof in arge Bedrängnis. Einen Ausweg sah man nur in einer raschen Verehelichung Katharinas. 1809 heiratete sie den Prinzen Georg von Holstein-Oldenburg[5], einen Vetter mütterlicherseits. Zar Alexander übertrug dem Schwager die Oberverwaltung der Verkehrswege im russischen Reich und ernannte ihn zum Generalgouverneur von Twer, Nowgorod und Jaroslawl. Georg war keine wirklich gute Partie. Er hatte weder die Chance auf einen Thron, noch verfügte er über ein nennenswertes Vermögen. Dennoch erwies sich die Verbindung als positiv; das russische Zarenhaus und Katharina waren zufrieden. 1810 und 1812 gebar Katharina die zwei Söhne Friedrich Paul Alexander[6] und Konstantin Friedrich Peter[7].

Auf ein geruhsames Familienleben wollte sich Katharina jedoch nicht beschränken.

1812 waren die französischen Armeen unter Napoleon in Russland eingefallen und hatten anfangs große Erfolge zu verzeichnen. Als Moskau besetzt und Zar Alexander zum Einlenken bereit war, trat Katharina auf den Plan. Sie machte sich zur Sprecherin einer oppositionellen Adelsfronde und richtete an ihren Bruder einen flammenden Appell zum Durchhalten. In Twer hatten Katharina und ihr Ehemann einen politisch-kulturellen Kreis um sich gesammelt,[8] mit dessen Hilfe sie nun den russischen Widerstand in Form einer allgemeinen Landwehr aus einfachen Leuten organisierte. Napoleon wurde in die Flucht geschlagen und musste sich schließlich wieder nach Westeuropa zurückziehen.

Auch wenn Katharina mit ihrem kriegerischen Engagement die Handlungsspielräume adeliger Frauen deutlich überschritt, hatte sie sich mit ihrer Intervention Ansehen und Respekt verschafft. Politisch gesehen war das Jahr 1912 für sie erfolgreich verlaufen. Im Privaten aber traf sie das Schicksal schwer: Ihr Mann Georg starb im Dezember desselben Jahres an Flecktyphus, an dem er sich auf einer Inspektionsreise durch die Lazarette angesteckt hatte.

Auf diesen Schicksalsschlag hin fiel Katharina in eine schwere seelische und körperliche Krise. In den Quellen wird von immer wiederkehrenden „Zuständen“ und „starrkrampfartigen Ohnmachten“ berichtet.[9] Eine schwache Konstitution und ihre Anfälligkeit für diese psychosomatischen Krankheitserscheinungen sollte sie bis zu ihrem Tod im Alter von 31 Jahren nicht verlassen.

---

5 Peter Friedrich Georg Prinz von Holstein Oldenburg (1784-1812).

6 Friedrich Paul Alexander von Holstein Oldenburg (1810-1829).

7 Konstantin Friedrich Peter von Holstein Oldenburg (1812-1881).

8 Der Generalgouverneur von Moskau Rostoptschin, der Historiker und Literat Karamsin und der preußische Reichsfreiherr vom und zum Stein gehörten zu den prominentesten Mitgliedern des Twerer Kreises.

9 Elias, Otto-Heinrich, Bemerkungen zur Biografie Königin Katharinas von Württemberg, in: Wolfgang Schmierer/Günter Cordes/Rudolf Kieß/Gerhard Taddey (Hg.), Aus südwestdeutscher Geschichte. Festschrift für Hans-Martin Maurer. Stuttgart 1994, 595-615: 608.

Doch Katharina war eine Kämpferin. Nachdem sich ihre Gesundheit einigermaßen stabilisiert hatte, hielt sie nichts mehr auf dem Krankenlager. Zwischen 1813 und 1815 unternahm sie ausgedehnte Reisen durch Europa, teils um sich zu erholen, zunehmend aber auch, um in der Welt der Politik erneut eine Rolle zu spielen. Sie besuchte die wichtigsten Höfe, verfolgte mit Interesse die neuesten kulturellen Entwicklungen und meldete sich immer wieder zu Wort, wenn es um Pläne für die Neuordnung Europas nach Napoleon ging.

Während ihrer Reisen lernte sie den württembergischen Kronprinzen Friedrich Wilhelm kennen. 1814 begegneten sich die beiden in London, 1815 trafen sie sich erneut auf dem Wiener Kongress. Dort waren Repräsentanten aus ganz Europa versammelt. Auf den Empfängen, Redouten und Bällen wurden neben politischen Bündnissen zugleich mögliche Heiratskandidaten ausgelotet. Auch Katharina war wieder zu einer Ehe bereit. Drei Erzherzöge waren bereits als zukünftige Ehegatten im Gespräch, als sich letztendlich doch der württembergische Kronprinz als Favorit behauptete.

Katharina und Wilhelm hatten bereits in London Interesse aneinander gezeigt.

Sie trafen sich in ihren Charakteren, in denen der Wille zum Herrschen und zur Macht ebenso ausgeprägt war, wie eine gewisse Unruhe, Unstetigkeit und Spontaneität. „Durch ihre Verbindung mit dem Kronprinzen von Württemberg kommen zwei strebende, gebietende Geister zusammen, die die Welt nach ihrer Art einrichten werden",[10] kommentierte ein zeitgenössischer Beobachter, der ehemalige Adjutant des Prinzen Louis Ferdinand von Preußen, Karl von Nostiz, Katharinas Entscheidung für den Württemberger.

Wilhelm war politisch und militärisch ehrgeizig. Seit Napoleon am 31. März 1814 von den Alliierten besiegt worden war und der Kronprinz sich dabei als glänzender Feldherr bewährt hatte, stand er allgemein in hohem Ansehen.

Im russischen Zarenhaus begrüßte man die Aussicht auf eine dynastische Verbindung mit dem Hause Württemberg. Dadurch würde Russlands Einfluss bis unmittelbar an die Grenzen Frankreichs reichen. Hinzu kam, dass bereits verwandtschaftliche Bande zwischen den Familien bestanden: Katharinas Mutter war die Schwester von Wilhelms Vater, König Friedrich I.[11]

Einziges Hindernis für eine Eheschließung der beiden war allein die Tatsache, dass Wilhelm bereits verheiratet war. Aus Gründen der Staatsraison war er 1807 eine Vernunftehe mit Charlotte Auguste von Bayern eingegangen. Um nun für Katharina frei zu sein, ließ er seine erste Ehe annullieren.[12] Im Januar 1816 fand in St. Petersburg die Hochzeit zwischen dem Kronprinzen von Württemberg und der Schwester des Zaren statt.

---

[10] Aus Karl von Nostiz Leben und Briefwechsel 1848, 178, zit.n. Elias, 602.

[11] Friedrich Wilhelm Karl von Württemberg (1754-1816).

[12] Am 31. August 1814 wurde die Ehe für nichtig erklärt. Da Charlotte Auguste von Bayern katholisch war, bestand Katharina auf einer Annullierung durch den Vatikan. Diese erfolgte erst am 11. Januar 1816. Vgl. Detlef Jena, Katharina Pawlowna, 2003, 225, 244.

2. Königin von Württemberg

a. Regierungsantritt im Hungerjahr

Am 30. Oktober 1816, wenige Monate nach dem Einzug des Paares in Stuttgart, starb König Friedrich I. Katharina hatte noch bis zuletzt, hochschwanger, am Sterbebett des Schwiegervaters gesessen. In seiner Todesnacht gebar sie ihre Tochter Marie[13] und am darauffolgenden Tag bestieg sie zusammen mit Ihrem Mann den Thron. Das Volk blickte hoffnungsvoll auf den als reformfreudig bekannten Thronfolger und auf die als besonders reich geltende russische Großfürstin.[14]

Katharina war nun Königin, wenn auch Königin eines armen, hochverschuldeten und politisch zerstrittenen Landes. Jahrelang schon rang die Regierung mit den Ständen um eine neue Verfassung; auch über die unbefriedigende Position Württembergs im Deutschen Bund herrschte Missstimmung. Das größte Problem des Landes aber war eine akute Wirtschaftskrise.

Der Regierungsantritt Wilhelms fiel in ein katastrophales Hungerjahr. Ungünstige Witterungseinflüsse hatten zu Missernten geführt, die einen überproportionalen Preisanstieg der Grundnahrungsmittel zur Folge hatten, ganz besonders beim Getreide. Die Teuerungskrise traf zudem auf ein Land, das durch die napoleonischen Kriege ausgezehrt war. Gesinde und Tagelöhner auf dem Lande, aber auch Dienstpersonal, Handwerksgesellen und Kleinhändler in der Stadt verloren ihre Arbeit. Die bestehenden kommunalen und kirchlichen Fürsorgeeinrichtungen waren mit ihren Hilfsmöglichkeiten überfordert.

Das fortschreitende Massenelend breiter Bevölkerungsschichten beförderte den Bettel und die Kriminalität. Viele Württemberger suchten einen Ausweg in der Auswanderung nach Amerika oder Russland.[15] Rasche Abhilfen zur Eindämmung der akuten Not, wie auch langfristige politische Lösungen zur Stabilisierung der wirtschaftlichen Lage mussten gefunden werden.

Katharina kam aus einer von Glanz und Luxus geprägten Welt in den armen deutschen Südwesten. Doch im Unterschied zu anderen Frauen ihres Standes hatte sie in ihrem Leben und auf ihren Reisen durch das von Krieg und Elend gezeichnete Europa schon viel gesehen und erlebt.[16] Und obwohl ihre Gesundheit labil war, beanspruchte sie für sich wenig Bequemlichkeit und war rastloses Arbeiten gewohnt. Der Schaffhausener Theologe und Pädagoge Johann Georg Müller (1759-1819), den Katharina auf ihren Reisen 1813/14 mehrmals besucht hatte, bemerkte in seinem Tagebuch ihre „äußerst strenge Lebensart (gewöhn-

---

[13] Marie von Württemberg (1816-1887).

[14] Katharina hatte ein verhältnismäßig großes Vermögen in die Ehe eingebracht. Ihre Mitgift, ohne die für die beiden Söhne aus erster Ehe vorgesehene Summe, betrug 500 000 Rubel. Die Mitgift stand dem Württemberger Hof lediglich zum Nießbrauch zur Verfügung. Katharina aber konnte frei darüber verfügen.

[15] In der ersten Hälfte des Jahres 1817 verließen 17 200 Württemberger ihre Heimat in Richtung Amerika und Russland. Vgl. Jena, Katharina, 261.

[16] Jena, Katharina, 252.

lich nur 2-3 Stunden Nachtruhe auf einem schmalen Sopha) und das beständige Lesen und Schreiben von früh 5 bis oft nachts 1-2 Uhr".[17]

Auch in Stuttgart lebte sie für ihre Verhältnisse in fast demonstrativer Bescheidenheit.

In ihrem oberhalb von Cannstatt gelegenen Landhaus Bellevue, das sie von ihrem Schwiegervater König Friedrich zur Hochzeit geschenkt bekommen hatte, führte sie einen streng geordneten und sparsamen Haushalt.[18] Als Königin wählte sie dieses Landhaus zum Sommersitz, anstelle des prunkvoll ausgestalteten Schlosses in Ludwigsburg.

Nach seinem Regierungsantritt hatte das Königspaar standesgemäß die Residenz im Neuen Schloss in Stuttgart übernommen. Friedrich I. hatte dort zuvor in absolutistischer Manier gelebt und regiert. In nahezu verschwenderischer Repräsentation hatte er den Hof nach dem Vorbild weit größerer Staaten zum Mittelpunkt des Landes auszubauen gesucht. Die prachtvolle Hofhaltung sollte zugleich der Zentralisierung und Bündelung der politischen Kräfte des durch Säkularisierung und Mediatisierung enorm vergrößerten neuen Königreichs dienen.[19]

Das junge Königspaar reduzierte nun die Hofhaltung entschieden und verlieh dem Hof einen eher großbürgerlichen Zuschnitt. Die beiden schätzten zwar Kunst und Theater, nicht aber im Stil der aufwändigen, prunkvollen Opernaufführungen ihres Vorgängers. Reisen unternahmen sie meist nur in die nähere Umgebung. Häufig sah man sie sogar zu Fuß spazieren gehen – eine neue bürgerliche Mode, die für Friedrich I. nicht standesgemäß und daher undenkbar gewesen wäre.

Wilhelm verzichtete auch auf pompöse Jagden, wie sie sein Vater in barocker Tradition mit großer finanzieller Belastung für das Land veranstaltet hatte. Er gestand den Gemeinden erhebliche Erleichterungen zu, was die Jagdlasten und die Vertreibung des Wildes anging. Selbst jagte er nur Niederwild wie Rebhühner und Fasanen, in Begleitung weniger Männer.

Auch das militärische Gepränge wurde deutlich zurückgenommen. Zwar war die gesamte Hofgesellschaft militärisch geprägt, doch Wilhelm unterhielt, wie die württembergische Honoratiorenschicht, ein eher distanziertes Verhältnis zum Militär.[20]

---

[17] Johann Georg Müller, Unterredungen mit der Großfürstin Katharina und mit Alexander I., Aus dem Tagebuche Georg Müllers, in: Heinrich Gelzer (Hg.), Protestantische Monatsblätter für innere Zeitgeschichte. Studien der Gegenwart für die evangelischen Länder deutscher Zunge 13. 1859, 474-485: 484 f.

[18] Jena, Katharina, 252.

[19] Eberhardt Fritz, König Wilhelm und Königin Katharina von Württemberg. Studien zur höfischen Repräsentation im Spiegel der Hofdiarien, in: Zeitschrift für Württembergische Landesgeschichte 54. 1995, 157-177: 158.

[20] Fritz, Hofdiarien, 164.

Zu diesen Veränderungen hatte nicht nur der gewandelte Zeitgeschmack beigetragen, bestimmend war auch die im Königreich herrschende soziale Not während der Teuerungskrise in den Jahren 1816/17.

So war denn eine der ersten Bestimmungen des neuen Regenten, die Menagerie aufzulösen und die Tiere zu verkaufen oder zu schlachten. Es stand nicht an, dass die hungernde Bevölkerung zusehen musste, wie jeden Morgen ein langer Zug von Mauleseln Weißbrot, Fleisch und Gemüse in Hülle und Fülle für die wilden Tiere in der königlichen Menagerie zum Schlosspark transportierten. [21]

b. Weg aus der Krise – die Gründung des Wohltätigkeitsvereins

Nach dem Tod ihres ersten Mannes Georg von Oldenburg, hatte sich Katharina während ihrer Reisen durch Europa auf eine beinahe rastlose Suche nach politischen Lösungen für ein stabiles konservativ monarchisches Europa gemacht. Die Monarchen sah sie in unbedingter Verantwortung für das Wohl des Volkes. Es gab kaum ein Thema, dem sie nicht mit Interesse nachgegangen wäre, sei es Brückenbau, neue Krankenhäuser, Bildungseinrichtungen oder religiöse Fragen. Als Königin von Württemberg war ihr nun die Möglichkeit gegeben, die gesammelten Impulse in die Praxis umzusetzen und damit einen neuen, eigenen Weg in der „großen Politik" zu beschreiten.[22] Schon bei ihrem Einzug in Stuttgart hatte sie sich zum Grundsatz gemacht, „nichts Gutes, auch das Geringste nicht, zu versäumen oder zu verschieben".[23] Die akuten Missstände im Lande erforderten nun von Katharina ein entschlossenes Handeln.

Um die Hungersnot einzudämmen, hatte die Regierung bereits die Getreideausfuhr in Nachbarländer verboten. Der Staat ließ Getreide aus dem Ausland[24] beschaffen, richtete Saatgutverteilstellen ein und sorgte für die bessere Ausnutzung der Anbauflächen und Erleichterungen im Fruchtmarktverkehr.[25]

Katharina sah ihren Aufgabenbereich darin, flankierend zu diesen öffentlichen Maßnahmen, schnelle Hilfsangebote zu organisieren und darüber hinaus das bestehende Armenwesen neu zu ordnen. Noch im Wochenbett arbeitete sie bereits an einem Programm, das mit Hilfe einer das ganze Land erfassenden Hilfsorganisation die Volkswohlfahrt dauerhaft heben und sichern sollte.

Am 29. Dezember 1816 lud Katharina 7 Damen und 10 Herren in das Alte Schloss nach Stuttgart ein, um mit ihnen zusammen die „Zentralleitung des Wohltätigkeitsvereins" zu gründen. Den Vorsitz übernahm sie selbst.

---

[21] Harald Schieckel, aus dem Umkreis der Königin Katharina von Württemberg. Erinnerungen der Katharina Römer, geb. von Buschmann an Petersburg und Stuttgart, in: Zeitschrift für Württembergische Landesgeschichte 51. 1992, 255-293: 275.

[22] Elias, Bemerkungen, 602.

[23] Zit.n. Hans Schumann, Königin Katharina von Württemberg. Stuttgart 1993, 49.

[24] Selbst Russland half mit Getreidelieferungen.

[25] Max Rehm, Königin Katharina von Württemberg. Ihr Leben und Wirken nach Selbstzeugnissen und im Spiegel der Zeitgenossen, Stuttgart 1968, 25.

Katharina hatte sich zuvor mit verschiedenen einflussreichen Persönlichkeiten über Ziel und Charakter der Organisation beraten. Nach dem Vorbild der vaterländischen Frauenvereine hatte sie zuerst an ein ausschließliches Engagement von Frauen gedacht. Der Verleger Johann Friedrich von Cotta riet jedoch dazu, Beamte, Pfarrer und die Vorsteher der bisherigen Armenanstalten in die Zentralleitung zu berufen, da Frauen im öffentlichen Auftreten oft zu zurückhaltend seien. Außerdem hatten sie kaum Kenntnisse in der Verwaltung und verfügten in der Regel nicht über die notwendigen einflussreichen Verbindungen. Katharina folgte diesen pragmatischen Überlegungen und öffnete den Verein für jedermann.[26] Sie erhoffte sich von dem Verein eine Bündelung der vorhandenen sozialen Bestrebungen. Es sollten „alle zum Helfen Bereite ... aneinandergekettet und Einheit und Zusammenhang in das große Geschäft der Menschenliebe gebracht werden, wenn nicht die Kräfte sich zersplittern und die einzelnen Wohltaten wie Tropfen im Meer zerrinnen sollten."[27]

Am 6. Januar 1817 erging der Gründungsaufruf der Zentralleitung des Wohltätigkeitsvereins. Er sah vor, überall im Land Lokalleitungen zu bilden, die in den 12 Landvogteien unter Oberämtern zusammengefasst werden sollten. Mit Hilfe von Spenden, einem Staatsbeitrag und durch Zuwendungen der Königin selbst sollte der Verein seine Arbeit rasch aufnehmen können. Die Zentralleitung erwartete von den Oberamts- und Lokalleitungen, „dass sie sich aus gleichem religiösen Sinn und Eifer dem edlen Beruf, das Elend der Mitbürger auf alle Weise zu erleichtern, widmen werden."[28]

Administrative und freiwillige Elemente mussten über die Zentralleitung in Einklang gebracht werden. Bislang waren Arme durch ein vielfältiges System von privaten und kirchlichen Stiftungen unterstützt worden.[29] Die wachsende Bereitschaft der Bürger, die Armenpflege mitzutragen, hatte in den letzten Jahren zur Bildung mehrerer örtlicher Armenvereine geführt. Um jedoch eine ungleichmäßige und damit ungerechte räumliche Verteilung und eine unsystematische, von unterschiedlichen Prinzipien ausgehende Unterstützungstätigkeit zu verhindern, wurde die Öffentlichkeit aufgefordert, Hilfsangebote im Rahmen des allgemeinen Wohltätigkeitsvereins zu gründen und sie den lokalen, regionalen und zentralen Leitungsgremien zu unterstellen. Die Richtlinien waren in einer statutenartigen „Instruktion für den Wohltätigkeits-Verein und die Leitung

---

[26] Nach den Akten des Wohltätigkeitsvereins im Staatsarchiv Ludwigsburg waren in der Zentralleitung dann auch hauptsächlich Männer tonangebend: Verleger Cotta, Kaufmann Conradi, Kaufmann Lotter, Hofrat Pistorius, Oberjustizrevisionsrat Georgii und Geheimrat August von Harttmann, Präsident der Oberrechnungskammer.

[27] Zit.n. Rehm, Königin, 25.

[28] Zit.n. a.a.O, 27 f.

[29] Sozialpolitische Bemühungen von Seiten des Staates gab es in Württemberg vereinzelt schon im 18. Jahrhundert. Unter pietistischem Einfluss wurde das Stuttgarter Waisenhaus (1710) und das Zucht- und Arbeitshaus in Ludwigsburg (1736) gegründet sowie eine Witwen- und Waisenkasse zur Hinterbliebenenversorgung von staatlichen Bediensteten (1700/1756).

der Wohltätigkeitsanstalten"[30] zusammengefasst. Sämtliche Beamten des Landes wurden durch ein königliches Reskript zur Mitarbeit im Wohltätigkeitsverein verpflichtet. In einem dreigliedrigen System konnte die Zentralleitung so die Beamten der Residenzstadt, der Oberämter und der Gemeinden mit einbeziehen.

Die Form eines privaten Zusammenschlusses hatte man gewählt, weil der staatliche Apparat zu schwerfällig gewesen wäre, um die erforderliche schnelle Hilfe leisten zu können. Durch die Präsidentschaft der Königin und die Unterstützung des Königs hatte der Verein jedoch einen halbstaatlichen Charakter bekommen. Von Anfang an konnte er sich nicht nur auf den Rückhalt einflussreicher Bürger stützen, sondern war auch in die staatliche Wirtschaftspolitik integriert, was ihm Stabilität und Wirksamkeit verlieh.[31]

Die Hauptarbeit des Vereins lag im Sammeln von Spenden, die zusammen mit Zuwendungen und Kapitaleinnahmen einen Armenfonds bildeten, der dann möglichst flächendeckend und effizient eingesetzt wurde. Allein im Jahr 1818 flossen dem Wohltätigkeitsverein 14 172 Fl. aus Katharinas Privatschatulle zu. Ihre Mutter, Maria Fjodorowna spendete jährlich 2000 Rubel, gemäß einer Verfügung, die bis ins Jahr 1908 erfüllt wurde.[32]

Die zentralistischen Interessen des Königreichs Württemberg erforderten durchgehende Rationalisierung und Bürokratisierung im Armenwesen. Mit Hilfe der Zentralleitung des Wohltätigkeitsvereins wurde das ganze Land mit einem sozialen Netz überzogen, dem sich auch die bestehenden privaten Einrichtungen, wie z. B. die seit 1805 bestehende Gesellschaft freiwilliger Armenfreunde, anschlossen.

Im ersten Jahr seines Bestehens war der Verein damit beschäftigt, die aktuelle Not zu lindern. Als vordringlichste Aufgaben mussten Lebensmittel, Kleidung, Heizmaterial und Geld gesammelt werden. Amtsärzte sollten die medizinische Versorgung übernehmen. Suppenanstalten zur Speisung von Hungernden wurden eingerichtet.

Im Juli 1817 war bereits eine Verbesserung der Lage zu erkennen. Württemberg konnte mit einer überdurchschnittlich guten Ernte rechnen. Auch zeigten die sozialen Sicherungsmaßnahmen der Regierung und der Wohltätigkeitsorganisationen erste Erfolge. Die Zentralleitung konnte sich nun darauf konzentrieren, längerfristige Maßnahmen zur „Verstopfung der Quellen der Armut und Nahrungslosigkeit"[33] anzugehen.[34] Die Menschen sollten aus der Not lernen und selbst Vorkehrungen gegen unvermeidbare Notsituationen treffen.

---

[30] Vgl. A. L. Reyscher, Sammlung württembergischer Gesetze XV.I., 854-858.

[31] 1818 wurde noch eine Armenkommission als eine dem Innenministerium unterstellte staatliche Behörde eingerichtet, die der Zentralleitung unterstützend zuarbeiten sollte.

[32] Hans-Martin Maurer, Das Haus Württemberg und Russland, in: Zeitschrift für württembergische Landesgeschichte 48. 1989, 201-221: 209.

[33] Aus einer Bekanntmachung der Zentralleitung für Wohltätigkeit von 1818. Zit.n. 1818-1968 150 Jahre Württembergische Landessparkasse, Stuttgart 1968, 16.

Zunächst wurde die konkrete Lebenssituation und Bedürftigkeit sozial Schwacher erfasst. Um den jeweiligen Armutsgruppen eine entsprechende „Behandlung“ zukommen zu lassen, war eine Differenzierung der Versorgungsanstalten unabdingbar.[35] Ein von Katharina oft ausgesprochener Satz war: „Arbeit verschaffen hilft mehr als Almosen geben“.[36] Dahinter steckt die in bürgerlichen Kreisen verbreitete Ansicht, dass planloses Almosen geben die Armut im Grunde nicht bekämpft, sondern sie im Gegenteil verstärkt.

Durch die Einrichtung spezieller Armenbeschäftigungsanstalten wollte man bei arbeitsfähigen Armen den „Geist der Arbeitsamkeit“ entfachen. Um langfristig einer weiteren Verarmung der Bevölkerung vorzubeugen, sollten schon Kinder in so genannten Industrieschulen zu Fleiß und Handfertigkeit erzogen werden.

Dabei griff man eine Idee des Birkacher Pfarrers Kohler auf, der in seiner Gemeinde bereits 1795 eine solche Schule gegründet hatte. Mit Unterstützung der Zentralleitung konnten 1817 in 88 Anstalten 2000 Schüler unterrichtet werden.[37]

Katharinas sozialpolitischer Ansatz bestand darin, durch die wohltätigen Initiativen den Bedürftigen Hilfe zur Selbsthilfe zu bieten. Ein weiterer Schritt in diese Richtung war die Gründung einer Sparkasse – eine der ersten in Deutschland überhaupt. Der Anstoß kam wieder von Katharina. Sie kannte eine solche Einrichtung bereits aus Oldenburg und London. Auch bei ihrem Aufenthalt in London 1814 hatte sie die dortigen Sparinstitutionen interessiert in Augenschein genommen.

---

34 Der Staat musste die Voraussetzung schaffen: die Produktivität der Landwirtschaft und des Gewerbes erhöhen sowie Sparsamkeit und Effizienz durch eine bessere Bildung aller Bevölkerungsschichten fördern. Eine ausgewogene Verfassung konnte für diese Aufgaben die staatsrechtlichen Grundlagen legen. Die Regierung und die Stände hatten für einen entsprechenden Staatshaushalt zu sorgen und die Privatinitiative zur Stimulierung des Volksvermögens zu fördern.

35 Christlich-pietistische und aufklärerisch-utilitaristische Ansätze zur Armenreform hatten bereits im 18. Jahrhundert zur Armenbeschäftigung gedrängt. Der Gedanke der Armenerziehung durch Arbeit hatte sich in Württemberg im 18. Jahrhundert erstmals in Form von Zucht- und Arbeitshäusern realisiert. Die heterogene Elendsproblematik der in diesem Anstaltstypus internierten Menschen stand der Vermittlung eines Arbeitsethos im Wege. Wie in den aus dem Mittelalter stammenden Spitälern, waren Alte, Kranke, Irre, Waisen, Arbeits- und Wohnsitzlose in ein und derselben Institution untergebracht. Vgl. Andrea Kittel, Das Verschwinden des Elends. Spital Arbeitshaus uns Krankenhaus – Stationen zur Trennung von Armut und Krankheit. Magisterarbeit, Tübingen 1990.

36 Ulrich Felmeth, Zwischen Almosengeben und Sozialpolitik. Die wohltätige Wirksamkeit der Königin Catharina von Württemberg, in: Haus der Geschichte Baden-Württemberg in Verbindung mit der Landeshauptstadt Stuttgart/Otto Borst (Hg.) Frauen bei Hof, Stuttgart 1998, 199-213: 211.

37 1822 hatte sich diese Zahl bereits vervierfacht. Vgl. Lisgret Militzer-Schwenger, Armenerziehung durch Arbeit, Tübingen 1979, 47 f.

Mit dem Angebot einer Sparkasse sollte der Sparwille der kleinen Leute gefördert werden. Durch geringe Einlagen sollten sie sich einen Rückhalt für Notzeiten schaffen.

„Es ist eine allgemeine Erfahrung, dass manche Arme immer nur deswegen arm bleiben, weil sie das Wenige, das sie besitzen nicht zu Rath halten wissen ..., ja, dass auch selbst der sparsame Arme oft nur darum nicht in bessere Umstände kommt, weil er es nicht versteht, seine Ersparnisse klug und nützlich zu verwalten“,[38] heißt es im Regierungsblatt, in dem der König im Februar 1818 die Genehmigung zur Gründung der Sparkasse bekannt gab.

Die Zentralleitung des Wohltätigkeitsvereins erhielt den Auftrag zur Gründung und Organisierung der Sparkasse. Katharina ernannte zwölf ehrenamtliche Vorstandsmitglieder, denen aus der Zentralleitung drei Kommissare zugeordnet waren. Der Finanzpolitiker Gottlob Heinrich Rapp wurde zum ersten Vorsteher bestellt.

Die Sparkasse hatte bei der Bevölkerung eine gute Resonanz. Ein vom Königspaar eingebrachtes Betriebskapital und verschiedene Einlagen stellten die Sparkasse von Anfang an auf eine solide Grundlage. Eine Zwischenbilanz im Oktober wies schon in den ersten vier Monaten 479 Sparer und 20 Kreditnehmer aus. 24 648 fl. an Aktiva standen 23 126 fl. an Passiva gegenüber, sodass ein Gewinn von 1500 fl. verblieb.[39] 1819 legten bereits 1604 Sparer 88904 fl. an.[40] Die Württembergische Sparkasse sollte sich in den folgenden Jahren weiterentwickeln, von einer Wohltätigkeitseinrichtung zur Landessparkasse mit einem Netz von Zweigstellen, bis zur Landesgirokasse, einem heute bedeutenden Kreditinstitut.

Nicht nur die Behebung materieller Not war Katharina ein Anliegen, sondern auch die Hebung des sittlichen und geistigen Lebens aller Bevölkerungsschichten. Mit großer Weitsicht erfasste sie, dass Ausgaben für Bildung und Erziehung Investitionen für die Zukunft waren. Notstand sah sie in einem bislang überall vernachlässigten Bereich – der höheren Mädchenbildung. In Stuttgart gab es zwei kleine Privatschulen, die aber Katharinas Vorstellungen nicht genügten. Schon 1717 verfolgte sie Pläne, eine Mädchenschule einzurichten, nach dem Vorbild des von Katharina der Großen gegründete „Smolny-Instituts“, das unter der Oberaufsicht ihrer Mutter Maria Fjodorowna stand. Neben all den anderen Aufgaben arbeitete Katharina an einem Konzept für ein ähnliches Institut, suchte Räumlichkeiten, engagierte einen Schulleiter. Zwei Monate nach der Geburt ihrer zweiten Tochter Sophie,[41] am 17. August 1818, konnte die neue Mädchenschule eingeweiht werden. Zweihundert Schülerinnen hatten sich angemeldet, dazu sechzehn für das angeschlossene Internat. Zum Leiter hatte sie den

---

[38] Zit.n. Jena, Katharina, 289, Anm. 196.
[39] Hans Schumann, Königin Katharina von Württemberg, Stuttgart 1993, 60.
[40] Jena, Katharina, 292.
[41] Sophie von Württemberg (1818-1877).

Waisenhauspfarrer und Vorsteher aller städtischen Schulen, Karl August Zoller, gewinnen können.

Fast jeden Tag besuchte Katharina das Töchterinstitut, so sehr lag es ihr am Herzen. Maria Fjodorowna, die im Oktober 1818 zu einem Besuch in Stuttgart eintraf, war von der Qualität der Schule sehr angetan. Dass die Institution unterschiedslos allen Mädchen der gebildeten Stände offen stand, fand sie allerdings zu demokratisch.[42]

Katharinas Tatendrang schien unerschöpflich. Es galt die Landwirtschaft in ihrer Ertragslage durch effektive Bewirtschaftungsmethoden nachhaltig zu verbessern. Ein Schritt dazu war die Aufhebung der Leibeigenschaft der Bauern mit Wirkung vom 1. Januar 1818.

Zuvor wurde ein Verein zur Belebung und Vorbereitung der landwirtschaftlichen und ökonomischen Industrie gegründet. Die Spitze des Vereins bildete eine landwirtschaftliche Zentralstelle, deren Vorsitz wiederum Katharina übernahm. Alljährlich sollte ein landwirtschaftliches Fest zum Geburtstag des Königs als Leistungsschau auf dem Cannstatter Wasen stattfinden. Als „Ermunterung für die fortschreitende Verbesserung der Viehzucht" wurde es erstmals am 28. September 1818 veranstaltet.[43] In Hohenheim richtete der Verein eine landwirtschaftliche Unterrichts-, Versuchs- und Musteranstalt ein.[44]
Mangelhaft war im Königreich Württemberg auch die Krankenversorgung. Katharina machte sich hierüber gleichfalls Gedanken. Bereits im Sommer 1817 wurde der Bau eines Hospitals in Stuttgart angekündigt. Den Bau und die Eröffnung dieser modernen allgemeinen Krankenanstalt im Jahr 1820 erlebte sie nicht mehr.

3. Katharinas sozialpolitisches Werk – Einflüsse und religiöse Aspekte

Tradition und Religion, diese Instanzen der alten Zeit hatten für viele Individuen und gesellschaftliche Gruppierungen auch nach der Epoche der Aufklärung und der Französischen Revolution ihren Sinn behalten. Für Katharina traf dies in besonderem Maße zu. Ihre Mutter, Maria Fjodorowna, war eine sehr fromme Frau. Die gebürtige württembergische Prinzessin war nach ihrer Heirat mit dem damaligen russischen Großfürsten Paul zum russisch-orthodoxen Glauben übergetreten, in dem auch Katharina erzogen wurde. Im Gegensatz zu ihrer Mutter nahm Katharina nach ihren Eheschließungen nicht die Konfession ihrer Ehemänner an. Adliger Tradition entsprechend begleitete sie König Wilhelm jedoch an allen wichtigen Feiertagen in die evangelische Kirche und war damit einverstanden, dass ihre Kinder evangelisch erzogen wurden. Die übrigen Gottesdienste besuchte sie in russisch-orthodoxen Kapellen, die eigens für sie

---

42 Schumann, Königin, 65.

43 Auch Maria Fjodorowna besuchte dieses Fest und führte später, dadurch angeregt, eine ganz ähnliche Veranstaltung in Petersburg ein. Das Landwirtschaftliche Fest wird als „Volksfest" auch heute noch auf dem Cannstatter Wasen gefeiert.

44 Aus dieser Lehranstalt ging die heutige Universität in Stuttgart-Hohenheim hervor.

an allen ihren jeweiligen Wohnsitzen eingerichtet worden waren und von russischen Priestern und Psalmisten nach orthodoxem Ritus gefeiert wurden. Diese Priester waren wichtige Vertrauenspersonen für Katharina, die sie auch zum persönlichen Gebet und zur Erörterung von Glaubensfragen heranzog.

Die religiöse Grundhaltung, in der Katharina von ihrer Mutter erzogen worden war, bestand nicht nur aus individueller Frömmigkeit und Glaubensüberzeugung; sie war in besonderem Maße vom Geiste christlicher Nächstenliebe geprägt. Maria Fjodorowna hatte aus ihrer württembergischen Heimat die christlich-sozialen Ideen des Pietismus mitgebracht und in Russland eine für die damalige Zeit beispiellose karitative und bildungspolitische Tätigkeit entfaltet. Eine aus adliger Tradition und christlicher Verantwortung gespeiste Nächstenliebe waren für Katharina von Kindheit an selbstverständlich.

a. Religion als ordnungspolitische Instanz

Als Königin von Württemberg konnte Katharina in ihrer christlich-karitativen Tätigkeit auf die religiös motivierten Kräfte des Pietismus zählen, der in Württemberg tief verwurzelt war. Katharina war sich dessen wohl bewusst, wie aus einem Brief ersichtlich wird, den sie aus Stuttgart an Johann Georg Müller schrieb, mit dem sie über Fragen der Religion und Erziehung korrespondierte: „ein frommer Sinn herrscht doch im Ganzen und durch den muss man wirken können“.[45]

Katharina machte sich diesen „frommen Sinn“ zu eigen in dem sie auf bereits bestehende private und pietistische Anstalten und Einrichtungen zurückgriff. Auch die Idee, die Armenpflege im Lande mit Hilfe eines Vereins zu organisieren, soll auf die im Jahre 1805 von Kaufmann Lotter und Hospitalprediger Rieger gegründete Gesellschaft freiwilliger Armenfreunde zurückgehen.[46] Denn außer christlicher Nächstenliebe gab es für Katharina noch einen anderen Aspekt von Religion, nämlich den einer Instanz zur Verwirklichung sozial- und ordnungspolitischer Ziele. Dass ihr dies ein wichtiges Anliegen war, wird aus einem Gespräch ersichtlich, das sie bereits im Jahre 1814 mit Müller in Schaffhausen geführt hatte. Sie beklagte sich damals bei diesem über den „griechischen, bloß rituellen Gottesdienst in ihrer russischen Heimat, wodurch zur Bildung der Nation nicht das Allermindeste beigetragen werde“.[47] Auch überbrachte sie dem Professor einen Auftrag von ihrem Bruder, Zar Alexander I. Der Kaiser wünsche, dass Müller eine Reihe von Vorlesungen über christliche Lehren und Pflichten für den „russischen [bloß Ritual-] Gottesdienst“ verfasse. Diese soll-

---

[45] Jacob Merkle, Briefwechsel der Großfürstin Katharina Pawlowna, Königin von Württemberg mit Johann Georg Müller in Schaffhausen, in: Württembergische Vierteljahreshefte für Landesgeschichte, Neue Folge 5, 1896, 127-148: 143 f.

[46] Vgl. Paul Sauer, Reformer auf dem Königsthron. Wilhelm I. von Württemberg, Stuttgart 1997, 156.

[47] Müller, Unterredungen, 477.

ten dann – ins Russische übersetzt – am Ende jedes Gottesdienstes vorgelesen werden.

Die Forschung ist sich nicht gewiss, ob dieser Auftrag tatsächlich vom Zaren kam oder ob es nicht viel mehr Katharinas eigenes Interesse war, religiöse Begründungen für erziehungspolitische Maßnahmen zu erhalten. Müllers Einschätzung, dass Katharina sich zwar für Religion interessiere, aber die „eigentlich christliche nicht sehr zu kennen scheint"[48] und die Tatsache, dass Müller die Texte direkt an Katharina schicken solle, könnten darauf hinweisen. Zar Alexanders Religionsverständnis war völlig anderer Art. Seine Frömmigkeit war zu dieser Zeit stark von pietistisch-mystischen Ideen geprägt, wie sie auch seine Frau Elisabeth, eine badische Prinzessin hegte. Diese hatte in Karlsruhe unter dem Einfluss des Arztes und Schriftstellers Johann Heinrich Jung-Stilling (1740-1819) Kontakte zu pietistischen und chiliastischen Gruppierungen geknüpft.[49] Alexander war davon überzeugt, dass eine der „heiligen" Pflichten eines Souveräns darin bestünde, die christliche Religion in seinem Lande zu stärken. Bestätigt worden war er in dieser Idee auch von Johann Georg Müller, den er mit Katharina in Schaffhausen aufgesucht hatte. Sie unterhielten sich damals u. a. über die Folgen der Revolution und waren sich einig, dass diese zu einer „Perversität der Meinungen, besonders in der Religion und Moral" geführt habe. Dabei betonte Müller, wie wichtig es sei, dass „ein Beispiel für Religion, Recht und Sitte" von oben herab, von den Fürsten und ihren Instanzen gegeben würde; Religion und Moral könnten so auch auf die niederen Stände einen guten Einfluss ausüben und damit den Weg in „eine bessere Zeit" ebnen.[50]

Sowohl Katharina als auch ihr Bruder waren der Ansicht, dass Russland die Vorreiterrolle bei dieser Aufgabe zukommen solle. Der Aufstieg Russlands zu einer europäischen Großmacht und der Kampf gegen die Vorherrschaft Napoleons in Europa waren für Katharina untrennbar miteinander verbunden. So dürfte sie auch davon unterrichtet gewesen sein, dass Zar Alexander I. im Jahre 1815 den Schweizer Pädagogen Johann Heinrich Pestalozzi (1746-1827) beauftragt hatte, eine Denkschrift mit einer politischen Standortbestimmung der Gegenwart zu verfassen. Pestalozzi, einst ein Anhänger Napoleons und der Französischen Revolution, „definierte darin die Funktion moderner Fürsten gewissermaßen als ins Positive gewendeten Bonapartismus".[51]

Im Jahre 1815 legte Alexander den Regenten von Österreich und Preußen ein Manifest vor, in dem er vorschlug, die Prinzipien der christlichen Religion – Liebe, Gerechtigkeit, Frieden und Brüderlichkeit – als Richtschnur für die künftige Innen- und Außenpolitik zu verankern. Fürst Metternich änderte den ursprünglichen Entwurf dahingehend, dass er ihm den Charakter eines Bündnisses aufprägte, in dem er die christliche Brüderlichkeit allein auf den Monarchen

---

[48] Ebd.

[49] Vgl. Maurer, Das Haus, 211.

[50] Müller, Unterredungen, 481.

[51] Elias, Bemerkungen, 603, Näheres zur Reformmonarchie Pestalozzi siehe ebd. f.

bezog. Als Bündnis zur Absicherung des im Wiener Kongress erreichten politischen Zustandes wurde die „Heilige Allianz“ von allen europäischen Mächten mit Ausnahme Großbritanniens, der Türkei und dem Kirchenstaat unterzeichnet.

Zu dieser Zeit stand Zar Alexander mit der „Seherin und Prophetin“ Juliane von Krüdener[52] in Verbindung, die die baldige Wiederkehr Christi auf dem Berg Ararat im Kaukasus verkündet hatte.

Diesem prophezeiten Ereignis wollten bestimmte pietistische Gruppierungen aus Württemberg entgegenziehen. Sie hofften dort einen „Bergungsort der Kinder Gottes“[53] errichten und ihren Glauben ungestört leben zu können. Den religiös motivierten Auswanderern schlossen sich – vor allem während der Hungerkrise in den Jahren 1816/17 – auch Menschen an, die ihre Heimat aus wirtschaftlicher Not verlassen wollten. Zar Alexander unterstützte die Einwanderer großzügig mit kostenlosem Land und Anfangskapital; außerdem garantierte er ihnen Steuer- und Religionsfreiheit.[54]

Katharina bekämpfte die Hungersnot mit anderen Mitteln. Sie schuf in Württemberg eine zentral organisierte, flächendeckende Armenpflege, die weit über die bisherigen christlich-karitativen Vorstellungen hinausging. Ihr soziales Engagement verfolgte staatliche und ordnungspolitische Ziele, die sie auch mit Hilfe der Religion erreichen wollte.

b. Erziehung als Fundament

Auch die Gedanken bürgerlicher Aufklärer waren Katharina nicht fremd. Ihr groß angelegtes Reformprogramm war durchaus von dem aufklärerischen Gedanken getragen, dass jeder Mensch durch Erziehung in die Lage versetzt werden könne, aus eigener Kraft Armut und Elend zu überwinden. Durch Vermittlung bürgerlicher Tugenden wie Ordnung, Fleiß und Sauberkeit sollten Arme und verwahrloste Kinder zu brauchbaren Mitgliedern der Gesellschaft erzogen werden.

Einer der bedeutenden Männer und Gelehrten von denen Katharina beeinflusst war, war Johann Heinrich Pestalozzi. Wahrscheinlich hatte sie den Schweizer Pädagogen und Bildungsreformer im Jahre 1815 zusammen mit Zar Alexander I getroffen. Obwohl sich ihr Bruder „im Zuge seiner religiös-konservativen Wende“[55] von Pestalozzi abgewendet hatte, blieb Katharina dessen Ideen treu und versuchte, sie in ihren sozialen Maßnahmen umzusetzen. Genau wie Pestalozzi, der die Erziehung als das „erste heilige Fundament der

---

52 Vgl. Peter Zimmerling, Barbara Juliane von Krüdener (1764-1824).

53 Gerhard Schäfer, Zu erbauen und zu erhalten das rechte Heil der Kirche. Eine Geschichte der Evangelischen Landeskirche in Württemberg, Stuttgart 1984, 226.

54 Vgl. Maurer, Württemberg, 210-212.

55 Elias, Bemerkungen, 604.

Kultur"[56] betrachtete, war Katharina der Überzeugung, dass die Menschen nur durch Erziehung zu sittlich-verantwortlich handelnden Individuen erzogen werden könnten. Der Einrichtung von Schulen aller Art – von der Kinderschule über die Industrieschule bis zur höheren Anstalt – galt daher ihr ganzes Augenmerk. Besonders am Herzen lag ihr die Mädchenbildung. Es gelang ihr sogar, Johannes Niederer, den „zweitwichtigsten Mann des Pestalozzischen Instituts"[57], als Lehrer für die höhere Töchterschule zu engagieren. Dieser sollte dort eine wissenschaftlich und religiös fundierte Erziehung im Sinne Pestalozzis einführen und etablieren.

Für ihre Söhne Alexander und Peter von Oldenburg konnte sie den Lehrer und ehemaligen Privatsekretär Pestalozzis, Johannes Ramsauer gewinnen, der die Prinzen ebenfalls im Geiste Pestalozzis erziehen sollte.

c. Frömmigkeit, Ehrgeiz, Liebe?

Katharina wird oft als widersprüchliche Frau dargestellt, die von ihren Zeitgenossen nicht nur positiv, sondern durchaus auch kritisch beschrieben wurde. Um sich dieser schillernden Persönlichkeit zu nähern, sollte der historische und kulturelle Kontext mit einbezogen werden, in dem Katharina sich bewegte. Mit welchen gesellschaftlichen Standortbestimmungen, Zielen und Orientierungen sah sie sich konfrontiert, mit welchen konnte sie sich identifizieren und welche lehnte sie ab?

Das wichtigste Deutungsmuster, das für Katharinas Stand und Geschlecht auch zu Beginn des 19. Jahrhunderts noch galt, war die Verpflichtung zu Tradition und Religion. Sie brachte bestimmte Rollenerwartungen mit sich. Zur adligen weiblichen Tradition gehörte zum einen die Pflicht des (Söhne-) Gebärens, zum anderen die Bereitwilligkeit und Fähigkeit zu repräsentieren. Beide Anforderungen galten in besonderem Maße für die Frauen regierender Herrscher.

Katharina hat diese klar umrissene Rolle hervorragend ausgefüllt. Ihrem ersten Ehemann, dem Prinzen Georg von Oldenburg, hat sie zwei Söhne geboren; in Württemberg brachte sie innerhalb von 3 Jahren zwei Töchter zur Welt, mit einem dritten Kind soll sie laut Obduktionsbericht bei ihrem Tode schwanger gewesen sein. Von ihren Schwangerschaften hat sie allem Anschein nach kein großes Aufheben gemacht: die Nacht vor der Geburt ihrer ersten Tochter Marie brachte sie am Sterbebett ihres Schwiegervaters zu, den sie während seiner Krankheit unermüdlich gepflegt hatte.

Traditionelle höfische Repräsentation und ihre Anpassung an die sich wandelnden gesellschaftlichen Erwartungen waren für die weit gereiste, gebildete und selbstbewusste Zarentochter kein Problem. Die Selbstsicherheit ihres Auftretens, ihr scharfer Verstand und ihre umfassende Bildung werden von vielen

[56] Johann Heinrich Pestalozzi, An die Unschuld, den Ernst und den Edelmuth meines Zeitalters und meines Vaterlandes. Ein Wort der Zeit. Iferten, beym Verfasser, 1815, in: Ders. Sämtliche Werke, Kritische Ausgabe 24 A, Zürich 1977, 103.

[57] Elias, Bemerkungen, 604.

ihrer Zeitgenossen gerühmt. August Varnhagen von Ense (1785-1858), der preußische Gesandte in Karlsruhe, charakterisierte sie folgendermaßen: „Sie hatte einen scharfen, klaren Verstand, der alles Gemeinnützige, alles auf Menschen und Verhältnisse wirksame lebhaft ergriff. Indes war sie zugleich entschiedene Herrscherin, gewohnt, ihren Willen mit der Gewissheit auszusprechen, dass die schleunigste Erfüllung folgen müsse."[58]

Ebenfalls Teil adliger Selbstdarstellung war das öffentliche Auftreten als Wohltäterin. Die Fürsorge für Arme, Witwen und Waisen gehörte seit der frühen Neuzeit zum Tugendkatalog des Adels, insbesondere des weiblichen. Diese karitative Tätigkeit war in erster Linie von religiösen Normen bestimmt und galt für alle christlichen Konfessionen.

Mit Beginn des 19. Jahrhunderts begann sich dieses Rollenverständnis zu ändern. Seit der Gründung der ersten vaterländischen bürgerlichen Frauenvereine[59] während der Befreiungskriege erschlossen sich den Frauen öffentliche, gemeinnützige Aufgaben. Auch die Fürstinnen wurden mit neuen Rollenerwartungen konfrontiert. Ihr karitatives Wirken war nicht mehr allein durch Tradition und Religion motiviert, sondern musste gesellschaftlich begründet werden.

Die Gesellschaft erwartete von den adligen Frauen noch weitere, von bürgerlichen Deutungsmustern beeinflusste Tugenden. Die bürgerliche Adelskritik hatte zu Beginn des 19. Jahrhunderts die Forderung nach einem „Seelen- und Tugendadel" formuliert, der die ganze Person umfassen und leiten solle. Von diesem Idealbild des tugendhaften Bürgers und den davon abgeleiteten Handlungsanweisungen waren weite Teile des württembergischen Adels zu Katharinas Zeit beeinflusst. Viele adlige Frauen teilten das bürgerliche Ideal der Mütterlichkeit, das die Pflicht karitativer Nächstenliebe dem weiblichen Geschlecht zuweist. Auch Katharina rief zur Mitarbeit in ihrem Wohltätigkeitsverein vor allem Frauen auf. Sie begründete dies mit den oft zitierten Worten: „denn wem geziemt dieses Geschäft besser als dem Theil der menschlichen Gesellschaft, dessen hohes Ziel es ist zu helfen?"[60]

d. Weibliche Identitätsmuster

Das neu formulierte bürgerliche Frauenbild wies mehrere Facetten auf. Mütterlichkeit war nur eines der Ideale, aus denen es sich zusammensetzte. Häuslichkeit, Sanftmut, Zurückhaltung und „wahre" (also nach innen gekehrte) Frömmigkeit waren andere Tugenden, die jetzt auch von adligen Frauen erwartet wurden.

---

[58] Sauer, Reformer, 132.

[59] Näheres zu patriotischen Frauenvereinen siehe: Carola Lipp (Hg.), Schimpfende Weiber und patriotische Jungfrauen. Frauen im Vormärz und in der Revolution 1848/49, Bühl-Moos 1986.

[60] Ebd.

Katharina erfüllte diese Erwartungen nicht immer, wie vor allem zeitgenössische Vergleiche mit ihrer Schwester Maria Pawlowna, der Großherzogin von Sachsen-Weimar, zeigen. Diese fielen nicht zu Gunsten Katharinas aus. Maria Pawlowna hatte in ihrem Lande mit der Gründung des Patriotischen Frauenvereins ein weit verzweigtes, effektives Netzwerk sozialer Fürsorge geschaffen. Sie wurde von Karl von Nostitz für ihre „Lieblichkeit und Sanftmut" gerühmt; Katharina hingegen erschien demselben Zeitzeugen nicht „weiblich genug".[61] Ähnlich äußerte sich der Theologe Müller, über die württembergische Königin: „Religiöse Empfindsamkeit, selbst jene weiche Empfindung, die Weibern so gut steht, hat sie nicht; es muss Alles in hellem Verstand, männlich gedacht sein".[62]

Männliches Denken und unweibliches „herrisches" Auftreten wurden Katharina von vielen Zeitgenossen vorgeworfen. Gräfin Lieven, die Ehefrau des russischen Gesandten in London, beschreibt Katharina folgendermaßen: « Elle s'exprimait brièvement, avec éloquence et avec grâce; mais elle ne quittait jamais le ton et l'air de commandement. Son esprit était orné, brillant et hardi; son caractère feme et impérieux ».[63]

Aber vor allem Katharinas politische Ambitionen wurden – und werden heute noch – nur als Zeichen männlichen Ehrgeizes und „unweiblichen" Willens zur Macht interpretiert. Dies galt besonders für ihre Hoffnung auf kaiserliche Würde, die sie an der Seite König Wilhelms während eines bestimmten Zeitraumes anstrebte.

Katharinas Selbsteinschätzung und Rollenverständnis dürfte in einigen Punkten sowohl von den an sie herangetragenen Erwartungen abgewichen sein als auch von den Beurteilungen, die sie erhielt. Ihr Rollenverständnis ging über das einer fürsorglichen und frommen Landesmutter hinaus. Vielmehr war sie von den Stärken und Fähigkeiten des weiblichen Geschlechts überzeugt. Ihrer Meinung nach konnten Frauen in Zukunft durchaus neue gesellschaftliche Rollen übernehmen, die bisher nicht für sie vorgesehen waren. Voraussetzung für dieses Ziel war, dass man dem weiblichen Geschlecht nicht länger eine gute Erziehung und Ausbildung – wie sie ja auch den Männern zukam – vorenthielt. Von daher ist auch das große Interesse und der immense Nachdruck zu verstehen, mit dem Katharina die Institutionen zur Mädchenbildung förderte. Dass sie in diese Schule nicht nur adlige Töchter aufnahm, sondern auch Töchter aus bürgerlichem Stand ist ein weiteres Zeichen dafür, dass es ihr ein Anliegen war, Frauen zu vollwertigen Mitgliedern der Gesellschaft heranzubilden.

Dass dieses neue Rollenverständnis Probleme und Widersprüche mit sich brachte, musste Katharina am eigenen Leib erfahren. Sie selbst konnte ihre hochgesteckten, ehrgeizigen Pläne nur mit äußerster Willensanstrengung erreichen. So könnten die ihr von manchen Forschern zugeschriebenen „neurotischen Züge", die sich u.a. in einer „kompensatorisch übersteigerten Betrieb-

---

[61] Elias, Bemerkungen, 598.
[62] Müller, Unterredungen, 485.
[63] Elias, Bemerkungen, 597.

samkeit"[64] äußerten, nicht nur als Folge einer früheren Krankheit, sondern auch als Überforderungssyndrom gedeutet werden.

Ebenfalls auf eine Spannung zwischen alten adligen und neuen bürgerlichen Ehemustern könnte die Vermutung hinweisen, dass die Ärzte als Ursache für Katharinas frühen, tragischen Tod eine psychosomatische Erkrankung annahmen. Vielleicht hat Katharina ihrem Ehemann doch mehr „Liebe" entgegengebracht und deshalb auch von ihm mehr erwartet, als es die adlige Contenance vorsah?

e. Ein Mythos entsteht

Katharinas plötzlicher und tragischer Tod wird von der heutigen Forschung in unterschiedlicher Weise gedeutet. Nach offizieller Verlautbarung des Hofes hatte sich Katharina bei einer Ausfahrt eine starke Erkältung zugezogen, welcher eine Gesichtsrose folgte. Diese griff auf das Gehirn über und löste einen Schlaganfall aus, der schließlich zum Tode führte. Diese Version vertritt auch Katharina Römer, die Tochter von Katharinas Privatsekretär Gerhard Buschmann. In ihren Kindheitserinnerungen, die sie im Jahre 1878 aufzeichnete, heißt es: „als sie [die Königin] plötzlich am 9. Januar 1819 vom Tode ereilt wurde. Eine Gesichtsrose, die aufs Hirn gefallen war, führte dies schleunige Ende herbei und kam allen, den Ärzten, dem Könige und nun vollends dem Publikum wie ein Blitz aus heiterem Himmel".[65]

Die Ärzte, die in König Wilhelms Auftrag Katharinas Kopf obduzierten, stellten jedoch eine andere Diagnose. Sie meinten, dass der Gehirnschlag auf einen starrkrampfartigen Ohnmachtsanfall zurückzuführen sei, welcher durch starke seelische Erschütterungen hervorgerufen worden war. Die Mehrzahl der Historiker, die Katharinas Leben erforscht haben, sind sich darin einig, dass diese „seelischen Erschütterungen" auf die Tatsache zurückzuführen seien, dass Katharina ihren Mann mit einer Geliebten überrascht hatte.[66]

Katharinas Tod rief überall Erschütterung und Bestürzung hervor. Im ganzen Land fanden Trauergottesdienste und Gedenkveranstaltungen statt und das nicht nur in den sozialen und karitativen Einrichtungen, die Katharina selbst gegründet hatte. Ihr soziales Engagement und ihre unermüdliche Tätigkeit für das Wohl des Landes, hatte sie in allen Ständen beliebt gemacht und führte jetzt – nach ihrem Tode – zu einer geradezu mythischen Verklärung, zu der nicht

---

[64] A.a.O., 596. Vgl. Hans-Martin Decker-Hauff, Katharina von Russland, Königin von Württemberg und ihr Hospital. Jubiläumsvortrag, Veröffentlichung des Archivs der Stadt Stuttgart 31, Stuttgart 1980, 6.

[65] Schieckel, Umkreis, 289.

[66] Paul Sauer schreibt dazu beispielsweise: „Der folgende Tag brachte Katharina aus ihrem seelischen Gleichgewicht. Ein für sie kaum glaubliches Gerücht hatte sie zutiefst getroffen. Ungeachtet des scheußlichen Winterwetters ließ sie anspannen und fuhr im offenen Wagen, die Pferde zu größter Eile antreibend, zum Gestüt nach Scharnhausen. Dort überraschte sie ihrem Mann mit einer Geliebten – es war sehr wahrscheinlich Blanche La Flèche". Sauer, Reformer, 164.

nur Hofbeamte und Geistliche, sondern auch bedeutende Männer aus dem gebildeten Bürgertum beitrugen.

Dabei wurden der Aristokratin Katharina auch bürgerliche Tugenden zugeschrieben, die manche vor ihrem Tode an ihr vermisst hatten. Der bekannte Schriftsteller und Redakteur Gustav Schwab (1792-1850) trat bei mehreren Gedenkfeiern als Trauerredner auf. Er betonte nicht nur Katharinas Verdienste als Königin und Landesmutter, sondern beschwor ganz im Gegenteil zu den Urteilen früherer Beobachter – das Bild einer Frau, die von „zarter Weiblichkeit", „mütterlicher Liebe" und „tiefer persönlicher Frömmigkeit" geprägt war. „...und das schönste Zeugnis einer harmonischen Ausbildung des Geistes und Gemüths giebt die Frömmigkeit, die nicht blos in ihrem äußeren Wirken unverkennbar war, die auch ihr häusliches und vor der Welt verborgenes Leben beseelte."[67]

Mitgewoben am Mythos – der ja ohne einen realen Bezug zur Wirklichkeit nicht entstehen kann – hat auch Ludwig Uhland (1781-1862). Der Dichter und Politiker, der der Regierung kritisch gegenüberstand und sich vom Hofe fernhielt, griff in seinem Gedicht Katharinas Verdienste während der Hungerkrise auf, indem er Katharina mit Ceres, der Göttin des Ackerbaus und der Fruchtbarkeit verglich:

„Ja, gleich der Ceres Kranze flocht ich diesen.
Volksmutter, Nährerin, sei mir gepriesen."[68]

König Wilhelm, war vom Tod Katharinas hart getroffen. Wahrscheinlich war er sich erst jetzt bewusst, was er mit Katharina verloren hatte. Er griff die mythische Verehrung auf – vielleicht auch aus Schuldgefühl? -, die man Katharina im ganzen Lande entgegenbrachte und setzte ihr mit dem Bau eines Mausoleums auf dem Rotenberg ein weithin sichtbares Denkmal seiner Liebe.

Dazu ließ er die alte württembergische Stammburg niederreißen und von dem Architekten Giovanni Salucci eine im Stil eines antiken Tempels entworfene Grabkapelle errichten. Königin Katharina, die zunächst provisorisch in der Stuttgarter Stiftskirche beerdigt worden war, wurde im Jahre 1824 auf den Rotenberg überführt und feierlich beigesetzt. Sie liegt in einem Marmor-Sarkophag, der von einem üppigen Blumen- und Früchtefeston umgeben ist – ein Hinweis auf ihre Funktion als „Nährerin" des Volkes.

f. Die Saat ging auf

Mit Katharinas Tod war ein Mythos geboren, der sich auf das von ihr geschaffene Sozialwerk förderlich auswirkte. Schon während der Trauerfeierlichkeiten wurde bekannt gegeben, dass in vielen Orten „die Verklärte auf eine ihrer wür-

---

67 Gustav Schwab, Lebens-Abriß Ihrer Majestät der am 9. Januar 1819 verewigten Königin Catharina von Württemberg. Zur Trauer=Feier den 5. und 7. März 1819. Stuttgart 1819, 4, 11, 16.

68 Ludwig Uhland, Katharina, in: Ders. Werke 1. Sämtliche Gedichte, München 1980, 103-105: 104.

dige Weise durch Werke der Liebe und Wohltätigkeit geehrt"[69] würde: Im Gedenken an die Verstorbene kam es zu zahlreichen Neugründungen weiterer Hilfsinstitutionen für Arme. Großzügige Spenden flossen auch für das erst in Planung befindliche Hospital, das nun als ein Denkmal für die „unsterbliche Königin"[70] errichtet werden sollte.[71] Der Tag der Beisetzung Katharinas wurde vom König zum „Tag der Mildtätigkeit" erklärt.

In den Jahrzehnten nach ihrem Tod verklärte sich das Bild Katharinas beinahe zu dem einer „protestantischen Hausheiligen".[72] Waren ihr einst Ehrgeiz, Machthunger und unweibliches Auftreten zugeschrieben worden, traten diese Eigenschaften zurück zugunsten der Erinnerung an die gute, fromme Monarchin, wobei der Aspektes der Frömmigkeit im pietistisch geprägten Württemberg gut ankam. Zu Katharinas Lebzeiten waren in der Zentralleitung hauptsächlich Beamte und dem Hof nahestehende Personen zu finden. In den nachfolgenden Jahren wurde die Arbeit des Vereins vermehrt von religiös motivierten Kräften und pietistischen Persönlichkeiten geprägt, wie etwa Prälat Sixt Carl von Kapff (1805-1879).

Die bereits bestehende freie christliche Liebestätigkeit wurde unter dem Einfluss der Erweckungsbewegung in den folgenden Jahrzehnten weiter befördert. Neue Formen wohltätiger Einrichtungen entstanden: Rettungshäuser für elternlose oder „verwahrloste" Kinder und Heilanstalten für geistig und körperlich Behinderte, Dienstbotenheime und Fabrikarbeiterherbergen. Die einzelnen Werke waren als eigenständige kleinere oder größere religiöse und kulturelle Zentren mit lokalem Bezug konzipiert, in denen neben Pfarrern und vornehmen Bürgern auch einfache Leute mitarbeiten und sich mit den jeweiligen Aufgaben identifizieren konnten.[73] Die Zentralleitung stand auch hier weiterhin anregend, fördernd und beratend zur Seite. Diese von Katharina ins Leben gerufene Institution blieb bis 1918 ein wichtiges Instrument der staatlichen Sozialpolitik im Königreich Württemberg.[74]

---

[69] Zit.n. Decker-Hauff, Königin, 13.

[70] Vgl. a.a.O., 14.

[71] Das nach der Königin benannte Katharinen-Hospital konnte im Jahr 1820 eingeweiht werden.

[72] Vgl. Decker-Hauff, Königin, 12.

[73] Dieses durch die Zentralleitung zusammengehaltene Netzwerk wohltätiger Einrichtungen war u. a. dafür verantwortlich, dass Johann Hinrich Wichern, als er 1849 Stuttgart besuchte, mit seinem Bestreben die christliche Liebestätigkeit, wie in den anderen deutschen Ländern, in einem Verband der „Inneren Mission" zusammen zu fassen, zunächst auf Hindernisse stieß. Wicherns Anregung fand dennoch ihre Verwirklichung durch die Entwicklung der Evangelischen Gesellschaft zu einem Mittelpunkt für die Werke der Inneren Mission. Dabei war Sixt Carl von Kapff sein wichtigster Vertreter in Süddeutschland.

[74] Als öffentlich rechtliche Körperschaft bestand die „Zentralleitung für Wohltätigkeit" nach 1918 weiter, wurde 1937 „Zentralleitung für das Stiftungs- und Anstaltswesen", 1956 Landeswohlfahrtswerk, 1972 durch Gesetz aufgehoben und zum Wohlfahrtswerk für Baden-Württemberg umgegründet.

INGE GROLLE

Amalie Sieveking (1794-1859)

Amalie Sieveking. Gemälde von Hans Heinrich Porth, 1841, Privatbesitz.

Johann Hinrich Wichern, der Gründer der Inneren Mission, würdigte sie im Nachruf als apostolische Frau und nannte sie „unsere hamburgische Tabea"[1]. Durch den Vergleich mit der Wohltäterin aus der Apostelgeschichte stellte er Leben und Werk Amalie Sievekings unter den Horizont urchristlicher Diakonie. Ihr selbst war noch ein anderer Aspekt weiblicher Liebestätigkeit wichtig gewesen: Als „glückliche alte Jungfer" wollte sie Vorbild und Beispiel für das sinnerfüllte Leben einer unverheirateten Frau sein. Beide Deutungsmuster sind zwei Seiten eines konsequenten sozialen Entwurfs. Handlungen und Entscheidungen von Amalie Sieveking orientierten sich an den christlichen Traditionswerten sowie an gesellschaftlichen Bedürfnissen ihrer Gegenwart. In diesem Kontext standen Persönlichkeit und Werk dieser außergewöhnlichen Frau.

1. Kindheit und Jugend

Die Familie Sieveking,[2] ursprünglich aus Westfalen stammend, hatte sich in Hamburg bereits einen guten Namen, Ansehen und Vermögen erworben, als Amalie am 25. Juli 1794 geboren wurde. Die Zugehörigkeit des Kaufmanns Heinrich Christian Sieveking zur städtischen Honoratiorenschicht wurde seinen Kindern als ein soziales Kapital in die Wiege gelegt. Aber diese Gunst der Geburt konnte den Verlust der Mutter nicht aufwiegen, die starb, als das kleine Malchen noch nicht fünf Jahre alt war. Eine junge Verwandte übernahm die

---

1 Emma Poel, Denkwürdigkeiten aus dem Leben von Amalie Sieveking, in deren Auftrage von einer Freundin verfaßt. Mit einem Vorwort von Dr. Wichern, Hamburg 1860, Einleitung, XII; Johann Hinrich Wichern, Nachruf für Amalie Sieveking, in: Fliegende Blätter der Rauhen Hauses, 1859, 127.

2 Großvater: Peter Nicolas Sieveking (1718-1763), Tuchmacher, heiratet 1750 Catharina Margaretha Büsch, Tochter eines Weinhändlers. Söhne: Georg Heinrich (1751-1799), verheiratet mit Johanna, Tochter des bedeutenden Aufklärers und Arztes Johann Albert Heinrich Reimarus; Heinrich Christian (1752-1809), Vater von Amalie, verheiratet mit Caroline Louise Volkmann, Tochter des Senators Diedrich Volkmann.

Betreuung der Kinder, um die sich der Vater, seit 1800 Senator, nicht viel kümmern konnte. Als einzige Tochter wuchs Malchen mit ihren Brüdern zusammen auf; zu gleichaltrigen Mädchen fand sie keinen freundschaftlichen Kontakt. Unterricht erhielt sie nicht wie die Brüder in einer öffentlichen Schule, sondern durch einen Kandidaten, den sie langweilig fand. Der materielle Wohlstand hielt äußere Sorgen von den Kindern fern, bis das Schicksal des seit 1806 von Franzosen besetzten Hamburg auch die Familie Sieveking traf. Die von Napoleon verhängte Kontinentalsperre führte zum Zusammenbruch vieler Firmen, so auch der von Heinrich Christian Sieveking. 1809 starb er, ohne Vermögen zu hinterlassen. Die Kinder wurden getrennt. Eduard, der Älteste, lebte bei einer Tante, absolvierte eine kaufmännische Ausbildung und gründete später eine eigene Firma in England. Gustav, nur ein Jahr jünger als Amalie und ganz besonders mit ihr verbunden, fand Aufnahme bei einer Pastorenfamilie. Amalie kam in Pension zu einer alten Dame. Zum Unterhalt empfing sie eine kleine Summe aus dem Fonds für verwaiste Senatorentöchter und musste durch Anfertigen und Verkauf von Handarbeiten hinzuverdienen. Durch die Arbeit habe sie sich nicht erniedrigt gefühlt, behauptete sie im Rückblick, aber diese Stickereien seien ihr als völlig nutzlos erschienen.

Als unnütz empfand sich das 15-jährige Mädchen auch selbst. Ihre Selbstzweifel vertraute sie dem „Denkbuch" an, das sie, einer Zeitmode entsprechend, gewissenhaft führte. In eindringlicher Selbstanalyse untersuchte sie jede Gefühlsregung, jeden Charakterzug, jedes Tun und Lassen. Sie stellte fest, dass ihr Verstand den Gefühlskräften überlegen sei, warf sich arroganten Stolz, Ehrgeiz und Herrschsucht vor, andererseits aber auch Trägheit und Träumerei. Unter dem Eindruck ihrer Konfirmation wandte sie sich an Gott als Richter und Berichtiger ihres Seelenlebens.[3]

1811 folgte Amalie ohne Begeisterung der Anfrage einer ferneren Verwandten, Anna Ilsabe Brunnemann, um sie bei der Betreuung ihres schwerkranken Sohnes zu unterstützen. Nachdem dieser gestorben war, blieb Amalie bei Frau Brunnemann. Diese ermunterte das junge Mädchen zum Verkehr mit Jugendlichen. Aber Amalie fand gesellschaftliche Vergnügungen trivial und hatte keinen Gefallen daran, im Vergleich mit Gleichaltrigen kam sie sich steif, alt und vertrocknet vor. Dem Tagebuch vertraute sie ihre geheime Sehnsucht an, einmal das schönste Ziel eines weiblichen Wesens zu erlangen: Ehefrau und Mutter zu sein. An Gelegenheiten habe es nicht gefehlt, beteuerte sie später, schweigt sich aber darüber aus, was die Erfüllung verhinderte – ihre ungraziöse, amusische Verstandesbetontheit oder die fehlende Mitgift?

Wie eindrucks- und begeisterungsfähig sie andererseits war, verrät ihre Ergriffenheit durch den Gesang der weißgekleideten Herrnhuter Frauen bei einem Besuch in Gnadau. Während der Befreiungskriege von 1813 teilte sie vaterländische Gefühle gegen die Franzosenherrschaft, plädierte für altdeutsche Sitte,

---

[3] Staatsarchiv Hamburg 622-1 Familienarchiv Sieveking III, VI Tagebücher; Vgl. Poel, Denkwürdigkeiten, 15-19.

Treue und Redlichkeit, trat dem Frauenverein bei, der für die Freiheitskämpfer Hemden nähte und Socken strickte und war stolz auf ihren Bruder, der aus England kam, um der Hanseatischen Legion beizutreten. Bei alledem sehnte sie sich nach einer ihre Kräfte herausfordernden Lebensaufgabe.

2. Lehrerin und Erzieherin

Dazu verhalf ihre pädagogische Begabung. Aus dem Unterrichten eines Nachbarkindes entstand eine kleine Privatschule, die Amalies Denkkraft und Fantasie vollkommen in Anspruch nahm. Für die Unterweisung von Gruppen unter zwölf Schülern brauchte die Lehrerin keinen Befähigungsnachweis, das heißt, dass sie Methodik und Stoffwahl eigenständig erarbeiten musste. Amalie Sieveking bereitete sich mit einem Eifer, der ihrer eigenen Weiterbildung zugute kam, auf die Schulstunden vor. So entstand im Laufe der Zeit ein genau durchdachtes Bildungssystem für Mädchen. Erzieherische Gesichtspunkte, ausgehend vom Liebesgebot, leiteten ihren Unterrichtsstil. Lebendig und lebensnah sollte das Lernen sein, den Kindern Freude machen und sie auf gute Gedanken hinlenken. Sie sollten nicht zur Gelehrsamkeit erzogen, sondern auf ihren künftigen Beruf als Gattin, Hausfrau und Mutter hin gebildet werden. Da die Schülerinnen einer sozial homogenen bürgerlichen Schicht angehörten, entsprachen Amalies Erziehungsprinzipien dem gehobenen Lebensstil. Jedoch beteiligte sich die junge Lehrerin 1815 auch an der Gründung und am Unterricht einer Freischule für ärmere Mädchen, die sonst gar keinen Schulunterricht erhalten hätten. Amalie Sieveking hat ihr ganzes Leben hindurch Schulkurse durchgeführt und sogar, was ganz neu war, die schulentlassenen Mädchen nach der Konfirmation weiter zu Gesprächen um sich versammelt. Auch ihre spätere Armenfürsorge war stark pädagogisch motiviert. Lernen und Lehren als Lebensgesetz entsprang ihrem eisernen Willen zur Selbstdisziplin, und dieser wiederum war religiös motiviert.

3. Der Weg zum Glauben

Der Lebensstil in der Familie und den Kreisen, in denen Amalie verkehrte, war von einem rational moralisierenden Christentum bestimmt, das ihre religiösen Bedürfnisse nicht befriedigte. Kritik am kirchlichen Rationalismus und Anregung zu eigener Bibellektüre begegneten ihr im Umfeld der 1814 in Hamburg gegründeten Bibelgesellschaft und im Anschluss an die Erweckungsbewegung. Ein genau datierbares Erweckungserlebnis konnte sie jedoch nicht vorweisen. Vielmehr durchlebte sie einen von Zweifeln, Unsicherheiten und Rückschlägen begleiteten inneren Prozess. Ihr scharfer Verstand wehrte sich gegen mystifizierende Gefühligkeit. Gegen Ende ihres Lebens fand sie für die Dialektik ihrer persönlichen Religiosität eine Formel, indem sie sich „rationalistische Mystikerin“[4] nannte.

Ihr Bruder Gustav, der seit 1815 in Leipzig Theologie studierte, beantwortete ihre Glaubensfragen und brachte ihr die Gedanken erweckter Theologen nahe. Seinen plötzlichen Tod im Frühjahr 1817 nahm Amalie als Wendepunkt ihres inneren Lebens wahr. Der äußerst schmerzliche Verlust sollte ihr „Heiligungsgeschäft“[5] fördern. Gespräche mit Gustavs Studienfreund Johann Wilhelm Rautenberg führten sie zu tieferen heilsgeschichtlichen Erkenntnissen.[6] Sie vertiefte sich in die „Nachfolge Christi“ des Thomas von Kempen und in August Hermann Franckes Anleitung zum Bibellesen und orientierte sich an Theologen wie dem Hamburger August Neander, Gottfried Menken aus Bremen, Friedrich August Tholuck aus Halle, dessen lateinische Zitate der Kirchenväter sie sich von dem jungen Wichern übersetzen ließ.

Äußerlich war ihr Leben wie bisher vom Schulunterricht ausgefüllt. Hinzu kam die ihr übertragene Verantwortung für ein Pflegekind und die Betreuung von Frau Brunnemann während einer langen Krankheit. Nach schwerer Liebesenttäuschung verabschiedete Amalie Sieveking ihre Träume von dem gewöhnlichen Glück. Darüber schreibt sie: „Ist nicht Christo anzugehören das Höchste und Beste, das ein Mensch erstreben kann, und mag irgend ein äußeres Verhältniß ihn daran hindern? Ja, ich glaube es deutlich zu fühlen, daß mir nach meiner ganzen Eigenthümlichkeit und Stellung in der Welt der ledige Stand eben in jenem Hauptgeschäfte sehr förderlich ist.“[7] Es wurde ihr bewusst, dass sie als Frau für sich selbst einstehen und ihren eigenen Weg finden musste.

4. Die Schriftstellerin

Darf eine Frau sich anmaßen, selbstverfasste Texte drucken zu lassen? Das war zu ihrer Zeit ungewöhnlich, ja unerhört. Amalie Sieveking kämpfte mit Skrupeln, sie versicherte sich selbst und anderen, dass „nicht stolzer Eigenwille“ sie dazu getrieben habe, sondern dass sie der Stimme Gottes folge. 1823 erschienen die „Betrachtungen über einzelne Abschnitte der heiligen Schrift“, bestimmt zur Erbauung für „Anfänger im Glauben“,[8] hervorgegangen aus Amalies Vorbereitungsmanuskripten für die Gespräche mit den konfirmierten Mädchen. Die Autorin erhebt keinen Anspruch auf theologische Gelehrsamkeit. Die Auswahl der Texte folgt keinem erkennbaren System, die Reflexionen beziehen sich auf

---

4 Amalie Sieveking, Unterhaltungen über einzelne Abschnitte der Heiligen Schrift, Leipzig 1855, Einleitung, VI.

5 Aus dem Tagebuch, September 1820, zit.n. Poel, Denkwürdigkeiten, 90; über den Tod Gustavs, dies., 54-60.

6 A.a.O., 85.

7 Aus dem ausführlichen Brief an ihre einstige Erzieherin, jetzt Freundin Mine Hösch vom 4. Dezember 1822.

8 Aus dem Brief Amalie Sievekings an ihren Bruder Eduard vom 21. März 1823. Zit.n. Poel, Denkwürdigkeiten, 116-118.

Fragen des täglichen Lebens, die Beispiele sind oft eigenen Erfahrungen entnommen. Unmerklich gehen die Betrachtungen in Gebetform über und nehmen den Charakter einer Erweckungs-Andacht an. Gleicher Methode folgen die 1827 veröffentlichten „Beschäftigungen mit der heiligen Schrift". Außer der Zustimmung von Gleichgesinnten erfuhr die Schriftstellerin auch herbe Kritik. Einige Eltern wollten ihre Kinder nicht länger dieser mystischen Schwärmerin anvertrauen. Und an der Spitze der Frommen empörte sich Professor Ernst Wilhelm Hengstenberg,[9] Gründer der „Evangelischen Kirchenzeitung" über die ungebührliche Selbstherrlichkeit einer Frau, geistliche Texte zu veröffentlichen. Die Verteidigung der Autorin würdigte er keiner Antwort. Amalie Sieveking ließ sich nicht beirren. Zeitlebens gab sie ihren Tätigkeiten auch schriftlichen Niederschlag. Die ausführlichen Jahresberichte ihres Vereins fanden weite Verbreitung und sind noch heute eine wichtige Quelle über die sozialen Verhältnisse in der ersten Hälfte des 19. Jahrhunderts und die Anfänge der protestantischen Diakonie.

5. Eine barmherzige Schwesternschaft

Während der Tageslauf von Amalie Sieveking lückenlos ausgefüllt war, bewegte sie jahrelang der Gedanke, eine protestantische Schwesternschaft nach dem Vorbild katholischer barmherziger Schwesternorden zu gründen. Der Bedarf an sozialer Wohltätigkeit lag in der Großstadt mit ihren wachsenden Elendsvierteln offen zu Tage. Weil sich Amalie für ihr karitatives Vorhaben noch nicht charakterlich geläutert und glaubensfest fühlte,[10] behielt sie es zunächst für sich, entwarf aber schon eine detaillierte Regel für die beabsichtigte Schwesternschaft. Der „Liebesverein" sollte nicht von der Welt abgeschieden, die Teilnehmerinnen nicht durch ein Gelübde gebunden werden, sondern sich in praktischer Liebestätigkeit, fest gegründet im christlichen Glauben, armen und bedrängten Mitmenschen zuwenden. Das gemeinsame Tun würde das Los unverheirateter Frauen ändern, das in der Gegenwart so aussah: „...gehemmt von allen Seiten durch Beschränkung der Vermögensumstände, durch Abhängigkeit von fremdem Willen ... durch das Urteil der Welt, durch tausend lästige Convenienzen ... In tausend Fällen dürfen wir Unverheirateten das Gute nicht tun, wozu unser Herz uns treibt, weil das Ansehen eines entschiedenen, geheiligten, auch von der Welt anerkannten Berufes fehlt." Einen dreifachen Wirkungskreis sieht Amalie Sieveking für sie vor: „Das Evangelium wollen wir tragen in die Hütten der Armen, ... an Krankenlagern wollen wir verkünden das Wort ewigen

---

[9] Ernst Wilhelm Hengstenberg (1802-1869) war Vertreter der ultrakonservativen pietistischen Richtung in Preußen. Theologische Schriften einer Frau waren nach seiner Auffassung vom Evangelium nicht erlaubt. Vgl. Poel, Denkwürdigkeiten, 155.

[10] Brief an Eduard und Louise betreffend die Gründung einer barmherzigen Schwesterschaft, Oktober 1823. In: Silke Wierk, Das Frauenbild und die Initiativen der Amalie Sieveking, Theologische Examensarbeit der Universität Hamburg, II, Mach. Schr., 1993, 14-28.

Lebens ... in das Herz der Kindlein wollen wir legen das Senfkörnlein des Glaubens."[11] Der Entwurf verspricht wechselseitige Wohltätigkeit: Einerseits finden die Schwestern Lebenserfüllung. Andererseits erfahren bedürftige Menschen Rettung aus materiellen und seelischen Nöten. Amalie Sieveking besprach das Konzept mit verschiedenen Geistlichen und empfing Ermutigung von ihnen. Aber sieben Jahre lang wartete sie auf den „Wink von oben". Er kam durch eine aktuelle Notlage, die Cholera-Epidemie von 1831.

6. Im Cholerahospital

Die Seuche verbreitete sich rasch in den beengten, unhygienischen Wohnvierteln der Armen. Als Amalie Sievekings Aufruf im „Bergedorfer Boten",[12] sich zur Pflege der Erkrankten im Cholera-Hospital zu melden, ohne Antwort blieb, entschloss sie sich gegen den Willen von Freunden und Verwandten, den Dienst dort alleine anzutreten. Anfänglich befürchteten die rational gesinnten Ärzte mehr Behinderung als Hilfe von einer erweckten missionierenden Dame, revidierten aber bald dieses Vorurteil. Ohne Angst vor Ansteckung verrichtete Amalie Sieveking alle anfallenden Arbeiten, leitete die pflegerisch ungebildeten Frauen an und übernahm die Aufsicht auch über die männlichen Wärter. Mit Gespür für den körperlichen und moralischen Zustand der Kranken gewann sie Einblick in die Mentalität von Menschen aus der Armutsschicht. Ernüchtert stellte sie fest: „Im Ganzen freilich ist die Erweiterung der Menschenkenntnis, die man im Cholera-Hospital erlangt, nicht von der angenehmsten Art; indessen hat es, denke ich, auch seinen großen Nutzen, die Menschen auch einmal von ihrer Schattenseite kennenzulernen."[13] Noch während ihrer Tätigkeit im Spital verfasste sie den Entwurf eines „Weiblichen Vereins für Armen- und Krankenpflege" und konnte auch die Ärzte von dem Plan überzeugen.

7. Der weibliche Verein für Armen- und Krankenpflege

Nach dem Ende der Epidemie war die Idee der barmherzigen Schwesternschaft nicht aufgegeben, aber die aktuelle Situation verlangte einen modifizierten Plan. Sievekings Entwurf betraf die Stiftung eines Vereins von Frauen und jungen Mädchen, die einen Teil ihrer Zeit Armen und Kranken widmen sollten. Sie dachte an eine sozial gemischte Zusammensetzung der Mitglieder, die zur „Verschmelzung der Klassen" beitragen könnte. Die Vereinigung sollte den Charakter eines weiblichen Besuchsvereins haben. Für ihren Plan fand Amalie

---

[11] Poel, Denkwürdigkeiten, 130-131.

[12] „An christliche Seelen". Erschienen als Beilage zum „Bergedorfer Boten" Nr. 37 vom 10.September 1831; abgedruckt bei Martin Hennig, Quellenbuch zur Geschichte der Inneren Mission, 165-169.

[13] Zu Amalie Sievekings Aufenthalt im Cholerahospital vgl. Poel, Denkwürdigkeiten, 176-203,:198.

Sieveking die volle Zustimmung des Gründers der Allgemeinen Armenanstalt.[14] Von Seiten der Bürgerinnen gab es jedoch erhebliche Schwierigkeiten. Außerhäusliche Tätigkeit von Frauen war nicht standesgemäß, außerdem galt Amalie Sieveking als religiöse Exzentrikerin. Das veranlasste sie, auf die öffentliche Begründung ihrer missionarischen Motivation zu verzichten.

Zu Beginn war es nur ein kleiner Kreis von sechs verheirateten und sieben ledigen Frauen, die sich am 23. Mai 1832 im Hause der Frau Brunnemann zur Vereinsgründung versammelten. Die Verantwortung für das Unternehmen trug Amalie allein. Sie entschied, dass die zu Betreuenden nur der „besseren Klasse" der Armen angehören sollten. Denn obwohl die „moralisch Versunkenen" der Hilfe am meisten bedürften, würde die Zuwendung zu ihnen die Kräfte des privaten weiblichen Vereins überfordern. Die Klassifizierung in „verschuldete" und „unverschuldete" Arme übernahm Sieveking von der Allgemeinen Armenanstalt, als deren subsidiäres Organ der Verein wirken sollte. Dem entsprach auch die Beschränkung auf Familien, in denen ein Mitglied durch Krankheit erwerbsunfähig geworden war und die genaue Prüfung, ob etwa schon eine ausreichende Unterstützung durch die Armenanstalt vorlag.

Die besuchenden Damen sollten keine Almosen verteilen, sondern notieren, was in einer Familie am dringendsten benötigt wurde und dementsprechend Betten, Kleidung, Hausgerät oder Nahrungsmittel beschaffen. Amalie Sieveking betonte, wie wichtig der Kontakt mit den Armen in ihrer eigenen Umgebung sei. Damit wollte sie deren Sozialneid vorbeugen, aber auch die luxusgewohnten Mitglieder darauf hinweisen, dass materieller Wohlstand den Weg zu geistlicher Erkenntnis verstellen könne.[15]

Bereits ein Jahr nach seinem Bestehen erhielt der Verein feste Statuten, die zum Muster für alle Nachfolgevereine wurden.[16] Die Organisation der sozialen Arbeit konzentrierte sich auf die Person der Vorsteherin. Laut Statuten sollte sie jedes Jahr neu gewählt werden. Allerdings fiel die Wahl bis an ihr Lebensende auf Amalie Sieveking. Als die Mitgliederzahl wuchs, musste sie Aufgaben delegieren und zwei Nebenvorsteherinnen ernennen. Sie selbst behielt jedoch die Übersicht und Kontrolle über das Ganze. Den Gedanken an eine männliche Führung des Vereins lehnte sie ab, erst später nahm sie die Wirtschaftsprüfung durch zwei erfahrene Männer in Anspruch.

---

[14] Caspar Voght (1752-1839) Kaufmann, Sozialreformer. Zu seinem Urteil über Sievekings Verein vgl. Poel, Denkwürdigkeiten, 215. Ihr Briefwechsel mit Voght in: StAH Familienarchiv Sieveking III, I B 562-572.

[15] Ansprache Sievekings bei der Gründung, abgedruckt im 10. Bericht über die Leistungen des weiblichen Vereins für Armen- und Krankenpflege, den Freunden und Beförderern dieser Institution hochachtungsvoll gewidmet, Hamburg 1842.

[16] Erster Entwurf der Statuten veröffentlicht von Elisabeth Haupt, Amalie Sieveking als Gründerin des weiblichen Vereins für Armen- und Krankenpflege in Hamburg, Berlin 1933, 59-62.

Im Hamburger Publikum wuchs die Anerkennung des Frauenvereins, Spenden flossen reichlich. Aber gingen die der Privatwohltätigkeit zufließenden Gelder nicht der öffentlichen Armenfürsorge verloren? Um diese Befürchtung zu zerstreuen, betonte Amalie Sieveking die ergänzende Funktion ihres Vereins, der die im zentralen System unvermeidlicherweise entstehenden Lücken „individualisierend“ ausfüllen wolle. Individualisierung – ein Begriff, den auch Wichern auf die Erziehung verwahrloster Kinder im Rauhen Haus anwandte – bedeutet Betreuung im Einzelfall. Sieveking legte Nachdruck darauf, dass somit erzieherisches Einwirken durch Kontrolle über den Lebenswandel der betreuten Familien möglich war. Subsistenzsicherung gehe ins Leere, meinte sie, wenn nicht zugleich der sittliche Zustand der Armen verbessert werde. Diesen beurteilte sie nach bürgerlichen Wertmaßstäben wie Fleiß, Ehrlichkeit, Ordnung, Sparsamkeit, Mäßigkeit. Wilde Ehen, uneheliche Kinder und familiäre Zerrüttung beurteilte sie nicht vor dem Hintergrund der beengten Existenzbedingungen unterbürgerlicher Schichten, sondern erklärte sie schlechthin als Sünde. In der Auffassung über den vormundschaftlichen Charakter der Armenpflege stimmte Amalie Sieveking mit der öffentlichen Meinung überein; strukturverändernde Absichten hatte sie nicht. Dennoch lehnte das Armenkollegium ihren Antrag ab, den weiblichen Verein enger an die Allgemeine Armenanstalt anzubinden. Es ist nicht ersichtlich, ob generell Frauen in öffentlicher Funktion oder ob religiös Erweckte unerwünscht waren.

8. Unterstützung, Arbeit und Selbsthilfe

Zu einem Schwerpunkt des Vereins wurden Arbeitsbeschaffung und Stellenvermittlung für Familien, in denen der Erwerb eines erkrankten Mitglieds ersetzt werden musste.[17] Ein Arbeitsangebot war zugleich Prüfstein für die Arbeitswilligkeit. Wurde eine nachgewiesene Stelle ausgeschlagen, entzog der Verein seine Unterstützung. Gelegenheitsarbeiten in Bürgerhäusern ergaben sich durch die Beziehungen der Vereinsmitglieder, aber auch unter den betreuten Familien fiel Arbeit an. Nach dem Prinzip „Arme arbeiten für Arme“ entstand ein vom Verein gesteuertes Netzwerk gegenseitiger Hilfe. Intensiv befasste sich Amalie Sieveking mit Beschäftigungspolitik, vor allem mit der in der Frühzeit der Industrialisierung heiß diskutierten Frage der Löhne. In ihrem Bereich achtete sie auf gerechte Entsprechung von Lohn und Arbeitsleistung. Sie prangerte die Niedriglöhne für Arbeiter und Arbeiterinnen in den Fabriken reicher Herren an. Allerdings räumte sie ein, dass die Unternehmer durch Investitionen, Rücklagen und Konkurrenz unter Druck standen.

Damit die Armen nicht ausgebeutet würden, meinte Sieveking, müssten sie sich ihrer eigenen Würde bewusst werden und soweit möglich Selbsthilfe entwi-

---

[17] Vgl. 19. Bericht, 1851; Ausführlich zu Arbeitsweise, Leistungen und Mentalität des weiblichen Vereins zur Armen- und Krankenpflege vgl. Haupt, Gründerin; Stephen Pielhoff, Paternalismus und Stadtarmut. Armutswahrnehmung im Hamburger Bürgertum 1830-1914, Hamburg 1999, 224-292.

ckeln. Hier setzte sie wieder erzieherisch an, indem der Verein Sparprämien vergab, auf die Auslösung verpfändeter Sachen drängte und auf pünktliche Rückzahlung von Vereinsdarlehen achtete. Die negative Seite solcher Praktiken war, dass sich manche Vereinsarme der damit verbundenen ständigen Überwachung durch Täuschungsmanöver entzogen.

9. Entscheidung für den Hamburger Verein

Über der intensiven Arbeit für den weiblichen Verein für Armen- und Krankenpflege hatte Amalie Sieveking die Idee einer barmherzigen Schwesternschaft nicht aufgegeben. Sie zu verwirklichen, boten sich ihr verschiedene Möglichkeiten. 1837 fragte Pastor Theodor Fliedner aus Kaiserswerth an, ob sie die Leitung der dort von ihm gegründeten Diakonissenanstalt übernehmen wolle.[18] Die Absage fiel ihr nicht leicht. Der Hamburger Verein war ihr eigenes Werk, das sie nicht aufgeben wollte. Einen anderen Grund vertraute sie ihrem Bruder Eduard an: „Namentlich bin ich auch in meinem religiösen Leben an eine gewisse selbständige Entwicklung gewöhnt und würde mich durch die von anderen vorgeschriebenen Formen gar zu leicht beengt fühlen."[19] Auch spätere Anfragen, die sie ihrem Ideal einer Schwesternschaft näher gebracht hätten, schlug sie zugunsten ihrer Hamburger Wirksamkeit aus.[20]

10. Verbreitung und Erweiterung der diakonischen Arbeit

Bereits 1835 hatten sich ähnliche Frauenvereine in St. Georg und in Altona gebildet. Innerhalb von zehn Jahren entstanden diakonische Frauenvereine nach gleichem Muster in vielen anderen Städten des In- und Auslandes.[21] An Amalie Sieveking ergingen Anfragen über Organisation und Verfahrensweisen. Auf Vortragsreisen erläuterte sie Entstehen und Ziele ihres Vereins. Die von ihr verfassten Jahresberichte wurden weit verbreitet.

Amalie Sieveking achtete darauf, ihre eigene Arbeit nur der ursprünglichen Zweckbestimmung des Vereins entsprechend zu erweitern. Die Mitglieder waren bei ihren Besuchen in den Armenvierteln täglich mit der verheerenden Wohnungsnot konfrontiert. Um wenigstens einige Familien dieser Enge zu entziehen, plante Amalie die Gründung eines Wohnstifts. Das Geldgeschenk eines

---

[18] Vgl. Poel, Denkwürdigkeiten, 238-240; Brief Amalie Sievekings an Mine Hösch, 13. August 1827. Darin deutet sie an, später vielleicht selbst einmal eine solche Anstalt in ihrer Vaterstadt gründen zu wollen.

[19] StAH Familienarchiv Sieveking III, IA 2/22, Brief an Eduard Sieveking vom 2.12.1836; vgl. ebd. IA 2/23, Briefe an Fliedner.

[20] Die Anfragen betrafen: Oberaufsicht im weiblichen Flügel des Allg. Krankenhauses Hamburg, Vorsteherin der Diakonissenanstalt Berlin, Leitung des Berliner Krankenhauses Bethanien.

[21] Lübeck, Ratzeburg, Stade, Bremen, Celle, Hannover, Bonn, Potsdam, Jülich, Wernigerode, Weimar, Gotha, Osnabrück, Göttingen, Stuttgart, Frankfurt a.M., Bern, St. Gallen, Zürich, London, Paris, Rotterdam, Danzig, Reval.

anonymen Spenders ermöglichte den Bau des ersten Amalienstifts.[22] Zwei weitere Wohnstifte und ein Kinderhospital kamen nach dem Großen Brand von 1842 hinzu. Aufgenommen wurden arme Familien, die sich durch Wohlverhalten ausgezeichnet hatten. Die „kleine Armenkolonie", die „Perle des Vereins", sollte vor der Öffentlichkeit ein Vorzeigemodell für die Lebensweise bürgerlich assimilierter, in christlicher Hausgemeinschaft lebender Armer sein.[23] Die Kontrolle durch Vereinsmitglieder ergab freilich nicht immer ein harmonisches Bild.

11. Revolution oder Reform?

Obwohl Amalie Sieveking immer wieder versicherte, die Politik wolle sie Männern überlassen, war ihre diakonische Arbeit auf einer entschieden sozialpolitisch-religiösen Überzeugung von der gottgewollten Gesellschaftsordnung gegründet. An der Standesbestimmung von Armen und Reichen zu rütteln, hielt sie für menschliche Überheblichkeit. Soziale Missstände mussten ihrer Meinung nach durch Reformen innerhalb des bestehenden Systems verbessert werden. Deshalb nahm sie mit wachsender Sorge wahr, wie sich in den 40er Jahren, dem sogenannten Vormärz, eine gegen die Autoritäten in Staat und Kirche gerichtete Missstimmung verbreitete. Theorien und Parolen von der Gleichheit aller Menschen fielen auch bei den unteren Volksschichten auf fruchtbaren Boden und erregten Unruhe. Religiös-politische Bewegungen führten zu Kirchenaustritten und zur Gründung demokratisch verfasster freikirchlicher Gemeinden. Von der Demokratie, dieser „Thyrannei des ganzen Volkes"[24] sah sie ihr Werk der Armenfürsorge bedroht. Wie konnte der soziale Friede bewahrt werden, so argumentierte sie, wenn die Unterschichten auf die Ungleichheit der gesellschaftlichen Stände hingewiesen und dadurch herausgefordert wurden zur Auflehnung gegen ihr Schicksal, das ihnen doch von Gott zugemessen war? Im Jahresbericht von 1849 klagte sie: „Was dürfen wir hoffen von unserer moralischen und religiösen Einwirkung auf die unteren Volksklassen, da von anderer Seite ihr so entschieden entgegengearbeitet, da Alles aufgeboten wird, unter ihnen das Gift des Unglaubens und den Zunder der Empörung zu verbreiten?"[25]

Sievekings Befürchtung war aus ihrer Sicht nicht unbegründet, denn die „freisinnigen" Frauen durchkreuzten mit ihren diesseitig und human motivierten Aktivitäten das Feld, das sie als Acker der religiösen Reform und Inneren Mission betrachtete. An die mit ihr befreundete Königin von Dänemark schrieb sie: „Denken Sie nur, daß hier in Hamburg unserm weiblichen Verein gegenüber

---

22 Einweihung am 15. November 1840 mit Rede Amalie Sievekings. Vgl. Haupt, Gründerin, 42; In dem noch erhaltenen Amalienstift befindet sich heute die Verwaltung der Stiftung.

23 Zu der von den Bewohnern erwarteten Haltung vgl.: Sendschreiben der Vorsteherin des weiblichen Vereins für Armen- und Krankenpflege an ihre Freunde unter den Armen, 13. Bericht; Sonderdruck, Hamburg 1845; Zweites Sendschreiben des weiblichen Vereins für Armen- und Krankenpflege, 16. Bericht, 1848; Sonderdruck, Hamburg 1848.

24 17. Jahresbericht von 1849, Rede gehalten in Berlin am 25.April 1849, 66.

25 A.a.O., 33.

sich ein anderer gebildet hat, der es sich zur Aufgabe gestellt, die Leute in der Aufklärung so weit zu bringen, daß sie alle geoffenbarte Religion als Aberglaube verlachen lernen, indem sie ihnen als Gewinn vorhalten, dass man bei ihnen nicht zu beten brauche, die sich sogar nicht scheuen, ihnen den Glauben an eine vergeltende Zukunft, ja überhaupt eine Fortdauer nach dem Tode als ein von den Reichen ausgesponnenes Hirngespinst darzustellen."[26]. Diesen konfessionslosen und egalitären „Verein zur Unterstützung der Armenpflege" hatte 1849 Charlotte Paulsen gegründet, nachdem einige Jahre ihre Mitarbeit im Sievekingschen Verein wegen ihrer freien Religionsauffassung abgelehnt worden war. In Organisation und Arbeitsweise war der neue Verein eine Kopie des Sievekingschen und kam bald an Mitgliederzahl diesem gleich. Wie die karitative Arbeit der Freisinnigen beurteilte Sieveking auch deren Bildungsstreben in der 1850 gegründeten „Hochschule für das weibliche Geschlecht" als unchristlichen Irrweg. Indes wurden diese revolutionären Fraueninitiativen sehr bald Opfer der politischen Reaktion.

12. Ausbau und Vermächtnis der offenen weiblichen Diakonie

Mit dem Sieg der konservativen Richtung waren manche Hindernisse für Amalie Sievekings Mission beseitigt. Allgemein geachtet und geehrt fand sie ihr Lebenswerk bestätigt. Einen Reizbegriff der Zeit aufgreifend, stellte sie öffentlich der auf menschliche Selbstbestimmung pochenden weiblichen Emanzipation die „Emanzipation der Frau im christlichen Sinne" gegenüber. Wahre weibliche Emanzipation sei die im Liebesberuf erfahrene Sinnstiftung.[27]

Wie schwierig die Verbindung von freier Liebestätigkeit und familiären Hausfrauenpflichten war, hatte sie im Umgang mit ihren Vereinsmitgliedern erfahren. Nicht selten war deren Beteiligung an der Armenfürsorge mitbestimmt durch die dadurch erworbene Reputation, weshalb sie um die angesehensten Aufgaben konkurrierten. Auch kritisierte die Leiterin fehlende Eigenständigkeit bei gemeinsamen Entscheidungen. Um der christlichen Armenpflegerin ein unverwechselbares Profil zu geben, präzisierte sie deren auf die bürgerliche Frau zugeschnittenen Charakter:[28] Sie soll ihre Zeit vernünftig einteilen, auf Luxus verzichten, aber dennoch standesgemäß auftreten. Im Umgang mit den Armen soll sie das Äußere „in Zusammenhang mit der sittlichen Natur des Menschen" sehen, nach der „Quelle des Übels" forschen und in aller Erdennot, ob mehr oder weniger verschuldet, ein „Erziehungsmittel des weisesten Erziehers" er-

[26] Mitgeteilt bei Haupt, Gründerin, 84.

[27] 18. Jahresbericht von 1849/50; Vortrag, gehalten in Berlin den 25. April 1849, Sonderdruck, Hamburg 1850.

[28] Vgl. Instruktionen für die Mitglieder des weiblichen Vereins für Armen- und Krankenpflege, 9. Jahresbericht 1840. Sonderdruck, Hamburg 1848; Vgl. Die Armenpflegerin. Eine Unterweisung für Frauen und Jungfrauen, welche in der Armenpflege tätig sind. Nach den Aufzeichnungen von Amalie Sieveking. Schriften der Frauenhilfe I, Potsdam o.J.

kennen. Im „Vermächtnis für meine jungen Freundinnen“[29] fasste Sieveking die Grundideen über den weiblichen Liebesberuf noch einmal zusammen.

1854 eröffnete sie ihren 6. Schulkursus. Von einem Besuch bei den Geschwistern in England kam sie im Herbst 1855 erschöpft durch die Anzeichen eines Lungenleidens zurück. Am 27. Mai 1857 feierte sie das 25jährige Jubiläum des jetzt 80 Mitglieder zählenden Vereins mit einer Ansprache, in der sie der Überzeugung Ausdruck gab, ihr im festen Glauben an Christus gegründetes Werk werde fortleben. Seit dem 1. November 1858 konnte sie ihre Wohnung nicht mehr verlassen und bereitete sich auf den Abschied vor. Am 7. Januar legte sie den bei ihr versammelten Damen des Vereins den klar durchdachten Plan für die Fortführung in fünf Sektionen vor. Auch ihren Unterricht konnte sie nach ihrem Wunsch ordnen. Als sie alles abgeschlossen hatte, wartete sie geduldig auf den Tod. Amalia Sieveking starb am 1. April 1859. Weil sie den Armen zeigen wollte, dass es für Tote keines irdischen Aufwands bedarf, wurde sie in einem Armensarg bestattet.

Amalie Sievekings Herzenswunsch, einen barmherzigen Schwesternorden zu gründen, hat sich nicht erfüllt. Stattdessen schuf sie das weiter bestehende Werk einer offen in die Gemeinde hinein wirkenden weiblichen Diakonie.

Nach dem Tode der Gründerin setzte der „Weibliche (Sieveking’sche) Verein für Armen- und Krankenpflege“ seine Arbeit in deren Sinne fort. Die Hausbesuche hörten erst auf, als 1922 der Sozialbereich in staatliche Regie überging. Die Vereinsarbeit konzentrierte sich nun auf die Stiftswohnungen. Den Nationalsozialismus überstand der Verein ohne gleichgeschaltet zu werden. Der Wiederaufbau der durch Bombenangriffe im Zweiten Weltkrieg zerstörten Häuser geschah mittels Spenden des Evangelischen Hilfswerks und der Amerikaner. Noch heute beherbergt die Einrichtung bedürftige Menschen laut Satzung „im Sinne der Gründerin Amalie Sieveking“.

---

[29] Sonderdruck, Dresden 1856.

K. EBERHARD OEHLER

Erzherzogin Maria Dorothea geborene Herzogin von Württemberg (1797-1855)

Maria Dorothea. Gemälde von Emma Tomaschek, Pfarrhaus Ofen.

Die evangelische Erzherzogin Maria Dorothea,[1] eine geborene Württembergische Prinzessin, findet – nach unruhigen Kinder- und Jugendjahren – im fernen Ungarn ihren Ruhepunkt, ihre eigentliche Heimat. Dort sieht sie die Not der Armen, Kranken und Unterdrückten. In christlicher Verantwortung versucht sie, diese mit allen ihr zur Verfügung stehenden Mitteln zu lindern.

1. Biographie

a. Kindheit und Familie

Maria Dorotheas Vater Herzog Ludwig von Württemberg (1756-1847), genannt Louis, war der Zweite von zwölf Geschwistern. Sein älterer Bruder wurde später der erste König von Württemberg.

Die Mutter, Henriette, Prinzessin von Nassau-Weilburg (1780-1857), entstammte einem sehr musischen Elternhaus. Sie hatte schon als Kind beide Eltern verloren. Später – vor allem nach Herzog Louis Tod in Kirchheim unter Teck – hat Henriette sich auf vielen diakonischen Gebieten betätigt. Sie wurde zur Wohltäterin „ihres" Kirchheim: Als Präsidentin des Kirchheimer Wohltätigkeitsvereins sorgte sie dafür, dass in und um Kirchheim 22 „Industrieschulen" eingerichtet wurden. Sie gab den Grundstock für die Kirchheimer Kleinkinderschule, setzte sich für die Gründung der Kirchheimer „Paulinenpflege" für arme und verwahrloste Kinder ein, gab Impulse für das Kirchheimer Wilhelmspital und gab ebenso Anstöße zur Gründung der dortigen Ortskranken-

[1] K. Eberhard Oehler, Maria Dorothea von Württemberg. Ein Leben für Ungarn. Stuttgart 2003; K. Eberhard Oehler, „Maria Dorothea. Prinzessin von Württemberg und Wohltäterin Ungarns", in: Lebensbilder aus Baden-Württemberg 19, hg.v. Gerhard Taddey/Joachim Fischer, Stuttgart 1998, 235-268. In beiden Veröffentlichungen sind persönliche Daten von Maria Dorothea und ihren Angehörigen. Dort sind auch die wichtigsten Literaturstellen angegeben.

kasse und der privaten Feuerwehr. Ihr Einsatz für das Frauenstift wurde durch die Namensgebung „Henriettenstift“ gewürdigt. Sie gründete auch eine Töchterschule.[2]

Herzogin Henriette ist in Kirchheim bis heute unvergessen. Für Maria Dorothea wurden die Aktivitäten ihrer Mutter wegweisend, als sie später in Ungarn ähnliche Werke einrichtete.

Am 28. Januar 1797 heirateten Herzog Louis und Prinzessin Henriette im Schloss Eremitage in Bayreuth. Henriette war erst 17 Jahre alt. Nach der Hochzeit hielt sich das Paar in Oberschlesien im damals württembergischen Carlsruhe (polnisch Pokój) auf. Dort wurde Maria Dorothea am 1. November 1797 geboren.

Als Offizier in preußischem, polnischem und russischem Dienst zog Herzog Louis – und mit ihm die größer werdende Familie – durch halb Europa. Daher hatte Maria Dorothea eine unruhige Kindheit.

1798 erwarb Herzog Ludwig Schloss Wallisfurth bei Glaz. Dort kam 1799 Maria Dorotheas Schwester Amalie zur Welt, die spätere Erbprinzessin von Sachsen-Altenburg. Auch sie hat sich später diakonisch betätigt. 1819 gründete sie eine Industrieschule, um Kinder armer Eltern an Häuslichkeit und nützliche Arbeit zu gewöhnen. 1820 wurde sie Gründerin eines Frauenvereins und einige Zeit später initiierte sie Kleinkinderheime.[3]

Im Jahr 1800 wurde Herzog Louis Gouverneur von Riga. Dort wurde Pauline geboren, die spätere Königin von Württemberg. Ihr Name lebt bis heute weiter in der von ihr gestifteten Stuttgarter Paulinenpflege, einer Anstalt für arme, verwaiste, verwahrloste Kinder.[4]

1804 erhielt Louis das Gut Würzau in Kurland. Dort wurde eine weitere Schwester Maria Dorotheas, Elisabeth, die spätere Markgräfin von Baden, geboren, von der berichtet ist: „Wo immer sie konnte, zeigte sie sich wohltätig gegen Arme, Kranke und Notleidende.“[5]

b. Jugend in Württemberg

Friedrich, der ältere Bruder von Maria Dorotheas Vater, wurde 1797 regierender Herzog von Württemberg, 1803 Kurfürst und 1806 erster König von Württemberg. Er übertrug 1807 Herzog Louis das Kommando über seine „Garde und Haustruppen“, sein „Maison du roi“. So zog die Familie nach Württemberg, im Winter nach Stuttgart, im Sommer in die „Sommerresidenz“

---

[2] Rolf Scheffbuch, Henriette, Herzogin von Württemberg, geb. Prinzessin von Nassau-Weilburg, in: Rolf Scheffbuch, Lebensbilder württembergischer Frauen. Nach Gott dürsten, Holzgerlingen 1997, 30 f.

[3] Wolfgang Kress, Amalie, in: Das Haus Württemberg. Ein biographisches Lexikon. Stuttgart 1997, 349.

[4] Otto-Heinrich Elias, Pauline Therese Luise, in: A.a.O., 311.

[5] Wolfgang Kress. Elisabeth, in: A.a.O., 349.

Ludwigsburg. Maria Dorothea lernte erst jetzt, mit acht Jahren, ihre württembergische Heimat kennen.

Für Maria Dorotheas Erziehung und Bildung wesentlich war eine junge Französin, Alexandrine des Écherolles, ein hochgebildetes adeliges Mädchen aus Paris, das 1807 Gouvernante von Maria Dorothea und ihren Geschwistern wurde. Sie beschreibt in ihrer Autobiographie[6] den guten Einfluss der Mutter, Herzogin Henriette, auf ihre Kinder: „Bedacht auf das Wohl ihrer Kinder drang die Frau Herzogin in ihrer mütterlichen Veranlagung in deren Herzen, um die wertvollen Keime, die Gott dort gelegt hatte, zu suchen und weiterzuentwickeln. Dort pflegte sie liebevoll die aufkeimenden Tugenden. Dabei war sie zugleich Schützerin, Richterin und Belohnerin. Und so sah ich diese Mädchen heranwachsen, sich nach dem Vorbild ihrer Mutter bilden und würdig werden, wie sie es war. Was konnte ich mir mehr wünschen?“

Im Juli 1807 wurde Carl Maria von Weber Sekretär bei Herzog Louis, dem Vater von Maria Dorothea. Dieser große Musiker hat ihre musische Entwicklung mit geprägt. Im Jahre1811 zog die Familie in das Stadtschloss Kirchheim unter Teck am Fuße der Schwäbischen Alb. Dort gab Oberkonsistorialassessor August Heinrich d'Autel, ein Anhänger Pestalozzis, Maria Dorothea Religions- und Konfirmandenunterricht. Konfirmiert wurde sie am vierten Advent 1811 im Schloss Kirchheim durch Prälat v. Süskind.

1812 wurde Maria Dorothea Koadjutorin und 1815 Äbtissin des adeligen Fräulein-Stifts in Oberstenfeld. Diese Stellen waren aber nur „Präbenden“.[7] Es bestand dort keine Residenzpflicht. „Von dem Recht, in Oberstenfeld zu wohnen, hat seit 1802 weder eine Äbtissin, noch ... sonst eine Stiftsdame Gebrauch gemacht“[8].

Nach dem Tod des Vaters am 20. September 1711 vertiefte sich die Verbindung zwischen ihrer Mutter, Herzogin Henriette, und Maria Dorothea. Während einer Reise in die Schweiz, welche die beiden Frauen unternommen hatten, lernte Maria Dorothea in Genf César Malan (1787-1864)[9] kennen, der sich für die Bestrebungen der „Erweckung“ einsetzte.

Aufmerksam beobachtete Maria Dorothea auch das Leben der aus Riga nach Württemberg gekommenen Juliane von Krüdener (1764-1824).[10]

---

6 Alexandrine des Écherolles, Quelques années de ma vie, Moulins 1843.

7 Präbende soviel wie Pfründe, ein kirchliches Benefizium, d.h. ein Amt, das mit einer Vermögensausstattung verbunden ist, deren Erträge zum Unterhalt des Amtsinhabers bestimmt sind.

8 Karl Pfaff, Geschichte des adelichen Fräuleinstifts zu Oberstenfeld. Württ. Jb. für vaterl. Geschichte, Geographie, Statistik und Topographie 1840, 319 ff.

9 „Malan“, in: Historisch-Biographisches Lexikon der Schweiz 5, Neuenburg 1929, 5.

10 Tibor Fabiny, Mária Dorottya. Budapest 1997; zur Person: Petra Hieber. Auf der Suche nach dem Glück. Juliane von Krüdener –Vietinghoff (1764-1824): Selbstwahrnehmung im Spannungsfeld gesellschaftlichen Wandels. Frankfurt u.a., o. J.; vgl. den Aufsatz von Peter Zimmerling, Barbara Juliane von Krüdener.

c. Palatinissa[11] *in Ungarn*

Im Jahre 1819 warb Erzherzog Joseph (1776-1847), der Bruder von Kaiser Franz von Österreich um Maria Dorotheas Hand.

Joseph wurde 1776 in Florenz als Sohn des späteren Kaisers Leopold II. und der Maria Ludovica von Spanien-Bourbon geboren. Er wurde 1795 mit 19 Jahren Palatin[12] und königlicher Statthalter von Ungarn mit Residenz in Ofen.[13]

1799 hatte er die russische Großfürstin Alexandra Pawlowna geheiratet, die jedoch bereits 1801 bei der Geburt ihrer Tochter Alexandrina starb. 1812 heiratete Erzherzog Joseph Hermine von Anhalt-Bernburg-Schaumburg von Schloss Schaumburg an der Lahn. Auch sie starb im Jahre 1817 im Wochenbett. Ihre Zwillinge Stephan und Hermine überlebten. Auf der Suche nach einer neuen Frau und Mutter für die Kinder fiel die Wahl des Palatin auf Maria Dorothea von Württemberg. Die beiden heirateten am 23. August in Kirchheim. Die ökumenische Trauung zelebrierten die obersten Geistlichen beider Konfessionen in Württemberg.

Auf dem Weg in ihre neue Heimat nach Ofen wurde Maria Dorothea auch dem Wiener Hof vorgestellt. Wegen ihres evangelischen Glaubens galt sie dort jedoch als „Ketzerin". Auch verübelte man ihr, dass sie auf die höfischen Regeln, die sogenannte „spanische Etikette", wenig Rücksicht nahm.[14]

Zu den Kindern aus Erzherzog Josephs zweiter Ehe gesellten sich im Laufe der Zeit noch vier eigene Kinder. Maria Dorothea führte mit ihrem Mann und den Kindern ein so harmonisches und ungezwungenes Familienleben, wie es für den steifen Wiener Hof nicht vorstellbar war. Dort wurde sie als „Kindsfrau" verspottet. „Es wurde ihr wie der Kaiserin Elisabeth verdacht, daß sie statt mit Schoßhündchen mit ihren Kindern spazieren fuhr"[15].

Maria Dorothea war sehr sprachbegabt. Sie hatte bereits in ihrer Jugend griechisch gelernt. So konnte sie das Neue Testament im Urtext lesen. Jetzt lernte sie bei einem jüdischen Gelehrten Hebräisch, um ebenso das Alte Testament in der Ursprache lesen zu können.

Besonders wichtig war ihr aber, in Ungarn mit den Leuten des Landes ungarisch sprechen zu können. Und so nahm sie bei dem Ofener Professor und Gelehrten Ludwig Schedius (1768-1847) Sprachunterricht. Derartiges war da-

---

11 Die Frau des „Palatins", des königlichen Statthalters von Ungarn.

12 Der Palatin (lat. Comes palatinus = Pfalzgraf) war in Ungarn der Stellvertreter des Königs. Der Kaiser von Österreich war gleichzeitig König von Ungarn.

13 Ofen (ungarisch Buda) am rechten (westlichen) Donauufer und Pest am linken (östlichen) Donauufer) wurden erst 1872, zusammen mit Altofen (ungarisch Óbuda), zum heutigen Budapest vereinigt.

14 Sándor Payr. Mária Dorottya. Nádor asszony. Egykorú napló és eredeti levelek türkében. (Die Palatinsgattin Maria Dorothea im Spiegel eines zeitgenössischen Tagebuchs und von Originalbriefen). Budapest 1908 (übersetzt v. Verf.).

15 Georg Loesche, Die evangelischen Fürstinnen im Hause Habsburg. Eine historisch-psychologische Studie. Jahrbuch der Ges. für die Geschichte des Protestantismus in Österreich 1904, 5-71, hier 43.

mals in den oberen Schichten Ungarns eine Besonderheit. In den großen Städten wurde deutsch gesprochen. Auch der hohe Adel sprach und schrieb deutsch. Maria Dorothea war mit Graf Stephan Széchenyi (1792-1860), einem bedeutenden ungarischer Magnaten[16] und Politiker ihrer Zeit freundschaftlich verbunden. Auch er schrieb seine Tagebücher, in denen Maria Dorothea etwa zweihundert Mal erwähnt ist, auf deutsch.

Im Jahre 1825 tagte der ungarische Reichstag nach jahrelanger Pause wieder einmal in der anderen ungarischen Haupt- und Krönungsstadt Pressburg (slowakisch Bratislawa). Auch dort war die Verhandlungssprache deutsch oder lateinisch. Der Palatin residierte während des Reichstags ebenfalls mit seiner Familie in Pressburg. Beim Neujahrsempfang am 5. Januar 1826 sprach Maria Dorothea die Delegation der ungarischen Stände in ungarischer Sprache an. Dies rief große Begeisterung hervor. Das Manuskript ihrer ungarischen Rede kam später ins ungarische Nationalmuseum.

Im amtlichen Bericht über diese Veranstaltung steht: „Mit großer Freude können wir berichten, dass ihre k.u.k. herzogliche Hoheit, die Gemahlin unseres geliebten Palatins, die auch ohnehin wegen ihrer Leutseligkeit und Geneigtheit zu unserer Nationalsprache und unseren Bräuchen ein Gegenstand der nationalen Huldigung geworden ist, unserer Muttersprache neuen Glanz und Achtung verliehen hat, indem sie dieser sie ehrenden Landesgesandtschaft mehrfach mit richtiger Aussprache und wohl gesetzten Worten antwortete. Ihre k.u.k. herzogliche Hoheit ist im Stande der Frauen die erste, die zu den Ungarn ungarisch sprach, und damit hat sie sich nicht nur die Nation für ewig verpflichtet, sondern auch dem als Ungar geborenen schwächeren Geschlecht, von dem einige, wenn auch aus selbst von Fremden verspotteter Einfalt, sich ungarisch zu reden schämen, ein befolgenswertes Beispiel gegeben." Wichtige Dokumente fasste sie in ungarischer Sprache ab und setzte ihren Namen in der Landessprache darunter.

Maria Dorothea drang darauf, dass auch ihre Kinder ungarisch sprechen lernten. Ebenso förderte sie die ungarische Literatur und unterstützte ungarische Schriftsteller materiell. Dem Lehrer und Gelehrten Moritz Ballagi aus Szarvas schenkte Maria Dorothea ein Darlehen über 2000 Forint für Literaturaufgaben. Sie ließ mehrere Werke ins Ungarische übersetzen. Adlige Frauen sandten regelmäßig hilfsbedürftige Schriftsteller mit Empfehlungen wegen einer Unterstützung zu Maria Dorothea.

Maria Dorotheas große Tat für die Evangelischen von Ofen war die Wahl von Johann Georg Bauhofer (1805-1864) zum Oberhofprediger und, damit verbunden, die Gründung einer eigenen evangelischen Gemeinde in Ofen. Sie hatte Bauhofer als Pfarrer in Sommerein (slowakisch Šamorin), in der großen Schütt östlich von Pressburg, kennen gelernt. Sie schätzte diesen tief gläubigen,

---

[16] Magnaten (lat.) waren in Ungarn die Häupter der vornehmsten Adelsgeschlechter und die höchsten weltlichen und geistlichen Würdenträger, die die erste Kammer, die Magnatentafel, bildeten.

nach außen einfach auftretenden Menschen und kehrte immer wieder gern in das kinderreiche Pfarrhaus ein. Die Geringschätzung der ungarischen Sprache gehörte auch zu den mit Bauhofer kommunizierten Themen, so klagte sie einmal: „Wie wenig ungarische Bücher gibt es, und auch die werden nicht geschätzt." Später hat Bauhofer das Archiv der evangelischen Kirche Ungarns aufgebaut und das maßgebliche Werk über die evangelische ungarische Kirche geschrieben.[17] Sein handgeschriebenes Tagebuch mit 41 autographischen Briefen von Maria Dorothea liegt heute im Archiv der evangelischen Kirche Ungarns in Budapest.

d. Der Tod von Erzherzog Joseph und Maria Dorotheas „Verbannung" nach Wien

Dass Maria Dorotheas Liebe den Ungarn galt, machte sie am Hof in Wien verdächtig. Sicher war auch dies ein Grund dafür, dass man sie nach dem Tod ihres Mannes nach Wien „verbannte". Der Palatin starb am 13. Januar 1847. Unmittelbar danach wurde Maria Dorothea gezwungen, Ungarn zu verlassen und in das Augartenpalais nach Wien zu ziehen. Dies stand im Widerspruch zu ihrem Heiratsvertrag, in dem festgelegt worden war, dass ihre Wünsche bei der Suche nach einem Witwensitz berücksichtigt werden sollten.

Dem Wiener Hof war Maria Dorothea als gläubige Protestantin und in ihrer Liebe zu Land und Leuten in Ungarn suspekt. Man fürchtete, sie könnte in Ungarn eine starke Stütze des Protestantismus und des ungarischen Nationalismus werden.

Wie damals in Wien über den Protestantismus in Ungarn gedacht wurde, drückte der berüchtigte Minister Bach[18] so aus: „Wie wir den Protestantismus zum Aussterben bringen, das können wir in den Erblanden ruhig den Bischöfen anvertrauen; doch anders steht die Sache in Ungarn: hier braucht die staatliche Macht eine starke Mitarbeit, weil es hier eine extreme politische Opposition gibt; und wenn man hier nicht alles von der Wurzel ausroden würde, dann würde Ungarn eine deutsch-slawische Provinz werden".[19] Der Wiener Hof versuchte, Maria Dorothea zum Übertritt zum römisch-katholischen Glauben zu bewegen. Sie jedoch widersetzte sich – meist mit Zitaten aus der Bibel – vehement.

Nach dem Tod von Palatin Joseph wurde dessen ältester Sohn Stephan, Maria Dorotheas Stiefsohn, sein Nachfolger als Palatin und königlicher Statthalter in Ungarn. Dieses Amt begann er in einer schweren Zeit, dem Jahr vor der Revolution 1848. Weil sein Versuch, in den Revolutionswirren zwischen Ungarn

---

[17] Geschichte der evangelischen Kirche in Ungarn (Anonym mit einem Vorwort von Merle d'Aubigné). Berlin 1854.

[18] Alexander Freiherr von Bach (1813-1893) 1848 Justizminister, 1849 Innenminister, 1852 Regierungschef, trat 1859 zurück.

[19] Sándor Payr, Mária Dorttya nádorassony (Die Palatinissa Maria Dorothea), Budapest 1908, 24 (übersetzt v. Verf.).

und Wien zu vermitteln, misslang, musste er auf Schloss Schaumburg an der Lahn fliehen.

Maria Dorothea konnte trotz des allgemeinen Verbots, teils mit besonderer Erlaubnis, teils ohne diese, noch einige Male zu Besuch nach Ofen fahren. Durch ihren persönlichen Einsatz konnte sie aber auch von Wien aus immer wieder Gutes für „ihre“ Ungarn tun.

Maria Dorotheas Wunsch, einst in Ofen zu sterben und bei ihrem Gemahl Joseph in den Palatinsgruft beigesetzt zu werden, ging am Ende ihres Lebens in Erfüllung. Während sie ihre Tochter Elisabeth, die in Ofen im Kindsbett lag, besuchte, warf eine influenzartige Krankheit die Frau, die einst von kräftigem Körperbau war, aufs Sterbelager. Am 30. März 1855 schloss sie ihre Augen für immer. Die unmittelbare Todesursache war ein Gehirnschlag.

In einem Nachruf heißt es: „Es trauern und weinen alle Ungarn um diese edle Frau, die durch einen langen Aufenthalt in dem Lande der Magyaren unauslöschlich in Erinnerung blieb. ... von ihren milden Taten werden aber jetzt Tausende zu erzählen wissen, die mit ihr eine starke Stütze verloren haben. Sie war so recht ein Angelus misericordiae [ein Engel der Barmherzigkeit], der unbelauscht die Tränen der Not und Verzweiflung trocknet und verschwindet, bevor der Gerettete noch den Dank stammeln konnte.“[20]

2. Diakonische Tätigkeit

Tibor Fabiny stellt fest: „Der Beginn der diakonischen und Missionsarbeit im Karpaten-Becken ist der Tätigkeit von Maria Dorothea zu verdanken ... Das Beispiel des Glaubens, der durch die Liebe tätig ist, das die Palatinissa täglich zeigte, erweckte in vielen die schlummernde diakonische Verantwortung. Hier soll man nicht einfach an Wohltätigkeit oder Armenfürsorge denken, obwohl die Palatinissa und ihre Umgebung auch daran aktiv teilnahm. Sie unterstützte die armen von Pest und Buda, die mit finanziellen Sorgen kämpfenden evangelischen Schulen.“[21] Fabigny zitiert auch den Bischof und Kirchengeschichtsschreiber Alexander Kovács, der schreibt, dass Maria Dorothea „sowohl den am Himmel hängenden Idealismus Marias als auch den praktischen Fleiß Marthas verkörperte“.[22]

Vieles über Maria Dorotheas diakonisches Wirken erfahren wir aus der Biographie von Sándor Payr,[23] der sein Werk in drei Teile einteilte: Maria Dorothea als Familienmutter, als Menschenfreundin und als Verbannte:

„Maria Dorotheas gutes Herz war über die engen Grenzen von Ungarn hinweg bekannt. Sie ging in den Palästen aus und ein. Aber ihre Anteilnahme galt mehr den Menschen in den Hütten. Sie sah die leibliche und die seelische Not.

[20] Im Feuilleton einer Tageszeitung aus Wien, datiert vom 31. März 1855.

[21] Tibor Fabiny, Maria Dorothea und der ungarische Protestantismus. Jahrbuch für die Geschichte des Protestantismus in Österreich 96, 1980, 332-351.

[22] Sándor Kovács, Die letzte Palatinissa. Budapest 1939.

[23] Sándor Payr, Mária Dorottya nadorassony, Budaqpest 1908.

Beide wollte sie lindern. Darum gab sie nicht nur den Hungrigen Brot für den Leib, sondern sorgte auch zusammen mit Anderen für Brot für die Seele. Ihre besondere Fürsorge galt ihren Glaubensgenossen, den Evangelischen; doch half sie überall, wo sie Not sah. Sie hat Hunderte, ja Tausende Bedürftige materiell unterstützt. Einheimische Arme und fremde Durchreisende sind nie von ihrer Schwelle in Ofen, in Pressburg oder in Alcsút[24] gewiesen worden. Krüppel, Kranke, durch Feuer Geschädigte, Wanderburschen, arme Studenten, in Not geratene Schriftsteller oder Kirchenleute klopften niemals vergebens an ihre Tür. Auch wenn sie wegreiste, überließ sie z. B. ihrem Hofprediger Bauhofer größere Summen und achtete darauf, dass beim Austeilen während ihrer Abwesenheit kein konfessioneller Unterschied gemacht wurde. Als Spenderin war sie fröhlich und offen und interessierte sich auch für das Schicksal von einzelnen von ihr betreuten Armen. Sie linderte das Elend nicht nur mit Geld, sondern nahm mit ihrem Besuch, mit persönlichem Gespräch, mit eigener Arbeit und mit mühevollen Nachforschungen Anteil. Viele Kranke konnten mit einem warmen Kleidungsstück prahlen, das die fleißige Palatinissa eigenhändig gefertigt hatte.

Maria Dorothea hatte die Seele eines Engels. Sie strahlte von Frohsinn und von ihren guten Taten, weil sie das Land und die Leute liebte. Sie fühlte, dass ihr dies alles von Gott anvertraut ist.

In ihren privaten Ansprüchen war sie äußerst einfach und bescheiden. Und sie verzichtete auf viele Bequemlichkeiten. In Krisenzeiten nahm sie Entbehrungen auf sich, um Gutes tun zu können. Als sie einmal weniger geben konnte, als sie wollte, weil ihre Mittel erschöpft waren, rief sie schmerzlich aus: „Ach, wenn ich doch die Gräfin Karoly wäre!“ Karoly war Mitglied einer reichen und sehr einflussreichen ungarischen Adelsfamilie.

a. Der Wohltätige Frauenverein[25]

Damals gab es in Ofen und Pest viel Not und Elend. Hungersnöte, Überschwemmungen und andere Katastrophen und ein unvorstellbar niedriger Lebensstandard der einfachen Bevölkerung hatten dem Palatin und schon seiner zweiten Frau Hermine viel Kummer bereitet.

Die ersten Initiativen zur Linderung der Not gingen von Hermine aus. Sie gründete den „Wohltätigen Frauenverein“, die „Frauengesellschaft“, der vor allem adelige Frauen angehörten. Diese sollte – z.B. durch Sammeln von Geld und Naturalien – Bedürftigen beistehen.

Vereine durften damals nur mit der Genehmigung des Kaisers gegründet werden. Hermine hatte daher an ihren Schwager, den Kaiser, geschrieben: „Eure Majestät! Veranlasst durch die außerordentliche Dürftigkeit und Not,

---

[24] Alcsút, zwischen Ofen und dem Plattensee, war der beliebte Sommersitz des Palatin Joseph und seiner Familie.

[25] Sándor Országh., A Budai jótékony nőegylet 1817-1897 (Der Ofener wohltätige Frauenverein 1817-1897), Budapest 1898.

welche gegenwärtig unter denen armen Menschenclassen der beiden königl. Hauptstädte Ofen und Pest herrscht, hat sich eine namhafte Anzahl von Frauen aus dem Adel und den höheren Bürgerclassen besagter Städte entschlossen unter der Oberleitung der Endes unterfertigten, Vereine zur Unterstützung wahrhaft bedürftiger Einwohner und Linderung des Elendes ihrer Mitbürger, zu bilden. – Ich unterfange mich dieses Vorhaben zur allerhöchsten Kenntniß zu bringen und Eure Majestät zu bitten, diesen unter meiner Oberleitung zu bildenden Vereinen den allerhöchsten Schutz angedeihen zu lassen. Sobald die, nach dem Vorbilde der von Eurer Majestät genehmigten Verfassung der ‚Kleinen Gesellschaft adeliger Frauen' ausgearbeiteten Statuten, obbenannter Vereine vollendet sind, werde ich nicht ermangeln dieselben Euer Majestät zur allerhöchsten Bestätigung vorzulegen. Ofen, am 10. März 1817, Hermine m.p."

Der Palatin, Erzherzog Joseph, fügte ein weiteres Schreiben folgenden Inhalts an seinen Bruder bei: „Eure Majestät! Vermöge allerhöchster Verordnung dürfen inner den Gränzen des österreichischen Kaiser-Staates keine, wie immer nahmenhabende Gesellschaften oder Vereine ohne allerhöchste Zustimmung bestehen. Ich unterlege daher anliegende Bitte meiner Gemahlin, als Oberhaupt der sich in Ofen und Pest zur Unterstützung wahrhaft bedürftiger Inwohner und Linderung des Elendes der geringeren Volksklassen, nach dem Muster ähnlicher von Euer Majestät in anderen Theilen Ihres Kaiserstaates genehmigten Anstalten bildenden Frauen-Vereine, um Euer Majestät Schutz für diese Vereine, der allerhöchsten Einsicht und Genehmigung, welcher ich nachträglich vorgeschriebenermaßen den Entwurf der Verfassung und Statuten dieser Vereine nächstens zu unterbreiten nicht ermangeln werde. Ofen, am 10. März 1817. Joseph, m. p. Palatin." Darauf erteilte der Kaiser seine Zustimmung.

Die Erzherzogin Hermine übernahm die Schirmherrschaft. Vorsitzende des Wohltätigen Frauenvereins wurde Gräfin Therese Brunswick (1775-1861), eine Pädagogin und Freundin Pestalozzis, außerdem Schülerin und Freundin Beethovens, der ihr die Klaviersonate Opus 78 Fis-Dur gewidmet hat.[26]

Das Gründungsjahr 1817 war ein besonderes Notjahr. Der Verein verfasste daher einen Aufruf an alle Reichen mit der Bitte um Geld- und Sachspenden. Dieser Aufruf erzielte ein glänzendes Ergebnis. In kurzer Zeit wurden 2300 Forint in „Pengögeld" und 29661 Forint in „Einlösungsscheinen" gesammelt. Dazu kamen in reichem Maße Lebensmittelspenden. Auch die Stadtbehörden unterstützten den Verein.

Als Erzherzogin Hermine am 14. September 1817 starb, war dies für den Verein ein großer Verlust. Deshalb übernahm Maria Dorothea bald nach ihrer Ankunft in Ofen die Schirmherrschaft über den Frauenverein. Sie besuchte regelmäßig die Versammlungen und nahm regen Anteil am weiteren Blühen und Gedeihen des Vereins. Sie unterstützte ihn materiell und mit Rat und Tat und

[26] Vgl. Tellenbach, Marie-Elisabeth, Die Bedeutung des Adler-Gleichnisses in Beethovens Brief an Therese Gräfin Brunswick. Ein Beitrag zu seiner Biographie, in: Die Musikforschung 4, 1999.

bemühte sich auch sonst um soziale Verbesserungen in Ungarn. Zu den nächsten Aufgaben und Plänen des Vereins gehörte die Einrichtung eines „Erwerbhauses", einer Frauenarbeitsschule, einer Blindenanstalt und die Unterstützung von Armen und Arbeitsunfähigen.

Zum „Erwerbshaus" (diese Bezeichnung steht im ungarischen Text auf deutsch) führt der Bericht aus: „Dort wurden ohne Rücksicht auf deren Schulden verarmte Budaer Bürgerinnen und Witwen aufgenommen, die wegen ihres Alters und ihrer körperlichen Schwäche nicht fähig waren, sich selbst zu ernähren. Ihre Beschäftigung dort war Spinnen und Federschleißen. Ihr Verdienst, von dem täglich nur 6 Kr. für Verpflegung abgezogen wurden, wurde jeden Samstag ausbezahlt. So wurden wöchentlich durchschnittlich 37 arme Frauen beschäftigt. In einem Nebenraum des Hauses wurden 12 völlig arbeitsunfähige Frauen durch den Verein mit allem Lebensnotwendigen versorgt."

Am 24. März 1820 schrieb Palatin Joseph an Gräfin Therese Brunswick: „Liebe Gräfin Brunsvik! Den Bericht, welcher über den Fortgang des wohlthätigen Frauenvereins in Ofen im Jahre 1818/19 Sr. Majestät unterbreitet wurde, haben allerhöchst dieselben mit besonderem Wohlgefallen aufzunehmen und zu beschließen geruht, daß aus Anlaß der erwiesenen wohlthätigen Wirkung dieser Anstalt, sowohl Ihnen als Vorsteherin, wie auch den mitwirkenden Ausschuß-Frauen dieses Vereins, die allerhöchste Zufriedenheit zu erkennen gegeben werde.

Mit besonderem Vergnügen setze ich Sie, liebe Gräfin von Brunsvik von dieser allerhöchsten Entschließung in Kenntniß mit dem Vertrauen, daß diese allerhöchste Würdigung der Bemühungen des unter Ihrer Leitung stehenden Frauen-Vereines sämmtliche Mitglieder mit neuem Eifer beleben werde, ihre bisherige rühmliche Mitwirkung zum edelsten Zwecke auch ferner thätig fortzusetzen.

Ich bin mit besonderer Hochschätzung Ihr dienstwilliger Joseph m. p. Palatinus. Ofen, am 24. März 1820."[27]

Nach Maria Dorotheas Tod übernahm 1856 Erzherzogin Hildegard, geborene Herzogin von Bayern, die Gemahlin von Erzherzog Albrecht, dem damaligen Gouverneur von Ungarn, das Protektorat des Frauenvereins, der aber bis zum zweiten Weltkrieg den Namen von Maria Dorothea trug.

b. Kindergärten

Maria Dorothea gründete zusammen mit der Gräfin Therese Brunswick, der Vorsteherin des Wohltätigen Frauenvereins, den ersten Kindergarten in Ungarn. Die Gräfin hatte die Veröffentlichungen des damaligen Londoner „Kindergarten-Papstes" Samuel Wilderspin (1792-1866) gelesen. Nun fuhr sie nach London, um an Ort und Stelle die Kleinkinderschulen und Wilderspin kennen zu lernen. Sie erkannte, dass eine frühzeitige und umfassende Kindererziehung das Wichtigste für die Erneuerung der Gesellschaft ist. In ihrem Haus in der

[27] Sándor Országh, A Budai jótékony nőegylet.

westlich der Ofener Burg gelegenen Krisztinastadt (heute im 1. Bezirk von Budapest) wurde am 1. Juni 1828 dieser erste Kindergarten unter dem Namen „Engelgarten" eröffnet.[28] Es folgten weitere Kindergärten in der Hauptstadt und in Ungarn. Maria Dorothea war auch Initiatorin des Kindergärtnerinnenseminars.

c. Krankenhausverein

Maria Dorothea setzte sich für eine bessere medizinische Versorgung des ungarischen Volkes ein. Zusammen mit ihrem Mann, dem Palatin Joseph legte sie im Oktober 1819 den Grundstein zum St. Johannes-Krankenhaus (Szent János kórház).[29]

Maria Dorothea unterstützte auch die Gründung der orthopädischen Klinik, die der Pester Arzt Dr. August Schoepf (später Schoepf-Mérei) im Jahre 1836 eröffnete, die „Drüsenkur zur Heilung von am menschlichen Körper und an den Gliedern Verkrümmter". Es handelt sich dabei um die erste orthopädische Klinik, die Patienten behandelte, die man in der ganzen medizinischen Disziplin gar nicht als „Kranke" bezeichnete. Aus dieser Klinik entstand das spätere „Semmelweis-Krankenhaus".[30] In den Annalen dieses Krankenhauses steht Maria Dorothea im Jahre 1837 auch als eine der ersten Besucherinnen. Sie hat es in den kommenden Jahren ununterbrochen unterstützt.[31] Schon bald wurde das Haus für die wachsenden Aufgaben zu klein.

In Ofen und Pest wurde unter dem Protektorat von Maria Dorothea ein Krankenhausverein gegründet. Dieser ermöglichte einen Neubau direkt neben dem bestehenden Krankenhaus. Maria Dorothea legte am 14. Juni 1845 den Grundstein für das neue Gebäude. 1839 konnte Schöpf-Mérei durch Unterstützung mehrerer Persönlichkeiten das Pester Krankenhaus für Armenkinder mit 12 Betten gründen, das nach Paris, St.-Petersburg und Wien damals das vierte Kinderkrankenhaus in Europa war.[32]

d. Große Überschwemmung

Die Donau trat in Pest immer wieder über die Ufer. Eine besonders katastrophale Überschwemmung gab es im März 1838: „Die Flut brachte in den drei Städten Ofen, Altofen und Budapest rund 2900 Häuser zum Einsturz und forderte über hundert Todesopfer; die Außenquartiere litten am meisten, so die Franzstadt im Süden von Pest, wo 83 Prozent der Bausubstanz vernichtet wur-

---

[28] Kindergartenpädagogik – Online Handbuch. www.Kindergartenpaedagogik.de/1240.htm

[29] Vgl. www.janoskorhaz.hu/eu/content1.html-16k-4.Aug.2004.

[30] Vgl. www.gyerekklinika.hu/tortenet_1839.php. (A Semmelweis egyetem, I. sz. gyerekklinika).

[31] Vgl. www.muzeumok.sote.hu/gyerek1/-32k.

[32] Tibor Fabiny., Maria Dorothea in der Geschichte der Kirche und Nation. Vortragsmanuskript 22.11.1997.

den. ‚Pest ist für den Augenblick, man kann sagen, zerstört ...', teilte Széchenyi mit."[33]

Maria Dorothea besuchte selbst die unglücklichen Obdachlosen. Sie brachte ihnen Kleider und ließ täglich 3500 Portionen Suppe und Brot verteilen. Regelmäßig besuchte sie das provisorisch errichtete Feldlazarett, sprach mit den Kranken und informierte sich über ihr Schicksal und über die angerichteten Schäden. Sie sprach mit den Ärzten, visitierte die Apotheke, ging in die Küche und kostete selbst die Speisen. Auch die Englischen Fräulein und die Schülerinnen der Töchterschule, die zu den Geschädigten gehörten, wurden von Maria Dorothea mit dem Nötigsten versorgt.[34]

e. Schulen in Oberschützen

Maria Dorothea hatte zu drei Pfarrern, die sie „für Prediger des Kreuzes hielt", besonders gute Kontakte. Einer von ihnen war Gottlieb August Wimmer (1791-1863), Pfarrer in Oberschützen (ungarisch Felsőlövő)[35], das damals ungarisch war und erst 1921 mit dem „Burgenland" durch Volksentscheid zu Österreich kam. Wimmer sah die großen Defizite bei der Kindererziehung in seinem Gebiet und gründete ein Armenlehrerseminar, zunächst um „Armen" die Möglichkeit einer soliden Berufsausbildung zu geben[36] und um die nötigen Lehrer heranzubilden. Später gründete Wimmer in Oberschützen Schulen, die als evangelische höhere Schulen bis heute eine überregionale Bedeutung haben.[37]

Maria Dorothea unterstütze die Gründung dieser Schul- und Lehrerbildungsanstalten in Oberschützen mit Rat und Tat. Sie stand mit Wimmer in regem Gedankenaustausch.

Nach einem Besuch Wimmers bei Maria Dorothea im Herbst 1846 in Ofen schreibt dieser: „In Ofen und Pest fand ich die Kaiserl. Hoheit die Frau Erzherzogin in ihrer alten Treue gegen den HERRN, voll Glauben und Verlangen, das Reich des HERRN kommen zu sehen und selbst mitzuwirken".[38]

f. Blindenanstalt

Maria Dorothea war Initiatorin und erste Protektorin der im Jahre 1826 in Pest auf dem Platz der heutigen Musikakademie errichteten Blindenanstalt, die den

[33] Andreas Oplatka, Graf Stephan Széchenyi. Der Mann, der Ungarn schuf, Wien 2004, 273.

[34] Sándor Payr, Mária Dorttya nádorassony, 14 (übersetzt vom Verf.).

[35] Tibor Fabniny, Protestantismus, 343. Zum Ausdruck „Prediger des Kreuzes": Im Gegensatz zu allzu liberalen und „aufklärerischen" Pfarrern, spricht Fabiny an anderer Stelle in diesem Aufsatz von „christozentrisch".

[36] Gustav Reingrabner, Bemerkungen zur Geschichte der höheren Schulanstalten in Oberschützen, in: Lebendiges Evangelium. Blätter aus dem Evangelischen Diozösanmuseum in Stoob, Burgenland 3. 1985, 49-69.

[37] 150 Jahre Höhere Schulen Oberschützen. Jubiläumsschrift. Evangelisches Schulwerk 1995.

[38] Bernhard H. Zimmermann, Gottlob August Wimmer. 1791-1863. Ein Wiener mit länderweiter Wirkung, Wien ^{2}1965.

Namen ihres Mannes trug, der „Königlichen Landesblindenanstalt Palatin Joseph“.[39] Über die Vorgängerin dieser Anstalt, die Maria Dorothea schon angetroffen und noch einige Jahre mit betreut hat, wird ausführlich berichtet:

„Zusammen mit dem Pester Frauen-Wohltätigkeitsverein wurde1818 eine Blindenheilanstalt gegründet, deren Unterhaltskosten von zwei Vereinen zu gleichen Teilen bezahlt wurden. Diese Anstalt war für 12 Personen eingerichtet. Für Verköstigung, Medikamente und die vollständige Ausstattung sorgten beide Vereine. Die kostenlose Behandlung nahm Dr. János Febinyi, ein Lehrer für Augenheilkunde, auf sich. In den ersten vier Jahren wurden 56 an Star Erkrankte aufgenommen. Unter diesen wurden 33 völlig gesund, 15 erheblich gebessert, nur 8 mussten ungeheilt entlassen werden. Diese Anstalt wurde später – als die ungarische königliche Blindenanstalt errichtet war – eingestellt.“[40]

g. Weitere Initiativen

- Gewerbeschule

Um den Nachwuchs von Fachleuten für die Filzschuh- und Hutproduktion zu sichern, gründete Maria Dorothea eine Gewerbeschule[41].

- Explosion auf dem Donaudampfer Szséchenyi

Vielen einzelnen in Not geratenen Menschen half Maria Dorothea. In seiner Trauerpredigt erwähnt Bauhofer einen “spektakulären“ Fall: Anfang Mai 1845 explodierte auf dem im Mai 1844 vom Stapel gelassenen Dampfer Széchenyi während einer Fahrt nach Wien aus unbekannter Ursache ein Dampfkessel.[42] Dabei erlitt ein Maschinist lebensgefährliche Verbrühungen. Maria Dorothea schickte sofort ihren Leibarzt und in Öl getränkte Tücher dorthin, um den Unglücklichen zu versorgen. Leider konnte dem Mann nicht mehr geholfen werden, er wurde durch den Tod von seinen Schmerzen befreit.[43]

- Ein Muslim dankt für Maria Dorotheas Hilfe[44]

Im Jahre 1843 pilgerte ein arabischer Derwisch nach Ofen zum Grab des Gül Baba.[45] Die sich für alles Schöne und Gute interessierende Maria Dorothea erfuhr dies, ließ den frommen Araber zu sich kommen und fragte ihn nach dem Ziel seines Kommens, und beim Verabschieden beschenkte sie ihn. Die klugen Worte der Palatinissa, ihr ganzes Wesen hatte eine so große Wirkung auf das Gemüt dieses orientalischen Menschen, dass er in Tränen ausbrach und nicht

---

[39] Idikó Hankó und István Kisely. A nádori kripta. http.//mek.oszk.hu/01500/01599/01599.doc.

[40] Sándor Országh. A Budai jótékony nőegylet, 34 f.

[41] Tibor Fabiny, Kirche und Nation.

[42] Andreas Oplatka, Graf Stephan Széchenyi, 260.

[43] Georg Bauhofer, Predigt zur Todesfeier der weiland Durchlauchigsten Frau Maria Dorothea. Pest 1855.

[44] Sándor Payr, Mária Dorttya nádorassony, 14, 17 (übersetzt vom Verf.).

[45] Der türkische Derwisch Gül Baba war 1541 bei der Einnahme Ofens durch die Türken gestorben. Sein als heilig geehrtes Grab wird heute noch von weither kommenden Moslems aufgesucht.

vergessen konnte, was ihm widerfahren war. Aus seiner fernen Heimat schickte er der Erzherzogin mehrere Fläschchen vom weltberühmten Rosenöl, so wollte er seinen Dank beweisen.

- Schottische Missionare

Eher religiös-missionarisch motiviert ist Folgendes: Der schottische Missionar Dr. Alexander Keith (1791-1889)[46] befasste sich als presbyterianischer Pfarrer an der freien Kirche von Schottland intensiv mit biblischen Prophezeiungen und deren Erfüllung.

Kreise der damaligen schottischen Kirche waren bestrebt, Juden zum Christentum zu bekehren. Und im Jahre 1839 sandte die Kirche von Schottland eine Delegation von vier Pfarrern aus, unter ihnen Dr. Keith, um jüdische Gemeinden in Europa und in Palästina zu besuchen und so ihr Missionswerk voranzutreiben. Auf Kamelen ritten sie von Ägypten nach Palästina. Einer aus dieser Gruppe wurde krank. Keith begleitete ihn auf dem Heimweg donauaufwärts nach Mitteleuropa. Als sie in Pest angekommen waren, erlitt Keith auf der Straße eine Cholera-Attacke und fiel in seinem Hotel ins Koma. Maria Dorothea, die Keiths bedeutendes Buch „Fulfilled Prophecy" gelesen hatte, erfuhr davon. Sie sorgte für seine Pflege. Keith konnte gerettet werden.[47]

Die Begegnung Maria Dorotheas mit Keith wurde der Anfang für die Tätigkeit schottischer Geistlicher in Ofen und Pest, die sich nicht nur für die Judenmission einsetzten, sondern auch die schottischen Ingenieure und Bauarbeiter betreuten, die beim Bau der Kettenbrücke unter dem englischen Brückenbaumeister Adam Clark[48] beschäftigt waren. Für die von Maria Dorothea gegründeten karitativen und pädagogischen Einrichtungen zeigten die Schotten besonderes Interesse, weil sie als protestantische Ausländerin Vorreiterin für den Protestantismus in Ungarn war.

3. Schluss

Es ist nicht einfach, die Palatinissa Maria Dorothea „neutral" zu beurteilen. Zu unterschiedlich und zu gefärbt sind oft die Berichte. Dazu kommt, dass sie für die Habsburger – als Protestantin – eine Ketzerin, und für die sehr national gesinnten Ungarn eben doch eine Habsburgerin war. Und deshalb wurde sie oft „verschwiegen". Diese kurze "Blütenlese" von einigem, was sie angeregt, gefördert und geleistet hat, zeigt, dass sie eine große Frau war – besonders auch durch ihr diakonisches Wirken.

Dazu ein Wort von ihr und ein Wort ihres so geschätzten Hofpredigers Georg Bauhofer:

---

[46] John Ross, Maria Dorothea and Jewish Missions in Budapest, in: The Banner of Truth Magazine. Februar 1992; www.cwi.org.uk/Heralds/Archives/Maria@20Dorothea.htm.

[47] Sándor Payr, Mária Dorottya nadorassony.

[48] Diese Brücke wurde nach dem zweiten Weltkrieg wiederhergestellt und ist heute noch eines der bekanntesten Wahrzeichen von Budapest.

Maria Dorothea schrieb einem Kranken, den sie unterstützte: „Der Herr legt seine Gaben in unsere Hände, damit wir sie weiter fördern"[49]. Bauhofer sagte in seiner Traueransprache: „Sie hatte nicht nur den Glauben, sondern auch die Werke, die der Apostel von allen wahrhaft Frommen mit den Worten begehrt: ‚Und wenn ich weissagen könnte und wüßte alle Geheimnisse und alle Erkenntnisse und hätte allen Glauben, also daß ich Berge versetzte und hätte der Liebe nicht, so wäre ich nichts.' – 1. Korinth. 13, 2."[50]

[49] P. L. Erzherzogin Maria Dorothea, weiland Palatinissa von Ungarn. Protestantische Jahrbücher für Oesterreich, 2. 1855, 168.

[50] Georg Bauhofer, Predigt zur Todesfeier der weiland Durchlauchigsten Frau Maria Dorothea, Pest 1855, 15.

ADELHEID M. VON HAUFF

Regine Jolberg (1800-1870)

Regine Jolberg. Anonymes Gemälde, um 1820, Diakonissenmutterhaus Nonnenweier.

Als Regine Jolberg am 5. März 1870 in Nonnenweier stirbt, hinterlässt sie ein Werk, das für ihre Zeit mit keinem anderen, von einer Frau gegründeten, vergleichbar ist. Hinter ihr liegt ein Leben, in dem es Höhen und Tiefen in reichem Maß gegeben hat. Sie ist bei all dem einen eigenwilligen und selbstbewussten Weg gegangen. Und obwohl sie bei Entscheidungen, die sie zu treffen hatte, den Rat anderer einholte, entschied sie am Ende doch in der Weise, wie sie selbst es für richtig hielt. So formuliert sie bereits als junge Mutter in einem Brief an ihren Vater: „Freilich galt ich zuweilen für eigensinnig und bin es wohl auch, und darum lasse ich mir oft von den Erziehern die größte Weisheit predigen, und am Ende erziehe ich doch nach der Reginischen Methode".[1] Sie lässt sich von Gedanken anderer inspirieren, übernimmt diese aber nur insofern als deren Einsichten mit ihren eigenen Überlegungen vereinbar sind. Die von Regine Jolberg initiierten Kinderpflegen und das von ihr gegründete Mutterhaus für Kinderpflege tragen ihre Handschrift; ihre Gedanken und ihre Methoden hat sie darin verwirklicht.

Schon in jungen Jahren, unmittelbar nach dem Tod ihres ersten Mannes, notiert sie einen Satz, der für ihr künftiges Leben richtungweisend wird:

„Unsere Schicksale sind die Fragen, die uns die Vorsehung vorlegt, und unsere Handlungen die Antworten; und im ewigen Wechselgespräch mit dem Höhern gelangt unser Wesen zur einfachen Klarheit dessen, was wir sollen, und die Vorsehung wird zufrieden mit der Antwort."[2]

Das ist noch nicht die Sprache der späteren Pietistin, es ist die der jungen, in der deutschen Romantik beheimateten Jüdin. Später, nach ihrer Konversion und Hinwendung zum Pietismus, ist es dann die Vorsehung Gottes, die alles so

---

1 Martin Gottlieb Wilhelm Brandt, Mutter Jolberg. Gründerin und Vorsteherin des Mutterhauses für Kinderpflege zu Nonnenweier, ihr Leben und Wirken. Erste Hälfte, Barmen 1871, 46 ff.

2 A.a.O., 63.

fügt, dass Schicksal und Handlungen derart ineinander greifen, dass daraus Lebensgeschichte wird.

Regine Jolberg packt zielstrebig die Aufgaben an, die das Leben an sie stellt und verleiht ihren Handlungen zugleich mit den ihr in die Wiege gelegten Gaben einen persönlichen Charakter. In der Terminologie der Sozialpsychologie ausgedrückt, kann die oben zitierte Feststellung Regine Jolbergs auch so umformuliert werden: Unsere Schicksale sind an uns gerichtete Herausforderungen, auf die wir mit unseren Fähigkeiten zum Nutzen unserer Nächsten reagieren können.

Hinter dem ihr eigenen Schicksal steht sowohl für die Jüdin als auch für die Christin Regine Jolberg Gott als Gestalter. Er mutet ihr Schweres zu und fordert sie dadurch zugleich zu den Aufgaben heraus, in deren Erfüllung sie Lebenssinn und Freude erfährt. Ihre Begabungen und Interessen geben die Richtung ihrer späteren Tätigkeit vor, zur Professionalisierung erwirbt sie sich zugleich eigenverantwortlich mit ungeheurer Disziplin und Energie autodidaktisch die erforderlichen Fachkenntnisse.

1. Regine Jolbergs Biografie[3]

Regine Jolberg wird am 30. Juni 1800 als drittältestes Kind des in Heidelberg lebenden jüdischen Gemeindevorstehers David Zimmern und dessen Ehefrau Sara geb. Flörsheim in Frankfurt geboren. Ihr Vater ist in Heidelberg als Bankier und Tuchhändler tätig. David Zimmern und sein Bruder Ludwig Zimmern sind die ersten Juden, denen am 4. Oktober 1808 vom Innenministerium in Baden das Ortsbürgerrecht[4] gewährt wird.

In dem für Bildung aufgeschlossenen Elternhaus kehren weit gereiste Gäste ein, zu denen sowohl Vertreter der jüdischen Emanzipationsbewegung als auch bedeutende Gestalten der deutschen Romantik gehören. Schon früh nimmt Regine an den Gesprächen teil, die sich mit der schwierigen Situation der Juden beschäftigen. Sie äußert sich auch innerhalb ihres Tagebuches und in ihren Briefen dazu.[5] Obwohl ihre Eltern sich streng an die jüdischen Gesetzesvorschriften halten, gewähren sie Kindern in religiöser Hinsicht eine große Freiheit. [6]

Zusammen mit ihren älteren Brüdern wird Regine von Privatlehrern erzogen. Sie erhält Kenntnis von den deutschen und griechischen Klassikern, lernt moderne Sprachen und nimmt auch am Hebräisch-Unterricht ihrer Brüder teil, wird jedoch nicht im Einzelnen in die jüdische Religion eingeführt. Ihre eigenen Äußerungen dazu korrespondieren mit Feststellungen, die Deborah Hertz zur religiösen Erziehung von Jüdinnen im 19. Jahrhundert macht. Hertz bezieht

---

[3] Vgl. Adelheid M. von Hauff, Regine Jolberg (1800-1870). Leben, Werk und Pädagogik. „Das ganze Wesen der Kinderpflege ist Liebe“ (Veröffentlichungen des Diakoniewissenschaftlichen Instituts, 13), Heidelberg 2002.

[4] Vgl. a.a.O., 22 ff.

[5] Vgl. Brandt, Jolberg I, 26 f.

[6] Vgl. a.a.O., 8.

sich auf historische Forschungen, die darüber Aufschluss geben, dass die jungen Frauen der jüdischen Salons sich nicht von ihrem Glauben und ihrer Religion abgekehrt hätten, wenn sie durch eine fundierte religiöse Erziehung intellektuell fester in der Tradition verankert worden wären. Priorität hatte für die Töchter jüdischer Eltern der Unterricht fremder Sprachen und das Erlernen bestimmter Anstandsregeln.[7] Dem entspricht Regine Zimmerns Erziehung vollkommen. Allerdings gäbe es für ihre Eltern auch Alternativen. Es gibt seit 1816 gerade in Heidelberg spezielle religiöse Ansprachen für Mädchen und einen eigenen Schabbat-Gottesdienst für Jungfrauen.[8] Regine Zimmerns Eltern entscheiden sich jedoch dagegen, ihre Tochter in der eigenen religiösen Tradition erziehen zu lassen.

Die erste märchenhaft-romantische Begegnung mit dem Christentum hat Regine durch den Besuch eines Töpfers, bei dem die aus Ton geformten Gestalten der Weihnachtsgeschichte einen tiefen Eindruck auf das kleine Mädchen machen.[9] Als die 13-jährige Regine während ihres zweijährigen Besuchs eines christlichen Pensionats erneut mit dem Inhalt der christlichen Feste konfrontiert wird, kommt ihr erstmals zum Bewusstsein, „dass [sie, A.v.H.] doch gar keine Religion hätte“.[10]

Über ihren Bruder Sigmund Zimmern, der nach erfolgter Taufe bis zu seinem frühen Tod als Professor der Rechte in Heidelberg und Jena lehrt, lernt Regine Zimmern dann ihren ersten Mann, den Juristen Dr. Leopold Neustetel kennen. Obwohl sie kurz vor der Eheschließung in Salomon Jolberg, dem neuen Hauslehrer ihrer jüngeren Geschwister, ihrer großen Liebe begegnet, heiratet sie auf Wunsch des Vaters am 29. August 1821 Neustetel[11] und lebt künftig mit ihm in Hanau, wo dieser als Advokat und Gerichtsprokurator tätig ist. Neustetel stirbt jedoch bald nach der Geburt ihrer beiden Töchter Mathilde und Emma im Jahr 1825.[12]

Regine kehrt danach zurück in Elternhaus. Eintragungen in ihrem Tagebuch weisen darauf hin, dass ihre Religion zu jener Zeit panentheistische Züge aufweist. Sie spricht von „dem Gott, der in dir lebt“[13], wie auch von „unserer inneren Stimme“ oder „der wahren Stimme unseres Inneren“[14], welche die alleinige

---

7 Deborah Hertz, Die jüdischen Salons im alten Berlin, Sonderausgabe, Frankfurt/M. 1988, 22 ff.

8 Vgl. Uri R. Kaufmann, Jüdische Mädchenbildung, in: Elke Kleinau/Claudia Opitz (Hg.), Geschichte der Mädchen und Frauenbildung II. Vom Vormärz bis zur Gegenwart, Frankfurt/New York 1996, 104.

9 Vgl. Brandt, Jolberg I, 6 f.

10 A.a.O., 11.

11 A.a.O., 38.

12 In Regine Jolbergs Biografie wird der 24. Januar 1824 als Todesdatum genannt. Den Nachweis, dass Jolberg im Jahr 1825 verstarb, habe ich in meiner Dissertation erbracht. Vgl. v. Hauff, Jolberg, 36.

13 Brandt, Jolberg I, 43

14 A.a.O., 63.

Richtschnur des Menschen sein soll. Gott ist für sie die ewige Liebe, der sie leben und treu bleiben will und so ihr das nicht gelinge, möge er ihr Schicksale senden, die sie zur Treue zwingen.[15]

Zugleich beschäftigt Regine sich erneut mit dem Christentum. Zusammen mit Salomon Jolberg, mit dem sie erneut Kontakt aufnimmt, verlegt sie ihren Wohnsitz nach Gemmingen und lässt sich in der christlichen Religion unterweisen. Am 18. September 1826 werden die beiden zusammen mit Regines Töchtern aus erster Ehe getauft.[16] Bei der Taufe empfängt Regine den Taufnamen Juliana und Jolberg die Namen Gottfried Theodor. Am 16. November 1826 heiraten Regine Neustetel und Gottfried Theodor Jolberg.[17] In Heilbronn will das Ehepaar eine Privatschule eröffnen; der Plan scheitert jedoch wegen nicht vorhandener Protektionen. Von diesem Zeitpunkt an lässt der Gedanke, sich für die Bildung des einfachen Volkes einzusetzen, Regine Jolberg nicht mehr los.

Kurz hintereinander sterben die beiden Töchter, die sie in der zweiten Ehe geboren hat, und auch Gottfried Theodor Jolberg erliegt 1829 einer langjährigen Krankheit.[18] Zweimal verwitwet, sieht Regine Jolberg nun die wichtigste Aufgabe in der Erziehung ihrer Töchter aus erster Ehe sowie einer Pflegetochter. Sie liest mit Interesse die Schriften der großen Erzieher jener Zeit wie Johann Heinrich Pestalozzi, Jean-Jacques Rousseau und Jean Paul. Trotzdem will sie nicht die Erkenntnisse anderer übernehmen, ihre eigene erzieherische Kompetenz drückt sie in einem Brief an ihren Vater wie folgt aus: „ich richte mich doch nur nach dem, was ich mit ganzer Seele und Verstand erkannt habe; ich will meine Kinder erziehen, und weder Rousseau noch Jean Paul noch Pestalozzi; eine Mutter soll nur Hilfsmittel suchen, aber sie ist die beste Erzieherin."[19] Regine Jolberg nimmt ihre Aufgabe als Erzieherin ernst und formuliert dafür Erziehungsziele, die sie bei ihren Kindern verfolgen will. Sie schreibt: „ich will meine Kinder zu wahren Christen zu erziehen suchen, ihr Herz zu echter Frömmigkeit, ihren Geist mit nützlichen Kenntnissen bereichern, ihren Sinn einfach erhalten, ohne die Eitelkeit des Lebens, frei von den vielen Bedürfnissen; sie sollen auch nur die Süßigkeit des Lebens kennen lernen, soweit sie im Stande sind, sie ohne Kampf zu entbehren; dazu muss der wahre einfache Sinn fest gegründet sein; ihre Seele, ihren Körper will ich möglichst ohne schädliche äußere Einwirkung sich entwickeln lassen, die Kräfte stärken und den Willen frei machen, dass sie ohne sich gezwungen fühlen, das Gute zu erkennen und

---

[15] A.a.O., 91.

[16] Vgl. Taufbuch 1819-1842 der Evangelischen Gemeinde Gemmingen Nr. 26 bis 28.

[17] Vgl. Kirchenbuch der Evangelischen Gemeinde Gemmingen, hier: Ehebuch aus dem Jahr 1826, Nr. 5, 18.

[18] Vgl. KB 102 Totenregister der Leonhardskirche Stuttgart von 1828, 106, 118; Kirchen-Register der Königlich-Württemberg'schen Haupt- und Residenz-Stadt Stuttgart aus dem Jahre 1829, Nr. 54 des Monats Mai.

[19] Brandt, Jolberg I, 47 f.

zu wählen im Stande sind."[20] Diese Erziehungsziele lassen ihre Nähe zur Pädagogik der deutschen Romantik erkennen, zu deren Vertreter der Pädagoge Friedrich Fröbel und der Theologe Friedrich Schleiermacher zu zählen sind. Übereinstimmungen zu Schleiermacher sind unter anderem daran erkennbar, dass dieser wie sie selbst eine dem Kind „nachgehende" und „nicht vorschreibende" Pädagogik propagiert. Wenn Regine schreibt, sie wolle den Körper und die Seele des Kindes sich ohne schädliche Einflüsse von außen entwickeln lassen und die Kinder sollen sich zu nichts gezwungen fühlen, so betont Schleiermacher, die Erziehung müsse dem inneren Entwicklungsprinzip des Menschen folgen und dürfe nichts sein, was von außen auf das Kind einwirke.[21]

Regine Jolberg macht ihren Kindern Angebote, die deren Entwicklung fördern sollen, aber sie zwingt ihre Töchter nicht. Ihre pädagogischen Prinzipien behält sie auch später als Vorsteherin der Bildungsanstalt für Kinderpflegerinnen bei.

In religiöser Hinsicht wendet sie sich immer mehr dem Pietismus zu. Ihr ursprünglich panentheistisches Gottesbild wandelt sich. Sie orientiert sich künftig an der Theologie des Neuen Testamentes und erkennt in Christus ihren Erlöser, dem sie folgen und dienen will. Ihrem Gottesbild entspricht auch ihr Menschenbild, das der Anthropologie des Neuen Testaments nachgezeichnet ist. War sie als junge Mutter der Ansicht, dass Kinder sündlos geboren werden, so geht sie nun davon aus, dass die Sünde mit jedem Kind mitgeboren wird. Allerdings betont Regine Jolberg, die Sünde habe zum Zeitpunkt der Geburt nicht in gleicher Intensität von den Menschen Besitz ergriffen, wie dies im Laufe des Lebens geschieht, wenn die Erziehung dem Mechanismus nicht entgegensteuert. Auf dem Hintergrund dieser Gedanken hat Erziehung für die Pädagogin immer präventiven Charakter. Es muss nicht zum Verderben kommen, wenn Kinder von klein auf mit der christlichen Botschaft konfrontiert werden.

Nachdem Regine Jolberg die Aufgabe, ihre Töchter zu erziehen, weitgehend als beendet ansieht, begibt sie sich auf die Suche nach einer neuen Aufgabe. Ihr Kontakt zu Vertretern des württembergischen Pietismus lässt in ihr den Wunsch heranreifen, Gott in einem christlichen Werk zu dienen. Im Jahr 1840 zieht sie mit ihren Kindern in das badische Dorf Leutesheim bei Kehl und beginnt mit einer Strickschule ihr diakonisches Werk. Nachdem auch die Nachbargemeinden den Wunsch nach einer solchen Einrichtung äußern, ruft sie 1844 die Ausbildungsstätte für Kleinkinderlehrerinnen ins Leben.

Dem Aufbau und der Konsolidierung ihrer Bildungsanstalt widmet sich Regine Jolberg in den kommenden Jahren. Sie bildet Kinderpflegerinnen aus, begleitet die Frauen an ihren jeweiligen Einsatzort, setzt sich dafür ein, dass sie in geeigneten Räumen arbeiten und wohnen können. Ebenso verhandelt sie mit den Gemeinden bezüglich der Arbeitsbedingungen. Dazu gehört, dass

---

[20] A.a.O., 70 f.

[21] Vgl. Friedrich Schleiermacher, Texte zur Pädagogik 2, Michael Winkler/Jens Brachmann (Hg.), Frankfurt/M. 2000, 72.

höchstens 60 Kinder in einer Gruppe sein dürfen und den Frauen ein jährlicher Erholungsurlaub von 6 Wochen zugestanden wird.

Da die „Anstalten für das zarte Kindesalter ... keine Schulen im eigentlichen Sinn des Wortes sein sollen“, will Regine Jolberg die aus ihrem Werk hervorgegangenen Einrichtungen weder Kinderschulen noch Kleinkinderbewahranstalten, sondern Kinderpflegen nennen.[22]

Bedingt durch die Revolution in Baden muss die Bildungsanstalt 1849 nach Langenwinkel umziehen, um dann im Jahr 1851 in einem Schlösschen in Nonnenweier bei Lahr endgültig eine Heimat zu finden. Als die Gründerin am 5. März 1870 stirbt, bestehen 256 von ihr gegründete Kinderpflegen, in denen 282 von ihr ausgebildete Kinderpflegerinnen tätig sind. Johann Hinrich Wichern (1808-1877) würdigt Regine Jolberg anlässlich ihres Todes mit folgenden Worten: „Frau Jolberg hat durch ihr Lebenswerk einen nicht geringen Beitrag zum Bau des Reiches Gottes in der Kinderwelt unserer Tage geliefert“.[23]

Die Protagonistin der Vorschulerziehung in Baden hat mit ihrer Initiative bewiesen, dass sie einerseits eine tief gläubige Frau und andererseits eine berufene Erzieherin ist. Religion und Pädagogik haben das Leben der Frau bestimmt, die an der Not ihrer Zeit nicht vorüberging, sondern sich zur Lebensaufgabe machte, zu deren Linderung beizutragen.

2. Regine Jolbergs Werk[24]

a. Diakonische Initiativen

In der Literatur zur Geschichte der Vorschulerziehung wird die von Regine Jolberg gegründete Institution unter die Diakonissenanstalten subsumiert, die unter dem Einfluss von Theodor Fliedner (1800-1864) entstanden sind. Dies entspricht jedoch nicht der Wirklichkeit. Richtig ist, dass Regine Jolbergs Anstalt zeitlich nach den Einrichtungen in Kaiserswerth entstanden ist. Es handelt sich bei ihrer Gründung um die zweite christliche Ausbildungsstätte für Kinderpflegerinnen in Deutschland. Dazu lesen wir bereits im Vorwort ihres ersten Jahresberichts aus dem Jahr 1846: „da die Sache bei uns noch neu ist, indem unseres Wissens in Deutschland nur in Kaiserswerth am Rhein, unter Leitung des Pf. Fliedner's eine solche Anstalt besteht“.[25] Regine Jolberg hat ihr Werk ohne Beeinflussung Fliedners gegründet, so vermerkt es auch Martin Gerhardt in seiner Fliedner Biografie, wenn er schreibt: „Die erste [Bildungsanstalt für

---

22 Allerdings werden in der Praxis der Gemeinden die verschiedenen Namen wechselseitig gebraucht.

23 Fliegende Blätter aus dem Rauhen Hause zu Horn bei Hamburg v. Dr. Wichern, Hamburg 1870, 139.

24 Vgl. Martin Gottlieb Wilhelm Brandt, Mutter Jolberg – Leben und Werk, Zweite Hälfte, Barmen 1872.

25 Erster öffentlicher Bericht, die Jahre 1844 bis 1846 umfassend und die erste Jahresfeier am 15. Oktober 1846, nebst den Statuten der Anstalten enthaltend, Straßburg 1846, IV.

Kleinkinderlehrerinnen, A.v.H.], die unabhängig von Kaiserswerth ins Leben trat, war die Gründung von Regine Jolberg in Leutesheim in Baden."[26]

Regine Jolberg beginnt ihr Werk vollkommen selbstständig. Innerhalb ihrer Lebensgeschichte markiert die Suche nach einer sinnstiftenden Aufgabe den Beginn ihres Werkes. Dazu bittet sie Gott in einem Gebet, das sie ihrem Tagebuch anvertraut: „lass mich nicht vergebens gelebt haben."[27]

Nachdem sie 1839 ihren Wohnsitz erneut nach Stuttgart verlegt, kommt sie verstärkt mit Vertretern der württembergischen Erweckungsbewegung in Kontakt. Von den Herren werden Regine Jolberg verschiedene Angebote zur Übernahme karitativer Tätigkeiten offeriert. Die Badenerin entdeckt jedoch in keiner der an sie herangetragenen Aufgaben ihren Beruf. Die Ablehnung der verschiedenen Offerten begründet sie damit, dass sie sich ihrem badischen Vaterland verpflichtet fühle. Ihre Berufung erkennt sie dann in einer Tätigkeit, die ihr auf einer Reise nach Straßburg in dem kleinen Dorf Leutesheim begegnet. Die dortige Pfarrfrau Friederike Fink betreut nachmittags die Kinder der Gemeinde und lehrt sie dabei in einer „Strickschule" verschiedene Handarbeiten.

Als Friederike Fink diese Tätigkeit infolge einer Schwangerschaft aufgeben muss, erkennt Regine Jolberg in der Fortführung der Strickschule ihren Auftrag. Bevor sie beginnen kann, muss sie jedoch das Veto ihres Vaters entkräften. Das kleine Dorf im Hanauerland, das von jeglicher Kultur abgeschnitten ist, erscheint David Zimmern als Wohnort für seine aufstrebenden Enkelinnen nicht geeignet zu sein. Als der Vater ganz überraschend dann doch seine Zustimmung gibt, versteht Regine Jolberg dies als ein Zeichen, dass Gott sie in diese Aufgabe berufen habe. Zusammen mit den beiden Töchtern Mathilde und Emma sowie der Pflegetochter Maria Benzing zieht die Frau aus gutbürgerlichem Haus im Sommer 1840 nach Leutesheim. In einem zunächst gemieteten und später gekauften Haus beginnt sie mit der Betreuung der Dorfkinder, die sich tagsüber infolge der mütterlichen Berufstätigkeit weitgehend selbst überlassen sind.

In ihrem vierzigsten Lebensjahr hat Regine Jolberg ihre Profession gefunden. Ein neuer Lebensabschnitt beginnt, sie selbst drückt das mit folgenden Worten aus: „Es gibt in jedem Menschenleben große, entscheidende Abschnitte, wo zwischen Vergangenheit und Zukunft ein hoher Grenzstein sich erhebt, so dass wir wissen, es muss jetzt etwas Neues anfangen, das Alte ist vergangen."[28]

Aus der Strickschule entwickelt sich eine Kleinkinderbewahranstalt, für die Regine Jolberg am 16. März 1843 die behördliche Genehmigung von der Oberschulkonferenz in Karlsruhe[29] erhält. Schon nach kurzer Zeit wird auch von den Nachbardörfern die Bitte um die Einrichtung vergleichbarer Anstalten an sie

---

26 Martin Gerhardt, Theodor Fliedner. Ein Lebensbild II, Düsseldorf-Kaiserswerth 1937, 342.

27 Brandt, Jolberg I, 177.

28 Brandt, Jolberg II, 8.

29 Brief der Oberschulkonferenz vom 16. März 1843, Archiv Nonnenweier Nr. 86.

herangetragen. Regine Jolberg leitet daraus die Notwendigkeit ab, junge Frauen für den Beruf der Kleinkinderpflegerin auszubilden.

Sowohl sozialpädagogische als auch religiöse Motive sind es, die sie dann veranlassen, sich der zum Teil verwahrlosten Dorfkinder anzunehmen und in Folge davon eine Ausbildungsstätte für Kleinkinderpflegerinnen zu initiieren.

Sozialpädagogisch begründet Regine Jolberg die Einrichtung von Kinderpflegen mit der „Notwendigkeit, die aus dem Verfall der göttlichen Ordnung hervorgegangen ist",[30] weil die Kinder vielfach nicht mehr unter der Pflege der Eltern ihre ersten Kinderjahre verleben dürfen. Religiös argumentiert sie mit der Erfordernis „die Kinder, die in dieser bewegten materiellen Zeit wie zerstreute Schafe umherlaufen, unter Gottes Wort zu sammeln."[31]

Sie wird initiativ, indem sie einen Aufsatz schreibt und diesen an den Herausgeber des gerade gegründeten christlichen Volksblattes „Das Reich Gottes" sendet. Darin fordert sie junge Frauen auf, sich zur Ausbildung für den Beruf der Kleinkinderlehrerin zu melden. Sie schreibt: „Darum liebe Schwestern, wo Ihr auch zerstreut im Lande Euch befindet die Ihr nicht an einen Beruf gebunden seid, prüfet Euch, ob Ihr nicht in diesen Kleinen dem Herrn dienen könnt? Es bedarf wirklich nur eines lebendigen Glaubens, um solch ein Werk zu beginnen."[32]

Dass der Glaube allein nicht genügt, sondern durch eine pädagogische Begabung ergänzt werden muss, ist der berufenen Erzieherin schon damals bewusst und so beschreibt sie in den folgenden Ausgaben des „Reich Gottes" differenziert, welche Fähigkeiten vorhanden sein und welche Kenntnisse erworben werden müssen, damit der Beruf der Kleinkinderpflegerin ausgeübt werden kann. Bereits 1847 betont sie, es muss eine „innere Berufung" vorhanden sein, damit den jungen Frauen so viele Kinderseelen anvertraut werden können.[33] Unter dieser inneren Berufung versteht Regine Jolberg eine natürliche Begabung für den Beruf der Erzieherin.

Die Pädagogin beabsichtigt von Anfang an einzig und allein die Gründung einer Ausbildungsstätte für Kleinkinderpflegerinnen Die Konstituierung einer evangelischen Schwesternschaft gehört zu keiner Zeit zur Intention der Gründerin. Sie will kein Amt schaffen, sondern einen Beruf für junge Frauen ins Leben rufen.

Am 13. November 1844 tritt die erste Schülerin, Luise Frick aus Karlsruhe-Durlach, ein. Ihr folgen kurz hintereinander weitere Frauen. Zunächst ergreift Regine Jolberg keine Initiative, um eine offizielle Genehmigung für ihre Schule zu erhalten. Um diese ersucht sie erst infolge einer Anzeige. Mittlerweile ist in badischen Theologenkreisen bekannt geworden, dass Regine Jolberg sich zur Gruppe der Pietisten zählt. Die Gegner dieser religiösen Richtung beabsichti-

---

30 Brandt, Jolberg II, 60.

31 A.a.O., 59.

32 Das Reich Gottes. Christliches Volksblatt für das Rheinland 1844, 87.

33 Vgl. Das Reich Gottes, 1847, 44.

gen, Regines missionarischem Wirken durch eine behördliche Anzeige Einhalt zu gebieten. Die energische Frau lässt sich jedoch dadurch ihren einmal gefassten Plan nicht vereiteln. Einem umfangreichen Schriftwechsel mit zunächst negativen Bescheiden folgt am 24. August 1846 die Mitteilung, ihr Institut bedürfe überhaupt keiner Staatsgenehmigung, da die Schulpflicht der von ihr ausgebildeten Mädchen bereits erfüllt sei.[34]

Die erste Kinderpflege hat zu diesem Zeitpunkt allerdings bereits ihren Anfang genommen; kurz hintereinander folgen vier weitere. Das erste Jahresfest kann am 17. Oktober 1846 in Leutesheim gefeiert werden.

Von Anfang an sieht Regine Jolberg es als ihre Aufgabe an, die jungen Frauen an ihren Dienstort zu begleiten und die äußeren Verhältnisse zu inspizieren, in welche diese kommen. Dabei sucht sie sowohl das Gespräch mit den Müttern der Kinder, um sie auf ihre Verantwortung für die Kinderpflege aufmerksam zu machen als auch den Kontakt mit den zuständigen Ortsvertretern. Obwohl die verantwortlichen Männer vor Ort wenig Verständnis für Regine Jolbergs pädagogische Intentionen zeigen, vertritt sie gerade ihnen gegenüber selbstbewusst ihr Anliegen. Sie muss bei den Gemeinden immer wieder geräumige und für kleine Kinder geeignete Zimmer, Spielplätze im Freien und Spielsachen reklamieren. Ebenso muss sie Gehilfinnen einklagen, wenn die Gruppengröße die Zahl 60 übersteigt. Die Gemeindevertreter gehen bei der Einrichtung von Kinderpflegen von falschen Vorstellungen aus und nutzen nicht selten die Arbeitskraft der jungen Frauen verantwortungslos aus.

Regine Jolberg unternimmt viele Visitationsreisen, sie setzt sich sowohl verbal an Ort und Stelle als auch schriftlich mit den zuständigen Ortsvertretern auseinander. In den ersten Jahren reagiert sie auf Erscheinungen, die der Korrektur bedürfen. Die Ausdehnung des Werkes macht es jedoch notwendig, nicht mehr zu reagieren, sondern zu agieren. Aus diesem Grund werden die ursprünglichen Statuten 1865 durch neue, in Einzelheiten gehende, ersetzt. Es handelt sich bei diesen als verbindlich anzusehenden Vorschriften um Instruktionen, die Fragen beantworten, die im Laufe der zurückliegenden 20 Jahre aufgetreten sind und bislang je einzeln behandelt wurden. Nach der Konsolidierung des Werkes werden sie als verbindlich dokumentiert und publiziert. Bereits 1864 wurden in einem Prospekt die Bedingungen für den Eintritt in die Bildungsanstalt bekannt gegeben. Einige wesentliche Punkte daraus, seien im Folgenden genannt.

- Aus dem Prospekt (1864)

In religiöser Hinsicht wird „ein aufrichtiges Verlangen, dem Herrn Jesu nachzufolgen und alle Kräfte diesem Dienste zu weihen ..." vorausgesetzt.

Als natürliche Gaben müssen „eine gute Gesundheit, Singstimme, Heiterkeit und Sprachfertigkeit" vorhanden sein.

Das Eintrittsalter muss zwischen dem achtzehnten und zweiunddreißigsten Lebensjahr liegen.

[34] Staatsministerialerlass vom 24. August 1846, Archiv Nonnenweier Nr. 74.

Die Ausbildungszeit beträgt „1 bis 2 Jahre", sie endet wenn die Ausgebildete als zuverlässig erachtet wird, um ihr Kinder anzuvertrauen.

Die Aussendung der Kinderpflegerinnen wird dann vom Vorstand des Mutterhauses vorgenommen, wenn in einer Gemeinde „für ein gesundes Lokal, entsprechende Verköstigung, Gehalt, sowie die richtige Zahl der Kinder (50 bis höchstens 60 Kinder für eine Lehrerin ...) gesorgt ist.

Keine Stelle darf eigenwillig verlassen oder gewechselt werden. „Sollte eine veranlasst sein, nach längerem Dienst auszutreten, so wird es ihr nicht erschwert." Die Schwester muss ihren Wunsch drei Monate vorher dem Mutterhaus melden und solange bleiben, bis eine Nachfolgerin gefunden ist.

Gerade der letztgenannte Punkt gewinnt eine besondere Bedeutung, wenn auf Regine Jolbergs Einstellung zur Ehe rekurriert wird. Ganz im Sinne Luthers sieht sie die Ehe als einen von Gott gewollten Stand an. Die Jungfrauenschaft hat für sie gegenüber der Ehe keinen höheren Stellenwert. So schreibt sie an eine Braut: „Die Ehe ist das herrlichste Verhältnis, von unserem Gott schon im Paradiese gestiftet".[35] Und auch wenn sie durch die Verheiratung mancher Schwestern[36] bei der Wiederbesetzung der dadurch vakant gewordenen Stellen in Verlegenheit kam, sah die Vorsteherin der Bildungsanstalt die Eheschließung nach einer angemessenen Dienstzeit nicht „als Untreue gegen den Beruf", sondern als eine „Versetzung in eine ruhigere Lebensstellung" an.[37]

- Aus den Statuten (1865)

Zum Beitrag für den Besuch der Kinderpflegen: Die Bezahlung eines bestimmten Wochengeldes darf nicht zur Bedingung für den Besuch der Kinderpflegen gemacht werden. Allerdings hat sich im Laufe der Zeit herausgestellt, dass „man das höher schätzt, wofür man etwas gibt." Aus diesem Grund soll wöchentlich ein kleiner Betrag – nach Vermögen gestaffelt – bezahlt werden.

Zur Wohnungsausstattung der Kinderpflegerin: Bei ihrem Eintritt muss die Gemeinde ihr eine geeignete Wohnung und die dazugehörigen Möbel zur Verfügung stellen.

Zum Reisegeld: Die Ortsvorstände müssen der Kinderpflegerin das Reisegeld erstatten.

Zum Gehalt: Jährlich muss der Kinderpflegerin mindestens ein Gehalt von 120 Gulden, in Städten gar von 160-170 Gulden bezahlt werden.

Zur Ausstattung der Kinderpflegen: Ein großer freundlicher Raum, ein Platz im Freien und Spielmaterialien sind konstitutiv.

Zur Dienstherrin: Die Kinderpflegerinnen unterstehen direkt dem Mutterhaus. Die Vorstände müssen sich bei Wünschen an diese Institution wenden.

---

[35] Immortellen – Gedanken und Aussprüche von Mutter Jolberg, Nonnenweier bei Dinglingen 1873, Archiv Nonnenwier, 58.

[36] Beispielsweise heirateten in einem Jahr 11 Kinderpflegerinnen. Vgl. Brandt, Jolberg II, 272

[37] Ebd.

Zur Krankheit: Bei Krankheit und in den Ferien muss der Kinderpflegerin ihr Gehalt weiter bezahlt werden, da sie im „Dienst der Gemeinde ihre Gesundheit opfert."

Zu den Konferenzen: Die Gemeindevorsteher müssen den Kinderpflegerinnen gestatten an den vierteljährlichen Konferenzen teilzunehmen.

Zum Urlaub: Jährlich muss ein Urlaub von sechs Wochen gewährt werden. Der jedoch auf Zeiten gelegt werden soll, in denen die Eltern ihre Kinder problemlos daheim behalten können.

b. Vorsteherin der Bildungsanstalt für Kinderpflege

Regine Jolberg ist nach heutigem Sprachgebrauch Schulleiterin, im Sprachgebrauch des 19. Jahrhunderts heißt sie Vorsteherin der von ihr gegründeten Bildungsanstalt für Kinderpflegerinnen. Obwohl ihr seit dem Jahr 1846 ein ausschließlich aus Männern bestehendes Komitee beratend zur Seite steht, tragen alle Entscheidungen bis zu ihrem Tod ihre persönliche Handschrift. Regine Jolberg leistet mit ihrer Bildungsanstalt für Kinderpflegerinnen einen wesentlichen Beitrag zur Emanzipation der Frau. Sie bildet junge Frauen für einen Beruf aus, den es bis dahin noch nicht gegeben hat. Mit ihren Innovationen weist sie weit über ihre Zeit hinaus und doch darf dabei nicht übersehen werden, dass auch diese Protagonistin der weiblichen Berufstätigkeit bezüglich ihrer Einstellung über die Rolle, die Frauen in der Familie zukommt, noch Ambivalenzen erkennen lässt.

Regine Jolberg bildet junge Mädchen für einen Beruf aus und ist doch unterschwellig noch der Meinung, die Frau gehöre in die Verborgenheit des Familienlebens, deren eigentliche Rolle in der dienenden Liebe bestünde, die sie zur Gehilfin des Mannes bestimme. In diesem Sinn äußert sie sich in einem Brief an einen befreundeten Pfarrer, worin sie schreibt: „wenn wir nicht andere Frauen und Mütter bekommen, so ist der Männer Arbeit immer gehindert. Es ist von verschiedenen Stimmen schon über das Weib und ihre Bestimmung geschrieben ..., aber so ein eigentlicher tatkräftiger Ruf, gegründet auf das Wort der Schrift, dass Gott dem Manne eine Gehilfin geben wolle, dass sie eins sein sollen ..., dass der Herr Jesus nicht nur Marthadienst, sondern auch Marien ... will, darauf ist meines Wissens noch nicht hingewiesen."[38]

Zur Wahrnehmung der sozialen Verantwortung darf es gewiss nicht nur „Marias" geben; das erkennt Regine Jolberg an, wenn sie in ihrem Brief weiter ausführt: „Man muss nur danken, wenn es viele solche Marthen gibt."[39] An ihrem Votum wird trotzdem deutlich, dass sie ihre Einstellung bezüglich der von Frauen wahrzunehmenden Aufgaben noch nicht eindeutig geklärt hat. Einerseits ist sie sich dessen bewusst, dass es Aufgaben gibt, die primär von Frauen wahrgenommen werden müssen und die deren Berufstätigkeit erfor-

[38] Brandt, Jolberg II, 164; vgl. Lukas 10,38-42 (Jesu Besuch bei den Schwestern Maria und Martha).

[39] Ebd.

dern. Andererseits ist sie in ihrem Denken aber noch schlechthin einem Frauenbild verhaftet, das in dieser vordergründig die Gehilfin des Mannes erkennt. Für sich selbst hat sie längst realisiert, was sie der Frau allgemein nur zaghaft zugesteht. Ihr Dasein als Witwe prädestiniert sie zu einer Tätigkeit, die der Frau des 19. Jahrhunderts noch nicht allgemein zugestanden wird. Aus dieser Sichtweise ist gewiss auch ihre Einstellung zur Ehe zu betrachten. Wenn sie – wie bereits gezeigt – auch für die Kinderpflegerin den Weg zur Ehe nicht erschwert oder gar ausschließt, so führt sie diese bei einer Verheiratung wiederum ihrer „eigentlichen" Rolle als Ehefrau zu.

Ihre eigene Stellung als Vorsteherin sieht sie entsprechend. Allerdings ist ihr Weg ein umgekehrter. Ihr Dasein als Witwe hat sie veranlasst, nach einer sinngebenden Tätigkeit Ausschau zu halten. In der Gründung und Leitung ihres Werkes hat sie eine solche gefunden. Als Witwe kann sie die Rolle der berufstätigen Frau ohne Einschränkung annehmen und mit den ihr eigenen Begabungen ausfüllen. Zu den Gaben, die sie kennzeichnen gehört eine „fast männliche Energie"[40], mit der sie Leitungsfunktionen wahrnimmt. Über die von ihr auszuführenden Aufgaben äußert sie sich in einem Brief an einen Freund: „Ich gedenke an alle Schulen im Unterland zu reisen, und wenn ein ... Pfarrer zur Einweihung einer Kinderpflege meine Gegenwart wünschen sollte, so gehe ich hin, weil es den schüchternen Mädchen natürlich eine große Erleichterung und ein Trost ist. ... Den Vorteil sehe ich freilich ein ... Hier kann aber ein Mann mehr tun, als eine Frau, und ich glaube, unser Geschlecht soll nie etwas tun auf Kosten des Zartgefühls, und keine soll sich darin eine Ausnahme erlauben, welche Stellung ... sie auch einnehme. ... Ich muss ja ohnehin schon so manches mehr tun als andere Frauen, und nicht alle verstehen, wie es gemeint ist und für wen es geschieht."[41] Regine Jolberg will sich ihrer Aufgabe als Vorsteherin nicht entziehen und die jungen Frauen an ihre jeweiligen Dienstorte begleiten. Und doch klingt es in ihrem Brief so, als müsse sie sich selbst korrigieren, wenn sie im nächsten Satz feststellt, ein Mann könne in dieser Sache mehr tun. Es ist wieder die Ambivalenz, die sowohl ihr Selbstbewusstsein als auch ihr Zurückweichen vor der noch ungewohnten Stellung der Frau ausdrückt. Zugleich kommt auch die Sorge zum Vorschein, ihr Engagement könne von anderen falsch gedeutet werden. Um dem Verdacht der Überheblichkeit zu wehren, fügt sie deshalb an, wem [dem Herrn, A.v.H.] ihr Einsatz gelte.

Noch hat sie Probleme, Begriffe zu gebrauchen, die Tätigkeiten beschreiben, die bislang Männern vorbehalten waren. So schreibt sie an eine Freundin: „Ich war nach Durlach zur Konferenz – verzeihe diesen Ausdruck!"[42] Trotzdem setzt sie gerade dieses von ihr bisher den Männern zugeschriebene Instrument der Konferenz mit Vorliebe ein.

---

[40] Vgl. Brandt, Jolberg II, 76.
[41] Brandt, Jolberg II, 192 f.
[42] A.a.O., 193.

Früh erkennt sie, dass es für die Kinderpflegerinnen vor Ort von außerordentlicher Bedeutung ist, sich mit „Kolleginnen" auszutauschen. Die Besprechungen, die ihre Schwestern in regelmäßigen Abständen durchführen sollen, beinhalten neben dem religiösen Austausch auch das Gespräch über berufsbedingte Probleme und die kooperative Suche nach Lösungswegen. Sie sieht dabei vor, dass die Frauen, die in benachbarten Orten tätig sind, sich monatlich zum Gedankenaustausch treffen. Daraus entwickeln sich zusätzlich noch Regionalkonferenzen, bei denen sich die Kinderpflegerinnen eines größeren Gebietes vierteljährlich treffen. Bei diesen Versammlungen ist Regine Jolberg häufig selbst zugegen. Eine für alle als verbindlich anzusehende Konferenz findet regelmäßig bei den Jahresfesten statt.

c. Bildungsanstalt – nicht Diakonissenhaus

Regine Jolberg ist die Leiterin der Bildungsanstalt und will als solche zugleich für die jungen Frauen Mutter sein. So lässt sie sich auch ansprechen. Die Kinderpflegerinnen wie auch ihre eigenen Töchter werden Schwestern genannt. Dieser Terminus soll dokumentieren, dass alle zusammen eine Familie bilden. Obwohl die Bezeichnung „Schwester" häufig synonym mit dem Begriff Diakonisse gebraucht wird, gehören die jungen Frauen in der Ausbildungsstätte von Regine Jolberg zu Lebzeiten der Gründerin diesem Stand nicht an.

Um dies zu verdeutlichen, sei im Folgenden ein Blick auf die Differenzen zur Diakonissenanstalt in Kaiserswerth geworfen. Als Regine Jolberg ihre Ausbildungsstätte in Leutesheim gründet, hat sie die Absicht, sich für die christliche Volkserziehung einzusetzen. Die Frage nach einer geordneten „Schwesternschaft" wird von ihr nicht gestellt. Sie will junge Frauen befähigen, sich für die Bildung und Erziehung der Landbevölkerung einzusetzen. In ihrem Haus gibt es im Gegensatz zu der Diakonissenanstalt in Kaiserswerth auch keine mit der „Hausordnung und Dienstanweisung für Diakonissen"[43] vergleichbare Vorschrift. Allerdings gibt es seit 1846 so etwas wie „Hausregeln". Innerhalb der kleinen Hausgemeinschaft wird beschlossen, eine Hauschronik anzulegen, ihr werden „Regeln für das Zusammenleben innerhalb der Hausgemeinschaft" vorangestellt, sie werden hier „Hausregeln" genannt. Diese Regeln werden von der Hausmutter nicht angeordnet, sondern von der kleinen Hausgemeinschaft demokratisch beschlossen, so dass sie von den gegenwärtigen und künftigen Aspirantinnen mitgetragen werden können.

Es werden hier nur die Punkte sechs bis acht angeführt:

„6. Alle versprechen, alles Mögliche beizutragen, damit Eintracht, Versöhnlichkeit und Friede mitten unter uns sein könne.

7. Zu diesem Zwecke müssen die älteren Schwestern, älter an Erkenntnis, nicht an Jahren, die jüngeren mit Sanftmut und Liebe unterweisen, sie nie anschnurren, sondern sie mit Langmut, Geduld und herzlichem Erbarmen tragen, wie der Herr uns täglich trägt.

---

[43] Vgl. Gerhardt, Fliedner II, 83.

8. Die Jüngeren hingegen sollen sich belehren lassen, nicht alles schon wissen wollen, nicht widersprechen und murren, sondern fein stille und demütig sein, auch wenn ihnen einmal Unrecht geschähe, und dankbar sein gegen die, die sie belehren und fördern."

Am Ende heißt es: „Es ist also eine freiwillige Übereinkunft, was wir hier niedergelegt haben; aus Liebe soll jedes ihm nachkommen. Die Vorsteherinnen sind in nichts ausgenommen, im Gegenteil, sie sind in allem verpflichtet, voranzugehen".[44]

Im Gegensatz zu der Anstalt in Kaiserswerth steht hier am Anfang keine Hausordnung, die von allen, die eintreten, unterschrieben werden muss. Nicht Gehorsam um jeden Preis, sondern Unterordnung aus Liebe ist der Tenor der Vereinbarungen.

Von Theodor Fliedner wird gerade die in Nonnenweier nicht vorhandene Dienstanweisung gerügt. Er schreibt im „Armen- und Krankenfreund": Doch ist keine völlige Schwesternschaft organisiert, ... Die Anstalt bietet den Schwestern nicht genug Halt für die Zukunft. ... Die Anstalt gibt keine Versorgung fürs Alter, daher kann sie auch das Schwestern-Band nicht fest genug für sie zusammenziehen, keine gemeinsame Hausordnung streng handhaben, und die Verbindung bleibt eine zu lose, zu willkürliche."[45]

Johann Hinrich Wichern äußert sich ganz anders zu dem Werk Regine Jolbergs. Obwohl auch er zunächst in den „Fliegenden Blättern" schreibt, er vermisse ein corporatives Band, das die Schwestern verbindet und sie zu einer Schulschwesternschaft, ähnlich wie die Diakonissen („deren ganze Einrichtung man nicht grade nachzubilden nötig hätte") vereinigt[46], würdigt er die Anstalt in Nonnenweier 1870 anlässlich des Todes von Regine Jolberg mit folgenden Worten: „das Bedeutsamste aber in diesem Werke ist nicht bloß, dass sie mit geringen Mitteln so Großes, namentlich für das südwestliche Deutschland geleistet, sondern, und das ist bis jetzt sehr wenig erkannt und anerkannt, dass sie eine Schwesternschaft in einer freien Weise, d.h. ohne die strammen Formen des Diakonissentums ins Leben gerufen und in großem Umfange durchgeführt hat."[47]

Zu den Besonderheiten, durch die sich Regine Jolbergs Werk von der Diakonissenanstalt in Kaiserswerth unterscheidet, gehört auch, dass ihre Kinderpflegerinnen von Anfang an allein ausgesandt werden, allerdings soll den Frauen

---

44 A.a.O., 69 f.

45 Armen- und Krankenfreund 1855, Mai/Juni, Kaiserswerther Zeitschrift für die weibliche Diakonie der evangelischen Kirche, 12. – Die Versorgung im Alter und in Zeiten der Krankheit wird im Jahr 1917 zum Anlass, dass auch die Bildungsanstalt in Nonnenweier dem Kaiserswerther Verband beitritt und dadurch zu einem Diakonissenhaus wird. Vgl. Das Mutterhaus 1918, 6.

46 Vgl. Fliegende Blätter aus dem Rauhen Hause zu Horn bei Hamburg, Zwölfte Serie, Hamburg 1855, 17.

47 Fliegende Blätter, Siebenundzwanzigste Serie, Hamburg 1870, 139.

eine Helferin zugeordnet werden, wenn die Anzahl der Kinder die Zahl 60 überschreitet. Unterschiede gibt es ebenso bezüglich der von den Anwärterinnen einzugehenden Verpflichtungen. Alle Absprachen, die Regine Jolberg mit den jungen Frauen trifft, sind mündlicher Art; in Kaiserswerth muss alles schriftlich besiegelt werden.

Vieles ändert, sich als die von Regine Jolberg ins Leben gerufene Bildungsanstalt unter ihrer zweiten Nachfolgerin, Ida Höflin, im Jahr 1917 dem Kaiserswerther Verband beitritt. Seit 1919 trägt die Einrichtung den Namen „Diakonissenhaus Nonnenweier". Mit dem Beitritt ändert sich die Leitungsstruktur der Anstalt dahingehend, dass, entsprechend den Grundordnungen der zur Kaiserswerther Generalkonferenz verbundenen Diakonissenhäuser,[48] der Hausvorstand von einem Pfarrer als Vorstand und einer Oberin als Vorsteherin gebildet wird. Diese strukturelle Änderung hat jedoch eine tiefgreifendere, die ursprüngliche Absicht der Gründerin betreffende Neuerung zur Folge. Ihr ausdrücklicher Wunsch war es, die Leitung des Hauses in weiblichen Händen zu belassen. Dem Jahresbericht von 1918 ist zu entnehmen, dass dies auch denjenigen bekannt war, die dem Beitritt zum Kaiserswerther Verband 1917 aus rein pragmatischen Gründen zustimmten. Der damalige Inspektor Barner schreibt darin: „Mutter Jolberg schwebte bei der Gründung unserer Anstalt weniger das Bild eines Mutterhauses für Schwestern als das einer Ausbildungsstätte für Kinderpflegerinnen, eines Seminars vor Augen, daher die von den Diakonissenmutterhäusern etwas verschiedene Organisation unseres Hauses. ... Die Entwicklung der letzten 25 Jahre ging nun gerade dahin, dass sich der Mutterhauscharakter ... immer mehr durchsetzte."[49]

Es sind rein pragmatische Gründe, die Versorgung der Schwestern betreffend, die den Beitritt zum Kaiserswerther Verband als sinnvoll erscheinen lassen, wie es bereits in der Abschrift des Protokolls einer Verwaltungsratsitzung aus dem Jahr 1916 heißt: „Aus verschiedenen Gründen, namentlich auch wegen der dann möglichen Befreiung von der Angestelltenversicherung, erscheint dieser Anschluss wünschenswert."[50] Dem Wohl der Schwestern soll der Beitritt dienen, die ursprüngliche Absicht der Gründerin aber geht damit verloren.

Auch wenn Regine Jolberg kein Diakonissenhaus gründete, ist die Absicht, die sie mit ihrem Werk verfolgte, eine diakonische. Darauf sei abschließend noch durch den Blick auf die Gründung einer vergleichbaren Einrichtung hingewiesen.

---

48 Vgl. Grund-Ordnungen der Kaiserswerther Generalkonferenz verbundenen Diakonissen-Mutterhäuser (von der Generalkonferenz der Mutterhäuser am 18. und 19. September 1901 anerkannt), Nowawes, 25. August 1917.

49 Das Mutterhaus 1918, 5 f.

50 Abschrift des Protokolls der Verwaltungsratssitzung vom 23. Januar 1917.

d. Die besondere – diakonische – Absicht Regine Jolbergs

Nahezu zeitgleich mit Regine Jolberg gründet der Pädagoge Friedrich Fröbel (1782-1852)[51] sowohl den deutschen Kindergarten als auch eine Ausbildungsstätte für Kindergärtnerinnen. Beide Personen gründen somit vergleichbare Einrichtungen und doch unterscheiden diese sich grundlegend in der Absicht, die zu ihrer Entstehung führt.

Friedrich Fröbel will Menschen erziehen. Seine Motivation ist eine rein pädagogische, die von ihm transzendental-philosophisch begründet wird. Die soziale Not der Menschen des 19. Jahrhunderts interessiert ihn bei der Einrichtung seiner Institutionen so gut wie überhaupt nicht. Im Gegensatz dazu liegt den Gründungen Regine Jolbergs eine religiös-soziale Motivation zugrunde. Sie nimmt die soziale Not ihrer Zeit wahr. Die Gefährdung der sich selbst überlassenen Kinder veranlasst sie, dieser entgegenzuwirken. Gewiss will sie darüber hinaus auch Menschen bilden. Sie will der einfachen Landbevölkerung zu der Bildung verhelfen, durch die diese instand gesetzt wird, der Not selbständig entgegenzuwirken. Regine Jolberg will den Bauern, die für die Grundnahrungsmittel der Stadtbevölkerung verantwortlich sind, in religiöser und praktischer Hinsicht soziale und pädagogische Hilfestellung geben.

Die Kinder, die sich vielfach selbst überlassen sind, sollen gepflegt werden, damit sie nicht „wie zerstreute Schafe umherlaufen".[52] Die Berufstätigkeit der Mütter, sei dies in der Landwirtschaft oder in der Fabrik, ist ursächlich für die Gefahren, denen die Kinder an Leib und Seele ausgesetzt sind. In Kinderpflegen soll den Eltern die Sorge um ihre Kinder abgenommen werden, indem sie für einige Stunden des Tages stellvertretend und professionell betreut werden.

Ihre religiös und sozialpädagogisch begründete Absicht stellt Regine Jolberg in die Linie der Gründergestalten, die im 19. Jahrhunderten diakonische Einrichtungen deshalb initiierten, weil sie die Not der Zeit erkannten und aktiv wurden, um diese zu lindern. Indem Regine Jolberg als alleinstehende Frau initiativ wurde und sich auch durch vielerlei Widerstände nicht von ihrem Vorhaben abbringen ließ, hat sie einen wesentlichen Beitrag sowohl zur Berufstätigkeit der Frau als auch zu deren Emanzipation geleistet. Sie hat aber – ohne je ein Lehrbuch geschrieben zu haben – gleichfalls Bedeutendes als Pädagogin geleistet. Darauf einzugehen, würde den Rahmen dieses Textes sprengen; sie mit dem für sie selbst wesentlichsten Gedanken sprechen zu lassen, darf jedoch nicht versäumt werden.

---

[51] Zu einem ins Detail gehenden Vergleich der Gründungen Regine Jolbergs und Friedrich Fröbels vgl. Hauff, Jolberg, 235-265; Hauff, Regine Jolberg als Protagonisten der Vorschulerziehung im 19. Jahrhundert. Parallelen und Differenzen innerhalb ihrer Konzeptionen, in: Arnd Götzelmann (Hrsg.), Diakonische Kirche. Anstöße zur Gemeindeentwicklung und Kirchenreform. Festschrift für Theodor Strohm (Veröffentlichungen des Diakoniewissenschaftlichen Instituts 17), 99-110.

[52] Brandt, Jolberg II, 59.

Im Zentrum der Pädagogik[53] Regine Jolbergs steht die Liebe zum Kind. Sie ist das untrügliche Kennzeichen, ob eine Erzieherin noch am rechten Platz steht. In einem Rundbrief an die Kinderpflegerinnen schreibt sie:

„Die Liebe ist ... die beste Erzieherin und Lehrerin. ... legt euer Amt nieder, wenn die Liebe erloschen ist.“[54]

---

[53] Zur Pädagogik Regine Jolbergs vgl. Hauff, Jolberg; Adelheid v. Hauff, Regine Jolberg: Eine Frau der badischen Diakoniegeschichte. Jüdin – Christin – Pietistin, in: Beiträge Pädagogischer Arbeit. Gemeinschaft Evangelischer Erzieher in Baden 45. 2002, 1-25.

[54] Das Mutterhaus für Kinderpflege in Nonnenweyer bei Lahr, das Jahr 1856 bis 1857 umfassend, und die zwölfte Jahresfeier am 13. August 1857 beschreibend, Straßburg 1857, 16.

Gerlinde Viertel

Mathilde Gräfin von der Recke-Volmerstein (1801-1867)

Mathilde von der Recke-Volmerstein. Aufnahme von 1866.

Mathilde Gräfin von der Recke-Volmerstein, geb. Gräfin von Pfeil und Klein-Ellguth, ist nur wenigen bekannt, obwohl sie zweifelsohne zu den „starken frommen Frauen"[1] zählt, die die Geschichte der Diakonie im 19. Jahrhundert mitbestimmt haben. Sie muss zusammen mit Elizabeth Fry genannt werden, mit Friederike Fliedner und Amalie Sieveking, wenn auch ihr Wirkungskreis lokal begrenzt blieb. Neben ihrem Mann, dem Grafen Adelberdt von der Recke-Volmerstein (1791-1878), hat sie seit 1827 Geist und Leben in der von ihm 1822 gegründeten Rettungsanstalt für „verwaiste und verwahrloste Kinder" in Düsselthal bei Düsseldorf mitgeprägt. (Das erste deutsche Rettungshaus hatte der Graf noch gemeinsam mit seinem Vater, Graf Philip, 1819 in Overdyck bei Bochum gegründet.)[2] Sie hat die Aufbrüche in der Frauendiakonie mit eingeleitet, aber weder Öffentlichkeit noch Forschung haben bisher davon Kenntnis genommen. Ohne den von ihr geleisteten Einsatz jedoch könnte die bis heute in verschiedenen diakonischen Bereichen tätige Graf-Recke-Stiftung in Düsseldorf nicht auf eine so lange Geschichte zurückblicken.

Die folgenden Darlegungen sind als kurze biografische Würdigung gedacht; in diesem Rahmen können gesamtgesellschaftliche Entwicklungen (leider) nicht berücksichtigt werden.[3]

Mathilde wird am 28. Juli 1801 als älteste Tochter des Grafen Friedrich Ludwig von Pfeil und Klein-Ellguth (1769-1844) und der Gräfin Emilie geb.

---

[1] Vgl. Peter Zimmerling, Starke fromme Frauen, Gießen ^{3}1999; vgl. auch Ute Gause/Barbara Heller/Jochen-Christoph Kaiser (Hg.), Starke fromme Frauen? Eine Zwischenbilanz konfessioneller Frauenforschung heute (Hofgeismarer Protokolle 320), Hofgeismar 2000.

[2] Vgl. Gerlinde Viertel, Anfänge der Rettungshausbewegung unter Adelberdt Graf von der Recke-Volmerstein (1791-1878). Eine Untersuchung zu Erweckungsbewegung und Diakonie (Schriften des Vereins für Rheinische Kirchengeschichte 10), Köln 1993.

[3] A.a.O., 18-50.

Gräfin Reichenbach-Goschütz geboren. Ihre Familie, 1786 durch Friedrich Wilhelm II. in den Grafenstand erhoben, gehörte dem schlesischen Landadel an. So wächst die junge Gräfin in evangelisch-preußische Adelskreise hinein, jedoch weitab vom Hof und dem Getriebe der Städte.

Während die Mutter vom Rationalismus geprägt ist, kennzeichnet den Vater eine vom Herrnhutertum beeinflusste erweckliche Frömmigkeit. Gleichzeitig mit Friedrich Daniel Schleiermacher besuchte er das Pädagogium in Niesky. Seit 1768 waren die Großeltern väterlicherseits Mitglieder der Gnadenfreier Brüdergemeine. Bereits der Urgroßvater, Landrat von Nimptsch, gehört dem Gründungskomitee von Gnadenfrei (1743) an.[4] Nach dem Tod des Großvaters, des Grafen Karl Friedrich v. Pfeil (1735-1807), bewirtschaften Mathildes Eltern das seit Jahrhunderten in Familienbesitz befindliche Gut Kleutsch in Schlesien, unweit von Gnadenfrei gelegen, das der Vater jedoch 1820 verkauft. Hier wird das Kind von einer Gouvernante und – gemeinsam mit ihren Brüdern – von Hauslehrern unterrichtet, bis es 1812 in die erste Klasse der 1791 gegründeten herrnhutischen Mädchenanstalt in Gnadenfrei eintritt. Geprägt durch ein christliches Elternhaus, erfährt Mathilde unter dem zunehmenden Einfluss der Brüdergemeine eine „das ganze Leben umgreifende Frömmigkeit“,[5] die ihr gemeinschaftsstiftendes Zentrum in Jesus hat. Ein Leben lang schöpft sie Kraft und Hoffnung aus der Erinnerung an die jährlich stattfindenden Auferstehungsfeiern auf dem Gnadenfreier „Gottesacker“, wo ein hundertstimmiger Chor, begleitet von Posaunen, den österlichen Sonnenaufgang begrüßte. Der sonntägliche Kirchgang, Gebet, Bibellektüre, die Lesung der Herrnhuter Losungen bestimmen ihr Leben. Tägliche Selbstprüfungen wie das abendliche Aufspüren ihrer „Schwächen“, die sie in Bekenntnissen ihrem Sündenheiland entfaltet, füllen die Seiten der Tagebücher. Durch den Umzug nach Wildschütz bei Breslau gewinnt der zu den Erweckten zählende Professor Johann Gottfried Scheibel (1783-1843) in Bibelstunden und persönlichen Gesprächen Einfluss auf die Spiritualität der jungen Frau.

Auf einer Bildungsreise besucht Mathilde den bekannten, von der Aufklärung geprägten Pädagogen Philipp Emanuel Fellenberg (1771-1844) in Hofwyl bei Bern und lernt seine verschiedenen renommierten Schulen kennen. Hier erhielt auch ihr späterer Mann, Adelberdt Graf von der Recke-Volmerstein, 1812/13 eine Ausbildung.[6] Sie besichtigt die international bekannte Heimschule in Iferten (Yverdon), wo Johann Heinrich Pestalozzi (1746-1827) versuchte, seine pädagogischen Grundsätze bei der Erziehung von ca. 150 Kindern wohlhabender Eltern in die Praxis umzusetzen; danach findet sich folgender kritische Eintrag im Reisetagebuch der Neunzehnjährigen:

---

[4] Vgl. Gerhard Meyer, Gnadenfrei. Eine Herrnhuter Siedlung des schlesischen Pietismus im 18. Jahrhundert, Hamburg 1943, 100 ff., 127.

[5] Dietrich Meyer, Art. Brüderunität/Brüdergemeine, in: TRE VII, Berlin/New York 1981, 230.

[6] Vgl. Rettungshausbewegung, 58 ff.

„Dieser brave, ehrwürdige, freundliche Alte stiftet durch seine Erziehungsmethode sich einen großen Namen und wird als wahrer Wohltäter der Menschheit verehrt; allein es mißfiel mir sehr die große Confusion und Unreinlichkeit, die hier zu herrschen und die mir besonders für die zur Erziehung bestimmten jungen Mädchen von üblem Eindruck scheint."[7]

Unverkennbar treten in dieser Beurteilung die Erfahrungen eigener Sozialisation zutage, vor allem die Erkenntnis, dass der Erziehung zu „Ordnung und Sauberkeit" ein hoher Stellenwert in der Lebensführung einzuräumen ist. Mit Blick auf die spätere Arbeit der Gräfin als Anstaltsmutter für verwahrloste Kinder bleibt diese Einsicht wichtig.

Auf dem elterlichen Gut in Wildschütz erwirbt sich Mathilde grundlegende Kenntnisse in der Ökonomie. Zugleich sorgt sie sich um die Bauern der Umgebung, deren Frauen sie mit Rat und Tat zur Seite steht. Wie viele Erweckte sammelt sie einen Kreis von Freundinnen um sich zum Austausch innerer Erfahrungen; und was lag näher, als die „erhebenden" Berichte von Missionsfeldern und anderen diakonischen Aktivitäten gemeinsam zu bedenken? Dazu zählten auch Nachrichten aus den Rettungshäusern in Overdyck und Düsselthal. Zur Unterstützung dieser Anstalten organisiert der Kreis Geldsammlungen und verfertigt Geschenke zugunsten der alljährlichen Lotterie in Düsselthal.

Auf einer seiner Kollektenreisen begegnet (1825) Adelberdt Graf v.d. Recke Gräfin Mathilde. Nur wenige Stunden dauert das Zusammentreffen. Beim Abschied bittet er die junge Frau, ihm ihre Tagebücher zu überlassen.[8] Sie willigt ein, da sie sich von ihm, dem „Erweckten" und verehrten Wohltäter verlassener Kinder, geistlichen Rat „auf ihrem Weg zur Heiligung, zu Gott" erhofft.[9] Die Eintragungen in diesen Tagebüchern offenbaren dem Grafen eine tiefe Seelenverwandtschaft. Auf Grund der Lektüre reift in ihm die Überzeugung, den Entschluss, zölibatär zu leben, aufzugeben und um die Hand Mathildes anzuhalten. Es war nicht ausschließlich die Annahme gemeinsamer Glaubensüberzeugung, die diese Sinnesänderung bewirkte; in einem Schreiben an seinen Vater nennt er folgende Heiratsmotive:

„So sehe ich es jetzt nach ernstlicher Prüfung vor dem Herrn ein, daß es nicht allein für mich, sondern ganz besonders für meine ganze Anstalt von Nutzen und Segen wäre, wenn ich eine Frau hätte, die wie meine geliebte

---

7 In: Erinnerungen aus dem Leben der Gräfin Mathilde von der Recke-Volmerstein, geb. Gräfin von Pfeil und Klein-Ellguth, Dame des Louisenordens, II,1, hg. von deren Tochter Maria, Breslau 1873, 19.

8 Rebekka Habermas macht darauf aufmerksam, dass Briefe und auch Tagebücher in der damaligen Zeit keinen intimen Charakter besaßen, dass sie zumindest „semi-öffentlich", also durchaus zur Lektüre im Familienkreis oder für andere Gleichgesinnte geschrieben und z.T. zur Weitergabe abgeschrieben wurden. Vgl. Rebekka Habermas, Frauen und Männer des Bürgertums. Eine Familiengeschichte (1750-1850), Göttingen 2000, 25, 276 f.

9 Erinnerungen, 43.

Mutter die Seele des Hauswesens sein könnte. Ja, meiner Hauswirthschaft fehlt das Oberhaupt ... An Pastor D. (Carl August Döring, G.V.) in Elberfeld sah ich, wie betrübend ein Hagestolz seine Tage und besonders die der Krankheit ohne alle Pflege hinbringen muß. Auch mir steht das gleiche Los bevor, da auch ich meiner Krankheit halber viel Pflege bedarf ... Ich bat also den Herrn wiederholt, mir klar zu machen, ob Mathilde Gräfin von Pfeil die für mich bestimmte sei."[10]

Mit dieser traditionellen Sicht auf die Ehefrau als Ersatzmutter, Pflegerin, Hauswirtschafterin und Organisatorin kann von einer Neigungsehe, geschweige von einer Liebesheirat, kaum die Rede sein.

Stehen in dem vorgestellten Brief handfeste persönliche Bedürfnisse im Vordergrund, so zeigt der Werbebrief an die Auserwählte noch andere Aspekte und Akzentuierungen:

Der Graf apostrophiert sie als das ihm „von Gott zugewiesene, ... teure Schwesterchen" und mahnt sie, sich auf das ihr bevorstehende wichtige „Amt im Haushalt Gottes" würdig vorzubereiten. Als „Mutter von 375 Menschen", die sie zu „regieren, leiten und führen" habe, sei es unerläßlich, in der Allgegenwart des Herrn zu leben", Gott „nie aus den Augen des Geistes (zu) verlieren." Emphatisch fährt er fort: „Haben Sie dazu aber nicht den ernsten Willen, ach, dann bleiben Sie fern von Düsselthal, dann können Sie mich nicht glücklich und ich Sie nur unglücklich machen. Eine Frau, die nicht in Christo lebt und in ihm nicht ihr höchstes Glück sucht, kann mich nie beglücken, kann, anstatt ein Engel für mich zu sein, nur ein Teufel sein. Ist eine Eheverbindung von großem Einfluß auf das Reich Gottes, so ist es die meinige ..." Der Graf bittet Mathilde um möglichst baldige Entscheidung und Antwort. „Ich eile, denn Gott hat es mir wichtig gemacht zu eilen, indem er mir gezeigt hat, daß ich in meinem so sehr großen Haushalte einen mir näherstehenden Vorstand bedarf, und dadurch hat er mich zum Heiraten geneigt gemacht, wovon ich früher ein Feind war."[11]

Empfindet Recke doch mehr als Sympathie? Die „Liebe", die hier angesprochen wird, meint keine individuelle, sinnliche Anziehung zwischen den Brautleuten, sondern eher eine geschwisterliche, entsexualisierte, die ihren Bezugspunkt in Gott hat. Will Mathilde – so Adelberdts Belehrung – seine Zuneigung, Treue und Achtung dauerhaft erwerben, so muss sie ihr „höchstes Glück" bei Christus suchen. Nur aus der Einheit mit Christus kann ihre Liebe zu ihm erwachsen, Gefühle sind nicht ausschlaggebend für ihre Verbindung.

Keinen Gedanken verschwendet er an ihre künftige Ehegemeinschaft, geschweige denn an einen familiären Privatraum, wie ihn seine Braut sich vielleicht erträumt. Nur seine eigenen Bedürfnisse und die seiner Anstalt vereinnahmen sein Denken und sind zu befriedigen. Die ihr zugedachte Rolle

---

[10] Karl Schöpff,/Walter Vogel, Ein Menschenfreund, Adelberdt Graf von der Recke von Volmerstein, Gütersloh 1922, 194.

[11] A. Graf v.d. Recke an M. Gräfin Pfeil, Auszug aus dem mehrseitigen Werbebrief vom 30. Juni 1826, in: Schöpff/Vogel, 197 ff.

ist jedoch keine passive, nicht die der Unterwürfigen, vielmehr weist er ihr einen eigenständigen Arbeitsbereich zu, der nicht annähernd mit dem traditionellen, auf die Familie beschränkten, zu vergleichen ist. Sie soll Vorsteherin der gesamten Hauswirtschaft sowie der Mädchenanstalt Düsselthals werden, während er weiterhin als Vorsteher für die Knabenanstalt und Verwaltung zuständig bleibt. Ganz offensichtlich sucht der Graf eine ebenbürtige, selbstständig denkende und handelnde Partnerin, eine Art Ergänzung für seine Persönlichkeit und sein Werk, das dem Bau des Reiches Gottes auf Erden dienen soll. Hier zeigt sich eine geschlechtsspezifische – sich komplementär ergänzende – Aufteilung der Arbeitsbereiche, wie sie sich seit Beginn des 19. Jahrhunderts im Bürgertum herausbildete.

Wie reagiert die Gräfin auf diesen keineswegs ermutigenden Brief? Des Grafen Bitte entsprechend antwortet sie postwendend:

„Was soll ich für einen hohen, herrlichen Wirkungskreis ausfüllen an Ihrer Seite, mein teurer Adelberdt, für das Reich Gottes auch mein kleines Scherflein beitragen und in Liebe treu dienen meinem Erlöser; daß dieses Heil mir widerfahren soll, ist die Freude, aber nicht ohne Bangigkeit; denn wie werde ich den Platz ausfüllen? Hätte ich nicht so festes Vertrauen zu meinem Gott, daß, da er mich einmal auf so einen Platz stellt, er mir auch die Kräfte verleihen wird, ihn seiner würdig auszufüllen, und dabei Vertrauen in Ihre treue Liebe und Geduld, die mich halten und kräftig anleiten und ermuntern wird, wo ich Stütze und Anleitung bei meiner Schwäche bedarf: wahrlich ich könnte nicht mit froher Zuversicht in die Zukunft sehen! ...; an Eifer und Liebe soll es nicht fehlen, das zu werden, was mein Adelberdt so mit Recht zu fordern hat. Gott möge mich nur kräftigen, durch ihn wird man ja mächtig!“[12]

Man hätte eine eher verhaltene Reaktion erwartet, stehen doch der Braut mit dieser Eheschließung härtere Veränderungen bevor, als sie Frauen aus Adelskreisen in jener Zeit gemeinhin zugemutet werden konnten. Zweifellos resultiert ihre Sympathie, ja bedingungslose Bewunderung für den Grafen und seine im Glauben wurzelnde aufopferungsvolle Arbeit mit verwahrlosten Kindern und Waisen bereits aus der Zeit vor ihrer bislang einzigen persönlichen Begegnung. Die Gräfin kann sich mit den Erwartungen, die der Graf in sie setzt, identifizieren. Auch sie versteht ihre Eheschließung als Berufung zur Mitarbeit am Reich Gottes, der private Interessen und Annehmlichkeiten unterzuordnen bzw. zu opfern sind.

Während Adelberdt davon überzeugt ist, dass alles, was er unternimmt, durch Gottes Führung gerechtfertigt ist, findet sich bei Mathilde eine zumeist kritische Einschätzung der eigenen Person und Leistung. Dennoch ist sie zuversichtlich: Im Vertrauen auf ihren Heiland, der sie als Mitarbeiterin in seinen Dienst stellen will, traut sie sich nicht nur zu, ihre Heimat und gesellschaftlichen Kreise zu

---

[12] Auszug aus dem Antwortschreiben der Gräfin vom 10. Juli 1826, in: Schöpff/Vogel, 199 ff.

verlassen, sondern ebenso die vor ihr liegenden Anforderungen zu meistern: Berufung in ein weitgehend unerschlossenes Berufsfeld; ablehnen hieße Christus verleugnen.

Vorangegangen ist der Korrespondenz eine interfamiliäre Konsultation hinsichtlich der materiellen Grundlagen für die ins Auge gefasste Ehe. In der Tat sind die finanziellen Mittel auf beiden Seiten so gering, dass Eltern und Geschwister Adelberdts an der Hochzeit nicht teilnehmen können. In aller Stille wird das Paar 1826 von Professor Scheibel getraut.

Wusste Mathilde tatsächlich, worauf sie sich einließ? An Vorbildern für ihren sozialen Tätigkeitsbereich und an entsprechenden Erfahrungen konnte sie sich nicht orientieren. Eine Einrichtungsdiakonie in unserem heutigen Verständnis begann sich ja gerade erst anzubahnen – im Rahmen der Erweckungsbewegung und als Antwort auf die Verarmung und Entrechtung weiter Kreise, einer Massenverelendung im Gefolge der Befreiungskriege sowie der unzureichend durchgeführten Stein-Hardenbergschen Reformen.

Eine dem Grafen wohlgesonnene Kennerin der Düsselthaler Verhältnisse beurteilte diese damals skeptisch, doch realistisch: „Diese unaussprechliche Armut, lauter kranke Gesichter und Mangel an Hilfe. Er [A. Graf v.d. Recke, G.V.] selbst schreibt, daß er den ganzen Sommer krank gewesen; die Frau muß ein Engel sein, wenn das gut gehen soll."[13]

Der „Geschäftsorganismus der Rettungsanstalt zu Düsselthal",[14] wie der Graf ihn festgelegt und aufgestellt hat, entspricht vom Aufbau her in etwa dem des „ganzen Hauses", wobei jedoch zu berücksichtigen ist, dass es sich hier um eine große sonderpädagogische Einrichtung handelt, deren „Ökonomie" eigenen Gesetzen folgt. Als Vorstand sind genannt Graf und Gräfin. Beide verantworten ihren Geschäftsbereich völlig eigenständig, gewissermaßen in ergänzender Kollegialität und Dienstgemeinschaft.

Die Arbeitsbereiche des Grafen umfassen neben der Repräsentation der Anstalt die „Büreaus (Correspondenz, Buchführung, Buchhandel)", die Geldbeschaffung und die Leitung der „Knabenanstalt". Dazu zählen die Bereiche: „Unterweisung, Erziehung". Ein weiteres Ressort bildet die „Handwerks-Schule" mit „Buchdruckerei, Buchbinderei, Schuhmacherei, Schneiderei, Schreinerei, Schmiede, Schlosserei, Bäckerei, Küper und Wagnerei". Hinzu kommt die Krankenpflege für die Knaben und männlichen Mitarbeiter der Anstalt. Schließlich wird als selbstständiges Gebiet unter der Oberaufsicht des Grafen noch die „Oekonomie" erwähnt, die sich vierfach untergliedert in: „Mühle, Gärtnerei, Viehwirthschaft und Feldwirthschaft". Die gesamte Haushaltsführung sowie die Betreuung der Mädchen und des weiblichen Personals gehören in den Aufgabenbereich der Gräfin. Auf den

[13] Luise Reichardt (Tochter des Kapellmeisters Johann Friedrich Reichardt in Hamburg) an ihre Mutter, Oktober 1826, in: Schöpff/Vogel, 182 f.

[14] „Geschäftsorganismus der Rettungsanstalt zu Düsselthal" (1835), in: Landeshauptarchiv Koblenz, Oberpräsidium der Rheinprovinz, Bestand 403/7260, 72 f.

ersten Blick scheint die Organisation den Erfordernissen der Einrichtung angemessen zu sein. Doch täuscht die genannte Aufstellung darüber hinweg, dass es in vielen Arbeitszweigen immer wieder an Personal, insbesondere an ausgebildetem, mangelt.

Bei ihrer Ankunft findet die Gräfin eine bereits seit Jahren sich ständig vergrößernde Rettungsanstalt vor. Sicher hat sie sich die tatsächlichen Zustände in Düsselthal nicht so katastrophal vorgestellt: Schmutz und Unordnung überall, die „dunklen Klostergänge ... einer armen Armenanstalt", wo „an den Wochentagen die Kinder geflickte Kleider und Holzschuhe tragen",[15] leere Kassen und schließlich noch der Weggang vieler Mitarbeiter und Mitarbeiterinnen,[16] deren Aufgaben sie z.T. übernehmen muss.

Schon kurz nach ihrem Einzug schreibt sie an ihre Mutter:

„... ich hatte viel mit meiner Einrichtung zu thun, zugleich trat ich bald in den Kreis meiner Geschäfte ein. Was giebt es hier zu thun! Besonders da von 2 Lehrerinnen eine krank liegt. Euch, geliebte Eltern, alles herzusetzen, was für Geschäfte ich habe, wäre für heute unmöglich, ich will nur in Eile sagen, daß es mir Gott Lob sehr wohl hier geht, ich gesund bin und vom frühen Morgen 5 Uhr bis Abends 1/2 11 Uhr nicht aus der Arbeit herauskomme, besonders jetzt, wo alle häuslichen Einrichtungen einen neuen Gang bekommen; für vier Tische[17] alles zu ordnen und Speisezettel zu machen habe; täglich nach dem Essen zu sehen, Arbeit vertheilen und dabei zu sein, Früchte einlegen und trocknen, Kranke zu besuchen, Mädchenschule zu versorgen und Wäsche zuzuschneiden habe; alles geht gut und sehr fröhlich, nur die Feder muß ruhen."[18]

Bedenkt man, dass dieser Tagesablauf sich Tag für Tag über zwei Jahrzehnte wiederholte, so kann man die enorme Arbeitsleistung der Gräfin erahnen. Ohne umfassende Kenntnisse auf den verschiedensten Gebieten waren diese vielfältigen Arbeitsabläufe nicht zu bewältigen. Wer sich eine Haushaltsführung für bis zu 300 Menschen zutraut, muss sowohl über hohe organisatorische Fähigkeiten und die Eignung zur Menschenführung verfügen als auch über qualifiziertes Fachwissen auf den Gebieten der Produktion, Verarbeitung, der sachgerechten Konservierung und Lagerung von Nahrungsmitteln, der Herstellung bzw. Pflege von Wäsche und Kleidung. Als Vorsteherin der Mädchenanstalt obliegt ihr die Oberaufsicht über die Erziehung, Bildung und

---

15 MvR an Louise von L'Estocq, o.J. (ca. 1830), Brief 66 (2 fol.), 3, in: Archiv der Graf Recke Stiftung=AGRS, 016/1.1.1.1.1a, Unterstreichung: MvR (eigenhändige Abschrift durch MvR).

16 Vgl. Rettungshausbewegung, 225 ff.

17 Mit „vier Tische" sind sowohl verschiedene Räume gemeint, in denen, getrennt nach Geschlecht und Alter, gegessen wurde, als auch unterschiedliche Essenszeiten („Schichten").

18 Erinnerungen, 109. „Es war eine ihrer ersten Arbeiten, Hemden für alle Pfleglinge zuzuschneiden, bis die Hand wund war", fügte ihre älteste Tochter in Klammern an dieser Stelle des Briefes hinzu.

Ausbildung der Mädchen bis zum Alter von 16 Jahren, je nach dem Grade ihrer Verwahrlosung und Bildsamkeit. „Aufseherinnen“ sowie (in der Regel) zwei Lehrerinnen unterstehen ihr hier unmittelbar. Schließlich hat sie Sorge zu tragen für die pflegerische und medizinische Versorgung aller kranken Mädchen und Frauen; ebenso fühlt sie sich für die Sauberkeit und Ordnung zuständig. Der kurzen brieflichen Skizze an ihre Eltern ist die Freude darüber zu entnehmen, dass nun, nachdem sie hier eingetroffen ist, „alles einen neuen Gang bekommen“ soll. Wie dieser sich entwickelt hat, teilt Mathilde anschaulich und unter Betonung der Hilfe Gottes ihrer Mutter im Dezember 1830 mit:

„Es macht mir große Freude, daß ich sehe, wie der Herr die Hauswirthschaft durch mich segnet. So z.B. mußten wir, so lange wir Haushälterinnen hatten, monatlich für 12 ½ Thaler Butter kaufen; nun habe ich diesen Herbst nicht nur keine gekauft, sondern so viel erübrigt, daß ich (sic!) nun schon bis Ende Februar ausreichen würde, wenn ich auch kein Pfund Butter mehr butterte. Aber im Kuhstall steht es noch so gut, daß uns unsere zehn Kühe so viel Milch geben, daß ich noch 110 Maaß Milch erhalte und täglich buttere ... Als ich das erste Faß anfing einzulegen, bat ich den Herrn, Er möge es füllen, und in acht Wochen hatte ich es voll; es gehen 95 Pfund hinein; nun habe ich ein zweites gefüllt, und der Herr schenkt mir ein drittes. So geht es in vielen Stücken, und die Haushaltung kostet nicht so viel Geld, und die Menschen sind zufriedener als bei Haushälterinnen. Es kommt mir recht zu statten, daß ich doch zu Hause schon manche Erfahrungen gesammelt hatte, so denke ich dann ...“[19]

Das Vertrauen in die Gebetserhörung durchzieht das Leben der Gräfin; es führt niemals zum Quietismus. Vielmehr motiviert es sie, auch die Ökonomie in den „Dienst des Glaubens“ zu stellen. Vergegenwärtigt man sich, dass die Anstalten nahezu vollständig auf „zufällige“ Spenden angewiesen waren, die Anzahl der Aufzunehmenden ständig zunahm und von einer kirchlichen oder staatlichen Absicherung im Vormärz noch keine Rede sein konnte, so wird klar: eine äußerst sparsame Haushaltsführung war für den Fortbestand Düsselthals geboten. Dass bei einer derartig dünnen finanziellen Basis kein qualifiziertes Haushaltspersonal eingestellt werden konnte, bedarf kaum der Erwähnung. Wenn überhaupt, so lag die Entlohnung an der auch für damalige Verhältnisse untersten Grenze. Die Gräfin selbst und ihr Mann erhalten keinerlei Vergütung. Man kann nur Mutmaßungen darüber anstellen, warum Mathilde sich als Vorsteherin auch noch die Arbeiten einer Haushälterin aufbürdet und zumutet. Konnten die von ihr erwähnten Haushälterinnen aus Gründen der „Rationalisierung“ nicht länger bleiben? Mangelte es ihnen an ausreichenden Fähigkeiten, an Zuverlässigkeit, an Eigeninitiative – die für einen derartigen Großbetrieb unerlässlich waren? Konnte oder wollte die Vorsteherin auf Grund eines perfektionistischen Anspruchs nicht delegieren?

Der positive Einfluss, den die Gräfin auf das Leben in Düsselthal ausübt, wird schon bald für Außenstehende sichtbar. Der Theologe und Pädagoge

[19] Erinnerungen, 119 f.

Friedrich Heinrich Christian Schwarz (1788-1837) urteilt bereits 1827, nur einige Monate, nachdem Gräfin Mathilde ihre Arbeit in Düsselthal aufgenommen hat: „Er [Schwarz meint sich selbst] lernte auch in seiner (Reckes) jungen Gemahlin eine würdige Dame von hoher Bildung kennen, welche als seine Lebensgefährtin zugleich diesem schweren aber menschenfreundlichen Berufe sich ganz gewidmet hat. Düsselthal scheint erst von diesem Zeitpunkt an seine völlige Ordnung und reine Gestalt zu gewinnen ... [Es] war vieles anders und schöner geworden."[20]

Zwei Jahre später meldet Konsistorial- und Schulrat Karl Wilhelm Kortüm (1787-1858) im Rahmen seines jährlichen Berichtes an das Ministerium: „Der Erziehung der Mädchen scheint sich die Gräfin mit einer Lehrerin und Aufseherin besonders anzunehmen. Größere Ordnung und Reinlichkeit unter diesen armen Geschöpfen lassen sich als Erfolg ihrer Bemühungen nicht verkennen."[21]

Das günstige Urteil der Visitatoren wiegt umso schwerer, als die Anstalt in den Jahren 1823 bis 1826 aufgrund z.T. brutaler Strafmaßnahmen in Verruf geraten war und seitdem besonders scharf kontrolliert wurde. Obwohl die Vorsteherin im Umgang mit verwahrlosten und teilweise schwer erziehbaren Mädchen kaum eigene Erfahrungen einbringen kann, arbeitet sie bei der weiblichen Erziehung mit pädagogischem Geschick: ruhig, fest, konsequent und gleichwohl mit Einfühlungsvermögen. Bestimmte zuvor ein hartnäckiges Drängen zur Buße und Bekehrung die Erziehung, so gewinnt mit Mathilde die kindgemäßere herrnhutische Pädagogik an Einfluss. Von Prügel- und härteren Strafen ist seit 1827 nichts mehr zu hören. Wie für ihren Mann heißt auch für sie das oberste Erziehungsziel, „die anvertrauten Seelen für das Reich Gottes [zu] gewinnen"; im Unterschied zu ihm jedoch will sie es den Kindern nicht „eintrichtern". Ihr ist es wichtig, „das Kind nicht einzuschüchtern und durch vieles Predigen ... zum Heuchler zu erziehen, sondern so viel Speise [anzubieten], als dem Geiste angemessen ist und die Seele verdaut, um in gesunder Kost eine kräftige, freie Menschenseele zu erziehen."[22] Grundsätzlich soll das Imitationslernen eine wichtige Funktion übernehmen, wobei der Umgang miteinander in die Gemeinschaft mit dem Heiland führen soll. Ihre Tochter erinnert sich später: „So lange ich denken kann, war sie stets eine sehr geduldige, ungern und selten strafende Mutter, die gern ihrem Gemahl die ... nöthige Strenge überließ; auch war es nicht ihre Art, durch viel Worte und lange Ermahnungen zu erziehen, aber desto kräftiger und nachhaltiger that sie es

---

[20] F.H.C. Schwarz, in: Freimüthige Jahrbücher der allgemeinen deutschen Volksschulen. Darmstadt u.a. 1827, zweites Heft, 30 f. Seit 1804 lehrte Schwarz als Professor der Theologie und Pädagogik an der Universität Heidelberg.

[21] Auszug aus dem Bericht v. 26. März 1829, in: Nordrhein-Westfälisches Hauptstaatsarchiv, Zweigarchiv Kalkum: Bestand Reg. Düsseldorf-Abt. I: Düsselthaler Anstalten, 1605 II, 181.

[22] MvR an ihre Mutter, 13. November 1839, in: Erinnerungen, 134.

durch ihr Beispiel. Ich erinnere mich kaum, daß sie uns je zum Lernen dieser oder jener Arbeit gezwungen hätte, aber es war unmöglich sie zu sehen in ihrem unermüdlichen, rüstigen, stillen Schaffen, ohne in Lust und Liebe mit angreifen zu lernen, ihr nachzueifern".[23]

Im folgenden Schreiben, das sie 1830 an ihre Freundin Louise L'Estocq adressiert, wirkt die junge Frau erschöpft. Sie spricht aus, dass das Leben der Familie in Düsselthal „nicht zu den süßesten gehört", und es klingt in ihren Worten Bedauern darüber an, dass Sorge und Arbeit für die Anstalt[24] es dem Grafen bisher nicht erlaubt haben, an die Vergrößerung seines Vermögens zugunsten der eigenen Kinder zu denken., dass er vielmehr aus seinem Privatvermögen „in der Noth ausgeholfen und zugesetzt" habe. Ihre innere Verfassung und geheimen Wünsche offenbart die Feststellung: „Also es bindet uns kein Interesse hier, und wenn der Herr uns das schwere Joch abnehmen wollte, wir es niederlegen und fern von der Welt und ihren Urtheilen in Ruhe und Friede ... leben können. – Allein wir dürfen nicht eigenwillig handeln, nicht eigne Wege gehen, wir müssen durch halten, denn der Herr gab uns dieses Arbeitsfeld, und weil Er es uns gab und uns mit so unaussprechlichen Beweisen seiner Huld, Liebe, Beistand, Hülfe und Gnade täglich erfreut und unsere Arbeit nicht vergeblich sein läßt und wir auch fühlen, wie gesegnet diese Wirksamkeit für uns selbst ist, so ist sie uns lieb und wir sehen es als ein Gnadengeschenk an, dem Herrn in seinen armen Gliedern dienen zu dürfen und würden darum auch das Werk fröhlich fortführen, es sei denn, daß der Herr uns deutliche Zeichen gebe, daß er andere Kräfte in diesen Weinberg gedungen habe."[25]

Weder in Briefen an ihren Mann oder an ihre Eltern noch in Tagebuchaufzeichnungen lassen sich vergleichbare Aussagen finden; im Gegenteil wird die Gräfin nicht müde zu versichern, wie glücklich sie sich trotz täglicher Sorgen und pausenlosen Einsatzes fühle, und entspricht damit sicherlich auch den von „außen" an sie gerichteten Erwartungen. In den ersten Jahren ihres Düsselthaler Aufenthaltes – von 1827 bis 1830 – hat sie bereits drei von insgesamt zehn Kindern geboren. Zudem liegt die Wohnung der Familie im Hauptgebäude der Anstalt, Lärm und Störungen aller Art preisgegeben.[26] Privat- und Arbeitswelt verschmelzen vollständig, denn auch viele renommierte Besucher Düsselthals – vom preußischen Kronprinzen mit Gemahlin bis zur Quäkerin Elizabeth Fry – werden empfangen und bewirtet. Mathildes Sehnsucht nach mehr Ruhe und Privatleben ist verständlich. Jetzt, da Graf

---

[23] A.a.O., 134 f.

[24] Auch noch in späteren Jahren teilt sie ihrer Mutter mit: „Ich sehe Adelberdt, außer bei den Mahlzeiten, von früh Morgens bis spät Abends nicht", in: Erinnerungen, 112.

[25] MvR an von L'estocq, a.a.O.,1 f.

[26] „Manchmal ist ein Spektakel, daß man nicht weiß, wohin man zuerst hören soll, doch man wird alles gewohnt." MvR an ihren Bruder (Fabian v. Pfeil und Klein-Ellguth), o.J., o.O., eigenhändige Abschrift (1842?), Brief 65, in: AGRS 016/ 1.1.1.1.1a.

Adelberdt ein kleines Gut in Westfalen geerbt hat, böte sich der Rückzug aus der Rettungsanstalt an. Solchen Vorstellungen gibt sie jedoch nicht nach, sie sind wie Wachträume. Mathilde zwingt sich sogleich in ihr Selbstbild, in ihr Berufsverständnis zurück, das ja aufs engste mit dem an sie ergangenen Ruf Christi in seinen Dienst, dem Ruf zum gehorsamen Dienst an verwahrlosten Kindern verknüpft ist und nicht etwa mit einem davon isolierten Leistungsdenken. Dabei hilft ihr die vom Pietismus vorgegebene Konstruktion von Wirklichkeit, die ein Interpretationsmuster liefert, das die Spannungen der Realität sinnvoll harmonisiert und auf diese Weise Entscheidungen religiös legitimiert bzw. ermöglicht. Nach dem inneren Konflikt, den unerfüllten Sehnsüchten zum Trotz, setzt Gräfin Mathilde in Partnerschaft mit ihrem Mann die Arbeit siebzehn weitere Jahre fort.

Angesichts leerer Kassen übertrug Recke für viele Jahre „ihrer geprüften Umsicht und Geschicklichkeit nach des Rendanten Abgang nicht nur die eigene, sondern auch die Anstaltskasse zur Verwaltung, nebst den großen Rechnungsbüchern, die ihr fortan, bei all ihren anderen Pflichten kein kleines, aber mit Lust und Leichtigkeit gepflegtes Stück Arbeit brachten. Mit Gebet um des Herren Hülfe und Segen hatte sie auch diese Pflicht übernommen, die sie um so freudiger antrat, als Gott ihr auf das erste Gebet darüber durch die Loosung die Antwort gegeben: ‚Sorget nicht für das Künftige! Ich will, daß alle deine Sorgen die meinen sein!'"[27].

Aus unserer heutigen Sicht nimmt sie damit die Schlüsselposition innerhalb einer Institution ein: die Kontrolle und Abwicklung der Finanzen. Einer Frau dieses wichtige Amt zu übertragen, entsprach keineswegs damaliger gesellschaftlicher Gepflogenheit. Auf Gut Wildschütz erworbenes wirtschaftliches Rüstzeug, große Gewissenhaftigkeit, klares Denkvermögen und ein Gespür für das Realisierbare – ein Gespür, das ihrem Gatten abgeht – kommen ihr bei dieser neuen Aufgabe zugute. Dennoch fragt man sich, wie sie in Anbetracht der übrigen Arbeitsgebiete diesen Auftrag noch wahrnehmen kann. Einen Einblick in die Arbeitsweise ihrer Mutter vermittelt Tochter Maria: „Ich erinnere es mir noch lebhaft, wie oft sie (obgleich sie es ‚ungestört schreiben' nannte, wenn sie nicht aus der Kinderstube abgerufen wurde) stundenlang in ihre Zahlen vertieft, eifrig schreibend da saß, während ihre Kinder von allen Seiten um sie herum spielten, da ihre Arbeitsstube zugleich der Kinder Wohnstube war."[28]

Was Düsselthal angeht, so ist diese ihre gesamte Tätigkeit nur im Vertrauen auf Gottes Beistand zu bewältigen, denn über regelmäßige Einnahmen verfügt das Rettungshaus, wie gesagt, nicht. Notwendige Gebäuderenovierungen und Erweiterungsbauten nimmt der Anstaltsleiter stets ohne vorherige finanzielle Absicherung in Angriff. Fließen Anfang der zwanziger Jahre – nicht zuletzt

---

[27] In: Erinnerungen, 112.
[28] A.a.O.,140 f.

dank der Kollektenreisen des Grafen und infolge intensiver Werbung in den Jahresberichten – die Spenden reichlich, so gehen sie später spürbar zurück. Folglich halten sich Einnahmen und Ausgaben selten die Waage. Ängsten und aufkommender Resignation begegnet die neue Rendantin mit ihrem unerschütterlichen Glauben an die Führung Gottes: „Ich lege alles, alles in Gottes Hand. Er sorgt für uns. – Doch auch Mittel sind da die zum Zwecke führen, die der Herr uns gab und die wir benützen müssen."[29]

Denken auf der Grundlage ökonomischer Gesetzmäßigkeiten liegt dem Grafenpaar fern, widerspräche es doch der Überzeugung, dass Gott für alles sorgt, er beide als „Werkzeuge" in seinem „Eigentum" – den Anstalten – arbeiten lässt. An die Mutter in Schlesien schreibt Mathilde: „Wir hatten nichts und täglich kam gerade so viel aus der Hand des Herrn, daß alle [Gläubiger] befriedigt fortgingen, und nie Mangel eintrat, obwohl wir nie mehr, als wir eben bedurften, um des Tages Forderungen zu decken, in Kasse behielten."[30]

Beide, Vorsteherin und Vorsteher, nutzen die Privilegien ihrer Herkunft, lassen ihre Beziehungen geschickt spielen; sie schreiben „Bettelbriefe" an einflussreiche Persönlichkeiten, bis hin zum preußischen König, zum dänischen Königshaus oder zur Zarin von Russland, nutzen Verbindungen innerhalb erweckter Kreise, motivieren ihre Familien in Westfalen und Schlesien zur Mitarbeit. So etwa sendet die Gräfin einen Bericht über „den Nothstand Düsselthals" an das preußische Finanzministerium, worin sie betont, es sei „Pflicht des Staates ..., solche Werke zu unterstützen"[31]. Sie ist es auch, der die Tilgung von Zinsen auf geliehenes Kapital zu verdanken ist; erst nach Überweisung der 1000 Reichstaler durch Minister von Bodelschwingh erfährt ihr Mann von der erneuten „Durchhülfe Gottes".

Woher die Gräfin Kraft und Zeit nimmt, sich neben all diesen Belastungen auch noch Grundkenntnisse in Homöopathie anzueignen, bleibt rätselhaft. Der Homöopath Dr. Aegidi stand über Jahre der Anstalt unentgeltlich als Arzt zur Verfügung. Er führt Mathilde in die Homöopathie ein, leitet sie zu eigener Mitarbeit an: Fünf Jahre lang führt sie ein „medizinisches Tagebuch", über alle in Düsselthal vorkommenden Krankheiten und die dagegen verabreichten Heilmittel. Für nur 12 Taler richtet sie eine homöopathische Apotheke ein und kann künftig jährliche Apothekerrechnungen von bis zu 520 Talern einsparen.[32] Epidemisch auftretende Krankheiten, bei denen den Patienten diese Kenntnisse besonders zustatten kamen, folgten manchmal dicht aufeinander, wie aus Äußerungen ihrer Tochter Maria hervorgeht, und forderten den größten Einsatz:

---

[29] MvR an ihren Bruder (Fabian v. Pfeil und Klein-Ellguth), eigenhändige Abschrift, 30. Juli 1846, Brief 40 (2 fol.), in: AGRS 016/ 1.1.1.1.1.

[30] MvR an ihre Mutter Emilie Gräfin v. Pfeil, 8. Dezember 1827, in: Erinnerungen, 113.

[31] MvR an ihren Mann AvR, Düsselthal, 29. Juli 1846, Brief 29, in: AGRS 016/1.1.1.1.1. vgl. Brief 37.

[32] Vgl. dazu die detaillierteren Angaben in Rettungshausbewegung, 224 f.

In einem Zeitraum von fünf Jahren „hatte sie in Düsselthal die Epidemie der Masern, des Keuchhustens, der Bräune und des Scharlachfiebers durchzumachen. An letzterem lagen über fünfzig Kinder und Erwachsene auf ein Mal, schließlich auch eines ihrer eigenen Kinder und ein Kindermädchen, und sie hatte die Freude zu sehen, wie sie unter ihrer Pflege Alle gesund wurden und auch die Ansteckung nicht weiter um sich griff."[33]

Die Heilkünste der Gräfin finden selbst im Ausland Anerkennung. Stolz berichtet sie ihrer Mutter, dass sie „der Kaiserin von Russland mit großer Sorgfalt und Mühe das ‚Lebensöl', womit sie sich täglich einreibt und was ihr so gut thut", zubereitet.[34]

Der sich verschlechternde Gesundheitszustand ihres Mannes – er führt zu häufigen und langandauernden Abwesenheiten des Grafen von Düsselthal – verlangt von der Gräfin die Übernahme immer größerer Verantwortungsbereiche. So berichtet Mathilde ihrem Mann über eine überraschende Visitation durch den Oberpräsidenten Eichmann und bemerkt dabei: „Er verwunderte sich, daß du so viel abwesend wärest und hier die Sache unter Frauenhänden stände".[35] Dass Gräfin von der Recke gleichberechtigt ihren ‚Mann' steht, Aufgaben ihres Gatten wahrnimmt, die der Zeit entsprechend ausschließlich Männern vorbehalten sind, kann und darf man staatlicherseits nicht hinnehmen. Zunehmend obliegt der Gräfin die entscheidende Geschäftskorrespondenz der Anstalt. Als Beispiel für die Klugheit und Weitsicht, mit der sie dies tat, seien einige Zeilen aus einem umfangreichen Brief an Johann Hinrich Wichern (1808-1881) zitiert:

„Theurer Herr Wiechern!

... Die Berliner Kirchenzeitung berichtet ein Urtheil von Ihnen über Düsselthal was mir weh gethan, in einem Augenblick zu lesen, wo mein theurer Mann im Begriff steht, das Werk hier in andere Hände zu übergeben, von denen er erwartet und hofft, daß sie Düsselthal zu der Höhe bringen möchten, auf welcher er es immer im Ideal vor sich sah, er aber in seinen Gehülfen nicht die Unterstützung fand, die ihm der kräftige, schaffende und energische Geist eines Herrn Wiechern verschafft haben würde ... Aber dennoch. Theurer Freund! bin ich fest von Ihrer Gerechtigkeitsliebe überzeugt, würden Sie auch jetzt ein ander Urtheil fällen, wenn Sie Düsselthal und die Würtenberger Anstalten so wie Beuggen aus eigener Anschauung und Prüfung gesehen".[36]

Dieser Auszug verdeutlicht, wie die Gräfin die Initiative ergreift, wie sie indirekt das voreilige und schädigende Urteil Wicherns zurückweist, gleichzeitig jedoch die Unvollkommenheit Düsselthals bestätigt. Wichern, so heißt es, besitze einen „kräftigen, schaffenden, energischen Geist"; damit weist sie im

---

[33] Erinnerungen, 119.

[34] MvR an ihre Mutter, Juni 1843, in: Erinnerungen, 145.

[35] MvR an AvR, 22. August 1846, Brief 33 (2 fol.), in: AGRS 016/1.1.1.1.1.

[36] MvR an Johann Hinrich Wichern, 9. Juni 1846, in: Kirchenarchiv d. Nordelbischen Ev.-Luth. Kirche Hamburg, Wichernarchiv VIII B.

Zusammenhang ihrer Aussage verdeckt auf die Schwächen ihres Mannes hin. Da aber das Grafenpaar ebenso wie Wichern an dem Werk des Herrn arbeitet, bittet sie ihn gegen Ende des Briefes um faire Kooperation.

Der sich schnell verschlechternde Gesundheitszustand Reckes legt den Gedanken nahe, nach fast 28 Jahren die Leitung der Rettungshäuser einem Nachfolger zu übergeben. Aber ist es wirklich der Wille Gottes, sich aus dieser Arbeit zurückzuziehen? – eine Frage, die Graf und Gräfin lange Zeit quält. Mathilde durchdenkt die mit dieser Frage verbundenen Zweifel und Ungewissheiten, um ihren nervlich kaum belastbaren Mann zu schonen, mit ihrem jüngeren Bruder Fabian. Zunehmend wird er ihr engster Vertrauter, mit dem sie alles besprechen kann, zu ihrem Bedauern nur schriftlich. Bereits 1835 rät er dringend, um der Entwicklung und Bildung ihrer Kinder willen nach Schlesien zurückzukehren. Doch kann Mathildens Antwort nicht anders lauten als: „Des Christen Leben hängt an vielen Fragen, und ehe wir nicht alle bestimmten Antworten vom Herrn haben, können wir nicht handeln. So mit uns, geliebter Bruder. Es war so sichtbar der Herr, der Adelberdt und durch ihn auch mich hierher führte, daß wir unmöglich ohne Seinen ausdrücklichen Willen unser liebes Düsselthal verlassen können".[37]

Wie ein „Fingerzeig Gottes" eröffnet sich 1845 die Möglichkeit, das Gut Kraschnitz in Schlesien zu erwerben. Da sich die Bedingungen der Übernahme aber schwieriger als erwartet gestalten, drohen die Kaufverhandlungen zu scheitern. In solchen Belastungssituationen erweist Recke sich schon seit Jahren als emotional äußerst labil: Er „flieht" in verschiedene Krankheiten. Mit einer gewissen Resignation teilt Gräfin Mathilde ihrem Schwager Graf Werner mit, dass ihr Mann „innerlich und äußerlich zerrissen [sei] als Folge seiner hypochondrischen Ideen".[38]

In Depressionen versunken, beschuldigt der Graf seine Frau, die bereits seit Monaten die Verantwortung für die gesamte Rettungsanstalt zu tragen hat, sie wolle ihn aus Düsselthal entfernen, ein Vorwurf, der sie „tief betrübt"[39] und verletzt.

Ein Haus in Bonn, das wäre des Grafen Traum. Diesen mitzuträumen, gestattet sich die Gräfin nicht, sie entzieht sich ihm mit den Argumenten: Ein Leben ohne „andern Menschen zu nützen und Liebe zu erweisen, halte ich doch gar für ein todtes elendes Leben. Eben darum ist mir Craschnitz so lieb. Dort sind 800 Unterthanen, denen man Liebe erweisen und nutzen kann und schon manch köstliches Bild einer glücklichen, genußreichen Zukunft hat sich in meinem Inneren geformt und haben wir miteinander besprochen".[40]

---

[37] MvR an ihren Bruder Fabian Graf von Pfeil (1835), in: Erinnerungen, 126.

[38] Aus dem Brief: MvR an Werner Graf v.d. Recke, 21. Juli 1846, Brief 31 (2 fol.), in: AGRS 016/1.1.1.1.1.

[39] Ebd.

[40] Briefauszug: MvR an Woldemar Graf v. Pfeil, 26. Januar 1847, Hervorhebung: MvR, Brief 37, (4 fol.), in: AGRS 016/1.1.1.1.1., vergl. auch den Brief von MvR an AvR v. 29. Juli

Als von Verwandten der Vorwurf erhoben wird, der Ankauf von Kraschnitz sei „eine Verführung des Teufels“,[41] erforscht Mathilde erneut den Willen Gottes, um Entscheidungshilfe zu erlangen, nunmehr mit dem Losverfahren.[42] Im Gegensatz zu ihrem Mann ist das Leben der Gräfin eng mit dem Losgedanken verbunden, einer Besonderheit ihrer herrnhutischen Sozialisation.

Nachdem durch den „Fingerzeig Gottes“ klar geworden ist, dass in Kraschnitz die Zukunft[43] der Familie liegen wird, verfolgt Gräfin Recke den Umzug nach Schlesien energisch und konsequent. Auf den Vorwurf ihres Mannes, sie wolle ihn aus Düsselthal vertreiben, antwortet sie entschieden: „... schelte mich nicht, daß ich Schuld bin, daß wir Dthal verlassen ... Der Herr wird dir Einsicht geben, daß du zu schwach warest das Werk hier in der Kraft zu führen, die durchaus hergehört, wenn es gedeihen soll. Nun war es in den letzten 3 Jahren ein Vegetiren. ... Ich danke täglich dem Herrn, daß Er dir diese Last abnehmen und für Dthal für die kommende Zeit sorgte! Komme nur bald, damit alles in Richtigkeit kommt und wir die Zukunft in Ueberlegung ziehen können, denn hier muß geräumt werden.“[44]

Vergegenwärtigt man sich die Briefe aus der Anfangszeit, so zeigt sich, dass im Verlauf der gemeinsamen 20 Berufs- und Ehejahre sich nicht nur die Arbeitsteilung des Paares verändert hat, sondern dass auch die ehelichen Beziehungen – zumindest von Seiten der Gattin – neu erfahren und definiert worden sind. Von Bewunderung findet sich keine Spur mehr – im Gegenteil, die Gräfin ist von Jahr zu Jahr realistischer, selbstbewusster geworden: Auch der anfänglich unterwürfige Ton hat sich geändert – sie drängt darauf, dass er doch endlich begreifen möge, dass es so nicht weitergeht! Wissen muss man, dass diesem Brief andere vorangegangen sind bzw. noch folgen werden, stets verbunden mit beschwörenden Bitten, schleunigst in Düsselthal die Geschäfte wieder aufzunehmen, anstatt über Schlaflosigkeit oder Ähnliches zu lamentieren.

Dass das „Vegetiren“ in den letzten Jahren nur eine Seite der Realität darstellt, dass trotz allem viel Positives geleistet wurde, zeigt das Ergebnis der Schulprüfung durch Regierungs- und Schulrat Johann Hermann Altgeld 1846:

„Altgeld fragte gleich [nach der Prüfung der Schülerinnen und Schüler in Düsselthal] ob keine Knaben und Mädchen darunter wären die sich zu Lehrern und Lehrerinnen ausbilden wollten – er könne ihnen gleich das Zeugniß der

---

1846, in dem die Gräfin auf Reckes Vorstellung, sein weiteres Leben in Bonn verbringen zu wollen, näher eingeht: „Ein so beschauliches Schlaraffenleben haßte ich von Jugend auf, ...“ Brief 29 (5 fol.),. in: AGRS 016/1.1.1.1.1.

41 Briefauszug: MvR an Woldemar Graf v. Pfeil, 26. Januar 1847, Brief 37.

42 Vgl. MvR, Tagebucheintrag v. 15. Januar 1847, in: Erinnerungen, 202.

43 „Der Herr bringt uns nicht ins Unglück – das weiß ich gewiß – darum bin ich ohne Sorgen vor der Zukunft, die Er uns gewiß lieblich bereiten wird.“ MvR an AvR, 29. Juli 1846, Brief 29.

44 Auszug aus Brief 29, Hervorhebung: MvR.

Reife für Hilfslehrerstellen geben und später die Stipendien für's Seminar und so traten gleich 4 Knaben und 5 Mädchen vor, die es annahmen. Nun werden sie extra für diesen Beruf fortgebildet und sind sehr froh, daß ihnen so gute Aussichten für die Zukunft eröffnet sind." [45]

Auf diesen beachtenswerten Erfolg ist die Vorsteherin von Düsselthal stolz: „Welche Freude haben wir, daß das Werk der Erziehung nicht vergebens an ihnen [den Kindern in Düsselthal] gewandt ist."[46]

Die Übergabe der Einrichtung gestaltet sich schwierig: Weder die Synode Düsseldorf noch die Rheinische Provinzialsynode erklären sich bereit, die Verantwortung für Düsselthal und Overdyck zu übernehmen. Vorsteher und Vorsteherin hätten dieser Lösung den Vorzug gegeben in der Hoffnung, dass ein christlicher Geist in den Rettungsanstalten weiterhin gewährleistet bliebe. Gräfin v.d. Recke führt entscheidende Verhandlungen mit dem Oberpräsidenten Eichmann, spricht mit den Pfarrern Theodor Fliedner und Carl Krafft und bittet schließlich erneut ihren Mann, doch dringend zurückzukommen, um als offizieller Repräsentant und Geschäftsführer Düsselthals die Verhandlungen selbst zu führen.[47]

Nachdem man als Nachfolger den Moerser Seminarinspektor und Pädagogen Christian Friedrich Georgi (1801-1862) hat gewinnen können, dem fortan ein Kuratorium zur Seite gestellt sein wird,[48] siedelt die Familie v.d. Recke Ende 1847 nach Schlesien über. Aus den Briefen und Tagebucheintragungen 1846/47, den Jahren schwerster wirtschaftlicher Not, nicht nur in Düsselthal, gewinnt man den Eindruck, dass die Gräfin noch einmal alle Energien bündelt, um den „Absprung" mit ihrer großen Familie zu schaffen. In Schlesien gestaltet sich ihr Leben keineswegs beschaulich, aber ruhiger.[49] Es wird bestimmt durch Familie, das Gut, einen privaten Freundeskreis und die wohltätige Sorge für „800 Unterthanen". Doch der Gründung des „Deutschen Samariter-Ordensstiftes" für geistig und körperlich behinderte Menschen (1860) und der Gründung des Adelberdt-Diakonissen-Mutterhauses (1862) durch ihren 70-jährigen Mann steht sie skeptisch gegenüber. Die Spannkraft der 60-Jährigen ist verbraucht, sie vermag sich nicht noch einmal für eine derartig große diakonische Einrichtung einzusetzen. Erschöpft stirbt sie im Alter von 66 Jahren im Kreis ihrer Familie in Kraschnitz (1867).

Die Graf-Recke-Stiftung in Düsseldorf bewahrt die Erinnerung an den Grafen. Dass Mathilde entscheidenden Anteil am Erhalt der Anstalt hat, scheint

---

45 MvR an ihre Söhne Constantin, Ariel und Leopold in Bönnigheim/Württemberg, eigenhändige Abschrift, Düsselthal, o.J. (Sommer 1846?), in: AGRS 016/1.1.1.1.1., Brief 34.

46 Ebd.

47 Briefentwurf MvR an AvR, v. 29. August 1846, in: AGRS 016/1.1.1.1.1., Brief 35.

48 Vgl. Rettungshausbewegung, 92 f., 219.

49 Sieht man von den „Erinnerungen" sowie von den Texten ab, auf die Schöpff/Vogel hinweisen, so sind – wie bereits erwähnt – alle Originalquellen aus dieser Zeit verschollen.

vergessen. Eine „Graf-Recke-Straße“ in Düsseldorf weist auf den Gründer hin, eine „Gräfin-Recke-Straße“ sucht man vergebens. Dabei hätte ohne das Durchhaltevermögen dieser „starken, frommen Frau“ das größte „Rettungshaus“ in Deutschland die schwierigen Jahre des massiven gesellschaftlichen Umbruchs wohl kaum überlebt. Adelberdt, der allseits bekannte ‚fromme' Gründer Düsselthals, zeigte sich auf Grund seiner körperlichen und nervlichen Schwächen den aufreibenden Anforderungen des Alltages vor allem in den letzten Jahren nicht mehr gewachsen. Notgedrungen weitete sich da Mathildes Aufgaben- und Verantwortungsbereich bis weit hinein in den des Mannes aus. Das gemeinsame Ziel synchronisiert indessen bei aller Belastung ihre Lebensgestaltung. So gelingt es dem Grafenpaar während seiner Wirkungszeit in Düsselthal mehr als 1.000 Kinder und Jugendliche von der Landstraße zu „retten“.

Leistete die Gräfin einen Beitrag zur Emanzipation der Frau? Allein ihr engagiertes – zeitweise grenzüberschreitendes – Wirken in Düsselthal verändert das traditionelle Frauenbild. Wenn sie auch nicht unmittelbar emanzipatorische Impulse setzt, so verstärkt sie doch derartige Bestrebungen.

MARTIN H. JUNG

Charlotte Reihlen (1805–1868)

Charlotte Reihlen. Aufnahme um 1825.

Mit Charlotte Reihlen betreten wir den Raum der auch noch im 19. Jahrhundert nachhaltig von Johann Albrecht Bengel (1687-1752), dem Vater des württembergischen Pietismus, geprägten württembergischen Erweckungsbewegungen.[1] Reihlen war eine typische, sozial engagierte Erweckte des 19. Jahrhunderts. Sie ist, wie viele andere auch, durch die Gründung diakonischer Einrichtungen hervorgetreten. Bis in die Gegenwart und über ihre württembergische Heimat hinaus bekannt, ist sie aber durch das von ihr geschaffene Bild „Der breite und der schmale Weg". Es propagiert ein Leitbild vom christlichen Leben und Handeln in der modernen Welt, zu dem das diakonische Engagement unverzichtbar dazu gehört.

Reihlens Leben und Werk sind bislang erst unzulänglich erforscht.[2] Zur Darstellung ihrer Biografie stehen die Leichenreden zur Verfügung, die an ihrem Grab und am Grab ihres Mannes gehalten wurden,[3] außerdem mehr erbauliche als wissenschaftliche Lebensbeschreibungen aus dem Anfang und vom Ende des 20. Jahrhunderts, die letztlich auf handschriftliche Aufzeichnungen eines

---

1 Vgl. Siegfried Hermle (Hg.), Kirchengeschichte Württembergs in Porträts. Pietismus und Erweckungsbewegung, Holzgerlingen 2001; Martin H. Jung, Der Protestantismus in Deutschland von 1815 bis 1870 (Kirchengeschichte in Einzeldarstellungen III/3), Leipzig 2000; zu Bengel vgl. Martin H. Jung, „Ein Prophet bin ich nicht ...". Johann Albrecht Bengel. Theologe, Lehrer, Pietist (Calwer Taschenbibliothek 97), Stuttgart 2002.

2 Grundlegend: (Karl) Fr(iedrich) Baun, Charlotte Reihlen (1805–1868). Ein Frauenbild aus den Stuttgarter Gemeinschaftskreisen (Schwäbische Charakterbilder), Stuttgart 1922; vgl. ferner: Irene Maurer, Werke der Liebe. Charlotte Reihlen, in: Erika Stöffler (Hg.), Initiativen. Lebensbilder evangelischer Frauen, Stuttgart ²1985, 34–39; Karl Daiber, Charlotte Reihlen. Mitbegründerin der Evangelischen Diakonissenanstalt Stuttgart, Neuhausen 1997.

3 (Sixt Karl) Kapff, Worte am Grabe der theuren Frau Charlotte Reihlen, geboren den 16. März 1805, entschlafen den 21. Januar 1868, Stuttgart, 1868; ders., Worte am Grabe des Herrn Friedrich Reihlen, Zuckerfabrikanten in Stuttgart, geboren den 24. September1797, entschlafen den 30. Juni 1870, beerdigt den 2. Juli, Stuttgart 1870.

nahen Freundes,[4] des angesehenen Korntaler Schulmeisters Johann Friedrich Maier (1802-1880), zurückgehen, und alte Zeitungsannoncen und -artikel. Erhalten haben sich auch Briefe, die sie mit ihrem Mann ausgetauscht hat,[5] ihr Bild[6] und verschiedene markante Aussprüche,[7] die sie gemacht haben soll.

1. Überblick über Reihlens Leben

Charlotte Reihlen erblickte als Charlotte Luise Mohl am 26. März 1805 (nicht 1803!) in Kemnat (heute: Ostfildern), südöstlich von Stuttgart gelegen, das Licht der Welt. Bereits wenige Tage später, am 1. April 1805, einem Montag, wurde sie in Kemnat von ihrem Vater Wilhelm Mohl (1751-1832), einem Pfarrer, getauft. Die frühe Taufe, getrennt vom Gemeindegottesdienst, entsprach dem Brauch der Zeit und gründete in der Angst vieler Eltern, ein Kind könnte ungetauft sterben. Auch die Mutter, Euphrosine Regine Mohl geb. Göz (1774-1847), stammte aus einem Pfarrhaus. Im Jahre 1808 wechselte der Vater die Pfarrstelle und ging nach Weissach, bei Leonberg gelegen.

Im 19. Jahrhundert gab es bereits ein flächendeckendes Schulwesen, auch für Mädchen. Charlotte Mohl, kurz Lotte genannt, besuchte in Weissach die Volksschule. Diese Ausbildung genügte dem Vater allerdings nicht. Seine Tochter sollte mehr lernen als das, was die Volksschule ihr eröffnete. Der Besuch einer höheren Schule allerdings war damals für Mädchen in der Regel nicht möglich, da es noch kein breites Angebot einer höheren Mädchenbildung gab. Also musste der Vater seine Tochter selbst unterrichten. Er lehrte sie Geschichte, Geografie, Astronomie und Tier- und Pflanzenkunde.

Charlotte Reihlen erinnerte sich später an prägende religiös-ethische Erlebnisse in ihrer Kindheit und berichtete davon ihren Freunden. Sie lebte in einer Gegend, wo Wein angebaut wurde. Einmal ging sie durch einen Weinberg und pflückte sich eine Weintraube. Doch sofort spürte sie Skrupel und empfand sich

---

[4] Das Manuskript trägt den Titel „Bruchstücke aus dem Leben der theuren Frau Charlotte Reihlen von Stuttgart, als Denkmal für ihre hinterlassene Familie und für ihren geistlichen Geschwisterkreis", stammt aus Privatbesitz und wird seit 1987 im Archiv der Evangelischen Diakonissenanstalt Stuttgart aufbewahrt. Das 127 Seiten zählende und mit 18 Beilagen ausgestattete Manuskript ist inzwischen allerdings in seiner Originalfassung nur noch etwa zur Hälfte vorhanden. Gücklicherweise wurden aber Kopien angefertigt, sodass inhaltlich nichts verloren gegangen ist.

[5] Briefwechsel Charlotte Reihlens mit Friedrich Reihlen aus den Jahren 1833/34. Sprachlich bearbeitete Auszüge in: Daiber, Charlotte Reihlen, 108–121. – Abschriften von Originalbriefen Reihlens, auch aus anderen Jahren, finden sich in dem oben erwähnten Manuskript „Bruchstücke aus dem Leben".

[6] Ein Jugendbild von ihr ist abgedruckt in: „Zum Leben helfen, zum Helfen leben". Evangelische Diakonissenanstalt Stuttgart, Stuttgart 1979, 21. Ihr Altersbild ist abgedruckt in: Gott und Welt in Württemberg. Eine Kirchengeschichte, hg. v. Hermann Ehmer/Heinrich Frommer/Rainer Jooß/Jörg Thierfelder, Stuttgart [2]2002, 158; Baun, Charlotte Reihlen, 4.

[7] Baun, Charlotte Reihlen, 47 f.

als Diebin, und in ihrer Scham band sie die Weintraube wieder an den Weinstock. Als in der Schule eine Mitschülerin vom Lehrer geschlagen wurde, kam sie ihr zu Hilfe, indem sie ihren Vater einschaltete, der damals als Pfarrer auch für die Schulaufsicht zuständig war. Und als eine arme Nachbarin kein Salz hatte, kaufte ihr Charlotte Mohl mit einem Groschen aus ihrer Sparbüchse gleich ein ganzes Pfund. In diesen kindlichen Regungen zeigte sich bereits das spätere diakonische Engagement Reihlens, und deswegen wurden diese Geschichten auch von ihr und über sie weitererzählt. Ihr Wahrheitsgehalt lässt sich natürlich nicht mehr überprüfen.

Verbürgt dagegen sind andere prägende Erlebnisse, die der jungen Reihlen Anstöße für ihre innere und äußere Entwicklung gegeben haben. Ihre Mutter litt unter Anfällen und Depressionen und wurde schließlich zu einem Pflegefall. Reihlen musste sie seit ihrem 12. Lebensjahr versorgen und pflegen und für ihren Vater und ihre Geschwister den Haushalt führen. 1816/17 herrschte, als Folge einer durch einen fernen Vulkanausbruch verursachten Klimaveränderung, eine schlimme Hungersnot. Als junges Mädchen erlebte Reihlen Armut, Krankheit und Not und sammelte Erfahrungen mit verantwortlicher organisatorischer Arbeit. Auch mit den Problemen von unfreiwillig ehelos lebenden Frauen hatte sie schon in ihrer Jugend zu tun, denn ihre Mutter hatte zehn Schwestern, die teilweise unverheiratet waren. Die napoleonischen Kriege hatten die heiratsfähigen Männer in Deutschland stark dezimiert. In der Folge lebten viele Frauen ohne Familien, um die sie sich hätten kümmern müssen; sie hatten demzufolge Zeit für ehrenamtliches Engagement. In Frauenvereinen sorgten sie sich um die Nöte der Zeit. Allmählich stellte sich auch die Frage nach der Berufstätigkeit von Frauen. Die Diakonissenhäuser schufen hier Abhilfe.

Im Jahre 1819 wurde Charlotte Mohl konfirmiert. Wenige Jahre später kam sie zur weiteren Ausbildung zu einer Tante nach Stuttgart. Die Hauptstadt des Königreichs Württemberg sollte ihr zur Bestimmung werden. Hier lernte sie ihren Ehemann kennen, hier gründete sie ihre Familie, hier entfaltete sie ihr diakonisches Engagement. Stuttgart entwickelte sich im Laufe des 19. Jahrhunderts zu einer Großstadt und damit zu einem Ort sozialer Not. Im Jahre 1800 lebten etwa 20.000 Menschen in der Stadt, 1895 waren es 153.000. Besonders schlimm war die Wohnungsnot. Etwa die Hälfte der damaligen Wohnungen waren Einzimmerwohnungen, die von drei bis fünf Personen gemeinsam bewohnt wurden.

Am 24. Juni 1823 heiratete Charlotte 18-jährig in Weissach Friedrich Reihlen (1797-1870), den Sohn des Stuttgarter Kaufhändlers Wilhelm Reihlen. Er arbeitete im Geschäft seines Vaters, der „Kolonial- und Farbwaren-, Landesprodukten-, Zigarren- und Ölhandlung" in der Stuttgarter Marktstraße 15. Zu dem Handelsgeschäft kam 1851 eine Zuckerfabrikation hinzu.

Rasch bekam Charlotte Reihlen mehrere Kinder. Bereits 1824 wurde das erste, ein Sohn, geboren. Weitere Kinder, noch zwei Söhne und zwei Töchter, folgten, wie das damals häufig der Fall war, im Zweijahrestakt (1826, 1828,

1830, 1833). Die Kinder erfüllten die Mutter mit Glück, führten sie aber auch in erste ernsthafte Lebenskrisen. 1824 litt sie an Fieber und an Krämpfen und war dem Tode nahe. 1828 bekam der zweitgeborene Sohn eine Luftröhrenentzündung und rang mit dem Tode. Bei der Mutter stellten sich Schuldgefühle ein. Als der Sohn schließlich Anfang des Jahres 1829 starb, deutete die Mutter dies als göttliche Strafe für ihre eigenen Sünden. Die religiöse Deutung von Krankheiten war damals noch sehr verbreitet, besonders im pietistisch-erwecklichen Milieu. Die Menschen fragten nicht nach Gottes Gerechtigkeit, sondern nach der eigenen Schuld. Der Gedanke an ein – auch Unschuldige heimsuchendes – Strafhandeln Gottes war, nicht zuletzt weil es dafür viele biblische Belege gab und auch die eigenen Erfahrungen dafür sprachen, noch ganz selbstverständlich. Die Krise führte Reihlen (am 19. Juni 1830) in ein tiefes religiöses Erlebnis, zu einer so genannten Bekehrung und damit zu einer intensivierten Form der Frömmigkeit. Sie wurde sich bei diesem Ereignis der Tatsache gewiss, dass ihr Gott die Sünden vergeben habe. Genau datierbare Bekehrungserlebnisse waren damals in den frommen Kreisen keine Seltenheit. Wohlgemerkt: Es handelte sich nicht um die Bekehrung eines Nicht-Christen oder einer Kirchenfernen, sondern um die Bekehrung einer zuvor schon frommen, intensiv christlich lebenden Frau. Dieses Bekehrungs-Schema hat in der protestantischen Tradition seinen Ausgang bei August Hermann Francke (1663-1727) genommen, dem Begründer des Halleschen Pietismus, der selbst Ende 1687 eine Bekehrung erlebt und solche Bekehrungen anschließend von jedem wirklichen Christen gefordert hatte. Im württembergischen Pietismus des 18. Jahrhunderts spielte allerdings der Bekehrungsgedanke noch kaum eine Rolle. Anders wurde es erst an der Wende zum 19. Jahrhundert, nicht zuletzt unter dem Einfluss neuer, aus England und Amerika kommender Frömmigkeitsformen.

Reihlen war seit ihrer Jugend zutiefst durch Männer und Frauen aus dem pietistisch-erwecklichen Milieu Württembergs geprägt. Sie hörte die Predigten von Ludwig Hofacker (1798-1828),[8] Wilhelm Hofacker (1805–1848) und Christian Adam Dann (1758-1837). Sie hatte Kontakt mit dem Korntal-Gründer Gottlieb Wilhelm Hoffmann (1771-1846) und seinem Sohn, dem späteren Berliner Hof- und Domprediger Wilhelm Hoffmann (1806-1873), ferner zu Herzogin Henriette von Württemberg (1780-1857), Christian Gottlob Barth (1799-1862), Immanuel Gottlieb Kolb (1784-1859) und Dorothea Trudel (1813-1862),[9] allesamt bedeutende Frauen und Männer der Erweckungsbewegungen. Sie las die Schriften Arnolds, Bengels, Zinzendorfs, Tersteegens, Oetingers und Michael Hahns. Besonders stark scheint der Einfluss Danns auf sie gewesen zu sein, der seit 1825 an der Stuttgarter St. Leonhards-Kirche wirkte. Der alte und kranke, religiös ungemein strenge Mann hatte, wie vielfach bezeugt ist, eine starke Aus-

---

8 Vgl. Hans-Martin Kirn, Ludwig Hofacker 1798–1828. Reformatorische Predigt und Erweckungsbewegung, Metzingen 1999.

9 Vgl. Christine Stuber, Dorothea Trudel (1813-1862)

strahlung auf junge Frauen. Unter seinem Einfluss hat sich Reihlens Bekehrung vollzogen. Pfarrer Dann hat sich schon als junger Prediger in Stuttgart im Aufbau einer Armenfürsorge engagiert und hat den weltlichen Lustbarkeiten zugeneigten Herzogshof öffentlich kritisiert. Bei der Beerdigung eines berühmten Hofschauspielers kam es deswegen 1812 zu einem Eklat. Der beliebte Pfarrer wurde seines Amtes enthoben, musste die Landeshauptstadt verlassen und landete nach längerem Hin und Her auf der Landpfarrei Öschingen im Dekanat Tübingen. Im nahe gelegenen Mössingen, wohin er einige Jahre später gewechselt war, verfasste er 1822 eine berühmte Schrift, die sich gegen die Tierquälerei wandte.[10] Sein in seiner biblisch-pietistischen Frömmigkeit begründetes Engagement für den Schutz der Tiere führte 1837/38 in Stuttgart zur Gründung des ersten Tierschutzvereins Deutschland. Federführend hierbei war der Pfarrer Albert Knapp (1798-1864).[11] Auch mit ihm stand Reihlen in enger Verbindung. Allen diesen Frommen ging es darum, dem Kommen des Reiches Gottes auf Erden entgegen zu arbeiten. Das Reich Gottes war für sie eine neue Welt ohne Not, wo alle Menschen Christen sein und christlich leben würden und wo folglich Frieden und Gerechtigkeit herrschen sollte zwischen den Menschen und sogar zwischen Mensch und Tier.

Der Ehemann von Charlotte Reihlen sah die religiösen Neigungen seiner Frau zunächst nicht gerne. Der hoch gebildete Mann, der in Stuttgart das Gymnasium besucht und Reisen nach Holland, Belgien, Frankreich und in die Schweiz unternommen hatte, sympathisierte mit freiheitlichem und revolutionärem Gedankengut, nicht mit pietistischer Frömmigkeit. Dies verstärkte sich 1830, nach der Julirevolution in Frankreich. Er verbot seiner Frau den Besuch der Predigten Danns und Wilhelm Hofackers und erteilte Dann sogar ein Hausverbot. Angeblich soll er seiner Frau massiv gedroht haben, sie zurück ins Elternhaus oder sogar in ein Irrenhaus zu schicken. Einmal ließ er zu diesem Zweck sogar als ernste Drohgeste eine Kutsche vorfahren. Er selbst hatte ganz andere Pläne als die, in Württemberg am Aufbau des Gottesreiches zu arbeiten. Im Vormärz, als alle Hoffnungen auf eine Erneuerung der gesellschaftlichen und politischen Verhältnisse verpufft waren, plante er die Auswanderung seiner Familie nach Amerika. Charlotte Reihlen war zwar dagegen, erklärte aber schließlich doch ihre Bereitschaft, ihrem Mann als gehorsame Ehefrau dorthin zu folgen. 1833/34 begab sich Friedrich Reihlen eigenmächtig, ohne zuvor von

---

[10] Christian Adam Dann/Albert Knapp, Wider die Tierquälerei. Frühe Aufrufe zum Tierschutz aus dem württembergischen Pietismus, bearb. u. hg. v. Martin H. Jung (Kleine Texte des Pietismus 7), Leipzig 2002.

[11] Grundlegend hierzu: Martin H. Jung, „Der Gerechte erbarmt sich seines Viehs". Der Tierschutzgedanke im Pietismus, in: Bernd Janowski/Peter Riede (Hg.), Die Zukunft der Tiere. Theologische, ethische und naturwissenschaftliche Perspektiven, Stuttgart 1999, 128–154; Martin H. Jung, Die Anfänge der Tierschutzbewegung im 19. Jahrhundert. Christian Adam Dann und Albert Knapp, in: ders., Nachfolger, Visionärinnen, Kirchenkritiker. Theologie- und frömmigkeitsgeschichtliche Studien zum Pietismus, Leipzig 2003, 171–216.

seiner Frau Abschied zu nehmen, auf eine Erkundungsfahrt in die USA. Doch diese Reise wurde ihm zu einer Wende, und zwar in mehrfacher Hinsicht. Friedrich Reihlen verabschiedete sich, tief ernüchtert, definitiv von seinen Auswanderungsplänen, und er vollzog selbst unter dem Einfluss eines deutschen Missionars namens Schmid eine geistliche Umkehr, die ihn auf die religiöse Linie seiner Ehefrau brachte. Gemeinsam engagierten sie sich fortan beim Aufbau diakonischer Einrichtungen in Stuttgart. Charlotte Reihlen war und blieb dabei aber die treibende Kraft.

2. Reihlens diakonisches Werk und Wirken

Seit ihrer Bekehrung kleidete sich Charlotte Reihlen ärmlich, verzichtete auf ihren seidenen Mantel und trug in der Öffentlichkeit keine Handschuhe mehr, sodass man sie, wenn man sie nicht kannte, für eine Magd hielt; und sie betätigte sich als Wohltäterin zugunsten der Armen. Der erste wichtige institutionelle Bereich ihres Engagements war die Förderung der so genannten Armenkinderanstalten. Das waren Heime, in denen Waisenkinder, behinderte Kinder und andere Kinder aus armen Verhältnissen versorgt wurden. Den Anstalten in Korntal, Lichtenstern, Ludwigsburg, Winnenden und Stammheim ließ sie Geldmittel zukommen. Schon nach wenigen Jahren betätigte sie sich selbst als Gründerin sozialer Institutionen.

Die erste Gründung, an der Reihlen maßgebend beteiligt war, war die des so genannten „Weidle'schen Töchterinstituts" in Stuttgart im Jahre 1841, einer kirchlich gebundenen „Höheren" Privatschule für Töchter, also für Mädchen der Landeshauptstadt, die mehr erwerben wollten als eine bloße Elementarbildung. Zuvor hatte es in der Landeshauptstadt ein gehobenes Bildungsangebot für Mädchen – abgesehen von der in begüterten Kreisen immer möglichen Unterrichtung durch Privatlehrer – nur im 1818 gegründeten Königin-Katharina-Stift gegeben. Reihlens Institut trug den Namen von Friedrich Weidle (1808-1876), einem im Stuttgarter Waisenhaus ausgebildeten Lehrer, der nach längerer Tätigkeit in der Paulinenpflege Winnenden seit 1836 neben seiner Ausbildung zum Gewerbelehrer Hauslehrer bei Reihlens gewesen war.[12] Pfarrer Dann hatte ihn empfohlen. Er gehörte der Hahn'schen Gemeinschaft an, einer bis heute existierenden, auf Michael Hahn zurückgehenden pietistischen Gruppierung. Weidle hielt im Hause Reihlen erweckliche Erbauungsstunden ab. Zur Institutsgründung kam es, als nach und nach andere Mädchen außer Reihlens eigenen Töchtern an dem Privatunterricht teilnahmen und die Verlagerung in größere Räume notwendig wurde. Aus der privaten Hausschule wurde eine öffentliche Privatschule, die schon im Gründungsjahr 49 Schülerinnen zählte, die unter der Leitung Weidles in vier Klassen unterrichtet wurden. Reihlen erteilte

---

[12] Vgl. Margarete Henninger, Friedrich Jakob Philipp Heim 1789–1850. Gründer der Paulinenpflege Winnenden. Ein Beitrag zur Frühgeschichte der Diakonie in Württemberg, Winnenden 1990.

zeitweise Gesangs- und Handarbeitsunterricht. Als 1856 die Zahl der Schülerinnen weiter gestiegen war, wurde die Suche nach einem neuen Gebäude notwendig. In dem neuen Haus konnten bis zu 500 Schülerinnen unterrichtet werden. 1873 wurde die Schule in „Evangelisches Töchterinstitut" umbenannt und in die Paulinenstraße 30 verlagert, 1911 in eine Mädchenrealschule verwandelt und zur „Schulstiftung Evangelisches Töchterinstitut" gemacht. Heute besteht sie als „Evangelisches Mörike-Gymnasium" in gewandelter Form, unter landeskirchlicher Trägerschaft noch immer. Zu Reihlens Lebzeiten hatte zunächst Pfarrer Wilhelm Hofacker den Vorsitz inne, später Prälat Sixt Karl Kapff (1805-1879). Kapff, ehemals Pfarrer der pietistischen Brüdergemeinde Korntal, war seit 1852 Stiftsprediger in Stuttgart und Mitglied des Konsistoriums und trug den Titel eines Prälaten. Er vertrat konservative Positionen und war dem Pietismus verpflichtet. Reihlen fand in ihm einen treuen Mitstreiter und Ratgeber.

Der Frauenbildung blieb Reihlen zeitlebens verpflichtet. 1860 wurde von ihr gemeinsam mit Königin Pauline (1800-1873) eine so genannte Mägdeanstalt gegründet, eine Schule für angehende Mägde, also für Frauen aus den unteren Schichten, die als Dienstboten Arbeit finden sollten. Die Anstalt ist auch als die „Dienstbotenschule Paulinenheim" bekannt. Jährlich wurden etwa 30 Mädchen im Alter von 14 bis 16 Jahren in häuslichen Arbeiten ausgebildet. Dadurch hatten sie gegenüber nicht ausgebildeten Mägden größere Chancen, außer Unterkunft und Verpflegung auch einen Lohn zu bekommen. Noch 1921 wurde diese Institution, die man am ehesten mit einer heutigen Hauswirtschaftsschule vergleichen kann, von einer Enkelin Reihlens geleitet.

Für Kinder aus armen Verhältnissen war auch die Sonntagsschule gedacht, die 1865, wenige Jahre vor Reihlens Tod, im Hause ihres ältesten Sohnes eingerichtet wurde. Sonntagsschulen waren nach englischem Vorbild gestaltete freiwillige und ehrenamtlich organisierte Privatschulveranstaltungen an Sonntagen, gedacht für Kinder, die werktags arbeiten mussten und deswegen keine Schule besuchen konnten. In England hatte sich vor allem die methodistische Kirche für die Einrichtung von Sonntagsschulen engagiert und damit eine Antwort auf die Bildungsherausforderungen des Industriezeitalters zu geben versucht. In der Sonntagsschule übten die Kinder, betreut von Ehrenamtlichen, vielfach von Frauen, Lesen, Schreiben, Rechnen und andere Dinge, die für die Bewältigung des Alltags damals wichtig waren; sie wurden auch in religiösen Fragen unterwiesen. Das Sonntagsschulwesen wurde in Deutschland, nach Anfängen in Hamburg im Jahre 1788, im Jahre 1825 von Johann Wilhelm Rautenberg, ebenfalls in Hamburg, begründet. In Stuttgart hat sich die Sonntagsschulidee in den 60er Jahren schnell verbreitet und stieß auf große Resonanz. Die Diakonissenanstalt betrieb 1874 eine Sonntagsschule mit sage und schreibe 800 Kindern. Geschichtlich betrachtet sind die Sonntagsschulen des 19. Jahrhunderts die Vorläuferinnen unserer heutigen Kinderkirchen. Die Zielgruppen und die Inhalte haben sich aber vollkommen verändert.

Die bedeutendste Gründung Reihlens war das Stuttgarter Diakonissenmutterhaus.[13] Diese 1853/54 nach Kaiserswerther Vorbild gegründete Einrichtung war für Frauen gedacht, die ehelos leben mussten oder wollten und sich dazu berufen sahen, im kirchlichen Rahmen Menschen in Not zu betreuen. Sie sollte ihnen eine Ausbildungs- und Heimstätte geben und nach ihrer diakonischen Tätigkeit ihre Versorgung im Alter übernehmen, was durch den Begriff „Mutter"-Haus signalisiert wird. Das Diakonissenhaus war im 19. Jahrhundert die modernste Frauenberufsschule, die es gab. Die Nachfrage nach dem neuen Beruf der Diakonisse, wie man die weiblichen Diakoninnen nannte, war groß. 1851 wollten sich zwei junge Frauen, Marie Eckert (ca. 1827-1866) und Margarete Schaible, durch Reihlen an das Diakonissenmutterhaus in Kaiserswerth vermitteln lassen. Reihlen stand in Verbindung mit Theodor Fliedner (1800-1864), dem Gründer von Kaiserswerth, und auch mit Franz Härter (1797-1874), dem Gründer der Diakonissenanstalt Straßburg. An mehreren Orten Deutschlands waren seit 1836 solche Häuser eingerichtet worden. Nun bildete sich auch in Stuttgart eine Initiative zur Gründung einer entsprechenden Einrichtung, damit junge Frauen, die diesen Lebensweg einschlagen wollten, nicht mehr ihrer Heimat den Rücken kehren mussten. Unterstützung fand Reihlen bei Wilhelm Hofacker und Prälat Kapff, während die Hahn'schen der Angelegenheit skeptisch gegenüber standen und vor Vielgeschäftigkeit warnten, die zu Werkgerechtigkeit, geistlichem Hochmut und einer Zersplitterung der Kräfte führen könnte. 1853 trat in Stuttgart ein Gründungskomitee zusammen, dem fünf Frauen und fünf Männer angehörten, darunter außer Charlotte Reihlen auch Minette Knapp (1815-1897), die Frau von Pfarrer Knapp sowie – natürlich – Prälat Kapff. Dieser hatte im Jahr zuvor eindrucksvoll über den barmherzigen Samariter (Lk 10,25-37) gepredigt und damit seinerseits einen Anstoß zu dieser Sache gegeben. Mit einem Aufruf, veröffentlicht am 15. Mai 1853 im „Christenboten", einer Zeitung ähnlich dem heutigen Evangelischen Gemeindeblatt, trat man an die Öffentlichkeit. Unverheiratete evangelische Frauen wurden aufgefordert, sich zu melden. Die Anstalt garantierte ihnen die volle Versorgung und eine einjährige Ausbildung, die zunächst noch in Straßburg stattfinden sollte. Verlangt wurde die Bereitschaft, auf jeden Lohn zu verzichten. Auf die Vorbilder der Anstalten in Kaiserswerth, Straßburg, Karlsruhe und Riehen bei Basel wurde verwiesen. Die Öffentlichkeit wurde zu Geldspenden aufgerufen. Der am 21. April verfasste Aufruf wurde von den zehn verantwortlichen Frauen und Männern persönlich unterzeichnet.

Die Resonanz darauf war nicht überwältigend. Trotzdem wurde die Anstalt gegründet. Zunächst war das Stuttgarter Diakonissenmutterhaus in dem einstmals vor langer Zeit von Herzog Ludwig gestifteten Hofkrankenhaus, nahe bei der Hospitalkirche, untergebracht, wo insgesamt 15 Betten zur Verfügung stan-

---

[13] Vgl. (Otto Ris), Die evangelische Diakonissenanstalt in Stuttgart 1854–1929, Stuttgart (1929).

den. Am 25. August 1854 zogen die ersten Schwestern, die noch in Straßburg ausgebildet worden waren, ein. Ihr erster Patient war ein an Cholera erkrankter Hofdiener. Die Diakonissen trugen die Kaiserswerther Tracht mit der typischen weißen Haube. Die offizielle Eröffnung der Diakonissenanstalt fand einige Monate später, am 18. März 1855 statt. 1858 wurde Marie Eckert zur ersten Oberin berufen. Im Jahre 1866 wurde ein neues Gebäude bezogen, dem später eine eigene Kirche und eine Pfarrerwohnung beigefügt wurde. Die Zahl der Diakonissen war auf 40 gestiegen. 1896 erfolgte ein weiterer Umzug, in die Rosenbergstraße 40, wo zehn Jahre später auch das große Wilhelmspital errichtet wurde. Dort war ein separates, d. h. von den Kranken- und Pflegehäusern getrenntes Mutterhaus mit 100 Zimmern erbaut worden. Im Mittelpunkt der Ausbildung stand der Erwerb medizinischer und chirurgischer Kenntnisse, aber auch Religion, Gesang und andere Fächer wurden unterrichtet. Die Diakonissen arbeiteten anschließend, wie überall, unentgeltlich und erhielten außer freier Unterkunft und Verpflegung nur ein Taschengeld. Eingesetzt wurden sie in Krankenhäusern in Stuttgart und Umgebung sowie in der Gemeindekrankenpflege. Als weitere Tätigkeitsfelder kamen Heime für Mädchen und Frauen hinzu sowie Kindergärten und die Altenpflege. Die Einrichtung gibt es noch heute.[14]

Das Töchterinstitut, die Mägdeanstalt, die Sonntagsschule und das Diakonissenmutterhaus waren die wichtigsten von Reihlen initiierten oder mitinitiierten sozialen Einrichtungen. Sie entfaltete daneben aber noch weitere Aktivitäten.

Reihlen gehörte zu den Ersten aus den Kreisen der Stuttgarter Erweckten, die den Kontakt zur Basler Mission suchten und am Aufbau einer Verbindung arbeiteten, die bis in die Gegenwart erhalten geblieben ist. 1815 war in Basel eine Missionsgesellschaft gegründet worden, die in Zusammenarbeit mit der Kirche Englands Missionare, die häufig aus dem Württembergischen stammten, u. a. nach Liberia und nach Indien schickte. 1842 besuchte Reihlen in Basel das Missionsfest und gründete noch im gleichen Jahr in Stuttgart gemeinsam mit anderen Frauen einen so genannten Hilfsverein für die Basler Mission, einen Verein, der nach dem Vorbild entsprechender Vereine in Korntal und Leonberg die Arbeit der Basler Mission durch die Verbreitung von Informationen, das Sammeln von Geld und das fürbittende Gebet unterstützte. Die Frauen machten Handarbeiten und verkauften diese zugunsten der Mission. 1843 fand am 25. August in Stuttgart erstmals ein Missionsfest statt, das öffentliche Aufmerksamkeit für die Anliegen der Mission wecken sollte. Insgesamt 80 Gäste waren angereist und wurden von Reihlen betreut und untergebracht. Bei Missionsfesten stand der ganze Sonntag im Zeichen der Mission, und ein Missionar berichtete von der Arbeit in fernen Ländern.

Neben den Missions-Hilfsvereinen gab es im 19. Jahrhundert allerorten auch Bibelvereine. Sie setzten sich die Verbreitung von Bibeln im Volk zum Ziel. Auch in diesem Aufgabenfeld engagierten sich vornehmlich Frauen. Reihlen hat

---

[14] Einen Einblick in Geschichte und Gegenwart der Anstalt gibt: „Zum Leben helfen, zum Helfen leben".

1844 gemeinsam mit Charlotte Stammbach (gest. 1845) einen Bibelverein gegründet und einen so genannten Bibelkolporteur angestellt, Bruder Schlenker, einen reisenden Mitarbeiter, der die Verbreitung der Bibeln in die Hand nahm. Unter anderem suchte er die Bahnwärter in ihren einsam gelegenen Häusern auf. Der Bibelverein ist später in der Evangelischen Gesellschaft aufgegangen, einem schon 1832 gegründeten Verein zur Verbreitung religiöser Schriften.

Im Jahre 1841 wurde in Württemberg ein neues Kirchengesangbuch eingeführt. Von Frommen wie Reihlen wurde dieses neue Gesangbuch begrüßt, da es ein stark vom aufgeklärten Denken beeinflusstes älteres Gesangbuch von 1791 ablöste und wieder zum alten Liedgut zurücklenkte. Reihlen gründete einen Hilfsverein zur Verbreitung dieses Gesangbuchs und engagierte sich für die Herstellung eines „Armengesangbuchs“, einer billigen, für jeden erschwinglichen bzw. zur kostenlosen Verbreitung geeigneten Auflage. Reihlen begrüßte wie gesagt das neue Gesangbuch, war aber nicht ganz damit zufrieden. Es gab einige Lieder, die unter den Erweckten beliebt waren, aber im Gesangbuch von 1841 nicht enthalten waren. Gemeinsam mit dem Kemnater Pfarrer Gottlob Baumann (1794-1856) gab Reihlen in den 40er Jahren[15] ein „Christliches Hausbüchlein“ heraus, das neben allerlei Gebeten 76 dieser Lieder enthielt.[16] Dieses Buch wurde in den erweckten Kreisen gerne an Konfirmanden verschenkt. Das Christliche Hausbüchlein trug dazu bei, dass Lieder erhalten blieben und weiter gesungen wurden, die später wieder Aufnahme ins offizielle Gesangbuch fanden.

3. Der Lohn des Dienens – Eine theologische und diakoniegeschichtliche Interpretation von Reihlens Zwei-Wege-Bild

Bekannter als die diakonischen Gründungen Reihlens ist ihr Bild vom breiten und vom schmalen Weg,[17] das internationale Verbreitung gefunden hat und sogar noch in der Gegenwart gedruckt, gerahmt und aufgehängt wird. Das Bild stellt in schroffer Weise zwei Lebensweisen einander gegenüber, ruft damit in die Entscheidung und fordert zu einem christlichen Leben im Sinne der pietistischen und erweckten Kreise auf. Das Bild spiegelt das diakonische Engagement Reihlens, es dokumentiert die diakonischen Errungenschaften des 19. Jahrhun-

---

15 Die älteste nachgewiesene Ausgabe stammt von 1850 und wird auf dem Titelblatt als dritte Auflage bezeichnet.

16 Christliches Hausbüchlein, enthaltend neben einer Sammlung meist alter, bewährter Gebete eine Anzahl Lieder, besonders über die Heilsordnung, die sich für den häuslichen Gebrauch eignen. Von einem Verein in Druck gegeben zur Beförderung der häuslichen Gottesverehrung und des lebendigen Christen-Sinnes, hg. v. (Gottlob Baumann/Charlotte Reihlen), Stuttgart ³1850.

17 Charlotte Reihlen, Der breite und der schmale Weg (Plakat), neue Ausg., Farbdruck. (Lahr), o.J. – Das Plakat kann bezogen werden bei: St.-Johannis-Druckerei C. Schweickhardt GmbH, Postfach 5, 77922 Lahr. – Eine Reproduktion der Originalausgabe findet sich in Scharfe, Evangelische Andachtsbilder, Anhang, Bildtafel LXXXVI; Scharfe, Zwei-Wege-Bilder, Abb. 9, vor 137; Jung, Nachfolger, 216.

derts, es wirbt für das diakonische Engagement und es enthält eine theologische Begründung des diakonischen Engagements.

Zwei alternative Wege werden einander gegenübergestellt: Der breite Weg führt an Gasthöfen, Ballhäusern, Theatern und Spielhöllen vorbei in den ewigen Tod. Der schmale Weg führt entlang von Kirchen, Rettungsanstalten und Diakonissenhäusern in die Seligkeit. Den breiten Weg beschreiten vornehme, modisch gekleidete Standespersonen, viele auf Pferden oder in Kutschen. Auf dem schmalen Weg dagegen sieht man einfache Menschen, alle zu Fuß und viele mit Lasten, zahlreiche Kinder und überdurchschnittlich viele Frauen. Die beiden Wege sind durch eine tiefe Schlucht getrennt, und zwischen ihnen gibt es nur wenige Verbindungsbrücken, die – das ist besonders auffällig – kein einziger beschreitet. Im Vordergrund steht ein Prediger und informiert die Leute über die Alternativen.

Reihlens Bild lädt jeden Betrachter zunächst einmal zum Entdecken ein. Das Bild gibt einen Einblick in die Lebenswelt der ersten Hälfte des 19. Jahrhunderts, aus der uns ja noch keine Fotografien zur Verfügung stehen. Wir sehen Menschen des 19. Jahrhunderts, Gebäude des 19. Jahrhunderts und Landschaften des 19. Jahrhunderts. Wir sehen kulturelle Angebote der Zeit, gesellschaftliche Institutionen und kirchliche Einrichtungen. Wir sehen, wie die Menschen lebten, wie sie gekleidet waren, wie sie gereist sind, womit sie sich beschäftigten und wie sie sich vergnügten. Auf den zweiten Blick entdecken wir einige der Institutionen, an deren Einrichtung oder Förderung Reihlen selbst beteiligt war: eine Kinder-Rettungsanstalt, ein Diakonissenhaus und eine Sonntagsschule. Ferner haben eine Kirche, ein Theater, eine Spielhölle, ein Gasthof und ein Ballsaal ihren Platz gefunden. Tatsachen des 19. Jahrhunderts werden auch gespiegelt, wenn das kirchenferne Leben dem städtischen Milieu und das kirchentreue, fromme Leben der ländlichen Kultur zugeordnet wird. In Letzterer spielen ferner Frauen eine auffallend große Rolle. Die Feminisierung der Religion im 19. Jahrhundert ist also keine Erfindung der postmodernen historischen Wissenschaft, sondern wurde auch von Zeitgenossen schon beobachtet. Reihlens Bild hat einen leicht feministischen Zug. Der breite Weg beginnt mit dem Huren der Männer, und die letzte Station des schmalen Weges vor dem himmlischen Jerusalem ist das von Frauen für Frauen geschaffene Diakonissenhaus. Die bei den Frommen verbreitete Ablehnung neuer Kleidungssitten wird sowohl durch das Bild als auch durch Informationen aus dem Leben Reihlens belegt.

Das Bild ist ein Ausdruck der Weltsicht der Frommen. Es informiert darüber, wie die pietistisch-erwecklichen Kreise ihre Zeit und die sich pluralisierenden Lebensformen bewertet haben, welchen Lebensidealen sie selbst nachstrebten und welche Verhaltensweisen sie bekämpften. Auf der rechten, positiv bewerteten Seite werden unter anderem in alter, biblisch begründeter Tradition die sechs Werke der Barmherzigkeit dargestellt und um ein siebtes Werk erweitert: Speisen der Hungernden, Tränken der Dürstenden, Beherbergen von Obdachlosen, Bekleiden von Nackten, Besuchen der Kranken und Trösten der Gefangenen. Diese Aufreihung guter Taten geht unmittelbar auf eine Bibelstelle zurück, auf Mt 25,34-40, und war schon im Mittelalter eine beliebte Orientierungstafel für das richtige menschliche Verhalten. Als siebte gute Tat wird in Anlehnung an Lk 9,48 die Aufnahme verlassener Kinder hinzugenommen. Das diakonische Engagement Reihlens und das diakonische Engagement der Christen im 19. Jahrhundert wird hier biblisch begründet. Das Gegenmodell zum barmherzigen Leben können wir links betrachten. Hier wird all das getan, was nach der Bibel ausdrücklich verboten ist. Als Gliederungsprinzip dient die Zahl Sechs: sechs vermeintliche Erquickungen (Huren, Fressen/Saufen, Gesang, Kartenspiel, Schimpfen/Fluchen, Zeitung lesen), sechs Zerstreuungen (Lustgärten, Theater, Klubhäuser, Spielhöllen, Schanktische, öffentliche Brunnen), sechs Laster (Tierquälerei, Stehlen, Raufen, Pfand nehmen, Lotto spielen, Reiten) und schließlich sechs Strafen (Verstoßung, Verknechtung, Krieg, Tod, ewiges Feuer, Reich der Finsternis) werden präsentiert. Es erübrigt sich, alles im Detail aufzuzählen. Nur bei einem Punkt lohnt es, ihn beispielhaft herauszugreifen und auch an dieser Stelle eine Brücke zum Leben Reihlens und zu ihrem diakonischen Engagement zu schlagen. Wir sehen links auf dem breiten Weg, wie ein Mann einen Esel, der unter seinen schweren Lasten zusammengebrochen ist, mit einer Peitsche schlägt. Spr 12,10 weist darauf hin, dass dieser erbarmungslose Umgang mit einem Tier dem Willen Gottes widerspricht. „Der Gerechte (= Fromme!) erbarmt sich auch seines Viehs" war in den pietistischen Kreisen Württembergs schon seit dem späten 18. Jahrhundert ein geflügeltes Wort, und im 19. Jahrhundert tauchte der bis in die Gegenwart anzutreffende Ausspruch auf: „Wenn sich ein Bauer bekehrt, merkt es auch sein Vieh im Stall." Führender Repräsentant der Tierschutzidee in Württemberg war Christian Adam Dann, also der Pfarrer, mit dem Reihlen bis zu dessen Tod im Jahre 1837 häufigen und vertrauten Umgang pflegte. Reihlen saß unter seiner Kanzel, wenn er in Stuttgart, wie durch Quellen belegt ist, für den schonenden Umgang mit Haus- und Nutztieren eintrat, und wahrscheinlich hat sie auch seine 1822 und 1832 erschienenen Tierschutzschriften gelesen. Der Pietist Dann war der Vater der deutschen Tierschutzbewegung. 1837/38 wurde in Stuttgart von seinen Anhängern und Freunden der erste Tierschutzverein Deutschlands gegründet. Ob Reihlen auch an dieser Vereinsaktivität beteiligt war, lässt sich aus den darüber erhaltenen Quellen leider nicht erkennen. Zu den führenden Männern dieser neuartigen Bewegung gehörten jedoch Freunde Reihlens. Sie selbst hat auf ihre Weise zur Förderung dieser Angelegenheit beigetragen, indem sie den Tierschutzgedanken in ihr Bild aufnahm. Die Diakonie hat also bereits aus der Sicht der Frommen des 19. Jahrhunderts nicht nur die Not leidende Menschheit, sondern die ganze Schöpfung im Blick.

Das Theater wird in der Mitte des Bildes platziert, exakt auf der Grenze zwischen Gut und Böse, wobei die rechte Seite allerdings durch einen stattlichen Baum – den Baum des Lebens – verdeckt wird. Reihlen hat das Theater abgelehnt, aber nicht aus Prinzip, sondern wegen der konkreten Inhalte. Aufgeführt wurden in den Theatern des 19. Jahrhunderts entweder die klassischen Stoffe der vorchristlichen Antike oder moderne, von aufgeklärtem Geistesgut geprägte Stücke. Solche Theaterstücke waren für Reihlen nicht akzeptabel. Ein Theater, das christlich-religiöse Inhalte inszenieren und missionarischen Zwecken dienen würde, wie das im 16., 17. und noch im frühen 18. Jahrhundert vielfach, aber vor allem im reformierten und im katholischen Milieu, weniger im Umfeld des Luthertums, praktiziert wurde, wäre für Reihlen wohl nicht nur akzeptabel, sondern sogar etwas Begrüßenswertes gewesen.

Lohnend ist es auch, die hinter dem Bild stehende und in ihm verborgene Theologie zu erheben. Der gekreuzigte Christus, die Erlösungstat des Gottessohnes am Kreuz, steht im Zentrum des theologischen Denkens der pietistisch-erwecklichen Frömmigkeitsbewegungen. Der Christ ist zum Dienen befreit und gerufen, weil ihm von Christus gedient wurde und wird. Das Wort der Bibel, insbesondere Christi Worte, sind verbindliche Richtschnur des Denkens und Lebens. Der einzelne Mensch wird zu einer Entscheidung aufgefordert, die sich häufig in Form einer Bekehrung vollzieht, denn er lebt – auch als Kind frommer Eltern – zunächst im Bereich der Welt und der Sünde, bevor er sich für Christus entscheidet. Im Bildvordergrund steht ein Mann mit Dreispitz vor einem Wegzeiger, Hände und Füße hat er unschlüssig gespreizt, er ist einerseits verlockt, andererseits skeptisch. Sein Ohr lauscht dem Prediger, aber seine Augen blicken auf die Welt. In seiner Entscheidung ist der Mensch frei, er hat die Freiheit der Wahl, die von Luther behauptete Unfreiheit des Willens steht nicht zur Diskussion. Nach der Bekehrung ist der Weg gebahnt. Es gibt zwar noch Gefährdungen am Weg des Christen und es gibt Brücken, die in die gottlose Welt zurückführen, aber diese Brücken werden nicht oder selten begangen. Auch von den Weltmenschen lassen sich nur noch wenige gewinnen.

Die Theologie des württembergischen Pietismus und der württembergischen Erweckungsbewegungen war stark eschatologisch geprägt,[18] das heißt, man hat sich stärker als die Frömmigkeitsbewegungen anderer Regionen des Protestantismus mit der Frage nach der Zukunft des Einzelnen und der Zukunft der Welt beschäftigt. Die Alternativen werden oben im Bild angezeigt: entweder Weltende, Gericht und Hölle oder ein neuer Himmel und eine neue Erde, das himmlische Jerusalem, die Gemeinschaft mit Christus (dargestellt als Lamm Gottes) und den Engeln. Das diakonische Engagement des Christen erfährt also außer der biblischen und der kreuzestheologischen auch eine eschatologische Begründung. Der Lohn des Dienens ist der Himmel und die ewige Gemeinschaft mit dem Lamm Gottes. Das Bild bezeugt ferner die in Württemberg in der Mitte des 18. Jahrhunderts im Gefolge Bengels immer noch vorhandene starke Naherwartung: Die Uhr auf der Kirche steht kurz vor Zwölf. Diese Kirche ist übrigens keine andere als die Stuttgarter St. Leonhards-Kirche, in der

[18] Martin H. Jung, 1836 – Wiederkunft Christi oder Beginn des Tausendjährigen Reichs? Zur Eschatologie Johann Albrecht Bengels und seiner Schüler, in: Pietismus und Neuzeit 23. 1997, 131-151.

Reihlen den Predigten Hofackers und Danns gelauscht hatte und die ein lokales Zentrum der Erweckungsbewegung war. In der Kirche wird, wie man durch das Fenster erkennen kann, Abendmahl gefeiert. Dieses Gebäude und diese Szene sind ein festes Bekenntnis Reihlens zur Landeskirche. Reihlen war kirchentreu und mit ihr auch die meisten der württembergischen Erweckten.

Reihlens Bild ist eine interessante historische Quelle und ein hervorragendes, geschichtliche und gegenwärtige religiöse, ethische und soziale Fragen illustrierendes und erschließendes didaktisches Hilfsmittel. Es muss aber auch, insbesondere bei der Verwendung des Bildes im Rahmen der religiösen Unterweisung, auf die Problematik des Bildes und die Problematik des frommen Welt- und Selbstverständnisses eingegangen werden.[19] Das Zwei-Wege-Motiv impliziert ein starres Entweder-Oder-, ein krasses Schwarz-Weiß-, ein Schubladen-Denken, also eine extreme Vereinfachung. In der Realität, damals wie heute, gibt es aber keine einfachen, eindeutigen Verhältnisse, sondern alles ist hoch komplex, weswegen abwägen und differenzieren immer angesagt sind. Eine einmalige Entscheidung zur Bestimmung des Lebensweges reicht nicht aus, sondern es muss immer wieder neu entschieden werden. Problematisch ist die Haltung der Weltflucht, die von den Frommen eingenommen wird, die Absonderung von der modernen Kultur, die Klammerung an überkommene Lebensformen. Eine solche Lebenshaltung findet sich in der Christentumsgeschichte zwar durch alle Epochen hindurch immer wieder, vor allem im Mönchtum, aber sie entspricht nicht der Botschaft Jesu und sie entspricht nicht evangelisch-reformatorischem Denken. Jesus hat seinen Jüngern keine Absonderung befohlen, sondern das Leben „in der Welt" (Joh 16,33), ohne jedoch „von der Welt" zu sein (Joh 15,19). Auch für Luther war klar, dass der Christ in und mit der Welt leben müsse, und deshalb hat er selbst, wenn auch nach langem Zögern, seine Mönchskutte abgelegt. Teilnahme am weltlichen Leben, auch an dem sich verändernden, dem sich modernisierenden weltlichen Leben, widerspricht nicht dem Christsein, vielmehr ist es Christen sogar aus Gründen der Nächstenliebe geboten, teilzunehmen und mitzugestalten. Im weltlichen Beruf – als Handwerker, als Bauer, als Hausfrau und wenn es sein muss auch als Soldat und als Henker – muss nach Luther Gott gedient werden. Der Gottesdienst im Beruf war ein Grundgedanke der Reformation. Teilhabe an der Welt heißt aber nicht, dass man alles billigt und alles mitmacht. Christen werden immer eine kritische Haltung einnehmen, denn sie stehen mit beiden Füßen sowohl im Reich Gottes wie im Reich der Welt. Aber als Salz der Erde und Licht der Welt können sie nur wirken, wenn sie sich nicht vom kulturellen Leben ihrer Zeit absondern.

---

[19] Vgl. Manfred Köhnlein, Weltbild und Glaubensverständnis im württembergischen Pietismus des 19. Jahrhunderts. Zur erwecklichen Predigt des Bildes „Der Breite und der schmale Weg", in: Gerhard Büttner/Jörg Thierfelder (Hg.), Religionspädagogische Grenzgänge. (Festschrift) für Erich Bochinger und Martin Widmann (zum 60. Geburtstag) (Arbeiten zur Pädagogik 26), Stuttgart 1988, 127-149.

Die Frommen des 19. Jahrhunderts waren an diesem Punkt allerdings alles andere als konsequent. Die von dem Bild propagierte und suggerierte Absonderung fand, von wenigen Ausnahmen abgesehen, in dieser Weise gar nicht statt. Die von Reihlen und ihren Freunden gegründeten diakonischen Einrichtungen waren eine Form des Engagements in der Welt und für die Welt. Keineswegs wurden hier nur die eigenen Leute versorgt, sondern im Sinne der Inneren Mission[20] alle Bedürftigen. Die Diakonissenhäuser und die Rettungsanstalten standen auch nicht auf dem Lande, wie es das Bild suggeriert, sondern inmitten großer Städte. Die von Reihlen propagierte Absonderung war faktisch nur eine partielle mit dem Ziel, die eigenen Kräfte zu sammeln und zu stärken für ein ganz gezieltes Engagement in der Welt. Und dieses Engagement hatte keineswegs nur konservative Züge, sondern vielfach einen modernisierenden Charakter. Im Bereich des sozialen und pädagogischen Engagements und für den Gedanken der Berufstätigkeit der Frau haben die Frommen im 19. Jahrhundert Bahnbrechendes geleistet. Die Erweckungsbewegungen hatten – ihrem entgegengesetzten Selbstverständnis zum Trotz – wie schon der Pietismus mit der Aufklärung sehr viel gemeinsam. Der in ihnen verankerte Reich-Gottes-Gedanke hat, auch in säkularisierter Form einer sozialistischen Zukunftshoffnung, die Kultur des 19. Jahrhunderts zutiefst und nachhaltig geprägt.

Selbstverständlich nutzten die Frommen auch die neuen technischen Errungenschaften für ihre Zwecke. Auf Reihlens Bild wird die 1835 erfundene Eisenbahn dem Reich des Bösen zugeordnet und mit dem Turmbau von Babel in Verbindung gebracht. In der Tat gab es aus frommen Kreisen Widerstand gegen diese Revolution im Bereich der Mobilität.[21] Das sich ausbreitende Schienennetz – 1845 wurde die Strecke Stuttgart-Esslingen und 1850 die Strecke Heilbronn-Friedrichshafen eröffnet – wurde als ein in die Breite gestreckter Turm von Babel angesehen und als Ausdruck menschlicher Hybris interpretiert. Auch für die Zunahme der Sonntagsentheiligung wurde die Eisenbahn verantwortlich gemacht. Doch die Frommen hatten selbst ein starkes Mobilitätsbedürfnis, waren sie doch bereits seit Jahrzehnten international vernetzt. Alsbald wurde auch die Eisenbahn benutzt, um überregionale Verbindungen zu pflegen und an fernen Veranstaltungen teilzunehmen. Bruder Schlenker, Reihlens Bibelkolporteur, benutzte Schienengleise als Wege, wofür er von der Eisenbahnverwaltung eine Sondererlaubnis erhalten hatte.

Problematisch ist ferner der Bibelgebrauch des Bildes. Die Bibel dient Reihlen – für ihre Zeit nicht ungewöhnlich – als Steinbruch, um sich aus einzelnen aus dem Zusammenhang gerissenen Versen eine Ethik zu zimmern. Doch Bibelzitate lassen sich unterschiedlich interpretieren. Leicht steht Zitat gegen Zi-

---

[20] Zur Inneren Mission vgl. Hermann Schmidt, Die innere Mission in Württemberg (Die innere Mission in Deutschland 2), Hamburg 1879.

[21] Vgl. Michael Kannenberg, Der breite und der schmale Weg. Wie kam die Kirche auf die Bahn?, in: Albrecht Frenz/Michael Kannenberg (Hg.), Kirche und Bahn. Von der Fils auf die Alb in die weite Welt, Geislingen/Steige 2000, 27-37.

tat, Aussage gegen Aussage. Noch schlimmer ist es, wenn biblische Aussagen dadurch, dass sie aus ihrem Zusammenhang gerissen werden, verfälscht und sogar in ihr Gegenteil verkehrt werden, wie man z. B. an Reihlens Umgang mit Hes 20,12–14 sehen kann: Während in der Bibel Gott seinen Gedanken, Israel zu vernichten, nicht ausführt, wird im Bild diese Vernichtung in Szene gesetzt. An der Anstrengung einer echten theologischen Argumentation kommt man bei der Begründung einer christlichen Ethik nicht vorbei. Im Zentrum wird und muss dabei das Liebesgebot stehen. Dass das Liebesgebot ethische Einzelvorschriften, auch biblische Gebote, relativiert, hat schon Jesus gezeigt. Für Luther war der Gedanke wesentlich, dass es nicht darum geht, Gebote und Verbote aufzulisten, sondern dass der Glaube gute Werke hervorbringt wie ein guter Baum gute Früchte.

Zuletzt noch eine Bemerkung zum so genannten doppelten Ausgang, zum Dualismus von Himmel und Hölle. Die überwiegende Mehrzahl der Theologen der Christentumsgeschichte hat den doppelten Ausgang gelehrt, also behauptet, dass ein Teil der Menschen selig und der andere Teil ewig verdammt sein wird. Die katholische Theologie hat mit dem von ihr gelehrten Fegefeuer einen Weg gefunden, der überwiegenden Mehrzahl der Menschen, auch der Masse der Sünder, wenn auch durch Schmerzen hindurch das Seelenheil zuteil werden zu lassen. Die evangelische Theologie hat mit der Fegefeuerlehre wegen der nicht vorhandenen biblischen Begründung gebrochen und weiterhin, häufig krasser als die mittelalterliche Theologie, den doppelten Ausgang behauptet. Im Protestantismus gab es daneben aber immer auch den Gedanken der so genannten Allversöhnung, den im Glauben an den Sieg der göttlichen Liebe begründeten Gedanken einer zuletzt stattfindenden Erlösung aller, wirklich aller Menschen. In Kreisen des Pietismus und der Erweckungsbewegung wurde häufig mit der Allversöhnung sympathisiert. Offen gelehrt wurde sie jedoch in der Regel nicht, da man fürchtete, die „Gottlosen" würden dadurch statt zur Umkehr zu einem noch gottloseren Leben ermuntert. Wie Reihlen in dieser Frage gedacht hat, wissen wir nicht. Möglicherweise droht sie aber in ihrem Bild nur deswegen mit Gericht und Hölle, um die Sünder zur Umkehr anzutreiben, glaubt aber in ihrem tiefsten Herzen ebenfalls an die Universalität des Heils. Dafür spricht die Tatsache, dass sie ein enges Verhältnis zur Hahn'schen Gemeinschaft hatte, in der bekanntlich an die Allversöhnung geglaubt wurde.

Reihlen hat das Bild von den beiden Wegen entworfen. Mit der künstlerischen Realisierung der Kreidelithografie wurde P. Beckmann beauftragt, gedruckt wurde das Bild bei Wilhelm Menges, der 1860 in Stuttgart eine Lithografen-Anstalt gegründet hatte und verbreitet wurde es vom Kommissions-Verlag Johann Friedrich Steinkopf, ferner durch die Evangelische Gesellschaft und auch direkt durch die Familie Reihlen. Das Bild hatte die Größe von 47,4 x 38,2 cm und kostete 36 Kreuzer. Zusätzlich erhielten die Käufer eine acht Seiten umfassende Erklärung des Bildes. Das Bild wurde ursprünglich schwarzweiß gedruckt und teilweise von Hand koloriert, später wurden auch Farbdrucke hergestellt. Reihlens Bild erlebte viele Auflagen, die später zum Teil auch an neue, veränderte Verhältnisse angepasst, also inhaltlich bearbeitet wurden.

Der genaue Entstehungszeitpunkt des Bildes und der Anteil, den Reihlen dabei hatte, war lange ungeklärt. Die Drucke wiesen Reihlen als Urheberin aus. Doch sie konnte das Bild nicht aus dem Nichts geschaffen haben. Es wurde darauf hingewiesen, dass Reihlens Bild nicht das erste Zwei-Wege-Bild war.[22] Ähnliche Bilder gab es schon zuvor, aber das von Reihlen geschaffene hat alle anderen verdrängt, sodass wir heute nur noch das ihre kennen. Ein Vorzug von Reihlens Bild im Vergleich zu anderen, früher publizierten Bildern, war, dass sie erklärende Bibeltexte weitgehend aus dem Bild entfernte. Sie wurden in dem separaten Handzettel abgedruckt und zugleich kommentiert. Auch dieser Kommentar stammte von Reihlen, wobei nicht auszuschließen ist, dass sie sich bei der Abfassung mit Freunden, möglicherweise auch mit Pfarrern wie Kapff, beraten hat. Noch älter als die Bilder war das Motiv der beiden Wege als solches. Es begegnet uns zum Beispiel in den Erbauungsschriften Johann Arndts und in John Bunyans „Pilgerreise",[23] einem Buch, das Reihlen nachweislich kannte. Nach dem Erscheinen der ersten deutschen Ausgabe des auch heute noch beliebten Buches im Jahre 1832 wurde es in frommen Kreisen viel gelesen. Das Motiv der beiden Wege hat auch einen biblischen Bezug: Sowohl die Bergpredigt, Mt 7,13 f. als auch Jer 21,8 enthält das Motiv. Selbstverständlich kannte Reihlen diese Bibeltexte. Zu zwei Toren gehören zwei unterschiedliche Wege mit zwei unterschiedlichen Ergebnissen. Die rechte Seite des Bildes könnte zusätzlich von Richard Baxters „Die ewige Ruhe der Heiligen" inspiriert sein. Auch dieses englische Erbauungsbuch hat Reihlen nachweislich gekannt und gelesen. Es schildert das Ziel, dem die Frommen entgegengehen, und den Weg, der zu diesem Ziel führt. Schließlich ist auch noch an das reich bebilderte Erbauungsbuch „Das Herz des Menschen" zu denken, das Johannes Goßner seit 1812 in Deutschland verbreiten ließ. Reihlen könnte auf diesen Hintergründen ihr Bild gestaltet haben. Als spätester Entstehungszeitpunkt wurde das Jahr 1866 angenommen, aber auch an die Zeit um 1855 wurde gedacht.

Neue und konkretere Einblicke in die Entstehungsgeschichte des Bildes geben Quellen aus England. Der englische Prediger und Schriftsteller Gawin Kirkham (1830–1892) besuchte im Januar 1868 Amsterdam und entdeckte das

---

[22] Einschlägige Literatur hierzu: Martin Scharfe, Evangelische Andachtsbilder. Studien zu Intention und Funktion des Bildes in der Frömmigkeitsgeschichte vornehmlich des schwäbischen Raums (Veröffentlichungen des Staatlichen Amtes für Denkmalpflege Stuttgart, Reihe C: Volkskunde 5), Stuttgart 1968; ders., Zwei-Wege-Bilder. Volkskundliche Aspekte evangelischer Bilderfrömmigkeit, in: Blätter für württembergische Kirchengeschichte 90, Stuttgart 1990, 123-144; Reinhard Lieske, Protestantische Frömmigkeit im Spiegel der kirchlichen Kunst des Herzogtums Württemberg (Forschungen und Berichte der Bau- und Kunstdenkmalpflege in Baden Württemberg (sic!) 2), München 1973.

[23] John Bunyan, Pilgerreise, übers. v. Christian Rendel, vollst. Ausg., aus dem engl. Orig. von 1678/84 neu übers., Lahr 1998.

Bild in einer niederländischen Ausgabe bei einem Buchhändler.[24] Er war fasziniert und nahm ein Exemplar mit nach England. Dort ließ er das Bild mehrmals großformatig nachzeichnen und setzte es nach seiner Zählung im Laufe von 18 Jahren 909 mal bei öffentlichen Vorträgen ein. Für Bildandachten benutzte er ein 9x12 Fuß großes illuminierbares Ölgemälde. Im Jahre 1887 kam er über Baron Julius von Gemmingen d. J. in Kontakt mit Adolf Reihlen (geb. 1824), dem erstgeborenen Sohn Charlotte Reihlens. Von diesem und von der Tochter Reihlens, Elise Stammbach (geb. 1830), erhielt er folgende Darstellung der Entstehungsgeschichte des Bildes. Reihlen kannte ein ähnliches Bild, das ihr in Korntal gezeigt worden war. Möglicherweise handelte es sich um die im frühen 19. Jahrhundert bei Damel in Stuttgart verlegte kolorierte Kreidelithografie mit dem Titel „Des Christen Weg und Ziel".[25] Im Jahre 1862 beschloss sie, das Motiv des breiten und des schmalen Wegs in ein eigenes Bild umzusetzen. Sie beauftragte einen Künstler, Konrad Schacher, ihre Ideen zu Papier zu bringen. Ihr Sohn Theodor Reihlen (1828-1869), ein frommer Mann, der längere Zeit in Korntal gelebt hatte, half bei der Gestaltung mit. Bereits 1867 wurde von dem Bild eine holländische Ausgabe hergestellt und in kurzer Zeit in 10.000 Exemplaren verkauft. Kirkham gestaltete 1883 eine englische Ausgabe, von der in fünf Jahren 50.000 Stück verkauft wurden. Die Übersetzung besorgte die Diakonisse Marriott Mildmay.[26]

Reihlens Bild fand reißenden Absatz und erfreute sich großer Beliebtheit. Es stellt sich die Frage nach den Abnehmern, nach dem Verwendungszweck und der Funktion des Bildes. Formal betrachtet ist das Bild ein moralischer Appell an die Zeitgenossen zur geistlichen Entscheidung für Jesus und will „Weltmenschen" zu einem Leben mit Gott – im Sinne des Pietismus – einladen, verfolgt also missionarische, evangelistische Ziele. Doch das Bild dürfte vor allem von Menschen gekauft, aufgehängt und betrachtet worden sein, die sich bereits für ein frommes Leben entschieden hatten, und dürfte diesen zur Selbstvergewisserung gedient haben. Sicherlich hat es im 19. und frühen 20. Jahrhundert manches Diakonissenhaus und manche Rettungsanstalt geschmückt. Im Bereich der Arbeit mit Kindern und mit Jugendlichen dürfte es auch als didaktisches Mittel im Umgang mit „Unbekehrten" Verwendung gefunden haben. Ob sich durch die einerseits drohende, andererseits verheißungsvolle Botschaft des Bildes Menschen wirklich zu einer Lebensänderung bewegen ließen, ist nicht bekannt. Das Gleiche trifft jedoch auf missionarische Schriften und auf missionarische Predigten zu.

Das Zwei-Wege-Bild war wohl die letzte große Sache, die Reihlen auf den Weg brachte. Im Jahre 1866 erlitt der Ehemann der unermüdlich aktiven Frau

---

24 Vgl. Gawin Kirkham, History and Explanation of the Picture „The Broad and The Narrow Way", London 2000.

25 Abbildung in BWKG 90. 1990, Abb. 1, nach 136.

26 Auch in England wird das Bild noch heute verbreitet und kann über das Internet bestellt werden (http://picturemaker.safeshopper.com/78/cat78.htm?704 – 8.4.2003).

einen Schlaganfall, der eine bleibende Lähmung zur Folge hatte. Er war fortan ans Bett gefesselt und ein Pflegefall geworden. Charlotte Reihlen musste sich ständig um ihn kümmern und wurde selbst bald ernsthaft krank. Schon zuvor hatte sie an Magenschwäche, Migräne und Schlaflosigkeit gelitten und Probleme mit dem Herzen gehabt. Im Jahre 1868, am 21. Januar, ist Reihlen in Stuttgart gestorben. Sie wurde zwei Tage später auf dem Fangelsbach-Friedhof in einem Ehrengrab bestattet. Prälat Kapff hielt die Leichenrede und sprach über Lk 2,49, den Lobgesang der Maria. Reihlens Grab blieb erhalten und ist noch heute zu sehen.[27]

Eines der letzten Worte Reihlens war: „Ich bin durch und durch Sünder und gehöre mit Haut und Haaren in die Hölle." Trotz ihrer tiefen Frömmigkeit und ihres großen Engagements wusste sie sich ganz auf die Gnade und das Erbarmen Gottes angewiesen. Darin offenbarte sich ein lutherischer Grundzug ihres Denkens und Fühlens, der in Kreisen des württembergischen Pietismus durchaus verbreitet war. Von einer selbstbewussten Heilssicherheit und der hehren Behauptung eigener Sündlosigkeit, die sich in jenen Jahren in den neuartigen Heiligungs- und Heilungsbewegungen verbreitete, war Reihlen meilenweit entfernt.

Nach ihrem Tod verehrten die frommen Kreise Württembergs Reihlen als echte Nachfolgerin der „Stuttgarter Tabea", wie der Ehrenname von Beata Sturm (1682-1730) lautete, die mehr als hundert Jahre vor Reihlen in Stuttgart soziale Aktivitäten entfaltet und das fromme Leben gefördert hatte.[28]

---

[27] Vgl. Friedhöfe in Stuttgart V: Fangelsbach-Friedhof, bearb. v. Hermann Ziegler (Veröffentlichungen des Archivs der Stadt Stuttgart 61), Stuttgart 1994.

[28] Vgl. Martin H. Jung, Beata Sturm (1682-1730), in: ders., Frauen des Pietismus. Von Johanna Regina Bengel bis Erdmuthe Dorothea von Zinzendorf. Zehn Porträts, Gütersloh 1998, 86-96.

RUTH ALBRECHT

Elise Averdieck (1808-1907)

Elise Averdieck. Aufnahme von 1874 (Ausschnitt).

Die Person und das Wirken Elise Averdiecks gehören zu den typischen Erscheinungen der Erweckungsfrömmigkeit des 19. Jahrhunderts, die in vielfältigen diakonischen Projekten ihren Niederschlag fand. Diese Hamburgerin zählt jedoch nicht zu den prominenten Gestalten wie etwa Amalie Sieveking oder Johann Hinrich Wichern, die bereits zu Lebzeiten und auch noch bis in die Gegenwart kontinuierlich Beachtung fanden und finden.[1] Elise Averdiecks Wirksamkeit weist unterschiedliche Facetten auf, die in ihrer Gesamtheit berücksichtigt werden müssen, um das Profil dieser Frau zu erfassen.[2] Sie wurde tätig als Lehrerin, Schriftstellerin, Krankenpflegerin und – erst in der zweiten Hälfte ihres Lebens – als Diakonisse, die eine kleine Diakonissengemeinschaft gründete und leitete. In einem Rückblick sprach sie selber von ihrem „Beruf als Pflegerin, Lehrerin und Bethesdamutter".[3] Ihre unterschiedlichen Aktivitäten verstand Averdieck nämlich als am Bau des Reiches Gottes mitzuwirken. „Ich denke, es gibt nur ein Werk des HErrn, und das ist die Förderung Seines Rei-

[1] In dem neuen Standardwerk zum Pietismus und zur Erweckungsbewegung, Geschichte des Pietismus 3, wird Averdieck überhaupt nicht erwähnt, Wichern und Sieveking dagegen relativ ausführlich: Arnd Götzelmann, Die Soziale Frage, in: Ulrich Gäbler (Hg.), Der Pietismus im neunzehnten und zwanzigsten Jahrhundert (Geschichte des Pietismus 3), Göttingen 2000, 272-307: 284-291. Die wichtigste derzeitige Studie zu Averdieck ging aus einer Hamburger Dissertation hervor: Inke Wegener, Zwischen Mut und Demut. Die weibliche Diakonie am Beispiel Elise Averdiecks (SKGNS 39), Göttingen 2004; s. ferner: Irene Börner, Das soziale Werk der Diakonissenmutter Elise Averdieck, Hamburg 1997.

[2] Eine Hamburger Schule, die den Namen Averdieck trägt, wurde erst nach ihrem Tod gegründet und knüpft nicht unmittelbar an ihr pädagogisches Wirken an: 75 Jahre Elise-Averdieck-Gymnasium 1909-1984. Festschrift zum 75jährigen Bestehen des Elise-Averdieck-Gymnasiums 1909-1984, Hamburg 1984.

[3] Elise Averdieck, Lebenserinnerungen. Aus ihren eignen Aufzeichnungen zusammengestellt von Hannah Gleiss, Hamburg 1908, 440; im Folgenden abgekürzt als Averdieck, Lebenserinnerungen I.

ches. Und ob ich Sein Reich fördere durch treues Stiefelputzen, oder durch Beobachtung der Sterne; durch Dulden auf dem Krankenbette, oder durch Regieren eines Königreichs, – mich dünkt, das ist ganz gleich. Der HErr ist es, der Sein Werk tut, – durch uns."[4]

1. Erweckungsfrömmigkeit in Hamburg

Elise Averdieck wuchs in ein bereits bestehendes Netz frommer Initiativen hinein, das hier kurz charakterisiert werden soll, bevor ihr eigener Lebensweg in den Blick genommen wird.

Hamburg war seit der Reformation eine lutherisch geprägte Stadt; die Geistlichen und die städtische Obrigkeit vertraten mehrheitlich eine orthodoxe Interpretation der lutherischen Lehre.[5] Diese Geschlossenheit wurde aufgebrochen durch die internationalen Handelskontakte, auf denen der Wohlstand Hamburgs beruhte, und die die Duldung anderer Konfessionen und Religionen in begrenztem Maß zur Folge hatten.[6] Zunehmende Bedeutung erhielt die ganz in der Nähe gelegene Stadt Altona, die zum dänischen Hoheitsgebiet gehörte und die die Ansiedlung nicht-lutherischer Bürger förderte.[7] Gegen Ende des 16. und zu Beginn des 17. Jahrhunderts war Hamburg für einige Zeit ein Zentrum pietistischer Streitigkeiten; es gelang dieser Reformbewegung jedoch nicht, dauerhaft diese Stadt und ihre Bevölkerung zu beeinflussen. Ähnliches gilt für die Erweckungsbewegung des 19. Jahrhunderts. Aus Hamburg gingen Impulse hervor, die sich weit über die Grenzen dieser Stadt hinaus auswirkten; in Hamburg allerdings blieb der Versuch, den theologischen Rationalismus zu überwinden, auf einige kleine Kreise beschränkt.[8]

Im 19. Jahrhundert wuchs die Bevölkerung Hamburgs auf mehr als 100.000 an; dazu kamen die beiden so genannten Vorstädte im Westen und im Osten: St. Pauli und St. Georg. Die östliche Vorstadt St. Georg wurde durch die Tätigkeit von Pastor Johann Wilhelm Rautenberg (1791-1865), der seit 1820 für die-

---

4 Elise Averdieck als Diakonissenmutter. Der Lebenserinnerungen zweiter Teil. Nach Elise Averdiecks eigenen Aufzeichnungen zusammengestellt von Hannah Gleiss, Hamburg 1912, 14 f.; im Folgenden abgekürzt als Averdieck, Lebenserinnerungen II.

5 Werner Jochmann/ Hans-Dieter Loose (Hg.), Hamburg. Geschichte der Stadt und ihrer Bewohner 1, Hamburg 1982.

6 Joachim Whaley, Religiöse Toleranz und sozialer Wandel in Hamburg 1529-1818 (AKGH 18), Hamburg 1992.

7 Klaus-Joachim Lorenzen-Schmidt, Art. Altona, in: ders./Ortwin Pelc (Hg.), Schleswig-Holstein Lexikon, Neumünster 2000, 22 f.

8 Zur Erweckungsbewegung in Hamburg s. Kurt Detlef Möller, Beiträge zur Geschichte des kirchlichen und religiösen Lebens in Hamburg in den ersten Jahrzehnten des 19. Jahrhunderts, in: Zeitschrift für Hamburgische Geschichte 27. 1926, 1-129; Ingrid Lahrsen, Zwischen Erweckung und Rationalismus. Hudtwalcker und sein Kreis (AKGH 3), Hamburg 1959; Theodor Kuessner, Die Erweckungsbewegung in Hamburg im Spiegel der Briefe, Tagebücher und theologischen Schriften Amalie Sievekings (AKGH 16), Hamburg 1986, 28-48.

ses unmittelbar vor den Toren der Stadt gelegene Gebiet mit großen sozialen Problemen zuständig war, zu einem Kristallisationspunkt vieler weitreichender sozialer Aktivitäten.[9] Hier begann 1825 die Sonntagschularbeit.[10] Rautenberg beeinflusste u.a. Amalie Sieveking (1794-1859),[11] Johann Hinrich Wichern (1808-1881)[12] sowie Heinrich Matthias Sengelmann (1821-1899),[13] die je eigene diakonische Projekte initiierten. Neben dem Schüler- und Freundeskreis um Rautenberg, der sich vornehmlich um die konkrete Gestaltung diakonischer Arbeitsfelder bemühte, gab es in Hamburg weitere Personengruppen, die gleichfalls jedoch auf anderen Ebenen auf eine Veränderung von Theologie und Frömmigkeit hinarbeiteten. Neben den stärker intellektuell ausgerichteten Persönlichkeiten wie dem Buchhändler Friedrich Christoph Perthes (1772-1843),[14] dem Senator Karl Sieveking (1787-1847)[15] oder dem reformierten Prediger Henri Merle d'Aubigné (1794-1872)[16] sind hier die Vereinsgründungen zu nennen, die etwa die Bibelverbreitung oder die Unterstützung der äußeren Mission zum Ziel hatten.[17] Mit einigen dieser Personen und Gruppen kam Elise Averdieck direkt in Kontakt, von anderen wusste sie. Ihre eigenen Tätigkeiten wurden hervorgerufen durch das schon existierende Geflecht frommer Aktivitäten; sie fügte diesen ihre Fähigkeiten und Erkenntnisse hinzu, die Ausdruck fanden in neuen Akzentuierungen christlicher Diakonie.

Auch wenn die Beschreibungen der engagierten Frommen manchmal den Eindruck erwecken, als ob es außer ihnen keine engagierten Personen gab, die das soziale Elend wahrnahmen, so müssen diese Äußerungen gleichwohl in ihren zeithistorischen Kontext eingeordnet werden. In Hamburg existierten institutionelle Strukturen zur Bekämpfung von Armut und Krankheit sowie pri-

---

9 Eine neuere wissenschaftliche Studie über Rautenberg fehlt und wäre dringend erforderlich; die vorhandenen älteren Arbeiten entsprechen nicht mehr dem heutigen Forschungsstand: L.A. Löwe, Denkwürdigkeiten aus dem Leben und Wirken des Johann Wilhelm Rautenberg, Hamburg 1866; Hans Lehmann, Johann Wilhelm Rautenberg. Ein Beitrag zur Hamburgischen Kirchengeschichte und zur Geschichte der Erweckungsbewegung des 19. Jahrhunderts, Hamburg 1936.

10 Regina Bohl, Die Sonntagschule in der Hamburger Vorstadt St. Georg 1825 bis 1853, in: Zeitschrift für Hamburgische Geschichte 67. 1981, 133-176.

11 Der Beitrag in diesem Band geht ausführlich auf sie ein.

12 Martin Gerhardt, Johann Hinrich Wichern. Ein Lebensbild 1-3, Hamburg 1927-1931.

13 Bodo Schümann, Heinrich Matthias Sengelmann als Stifter und Anstifter der Behindertenarbeit (Hamburger Theologische Studien 22), Hamburg 2001.

14 Rudolf Kayser, Friedrich Perthes und das religiöse Leben seiner Zeit, in: Zeitschrift für Hamburgische Geschichte 25. 1924, 89-109; Ingrid Grolle, Friedrich Christoph Perthes (Hamburger Köpfe), Hamburg 2004.

15 Heinrich Sieveking, Karl Sieveking (1787-1847). Lebensbild eines Hamburgischen Diplomaten aus dem Zeitalter der Romantik 1-3, Hamburg 1923-1928.

16 Rudolf Kayser, Henri Merle d'Aubigné und die Anfänge der Erweckung in Hamburg, in: Zeitschrift für Hamburgische Geschichte 30. 1929, 106-135.

17 Hartwig Harms, Hamburg und die Mission zu Beginn des 19. Jahrhunderts. Kirchlich-missionarische Vereine 1814-1836, Hamburg 1973.

vate Initiativen engagierter Bürgerinnen und Bürger.[18] Diese waren jedoch alle nicht ausreichend, um die Ausmaße der sozialen Verelendung aufzufangen, die sich im 19. Jahrhundert abzeichneten.[19] Berührungspunkte zwischen den verschienenen Gruppierungen kamen nur gelegentlich zustande. Anscheinend gab es z.B. überhaupt keine Überschneidungen zwischen Averdieck und den Reformansätzen von Hamburgerinnen, die sich sozial engagierten, jedoch weder mit der Erweckungsbewegung noch mit der lutherischen Kirche verbunden waren. Namen von Frauen wie Charlotte Paulsen (1797-1862) oder Emilie Wüstenfeld (1817-1874), die zur gleichen Zeit wie Averdieck vor allem im pädagogischen Bereich tätig wurden, spielen weder in positiver Bezugnahme noch in negativer Abgrenzung eine Rolle in den schriftlichen Äußerungen Averdiecks.[20] Unüberbrückbare Gegensätze lagen im Verständnis von Armut, das all diese Gruppen eindämmen wollten, jedoch auf unterschiedliche Weise deuteten. Elise Averdieck vertritt hierbei die traditionell verankerte theologische Sichtweise, „daß auch die Armut von Gott kommt und daß ein Segen drin ist."[21] Die Erfahrung von Armut gilt als „Erziehungsmittel" Gottes;[22] gleichwohl bedeutet diese Auffassung nicht, dass die Situation der unter dem Mangel leidenden Frauen, Männer und Kinder nicht verbesserungswürdig sei. Diese Interpretation geht bei Erweckten des 19. Jahrhunderts einher mit tatkräftigen Maßnahmen zur Erleichterung des Schicksals der sozial Schwachen.

2. Zur Biographie Elise Averdiecks

Die Stadt Hamburg bildet den Mittelpunkt und Radius für ein beinahe hundertjähriges Leben. Auch wenn Averdieck zeitlebens gerne und viel unterwegs war, so blieben all ihre Aktivitäten hier verwurzelt.

Geboren wurde Elise Averdieck am 26. Februar 1808 in Hamburg; sie wuchs in einer Kaufmannsfamile auf, die zu den wohlhabenden Schichten dieser Handelsmetropole gehörte.[23] Elise war das zweite von insgesamt zwölf Kindern; den Kontakt zu ihren Geschwistern pflegte sie bis an ihr Lebensende sehr in-

---

[18] Erich Braun/ Franklin Kopitzsch (Hg.), Zwangsläufig oder abwendbar? 200 Jahre Hamburgische Allgemeine Armenanstalt, Hamburg 1990; Stephen Pielhoff, Paternalismus und Stadtarmut. Armutswahrnehmung und Privatwohltätigkeit im Hamburger Bürgertum 1830-1914, Hamburg 1999.

[19] Den Umfang von Not und Elend beklagt Averdieck auch in späteren Jahren, s. Lebenserinnerungen II, 338.

[20] Zu diesen Frauen vgl. Sylvia Paletschek, Frauen und Dissens. Frauen im Deutschkatholizismus und in den freien Gemeinden 1841-1852 (Kritische Studien zur Geschichtswissenschaft 89), Göttingen 1990; Inge Grolle, Die freisinnigen Frauen. Charlotte Paulsen. Johanna Goldschmidt. Emilie Wüstenfeld (Hamburgische Lebensbilder 16), Bremen 2000.

[21] Averdieck, Lebenserinnerungen II, 377,

[22] A.a.O., 339.

[23] Eine wichtige Quelle zur Rekonstruktion ihrer Biographie stellen die Lebenserinnerungen dar, die postum erschienen; s. ferner Hannah Gleiss, Elise Averdieck, Hamburg 1953, 7 ff.

tensiv.[24] Die Besetzung Hamburgs durch französische Truppen von 1813/14 zwang die Familie, vorübergehend nach Berlin umzusiedeln.[25] Obwohl ihre Eltern keine ausdrücklichen Anhänger der Erweckungsfrömmigkeit waren, erhielt sie den Konfirmationsunterricht durch J.W. Rautenberg, der bis zu seinem Tod einer ihrer wichtigsten Gesprächspartner war. Er wurde später ihr Beichtvater, den sie bei vielen Gelegenheiten zu Rate zog.[26] 1829 begann Averdieck damit, durch selbständige Tätigkeiten ihren Lebensunterhalt zu sichern; dabei wechselten sich unterschiedliche Aufgabenfelder mit zeitweiliger Rückkehr ins Elternhaus ab. So engagierte sie sich als Gesellschafterin für eine ältere Dame oder sie arbeitete in einer kleinen Privatklinik, indem sie 12 kranke Mädchen pflegte und gleichzeitig unterrichtete.

Als entscheidenden Wendepunkt in diesen ersten Jahren einer beginnenden Selbständigkeit beschrieb Averdieck im Rückblick ein Bekehrungserlebnis, das sie genau datierte: es ereignete sich am Morgen des 3. November 1835. Nach einer sich über mehrere Jahre hinziehenden Phase religiöser Suche, stark beeinflusst durch eine Freundin,[27] erlebte sie eine Hinwendung zu einer innigen Jesusliebe, verbunden mit einem neuen Zugang zur Bibel als unmittelbar sie ansprechendes und offenbartes Wort Gottes. Im Stil mystischer und pietistischer Bekehrungserfahrungen heißt es über dieses Ereignis: „da hatte ich den Herrn! oder nein, er hatte mich! und ich schlief selig in seinem Arm!!".[28] Auch als alte Frau kam sie auf dieses Datum zurück und sprach ihm eine entscheidende Bedeutung für den Verlauf ihres gesamten Lebens zu. Von der Mitte der 1830er Jahre an suchte Averdieck verstärkt nach Kontakten zu Gleichgesinnten, die die Ausprägung der neuen Frömmigkeitsausrichtung in Verbindung mit sozialem Engagement unterstützten. Neben Rautenberg wurden Wichern und A. Sieveking wichtige Orientierungspunkte für sie. Es entstanden Überlegungen, in dem von Wichern geleiteten Rauhen Haus eine Mädchengruppe zu übernehmen – diese Idee wurde jedoch nicht realisiert.[29] Sieveking wurde für Averdieck zu einer geschätzten und verehrten Ratgeberin, deren Projekte die Jüngere der beiden Frauen unterstützte, indem sie u.a. Arme im Amalienstift besuchte und dort Andachten hielt.[30] Um 1835 begann Averdiecks Mitarbeit in der Sonntagschule

---

[24] Averdieck, Lebenserinnerungen II, 22.

[25] Die Besetzung durch französische Truppen hatte für Hamburg einschneidende, vor allem wirtschaftliche, Konsequenzen, s. Jürgen Huck, Das Ende der Franzosenzeit in Hamburg (Beiträge zur Geschichte Hamburgs 24), Hamburg 1984; Eckart Klessmann, Geschichte der Stadt Hamburg, Hamburg 2002, 312-329.

[26] Averdieck, Lebenserinnerungen I, 61, 99, 162, 206; Lebenserinnerungen II, 11, 14, 30; Elise Averdieck, Fröhlich, frisch und voll Frieden. Briefe und Blätter aus dem Nachlaß hg. v. Hannah Gleiss, 3. Aufl. Hamburg 1910, 50.

[27] Averdieck, Lebenserinnerungen I, 60f, es handelt sich um die Hamburgerin Elise Milde.

[28] A.a.O., 52.

[29] A.a.O., 197, vgl. 133, 162. Zu weiteren Kontakten dorthin s. Averdieck, Lebenserinnerungen II, 19, 288.

[30] Averdieck, Lebenserinnerungen I, 259, vgl. 213, 216; Lebenserinnerungen II, 11 f., 28.

in St. Georg.[31] Während hier zunächst das Konzept der Anfangszeit fortgeführt wurde, setzte sie sich in Zusammenarbeit mit dem Theologen Karl Wilhelm Gleiss (1818-1889) für eine Umstrukturierung zur Kinderkirche mit eigenem Gottesdienstraum ein.[32] Die 1853 erfolgte Einweihung des Gebäudes in der Stiftstraße in St. Georg bildete den Anfang für die daraus erwachsende Stiftskirchengemeinde.[33] Gleiss erhielt als Pastor die Zuständigkeit u.a. für die Sonntagschule, die Seelsorge im Amalienstift und später auch für das Krankenhaus und die Diakonissengemeinschaft Bethesda. Den Kieler Propst Claus Harms (1778-1855) lernte Averdieck zunächst durch die Lektüre seiner Predigten kennen, bevor sie ihn persönlich aufsuchte.[34] Entscheidende Impulse gingen von der Begegnung mit Ludwig Harms (1808-1865) aus, dem Begründer Hermannsburgs, der die Aufbrüche der Erweckungsfrömmigkeit mit missionarischen Projekten verknüpfte.[35] Ein lebhafter Briefwechsel und Reisen zu ihm in die Lüneburger Heide wurden zu einem festen Bestandteil von Averdiecks Lebensgestaltung.[36] Harms befürwortete das mit der Erweckungsbewegung einhergehende diakonische Engagement, er plädierte jedoch dabei für dessen Verankerung in den Strukturen der lutherischen Kirche. Diese Sichtweise wurde langfristig entscheidend für Averdiecks Verhalten.

Ungefähr 20 Jahre lang lag der Schwerpunkt von Elise Averdiecks Engagement im Bereich der Pädagogik;[37] sie gründete und leitete eine kleine Privatschule für Jungen in St. Georg. Um so einen Schulunterricht ausführen zu können, war lediglich die Zustimmung des Senates erforderlich, weitere formale Kriterien für Lehrerinnen und Lehrer im Elementarschulbereich gab es nicht.[38] In Hamburg wurde die allgemeine Schulpflicht erst 1870 eingeführt. 1837 be-

---

[31] Averdieck, Lebenserinnerungen I, 283; Lebenserinnerungen II, 28.

[32] Averdieck, Lebenserinnerungen II, 35-41: 48, 51. Diese Veränderung kann als paradigmatisch gelten für eine Entwicklung, die die Sonntagschulen an vielen Orten durchliefen, s. Carsten Berg, Gottesdienst mit Kindern. Von der Sonntagschule zum Kindergottesdienst, Gütersloh 1987.

[33] Averdieck, Lebenserinnerungen I, 315; Elise Averdieck, Wie unser Kirchlein entstanden ist. Für die Kinder der Sonntagsschule erzählt, 1882, 1903, hg. v. K. Reimers, Hamburg 1925. Ein wichtiger Schritt zur Gemeindebildung an der Stiftskirche war die Ordination von Gleiss am 19.6.1862, Averdieck, Lebenserinerungen II, 59; vgl. hierzu Johann Heinrich Höck, Die Stiftskirche zu St. Georg, ihr Werden und Wirken, Hamburg 1912.

[34] Averdieck, Lebenserinnerungen I, 65; Lebenserinnerungen II, 265; Lorenz Hein, Art. Harms, Claus, in: TRE 14, Berlin/ New York 1987, 447-449.

[35] Von dem kleinen niedersächsischen Dorf Hermannsburg aus, in dem Harms lebenslang als lutherischer Pastor tätig war, übte er einen weitreichenden Einfluss aus, der im konfessionellen Luthertum verwurzelt war, vgl. Wegener, Mut, 326-365.

[36] Averdieck, Lebenserinnerungen I, 267, 312 f.; vgl. dies., Fröhlich, 49 f., 71 f.; dies., Lebenserinnerungen II, 42-45: 48 f., 55, 62, 82 f., 86 f., 90, 93 f., 101, 132 f., 150, 160 f., 190, 232 f., 275, 293.

[37] Zur Hamburger Schulsituation s. Klessmann, Hamburg, 416-419.

[38] Averdieck, Lebenserinnerungen I, 73.

gann Averdieck ihren ersten Kurs, 1856 stellte sie diese Arbeit ein.[39] Als sie den Unterricht aufnahm, gab es für Kinder armer Eltern kein weiteres schulisches Angebot in der bevölkerungsreichen Vorstadt St. Georg.[40] Dieses Schulprojekt stand nicht im Zeichen einer missionarischen Ausrichtung, sondern die Jungen erhielten neben Grundkenntnissen in allen Fächern die Positionen des lutherischen Bekenntnisses vermittelt.[41] Gleichwohl betrachtete Averdieck die Arbeit mit den Kindern als das ihr von Gott aufgetragene „Amt".[42]

In den Jahren von 1856 bis 1881 wurde Averdieck zur „Bethesda-Mutter",[43] zur Gründerin und Leiterin eines bewusst christlichen Krankenhauses und einer kleinen Gemeinschaft von Diakonissen. Dieser Aspekt ihres Wirkens soll unten eingehender analysiert werden. Nach ihrem Rückzug aus der Leitungsposition im April 1881 verließ Averdieck die Gebäude Bethesdas, verstand sich jedoch weiterhin als Diakonisse.[44] Sie trug die Bethesda-Tracht und lebte, z.T. gemeinsam mit einer Groß-Nichte, in bescheidenen Verhältnissen in Hamburg. Ihre Briefe und Tagebuchaufzeichnungen belegen das lebhafte Interesse, mit dem sie als hochbetagte Frau an Menschen, kirchlichen und öffentlichen Ereignissen Anteil nahm.[45] Am 4. November 1907 verstarb sie als von vielen hochverehrte Greisin, die entscheidende Impulse hinterlassen hatte.[46]

3. Die Schriftstellerin Elise Averdieck

Dieser Aspekt des Engagements von Elise Averdieck soll zunächst hervorgehoben werden, da er alle Perioden mit seinen unterschiedlichen Arbeitsschwerpunkten begleitete und einen wesentlichen Schlüssel zu ihrem Verständnis christlicher Diakonie bildet, die sich je nach Bedarf unterschiedlicher Mittel bedienen muss.[47] Die praktische Verknüpfung von schriftstellerischer Arbeit und diakonischer Tätigkeit sah so aus, dass die Erträge für die Publikationen dem Diakonissenmutterhaus zugute kamen.[48] Als Schriftstellerin errang die Hamburgerin eine ganz eigene Bedeutung, die bis zur Mitte des 20. Jahrhunderts präsent blieb. Während etliche andere Frauen der Erweckungsbewegung

---

39 A.a.O., 73 f., 263; dies., Lebenserinnerungen II, 72 f.

40 Averdieck, Lebenserinnerungen I, 313 f.

41 A.a.O., 314.

42 Averdieck, Lebenserinnerungen II, 17.

43 So bezeichnete sie sich selber in ihren Briefen und Tagebuchaufzeichnungen, s. Averdieck, Lebenserinnerungen II, 244, 276, 294, 327. Dieser Ausdruck blieb auch bei anderen an ihr haften, s. das Nachwort von J.H. Höck aus dem Jahr 1903, in: Averdieck, Kirchlein, 1925, 21.

44 Averdieck, Lebenserinnerungen I, 316-337; Gleiss, Averdieck, 180 ff.

45 Dies belegt der ganze Band Averdieck, Fröhlich. So berichtete sie in ihren Briefen von der Eröffnung des Nord-Ostsee-Kanals und den Vorbereitungen für den Empfang des Kaisers in Hamburg aus Anlass dieses Festaktes im Juni 1985, Gleiss, Averdieck, 222-226.

46 Zu den Reaktionen auf ihren Tod s. Wegener, Mut, 520 f.

47 Zur Bibliographie ihrer Schriften s. Wegener, Mut, 598-602.

48 Averdieck, Lebenserinnerungen II, 99.

des 19. und 20. Jahrhunderts sich vornehmlich auf Literaturgattungen spezialisierten, die ausdrücklich den Aufruf zur Bekehrung thematisierten,[49] wurde Averdieck zur Erzählerin von Geschichten für Kinder. 1851 erschien mit „Karl und Marie“ das erste Buch einer Serie, die eine Familie über mehrere Generationen hinweg verfolgt. Den Schlussstein dieser Familien-Saga für Kinder setzte die Schriftstellerin im hohen Alter, im Jahr 1903, mit ihrer Erzählung „Ferien im Süderhaff“.[50] Die bis heute eindrücklich zu lesende Schilderung des Hamburger Brandes 1842 nach ihren damaligen Tagebuchaufzeichnungen wurde gegen Ende des 20. Jahrhunderts noch einmal neu herausgegeben.[51]

Im Vorwort zu „Karl und Marie“ gab Averdieck eine Erläuterung dafür, wie sie zum Abfassen dieser Texte gekommen sei. Dabei werden vornehmlich pädagogische Erwägungen genannt, ergänzt durch religionspädagogische Argumente. Auf der Suche nach Unterrichtsmaterial für ihre Schüler habe sie nichts gefunden, was ihren Ansprüchen genügte; u.a. bemängelt sie, dass in den ihr zugänglichen Schriften der „christliche Sinn“ fehle.[52] Auch wenn Elise Averdieck ganz fest im Milieu der Erweckungsbewegung verankert war, so zeigen ihre Kinderbücher jedoch kein typisches Gepräge einer spezifischen Erweckungsfrömmigkeit. Vielmehr schildert die Schriftstellerin die Lebensabläufe bürgerlicher christlicher Familien, in denen eine lutherisch-kirchliche Hausfrömmigkeit gepflegt wird. In den beschriebenen Familien werden Morgen-, Abend- und Tischgebete gehalten sowie Lieder gesungen und gelegentlich, zu besonderen Anlässen, Predigten vorgelesen. Leiderfahrungen wie der Tod eines Kindes werden von den Erwachsenen im Glauben an Gott angenommen, ohne dass dabei die Art dieses Glaubens genauer beschrieben wird.[53] Von den Kindern wird Mildtätigkeit und Hilfsbereitschaft gegenüber Armen erwartet, Verhaltensweisen, die die Eltern vorleben.[54] In einem Briefwechsel zwischen zwei Mädchen berichtet eines der beiden über das jährlich in Hamburg stattfindende

---

[49] Vgl. etwa Margarete von Oertzen (1854-1934) oder Hedwig von Redern (1866-1935), s. hierzu Ruth Albrecht, „Daß wir andere zu Jesus rufen“. Frauen in der Erweckungsbewegung Norddeutschlands, in: PuN 30. 2004, 116-139: 126-133; Adelheid von Hauff, Hedwig von Redern (1866-1935). Seelsorge im Rahmen der Gemeinschaftsbewegung, in: Peter Zimmerling (Hg.), Evangelische Seelsorgerinnen. Biografische Skizzen, Texte und Programme, Göttingen 2005, 212-232.

[50] Elise Averdieck, Ferien im Süderhaff. Eine Erzählung für die Jugend, 3. Aufl. Leipzig 1920.

[51] Elise Averdieck, Der Hamburger Brand 1842, Hamburg 1993. Diese Brandkatastrophe beschrieb sie ausführlich: Lebenserinnerungen I, 246-261; s. hierzu auch Klessmann, Hamburg, 393-406.

[52] Elise Averdieck, Kinderleben Teil 1. Karl und Marie. Erzählungen für Kinder, Hamburg 1949, 5. Die letzte Auflage erschien 1962.

[53] Averdieck, a.a.O., 1949, 123-126.

[54] Elise Averdieck, Lottchen und ihre Kinder. Erzählungen für Kinder, 3. Aufl. Hamburg 1950, 52-59.

Fest für das Waisenhaus, bei dem die Bevölkerung für die Waisen spendet.[55] Die Briefschreiberin teilt Einzelheiten über die in Hamburg lebenden Waisenkinder mit und unterstreicht die Fürsorge der Stadtbewohner für diese.[56] Die Familie des Hamburger Mädchens beteiligt sich an den üblichen Maßnahmen, indem Kirschen an die Waisen verteilt werden. Reflexionen über die Motive dieser Verhaltensweisen erfolgten nicht; es gibt keine Hinweise auf eine spezifische Ausrichtung der christlichen Frömmigkeit. Die in ihren Erzählungen geschilderten Menschen können als Symbol dafür verstanden werden, dass Elise Averdieck eine gewisse Zuwendung zu Armen und Bedürftigen von allen erwartete, von Erwachsenen und von Kindern ebenso.

Einen anderen Eindruck ergeben die Texte, die sie ausdrücklich als Mittel zur Weitergabe der christlichen Heilsbotschaft an Kinder konzipierte. Für die Sonntagschule in St. Georg verfasste sie „Weihnachtsbüchlein", die als Traktate im Kleinstformat mit einem Umfang von 10 bis 20 Seiten gedruckt wurden.[57] Hier werden Bibeltexte ausgelegt wie Mt 8,23-27; Mt 11, 28-30; Mt 19, 13-13 oder die Perikope über Maria und Martha (Lk 10,38-42);[58] einzelne biblische Gestalten wie Elia werden den Kindern nahegebracht.[59] Daneben stehen Personen der Kirchengeschichte wie Ambrosius von Mailand oder Ansgar im Zentrum der Ausführungen.[60] Das „Weihnachtsbüchlein" für 1859 wendet sich dem Thema Mission zu, indem es über einen Armenier berichtet, der auf seinem Weg nach Basel in Hamburg Station macht. In Basel will er sich zum Missionar ausbilden lassen. Einige dieser Skizzen werden, nur wenig verändert, noch einmal abgedruckt in den „Erzählungen und Kinderpredigten", die von 1885/86 an als einzelne Hefte erschienen.[61] Der Bogen dieses Genres erbaulicher Literatur spannt sich bis in das Jahr 1894, denn zu diesem Zeitpunkt unternahm die Schriftstellerin es noch einmal, eine „Anleitung zu Kinderandachten" zu verfassen.[62]

Die Sonntagschule in St. Georg war das Projekt der Hamburger Erweckungsbewegung, dem Elise Averdieck lebenslang innig verbunden blieb. 1882 beschrieb sie in einem Rückblick die Veränderungen der Sonntagschularbeit;

---

55 Dieses als „Waisengrün" bekannte Fest spielt auch eine Rolle in ihren persönlichen Aufzeichnungen, s. Lebenserinnerungen II, 135. Das 1604 gegründete Waisenhaus wurde 1864 in die Verantwortung der Stadt übergeben, Ingeborg Grolle, Kinderschicksal und Armenpolitik. Aus den Akten des Hamburger Waisenhauses, in: Zeitschrift für Hamburgische Geschichte 79. 1993, 37-87.

56 Averdieck, Lottchen, 50-52.

57 Elise Averdieck, Ein Weihnachtsbüchlein für unsere lieben Kinder, Hamburg 1859-1884.

58 Averdieck, Weihnachtsbüchlein 1866, 1882, 1863, 1880.

59 A.a.O., 1874.

60 A.a.O., 1861, 1865.

61 Elise Averdieck, Lasset die Kindlein zu mir kommen. Erzählungen und Kinderpredigten, Hamburg 1885-1895, Heft 1-25; z.T. wurden diese Hefte in dritter Auflage nachgedruckt.

62 Tagebucheintrag vom Oktober 1894, zit.n. Gleiss, Averdieck, 216.

1903 unterschrieb sie einen Nachdruck als „alte Sonntagschulfreundin".[63] Das Ziel des Sonntagschulunterrichtes brachte sie den Kindern gegenüber mit folgenden Worten zum Ausdruck: „In der Sonntagschule sollt ihr aber vor allem lernen, wie ihr aus Menschenkindern selige Gotteskinder werden könnt. Das behaltet stets im Auge und trachtet mit allem Fleiß danach, dieses Ziel mit Gottes Hülfe zu erreichen."[64] In diesen Zeilen bringt die Autorin ihre Glaubensüberzeugungen pointiert zum Ausdruck. Der Bericht über den Neubau eines eigenen Gebäudes für die Sonntagschule unterstreicht, dass „der liebe Heiland" verschiedene Männer und Frauen dazu bewegte, für diesen Bau zu spenden.[65] Zu den Hintergründen der reichen Spendentätigkeit gehören unerwartete Ereignisse, die die Verfasserin als Wunder interpretiert und folgendermaßen kommentiert: „Seht Kinder, so segnet Gott die Gaben, die die Liebe darreicht."[66] Die Sonntagschulkinder werden nachdrücklich zum Dank gegenüber Gott aufgefordert, denn dieser steht hinter allen Gaben.[67] Averdiecks Erzähltalent wurde von den mit der Sonntagschule verbundenen Geistlichen gewürdigt und hoch geschätzt.[68]

4. Krankenhaus und Diakonissengemeinschaft Bethesda

Ein paar Jahre nachdem Averdieck ihre Verantwortungsposition für das Krankenhaus und die Diakonissengemeinschaft abgegeben hatte, schrieb sie ein kleines Buch über die Entstehung dieses Arbeitszweiges unter dem Titel „Bethesda, auch ein Senfkorn, das durch Gottes Gnade zum Baum geworden."[69] Im Frühjahr 1856 übernahm sie mit einer Freundin die Pflege eines schwerkranken Mannes; nach einem Umzug in andere Räumlichkeiten in St. Georg erhielt diese neue Einrichtung den Namen Bethesda (Joh 5,2).[70] Da die erste Pflege nur in provisorisch hergerichteten Privaträumen stattfand und die Bitten um Aufnahme weiterer Patienten ständig anwuchsen, wurde die räumliche Veränderung notwendig. Averdieck hatte praktische Erfahrungen in der Krankenpflege gesammelt und gelegentlich erwogen, ob das ihr künftiger Weg sein könnte. Dem Beginn der Bethesda-Arbeit lagen zwar keine zielstrebigen Planungen zur Gründung einer Krankenpflegeanstalt zugrunde, die konkrete Bitte um die Übernahme der Versorgung für einen Kranken traf jedoch auf jahrelange Überlegungen, die Averdieck und die übrigen Erweckten angestellt hatten. „Das Bedürfnis einer christlichen Krankenanstalt, darin die Liebe pflegt, hatte sich in

---

63 Averdieck, Kirchenlein, 1925, 20.

64 A.a.O., 20.

65 A.a.O., 11.

66 A.a.O., 12.

67 A.a.O., 19.

68 A.a.O., 22, Nachwort von J.H. Höck zur Ausgabe von 1903.

69 Hamburg 1887; dieses Büchlein entstand zur Einweihung des Neubaus am 21. Januar1887. Die Geschichte Bethesdas bildet den Hauptinhalt von Averdieck, Lebenserinnerungen II.

70 Averdieck, Bethesda, 7.

Hamburg schon lange fühlbar gemacht und war oft besprochen worden. Nun war sie gegründet, ohne daß wir es gedacht und gewollt hatten. Der Herr hatte es gethan."[71] Am Beginn des ersten Hamburger Diakonissenkrankenhauses stand ein Provisorium; neben den beiden als Krankenpflegerinnen tätigen Frauen wurden mehrere Personen aus dem Freundeskreis auf freiwilliger Basis zur Mithilfe herangezogen, u.a. ein Arzt und ein Pastor. Soweit die Kranken dazu in der Lage waren, zahlten sie Kostgeld, alles weitere musste auf Spendenbasis finanziert werden.[72] Über die ersten Jahre schreibt Averdieck: „Wir nahmen auf Alle, die um Aufnahme baten: Männer, Frauen und Kinder, leicht und schwer Kranke ... Wir aßen, trancken, wohnten, schliefen mit ihnen in denselben Räumen, wie eine Familie".[73]

Zum Zeitpunkt der Gründung Bethesdas stand zur Krankenversorgung der Hamburger Bevölkerung vornehmlich das 1823 gegründete allgemeine Krankenhaus zur Verfügung.[74] Während die medizinische Versorgung der Patienten hier auf der Höhe der Zeit war, galt das nicht in gleichem Maß für die pflegerischen Aspekte.[75] Außerdem spielten christliche Motivationen bei der Führung dieses Hauses keine Rolle, da es eine städtische Gründung war.[76] Auch später beklagte Averdieck den „unchristlichen Zustand unseres großen Krankenhauses".[77] Daneben gab es das kleine Hiobs-Hospital[78] sowie ein paar Betten für Kinder in dem von Amalie Sieveking gegründeten Stift.[79] Zur Unterbringung alter Menschen dienten Einrichtungen wie das Hospital zum Heiligen Geist oder das Gast- und Krankenhaus, die jedoch beide nicht auf die Pflege von Kranken ausgerichtet waren.[80] Das von freikirchlichen Diakonissen getragene Krankenhaus Elim entstand erst 1894.[81]

---

71 A.a.O., 6.

72 A.a.O., 9 f., 11.

73 A.a.O., 8.

74 Michael Joho (Hg.), „Die überwältigende Stätte von Nächstenliebe und Wohltätigkeit". 175 Jahre Allgemeines Krankenhaus St. Georg – eine etwas andere Festschrift, Hamburg 1998.

75 Averdieck, Bethesda, 4.

76 Gleichwohl gab es in diesem Krankenhaus einen „Bet-Saal", Joho, Krankenhaus, 28-31, da dies den Normen für die lutherische Stadt Hamburg entsprach.

77 Averdieck, Lebenserinnerungen II, 158.

78 A.a.O., 285; Bethesda übernahm eine Patientin aus diesem Haus. Zu seiner Entstehung s. Silke Urbanski, Klöster und Hospitäler in Hamburg, in: Volker Plagemann (Hg.), Die Kunst des Mittelalters in Hamburg. Aufsätze zur Kulturgeschichte, Hamburg 1999, 113.

79 Emma Poel, Denkwürdigkeiten aus dem Leben von Amalie Sieveking in deren Auftrage von einer Freundin derselben verfaßt, 2. Aufl. Hamburg 1860, 336-338.

80 Frank Hatje, Das Gast- und Krankenhaus in Hamburg, Hamburg 1998; ders., „Gott zu Ehren, der Armut zum Besten". Hospital zum Heiligen Geist und Marien-Magdalenen-Kloster in der Geschichte Hamburgs vom Mittelalter bis in die Gegenwart, Hamburg 2002.

81 Ulrich Betz, Leuchtfeuer und Oase. Aus 100 Jahren Geschichte der Freien evangelischen Gemeinde Hamburg und des Diakonissenmutterhauses „Elim", Witten 1993, 96-109.

Durch ihre Einbindung in das Netz der Hamburger Frommen war Elise Averdieck in viele Überlegungen einbezogen und über neu entstehende Initiativen informiert. Eine der Schülerinnen von Sieveking, Caroline Bertheau (1811-1892), hatte 1840 die Verantwortung für die weiblichen Kranken und deren Pflegerinnen im allgemeinen Krankenhaus übernommen.[82] Als sie 1843 eine Eheschließung mit Theodor Fliedner (1800-1864) und damit den Umzug nach Kaiserswerth ins Auge fasste,[83] galt Averdieck als eine der möglichen Nachfolgerinnen für diese Aufgabe.[84] Die Entscheidung fiel dadurch, dass die Stelle nicht wieder besetzt wurde. Von Kaiserswerth aus richteten Caroline Bertheau-Fliedner und ihr Ehemann dringliche Bitten an die Hamburger Freundin, für eine Probezeit zu ihnen zu kommen, um ihre Kenntnisse in der Krankenpflege zu verbessern und um den Diakonissenberuf besser kennen zu lernen.[85] Theodor Fliedner unterbreitete ihr konkrete Pläne, er und seine Ehefrau bräuchten „eine gleichgesinnte, gebildete Gehülfin zur Leitung der Anstalt".[86] Es sei auch denkbar, dass sie Vorsteherin eines Diakonissenhauses etwa in Berlin werden könne. Wenn sie all das abschlage, dann solle sie zumindest möglichst umgehend zu einer Ausbildung nach Kaiserswerth kommen aus „Liebe zur Diakonissensache".[87] Averdieck jedoch blieb in Hamburg und verfolgte ihren eigenen Weg weiter, der ja schließlich auch auf die Kombination von Krankenpflege und Diakonissenmutterhaus abzielte.

Das kleine Bethesda-Krankenhaus wuchs und 1859 erfolgte ein weiterer Umzug in ein Gebäude neben der Stiftskirche, so dass nun die ohnehin bereits bestehende enge Verbindung zu Gleiss, Rautenberg und der Sonntagschule noch weiter intensiviert wurde. Bereits kurz nach der Aufnahme der Krankenversorgung hatte Averdieck Reisen zu diakonischen Zentren unternommen. Sie hielt sich jeweils mehrere Tage in Neuendettelsau[88] und in Kaiserswerth auf, um die Organisation der Diakonissenhäuser und deren spirituelles Profil kennen zu ler-

---

82 Katrin Irle, Leben und Werk Caroline Fliedners geb. Bertheau, der zweiten Vorsteherin der Diakonissen-Anstalt Kaiserswerth, Diss. Siegen 2002.

83 Die erste Ehefrau Fliedners, Friederike Münster (1800-1842), hatte mit ihm gemeinsam die diakonischen Einrichtungen aufgebaut; s. das Doppelporträt beider Frauen von Dörte Gebhard, Friederike (1800-1842) und Caroline Fliedner (1811-1892). Pionierinnen diakonischer Seelsorge, in: Zimmerling, Seelsorgerinnen, 158-174.

84 Averdieck, Lebenserinnerungen II, 6-20.

85 A.a.O., 21-26.

86 A.a.O., 25.

87 A.a.O., 26.

88 An der dort praktizierten Frömmigkeit übte Averdieck Kritik, Lebenserinnerungen I, 313; Lebenserinnerungen II, 77: Ein persönlicher Bezug zu Jesus als dem Retter fehlte ihr dort. Sie schrieb: „in Dettelsau hat der HErr es mehr mit der Kirche als mit der eigenen Seele zu tun." Zu Löhe und der Diakonissenanstalt s. Erika Geiger, Wilhelm Löhe (1808-1872). Leben – Werk – Wirkung (Testes et testimonia veritatis 3), Neuendettelsau 2003; dies., Therese Stählin (1839-1928). Oberin in Wilhelm Löhes Werk, in: Zimmerling, Seelsorgerinnen, 195-211.

nen.[89] Der Besuch in Kaiserswerth hatte die Umgestaltung in Hamburg zur Folge. Averdieck hatte dort erkannt: „Bethesda müsse eine Bildungsstätte für Pflegerinnen, also ein Diaconissenhaus werden, wenn ein wirklich-bleibender Segen daraus erwachsen sollte."[90] Viereinhalb Jahre nach dem Beginn der Pflege von Kranken in Zusammenarbeit mit anderen Frauen wurde Bethesda im November 1860 „von Pastor Rautenberg zum Diaconissenhause eingeweiht."[91] Das neue Mutterhaus schloss sich umgehend dem Kaiserswerther Verband an, der von Diakonissen geführte Einrichtungen untereinander in Austausch brachte und in Konflikten beriet.[92] Die seelsorgerliche Begleitung der Kranken übernahm Gleiss, zunächst noch als Kandidat, dann ab 1862 auch in seiner Funktion als Pastor.[93] Er beteiligte sich ebenfalls am Unterricht für die Schwestern.[94] Solange Elise Averdieck an der Spitze Bethesdas stand, blieb dieses Modell erhalten. Sie arbeitete mit ihr befreundeten Geistlichen eng zusammen, diese jedoch hatten keinen direkten Einfluss auf die Organisation von Krankenhaus und Diakonissengemeinschaft. Für häusliche Frömmigkeitsformen wie Morgen- und Abendandacht für Diakonissen und Patienten sah sich Averdieck allein zuständig, die Bibelstunden wurden z.T. von dem Seelsorger des Hauses wahrgenommen.[95] Die von ihr herangezogenen Pastoren teilten die gleiche Richtung einer an der Erweckungsbewegung orientierten Frömmigkeitspraxis, so dass sich hier keine Konfliktfelder ergaben. Um die finanzielle und juristische Absicherung Bethesdas zu verbessern, wurde 1860 ein Verwaltungsrat mit männlichen Fachleuten gegründet, der allerdings des Öfteren in Spannungen zu den Vorstellungen der Hausmutter und Gründerin geriet.[96] Zu den Kontakten, die Averdieck für ihre Gründung nutzbar machte, gehörten die Besuche von Missionaren und deren Familien, die oft bei der Ausreise oder Rückreise aus den Missionsgebieten in Hamburg Station machten. Sie lud diese in ihr Haus ein und förderte die Teilnahme aller Hausbewohner an Andachten und Berichten der Gäste.[97] Missionsfeste mit auswärtigen Gästen und Festrednern wurden regelmäßig im Haus abgehalten und prägten das Profil der Frömmigkeit Bethesdas.[98]

Die erste Probeschwester konnte 1860 durch Rautenberg eingesegnet werden,[99] die Anzahl der Diakonissen blieb jedoch klein, so dass Averdieck oft über

[89] Averdieck, Lebenserinnerungen II, 72-77; dies., Lebenserinnerungen I, 265.
[90] Averdieck, Bethesda, 13.
[91] A.a.O., 14.
[92] Averdieck, Lebenserinnerungen II, 118 f.
[93] A.a.O., 60.
[94] Averdieck, Bethesda, 15, 17.
[95] Averdieck, Lebenserinnerungen II, 205, 241.
[96] Averdieck, Bethesda, 16; dies., Lebenserinnerungen II, 112.
[97] Averdieck, Lebenserinnerungen II, 161 f., 191, 248, 284, 292, 295, 345.
[98] A.a.O., 221, 280.
[99] Averdieck, Lebenserinnerungen II, 112.

den Schwesternmangel klagte. „O, daß doch Schwestern einträten und es uns ermöglichten allen Anforderungen zu genügen!“[100] 1887 resümierte sie rückblickend, dass von 90 eingetretenen Frauen 30 dauerhaft als Diakonissen geblieben seien; einige hätten sich als ungeeignet erwiesen, einige seien verstorben und andere hatten geheiratet.[101] Theodor Fliedner, den sie deswegen befragte, habe ihr bestätigt, dass nur ein Teil der Probandinnen wirklich geeignet sei. „O, es ist so betrübt und unbegreiflich, daß so Wenige bereit sind, ganz in den Dienst des Herrn zu treten! Der Beruf ist doch so schön und bringt solchen Frieden in das unruhige Herz“.[102]

Während Bethesda eine kleine Diakonissengemeinschaft blieb, dehnten sich die Arbeitsgebiete weit über das Krankenhaus hinaus aus. Hier können nicht alle Initiativen verfolgt werden, da es sich z.T. auch nur um kurzfristige Projekte handelte wie die Entsendung von Schwestern zur Pflege Kriegsverletzter 1870/71 an verschiedene Orte[103] oder die Beteiligung an den Auswirkungen einer Hungerkatastrophe in Finnland im Jahr 1868.[104] Wichtig für das Selbstverständnis Bethesdas wurden die Bereiche Privat- und Gemeindepflege. Die Versorgung einzelner wohlhabender Kranker in deren Wohnungen bzw. Häusern wurde von den Diakonissen zwar wahrgenommen, insgesamt jedoch mit gewissen Vorbehalten betrachtet. Nach Auffassung Averdiecks galt der Auftrag der diakonischen Fürsorge vornehmlich den Armen, die am dringlichsten auf Hilfe angewiesen waren. Der z.T. wochenlange Aufenthalt einzelner Schwestern in Privathäusern gefährdete deren einfachen Lebensstil und entzog sie der Gemeinschaft der anderen Schwestern. Diese sogenannten Privatpflegen wurden jedoch u.a. mit dem Argument übernommen, dass sie eine Geldquelle für die Aufnahme völlig mittelloser Patienten in das Krankenhaus darstellten. Daneben stellten die Privatpflegen dann eine willkommene Möglichkeit dar, wenn es galt, befreundete Personen und Familien zu unterstützen, die ebenfalls im Milieu der Erweckungsbewegung beheimatet waren.[105] Gemeindepflege bedeutete, dass eine oder zwei Schwestern in einen Hamburger Stadtteil bzw. eine andere Stadt wie Oldenburg zogen, um in einem bestimmten lokalen Umfeld die Kranken und Armen in ihrer häuslichen Umgebung zu versorgen. Averdieck sah diesen Arbeitseinsatz als göttliche Beauftragung an: „Der Herr hat uns gerufen zur

---

[100] Averdieck, Bethesda, 23; dies., Lebenserinnerungen II, 229, 237, 244, 278, 302, 307, 313, 316, 343, 354, 385, 388.

[101] A.a.O., 30, 273, 292, 327, 384. Eheschließungen der Diakonissen waren grundsätzlich möglich. Averdieck bedauerte das Weggehen einzelner Schwestern aus diesem Grund, befürwortete jedoch das Eingehen von Ehen, da es sich fast immer um männliche Bewerber aus dem gleichen frömmigkeitsgeschichtlichen Milieu wie Pastoren oder Missionare handelte.

[102] A.a.O., 31.

[103] Wegener, Mut, 497 f.

[104] A.a.O., 496 f.

[105] Averdieck, Lebenserinnerungen II, 164, 191, 204 f., 207, 229, 254, 266, 295, 331, 336 f., 340, 343, 361.

Gemeindepflege."[106] In Hamburg begann dieser Arbeitszweig 1865 für St. Georg, 1867 folgte die kontinuierliche Mitarbeit im Amaliestift, 1887 waren Bethesda-Schwestern in allen Stadtteilen in dieser Funktion tätig.[107] Durch Konflikte und Austausch mit anderen profilierte sich Averdiecks Vorstellung der Diakonissentätigkeit in Gemeindebezirken. „Die Schwester soll Armenmutter sein" – das beinhaltete nach ihrem Verständnis sowohl pflegerische als auch pädagogische Maßnahmen.[108] Durch die Entsendung von Diakonissen und die jahrelange Unterstützung Averdiecks durch Korrespondenzen und Reisen entstand in Braunschweig ein Diakonissenhaus, das von Bethesda unabhängig wurde.[109]

Nach den ersten Jahren der professionellen Krankenpflege in Bethesda zeigte sich deutlich eine Lücke in der Hamburger Versorgung: es fehlte ein „Siechenhaus".[110] D.h. es gab keine hinreichenden Möglichkeiten zur Unterbringung von alten Menschen, die nicht länger auf medizinische Pflege angewiesen waren, andererseits jedoch wegen ihrer Altersschwäche sich auch nicht mehr selber versorgen konnten. In Hamburg-Barmbek wurde 1868 ein Gebäude für diesen Zweck gestiftet, das nach Um- und Neubaumaßnahmen den Namen „Salem" erhielt und von Bethesda-Schwestern geleitet wurde.[111] Dieser Arbeitszweig weitete sich kontinuierlich aus.[112] 1879 gab es 30 Betten dort, die für die ständigen Nachfragen bei weitem nicht ausreichten.[113]

Nach dem Rückzug Averdiecks aus der praktischen Arbeit[114] gelang es, einen großzügigen Neubau zu errichten: ebenfalls vor den Toren der Stadt gelegen, wurde 1887 das Bethesda-Krankenhaus, verbunden mit dem Diakonissenmutterhaus, in der Burgstraße eingeweiht.[115] Hier verblieb das Krankenhaus, bis es 1943 bei der Bombardierung Hamburgs im Zweiten Weltkrieg zerstört wurde; der Name wanderte mit zu einer Neugründung 1953 im Stadtteil Hamburg-Bergedorf.[116] 2004 erfolgte eine weitere Umstrukturierung, indem das Bethesda-

---

[106] A.a.O., 168; vgl. 171-173, 176, 179, 181, 184, 190, 196.

[107] Averdieck, Bethesda, 23; dies., Lebenserinnerungen II, 187, 204, 221, 264 f., 279, 335, 342 f.; diese Arbeitszweige waren auf Kontinuität angelegt, wurden gelegentlich jedoch auch wieder aufgegeben, entweder aus Schwesternmangel oder weil sich die konkreten Umstände als nicht tauglich erwiesen für ein dauerhaftes Engagement von Diakonissen.

[108] Averdieck, Lebenserinnerungen II, 221.

[109] Wegener, Mut, 486-494.

[110] Averdieck, Bethesda, 18.

[111] Averdieck, Bethesda, 21.

[112] A.a.O., 28 f.; dies., Lebenserinnerungen II, 200 f., 209, 221.

[113] Averdieck. Lebenserinnerungen II, 367.

[114] Averdieck, Bethesda, 32.

[115] A.a.O., 36. Heute erinnert nur der Straßenname an den ehemaligen Standort, die Burgstraße wurde umbenannt in Bethesdastraße.

[116] 1978 erschien eine kleine Broschüre zum 25jährigen Jubiläum in Bergedorf: 25 Jahre Ev. Krankenhaus Bethesda in Hamburg Bergedorf 1953-178, hg. v. der Stiftung Ev. Krankenhaus Bethesda, Hamburg 1978.

Krankenhaus in Bergedorf einen neuen Standort erhielt und nach der Fusionierung mit einer anderen Einrichtung nun Bethesda – Allgemeines Krankenhaus Bergedorf heißt.[117] Noch zu Averdiecks Lebzeiten kam es zu erheblichen Spannungen zwischen der Diakonissen-Gemeinschaft, den Geistlichen des Hauses, dem Kaiserswerther Verband und dem Vorstand Bethesdas. Dieser Konflikt eskalierte, so dass die Diakonissen 1904/05 fast geschlossen mit ihrer Oberin Hamburg verließen und in Rotenburg/Wümme ein neues Aufgabenfeld übernahmen.[118] Im Hamburger Bethesda-Krankenhaus wurden Schwestern des Evangelischen Diakonievereins aus Berlin-Zehlendorf tätig.[119]

5. Strukturen der diakonischen Arbeit Elise Averdiecks

Wie die skizzierten Arbeitsbereiche dieser Hamburgerin belegen, betrachtete Averdieck die erweckten Christen und Christinnen als verantwortlich für alle Bereiche des sozialen Lebens. In ihrer Zeit und in ihrem regionalen Umfeld stellten die Erziehung von Kindern armer Eltern und die Versorgung von Kranken und Alten die größten Herausforderungen dar. Neben den Projekten, deren Umsetzung Averdieck gelang, gab es Ideen, die sie verfolgte, jedoch nicht realisieren konnte. So sah sie die Notwendigkeit für ein „Kinderasyl", das in Hamburg jedoch nicht umgesetzt werden konnte.[120] Vertreter und Vertreterinnen der Erweckungsbewegung inspirierten sie zu ihrem Engagement; die Einbindung in die lutherischen Kirchenstrukturen wurde ihr jedoch zunehmend wichtiger.[121] Averdieck suchte in allen Lebensphasen den Austausch mit männlichen Theologen, die sich ähnlich wie sie sowohl in der lutherischen Kirche als auch im Milieu der Erweckungsbewegung verorteten. Mit ihren geistlichen Beratern und Beichtvätern besprach sie ihre wichtigsten Unternehmungen,[122] die Verantwortung, sowohl für die Schule als auch für Bethesda, trug sie jedoch vornehmlich allein.

Averdieck war sehr wohl dazu in der Lage, ihre Projekte in langfristigen stabilen Strukturen zu verankern, sie war jedoch nicht in erster Linie eine Organisatorin, sondern eher eine charismatisch begabte Führungsgestalt mit herausragenden seelsorgerlichen Qualitäten. Ihr gelang es, Menschen zu motivieren, die

---

[117] Dieser Neubeginn erfolgte am 21. August 2004, die Fusionierung von zwei Krankenhäusern in Hamburg-Bergedorf ist bereits 2001 eingeleitet worden.

[118] Wegener, Mut, 535-564. Averdieck bedauerte das Zerwürfnis und hielt am Kontakt zu den Rotenburger Diakonissen fest, a.a.O., 569 f.

[119] A.a.O., 565 f. Der Diakonieverein griff zwar auch Elemente des Diakonissenberufes auf, vertrat insgesamt jedoch eine etwas anders akzentuierte Auffassung der christlichen orientierten Berufstätigkeit von Frauen, s. Walter Schwarz, Paul Pilgram. Ein Leben für die Diakonie, Berlin 1951; Fritz Mieth (Hg.), Frauen in Dienst und Verantwortung. Der Ev. Diakonieverein und seine Schwesternschaft, Berlin 1954; Ingrid Kracker von Schwartzenfeldt, Auftrag und Wagnis. Der Weg des Evangelischen Diakonievereins, Berlin 1969.

[120] Averdieck, Lebenserinnerungen II, 242.

[121] A.a.O., 239.

[122] A.a.O., 342, 364.

ihre Vorhaben ideell und finanziell unterstützten. Die vielen Um- und Neubauten sowie die alltäglichen Bedürfnisse des Krankenhauses und der Diakonissengemeinschaft wurden zum größten Teil durch Spenden finanziert. Viele dieser Spender und Spenderinnen waren ihr persönlich verbunden.[123] Als Verantwortliche für ihre Einrichtungen litt Averdieck unter den immer wiederkehrenden finanziellen Engpässen; ihr Vertrauen auf Gott half ihr jedoch, sowohl reichliche Gaben als auch Mangel an Unterstützung als Zeichen der Gnade Gottes anzusehen. In Bezug auf alle kleineren Anschaffungen für den täglichen Bedarf verteilte Averdieck die Ressourcen, nur bei größeren Anschaffungen musste sie sich mit dem Kassierer des Verwaltungsrates abstimmen.[124] In Konflikten mit dem Verwaltungsrat[125] vertrat sie die Position eines uneingeschränkten Gottvertrauens, das nur in begrenztem Maß durch rationale Machbarkeitserwägungen eingeschränkt werden durfte. An vielen Punkten machte sie sich allerdings ohne innere Vorbehalte die Sach- und Fachkenntnis ihrer Zeitgenossen zu nutze. So war ihr sehr wichtig, dass gut ausgebildete Mediziner am Krankenhaus Bethesda arbeiteten.[126] Sie legte Wert auf Aus- und Fortbildung der Diakonissen, die zu diesem Zweck gegebenenfalls auch in andere Städte geschickt wurden.[127] Das Krankenhaus Bethesda arbeitete mit den städtischen Armeneinrichtungen zusammen, wenn sich dieses in konkreten Fällen als nötig erwies.[128] Bauliche Auflagen einer Kommission der Medizinal-Behörde wie die Einrichtung eines separaten Leichenhauses wurden umgehend erfüllt.[129] Neben einem hohen Arbeits-Ethos, das sie sowohl für ihre Person als auch für alle unter ihrer Leitung arbeitenden Frauen und Männer geltend machte, sorgte sie umsichtig für Unterbrechungen und Erholungspausen der Diakonissen.[130]

Elisa Averdieck beschritt einen eigenen Weg, um Diakonisse zu werden. Sie stand über viele Jahre in Kontakt mit Frauen und Männern, die für Diakonisseneinrichtungen verantwortlich waren, selbst durchlief sie jedoch keine formelle Probezeit in einer bereits bestehenden Schwesterngemeinschaft. Sie wuchs in diese Aufgabe, sowohl selber Diakonisse als auch Leiterin einer Diakonissenanstalt zu sein, allmählich hinein. Averdieck fixierte etliche Texte, die Auskunft geben über ihr Verständnis des Diakonissenamtes. Den Schwestern Bethesdas gegenüber verstand sie sich hauptsächlich als Mutter, die ihre Töch-

[123] Das Thema Spenden bzw. Geldnot zieht sich wie ein roter Faden durch ihre Aufzeichnungen. Die Zuwendungen erfolgten sowohl in Form von Naturalien als auch in Geldform, a.a.O., 190, 220, 298 f., 303 f., 305, 307, 312 f., 315, 318, 324.

[124] A.a.O., 335.

[125] Averdieck, Bethesda, 16; dies., Lebenserinnerungen II, 112, 152, 317.

[126] Averdieck, Bethesda, 22, 31.

[127] A.a.O., 34; dies., Lebenserinnerungen II, 365, 382.

[128] Averdieck, Lebenserinnerungen II, 253, 259, 373.

[129] A.a.O., 324; vgl. 282: ein Gutachten des Stadt-Physikus trifft Entscheidungen in Bezug auf die Aufnahme von Blattern-Kranken, die Bethesda selbstverständlich einhält.

[130] A.a.O., 220, 238, 242 f., 248, 262, 277, 279, 281, 283, 363 f.

ter begleitete und ermahnte.[131] Wenn sie es für notwendig erachtete, dann traf sie auch harte Entscheidungen, indem sie Probandinnen abwies oder bereits eingetretene Diakonissen wieder entließ.[132] Vor allem ihre Briefe an einzelne Schwestern unterstreichen, wie sie ihre geistliche Leitungsaufgabe verstand.[133] Sehr oft forderte sie die angesprochenen Frauen auf, verstärkt in der Bibel zu lesen und zu beten, um so Orientierung oder Trost zu finden. Ihre Art der Frömmigkeit, sich sehr persönlich an Jesus als den Heiland zu wenden, empfahl sie auch den anderen. Die Diakonissengemeinschaft Bethesda hatte zunächst keine weiteren intern festgelegten Strukturen, erst als Averdieck älter wurde und Erkrankungen sie öfter an der Ausübung ihres Leitungsamtes hinderten, setzte sie eine Stellvertreterin ein.[134] Im Jahr 1875 beschäftigte sie sich mit Ideen zur Gestaltung des gemeinsamen Lebens, bei denen allerdings nicht eindeutig ist, ob diese umgesetzt wurden. So schrieb sie: „Es wird mir immer klarer, wie wichtig es ist, dafür zu sorgen, daß man immer einen Kern älterer Schwestern im Hause festhält; es ist zu notwendig für das Gedeihen der jüngeren, wie auch für die Behaglichkeit der außen angestellten Schwestern, wenn sie von Zeit zu Zeit ins Mutterhaus kommen, daß sie so einen alten, lieben Kreis immer wieder treffen, damit sie dem Hause und das Haus ihnen nicht fremd werde.“[135] Sie erwog gleichzeitig, eine der erfahrenen Diakonissen zur „Probemeisterin“ für die Anleitung der jungen Schwestern abzustellen.[136]

Der Austausch mit anderen Diakonissenhäusern gehörte von Anfang an zum selbstverständlichen Profil Bethesdas. Averdieck und weitere Bethesda-Diakonissen nahmen regelmäßig an überregionalen Konferenzen wie in Kaiserswerth teil;[137] sie beherbergten genauso gerne in Hamburg Schwestern anderer Häuser[138] sowie deren theologische Leiter.[139] Bethesda war durch seine Gründerin

---

[131] Gegenüber den Schwestern, z.B. in Briefen, bezeichnete sie sich als Mutter, a.a.O., 237, 253, 268, 273, 277.

[132] A.a.O., 191, 268, 310, 318, 320, 354, 366.

[133] A.a.O., 261, 267 f., 277, 302, 314, 317, 323, 328 f., 338, 344 f., 347, 349-352: 358, 368-370: 373 f.

[134] A.a.O., 365.

[135] A.a.O., 326.

[136] A.a.O., 328-330. Eventuell scheiterten beide Überlegungen am akuten Schwesternmangel.

[137] Gleiss, Averdieck, 181f; Averdieck, Lebenserinnerungen II, 108, 118 f., 325, 355, 389.

[138] Averdieck, Lebenserinnerungen II, 221f ., 237, 245 f., 325. Zu diesen Gästen gehörten Diakonissen aus Kaiserswerth, Flensburg, Ludwigslust, Dresden, Berlin, Hannover, Norwegen, Schweden und Kopenhagen. Angesichts eines dieser Besuche äußerte Averdieck: „Es ist doch etwas köstliches um diese schwesterliche Gemeinschaft“, 190.

[139] Averdieck, Lebenserinnerungen II, 190, 309, 336. Zu diesen Geistlichen gehörte der Leiter des Flensburger Diakonissenhauses, Emil Wacker, der 1876 zu einer Festpredigt nach Bethesda eingeladen wurde. Wacker vertrat einen ausgeprägt lutherischen Ansatz, s. etwa ders., Wiedergeburt und Bekehrung in ihrem gegenseitigen Verhältnis nach der heiligen Schrift, Gütersloh 1893; ders., Ordo Salutis. Die Heilsordnung, hg. v. Martin Pörksen, Breklum 1960; zu den Flensburger Diakonissen s. Harald Jenner, Diakonissenanstalt Flensburg. Entwicklung und Bedeutung 1874-1933, Flensburg 1992.

geprägt und dadurch, dass es eine Einrichtung am Rande der Freien Reichsstadt und Handelsmetropole Hamburg inmitten des sozialen Brennpunktes St. Georg war. Diese Bedingungen unterschieden diese Diakonissenanstalt von anderen vergleichbaren Einrichtungen. Bethesda entstand durch die Zusammenarbeit bürgerlicher Frauen der Mittelschicht. Zwar gab es einige einflussreiche Förderer aus dem kaufmännischen Bereich oder dem Adel der Umgebung;[140] insgesamt jedoch kam die Unterstützung eher aus dem Bereich des weder armen noch reichen Bürgertums, wie die vielen kleinen Spenden belegen. Die Diakonissen, die in Bethesda eintraten, kamen zumeist aus dem ländlichen Umfeld, nur wenige entstammten originären Hamburger Familien.[141] Die Schicht der Hamburger Senatoren und reichen Kaufmannsfamilien fand anscheinend kaum Zugang zu diesen Einrichtungen. Um das spirituelle Profil dieses Hamburger Diakonissenmutterhauses befriedigend ausleuchten zu können, fehlen die entsprechenden Vorarbeiten. Denn außer den schriftlichen Äußerungen Averdiecks sind bisher kaum Texte anderer Diakonissen dieser Hamburger Gemeinschaft bekannt.

In den Texten Averdiecks begegnen uns keine ausdrücklichen Reflexionen, die auf eine Auseinandersetzung mit Fragen des Geschlechteraspektes ihrer Tätigkeiten hinweisen. Sie war in Hamburg nicht die erste Frau, die öffentlich sozial-karitativ aktiv wurde; als private Krankenpflegerin, Lehrerin einer kleinen Schule, Mitarbeiterin der Sonntagschule oder Schriftstellerin reihte sie sich ein in bereits erprobte Modelle weiblicher Sozialarbeit. Die vor ihr in Hamburg tätigen Frauen wie Amanda Böhme-Wichern im Rauhen Haus, Caroline Bertheau oder die mit Amalie Sieveking zusammenarbeitenden Frauen hatten ihre Kraft und Durchsetzungsfähigkeit in unterschiedlichen Feldern sozialer Missstände unter Beweis gestellt. Als Averdieck das erste Diakonissenmutterhaus Hamburgs gründete, galten Diakonissen-Gemeinschaften seit mehr als zwei Jahrzehnten als kirchlich und öffentlich anerkannte Einrichtungen diakonischer Arbeit. Sie setzte hier insofern einen deutlichen Akzent, als sie keinen Mann in ebenbürtiger oder übergeordneter Stellung zur Leitung Bethesdas heranzog – ein Faktum, das zwar auffällt, jedoch nicht einzigartig ist. Die Arbeitsbereiche, in denen Averdieck tätig wurde, wie Unterricht von Kindern und Krankenpflege, hatten sich im Laufe des 19. Jahr-

140 Einige Jahre, von 1867-1875, bestand etwa ein intensiver Kontakt zu Adelaide Gräfin Schimmelmann, geb. von Lützerode (1823-1890), die mit ihrem Ehemann Ernst Graf Schimmelmann (1820-1885) auf Schloss Ahrensburg vor den Toren Hamburgs lebte. Von 1870-1875 betreuten Bethesda-Diakonissen in Ahrensburg zunächst ein Lazarett und dann eine Krankenstation, die den Namen Siloah erhielt. Während Averdieck den Verlauf dieses Arbeitsprojektes, das wesentlich durch das Engagement der Gräfin zustande kam, zunächst positiv beurteilte, zog sie nach fünf Jahren die Diakonissen aus Ahrensburg zurück, Averdieck, Lebenserinnerungen II, 190, 205, 248, 263 f., 266, 271 f., 278, 281, 284-287: 294-297: 306, 308, 310, 320; Wegener, Mut, 495f; Christa Reichardt, Das Ahrensburger Schloß. Geschichte und Geschichten, Husum 1995, 76 f.

141 Averdieck, Lebenserinnerungen II, 242, 269, 310, 354, 379, 386.

hunderts zu etablierten Feldern weiblichen Engagements entwickelt; von anderen Frauen unterschied sich Averdieck durch ihre verantwortliche Stellung als Leiterin der von ihr gegründeten Institutionen. Die Aussagen Averdiecks zu ihrem Selbstverständnis in diesen Rollen deuten darauf hin, dass sie sich wesentlich am Modell der Familie orientierte; sie sah sich vor allem als Mutter und forderte dieses Verhaltensmuster auch von anderen Diakonissen gegenüber den von ihnen betreuten Armen. Sie selber wuchs in einer großen Familie auf, die vielfältige Kontakte, sowohl privater als auch wirtschaftlicher Natur, in Hamburg wahrnahm. Auch wenn Frauen des Bürgertums in erster Linie die Versorgung der Kinder zu gewährleisten hatten, so nahmen sie doch gleichzeitig Anteil an den städtischen Austauschstrukturen und Kontaktnetzen.[142] Es ist zu vermuten, dass Elise Averdieck sich im Rahmen ihrer Familie Kenntnisse über die Führung eines selbständigen Betriebes aneignete, auch wenn sie aufgrund ihrer Geschlechtszugehörigkeit nicht formal in dieses Metier eingewiesen wurde.

Die Frage, inwieweit sich Geschlechterrollenmodelle der Erweckungsbewegung auf das Profil Averdiecks auswirkten, kann aufgrund der bisherigen Forschungsdebatte nicht befriedigend geklärt werden. Denn hier kamen sehr unterschiedliche Ansätze und Traditionen zum Tragen, die in ihren Auswirkungen noch weiter erforscht werden müssen. Neben selbstverständlich weitergeführten Normen gesellschaftlichen und kirchlichen Verhaltens, die Spielräume von Frauen und Männern bestimmten, wurden theologische Akzentuierungen wirksam, die die Bedeutung der Geschlechtszugehörigkeit relativierten.[143] Die theologischen Positionen der Männer und Frauen, auf die sich Averdieck bezog, müssen unter dieser Perspektive erst noch genauer analysiert werden. Insbesondere ist hier an die Aussagen von L. Harms, Rautenberg, Gleiss, Sieveking und Bertheau zu denken, mit denen Averdieck in regelmäßigem Austausch stand. In dieses Gespräch sind ganz wesentlich die Texte einzubeziehen, die Averdieck für die von ihr gehaltenen Bibelstunden sowie als Anleitung für Diakonissen verfasste und in denen sie vornehmlich biblische Texte auslegte.[144]

---

[142] Anne-Charlott Trepp, Sanfte Männlichkeit und selbständige Weiblichkeit. Frauen und Männer im Hamburger Bürgertum zwischen 1770 und 1840, Göttingen 1996, 173-283.

[143] Ruth Albrecht, Frauen, in: Hartmut Lehmann (Hg.), Glaubenswelt und Lebenswelten (Geschichte des Pietismus 4), Göttingen 2004, 522-555.

[144] So ist ihre Erklärung des neutestamentlichen Philemon-Briefes erhalten, Averdieck, Lebenserinnerungen II, 63-70. Ein wichtiger Beitrag zu diesen Fragestellungen wird demnächst im Druck erscheinen: in der Hamburger Vorlesungsreihe „500 Jahre Theologie in Hamburg" hielt Prof. Dr. Inge Mager am 5. Januar 2005 einen Vortrag über „Weibliche Theologie im Horizont der Hamburger Erweckung: Amalie Sieveking (1794-1859) und Elise Averdieck (1808-1907)"; die Veröffentlichung wird herausgegeben von Anselm Steiger.

CHRISTINE STUBER

Sophie von Wurstemberger (1809-1878)

Sophie von Wurstemberger. Aquarell, um 1830, Diakonissenmutterhaus Bern.

Wer heute das Diakonissenhaus Bern besucht, wird im Salon aufmerksam auf mehrere Gemälde, die eine vornehme und wohlhabende Frau darstellen. Es handelt sich um Sophie von Wurstemberger, die Gründerin des Hauses. Ihr Ehemann Johann Friedrich Daendliker (1821-1900) gab 1894 in der Schrift „Ebenezer oder Fünfzig Jahre des Diakonissenhauses Bern“[1] die erste Biographie seiner Frau heraus. Wie der Titel angibt, ist Daendlikers Darstellung eine Geschichte des Berner Diakonissenhauses, die insbesondere auf das Leben der Gründerin eingeht. Indem Daendliker im ersten Teil über die adligen Berner Klostergründerinnen des Mittelalters berichtet, stellt er das Leben seiner Frau in eine heilsgeschichtliche Perspektive, die dem Modell pietistischer Lebensbeschreibungen entspricht. Aus dieser Biographie wird deutlich, dass die 1809 geborene Patrizierstochter – so nannte man die Ober- und Regierungsschicht Berns – von der Berner Erweckungsbewegung (1818-1831) geprägt war. Daendliker gab das Jahr 1844 als Gründungsdatum des zukünftigen Berner Diakonissenhauses an. Darauf beziehen sich alle späteren Biographien Sophie von Wurstembergers. In dem Jahr mieteten die Mitglieder des Krankenvereins eine Wohnung an der Aarbergergasse 36 in Bern und begannen Kranke zu pflegen. Da Sophie von Wurstemberger 1845 die Hauptverantwortung fürs Krankenheim und die Ausbildung zweier Diakonissenanwärterinnen übernahm, setze ich das Gründungsdatum auf das Jahr 1845. 1929 erschien in der vom Bund Schweizerischer Frauenvereine herausgegebenen Biographiensammlung „Schweizer Frauen der Tat“ ein von der Diakonisse Lydia Locher verfasster Aufsatz mit dem Titel „Sophie Daendliker-von Wurstemberger“, der sich auf Daendlikers Biographie stützt.[2] Rudolf von Tavel übernimmt in der „Festschrift

[1] Joh[ann] Friedrich Daendliker, Ebenezer oder: Fünfzig Jahre des Diakonissenhauses Bern, Bern 1894.

[2] Lydia Locher, Sophie Dändliker-von Wurstemberger. Die Gründerin des Berner Diakonissenhauses 1809-1878, Zürich u.a. 1930 (Sonderdruck aus „Schweizer Frauen der Tat”).

auf die Feier des 90-jährigen Bestehens des Diakonissenhauses Bern“, die den Titel „Kraft und Herrlichkeit“ trägt, einige Passagen von Daendliker.[3] Auch die Diakonisse Dora H. Schlatter orientiert sich in der Geschichte der Diakonissenhäuser in der Schweiz mit dem Titel „Barmherzige Kirche“[4] im Abschnitt über die Gründerin des Berner Diakonissenhauses an Daendliker und ebenso das von Adolf Frey herausgegebene Büchlein „Eine Heldin der Tat und der Entsagung“[5], das zur Öffentlichkeitsarbeit verbreitet wurde.

Silvia Leonhard zieht in ihrer Lizentiatsarbeit mit dem Titel „Wege zum Selbst. Rituale der pietistischen Selbstvergewisserung dargestellt anhand von Selbstzeugnissen Sophie von Wurstembergers (1809-1878)“[6] neue Quellen hinzu, nämlich das auf französisch, deutsch und englisch verfasste Tagebuch (1827-1849)[7] und ein 1856 verfasster Jahresbericht über die Tätigkeit des diakonischen Werks[8]. Zudem berücksichtigt sie auch die von Sophie von Wurstemberger verfasste Schrift „Die Erweckung von 1817 ...“, die 1881 von der Evangelischen Gesellschaft publiziert wurde.[9] Darin berichtet Sophie von Wurstemberger über die Zeit der Berner Erweckungsbewegung von 1816/17 bis 1829, als die Regierung die im Jahr zuvor gegründete Eglise de Dieu auflöste. Lydia Locher gab 1927 diese Erinnerungen zusammen mit Auszügen aus einem Reisetagebuch von 1842 heraus.[10] Silvia Leonhard versuchte, dem Leben und der Person Sophie von Wurstembergers auf die Spur zu kommen, ohne eine neue Biographie schreiben zu wollen. Sie suchte nach dem „impliziten Selbst“[11] und ging von der Bekehrungserfahrung aus. Sie befasste sich mit der

---

3 Rudolf von Tavel, Kraft und Herrlichkeit. Festschrift. Auf die Feier des neunzigjährigen Bestehens des Diakonissenhauses Bern-Bad Ems, Bern 1934.

4 Dora Schlatter, Barmherzige Kirche. Geschichte der Diakonissenhäuser in der Schweiz, Bern 1944.

5 Adolf Frey, Eine Heldin der Tat und der Entsagung, [Bern 1925].

6 Silvia Leonhard, Wege zum Selbst. Rituale der pietistischen Selbstvergewisserung dargestellt anhand von Selbstzeugnissen Sophie von Wurstembergers (1809-1878), Lizentiatsarbeit eingereicht an der Philosophisch-Historischen Fakultät der Universität Basel 1998. – In einem separaten Quellenband finden sich Ausschnitte aus Sophie von Wurstembergers Tagebuch sowie der Jahresbericht von 1856.

7 Archiv des Diakonissenhauses Bern (ADB), Sophie von Wurstemberger, Tagebuch 1827-1849.

8 ADB, Sophie von Wurstemberger, „Ach bleibe doch mit deiner Gnade bei uns Herr Jesus Christ.“ (Bilanz ihrer bisherigen Hilfstätigkeit). Manuskript 1856.

9 [Sophie von Wurstemberger], Die Erweckung von 1817 und was uns die Gründerin des Diakonissenhauses von Bern darüber erzählt: Den Kollekte-Freunden für innere Mission 79 (März 1881) 1-12.

10 [Sophie von Wurstemberger], Erinnerungen aus dem Leben der Gründerin des Berner Diakonissenhauses Sophie von Wurstemberger. Hg. v. Lydia Locher, Bern 1927. Vgl. [Wurstemberger, Sophie von], Erinnerungen der Frl. Sophie von Wurstemberger, Gründerin des Berner Diakonissenhauses: Den Kollekte-Freunden für innere Mission 273 (Dezember 1929) 1-16

11 Leonhard, Wege zum Selbst, 10.

alltäglich gelebten Frömmigkeit und der sozialen Praxis und fragte nach der Selbstthematisierung in den im Tagebuch protokollierten Gesprächen am Krankenbett. Leonhard stellte fest, dass Sophie von Wurstembergers kompromissloses Leben und ihre Frömmigkeit aus der Kompromisslosigkeit der Bekehrung resultierte und im Alltag zu missionarischer Indoktrination führte.

Im Folgenden wird Sophie von Wurstembergers Leben anhand der Quellen und der Biographien dargestellt. Im Besonderen wird auf die im Tagebuch dargelegte Spiritualität und das diakonische Engagement eingegangen.

1. Kindheit, Jugend und Bekehrung

Sophie von Wurstemberger wurde am 30. September 1809 als ältestes von fünf Geschwistern im Schloss Wittigkofen bei Bern geboren. Ihr Vater war der Oberst und Landvogt Johann Ludwig und ihre Mutter die Gräfin Sophie de Larrey, frühere Hofdame der Prinzessin von Oranien, einer Schwester König Friedrich Wilhelms II. von Preussen. Schon als Kind hatte Sophie den Wunsch, sich der Schwachen anzunehmen. Statt mit den schönen Puppen zu spielen, bevorzugte sie einen hässlichen „Doggel“[12], den sie pflegte, badete, sterben ließ und begrub. Dann fing das Spiel wieder von vorne an.

Sophie von Wurstemberger hatte bereits als Kind ein starkes religiöses Empfinden. Gemäß dem Bericht ihres Ehemannes Johann Friedrich Daendliker soll sie als Dreijährige gefragt haben, wann sie getauft worden sei. Sie hatte nämlich vernommen, dass Babys getauft und dem Herrn Jesus übergeben würden. Nachdem man ihr geantwortet habe, ja, sie sei getauft, wollte sie wissen von wem. Als ihr der Pfarrer aus Muri genannt wurde, erklärte sie inständig, sie wolle ihm ihren Dank aussprechen. Niemand konnte sie von ihrem Vorhaben abbringen. Deshalb durfte die kleine Sophie zusammen mit einer Magd den Pfarrer aufsuchen, dem sie herzlich für ihre Taufe dankte. Sophie wurde zu Hause im reformierten Glauben erzogen.

Seit 1816 erregten einige Christen in Bern Anstoß, die sich Erweckte nannten, weil sie zum lebendigen Glauben an Jesus Christus gekommen waren. Sonntags nahmen sie neben den üblichen Gottesdiensten noch an privaten Versammlungen teil. Bei der Berner Erweckungsbewegung war der Genfer Pfarrer Antoine Jean-Louis Galland (1792-1862), der seit 1816 an der Französischen Kirche in Bern als Helfer wirkte, die prägende Persönlichkeit. Sophie lernte diese Christen anlässlich der Taufe ihrer Cousine Mina Wild kennen, deren Familie sich seit kurzem zu den Erweckten zählte. Sie schreibt hierzu: „Noch befanden sich die Privatversammlungen in ihrem ersten unscheinbaren Keime. Man pflegte z. B. bei Familienfesten, Taufen u. dgl. in den Kreisen erweckter Seelen vor der Abendmahlzeit um den Tisch versammelt zu singen, Gottes Wort zu lesen und zu beten, einfach wie die Gelegenheit es mit sich gab. So wohnte ich zum ersten Mal in meinem Leben einer solchen Andachtsübung bei,

---

[12] Spielpuppe; vgl. Schweizerisches Idiotikon. Wörterbuch der schweizerdeutschen Sprache, Frauenfeld, Bd. IV 1901, 918.

im Februar 1821, bei Anlaß der Taufe meiner Cousine, Mina Wild. Da wurde es so gefügt, daß ich neben Hrn. Galland zu sitzen kam. Der Gottesdienst und die nachherige Unterhaltung ergriffen mein jugendliches Gemüth. 'Das also, sagte ich zu mir, das ist die verpönte Sekte, das die Lehre der 'Momiers' und ist doch nichts Anderes als Gottes Wort.' Und als zum Abschied Hr. Galland mir freundlich die Hand bot, da sah ich's als einen Handschlag an, daß ich mich fortan auch zu diesen Leuten stellen und mit ihnen dem lieben Herrn nachfolgen und dienen wolle, dem allein sie angehören. In kindlicher Freude sah ich spät Abends diese Hand mir dargereicht, glaubend, wie die Schaar der Gläubigen; ... Von dem Tage an begann jedoch für mich ein neuer Lebensabschnitt, zugleich aber auch von Seiten der Meinigen ein wohlgemeinter ängstlicher Kampf gegen meine neue Richtung."[13]

Sophie von Wurstembergers erste Begegnung mit Antoine Galland barg nebst ihrer Bekehrung auch den Keim zu jenen Konflikten, die ihr jahrzehntelang zu schaffen geben sollten. Da Sophie erst zwölf Jahre alt war und ihre Eltern den Erweckten gegenüber kritisch eingestellt waren, war es ihr nicht erlaubt, den französischen Gottesdienst zu besuchen und an Versammlungen teilzunehmen. Nur den Neujahrsgottesdienst durfte sie in der Französischen Kirche besuchen, ansonsten nahm sie an den Gottesdiensten einer anderen Kirche Berns, der Nydeggkirche, teil. Dieser frühe Zeitpunkt der Bekehrung löste in Sophie immer wieder Zweifel aus. Am 7. Oktober 1832 schrieb sie in ihr Tagebuch: „Im Hineingehen mit Herrn [Johannes] Wenger [1811-1880] sprach ich von meiner ersten Berufung, + bemerkte dass ich öfters beynahe gewünscht, dass sie später erfolgt wäre etc. worauf er mir aber ganz offen bemerkte – bey meinem lebhaften Charakter wäre ich für meine Umgebungen ohne die Bekehrung *fast unerträglich* gewesen.' – Dieses Wort demüthigte mich auf eine ganz verschiedene Weise als es Mamas Worte oft thun, + dieses Zeugnis von meinem für die Anderen schwer zu ertragenden Benehmen, aus Freundes Mund, war mir um so unzweydeutiger: ach schon über 10 Jahre seitdem ich mich zu den Bekehrten zähle, und wie weit zurück noch in jeder Beziehung!"[14]

Da nach pietistischer Vorstellung diesem Bekehrungserlebnis ein Bußkampf fehlte,[15] datierte denn auch Daendliker Sophies Erweckung auf den Buß- und

---

13 [Wurstemberger], Die Erweckung von 1817, 8.

14 ADB, TB 7. Oktober 1832.

15 Nach dem pietistischen Bekehrungsschema, das auf August Hermann Franke (1663-1727) zurückgeht, gibt es drei Phasen: die göttliche Rührung des Herzens, den Bußkampf und die Bekehrung. Die erste Phase kann durch die Begegnung mit anderen Menschen, das eigene Gewissen oder durch die Heilige Schrift ausgelöst werden. Sie führt zur sogenannten „heiligen Traurigkeit". In der zweiten Phase ringen der alte und der neue Mensch miteinander. Selbstkritik, Glaubenszweifel und Sündenangst werden im anhaltenden Gebet vor Gott niedergelegt. Plötzlich dringt Gottes Gnade durch, so dass die Bekehrung geschieht. In der dritten Phase wird der neu geborene Mensch von Freude, Gelassenheit und Zuversicht erfüllt.

Bettag 1837. Vorher habe sie „Jahre lang ... nach Licht [gesucht], Nächte hindurch ... mit ihrem Gott [gerungen].“[16]

Im Jahr 1823 schickten die Eltern Sophie nach Zürich zur Schule, riefen sie aber nach acht Monaten wieder heim, da sie ihrer Meinung nach Gefahr lief, zu sehr unter rationalistischen Einfluss zu geraten. In Bern schloss sie sich den Erweckten an, soweit dies möglich war. In der Familie gab es immer wieder Anlass zu Auseinandersetzungen. Sophie sollte zum Beispiel ihre Kleider von ihrem Taschengeld kaufen. Um davon möglichst viel für Arme zu ersparen, kleidete sie sich einfach und trug die getragenen Kleider ihrer Freundinnen, sehr zum Missfallen ihrer Eltern. Sie sparte auch den Zucker auf und brachte ihn kranken Menschen. Sie liebte den Hauslehrer ihrer Brüder, Johannes Wenger, der nach glänzend bestandenem theologischem Staatsexamen auf die Ordination verzichtete, um in die Mission zu gehen. Auf eindringliche Bitte ihrer Eltern, sah sie aber von einer Heirat ab und verzichtete gleichzeitig auf die Mission.

Der Widerstand der Eltern gegen Sophies Neigungen beruhte nicht nur auf dem Mangel an Verständnis, sondern wohl eher auf dem traditionellen Berner Konservativismus und der Zurückhaltung in Bezug auf Veränderungen. Gerade wegen der kritischen Haltung ihrer Eltern konnte Sophie in ihrem Glauben reifen. Zusammenfassend und vorausblickend kann gesagt werden, dass Sophie von Wurstemberger nach ihrer Bekehrung versuchte, den christlichen Glauben, so wie sie ihn verstand, in Wort und Tat zu leben und zu vermitteln. In ihrem Leben und Wirken können die folgenden Aspekte unterschieden werden: Spiritualität, Seelsorge, Evangelisation, Sozialreform, Pädagogik und Frauenförderung.

2. Spiritualität

a. Sonntagsheiligung und Konventikel

Vorerst wird auf Sophie von Wurstembergers Spiritualität eingegangen, die derjenigen anderer Erweckter ähnlich war. Wie eine Predigt Gallands im November 1820 zeigt, wurden die Erweckten aufgefordert, den Sonntag gemäß den zehn Geboten zu heiligen. Was dies konkret bedeutete, beschrieb Sophie in ihrem Tagebuch am 22. März 1838: „Am Sonntag ging ich nach meiner Schule zu Herrn Schaffters Predigt, bei der ich zerstreut und von dem Gefühl meiner Schwäche in allen Dingen niedergeschlagen wurde. Bei Frau Stierlin, Treffen mit Mathilde bei Fräulein Guiger und von dort wortlos zu ihr, wo ich mich zurückzog, um in Gottes Schoß mein Herz auszuschütten.“[17] Zuerst hielt Sophie von Wurstemberger Sonntagsschule für Kinder. Dann nahm sie auch am Gottesdienst in der Französischen Kirche teil, den der dortige Pfarrer Auguste Schaffter (1788-1861) hielt. Im Unterschied zu vielen Berner Patriziern besuchte Sophie von Wurstemberger die sonntäglichen Theatervorstellungen und Bälle nicht. Stattdessen traf sie sich im privaten Kreis zum Singen zeitgenössi-

---

[16] Daendliker, Ebenezer, 5.

[17] ADB, TB 22. März 1838; Übersetzung aus dem Französischen.

scher geistlicher Lieder, zum Bibellesen und zum Gebet. Der Sonntag war also ganz auf die religiöse Praxis ausgerichtet. Meist besuchte sie auch mittellose Kranke im Inselspital in Bern. Sophie von Wurstemberger war sich sehr wohl bewusst, dass die Konventikel ihr keine Gewissheit auf ein Leben nach dem Tod vermitteln können: „Am Sonntag 25. ging ich nach meiner Schule zum Treffen Gerschwitz, dann zu De Valenti; – diese Treffen *retten* mich nicht, aber es tut *gut*, ihnen beizuwohnen."[18]

b. Zur Berner Erweckungsbewegung:
Wie dieses Beispiel darlegt, zogen sich die Erweckten teilweise aus dem gesellschaftlichen Leben Berns zurück und blieben den sonntäglichen Veranstaltungen fern. Während das Schwergewicht vieler zeitgenössischer Predigten auf ethischen Fragen lag, betonten die Evangeliumspredigten der erweckten Pfarrer Antoine Galland u.a. vielmehr die innere Umkehr zu Gott. Zusätzlich zu den Sonntagsgottesdiensten trafen sich die Erweckten fortan zu privaten Versammlungen, die Hilfsvereine genannt wurden. Sie waren der Berner Bibelgesellschaft oder dem Berner Missionsverein angeschlossen und dienten einerseits der persönlichen Glaubensstärkung und andererseits der Vorbereitung eines evangelistischen, sozialen und missionarischen Engagements. Die Hilfsvereine kamen dem Bedürfnis nach verbindlicherer Gemeinschaft entgegen. In diesen Kreisen entstand eine eigene Spiritualität: Es wurde gemeinsam frei gebetet, in der Bibel gelesen und über deren Inhalt diskutiert. Im Gegensatz zum Sonntagsgottesdienst, in dem man vor allem die traditionellen Psalmen sang, wurden hier zeitgenössische Lieder eingebracht. Zudem erzählten Missionsschüler ihr Lebens- und Glaubenszeugnis. Obwohl die Hilfsvereine von einem Pfarrer betreut wurden, übernahmen Laien, sowohl Männer als auch Frauen, Leitungsverantwortung. In den Hilfsvereinen wurden teilweise die sozialen Schranken aufgehoben, so dass Menschen unterschiedlichster gesellschaftlicher Herkunft zusammenkamen. Von außen wurde das Verhalten der Erweckten als „Frömmelei" wahrgenommen, vielen erschien es suspekt und übertrieben. Schnell machte sich Gerede und üble Nachrede breit. Daraus entstanden für die Erweckten diverse Konflikte.[19]

Die Berner Erweckungsbewegung hatte zum Ziel, die Menschen zu einem lebendigen Glauben an Jesus Christus zu führen. Natürlich kann sie nicht isoliert betrachtet werden. Sie wurde von religiösen Aufbrüchen in Genf, Basel und England beeinflusst, nämlich vom Genfer Réveil, der Christentumsgesellschaft in Basel und dem britischen Evangelikalismus. Nachdem Galland 1824 Bern verlassen hatte, spaltete sich die Erweckungsbewegung in einen freikirchlich und einen landeskirchlich geprägten Teil. Nach dem politischen Wechsel im

---

[18] ADB, TB 28. November 1838; Übersetzung aus dem Französischen.

[19] Christine Stuber, „Eine fröhliche Zeit der Erweckung für viele". Quellenstudien zur Erweckungsbewegung in Bern 1818-1831, Bern/Berlin/Bruxelles u.a. 2. korrigierte Auflage 2002.

Jahr 1831 ließ die Verfassung andere kirchliche Organisationen zu. So entstand 1831 die Evangelische Gesellschaft, die innerhalb der reformierten Kirche ein erweckliches Christentum verbreitete, und 1832 eine Dissidentengemeinde, die später den Namen Freie Evangelische Gemeinde annahm.

c. Religiös-spirituelle Freundschaften

Zusätzlich zu den privaten Versammlungen entstanden religiös-spirituelle Freundschaften. Freunde und Freundinnen wurden als Geschenke und Instrumente Gottes angesehen, die zur gegenseitigen Erbauung und zum Wachsen im Glauben beitrugen. Sophie von Wurstemberger schrieb: „Emilie [Wild] ist unter allen meinen Freundinnen diejenige, die mich am besten versteht, daher betrachte ich sie als eine kostbare Gabe des Herrn."[20] „Diese wohl Geliebte ist so reif für ihr Alter, daß genau dies mir ernste Gedanken inspiriert."[21] „Ihr Herz und ihre Seele sind dem Herrn immer so nah! Ich vertraute ihr einige meiner Erfahrungen an – erzählte ihr von meinen Befürchtungen um Henriette [Gruner], von meiner Beunruhigung über ihre eigene Gesundheit – oh wie lange werde ich noch diese für mich *einzigartige* Freundin haben – dieses Herz, das *so* gut versteht, das mit mir fühlt und mich dabei unaufhörlich und ernst immer wieder zur Grundlage des christlichen Lebens zurückführt."[22]

In solchen Freundschaften zwischen Erweckten wurden offene, vertrauliche Gespräche über das spirituelle Befinden geführt. Nachdem Sophie von Wurstemberger die Todesstunde eines Kranken, den sie regelmäßig im Inselspital besucht hatte, verpasst hatte, vertraute sie sich ihrer Freundin Emilie Wild an. „Ich schüttete Emilie meine Traurigkeit aus, daß ich zu spät angekommen war. Diese liebe Freundin bekommt von Gott Vieles, um mich zu trösten, sie sieht in diesem Umstand einen klaren Weg Jesu – der uns unseren natürlichen Neigungen zuliebe kränkt! – Ich wurde dadurch einigermaßen beruhigt, und konnte mich mehr für mein liebes Kind freuen."[23]

Emilie Wild sah in diesem Ereignis nicht die Verweigerung der Gnade, sondern Gottes disziplinierendes Eingreifen, damit Sophies natürliche Neigungen, die man als Egoismus bezeichnen kann, gezähmt würden. In dieser Antwort wiederum nahm Sophie Gottes Reden wahr und fand in Folge davon ihren inneren Frieden. Ein oft diskutiertes Thema war die Frage des ewigen Lebens, das u.a. auch von Sophie immer wieder angezweifelt wurde. „Ich habe endlich gerade einen Brief von Henriette Gruner bekommen, die einen [Brief] von mir über den Glauben an Jesu unverdiente Vergebung beantwortet. ... Dennoch ist sie noch von der Angst vor einem falschen Vertrauen gequält. – Sie sehnt sich nach einem positiven und deutlichen *Gefühl* ihrer Annahme; hier berührt sie einen Punkt, der mir vertrauter ist als mir lieb ist, und ich bete zu dem Herrn, Er

---

[20] ADB, TB 22. Juli 1838; Übersetzung aus dem Französischen.

[21] ADB, TB 17. Februar 1839; Übersetzung aus dem Französischen.

[22] ADB, TB 20., 21. Februar 1839; Übersetzung aus dem Französischen.

[23] ADB, TB 22. Juni 1838; Übersetzung aus dem Französischen.

möge mir eine Antwort für uns beide geben; auf Anhieb glaube ich, daß sie zu viel auf das *Gefühl* setzt – wir sind berufen zu *glauben* und nicht zu *fühlen*."[24]

Aus manchen Tagebucheinträgen geht hervor, dass Sophie an sich selber und ihrem sündhaften Verhalten litt und deswegen kaum an Gottes Gnade und Liebe glauben konnte. Sie nahm Trost, Kritik, Mahnungen und Warnungen der erweckten Freunde meist zu Herzen. Sie war sich bewusst, dass Gott auch durch Freunde zu ihr reden konnte. Sie wollte ein solches Reden nicht überhören, da sie meinte, sie müsse in Folge davon leiden. Sophie von Wurstemberger erkannte jedoch auch die Gefahr einer zu großen Abhängigkeit vom Freundeskreis und einer Vernachlässigung der spirituellen Interessen.

d. Konfliktbewältigung

Das folgende Beispiel zeigt, wie Sophie von Wurstemberger der Kritik, die man ihr gegenüber übte, anfangs auswich und sich ihr später doch stellen musste. Am 22. März 1838 sprach Mathilde von Rodt ihre Freundin Sophie auf ein Fehlverhalten gegenüber einer erweckten Frau, namens Elise Rohr, an. Worum es sich handelte, bleibt verborgen. An diesem Tag nahm Sophie die mahnenden Worte ihrer Freundin nicht zu Herzen. Zuerst sandte Gott ein warnendes Zeichen, das Sophie nicht als solches erkannte. So interpretierte sie in ihrem Tagebuch die Nachricht des frühen Todes einer Bekannten: „Inzwischen habe ich vom plötzlichen Tod der jungen Frau Fellenberg erfahren – die mit 20 einen Schlaganfall erlitten hat; nach ihrer glücklichen ersten Niederkunft kam die laute Ermahnung ‚Halte dich bereit!'„[25]

Danach besuchte Sophie von Wurstemberger wie gewöhnlich die armen Kranken im Inselspital, allerdings mit einem Gefühl des Zweifels. Eine innere Stimmte sagte ihr, sie solle sich dort nur kurze Zeit aufhalten, was sie jedoch ignorierte. Plötzlich trat Emanuel Niehans (1802-1871), ein Mitglied des Komitees der Evangelischen Gesellschaft, ein. Sophie von Wurstemberger versuchte vergeblich, sich zurückzuziehen. Sie musste sich einem offenen Gespräch stellen. „... nach einem ernsten Gespräch mit Herrn Niehans ging ich zu zwei armen Frauen und redete ernsthaft mit ihnen – aber mein Herz war nicht *ehrlich*, und ich spürte einen Mangel an Segnung: dann erstickte ich mehr oder weniger meine innere Stimme, *kehrte* unter einem *Vorwand um*, benutzte eine List, – ich *zwang* sie zu beten und blieb, bis es Nacht wurde."[26]

Sophie von Wurstemberger verdrängte weiter die warnende innere Stimme und betete mit den Kranken, bis die Nacht anbrach. Als sie zu Familie Rohr zurückkehrte, wurde sie von der Hausherrin direkt auf ihr Fehlverhalten angesprochen. Wiederum wich Sophie von Wurstemberger aus. In der Nacht konnte sie dann keinen Frieden und keine Ruhe finden. Angst packte sie, böse Träume weckten sie auf. Erst in dieser äußersten Not gestand sie sich ihre Schuld ein

---

[24] ADB, TB 8. Juli 1838; Übersetzung aus dem Französischen.

[25] ADB, TB 22. März 1838; Übersetzung aus dem Französischen.

[26] Ebd.

und wollte in Gegenwart eines Zeugen ein Sündenbekenntnis ablegen. Nach dem Schuldbekenntnis, das sie gegenüber Frau Rohr aussprach, war sie innerlich erleichtert. Noch einige Zeit war sie emotional niedergedrückt, bis sie sich ganz erholte. Dieses Beispiel zeigt einen wichtigen Aspekt von Sophies spirituellem Verhalten auf. Dazu gehören Sündenerkenntnis, Bußkampf und das Sündenbekenntnis in Gegenwart einer erweckten Person. Sophie glaubte mit 1. Tim 1,15, dass „Christus Jesus in die Welt gekommen ist, die Sünder selig zu machen". Zusammenfassend kann gesagt werden, dass Sophie von Wurstemberger sowohl im privaten Bereich als auch in religiösen Versammlungen ihre Spiritualität pflegte. Dabei waren ihr die Beziehung zu Gott, das Gebet und die Bibellektüre besonders wichtig. Aus dem Tagebuch geht hervor, dass sie oft unter ihrer eigenen Schuld litt und an Gottes Gnade zweifelte, dann aber doch immer wieder Gottes Vergebung und Liebe erfuhr.

3. Diakonisches Engagement

In Sophie von Wurstembergers diakonischem Engagement wird ersichtlich, wie sie ihre Spiritualität in konkrete Aktionen umsetzte. Sie betätigte sich dabei als Verkündigerin des Evangeliums, als Seelsorgerin, Sozialreformerin, Pädagogin und Frauenförderin. Im folgenden werden diese Schwerpunkte ihrer Arbeit erläutert, wobei im Grossen und Ganzen chronologisch vorgegangen wird.

a. Die Sonntagsschule

Einzelne Erweckte bauten seit 1824 die erste Sonntagsschule Berns auf, in der Kinder aus schwierigen Elternhäusern mit der biblischen Botschaft bekannt gemacht wurden. Der kirchliche Unterricht lag damals im Argen. Auch Sophie von Wurstemberger erteilte seit 1836 Sonntagsschule in ihrem Elternhaus auf der Schlosshalde. Die Eltern unterstützten sie in dieser Aufgabe. Aus den Tagebucheinträgen wird nicht ersichtlich, wie viele Kinder sie unterrichtete und welchen Alters sie waren. Sie erzählte den Kindern biblische Geschichten, verkündigte ihnen Gottes Wort vom Kreuz und wollte sie für den christlichen Glauben gewinnen. Dabei war sie selber auf Gottes Hilfe angewiesen. Am 14. April 1839 schrieb sie in ihr Tagebuch: „Zu Hause ziemlich große Schule, total unvorbereitet, ich flehte den Herrn an, meiner Unfähigkeit zu Hilfe zu kommen, – und natürlich spürte ich, daß Er das tat; ich konnte ziemlich lebhaft die Stelle erklären: ‚Gott will [nicht] – Gott will, daß allen Menschen geholfen werde'. Dann ließ ich die Kinder die Geschichte des schlechten Reichen und des Lazarus erzählen. Oh mögen all diese Kinder mir gegeben werden!"[27]

Zuweilen berichtete sie den Kindern auch von ihren Erlebnissen bei Krankenbesuchen. Sie las ihnen beispielsweise den Brief eines Kranken vor, über den sie im Tagebuch regelmäßig berichtet hatte und der am 22. Juni 1838 an Tuberkulose gestorben war. Dieser Kranke hieß Johannes Lier. Sie versäumte es nicht, die Kinder darauf hinzuweisen, dass Johannes als Kranker Gott gesucht

---

[27] ADB, TB 13./14. April 1839; Übersetzung aus dem Französischen.

und nun in Jesus Christus Frieden gefunden und das ewige Leben erlangt habe. Sie schrieb am 24. Juni 1838: „Um halb fünf Schule bei mir zu Hause – ich las den Kleinen den Brief von Johannes vor – und fügte einige Einzelheiten hinzu, – die meisten brachen in Tränen aus! Liebe Kinder, mögt ihr auch Jesus liebgewinnen.“[28] Mit der Sonntagsschule verfolgte Sophie von Wurstemberger ein evangelistisches Ziel: Die Kinder sollten lernen, ihr Vertrauen auf Jesus Christus zu setzen und als Gottes Kinder zu leben.

b. Die „Armenpflege“

Zu Beginn des 19. Jahrhunderts nahm die Bevölkerung in Stadt und Kanton Bern rasch zu. Naturkatastrophen, Missernten und Krankheiten führten zur Verarmung der unteren Bevölkerungsschicht, die Haus und Hof verlassen musste. Viele suchten in der Stadt eine Verdienstmöglichkeit als Arbeiter und Dienstboten. Wenn sie in Not geraten waren, fanden sie kaum Unterstützung. Denn sie waren Einsassen, Einwohner ohne Bürgerrecht. Für die Not leidenden Bürger hingegen sorgten die Zünfte. Es gab zur damaligen Zeit noch kein ausgebautes Sozialnetz, obwohl die Armenpflege eine der Aufgaben der Regierung gewesen wäre. Die Regierung war jedoch in der ersten Jahrhunderthälfte des 19. Jahrhunderts von den politischen Aufgaben zu sehr in Anspruch genommen und setzte sich nur ungenügend für die Notleidenden ein. Deshalb übernahmen u.a. die Erweckten soziale Aufgaben.

Im Jahr 1829 nahm Sophie von Wurstemberger beispielsweise die zehnjährige Elisabeth Zehler, Tochter „schwach bemittelter Landleute“[29], auf. Als Taufpatin erzog und bildete sie das Mädchen in den folgenden neun Jahren auf eigene Kosten aus. Im Arbeitszeugnis heißt es: „Ihre Erziehung war streng sittlich und streng religiös, nach der heiligen Schrift und evangelischen Lehre, und mit steter Rücksicht auf ihr künftiges Fortkommen in dem Stande, in welchem sie geboren ist.“[30] Sophie versuchte vergeblich, Elisabeth den christlichen Glauben zu vermitteln. Deshalb verweigerte sie ihr die Heirat mit dem erweckten Heinrich Meck, denn gemäß Wurstemberger kam eine Heirat nur in Frage, wenn die zukünftigen Ehepartner miteinander den christlichen Glauben teilen konnten. Darauf verließ Elisabeth im Geheimen das Haus ihrer Wohltäterin.

In den 1840er Jahren bildete Sophie von Wurstemberger einen privaten Verein, der es unbemittelten Mädchen ermöglichte, in einer Familie auf dem Lande aufzuwachsen. Jedes Vereinsmitglied übernahm die Erziehungskosten eines Mädchens und besuchte seinen Zögling. Zur Blütezeit hatte der Verein mehr als 80 Mitglieder, und das von Sophie von Wurstemberger geleitete Komitee zählte sieben Mitglieder. Auf diese Weise gelang es, vielen Kindern eine gute Erziehung und Bildung zu vermitteln. Zudem wurde ein Heim gegründet, in dem Mädchen, für die keine Familie gefunden werden konnte, ein Zuhause fanden.

---

[28] ADB, TB 24. Juni 1838; Übersetzung aus dem Französischen.
[29] ADB, TB 28. März 1838.
[30] ADB, TB 28. März 1838.

Sophie von Wurstemberger betätigte sich demnach schon in jungen Jahren als Sozialreformerin und trug zur Förderung der Sozialarbeit bei. Dies tat sie auch auf dem Gebiet der Krankenpflege und des Gesundheitswesens, was die Gründung des Krankenvereins aufzeigt.

c. Privater Krankenverein

Zu Beginn des 19. Jahrhunderts war es Tradition, dass sich Adlige und vornehme Bürgersfrauen (Patrizierinnen) um kranke und mittellose Menschen kümmerten. So besuchte auch Sophie von Wurstembergers Mutter regelmäßig die Patienten des Berner Siechenhauses und des Inselspitals und verschenkte ihnen getragene Kleider. Als 28jährige gründete Sophie 1837 zusammen mit vier Freundinnen einen privaten Krankenverein.[31] Man wollte sich beim Besuch einsamer Kranker unterstützen, ihnen materielle Hilfe leisten und ihnen das Wort Gottes verkündigen. Dieser Verein wurde minimal strukturiert, war nicht mit Statuten versehen und rief nicht zu Spenden auf. Im Unterschied zur öffentlichen Gemeinnützigkeit und der privaten Wohltätigkeit war der Krankenverein „*Familiensache*“[32] der Erweckten, d.h. die Erweckten unterstützten die Arbeit gemeinsam. Der „himmlische Hausvater“[33] war es, der ihnen Kranke zuführte und sie finanziell versorgte. Im Tagebuch wird das Zusammenfinden zu einem Verband oder eine Vereinsgründung mit keinem Wort erwähnt. Erstmals am 13. April 1839 wies Sophie von Wurstemberger auf die Aktivitäten des Vereins hin: „Nach Schaffters Predigt Treffen mit Kranken; wir haben beschlossen, mit Gottes Fürsorge unsere Krankensuppe zu beginnen, für die der Herr mich eins seiner Kinder finden ließ, die Frau des Hausierers Hofer, die für uns kochen wird: Er wird uns auch die Mittel dafür besorgen.“[34]

Die Stadt Bern wurde in Bezirke eingeteilt, und die einzelnen Mitglieder des Vereins verpflichteten sich zum regelmäßigen Besuch der Kranken. Sie bemühten sich darum, den Kranken pflegerisch, seelsorgerlich und missionarisch zur Seite zu stehen und ihnen materiell zu helfen. „Bei solchen Besuchen giebt's so mannigfache Gelegenheit, nicht nur die durch die Krankheit vorbereiteten Herzen auf das Eine Nothwendige aufmerksam zu machen, sondern in den Hütten der Armuth so manche äussere Noth zu entdecken und zu lindern, und also im Geistlichen und Leiblichen Samariters Dienste zu verrichten.“[35] In Bern wurde eine Küche eingerichtet, in der Bedürftige etwas Geld verdienen konnten, indem sie Mahlzeiten (Suppen) kochten, die dann unentgeltlich abgegeben wurden. Zudem wurden die Grundnahrungsmittel Milch, Brot, Fleisch und Wein sowie Holz, Bettstücke und Kleider verteilt. Die Mitglieder des Vereins

[31] ADB, TB 20. September 1845; ADB, JB 1856, 1.
[32] ADB, JB 1856, 2.
[33] ADB, JB 1856, 3.
[34] ADB, TB 13. April 1839; Übersetzung aus dem Französischen.
[35] Mittheilungsblatt für die Evangelische Gesellschaft im Canton Bern, Juli 1838, 30.

trafen sich alle zwei Wochen nach dem Sonntagsgottesdienst, beteten miteinander und planten das weitere Vorgehen.

Am 5. August 1839 lernte Sophie von Wurstemberger in Bern die Engländerin Elizabeth Fry (1780-1845) kennen, die sich für das Wohl der Gefangenen einsetzte. Sophie von Wurstemberger wurde angefragt, Elizabeth Frys Rede, die sie vor gefangenen Frauen halten wollte, zu übersetzen. Sie sagte zu, hatte dann aber Angst, öffentlich aufzutreten, und bat eine junge Frau, Fräulein Blauner, die gut Englisch konnte, Fry zu übersetzen. Sophie von Wurstemberger war sehr beeindruckt von der Ausstrahlung und den Worten Elizabeth Frys. Ihr gefiel aber die deutsche Übersetzung nicht. Da wurde ihr bewusst, dass Gott sie beauftragt hatte, Frys Rede zu übersetzen. Sie war wegen ihres Ungehorsams beschämt. Als Fräulein Blauner sie um die Bedeutung eines englischen Wortes fragte, übernahm Sophie von Wurstemberger den restlichen Teil der Übersetzung. Dann begleitete sie Fry als Dolmetscherin während ihres ganzen Besuchs in Bern. Aus dieser Begegnung entstand eine Freundschaft zwischen den beiden Frauen. Sophie von Wurstemberger schrieb die Rede Frys, worin sie die Gefangenen zur Umkehr zu Jesus Christus aufrief, in ihr Tagebuch und ließ sie später in deutscher Übersetzung publizieren.

Im Frühling 1842 besuchte Sophie von Wurstemberger ihren Bruder Ludwig, der in Bonn studierte. Sie besichtigte dabei das vom Grafen Adalbert von der Recke-Vollmarstein (1791-1878) gegründete Waisenhaus in Düsselthal und kehrte bei Pfarrer Theodor Fliedner (1800-1864) ein, der in Kaiserswerth bei Düsseldorf einen „Evangelischen Verein für christliche Krankenpflege" gegründet hatte und in der Folge Diakonissen ausbildete. Sophie von Wurstemberger interessierte sich besonders für die Arbeit Fliedners. Sie lernte die christliche Krankenpflege und die Ausbildung von Diakonissen kennen. Sophie von Wurstemberger hielt in Kaiserswerth eine Kinderstunde ab, von der Fliedner begeistert war. Er wollte sie in Kaiserswerth behalten; Sophie von Wurstemberger entgegnete jedoch, ihre Eltern würden es ihr nicht erlauben, von Bern wegzugehen. In London besuchte sie Freiherr Christian Karl Josias von Bunsen (1791-1860), der zuvor preußischer Gesandter in Bern gewesen war, und Elizabeth Fry.

In der Zwischenzeit wuchs die Arbeit des Krankenvereins in Bern. 1843 betreuten Sophie von Wurstemberger und ihre vier Freundinnen etwa hundert Personen ohne öffentliche Gelder.

d. Krankenheim, Ausbildung von Diakonissen und Berner Diakonissenhaus

Mit der Zeit ergab sich die Notwendigkeit, Kranke, die zu Hause und im Inselspital nicht mehr betreut werden konnten, in einer Wohnung aufzunehmen. Sophie von Wurstemberger betonte im Jahresbericht 1856, dass man nicht eine zusätzliche öffentliche Institution in der Stadt Bern gründen wollte, sondern an eine Einrichtung mit familiärem Charakter dachte. Anfangs äußerten Sophies Freundinnen ihre Bedenken. Als der Krankenverein von einer fremden Frau einen hohen Geldbetrag zur Gründung eines Krankenheims (Asyl) erhielt, sah man darin aber ein Zeichen Gottes. Der Krankenverein entschied sich nun nach einigem Abwägen und Planen, eine kleine Wohnung zu mieten. Am 25. Juli 1844 organisierten Sophie von Wurstemberger und ihre Freundinnen den Umzug in die Aarbergergasse 36. Sophie von Wurstemberger schrieb im Dezember 1844 in ihr Tagebuch: „Diese Räumlichkeiten wurden am 25. Juli eröffnet, und ich kann zu Gottes Ehre sagen, daß mit diesem Tag eine Folge von so spurbaren Segnungen begann, sowohl für die Gemeinschaft als auch für mich selbst. ... Jetzt habe ich sozusagen meine äußere Stütze hier unten gefunden und eine wie durch meine Pilgerfahrt gekennzeichnete Aufgabe in diesem geliebten Zufluchtsort, der hier im Haus Nr. 36 für arme Kranke, die von allen anderen abgelehnt werden, offen ist. Schon habe ich es gewagt, hier zwölf Kranke im Namen des Herrn Jesus zu empfangen, und von diesen zwölf ist eine, Henriette Le Platenier, in die Ruhe der Kinder Gottes eingetreten, – Bäbeli Zaugg ist von der Dunkelheit der tiefsten Ignoranz in das glorreiche Licht des Evangeliums übergetreten ... Überdies sind meine Eltern völlig zufrieden mit meiner aktuellen Tätigkeit, obwohl diese mich fast ganz in der Stadt leben läßt. Diese ist unter allen Gnaden Gottes vielleicht die größte."[36]

Seit Mitte Dezember 1844 arbeitete eine Diakonisse aus Echallens mit.[37] Im Februar 1845 kam es zu Spannungen zwischen Sophie von Wurstemberger und ihren vier Freundinnen, den Mitgliedern des Krankenvereins. Sophie von Wurstemberger wurde vorgeworfen, sie überschreite ihre Kompetenzen. Da sie der Meinung war, dass eine Person die Hauptverantwortung tragen müsse, lehnte sie eine gemeinsame Leitung des Krankenheims ab. Deshalb wurde sie im März 1845 gebeten, das Werk zu verlassen, was sie schweren Herzens tat. Um Abstand zu bekommen, entschloss sie sich zu einer diakonischen Weiterbildungsreise, die sie u.a. nach Echallens, Straßburg und Mühlhausen führte, wo sie die von den Pfarrern Louis Germond (1796-1868) und Franz Härter sowie Frau Ritter-Koechlin gegründeten diakonischen Werke kennen lernte. Nachdem sie Mitte Juli 1845 nach Bern zurückgekehrt war, nahm sie wieder an der Entwicklung des Krankenvereins teil. Das Frauenkomitee der Evangelischen Gesellschaft wurde zur Beratung hinzugezogen. Man entschloss sich zur Gründung einer Diakonisseninstitution, worauf sich zwei junge Erweckte, Bäbeli Kropf und Margareth Scheidegger, meldeten. Am 20. September 1845 wurde die zukünftige Organisation des Werkes durchs Los zugunsten von Wurstembergers Plan entschieden, nach dem das Krankenheim nur von einer Person und nicht von einem Gremium geleitet werden sollte. Sophie von Wurstemberger wurde danach zur Hauptverantwortlichen und zur „Mutter"[38] des Asyls bestimmt, worauf sie an ihrem 36. Geburtstag, am 30. September 1845, in die Aarbergergasse 36 einzog. Sie selbst begann, die beiden Diakonissen in Kran-

---

36 ADB, TB 24. Dezember 1844; Übersetzung aus dem Französischen.

37 Im Jahr 1842 gründete Pfarrer Louis Germond die erste Diakonissenanstalt der Schweiz in Echallens (Waadt).

38 ADB, TB 30. September 1845.

kenpflege und christlicher Spiritualität auszubilden. Demnach wagte sie es, pädagogisch tätig zu werden. Sie trug gleichzeitig dazu bei, dass junge Frauen gefördert wurden.

Sophie von Wurstemberger und die beiden Diakonissen lebten Tag für Tag ohne materielle Sicherheiten und vertrauten auf die Fürsorge Gottes. Schon bald wurde die Vier-Zimmer-Wohnung an der Aarbergergasse zu eng. Im Juli 1846 zog man an die Brunngasse 36. Von da an bot ein junger Arzt, Dr. Eugen Bourgeois, seine Dienste unentgeltlich an und blieb dem Werk 50 Jahre lang treu. Nach weiteren drei Jahren, im Mai 1849, wurde das Krankenheim an die Nydegglaube 200 (heute Nydeggasse 13) verlegt, ins Haus der 1831 gegründeten Evangelischen Gesellschaft. Dieses Haus, in dem sich auch eine Buchhandlung, eine Bibliothek und ein Saal für 1200 Menschen befand, wurde zu einem spirituellen Zentrum der Stadt Bern, insbesondere auch durch die Gäste, die Sophie von Wurstemberger und die Diakonissen aufnahmen. Im Jahr 1850 waren zum Beispiel Amalie Sieveking (1794-1759) aus Hamburg, Johann Hinrich Wichern (1808-1881), Bischof Samuel Gobat (1799-1879) aus Jerusalem und Pfarrer Theodor Fliedner aus Kaiserswerth zu Besuch. Trotzdem hatte das diakonische Werk anfangs mit vielen Schwierigkeiten zu kämpfen. Für Töchter aus der Oberschicht war es nicht angemessen, sich der Armen- und Krankenpflege hinzugeben. Die Berner Gesellschaft kritisierte die Diakonissen, die sich ganz dem Dienst an den Kranken widmeten, für ihre Arbeit keinen Lohn erhielten und zusammen wohnten. Ihnen wurde Werkgerechtigkeit und Annäherung an den Katholizismus vorgeworfen. Manche Patienten ließen sich nicht gerne von Diakonissen pflegen, weil sie sich durch den vorbildlichen Lebenswandel dieser Frauen infrage gestellt sahen. Durch Dr. Eugen Bourgeois konnten 1853 zwei Diakonissen die Kinderstube im Berner Inselspital übernehmen. Noch war das Werk klein und unattraktiv. 1855 gehörten ihm sieben Diakonissen an. Sie mussten auch manche Verleumdungen ertragen. So schrieb Sophie von Wurstemberger im Jahresbericht von 1855: „Die Diaconissensache – um ihr einen einmal angenommenen Namen zu geben – hat in neuester Zeit heftige Angriffe vom christlichen Heerlager aus erlitten. Sie musste sich's gefallen lassen, geradehin ein ‚*schlechtes Werk*' genannt zu werden. ... Es ist zwar schmerzlich und sehr demüthigend von *Brüdern* so behandelt zu werden, aber immerhin fruchtbarer als das Rühmen kurzsichtiger u. bewundernder Freunde. Wir wollen in Gottes Namen fortfahren mit möglichster Unscheinbarkeit Mädchen im Dienste der Kranken u. Armen zu erziehen."[39]

Für Sophie von Wurstemberger war es nicht leicht, dieses kleine Werk, das immer wieder kritisiert wurde, zu leiten. Sie sehnte sich nach kompetenter Hilfe. Als Gottes Führung verstand sie die Heirat mit Johann Friedrich Daendliker, einem Bauernsohn aus Hombrechtikon (ZH), der von Beruf Lohgerber und seit 1854 Direktor der Zichorien-Fabrik in Hemmishofen (bei Stein am Rhein) war. Daendliker hatte auf seinen Reisen in Herrnhut, Gnadau und England zum le-

---

[39] ADB, JB 1856. Damals hieß sie Sophie Daendliker-von Wurstemberger.

bendigen Glauben an Jesus Christus gefunden. Sophie von Wurstemberger hatte ihn im Dezember 1843 in Bern durch Londoner Freunde kennen gelernt und stand von da an mit ihm in Briefkontakt. Wenn ihn Geschäftsreisen nach Bern führten, besuchte er Sophie von Wurstemberger und nahm regen Anteil an der Entwicklung des Werks. Er gewann auch Sophie von Wurstemberger lieb, verwarf aber den Gedanken an eine Heirat, da sie zwölf Jahre älter war als er, reifer im Glauben und zudem adeliger Herkunft. Nach mehrmaligem Ringen entschloss er sich doch, ihr einen Heiratsantrag zu machen. Und Sophie von Wurstemberger sagte freudigen Herzens zu. Allerdings gab die Heirat, die am 6. März 1855 in der Kirche Muri bei Bern stattfand, wegen der Standesunterschiede viel zu reden.

Von nun an nahmen sich Sophie und Friedrich Daendliker-von Wurstemberger innerhalb des Diakonissenwerks der wirtschaftlichen, organisatorischen, pädagogischen und geistlichen Aufgaben gemeinsam an.[40] Im Februar 1860 löste sich der Krankenverein auf und übergab dem Ehepaar Daendliker-von Wurstemberger die Leitung des Krankenheims. Im Dezember 1861 drohte eine aus der Privatpflege eingeschleppte Typhusepidemie das Werk zu zerstören. Alle Patienten mussten evakuiert werden. Da einige todkranke Schwestern eine Mietwohnung verlassen mussten, erkannte das Ehepaar Daendliker-von Wurstemberger die Notwendigkeit, eigenen Grund und Boden zu erwerben. Im Jahr 1862 konnten sie eine eigene Besitzung, das Neynensche Gut am Altenberg, kaufen, im Jahr 1864 das Haus an der Nydegglaube 199 (heute Nydeggasse 11) und im Jahr 1865 das Gut Blumenberg, wo sich das Diakonissenhaus Bern noch heute befindet. Dank ihrem Einsatz zum Wohl der Ärmsten und dem Verzicht auf Spendenaufrufe oder Kollekten gewannen sie mit der Zeit das Vertrauen vieler Menschen. Die Diakonissen wurden nicht mehr nur zur Privatpflege herangezogen, sondern wirkten auch in öffentlichen Spitälern. 1869 kamen zum Beispiel zwei Diakonissen ins neu gegründete Zieglerspital in Bern. 1871 pflegten 12 Diakonissen die an Typhus erkrankten Soldaten der Bourbaki-Armee im Weyermannshaus.

Um der Diakonie nach außen Identität zu verschaffen, suchte man in den 1860er und 1870er Jahren nach einem Logo oder Symbol. Als der Kachelofen im Blumenberg abgebrochen werden musste, fand man eine Eisenplatte, die die alttestamentliche Geschichte des Elisa, der einer Witwe das Öl vermehrt, darstellt (2 Kön 4,1-7). Das Ehepaar Daendliker-von Wurstemberger interpretierte dieses Symbol als von Gott gegeben. Das Bild der Witwe, die mit einem Ölkrug viele leere Gefäße füllt, ist noch heute auf das silberne Medaillon[41], das jede Berner Diakonisse als Schmuckstück an einer Kette trägt, eingraviert.

Im Jahr 1877 wurde Sophie Daendliker-von Wurstemberger schwächer und erkrankte schließlich an Katarrh und Wassersucht. Wochenlang schwebte sie in

---

40 Im folgenden ist vom Ehepaar Daendliker-von Wurstemberger die Rede. Sophie unterschrieb mit Sophie Daendliker-Wurstemberger, Johann Friedrich mit F. Daendliker.

41 Die Oberin trägt ein goldenes Medaillon.

Lebensgefahr; sie wäre bereit gewesen, zu sterben. Gemäß Friedrich Daendlikers Bericht beteten etwa 800 Kinder der Sonntagsschule für das Leben der Kranken, und Gott erhörte dieses Gebet. Sophie Daendliker-von Wurstemberger betonte jedoch: „Es ist nur für kurze Zeit.“[42] Im Januar 1878 erkrankte ihre Leber. Wieder genas sie dank vereinter Gebete. Am 9. April 1878 soll sie an der Schwesternkonferenz gesagt haben: „Ihr habt mich nun zweimal durch Euer Gebet vom Tode zurückgehalten, zum dritten Mal geht dies nicht mehr, der Herr nimmt mich dann wie im Sturme heim, es bleibt euch keine ‚Zeit mehr zum Beten'.“[43] Eine Woche später, am 17. April 1878, starb Sophie Daendliker-von Wurstemberger. Dem Werk gehörten 84 Diakonissen an, die an 12 verschiedenen Orten arbeiteten.

Sophie Daendliker-von Wurstemberger hatte nicht beabsichtigt, ein Sozialwerk zu gründen und die damalige Gesellschaft zu verbessern. Aus ihrer Spiritualität heraus versuchte sie stattdessen im Kleinen den Notleidenden mit praktischer Hilfe zur Seite zu stehen und ihnen den christlichen Glauben, so wie sie ihn verstand, zu vermitteln. Dabei kann ihr evangelistischer und seelsorgerlicher Eifer nicht übersehen werden. Sie trug zur Förderung der Krankenpflege, der Krankenpflegeausbildung, des Gesundheitswesens und der sozialen Fürsorge bei und setzte auf diesen Gebieten sozialreformerische Ideen in die Praxis um. Als Pädagogin leistete sie bei den Diakonissen einen Beitrag zur Allgemeinbildung, zur Ausbildung in Krankenpflege und in Hauswirtschaft. Zudem trug sie mit ihrem Einsatz in vielfältigen Lebensbereichen wesentlich zur Frauenförderung der damaligen Zeit bei.

---

[42] Daendliker, Ebenezer, 1894, 52.

[43] A.a.O., 53.

CHRISTINE STUBER

Dorothea Trudel (1813-1862)

Dorothea Trudel. Aufnahme um 1850.

„Der Name der Dorothea Trudel von Männedorf ist ein weit über die Grenzen unsers Kantons hinaus bekannter. Man weiß in der ganzen Schweiz und in den an dieselbe angrenzenden deutschen Staaten, daß die ‚Heilige' in Männedorf seit einer Reihe von Jahren die verschiedenartigsten Krankheiten heilt, daß sie eine eigene ‚Gebetsheilanstalt' in Männedorf eingerichtet hat, in der jährlich Hunderte von Kranken aufgenommen, und aus derselben geheilt oder auch ungeheilt wieder entlassen werden, und man weiß, daß die Trudel, ein zweiter Doctor Blumhard in Württemberg, ihre wahrhaftigen Wunderkuren lediglich durch Gebet und Handauflegung, höchstens noch mit Anwendung gewöhnlichen Oeles, also in ächt apostolischer Weise, verrichtet."[1] Mit diesen Worten beginnt der Feuilleton-Artikel „Dorothea Trudel von Männedorf vor dem Zürcher Obergericht", der am 14. November 1861 in der Neuen Zürcher Zeitung erschienen ist und Trudels Tätigkeit knapp zusammenfasst.

Dorothea Trudels Leben und diakonisches Wirken ist nur auf dem Hintergrund der damaligen sozialen und wirtschaftlichen Verhältnisse des Zürcher Oberlands zu verstehen. Um 1810 wurde die Textilindustrie im Zürcher Oberland mechanisiert. In der Folge sank das Einkommen vieler Heimarbeiter und Arbeiterinnen, so dass sie ihre Kinder als billige Arbeitskräfte in die Fabriken schicken mussten. Die zunehmenden sozialen und wirtschaftlichen Nöte förderten einerseits die Verelendung und die Alkoholsucht und bewirkten andererseits auch ein kindliches Gottvertrauen. Dorothea Trudels intensives Glaubensleben ist auf dem Hintergrund ihrer Familie, väterlicher- und mütterlicherseits, die als Christen im Alltag Trost und Hoffnung fanden, besser zu verstehen.

Wie erwähnt, gehört zu den Schattenseiten der frühen Industrialisierung im Zürcher Oberland die Kinderarbeit. Im Jahr 1813 arbeiteten 48 sieben- bis

[1] Dorothea Trudel von Männedorf vor dem Zürcher Obergericht: Neue Zürcher=Zeitung 14.-17. November 1861, 1227.

neunjährige Kinder, 284 zehn- bis zwölfjährige Kinder und 792 dreizehn- bis sechzehnjährige Kinder in den 60 Spinnereien des Kantons Zürich.[2] Die tägliche Arbeitszeit betrug 14 oder mehr Stunden, in einem Raum mit verschmutzter Luft. Auch Dorothea Trudel blieb als Kind nicht verschont, durch Fabrikarbeit zum Lebensunterhalt ihrer Familie beizutragen.

Über ihre Kindheit berichtet Dorothea Trudel in der kleinen Schrift „Eine Mutter. Eine wahre Geschichte",[3] die in einer Auflage von 24000 Exemplaren erschienen sein soll.[4] Im Archiv des Bibelheims Männedorf finden sich einige ihrer Briefe, Notizen zu ihren Hausandachten, Zeugnisse von Heilungen und Verhandlungen mit der Medizinalbehörde. Im November 1861 berichtet die Neue Zürcher Zeitung über Dorothea Trudels Prozess vor dem Zürcher Obergericht.[5] Aus diesem Artikel geht deutlich hervor, dass Dorothea Trudel ganz vielen Notleidenden aus dem In- und Ausland, die allen sozialen Schichten angehören, aus uneigennütziger Nächstenliebe geholfen hat. Das Thema wird von der Zeitschrift „Le Chrétien évangélique"[6], die vor allem in erwecklichen Kreisen verbreitet war, aufgenommen. Darin erscheint auch ein Nachruf auf Dorothea Trudel, den der in Neuenburg wirkende Philosophieprofessor Charles Secrétan verfasst hatte.[7] Secrétan kannte Trudel persönlich. Kurz nach Trudels Tod, im Dezember 1862, gibt ihr Nachfolger Samuel Zeller (1834-1912) eine Biografie heraus, die den Titel trägt: „Aus dem Leben und Heimgang der Jungfrau Dorothea Trudel von Männedorf"[8] (Auflage 50000 Exemplare). Darin beschreibt Zeller Trudels persönlichen, religiösen und beruflichen Werdegang und geht dann vor allem darauf ein, wie sie in ihrem Haus in Männedorf sich der Kranken und Bedürftigen angenommen hat. Er druckt auch den „Auszug aus dem Protokoll der Kriminalabtheilung des Obergerichtes des Kantons Zürich d.

---

2 Rudolf Braun, Sozialer und kultureller Wandel in einem ländlichen Industriegebiet im 19. und 20. Jahrhundert, Zürich ²1999, 46; Reto Jäger/Max Lemmenmeier/August Rohr/Peter Wiher, Baumwollgarn als Schicksalsfaden. Wirtschaftliche und gesellschaftliche Entwicklungen in einem ländlichen Industriegebiet (Zürcher Oberland) 1750 bis 1920, Zürich 1986, 38 f.

3 [Dorothea Trudel], Eine Mutter. Eine wahre Geschichte. [Hg. v. Samuel Zeller], Basel ⁵[1881]. 1862 erschien eine französische Übersetzung dieser Schrift in Vevey. [Dorothea Trudel], Une Mère. Récit authentique. Traduit de l'allemand, Vevey 1862.

4 Dorothea Trudel von Männedorf. Ihr Leben und Wirken. Hg. v. Konrad Zeller, Neuhausen-Stuttgart/Lahr-Dinglingen 1971, 6.

5 Dorothea Trudel von Männedorf vor dem Zürcher Obergericht, 1861. Im Verlag H. Zimmermann in Zürich wurde dieser Zeitungsartikel später als Separatausgabe gedruckt. Dorothea Trudel von Männedorf vor dem Zürcher Obergerichte. (Bewilligte Separatausgabe des Feuilleton der N.Z.=Ztg.), Zürich o. J.

6 Dorothée Trudel de Mænnedorf devant le tribunal supérieur de Zurich: Le Chrétien évangélique 1861, 611-621.

7 C[harles] S[ecrétan], Dorothée Trudel de Mænnedorf: Le Chrétien Évangélique 5 (10.10.1862) 536-542.

8 [Samuel Zeller], Aus dem Leben und Heimgang der Jungfrau Dorothea Trudel, von Männedorf, Stuttgart 1862.

d. 13. November 1861“, einige Briefe Trudels und die Grabrede ab. Tagebuchartig beschreibt er die letzten Wochen und Tage von Trudels Leben. Es ist noch zu überprüfen, wie genau Zeller sich auf die vorliegenden Quellen stützt. Im Jahr 1863 gibt Samuel Zeller „Zwölf Hausandachten, gehalten von Jungfrau Dorothea Trudel selig“ heraus.[9] Es handelt sich um Aufzeichnungen, die ihre Zuhörer und Zuhörerinnen gemacht haben. Bei der Lektüre fällt auf, dass Trudel kaum über körperliche Heilung redet. In der Reihe „Traités religieux“ erscheint um 1865 eine von Sophie Vinet, der Frau des Lausanner Professors für praktische Theologie Alexandre Vinet, verfasste Biographie auf Französisch.[10] Zu Beginn des 20. Jahrhunderts reichte Edouard Rayroux in Montauban eine Dissertation über Dorothée Trudel ein.[11] Er stützt sich auf die bereits erwähnte deutsche und französische Literatur und versucht, die Frage zu beantworten, inwiefern Trudels Heilungsgebet theologisch zu verantworten sei. Im Jahr 1971 gibt Konrad Zeller eine Biographie heraus, die sich auf noch nicht veröffentlichte Dokumente aus dem Archiv bezieht und die Schrift „Eine Mutter“ stilistisch überarbeitet abdruckt.[12] Im Jahr 2005 erschienen zwei Aufsätze über Dorothea Trudel als Seelsorgerin vom Kirchenhistoriker J. Jürgen Seidel.[13]

1. Kindheit und Jugend

Dorothea Trudel wurde am 27. Oktober 1813 im Dorfteil Uetzikon geboren, das zur Gemeinde Hombrechtikon gehört und sich oberhalb des Zürichsees befindet. Sie war das elfte und zugleich jüngste Kind ihrer Eltern Jakob und Dorothea Trudel-Erzinger. Ihr Vater war Gemeindeweibel,[14] sorgte sich aber kaum um seine Familie. Er gab sich immer mehr dem Alkoholkonsum hin und überließ seine junge Familie wachsender Armut. Dorotheas Mutter brachte ihre Familie mit Spinnen durch, so dass die Kinder zu Hause bleiben konnten und nicht verdingt werden mussten. Im 19. Jahrhundert wuchsen viele Kinder aus armen Familien als so genannte Verdingkinder bei Bauern auf, wo sie für Kost und Logis auf dem Hof mitarbeiteten. Da Dorothea Trudels Mutter eine fromme Frau war, kam für sie eine Ehescheidung nicht in Frage. Gemäß Dorothea Trudel ertrug ihre Mutter alle Ungerechtigkeiten und Demütigungen, die

---

9 Zwölf Hausandachten, gehalten von Jungfrau Dorothea Trudel selig. [Hg. v. Samuel Zeller], Stuttgart 1863.

10 [Sophie Vinet], Dorothée Trudel. Sa vie et son œuvre à Mænnedorf, Lausanne [um 1865] (Traités religieux 223). Arnold Bovet ergänzte die zweite Auflage dieser Schrift.

11 Edouard Rayroux, Dorothée Trudel 1813-1862. Thèse présentée à la faculté de théologie protestante de Montauban en juillet 1902, Cahors 1902.

12 K. Zeller, Trudel, 1971.

13 J. Jürgen Seidel, Dorothea Trudel (1813-1862), Leiterin der Gebets-Heilanstalt von Männedorf: Evangelische Seelsorgerinnen. Biografische Skizzen, Texte und Programme. Peter Zimmerling (Hg.), Göttingen 2005, 175-194; J. Jürgen Seidel, Dorothea Trudel (1813-1862) von Männedorf und die Erweckungsbewegung im Zürcher Oberland: Zürcher Taschenbuch Neue Folge 125 (2005) 175-200.

14 Untergeordneter Angestellter in der politischen Gemeinde.

ihr Mann ihr zufügte, mit Geduld. Sie soll zu ihr als Kind gesagt haben: „Sieh, mein Mann ist mein Glück. Durch ihn habe ich gelernt, wie ich mich allein an Gott halten muß.“[15] Dorothea konnte nicht verstehen, wie ihre Mutter selbst das Leid als Segnung Gottes hinnahm. Was dies konkret bedeutete, lebte sie ihren Kindern vor. Sie betete während der Arbeit am Webstuhl und im Haushalt laut zu ihrem Heiland, so nannte sie Jesus Christus, und die Kinder hörten ihr zu. Dorothea Trudel schrieb: „Und ihr Gebet war ein solcher Telegraph für uns störrige Kinder und besonders für mich, daß ich nicht mehr die eigenen Wege fortwandeln konnte, sondern umkehren mußte, nach ihrem Willen zu handeln.“[16] Schon in früher Kindheit wurde Dorothea Trudel darauf hingewiesen, wie Gott denen, die ihm vertrauen, genug zum Leben gibt. Das Motto ihrer Mutter lautete nämlich: „Beten und nicht betteln“[17]. Und wahrhaftig, obwohl die Familie Trudel ein einfaches Leben führte, schien es ihnen an nichts zu fehlen. Oft erst in letzter Minute, aber immer rechtzeitig, wurden sie mit dem Nötigsten versorgt. So jedenfalls beschrieb Dorothea Trudel in ihren Erinnerungen ihre Kindheit. Die Lektüre des autobiografischen Textes von Dorothea Trudel lässt viele Fragen offen. Darin idealisiert sie ihre Mutter und macht sie zu einer Heiligen oder Glaubensheldin. Sah nicht der Alltag in der Trudelschen Familie anders aus? Litten die elf Kinder nicht unter dem Alkoholismus ihres Vaters und der Armut? Aus heutiger Sicht ist die Opferbereitschaft von Dorothea Trudels Mutter schwer verständlich. Warum hat sie sich nicht scheiden lassen? Es ist ja nicht auszuschließen, dass Jakob Trudel, wenn er betrunken war, seine Frau und Kinder schlug. Hätte sie bei einer Scheidung nicht sich und ihre Kinder vor den Launen und vielleicht gar Schlägen ihres Mannes schützen können? Oder fühlte sich Dorothea Trudels Mutter der Familie ihres Ehemannes gegenüber verpflichtet, keine Scheidung einzureichen? Jedenfalls war die ledige Schwester ihres Mannes, die mit ihnen lebte, eine große Hilfe. Die Familie Trudel gab sich nicht nur einer privaten Frömmigkeit hin, sondern nahm, wie es damals vielfach üblich war, am sonntäglichen Gottesdienst der reformierten Kirche teil und wurde an Festtagen durchs Abendmahl gestärkt.

Dorothea Trudel besuchte vom fünften Lebensjahr an während vier Jahren in Uetzikon die Schule, wo sie lesen, schreiben und rechnen lernte.[18] Allerdings war es ihr nicht möglich, regelmäßig dorthin zu gehen, denn noch während der Schulzeit – also vor dem neunten Lebensjahr – musste Dorothea Trudel in ihren freien Stunden Geld verdienen. Das Lesen lernte sie aus der Bibel. Auch später war die Bibel ihre Lektüre, denn die Heilige Schrift gehörte als einziges Buch zum Besitz der Familie Trudel. Vermutlich arbeitete Dorothea Trudel ab dem 10. Lebensjahr tagsüber in der Seidenweberei. Aus finanziellen Gründen

---

15 [Trudel], Mutter, 10.

16 A.a.O., 13.

17 A.a.O., 11.

18 ABM, Akte A 3, Trudel, D. an Medicinaldirektion, 21. März 1861.

mussten damals viele Eltern ihre Kinder in die Fabrik schicken.[19] Diese frühkindlichen Missstände führten zu psychischen und physischen Fehlentwicklungen und Gebrechen, wie zum Beispiel Anämie und Skrofulose. Es ist nicht auszuschließen, dass Dorothea Trudels Skoliose Folgen der Kinderarbeit war. Sie selber deutete später ihre Rückgratverkrümmung religiös, nämlich damit, dass sie ein Leben in Demut führe.

Während sich Dorothea Trudels Vater nicht um die Erziehung und den Unterhalt seiner Frau und Kinder kümmerte, förderte er indessen den „Kiltgang"[20], indem er junge Männer einlud, seine Tochter zu besuchen. Dorothea Trudel wehrte sich dagegen, indem sie die Vorhänge offen ließ. So konnte, wer wollte, die jungen Leute bei ihrem Zusammensein beobachten. Auf diese Weise verhinderte Dorothea Trudel, dass sie zu einem sexuellen Verhalten gezwungen wurde, das mit ihrer christlichen Ethik in Widerspruch stand. Sie blieb ein Leben lang unverheiratet. Aus psychologischer Perspektive ist Dorothea Trudels Ehelosigkeit nachvollziehbar, denn sie hatte an der Ehe ihrer Eltern kein gutes Vorbild.

Trotz der schwierigen Kindheit und Jugendzeit geriet Dorothea Trudel später nicht auf Abwege, verfiel keiner psychischen Krankheit und frönte nicht dem Alkoholismus wie ihr Vater. Einer ihrer Brüder zum Beispiel war Alkoholiker.[21] Dorothea Trudel fand wie ihre Mutter und manche ihrer Vorfahren Halt im Glauben.

2. Glaubensschritte als junge Erwachsene

Dorothea Trudel übernahm das christliche Glaubensleben ihrer Mutter nicht einfach blind und kritiklos. Als Kind stellte sie den naiven Glauben ihrer Mutter, der mit Fatalismus verwechselt werden könnte, in Frage. Als junge Frau tanzte sie sonntags trotz des Verbots ihrer Mutter heimlich mit einer Freundin. Verschiedene Schicksalsschläge und Ereignisse trugen dazu bei, dass Trudel begann, eine intensive Frömmigkeit zu pflegen, die geprägt war vom kindlichen Glauben ihrer Mutter.

Als Dorothea Trudel 22 Jahre alt war, im Jahr 1835, starb unerwartet ihre beste Freundin, mit der sie sonntags getanzt hatte, an den Folgen eines Blutsturzes. Durch diesen Todesfall wurde Dorothea Trudel aufgerüttelt und mit der Vergänglichkeit des irdischen Lebens konfrontiert. Sie schrieb in ihrem letzten Lebensjahr: „Dieser Todesfall beugte mich so tief, daß ich vom Augenblick an nur begehrte, ein Eigentum Jesu zu sein und entschieden meine Lust allein am Heiland zu haben. Mein Inneres wurde so gewaltig erschüttert, daß

[19] Jäger, Baumwollgarn, 56.

[20] Der „Kiltgang" war ein Brauch, bei dem sich junge Männer und Frauen näher kennen lernen konnten. Junge Männer besuchten junge Frauen in ihrem Elternhaus. Die soziale Kontrolle der Familie war gewährleistet. Wenn dann die Frau schwanger war, kam es zur Eheschließung.

[21] ABM Akte A.3, 4, Statthalteramt an Medicinaldirektion, 16. Februar1861.

ich, die ich bis auf diese Zeit mich einer wunderbaren Gesundheit zu erfreuen hatte, nun tief bekümmert wurde über mein Seelenheil."[22]

Nach diesem Todesfall erkrankte Dorothea Trudel an Lungentuberkulose. Die Ärzte gaben sie auf, Dorothea Trudel selber war bereit zu sterben. Wie durch ein Wunder genas sie. Sie war dankbar und „hatte bei allem Leiden Frieden durch die Gnade Gottes"[23]. Während Sophie Vinet dieses Erlebnis als „conversion"[24] bezeichnet, verwendet Trudel den Begriff „Bekehrung" nicht, um zu beschreiben, was mit ihr geschehen ist. Zurück blieb eine Skoliose, die sie aber nicht hinderte, weiterhin ihrer Arbeit als Seidenweberin nachzugehen. Während sie vorher gemäß ihren eigenen Angaben eine schöne junge Frau gewesen war, wurde sie im Verlauf von zwei Jahren „ein krummes, abgezehrtes, ja ganz dürres Wesen".[25] Weshalb Dorothea Trudel von dieser Rückenkrankheit heimgesucht wurde, wissen wir nicht. War es eine Folge der Kinderarbeit? Oder war ein junger Mann der Auslöser, gegen dessen Küsse sie sich erfolgreich gewehrt hatte? So interpretierte Dorothea Trudel selbst ihre Krankheit.[26]

Ein neuer Lebensabschnitt begann damit, dass im Jahr 1840 ein lediger Bruder von Dorothea Trudels Vater, der Arzt Heinrich Trudel, aus Holland in seine Heimat zurückkehrte. Er wollte die Versäumnisse seines Bruders wieder gut machen und versprach seiner Schwägerin auf dem Totenbett, für ihre unverheirateten Kinder wie ein Vater zu sorgen. Er hielt sein Versprechen und nahm die vier unverheirateten Kinder vom Vater weg und gab ihnen in Hombrechtikon ein neues Zuhause. Er ermöglichte es Dorothea Trudel, den Beruf einer Blumenbinderin zu erlernen, welcher ihre Existenz sicherte. Im Jahr 1844 kaufte Dr. Heinrich Trudel in seiner Heimatgemeinde Männedorf ein Haus, das später zur „Gebets-Heilanstalt" werden sollte. Dort wohnte er bis zu seinem Tod am 28. April 1850 zusammen mit seinem Neffen Jakob und drei Nichten, der verwitweten Elisabeth Dändliker, der ledigen Katharina und der ledigen Dorothea. Noch vor seinem Tod hatte er den vier Kindern seines Bruders sein bescheidenes Vermögen vermacht. Dadurch wurden die Geschwister Hausbesitzer. Kurz nach Heinrich Trudel starb auch Dorothea Trudels Schwester Elisabeth Dändliker.

Dorothea Trudel fand schließlich eine Aufgabe in der neu eröffneten Posamenterie[27] ihres Neffen Jakob Dändliker, dem Sohn von Elisabeth Dändliker. Dort kümmerte sie sich wie eine Mutter um das materielle und geistliche Wohl der Arbeiter und Arbeiterinnen.

---

[22] Zit.n. K. Zeller, Trudel, 26.

[23] Zit.n. a.a.O., 27.

[24] [Vinet], Trudel, 14.

[25] Zit.n. Zeller, Leben, 11.

[26] Vgl. a.a.O., 10.

[27] Geschäft, in dem Borte, Schnüre Quasten u. a. Besatz zum Verzieren von Kleidern, textilen Wand- und Fensterdekorationen und Polstermöbeln verkauft werden.

Zusätzlich zu den Sonntagsgottesdiensten, die Pfarrer Jakob Ludwig Fay in Rapperswil hielt, besuchte Dorothea Trudel in Männedorf die Versammlungen der Herrnhuter Brüdergemeine. Sie galt in der Herrnhuter Brüdergemeine als überzeugte Christin. In der Herrnhuter Brüdergemeine lernte sie das Auslosen von Bibelversen kennen, eine Praxis, die sie ein Leben lang ausübte, um den Willen Gottes zu erkennen. Obwohl sie darin von Glaubensgeschwistern kritisiert wurde und sich bewusst war, dass Bibelverse missbraucht werden können, hielt sie im kindlichen Vertrauen am Losziehen von Bibelsprüchen fest. Da ihr mit der Zeit die Predigten der Herrnhuter zu monoton und einseitig wurden, suchte sie im Jahr 1850 die Versammlungen der Darbysten auf. John Nelson Darby (1800-1882), ein ehemaliger anglikanischer Priester, hielt seit 1837 auch Vorträge in der Schweiz und scharte Gleichgesinnte um sich. Er war der Meinung, dass wahre Christen keiner organisierten Kirche bedurften, sondern allein durch den Heiligen Geist geleitet würden. Er vertrat den Chiliasmus und den Dispensationalismus[28] und übte die Wiedertaufe aus. Dorothea Trudel fühlte sich bei ihrem ersten Besuch von der Botschaft der Darbysten angesprochen, war jedoch enttäuscht, dass man ihr das Abendmahl nicht austeilte. Die Frage des Versammlungsleiters: „Wir kennen Sie nicht. Haben Sie den Heiligen Geist empfangen?“ verunsicherte sie. Im darauf folgenden Gebet bat sie Gott, „um das Licht, das mir fehlte.“[29] Es war ihr, als ob sie den christlichen Glauben noch nicht vollständig erfasst und ausgeschöpft hatte. Bald erhielt sie eine Antwort auf ihr Gebet.

An einem frühen Morgen, als Dorothea Trudel hörte, dass ihr Neffe Jakob Dändliker fluchte, begann sie laut um seine Bekehrung zu beten. Er antwortete ihr: „Bekehre dich selbst, bevor du andere bekehren willst!“ Diese Worte trafen sie wie ein Blitz. Nach einem intensiven inneren Kampf, während dem sie sich als Sünderin brandmarkte, erfuhr sie schließlich Gottes Vergebung und Gnade. Von da an durchströmte sie tiefer innerer Frieden und ein unermessliches Glücksgefühl. Nach einer Zeit der Verzweiflung und innigen Zwiesprache mit Gott wandte sie sich wieder ihren täglichen Aufgaben zu. Sophie Vinet sprach von einem „nouvelle expérience spirituelle, qui transforma la vie de Dorothée“[30] und Arnold Bovet von der „wahren Bekehrung“[31] Unabhängig davon, ob man nun von einer „wahren Bekehrung“ oder einem „nouvelle expérience spirituelle“ reden will, bleibt es eine Tatsache, dass sich Dorothea Trudel von da an ganz bewusst und vermehrt der Nöte der Kranken und Angeschlagenen annahm.

---

[28] Einteilung der Weltgeschichte in drei Epochen: Zeit des Alten Testaments, Zeit der Gemeinde, Zeit der Königsherrschaft Jesu über sein jüdisches Volk (Eph 3,6).

[29] Zit.n. K. Zeller, Trudel, 31.

[30] [Vinet], Trudel, 17.

[31] Zit.n. K. Zeller, Trudel, 1971, 40.

3. Die „Gebetsheilanstalt" in Männedorf

Im Jahr 1850 erkrankten etwa fünf Angestellte von Dorothea Trudels Neffen. Dorothea Trudel wachte acht Nächte lang bei ihnen und pflegte sie nach ärztlicher Anweisung. Trotzdem wurden sie immer kränker. Sie selbst hatte als Kind mehrmals erlebt, wie Menschen durch das Gebet Heilung erlangten. Einmal, als sie an Pocken erkrankt war und erblindete, holte die Mutter nicht etwa den Arzt, sondern wandte sich an Gott, dem sie als himmlischem Arzt vertraute. Dorothea Trudel konnte bald darauf wieder sehen. Angesichts des sich verschlechternden Zustands der fünf Männer suchte nun Dorothea Trudel nach dem Vorbild ihrer Mutter Hilfe bei Gott. Sie flehte zu ihm inständig und vertiefte sich ins Wort Gottes. Während dieser großen Not betete sie: „Es steht da im Jakobusbrief [Jak 5,14 f.], was man tun muß, wenn man krank ist. Ich habe dein Wort als Wahrheit an meinem Herzen erfahren, und darum, weil jeder Buchstabe darin Wahrheit ist, so kannst du nicht anders als denen, die glauben, wie die Schrift sagt, auch halten, was darin steht."[32] Im Glauben, dass der Heiland mit ihr sei, betete sie nach Jak 5,14 f. für die Genesung der Kranken. Alle fünf wurden gesund. Von da an besuchte sie ab und zu Kranke bei sich zu Hause, allerdings nur, wenn diese in großer Not waren. Weiterhin war sie als Blumenbinderin tätig.

Etwa im Jahr 1851 wurde Dorothea Trudel mehrmals zu einer kranken Frau Schalch nach Schaffhausen gerufen. Durch Trudels Gebet erfuhr die Frau eine solche Wohltat, dass sie Dorothea Trudel mit Pfarrer Johann Christoph Blumhardt verglich und sie aufforderte, sich die Sorge um die Kranken zu ihrer Lebensaufgabe zu machen. Dorothea Trudel ignorierte das Gesagte. Auch kannte sie Pfarrer Blumhardt nicht, der in Möttlingen bei Calw durch seine Krankenheilungen Aufsehen erregt hatte.[33]

Im Jahr 1852 kehrte Dorothea Trudel zu ihrem Bruder und ihrer Schwester nach Männedorf zurück. Neben ihrer Arbeit als Blumenbinderin besuchte sie insbesondere psychisch kranke Menschen.

Ihr Motto lautete:

„Mein Name vor der Welt vergeh',
Damit er dort geschrieben steh,
Hier ungenannt und unbekannt,
Dort vor des Vaters Thron bekannt."[34]

---

[32] Zit.n. a.a.O., 35.

[33] Johann Christoph Blumhardt (1805-1880) wirkte in Möttlingen bei Calw als Pfarrer. Er kümmerte sich um eine psychosomatisch schwerkranke junge Frau, die nach ärztlicher Diagnose von Dämonen besessen war, die Gottliebin Dittus, und betete für ihre Heilung. Nach ihrer Heilung im Jahr 1844 kam es in dieser Gemeinde zu einer Buß- und Erweckungsbewegung. Blumhardt sah einen Zusammenhang zwischen religiösem Heil und körperlicher Heilung. Seit 1852 versammelte er in Bad Boll eine Hausgemeinde von psychisch Kranken mit kirchlicher Erlaubnis, lehrte sie eine ganzheitliche Seelsorge und betete für ihre Heilung.

[34] Zeller, Leben, 13.

Ohne dass Dorothea Trudel darauf gefasst war, füllte sich ihr Haus nach und nach mit Kranken. Sie hatte nicht die Absicht gehabt, eine Institution – oder wie man damals sagte, eine Anstalt – zu gründen. Der Begriff „Gebetsheilanstalt" setzte sich dann im Volksmund als Fremdbezeichnung durch. Er wurde wahrscheinlich erstmals in gedruckter Form im Bericht der Neuen Zürcher Zeitung verwendet.[35] Eine der ersten Klienten Trudels war eine verwitwete Pfarrfrau März, Mutter von 12 Kindern, die ergebnislos in den psychiatrischen Kliniken jener Zeit behandelt worden war. Nach neun Wochen Aufenthalt im Hause Trudels sei sie von ihrem psychischen Leiden geheilt worden, habe fünf weitere Wochen dort zur Erholung verbracht und sei geheilt entlassen worden. Sie soll später auch keinen Rückfall erlitten haben.[36]

Dorothea Trudel wollte helfen, wo sie konnte. Deshalb hieß sie diejenigen, die an ihre Tür klopften und um Aufnahme baten, willkommen. Sie füllte die Rolle aus, die Frauen damals innehatten und wirkte als Hausmutter.[37] Trudel wurde oft einfach „Mütterli" oder Döde genannt. Da immer mehr Notleidende nach Männedorf strömten, kaufte sie im Jahr 1857 zusammen mit ihrer Schwester Katharina ein zweites Haus, im Jahr 1859 ein drittes. Sie stand nicht, wie Frauen in anderen Schweizer Kantonen unter Geschlechtsvormundschaft.[38] Geschlechtsvormundschaft bedeutet: Ein Mann verwaltete als Vormund das Vermögen und Einkommen von unverheirateten, geschiedenen oder verwitweten Frauen und musste bei Geschäftsabschlüssen und Bürgschaften zustimmen. Im Kanton Zürich galt die Geschlechtsvormundschaft seit Beginn des 19. Jahrhunderts nicht mehr. Als unverheiratete Frau durfte Dorothea Trudel im Kanton Zürich in freier Entscheidung über ihr Erbe und ihr Einkommen verfügen.

Den Haushalt führte sie zusammen mit ihrer ledigen Schwester. Dienstboten beschäftigte sie keine. Stattdessen bat sie junge Patienten und Gäste, mitzuhelfen, die anfallenden Arbeiten zu erledigen. Im Jahr 1861 arbeiteten vier Krankenwärterinnen, die in der Anstalt geheilt worden waren, unentgeltlich mit sowie der junge Lehrer Samuel Zeller.[39]

Samuel Zeller arbeitete seit November des Jahres 1860 in Männedorf. 1857 hatte er Dorothea Trudel anlässlich eines Aufenthalts in Männedorf kennen gelernt. Er suchte diesen Ort auf, da er an einer Flechtenkrankheit litt und ein Leberleiden hatte. Nach etwa drei Wochen kehrte er spirituell ermutigt zu seinen Eltern zurück, die die Armenanstalt in Beuggen leiteten. Dort wirkte er bis März 1860 als Lehrer. Danach arbeitete er während acht Monaten in Elberfeld

---

35 Trudel, Zürcher Obergerichte, 2.

36 Trudel, D. an Medicinalbehörde, 21. März 1861.

37 Kathrin Schafroth, Zur staats- und zivilrechtlichen Stellung der Frauen: Mit Geld, Geist und Geduld. Frauen und ihre Geschichte zwischen Helvetik und Bundesstaat. Hg. v. Femmes Tour, Bern 1998, 16-30, hier 20.

38 Schafroth, Frauen, 21, 24.

39 Anna Weber/Emma Schulz/Catharina Schmied/Susanne Gerster. Verhör mit Dorothea Trudel vom 4. April 1861; Trudel, Zürcher Obergerichte, 7.

als Hauslehrer eines behinderten Kindes. Er musste diese Tätigkeit aufgeben, da das Kind in ein Heim gegeben wurde. Da Zeller keine Klarheit betreffend seiner Zukunft hatte, lud Dorothea Trudel ihn nach Männedorf ein. Seit Ende des Jahres 1860 wirkte Zeller in der „Gebetsheilanstalt" in Männedorf mit. Er hielt teilweise die gottesdienstlichen Versammlungen, führte die Korrespondenz, betete wie Dorothea Trudel für die Kranken und war auch in der Krankenpflege tätig.[40]

Ein Aufenthalt bei Dorothea Trudel war kostengünstig, verlangte sie doch nach biblischer Devise nichts für ihre Gebetshilfe.[41] Lediglich für Kost und Logis zog sie einen Betrag von 4 bis 5 Franken pro Woche ein. Reiche bezahlten wöchentlich 10 Franken. Wer nicht bezahlen konnte, logierte unentgeltlich. Trudel rief nicht zu Spenden auf und zog in ihren Versammlungen auch keine ein. Trotzdem wurde ihr zum Hauskauf Geld geliehen oder geschenkt.[42]

Wie ging Dorothea Trudel mit den Kranken um? Sie hatte keine medizinische Ausbildung und wandte auch keine ärztlichen Therapien an, aber sie pflegte die Kranken. Sie betrachtete ihr Heilungsgebet nicht als Alternative zur medizinischen Hilfe. Vielmehr ermutigte sie Hilfesuchende, einen Arzt hinzuzuziehen. Sie betrachtete sich nicht als Heilerin. Als sie 1861 vor dem Bezirksgericht verhört wurde, sagte sie: „Ich heile Niemand. Jedem, der in unser Haus kommt, wird gesagt, wenn er glaube, ich heile Jemand, so sei er am unrechten Ort; Alle werden hingewiesen auf den einzigen Arzt, Christus, und gewiß nichts gethan, was nicht in Gottes Wort steht."[43] Wie erwähnt, legte sie den Kranken nach Jak 5,14 f. die Hand auf die kranke Stelle und salbte sie gegebenenfalls mit gewöhnlichem Öl. Wichtiger als die körperliche Heilung war ihr das Seelenheil der Menschen, die Hilfe bei ihr suchten. In einem Brief an einen Pfarrer beschrieb sie das Ziel ihres Schaffens wie folgt: „... und der Hauptinhalt unserer Gebete soll dahin gehen, daß Alle, die noch in der Sünde sind, frei werden, daß alle Wolfsnaturen umgeschaffen werden in Lammsnaturen, daß ein Jedes dahin komme, wo es von Herzen sagen könne: Die Liebe Gottes ist die Triebfeder meines Thuns und Lassens und wo ich lebe, da lebe nicht ich, sondern Christus in mir, dann weiß ich auch, daß der geistige Hochmuth fern von uns ist, denn alle diese Seelen wissen, daß sie null und nichts sind und Christus Alles in Allem."[44] Nach Jesu Gebot übte sie auch Feindesliebe.

Zusätzlich zum Gebet pflegte sie das seelsorgerliche Gespräch mit den Kranken. Sie scheute sich nicht, den Menschen auf den Zahn zu fühlen, unangenehme Fragen zu stellen und auch heikle Punkte anzusprechen. Selbst verborgene Schuld deckte sie mit einer bewundernswerten Selbstverständlichkeit auf,

---

[40] Verhör mit Samuel Zeller vom 4. April1861.

[41] „Macht Kranke gesund, weckt Tote auf, macht Aussätzige rein, treibt böse Geister aus. Umsonst habt ihr's empfangen, umsonst gebt es auch" (Mt 10,8).

[42] Trudel, Zürcher Obergerichte, 8; K. Zeller, Trudel, 58-61.

[43] A.a.O., 6.

[44] Zeller, Leben, 68.

wies aber immer auf den hin, der „uns bis in den Tod“[45] liebte. Da sie das Wort Gottes, das für sie identisch mit der Bibel war, als wirkungsvollstes Medikament ansah, las sie einzelnen Kranken auch daraus vor.

Als die Hausgemeinschaft wuchs, führte sie Andachten oder Bibelstunden ein, die alle zu besuchen hatten, und zwar nach jeder Mahlzeit eine. Insgesamt waren es täglich vier. Anfangs las sie ein Kapitel aus der Bibel und betete. Später trug sie ihren Besuchern Predigten des schwäbischen Pfarrers Ludwig Hofacker (1798-1828) vor oder äußerte ihre Gedanken zu biblischen Texten, indem sie von ihren Erfahrungen berichtete. Sie hütete sich aber, eigene Predigten zu verfassen, da sie um ihre geringe Schulbildung wusste und ihre Demut sie daran hinderte. In gewissem Sinne nahm sie den reformatorischen Gedanken des Priestertums aller Gläubigen für sich in Anspruch. Als sie kritisiert wurde, dass sie als Frau Bibelstunden halte (vgl. 1. Kor 14,34 f.; 1. Tim 2,12), verteidigte sie sich nicht. Sie wies lediglich darauf hin, dass sie anfangs nur einzelnen Menschen Bibeltexte erklärt habe, dass aber später immer mehr hinzugekommen seien. Dem Bericht Arnold Bovets zufolge waren am Sonntag Nachmittag mehrere hundert Menschen in den Versammlungen zugegen, die Trudel leitete.

Trudels Anliegen war es, dass die Menschen ganz in der Nachfolge Christi lebten, unabhängig davon, ob sie psychisch oder physisch geheilt wurden. Sie ging davon aus, dass Krankheit eine Folge der Sünde ist. In ihren Andachten gab sie konkrete Beispiele sündigen Verhaltens und betonte zugleich das reformatorische Prinzip „sola gratia“, das für jeden Menschen gilt. Wichtiger als die körperliche Heilung war ihr das Seelenheil, das sich in einem gesunden Körper manifestieren kann und soll. Aus heutiger säkularer Sicht ist der Zusammenhang zwischen Schuld und Krankheit nicht in jedem Fall nachvollziehbar. Hat Dorothea Trudel vielleicht auch mit dieser Sicht Menschen in Bedrängnis gebracht und unter Druck gesetzt? Hat sie etwa zu sehr das Sündersein und zu wenig die Gottebenbildlichkeit des Menschen betont?

4. Prozess

Im Jahr 1857 legte Dr. Christoph Ernst Bach, Arzt an der Irrenanstalt in Zürich, bei der Medizinaldirektion Klage gegen Dorothea Trudel ein, weil sie widerrechtlich psychisch kranke Menschen behandle. Einige seiner Patienten seien von ihren Verwandten abgeholt und nach Männedorf gebracht worden. Daraufhin verhörte das Statthalteramt Meilen Dorothea Trudel. Am 31. August legte es ihr eine Buße von Fr. 60,-- auf, verbot ihr, weiterhin Kranke zu behandeln, und gebot ihr, die Kranken aus ihrem Haus zu entlassen. Ihr Rekurs an die Regierung wurde abgelehnt.

Trudel beugte sich schweren Herzens dem Urteil, fuhr aber fort, leidenden Menschen zu helfen, zuerst andernorts, später wieder bei sich zu Hause. Mit der Zeit kehrten die Patienten zurück. Die Behörden ließen Trudel gewähren, bis 1861 erneut eine Klage eingereicht wurde.

---

[45] Andachten, 41.

Am 23. Februar 1861 sandte Herr Dr. Dändliker, Bezirksarzt in Männedorf, der Medizinaldirektion einen Bericht von Dr. Treichler aus Stäfa, der anzeigte, dass eine psychisch Kranke, die in der von Trudel geführten Anstalt behandelt worden sei, plötzlich gestorben war. Dändliker fügte seinem Bericht ein Personenverzeichnis bei, das Auskunft über die Personalien wie Name, Jahrgang, Wohnort, Zivilstand und Beruf der Bewohner und Gäste des Hauses gab. Es datierte vom 15. Februar und zählte etwa 80 Personen auf. Die Patienten stammten aus verschiedenen Ländern wie Württemberg, Baden, Frankreich, Preußen, Bayern sowie aus den Kantonen Bern, Schaffhausen, Aargau, Solothurn, Thurgau, St. Gallen und der Waadt. Sie litten an verschiedenen Krankheiten wie Epilepsie, Augenleiden, Lungentuberkulose, usw. Dändliker betonte, dass Trudel den Menschen schade, weil sie die Schwermut fördere. Er habe bisher weder Besserung noch Heilung der von ihr behandelten Menschen feststellen können. Aus dem Bericht geht hervor, dass die Ärzte in ihr eine Konkurrenz sahen. Auch kritisierte er den religiösen Fanatismus der Trudel.[46]

Zudem wurde in der Zeitung „Allmann" eine Anzeige gemacht, nach welcher eine bei Trudel behandelte psychisch Kranke Selbstmord verübt habe. Die Medizinaldirektion beauftragte am 11. März 1861 das Statthalteramt Meilen, die beiden Fälle zu untersuchen. Das Statthalteramt protokollierte folgenden Bericht: Die zwanzigjährige psychisch Kranke Anna Hungerbühler aus Romanshorn, deren Tod Dr. Treichler dem Bezirksarzt gemeldet hatte, war von ihrer Tante vorübergehend der Pflege Trudels anvertraut worden. Da Hungerbühler einen Tobsuchtanfall hatte, wurde sie in eine ruhige Zelle auf den Estrich gebracht und dort mit einer Zwangsjacke versehen. Als Dr. Treichler von Annas Tante gerufen wurde, wies er Anna Hungerbühler gegen den Willen von Trudel sofort in die Irrenanstalt Münsterlingen ein. Er musste zugeben, dass die von Trudel angewandte Therapie angemessen war. Auf der Reise nach Münsterlingen starb Anna Hungerbühler am 19. Februar 1861. Der zweite Fall betraf die junge Bauernfrau Anna Wirz, die drei Jahre lang Angstzustände hatte, bevor ihr Mann sie am 3. August 1860 nach Männedorf zu Trudel brachte. Da sich Anna Wirz wegen der Andachten in einem angegriffenen Zustand zu befinden schien, holte ihr Mann sie gegen ihren Willen am 3. September nach Hause. Am 18. Februar 1861, also 5½ Monate später, nahm sich Anna Wirz das Leben. Infolge dieser Untersuchung fällte das Statthalteramt am 15. März 1861 das Urteil über Dorothea Trudel. Sie habe gegen § 1 des Medizinal-Gesetzes verstoßen, das vorschreibe, „daß Niemand sich mit der Heilung von Krankheiten befassen darf, ohne dazu die gesetzliche Berechtigung erlangt zu haben."[47] Trudel wurde eine Buße von Fr. 150,-- auferlegt. Bis Ende des Monats sollte sie alle Patienten entlassen und durfte keine neuen aufnehmen.[48]

---

[46] Trudel, Zürcher Obergerichte, 2.
[47] Zit.n. Trudel, Zürcher Obergerichte, 1.
[48] A.a.O., 2-4.

Postwendend legte Dorothea Trudel beim Regierungsrat Rekurs gegen dieses Urteil ein.[49] Das Bezirksgericht Meilen führte in der Folge die Untersuchung fort und ließ die Angeklagte und ihre Mitarbeiter und Mitarbeiterinnen sowie einige Patienten verhören. Trudel und ihr Verteidiger Anwalt Spöndlin reichten etwa 90 schriftliche Berichte von Krankenheilungen als Beweis ein. Zahlreiche Geheilte setzten sich für Trudel ein. Trotz dieser guten Zeugnisse hielt die Medizinaldirektion daran fest, dass Trudels Wirken gemäss § 1 des Medizinal-Gesetzes strafbar sei. Zudem verstoße sie gegen § 40 desselben Gesetzes, das das Führen von Privatkrankenanstalten und Privat-Irrenheilanstalten nur gestatte, wenn die Medizinaldirektion es erlaube. Insbesondere die psychisch Kranken müssten vor Trudel geschützt werden. Die engen Platzverhältnisse in der von Trudel geführten Anstalt schadeten der Gesundheit der Bewohner. Das Bezirksgericht Meilen schloss sich der Meinung der Medizinaldirektion an und bestätigte am 15. September 1861 das Urteil vom 15. März desselben Jahres.[50]

Dorothea Trudel gab jedoch nicht auf. Sie war sich ihrer Sache sicher und fühlte sich nicht schuldig, das Gesetz übertreten zu haben. Deshalb appellierte sie ans Zürcher Obergericht. Am 13. November 1861 wurde ihre Appellation behandelt. Der mit Trudel befreundete Rechtsanwalt H. Spöndlin trat als Verteidiger auf. Er wies gleich am Anfang darauf hin, dass der Regierungsrat nicht auf seine Beschwerde eingegangen sei, die er am 4. April 1861 eingereicht habe. Darin habe er das Verfahren der Medizinaldirektion gegenüber Trudel kritisiert. Zudem sei hinreichend erwiesen, dass Trudel nicht für den Tod von Anna Hungerbühler und Anna Wirz verantwortlich gemacht werden könne. Dr. Treichler habe zugegeben, dass Dorothea Trudel die psychisch kranke Hungerbühler angemessen behandelt habe. Wirz habe erst fünfeinhalb Monate nachdem sie die Anstalt verlassen habe, Selbstmord begangen. Die Gegner hätten ihr keinen Kunstfehler nachweisen können. Der Verteidiger betonte, seine Mandantin mische sich nicht in die medizinische Heilkunde ein, sondern sie bete lediglich für die Kranken. Die körperliche Heilung sei Folge ihres Gebets und nicht medizinischer Therapien. Sie stehe den Kranken manchmal Tag und Nacht zur Seite und scheue sich selbst vor Patienten nicht, die Verwesungsgeruch ausströmten. Zudem hielten sich dort viele Menschen auf, die nichts bezahlen könnten. Andere müssten nur einen bescheidenen Beitrag für Kost und Logis entrichten. Spöndlin betonte, etwa zwei Drittel von Trudels Patienten wären zuvor von den Ärzten erfolglos behandelt worden. Manche von ihnen hätten ihr ganzes Vermögen ausgegeben. Selbst Gemeindebehörden hätten Arme und Kranke zu Trudel abgeschoben, um sich nicht um sie kümmern zu müssen. Spöndlin führte zudem die vielen Zeugnisse körperlicher Heilung an. Zum Schluss entkräftete er die Anklagepunkte der Medizinaldirektion, die zur Ver-

---

[49] Eine Zusammenfassung des Briefs, den Dorothea Trudel am 21. März 1861 an den Regierungsrat richtete, findet sich in „Dorothea Trudel von Männedorf vor dem Zürcher Obergericht", o.J., 5f.

[50] Trudel, Zürcher Obergericht, 4. 11 f.

urteilung Trudels geführt hatten. Der erste Anklagepunkt lautete: „Die Thätigkeit der Trudel sei ein unerlaubtes Betreiben des Heilgeschäfts."[51] Spöndlin berief sich jedoch auf die Verfassung, die Glaubensfreiheit garantiere. Es müsse doch erlaubt sein, gemäß der Bibel zu glauben und zu beten. Der zweite Anklagepunkt lautete: „Die Geistesruhe der Kranken werde gestört."[52] Damit war gemeint, dass Trudel das Leben der Kranken in Frage stelle. Der Verteidiger kritisierte den Anspruch der Medizinaldirektion, über der Privatsphäre der Kantonsbürger zu wachen. Er legte dar, dass Kranke sehr wohl herausgefordert werden müssten. Gegen den dritten Punkt „Es werde in vielen Fällen die ärztliche Hülfe verspätet"[53] wandte er ein, es sei die Freiheit eines jeden Patienten, den Arzt dann aufzusuchen, wann er wolle. Aber hätten nicht gar zwei Drittel von Trudels Klientel einen Arzt zwar aufgesucht, aber keine Hilfe erfahren? Viertens hatte die Direction behauptet: „Es sei in der Trudel'schen Anstalt der Ausbruch kontagiöser Krankheiten zu befürchten."[54] In den fünf Jahren ihres Bestehens sei keine Epidemie ausgebrochen. Ansonsten müsste der Bezirksarzt eingreifen. Spöndlin plädierte für Freispruch Dorothea Trudels, auch gerade in Anbetracht der Armen, die es sich sonst nicht mehr leisten könnten, ihre Gebete in Anspruch zu nehmen. Nach eineinhalbstündiger heftiger Diskussion sprach das Obergericht Dorothea Trudel frei.

Durch die Zeitungen, die über den Prozess berichteten, wurde Trudels Werk in nah und fern noch bekannter. Viele Patienten mussten in der Folge abgewiesen werden. Die Häuser waren meist voll. Dorothea Trudel hatte kein eigenes Zimmer und verbrachte bei Kranken die Nacht, um ihnen beistehen zu können. An Silvester des Jahres 1861 zog sie die beiden Bibelverse 1 Chr 29, 15 und Mk 8, 35 als Jahreslosung. In 1 Chr 29, 15 heißt es: „Denn wir sind Fremdlinge und Gäste vor dir wie unsere Väter alle. Unser Leben auf Erden ist wie ein Schatten und bleibet nicht." Auch Mk 8,35 weist auf die Endlichkeit des irdischen Lebens hin: „Denn wer sein Leben erhalten will, der wird's verlieren; und wer sein Leben verliert um meinetwillen und um des Evangeliums willen, der wird's erhalten." Sie bezog die beiden Verse auf ihr Leben und interpretierte sie in dem Sinne, dass sie bald sterben müsse. So jedenfalls beschrieb ihr Biograph Samuel Zeller diese Begebenheit. Am 20. September 1862 starb Dorothea Trudel in ihrem 48. Lebensjahr in Folge eines Nervenfiebers. Ein Jahr zuvor hatte sie Samuel Zeller zu ihrem Nachfolger eingesetzt und ihm das Vermögen vererbt. Unter seiner Leitung erweiterte sich die diakonische Arbeit. Er gründete 1864 das „Evangelisationswerk Männedorf", das weitere Werke beeinflusste, zum Beispiel das Asyl Rämismühle. Das heutige Bibelheim Männedorf führt die Seelsorgearbeit weiter. Von Krankenheilungen allerdings wird nicht mehr berichtet.

---

[51] Trudel, Zürcher Obergerichte, 14.

[52] A.a.O., 15.

[53] Ebd.

[54] Ebd.; kontagiös heißt ansteckend.

5. Würdigung

Dorothea Trudel übernahm einerseits die damalige Frauenrolle, indem sie als Hausmutter wirkte, andererseits sprengte sie diese, indem sie eine Anstalt – heute würde man sagen, einen Betrieb – leitete. Zudem übte sie priesterliche Funktionen aus, indem sie für Kranke um Heilung betete und vor einem großen Publikum über Bibeltexte sprach. Sie blieb allerdings aktives Mitglied der reformierten Kirche und distanzierte sich vom Separatismus.

Dorothea Trudels Leben hinterlässt viele offene Fragen. Sie hat zwar betont, sie heile niemand, und doch sind aus den Quellen Stimmen zu vernehmen, die behaupten, Trudel heile. Sie selber wies zwar auf Gott als Arzt und Helfer hin, und trotzdem war es wahrscheinlich unvermeidlich, dass sie zur Heiligen stilisiert und „vergöttert" wurde, wie es im Bericht der Medizinalbehörde heißt. Vermutlich suchten Menschen Trudel auf, die von ihr Heilung erwarteten und nicht von Gott.

Trudel vertrat einen einfachen Bibelglauben und interpretierte die Bibelverse im wörtlichen Sinne. Ein moderner Theologe würde von Biblizismus sprechen und seine Mühe mit der Bibelauslegung dieser einfachen Frau bekunden. Zudem ist ihre Gebetsmethode einer kritischen Würdigung zu unterziehen. Warum nur hat sie teilweise den Kranken die Hände stundenlang aufgelegt? Konnte sie dieses Tun biblisch begründen? Oder gehörte es zu ihrem Erfahrungsschatz? Aber was sollte das Handauflegen bewirken, wenn doch der Geist weht, wo er will?

Aus heutiger Perspektive lässt sich nicht mehr eruieren, ob die Kranken wirklich psychisch und physisch geheilt wurden. Es scheint allerdings überzeugend, dass zum Beispiel Arnold Bovet, der lahm nach Männedorf kam, nach seinem dortigen Aufenthalt ein Leben lang ohne Probleme gehen konnte.

Dorothea Trudel hat sich für ihre Lebensaufgabe aufgeopfert. Hat sie sich dabei nicht selber aufgegeben? Hat sie die Heilung der Kranken an ihre Gegenwart und ihr Gebet geknüpft? Warum durften in der Gebetsheilanstalt neben Dorthea Trudel nur Samuel Zeller und Anna Weber für die Kranken beten? Dorothea Trudel soll kein eigenes Bett gehabt und nachts bei den Kranken gewacht haben. Scheinbar hat sie sich da nicht nach dem Vorbild Jesu verhalten, der sich immer wieder zum Gebet an einsame Orte zurückgezogen hat. Aus Trudels Tätigkeit könnte man ein Leistungsdenken ableiten, als ob das Heil und die Heilung der Kranken von ihr abhängig wären. Ist Dorothea Trudel deshalb so früh verstorben, weil sie sich überarbeitet hat? Und vielleicht besteht ein Zusammenhang zwischen ihrer Kinderarbeit und der anhaltenden Tätigkeit als erwachsene Frau.

Trotz ihrer Schwächen ist Dorothea Trudels Leben zu würdigen. Sie hat sich der Kranken mit großer Hingabe angenommen und bei vielen eine Vertiefung des christlichen Glaubens bewirkt. Sie hat ihr ganzes Erbe für die Gebetsheilanstalt hingegeben, die bis heute – allerdings in anderer Form – existiert.

Jakob Eisler

Charlotte Pilz (1819-1903)

Charlotte Pilz. Aufnahme um 1870 von C. Janssens & E. Rademacher, Staatsarchiv Detmold.

Wenn man die Forschung über das Heilige Land im 19. Jahrhundert in den letzten Jahrzehnten betrachtet, wird man staunend bemerken müssen, dass die meisten wissenschaftlichen Beiträge über die christliche Tätigkeit in diesem Zeitraum zu über 90 Prozent die Tätigkeit von Missionaren und Kirchenmännern behandeln, aber die Tätigkeit der Frauen kaum einmal erwähnt wird. Dies ändert sich erst allmählich durch die Sensibilisierung der Gesellschaft für dieses Forschungsdefizit.

Das Wirken von Charlotte Pilz[1] lässt sich als ein Pfeiler der wichtigen Arbeit der Frauen im Heiligen Land als Beispiel nennen, ebenso die Tätigkeit von Maria Gobat (1813-1879), der Frau des Jerusalemer Bischofs, und die vieler anderer Frauen.

Über fünf Jahrzehnte arbeitete Charlotte Pilz als Diakonisse in Jerusalem. Ihre herzliche Verbindung zum Frauenverein für christliche Bildung des weiblichen Geschlechts im Morgenlande in Berlin (heute: Morgenländische Frauenmissionsgesellschaft[2]) und deren Hilfsvereinen verbreitete das Wissen über die Diakonissentätigkeit in Palästina im ganzen deutschsprachigen Raum. So wurden nicht nur Spenden durch die Diakonissenanstalt in Kaiserswerth für die Je-

---

1 Alex Carmel, Der Missionar Theodor Fliedner als Pionier deutscher Palästina-Arbeit, in: Jahrbuch des Instituts für deutsche Geschichte 14. 1985, 215. Über Charlotte Pilz vgl. Diakonissin Charlotte Pilz – eine Mutter in Israel, in: Bilder aus dem Diakonissenleben 3 (Geschichte und Bilder fürs deutsche Volk, 46 und 47) [1904] und: Julius Disselhoff, Schwester Charlotte Pilz: ein Diakonissenleben im Heiligen Lande, in: Gut Deutsch und Evangelisch allewege, 27. 1912.

2 Über die Morgenländische Frauenmissionsgesellschaft in Berlin vgl. Katharina Schubert, Die erste deutsche Frauenmission 1842-1967, Berlin 1967; Christa Otto, 150 Jahre Morgenländische Frauenmission Berlin 1842-1992, Berlin 1992; Martina Gern, 160 Jahre Morgenländische Frauenmission, Berlin 2002. Zur Gründung des deutschen Vereins in Berlin vgl. Reinhold Gareis, Geschichte der evangelischen Heidenmission mit besonderer Berücksichtigung der deutschen, Konstanz 1901, 112-114.

rusalemer Arbeit gesammelt, sondern ebenfalls durch die Berliner Frauen-Mission. Auch der Kontakt mit dem Jerusalemsverein zu Berlin brachte anfänglich Gelder für die fleißige Leiterin der Jerusalemer Anstalt.[3]

Obwohl Charlotte Pilz fast fünfzig Jahre in Jerusalem wirkte, ist sie bis heute fast unbekannt geblieben. Nicht wie ihre männlichen Mitstreiter in der Mission wie z.B. Conrad Schick (1822-1901),[4] Johann Ludwig Schneller (1820-1896)[5] oder Johannes Zeller (1830-1902),[6] die zur gleichen Zeit in Jerusalem arbeiteten, ist sie fast anonym geblieben. Heute trägt eine Straße in Jerusalem den Namen Conrad Schicks, ein Stadtviertel den Namen Schnellers, aber Charlotte Pilz ist nicht im heutigen Bewusstsein der Einwohner Jerusalems geblieben, obwohl sie genauso viel, wenn nicht mehr zur Modernisierung und Erziehung der Bevölkerung Jerusalems beitrug. Dieser Beitrag soll dem Missstand etwas abhelfen und als Anstoß zu einer überaus wünschenswerten intensiveren und ausführlicheren Beschäftigung dienen.

1. Einführung in die Anfänge der Kaiserswerther Diakonissenarbeit im Heiligen Land

In den 30er Jahren des 19. Jahrhunderts begann die evangelische Kirche, Diakonissen und Diakone für soziale Arbeiten auszubilden. Theodor Fliedner (1800-1864), seit 1822 Pfarrer in Kaiserswerth, gründete dort am 13. Oktober 1836 ein Diakonissen-Mutterhaus, das Frauen in sozialen Tätigkeiten ausbildete,[7] um gemäß „dem Sinn und Vorbild der Apostolischen Kirche die christliche Liebespflege in unseren Gemeinden, soweit sie dem Weibe zukommt, durch Diakonissen ausüben [zu] lassen, und zwar allen Klassen von Hülfsbedürftigen, den Kranken, Armen, Kindern, Gefangenen und entlassenen Sträflingen".[8]

---

[3] Zum Jerusalemsverein vgl. Frank Foerster, Mission im Heiligen Land. Der Jerusalems-Verein zu Berlin 1852-1945, Gütersloh 1991; ders., Ein Verein für Jerusalem – Der Jerusalemsverein, in: Almuth Nothnagle/Hans-Jürgen Abromeit/Frank Foerster (Hg.), Seht, wir gehen hinauf nach Jerusalem, Leipzig 2001. Der Jerusalemsverein war dazu bestimmt, Gelder für die Missionstätigkeit der deutschen Anstalten in Palästina zu sammeln. Vgl. Jakob Eisler, Der deutsche Beitrag zum Aufstieg Jaffas 1850-1914 (ADVP 22), Wiesbaden 1997.

[4] Alex Carmel, Wie es zu Conrad Schicks Sendung nach Jerusalem kam, in: Zeitschrift des Deutschen Palästina Vereins 99. (1983), 204-218; vgl. auch: Haim Goren, „Zieht hin und erforscht das Land", Die deutsche Palästinaforschung im 19. Jahrhundert, Göttingen 2003, 273-292.

[5] Jakob Eisler/Norbert Haag/Sabine Holtz, Kultureller Wandel in Palästina im frühen 20. Jahrhundert. Zugleich ein Nachschlagewerk der deutschen Missionseinrichtungen und Siedlungen von ihrer Gründung bis zum Zweiten Weltkrieg, Epfendorf 2003, 85-110: 285-292.

[6] Lisl Reichle-Zeller, Johannes Zeller 1830-1902, Missionar in Palästina, Stuttgart 1987.

[7] Carmel, Fliedner, 197–198; Die Evangelischen Missionen, 1900, 90-94.

[8] Ebd.; vgl. Fünfzig Jahre Kaiserswerther Diakonissenarbeit im Heiligen Lande, Kaiserswerth 1901.

1851 sandte die Kaiserswerther Anstalt die ersten Diakonissen nach Jerusalem. Angeregt hatte dies 1846 der soeben zum Bischof des englisch-preußischen Bistums ernannte Samuel Gobat (1799-1879), der Theodor Fliedner in London kennen gelernt hatte.[9] Im Jahre 1850 war Christian Heinrich Reichardt (*1825), ein Neffe der ersten Kaiserswerther Diakonisse Gertrud Reichardt (1788-1869), im Auftrag der Londoner Judenmissions-Gesellschaft (The London Society for Promoting Christianity amongst the Jews – LJS) nach Jerusalem gekommen und hatte Gobat auf Wunsch Fliedners angeboten, Kaiserswerther Diakonissen nach Jerusalem zu senden.[10] Darüber berichtete Fliedner im Februar 1851 an die Berliner Frauenmissionsgesellschaft:

„In Folge der innigen Theilnahme, welche Sie an unserm Plane, durch unsere Diakonissen eine Erziehungs- und Unterrichts-Anstalt für arabische und deutsche Mädchen in Jerusalem zu gründen, genommen haben, beehre ich mich, hierdurch über diesen Plan weiteres zu berichten. Unser Plan entstand dadurch, daß Bischof Gobat zu Jerusalem sich zwei Diakonissen von uns erbat, welche dort Privatkrankenpflege unter den Europäern treiben möchten ... Se. Majestät der König [Friedrich Wilhelm IV.], dem ich im Oktober [1850] darüber berichten durfte, wünschte nun, daß wir noch mehrere Diakonissen-Kräfte in Jerusalem konzentrieren möchten, namentlich auch für Bildung des weiblichen Geschlechts im Morgenlande, wofür Jerusalem, seiner Überzeugung nach, der passende Ort im Orient wäre ... In folge dessen hat Se. Majestät die Gnade gehabt, uns eins der ihm zugehörigen Häuser in Jerusalem zur unentgeltlichen Disposition zu stellen. Dies Haus soll vorzugsweise zum Erziehungs- und Unterrichts-Hause für die zwei Lehrdiakonissen dienen, welche wir, außer den zwei Krankendiakonissen, hinsenden, und welche vier Schwestern ich selbst Ende März d.J. hinzubringen hoffe ... Wenn auch Bischof Gobat versprochen hat, für zwei Schwestern das Reisegeld zu bezahlen, so haben wir noch die Reisekosten für die beiden anderen Schwestern und für mich zu bestreiten ... .

---

9 Richard Pflanz, Verlassen nicht vergessen. Das Heilige Land und die deutsch-evangelische Liebesarbeit, Neu-Ruppin 1903, 179-180; vgl. auch Fünfzig Jahre, 6.

10 Dank- und Denkblätter aus der Kaiserswerther Diakonissenarbeit 1. 2, (1901), 4. Die Tätigkeit der Diakonissen im Heiligen Land wurde in einigen Forschungsarbeiten der letzten Jahrzehnte behandelt: Siegfried Hanselmann, Deutsche evangelische Palästinamission, Erlangen 1971; Abdel-Raouf Sinno, Deutsche Interessen in Syrien und Palästina 1841-1898, Berlin 1982, 81-106; vgl. auch: Norbert Schwake, Die Entwicklung des Krankenhauswesens der Stadt Jerusalem vom Ende des 18. bis zum Beginn des 20. Jahrhunderts, Herzogenrath 1983, hier: 245-346; Martin Lückhoff, Anglikaner und Protestanten im Heiligen Land, Wiesbaden 1998, 191-209; Ruth Felgentreff, Das Diakoniewerk Kaiserswerth 1836-1998, Kaiserswerth 1998, 59-65: 107-110. Jakob Eisler, Frauen im Dienste des Jerusalemsvereins im Heiligen Land, in: , Andreas Feldkeller, (Hg.), Mission im Konfliktfeld von Islam, Judentum und Christentum. Eine Bestandaufnahme zum 150-Jährigen Jubiläum des Jerusalemsvereins, in: Beihefte der Zeitschrift für Mission 2, Frankfurt 2003, 45-56; vgl. auch: Thorsten Neubert-Preine, Fliedners Engagement in Jerusalem. Kaiserswerther Diakonie im Kontext der Orientmission in: A.a.O., 57-70.

Im Oktober v.J. [als Fliedner beim König in Berlin war] fragten mich einige der verehrten Vorstands-Damen, ob wir lieber eine jährliche Unterstützung für die Anstallt in Jerusalem wünschten, oder eine Summe einmal für allemal. In Bezug hierauf erlauben wir uns, vorzugsweise um eine jährliche Unterstützung zu bitten."[11]

Fliedner war in dieser Hinsicht sehr geschickt. Durch seine Verbindung zum preußischen König erhielt er großzügige Unterstützung für die Krankenpflege in Jerusalem. Das fehlende Geld für die Bezahlung weiterer Schwestern sowie für Lehrmaterialien konnte er sich durch die Sympathie der Berliner Frauen-Mission gewinnen. Die Gesellschaft beschloss, die Reisekosten einer Lehr-Diakonisse zu übernehmen, und verpflichtete sich, 200 Reichstaler zur Anschaffung von Lehrmaterialien zu spenden. Ferner versprach der Verein, den fortlaufenden Unterhalt einer Diakonisse auf zwei Jahre im Voraus zu zahlen, knüpfte daran jedoch die Bedingung, dass diese Diakonisse Berichte aus Jerusalem direkt an die Berliner Frauen-Mission senden sollte.[12] Nachdem die finanzielle Grundlage geschaffen war, konnte Fliedner mit vier ausgewählten Diakonissen nach Jerusalem reisen.

Am 17. März 1851 traten die vier Diakonissen in Begleitung Fliedners ihre Reise an. Es handelte sich um die beiden Lehrdiakonissen Adelheid Bleibtreu (*1816), die als Vorsteherin fungieren sollte, und Pauline Keller (1826-1909), sowie die beiden Krankenpflegerinnen Henriette Zenke (1809-1855) und Marie Katharine Evers (1813-1851).[13]

Am 17. April 1851 traf Fliedner mit den Schwestern in der Heiligen Stadt ein. Am 2. Mai wurde bereits das Hospital in einem vom König gemieteten Haus in der Altstadt auf dem Zionsberg eröffnet; die offizielle Einweihung durch Bischof Samuel Gobat fand am 4. Mai 1851 statt: „Eine große Zahl englischer und deutscher Protestanten mit den beiden Konsuln und über 30 Gäste wohnten der Feier bei".[14]

Neben der Krankenpflege wurde von Anfang an großes Gewicht auf die Erziehung der Mädchen gelegt. Zwei Tage nach der Eröffnung des Hospitals in der Altstadt, am 6. Mai 1851, begannen die Lehrschwestern mit dem Unterricht in der Bischof Gobat Diözesan-Schule. Zuerst wurden Kinder der evangelischen Mitarbeiter in der Schule aufgenommen.[15] Nach dem ersten Jahr hatte die Schule acht Schülerinnen. Die Berliner Frauen-Mission konnte 1852 das einge-

---

[11] Archiv des Frauenvereins zur Erziehung des weiblichen Geschlechts im Morgenlande, Brief von Fliedner an Frau Eichhorn vom 7. Februar 1851.

[12] A.a.O., Beschluss des Vereins im Februar 1851.

[13] Dorfchronik 6. 16, 16. April 1851, 183; a.a.O., 6. 37, 10. September 1851, 393.

[14] Theodor Fliedner, Reisen in das heilige Land, nach Smyrna, Beiruth, Constantinopel, Alexandrien und Cairo, in den Jahren 1851, 1856 und 1857, I, Kaiserswerth 1858, 160-164.

[15] Die ersten Kinder in der Anstalt waren die Kinder der deutschen Kolonisten Gustav Thiel und Peter Claassen, vgl. Eisler, Beitrag, 53-59; vgl. auch: [Hermann Sewing], Geschichte der deutschen evangelischen Kirche und Mission im Heiligen Lande, Gütersloh 1898, 79.

sparte Gehalt der Miss Mathilde Creasy, die nun in die Dienste der LJS gewechselt war, für den Lohn von Adelheid Bleibtreu verwenden. Daneben hatte die Mission auch das Gehalt von Pauline Keller übernommen.[16] Beide berichteten in den Jahren 1852-1853 ausführlich über die Arbeit in der Heiligen Stadt. Ein großes Problem für die Diakonissen war der ständige Wunsch des Bischofs, dass die Schule unter seiner Obhut stehen sollte. Die meisten Mitarbeiter des gemeinsamen Bistums waren damals noch Engländer. Aus diesem Grund mussten die Diakonissen in der Diözesan-Schule zusätzlich zum Unterricht der englischen Lehrerin auf Wunsch von Bischof Gobat auch Deutsch unterrichten. Ende 1852 zogen die Mädchen der Diözesan-Schule in das Diakonissenhaus um und erhielten dort den Unterricht. Miss Sophia Hovendon und Frau Hershon gaben morgens in der ersten Klasse einige Stunden Englischunterricht und die Diakonissen einige weitere Stunden Unterricht in Deutsch. Die zweite Klasse übernahmen die Diakonissen, die in englischer Sprache Lesen, Schreiben, Rechnen, praktische Tätigkeiten usw. unterrichten sollten.[17]

2. Charlotte Pilz – Ein Beispiel für die Frauenarbeit in Palästina

Am 19. November 1819 wurde Charlotte Pilz in Gemünd in der Eifel geboren. Ihre Eltern stammten aus dem Harz. Ihr Vater wurde als königlicher Bergbeamter im Jahre 1816 nach Gemünd in der Eifel versetzt, wo sein siebtes Kind Charlotte zur Welt kam.

Nach ihrer Konfirmation führte sie mehrere Jahre den Haushalt bei einer befreundeten Familie. Ihr Vater erkrankte schwer, so dass sie ins elterliche Haus zurückkehrte, um ihn zu pflegen. Nach dem Tod des Vaters erfuhr sie im Juni 1851 durch einen Kaiserswerther Kalender von der Arbeit der Diakonissen und beschloss gleich, als Seminaristin in Kaiserswerth einzutreten. Schon im Januar 1853 wurde sie Probeschwester und im März 1853 bestand sie die staatliche Prüfung als Lehrerin. Am 1. August wurde Charlotte Pilz ins Diakonissenamt eingesegnet und war drei Tage später bereits auf dem Weg nach Jerusalem, wo sie fast fünfzig Jahre lang tätig sein sollte.[18] Über ihre ersten Wochen in Jerusalem schreibt Pauline Keller: „Schwester Charlotte fing bald nach ihrer Ankunft hier [in Jerusalem] die Schule an, und die Kinder fingen mit neuer Lust und Liebe zu lernen an. Da kam aber das Fieber und Schwester Charlotte musste während drei Wochen das Bett hüten“[19]

---

[16] Vgl. Berichte in: Bericht des Frauen-Vereins für christliche Bildung des weiblichen Geschlechts im Morgenlande, 1852, 33-34: 51-54: 86-90: 108-110 usw. Das Schicksal der Miss Creasy war sehr tragisch. Sie wurde in den 1850er Jahren von Räubern vor den Toren von Jerusalem ermordet. Dieser Fall war der einzige Mordfall an einer Frau, die im Dienste einer deutschen Frauenmissions-Gesellschaft in Palästina im 19. Jh. stand.

[17] Armen- und Krankenfreund 4. 3, 1852, 1-3; a.a.O., 5. 1, 1853, 3; Archiv des Frauenvereins., Brief von Schwester Pauline vom 26. Januar 1853.

[18] Über Charlotte Pilz erschienen einige Kurzbiographien gleich nach ihrem Tod, vgl. Fn. 1.

[19] Archiv des Frauenvereins, Brief von Pauline Keller vom 19. November 1853 an die Frauenmissionsgesellschaft in Berlin.

Im ersten Jahr hatte sich Charlotte Pilz an die Verhältnisse in Jerusalem und hier vor allem an das Klima gewöhnen müssen. Das Haus in der Jerusalemer Altstadt beherbergte nicht nur die Mädchenschule, sondern diente auch als Hospiz für durchreisende Handwerker, als Krankenhaus und Krankenstation. Alle diese Institutionen wurden von den Diakonissen und einem Hospizdiener geführt. Im August 1855 fuhr die Leiterin Adelheid Bleibtreu auf Anraten des Jerusalemer Arztes Edward McGowan (1795-1860) zur Erholung nach Deutschland. Auf den Wunsch ihrer Mutter hin, beschloss Adelheid Bleibtreu in Deutschland zu bleiben. Sie heiratete noch im gleichen Jahr. So ergab es sich, dass Charlotte Pilz von Fliedner zur Vorsteherin der Kaiserswerther Anstalten in Jerusalem ernannt wurde.[20]

Charlotte Pilz konnte bei Bischof Gobat durchsetzen, dass es zu einer Trennung der Diakonissen-Schule und seiner für Mädchen errichteten Diözesan-Schule kam. Darüber schreibt Pauline Keller:

„Vor einigen Tagen ist uns ein lang gehegter Wunsch in Erfüllung gegangen. Herr Bischof Gobat hat sich zur Trennung seiner Schule von der unsrigen verstanden. Sie können wohl kaum glauben, welch eine Freude dies für uns hier ist, daß wir nun eine selbstständige deutsche Schule haben. Wir hoffen, daß sie sich durch diese Veränderung erst recht Deutsch entwickeln könne ... . Die Eltern von einigen Kindern haben ihr Bedauern darüber ausgesprochen, daß ihre Kinder nun das Englische verlernen würden. Wir beruhigten sie damit, daß auch bei uns in unserer deutschen Schule Englisch gelehrt werden soll."[21]

Nach der Trennung von Gobat wollte der Eigentümer des Diakonissenhauses, das nur angemietet worden war, dieses verkaufen. Nur mit Hilfe des preußischen Königs Friedrich Wilhelm IV., der sich zu einer Schenkung von 13.000 Talern bereit erklärte, konnte dies verhindert werden. Die übrigen Gelder kamen von der Berliner Frauen-Mission (1.000 Taler) und weiteren Spendern, so dass Charlotte Pilz das Haus für das Werk kaufen konnte.[22]

Das Jahr 1856 markierte einen neuen Abschnitt in der Tätigkeit der Schwestern. Nun hatten sie eine selbstständige deutsche Schule, in der sie die Inhalte, den Lehrplan und den gesamten Tagesablauf nach eigenen Vorstellungen bestimmen konnten. Die hohe Zahl der Englischstunden wurde reduziert und durch anderen Unterricht ersetzt. Daneben bemühten sich die Schwestern als Teil ihrer eigenen Integration, die Landessprache zu lernen. Sie nahmen nicht nur die Position der „Lehrenden" sondern auch der „Lernenden" ein. Charlotte Pilz berichtete über diesen Neuanfang:

„Wir haben wöchentlich 35 Lehrstunden, mit Einschluß von sechs Nähstunden. Dazu gehören 10 Sprach-Stunden, 5 Englische und 5 Arabische. Letztere

---

[20] Bericht des Frauen-Vereins, 1855, 13, 20-23: 60.

[21] Armen- und Krankenfreund 8. 3, 1856, 9-10; Archiv des Frauenvereins, Brief von Pauline Keller vom 24. März 1856 an die Frauenmissionsgesellschaft in Berlin.

[22] Ruth Felgentreff, Geschichte – 125 Jahre Talitha Kumi, in: Talitha Kumi. Evangelisch-Lutherische Mädchen-Internatsschule Beit Jala/Bethlehem, Berlin o.J., 7.

giebt ein arabischer Lehrer, den uns der Herr Bischof unentgeltlich schickt. 2 Englische Stunden giebt Miss Hovendon und drei Schwester Pauline. Herr Pastor Valentiener giebt zwei Religionsstunden in der ersten Klasse, während ich die zweite habe, und Schwester Rosette unterrichtet in der Geographie. Wir selbst werden unterrichtet in wöchentlich vier Sprachstunden, nämlich zwei Englischen und zwei Arabischen, während die Kinder ihre Schularbeiten machen.“[23]

Die Räumlichkeiten der Lehranstalt und des Diakonissen-Krankenhauses wurden zunehmend beengter, da immer mehr Einheimische die Dienste der Schwestern in Anspruch nahmen. Nicht nur von Jerusalem, sondern aus dem ganzen Land wurden Kranke zur Behandlung gebracht. Bei seiner zweiten Orientreise im April 1857 konnte Pastor Fliedner von Charlotte Pilz überzeugt werden, dass weitere Räumlichkeiten für das Krankenhaus in der Altstadt gebaut werden sollten. Wegen Platzmangel konnte sich auch die Schule in den ersten Jahren kaum vergrößern. Man startete eine Sammelaktion und erwarb mit den eingegangenen Geldern ein außerhalb der Altstadt gelegenes Grundstück.[24]

Charlotte Pilz berichtete im Jahre 1858, dass man auf dem gekauften Grundstück außerhalb der Altstadtmauern schon mit einem kleinen Bau begonnen hatte. Dieser sollte als Sommerhaus für die Schwestern und für die schwachen Kinder benutzt werden. Sie schreibt: „Unser Bau draußen, auf dem Grundstücke, macht mir viel Sorge. Für denselben bekamen wir vom Johanniter-Ritter-Orden 500 Thaler geschenkt; jetzt ist eine Grundmauer begonnen, ein Theil Steine behauen und das ganze Geld beinahe verausgabt, so daß ich nicht weiß, wie es uns jetzt gelingen soll, den kleinen Bau zu vollenden“.[25] Der Bau ruhte bis 1861, da weitere Spendengelder für die Errichtung des neuen Flügels des Krankenhauses in der Stadt benötigt wurden. Erst im August 1861 konnte mit der Neuerrichtung einiger Räume auf der sogenannten „Gottfriedshöhe“ fortgefahren werden. Die erste Bewohnerin der neuen Zimmer war Schwester Charlotte selbst, die dort einige Wochen wohnte.

Die nächsten Jahre waren geprägt durch Dürreperioden, Pockenepidemien und Heuschreckenplagen, die den Diakonissen schwer zu schaffen machten. Nach dem Tod Fliedners 1864 führte sein Schwiegersohn Julius Disselhoff

---

[23] Archiv des Frauenvereins, Brief von Charlotte Pilz vom 12. Januar 1857 an die Frauenmissionsgesellschaft in Berlin.

[24] A.a.O. u. Hanselmann 1971, 69. Das Grundstück nannte man „Gottfriedshöhe“, weil nach alter Überlieferung die Kreuzfahrer unter Leitung von Gottfried von Bouillon von dort die Stadt Jerusalem erblickt hatten. Vgl. Fünfzig Jahre, 27-31. Über den Kauf des Grundstückes vgl. Armen- und Krankenfreund 9. 1, 1857, 12.

[25] Archiv des Frauenvereins, Brief von Charlotte Pilz vom 7. Juli 1858 an die Frauenmissionsgesellschaft in Berlin. Nach Bericht von Johannes Frutiger wurde ein weiteres angrenzendes Grundstück zur Gottfriedshöhe durch die Firma C.F. Spittler für die Diakonissen im August 1859 erworben. Vgl. Familien Archiv Frutiger, Agenda Johannes Frutiger, 8 (1859).

(1827-1896) sein Werk in Jerusalem weiter. Auf Beschluss aus Kaiserswerth fing man 1866 mit dem Bau eines Kinderkrankenhauses an; Architekt war Conrad Schick. Am 9. Mai 1866 schreibt Charlotte Pilz über die Aktivitäten auf der Baustelle:

„Wir haben uns nun schon seit Wochen auf den Bau vorbereitet, Kalk und Steine bringen lassen, auf Gottfriedshöhe selbst viel Steine gewonnen und nun wird für Brunnen und Keller gesorgt, so das wahrscheinlich nach einer Woche das Mauern begonnen werden kann ...“[26]; und weiter: „Das bare Geld ist hier in Jerusalem ... sehr rar, dennoch ist bis jetzt noch keine Stockung eingetreten, das Spittler'sche Haus hat freundlich bis jetzt ausgeholfen.“[27]

Ende des Jahres 1866 fasste Disselhoff den Entschluss, die Anstalt in Jerusalem zu inspizieren. Nachdem er sich selbst ein Bild von den begrenzten Räumlichkeiten der Diakonissenanstalt gemacht hatte, in denen nahezu ständig 90 Personen (50 Kinder, 30 Kranke und 10 Arbeitende) untergebracht waren, beschloss er, der Bitte von Charlotte Pilz zu entsprechen und das neue Haus als Schule und Pensionat für die Mädchen einzurichten. Disselhoff berichtet über die Tätigkeit der Schwestern in der Schule:

„Den Unterrichtsstunden habe ich fleißig und mit Aufmerksamkeit beigewohnt und selbst unterrichtet und eingegriffen. Mit besonderer Freude hat es mich erfüllt, daß die größeren Mädchen in der ersten und zweiten Klasse gerade in der biblischen Geschichte besonderes Nachdenken und eigene, selbständige Auffassung zeigten, soweit man in ihrem Alter billiger Weise hiervon sprechen kann. Der Gesang der Kinder in arabischer wie deutscher Sprache ist gut. Das Deutsche sprechen und schreiben sie bald in einer Weise, daß man sich verwundern muß. Am wenigsten begabt zeigten sich die Kinder ... im Rechnen; aber sie leisteten auch darin ... In Geographie, Geschichte und Naturgeschichte wird nur das Allernotwendigste gelehrt. Die Unterrichtssprache ist die arabische und deutsche, in den beiden unteren Klassen vorwiegend die arabische ... Handarbeit machen alle Kinder fast ohne Ausnahme gern und geschickt, und auch diejenigen, mit deren Fleiß und Aufmerksamkeit die Lehrschwestern in den Unterrichtsstunden einige Not haben, brauchen in den Handarbeitsstunden kaum je zum Stillesein und Eifer ermahnt zu werden. Um sich in den praktischen Hausarbeiten zu üben, hat jedes Kind unter Aufsicht eines älteren Zöglings und der Oberaufsicht einer Schwester ein bestimmtes Amt, welches regelmäßig, Näh- und Bügelstube zu selbständiger Arbeit angeleitet ...“[28]

Als Leiterin der Kaiserswerther Anstalt oblag es Charlotte Pilz, während der gesamten Bauzeit den Baufortschritt zu inspizieren und jeden Tag die Tageslöhne an die Arbeiter auszuzahlen. Die Rechnungen stapelten sich, und des öfteren zweifelte sie daran, ob der Bau überhaupt jemals fertig werden würde. Am 27. Januar 1868 schließlich wurde nach langer Bauzeit das neue Haus einge-

---

[26] Missions-Blatt des Frauen-Vereins, 1866, 186.

[27] A.a.O., 1867, 31.

[28] Pflanz, Verlassen, 193.

weiht. Man nannte die Anstalt „Talitha Kumi" („Mädchen, steh auf!") nach einer Geschichte im Neuen Testament,[29] in der Jesus ein Mädchen vom Tode auferweckt. Dieser Name sollte Motto und Ansporn für die arabischen Frauen sein, selbstständig zu werden und Selbstachtung zu entwickeln, wie es in der Kaiserswerther Zeitschrift beschrieben wird:

„Wie der Herr die Tochter des Jairus durch dieses Wort aus dem leiblichen Totenschlummer erweckte, so will er ja so gern auch zu dem im geistlichen Todesschlummer liegenden weiblichen Geschlechte des heiligen Landes ein lebensschaffendes Thalita kumi!"[30]

Schon im ersten Jahr erhielten 89 Mädchen Unterricht in der neuen Anstalt, unter ihnen waren 16 Muslima.[31] Einige Monate nach der Einweihung konnte Charlotte Pilz an den Frauenverein in Berlin berichten: „Ein großes Geschenk hat Talitha Kumi vor acht Tagen von Baden erhalten in einer großen, schönen Thurmuhr ... Noch ist sie nicht aufgestellt; es wird ein Kasten gemacht und ein Gewicht, dann fehlt uns noch die Glocke, da es eine Schlaguhr ist; sie ist sehr gut und solide und hat zwei Zifferblätter (das eine für das Innere des Hauses, das andere nach außen hin) mit großen vergoldeten Ziffern und Zeigern auf schwarzem Grunde."[32]

Die nächsten Jahre vergingen für Charlotte mit viel Arbeit, wie sich ihren Beschreibungen entnehmen lässt. Sie gründete einen Verein ehemaliger Schülerinnen, der wöchentlich zusammenkam und für die arme Bevölkerung Jerusalems nähte und arbeitete. Die Leiterin konnte jetzt auch die Früchte ihrer Arbeit sehen. Die Diakonissen-Zeitschrift „Armen- und Krankenfreund" berichtet im Jahre 1874, dass in der Jerusalemer Schule bereits 21 Lehrerinnen ausgebildet worden waren. Diese Schülerinnen konnten das „Empfangene" weitertragen und in anderen Gemeinden Palästinas ihr Wissen weitergeben. So finden wir zwölf Lehrerinnen in Jaffa, Ramle, Ramalla, in Galiläa und in Bethlehem.[33]

Zusätzlich zu den von ihr abgehaltenen Unterrichtsstunden leitete Charlotte Pilz auch die Verwaltung des Krankenhauses in der Altstadt und Talitha Kumi. Ferner führte sie die umfangreiche Korrespondenz der Anstalt mit ganz Europa: die Briefe an die Frauen-Mission in Berlin, an den Vorstand des Jerusalemsvereins, an die Spenderinnen in Holland und der Schweiz, an die englische Frauenmission und nicht zu vergessen an das Mutterhaus in Kaiserswerth und seine Zions-Vereine in ganz Deutschland.[34]

Das Verhandeln mit den Handwerkern und den Verkäufern, die auf Kamelen Gemüse, Obst und Holz auf den Hof brachten, Fremdenbesuche, lange Visiten von Türkinnen, Eselsritte zu den „ehemaligen Zöglingen" der Anstalt in der

[29] Markus 5, 41.
[30] Armen- und Krankenfreund 18. 3, 1866, 50.
[31] Carmel, Fliedner, 215.
[32] Missions-Blatt, 1869, 92.
[33] Armen- und Krankenfreund, 26. 1, 1874, 8.
[34] Diese Korrespondenz ist in den jeweiligen Archiven gut dokumentiert.

Stadt und der Umgebung Jerusalems ließen für Charlotte nicht viel Zeit für persönliche Angelegenheiten übrig. Die dauernde Bewältigung dieser Arbeit erforderte Hingabe und eine aufopferungsbereite Persönlichkeit, wie sie Charlotte Pilz besaß. Sowohl das Mutterhaus in Kaiserswerth als auch die Diakonissen und die Schülerinnen in Jerusalem schätzten ihre Arbeit sehr. Die ruhige Sicherheit ihres Charakters, die nüchterne Beurteilung der Lebensverhältnisse machten sie zu einer besonderen Persönlichkeit in Jerusalem, die man einfach schätzen musste. Auf der einen Seite hatte es Charlotte Pilz in ihrer Tätigkeit im Orient als Frau schwerer als ihre männlichen Mitstreiter ähnlicher Institutionen. Manchmal half aber gerade ihre Entfernung vom Mutterhaus in Kaiserswerth bei ihren Beschlüssen, die sie sonst über den bürokratischen Apparat eines Diakonissenmutterhauses nicht hätte durchsetzen können. Die Entfernung hatte Charlotte auch freier gemacht von den Normierungen des 19. Jahrhunderts. So konnte sie, auch im Vergleich zu anderen Diakonissen, die in der europäischen Heimat tätig waren, viel mehr durchsetzen, als sie dort hätte erreichen können.[35]

Charlotte verstand es nicht nur, mit der Heimat und Übersee in engem Kontakt zu stehen, sondern pflegte auch die gesamte Zeit die Beziehungen mit der Landesbevölkerung und den anderen Kirchen Palästinas. Sie traf sich oft mit Jussuf Efendi, dem Gouverneur der Stadt, und hatte gute Kontakte zu anderen hohen Beamten.[36] In einem ihrer Berichte schreibt sie: „Vor einiger Zeit hatten wir den Besuch des hiesigen Gouverneurs, Kiamil Pascha, eines gebildeten Türken ... Er ließ sich die Anstalt bis in's Kleinste zeigen, hielt sich lange auf und sprach seine Freude über die Anstalt aus. Ich hoffe, seine Anwesenheit hier hat uns den Vortheil gebracht, daß wir ein Stück Terrain, für einen breiten Weg von der Straße zu unserm Hause, von der Regierung geschenkt bekommen haben, wofür wir 5400 Piaster zahlen sollten. Wenigstens hat er meinen schriftlichen Dank für das Stück angenommen, und so kann uns Niemand grade vor den Eingang bauen."[37]

Charlotte Pilz konnte auch drei Generationen der Hohenzollern-Dynastie in Jerusalem empfangen. Der Kontakt zu der Familie war schon mit Friedrich Wilhelm IV. geknüpft worden, der das Geld zum Kauf des Diakonissenhauses in der Altstadt im Jahre 1856 gespendet hatte. Im Jahre 1869 als Kronprinz Friedrich Wilhelm von Preußen, der spätere Kaiser Friedrich III., zur Einweihung des Suez-Kanals in den Orient fuhr, kam er im November auch nach Jerusalem. Während dieser Reise ergriff der Kronprinz in einem symbolischen feierlichen Akt von dem Platz Besitz, auf dem ehemals das alte Johanniter-Pilgerhospiz zur Zeit der Kreuzzüge gestanden hatte. Er nutzte seinen Aufenthalt, um die deutschen Institutionen in Jerusalem zu besuchen. Das Diakonissenhospital in der Altstadt interessierte ihn sehr. Er ging durch das ganze Haus, besichtigte jedes Zimmer und erkundigte sich teilnehmend nach der Heimat vieler

[35] Verschiedene Berichte des Missions-Blatt, 1870-1885.

[36] Missions-Blatt, 1869, 170–177: 206–213.

[37] A.a.O., 1871, 85–86.

Kranker. Auf der Terrasse des flachen Krankenhausdaches, welches ihm einen freien Blick auf den Johanniterplatz bot, verweilte Friedrich Wilhelm längere Zeit und „ließ mit Hoffnungs-Gedanken für die Zukunft der evangelischen Kirche in Jerusalem sein Auge noch einmal auf dieser Stätte ruhen, welche ihm bei seiner Anwesenheit in Konstantinopel der Sultan für seinen Vater, den König, geschenkt hatte [Muristan-Platz]. Beim Abschied sagte er [zu Charlotte Pilz]: Hier im irdischen Jerusalem werden wir uns nicht wiedersehen; aber doch, wenn Gott Gnade gibt, im himmlischen!“[38]

Der Prinz verließ die Stadt erst, nachdem er noch einen Besuch in der Mädchenschule Talitha Kumi und im Syrischen Waisenhaus gemacht hatte. Er schrieb:

„Nachmittags verließen wir auf demselben Wege, wie wir gekommen, Jerusalem, noch einige Anstalten vor den Thoren besuchend. Dies waren eine Mädchenschule, Talita-Cumi genannt, unter Aufsicht der braven Diaconissin Charlotte Pilz stehend, die vortrefflich gehalten ist; ferner das von Herrn [Johann Ludwig] Schneller [Sendling der Basler Pilgermission auf St. Chrischona], aus eigenen Mitteln und freiwilligen Beiträgen errichtete Knabenwaisenhaus, für Hinterbliebene der Opfer der syrischen Christenverfolgungen von 1860, das aber auffallend schmutzig und vernachlässigt war“.[39]

Im Jahre 1890 durfte Charlotte Pilz Prinz Heinrich von Preußen (1862-1929) durch ihre Wirkungsstätte führen. Seit dem Besuch im Jahre 1869 hatte sich viel in Talitha Kumi geändert. Durch den Bau einer Zisterne konnte ein Garten angelegt werden. Dadurch verwandelte sich die Felsenwüste nach und nach in blühendes und fruchtbares Gemüse- und Gartenland. Weinstöcke und Ölbäume wuchsen überall und das Gebäude war um weitere Flügel vergrößert worden.

Der nächste Hohenzollern-Besuch fand bei der Einweihung der deutschen Erlöserkirche im Jahre 1898 statt.[40] Über diese Tage schrieb Charlotte Pilz:

„Schon am 29. Oktober, dem Tage der Ankunft der Majestäten, bei ihrer Begrüßung auf dem Muristan hatte ich die große Freude und Ehre, von Ihrer Majestät der Kaiserin angeredet zu werden, die sich huldvoll erinnerte, mich vor bald 8 Jahren in Potsdam empfangen zu haben, dann wieder am 30. bei der Vorstellung in Bethlehem ... . [Am Nachmittag des 2. Novembers] überraschte Sie uns [mit ihrem Gatten] morgens 10 Uhr, besichtigte das Haus ... nach einer Stunde ging es dann hinüber ins Hospital, ich mit.“[41]

---

[38] Archiv des Frauenvereins, Jahresbericht von Charlotte Pilz von 1869-1870.

[39] Hans Rothfels (Hg.), Tagebuch meiner Reise nach dem Morgenlande 1869. Bericht des preußischen Kronprinzen Friedrich Wilhelm über seine Reise zur Einweihung des Suez-Kanals, Frankfurt am Main/Berlin/Wien 1971, 50-51.

[40] Über die offizielle Kaiserreise vgl. Ernst Freiherr von Mirbach (Hg.), Das deutsche Kaiserpaar im Heiligen Lande im Herbst 1898, Berlin 1899; vgl. auch Alex Carmel/Jakob Eisler, Der Kaiser reist ins Heilige Land. Die Palästinareise Wilhelms II. 1898, Stuttgart/Berlin/Köln 1999.

[41] Archiv des Frauenvereins, Bericht von Charlotte Pilz aus dem Jahr 1899.

Aufgrund dieser Besichtigung stiftete der Kaiser für Talitha Kumi einen Saal, den „Kaisersaal“, der in den folgenden Jahren gebaut wurde.

Drei Jahre später besuchte auch Prinz Adalbert, der Sohn Wilhelms II., die Heilige Stadt und wurde von Charlotte Pilz empfangen.

Am 4. Mai 1901 wurde schließlich die 50-Jahr-Feier der Jerusalemer Diakonissenarbeit begangen. Im Krankenhaus und in der Mädchenschule arbeiteten jetzt bereits 18 Diakonissenschwestern. Der deutsche Konsul bezeugte, dass die Kaiserswerther Anstalten durch die treue Kindererziehung und Krankenpflege der Schwestern als Musteranstalten im Orient angesehen wurden.

Charlotte Pilz war in dieser Zeit eine der letzten aus der ersten Generation von Missionaren und Missionarinnen des 19. Jahrhunderts. In ihrem Bericht für das Jahr 1901 schreibt sie: „In unserer Nähe wohnte Baurat Dr. Schick, der wohlbekannte Palästinaforscher, der soviel für die Topographie Jerusalems getan hat. Am 23. Dezember war er ... daheim beim Herrn ... Nun ist von der alten Generation außer mir nur noch die alte Frau Schneller [Magdalene] und die Frau des Hauswirts der Gobatschen Schule übrig.“[42]

Das Jahr 1903 brachte ihr die goldene Jubiläumsfeier. Die Festlichkeiten wurden früher abgehalten, da Deodat Disselhof (1869-1952) bereits im Frühjahr in den Orient reiste. Charlotte wurde vollständig von der Feier überrascht. Disselhof, der deutsche Konsul Edmund Schmidt (1855-1916) und Pastor Paul Hoppe (1856-1937), der Pfarrer der deutschen Gemeinde, hielten Reden. Am selben Tag wurde auch der Grundstein zu einer evangelischen Tagesschule für Mädchen gelegt.

Einige Monate nach dieser Feier, am 27. Juli 1903, starb Charlotte Pilz nach 50jähriger Tätigkeit in Jerusalem. Die Anstalt, die bis zum Ersten Weltkrieg über 1.000 Schülerinnen ausgebildet hatte, wurde die „Musteranstalt des Orients“. Bei den Arabern wurde Talitha Kumi auch nach dem Tode von Charlotte Pilz „Charlotija“ genannt. Die Anstalt war eine der ersten Bauten außerhalb der Altstadt Jerusalems und wurde zum Mittelpunkt von Neu-Jerusalem.[43]

Die Arbeit von Charlotte Pilz, insbesondere die Arbeit von Talitha Kumi wurde nach den zwei Weltkriegen fortgeführt. Nach Beginn des Zweiten Weltkrieges wurde die Schule, wie alle deutschen Einrichtungen, geschlossen. Nach der Staatsgründung Israels erwarb die Kaiserswerther Diakonissenanstalt ein Grundstück bei Beit Jala (heute in den Palästinensergebieten) und errichtete dort eine neue Schule mit angeschlossenem Internat, die den Namen Talitha Kumi fortführte.

3. Zusammenfassung

Die Tätigkeit der Frauen im Rahmen der Mission im Palästina des 19. Jahrhunderts eröffnete ein weites Betätigungsfeld, das in seiner Wichtigkeit und Be-

---

42 A.a.O., Bericht von Charlotte Pilz aus dem Jahr 1901.

43 Sinno, Interessen, 88-100.

deutung nicht unterschätzt werden darf.[44] Die Berliner Frauenmissionsgesellschaft und auch die Diakonissenanstalt Kaiserswerth berichteten regelmäßig über die Schwestern in ihren Zeitschriften. Diese Berichte zeigen weitere Aspekte der Mission in Palästina und geben oftmals einen Überblick über die Landesbevölkerung, die Verhältnisse im Lande, die Schwierigkeiten, mit denen gerade Frauen im Orient zu kämpfen hatten, und über die bemerkenswerten Erfolge dieser Frauenmissionsarbeit.

Charlotte Pilz war eine dieser Pionierinnen, die durch ihre Arbeit als Diakonisse in der damaligen Zeit ihre Verwirklichung fand. Gleich ihr gab es in weiteren Städten Palästinas wie Nablus, Jaffa, Haifa, Ramle, Bethlehem, Tiberias oder Nazareth noch viele Frauen, die im Dienste der Frauenmissionsgesellschaft und anderen Missionsgesellschaften für das Wohlergehen der Frauen im Orient tatkräftig mitarbeiteten. Der Beispielcharakter von Charlotte Pilz muss deshalb noch einmal betont werden.

Spenden aus Europa kamen unter anderem aus Frauenkreisen, die sich für die Mission interessierten, und die sich in den im 19. Jahrhundert neu gegründeten Frauenvereinen engagierten. Vor der Eröffnung der Kaiserswerther Mädchenschule fehlte es im Orient an Möglichkeiten, Mädchen eine fundierte Ausbildung und Erziehung zukommen zu lassen. Durch die Gründung der Kaiserswerther Schule wurden andere Konfessionen zur Gründung von fast einem Dutzend Mädchenschulen alleine in Jerusalem angeregt. Diese Entwicklung ist hauptsächlich der Aufopferung von Charlotte Pilz zu verdanken. Hätte sie die Kaiserswerther Anstalten nicht voller Selbstbewusstsein geleitet und die Beziehungen mit der Bevölkerung der Stadt nicht so gepflegt, wäre der Erfolg der Anstalt nicht in dieser beispiellosen Form möglich gewesen. Durch diese Arbeit konnten schon im 19. Jahrhundert Tausende von Mädchen im Orient eine Erziehung erhalten, die ihnen ansonsten nicht zuteil geworden wäre.

44 Die Frauen, die in Palästina in der Mission tätig waren, kamen u.a. aus den Missionsgesellschaften „American Board“, „London Jews Society“, „Church Missionary Society“, „Protestant Episcopal Church“, „Female Missionary Society“ (FES), „Morgenländische Frauenmission“, „Diakonissenanstalt Kaiserswerth“, „Mildmay Deacones Mission“, „Free Mission of Scotland“ und noch vielen weiteren mehr. An dieser Stelle soll nicht unerwähnt bleiben, dass viele katholische Kongregationen, etwa die Schwestern des Heiligen Joseph der Erscheinung (Sœurs de St. Joseph de l’apparition), Sœurs de St. Vincent de Paul, die Borromäerinnen und viele weitere im Rahmen der katholischen Tätigkeit Beachtliches leisteten. Diese Tätigkeit kann im Rahmen dieses Artikels aber nicht weiter behandelt werden.

Michaela von Held

Henriette von Seckendorff-Gutend (1819-1878)

Henriette von Seckendorff-Gutend. Aufnahme um 1860.

Das Lebensbild der Henriette von Seckendorff-Gutend fügt sich, bei aller Wahrung ihres persönlichen Engagements und ihrer Eigenständigkeit, gut ein in das Glaubensverständnis und in die Frömmigkeitspraxis ihrer Zeit. Ihr Wirken verdankt seine Grundrichtung dem Pietismus Württembergs, ihrer Wahlheimat.

Da außer einer Biographie von Heinrich Petri[1] und den gesammelten, von Henriette von Seckendorff-Gutend selbst verfassten Hausandachten[2] über das Leben und Werk dieser Frau kaum Literatur existiert,[3] stützen sich die nachfolgenden Ausführungen in vielem auf die beiden genannten Quellen.

1. Anfänge und Begegnungen

Henriette Luise Mathilde Freiin von Seckendorff-Gutend wird am 22. April 1819 im Familienschloss zu Oberzenn in Mittelfranken geboren. Sie ist das jüngste der acht Kinder von Jeannette geborene Freiin von Seckendorff-Gutend und Karl Ernst Freiherr von Seckendorff-Gutend. Beide Eltern sind Geschwisterkinder. Als Henriette sechs Monate alt ist, stirbt bereits ihre Mutter, zweijährig verliert sie auch ihren Vater. Sie bleibt mit ihrer um ein Jahr älteren Schwester im Familienschloss. Die Brüder wählen die militärische Laufbahn, die anderen Schwestern finden bei Verwandten eine neue Heimat. Henriette bekommt zunächst eine französische Erzieherin, die besonderen Wert legt auf das Erlernen der französischen Sprache sowie auf Benimm- und Anstandsregeln.

---

1 Heinrich Petri, Henriette Freiin von Seckendorff-Gutend. Eine Mutter der Kranken und Schwermütigen, Gießen ^{5}1951.

2 Henriette von Seckendorff-Gutend, Blicke auf ihn. Hausandachten in der Villa Seckendorff zu Cannstatt, Aßlar ^{1}1985.

3 Selbst eine kürzlich erschienene Abhandlung von Ruth Albrecht über Frauen im Pietismus geht, außer mit einer beiläufigen Namensnennung, auf Gestalt und Leben der Henriette von Seckendorff-Gutend nicht ein; vgl. Ruth Albrecht, Frauen, in: Geschichte des Pietismus IV. Glaubenswelt und Lebenswelten des Pietismus, hg. v. Hartmut Lehmann u.a., Göttingen 2004, 554.

Sie sieht es nicht gerne, wenn die Kinder deutsch reden. Zum Pflegevater der beiden Kinder wird der Bruder der verstorbenen Mutter bestellt, er ist Forstrat in Wallerstein.[4] Dem Onkel missfällt die Erziehung der Mädchen. Daher nimmt er die beiden Schwestern nach mehr als zwei Jahren zu sich.

Weder bei der französischen Erzieherin noch bei ihrem Pflegevater empfängt Henriette von Seckendorff-Gutend eine besonders ausgeprägte Erziehung im christlichen Glauben. Dennoch schreibt sie später über die Zeit bei ihren Pflegeeltern: „Dieselbe war eine wundervolle Vorschule meines Lebens und besonders für meinen jetzigen schönen Beruf; denn ich wurde geübt, viel zu ertragen, ohne bitter zu werden."[5] Als sie zweiundzwanzig Jahre alt ist, fällt ihr ein Buch mit Gedichten und Liedern ihres Urgroßvaters mütterlicherseits, des Freiherrn Christoph Carl Ludwig von Pfeil, in die Hände.[6] Dieses Buch wird eine zentrale Stellung in ihrem Glaubensleben[7] einnehmen und sie nachhaltig prägen. Sie lernt viele der Lieder auswendig und zieht aus ihnen immer wieder Kraft und Inspiration für den Alltag. Somit werden die Texte zu einer wichtigen Quelle ihrer Spiritualität. Viel später, im Jahre 1873, gibt sie eine eigens von ihr zusammengestellte Sammlung der Lieder und Texte von Christoph Carl Ludwig von Pfeil[8] heraus.

Mit 23 Jahren zieht Henriette von Seckendorff-Gutend nach Stuttgart, wo sie, nach einer Übergangszeit, bei einer Frau Klaiber[9] wohnt, mit der sie bald eine innige Freundschaft verbindet. Kurz danach ereilt sie ein sehr schmerzhaftes Rückenleiden mit auftretenden Lähmungen. Dieses Rückenmarksleiden wird für sie zu einer entscheidenden spirituellen Erfahrung, in der sie sowohl Zweifel als auch eine Vertiefung ihres Glaubens erfährt, die sie nachhaltig prägen werden. Im Verlaufe der Krankheit wächst sie immer mehr in eine Haltung der Hingabe hinein: „Eine völlige Übergabe meines Willens an

---

4 In den mir vorliegenden Quellen fehlt leider der bürgerliche Name des Pflegevaters.

5 Petri, Seckendorff, 7.

6 Der Titel sowie der Verlag dieses Buches werden in den mir vorliegenden Quellen nicht genannt. Antiquarisch erhältlich ist jedoch folgende Sammlung der Lieder von Pfeils: Christoph Carl Ludwig von Pfeil, Evangelische Herzensgesänge, Erstes/Zweites Heft, Berlin 1853/1856.

7 Einen beispielhaften Einblick in das Wesen dieser Lieder und Texte, die ganz von einer pietistischen Frömmigkeit geprägt sind, geben bereits die Titel einiger Texte: „Der harrende Glaube", „Glaubenskampf und Glaubenssieg", „Der Thomas-Glaube", „Der unermüdete Glaube", „Der seltene, unverzagte Glaube" aus: Henriette Freiin von Seckendorff-Gutend, Evangelische Glaubens-, Gebet- und Krankenlieder von Christoph Carl Ludwig von Pfeil, Selbstverlag Stuttgart ^{3}1908.

8 Durch das Archiv des St. Chrischona-Werkes in Lörrach wurde mir dankenswerterweise die 3. Auflage dieses Buches zugänglich gemacht, welches im Selbstverlag erschienen ist: Henriette Freiin von Seckendorff-Gutend, Evangelische Glaubens-, Gebet- und Krankenlieder von Christoph Carl Ludwig von Pfeil, Selbstverlag Stuttgart ^{3}1908. Die Erstauflage war nicht ermittelbar, sie ist vermutlich auch im Selbstverlag herausgegeben worden.

9 Bei Petri, Seckendorff, 12, wird Frau Klaiber nur knapp erwähnt. Andere Quellen liefern leider auch keine Angaben über Vorname, Lebensdaten etc.

den Herrn war die Folge dieses inneren Kampfes, und mit diesem Sieg über den eigenen Willen kam ein überaus großer, beseligender Friede in mein Herz, der mich während meiner Krankheit nicht mehr verließ, sondern im Gegenteil von Tag zu Tag sich vermehrte."[10]

Sie unterzieht sich den damals üblichen und heute weitgehend unbekannten Therapieformen. Unter anderem wird bei einem Kuraufenthalt in Ragaz in der Schweiz während einer Behandlung ein Schwamm angezündet, welcher dann auf ihren Rücken zwischen die Schulterblätter gelegt wird, um dort abzubrennen. Es tritt jedoch keine Änderung ihres Krankheitszustandes ein und nachdem sie auf diese Weise ein zweites Mal behandelt worden war, bekommt sie plötzlich Typhus und ist dem Tode nahe. Überraschenderweise gesundet sie jedoch völlig und kann bald darauf nach Hause zurückkehren. Später sagt sie: „Ich schäme mich jetzt tief, dass ich damals dem Herrn nicht mehr zugetraut habe; denn ich bin gewiss, dass mein Lahmsein durch die Gnade Jesu und die Kraft seines Namens und Blutes ebenso gut geheilt worden wäre auch ohne diese gewaltsame Kur, wie ich bei so vielen Gelähmten, die in meinem Hause Besserung und Heilung fanden, erfahren durfte. Aber ich hatte damals leider diese Kraft noch nicht erkannt und lebte nicht in diesem zuversichtlichen Glauben."[11] Darin drückt sich bereits ihre innere Haltung aus, mit der sie Hilfe suchenden Patienten gegenübertrat. Im Vordergrund steht für sie immer die direkte Ausrichtung auf Jesus und die persönliche Erfahrung des Wirkens des Heiligen Geistes an den Kranken. Das entspricht ganz ihrer Hingabe im Sinne einer pietistischen Frömmigkeit. Dennoch lässt sie die Hilfe der Medizin nicht ganz außen vor. In seiner Biographie über Henriette von Seckendorff-Gutend betont H. Petri, dass „sie später den Beistand der Ärzte nicht völlig verwarf".[12] Und auch in ihren selbst verfassten Hausandachten schreibt sie: „Ich habe nichts gegen die Ärzte, sie haben ihre Kunst vom Herrn, und die Medikamente sind Gaben Gottes, die ich nicht verachte. ... Doch meine durch reiche Erfahrung bestätigte Überzeugung ist die: Im Wort Gottes haben wir feste Verheissungen, nach denen wir auch um Heilung unserer körperlichen Gebrechen bitten und die Erhörung unserer Bitten erwarten dürfen."[13]

Nach ihrer Gesundung zieht sie wieder bei Frau Klaiber in Stuttgart ein und beginnt bald mit Besuchsdiensten bei den Bewohnerinnen des Bürgerhospitals in Stuttgart. Bald darauf stirbt Frau Klaiber, und Henriette von Seckendorff-Gutend muss sich eine eigene Wohnung in Stuttgart suchen.

Erste Erfahrungen mit der Heilung durch Handauflegung[14] macht sie bei ihrer neuen Haushälterin Pauline Traub. Als diese während einer gemeinsamen

---

[10] Petri, Seckendorff, 16.

[11] A.a.O., 17.

[12] Ebd.

[13] Seckendorff, Hausandachten, 254.

[14] Handauflegung ist eine uralte – bereits vorchristliche – Geste der Übertragung von Lebens- und Heilkraft sowie von Vollmacht. Sie begleitet auch die Krankenheilungen Jesu

Reise Zahnschmerzen bekommt, beginnt Henriette von Seckendorff-Gutend unter Handauflegung zu beten. Die Zahnschmerzen verschwinden, und Henriette von Seckendorff-Gutend wird durch diese Erfahrung ermutigt, mit dem Handauflegen fortzufahren. Hier wird der Grundstein für ihre spätere Tätigkeit gelegt.

In dieser Zeit entdeckt Henriette von Seckendorff-Gutend für sich noch einen weiteren diakonischen Dienst: die Fürbitte für Häftlinge. H. Petri schreibt: „Mit Vorliebe ging sie zu jener Zeit in der Nähe des dortigen Gefängnisses spazieren und vergegenwärtigte sich im Geiste dessen Insassen samt deren Vergangenheit und Verbrechen“[15].

Besuche bei Pfarrer Johann Christoph Blumhardt (1805-1880) vertiefen und erweitern ihr Glaubensleben. Sie kommt auch in Kontakt mit Dorothea Trudel (1813-1862),[16] die besonders das Gebet mit Handauflegung pflegt. Zusammen mit ihrer Haushälterin verbringt sie ein Jahr bei Dorothea Trudel in Männedorf am Zürichsee; dieser Aufenthalt prägt sowohl ihr persönliches Glaubensleben als auch ihren Umgang mit Ratsuchenden nachhaltig. Die Schweizerin Dorothea Trudel verbindet Einflüsse der Herrnhuter Brüdergemeine sowie der „Brüderversammlungen“ der englischen Darbysten[17] zu einer eigenen pietistischen Frömmigkeit. Sie hat die Gabe der Heilung Gemütskranker durch Handauflegung und nimmt Kranke in ihr Haus auf (so später auch Henriette von Seckendorff-Gutend). Nach ihrem Tod wird die heute noch bestehende Anstalt (Männedorf/Zürichsee) in ihrem Sinne weitergeführt.[18]

Die Entwicklungen und Ereignisse der christlichen Erneuerungsbewegungen in England, aber auch die Erfahrungen und die Praxis von Johann Christoph Blumhardt in Deutschland und von Dorothea Trudel in der Schweiz wecken auch unter Christen in Deutschland eine neue Aufmerksamkeit für den Zusammenhang von Seelsorge und Heilung. Erlösung im Vollsinn soll auch körperliche Heilung – als Folge des Glaubens und als Frucht des Gebetes – mit sich bringen: als wiederkehrendes Charisma (Gnadengabe) der End- und Heilszeit.[19]

und seiner Jünger (Mt 9, 18 par; Mk 6,5; 8,23ff; Lk 4,40; 13,13, u.ö.) und ist nach Apg 28,8 und Jak 5,13-18 auch den Jüngern und der Gemeinde aufgetragen. Vgl. Gerhard Stövesand, Art. Handauflegung, in: Gottfried Griesl u.a. (Hg), Praktisches Wörterbuch der Pastoralanthropologie. Sorge um den Menschen, Wien/Göttingen 1975, 455.

15 Petri, Seckendorff, 25.

16 Vgl. Christine Stuber, Dorothea Trudel.

17 Die englischen Darbysten sind eine auch als „Plymouth-Brüder“ bekannte, in der 1. Hälfte des 19. Jahrhunderts entstandene und nach dem anglikanischen Pfarrer John Nelson Darby benannte Bewegung, welche die verfasste Kirche ablehnt und die Abendmahlsfeier mit der Erwartung der baldigen Wiederkehr Christi verbindet. Vgl. Georg Denzler/Carl Andresen, Wörterbuch der Kirchengeschichte, Art. Darbysten, Wiesbaden 2004, 176.

18 Vgl. Elke Axmacher, Trudel, Dorothea, in: BBKL Herzberg, 1997, Sp. 624 f.

19 Vgl. Jörg Ohlemacher, Evangelikalismus und Heiligungsbewegung im 19. Jahrhundert, in: Geschichte des Pietismus III. Neunzehntes und zwanzigstes Jahrhundert, hg. v. Ulrich

Die Zeit bei Dorothea Trudel, mit ihrem tiefgreifenden Einfluss auf Henriette von Seckendorff-Gutend, bedeutet, obwohl sie viel Neues kennen lernt, zugleich auch eine „Wüstenerfahrung" mit vielen Entbehrungen.[20] Sie schreibt über diese Zeit: „Im Haus der Dorothea Trudel, in Männedorf, ein Bauernort, war es dazumal so einfach, wie man es sich nur denken kann: der Boden mit Sand bestreut, ... und bei Tisch, an meiner Seite stets ein altes, ekelhaft aussehendes Bäuerlein. Das war mir eine schwere, aber gute Schule; denn in dieser Hinsicht musste ich noch vieles zu überwinden lernen. Das musste sein, ich fühlte es, und danach dürstete ich!"[21]

Wieder zuhause in Stuttgart, setzt sie ihre Krankenbesuche fort und bekommt immer öfter Anfragen von Ratsuchenden, die sie bitten, mit ihnen zu beten. Die Berichte sprechen von etlichen Krankenheilungen während oder nach diesen Gebeten. Die Anfragen an Henriette von Seckendorff-Gutend nehmen in dieser Zeit deutlich zu. Im Umkreis von Stuttgart wird sie mehr und mehr bekannt. Mittlerweile sind es nicht nur Krankenbesuche bei den Leuten, viele Menschen suchen Henriette bereits in ihrer eigenen Wohnung auf. Sie nimmt diese Kranken für einige Zeit auf, ja übernimmt neben den Gebeten auch die körperliche Pflege dieser Menschen. Schon zu dieser Zeit beginnt sie, Morgenandachten für die Patienten abzuhalten: „Bei den Morgenandachten, die sie mit ihren Kranken hielt, benützte sie anfangs die Betrachtungen des in christlichen Kreisen bekannten Schulmeisters Kolb;[22] später nahm sie die Heilige Schrift selbst zur Hand, las ein Kapitel daraus und knüpfte an dessen Inhalt ihre Lehren und Ermahnungen, denen man abfühlte, dass sie aus mütterlich besorgter Liebe kamen."[23]

Es wird von mehreren Krankenheilungen in dieser Zeit berichtet: Heilung von Schwindsucht,[24] von Nerven- und Rückenleiden[25] sowie eine schwere Unterleibserkrankung.[26] Ein Mädchen, welches seit einiger Zeit aus nicht weiter erwähnten Gründen nicht mehr sprechen noch gehen kann, wird als geheilt

---

Gäbler u.a., Göttingen 2000, 379 f; und ders., Gemeinschaftschristentum in Deutschland im 19. und 20. Jahrhundert, a.a.O., 397.

20 Eine „Wüstenerfahrung" im Sinne christlicher Spiritualität beinhaltet u.a. Erfahrung der eigenen Grenze, Armut und Ohnmacht als Gottes Lebens- und Wirkraum zugleich. Ausführlich dazu Christian Schütz, Art. Wüste, in: ders. (Hg), Praktisches Lexikon der Spiritualität, Freiburg/Basel/Wien 1988, 1446-1451.

21 Seckendorff, Hausandachten, 231.

22 Immanuel Gottlieb Kolb (1784-1859), bedeutender schwäbischer Pädagoge und Seelsorger der Michael Hahnschen Richtung des Pietismus. Es wurde vor allem seine Uneigennützigkeit gerühmt, folgte er doch dem Grundsatz, auf nichts, das ihm gehörte, das Wörtlein „mein" zu schreiben; es lief alles nur durch seine Hand, um wieder auf andere überzugehen., aus: Heinz-Horst Schrey, BBKL Herzberg 1992, Sp. 323.

23 Petri, Seckendorff, 33.

24 A.a.O.,34 f.

25 A.a.O., 35.

26 A.a.O., 49.

entlassen,[27] ein als „besessen" bezeichneter Mann, der „brüllte wie ein Tier oder auf Händen und Füssen im Zimmer umherlief" kann wieder seinem Beruf nachgehen.[28] Die Beschreibung der Heilung einer an Schwindsucht erkrankten Kinderlehrerin soll exemplarisch veranschaulichen, wie der Heilungsprozess verlaufen kann: „Im letzten Stadium der Schwindsucht kam eine Kinderlehrerin und suchte noch Hilfe. Die Ärzte konnten ihr keine Hoffnung auf Besserung machen. Einen Teil der Lunge hatte sie bereits verloren! Nicht imstande aufzustehen, lag sie auf dem Bett, einer Sterbenden ähnlich; ganz schwarz war der Mund, die Lippen blau, und Verwesungsgeruch erfüllte bereits ihr Gemach. Bei alledem durchwühlte Fieberhitze die Kranke, so dass, wer auf das sieht, was vor Augen ist, denjenigen für unsinnig halten musste, der bei solchem Krankheitszustand noch Hoffnung auf Genesung hatte, ja solche den Kranken sogar selbst machte! Frl. v. S. aber tat dies im Aufblick auf den Herrn und im Vertrauen auf sein Wort. Besonders konnte sich die Kranke an den Trostspruch halten, in welchem sie auf Lazarus hingewiesen wurde: ‚Sieh', sagte ihr Frl. v. S., ‚Lazarus lag schon vier Tage im Grab, und wenn auch von dir ein Todesgeruch ausgeht, so denke nur daran: Lazarus ging gesund wieder aus dem Grab hervor!' Dies Wort wurde ein Hoffnungsanker für die Kranke. Bei jedem Gebet und bei jeder Handauflegung fühlte sie eine Kraft in ihren kranken Körper strömen, das Fieber ließ nach, es stellte sich zuerst ein wenig, dann immer stärkerer Appetit ein. Die Kräfte der Kranken mehrten sich, und sie wurde zur Verwunderung aller, die sie in ihrem überaus leidenden Zustand gesehen hatten, durch Gottes große Gnade gesund."[29]

Hier wird nochmals deutlich, welchen zentralen Stellenwert der Glaube und die hieraus resultierende Praxis der Handauflegung bei Henriette von Seckendorff-Gutend einnahm. Es wird nicht von physisch orientierten Therapieformen berichtet, sondern von biblischen Geschichten, die als Kraftquelle dienen, und von der Kraft des Gebetes.

2. Entstehung der Krankenherberge „Villa Seckendorff"

Wegen der hohen Anzahl von Patientenanfragen wird der Bau eines für den Zweck der Beherbergung von Patienten geeigneten Gebäudes geplant. Am 4. Juli 1868 erhält Henriette von Seckendorff-Gutend die Bauerlaubnis für die Villa Seckendorff in Stuttgart-Bad Cannstatt. Das Geld für den Bau wird ihr zunächst von Freunden und Bekannten zur Verfügung gestellt. Im Frühjahr 1869 kann das Haus von Henriette von Seckendorff-Gutend, der Haushälterin Pauline Traub und einem weiteren Mitarbeiter, der Joseph[30] genannt wird,

---

[27] A.a.O., 52.

[28] A.a.O., 33.

[29] A.a.O., 34 f.

[30] Bei Petri, Seckendorff, 37, wird nur der Vorname erwähnt. Andere Quellen erwähnen Joseph nicht.

bezogen werden. Im gleichen Jahr wird die Villa in Betrieb genommen. Neben erwachsenen Patienten werden auch Kinder aufgenommen.

Die überraschende Heilung einer schwerkranken[31] Pfarrfrau aus Estland zieht viele Esten aus Reval und Umgebung nach Stuttgart, die bei Henriette von Seckendorff-Gutend Aufnahme finden. Es sind meist Adlige, die finanziell tatkräftig bei der Rückzahlung der Schulden für den Bau der Villa Seckendorff mithelfen. Henriette von Seckendorff-Gutend gibt diesem Ereignis folgende Deutung, die Rückschlüsse auf ihr Gottesbild (Gott als „Stratege") ziehen lässt: „Der Herr gab ihnen den *Befehl*, dass sie kommen und mir die Schuldenlast, die auf meinem Hause ruhte, erleichtern sollten."[32]

Der Wirkungskreis von Henriette von Seckendorff-Gutend beschränkte sich nicht nur auf die Heilung von Kranken. Ihr Glaubensverständnis zieht auch immer mehr gesunde Menschen an, die ihre Andachten besuchen. 1875 gibt sie von ihr gehaltene Hausandachten unter dem oben bereits genannten Titel „Nachgeschriebene Hausandachten gehalten in der Villa Seckendorff zu Cannstatt" heraus.[33]

3. Die Spiritualität der Henriette von Seckendorff-Gutend

Bei Henriette von Seckendorff-Gutend liegt im aktiven, nach außen gerichteten Leben der Hauptakzent ihrer Spiritualität. Sie kennt aber auch die Kontemplation, für die sie sich in die Stille zurückzieht. In ihren gesammelten Hausandachten schreibt sie: „Ach, meine Lieben, wir wollen uns doch recht prüfen, wie es in unserem Herzen aussieht, und uns versenken in den Abgrund der Liebe und des Erbarmens unsers hochgelobten Heilandes. Dazu werden wir in eine selige Tiefe sinken, in der es uns unaussprechlich wohl ist. ... Wir müssen unseren eigenen Willen vollständig aufgeben und uns still dem Herrn hingeben, wie es in jenem Vers heißt: Wie die zarten Blumen willig sich entfalten und der Sonne stille halten, laß mich so, still und froh, deine Strahlen fassen und dich wirken lassen!"[34] Dieser Vers von Gerhard Tersteegen begleitet sie ganz besonders im Alltag.[35] Auch hier zeigt sich der Umgang mit Liedern und Versen als eine besondere Quelle ihrer Spiritualität.

In den obigen Sätzen klingt schon an, was ihr in einer tieferen, durchlässigen Gottesbeziehung als unabdingbar erscheint: die Demut. Sie schreibt: „Es ist auch meine fortwährende Bitte, der Herr möge mich immer kleiner, immer de-

---

[31] Die Art der Krankheit wird in der vorhandenen Literatur nicht weiter erwähnt. Petri umschreibt sie nur als „schweres, langwieriges" Leiden. A.a.O., 42.

[32] A.a.O., 40.

[33] Durch das Archiv des St. Chrischona-Werkes in Lörrach wurde mir dankenswerterweise die 23. Auflage dieses Werkes zugänglich gemacht, welches im Selbstverlag erschienen ist: Henriette von Seckendorff-Gutend, Nachgeschriebene Haus-Andachten gehalten in der Villa Seckendorff zu Cannstatt, Selbstverlag Stuttgart, [23]1916. Die Erstauflage war nicht mehr ermittelbar. Vermutlich ist sie auch im Selbstverlag herausgegeben worden.

[34] Seckendorff, Hausandachten, 146.

[35] Petri, Seckendorff, 59.

mütiger und reiner machen, dass ich ja nichts aus mir selber tue oder mir die Ehre gebe."[36]

Um diese Demut zu erlangen, hält sie auch „Demütigungen" für notwendig. Dies erklärt sich aus der Spannung zwischen ihrer religiös-pietistischen Ausrichtung und ihrer familiären Herkunft. In ihren Hausandachten schreibt sie: „Als ich vor zehn Jahren nach Männedorf ging und mich meine Verwandten und Freunde fragten, was ich denn dort wolle, habe ich nichts anders sagen können als: ‚Ich dürste nach Demütigungen.' Ja, ich kann euch versichern, ich habe förmlich danach gedürstet, denn es klebte mir so viel Adels- und Familienstolz an, der mir durch Stand und Erziehung im Blute steckte. Aber ich fühlte, dieser Stolz müsse verschwinden, weil ich sonst kein Werkzeug in der Hand des Herrn werden ... könnte, ... Glaubt es mir, es ging mir viel gegen die Natur, vieles musste durchgekämpft und überwunden werden."[37]

Eigene und fremde Erfahrungen führten ihr die Gefahr vor Augen, in die Menschen sich begeben, wenn Intelligenz und Begabung nicht mit Demut gepaart sind,[38] das heißt, nicht im Einklang mit Gottes Willen zum Einsatz kommen, sondern sich verselbständigen wollen, dabei aber leicht einer anderen Herrschaft verfallen. An einer Stelle schreibt sie: „Es ist mir während meiner langjährigen Seelsorge oft vorgekommen, dass gerade die begabtesten, geistig hochstehendsten Menschen vom Satan am übelsten zugerichtet sind. ... Wir sind ihm gegenüber viel zu schwach und schlecht bewaffnet. Wie gesagt, intelligente Menschen sucht er am ehesten auszuschalten, weil er weiß, wie tüchtig und brauchbar sie wären im Dienste Gottes."[39]

Henriette von Seckendorff-Gutend setzt sich viel mit dem Sinn und der Ursache von Leid im Leben der Menschen auseinander. Immer wieder weist sie auf die zentrale Bedeutung von Leid in ihrer eigenen Entwicklung hin. In ihren Hausandachten schreibt sie: „Auserwählt kann man nur werden in Tagen der Trübsal, auf dem Weg des gänzlichen Zerbruchs. Unser eigenes Ich, unser Wille muss vollständig getötet werden."[40]

So ist Krankheit für sie auch ein Weg, die Gottesbeziehung zu vertiefen und in einen Dialog mit Gott einzutreten: „Ich war in meinem Leben sehr oft schwer krank und fand ..., dass der Herr jedes Mal in Krankheitszeiten mir etwas zu sagen hatte. Sobald ich dann mit Freudigkeit das Leiden erfasste, dafür dankte und in demselben unverrückt die Strahlen der göttlichen Gnade, Gaben und Segnungen im Glauben auf mich fallen ließ, hatte ich unbeschreiblichen Segen von jeder Krankheit."[41]

---

[36] Seckendorff, Hausandachten, 230.

[37] A.a.O., 231.

[38] „Demütig" meint etymologisch so viel wie „dien-mütig", „dienstwillig".

[39] A.a.O., 232.

[40] A.a.O., 217.

[41] A.a.O., 248.

Oft bringt sie Krankheit in direkten Zusammenhang mit Sünde und Schuld. H. Petri schreibt: „Auch darüber wurde sie oft angefeindet, dass sie sagte: ‚Ihr seid selbst schuld an eurer Krankheit!' Darin ging sie offenbar manchmal, auch nach der Überzeugung der besten Freunde, zu weit.“[42]

Auch in ihren Hausandachten kommt dieser Aspekt häufig zum Vorschein. An einer Stelle schreibt sie: „Woher kommt das viele Elend des Leibes und der Seele? Warum gibt es so unendlich viele Leibes- und Geisteskranke, dass die Anstalten zu ihrer Unterbringung gar nicht mehr ausreichen? Die Sünde und der Sündendienst sind allein schuld daran.“[43]

Man muss sich hier erinnern, dass die direkte Ableitung der Krankheiten und Gebrechen von Sünde – d.h. von sündigen Taten und/oder von sündigen Einstellungen – noch zu Henriettes Zeit eine quasi selbstverständliche, trotz Joh 9,1-3 auch von Theologen kaum bezweifelte, Gepflogenheit war, die zum Teil bis heute nachwirkt. Nur zögernd stellte man sich der Frage, ob viele Krankheiten nicht auch mit der vergänglichen Natur von Mensch und Welt zu tun haben könnten.[44]

Das Erkennen und Annehmen der Schuldhaftigkeit des Menschen ist für Henriette von Seckendorff-Gutend nicht ein belastendes Moment, sondern eher ein Weg, der sie in die Selbsterkenntnis und in die befreiende Gegenwart Gottes führt. An einer Stelle ihrer Hausandachten schreibt sie: „Wir müssen ertragen und hören können, dass kein guter Funke an uns ist, dass wir Strafe und Verdammnis verdienen. Denn in dem Grade, wie ich mich erkenne, darf ich mich der Liebe und Gnade unseres Herrn getrösten. Wir sind deshalb sehr töricht, wenn wir uns nicht erkennen wollen; ... Keine Sünde auf der Welt verdammt uns Menschen, nur das verdammt uns, wenn wir die Gnade und Liebe Jesu nicht ergreifen wollen.“[45]

Deshalb bleibt Henriette von Seckendorff-Gutend nie bei der Schuld alleine stehen, sondern betont immer wieder die Gnade Gottes und die Möglichkeit der Vergebung. In einer ihrer Hausandachten schreibt sie: „Für jeden ist der Gnadentisch bereitet, wir brauchen nur zu kommen und zu nehmen Gnade um Gnade. ... Ja, bei ihm ist viel Vergebung. Das gilt allen, besonders den Angefochtenen und die von ihren Sünden gequält sind und fürchten, es könne ihnen nimmermehr geholfen werden.“[46] Hier betont sie wiederholt die Freiheit des einzelnen, die Vergebung anzunehmen oder aber abzulehnen: „So lautet die Verheißung des Herrn und sie ist unumstößlich. Es kommt jetzt nur darauf an,

---

[42] Petri, Seckendorff, 53.

[43] Seckendorff, Hausandachten, 147.

[44] Vgl. dazu Heinrich Kahlefeld, Die kreatürlichen Leiden, in: ders., Kleine Schriften, Frankfurt/M., 1984, 84-101. In Zusammenhang mit der Heilung der Gottliebin Dittus durch Johann Christoph Blumhardt stellt diese Frage auch Herbert Haag, Teufelsglaube, Tübingen 1974, 409.

[45] Seckendorff, Hausandachten, 66.

[46] A.a.O., 175.

ob wir sie annehmen wollen ..., ob wir die Gnaden- und Segensströme auf uns fallen lassen und stille halten wollen, damit unaufhörlich Lichtskräfte auf uns eindringen können."[47]

Ein weiterer Aspekt ihrer Spiritualität ist ihre Verbundenheit mit der Natur und die Dankbarkeit gegenüber dem Schöpfer, die daraus resultiert. Dankbarkeit ist ein zentraler Aspekt ihrer Gottesbeziehung. Sie übersteigt bloßes Danken für empfangenes Glück, sie schließt ihr ganzes Erleben mit ein. Sowohl positive als auch negative Erfahrungen sollen dankend von Gott angenommen werden. In ihren Hausandachten schreibt sie: „Oh, wie viel Ursache haben auch wir zum Loben und Danken, wenn wir zurückblicken auf die gnädige Führung des Herrn in unserem ganzen Leben! Hätte Sein Auge nicht Tag und Nacht über uns gewacht, in wie vieles wären wir hineingeraten! Wie viele Beweise göttlicher Liebe und Treue finden sich auf unserem Lebensweg."[48]

Aber ihr Dank ist nicht nur an den Rückblick gebunden, sondern es wird von ihr auch gefordert, schon im Voraus Gott für das Kommende zu danken. Wiederum in ihren Hausandachten finden wir: „Kannst du danken, noch ehe du deine Bitte hast, indem du allein auf die Verheißung blickst? Es ist etwas Herrliches, auch in diese Übung, die der Natur ganz entgegen ist, einzugehen."[49]

Obwohl sich Henriette von Seckendorff-Gutend immer wieder in ihrem Glaubensleben inspirieren ließ von Persönlichkeiten, die tief verwurzelt sind im Pietismus (bspw. von Pfarrer Johann Christoph Blumhardt und Dorothea Trudel), so lebte sie doch aus einer tiefen eigenen Gottesbeziehung heraus, die sie auf ungewöhnliche Wege führen sollte, die – so scheint es – fast gänzlich ohne den direkten Einfluss anderer Menschen entstanden ist. In ihren „Hausandachten" beschreibt sie, wie sie die Führung Gottes erlebte: „Deshalb gehe ich in mich und frage: Herr, was hast du mir zu sagen? Liege ich nun so stille vor dem Herrn, brauche ich auf seine gnädige Antwort nicht lange zu warten. Sobald er mir's gesagt hat, danke ich wieder dafür ... Ach, ihr bringt euch um so viel Segen, wenn ihr nicht werdet wie die Kinder. Lasst doch Menschenmeinungen und Satzungen fahren und nehmt des Herrn feste Zusage in Anspruch!"[50]

Ein gläubiges Grundvertrauen in den „Herrn" angesichts aller Aufgaben und Schwierigkeiten in Leben und Welt zeigt sich – außer im Dank – bei Henriette von Seckendorff-Gutend auch in vorausblickender Aktion, in innovativer Praxis, in diakonischem Engagement und in solidarischem Widerstand.

4. Diakonischer Auftrag

Es ist offensichtlich, dass Henriette von Seckendorff-Gutend seit der Gründung der Villa Seckendorff ihren diakonischen Auftrag sowohl in der geistlichen als

---

[47] A.a.O., 220.
[48] Seckendorff, Hausandachten, 33.
[49] A.a.O., 244.
[50] A.a.O., 253.

auch körperlichen Fürsorge und Begleitung von somatisch und psychisch erkrankten Menschen erkannt hat.

In ihren Beziehungen zu ihren Mitmenschen ist es für sie von zentraler Bedeutung, die Liebe Christi gemäß ihrem diakonischen Verständnis überall hineinzutragen. Dabei ist Dorothea Trudel ihr ein wegweisendes Vorbild. Henriette von Seckendorff-Gutend schreibt: „Sie (Dorothea Trudel) hatte eine Liebe, mit der sie alle Menschen aufs innigste umfasste, besonders ihre Kranken, von denen sich jedes für ihren besonderen Liebling hielt. Ihre Liebe zu Menschen, die sie beleidigt hatten, war mir immer ein Gegenstand besonderer Bewunderung. Diese Macht der Liebe, welche Dorothea hatte, übte eine überwältigende Anziehungskraft auf mich aus. ... Diese Liebe ward mir ein Ansporn, den Herrn auch ernstlich anzurufen und um diese Liebe zu bitten. Wer sie ausübt, darf herrliche Erfahrungen machen, wie ich es in Männedorf erleben durfte."[51]

Zentral beim Umgang mit den Kranken ist für sie das Gebet mit Handauflegung, das sie seit dem bereits erwähnten Schlüsselerlebnis mit Pauline Traub pflegt. Auch hier nimmt sie sich Dorothea Trudel in Männedorf zum Vorbild. Heinrich Petri schreibt: „Sehr schmerzlich war es ihr, dass die gläubigen Geistlichen, denen nach Jakobus 5 in erster Linie ein solch köstliches Werk zustünde, diesen Zweig in der Wirksamkeit für das Reich Gottes nicht pflegten, ja im Gegenteil sich dagegen ereiferten. ..., denn sie war ganz durchdrungen von der Überzeugung, dass durch solchen Dienst an Kranken viel für das Reich Gottes geschaffen werden könnte und dass Gott gern die am Leibe segnet, die ernstlich darum flehen."[52] Sie kämpft sehr dafür, dass man die positiven Wirkungen des Gebets mit Handauflegung und die daraus resultierende Kraftquelle wieder entdecke.

Bei der Behandlung der Patienten spielen außer dem Gebet mit Handauflegung seelsorgliche Gespräche eine große Rolle. Sie ermutigt ihre Patienten mit Sätzen und Texten des Glaubens, fragt aber auch nach der Ursache der Erkrankung und erklärt diese, wie erwähnt, oft mit einer Abkehr von Gott und sündhaften Verfehlungen des Patienten.

Im Rahmen ihrer diakonischen Sendung sieht sie – wie Dorothea Trudel – es auch als ihre Aufgabe, Anfeindungen von Menschen, die ihre Auffassung nicht teilen, hinzunehmen und dennoch ihre Art des Umgangs zu pflegen und zu fördern. Sie schreibt selbst: „Ich kann euch versichern, es fehlt mir in meinem Beruf nicht an Schmach, Spott, Verachtung und Verleumdung aller Art, auch nicht an viel Demütigungen und Widerwärtigkeiten. Ich habe schon die entsetzlichsten Äußerungen über mich gehört, ... Und doch fühle ich mich dabei unaussprechlich glücklich und bin immer ganz beschämt über die vielen Gnaden und Segnungen, die der Herr mich täglich an meinen Kranken erfahren

---

[51] A.a.O., 185.

[52] Petri, Seckendorff., 55.

lässt, auch besonders darüber, wie Er sich zu der ganzen Sache bekennt und mich gegen Verleumdungen vertritt.“[53]

Immer wieder betrachtet sie Schwierigkeiten und Herausforderungen als einen Weg, der sie Gott näher bringt. Gefühle der Unzufriedenheit oder Abneigung dürfen sie in ihrem Handeln und der Begegnung mit anderen Menschen nicht beeinflussen oder gar von ihrem diakonischen Auftrag abbringen. An einer Stelle schreibt sie: „Wenn etwas in meinem Beruf vorkommt, das mich unzufrieden machen möchte, so darf ich diesem Gefühl nicht nachgeben. Es muss mir alles, jede Demütigung, jede Verleugnung, jede Geduldsprobe recht sein, denn ‚geht's der Natur entgegen, so geht's, wie Gott es will.“[54]

5. Die Villa Seckendorff im Wandel der Zeit

Mitten in der Arbeit befällt Henriette von Seckendorff-Gutend Anfang Juni 1878 ein leichtes Unwohlsein. Nach einer kurzen Krankheitsphase[55] stirbt sie am 25. Juni 1878.

Anna Schlichter (1838-1904)[56], geboren in Ostelsheim/Landkreis Calw im Schwarzwald, kam ursprünglich wegen einer jahrelang andauernden Unterleibserkrankung[57] in die Villa Seckendorff. Nach ihrer Genesung kehrt sie in das Dorf ihrer Mutter im Schwarzwald zurück und leitet dort eine Strickschule. Die Leitung dieser Schule bereitet sie bereits auf ihre spätere Aufgabe vor, die Nachfolgerin von Henriette von Seckendorff-Gutend zu werden. Henriette von Seckendorff-Gutend bietet ihr an, nach dem Tod der Mutter, in der Villa mitzuarbeiten. Wenige Jahre später ernennt sie Anna Schlichter zu ihrer Nachfolgerin.

Seit dem Jahre 1909 wird die Villa Seckendorff von der Pilgermission St. Chrischona bei Basel weitergeführt. Im zweiten Weltkrieg wird sie im März 1945 völlig zerstört und danach wieder aufgebaut. Zu diesem Zeitpunkt wird die Villa von den hinterbliebenen Familienmitgliedern des 1940 verstorbenen Hausleiters Heinrich Petri verwaltet. Er war von 1934-1940 der hauptamtliche Leiter des Werkes.[58] Den Wiederaufbau der Villa Seckendorff nahmen Erich

[53] Seckendorff, Hausandachten, 187.

[54] A.a.O., 67.

[55] Die vorhandenen literarischen Quellen geben keine genauere Diagnose an.

[56] Vgl. Edmund Lieske, Henriette von Seckendorff. Ein Werkzeug, von Gott zubereitet, in: Diakonissen-Mutterhaus St. Chrischona (Hg.), Festschrift. 125 Jahre Villa Seckendorff. 1868-1993., Stuttgart 1993, 9; sowie: Edmund Lieske, Anna Schlichter. Zum Dienst berufen, in: A.a.O., 11.

[57] Petri, Seckendorff., 55.

[58] Leider liegen auch hier weder in der veröffentlichten Literatur noch in den mir dankenswerterweise zugänglich gemachten Archivmaterialien des St. Chrischona-Werkes Hintergrunddaten (Geburtsjahr, Geburtsort der erwähnten Personen, Vorname der Ehefrau von Heinrich Petri) vor.

Schroth und Johannes Schmitt mit Hilfe des Freundeskreises der Villa Seckendorff in die Hand.[59]

Bis 1951 untersteht die Verantwortung für die Villa Seckendorff der Pilgermission St. Chrischona. Danach kommt das Haus unter die Obhut des Chrischona-Schwesternverbandes e.V. Lörrach, des deutschen Zweigs des Diakonissen-Mutterhauses St. Chrischona.[60] Der Schwesterverband trägt bis heute die Verantwortung für das Haus. Die verantwortlichen Brüder und Schwestern wiederholen 1951, dass „der Verkündigungsdienst, der diakonische Dienst, der Gebetsdienst und die Verherrlichung Gottes durch Jesus Christus weitergeführt werden sollen und das Vermächtnis für das Gesamtwerk der Villa Seckendorff bleibt".[61] 1993 wird dieser Auftrag in der Festschrift zum 125-jährigen Bestehen der Villa Seckendorff nochmals bekräftigt: „Weil wir nicht befugt sind, diesen großen Auftrag Gottes aus eigenem Antrieb niederzulegen, setzen das Diakonissen-Mutterhaus St. Chrischona und das Gemeinschafts- und Seelsorgewerk der Villa Seckendorff diesen vierfachen Dienstauftrag freudig fort."[62]

Der oben erwähnte diakonische Dienst zeigt sich heute vor allem durch das Alten- und Pflegeheim, welches in der Villa Seckendorff geführt wird. Somit tragen Leben und Werk Henriette von Seckendorff-Gutends mit ihrem besonderen diakonischen Auftrag bis in die heutige Zeit ihre Früchte, die sich vor allem durch eine hohe Kontinuität auszeichnen.

[59] Auch über Erich Schroth und Johannes Schmitt liegen keine weiteren Hintergrunddaten in den vorhandenen Materialien vor.

[60] Vgl. P. Graf, Alten- und Pflegeheim. Gemeinschafts- und Seelsorgewerk., in: Diakonissen-Mutterhaus St. Chrischona, 27.

[61] Vgl. Eckehard Blum, Und was steht vor uns?, in: A.a.O., 36.

[62] Ebd.

Florence Nightingale (1820-1910)

Florence Nightingale. Aufnahme um 1860.

Florence Nightingale wurde am 12. Mai 1820 als jüngste von zwei Töchtern der wohlhabenden englischen Großgrundbesitzer Wilham und Fanny Nightingale, geb. Smiths, geboren. Diese hatten 1818 ihre Hochzeitsreise als Bildungsreise durch Europa angetreten, von der sie nach mehreren Jahren als vierköpfige Familie zurückkehrten. Die jüngere ihrer beiden Töchter, Florence, wurde in Florenz geboren und auf Wunsch der Mutter nach ihrem Geburtsort genannt. Nach ihrer Rückkehr von der Reise ließ sich die Familie in der Nähe Londons nieder, wo Florence, genannt Flo, ihre frühe Kindheit in einem wohlhabenden und gebildeten Elternhaus verbrachte. Als Kind war sie oft krank und nicht gern mit anderen Kindern zusammen. Zunächst wurde sie von ihrem Vater in verschiedenen Sprachen und in den allgemeinbildenden Fächern unterrichtet. Nightingale genoss durch ihren Vater eine gute Ausbildung in den klassischen und modernen Sprachen: in Griechisch und Latein, in Italienisch, Deutsch und Französisch; daneben in den Fächern: Philosophie, Geschichte und Literatur. Die Lehrinhalte, die Wilham Nightingale unterrichtete, entsprachen durchaus den Anforderungen einer Hochschule der damaligen Zeit, waren jedoch als Bildungsniveau für ein Mädchen am Anfang des 19. Jahrhunderts sehr hoch. Im Gegenzug dazu versuchte die Mutter, Florence auf die Aufgaben einer Ehefrau im gebildeten Großbürgertum vorzubereiten. Die Familie führte ein gesellschaftliches Leben mit zahlreichen Festen, Empfängen und Reisen. Mehrere Monate im Jahr lebte die Familie in London, um am dortigen gesellschaftlichen Leben mit Theater und Oper teilzunehmen.

Doch von Jugend an interessierte sich Florence für alles, was in Zusammenhang mit Krankenpflege und Gesundheitsfürsorge stand.[1] Als sich 1836/37 eine schwere Grippeepidemie in Europa ausbreitete, war auch die Familie Nightingale betroffen. Florence versorgte im Alter von 17 Jahren die ganze Familie, ei-

[1] Vgl. Liselotte Katscher, Geschichte der Krankenpflege, Berlin 1989, 82 f.

nige weitere Verwandte und 15 bettlägerige Dienstboten, die an der Grippe erkrankt waren.

Aus Anlass umfangreicher Baumaßnahmen zur Erweiterung ihres Hauses „Lea Hurst" in Derbyshire, im Südwesten Englands, plante die Familie für 1837 eine mehrjährige Bildungsreise durch Frankreich und Italien. Im selben Jahr, einige Monate vor der Abreise, erlebte Nightingale nach eigenen Angaben eine Berufung, die sie nur ihrem Tagebuch anvertraute und sonst gegenüber niemandem äußerte: „Gott sprach zu mir und berief mich in seinen Dienst."[2] Nightingale fühlte sich von Gott an der Hand geführt, besonders hatte sie den Wunsch, Kranke zu pflegen. So oft es ging, besuchte sie zunächst heimlich Londoner Krankenhäuser. 1874 berichtete sie, dass Gottes Ruf sie viermal in ihrem Leben erreicht habe. 1837, dann wieder 1853 bevor sie die Leitung eines Londoner Hospitals übernahm, 1854 anlässlich des Krimkrieges und nach dem Tod des Kriegsministers Sidney Herbert, mit dem sie freundschaftlich verbunden war.[3]

Im September 1837 reiste die Familie nach Italien, in die Geburtsstadt Nightingales, nach Florenz. Auf der Fahrt durch Frankreich nahm die Familie an zahlreichen Festen und großen Bällen teil. Als schöne junge Frau, die sehr elegant und modisch war, hatte Nightingale viele Verehrer auf den Bällen. Die Stadt Florenz war 1838 der geistige Mittelpunkt Italiens. Nightingale interessierte sich für Mode und für die Künste. Vor allem aber besuchte sie Opern und Konzerte. Sie hatte aber auch einen Blick für die sozialen Probleme Italiens. Vor allem die Menschen in den ländlichen Gebieten Italiens, die sehr rückständig waren, litten an Hunger und Armut. Während dieser Reise erwachte in Florence Nightingale erstmals das Mitgefühl für das Elend in der Welt. In Florenz lernte sie auch die italienische Freiheitsbewegung kennen, die gegen die Vorherrschaft Österreichs kämpfte. Auf der Rückreise nach England besuchte die Familie Genf und Paris, wo sie ausgiebig am gesellschaftlichen Leben teilnahm. Daneben besuchte Nightingale in Paris mehrere Male das Krankenhaus der Vinzentinerinnen, wo sie sich die Organisation und die Krankenpflege erklären ließ. Im Frühjahr 1839 war die Familie wieder zurück in England. Bevor sie im Sommer endgültig in ihr Haus in Derbyshire einzogen, machten sie für mehrere Wochen Station in London, und nahmen dort am gesellschaftlichen Leben teil. Schließlich kehrte Nightingale als junge Dame von großer Weltgewandtheit und Bildung von dieser zweijährigen Reise nach Hause zurück. Während des Lebens auf dem Landgut der Familie erwachte bei Nightingale das Interesse für Mathematik und andere Naturwissenschaften.

Es war die Zeit, in der das britische Inselreich seine Macht über alle Erdteile ausdehnte, außerdem die Zeit der großen industriellen Revolution. Die rasche Verbreitung der Dampfmaschine und die damit billigere maschinelle Produk-

---

[2] In ihren „privaten Notizen" erwähnt sie das Datum 7. Februar 1837. Carl Vossen, Florence Nightingale. Geliebtes Kaiserswerth, Düsseldorf 1986, 22.

[3] Vgl. ebd.

tion machte Großbritannien zur ersten Industriemacht der Welt. Dies führte gleichzeitig zu einer kaum vorstellbaren Not breiter Bevölkerungsschichten. Arbeitslosigkeit, Armut, Wohnungsnot, miserable hygienische Verhältnisse sowie Krankheiten waren die verhängnisvollen Folgen der industriellen und gesellschaftlichen Veränderungen. Die sozialen Probleme berührten das Leben der Familie Nightingale allenfalls peripher. Florence Nightingale war die einzige in der Familie, die sich für gesellschaftliche Entwicklungen interessierte. Auf dem Heiratsmarkt war Florence als gebildete Frau aus wohlhabendem Haus sehr angesehen. Sie war eine junge tanzfreudige Modeschönheit. Viele Männer machten ihr Anträge, allerdings ohne Erfolg. Zunehmend erkannte Nightingale, dass das für sie vorbestimmte Leben sie nicht ausfüllen konnte. Das soziale Gewissen erwachte bei Florence Nightingale zum Leidwesen ihrer Eltern ca. 1844. Die Eltern verboten der 25jährigen in einem Krankenhaus zu arbeiten, nachdem die gläubige junge Frau beschlossen hatte, sich um Kranke zu kümmern und Krankenschwester zu werden. Frauen aus gutem Hause hatten in der damaligen Zeit nicht zu arbeiten.[4] Florence wurde in der folgenden Zeit krank, weil ihr größter Wunsch nicht erfüllt wurde. Eine erste echte Aufgabe, bei der sie ihre seelische Krise überwand, fand sie in der Pflege ihrer kranken Großmutter und ihrer alten Kinderfrau. Jetzt wollte sie die praktische Krankenpflege erlernen, was ihr die Familie jedoch weiterhin hartnäckig verweigerte. Nightingale war auf der Suche nach einer sinnvollen Beschäftigung und gleichzeitig suchte sie nach einer Möglichkeit, aus der durch ihr Elternhaus vorgegebenen Untätigkeit herauszukommen.[5] Eines der Hauptmerkmale des viktorianischen Englands war die ideologische Trennung der Welt in zwei Räume, die sich scheinbar gegensätzlich gegenüberstanden: der private und der öffentliche. Der private Raum, der ausschließlich den Frauen zugeteilt wurde, war in der Theorie ein altruistisches Refugium, in dem ein selbstloser weiblicher „Angel in the House" seine glückliche, naturgegebene Bestimmung fand. Da der Kontakt mit dem öffentlichen Raum, d.h. mit der kapitalistischen Welt des Profits, des Egoismus, der Unmoral, diesen Engel beschmutzen würde, war es undenkbar für die Engländerin der Mittel- und Oberschicht, den ihr zugedachten privaten Raum zu verlassen. Dass eine junge Frau auf eigenen Füßen stehen und noch dazu den sehr wenig angesehenen Beruf einer Krankenpflegerin ergreifen wollte, war in jener Zeit unvorstellbar. Der Beruf der Krankenschwester war gesellschaftlich nicht angesehen. Diese Arbeit übernahmen Frauen aus der Unterschicht, denn Krankenschwestern galten als brutal, unsauber und vor allem trunksüchtig. Außer einer konventionellen Ehe stand Nightingale kein Weg zu sinnvoller Beschäftigung offen. Das jahrelange ausschließliche Leben in den Landhäusern ihrer Familie empfand sie als hochgradig frustrierend. Da die Eltern ihr weiterhin nicht erlaubten, ihrer Berufung zu folgen, geriet Nightingale

---

4 Vgl. Cyril Davey, Der Engel mit der Lampe. Das Leben der Florence Nightingale, in: Helden aus Glauben VII, hg. v. Alfred Salomon, Konstanz 1961, 29 f.

5 Vgl. Lytton Strachey, Florence Nightingale, in: Macht und Frömmigkeit, Berlin 1937.

in schwere seelische Nöte. Ein Ausweg schienen pflegerische Orden zu sein, doch die waren katholisch und kamen daher für eine anglikanische Frau nicht in Frage. Trotz all ihrer Bemühungen sollte es über zehn Jahre dauern, bis Nightingales Familie einwilligte und Florence ihrer Berufung nachgehen und Krankenschwester werden konnte. Nach außen hin lebte Nightingale das glänzende Leben einer jungen Dame aus der vornehmen Gesellschaft, gleichzeitig plante sie weiter an ihrem Lebenstraum. Heimlich las sie Berichte ärztlicher Kommissionen, Bücher berühmter Hygieniker und Bücher über die Geschichte von Krankenhäusern. Jede freie Minute nutzte sie, um in den Arbeitshäusern und Schulen Londons zu verbringen. 1845 erfuhr Nightingale von einer humanitären Einrichtung in der Nähe von Düsseldorf, der Kaiserswerther Anstalt für Pflegediakonie. Im Kaiserswerther Mutterhaus gab es eine anerkannte Ausbildung zur Krankenpflegerin. Dort hatte der evangelische Pfarrer Theodor Fliedner (1800-1864) im Oktober 1836 die Kaiserswerther Anstalt für Pflegediakonie gegründet, die ein Krankenhaus und ein Diakonissenmutterhaus umfasste. Ziel war es, armen Kranken humanitäre Hilfe zu leisten. Die Kaiserswerther Einrichtung wurde Vorbild für diakonische Anstalten in Deutschland und im Ausland. Ein Besuch dieser Einrichtung wurde Nightingale vor allem von ihrer Mutter verwehrt. Heimlich schickte ein Freund der Familie ihr das Jahrbuch von Kaiserswerth als Lektüre.[6] 1846 vertraute sie ihrem Tagebuch an: „Was habe ich in den letzten drei Monaten getan? O, ihr glücklichen sechs Wochen in Lea Hurst, wo ich meine Arbeit in dieser Welt tun durfte. (Sie hatte Gelegenheit zu vielen Krankenbesuchen gehabt.) ... Meine Seele hatte ihre Heimat gefunden. Gott sei gelobt und gepriesen, dass ich erfahren durfte, was „leben" bedeutet. ... Wenn ich Erfrischung brauche, so lese ich in den „Jahresberichten über die Diakonissen-Anstalt in Kaiserswerth". Dort ist meine Heimat, dort sind meine Brüder und Schwestern am Werk."[7]

Weil sie ihrer Berufung nicht nachgehen durfte, wurde Florence auch körperlich krank. Ein starker Husten und eine allgemeine körperliche Schwäche plagten sie. Der Ehe hatte sie abgeschworen, Nightingale verlor damit auch das ihrem Leben zugedachte Ziel. Eine befreundete Familie überredete die Eltern, Florence mit auf eine Ferienreise in den Süden, nach Ägypten und Griechenland, zu nehmen. Auf der Rückreise über Triest und Prag gelang es ihr 1850 heimlich und gegen den Willen ihrer Eltern, Pfarrer Fliedner in Kaiserswerth zu besuchen und zwei Wochen dort zu bleiben. Sie war tief beeindruckt von der Person Fliedners. Florence half in der Pflege und ließ sich neue Operationsmethoden erklären. Was sie gesehen hatte, gefiel ihr gut und es gab nichts, woran

---

[6] Vgl. Manfred Vasold, Florence Nightingale. Eine Frau im Kampf um die Menschlichkeit. Regensburg 2003, 54.

[7] Emmy Beckmann/Irma Stoß (Hrsg.), Evangelische Frauen in bahnbrechender Liebestätigkeit im 19. Jahrhundert. Elisabeth Fry – Amalie Sieveking – Friederike und Caroline Fliedner – Florence Nightingale. Ausgewählt von Hanna Beckmann, in: Quellenhefte zum Frauenleben in der Geschichte, Heft 20, Berlin o.J., 58.

Damen aus der besseren Gesellschaft hätten Anstoß nehmen können. Als sie nach Hause zurückkehrte, kam es zur Auseinandersetzung mit ihrer Mutter, die über ihre Reise nicht informiert gewesen war und diesen Abstecher nach Kaiserswerth nicht guthieß. Der eigentliche Konflikt bestand darin, dass ihre Familie ihr keine eigene berufliche Tätigkeit zugestand und Nightingale keinen Inhalt im Leben als höhere Tochter erkennen konnte. Wieder erlebte die junge Frau eine tiefe seelische Krise. „Der Gedanken und Gefühle, die ich jetzt habe, kann ich mich erinnern seit meinem sechsten Lebensjahre. Ich habe immer gefühlt, dass ein Beruf, eine notwendige Beschäftigung, etwas, das alle meine Fähigkeiten in Anspruch nahm, für mich nötig war; danach habe ich mich immer gesehnt. Der erste und letzte Gedanke war – die Krankenpflege; oder sonst Erziehungsarbeit, aber Erziehung der Schlechten, nicht der Jungen. ... Alles ist versucht; Reisen ins Ausland, gütige Freunde, kurz alles. Mein Gott, was soll aus mir werden. ... In meinem 31. Jahr sehe ich nichts Wünschenswertes als den Tod."[8] Am 4. März 1852 schrieb sie an eine Freundin: „Seitdem ich Sie zuletzt gesehen, bin ich noch keinen Schritt weiter mit meinem Plan gekommen. Meine Verwandten sind so dagegen, dass, wenn ich nur davon rede, meine Schwester in wahre Weinkrämpfe ausbricht."[9]

Im folgenden Jahr begleitete Florence ihre Schwester zu einem Kuraufenthalt nach Karlsbad. Für diese Reise plante sie heimlich den erneuten Besuch von Kaiserswerth. Mehrere Wochen blieb sie in Kaiserswerth und gewann einen Einblick in die Grundlagen der Krankenpflege. Die Zeit in Kaiserswerth füllte Nightingale aus. Sie war glücklich und warb besonders bei Ihrer Mutter um Verständnis für ihre Entscheidung, in der Krankenpflege tätig zu werden. Sie plante, in London in einem Krankenhaus als Pflegerin zu arbeiten, was die Eltern ihr verboten. 1852 reiste sie zum ersten Mal nach Paris, um im Krankenhaus bei den Barmherzigen Schwestern erste praktische Erfahrungen zu sammeln. Da ihre Großmutter erkrankte, musste sie nach Hause reisen, aber schon im nächsten Jahr kehrte sie nach Paris zurück. Sie blieb einige Wochen und ging dann nach London, um sich mit der dortigen Krankenpflege zu beschäftigen. Dabei wurde ihr schnell klar, dass die Krankenpflege dringend professionalisiert werden musste und dass sie ein Berufsfeld für Frauen aus der Mittelschicht sein könnte. Im Alter von 33 Jahren überschritt Nightingale gegen den ausdrücklichen Wunsch ihrer Familie die Grenze ihres bisherigen Lebens. Sie beschloss unwiderruflich, in der Krankenpflege zu arbeiten. Weitere Erfahrungen in der Krankenpflege sammelte sie in Londoner und Edinburgher Krankenhäusern. Durch Vermittlung von Freunden wurde ihr 1853 die Leitung des „Harley-Street-Hospitals" angeboten. Ihre Eltern hatten sich mit diesem Kompromiss einverstanden erklärt, da es ein Krankenhaus für wohlhabendere Damen war. Sie sagte unter Vorbehalt zu, um überhaupt in der Krankenpflege tätig werden zu können. Dazu schrieb sie am 24. April 1853 an Caroline Fliedner: „Ich bin

---

[8] Tagebuch vom 31. Dezember 1850, in: Ebd.
[9] Tagebuch vom 4. März1852, in: A.a.O., 59.

im Begriff Diakonisse zu werden, in allem Ernste. ... Jetzt ist fest abgemacht, dass ich im Juli mein Amt antrete. Wir haben die sechs besten Ärzte von London. Die Königin ist Protektorin der Anstalt geworden ... Ich will Ihnen sagen, dass ich von der ganzen Sache nicht viel erwarte ... So hat Kaiserswerth nicht angefangen. ... Ich hätte gewünscht, ganz, ganz klein und mit den Armen zu beginnen."[10]

Ende März 1854 erklärten das auseinander bröckelnde Osmanische Reich und das verbündete England und Frankreich Russland den Krieg, um eine russische Machterweiterung zu verhindern. Äußerer Anlass für den Ausbruch des Krieges waren religiöse Konflikte. Russland verlangte zum Schutz der orthodoxen Christen im osmanischen Reich das Protektorat über sie in Palästina. Dies lehnte der Sultan des Osmanischen Reichs in Konstantinopel ab. Die katholischen Franzosen und die protestantischen Briten wollten sich mit einer russischen Vorherrschaft über die Christen in Palästina nicht abfinden. Durch die Ablehnung der Forderung hatte Russland einen Vorwand für die militärische Eskalation des Konflikts. Im Mai 1853 brach Russland die diplomatischen Beziehungen zu Konstantinopel ab und begann mit der Besetzung der Donaufürstentümer den Krieg. Der eigentliche Kriegsgrund war allerdings der Zerfall des osmanischen Reiches, durch den Russland die Chance sah, seinen Machteinfluss in Europa stärker geltend zu machen und außerdem einen Zugang zum Mittelmeer und zum Balkan zu bekommen. England und Frankreich unterstützten das Osmanische Reich gegen die Expansionspolitik Russlands, um wichtige Stützpunkte am Bosporus für Südosteuropa zu erhalten. Der Krimkrieg begann. Er war der erste moderne Krieg der Weltgeschichte. Erstmals kamen Dampfkanonenboote und die moderne Artillerie mit Explosivgranaten zum Einsatz. Technische Neuerungen waren außerdem die Verwendung des Telegraphen und die Eisenbahn, die Nachschub von Soldaten und Material garantierte. Erstmals konnten auch Kriegsberichterstatter wie der Brite William Howard Russel, der für seine Reportagen von der Krim berühmt wurde, zeitnah von den aktuellen Kriegsereignissen an die Zeitungen berichten. Zu einem Eklat in England kam es, als durch den Fehler eines Offiziers bei einer Attacke 900 britische Kavalleristen in 20 Minuten fielen und die London Times bereits am selben Abend darüber berichtete. Verstärkt wurde dies durch die möglich gewordenen Fotoreportagen, die die Grausamkeiten des Krieges zeigten. Der Krieg verlief zu Anfang für die Briten äußerst verlustreich, weil das Lazarettwesen in Friedenszeiten nicht ausreichend vorbereitet worden war. Ein großer Teil der Soldaten kam nicht durch Kampfhandlungen ums Leben, sondern durch die fehlende Hygiene in den unzureichend ausgestatteten Lazaretten. Viele Verletzte starben, zusätzlich breitete sich die Cholera aus.

Der Kriegsberichterstatter William Howard Russel berichtete in der Times vom Oktober 1854: „Die gewöhnlichsten Bedürfnisse eines Krankenhauses fehlen; es wird nicht die leiseste Aufmerksamkeit der Reinlichkeit gewidmet; der

[10] Tagebuch vom 24. April 1853, in: A.a.O., 59 f.

Gestank ist furchtbar, die übelriechende Luft kann nur durch die Ritzen in den Wänden und Dächern heraus und soweit ich sehen kann, sterben diese Männer ohne, dass der geringste Versuch gemacht wird, sie zu retten. ... Gibt es denn keine opferbereiten Frauen unter uns, die fähig sind und willig, auszuziehen, zum Dienst an den Verwundeten und kranken Soldaten in den Spitälern zu Skutari? Ist niemand von den Töchtern Englands in dieser Stunde dringendster Not bereit zu solch einem Werke der Barmherzigkeit? – Frankreich hat seine ‚barmherzigen Schwestern' reichlich ausgesandt, und sie sind zur Stelle an den Betten der Verwundeten und Sterbenden und spenden, was die weibliche Hand allein vermag an Linderung und Erleichterung."[11]

Nightingales Pläne, in England ein Diakonissenmutterhaus nach dem Vorbild Kaiserswerths zu gründen, wurden durch diese Nachrichten aus englischen Kriegslazaretten am Bosporus während des Krimkriegs zurückgedrängt. Das englische und türkische Sanitätswesen war völlig rückständig und auf Schlachten mit zehntausenden von Soldaten und tausenden von schweren Geschützen nicht vorbereitet. Während auf französischer und russischer Seite bereits Krankenschwestern im Einsatz waren, fehlten den Engländern Ärzte und Pflegekräfte und sanitätstechnische Einrichtungen. Nach den Aufsehen erregenden Berichten über die schreckliche Lage an der Front während des Krimkriegs in der Londoner „Times" schlug der britische Kriegsminister Sidney Herbert vor, Florence Nightingale solle die Pflege beim Heer organisieren. „Der Mangel an weiblichem Pflegepersonal ist außer Zweifel; es sind überhaupt nie andere als männliche Wärter in Militärspitälern zugelassen worden. Es wäre auch eine Unmöglichkeit, eine große Schar von Pflegerinnen bei einer Feldarmee mitzuführen. Da nun aber in Skutari ein festes Lazarett besteht, so liegt kein militärisches Bedenken gegen Einführung von solchen vor ... Ich erhalte zahlreiche Anerbietungen von Damen, die hinausziehen wollen, aber es sind solche, die keine Ahnung von einem Spital haben und keinen Begriff von den Pflichten, die sie übernehmen ... Auch würden diese Damen kaum ein Verständnis dafür haben, dass zumal in einem Militärhospital unbedingter Gehorsam eine unumgängliche Notwendigkeit ist. ... Es gibt – soweit ich weiß – nur einen Menschen in England, der einen solchen Plan organisieren und ausführen kann, und ich bin schon verschiedene Mal nahe daran gewesen, Sie zu fragen, ob Sie den Versuch machen wollen. Niemand weiß besser als Sie, wie schwer es sein wird, einen Stab von Krankenpflegerinnen zu bilden. Ich habe folgende einfache Frage Ihnen zu stellen: Können Sie selbst hinausgehen und alles übernehmen? Selbstverständlich werden Sie volle Autorität über alle Pflegerinnen haben, unbegrenzte Möglichkeit von der Regierung alles, was Sie für den Erfolg Ihrer Aufgabe für nötig halten, zu bekommen; und ich glaube, ich kann Sie der Mitwirkung des ärztlichen Stabes versichern. Ihre persönlichen Eigenschaften, Ihre

[11] A.a.O. 61.

Kenntnisse und Ihre Autorität in Verwaltungsangelegenheiten machen Sie für diese Aufgabe geeignet."[12]

Durch ihre Ausbildung in der Diakonissenanstalt Kaiserswerth und bei den Barmherzigen Schwestern in Paris war Florence Nightingale für diese Aufgabe gut vorbereitet. Außerdem hatte sie sich durch ihr gutes Organisationsvermögen einen Namen gemacht. Nightingale wurde von der Englischen Regierung beauftragt, das Versorgungs- und Lazarettwesen neu zu organisieren. Bis dahin war in der britischen Armee kein weibliches Pflegepersonal zugelassen. Am 4. Oktober 1854 traf Florence zusammen mit 38 weiteren Krankenschwestern in Skutari am Bosporus ein, um den Verwundeten im Krieg Beistand zu leisten. Während der Krieg auf der Krim stattfand, waren die englischen Truppen im türkischen Skutari stationiert. In den Monaten nach ihrer Ankunft vervollständigte Florence Nightingale die Gruppe durch weitere Krankenschwestern und Helferinnen, die freiwillig gekommen waren, so dass ihr bis Kriegsende 125 Pflegekräfte unterstanden. Während des Krimkriegs erlebte Nightingale in den Frontlazaretten unvorstellbares Leid.[13] „Am letzten Donnerstag hatten wir 1415 Kranke und Verwundete in diesem Spital (darunter 12 Cholerafälle) als die Botschaft kam, ich solle für 510 Verwundete Vorkehrungen treffen, die von dem schrecklichen Gefecht am 5. November kommen."[14] Nightingale musste in den ersten Monaten zusehen, wie über 4000 Soldaten starben, teilweise verschuldet durch die miserablen hygienischen Umstände und alte Behandlungsweisen. Tausende starben an Kälte, Hunger und mangelnder Hygiene. So gab es alle 80 Tage ein Bad, das für 2300 Männer reichen musste, die zudem mit demselben Schwamm gewaschen werden mussten. Nightingale kapitulierte nicht, sondern organisierte die Verbesserung der hygienischen Verhältnisse. Sie ließ neue menschenwürdigere Unterkünfte eröffnen, in denen die Soldaten deutlich bessere Überlebenschancen hatten. Die Schwestern mussten für Sauberkeit sorgen, die verletzten Soldaten täglich waschen und ihre Wunden versorgen. In den Stationen, die von Cholera befallen waren, war zuvor schon lange kein Arzt mehr gewesen. Durch Nightingales Maßnahmen konnte die Zahl der Seuchenerkrankungen drastisch gesenkt werden, die Sterblichkeitsrate fiel von 42 auf 2 Prozent. Krankheiten wie Ruhr, Cholera und Typhus gingen zurück. Unter unvorstellbar schwierigen Verhältnissen baute Nightingale ein organisiertes Pflegesystem auf und reformierte das Sanitätswesen von Grund auf, teilweise gegen den erbitterten Widerstand der Lazarettärzte.[15]

„Lieber Mr. Herbert, da der größere Teil der Armee (wir hören, es gebe in ihr nicht mehr als 2000 gesunde Männer) ins Lazarett kommt; da also Tausende von Leben auf dem Spiel stehen; da man in einem Dienstverhältnis, in dem die Zukunft der Beamten von dem persönlichen Einfluß eines Mann abhängt, ... so

[12] Brief von Herbert an Nightingale vom 15. Oktober 1854, in: A.a.O., 61 f.

[13] Vgl. Vasold, Nightingale, 151.

[14] Beckmann/Stoß, Evangelische Frauen, Nightingale an Herbert, 62 f.

[15] Vgl. Vasold, Nightingale, 124 ff.

habe ich den Eindruck, dass jetzt keine Zeit für Höflichkeiten oder falsche Rücksicht ist, und dass Sie niemals die ganze, peinliche Wahrheit zu hören bekommen werden, außer von einer Person, die von der Rücksicht auf Beförderung unabhängig ist ... Geliefert wird nichts – das ist die volle Wahrheit – außer Bettzeug, Brot, Fleisch, kaltem Wasser und Brennmaterial ... Tatsächlich kleide ich jetzt die britische Armee.“[16]

Der organisatorische Erfolg der Schwestern war überwältigend. Nightingale selbst lief pro Tag ca. acht Kilometer zwischen den Krankenbetten hin und her. Da sie auch nachts durch die Reihen der Verwundeten ging, nannte man sie bald „die Dame mit der Lampe“. Als „Lady with the lamp“ ist sie dargestellt und in der Öffentlichkeit bekannt geworden. Mit ihrer berühmten Lampe in der Hand kontrollierte sie, ob die Pflegerinnen nach ihren Anweisungen arbeiteten. „Engel der Verwundeten“ wurde sie aufgrund ihres Engagements bewundernd genannt.

Im konservativen England war es geradezu ein Skandal, dass eine junge Frau aus gutem Hause innerhalb des rauen Soldatenlebens agierte. Zeitweise verköstigten die Schwestern bis zu 4.000 Männer und innerhalb von drei Monaten versorgten die Schwestern etwa 10.000 Soldaten mit Kleidung und Gebrauchsgütern. Die mit Bravour gemeisterte Aufgabe machte Nightingale zu Hause berühmt. Ihr hervorragendes Organisationstalent und ihre Führungsqualitäten wurden von der englischen Regierung erkannt, denn sie stand in engem Kontakt mit dem britischen Kriegsminister Sidney Herbert. Zunächst hatte man an einen schnellen Erfolg des Krieges geglaubt, aber schließlich blieb Nightingale zwei Jahre lang ins Skutari.

Am 8. September 1855 war Sewastopol nach monatelanger Belagerung gefallen. Die Russen hatten sich zurückgezogen, und das baldige Ende des Krieges stand bevor. Der Sieg Englands, Frankreichs und Italiens über Russland war nur noch eine Frage der Zeit. In diesem Frühjahr ging die Sterblichkeit in den Lagern dank Nightingales Einsatz deutlich zurück. Im Mai 1855 segelte Nightingale mit einigen Helfern von Skutari durch den Bosporus nach Balaklava. Auf der Krim angekommen, erwarteten sie die gleichen Zustände und Probleme, die sie vor Monaten in Skutari vorgefunden hatte. Das Personal war verwahrlost und kam seinen Pflichten nicht nach. Die Zustände in den Krankenabteilungen waren schlimm. Nach wenigen Wochen erkrankte Nightingale an einem schweren Fieber. Sie wurde nach Skutari zurückgebracht, wo sie sich erholte. Schon vom Krankenbett aus nahm sie den Kampf gegen die Verwahrlosung von Spitälern und Kasernen auf und entwarf Pläne und Pflegevorschriften für die zivile und militärische Krankenpflege. Als im Juli 1856 der letzte Patient das Lager verlassen hatte, reiste auch Nightingale von Konstantinopel über Frankreich nach England zurück. In England gab es nach dem Krieg eine Untersuchungskommission, die feststellte, dass die zahlreichen Opfer in den Laza-

---

[16] Beckmann/Stoß, Evangelische Frauen, Brief von Nightingale an Herbert vom 8. Januar 1855, 65.

retten im Winter 1854/55 hätten vermieden werden können, wenn das englische Sanitätswesen besser vorbereitet gewesen wäre. Nightingale mischte sich in die Diskussion ein. Ihr lag nicht allein die Reform der Krankenpflege am Herzen, sondern auch das Sanitätswesen der britischen Streitkräfte. Sie befasste sich mit Statistiken, wertete diese systematisch aus und erstellte zahlreiche Listen über Sterblichkeit und Infektionskrankheiten. Außerdem listete sie die Zahlen der englischen Kriegstoten, die Zahl derer, die an Infektionskrankheiten und die Zahl derer, die an ihren Verletzungen starben, auf.[17] Das erschütternde Ergebnis war, dass im Gegensatz zur französischen Armee die meisten Soldaten der Engländer aufgrund von Infektionskrankheiten gestorben waren und nicht an den Folgen des Krieges. Nightingale hielt daher sanitäre und weitere Reformen in der britischen Armee für unabdingbar. Doch die Reformen kamen nur schleppend in Gang. 1857 durfte sie endlich vor dem Untersuchungsausschuss der Regierung berichten. Aufgrund ihrer Statistiken konnte sie beweisen, dass die Sterblichkeit in einem Krankenhaus gefährlicher sein konnte als der Einsatz im Krieg.

Nach ihrer Rückkehr nach England veröffentlichte Florence Nightingale ihre Erfahrungen in einem Buch, den „Notes of Hospital“ (Bemerkungen über die Hospitäler), das 1859 erschien. Darin vertrat sie die provokante These, dass die Sterblichkeit in den Krankenhäusern deswegen so hoch war, weil die hygienischen Zustände so schlecht waren. Das Buch wurde in den kommenden Jahren ins Deutsche, Französische und Italienische übersetzt. 1860 fasste Nightingale ihre pflegerischen Grundsätze in den „Notes on nursing“ (Bemerkungen über die Krankenpflege) zusammen, die sich vor allem an die Hausfrauen wandten, die zuhause Kranke zu versorgen hatten.

Sechs Monate nach Erscheinen ihres Buches „Notes on nursing“, am 15. Juni 1860, gründete Nightingale aus Mitteln einer Geldsammlung ehemaliger Soldaten des Krimkriegs am St. Thomas-Hospital in London eine Ausbildungsstätte für Krankenpflegerinnen.[18] Die „Nightingale Training School for Nurses“ war die erste Schwesternschule in England, in der die Ausbildung zur Krankenschwester unter ärztlicher Anleitung und nach modernen wissenschaftlichen Maßstäben erfolgte. Die Ausbildung dauerte 12 Monate. Die theoretische Ausbildung erfolgte in Lehrsälen, die praktische am Krankenbett. Die Schwestern wohnten in einem Wohnheim in der Nähe des Krankenhauses. Die Patienten waren hauptsächlich die Armen der Gesellschaft. Sie mussten sich, soweit als möglich, an den Behandlungskosten beteiligen. Daneben gründete Nightingale eine Hebammenschule, in der junge Frauen in sechs Monaten zu Hebammen für Hausgeburten ausgebildet wurden. Nach Beendigung des Krimkrieges wurde sie auf Grund ihrer erworbenen Erfahrungen die wichtigste Beraterin des Kriegsministers in Fragen des Lazarettwesens.

---

[17] Vgl. Werner Legere, Schwester Florence, Berlin 1956, 84.
[18] Vgl. Cecil Woodham-Smith, Florence Nightingale, München 1952, 349.

Damit ging Nightingale in die Geschichte als Begründerin der modernen Krankenpflege ein. Ihr größter Triumph war die Anerkennung der Krankenpflege als Lehrberuf, trotz heftiger Widerstände. Ihre größten Gegner waren die Ärzte, von denen die meisten nichts von Krankenschwestern hielten und es als überflüssig ansahen, sie auszubilden. Nightingale erreichte die Anerkennung und Wertschätzung des Berufs der Krankenschwester. Das Ansehen der Krankenschwestern und Hebammen stieg, weil sie aufgrund ihrer Ausbildung ihren Dienst besser leisten konnten.[19]

Nightingale erholte sich von den Strapazen des Krimkrieges nur schwer. Oft musste sie monatelang das Bett hüten. Aber sie gönnte sich keine Ruhe, sondern arbeitete unermüdlich für die Reform der Krankenhäuser. „Niemand kann für die Armee fühlen wie ich ... . Ich mußte sehen, wie „meine Kinder" in schmutziger Wolldecke und alten Regimentshosen lagen; ich mußte sehen, wie sie ernährt wurden mit ungekochtem Salzfleisch, und 9.000 meiner Kinder liegen – aus Ursachen, die hätten verhindert werden können – in ihren bereits vergessenen Gräbern."[20] Weiter stand sie in Briefkontakt mit Caroline Fliedner in Kaiserswerth: „Das Leben, wie ich es führen muss, ist mir oft schwer. ... Nur wird mein Körper immer schwächer, und ich verlasse jetzt mein Zimmer nicht mehr."[21] 1862 schrieb Nightingale: „Ich habe die letzen vier Jahre zwischen vier Wänden zugebracht, ... und ich meine, es ist keine andere Aussicht, als dass meine Gesundheit immer schlechter und schlechter wird, bis die Stunde meiner Erlösung schlägt. Aber ich habe seit meiner Rückkehr nach England vor fünf Jahren jede Stunde des wachen Lebens zur Arbeit für die Wohlfahrt der Armee, zu Hause wie einst im Ausland, verwendet und nicht eine Stunde der Freundschaft oder dem Genuß gegönnt, sondern alle der Arbeit. Für diese Arbeit ist der Tod meines lieben Chef, Sidney Herbert, ein verhängnisvoller Schlag gewesen."[22]

In den folgenden Jahren und Jahrzehnten widmete sich Nightingale nach Kräften der Verbesserung der öffentlichen Krankenpflege. Durch ihr Vorbild im Krimkrieg nahm sie Bestrebungen des Roten Kreuzes vorweg. Sie gilt als Wegbereiterin des von dem schweizerischen Philanthropen Henri Dunant (1828-1910) am 22. August 1864 gegründeten Roten Kreuzes. Er wurde 1859 auf einer Geschäftsreise in Oberitalien zufällig Augenzeuge der Schlacht von Solferino. Schockiert vom Elend der Verwundeten und der Hilflosigkeit der Sanitätskräfte, versuchte er zu helfen. Aus dem Einzelhelfer wurde bald der Organisator der Helfenden. Immer mehr Leute schlossen sich ihm an. Er richtete behelfsmäßige Spitäler ein und organisierte die Verpflegung. Trotz seiner Bemühungen starben viele. 1862 veröffentlichte er seine Erlebnisse in „Erinne-

---

19 Vgl. Anna Sticker (Hrsg.), Die Entstehung der neuzeitlichen Krankenpflege. Deutsche Quellenstücke aus der ersten Hälfte des 19. Jahrhunderts, Stuttgart 1960, 44.

20 Nightingale am 9. Februar 1857, in: Beckmann/Stoß, Evangelische Frauen, 66 f.

21 Nightingale an Caroline Fliedner am 6. Dezember 1860, in: A.a.O., 67 f.

22 Tagebuch 1862, in: A.a.O., 67.

rungen an Solferino". Er verbreitete darin den Gedanken, in allen Nationen Hilfsvereine für den Fall eines Krieges zu gründen und außerdem ein gemeinsames internationales Abzeichen für Helfer zu finden, damit diese nicht verletzt werden. Dunant reiste in Europa von Regierung zu Regierung und erreichte schließlich, dass im Oktober 1863 die erste Genfer Konferenz stattfand. Man einigte sich auf ein gemeinsames Symbol: das Rote Kreuz im weißen Feld. Ein Jahr später unterzeichneten zwölf europäische Staaten die erste Genfer Konvention. Das internationale Komitee vom Roten Kreuz erhielt seinen Sitz in Genf. Es folgten weitere Vereinbarungen, die bis heute von fast allen Staaten der Welt unterzeichnet wurden. In der islamischen Welt fand es seine Entsprechung im grünen Halbmond. 1901 erhielt Henri Dunant (gemeinsam mit Frédéric Passy) den ersten Friedensnobelpreis. Den Anteil Florence Nightingales an der Gründung des Roten Kreuzes drückt ein Zitat von Henri Dunant 1872 aus: „Wohl bin ich der Gründer des Roten Kreuzes und der Schöpfer der Genfer Konvention. Aber die Ehre, die mir deswegen zuteil geworden ist, habe ich mit einer englischen Frau zu teilen. Was mich während des Krieges von 1859 dazu brachte, nach Italien auf das Schlachtfeld von Solferino zu gehen und dort zu helfen, war das große Vorbild, das Florence Nightingale uns auf der Krim gegeben hatte."[23]

1907 erhielt Florence Nightingale als erste Frau vom englischen König Edward VII. den „Orden für hohe Verdienste um das Britische Reich und die Menschheit". Im folgenden Jahr, mit 87 Jahren, wurde sie Ehrenbürgerin der Städte London und Florenz, zahlreiche weitere Ehrungen für ihr Lebenswerk, der Organisation der englischen Kriegskrankenpflege, folgten. Bedeutend darunter war die Würdigung durch das Rote Kreuz, das ihre Verdienste um die Versorgung der Kriegsverletzten ehrte. Florence Nightingale schuf den Beruf der gut ausgebildeten, fachlich und charakterlich qualifizierten Krankenschwester.[24] Sie wurde zu einem Beispiel selbstloser Menschenliebe und blieb bis ins hohe Alter ihren Jugendidealen treu. 1910 feierte die von ihr gegründete Krankenpflegeschule St. Thomas ihr 50-jähriges Jubiläum. Nightingale starb im Alter von 90 Jahren am 13. August 1910 in London. Man hatte vor, sie im Westminster zu begraben. Das war der bescheidenen Frau allerdings zuviel Rummel, sie hatte es sich testamentarisch verbeten.

Florence Nightingale ist in Deutschland eine weitgehend Unbekannte geblieben. Es gelang ihr, wie nur wenigen Frauen ihrer Zeit, die Grenze des weiblich-privaten Raums zu überschreiten und sich im bis dahin verbotenen männlich-öffentlichen Raum zu behaupten. Der Grund für ihre Anerkennung dürfte darin liegen, dass die selbstlose Krankenpflege „ur-weibliches" Terrain ist. So blieb Nightingale auf weiblichem Boden, während sie ihren Spiel-Raum erfolgreich bis weit in die männliche Hälfte hinein erweiterte. Im Kampf gegen Vorurteile und Anfeindungen von verschiedenen Seiten baute Florence Nightingale

---

23 Vasold, Nightingale, 231 f.

24 Vgl. Lucy R. Seymer, Geschichte der Krankenpflege, Stuttgart 1936, 107.

bei unvorstellbar schlechten hygienischen Verhältnissen ein organisiertes Pflegesystem auf. Ihr Verdienst ist die Gründung der neuzeitlichen Krankenpflegeausbildung. Mit Beharrlichkeit und hohem Fachwissen verschaffte sich Nightingale den Respekt der Männer in der Armee. Unerschütterlich blieb sie ihrem Ruf treu, für andere da zu sein. Dadurch schärfte sich ihr Blick für die grundsätzlichen Defizite in der Krankenpflege im militärischen und später im zivilen Bereich.

ILONA SCHEIDLE

Clara Barton (1821-1912)

Clara Barton. Aufnahme von 1897.

Ihr mutiger Fronteinsatz während des Amerikanischen Bürgerkrieges wurde nicht nur zur Legende, er prägte ihren Beinamen „angel of the battlefield" und begründete auch das Verehren dieser Philanthropin als Nationalheldin. Am 9. Juni 1881 konstituierte Clara Barton die Rote-Kreuz-Gesellschaft der USA und führte die Vereinigten Staaten von Nordamerika mit dem Ratifizieren der Genfer Konvention durch Präsident Chester A. Arthur am 1. März 1882 aus dem isolationistischen Milieu der Monroe Doktrin der Gemeinschaft internationale Politik betreibender Staaten zu.

Bekannt ist Clara Barton als Pionierin der Krankenpflege und des Sanitätsdienstes, weniger publik hingegen sind ihre Rollen als erster weiblicher Diplomat[1] der USA, als Bildungsreformerin, Feministin und Verfechterin von Bürgerrechten für Schwarze sowie als Initiatorin von internationalen Katastrophenhilfsprogrammen.[2]

1. Helfen als Passion und Profession – ein Curriculum Vitae

Drei Jahre nach ihrem erzwungenen Rücktritt vom Präsidentschaftsamt des amerikanischen Roten Kreuzes, legte Clara Barton 1907 mit sechsundachtzig Jahren ihre Autobiographie „The Story of My Childhood" vor. Darin resümierte sie: „You have never known me without work, and you never will. It has been a part of the best religion I had."[3] Als sie am 12. April 1912 in Glen

---

[1] Angesichts ihrer Einzigartigkeit als bürgerliche Frau im 19. Jahrhundert Eingang in die männliche Domäne außenpolitischer Diplomatie gefunden zu haben, scheint mir die Benennung als „weiblicher Diplomat" treffender zu sein, als das sprachliche Feminisieren des damals exklusiv maskulinen Gegenstandbereiches der Diplomatie.

[2] Elisabeth Brown Pryor, Clara Barton. Professional Angel, Pennsylvania/Philadelphia 1987, IX.

[3] Elisabeth Brown Pryor, Clara Barton. National Historic Site Maryland. Handbook 110, Washington D.C. 1981, 17.

Echo (Maryland), Sitz des Amerikanischen Roten Kreuzes (ACR), verstarb, blickte die Neunzigjährige nicht nur auf ein erfolgreiches Arbeitsleben zurück. Ihre Tätigkeiten hatten die ledige und kinderlose Frau darüber hinaus an den wichtigsten Ereignissen des 19. Jahrhunderts persönlich Anteil nehmen und sie mit so unterschiedlichen Menschen wie beispielsweise der amerikanischen Feministin Susan B. Anthony, dem farbigen Bürgerrechtskämpfer und Minister für Haiti Frederick Douglass, dem Bürgerkriegsgeneral Benjamin Butler oder Kaiser Wilhelm I. verkehren lassen.

Ihre Erwerbstätigkeit begann 1839.[4] Nachdem die Siebzehnjährige ihr Lehrerinnenzertifikat erhalten hatte, unterrichtete sie in heimischen Einraumschulen. Nach elf Jahren wechselte sie 1850 zum Studium an das Liberal Institute in Clinton (New York) und hatte Anteil am freigeistigen und intellektuellen Milieu der damaligen Neuenglandstaaten. 1852 gründete sie trotz kommunaler Widerstände eine der ersten „public school" in Bordentown (New Jersey). In diesem Lebensabschnitt wies sie mehrere Eheanträge mit dem Argument zurück, sie erkenne für sich eine höhere gesellschaftliche Nützlichkeit außerhalb der Mutterschaft.[5]

1854 wechselte sie an das amerikanische Patentamt in Washington D.C. und nahm als erste Frau den Posten eines Sekretärs an; damals war sie die einzige weibliche Beschäftigte der U.S.-Regierung überhaupt. Im Bürgerkrieg (1861-65) engagierte sie sich zunächst für die Soldaten der Union. Durch ihren unerbittlichen Einsatz für Verwundete – im Kampfgeschehen wie bei der Administration bis hin zum Präsidenten – wurde ihr 1864 die Leitung der Krankenschwestern übergeben; zugleich wurde sie mit der Organisation des Sanitätswesens beauftragt. Bei Kriegsende war sie 1865 mit dem Einrichten eines „National search for missing soldates" beschäftigt und gemeinsam mit Dorance Atwater für das Andersonville Memorial (Georgia) engagiert.

Nach einem Nervenzusammenbruch führte sie eine Erholungsreise von 1869 bis 1873 nach Europa: Sie bereiste Korsika, das Geburtsland ihres Vorbildes Napoleon, England, die Schweiz, Deutschland, Italien und erhielt Kontakt mit dem Internationalen Komitee des Roten Kreuzes von Henry Dunant (1828-1910). Im Deutsch-Französischen Krieg arbeitete die Fünfzigjährige 1870/71 als neutrale von außen kommende Person für die Badische Schwesternschaft des Roten Kreuzes unter dem Protektorat der Großherzogin Luise von Baden (1838-1923), zu der eine lebenslange Freundschaft entstand.

Sanatoriumsaufenthalte, publizistische Tätigkeiten und Öffentlichkeitsarbeit für die Idee des Roten Kreuzes prägten die Zeit ihrer Rückkehr. Ihr Engage-

---

[4] Vergleiche im Folgenden: http://www.bautz.de/bbkl/b/barton_c.shtml (13. Juli 04), Patrick Allitt, Clara Barton (1821-1912), in: Woman in World History. A Biographical Encyclopedia II, Waterford CT 1999, 197 – 201, Foster Rhea Dulles, The American Red Cross. A History, New York 1950, Cathy East Dubowski, Clara Barton: Healing the Wounds, 1991.

[5] Ishbel Ross, Angel of the Battlefield, New York 1956, 17.

ment, ab 1877 die Ratifizierung der Genfer Konvention und den Beitritt der USA in das Internationale Rote Kreuz zu erwirken, endete 1882 erfolgreich mit ihrer Wahl zur ersten Präsidentin der neu gegründeten Gesellschaft. 1883 übernahm sie kurzfristig die Leitung des Reformfrauengefängnisses in Sherborn (Massachusetts). Als die USA 1884 das Abkommen für internationale Katastrophenhilfe unterzeichnete, folgten neben den nationalen auch internationale Hilfseinsätze vor Ort, welche sie bis zu ihrem achtzigsten Lebensjahr bei Natur- und Kriegskatastrophen durch die USA nach Kuba, Armenien und Russland führten.[6]

Auf Anraten und äußeren Druck hin, gab die zweiundachtzigjährige Clara Barton 1904 „ihre“ Präsidentschaft des Red Cross an die jüngere und strukturierter arbeitende Mabel Boardman ab; damit endete ihr persönliches Regiment in der anwachsenden Organisation. Im folgenden Jahr gründete sie die National First Aid Society, deren Leitung sie noch für sieben Jahre – bis zu ihrem Tode 1912 – inne hatte.

2. Familiäre Konstellationen

Nach eigener Bezeichnung war Clarissa Harlowe Barton ein „Christkind“[7], schließlich war sie am ersten Weihnachtsfeiertag, am 25. Dezember 1821 in North Oxford (Massachusetts) geboren. Damals kam sie in die Welt von Erwachsenen, denn sie war das jüngste und um zehn Jahre nachgeborene Kind der fünf Nachkommen des wohlhabenden Farmers Captain Stephen und dessen Ehefrau Sarah (Stone) Barton.

In der Retrospektive ihrer Lebenserinnerungen bezeichnet Clara sich als introvertiertes und zurückgezogenes Mädchen. Ihre Kindheit fasste sie mit dem Satz „there was nothing but fear“[8] zusammen. Dennoch entwickelte sie sich, aus dem Kreis ihrer Familie hinausgehend, zu einer mutigen und energisch in die aktuelle Tagespolitik eingreifende Frau, die von sozialen Brennpunkten ausgehend, ihre Zeit nach ihren Vorstellungen gestaltete. Dafür notwendige Muster können durchaus in vorhandenen familiären Strukturen gesehen werden, die darüber hinaus von Clara um ihren entschiedenen Willen erweitert wurden.

Sie war ein scheues und emotional instabiles Mädchen, das mit acht Jahren von seinen Eltern auf das Internat der Oxford High School geschickt wurde, damit es abhärte.[9] Auf die Trennung reagierte Clara mit Essensverweigerung und magerte so stark ab, dass ihre Eltern intervenierten. Ihr Vater verkaufte das Land an die Söhne David und Stephen und zog mit Frau und Clara auf eine (dreihundert Acre) Farm bei French River. Dies ermöglichte ihr eine für Mädchen ungewöhnliche Kindheit. Gelehrt wurden ihr nicht die damenhaften

---

6 Vgl. Susan Sloate, Clara Barton. Founder of the American Red Cross, New York 1990.

7 David H. Barton, Clara Barton. In the Service of Humanity, Greenwood Westport 1995, 25.

8 Brown Pryor, Handbook, 16.

9 Ross, Angel, 8.

Dinge wie singen, sondern handfeste und aktive Tätigkeiten wie tünchen, schreinern, melken und reiten. Während ihr Vater, ein Veteran der Indianerkriege, ihr das Reiten ganz vorzüglich beibrachte, verwehrte er ihr im Gegensatz dazu aus religiösem Ansinnen den Tanzunterricht.[10] Sie lernte dabei früh den Erfordernissen des Lebens auf praktische und unsentimentale Weise entgegen zu treten und zeitgenössische Grenzen des Standes und der Geschlechterrollen zu überschreiten.

Ihre Mutter war nervös und psychisch instabil. Sie schlief nicht länger als bis drei Uhr morgens und konnte durch einen nächtlichen Anfall die Tagesarbeit von zwei Menschen vernichten. Ihre Brüder entwickelten sich mit Hilfe von Stephens mathematischer Begabung und Davids Organisations- und Leitungstalent auf der erworbenen Familienfarm zu Pionieren der Spinnereitechnik und führten die Familie in die Gesellschaftsschicht erfolgreicher Fabrikanten. Die Schwestern Sally und Dorothy (Dolly) waren Lehrerinnen, die jedoch aus familiären Gründen ihren Beruf nicht ausübten, sondern als nicht entlohnte mithelfende Familienangehörige den brüderlichen Haushalt bewirtschafteten. Sie leisteten quasi die unentbehrliche Reproduktionsarbeit im Organisieren des Hauswesens und der Bediensteten, ohne welche die traditionale Ökonomie des „Ganzen Hauses" nicht hatte existieren können.

Für Clara Bartons Lieblingsschwester Dolly war dies besonders schmerzlich, da sie nach intellektueller Entwicklung strebte, die ihr das brüderliche Hauswesen verwehrte. Als sie später an einer Paranoia erkrankte, da deutete Clara Barton dies in privaten Äußerungen als Reaktion auf diesen nicht erfüllten Lebenstraum. In der Öffentlichkeit blieb Clara Barton der Familie gegenüber loyal und äußerte sich zu keinem der heiklen Themen, auch nicht dazu, dass sie von ihrem elften bis dreizehnten Lebensjahr als Krankenschwester für ihren Bruder David tätig gewesen war. Sie hatte sich damals autodidaktisch das Handwerkszeug für ihre späteren Tätigkeiten im Sanitätsdienst angeeignet.[11]

Tendenziell waren die Bartons Universalisten; sie waren Menschen, die mit ihrem vorhandenen materiellen und geistigen Vermögen den Erfordernissen ihrer Zeit entgegen traten. Eine hohe Arbeitsmoral charakterisierte die Frauen und Männer ihrer Familie, die durchaus auch mit neuen Wegen experimentierten. Dies kam Clara im Laufe ihres Lebens zustatten: Die familiäre Intervention in ihre Internatszeit ermöglichte Clara eine individuelle Entwicklung. Die eingeführte unbekannte Spinnereitechnik der Brüder ließ die Bartons zu Industriellen werden. Und als sie beispielsweise nach ihrer Schulausbildung in Oxford ihre Arbeit im familiären Betrieb aufnahm und auf dem Firmengelände eine Schule für die Arbeiter- und Arbeiterinnenkinder in der Spinnerei einrichtete, war dies eine willkommene Initiative. Schließlich konnte man von Arbeitskräften, die

---

[10] Ross, Angel, 7: „Civil War officers found it a challenge to ride with her. ... More than once she saved her skin on the battelfield by a last-minute dash on horseback, when she had stayed to tend the wounded until the Confederates were close at hand."

[11] Brown Pryor, Handbook, 16.

zumindest geringfügig gebildet waren, eine höhere Produktivität erwarten als von ungebildeten.

Konkret begann sie ihre Arbeit als Lehrerin in dem als Schulraum genutzten Firmensaal mit dem gemeinsamen Lesen der Bibel. Ihren guten Ruf als Lehrerin erwarb sie sich durch die von ihr aufgebauten persönlichen Beziehungen zu ihren Schützlingen, die sie als „my boys and girls" beschrieb.[12] Von diesen erwartete sie ein ehrenhaftes Verhalten, was sie durch eine lebensnahe Maxime vermittelte: Sie sollten so gerade wie ein Ziegelstein sein. Ihr Unterricht im Lesen und Schreiben und den grundlegenden Rechenkünsten zeichnete sich durch eine große Beteiligung und hohe Disziplin aus. Als junge Lehrkraft gewann sie mit ihrer Schule die höchste Auszeichnung für Disziplin, welche die Verwaltung ihres Schuldistriktes vergab, denn ihre Schulkinder lernten ohne willkürliche Bestrafung. Ihr Unterricht zeichnete sich durch die Abwesenheit von damals üblichen Bestrafungsmaßnahmen aus.

Die Offenheit, neue Wege zu gehen, schloss in ihrer Großfamilie auch die weiblichen Angehörigen ein: Eine ihrer Cousinen, Elvira Stone, war die erste Frau im „Post Office" in Worcester Country (Massachusetts). Das heißt sie zählte als „postmistress" zu jenen ersten Frauen des Postzustellwesens, die das maskuline Feld dieser Erwerbsarbeit den Frauen nachfolgender Generationen eröffnete.

3. „Pay equal to a man's pay" – Protagonistin in einer von Männern dominierten viktorianischen Gesellschaft

Nachdem sie über zehn Jahre als Lehrerin die unterschiedlichsten Klassen und Schwierigkeitsstufen unterrichtet hatte, sehnte sich Clara Barton nach einer Schule, in der sie selbst noch etwas Neues lernen konnte. Akademien für Frauen waren allerdings rar. Sie wählte das Clinton Liberal Institute in Clinton (New York). Dort belegte Barton möglichst viele und verschiedene Lehrveranstaltungen. So hörte sie im liberal geprägten Klima der Neuenglandstaaten der 1830er und 1840er Jahre von Ralph Waldo Emersons Philosophie der menschlichen Freiheit, vom theologischen Ablösen von den tradierten evangelikalen Lehren, von William Lloyd Garrisons Anklagen gegen die Notstände der versklavten Schwarzen und von den Proklamationen von Frauen wie Elizabeth Cady Stanton (1815-1902), welche die Lage von Frauen nur graduell besser bewerteten als die der Sklaven.

Nach ihrer Weiterbildung unterrichtete sie in Bordentown zunächst an einer Privatschule. Mit dem Hintergrund der Erfahrung, die sie in ihrer firmeneigenen Schule gesammelt hatte, warb Barton in Briefen, über die Presse und durch Vorträge für die Gründung einer sogenannten „Free School", die als öffentliche und kostenfreie Bildungseinrichtung allen Kindern der Gemeinde den Besuch einer Schule ermöglichen sollte. Obwohl die Gemeinde sich ihrem Ansatz zu-

[12] „They (die Schützlinge I.S.) were all mine. Second only to the claims and interests of the real mothers. A. a. O., 18.

nächst widersetzte, die Wohlfahrtspflege mit der Bildungsfrage zu koppeln, setzte sich Clara Barton mit ihrer Sicht der Dinge durch. Ein neuer sozialpolitischer Weg wurde beschritten: In angemieteten Räumen begann sie mit sechs Kindern den Elementarunterricht kostenfrei anzubieten. Bereits im ersten Jahr erhöhte sich die Zahl der Schülerinnen und Schüler auf sechshundert, so dass ein gemeindeeigenes Schulhaus errichtet werden musste. Mit der Führung von sich vergrößernden Gruppen war Barton durch die von ihr gegründeten Schule im Familienbetrieb vertraut. Damals hatte sie mit ungefähr 125 Mädchen und Knaben gemeinsam in der Bibel gelesen und war zudem noch für die betriebliche Buchhaltung verantwortlich gewesen. Trotz dieser Kompetenz wurde der ursprüngliche Erfolg in Bordentown für Barton zur Niederlage. Denn für die Verantwortlichen war es undenkbar, eine Schule dieser Größe von einer Frau leiten zu lassen; auch nicht von derjenigen, die sie erkämpft und in der Gründungsphase durch ihre unbürokratische und personenorientierte Führung erfolgreich geleitet hatte. Die Gemeindeväter stellten einen Mann für die Schulleitung ein. Barton war nicht willens diese Diskriminierung qua Geschlecht öffentlich zu tolerieren. Sie war keineswegs bereit, die ihr gesellschaftlich zugewiesene nachrangige Rolle, die „zweite Geige“, zu spielen. Ferner war es für sie inakzeptabel, materiell dem Manne nachrangig behandelt zu werden: „I may sometimes be willing to teach for nothing ... but if paid at all, I shall never do a man's work for less than a man's pay.“[13] Infolge dieser Auseinandersetzungen erkrankte sie psychisch und verließ den Ort.

Nach ihrer Genesung nahm sie in den Jahren 1854 bis 1856 und von 1860 bis 1862 eine Arbeit im Patentamt in Washington D.C. an. Auch hier war sie die einzige Frau. Als weiblicher Sekretär leistete sie zwar hervorragende Arbeit, wurde aber von ihren männlichen Kollegen als Eindringling und unerwünschte Konkurrentin behandelt. Sie tolerierte hingegen die korrupten Machenschaften ihrer Kollegen nicht, sondern legte sie offen. Dabei scheute sie keinen Eklat. Auch wenn ihr die Arbeit unerträglich gemacht wurde, ließ sie sich nicht zermürben und beschwerte sich an höheren Stellen, die ihr die notwendige Protektion gewähren konnten und gewährten. Dies änderte sich allerdings ab 1856 für vier Jahre, als ihr die konservative Buchanan-Administration den Dienst mit dem Argument quittierte, wenn beide Geschlechter in einem Arbeitsraum tätig wären, würde die Disziplin unterwandert werden.

Als interessierte Beobachterin des politischen Lebens war sie in der folgenden Zeit in Washington oft auf der Galerie des Kongresshauses anzutreffen. Dadurch war sie eine über die aktuelle Politik gut informierte Person. Die erworbenen Kenntnisse konnte sie 1861 für ihre Cousine Elvira Stone erfolgreich einsetzen, als diese ihren Arbeitsplatz bei der Post an einen Mann abgeben sollte. Barton selbst war ab 1860 unter einer liberalen Regierung wieder beim Patentamt angestellt worden. Nun agierte sie politisch, indem sie die Diskrimi-

---

[13] Brown Pryor, Handbook, 18.

nierung ihrer Cousine öffentlich machte und konnte dadurch deren Arbeitsplatz erhalten.

Clara Barton verstand sich nicht dezidiert als Frauenrechtlerin, die Diskriminierungserfahrungen auf Grund des weiblichen Geschlechts als strukturelles Problem erfasste und sich mit einem feministischen Bewusstsein zum gemeinschaftlichen Handeln mit anderen für eine geschlechtergerechtere Gesellschaft einsetzte.[14] Zwar kannte sie namhafte Feministinnen wie Susan B. Anthony und veröffentlichte mit ihr 1876 auch bekannte Frauenbiographien, doch sah sie sich nicht als Aktivistin im Geschlechterkampf.[15] Sie war eine aufmerksame Beobachterin der amerikanischen Frauenbewegung, auch des Fanals in Seneca Falls von 1848, [16] doch trat sie nie auf einer Demonstration der Suffragetten als deren Rednerin oder Pamphletschreiberin auf. Dennoch war sie dem feministischen Anliegen bis ins hohe Alter derart verbunden, dass sie auf ihrem Alterssitz in Glen Echo ein Fest für vierhundert Feministinnen ausrichtete.

Clara Barton handelte nach eigenen Gesetzen, die liberal-humanistisch motiviert waren. „I must have been born believing in the full right of woman to all the privileges and positions which nature and justice accord her in common with other human rights. Perfectly equal rights – human rights."[17] Es waren weniger Rechtstheorien oder Argumente einer auf polarisierter Verschiedenartigkeit von männlicher und weiblicher Lebenswelt basierenden Geschlechterkonzeption, die ihr Engagement motivierten. Vielmehr war es ein unternehmerischer Pragmatismus und radikaler Gerechtigkeitssinn, der sie Begrenzungen von Frauen durch hierarchische Geschlechterrollen bekämpfen ließ. Als sie beispielsweise in den späten 1870er Jahren während eines Sanatoriumsaufenthalts die Ärztin Harriet Austin und ihre Reformkleidung, ein miederloses Kleid mit eingebundenen Hosen, kennen lernte, überzeugten sie die vielen Taschen und die Beweglichkeit „just as free and easy as a gentleman"[18].

Die Leistung Clara Bartons bestand in ihrem selbstbewussten Engagement, das sie zu einer Pionierin auf dem Weg der Emanzipation des weiblichen Geschlechts werden ließ. Sie hat keine Schriften verfasst, in denen sie explizit die Geschlechter- und Standeshierarchie anmahnte oder feministische Rechtsforderungen stellte. Vielmehr hob sie in ihren Erfahrungs- und Erfolgsberichten die

---

14 Gerda Lerner, Die Entstehung des feministischen Bewußtsein, München 1993, 30.

15 Brown Pryor, Handbook, 10.

16 Fünf Quäkerinnen hatten zum 19. Juli 1848, zum ersten amerikanischen „Frauenrechtskongreß – ein Kongreß zur Diskussion über die gesellschaftlichen, bürgerlichen und religiösen Rechte der Frau" in die Wesleyan-Kapelle von Seneca Falls (New Yorck) eingeladen. Als eine der Rednerinnen forderte Elizabeth Cady Stanton die unveräußerlichen Menschenrechte für Frauen und das uneingeschränkte Wahlrecht. Die Versammlung gilt als Beginn einer organisierten Frauenbewegung in den USA. Vgl. Eleanor Flexner, Hundert Jahre Kampf. Die Geschichte der Frauenrechtsbewegung in den Vereinigten Staaten, Frankfurt a.M. 1978, 122-153.

17 Brown Pryor, Handbook, 18.

18 A.a.O., 34.

gewinnbringende Nützlichkeit weiblichen Tuns für die staatliche Entwicklung hervor. Verständlich wird so einerseits ihr Verweis auf Professionalität von Frauenarbeit – auch der weiblich konstruierten karitativen Arbeit – und andererseits erlebte sie selbst, dass gewinnorientierte Argumentationen keine legitimierte Partizipation am Staatswesen sui generis hervorbrachten. Leistungsvorgaben seitens von Frauen gingen nicht selbstverständlich mit dem Erwerb von unveräußerlichen Rechten und gesellschaftlicher Teilhabe einher. Trotz Fleiß mussten Frauen den Preis wie Lebensraum und –rechte erkämpfen und stets auf ein Neues einfordern und verteidigen.

4. Die „Florence Nightingale of America" – Sanitäts- und Vermisstensuchdienste im nordamerikanischen Bürgerkrieg

Mit Ausbruch des amerikanischen Bürgerkrieges erwachte Clara Bartons väterlich inspirierter Patriotismus: „If I can't be a soldier, I'll help soldiers"[19]. Sie wandte sich zunächst „der weiblichen Seite des Krieges" zu, dem Krisenmanagement hinter der Front. Ihr persönlicher Einsatz war zunächst situativ und punktuell. So griff sie beispielsweise ein, als im April 1861 ehemalige Schüler von ihr in einem Konvoi verwundeter Soldaten keine Notfallversorgung erhielten. Für ihre „boys" mobilisierte sie ihre Verbindungen; sie schrieb mit Erfolg unzählige Unterstützungsgesuche und Hilfsbriefe an Familien und politische Freunde. Ihren „boys" konnte geholfen werden und ihre Wohnung entwickelte sich immer mehr zu einem logistischen Zentrum und Lager, in dem Nachrichten über die Namen, den Aufenthaltsort und den Gesundheitszustand der Soldaten eingingen. Ferner wurde bei ihr notiert welche Dinge benötigt wurden und wie sie verteilt werden konnten.

Der Organisation von Hilfs- und Krankenpflegediensten hatten sich vor Clara Barton bereits Louisa Maria Alcott, Walt Whitman, Frances Dana Gage und besonders Mary Ann Bickerdyke und Dorothea Dix gewidmet. Letztere war mit ihrem „Department of Female Nurses" zwar eine geeignete Kooperationspartnerin für das Kriegsministerium und für die Sanitäts-Kommission, mit denen Barton zusammenarbeitete und deren Kontakte sie für Dix vermittelte, aber das Department war keine Organisation, in die sich Barton unterordnen wollte. Die rigiden Reglements zum Schutze der Weiblichkeit erinnerten stark an die von Dix gegründeten Sonntagsschulen und hätten die Eigenwilligkeit der Vierzigjährigen zu sehr begrenzt.

Bereits im Herbst 1861 dachte Barton über einen Fronteinsatz nach. Sie zögerte jedoch, bis die Militärkommission von Massachusetts ihr im Spätsommer 1862 offiziell genehmigte, ihren patriotischen Dienst, auch als Reiterin, im Kampfgeschehen auszuüben. Ihr unermüdlicher Einsatz, die Feldlazarette mit Medizin, Verbandsmaterial und Chloroform auszustatten, brachte ihr den Ehrennamen „the Florence Nightingale of America" ein.[20] Schließlich war es jene

---

[19] A.a.O., 23.
[20] Allit, Barton, 198.

englische „Lady mit der Lampe“ gewesen, die 1851 im Auftrag des englischen Militärs das Lazarettwesen im Krimkrieg bis zur Erschöpfung organisiert und damit die Todesrate von 42 auf 2 Prozent reduziert hatte.[21] Für Clara Barton waren die Schlachtfelder von Fredericksburg im Mai 1864 ihre Krim. Ihr größter Einsatz forderte von ihr und ihren Helferinnen, die Katastrophe von 50.000 verwundeten und gefallenen Soldaten zu versorgen.

In ihrem 1892 veröffentlichten Gedicht „The women who went to field“ verarbeitete sie ihre Erfahrung, als Frau auf dem Schlachtfeld eine Grenze konventioneller Weiblichkeitskonstruktion überschritten zu haben. Sie stellte die Klischees von betenden, weltfernen und hypersensiblen Salongeschöpfen, deren Platz das eigene Haus zu sein habe, dadurch infrage, dass sie Fakten aufzählte, die auf dem Feld anderes gezeigt hatten: „The Women Who Went to the Field ... And they went, – here did they go? – Ah; where did they not?/ Show us the battle, – the field, – or the spot./ Where the groans of the wounded rang out on the air./ That her ear caught it not, and her hand was not there.“[22] In ihrem Gedicht benannte sie einige namhafte Frauen wie Dix, Dame, Bickerdyke und andere, die stellvertretend für die unzähligen Frauen des freiwilligen Pflegedienstes während der Kriegsjahre über sich selbst hinausgewachsen waren. Gleichwohl brachte sie die große Unwissenheit der Frauen über die sichtbar gewordenen Gräuel zum Ausdruck. Sie schloss daraus auf deren Mut und Tapferkeit, dennoch gepflegt und durchgehalten zu haben. Auf Bartons rhetorisch gestellte Frage, wofür die Frauen gekämpft hätten, führte sie die göttlich gesäte Saat – die Pflicht – an. Mit der Zusage, dass Mütter und Ehefrauen diese Schlacht jederzeit wieder schlagen würden, schloss sie: „They would stand with you now, as they stood with you then,/ The nurses, consolers, and saviours of men.“

Clara Barton knüpfte an bestehende Typisierungen der Geschlechterrollen an, arbeitete mit ihnen und dehnte deren Radius aus. Indem sie sich beispielsweise als „everybodys old maid aunt“[23] ansprechen ließ, ermöglichte ihr diese an einen familiären Ton anknüpfende Redewendung den unkomplizierten Umgang mit Offizieren und Quartiermeistern auf dem Feld.

Während des Krieges übernahm Clara Barton die Aufgabe, den Angehörigen in der Heimat über die Lage und den Verbleib der Soldaten Bericht zu erstatten. Nach den Kampfhandlungen widmete sie sich der Suche von Soldaten, die nicht aus dem Feld zurückgekommen waren. Vier Jahre lang informierte ihr „Office of Correspondence with Friends of the Missing Men of the United States Army“ über 22.000 Familien über den Verbleib von Vermissten. Mit Unterstützung von Dorence Atwarter, einem ehemaligen Kriegsgefangenen von Andersonville, machte sie die Namen von Soldaten ausfindig und transparent, die während der unmenschlichen Zeit der Kriegsgefangenschaft in Anderson-

---

21 Vgl. Monika Zeilfelder-Löffler, Florence Nightingale (1820-1910).

22 http://www.nps.gov/clba/chron3/fieldpoem.htm (13. Juli 04).

23 Brown Pryor, Handbook, 26.

ville verstorben waren und konnte dadurch vierhundert Gräber identifizieren.[24] Im Kriegsministerium wurde dieses Vorgehen als illoyal bewertet, wodurch ihr Ansehen schwand. Als allerdings bekannt wurde, dass sie den Nationalen Suchdienst auf eigene Kosten aufgebaut hatte, wurde ihre Person rehabilitiert. Das notwendige Geld für den Aufbau hatte sie von einem zurückgewiesenen Heiratskandidaten erhalten, der ihr 10.000 Dollar aus seinem Vermögen schenkte, das er während des Goldrausches erworben hatte. Ein Gesuch an Präsident Abraham Lincoln, ihren Suchdienst in einen offiziellen Status zu erheben, wurde unmittelbar vor dessen Tod positiv entschieden. Zugleich wurde die Einrichtung vom Congress im März 1866 mit 15.000 Dollar ausgestattet.[25]

5. Internationale Hilfsorganisationen und Rotes Kreuz

Physisch und psychisch entkräftet, reiste Clara Barton auf ärztliches Anraten 1869 zur Erholung und zur Kur nach Europa. Zunächst gemeinsam mit ihrer Schwester Dolly, nach dem ersten Jahr allein. Hier lernte sie, vermittelte durch ihren Bekannten Dr. Louis Appia, das von dem Genfer Philanthropen und Schriftsteller Henry Dunant ins Leben gerufene Rote Kreuz kennen. Sein Buch über die Schrecken der Schlacht bei Solferino von 1859 sensibilisierte Europa für Fragen über die Neugestaltung des Lazarett- und Sanitätswesens im Kriegsfall. Empört erfuhr Barton, dass die USA nicht zu den 222 Staaten zählten, welche die Genfer Konvention von 1864 unterzeichnet hatten, obwohl sie an drei Gesprächen zur Konstituierung des Roten Kreuzes teilgenommen hatten. Dies wollte sie ändern. Doch vor ihrer Rückreise in die USA begann am 19. Juli 1870 der Deutsch-Französische Krieg. Mit ihrer neuen Freundin Antoinette Margot unterstützte sie die transnationale Arbeit des Schweizerischen Roten Kreuzes. Zunächst arbeitete sie mit Freiwilligen in Basel, die Pflegematerial herstellten. Darüber hinaus lernte sie die systematische Logistik der Lagerung und Versendung von Notmaterialien, von Freiwilligen und von Krankenschwestern unter der Flagge des Roten Kreuzes kennen. Auf eigene Initiative reiste sie in die Kampfgebiete bei Mülhausen, sie sah das Leiden der flüchtenden Zivilbevölkerung und geriet zwischen die Kampflinien. Eine aus ihren Kleidern selbst hergestellte Rot-Kreuz-Binde, die sie am Arm trug, war ihre erste Arbeitskleidung für die internationale Organisation.

Im September reiste sie ins Großherzogtum Baden und besuchte dort einige Lazarette. Hier lernte Clara Barton Großherzogin Luise von Baden, geborene Prinzessin von Preußen, die Gründerin des Badischen Frauenvereins von 1859 kennen. Sie beschrieb diese als „full bloom of grace and power ... at once modest and assured."[26] Hohe Anerkennung fand sie für das Schloss, das als Lazarett organisiert war: In geordneten Reihen lagen verwundete Soldaten in der Halle, die durch die Männer- und Frauenhilfsdienste des badischen Roten

---

24 A.a.O., 33.

25 http://www.nps.gov/clba/chron3.html (13. Juli 04).

26 Ross, Angel, 133.

Kreuzes medizinisch versorgt wurden. Beide Frauen entwickelten eine lebenslange Freundschaft, die bis zu Bartons Tod dauerte.[27]

Mit Hilfe von Großherzogin Luise von Baden wurde sie gezielt als neutrale Person in der humanitären Organisation in Baden eingesetzt. Nach dem Fall von Straßburg arbeitete Barton wieder unter verwundeten Menschen. Nun begann für sie „a phase in military observation new, even for me", denn die Hälfte der Verwundeten waren Frauen.[28] Für die Organisation der freiwilligen Hilfsleistungen von Frauen, die kostengünstig in Arbeitsräumen Hilfspakete zusammenstellten, brachte sie ihre Erfahrungen aus dem amerikanischen Krieg mit ein. Für ihren Einsatz war auch ihr guter Kontakt zum elsässischen Gouverneur, dem preußischen Fürsten Otto von Bismarck, von Vorteil. Ihm schrieb sie am 9. Dezember 1870 einen Brief mit folgender Selbsteinschätzung: „I'm neither a diplomatist nor political counselor; I am only a maker of garments for the poor."[29]

Nach ihrer Rückkehr in die USA begann ihr Engagement als Lobbyistin für das Rote Kreuz. 1878 publizierte sie „The Red Cross of the Geneva Convention. What It Is" und erklärte „This compact embraces four principles, viz: centralisation, preparation, impartiality, and >solidarity<„.[30] Nach insgesamt vier Jahren besetzte sie nicht nur die Präsidentschaft der neu gegründeten Gesellschaft des American Red Cross (ARC), dessen Vertragsratifizierung sie erwirkt hatte. Als Präsidentin des ARCs wurde die über Sechzigjährige nicht nur zur nationalen Repräsentantin dieser Organisation, ihre Leistungen auf dem internationalen Plateau erwirkten darüber hinaus, dass sie offiziell zur Repräsentantin der Regierung der Vereinigten Staaten von Amerika beauftragt wurde. Der Kongress bescheinigte ihr „The skills of a statesman, the heart of a woman"[31]. Als erster weiblicher Diplomat vertrat sie die USA auf vier internationalen Konferenzen des Roten Kreuzes: Genf (1884), Karlsruhe (1887), Wien (1897) und St. Petersburg (1902).

Ihr Engagement wurde international unter anderem mit folgenden Auszeichnungen gewürdigt: Eisernes Kreuz, Kreuz von Russland, Masonic Emblem, Medaille des Internationalen Roten Kreuzes, eine Topazbrosche der Großherzogin von Baden.

Ihre Einsätze auf nationaler Ebene waren bei verschiedenen Katastrophen gefordert: 1881 beim Waldbrand in Michigan, 1882/84 bei den Flutopfern in

---

[27] Ein Gebinde mit Band und einen von der Großherzogin verfassten Nachruf, der für die Blätter des Badischen Frauenvereins gedruckt worden war, ließ die Königliche Hoheit an Stefhen [sic] E. Barton nach dem Hinscheiden seiner Tante schicken. Generallandes Archiv Karlsruhe: Geheimes Kabinett der Großherzogin Luise von Baden, Baden 69, Nr. 1176: Das Hinscheiden der Miss Clara Barton im April 1912 betr.

[28] Ross, Angel, 114.

[29] A.a.O., 117.

[30] Blanche Colton-Williams, Clara Barton. Daughter of Destiny, London/Philadelphia/NY 1941, 445.

[31] Brown Pryor, Handbook, 52.

Ohio und Mississippi, 1883 beim Tornado in Louisiana und Alabama, 1886 bei dem Erdbeben von Charlston (South Carolina), 1888 beim Gelbfieber in Jacksonville (Florida), 1889 bei der Flutkatastrophe Johnstown (Pennsylvania), 1893 bei dem Hurrican in Sea Island, 1900 bei der Hurricanopferhilfe in Galveston (Texas). Nach Unterzeichnung des Abkommens für internationale Katastrophenhilfe engagierte sie sich 1892 bei der Hungerkatastrophe in Russland, 1896 im türkisch-armenischen Kriegsgebiet, 1898 in Kuba während des Spanisch-Amerikanischen Krieges. Bei diesem Einsatz verteidigte die Hochbetagte die schwarzen Mitarbeiterinnen und Mitarbeiter des ARC bei rassistischen Reaktionen. Barton knüpfte dabei an ihre Arbeit am Ende des Bürgerkrieges an, als sie in leer stehenden Scheunen Selbstbewusstseintrainings mit befreiten Sklaven durchgeführt hatte.

6. „Professioneller Engel"

Von ihrer Herkunft war Clara Barton liberal im Glauben; sich selbst beschrieb sie als „well-disposed pagan"[32]. Die Motivation zur sozialpolitischen Arbeit entsprang ihrem Wunsch, tätige Nächstenliebe zu praktizieren. Diese war nicht auf das momentane Lindern von Not fixiert, sondern als Hilfe zur Selbsthilfe konzipiert. Und zum Teil gehörte dazu bereits ein Präventionsprogramm bei Naturkatastrophen.

Als „Engel der Schlachtfelder" sorgte sie nicht nur für ihre eigene Bezahlung und die ihrer mitarbeitenden Kräfte, sondern auch für ihr Image: Ein Feldbrief von Dr. James I. Dunn beschrieb Clara Bartons unerschrockenen Einsatz während des Bürgerkriegs im zeittypischen familiären Sprachgebrauch als „homely angel". Die Veröffentlichung dieses Briefes machte ihre Arbeit in weiten Kreisen bekannt. Sie selbst zitierte diesen Brief ebenfalls in ihren Veröffentlichungen – allerdings mit einer kleinen Kürzung – aus „homely angel" war „holy angel" geworden.[33]

Angesichts ihres unermüdlichen Engagements für die tätige Nächstenliebe auf professionellem Niveau scheint ihre Beschreibung als „professioneller Engel"[34] durchaus schlüssig.

---

[32] Ross, Angel, 12.

[33] Brown Pryor, Handbook, 25.

[34] Brown Pryor, Professional, 1.

Carla Kramer

Wilhelmine Canz (1815-1901)

Wilhelmine Canz. Aufnahme um 1890 von Ed. Nädelin, Nürtingen, Mutterhaus Großheppacher Schwesternschaft.

Wer in der ersten Hälfte des 20. Jahrhunderts in Württemberg eine „Kinderschule" besuchte, wurde mit großer Wahrscheinlichkeit von einer Großheppacher Schwester betreut. Auch in der Folgezeit, als die Schar der aktiven Schwestern immer kleiner wurde, blieb doch die von der Schwesternschaft getragene Ausbildungsstätte für Erzieherinnen landauf landab eine bekannte und anerkannte Institution und behauptet auch in der heutigen pädagogischen und gesellschaftlichen Umbruchzeit gegen manche innere und äußere Schwierigkeit ihren durchaus wegweisenden Platz.

Ohne Leben und Profil blieb im allgemeinen Bewusstsein dagegen die Person der Gründerin, auch wenn sie innerhalb der Schwesternschaft in hagiographischer Verklärung und Vereinfachung als „Mutter Canz" ihren Platz gefunden hat. Die eigentlich epochale Bedeutung des Lebenswerks von Wilhelmine Canz ergibt sich erst aus der Gesamtschau. „Zu einem Zeitpunkt – so A. von Hauff – wo derartige Anstalten in der Regel von Männern gegründet wurden, beweisen diese beiden Frauen (Regine Jolberg und Wilhelmine Canz) den Mut zu Initiativen, die ihresgleichen suchen. Es gibt im 19. Jahrhundert keine von Frauen gegründete mit den beiden Werken vergleichbare Institution."[1]

Dieser „Mut zu Initiativen", dieses unbeirrte gradlinige Durchsetzen eigener, völlig neuer und zukunftsträchtiger Ideen gegen alle Widerstände und ganz auf sich gestellt, macht Wilhelmine Canz gerade für unsere Zeit reizvoll und wichtig, so fremd, so wenig sympathisch sie uns auf den ersten Blick auch erscheinen mag.

Unscheinbar in der äußeren Erscheinung, demütig und bescheiden im Auftreten nahm Canz sich als Person stets völlig zurück – nicht von ungefähr ist außer einem Foto der Greisin keinerlei Bild von ihr vorhanden. Daneben steht

---

[1] Adelheid M. von Hauff, Regine Jolberg (1800-1870). Leben, Werk und Pädagogik. „Das ganze Wesen der Kinderpflege ist Liebe" (Veröffentlichungen des Diakoniewissenschaftlichen Instituts 13), Heidelberg 2002, 206.

jedoch eine absolute, bisweilen selbstgerecht-überheblich wirkende Gewissheit, stets und immer durch Bibelworte zur richtigen Entscheidung geführt worden zu sein. Hinzu kam die schon erwähnte außergewöhnliche Kraft, sich ganz eigenständig die einmal gesetzten Ziele zu erarbeiten, was außer einem „männlich“ scharfen Intellekt auch eine große Portion echter, zu jener Zeit völlig „unweiblicher“ Furchtlosigkeit erforderte. Canz selbst drückt dies in einer einprägsamen Kindheitserinnerung aus: Die kleine Wilhelmine und ihr Bruder Karl glaubten beide lange Zeit, dass man Kinder je nach Bedarf in Mädchen- oder Knabenkleider stecke und nur durch diese Kleidung das Geschlecht bestimmt sei. Als die Schwester dem Bruder einmal „etwas nachmachen wollte“, bekam sie von ihm den Verweis: „Ach, das kannst du jetzt noch nicht, das lernst du erst, wenn du einmal ein Bub wirst.“ Und, so fährt Canz fort: „weil ich später wirklich eine Art ‚Bub‘ hab werden müssen, ist mir das Wort merkwürdig geblieben.“[2]

Auch für eine Gesamtdarstellung ihres Lebens und Wirkens sind wir stark auf die zwei Bände des autobiographischen „Rechenschaftsberichts“ angewiesen, dem obiges Zitat entstammt.[3] Dazu kommen für die Großheppacher Zeit die von Canz verfassten Jahresberichte und die Reste ihrer reichen Korrespondenz mit den auswärts tätigen Schwestern.[4] Die Briefe aus der früheren Zeit, die zusammen mit dem übrigen dokumentarischen Nachlass seit dem Zweiten Weltkrieg verschollen sind, sind wenigstens in Auszügen in Artur Wenkes Dissertation[5] erhalten.

1. Werden und Wachsen

Wilhelmine Canz wurde am 27. Februar 1815 in Hornberg im Schwarzwald geboren. Beide Eltern stammten aus Württemberg, und da enge Beziehungen zu den Verwandten in Tübingen und Göppingen bestanden, verspürte schon das Kind Wilhelmine einen „starken Zug nach Schwaben“.[6]

Der Vater Gottlieb Canz, der aus einer bekannten Theologenfamilie stammte, hatte sich den Erwartungen, diese Tradition fortzuführen, entzogen und war Apotheker geworden. Mit 32 hatte er dann noch ein Medizinstudium begonnen und war nun in Hornberg (Baden) als Oberamtsarzt tätig. Christine Cronmüller aus Schorndorf, seine zweite Frau, war bei der Eheschließung bereits 36 Jahre alt und geprägt durch die Jahre, in denen sie die Erziehung von zehn Neffen und Nichten mitgetragen hatte.

---

[2] Wilhelmine Canz, Giebt es einen lebendigen Gott? Antwort mit Zeugnissen. I, o.O. 1896, 34.

[3] Vgl. Canz, lebendigen Gott I.

[4] Alle im Archiv des Mutterhauses der Großheppacher Schwesternschaft, Weinstadt-Beutelsbach.

[5] Artur Wenke, Junghegeltum und Pietismus in Schwaben. Dissertation Bern 1907.

[6] Canz, lebendigen Gott I, 32.

Wilhelmine wuchs zusammen mit dem zwei Jahre älteren Bruder Karl auf – ein jüngerer Bruder fand als Kleinkind unter tragischen Umständen den Tod, ungewollt mit verursacht durch die harten Erziehungsgrundsätze der Mutter. Die ganze Liebe des Mädchens galt dem Vater, den sie schon als Neunjährige verlieren sollte. Gottlieb Canz war Arzt aus innerer Berufung, der bei der Ausübung seiner Tätigkeit weder sich noch seine Familie schonte. Er nahm mit großer Selbstverständlichkeit die kleine Tochter mit, wenn er kranke Kinder besuchte, was zur Abhärtung des Mädchens beitrug. Bruder Karl allerdings behielt einen bleibenden Augenschaden zurück, als der Vater den neuen Pockenimpfstoff zuerst an seinen Kindern ausprobierte.

Das zwiespältige Verhältnis zu ihrer Mutter hat zweifellos eine Schlüsselfunktion in Canz' Persönlichkeitsentwicklung. Man hat stark den Eindruck, dass sie die Mutter eher aus Pflichtgefühl liebte – auch die süßliche Bezeichnung „lieb Mütterchen", die sie in den Erinnerungen häufig verwendet, kann nicht den Eindruck ursprünglicher Gefühle vermitteln. Die Erwachsene ließ keinen Zweifel daran aufkommen, dass sie die Erziehung der Mutter rückblickend guthieß, dass sie sich ohne Einschränkung deren Autorität beugte. Dennoch meint man bei den Kindheitserinnerungen die Empörung und den Schmerz des begabten Kindes zu spüren, dessen innere Entfaltung erbarmungslos gestutzt, dessen Gefühls- und Temperamentsregungen weitgehend unterdrückt und auf das Idealmaß eines braven Kindes reduziert wurden. Keine Unart blieb unbemerkt und ungestraft, so dass die Mutter für das Kind ganz „Gottes Allwissenheit" repräsentierte und in ihm ein „gewaltiges Sündenbewusstsein" weckte.[7]

Dies ist auch insofern bemerkenswert, als die Mutter nach Aussage von Canz keineswegs besonders religiös war, sondern wie der Vater auch „Kind ihrer Zeit", geprägt vor allem von Christian Gellert (1715-1769), dessen Fabeln sie auswendig konnte und oft rezitierte. „Ich besitze noch heute gewisse Büchlein aus meiner Mutter Jugendjahren" schreibt die Tochter ziemlich herablassend, „die mich sattsam orientiert haben über den supranaturalen Gesichtskreis, in dem sie aufgewachsen ist. Von der Bibel und von einem Heiland ist in diesen Büchlein nicht eben viel die Rede, wohl aber von viel Tugend und hohen Genüssen der Erkenntnis und des Willens".[8]

Den eigentlichen Ursprung des „Sündenbewusstseins" und des Bildes eines strengen, strafenden Gottes verbindet Canz in der Rückschau mit einem Schlüsselerlebnis, das sie im sechsten Lebensjahr nach einer bedrohlichen Keuchhusten-Erkrankung hatte: „Auf unserm lieben Kirchhof sprang ich einst mit des neuen Stadtpfarrers Kindern. Der Atem blieb dahinten. Ich stürzte. Der erste Gedanke war: jetzt mußt du sterben! ... dann: wenn du aber stirbst, kommst du in den Himmel oder in die Hölle? ...

---

7 A.a.O., 29 f.

8 A.a.O., 22.

Und die Höllenangst packte mich mit eisernen Krallen. Es that sich ein Abgrund vor mir auf ... Ich merkte von da an, daß das Auge des Lebendigen mich überwache".[9]

Zu der wohl über das zeitübliche Durchschnittsmaß hinausreichenden Strenge der Mutter kam noch die Vorzugsrolle, die der Bruder von klein auf hatte. „Ich wuchs nur so nebenher auf, weil ich gesünder (als der Bruder) war."[10] Was das Kind dabei empfand, bleibt offen – Eifersucht jedenfalls ist nicht zu spüren, zumal die männliche Vorrangstellung damals als ganz selbstverständlich angesehen wurde.

Gerechtigkeit, Sicherheit und moralische Maßstäbe bot die Mutter; einen Widerhall der eigenen Neigungen und Interessen fand die Tochter jedoch bei ihr nicht. Nach des Vaters Tod wurde dann Bruder Karl mehr und mehr Vertrauter und geistiger Mentor des Mädchens. Immerhin legte die Mutter den ungewöhnlichen geistigen Ambitionen der Tochter nie Hindernisse in den Weg, ja verhalf ihr unter Opfern sogar zu einer soliden schulischen Ausbildung.

Das war alles andere als selbstverständlich, nachdem die Witwe allein für die beiden Kinder sorgen musste. Die Mutter zog bald nach dem Tod des Vaters nach Tübingen, dem Wohnort ihrer Verwandten, wo sie sich und die Kinder mühsam durchbrachte. Das Sparenmüssen während dieser Jahre prägte Canz' Wesen und Lebensstil entscheidend und machte materielle Bedürfnislosigkeit zu ihrer zweiten Natur.

Nicht so leicht ließ sich der schulische Ehrgeiz unterdrücken. Der Unterricht in Hornberg war nicht gut gewesen; nach einigen Nachhilfestunden fand Canz aber doch Anschluss an das Niveau der Tübinger Mitschülerinnen und gleichzeitig erwachte in ihr die Freude am Lernen. Dazu kam das Bewusstsein, wie schwer es der Mutter fiel, das Geld für die Stunden zusammenzubringen. Rechnen fiel Canz am schwersten, sie war aber auf der andern Seite die einzige Schülerin, die sich für „die Realien", d.h. den naturwissenschaftlichen Unterricht begeisterte. Ihre Neigungen wie auch ihre Hauptbegabung lagen jedoch auf literarisch-philosophischem Gebiet. Bald durfte Wilhelmine Canz auch an zusätzlichen Privatstunden einiger Professorentöchter teilnehmen, so dass sie mit großem Eifer arbeitete und die Freude der Lehrer wurde, die das echte Interesse und Verständnis ihrer Schülerin spürten. Als einzige Teilnehmerin der Privatstunden wurde sie von einem Lehrer aufgefordert, an seinen Vorträgen über Ästhetik in einem Kreis erwachsener junger Damen teilzunehmen. Auch dort zeichnete sie sich aus, zog sich aber am Ende des Kurses ganz aus dieser Umgebung zurück, da in ihr die Erkenntnis gewachsen war, „daß es für das Kind einer Witwe jedenfalls besser sei, nur mit seinesgleichen umzugehen".[11] Sie suchte allerdings auch nicht nach neuen Kontakten zu „ihresgleichen", son-

---

9 A.a.O., 33 f.

10 A.a.O., 21.

11 A.a.O., 52.

dern beschäftigte sich in den freien Stunden intensiv mit der Lektüre „der schönen Literatur aller Zeiten und Völker".[12]

Dass sie kein Bücherwurm wurde, dafür sorgte die Hausarbeit, bei der sie der Mutter an die Hand ging, und nicht zuletzt ihre große Naturliebe, die sie bei jeder Gelegenheit ins Freie, meist auf den Tübinger Österberg führte. Natur und Landschaft waren auch das häufigste Thema ihrer Malstudien, die sie mit großer Ausdauer betrieb. (Die Reproduktion eines ihrer Aquarelle hat sich in der Biographie von Max Cantz erhalten.[13])

Durch ihren Bruder Karl, der in Tübingen Theologie studierte, kamen viele Studenten ins Haus. Obwohl sie mit diesen jungen Leuten vor allem philosophische und theologische Streitgespräche führte, wozu sie die ausführlichen Belehrungen und Vorträge Karls befähigten, wurden doch auch Gefühle in ihr wach, allerdings ohne weit zu führen. Die Neigung eines Hallenser Studenten nahm sie selbst nie ernst, und ihre eigene stille Neigung zu einem Freund des Bruders wurde von ihr sofort unterdrückt, als sie von der Verlobung des jungen Mannes erfuhr. Fortan scheint für Canz der Entschluss zur Ehelosigkeit festgestanden zu haben, denn spätere Anträge wurden von vornherein nicht in Betracht gezogen. Die Altersgenossinnen nannten sie schon früh „die Altbackene".[14]

Die Ursachen dieses zurückgezogenen „unjugendlichen" Wesens sind leicht zu finden. Canz selbst spricht von dem Stolz, der sie dazu trieb, den Verkehr mit den jungen Mädchen aus dem ästhetischen Studienzirkel abzubrechen, weil sie als Tochter einer armen Witwe nicht dazugehöre. Dass sie mit den Mädchen aus ihren eigenen Kreisen wenig Kontakt pflegte, lag in ihrem wissensdurstigen, suchenden Geist begründet, der in Lektüre und Studien mehr Befriedigung fand als in den konventionellen Veranstaltungen, bei denen die jungen bürgerlichen Mädchen ihrem Lebensziel, einem Ehemann, näher kommen wollten. Noch im fortgeschrittenen 20. Jahrhundert rätselt ihr Biograph Max Cantz über die Ursprünge der „an einem weiblichen Wesen immerhin auffallenden Neigung zur Reflexion und zu überwiegend begrifflichem Erfassen der Religion"[15] – das lässt uns ermessen, wie fremd Canz hundert Jahre früher ihren kleinbürgerlichen Altersgenossinnen gewesen sein muss. Hinzu kam noch ihre Kränklichkeit, immer wiederkehrende Krampfhusten- und Erstickungsanfälle, die ihre Stimmung und Gedanken stets in ernste Bahnen lenkten und ihre Religiosität verstärkten.

Seit der Konfirmation, die sie in tiefem Ernst und voll Zweifel an ihrer Würdigkeit gefeiert hatte, besuchte Canz eine wöchentlich stattfindende religiöse Erbauungsstunde, die ganz auf dem Boden eines positiven, gemüthaften Christentums ruhte. Gleichzeitig unternahm ein Freund des Bruders, wie Karl ein

---

12 Ebd.

13 Max Cantz, Wilhelmine Canz, Kaiserslautern 1935.

14 Canz, lebendigen Gott I, 60.

15 Cantz, Canz, 23.

begeisterter Hegelianer, beharrliche Versuche, das junge Mädchen für dessen Philosophie zu gewinnen. Wie intensiv Wilhelmine Canz sich mit Friedrich Hegel (1770-1831) auseinander setzte, wie verlockend ihr das abgerundete Gedankengebäude erschien, wie schwer dadurch ihr inneres Gleichgewicht, ihr Seelenfrieden gestört war, beweisen ihre Briefe an den abwesenden Bruder. Sie lebte ihren eigenen Worten nach in einem Zwiespalt, und aus diesem ungelösten inneren Gegensatz zwischen analytischem Verstand und gemütsbetontem Glauben heraus suchte sie nach einer Lösung, nach Harmonie und Frieden. Es klingt überzeugend, wenn sie sich erinnert, wie sie im Gebet um göttliche Hilfe flehte; wenig überzeugend dagegen erscheint trotz allen Beteuerungen die darauf folgende göttliche Vision, wie sie von ihr selbst ein halbes Jahrhundert später beschrieben wird: „Es kam eine Stimme an mich heran, wie von fern her und doch nahe, unverstanden und doch lichtklar, wie ein holder Zephyr, bei dem mir unaussprechlich wohl und doch ganz sonderbar zu Mute wurde. Die Stimme sagte. Du wirst einst große Ehre im Himmel haben – aber nicht durch diese Philosophie, sondern durchs Gegenteil, die Überwindung derselben."[16]

Canz' Eingeständnis, dass dieser göttliche Fingerzeig „wie ein totes Samenkorn" liegen blieb, legt die Vermutung nahe, dass die ganze Vision im Rückblick erlebt (oder erfunden?) wurde, denn ganz offenkundig hatte ihr von der Hegelschen Philosophie faszinierter Verstand zu der Zeit noch die Oberhand über die Bedürfnisse und das Sehnen des Gemüts.

Es musste sie daher aufs tiefste treffen und verwirren, als der Bruder plötzlich eine radikale Wendung offenbarte und von ihr verlangte, sie möge gleich ihm fortan den ganzen Hegel verdammen, da er des Teufels sei. Die erstaunliche Sinnesänderung von Karl Canz hatte sich Mitte der dreißiger Jahre durch die Begegnung mit der Basler Mission und durch den Einfluss eines exzentrischen Studienfreundes vollzogen, der sich vom feurigen Hegelianer jäh zum eifernden Pietisten bekehrte. Karl fühlte sich stets zum Lehrer seiner Schwester berufen – obwohl sie ohne Zweifel die stärkere und vielseitiger begabte Persönlichkeit war. Er wurde ärgerlich und ungeduldig, wenn sie seine Ratschläge nicht sofort befolgte. Wilhelmines tiefe und dauernde Wandlung kam erst, als sie in ländlicher Umgebung ganz unter dem Einfluss des Bruders lebte. Karl Canz hatte 1839 seine erste Pfarrstelle in Buchenberg bei Königsfeld bekommen und Mutter und Schwester gebeten, ihm den Haushalt zu führen. Man gewinnt den Eindruck, dass die Schwester dem Bruder damals so unentbehrlich wurde wie er ihr.[17]

Anfangs bestand die gemeinsame Lektüre nur aus den deutschen und europäischen Klassikern; mehr und mehr machte sich aber das pietistische Gedankengut bemerkbar. Verstärkend zur Neigung des Bruders trat der Einfluss der nahen Herrnhuter Brüdergemeine in Königsfeld und die Schriften der Basler

---

[16] Canz, lebendigen Gott I, 62.

[17] A.a.O., 79.

Mission. Über die Gedanken der Mission „that sich ihr Herz auf"[18], die innere Wende wurde vorbereitet.

2. Ein Tendenzroman als göttlicher Auftrag

Der folgende Abschnitt in Canz' Leben lässt sich vom modernen Betrachter schwer oder gar nicht enträtseln. So sehr sie sonst bereit war, die eigenen Motive und auch Verirrungen zu durchleuchten, so sehr versteifte sie sich bezüglich ihres Romans, den sie als Werkzeug des himmlischen Willens ansah, in penetrante Rechthaberei und peinliche Selbstüberschätzung. Unverzeihlich bleibt die persönliche Diffamierung des ideologischen Gegners in dem leicht durchschaubaren Schlüsselroman; dass sie sich auch hier starr auf göttliche Federführung berief, bleibt ein unbegreiflicher Makel.[19] Ein Theologe, der sie 1875 in Großheppach kennen lernte, sah in ihr seine Erfahrung bestätigt, dass es einen Fanatismus der Frömmigkeit gibt, durch den auch der klarste Verstand irre geleitet werden kann.[20]

Das auslösende Moment für Canz' schriftstellerisches Tun war der Bericht von einer Vorlesung des Philosophen Friedrich Theodor Vischer (1807-1887), in der neben anderen Äußerungen angeblich das Wort gefallen war: „Der Mann, den man Gott nennt." Dieses Wort traf Wilhelmine Canz tief, die sich inzwischen vom Reiz der Philosophie freigemacht und ganz des Bruders positive, stark mystisch gefärbte Religiosität übernommen hatte. Sie verspürte aus ihrem Innersten heraus die Berufung, einen Roman zu schreiben, um, wie es in einem Brief heißt, die Hegelianer zu züchtigen. In einer Vision „rief plötzlich eine Donnerstimme zu mir: das sollst Du thun! Sie durchschüttelte mich vom Kopf bis zu den Fußsohlen. Ich wußte nicht, was das sei, nur dunkel wälzte sich von diesem Augenblick an ein Chaos in meinem Innern, es müsse ein Buch werden, das ihnen (den Hegelianern) diesen Spiegel vorhalte."[21]

Nachdem der Entschluss einmal gefasst war und Bruder und Mutter ihre Einwilligung gegeben hatten, machte sich Canz an das ungewohnte Unterfangen. Ihrer eigenen Darstellung nach, d.h., so wie sie sich ein halbes Menschenalter später erinnerte, war sie auch hier nur ein Werkzeug in der Hand Gottes, im Gehorsam auf Gott flossen ihr die Sätze aus der Feder. Nie verheimlichte sie allerdings, welch furchtbares Ringen mit Form und Inhalt diese selbstgewählte Aufgabe für sie darstellte. Als sie im Herbst 1844 über der schweren Arbeit schließlich erkrankte, sprach die Mutter ein Machtwort und das unfertige Manuskript wanderte für sieben Jahre in eine Abstellkammer.

---

[18] A.a.O., 78.

[19] Einzelheiten zu Inhalt, Problematik, literaturgeschichtliche Einordnung und Bewertung des Romans: Carla Kramer, Wilhelmine Canz , in: Lebensbilder aus Schwaben und Franken XIV, Stuttgart 1980, 317-349.

[20] Vgl. C. Mezger, Die Verfasserin von Eritis sicut Deus, in: Im Neuen Reich 6.1876, 86.

[21] Canz, lebendigen Gott I, 84.

In diese Zeit fiel auch der Umzug an den Kaiserstuhl – der Bruder hatte dort 1844 die Pfarrstelle von Bischoffingen erhalten. Der Platz im neuen Pfarrhaus war äußerst beengt, zumal gleich nach dem Umzug die verwaiste neunjährige Nichte Amalie ins Haus genommen werden musste. Um Mutter und Schwester bei sich behalten zu können, blieb Karl Canz daher weiterhin ledig, was die Schwester als „Gewissensstachel" empfand. Freilich machte sie die spätere Veränderung im Verhalten ihres Bruders auch nicht glücklich. Als Karl sich 1849 doch verlobte, war Wilhelmines Reaktion ziemlich säuerlich. Ebenso stellte die Hochzeit des Bruders im Mai 1850 für sie keine reine Freude dar. Noch tieferes Leid aber traf sie bald darauf durch den Tod der Mutter.

Ihre Niedergeschlagenheit fiel jedoch im Jahr 1851 plötzlich von ihr ab, um neuer, ungebrochener Schaffenskraft Platz zu machen. In einem visionären Erlebnis sah Wilhelmine Canz erneut ihren Auftrag von Gott bestätigt und begann sogleich mit dem Schreiben. Das fertige Manuskript sandte sie schließlich an den aus Stuttgart stammenden Sozialreformer, Literaturhistoriker, und Schriftsteller Viktor Aimé Huber (1807-1887) in Berlin, dessen Aufsätze über den christlichen Roman sie tief beeindruckt hatten. Bald kam die begeisterte Zustimmung Hubers, und mit seiner Unterstützung erschien 1853 in dem von Johann Hinrich Wichern (1808-1877) gegründeten Verlag des Rauhen Hauses in Hamburg der dreibändige Roman anonym unter dem Titel Eritis sicut Deus, also der Verheißung der Schlange im Paradies.[22]

Ihren von Gott gegebenen Auftrag hatte Canz darin gesehen, den Mitmenschen die zerstörerischen Auswirkungen der modernen Philosophie nachdrücklich vor Augen zu führen. Sie wollte daher bewusst ein krasses, bedrückendes Buch schreiben, um so die Leser zur Erkenntnis der verborgenen Gefahr, zur Wachsamkeit und notfalls Umkehr zu bewegen. Heraus kam ein teilweise schwülstiger Tendenz- und Schauerroman, der durchaus in der Tradition der Unterhaltungsliteratur des 19. Jahrhunderts stand, zugleich aber ein durchsichtiger Schlüsselroman war, der nicht nur persönliche Züge führender Junghegelianer aufwies, sondern auch aus dem Zusammenhang gerissene Zitate und Passagen aus deren Werken plump diffamierend in das Geschehen einflocht.

Als später Beitrag zu der harten Auseinandersetzung zwischen Pietisten und Hegelianern in Württemberg erlebte der Roman ungeheuren Widerhall. Die allgemein geäußerte Vermutung, der Roman müsse von einem philosophisch geschulten Geist aus der Umgebung Vischers verfasst sein, beweist (den diffamierenden Grundtenor einmal beiseite gelassen) die Brisanz und Treffsicherheit der Schilderungen und ist so gesehen ein erstaunliches Kompliment für die intellektuellen und gestalterischen Fähigkeiten der Verfasserin. Als Frau in dieser Zeit philosophische Zusammenhänge nicht bloß zutreffend dargestellt, sondern an manchen Stellen durchaus sarkastisch und spekulativ argumentiert und schließlich noch unerlaubte Leidenschaften in die Handlung eingearbeitet zu

[22] Vgl. Genesis 3, 5.

haben, das war etwas für damalige Verhältnisse höchst Außergewöhnliches – ein Skandalroman, der allerdings bald nur noch historisch interessant war.

In der Zeit der heftigen, erbitterten Kontroversen, die Canz aufs tiefste bedrückten, empfing sie erneut Trost und Bestätigung in religiösen Visionen. Zugleich war sie jedoch mit ihrem nüchternen und tatkräftigen Sinn auf der Suche nach einem neuen Betätigungsfeld. Der entscheidende Einschnitt kam mit dem überraschenden Tod des Bruders im Herbst 1854. Damit war Canz nun ganz auf sich gestellt, ledig aller Verpflichtungen, aber auch ohne Rückhalt und ohne Hilfe.

3. Die Kinderschule als Reich-Gottes-Arbeit

Schon Jahre vor der Veröffentlichung ihres Romans hatte Canz die Aufgabe angedacht, die sich allmählich zu ihrem Lebenswerk auswachsen sollte. Seit der Hinwendung zum Pietismus spürte sie ein „Drängen, daß ich nicht träge sein, sondern etwas schaffen solle fürs Reich Gottes“[23] . Durch Kontakte mit dem von Regine Jolberg gegründeten Mutterhaus für Kinderpflege in Leutesheim (ab 1851 Nonnenweier) trug Canz sich seit geraumer Zeit mit dem Gedanken an eine Kinderschule.

Mitten in den Revolutionswirren der Jahre 1848/49 kam dann die erste Schwester aus Leutesheim ins Canzsche Pfarrhaus, nicht unbedingt zur Freude der Bewohner, war sie doch ein verschüchtertes, ungeschicktes Wesen, das hier seine letzte Chance erhalten sollte. Unter Schwierigkeiten und gegen den Widerstand der Bevölkerung setzte Canz sich allmählich mit ihrer Kinderschule durch. Es war jedoch nur ein „armer, ja armer Anfang“, zuerst in größter Raumnot im beengten Pfarrhaus, später in einer Bauernstube.

Im Herbst 1850 besuchte Regine Jolberg die kleine Kinderschule und fragte bei Canz an, ob sie sich nicht für die Leitung eines neuen Mutterhauses in Württemberg zur Verfügung stellen wolle. Zu jener Zeit war Canz dazu noch nicht bereit. Nachdem jedoch ihr Roman fertiggestellt war, tauchte in ihrem Innern wieder das Ansinnen auf, den Anstoß zur Errichtung einer Anstalt für Erziehung von Kinderpflegerinnen zu geben und eine Hausmutter dafür zu suchen.“[24]

Im Anschluss an eine Kunst- und Bildungsreise in die Schweiz fuhr Canz weiter nach Stuttgart, um Prälat Sixtus Kapff für ihre neue Idee zu interessieren, bekam jedoch mehrfach nur eine eindeutige und demütigende Abfuhr. Er schrieb, ihr Vorhaben habe kein Fundament und „es sei auch gar nicht der Mühe wert.“[25]

Kapff änderte später seine Haltung und gestand ein, dass seine Abneigung gegen das von außen, dazu noch aus dem radikalen Baden Kommende hinter seiner harten Abfuhr gestanden hatte. Ein von Pfarrer Drehmann, dem Ver-

---

[23] Canz, lebendigen Gott I, 78.
[24] A.a.O.,157.
[25] A.a.O.,157, 162, 224.

trauten späterer Jahre, überliefertes Urteil Regine Jolbergs, Wilhelmine Canz sei etwas exzentrisch und nicht fest genug, mag bis zu Kapff durchgesickert sein. Vielleicht spielte auch die Ahnung ihrer Autorenschaft eine Rolle, denn die Pietisten, zu deren Verteidigung oder Verherrlichung das Buch ja geschrieben war, standen dem „sündhaften" Roman interessanterweise ebenfalls äußerst reserviert gegenüber.

Bei all dem dachte Canz aber nicht daran, in der neu zu gründenden Anstalt eine Führungsrolle zu übernehmen, sie wollte nur in freier Liebestätigkeit ein wenig mithelfen. Zunächst sollte ihre Nichte Amalie in Nonnenweier eine Ausbildung absolvieren. Canz selbst zog sich zu einer Cousine nach Göppingen zurück, um sich dort über die Einzelheiten ihres weiteren Lebensweges klar zu werden.

Äußerlich schlicht und unauffällig – auch in der Zeit voluminöser Damenmoden trug Canz nie eine Krinoline – machte sie sich in der Verwandtschaft nützlich. Obwohl die Familie nur Spott und Hohn für ihre Pläne übrig hatte, verlor Canz ihr Fernziel nie aus den Augen. Nicht nur bei Damenkaffees lachte man über ihre Idee, kostenlos Kinder von Bauernweibern hüten zu wollen, auch die kirchlichen Kreise verhielten sich weiterhin zurückhaltend. Nicht nur Prälat Kapff, auch der Pfarrer in Großheppach, der von ihren Plänen erfahren hatte und ihr ein Haus in seinem Dorf zum Kauf anbot, behandelte sie ziemlich unfreundlich, als er erfuhr, dass sie nicht reich sei und ihr Werk ganz im Vertrauen auf göttliche Hilfe beginnen wolle. Der Theologe hielt Canz und einer Cousine, die sie nach Großheppach begleitet hatte, „am Sonntagnachmittag auf seinem Sofa liegend eine Art Stunde, worin er Menschen zu schildern suchte, die faselnde Ideen hätten, etwas im Reich Gottes werden wollten und doch nicht wüßten, was."[26]

Unbeirrt hielt Canz jedoch an ihrem Plan fest, klein anzufangen, bis sich die Mittel und eine Hausmutter für eine größere Anstalt fänden. Bestärkt in ihrem Entschluss fühlte sie sich durch eine anonyme Spende von 50 Talern und dem Honorar von 200 Talern für die zweite Auflage des Romans – beides war für Canz Ausdruck der göttlichen Fürsorge. Der Kauf des kleinen Hauses, das unbewohnt war und etwas zerfallen aussah, kam nun durch die unerwarteten Mittel zustande. Allein bezog Wilhelmine Canz am 17. Oktober 1855 ihr neues Heim und fing in aller Stille mit der Kinderschule an – die Nichte Amalie kam erst eine Woche später. Der Pfarrer kündigte am Sonntag das neue Unterfangen im Gottesdienst ab; ansonsten blieben die beiden Frauen ganz auf sich gestellt, ohne Unterstützung vom Pfarrhaus oder vom Dorf.

Doch die Kinderschule erwies sich als lebensfähig und mit dem neuen Jahr kamen die beiden ersten Lernschwestern. So war denn, wie Canz feststellte: „der kleine arme Anfang unseres Mutterhäuschens gemacht, und es ging auch arm und schwach genug her".[27] Richtigen Mangel litten die Frauen nie, sehr hart

---

[26] A.a.O., 94.
[27] A.a.O.,188.

waren die ersten Jahre trotzdem.[28] Die Mädchen, die fortan nach Heppach kamen, waren meist arm und bezahlten keinerlei Kostgeld, so dass man ganz auf die Zinsen aus Canz' kleinem Kapital und auf milde Gaben angewiesen war. Lebensmittel lieferten das Gärtchen – später kam noch Vieh dazu – und Zuwendungen aus der Nachbarschaft. Schwerer waren Schuhe und Kleider für die ärmsten unter den Lernschwestern zu beschaffen. Der Ortspfarrer, der von den Kinderschuleltern Geld einzog, gab von diesem Fonds nichts ab, da Fräulein Canz ja alles in freiwilliger Liebe tun wolle. Nach einem demütigenden Bittgang beschloss Canz, sich überhaupt nie mehr um Hilfe an den Pfarrer zu wenden; ihr Stolz und ihre Selbständigkeit unterstützen sie bei diesem Entschluss. Es war ihr unerträglich, in der täglichen Fürsorge für ihre Schützlinge auf fremde Geldgeber und deren Vorstellungen Rücksicht nehmen zu müssen. So einfach es in dem kleinen Haus in Großheppach auch zuging, so hatte Canz doch von Anfang an präzise Vorstellungen, wie ein echtes Mutterhaus, eine echte Heimat für die Schwestern auszusehen habe.

Die Geldsorgen nahmen durch einen Prozess um das Erbe der Nichte und durch die Entwertung der eigenen Wertpapiere beängstigende Ausmaße an; dazu kamen schwere innere Anfechtungen der Nichte. Die in der Kinderpflege ausgebildete Amalie, auf deren Mithilfe die Tante sich angewiesen meinte, äußerte sich dieser gegenüber bereits im ersten Jahr niedergeschlagen: „daß der Herr dich gerufen hat, das glaube ich schon, aber ob auch ich nach seinem Willen hier stehe und arbeite?" Die Nichte litt unter den Verhältnissen und der völligen Vereinsamung weit mehr als ihre zielstrebige und asketische Tante. Heiratspläne tauchten in den nächsten Jahren immer wieder auf, wurden aber von Canz, die ihre fügsame Nichte völlig beherrschte, nie ernst genommen. Erst als Amalie Rhode in den sechziger Jahren in tiefe Depressionen verfiel und der Tante schwere Vorwürfe machte, begann diese ihren Irrtum einzusehen und bekannte: „weil ich selbst in meinem ganzen Willen und Wesen allen geschlechtlichen Beziehungen durchaus fremd geblieben bin, so habe ich vielleicht nach dieser Seite hin zu wenig Verständnis."[29] Nach einem langwierigen Prozess der Selbsterkenntnis reifte in der Tante die Erkenntnis, dass die Nichte in ihrem Haus am falschen Platz stand und sich innerlich aufzureiben drohte. Eine geschickt in die Wege geleitete Ehe mit einem verwitweten Pfarrer brachte 1874 die für beide Teile segensreiche Wende. Amalie fand ihr Glück in Ehe und Mutterschaft und ihre Tante entdeckte, dass Amalie durchaus nicht unersetzlich war.

Anders als die Nichte hegte Canz nie Zweifel und Fluchtgedanken, doch litt auch sie tief unter ihrer Einsamkeit. Dass die pietistischen Kreise in Württemberg sie mit „scheelen Augen ansahen", wusste sie nur zu gut, auch an das Unverständnis von Bekannten und Verwandten hatte sie sich gewöhnen müssen. Schwer zu tragen blieb es trotzdem, wenn gute Freunde ihr vorhielten, sie habe

---

[28] Drehmann, Mutter Canz in Großheppach, in: Licht und Leben 19, 1907, 123.
[29] A.a.O., 288, 2, 52.

alles nur angefangen, um anders zu sein als andere Leute, sie solle die ganze Sache aufgeben, die doch unfruchtbar und verloren sei.[30]

Der einzige Zuspruch kam von dem Sozialreformer Viktor Aimé Huber, der im Herbst 1857 mit seiner Frau auf der Durchreise nach Großheppach kam. „Ich hatte alle Ursache, meinem treuen Gott sehr dankbar dafür zu sein, daß er mir diese teuren, treuen Menschen gerade zu einer Zeit geschenkt hat, da ich noch so gar allein und von Menschen verlassen dastand. Der Herr wolle diesen beiden edlen Menschen noch in der Ewigkeit ein Vergelter sein; ihre Liebe hat sich wie ein roter Faden durch mein Leben gezogen."[31]

Erste Zeichen der Anerkennung brachte das Jahr 1858: die Herren von Troyff und Clausnitzer vom Komitee für Kleinkinderpflegerinnen von der Zentralleitung des Wohltätigkeitsvereins in Stuttgart ließen Wilhelmine Canz wissen, dass sie fortan Lernschwestern sowohl nach Nonnenweier wie nach Heppach schicken würden, um sie nach einjähriger Ausbildungszeit als Kinderpflegerinnen zu verwenden. Durch die stark anwachsende Schwesternschaft wurde die von Canz stets hinausgezögerte Vergrößerung der Schule – noch immer wollte sie erst eine „richtige" Hausmutter finden! – zur Notwendigkeit. Äußere Umstände nahmen ihr die Entscheidung aus der Hand. Im Jahr 1859 wurde ihr kleines Haus gekündigt und sie musste froh sein, in einem größeren Anwesen Unterschlupf zu finden. Ein „Wurzgarten samt Baumgut" gehörte erfreulicherweise zu dem neuen Anwesen, allerdings war das Haus ungemütlich und galt als Spukhaus. Mehrere Umbauten und das „männlich unerschrockene Verhalten" der Hausmutter schufen Abhilfe. Über der Haustür wurde ein bewusst gewählter Spruch eingemeißelt: „Du Haus gar wohl begründet bist, da Jesus Christus Eckstein ist."

Canz hatte mit ihrer Anstalt stets unabhängig sein wollen – inzwischen aber war die finanzielle Situation durch ihre sinkenden Renteneinkünfte so prekär geworden, dass die Lösung, sich einem Komitee zu unterstellen, unumgänglich wurde. Andererseits ist und bleibt die Beharrlichkeit, mit der Wilhelmine Canz den Widrigkeiten trotzte und ihr „eigener Herr" bleiben wollte, eindrucksvoll und angesichts des Enderfolgs sogar begeisternd. So sehr Canz in den Anfangszeiten allen Schwierigkeiten zum Trotz ihre Ideen durchgesetzt und ihre Selbständigkeit bewahrt hatte, erkannte sie nun den Zeitpunkt, wo Führung und Kontrolle von außen notwendig wurden.

Nachdem 1861 das bisherige Komitee in Stuttgart zum Hauptkomitee für Großheppach ernannt worden war und sich fortan ausschließlich um diese Anstalt zu kümmern hatte, kam mit dem Jahr 1863 die abschließende Wende. Als im Februar Haus und Garten verkauft werden sollten, erreichte der neue Ortspfarrer, dass das Komitee das ganze Anwesen erwarb. Die materielle Basis des Werks war nun fest gegründet, allerdings um den Preis einer gewissen Abhängigkeit.

---

[30] A.a.O., 214.

[31] A.a.O.,196 f.

Die neuen Verhältnisse ließen sich aber gut an und gestatteten ein neues bewusstes Arbeiten. Von jetzt an trat man an die Öffentlichkeit und informierte über Ziele und Handlungen. Seit dem Jahr 1863 wurde im zweijährigen Turnus im Grasgarten ein Sommerfest mit Kindern, Eltern und Freunden der Anstalt gefeiert, in dessen Mittelpunkt der von der Vorsteherin verfasste und vom Pfarrer verlesene Rechenschaftsbericht stand. In diesen gedruckt vorliegenden Berichten lässt sich das stetige Anwachsen des Werks verfolgen, das zwar durch gute und böse Tage ging, aber in seiner Existenz nie ernsthaft gefährdet war.

Die schweren Tage blieben die Ausnahmeerscheinung und konnten nie das Bild der Hausmutter und ihrer tatkräftigen Schwestern beeinträchtigen. Denn bei all ihren strengen Grundsätzen – sicher auch der Einfluss ihrer eigenen Erziehung! – war Canz eine treu sorgende praktische Mutter, die von ihrer Umgebung nie die asketische Selbstgenügsamkeit forderte, welche ihr persönliches Leben auszeichnete. Die Mädchen mussten fest zupacken, bei der Feldarbeit, im Stall und im Haushalt mithelfen, aber sie sollten auch in Not- und Teuerungszeiten nichts entbehren. Um ihre Vorstellungen von einer ausreichenden und gesunden Ernährung zu verwirklichen, nahm die Hausmutter die Missbilligung des Komitees in Kauf – und behielt am Ende meist recht. Eine preiswert angebotene Milchkuh z.B., die sie kurzerhand auf eigene Verantwortung erwarb, erwies sich als Geschenk des Himmels, als im folgenden feuchten Herbst zwanzig Säcke Kartoffeln im Keller faulten und Mangel drohte.

Dass die Schwestern in den Jahresferien wenigstens für ein paar Tage nach Großheppach zurückkehrten, war ein weiterer Punkt, der ihr am Herzen lag. Denn noch wichtiger als das materielle war ihr das seelische Wohlbefinden der ihr Anvertrauten, und dazu gehörte neben dem brieflichen Kontakt die persönliche Ansprache. Wie ernst sie diese seelsorgerliche Pflicht nahm, belegen die erhaltenen Briefe in eindrucksvoller Weise.

Wachen Blickes verfolgte Canz vor allem die Entwicklung ihrer Lernschwestern. „Ich war einmal recht in mich gekehrt", so erinnerte sich die 1836 geborene Schwester Friederike Schumacher, „dann fragte sie (Canz) mich nach dem Grund und ich sagte: Ich fühle ja den Herrn gar nicht mehr so nahe wie früher, da sagte sie mir den Vers: Ohne fürchten will ich trauen."[32] Für die Schwester, die dies vierzig Jahre später niederschrieb, war der seelsorgerliche Rat so wichtig und entscheidend, dass sie ihn ihr Leben lang nicht vergaß.

Das Jahr 1863 brachte auch in der Schwesternausbildung einen entscheidenden Einschnitt. Als ein äußeres Zeichen, wie ernsthaft die Ausbildung war, wurden nun die fertigen Schwestern festlich ausgesegnet und die neuen in feierlichem Rahmen empfangen. Auch der Unterricht erfolgte gezielter als in den Anfangsjahren. Das Vorbild der Anstalt in Nonnenweier ist innerhalb der Lerninhalte deutlich zu erkennen. Allerdings behielt Canz sich stets die Freiheit vor, die Unterrichtszeiten nach den Erfordernissen des Tages hin- und herzuschieben und sich nicht auf einen starren Stundenplan festzulegen. Entspre-

---

32 Archiv Großheppacher Schwesternschaft.

chend ihrer rein religiösen Motivation, stand für Canz die religiöse Erziehung, konkret das Erzählen von biblischen Geschichten, im Zentrum des Kinderschultages. „Im übrigen", so wird im Rechenschaftsbericht von 1869 ausgeführt, „verachten wir auch nicht die kleinen Anfänge der kleinen natürlichen Übungen und Beschäftigungen, wie z.B. die Fröbelschule[33] sie bietet, soweit dieselben ausführbar sind bei größerer Kinderzahl, ohne sie als Hauptsache anzusehen und zu treiben, denn es kann ja nie die Aufgabe der Kleinkinderschule sein, den Kindern schon eigentliche Fertigkeiten beizubringen."[34]

Weil Bescheidenheit, Sparsamkeit und Anspruchslosigkeit Lektionen waren, welche die jungen Frauen neben der fachlichen Qualifikation während ihrer Ausbildung lernen sollten, standen die bereits erwähnten häuslichen und landwirtschaftlichen Tätigkeiten gleichberechtigt neben den theoretischen Unterrichtsstunden. Die niedrigen Arbeiten sowie die schlichte Alltagskleidung – 1865 wurde zwar eine Tracht nach Nonnenweierer Vorbild eingeführt, die Lernschwestern mussten jedoch bei ihrem Eintritt nach wie vor einfache dunkle Werktags- und Arbeitskleider mitbringen – konnten zu dem Eindruck großer Einfachheit und nicht vorhandener Methodik führen. Der Diakonisse Hedwig Gräfin Stosch, die 1878 auf einer Reise nach Kaiserswerth in Großheppach Station machte und ihre Eindrücke schriftlich festhielt,[35] fiel das Fehlen festgeregelter Lehrstunden und durchgebildeter Methodik auf. Trotzdem war sie tief beeindruckt von „der Kraft der Verleugnung und des demütigen Gehorsams in aller Einfalt", die das Haus erfüllte. Die Schwestern in der Großheppacher Kinderschule stellte sie ihren eigenen als absolutes Vorbild hin: „Einen solchen Ausdruck von Frieden und Freude" habe jede Schwester getragen, „solche Herzensgüte und Mütterlichkeit mit den Kindern, daß man sich erquicken mußte".

Das Problem der invaliden Schwestern bedrückte Wilhelmine Canz besonders. Bewusst wollte sie im Gegensatz zu den Diakonissenmutterhäusern die materielle Unabhängigkeit der Schwestern dadurch sicherstellen, dass diese nach ihrer Ausbildung einen Arbeitsvertrag von der jeweiligen Gemeinde bekamen und sich mit ihrem Gehalt selbst versorgen konnten. Eine Schwester mit langer Dienstzeit konnte sich die nötige Summe für ihren Lebensabend ansparen, die kränklichen und arbeitsunfähigen Frauen waren dagegen dringend auf Hilfe angewiesen. Eine Lösung brachte die Schenkung des Heppacher Schloßherrn von Abel. Sie bildete seit 1873 den Grundstock für einen „Invalidenfonds", der zu dem Zeitpunkt, als die neue Sozialgesetzgebung die Fürsorgepflicht auf den Staat übertrug, schon die beachtliche Summe von 31440 Mark erreicht hatte.

Mittlerweile hatte auch die Anstalt eine staatliche Rechtsgrundlage erhalten. 1881 wurde sie als juristische Person der Oberaufsicht der Zentralleitung des

---

[33] Betr. Canz Stellung zur Fröbel – Pädagogik vgl. Hauff, Jolberg, 201 ff.

[34] Die Bildungsanstalt für Kleinkinderpflegerinnen in Großheppach. Vierter Bericht der Hausmutter und der Ortscomité, Stuttgart 1869, 12.

[35] Archiv der Großheppacher Schwesternschaft.

Wohltätigkeitsvereins unterstellt und erhielt als „Bildungsanstalt für Kleinkinderpflegerinnen" neue Statuten. A. von Hauff vergleicht im einzelnen die Statuten von Nonnenweier und Großheppach und kommt zu dem aufschlussreichen Ergebnis, bei allen „Affinitäten zu den Statuten und dem Prospekt des Mutterhauses in Nonnenweier" deute alles darauf hin, dass „das Leben der Frauen, die in Großheppach ausgebildet werden, stärker reglementiert [würde]. Wo in den Anweisungen aus Nonnenweier im Konjunktiv gesprochen wird, da ist in denen aus Großheppach der Imperativ vorherrschend."[36]

Nachdem das Werk solche Ausmaße angenommen hatte – in den ersten sieben Jahren waren 25 Schwestern aufgenommen worden, bis 1881 waren es bereits 212 – scheinen die Vertreter des Komitees zu der Überzeugung gekommen zu sein, die „Weiberwirtschaft" sei den Aufgaben nicht mehr gewachsen. Wilhelmine Canz war alt geworden und legte das Regiment im Grunde erleichtert nieder. Als neuer Inspektor zog Friedrich Ziegler, ein ehemaliger Missionar, in das Haus ein. Wilhelmine Canz verbrachte ihre letzten Lebensjahre zurückgezogen auf ihrem Altenteil in der Anstalt. Trotz zunehmender Gebrechlichkeit war die Greisin unermüdlich tätig. Sie schrieb Briefe an die Schwestern, besuchte häufig die Kinderschule und erzählte biblische Geschichten.

Wenn man bedenkt, wie zart diese Frau ihr Leben lang war, wie häufig sie so krank war, dass sie „an den Pforten der Ewigkeit stand", so muss man sich fragen, wie sie ihre schwere und stets wachsende Aufgabe vierzig Jahre lang so erfolgreich zu meistern vermochte. Zu dem lästigen Kleinkram der täglichen Entscheidungen für das große Hauswesen mussten noch die eigentlichen Verwaltungsaufgaben und die so wichtige persönliche Korrespondenz mit den Schwestern bewältigt werden. Hinzu kamen die vielen Inspektionsreisen, die sie allein und fast immer zu Fuß durch halb Württemberg unternahm. Bisweilen verirrte sie sich auf diesen Märschen, häufig erkältete sie sich, einmal wurde sie von einer Horde riesiger Hunde angefallen – fast nie aber finden wir in ihren Briefen oder Erinnerungen ein Wort der Klage.

Je älter sie wurde, desto ausgeprägter vertrat Canz die Überzeugung, dass Gottes Macht und Wille sich im Leben der Menschen in sichtbaren Zeichen offenbare. Immer ausschließlicher verließ sie sich auf die Herrnhuter Losungen, die sie zur Grundlage ihrer täglichen Hausandachten machte und die allmählich geradezu orakelhaften Charakter annahmen. Dass sie im praktischen Alltag keineswegs eine religiöse Fanatikerin war, bezeugen die Beobachtungen kritischer Außenstehender. Pfarrer Mezger,[37] der im Jahr 1875 die berüchtigte Autorin zusammen mit dem Ortspfarrer aufsuchte und erwartet hatte „in dem Fräulein eine mindestens schwärmerisch aufgeregte, mit einer Dosis von Mißtrauen, Zurückhaltung oder auch Schärfe und Selbstgefühl ausgestatteten Persönlichkeit zu finden", sah sich in angenehmer Weise getäuscht. Den negativen Bericht des Pfarrers bezüglich eines staatlichen Zuschusses nahm sie in aller Seelenruhe auf,

---

[36] Hauff, Jolberg, 204.

[37] Vgl. Fn. 20.

antwortete ohne Gereiztheit und ohne salbungsvollen Ton. Sie machte auf Mezger insgesamt den Eindruck einer schlichten und verständigen Frau.

Auch ihre letzte schwere Leidenszeit – sie starb am 15. Januar 1901 an Krebs – ertrug Wilhelmine Canz in stiller Würde. Die Nachrufe prägt die große Anerkennung ihrer Lebensleistung.

Wilhelmine Canz war eine hochbegabte, nach außen völlig unauffällige, dabei ungemein durchsetzungsfähige Persönlichkeit, ein nicht unbedingt liebenswerter, aber konsequenter und selbständiger Charakter voll innerer Kraft. Geprägt durch die prinzipientreue Mutter und den durch seinen frühen Tod verklärten Vater, bildete Canz sich weitgehend aus eigenem Antrieb. Wichtige Anregungen erhielt sie durch die enge Bindung an den Bruder, der sie als Gesprächspartnerin schätzte und brauchte. Entscheidende Anstöße kamen auch von Regine Jolberg, zu der jedoch nie ein persönlich vertrautes Verhältnis entstand.

Canz hatte nie Freundinnen, nie enge Vertraute; der einzige Mensch, den sie aus großer Entfernung als Freund erlebte, war Viktor Aimé Huber. Alles, was Wilhelmine Canz leistete, tat sie auf sich allein gestellt, ohne Unterstützung von kirchlichen oder weltlichen Einrichtungen. Vielleicht erklärt diese Einsamkeit auch die absolut blinde Gläubigkeit, mit der Canz die biblischen Losungen als Entscheidungsmaßstab nahm. Für Gottes Reich zu wirken, wurde zu der sie bestimmenden Motivation. So kam die Initiative zum Aufbau der Schwesternschaft nicht durch die soziale Notlage der Unterschicht- und Dorfkinder, sondern ausschließlich aus dem Drang, ganz unten, bei Kleinkindern mit der Reichgottesarbeit anzufangen. Aus dieser religiösen Motivation entstand ihr Werk, das nicht nur Generationen von Kindern gut tat, sondern ebenso Generationen von jungen Frauen einen Zugang zu einer sinnerfüllten Berufstätigkeit bot, wie er sich im übrigen Umfeld erst viele Jahrzehnte später eröffnete.

Doris Kellerhals/Lukrezia Seiler

Trinette Bindschedler (1825-1879)

Trinette Bindschedler. Aufnahme von 1876 von Friedrich Hartmann, Basel.

1. Theologie- und zeitgeschichtliche Einbettung der Biographie von Schwester Trinette Bindschedler (1825-1879)

Schwester Trinette Binschedler, erste Oberin des Diakonissenhauses Riehen, nahm mit ihrer Stellung als eigenständige leitende Oberin einer Schwesternschaft eine spezielle Rolle ein. Das Leitungsmodell der Riehener Schwestern unterschied sich von der damals üblichen Leitungsstruktur anderer Diakonissenhäuser im deutschsprachigen Raum.

Wie es dazu kam, dass Trinette Bindschedler diese für eine Frau im deutschsprachigen evangelischen Raum außergewöhnliche Stellung einnehmen konnte und welche weiteren Prägungen ihr Denken und Handeln bestimmten, sollen die folgenden Ausführungen erläutern, welche den biographischen vorangestellt werden.

a. Die Wiederaufnahme des Ordensgedankens im evangelischen Raum im 19. Jahrhundert

Die Väter und Mütter der gemeinschaftlich geprägten Diakonie, der Diakonissenhäuser, setzten sich in der ersten Hälfte des 19. Jahrhunderts intensiv mit dem Ordenswesen der katholischen Kirche auseinander. Es ist erstaunlich, dass der Gründer des Diakonissenhauses Strassburg, Pfarrer Franz Härter (1797-1874), in seinem Vortrag in der Martinskirche in Basel im Jahre 1842 ohne Umschreibung die Orden der katholischen Kirche würdigte: „Unterdessen entstand für die römische Kirche, welche durch die Reformation auch manches gewonnen hatte, im 17. Jahrhundert die wohltätige Schwesternschaft des Vinzenz von Paul, und noch mehrere andere Orden der Barmherzigkeit gestalteten sich hin und wieder, und breiteten sich schnell aus. Die evangelische Kirche hatte nichts Ähnliches aufzuweisen.“[1]

Auch der Mitgründer der Diakonissenkommunität von Reuilly (Paris), Antoine Vermeil (1799-1864), definierte seine Absicht zur Mithilfe beim Aufbau

[1] Abgedruckt im Diakonissenboten aus Riehen Nr. 256, Januar 1942.

einer Diakonissengemeinschaft über die katholischen Orden: „Seit vielen Jahren trage ich in mir den Gedanken, unter einem anderen Namen, ohne die ewigen Gelübde, ... die Frauenorden wieder zu wecken, die bestimmt sind, sich der Kinder, der Alten anzunehmen."[2] Dies hatte zur Folge, dass das Leitungsmodell der Straßburger Diakonissenanstalt zunächst einzigartig war. Härter selbst war in keinem der Gremien des Hauses direkt vertreten, verstand sich aber als Seelsorger der Schwestern. Das Leitungsmodell von Straßburg wurde immer wieder als „Demokratie von Frauenzimmern" bzw. als „weibliche Demokratie" bezeichnet. Die Elemente der Schwesterngemeinschaft wurden hoch gewertet.[3] Härter führte kein familiäres Leitungsmodell ein, wie Theodor Fliedner in Kaiserswerth, der seine Leitungsstruktur primär dem evangelischen Pfarrhaus anglich. Härter verstand sich anders als Fliedner nicht als Vorsteher bzw. Leiter der Diakonissenanstalt.

Straßburg und damit verbunden auch Reuilly hatten mit ihrem Modell einen klaren Einfluss auf die Gründung in Riehen. So war es auch in Riehen der Fall, dass eine Frau an der Spitze in den Anfängen das Werk verantwortlich leitete und neben dem einflussreichen Herren- auch ein Damenkomitee seinen Auftrag für die junge Gemeinschaft wahrnahm. Wie kam es zu dieser Verbindung?

Christian Friedrich Spittler (1782-1867) war der Gründer des Diakonissenhauses in Riehen. Als Sekretär der Deutschen Christentumsgesellschaft in Basel war er der Initiant zahlreicher Gründungen christlicher Werke. Immer suchte er zunächst eine entsprechende, dem christlichen Glauben und dem inneren Anliegen der Institution verpflichtete Leiterpersönlichkeit, welche eigenständig, meist unterstützt von einem Komitee erweckter Basler, das Werk führte.

Neben dem Organisationsmodell der früheren Spittlerschen Gründungen in Basel muss nun in erster Linie der Einfluss der beiden Modelle von Strassburg und Paris für die Prägung des Riehener Hauses zu Rate gezogen werden. Härter stand in einem regen brieflichen und persönlichen Austausch mit Pfarrer Antoine Vermeil von Paris. So schrieb einst Vermeil: „Herr Härter hat wie wir den Wunsch, dass die beiden Anstalten im gleichen Geist und nach den gleichen Grundsätzen geführt werden."[4]

Die Verbindung zu Paris war auch in Basel vorhanden: Es besuchte eine „deutsche Dame im August 1844" die katholischen barmherzigen Schwestern und die protestantischen Diakonissen von Paris. Ihr Bericht ist im Christlichen Volksboten von Basel abgedruckt.[5] Sie ist des Lobes voll über diese blühenden

---

[2] Antoine Vermeil, zit.n. Fritz Hoch, Aller Diener. Leben und Werk der Gründer des Diakonissenhauses in Paris-Reuilly , Basel 1966, 13.

[3] Arnd Götzelmann, Die Strassburger Diakonissenanstalt. Ihre Beziehung zu den Mutterhäusern in Kaiserswerth und Paris, in: Pietismus und Neuzeit XXIII. Ein Jahrbuch zur Geschichte des neueren Protestantismus, im Auftrag der Historischen Kommission zur Erforschung des Pietismus, hg. v. Martin Brecht u.a., Göttingen 1997, 80-102.

[4] Fritz Hoch, Aller Diener, Basel 1966, 79.

[5] Christlicher Volksbote aus Basel 34, 18. August 1844, 267 ff.

christlichen Werke der Barmherzigkeit. Diesen Ausführungen folgt noch in derselben Nummer des Volksboten ein Bericht über das 2. Jahresfest der Schwestern von Paris-Reuilly. Im Christlichen Volksboten vom 10. November 1852 findet sich wiederum ein ausführlicher Hauptartikel über das Hôtel de Dieu und 35 andere Spitäler in Paris mit einem Bericht über einen Besuch im Diakonissenhaus Rue de Reuilly.[6]

Im so genannten „Jubelbericht zum fünfundzwanzigsten Stiftungstage der Diakonissenanstalt in Riehen" schrieb das Komiteemitglied Pfarrer Samuel Barth: „In den organisatorischen Fragen war uns die Verbindung mit der 1842 gegründeten Schwesteranstalt zu Strassburg sehr förderlich."[7] Dies wird belegt durch einen regen und sehr persönlichen Briefwechsel zwischen Härter und Spittler in den Jahren 1852 bis 1856 und den Besuchen von Härter in Basel und Riehen.

Es ist damit nochmals verdeutlicht, dass „Strassburg einen oft unterschätzten Einfluss auf den südwestdeutschen und schweizerisch-französischen Raum ausübte."[8] Schwester Trinette selbst besuchte in ihrer Vorbereitungszeit auf das Amt der Oberin das Straßburger Diakonissenhaus, was die Verbindung unterstreicht.

Beim ersten und zweiten Jahresfest hielt Härter „als ein bewährter Freund der Anstalt"[9] die Predigt mit zentralen Aussagen über die Bedeutung des gemeinschaftlichen – kommunitären – Lebens: „Die Diakonissenschaft soll nicht eine Assoziation, sondern eine Korporation sein."[10] Damit knüpft er am paulinischen Bild des Leibes Christi an. Und ein Jahr später stellt er das für die Gemeinschaft wichtige Bild des Bauwerkes vor Augen: „Das Diakonissenwerk ist ein Teil des Baus am grossen Hause Gottes, davon jede Diakonisse ein lebendiger Stein sein soll. Jeder Stein muss nach dem Grundstein (Christus) gemodelt sein. Jeder Stein muss sich auch in den anderen einfügen. Allein geht's oft lange gut; aber wenn mehrere zusammenkommen, gibt's manchen Stoss. Diakonissenanstalten sind eine Bildungsschule des gegenseitigen Unterrichtes."[11]

b. Der Gemeinschaftsgedanke im Pietismus – und sein Einfluss auf die Gründung des Diakonissenhauses Riehen

Einen weiteren prägenden Einfluss auf das Diakonissenhaus und seine Oberin hatte der Pietismus – eine Frömmigkeitsbewegung, die im 17. Jahrhundert als evangelisch innerkirchliche Reaktion auf die Bewegung der Orthodoxie, der streng dogmatisch geprägten „reinen Lehre", und auf die philosophische, auf-

---

6 Christlicher Volksbote aus Basel 45, 10. November 1852, 353 ff.

7 Jahresbericht 1877, 25.

8 Arnd Götzelmann, Die Strassburger Diakonissenanstalt. Ihre Beziehung zu den Mutterhäusern in Kaiserswerth und Paris, in: Pietismus, 80-102.

9 Jahresbericht 1854, 1.

Jahresbericht 1853, 23.

11 Jahresbericht 1854, 26 f.

klärerische Prägung der Kirche auftrat. Individualisierung und Verinnerlichung des religiösen Lebens zeichneten einerseits pietistische Frömmigkeit aus. Andererseits entstanden auch neue Formen gemeinschaftlichen Lebens, welche auf das apostolisch-bruderschaftliche Modell der Urchristen zurückgriffen. „Alle Pietisten sehnten sich danach, das Urchristentum für die Gegenwart wiederzuerwecken und bis in seine leiblichen, sozialen Ausdrucksformen hinein wiederherzustellen."[12] An diesem Punkt traf sich das Anliegen des frühen Mönchtums mit demjenigen des Pietismus. Insbesondere Nikolaus Ludwig Graf von Zinzendorf (1700-1760) und die durch ihn entstandenen Herrnhuter Brüdergemeinen entwickelten einen umfassenden, im Bild der urchristlichen Gemeinde verankerten Gemeinschaftsgedanken und das entsprechende Alltagsleben. Die Ortsgemeinen, mit der Zeit verstreut in ganz Europa, waren „sozial-diakonische Lebensgemeinschaften"[13]. Der Gemeindebegriff Zinzendorfs ist ein wichtiger Beitrag an seine Nachwelt. Die Territorialgemeinde, die Parochie ist nicht die einzig mögliche Gemeindeform; bruderschaftliches Leben gehört wesensmäßig ebenfalls dazu.

Unzeitgemäß war auch das Bild der Frau, das die Brüdergemeine lebte. „Die Frau sollte von der Bibel her eine dem Mann gleichberechtigte Mitarbeiterin in der Gemeine sein."[14] Dies fand seinen Niederschlag darin, dass es für alle Gemeindeämter Doppelbesetzungen gab – von Frauen und Männern. Es kann angenommen werden, dass hier die Doppelbesetzung der zahlreichen Komitees gemeinnütziger Institutionen in Basel während der Gründungszeit ihre Wurzeln hat. Diese Tatsache prägte das Diakonissenhaus Riehen. Die meisten der Mitglieder des Gründungs-Komitees gehörten zu den Herrnhutern.

Als am 7. Oktober 1852 Schwester Trinette nach Riehen kam, hatte ihre Aufnahme bezeichnenderweise einen stark gottesdienstlich geprägten Charakter. So schrieb der damalige Hausvater des Pilgerasyls, Pfarrer Johannes Hoch, am 11. Oktober 1852 in seinem Tagebuch: „Donnerstag, den 7. dieses, trat dann wirklich Jgfr. Bindschädler von Hagen als Oberdiakonissin bei uns ein. Jgfr. Spittler von Basel war zu ihrem Empfang zu uns gekommen. Nachdem wir nach dem liebreichen Empfang, in Gestalt und Bedeutung eines Liebesmahles, miteinander einen Kaffee getrunken hatten, erhielt ich den Auftrag, einen Gesang anzustimmen, wozu 1038 aus dem Brüdergesangbuch: ‚Gnade, Heil und Friede sei mit allen' gewählt wurde. Mit viel Ergriffenheit sangen wir die Verse 1,3 und 4 davon, worauf ich den ganzen Akt mit einem Herzensgebet beschloss, zu welchem der Herr gleichfalls in Gnaden spürbar sich bekannte, und seitdem dürfen wir es allgemein erfahren, dass Er, der Heiland mit uns ist, und sich mit seiner segnenden Durchhilfe in Huld und Liebe zu uns bekennt, was

---

[12] Martin Schmidt, Pietismus, Stuttgart 1972.

[13] Peter Zimmerling, Nikolaus Ludwig Graf von Zinzendorf und die Herrnhuter Brüdergemeine, Holzgerlingen 1999, 9.

[14] A.a.O., 11.

uns mit brünstigem Dank erfüllt."[15] Die Prägung durch die Herrnhuter ist offensichtlich.

c. Schwester Trinette als geistliche und ökonomische Leiterin

Eine starke Herausforderung der ersten Zeit war für Schwester Trinette das intensive Ringen um ein Gleichgewicht von diakonischem Dienst nach außen und kommunitärem Leben nach innen. Der Dienst war vordringlich, die Not offensichtlich. Pfarrer Franz Härter aus Straßburg besuchte zunächst im Mai 1853 und dann im Sommer 1855 das Mutterhaus in Riehen. Er empfand, dass „alle Schwestern unter der Zucht des heiligen Geistes stehen und das Werk einen lieblichen, stillen Gang habe".[16] 1855 stellte Härter eine große Belastung im Mutterhaus durch die wachsende Arbeit mit der Übernahme von auswärtigen Stationen fest. So riet er zum Beispiel dringend, der Oberin Entlastung zu gewähren durch Trennung des Hauswesens und der Krankenpflege.[17] Sie übernahm im Jahre 1853 auch die Leitung des Hauswesens. Die täglichen Hausandachten hatte sie zum gleichen Zeitpunkt ebenfalls übernommen. Es oblag der Oberin also ab 1853 die gesamte berufliche, gemeinschaftliche, wirtschaftliche und geistliche Leitung des Hauses im Alltagsvollzug.

Jedoch zögerte Schwester Trinette, für das werdende Diakonissenwerk einen Pfarrer fest anzustellen. Von dieser Meinung wich sie auch nicht ab, als 1861 die erste Kaiserswerther Generalkonferenz stattfand, zu der Theodor Fliedner nach 25-jährigem Bestehen des Kaiserswerther Mutterhauses eingeladen hatte. Dort wurden auch die Vorgaben für die künftige Leitungsstruktur der Diakonissenhäuser in Grundordnungen festgelegt: „Der Vorsteher (Hausgeistliche) ist als Träger des geistlichen Amtes nach natürlicher und kirchlicher Ordnung (1. Kor. 11) das Haupt auch für die Vorsteherin (Oberschwester). Letztere ist als Hausmutter die nächste Vorgesetzte der Schwestern."[18] Schwester Trinette teilte diese Ansicht nicht und befürchtete, „ein Haus verliert dadurch gerne den weiblichen Charakter, die Seelen hängen sich zu leicht an die Persönlichkeit, und das unsichtbare Haupt, das allein alles gibt, wird ferner gerückt."[19]

Im Jahre 1853 wurde Schwester Trinette vom Komitee beauftragt, eine Hausordnung zu schreiben, welche mehrfach erwähnt, aber nie veröffentlicht wurde. Wie sie eingeführt wurde und wie weit ihre Verbindlichkeit reichte, ist nicht ganz klar. Jedenfalls band sich die Schwester bei der Einsegnung daran. Im Rahmen ihres Gelöbnisses zum Gehorsam geht es um die Verpflichtung, „namentlich der Oberschwester gegenüber und gegen alle Vorschriften unserer Hausordnung"[20]. Doch mit der Einführung einer solchen konkreten Ordnung

[15] Diakonissenbote aus Riehen 150, Mai 1924, 3 f.
[16] Sr. Trinette Bindschedler, Tagebuch, 30. Mai 1853.
[17] Eben Ezer Das Diakonissenhaus Riehen 1852-1902. 17.
[18] Zit.n. ebd.
[19] Ebd.
[20] Jahresbericht 1872, 30.

tat sich Schwester Trinette eher schwer. Sie war eine korrekte, aber wohl eher charimatisch-spontane Persönlichkeit, die sich der Führung des Heiligen Geistes anvertraute.

Für Schwester Trinette war der innere Werdegang, die innere, geistliche Ordnung der Gemeinschaft zentral. Sie sehnte sich danach, dass das Alltagsleben der Mutterhausgemeinschaft vom Geiste Christi durchwirkt wäre. Auch stand ihr das paulinische Bild vom Leibe Christi für die Gemeinschaft vor Augen: „Ich finde, man sollte aneinander die guten Seiten hervorheben, anstatt einander zu verkleinern und über Schwester N.N., die es entsetzlich schwer hat, sollte man nicht gegen andere schimpfen. Wir haben über den Mangel an rechter Schwesternliebe Busse zu tun; es fehlt der rechte ‚Korpsgeist' untereinander, indem wir uns einander tragen als Glieder eines Leibes."[21]

Es könnte eine Liste von wichtigen Elementen für den Umgang der Schwestern mit sich selbst und untereinander zusammengestellt werden, die Schwester Trinette für die Gemeinschaft wünschte. Alle ihre Ausführungen zu diesen Eigenschaften sind biblisch verankert und haben nichts damit zu tun, dass sich die Leiterin eine fügsame, gut lenkbare Schar erziehen wollte. Die Wesenszüge gelingenden Miteinanders stellte Schwester Trinette in die Mitte: Demut; Friedfertigkeit; tragende, duldende Liebe, die Fehler der anderen nicht anrechnet; Einkehr ins eigene Herz; Bekenntnis der Schuld vor Gott und Menschen; gründliche Busse; völlige Lauterkeit und Aufrichtigkeit; Wachsamkeit; Vergebungsbereitschaft.[22]

Wegweisend für das innere Leben des jungen Diakonissenhauses waren die Schriften von Pfarrer Franz Härter. Im einzigen noch vorhandenen Exemplar einer handschriftlich festgehaltenen Hausordnung befindet sich unter anderem die zahlreiche Lebensaspekte umfassende „Instruktion für die Schwestern unseres Werkes", welche nach Auskunft der Archivarin des Diakonissenhauses in Straßburg für das dortige Mutterhaus im Gründungsjahr 1842 geschrieben und später von Härter mehrfach überarbeitet wurde. Darin ist dem gemeinsamen Leben nach den biblischen Ordnungen viel Wert beigemessen: „Die schwesterliche Liebe hat zur Quelle die Liebe Jesu und den Wandel im Licht. Sie muss aber fleißig geübt werden, sonst erstirbt sie. Wo sie erkaltet, fallen die Seelen, die sich abgesondert haben, eine nach der anderen in die Schlingen Satans, in Hochmut, in Richtgeist...! Um die schwesterliche Liebe lebendig zu erhalten ist folgendes zu beherzigen..."[23] Danach zählt Härter zentrale Aspekte kommunitären Lebens auf. Er erwähnt die gemeinsamen Zeiten in Andachten und bei der Tischgemeinschaft, das zwischenmenschliche Beisammensein, die gegenseitige Achtung, das Bewusstsein, Glied am Leibe zu sein, die Verantwortlichkeit füreinander, die Bedeutung der Vergebung, keine vorgefasste Meinung, kein

---

[21] Sr. Trinette Bindschedler, Er hilft den Elenden herrlich, Riehen 1942, 22.

[22] A.a.O., 7, 8, 19, 23.

[23] Franz Härter, Instruktionen für die Schwestern unseres Werkes, Strassburg 1842, III.

Vorurteil über die Mitschwester zu pflegen. „Durch Vorurteile wird man unbillig und nimmt den andern den Mut."[24]

Schwester Trinette wusste um das Geheimnis gelingenden Lebens in verbindlicher Gemeinschaft. Sie kannte die Stolpersteine und scheute sich nicht, diese zu benennen. Mit großem Engagement ermahnte sie die Schwestern in persönlichen Briefen und bot ihnen selbst ein Beispiel selbstloser Hingabe und Selbstprüfung.[25] Wenngleich äußerlich zahlreiche Schwierigkeiten zu bewältigen waren, so erstarkte das junge Werk doch innerlich durch die tiefe, alltagsbezogene Frömmigkeit seiner Glieder und die hervorragende Unterstützung durch geistlich geprägte Männer und Frauen, die Schwester Trinette zur Seite standen.

Die Schwestern waren aber durch andauernde Überbeanspruchung am Krankenbett nervlich höchst angespannt. Dies war wohl mit Grund für die große Zahl von Austritten. Ohne Umschreibungen und in großer Offenheit legte der Präsident des Komitees in seinem Jahresbericht die Nöte dar: „Neben dem Guten, das uns ... in reichem Masse zuteil geworden und das wir mit Dank erkennen, haben wir aber auch des Schweren und Niederdrückenden gar vieles erlitten, und so war namentlich das verflossene Jahr eines der schwersten, die wir seit unserem Bestehen erlebten. ... Diese Sichtungen, so wehe sie uns taten, hatten doch auch wieder ihr Gutes; sie haben uns mancherlei Schäden aufgedeckt und sind uns zur ernsten Mahnung geworden, sowohl für die Verwaltung als auch für die Schwestern selbst. Wir haben uns überzeugt, wie vielen Versuchungen unsere Diakonissinnen ausgesetzt sind und die Übelstände erkannt, die dadurch entstehen, wenn wir dieselben zu frühe versenden, wie wir solches ... nur zu oft tun mussten. Wir haben deshalb den Entschluss gefasst, die neueintretenden Schwestern in der Regel ein volles Jahr in unserem Hause zu behalten."[26]

Notvoll in jenen Jahren war zudem, dass immer wieder Schwestern infolge Krankheit nach kurzer Zeit im Dienst verstarben. „Es sind dies ernste Mahnungen, welche an uns herantraten und uns verpflichten, unser Haus zu bestellen ... Sie lassen es uns darum recht angelegen sein, die Schwestern, soviel an uns liegt, zu unterstützen, und ihnen die für ihren Beruf so nötige Erholung zu gewähren; sie erhalten daher öfter, selbst jährlich eine Vakanzzeit, um von ihrer Arbeit auszuruhen und sich neue Kräfte zu sammeln; sie verbringen dieselben entweder in Badeanstalten, auf dem Lande oder im Kreise befreundeter Familien."[27] So kam es zu Verbesserungen, Veränderungen, welche dazu dienten, dass die Gemeinschaft erstarkte und die einzelne Schwester in ihren Bedürfnissen besser wahrgenommen wurde.

---

24 Ebd.
25 Bindschedler, Er hilft, 1942, 19.
26 Jahresbericht 1862, 5, 7.
27 Jahresbericht 1867, 9.

d. Auf dem Weg zur neuen Leitungsstruktur

In den Jahren des Aufbaus und der Konsolidierung stellte sich immer wieder die Frage nach der Stellung des Hausgeistlichen. Bis zu seinem Heimgang im Jahre 1875 war der Dorfpfarrer von Riehen ein hilfreicher Begleiter der Schwestern und Kranken: „Am 9. April 1875 rief der Herr aus unserer Mitte unseren uns Allen so werthen Herrn Pfarrer Christoph Stähelin. Ein treuer Seelsorger seiner Gemeinde (Riehen), war er als Mitglied unseres Diakonissen-Comitees seit dessen Gründung, im eigentlichen Sinne zugleich Hausgeistlicher unserer Diakonissen-Anstalt, besuchte die Kranken und bediente dieselben mit Wort und Sakrament. Ich darf es aussprechen, er nahm täglich innigsten Anteil an dem Wohlergehen unserer Anstalt und dem inneren Gedeihen derselben."[28]

Zahlreiche Pfarrer wurden für die Aufgabe eines Hausgeistlichen angefragt, doch es schien noch eine Unsicherheit zu geben, wie diese konkret aussehe. Auf verschiedene Anfragen hin erhielt das Komitee einen negativen Bescheid. Ein dem Hause gut bekannter Pfarrer bemerkte bei seiner Absage: „Bisher habe ich die Ansicht gehabt, es werde der jungfräuliche Charakter der Anstalt dadurch beeinträchtigt, dass männlicher Einfluss in bestimmter, regulärer Weise geltend gemacht wird."[29] So musste das Komitee beim Jahresbericht 1875 verlauten lassen: „Noch ist es uns nicht gelungen, die durch den Heimgang unseres werten Herrn Pfarrer Stähelin verwaiste Stelle eines Haus-Geistlichen, der zugleich als Hausvater der lieben Oberschwester zur Seite stehen sollte, zu besetzen, wir gewärtigen eine höhere Anweisung für den rechten Mann."[30] Es folgte eine intensive Klärungszeit. Da in der Dorfgemeinde ein Vertreter der „Freisinnigen Theologie" gewählt wurde, kam dieser für die Seelsorge im Diakonissenhaus nicht mehr in Frage. Am 17. April 1876 erfolgte dann die Installation und Einsegnung von Pfarrer Theodor Fliedner, jun.

Im Rückblick auf die ersten dreißig Jahre des Lebens des Diakonissenhauses Riehen wurde im Jahresbericht 1882 folgendes vermerkt: „Es gibt unter allen Diakonissenhäusern kein zweites, das ebenso lange wie unser Haus bloß unter weiblicher Leitung gestanden hätte, und das dabei ohne tief einschneidende Krisen so sehr gewachsen und erstarkt wäre. Dass eine solche Entwicklung dem Hause, der Schwesternschaft eine besondere Eigentümlichkeit geben musste neben anderen Häusern, begreift sich".[31] Es wird weiter darauf aufmerksam gemacht, dass wir uns aus diesem Grunde niemals nach dem Muster eines anderen Hauses umgestalten können. „Dass sich aber unser Haus so entwickeln durfte, das verdankt es nächst Gott ... einerseits der Demut, der reichen Liebe und der treu geübten Gebetskraft unserer sel. Schwester Trinette und andererseits der kräftigen Mithülfe unseres Comitees, das nicht bloss mit Geld und Protection,

---

[28] Jahresbericht 1875, 5.

[29] Vgl. F. Hoch, Die Amtszeit von Pfarrer Theodor Fliedner im Diakonissenhaus Riehen, Beiträge zur Geschichte des Diakonissenhauses Riehen Heft 9 1969.

[30] Jahresbericht 1875, 12.

[31] Jahresbericht 1882, 12.

sondern durch eifriges Mitrathen und Mitthaten, Mitleiden und Mitbeten half und vor allem thaten dies die beiden Präsidenten des Comites."[32]

e. Das geistliche Anliegen von Schwester Trinette

Für Schwester Trinette war das Diakonissenwerk grundsätzlich ein „Glaubenswerk"[33]. Darunter verstand sie in erster Linie, dass es ein „Werk des Gebetes" sei. Das heißt dann, dass die einzelnen Schwestern ihr Leben in ganzer Hingabe Jesus weihen sollten. Der tiefsinnige Gedanke, dass die einzelne Schwester „Braut Christi" sei, ist damit verbunden: „Die Braut Christi muss lernen ihren Herrn zu lieben, nicht um des guten Willens, das sie von ihm empfängt, sondern, weil er ihr unentbehrlich ist ... . Siehe, so sollst Du auch jetzt den Herrn lieben und um seinetwillen dem Berufe treu bleiben ... . Stehst Du aus purer Liebe zu Deinem Heiland in Deinem Dienst, so kannst Du bei aller Verkennung Deiner Leistungen, ja bei Schmähungen, dennoch getrost und freudig sein, denn der Herr verkennt Dich nicht."[34]

Die Braut- und Liebesmystik war in Klöstern zu allen Zeiten weit verbreitet und findet sich auch heute zum Beispiel bei den evangelischen Marienschwestern. Sie darf nicht vorschnell als schwärmerisch abgetan werden. Die gläubige, unverheiratete Frau, welche ihr ganzes Leben Gott geweiht hat und in einer intensiven persönlichen Beziehung zu Christus lebt, trägt eine bräutliche Liebe in sich, welche ihr innere Kraft, aber auch Fraulichkeit und Lebendigkeit gibt. Welch ein Unterschied ist es doch in Motivation und Resultat, eine Arbeit aus Liebe zu Christus oder einfach aus Pflichtbewusstsein zu tun.

Doch Schwester Trinette war nicht schwärmerisch abgehoben in ihrem Denken. Sie legte großen Wert auf eine solide biblische Unterweisung der Schwestern. Persönlich übernahm sie ab dem 11. November 1854 die wöchentlichen Bibelstunden.

Ihrem innersten Anliegen entsprechend leitete Schwester Trinette nicht nur das Werk; sie wirkte auch tatkräftig in der praktischen Arbeit mit. Dabei schonte sie sich in keiner Weise, was Auswirkungen auf ihre Gesundheit und ihren frühen Tod hatte.

Schwester Trinette lebte geprägt durch ihre Zeit Glaube und Hingabe. Dies hatte überzeitliche Auswirkungen bis in die Gegenwart, wo die Schwesterngemeinschaft der Riehener Diakonissen nach den Wurzeln fragt, auf die Ordenstradition stößt und sie im Heute des 21. Jahrhunderts zu implementieren sucht.

2. Die erste Oberschwester des Diakonissenhauses Riehen

Trinette Bindschedler – ihr Taufname lautete Catharina – wurde am 28.Oktober 1825 in Münchenstein, Kanton Baselland, geboren. Ihre Eltern stammten aus Männedorf im Kanton Zürich. Von ihrem zehnten Lebensjahr an wuchs sie,

---

[32] Ebd.

[33] Bindschedler, Er hilft, 1935, 35.

[34] A.a.O., 8.

zusammen mit drei Geschwistern, in Haagen im badischen Wiesental auf, wo ihr Vater die Leitung einer Spinnerei übernommen hatte. Da sich keine höheren Schulen in der Nähe befanden, wurde sie zuerst vom Pfarrer von Brombach unterrichtet, verbrachte dann zwei Jahre in einem Privatinstitut in Sitzenkirch bei Kandern und schließlich zwei weitere Jahre in einem Pensionat in Yverdon, wo sie auch konfirmiert wurde. Pfarrer Samuel Barth, der erste Biograf von Trinette Bindschedler, zeichnete in seinem Werk[35] das Bild einer äußerst lernbegierigen, aufmerksamen und doch stets heiteren Schülerin, die sich mit Gott verbunden fühlte. In einem Notizbuch, das sie im Jahre 1836, also mit elf Jahren begann, hielt sie in kurzen Gebeten Zwiesprache mit Gott und bat ihn, er möge ihr helfen, „immer mehr Gutes zu tun“[36].

Mit 17 Jahren kehrte Trinette Bindschedler ins Elternhaus zurück und half, wie dies üblich war, ihrer Mutter bei allen häuslichen Aufgaben und bei der Betreuung der vielen Gäste. Das Haus Bindschedler war bekannt für seine Gastfreundschaft; viele evangelisch gesinnte Menschen der ganzen Umgebung gingen hier ein und aus – auch Christian Friedrich Spittler (1825-1899) gehörte zu den Gästen des Hauses.

Im Jahre 1850 verlobte sich Trinette Bindschedler, doch die Verlobung wurde kurz vor der Hochzeit aus nicht bekannten Gründen aufgelöst, eine Tatsache, die für die junge Frau sehr schmerzlich war. „Der Herr führte sie durch einen finstern Tunnel“, schreibt ihr Biograf, doch er ließ sie „nach durchgemachten Kämpfen feste und gewisse Schritte tun auf einem neuen Arbeitsfelde, wohin sie sich mit einem Male gestellt sah“.[37]

Als Spittler im Frühjahr 1852 die Frage an Trinette Bindschedler herantrug, ob sie die Leitung der neu zu gründenden Diakonissenanstalt übernehmen wolle, sagte sie nach kurzer Bedenkzeit zu. Voll Freude machte Präsident Bischoff-Respinger dem Komitee am 8.April 1852 „die erfreuliche Anzeige, dass Jfr. Bindschedler in Haagen das wichtige Amt einer Dyaconissin annehmen will. … Ich bin überzeugt, dass Sie mit mir Gott danken werden, der uns eine so würdige Person zugeführt hat“.[38] Während einer mehrwöchigen Studienreise, welche sie in die Diakonissenhäuser von Strassburg und Kaiserswerth führte, erhielt Trinette Bindschedler Einblick in ihren zukünftigen Beruf. Aus Strassburg schrieb sie am 30.August 1852 an Spittler: „Wenn ich an die ganze Wichtigkeit meiner neuen Lebensaufgabe denke und dagegen an die kleine Kraft oder vielmehr an mein gänzliches Unvermögen, so muss ich mich auch hindurchglauben, wenn ich nicht in Verzagtheit und Kleinmut untergehen soll. …

---

[35] Samuel Barth, Schwester Trinette. Ein Diakonissenleben, Basel 1883.

[36] Trinette Bindschedler 1836, Notizbuch 1836–1844.

[37] Barth, Schwester Trinette, 17 f.

[38] Zirkularschreiben von H.Bischoff-Respinger an die Komitee-Mitglieder vom 8. April1852.

Mein Nichtskönnen beugt mich oft tief darnieder. Doch ist mir oft, ich sollte nur getrost auf den Herrn hoffen."[39]

In diesen Worten spiegelt sich sehr viel vom Wesen der Schwester Trinette: Ihrem im Grunde recht geringen Selbstvertrauen, ihrer zweifelnden Demut setzte sie immer wieder ein unbändiges Gottvertrauen entgegen, aus dem sie Kraft schöpfte. Der gleichzeitig mit dem Brief verfasste Bericht[40] über ihren Aufenthalt in Kaiserswerth und Stuttgart zeigt freilich, wie unberechtigt diese Selbstzweifel waren und wie klar und deutlich sie schon nach diesen wenigen Wochen die Aufgaben eines Diakonissen-Mutterhauses sah. Am 7.Oktober 1852 zog Trinette Bindschedler ins Diakonissenhaus ein, und am 11.November wurde sie feierlich eingesegnet und in ihr Amt als Oberschwester eingesetzt.

Schwester Trinette war zeitlebens eine große Schreiberin. Monatsberichte, Notizbücher, Reiseberichte, Briefe aus ihrer Hand liegen im Archiv des Diakonissenhauses, das zum Glück in den 150 Jahren seines Bestehens nie zerstört oder beschädigt wurde. Das wichtigste und umfangreichste Dokument ist ihr Tagebuch, in das sie vom 7.Oktober 1852 bis zum 1.Mai 1854 und später nochmals vom November 1855 bis November 1856 fast täglich schrieb und dem sie neben der Berichterstattung über die Ereignisse im Hause auch ihre Sorgen und Hoffnungen anvertraute. Später, von 1858 bis zu ihrem Tode, verfasste sie monatliche Berichte über das Mutterhaus, über die auswärtigen Schwestern und die Patienten des Krankenhauses, welche in den so genannten „Chronikheften" gesammelt wurden. Daneben korrespondierte sie unermüdlich mit den Schwestern, welche auf Außenstationen Dienst taten. Mit ihrer feinen, regelmäßigen Handschrift füllte sie Seite um Seite, oft noch spätabends, wie Mitschwestern bezeugten: „Abends hatte sie immer ihr Licht brennen bis in alle Nacht; eine ältere Schwester erlaubte sich manchmal, dasselbe auszulöschen."[41]

Das umfangreiche Tagebuch aus den ersten Jahren des Diakonissenhauses ist eine unschätzbare Quelle, welche den Beginn und das Wachsen des Werkes unmittelbar dokumentiert. Nur wenige Tage nach ihrem Einzug schreibt Schwester Trinette: „Heute morgen bereitete uns der Eintritt der ersten Kranken, namens Katharina Staffer von Battendorf, grosse Freude. Herr Dr. Burckhardt, unser lieber Hausarzt, wies dieselbe uns zu. Sie leidet an einem bösen Auge und ist eine arme Frau ohne Heimat."[42] Bald folgten weitere Patientinnen – in den ersten Jahren wurden ausschließlich Frauen sowie Kinder bis zu 15 Jahren aufgenommen. Im kleinen Krankensaal, dem ein Kinderzimmer ange-

---

39 Brief von Trinette Bindschedler an C.F. Spittler vom 30. August 1852. Christian Friedrich Spittler Privatarchiv, StABS PA 653. Abschrift im Archiv des Diakonissenhauses.

40 Trinette Bindschedler, Kurzer Bericht an das verehrte Komitee über die gesehenen Diakonissen-Anstalten. Abschrift im Archiv des Diakonissenhauses.

41 „Was die Schwestern von Schwester Trinette erzählen", Erinnerungen von Sr. Margarethe Meier (1854–1935, eingetreten 1878), Manuskript von unbekannter Hand.

42 Trinette Bindschedler, Tagebuch 1852–1856 (spätere Eintragungen von unbekannter Hand), Manuskript und Abschrift. Zitate nach Abschrift. Eintrag vom 13. Oktober 1852.

schlossen wurde, betreute Schwester Trinette zusammen mit zwei Probeschwestern und einer Magd die Kranken bei Tag und Nacht. In einem ersten Bericht an das Frauenkomitee vom 22.Dezember 1852 stellt sie eine Liste der Patientinnen und deren Krankheiten zusammen (diese Listen setzte sie später allmonatlich in den Chronikheften fort – eine unschätzbare Quelle für Medizinhistoriker!). Sie nennt „Knochenfrass, Lähmung, Rückenmarkauszehrung, Schleimfieber, Cardialgie, Rücken, Chlorose und Bleichsucht"; auch ein Kind mit Keuchhusten und ein taubstummes, an Lungenentzündung erkranktes Mädchen aus der nahe gelegenen Taubstummenanstalt erwähnt sie. Viele dieser Patientinnen kamen aus Basel oder der badischen Nachbarschaft, stets waren aber auch Kranke aus Riehen dabei, sodass diese Gemeinde früher als die meisten Dörfer der Umgebung in den Genuss einer medizinischen Versorgung kam. Auch unheilbar Kranke wurden aufgenommen und bis zu ihrem Tode gepflegt. Immer wieder rühmt Schwester Trinette die unermüdliche und erfolgreiche Arbeit von Dr. Burckhardt: „Recht erfreulich war es beobachten zu können, wie mit Gottes Segen alle verordneten Mittel den erwünschten und bezweckten Erfolg hatten, wie Herr Doktor, der bei allem Gott die Ehre gibt und bei ihm Rat sucht, so richtig geleitet und seine Bemühungen gesegnet wurden."[43] Bald wurden auch die ersten Operationen vorgenommen; Schwester Trinette berichtet zum Beispiel im Mai 1853 von der ersten Operation von Klumpfüsschen an einem kleinen Knaben[44] und im November 1853 von einer schweren Kropfoperation, welche Dr. Burckhardt zusammen mit zwei Basler Ärzten an einer 54-jährigen Frau durchführte: „Der Kropf, der zu einer fürchterlichen Grösse herangewachsen war … wurde vollkommen herausgeschnitten. Die Frau obgleich nicht chloroformiert hielt sich sehr ruhig, war äusserst geduldig und gefasst, so dass man kaum einen Schmerzenslaut hörte."[45]

Schwester Trinette freute sich von Herzen, wenn Patienten geheilt entlassen werden konnten. Wichtig war ihr aber auch, dass die Kranken während ihrer Leidenszeit näher zu Gott geführt wurden. „Was nun die Kranken selbst betrifft, so soll das unser Streben sein, sie nicht allein leiblich geheilt, sondern vorzüglich auch mit geheilten und vom Herrn begnadigten Herzen entlassen zu können, wozu Er seine Gnade schenken wolle", zitiert sie die Ansprache von Pfarrer Johann Christoph Stähelin (1804-1875), welche dieser bei der Einweihung des Diakonissenhauses hielt[46]. Später schreibt sie: „O möchte doch ein Jedes einen Segen auch von der Leidenszeit mitnehmen, die es hier zubringt."[47] Oft erfuhr sie an einem Krankenbett, vor allem in den langen Stunden der Nachtwachen, „die Wichtigkeit, den Ernst und die grosse Verantwortung, aber auch das Selige meines Berufes. … Besonders lieblich ist es auch zu sehen, wie

43 Tagebuch, 30. Oktober 1852.
44 Tagebuch, 3. Mai 1853.
45 Tagebuch, Bericht über den Monat November 1853.
46 Tagebuch, 11. November 1852.
47 Tagebuch, 18. April 1853.

Seelen, die in inniger Gemeinschaft mit ihrem Heiland stehen, in den schweren Stunden gestärkt werden, um ihre Schmerzen nicht nur mit Geduld, sondern auch gerne zu tragen und dabei ihm allein die Ehre geben"[48]. Sie war sich freilich bewusst, dass dies nicht bei allen Patienten der Fall sein würde: „Im Ganzen sind die Kranken empfänglich für das Gute und beweisen sich grösstenteils dankbar und erfreut hier Gelegenheit zu haben, manches gute Wort hören zu können, doch wie tief es eindringt, kann nur der Herzenskündiger wissen, mir scheint es oft leider gar oberflächlich zu bleiben."[49]

Die Zahl der Kranken wuchs schnell und damit auch die Belastung für die Schwestern. Zudem wurden bereits im ersten Jahr Diakonissen in verschiedene Außenstationen und zur Pflege von Privatpatienten entsandt. Zum Glück traten aber auch neue Schwestern in die Vorprobe ein, von denen freilich nicht alle vom Komitee und der Oberschwester aufgenommen wurden. Es fällt auf, wie sorgfältig Schwester Trinette jede einzelne Kandidatin beobachtete und beurteilte. So schreibt sie am 25. Mai 1853: „Die liebe Schwester W. … arbeitet unverdrossen, ist willig zu allem, anhänglich und liebevoll mit den Schwestern. Kaum aber hatte ich mich über ihre Leistungen gefreut, so musste ich mit Schmerzen von den Schwestern hören, dass sich die Kranken nicht so freundlich und liebevoll behandelt fühlten und Heimweh bekamen. Gut ist's nur die Mängel und Gebrechen zu entdecken, habe besonders noch um einen schärferen Blick zu bitten um mich selbst und das ganze Werk mit seinen Mängeln zu erkennen."[50] Stets suchte sie, den „demütigen Diakonissensinn" in den Schwestern zu erwecken, und recht hart konnte sie urteilen: „Es fällt den guten Schwestern schwer, den Willen zu brechen und sich selbst zu verleugnen und den alten Menschen zu kreuzigen. Gottlob dass der Herr ausscheidet was nicht ins Haus gehört und so gut macht, wo wir in unserer Kurzsichtigkeit fehlen."[51]

Jenen Schwestern aber, die treu zu der gewählten Aufgabe standen, war sie mit inniger und sorgender Liebe zugetan. Sie sah es als ihre erste und wichtigste Aufgabe an, „Dienerinnen Jesu Christi" zu bilden und die Schwestern immer näher zu Gott hinzuführen. Nach der Aufnahme von zwei jungen Probeschwestern schrieb sie in ihr Tagebuch: „O welch wichtige Verpflichtungen werden mit jeder neuen Schwester mir auferlegt. O Herr, Du weisst, ich kann sie nicht aus mir erfüllen, Du musst meine Kraft, Weisheit und Stärke sein."[52] Als im Herbst 1853 zwei junge Schwestern in Grenzach Patienten, die an schwerstem Typhus erkrankt waren, pflegen mussten, schrieb sie voll Sorge: „Die lieben Schwestern draussen zu haben bringt viele Sorgen. … Mir ist's um diese jungen Seelen oft recht bange und kann nur seufzen und flehen, dass der

---

[48] Tagebuch, 27. Oktober 1852.
[49] Tagebuch, 29. Oktober 1853.
[50] Tagebuch, 25. Mai 1853.
[51] Tagebuch, 30. Juli 1853.
[52] Tagebuch, 6. September 1853.

treue Heiland sie beschützen möge."[53] Diese liebende Sorge um ihre Schwestern und um deren seelisches Wachsen blieb ihr lebenslang das größte Anliegen.

Neben der geistlichen Förderung der Diakonissen war es aber auch nötig, dass die Schwestern so gut als möglich für ihren Beruf als Krankenpflegerinnen ausgebildet wurden. Im Entwurf zu den ersten Statuten des Diakonissenhauses wird bereits festgehalten, dass dem Diakonissenhaus eine Heilanstalt angegliedert werde, „welche den Diakonissen Gelegenheit darbietet, neben dem theoretischen Unterricht durch den Hausarzt sich in der praktischen Krankenpflege zu üben".[54] Dr. Burckhardt setzte diese Verpflichtung in die Tat um und begann wenige Tage nach dem Einzug der ersten Schwestern mit seinen Unterrichtsstunden. Für Schwester Trinette öffnete sich eine neue Welt, auf die sie sich mit Begeisterung einließ: „Recht wichtig war mir die erste Unterrichtsstunde von Herrn Dr. Burckhardt über die Apotheke, welche mir nun in Zukunft anvertraut werden soll. Ich habe viel Interesse für sie", schreibt sie am 11.Oktober 1852, und drei Tage später: „Äusserst interessante Unterrichtsstunde von Herr Doktor über physiologische Wirkung und therapeutische Anwendung der medizinischen Substanzen."[55] Der theoretische Unterricht wurde einige Tage später – nach der Einrichtung der Apotheke – beendet, im folgenden Sommer nach Eintritt neuer Probeschwestern aber wieder aufgenommen. Schwester Trinette schreibt: „Die neuen Schwestern ... sind vergnügt und fröhlich, besonders machen ihnen die Unterrichtsstunden von Herrn Dr. Burckhardt ausserordentlich Freude. ... Es ist ihm auch gegeben, den Unterricht auf eine solch praktische und erbauliche Weise zu geben, dass man nur über die Weisheit Gottes bei der Erschaffung des Menschen staunen muss und anbeten kann. In seinem Hause erteilt Herr Doktor den anatomischen Unterricht, bei uns über Krankenpflege, täglich eine Stunde."[56] Der theoretische Unterricht musste oft ausgesetzt werden, doch lehrte Dr. Burckhardt vieles direkt am Krankenbett. Dass er sogar die Sektion einer verstorbenen Patientin im Beisein aller Schwestern durchführte, scheint doch recht revolutionär für jene Zeit; die Schwestern „waren recht unerschrocken und gestärkt"[57], schreibt Schwester Trinette dazu.

Gelegentlich erhielten die jungen Schwestern auch Unterricht im Singen, Rechnen und Aufsatzschreiben durch den Riehener Dorflehrer Hans Plüss (1811-1890) oder Religionsstunden durch den Dorfpfarrer Johann Christoph Stähelin, der ein Mitglied des Komitees war. „Gemessen an dem, was heute verlangt wird, war das ja sehr wenig. Gemessen an dem, was damals geboten

---

53 Tagebuch, 29. September 1853.
54 Entwurf zu Statuten, § 3.
55 Tagebuch, 11. Oktober und 14. Oktober 1852.
56 Tagebuch, 14. Juli 1853.
57 Tagebuch, 18. April 1853.

wurde, war es viel!"[58], schrieb rund 100 Jahre später Pfarrer Fritz Hoch, der langjährige Vorsteher des Diakonissenhauses.

Die wenigen Unterrichtsstunden wurden immer wieder durch die große Belastung der Schwestern verdrängt. Neben der Pflege der Kranken – verbunden mit vielen Nachtwachen – mussten die Schwestern ja auch überall im Haushalt helfen, in der Küche, bei der großen Wäsche, beim Nähen ihrer Tracht. Das Ehepaar Hoch, die früheren Besitzer des Hauses, waren im ersten Jahr noch als Hauseltern hier verblieben; Pfarrer Johannes Hoch, gesundheitlich schon sehr angeschlagen, führte gelegentlich Hausandachten durch, seine Gattin Jakobea Hoch-Stehlin (1800-1864) leitete den Haushalt, unterstützt von einer Magd. Im September 1853 aber zogen sie nach Deutschland, und nun wurde die gesamte Leitung des Hauses Schwester Trinette übergeben. „Ach mir will oft bange werden vor der grossen Verantwortlichkeit, die durch die Haushaltungslast noch auf meine Schultern kommt", schreibt sie in ihr Tagebuch. „O treuer Gott, hilf mir und erfülle mich mit Weisheit und Kraft, lass alles zu einem gesegneten Entwicklungsgang unseres Hauses gehören."[59] Doch schon wenige Wochen später notiert sie: „Bisher wurde mir die Führung der Haushaltung so leicht, dass sie mir wirklich zur Freude gereichte."[60] Von nun an führte sie auch das Kassenbuch, das mit seinen detaillierten Angaben einen interessanten Einblick in den Speisezettel der Schwestern und Patienten bietet: 50 Maß Milch und 1/2 Pfund Anken, Eier, Salz, Fleisch „laut Büchlein" für 46 Franken, Brot „laut Büchlein" für 124 Franken, 2 Pfund Chicore[61] und 1/2 Maß Salatöl, ein Zuckerstock, Habermehl und Nudeln – das sind einige Eintragungen vom Monat Oktober 1853. Gemüse und Früchte kamen wohl aus dem eigenen Garten. Daneben finden sich Ausgaben für Zündhölzer, Bändel, Stricknadeln, ein Stück gebleichte Percale [Baumwollstoff], den Wochenlohn für den Taglöhner Weiss, für „5 Paar Schuh flicken für die Schwestern", „Hr. Krabb für das Stimmen des Pianofortes 2 Franken" und vieles mehr.[62] Auf der Einnahmenseite sind die Kostgelder jener Patienten aufgeführt, die ein solches bezahlen konnten, und daneben allmonatlich die Summe von 200 bis 300 Franken „von Herrn Bischoff-Ehinger empfangen", welche der Kassier des Komitees, Andreas Bischoff-Ehinger (1812-1875) nach Bedarf aus der Hauptkasse des Hauses beisteuerte.

Es ist aus heutiger Sicht erstaunlich, dass der Betrieb des Diakonissenhauses in den ersten Jahren zum größten Teil durch „Gaben" finanziert wurde – was übrigens in den Statuten vorausgesetzt wurde: „Die Diakonissen-Anstalt bezieht ihre Mittel aus Gaben der Liebe und erstattet jährlich öffentliche Rechen-

---

58 Fritz Hoch, Das erste Jahr im Diakonissen-Mutterhaus in Riehen. Beiträge zur Geschichte des Diakonissenhauses Riehen, Heft 4, Riehen 1964, 9.

59 Tagebuch, 1. September 1853.

60 Tagebuch, 10. Oktober 1853.

61 Wahrscheinlich Zichorie (Kaffeezusatz).

62 Kassenbücher 1852–1859, I.

schaft."[63] Schon in der ersten Jahresrechnung von 1852 sind Gaben und Geschenke von insgesamt über 5800 Franken aufgeführt, welche nicht nur die Kosten für „Haushalt, Apotheke, Heizung und Wäsche etc." von 1380 Franken decken konnten, sondern darüber hinaus einen Teil der Kosten für die Einrichtung und Instandstellung des Hauses.[64] Die Verwaltung dieser Gelder lag beim Komitee. Die Oberschwester aber hatte laut Statuten nicht nur „die Leitung der in der Anstalt zu bildenden Diakonissen oder Krankenschwestern" inne, sondern auch „über den ökonomischen Theil der Anstalt ... die Verantwortlichkeit gegenüber dem Comitee"[65].

Schwester Trinette führte 24 Jahre lang das Diakonissenhaus Riehen in voller Verantwortung – eine für die patriarchalische Einstellung des 19.Jahrhunderts erstaunliche Tatsache. Sie wurde dabei – wie sie immer wieder dankbar betonte – in Rat und Tat durch das Komitee, vor allem durch dessen Präsidenten Hieronymus Bischoff-Respinger, unterstützt. Da ihr aber das geistliche Heranwachsen ihrer Schwestern ein großes Anliegen war, bat sie mehrmals darum, dass dem Haus ein Seelsorger beigegeben werde: „Gar wünschenswert wäre deshalb, wenn die Schwestern nicht nur von mir, sondern in besonderen Unterredungen eines Seelsorgers an ihre wichtigen Pflichten und auf das, was ihnen noch fehlt, aufmerksam gemacht würden. ... Die Schwestern fühlen diesen Mangel, und damit unser Haus mehr das Gepräge einer Bildungsanstalt für Diakonissen als das eines Krankenhauses erhalten möge, sollte Zeit zum Lernen erübrigt werden"[66], schrieb sie im Januar 1853 und fügte im September des gleichen Jahres bei: „Herr Präsident ist ganz von der Notwendigkeit durchdrungen, dass unser Haus einen Seelsorger bedarf."[67] Manchmal versuchte sie selbst diese Lücke zu füllen. So schrieb sie an einem Sonntag: „Ich konnte nicht in die Kirche, ... doch hatte ich mit den lieben Schwestern eine gesegnete Stunde, las auch den Kranken eine köstliche Predigt vor."[68] Im März 1854 gelangte sie nochmals an das Komitee mit der Bitte, sonntags „einen Hausgottesdienst zu halten, wie es in Strassburg sei. Meine Unzulänglichkeit tief fühlend, halte ich es für meine Pflicht, für die mir anvertrauten Seelen diesen Wunsch zu äussern, ohne dass ich unbescheiden und fordernd sein möchte. Ohne mein Vertrauen auf Menschen setzen zu wollen, sähe ich gerne mehr Werkzeuge des Herrn tätig in unserem Hause"[69]. Das Komitee beschloss darauf, dass zukünftig jeden Sonntagabend Pfarrer Stähelin oder Wilhelm Arnold (1810-1879), der Inspektor der Taubstummenanstalt, eine Erbauungsstunde für die Schwestern und die Kran-

63 Entwurf zu Statuten, § 13.

64 Diaconissen-Anstalt zu Riehen. Übersicht der Jahresrechnung von 1852 nebst Status, Basel 1853.

65 Entwurf zu Statuten, § 5.

66 Tagebuch, 6. Januar 1853.

67 Tagebuch, 6. September 1853.

68 Tagebuch, 19. Juni 1853.

69 Tagebuch, 1. März 1854.

ken halten sollten.[70] Obwohl dies im Tagebuch nie erwähnt wird, führte wohl auch Schwester Trinette regelmäßige wöchentliche Bibelstunden für die Schwestern durch, liegen doch aus ihrer Hand 51 sorgfältig geschriebene, von November 1854 bis April 1857 datierte und durchnummerierte Auslegungen zum Kolosserbrief und zum Hebräerbrief vor.[71]

Später wurde Schwester Trinette in der Frage eines Hausgeistlichen sehr viel selbstsicherer: Im Oktober 1861 nahm sie als Vertreterin des Diakonissenhauses Riehen an der ersten, von Pfarrer Fliedner einberufenen Generalkonferenz in Kaiserswerth teil, auf welcher als Grundordnung der Konferenz festgehalten wurde, dass „der Vorsteher als Träger des geistlichen Amtes nach natürlicher und kirchlicher Ordnung das Haupt auch für die Vorsteherin"[72] sei. Schwester Trinette verfasste einen ausführlichen Bericht über die Konferenz an das Komitee[73], schrieb jedoch in ihrem Notizbuch: „Mit manchem im beiliegenden Bericht bin ich nicht einverstanden, wollte aber alles so treu als möglich wiedergeben. – Gegen die Notwendigkeit eines Pastors, auf den man in Norddeutschland so viel Gewicht legt, hörte ich Ansichten aussprechen, die für unser Haus auch zu beachten sind. – Nach der ganzen Anlage unseres Werks sei es schwierig, einem Manne die Zügel in die Hand zu geben. – Ein Haus verliert dadurch gerne den weiblichen Charakter, die Seelen hängen sich zu leicht an die Persönlichkeit, und das unsichtbare Haupt, das allein Alles gibt, wird ferner gerückt. – Die freiere Entwicklung wird durch ein nach aussen, treibhausmäßiges Wachstum gehemmt. Ein reicheres Mass des hl. Geistes, ernste Zucht und Gehorsam muss uns geschenkt werden. Inneres Verwachsen mit dem Lebensbaum für jedes Glied ist die Hauptbedingung zum gesegneten Wachstum und Arbeiten im Dienste des Herrn."[74] Die Fragc eines Hausgeistlichen wurde in den kommenden Jahren vom Komitee nicht mehr aufgegriffen.

In dem knappen Vierteljahrhundert, in welchem Schwester Trinette das Diakonissenhaus Riehen leitete, wuchs das Werk gewaltig an. 135 Schwestern gehörten nun dazu, sie arbeiteten in der Krankenpflege und bei der Betreuung von Kindern, Armen und Gefangenen. In vielen Außenstationen wirkten Riehener Diakonissen[75]: in Spitälern von Basel, Bern, Schaffhausen, Münsterlingen,

70 Ebd.

71 51 Texte, datiert vom 11. November 1854 bis 10. April 1857. Das Komitee hatte am 16. September 1853, unmittelbar nach dem Wegzug von Pfarrer Hoch, beschlossen: „Folgende Lehrstunden sollen den Schwestern erteilt werden: 1. Hausandachten durch Jgfr. Bindschedler", Protokoll der Komitee-Sitzung vom 16. September 1853.

72 Kaegi, Eben Ezer, 21 f.

73 Trinette Bindschedler, Bericht über die Conferenz in Kaiserswerth den 9. und 10. Oktober 1861.

74 Chronikheft 1860-1862, Oktober 1861.

75 Im Jahre 1879 waren 39 Außenstationen in Betrieb, 13 Stationen waren zu dieser Zeit schon wieder geschlossen worden. Vgl. Susanne Kobler, „Maria-Sinn" und „Martha-Dienst" – Weibliche Diakonie als Ausdruck des Frauenbildes der Erweckungsbewegung

in der Gemeindepflege verschiedener Städte, in der Strafanstalt Basel, in Kindergärten und Kinderkrippen. Viele Schwestern wurden zudem in der Privatpflege eingesetzt. Daneben wuchs die Arbeit im Mutterhaus, besonders nach dem Bau des neuen Spitals (heute Mutterhaus), welches 1871 fertig gestellt wurde. Man kann sich nicht mehr vorstellen, wie mit der beschränkten Zahl von Schwestern diese immense Arbeit geleistet werden konnte, und der Vorwurf, dass in zu kurzer Zeit zu viele Außenstationen eröffnet wurden, was zu einem chronischen Schwesternmangel und zur Überforderung der Schwestern führte, war sicher nicht ganz unberechtigt.[76]

Schwester Trinette blieb all ihren Schwestern treu verbunden. Jene auf den Außenstationen besuchte sie so oft als möglich auf ihren Visitationsreisen und ermahnte sie in ihren Briefen zu Demut, Liebe und Selbstverleugnung. Auch liebevolle, herzliche Briefe zum Geburtstag der Schwestern und zu andern Festtagen sind in Auszügen erhalten geblieben.[77] Die Schwestern dankten ihr dies durch große Anhänglichkeit und baten an ihrem 50. Geburtstag, sie fortan «Mutter» nennen zu dürfen. Sie blieb aber auch nicht von Enttäuschungen und Kummer verschont. Der Austritt vieler Schwestern aus der Gemeinschaft, die häufigen Erkrankungen und der Tod vieler, oft ganz junger Schwestern belasteten sie schwer.

Wie konnte Schwester Trinette diese inneren und äußeren Belastungen tragen, sie, die nach den Worten von Samuel Barth „eher klein als groß, eher zart als stark“ war und die auf einer Fotografie des Komitees neben all den stattlichen Komiteedamen wirklich sehr schmächtig und zerbrechlich wirkt? Sie war „mit einer Spannkraft des Geistes und Freundlichkeit des Herzens ausgerüstet, um das ganze grosse Werk, dem sie sich geweiht, in seiner Länge, Breite und Tiefe zu erfassen“.[78] Vor allem aber war sie von tiefem Gottvertrauen durchdrungen. In ihren Tagebüchern hielt sie immer wieder Zwiesprache mit Gott und bat ihn um seine Hilfe; sie tat dies wohl mit den Worten und Formeln ihrer Zeit, die aber nie frömmlerisch wirken, sondern echt und vom Bewusstsein durchdrungen, dass ihre Stärke nur in Gott liege. Wie oft klagte sie in ihren Aufzeichnungen, dass sie „so ungeschickt, so dürr und leer“[79] sei, vermerkte: „Ach die Versäumnisse machen mir oft schwer, deren ich mich schuldig mache, weil ich die Zeit noch nicht recht auszukaufen weiss. O Herr, lehre es mich immer besser.“[80] Doch ihr tiefes, unbedingtes Vertrauen in Gott half ihr immer wieder, die Verzagtheit zu überwinden: „Wie gut macht es doch der treue Hei-

im 19. Jahrhundert am Beispiel der Diakonissenanstalt Riehen, Seminararbeit der Theologischen Fakultät der Universität Basel, 1997, Abbildungen 1-4.

[76] Kaegi, Eben Ezer, 36 ff.

[77] Auszüge publiziert in Barth, Schwester Trinette, 52-71; Fritz Hoch, Marguerite van Vloten (Hg.), Er hilft den Elenden herrlich. Aus Briefen von Schwester Trinette, Riehen 1943.

[78] Barth, Schwester Trinette, 21 f.

[79] Tagebuch, 6. Februar 1853.

[80] Tagebuch, 14. Juli 1853.

land… Er weiss, wie viel wir tragen können, und diese väterliche Fürsorge Gottes stimmt mich zu Lob und Dank und macht mich bei allem getrost und freudig."[81] Sie hat sich wirklich – so wie sie in einem Brief an Spittler schrieb – durch all die Jahre „hindurchgeglaubt"!

Die letzten Lebensjahre brachten nochmals große Veränderungen in Schwester Trinettes Leben. Nach dem Bau des neuen Spitals, das von einem fest angestellten Arzt, Dr. Ludwig Courvoisier (1843-1918), betreut wurde, stieg die Belastung für sie so sehr an, dass das Komitee zu ihrer großen Freude beschloss, einen Hausgeistlichen zu suchen, der sie in der Leitung des Hauses unterstützen und als Seelsorger für Schwestern und Kranke wirken sollte. Im Februar 1876 trat Pfarrer Theodor Fliedner (1844-1934), ein Sohn des Gründers der Diakonissenbewegung, dieses Amt an. Er führte verschiedene Neuerungen ein, vor allem die bis heute bewährten Rüsttage, welche die Schwestern vor ihrer Einsegnung im Mutterhaus verbringen. Doch für Schwester Trinette war die Zusammenarbeit nicht leicht. Die großstädtische, vielleicht auch die norddeutsche Art des Pastors war ihr fremd, und seine häufigen Erkrankungen vergrößerten noch ihr Arbeitspensum. Doch sie klagte nicht, ordnete sich unter und zeigte, „sei es der männlichen Autorität, sei es dem kirchlichen Amte gegenüber eine ungewöhnliche Schüchternheit und Ängstlichkeit in ihrem Wesen"[82]. Auch das Komitee war mit der Amtsführung des Hausgeistlichen nicht einverstanden und überdies nicht bereit, seine Kompetenzen an den neuen Mitarbeiter abzugeben, und so blieb Pfarrer Theodor Fliedner nur dreieinhalb Jahre in Riehen. Schwester Trinette musste den beabsichtigten Wegzug aus der Zeitung erfahren.

Im Herbst 1879 erkrankte Schwester Trinette schwer an Typhus. Zwei Monate dauerte ihr Krankheitslager, das sie mit großer Würde trug. Schwester Fanny Plattner (1831-1893), welche sie in ihren letzten Lebenswochen pflegte, berichtete von Schwester Trinettes klagloser Ergebung in den Willen Gottes, aber auch von der immer wieder aufkeimenden Hoffnung auf Genesung: „Ich werde gerne heimgehen, nichts würde mich aufhalten, nur möchte die Mutter noch gerne bei den Kindern bleiben!"[83] Doch die Krankheit war stärker. Am 14. Dezember 1879 starb Schwester Trinette, tief betrauert von den Schwestern und von allen, die sie gekannt hatten.

[81] Tagebuch, 10. April 1854.

[82] Barth, Schwester Trinette, 42; Fritz Hoch, Die Amtszeit von Pfarrer Theodor Fliedner im Diakonissenhaus Riehen. Beiträge zur Geschichte des Diakonissenhauses Riehen, Heft 9, Riehen 1969, 30.

[83] Fanny Plattner, Über die Krankheit und das Sterben der verehrten Oberschwester Trinette Bindschedler, Abschrift.

URSULA SCHOEN

Josephine Butler (1828-1906)

Josephine Butler. Portrait von G. Richmond, 1862.

Der 30. Dezember ist im anglikanischen Heiligenkalender der Erinnerung Josephine Butlers gewidmet. Darin klingt bereits die Bedeutung an, die dieser in Deutschland wenig bekannten Frau,[1] deren Lebens- und Aktionskontext das viktorianische Zeitalter war, in England zugemessen wird. Als Feministin[2] und Liberale, aber vor allem als überzeugte Christin, verbindet sich der Name Josephine Butler in England mit dem Eintreten für die Verbesserung der Bildung von Frauen und mit ihrem Kampf gegen eine staatliche Reglementierung der Prostitution. J. Butler wirkte seit den sechziger Jahren des 19. Jahrhunderts maßgeblich an einer öffentlichen Mobilisierung von Frauen und Männern in Fragen der Gleichstellung der Geschlechter mit. Sie bearbeitete in ihren Reden und Schriften bereits vor 150 Jahren eine Bandbreite von Themen, die in Deutschland erst in der zweiten Hälfte des 20. Jahrhunderts durch die Frauenbewegung, die Frauen- und Geschlechterforschung und die feministische

---

1 Über J. Butler gibt es in Deutschland praktisch keine Sekundärliteratur. Eine kurze Zusammenfassung und Deutung ihres Lebens bietet Sophie Schweikardt, Josephine Butler. Eine Kämpferin für Gottes Reich, Stuttgart 1965. Auch ihre Schriften sind nur teilweise übersetzt und finden sich in: Helen Schaefer, Die Lebensgeschichte der Josephine Butler. Eine Frau kämpft für Gerechtigkeit, München 1979. Zu J. Butlers wichtigsten englischen Veröffentlichungen zählen: The Education and Employment of Women (1868); Women's Work and Women's Culture (1869); The Constitution Violated (1871); The Hour Before the Dawn (1876); The Life of Pastor Oberlin (1882); Personal Reminiscences of a Great Crusade (1896); The Life of St. Catherina of Siena (1898)

2 Der Begriff „Feminismus" ist zwar erst ab 1897 belegt. Als Bezeichnung für eine spezifische Weise, in der Frauen sich organisierten und für ihre gemeinsamen Interessen eintraten, ist seine Verwendung jedoch auch für die Zeit vor 1897 sinnvoll. Vgl. Helen Mathers, The Evangelical Spirituality of a Victorian Feminist. Josephine Butler, 1828-1906, in: Journal of Ecclesiastical History 52/2001, 283 f (Anmerkung 6).

Theologie aufgeworfen wurden.[3] Im Kontext diakonischer Frauenforschung nimmt J. Butler insofern einen besonderen Platz ein, als ihr Werk – anders als bei den meisten deutschen diakonisch tätigen Frauen dieser Zeit – sich nicht in der „Rettungsarbeit" erschöpfte, sondern in hohem Maße sozialethische und theologische Reflexion sowie politische Agitation umfasste. Nicht zuletzt ist eine Beschäftigung mit J. Butler auch ein persönlicher Gewinn. Ihre Persönlichkeit, geprägt durch die Zuwendung zu Hilfsbedürftigen, ihre feste Verankerung im Glauben, und ihre Fähigkeit überzeugend in der Öffentlichkeit zu wirken hinterließ bei allen, denen sie begegnete, einen bleibenden Eindruck: „Schön und theatralisch, wurde sie von Männern und Frauen gleichermaßen bewundert. Als charismatische Führungsperson und begabte Rednerin konnte sie die Phantasie des Volkes auf sich ziehen und eine persönliche Loyalität bei ihren Mitarbeitern erwecken."[4]

1. Prägende Einflüsse in Kindheit und Jugend

J. Butler wurde 1828 in Northumberland als das siebte der zehn Kinder von John und Hannah Grey of Dilston geboren. Ihr liberales und gastfreundliches Elternhaus wurde in vieler Hinsicht prägend für ihren späteren Weg. Die Familie hatte vielfältige Verbindungen zu bedeutenden Reformern und anderen Persönlichkeiten des öffentlichen Lebens (ihr Vater war ein Vetter von Earl Grey, dem Führer der herrschenden aristokratischen Whigs-Partei im englischen Parlament).[5] Durch die Mitwirkung ihres Vater, eines Grundbesitzers und Agrarreformers, an den großen öffentlichen Zeitereignissen wie der Reform Bill, der Abschaffung der Sklaverei und des Sklavenhandels wurde bei J. Butler schon früh das Interesse an sozialen und politischen Fragen geweckt.[6] Der Vater selbst unterstützte die Entwicklung seiner Töchter zu Selbständigkeit und geistiger Unabhängigkeit. Ihre Schwester schreibt über den Vater. „Worte können den Eindruck kaum wiedergeben, den sein Leben und Wesen in mir hinterlassen haben. Er predigte uns nie, aber seine Gradheit, die Vornehmheit seiner Gesinnung und die Reinheit seines Empfindens spiegelten sich wider in den Beziehungen des täglichen Lebens, in allem, was er sagte, und vor allem in seinem Tun."[7] Ihre Mutter, die aus einer hugenottischen Seidenweberfamilie stammte und als Kind noch John Wesley persönlich erlebt hatte, förderte die literarische und religiöse Entwicklung und vermittelte den Kindern den Bezug zu einem

[3] Vgl. Überblick bei Dorothee Schlenke, Feministische Theologie – Theologische Frauenforschung – Gender Studies, in: Reinhard Wunderlich/Bernd Feininger (Hg), Übergänge in das Studium der Theologie/Regionspädagogik, Frankfurt 2003, 137-158.

[4] Übersetzt nach Judith R. Walkovitz, Prostitution and Victorian Society, Cambridge 1980, 118.

[5] J. Butler empfand sich jedoch zeitlebens als zur englischen Mittelklasse gehörig und blieb der politischen und gesellschaftlichen Elite Londons ablehnend gegenüber.

[6] Vgl. Millicent G. Fawcett G.B.E./E.M.Turner, Josephine Butler. Her Work and Principles and their Meaning for the Twentieth Century, London 1927, 12 ff.

[7] Helen Schaefer, Lebensgeschichte, 19.

liberal gelebten evangelikalen Glauben.[8] Eine weitere wichtige Bezugsperson für J. Butler war ihre Tante Margaretta Grey, eine überzeugte, von der Aufklärung her geprägte Feministin. Von ihr wird berichtet, dass sie sich gelegentlich durch das Anlegen von Männerkleidern Zutritt im englischen Parlament verschaffte.[9]

Die Schulbildung der Töchter der Familie Grey war, den damaligen Überzeugungen und Möglichkeiten gemäß, eher bescheiden, was J. Butler später oft bedauerte. Sie wurden weitgehend zuhause unterrichtet. J. Butler las englische und italienische Literatur und später auch Übersetzungen der Kirchenväter. Prägend für ihre frühe Jugend wurde ein intensiv erfahrenes Bekehrungserlebnis: „Während eines langen Jahres innerer Dunkelheit drängte mich schließlich die Unruhe meines Herzen und meiner Gedanken dazu, all diese Not vor den Toren Gottes niederzulegen, dessen Name, wie ich gelernt hatte, Liebe war".[10] Das Grundmuster dieser inneren Konversion wurde zu einem Leitthema in J. Butlers Leben, deren Briefe in allen Lebensphasen von einer intensiven Suche nach Glaubensgewissheit gezeichnet sind. Diese lebenslange spirituelle Suche steht in einem überraschenden Spannungsverhältnis zu der Eindeutigkeit, mit der sie zu sittlichen und politischen Themen Stellung bezog und sich tatkräftig der Verbesserung der Lebensumstände bedürftiger Frauen zuwandte.

2. Familie und erstes soziales Engagement

1852 heiratete sie den Lehrer und Theologen George Butler (1819-1890). Die beiden ergänzten sich nicht nur in Charakter und sozialen Ansichten und in ihrer Verankerung im christlichen Glauben. George Butler unterstützte seine Frau auch uneingeschränkt in ihrer öffentlichen Arbeit, wobei er sogar persönliche und berufliche Einschränkungen in Kauf nahm. „Ihm waren Gerechtigkeitssinn gegenüber der Frau, der Gedanke der Gleichwertigkeit beider Geschlechter und der gleichen Verantwortlichkeit gegenüber dem Sittengesetz scheinbar angeboren."[11] Das Ehepaar lebte zunächst in Oxford und zog dann nach Cheltenham, wo innerhalb weniger Jahre ihre vier Kinder geboren wurden.

Der unerwartete Tod ihrer einzigen Tochter 1864 leitete bei J. Butler – nach einer Phase tiefer Niedergeschlagenheit – die Hinwendung zur aktiven Rettungsarbeit ein. Bemerkenswert an ihren Aufzeichnungen aus dieser Zeit ist die Intensität und Offenheit, mit der sie ihre Trauer formulierte. Ihr Schmerz wird nicht durch jenseitige Vertröstungen kompensiert, wie sich dies häufig in den

---

8 Der Begriff hat im angelsächsischen Raum eine lange – bereits in die Zeit vor der Reformation reichende – Geschichte. In Verbindung mit der methodistischen Erweckung des 18. Jahrhunderts taucht der Begriff als Bezeichnung für eine Erweckungsbewegung innerhalb der anglikanischen Kirche wieder auf, die überkonfessionell orientiert war und die individuelle Bekehrung sowie die Heiligung des persönlichen Lebens und der Gesellschaft betonte. Vgl. Ludwig Rott, Art. Evangelikale, in: Hanfried Krüger (Hg), Ökumenelexikon, Kirchen Religionen Bewegungen, Frankfurt a.M. 1987, 360 f.

9 Vgl. Walkovitz, Prostitution, 115.

10 Schaefer, Lebensgeschichte, 21f

11 A.a.O., 34.

zeitgleichen Aufzeichnungen deutscher Missionarsfrauen findet.[12] Auch den späteren Beginn ihrer Rettungsarbeit kennzeichnet diese spontane, von Herzen kommende Emotionalität in der Hinwendung zu den hilfsbedürftigen Frauen.

In der Hafenstadt Liverpool, in die die Familie kurz nach dem Tod der Tochter gezogen war, gab es vielfältige Ansatzpunkte zur sozialen Arbeit, unter anderem ein großes Armenhaus, in dem Frauen unter den unwürdigsten Bedingungen Werg (Flachsreste) zupften. J. Butler begann diese Frauen regelmäßig zu besuchen, ihnen aus der Bibel vorzulesen und mit ihnen zu beten. Infolge dieser und anderer Aktivitäten sammelte sich eine Vielzahl von Frauen um ihre Familie, denen sie zu helfen versuchte. Sie nahm kranke und sterbende Frauen in ihr Haus und pflegte sie bis zu deren Genesung, nicht selten aber auch bis zu deren Tod. Die gleiche Aufgabe erfüllte ein bald darauf von den Eheleuten in ihrer Nähe geschaffenes „Ruhehaus" (eine hospizähnliche Einrichtung) für schwer kranke oder auch sterbende mittellose Frauen. Beim Wegzug der Familie aus Liverpool stand das Haus in so hohem öffentlichem Ansehen, dass die Stadt es mitfinanzierte. Mit der Hilfe von Liverpooler Geschäftsleuten konnte auch ein Arbeitsheim für ehemalige Prostituierte und nicht sesshafte Frauen gegründet werden. Neben Wäscherei und anderen Arbeitsbereichen wurde dort auch eine Briefmarkenfabrik geschaffen, die ihre Produkte an Unternehmer und Firmen der Gegend absetzte. Neben J. Butler wirkte auch ihr Mann aktiv an der geistlichen und menschlichen Begleitung dieser Frauen mit. Da der Alkoholmissbrauch oft eines der größten Probleme in der Resozialisierung der Frauen dargestellte, entschied sich J. Butler in dieser Zeit zum Anschluss an die Bewegung der Guttempler, die den Alkoholgenuss ablehnten.[13]

In den späten sechziger Jahren wurde J. Butler immer tiefer in die Arbeit für Frauenrechte und -bildung hineingezogen. Von 1867-1873 war sie Präsidentin des nordenglischen Rates für höhere Frauenbildung, einer Körperschaft, in der Lehrerinnenvereine mehrerer Großstädte Nordenglands vertreten waren. 1868 trat sie in Cambridge mit Erfolg für die Einrichtung höherer Prüfungen für Frauen ein, die den Lehrberuf anstrebten. Im gleichen Jahr veröffentlichte sie ihre erste Flugschrift „The Education and Employment of Women", in der sie sich gegen die verbreitete Meinung wandte, dass der natürliche und vor allem ausschließliche Wirkungskreis der Frau Haus und Familie seien. In Wahrheit betrage das Verhältnis von verheirateten zu unverheirateten bzw. verwitweten Frauen in einem Vergleichszeitraum von zwanzig Jahren nämlich drei zu zwei, so dass es allein ökonomisch gesehen für viele Frauen unumgänglich sei, ihren Lebensunterhalt selbst zu verdienen. Alle Bildungsbeschränkungen und juristischen Beschränkungen, die eine Berufstätigkeit von Frauen verhinderten, sollten daher abgeschafft werden.[14] Hier zeigt sich bereits eine für J. Butler typische

---

[12] Vgl. Dagmar Konrad, Missionsbräute. Pietistinnen des 19. Jahrhunderts in der Basler Mission, Münster 2001, 385 ff.

[13] Vgl. Schaefer, Lebensgeschichte, 52.

[14] Vgl. a.a.O., 63 f.

Argumentationsweise, nämlich die Frauenfrage auch von ihrer ökonomischen und sozialen Seite her zu begreifen und damit von einer sachlich begründbaren Notwendigkeit her Veränderungen einzufordern. Ein Jahr später (1869) gab sie unter dem Titel: „Women's Work and Women's Culture" eine Sammlung von Aufsätzen verschiedener Autorinnen heraus. In der Einleitung erkannte sie zwar an, dass die primäre Einflusssphäre der Frau das Haus sei, propagierte aber gleichzeitig eine Verbreitung des „Häuslichen Einflusses" in der gesamten Gesellschaft. Weibliche Nächstenliebe ist danach der unabhängige und individuelle Dienst im persönlichen Bereich und in der allgemeinen Gesellschaft, während der männliche Dienst umfassende Maßnahmen, die Organisation des Systems und deren Sanktionierung durch das Parlament seien. Diese Formulierung enthält einerseits eine Anerkennung eines spezifisch männlichen Wirkungsfeldes, ist aber – im Kontext des politischen Engagements der liberalen J. Butler, das sich gegen jede Form von kontrollierenden öffentlichen Maßnahmen wandte – als eindeutige Kritik bestehender Machtverteilungen zu verstehen. Hier leuchtet das zweite Standbein der feministischen Argumentation J. Butlers auf, nämlich die Hervorhebung einer besonderen Frauenkultur, die sie als gleichwertiges Korrelat zur männlichen Kultur des Helfens begriff.

3. Generalsekretärin der Nationalen Frauenvereinigung für den Widerruf des Gesetzes zur Bekämpfung ansteckender Krankheiten

Der Hintergrund dieser Frauenkampagne war die seit den vierziger Jahren des 19. Jahrhunderts in England wachsende öffentliche Besorgnis hinsichtlich Fragen der Prostitution, die den Ruf nach einer gesetzlichen Regelung stärker werden ließ. Schon früh verurteilten unter anderem sozialistische und einige christliche Kreise politische Kampagnen, die zur gesetzlichen Reglementierung bzw. Unterdrückung der Prostitution gestartet wurden. Dennoch erfolgte, nachdem 1857 in einem offiziellen Bericht die Verbreitung von Geschlechtskrankheiten in der Armee dokumentiert wurde, die Vorbereitung eines Gesetzes zur Verhütung ansteckender Krankheiten. In dieser Gesetzgebung dokumentierte sich eine im viktorianischen Zeitalter neu einsetzende Sorge um den Erhalt der öffentlichen Gesundheit, aber auch der Versuch staatlicher Intervention in das Leben der Armen. Die Prostitution wurde wie die „Unterschicht" als bedrohliche Quelle von Dreck und Ansteckungsgefahren verstanden, mit deren Berührung sich tief greifende Ängste verbanden.[15] Hier setzten auch spätere Kritikpunkte an diesen Gesetzen an: Im Grunde wurde nämlich jede Frau der Unterschicht indirekt auch mit dem Verdacht der Prostitution behaftet.

Die erste Fassung der „Acts for the prevention of contagious diseases at certain naval and military stations" (Gesetz zur Verhütung ansteckender Krankheiten an gewissen Marine- und Heeresplätzen – kurz: C.D. Acts)) von 1864 war zunächst auf bestimmte Städte begrenzt. Sie wurden 1866 erneuert und 1869 auf 18 weitere Städte ausgedehnt. Ausgangspunkt war die Feststellung,

[15] Walkovitz, Prostitution, 4.

dass etwa 30 Prozent der Soldaten der Britischen Armee, denen nicht erlaubt war zu heiraten, mit Geschlechtskrankheiten infiziert waren. Da eine regelmäßige medizinische Untersuchung der Soldaten sowohl an deren Widerstand scheiterte als auch wegen ihrer möglichen demoralisierenden Folgen als nicht durchführbar angesehen wurde, versuchte man das Problem durch eine staatliche Kontrolle der in den Hafenstädten und Armeestützpunkten als Prostituierte arbeitenden Frauen in den Griff zu bekommen. Die Polizei erhielt durch die Gesetze das Recht, Prostituierte festzunehmen und – gegebenenfalls auch zwangsweise – zu gynäkologischen Untersuchungen Ärzten vorzustellen bzw. zu weiterer Behandlung in Krankenhäuser einzuweisen, in denen sie auch über einen längeren Zeitraum hinweg festgehalten werden konnten (in sogen. „lock houses" bis zu neun Monaten).[16]

Diese Gesetze riefen bald den Widerstand von Feministinnen und liberalen Kreisen in England hervor. 1869 formierte sich aus Gruppen von Nonkonformisten, liberalen Kreisen, Feministinnen und radikalen Arbeitern eine Widerstandsbewegung, die zur Gründung der „National Association for the Repeal of the Contagious Diseases Acts" (kurz: LN) führte. Da Frauen von deren Sitzungen zunächst ausgeschlossen waren, gründeten engagierte Frauen kurze Zeit später die „Ladies' National Association for the Repeal of the Contagious Diseases Acts" (Nationale Frauenvereinigung für den Widerruf des Gesetzes zur Bekämpfung ansteckender Krankheiten – kurz: LNA). Im Sommer 1869 wurde J. Butler zur Generalsekretärin der LNA berufen. Die LNA entwickelte sich im Laufe der Zeit zu einer der beeindruckendsten Protestbewegungen Englands des 19. Jahrhunderts.[17] Bis zu ihrer Aufhebung (1886) lösten die Gesetze eine öffentliche Diskussion aus, die weit mehr als ihre Inhalte umfasste. Vielmehr stand hier eine ganze Bandbreite sozialer, medizinischer und politischer Fragen zur Debatte, etwa die sexuelle Doppelmoral, die Beteiligung von Frauen am politischen Leben, die Untersuchung von Frauen durch männliche Ärzte, die Rolle des Staates bei der Durchsetzung sexueller und sozialer Disziplin und die Ursachen von Armut.

J. Butler war, als sie das Amt antrat, das sie bis zu ihrem Tod 1906 ausübte, eine in öffentlichen Auftritten und Reden erfahrene Frau, national bekannt als Feministin und Sozialreformerin. Ihr Ehemann trug dieses Engagement in voller Überzeugung mit. Eindrucksvoll ist eine Szene zwischen den Eheleuten, die J. Butler in ihren Lebenserinnerungen überliefert. „Es kam mir grausam vor, meinem Mann, von dem an mich ergangenen Auftrag zu sagen, davon, dass ich gehorchen müsse und in die Bresche stehen. Mein Herz bebte von dem Vorgefühl der Leiden, die ihn erwarteten. Abends, als alle schon schlafen gegangen waren … ging ich zu ihm hinein, gab meinem Mann, was ich geschrieben hatte, und verließ ihn wieder. Bis zum nächsten Tag sah ich ihn nicht. Er war bleich

---

[16] Vgl. Fawcett/Turner, Josephine Butler, 40 ff; Walkowitz, Prostitution, 71 ff.

[17] 1870 umfasste die LNA bereits 1400 Mitglieder – 1871 waren schon 57 lokale Gruppen geschaffen worden.

und bekümmert. Mehrere Tage schwieg er. Aber allmählich fingen wir an, freimütig von der Sache zu reden und kamen überein, dass wir irgendetwas unternehmen müssten … Und dieser gute, edle Mann, der doch voraussah, was das für mich und für ihn bedeutete, er sagte kein Wort, um auf Schwierigkeiten oder Gefahr oder Ungehörigkeit der Handlung hinzuweisen, zu denen ich vielleicht getrieben werden könnte. ... Seine ganze Haltung meinen oben angeführten Worten gegenüber kann in dem Ausspruch zusammengefasst werden: „Geh, Gott sei mit dir."[18]

Eine erste Auseinandersetzung mit dem Thema erfolgte bei J. Butler in Zusammenhang mit der Eingabe vom 31. Dezember 1869. Dieses von insgesamt 124 wichtigen Persönlichkeiten des öffentlichen Lebens unterzeichnete Dokument enthielt in knapper Form die wichtigsten Kritikpunkte an dem genannten Gesetz. Kritisiert wurde, dass sich der Fokus öffentlicher Kontrolle allein auf die Ansteckungsgefahr durch Frauen richtete und diese damit sowohl in sittlicher Hinsicht als Ursache des Übels diskriminierte, gleichzeitig aber nur wenig zur tatsächlichen Eindämmung von Geschlechtskrankheiten beitrug. Außerdem gaben die Gesetze der Polizei einen Freibrief, Frauen ohne richterliche Anordnung, also allein auf einen Verdacht hin, festzunehmen. Ein weiterer Ansatzpunkt der Kritik war die Untersuchung und medizinische Behandlung der Frauen in ihrer konkreten Ausgestaltung, die als außerordentlich schmerzhaft[19] kritisiert und als demütigend angesehen wurde. Schließlich wurde die Tatsache problematisiert, dass das Gesetz nicht die mit der Prostitution verbundenen sozialen und ökonomischen Probleme erfasste, etwa dass viele Frauen zur Geldbeschaffung nur zeitweilig als Prostituierte arbeiteten und dann in andere Berufe wechselten, sondern Frauen lebenslang als Prostituierte abgestempelte und damit „in der Welt der Sünde" versklavte. Kernpunkt der gesamten ethischen und juristischen Argumentation des Dokuments war eine Verurteilung der doppelten Moral, die den Gesetzen zugrunde lag. Diese tolerierten in den Augen der Kritiker nämlich den männlichen Umgang mit Prostituierten als „notwendiges Übel" und verurteilten allein das Verhalten der Frauen als unsittlich. Man forderte dagegen: Gleiches Recht für beide Geschlechter vor dem Gesetz und gleiche sittliche Maßstäbe für Männer und Frauen.[20] Zwei Jahre später veröffentlichte J. Butler unter anderem die Anklageschrift „The Constitution Violated". Sie hob darin unter Berufung auf die Magna Charta hervor, dass die neue Gesetzgebung nicht nur sittliche Fragen berühre, sondern auch verfassungsrechtliche, indem sie „die Freiheitsrechte des Volkes angetastet, ja mit Füßen getreten hat".[21] Auf der Grundlage der neuen Gesetzgebung könnten verdächtige Personen gegen ihren Willen und ohne Beschluss eines Schwurgerich-

---

[18] Vgl. Schaefer, Lebensgeschichte, 72 f.

[19] Im Unterbewusstsein der Behandelnden spielte dabei auch der Gedanke einer „Bestrafung" für sittliches Vergehen eine Rolle.

[20] Vgl. a.a.O., 74 f.

[21] A.a.O., 87.

tes in Krankenhäusern festgehalten werden. „Eine Frau, deren Ehre auf dem Spiel steht, das Recht auf ein schwurgerichtliches Verfahren zu entziehen, bildet eine Verletzung der englischen Verfassung.“[22]

Die Führungsspitze der LNA bildete eine kleine und relativ stabile Gruppe von Frauen. In ihren Aufzeichnungen beschrieb J. Butler dramatische – gelegentlich sogar bis ins Tätliche gehende Szenen der gemeinsamen Widerstandsarbeit dieser Frauen.[23] Die meisten von ihnen waren älter als vierzig Jahre, finanziell und von ihrer familiären Situation her weitgehend unabhängig und hatten bereits in anderen Feldern Erfahrung im politischen Widerstand gesammelt.[24] Viele waren eng mit der „National Association for the Promotion of Social Science“ verbunden, die seit den sechziger Jahren wiederholt Frauenfragen auf ihre Tagesordnung gesetzt hatte. Sie vereinte nicht nur Sozialreformer aus allen Teilen Englands, sondern räumte auf ihren Sitzungen auch Frauen ein öffentliches Rederecht ein.[25] Die Social Science Association prägte auch den für die LNA später kennzeichnenden Stil einer wissenschaftlich fundierten Argumentation. Verbunden wurden diese Frauen neben ihrer religiösen Motivation auch durch ein enges Netzwerk von Verwandtschafts- und langjährigen Freundschaftsbeziehungen. Aus deutscher Sicht überraschend ist, dass die Mehrheit dieser Frauen von Ehepartnern, männlichen Anverwandten und hochrangigen Freunden in Politik und Gesellschaft in ihrem Kampf unterstützt wurde. Mehr noch, dass es diesen Frauen gelang, durch ihre öffentlichen Auftritte nicht nur die betroffenen Frauen, sondern auch zahlreiche Männer von der Notwendigkeit des Widerstandes zu überzeugen.[26] Als „gestandene“ und verheiratete Frauen konnten sie eher in der Öffentlichkeit über „gefallene“ Frauen sprechen als jüngere, ledige Frauen.

1874 gelang der Sprung auf den Kontinent und die Vernetzung mit anderen europäischen Gruppen. Auslöser war eine Tagung des „International Medical Congress“ in Wien im Jahr zuvor, auf dem die Bedeutung staatlicher Regelungen und Interventionen für die Kontrolle von Prostitution und der Eindämmung von Geschlechtskrankheiten herausgestellt wurde. Die Gegner dieser Maßnahmen beauftragten J. Butler im Juni 1874 durch Vortragsreisen auf dem Kontinent eine Gegenkampagne zu starten. J. Butler brach zunächst zu einem längeren Aufenthalt in Paris auf und bereiste dann weitere europäische Länder. Im März 1875 wurde schließlich in Liverpool die „British, Continental and General Federation for the Abolition of Government Regulation of Prostitution“

---

22 Vgl. a.a.O. 89.

23 Z.B. die Wahlen in Colchester, dokumentiert bei Fawcett/Turner, Josephine Butler, 60 ff.

24 Ein spannendes, hier leider nicht näher auszuführendes Thema sind die Klassenunterschiede bei den Frauen in der Widerstandsbewegung. Die Frage der Klassenunterschiede wurde für die viktorianische Zeit zwar progressiv, aber insgesamt nicht vollständig gelöst. Hierzu ausführlich Walkowitz, Prostitution, 137 ff.

25 Vgl. Wolf Rainer Wendt, Geschichte der Sozialen Arbeit, Stuttgart 1995, 171 f.

26 Vgl. Walkowitz, Prostitution, 120 f.

(„Britisch-kontinentale und allgemeine Vereinigung zur Bekämpfung des staatlich regulierten Lasters“[27]) gegründet. Der General Council, neben der Generalversammlung das bedeutendste Organ dieser Vereinigung, vereinigte Repräsentanten der wichtigsten Organisationen im vereinigten Königreich sowie über dreißig Persönlichkeiten und Repräsentanten aus Indien, vom Kap, aus Italien, Frankreich, der Schweiz, Deutschland, Belgien und den USA. Jedes Mitgliedsland behielt seine eigene nationale Organisation bei und kooperierte horizontal mit anderen lokalen Organisationen. 1886 wurden die D.C. Acts in England aufgehoben. Von diesem Zeitpunkt an verlagerte J. Butler den Schwerpunkt ihrer politischen Arbeit auf Indien und die englischen Kolonien.[28]

In Deutschland wurden die Ziele der abolitionistischen Föderation durch den am 7. März 1880 unter der Führung von Gertrud Guillaume-Schack (1845-1903) gegründeten „Deutschen Kulturbund“ vertreten. Erstmals im Deutschen Reich forderte der Berliner Zweigverein 1893 in einer Petition an den Reichstag die Abschaffung der Reglementierungen. Schwierigkeiten bereiteten dem Kulturbund neben den Maßnahmen der Polizei vor allem das Verhalten der bürgerlichen Frauen, die, anders als in England, an dem Problem der Prostitution keinen Anteil nahmen. Mit der Ausweisung Gertrud Guillaume Schack aus Deutschland 1886 löste sich auch der Kulturbund auf. Erst 1903 kam es auf der Bundesversammlung des Deutschen Evangelischen Frauenbundes zu einer offiziellen Aussage von evangelischer Seite gegen eine einseitige Reglementierung der Prostitution.[29]

4. Josephine Butler als Christin

J. Butler als Vorkämpferin für die Rechte von Frauen ist nicht ohne eine vertiefte Auseinandersetzung mit ihrem Glauben und ihrer Spiritualität zu verstehen. Ihre feministischen Überzeugungen haben eine theologische Grundlage, und dies nicht nur in Form eines allgemeinen Movens für karitative Betätigung, sondern als Resultat einer intellektuellen Auseinandersetzung mit Bibel und Dogmatik. Obwohl seit ihrer Jugend der anglikanischen Kirche verbunden, lässt sich der konfessionelle Standort J. Butlers eher als ein gemäßigt evangelikales Christentum mit Nähe zum Methodismus charakterisieren.[30] Hinweise darauf sind die für sie zeitlebens wichtige Konversionserfahrung der Jugendzeit, die zentrale Bedeutung, die tägliches Bibelstudium für ihr Leben hatte, und die konfessionelle Liberalität, die sie lebte. Sie besaß ein starkes Bewusstsein für eigene Frömmigkeit und für ihr persönliches Verständnis des Glaubens. Im Mittelpunkt ihrer Spiritualität stand die Bindung an Gott und an den leidenden Christus. Vor allem die junge J. Butler schrieb viel über die Bedeutung individu-

[27] Später in „Internationalistische abolitionistische Föderation“ umbenannt.
[28] Vgl. Fawcett/Turner, Josephine Butler, 107 ff.
[29] Vgl. Ursula Baumann, Protestantismus und Frauenemanzipation in Deutschland 1850-1920, Frankfurt 1992, 102 f und 159.
[30] Vgl. Mathers, Victorian Feminist, 284 ff.

eller Heiligkeit und die direkte Beziehung zu Jesus Christus, die sie selbst nicht durch soziale Arbeit, sondern durch Gebet und Rückzug in der Stille fand. Diese persönliche Sicht des Glaubens hielt sie zeitlebens gegen den Vernunftglauben und die Bibelkritik durch, die sie bei den Männern ihrer Umgebung antraf. Die Sicherheit dazu gewann sie während ihrer Zeit in Oxford, in der sie oft langen abendlichen Männergesprächen zuhören musste, ohne das Recht zur Stellungnahme zu haben. „Menschen erfassen eine Theorie, eine Lehre, etwa „Rettung durch den Glauben" und sie erwarten, dass sie nun Liebe in ihrem Herzen fühlen. Ich habe noch niemals ein Herz getroffen, das geschaffen ist, um tiefe menschliche Liebe für eine Lehre zu empfinden. Jedes Herz muss lernen, einen Menschen zu lieben."[31] In ihrer Hinwendung zur sozialen Aktivität – nach dem Tod ihrer Tochter – flossen viele der theologischen Einsichten der vorangegangenen Jahre zusammen.

Trotz mancher pointierter Stellungnahmen blieb J. Butler frei von Bigotterie und tolerant gegenüber anderen religiösen Strömungen. Sie pflegte Verbindungen zu Baptisten, Kongregationalisten,[32] Quäkern und nicht zuletzt der Heilsarmee. Die anglikanische Kirche blieb allerdings gespalten gegenüber J. Butlers Forderungen. Führende Kirchenvertreter befürworteten die Gesetze als einen Beitrag zur Verbesserung öffentlicher Gesundheit und Hygiene. Auch George Butler, der fester als seine Frau in der anglikanischen Kirche verankert war, sah sich schweren Angriffen ausgesetzt, als er 1872 auf einem Kongress der Church of England die Kampagne seiner Frau vertrat. Dies alles führte dazu, dass J. Butler sich innerlich und äußerlich von der anglikanischen Kirche entfernte, die in ihr, so meinte sie, nur diese „schreckliche Frau, Mrs. Butler", sah.[33]

Im aktiven Einsatz für soziale Weltgestaltung aus christlichem Geist spielte die Frage der Sünde für J. Butler eine zentrale Rolle. Sie war auch maßgeblich für ihre Abkehr vom Einsatz für verbesserte Mädchenbildung und Hinwendung zur Leitungsfunktion im LNA.[34] Von ihrem evangelikalen Hintergrund her sah sie sich dafür verantwortlich, gegen die staatlichen Maßnahmen zu kämpfen, die offensichtlich Sünde in ihrer „korruptesten Form" enthielten. Sie war überzeugt, dass die C.D. Acts „tödliches Gift" enthielten, weil sie systematisch an der Degradierung der Frau arbeiteten. Die staatliche Gesetzgebung wurde hier zum Werkzeug des Antichristen. Wie bereits in der – ihr von Jugend an vertrauten – Frage der Sklaverei, die auch im bildlichen Sinne ihre späteren Reden immer wieder prägte, ging es ihr im Widerstand gegen die D.C. Acts nicht vorrangig um persönliche Verhaftung in der Sünde, sondern um deren strukturelle

---

31 Vgl. a.a.O., 297.

32 Der Kongregationalismus war in England eine bis auf die Reformationszeit zurückgehende Bewegung, die die Bedeutung der Einzelgemeinde für überzeugte Christen hervorhob und die Trennung dieser Gemeinden von der anglikanischen Staatskirche anstrebte. Vgl. Ulrich Gäbler, Art. Kongregationalismus, in: Krüger (Hg.), Ökumenelexikon, 714 f.

33 Vgl. Mathers, Victorian Feminist, 302.

34 Vgl. a.a.O., 286.

Verankerungen. Parallel dazu war für J. Butler bei der Beurteilung der Prostitution nicht die persönliche Unsittlichkeit von Frauen maßgeblich, d.h. ihre religiöse Bedingtheit, sondern ihre ökonomischen Ursachen, zu denen vorrangig die Armut zählte. Sünde war für sie – hier war sie der Wesley'schen-Tradition verbunden – daher auch überwindbar, weil der Mensch grundsätzlich dazu fähig ist und soziale Anstrengungen hier Abhilfe schaffen können.[35] Trotz dieser hohen Sensibilität für die Wahrnehmung struktureller Ursachen von Sünde glaubte J. Butler letztlich immer daran, dass Veränderungen in der persönlichen oder öffentlichen Sittlichkeit nur von innen her, über die Veränderung der Herzen durch den Glauben an Gott, und nicht von außen her möglich werden kann. So sprach sie auch in Zusammenhang mit der politischen Überzeugungsarbeit der LNA gegenüber hochrangigen Politikern, dass deren Herzen „bekehrt" worden seien.[36]

5. Josephine Butler als Feministin

J. Butler hatte nicht nur einen christlich begründeten Glauben an ihren eigenen Weg, sondern sie war auch eine selbstbewusste Feministin. Beide Dimensionen ihres Lebens bedingten einander. Seit früher Kindheit war sie davon überzeugt, dass die Aussage einer Frau die gleiche Kraft und Bedeutung hat wie die eines Mannes, was sie später zu einer für ihre Zeit einzigartigen feministischen Perspektive der Bibel führte: „Was ich glaube, habe ich direkt von Gott gelernt. Wenn Gott direkt mit jedem menschlichen Wesen kommuniziert, dann spricht er auch mit jeder Frau und kein Mann hat das Recht, ihre Wahrnehmung Gottes anzufechten." Aus dieser Überzeugung zog sie das Recht, auch als akademisch nicht gebildete Frau, ihre Sicht des Glaubens zu vertreten. Diese Sicht erwuchs also nicht aus einer verstandesmäßigen, akademischen Beschäftigung mit Theologie, sondern aus einer persönlichen, emotional durchlebten Frömmigkeit. In der Einleitung zu „Womens Work and Womens Culture" rechtfertigte sie ihr Verständnis des Evangeliums und kommt zu dem Schluss, dass Christus selbst Frauen und Männer gleich behandelt und befreit hat, weshalb Männer ihr Verhalten gegenüber Frauen ändern sollten. Die Sicht Jesu als ihres persönlichen Befreiers und als Befreier der Frauen allgemein (also nicht nur als

---

[35] John Wesley (1703-1791) war der Begründer des Methodismus. In seinen Predigten stellte Wesley die Verwirklichung der Liebe zum Nächsten neben strenger Selbstprüfung und dem Erleben der Erlösung in den Vordergrund. In der konkreten Vermittlung dieses den ganzen Menschen umfassenden Heilswillens Gottes gingen Mission und Diakonie in der methodistischen Bewegung eine untrennbare Verbindung ein. So wie Evangelisation und Mission die Begleitung durch Erziehung und Diakonie brauchten, sollte umgekehrt auch die Diakonie alle Bereiche des menschlichen Lebens erreichen und damit im Dienst der Heiligung stehen. Vgl. Ursula Schoen, Befreiung als Leitmotiv in Mission und Diakonie, in: Arndt Goetzelmann (Hg.), Diakonische Kirche. Anstöße zur Gemeindeentwicklung und Kirchenreform (Veröffentlichungen des Diakoniewissenschaftlichen Instituts 17), Heidelberg 2003, 358 f.

[36] Vgl. z.B. Schaefer, Lebensgeschichte, 93.

ein Befreier im individuellen Sinn) tritt von da an mehr und mehr ins Zentrum ihres Denkens. Die nur natürliche Konsequenz dieser Sichtweise ist die Forderung, dass die Bibel von Männern *und* Frauen auszulegen ist, da die weibliche Perspektive des Glaubens so wichtig sei wie die männliche. Den Glauben an Christus gilt es mit weiblicher Hingabe und Menschlichkeit zu verbinden. J. Butler fühlte sich wie einige ihrer Zeitgenossinnen auch als jemand, dem das Recht zum Predigen zustand, und führte dies auch selbstbewusst entgegen der allgemeinen Verurteilung predigender Frauen aus. Predigen und Lehren verstand sie als einen prophetischen Auftrag. Frauen sollten nicht nur gleiches Recht wie Männer erhalten, sondern auch Führung in geistlichen Fragen übernehmen. In Catharina von Siena (1347-1380), der sie 1898 eine Biographie widmete, sah J. Butler die Verkörperung einer Verbindung, die sie auch für ihr eigenes Leben suchte: die Einheit von konkreter Sozialreform und mystischer Spiritualität. Gleichzeitig galt Catharina ihr als ein Beweis, dass Gott Frauen und Männer gleichermaßen in seinen Dienst ruft.[37]

Wie viele europäische und nordamerikanische Frauenrechtlerinnen stellte J. Butler nur bedingt die in ihrer Zeit vorherrschende Trennung der Geschlechterrollen in eine männliche und eine weibliche Sphäre in Frage. Sie verfocht zwar das Recht der Frauen, auch außerhalb der Familie rechtlich, politisch und ökonomisch eigenständig zu sein, versuchte aber gleichzeitig die Annahme von einer moralischen Überlegenheit der Frau feministisch umzusetzen. Die besondere Bestimmung der Frau sah auch sie darin, Haus, Familie und den einmaligen Standard von Reinheit im politischen Bereich zu verfechten. J. Butlers Feminismus verband im Grund zwei unterschiedliche Richtungen: Das Eintreten für die Gleichheit der Geschlechter und das Hervorheben einer spezifischen Frauenkultur. Diese Trennung fand sich auf praktischer Ebene auch im Blick auf das Eintreten für die Prostituierten. J. Butler verstand das Verhältnis zwischen diesen Frauen und ihr wie das von Töchtern und Müttern. Die Mutterschaft war für sie die heiligste Sache der Welt. Ihre Verteidigung der Mutterschaft hatte für sie eine eminent politische Bedeutung, denn sie war ein Instrument, um männliche Autorität zu unterlaufen. Sie gab Müttern, nicht Vätern, das Recht, das Sexualleben der Töchter zu kontrollieren. In gewissem Sinne sanktionierte J. Butler dadurch jedoch eine autoritäre Beziehung zwischen den älteren Mittelklassefrauen und den jüngeren Arbeiterfrauen. Obwohl sie sich einerseits fürsorgend und beschützend gab, war sie gleichzeitig auch hierarchisch und kontrollierend. Gelegentlich sprach sie auch von den „gefallenen Schwestern“, deren individuellen Rechte zu respektieren sind und die das Recht haben, ihre Körper auf der Straße zu verkaufen, ohne von der Polizei belästigt zu werden.[38]

Das Frauenwahlrecht war für J. Butler und die Führungsspitze der LNA zu diesem Zeitpunkt zwar schon ein wichtiges politisches Ziel, aber weniger zent-

---

[37] Vgl. Mathers, Victorian Feminist, 306.
[38] Vgl. Walkowitz, Prostitution, 117.

ral als für spätere Generationen. J. Butler betonte die Bedeutung des Wahlrechts als Selbstschutz, „denn wir können nicht immer von der Selbstaufopferung edler Männer – wie unserer Ehemänner – abhängen".[39] Die Feministinnen des Viktorianischen Zeitalters kämpften vor allem gegen eine Sicht, die die Frau allein von ihren familiären Beziehungen zum Mann her definierte. Trotz voller Anerkennung der sozialen Bedeutung von Ehefrau und Mutterschaft für die Rolle der Frau, sollte diese in ihrer Identität nicht darauf beschränkt werden. Die Leitung des LNA verstand daher die Kampagne zum Widerruf des D.C. Acts auch als Beitrag zu einem weitergehenden Programm der Frauenemanzipation. Sie deutete Prostitution als Ergebnis künstlicher Einengungen, die den sozialen oder ökonomischen Aktivitäten von Frauen auferlegt worden waren. Es gehört zu den besonderen Verdiensten J. Butlers und der Führung der LNA, immer wieder darauf verwiesen zu haben, dass Armut die wesentliche Ursache für die Prostitution sei und nicht die Sünde. Nicht jede Frau hatte jedoch die Freiheit wie J. Butler öffentlich zu erklären: „Economies lay at the heart of practical morality"[40]

In einer Zeit, in der Frauen versuchten eine neue gesellschaftliche Anerkennung sowohl in sittlicher als auch in intellektueller Hinsicht durchzusetzen, wurde eine staatliche Regelung der Prostitution als eine neue Verfestigung traditioneller Vorurteile gegenüber Frauen als „denaturierte soziale Außenseiterinnen" abgelehnt, die Männern (Kunden, Ärzten, Polizei und Verwaltung) unzulässige Rechte über ihren weiblichen Körper gaben. In diesem Zusammenhang spielte auch der Kampf gegen bestimmte gynäkologische Untersuchungsformen eine zentrale Rolle, weil sie die Selbstachtung der Frauen zerstörten und damit die Rehabilitation der Frauen unmöglich machten.[41] Der Kampf gegen die Einführung des Speculums als gynäkologisches Instrument wurde zum Focus dieser Debatte. Großen Widerstand erfuhr auch die Ansicht, dass der sexuelle Akt und insbesondere der mit einer Prostituierten eine „pollution" (Verschmutzung) des Mannes nach sich zieht.

6. Abschließende Würdigung

Der Blick auf J. Butlers Leben und Werk zeigt, dass ihre Fähigkeiten nicht allein in Organisation und Argumentation, ihrer konfessionellen Liberalität und ihrer reichen Spiritualität lagen. Sie bestanden auch darin, „kleine Feuer und Mut in einzelne MitstreiterInnen zu legen und so langsam eine große Menge zu beeinflussen".[42] Dabei kam ihr eine gefühlsstarke und extrovertierte Persönlichkeit zugute. Zeitgenössischen Beschreibungen zufolge lag hierin wohl auch ihre

---

[39] Vgl. a.a.O., 129.

[40] A.a.O, 132.

[41] Die Einführung des in Frankreich bereits erprobten Speculums für diese Untersuchungen entwickelte sich wegen seiner angeblich „intimitätsverletzenden Wirkung" zu einem der Kernpunkte feministischer Kritik.

[42] Übersetzt nach Walkovitz, Prostitution, 118.

große Überzeugungskraft. Mary Priestman schrieb über ihre erste Begegnung mit J. Butler: „Als sie zum Tisch ging, hob sie ihre Augen mit einem Blick unaussprechlicher Traurigkeit, als ob das ganze Gewicht des Elends und der Sünde der Welt auf ihrem unschuldigen Haupt läge. Ein weiblicher Christus war der unwillkürliche Gedanke, der mir in den Sinn kam und mich nicht mehr verlassen hat."[43]

---

[43] Vgl. a.a.O., 114.

MICHAELA SOHN-KRONTHALER

Elvine Gräfin de La Tour (1841-1916)

Elvine de La Tour. Gemälde von A. Henning (Ausschnitt), 1858, Privatbesitz.

Ein persönlich schweres Schicksal inspirierte eine junge Frau zu einem großen sozial-karitativen Lebenswerk. Aus den Initiativen der kinderlosen Elvine Gräfin de La Tour[1] entstanden ganz bemerkenswerte Gründungen in der zweiten Hälfte des 19. und zu Beginn des 20. Jahrhunderts, die über nationale und staatliche, konfessionelle und geschlechtsspezifische Grenzen ausstrahlten sowie die

[1] Im Archiv de La Tour (= ALT) in Treffen bei Villach befinden sich aufschlussreiche Unterlagen zu Elvine de La Tour und ihren Werken, wie beispielsweise Briefe der Gräfin, Stiftungsakten, Jahresberichte und Pressestimmen. Mein Dank gilt Frau Christine Szepannek für die freundliche Unterstützung bei einer ersten Sichtung der Quellen. Selbstverständlich können die nachfolgenden Ausführungen nur eine vorläufige Auswertung eines ausgewählten Teiles dieser Überlieferung bieten.
Zur Literatur über Elvine de La Tour siehe v. a.: Jubiläumsnummer der Gräfin Latour'schen Anstalten in Treffen und Russiz, in: Christentum der Tat. Hg. vom Zentralverein für innere Mission in Österreich, 1. Jg., Wien, 1923, Folge 4 ; Hans Berg, Gräfin Elvine de La Tour. Sonderdruck aus „In alle Welt. Zeitschrift für missionarische Arbeit". o. S. (ALT); D. F. Blanckmeister, Die Gräfin (Geschichten vom Gustav Adolf-Verein für Kinder), Leipzig ²1930; Heinrich Norden, Eine tapfere Frau und ihr Werk. Gräfin Elvine de La Tour, Treffen, o. J.; Lieselotte Hoffmann, Frauen auf Gottes Straßen. Acht evangelische Lebensbilder. Basel 1951, 53-71; Grete Mecenseffy, La Tour en Voivre, in: Österreichisches Biographisches Lexikon 5, Wien 1972, 40; Ich diene aus Liebe. Mitteilungen des Evangelischen Vereines für Innere Mission in Kärnten, 29. Folge, Mai 1981; Oskar Sakrausky, St. Ruprecht am Moos. Die Geschichte einer evangelischen Pfarrgemeinde im Großraum Villach, Wolfsberg 1986, 224-231; Auf Spurensuche in Italien. Fahrt des Kuratoriums am 1. Mai 1977 nach Italien, besonders Capriva und Görz, zur Wiege der Stiftung, Orte des Wirkens der Gräfin Elvine de La Tour. Mai 1997; Peter Barton, Elvine de La Tour en Voire, in: BBKL 12 (1997), Sp. 370-374; Anna Katterfeld, Elvine de La Tour. Aus Liebe zu Gott und den Kindern. Überarbeitete Neuauflage. Neuhausen-Stuttgart 1998; Herbert Patzelt, Evangelisches Leben am Golf von Triest. Geschichte der evangelischen Gemeinde in Triest mit Abbazia, Görz, Fiume und Pola. München 1999, 126-132; Friedrich Gienger, Gib mir Deinen Reichtum! Ein Lebensbild der Gräfin Elvine de La Tour. Treffen ⁴2003.

Stürme zweier Weltkriege überstanden und mutatis mutandis bis heute fortbestehen. Die Kärntner Protestantin mit italienischen Wurzeln zählt neben den Brüdern Ernst[2] und Ludwig Schwarz[3] zu den bedeutendsten österreichischen Repräsentanten und Bahnbrechern der Inneren Mission der evangelischen Kirche, die in einem damals weit ausgedehnten Gebiet der Habsburgermonarchie eine konfessionelle Minderheit bildete. Sie gründete evangelische Schulen, Erziehungsanstalten für Mädchen und Knaben, Alten- und Kinderheime, eine christliche Asylstätte für Wohnungssuchende und war eine wichtige Förderin der Evangelisation in Österreich. Dieser evangelischen Christin kommt eine Vorbildfunktion für ein lebendiges und fruchtbares Wirken im Zeichen der Diakonie zu.

Das Andenken an diese außergewöhnliche Frau wird heute in mehrerlei Hinsicht wach gehalten. An sie erinnern unter anderem verschiedene sozial-karitative Einrichtungen in Österreich, wie ein Krankenhaus, ein Altenheim und eine Montessori-Schule, die in der „Evangelischen Stiftung der Gräfin de La Tour" in Treffen (Kärnten) zusammengefasst sind. In Italien sind die Ferienwohnungen „Colonia Marina Evangelica de La Tour" in der Nähe von Monfalcone nach ihr benannt, ebenfalls eine renommierte Weinmarke.

1. Herkunft

Elvine de La Tour entstammte der vermögenden friulanischen Kaufmannsfamilie Ritter, die auf eine alte protestantische Tradition zurückblicken kann. Die Ahnenreihe väterlicherseits lässt sich bis zu den Lebzeiten Martin Luthers – zum Jahr 1533 – nachweisen. Matthias Ritter der Ältere (gest. 1536), einst Ordensmann, stand in freundschaftlicher Verbindung zum evangelischen Reformator. Er verließ in der Zeit des reformatorischen Aufbruchs das Kloster und wirkte zunächst als Diakon zu Eichtersheim im Kraichgau bei Wiesloch, dann seit 1533 als protestantischer Pfarrer in Frankfurt am Main.[4] Dessen gleichnamiger Sohn Matthias (1525-1584) übersetzte als entschiedener reformatorischer Prediger die lateinische Luther-Biographie von Philipp Melanchthon, die *Vita Lutheri*, ins Deutsche und ergänzte sie.[5] Noch weitere vier Generationen der Familie Ritter übten das Predigeramt in Frankfurt am Main bis zur Mitte des 18. Jahrhunderts aus, ehe der Urenkel des letzten Pfarrers, Johann Christoph Ritter

---

2 Zu Senior Pfarrer D. Ernst Schwarz (1845-1925), dem jüngeren Bruder von Ludwig Schwarz und Pfarrer in Waiern, siehe Schaefer Kurt, Ernst Schwarz. Das Werk der Liebe zu Waiern. Das Verlorene suchen. Das Leben finden. Feldkirchen o. J.

3 Zu Ludwig Schwarz (1833-1910), dem Begründer der Gallneukirchener Anstalten und Mitbegründer des oberösterreichischen Vereines für Innere Mission, dem heutigen Diakoniewerk, siehe Anna Katterfeld, Die erfüllte Prophezeiung, Lahr-Dinglingen (Baden) 1959.

4 Chronik und Stammbaum der im Jahre 1829 in Österreich mit dem Prädikat „Von Záhony" geadelten Familie Ritter aus Frankfurt a. M. von Eugen Ritter Freiherrn von Záhony, Monastero bei Aquileia, Brünn 1915, 3 (im ALT). Im Folgenden wird die Publikation als „Chronik" zitiert.

5 Chronik, 3 f.

(1782-1838),[6] – der Großvater von Elvine – in den Kaufmannsstand trat und 1807 in das altösterreichische Küstenland übersiedelte. Mit Hilfe des Salpeterverkaufes legte er den Grundstein für ein bedeutendes Vermögen, mit dem er eine erfolgreiche Zuckerraffinerie in Görz aufbaute. Für dessen erfolgreiche Wirtschaftsführung betrieben er und sein Bruder Hektor Wilhelm die Großhandlung J. C. Ritter und Kompanie eines der angesehensten Handelshäuser in Triest. Im Jahre 1829 wurde er mit dem Adelsprädikat „von Záhony“, nach einem Gut in Ungarn benannt, ausgezeichnet. Theodor Graf La Tour, der Gatte von Elvine, sollte das Gut Záhony 61 Jahre später verkaufen.

Den Sohn von Johann Christoph Ritter und Vater von Elvine de La Tour, Julius Hektor (1816-1878),[7] erhob Kaiser Franz Joseph zunächst am 14. April 1855 in den österreichischen Ritterstand und dann am 12. Mai 1869 in den österreichischen Freiherrenstand.[8] Als Großindustrieller[9] genoss Julius Hektor eine herausragende gesellschaftliche Stellung. Regina Magdalena Amalia (1818-1851), die Mutter von Elvine, war die einzige Tochter eines vermögenden Schweizer Kaufmannes namens Elisäus Rittmeyer, der sich in Triest niedergelassen hatte. Sie wird von ihren Nachkommen als „sehr gebildete, von allen geliebte Dame, die beste Frau und Mutter“[10] beschrieben.

Die beiden Familien Ritter und Rittmeyer hatten großen Anteil am Aufblühen der lutherischen Gemeinden in Görz und Triest und waren karitativ tätig. Zum Beispiel setzte sich Julius Hektor von Ritter für die Gründung einer selbstständigen evangelischen Gemeinde in Görz ein, fungierte dort als Kirchenpfleger und forcierte den Bau der dortigen evangelischen Kirche, die 1864 eingeweiht wurde.

Angesichts des familiären Hintergrundes überrascht es nicht, wenn auch Elvine de La Tour mit merkantilen Fähigkeiten begabt war und sie mit christlicher

---

6 Kaufmann und Mitvorsteher der evangelischen Gemeinde A.B. in Triest, Inhaber der k.-k. privilegierten Zuckerraffinerie und Ehrenbürger zu Görz, Mitglied der k.-k. Ackerbaugesellschaft daselbst und Major der dortigen Bürgermiliz, verheiratet in erster Ehe mit Maria Bressiac (1787-1820); in zweiter Ehe mit der Schweizerin Amalie Hofmann (1797-1870). Aus erster Ehe hinterließ er 8 Kinder, aus zweiter Ehe 6 Kinder. Chronik, 1, 6-12, sowie Stammbaum der Familie.

7 Julius Hektor Ritter Freiherr von Záhony war das vierte Kind des Vorhergenannten aus erster Ehe. 1855 Ritter des Eisernen Kronen-Ordens III. Klasse in Würdigung seiner Verdienste für den Handel und für die Industrie, Fabrikant und Besitzer des Gutes Monastero, lebenslängliches Mitglied des österreichischen Herrenhauses (seit 1870), Präsident der Görzer Handels- und Gewerbekammer (seit 1850), Gemeinderat von Görz (seit 1850), Landtagsabgeordneter (1861-1878), Kurator der neu gegründeten evangelischen Gemeinde in Görz (seit 1861). Chronik, 1, 14-30.

8 Katterfeld, La Tour, 9-12.

9 Er führte mehrere wirtschaftliche Betriebe: eine Zuckerfabrik, eine Weizenmühle mit Export nach Amerika und eine Papierfabrik in Podgora bei Görz (mit Export nach Konstantinopel, Saloniki, Smyrna, Ägypten und Indien), ein Kupferhammerwerk, eine Seidenspinnerei und umfangreiche Landwirtschaften. Chronik, 17, 25.

10 Chronik, 17.

Nächstenliebe verband. Ihre sozialen Gründungen und Einrichtungen sollten hiervon profitieren.[11]

2. Kindheit – Jugend – Heirat

Der Ehe, die am 27. April 1839 zwischen Julius Hektor von Ritter und Regina Rittmeyer geschlossen wurde, entstammten sechs Kinder.[12] Das Elternhaus befand sich im Borgo Carintia in Görz (Riva Corno Nr. 27).[13] Die Lieblingstochter von Julius Hektor, Maria Carolina Elvina, war das zweite Kind des Ehepaares. Sie erblickte am 8. Dezember 1841 in Görz das Licht der Welt. Am 27. Februar 1842 taufte sie Pfarrer Heinrich Medicus, ein Freund der Familie, in der evangelischen Kirche zu Triest und konfirmierte sie sechzehn Jahre später am 5. April 1858 in Görz.[14] Der ältere Bruder Alfred wurde am 11. Februar 1840 geboren, verstarb jedoch schon nach kurzer Krankheit am 22. November 1865 in Görz. Elvine hatte noch jeweils zwei jüngere Schwestern und Brüder: Melanie (geb. 1843) und Eugen (geb. 1844)[15] sowie Olga (1847-1913) und Oskar (1850-1890).

Elvines Kindheit und Jugend war von harten persönlichen Schicksalsschlägen überschattet. Nicht einmal zehnjährig verlor sie ihre Mutter. Diese starb erst 33-jährig am Nervenfieber.[16] Eine Großtante, Amalie von Naeff, die Stiefschwester von Elvines Großmutter Rittmeyer, versorgte sodann die sechs Kinder.[17] Als ältester Tochter des Hauses fielen Elvine naturgemäß repräsentative Verpflichtungen zu. Sie besaß ein selbstbewusstes, hoheitsvolles Auftreten und war eine ausgezeichnete, mutige Reiterin. Ihre Persönlichkeit wird als gütig geschildert.[18] Der Tod des ältesten Bruders Alfred, der zunächst das Familiengut Monastero verwaltete, schmerzte sie sehr.

Die Großmutter war eine der Persönlichkeiten, die Elvine mit ihrer Frömmigkeit prägte. Daneben formten sie die geistlichen Gespräche mit ihrem Heimatpfarrer Ludwig Schwarz, dem „Vater der Inneren Mission in Österreich".[19] Dieser wurde von Elvines Vater Julius Hektor von Ritter als erster evangelischer Pfarrer nach Görz gerufen und leitete die neu gegründete kleine evangelische Pfarrgemeinde in den Jahren 1864 bis 1871. Die Pfarrei zählte damals 171 Mitglieder, nach seinem Verlassen etwa 280 Personen. Schwarz beeinflusste

---

[11] Hoffmann, Frauen auf Gottes Straßen, 54.

[12] Chronik, Stammbaum.

[13] Chronik, 29.

[14] Im Archiv de La Tour finden sich Quellenhinweise, wonach im Tauf- und Konfirmationsbuch von Triest die Namen „Maria Caroline Elvina Ritter von Záhony" angegeben sind.

[15] Bei Eugen handelt es sich um den Schreiber der „Chronik". Er besuchte die Realschule in Graz und ebendort die Technische Hochschule bis 1866. Chronik, 23, 33.

[16] Die Mutter wurde zunächst in der Familiengruft in Triest beigesetzt und später auf dem Friedhof von Görz begraben, wo auch ihr Vater im Mausoleum bestattet worden war.

[17] Chronik, 21 ; Katterfeld, La Tour, 14.

[18] Nach Hoffmann, Frauen auf Gottes Straßen, 61.

[19] Katterfeld, Die erfüllte Prophezeiung, 4; Katterfeld, La Tour, 15.

Elvine durch seine Predigten und machte sie mit den Ideen des mystischen Priesters und Begründers der „Allgäuer Erweckungsbewegung", Martin Boos,[20] vertraut. Im Herbst 1871 erfolgte ein Wechsel nach Gallneukirchen. Schwarz schrieb in seinem Tagebuch zum letzten Jahr seines Wirkens, dass er mit Gräfin Elvine de La Tour ein „Gespräch geführt [habe] über deren Zukunftsabsichten".[21] Es darf angenommen werden, dass es bei dieser Unterredung um die Gründung von Werken der christlichen Nächstenliebe, der Diakonie, ging.

Der große soziale Gegensatz zwischen Arm und Reich berührte Elvine sehr und machte sie traurig. In späteren Lebensjahren berichtet sie, dass „ihr oft aus innerer Traurigkeit über die ungerechte Verteilung der irdischen Güter Todesgedanken gekommen waren. Auch sie selbst sah in dieser inneren Not eine der Wurzeln für ihr späteres Wirken".[22] Bloße Wohltätigkeit, die mit keinerlei Entbehrung verbunden war, war ihr zuwenig.

Ihr großes Gottvertrauen und ihre glaubensstarke Einstellung werden in den „Jahresberichten", die sie über die Entwicklung ihrer sozialen Werke verfasste, eindrucksvoll deutlich. Sie empfand den Glauben als „eine Großmacht"[23] und dankte für die vom Herrn erwiesene Barmherzigkeit und Treue.[24] „Manch schwere Heimsuchung" und Leid nahm sie in Ergebenheit an, da „alles von ‚oben'„ kam.[25]

Als Elvine 27 Jahre alt war, lernte sie über ihre Brüder den um drei Jahre jüngeren, gut aussehenden Grafen (Leopold) Theodor Karl Anton de La Tour kennen und lieben. Er war der Sohn des Anton Ignatz Alexander Graf de La Tour en Voivre,[26] eines pensionierten Majors in Görz und der Anna Leopoldina, geborener von Gall. Am 15. September 1845 erblickte er in Mailand das Licht der Welt.

---

[20] Zu Martin Boos (1762-1825), dem Begründer der „Allgäuer Erweckungsbewegung" siehe Georg Schwaiger, Boos, in: Lexikon für Theologie und Kirche 2, Freiburg-Basel-Rom-Wien ³1994, Sp. 590.

[21] Aus seinem Tagebuch erfahren wir, dass er am 31. Dezember 1871 einen Brief an Gräfin Elvine de La Tour nach Russiz schrieb. ALT, 2. Festabend 125 Jahre Werke der Gräfin Elvine de La Tour mit Textcollage der geistlichen Wurzeln der Diakonie in Österreich. Martin Boos, geb. 1762, verst. 1825. 1. Dezember 1998, 17 f.

[22] Katterfeld, La Tour, 15.

[23] ALT, Bericht der Gräfin de La Tour, 1910, o. S.

[24] ALT, Jahresbericht über die Werke der Inneren Mission im Österreichischen Küstenland und in Treffen, Kärnten. Neujahr 1909, 4. Im Folgenden als Jahresbericht zitiert.

[25] ALT, Jahresbericht, 1913, 3.

[26] Das katholische Adelsgeschlecht stammte aus Lothringen und kann bis in die Mitte des 13. Jahrhunderts zurückverfolgt werden. Die jüngere österreichische Linie hatte ihren Wohnsitz in Graz. Anton Ignaz Alexander Graf de La Tour en Voivre (geb. 1794) vermählt mit Anna Leopoldine (geb. 1815), Tochter des Leopold Reichsritters und des niederösterreichischen Landstandes von Gall. Deren Sohn Theodor Karl Leopold Anton, geboren am 12. Dezember 1825, vermählt am 15. Februar 1868 mit Elvine Ritter Freiin von Záhony. ALT, Blatt „La Tour en Voivre".

Im Februar 1868[27] traute Pfarrer Ludwig Schwarz die Verlobten in der evangelischen Kirche zu Görz. Obwohl Verwandte Elvine vor der Eheschließung mit dem Katholiken Theodor de La Tour gewarnt hatten, fand sie in ihm einen verständnisvollen Helfer für ihre diakonischen Initiativen. Das Paar lebte zunächst in einem Patrizierhaus im benachbarten Ort Cormons. Als Hochzeitsgeschenk erhielt Elvine von ihrem Vater das Weingut Russiz, das zum nahe dem Görzer Hügelland gelegenen Dorf Capriva del Friuli bei Cormons gehörte. Hier erbauten sich die Eheleute eine weiße Villa im venezianischen Stil.[28] Der Weinbau prägte von Anfang an ihren landwirtschaftlichen Betrieb. Ursprünglich umfasste das Landgut eine Fläche von ca. 100 ha. Graf de La Tour besaß aufgrund seiner Bildung als Landwirt hohe Sachkenntnis, führte erstklassige Weinsorten aus Frankreich ein und legte so den Grundstein für einen florierenden, noch heute bestehenden Weinanbaubetrieb, der zur ökonomischen Stütze für den Unterhalt des späteren Waisenhauses wurde.[29] Zahlreiche Arbeitskräfte aus dem Gebiet von Capriva fanden im landwirtschaftlichen Betrieb des Grafenpaares ihre Beschäftigung. Aufgrund der erfolgreichen Wirtschaftsführung erhielt der Graf von seinem Schwiegervater Julius Hektor von Ritter das große Familiengut Monastero, das auf ein ehemaliges aquilejanisches Kloster zurückgeht.[30]

Bei den Eheleuten Elvine und Theodor trafen nicht nur gegensätzliche Charaktere aufeinander, sondern auch verschiedene Konfessionen. Graf de La Tour war katholisch, religiös jedoch eher indifferent. Die Eheleute lebten als einzige Deutsche in diesem friulanischen Gebiet, mitten unter Italienern. Elvine de La Tour war dort bemerkenswerter Weise die einzige evangelische Christin.

3. Die diakonischen Initiativen und Gründungen

Nach dem Sieg Österreichs über Italien bei Kustoza – in der Nähe von Görz –, versorgte Elvine de La Tour zusammen mit ihrer Familie Tausende von Verwundeten. In der stillgelegten Zuckerfabrik des Familienunternehmens wurde ein eigenes Lazarett errichtet.[31]

Die Bedeutung und die Größe der von Elvine de La Tour gegründeten diakonischen Werke kann erst richtig eingeschätzt werden, wenn man sich die Trostlosigkeit der sozialen Zustände vor Augen führt, die unter der überaus ar-

---

[27] Chronik, Stammbaum.

[28] Der Gebäudecharakter erinnert an Miramare in Triest. Heute dient die Villa als Sitz der Verwaltungstätigkeit der Stiftung, aber auch als Ort für Repräsentationszwecke und Bildungstätigkeiten.

[29] Noch heute existiert der landwirtschaftliche Betrieb, dessen Produktion sich über 30 ha erstreckt und dessen Weine für ihre große Qualität bekannt sind.

[30] Das Gut Monastero wurde 1850 vom Grafen Cassis Faraone gekauft. Es umfasste ein großes Weinanbaugebiet von ca. 1300 Hektar Wein und ausgedehnte Anlagen von Reisfeldern (Muticoreis), Seidenzucht, Mais- und Weizenbau. Chronik, 19.

[31] Chronik, 23 f.; Katterfeld, La Tour, 17. Damals hielt Elvine eine Huldigungsansprache an den durchreisenden Erzherzog Albrecht und überreichte ihm einen Lorbeerkranz.

men alpen- und küstenländischen Bevölkerung vorherrschte. Sozialeinrichtungen, wie Kindergärten, Schulen, Krankenhäuser oder Altersheime, waren damals überhaupt noch keine Selbstverständlichkeit. Die Rahmenbedingungen für sozial-konfessionelle Initiativen waren insofern erschwert, als sich die beiden christlichen Kirchen im Österreich des 19. Jahrhunderts feindlich gegenüberstanden.

Ausgangspunkt für das älteste Werk von Elvine de La Tour, dessen Anfänge in das Jahr 1872 zurückreichen, ist das Schicksal vernachlässigter Kinder in ihrem Wohnort Capriva. Schon als junge Frau meditierte sie Jesu Wort aus Joh 21,15 („Weide meine Lämmer") und vernahm daraus den Auftrag, sich um ärmliche Kinder zu kümmern.[32] Rückblickend beschrieb sie den „Retterdienst an den Kindern und Erwachsenen" als „das brennende Verlangen meiner Seele".[33] Prägend für die damals 22-Jährige wurde ein Gottesdienstbesuch bei Pfarrer Schwarz am 10. April 1864.

Die kinderlose junge Gräfin wollte vor allem eine Zufluchtsstätte für hilfsbedürftige Mädchen schaffen. 1873 gründete sie daher in Görz einen „Waisenversorgungsverein",[34] der aus Frauen unterschiedlicher Konfessionen[35] bestand und dem sich jeder, der diesem Anliegen wohlwollend gegenüber stand, anschließen konnte.[36] Elvine de La Tour selbst war zur Vorsteherin dieses Hilfsvereines gewählt worden. Anfangs dachte sie nicht so sehr an die Gründung eines sozial-karitativen Werkes, vielmehr schwebte ihr die Weitergabe des evangelisch-christlichen Glaubenslebens als Vereinszweck vor. Das Ziel der Kindererziehung sollte darin bestehen, „die im Namen Jesu aufgenommenen jungen Seelen für den Heiland der Welt zu gewinnen".[37] Es gelang, mit Hilfe von Mitgliedsbeiträgen für zunächst drei Mädchen, gleich welcher Konfession, eine Wohnung im Stadtkern von Görz zu mieten und für diese die evangelische Hausmutter Barbara Bachofen aus der Schweiz anzustellen. Innerhalb eines Jahres verdreifachte sich die Zahl der betreuten Mädchen. Während Elvine eine betont konfessionelle Unterweisung und Erziehung der Kinder im christlichen Geist anstrebte, wollten andere Vereinsmitglieder rein soziale Hilfeleistungen, was zu Meinungsverschiedenheiten unter den führenden Funktionärinnen des

---

[32] Jubiläumsnummer der Gräfin Latour'schen Anstalten in Treffen und Russiz, in: Christentum der Tat. Hg. vom Zentralverein für innere Mission in Österreich 1, Wien, 1923, Folge 4, 7 f.

[33] Elvine de La Tour, Aus Kärnten, in: Worte der Wahrheit und Liebe für Österreich und Ungarn 9, 15. Dezember 1913, 190.

[34] ALT, Bericht der Gräfin de La Tour, 1910, o. S.

[35] Die Konfessionsverschiedenheit erklärte Elvine de La Tour mit der geringen Anzahl evangelischer Christen im Land. Ebd.

[36] Am 1. Dezember 1998 wurde der 2. Festabend „125 Jahre Werke der Gräfin Elvine de La Tour" begangen. Dazu erschien die Broschüre „2. Festabend 125 Jahre Werke der Gräfin Elvine de La Tour mit Textcollage der geistlichen Wurzeln der Diakonie in Österreich. Martin Boos, geb. 1762, verst. 1825. 1. Dezember 1998" (ALT).

[37] ALT, Bericht der Gräfin de La Tour, 1910, o. S.

Vereines führte.[38] Elvine de La Tour legte daraufhin das Vorsteherinnenamt nieder. Die Folge war, dass sich der Verein nach nur dreijähriger Tätigkeit auflöste.[39]

Obwohl nun die regelmäßigen Beiträge versiegten, nahm die Gräfin die Kinder mit nach Russiz und gründete dort eine Armen-Mädchen-Anstalt. Der Zulauf zu dieser war enorm, bald stieg die Zahl der Schützlinge von 12 auf 18. In ihrem zweiten Jahresbericht plante Elvine die Erweiterung ihrer Anstalt: „Es gibt ja deren auch hier so viele, so viele arme Kinder, die aus Mangel an Pflege elend und siech aufwachsen und einen frühen Tod finden ...“[40] Aufgrund der großen Nachfrage ließ sie den Dachboden ihres Hauses in Russiz ausbauen. Im Jahresbericht 1909 gab Elvine de La Tour die Größe der Anstalt mit bereits 50 Mädchen an.[41]

Während die Jungen vom Dorfpriester einen notdürftigen Unterricht in Religion, Lesen und Schreiben erhielten, blieben die Mädchen davon ausgeschlossen. Daher beantragte ihr Gatte Theodor de La Tour als Bürgermeister von Capriva bei der Regierung 1873 die Errichtung einer Schule, die zwei Jahre später als erste Volksschule dieser Gegend in Russiz eröffnet wurde. Die evangelische Dorfschule nahm nun auch Mädchen auf, neben den Anstaltskindern zudem externe Schülerinnen und Schüler.[42]

Das Erbe des 1878 verstorbenen Vaters ermöglichte es Elvine de La Tour, ihr begonnenes diakonisches Werk zu erweitern. Im Jahre 1879 kam es dazu, dass die evangelische Schule als deutsch-italienische Privatvolksschule im Sinne Pestalozzis errichtet und amtlich bewilligt sowie ein Mädchenheim für verarmte und verwaiste Kinder angeschlossen wurde.[43] Diese Mädchenerziehungsanstalt in Russiz, wohlgemerkt in einer rein katholischen Umgebung, nannte Elvine stolz „meine liebe erstgeborene Tochter“.[44] „Als deutsch-evangelische Schöpfung inmitten einer italienisch redenden, katholischen Bevölkerung hat sie viele Stürme zu bestehen gehabt und steht gleicherweise noch angefochten da“, resümiert Elvine de La Tour in ihrem Jahresbericht 1909.[45] Finanziert wurde das Werk von den Erträgen ihres Weingutes in Russiz. Neben erfahrenem Lehr-

---

38 Katterfeld, La Tour, 24 f.

39 Ebd.

40 Katterfeld, La Tour, 27.

41 ALT, Jahresbericht, 1909, 6; Bericht der Gräfin de La Tour, 1910, o. S. Die Evangelische Privatschule umfasste zu diesem Zeitpunkt 60 Schüler. Zum evangelischen Institut in Russiz: L'istituto evangelico di Russiz e la chiesa goriziana tra Ottocento e Novecento, in: Istituto regionale per la storia del movimento di liberazione nel friuli-venezia giulia, Qualestoria 1 (Archivi e fonti per la storia delle istituzioni educative giuliane, a cura di Franco Cecotti e Giulio Mellinato). Anno XXIX, 1, Giugno 2001, 117-124.

42 So befanden sich 1906 50 Mädchen in der Anstalt, mit den Externen betrug die Schülerzahl 62. ALT, Jahresbericht, 1907, 4.

43 ALT, Bericht der Gräfin de La Tour, 1910, o. S.

44 ALT, Jahresbericht, 1907, 3.

45 ALT, Jahresbericht, 1909, 6.

und Erziehungspersonal, wie der Berlinerin Anna Heber (1878-1915), die im Kaiserwerther Diakonissenhaus ihre Ausbildung erhalten hatte, dem Lehrer Jakob Lohmann von der Armenschullehranstalt Lörrach und dem Görzer Stadtmissionar Reinmuth, unterrichtete sogar die Gräfin selbst in italienischer Sprache. In einem Bericht aus dieser Zeit schrieb sie, dass sie „... noch sehr unerfahren im Erziehungsfache ...“[46] wäre. Im Jahr 1879 errichtete sie nach dem Vorbild von Fröbel einen Kindergarten für Mädchen im Alter von drei bis sechs Jahren. „Daß ich darauf bedacht war, meiner Umgebung die eigene Glaubensüberzeugung vorzuleben und einzuprägen, das ist wohl erklärlich. ... An den Kindern wollte ich zumeist arbeiten und gewann damit das Vertrauen der Eltern in einem Maße, daß ich niemals Schwierigkeiten mit denselben hatte“,[47] schrieb sie Jahre später in einem Rückblick.

Die Mädchenerziehungsanstalt in Russiz entwickelte sich bestens. Die bauliche Infrastruktur wurde 1898 deutlich verbessert. So wurden die Schlaf- und Unterrichtsräume vergrößert und ein Betsaal eingeweiht.[48] Bis zum Jahr 1906 nahm das Institut in Russiz 345 Kinder deutscher, italienischer und slowenischer Abstammung, 316 Mädchen und 29 Knaben, auf. Diese fanden dort Heimat und eine christliche Erziehung. Von ihnen waren 199 evangelischer und 146 katholischer Konfession.[49]

Aufgrund ihrer Reisen nach Deutschland und in die Schweiz wurde es Elvine de La Tour möglich,[50] die Förderung ihrer Anstalten vornehmlich durch die Gustav-Adolf-Hauptvereine sowie durch deren Zweig- und Frauenvereine zu erreichen.[51] Unterstützungen erhielt sie ebenso vom Evangelischen Bund, dem Philadelphiaverein, der evangelischen Kirchengemeinde St. Ruprecht am Moos bei Villach und verschiedenen Freunden.[52]

Aufgrund von Übertritten einiger katholischer Mädchen zur evangelischen Kirche entstanden erste Schwierigkeiten mit dem Erzbischöflichen Ordinariat in Görz. Mehrfach wurde Elvine de La Tour von der katholisch-konservativen Tageszeitung „Reichspost“ heftig angegriffen und als „protestantische Proselytenmacherin“ bezeichnet.[53] In den „Jahresberichten“ über die Werke der Inneren Mission sprach sie immer wieder von „Kampf und Stürmen“ seit dem ersten Entstehen dieser Anstalten, „von viel Widerstand, ja Feindschaft“, die sie erfahren hatte.[54] An anderer Stelle führte sie aus: „Ich mußte oft um den

---

46 Katterfeld, La Tour, 27.

47 Worte der Wahrheit und Liebe, Christliches Wochenblatt für Österreich und Ungarn 11, 16. Mai 1915, 157.

48 ALT, Jahresbericht, 1913, 15-22.

49 ALT, Jahresbericht, 1907, 4.

50 ALT, Jahresbericht, 1913, 5.

51 ALT, Jahresbericht, 1909, 16.

52 A.a.O., 26-32.

53 Reichspost aus dem Jahr 1905, zit. in: ALT, Bericht der Gräfin de La Tour, 1910, o.S.

54 ALT, Jahresbericht, 1907, 3.

Weiterbestand der Anstalt zittern".[55] Die beharrlich vorgehende Gräfin erreichte es 1879 in einer Audienz bei Kaiser Franz Joseph I. in Wien, dass katholische Kinder ihre Schule besuchen durften. Jedoch war es ihnen nicht gestattet, bei den evangelischen Andachten teilzunehmen.

Ein großes Vermögen aus dem Nachlass einer Tante des Ehegatten wurde dazu verwandt, 1885 das Schloss Treffen[56] bei Villach in Kärnten aus dem Besitz der Grafen Goess um 90.000 Gulden zu erwerben und weitere vier Huben (Bäuerle, Schluchter, Melcher und Schloßbauer) hinzuzukaufen. Die Herrschaft Treffen wurde nun zu einem weiteren Ausgangspunkt der diakonischen Stiftungen von Elvine de La Tour im Kärntner Land, von dessen Bevölkerung damals nur ein Zehntel evangelisch war. Sie begann zunächst Kinder aus Treffen und Umgebung in „Sonntagsschulen" zu sammeln.[57] Die Verwirklichung dieser Arbeit war mit Schwierigkeiten verbunden, da an manchen Orten „Lokale, die zur Verfügung gestellt waren, uns wieder entzogen wurden", während in Treffen die Sonntagsschule im Vereinshaus weiterbestehen konnte.[58]

Am 1. November 1891 wurde eine Privatvolksschule in einem Nebengebäude des Schlosses für etwa 30 Kinder eröffnet,[59] drei Jahre später der Bau einer zweiklassigen Volksschule mit Lehrerwohnung in der Nähe des Schlosses begonnen. Diese erhielt 1903 das Öffentlichkeitsrecht.[60] 1909 und 1913 betrug die Anzahl der Schüler, die von zwei Lehrkräften unterrichtet wurden,[61] ungefähr 160 Kinder, wovon 84 Knaben den Häusern „Herrnhilf"[62] und „Elim" angehörten.[63] Auf einem Römerstein aus Aquileia, der an der Schule angebracht wurde, ließ Elvine de La Tour die Inschrift einmeißeln: „Einer ist unser Meister Christus". Die Eröffnung und Einweihung dieser Volksschule (heute Lindenschlößl), die zusammen mit Waiern und Sirnitz in Kärnten die dritte evangelische Schule war, nahm der evangelische Pfarrer Ernst Schwarz aus Waiern vor, zu dessen Familie die Gräfin ein herzliches Verhältnis hatte und „bei vielen Gelegenheiten im Pfarrhaus" weilte.[64] Die Gründung dieser evangelischen

---

55 ALT, Bericht der Gräfin de La Tour, 1910, o.S.

56 Die Herrschaft Treffen erwarb zunächst Theodor de La Tour, nach dessen Tod 1894 ging es in den Besitz seiner Frau über. Sakrausky, St. Ruprecht am Moos, 224.

57 ALT, Jahresbericht, 1907, 5; Elvine de La Tour, Ein Brief an Kinder, in: Gustav-Adolf-Blätter aus Württemberg 31, 1903, 46-48.

58 ALT, Jahresbericht, 1907, 7.

59 A.a.O. 5; ALT, Jahresbericht, 1909, 8.

60 ALT, Jahresbericht, 1907, 5.

61 ALT, Jahresbericht, 1909, 8.

62 Die Bezeichnung stammt von einem der Brüderdörfer des evangelischen Pfarrers Samuel Keller in seiner Pfarrei Neustz auf der Krim. Nach seiner Flucht aus Russland wirkte er Ende des 19. Jahrhunderts im deutschsprachigen Raum als Evangelist und konnte für die sozialen Projekte der Gräfin in Deutschland bedeutende Spenden auftreiben. Zum Alten- und Knabenasyl Herrnhilf: ALT, Jahresbericht Neujahr 1909, 17-19.

63 ALT, Jahresbericht, 1913, 4.

64 Schaefer, Schwarz, 73.

Schule ist insofern bemerkenswert, als noch wenige Jahrzehnte (1869) zuvor 34 solcher Schulen in Kärnten bestanden, aber bald aus Mangel an finanziellen Mitteln geschlossen werden mussten.[65]

Anfang der neunziger Jahre wurde die Evangelisationsarbeit, die im 1908 gegründeten Christlichen Missionsverein zusammengefasst werden sollte, in Kärnten aufgenommen, damals unter dem Evangelisten Alfred Galsterer (gest. 1914),[66] der zwischenzeitlich auch in Böhmen wirkte.[67] Aus dem Jahre 1906 seien die Prediger Hellmut Micklich und Chr. Theurer erwähnt.[68] Übrigens wirkten 1908 die beiden Evangelisten Matthias Dopplinger, der Ernst Schmidhammer ablöste, und Friederich Neumann in ganz Oberkärnten und einem Teil Unterkärntens. Ihnen standen die beiden Schwestern Maria Kuhl[69] und Elfriede Pakut für Gemeinschafts- und Krankenpflege zur Seite. Für Frauen wurden Versammlungen veranstaltet, Sonntagsschulen und Bibelstunden in Bauernhäusern und Schullokalen gehalten, Hausbesuche gemacht und Schriften verteilt, letztere auch von den Jünglingsvereinen.[70] Da die Gemeinden eine beträchtliche Ausdehnung hatten, mussten weite beschwerliche Wege in die hoch gelegenen Gebirgsorte zu den alten und kranken Menschen, die die Gottesdienste nicht besuchen konnten, zurückgelegt werden. Im Kontext der Evangelisationsarbeit sah Elvine de La Tour ihr Wirken als die „schwache Kraft einer Frau", die sich dem Retterdienst ganz zur Verfügung stellte und die der „Herr nicht verschmäht hat".[71]

Eine Zweigarbeit der Evangelisation bildete das „Blaue Kreuz", das sich zur Aufgabe gemacht hatte, den Alkoholismus wirksam zu bekämpfen. Ein Verein mit dem Sitz in Villach umfasste rund 30 Mitglieder.[72] Am 19. Februar 1912 trafen sich abstinente Gläubige im Schloss Treffen zu Besprechungen, um einen „Blaukreuzverein" zu gründen.[73] Am 2. März 1913 wurde die Eröffnungsfeier des Blaukreuzvereines für Kärnten mit dem Sitz in Treffen begangen.[74] Dieser wurde am 5. Mai 1913 von der Kärntner Landesregierung als Verein registriert.

---

[65] ALT, Jahresbericht, 1907, 6; Schaefer, Schwarz, 88 f.

[66] Worte der Wahrheit und Liebe, Christliches Wochenblatt für Österreich und Ungarn 11, 4. April 1915, 110.

[67] ALT, Jahresbericht, 1909, 5, 20-23. Sakrausky datiert den Beginn der Evangelisationsarbeit in Treffen mit dem Jahr 1893.

[68] ALT, Jahresbericht, 1907, 8, 12.

[69] ALT, Jahresbericht, 1908, 5.

[70] ALT, Jahresbericht, 1909, 21 f.

[71] Elvine de La Tour, Aus Kärnten, in: Worte der Wahrheit und Liebe für Österreich und Ungarn 9, 15. Dezember 1913, 190.

[72] ALT, Jahresbericht, 1912, 17.

[73] ALT, Jahresbericht, 1913, 10.

[74] ALT, Jahresbericht, 1914, 3.

Die Evangelisationsarbeit fiel in die Zeit der Los-von-Rom-Bewegung[75]. Mehrfach kam es zu Auseinandersetzungen mit der katholischen Kirche, so 1912, 1914 und 1916, die eine Gefährdung des Glaubens von katholischen Kindern sah, wenn sie in den von Elvine de La Tour gegründeten Anstalten erzogen wurden. Die Diözese Gurk versuchte mit Hilfe der Werke des „Bonifatiusvereines" die katholischen Kinder zu sammeln. Innerkirchlich kam es zu Krisen und zu Schwierigkeiten mit evangelischen Geistlichen, zumal wenn sich manche Prediger vor Beginn ihrer Evangelisationsarbeit nicht mit den ortsansässigen Pfarrern ins Einvernehmen setzten oder sich „schwärmerische" Auswüchse zeigten.

1898 wurde in der Lindenallee beim Schloss das erste Treffener Jahresfest abgehalten, das ein Jahr zuvor der Frauenkreis St. Ruprecht bei der Gräfin angeregt hatte. An dem Pfarrbruderschaftstreffen nahm bei dieser Gelegenheit Pfarrer Theophil Krawielitzki, der Gründer des Gemeinschafts-Diakonieverbandes von Vandsburg,[76] teil. 1904 schloss sich an das Jahresfest die erste jährliche Treffener Gemeinschafts- bzw. Glaubenskonferenz unter Pfarrer Monsky an. Anlässlich des Jahresfestes 1911 sammelte Elvine de La Tour ein Komitee für die Missions- und Diakoniearbeit im Raum Treffen und Russiz. Die Gruppe bestand ausschließlich aus Männern, die beratende Funktion hatten und in der evangelischen Diakonie und Kirche tätig waren. Es sei angefügt, dass sie nach dem Tod der Gräfin in das Kuratorium berufen wurden. Aufgrund des Ersten Weltkrieges musste 1915 das Jahresfest ohne die Gräfin stattfinden.

In Treffen bestand auch ein „Evangelischer Männer- und Jünglingsverein", der 15 Mitglieder umfasste und das österreichische Gemeinschaftsblatt „Worte der Wahrheit und Liebe", das der Grazer Pfarrer Monsky redigierte, verteilte.[77] Hierin verfasste Elvine de La Tour ihre Berichte während der Kriegszeit.[78] Das Gemeinschaftsblatt berichtete wiederholt über das Schicksal der Gräfin während ihrer italienischen Gefangenschaft und ihres Aufenthaltes in der Schweiz und in Deutschland.[79]

Seit dem Jahr 1900 kam es – aufgrund der großen Nachfrage – zu einer ständigen Erweiterung der sozialen Einrichtungen von Elvine de La Tour in Kärnten. Es mussten bauliche Veränderungen und Vergrößerungen vorgenommen werden, die bedeutende Kosten verursachten. Um 1900 wurde durch Gütertausch die Tarmannhube bzw. Obergröflacherhube erworben und zu einer Missions- und Diakoniestation – danach als „Vereinshaus" bezeichnet – umgestaltet. 1902 begann die Gräfin, „kleine Kinder von Tagelöhnerinnen, Mägden

[75] Maximilian Liebmann, Los-von-Rom-Bewegung. In: Lexikon für Theologie und Kirche 6, Freiburg-Basel-Rom-Wien [3]1997, Sp. 1061 f.; Patzelt, Evangelisches Leben, 147 f.

[76] Vgl. Doris Möser-Schmidt, Wilhelmine Clasina Blazejewski (1851-1927); Frank Lüdke, Emilie Siekmeier (1871-1948).

[77] ALT, Jahresbericht, 1908, 20.

[78] Worte der Wahrheit und Liebe für Österreich und Ungarn 11, 18. April 1915, 125.

[79] A.a.O., 15. August 1915, 242 f.; a.a.O., 12. Dezember 1915, 376 f.

u.s.w., welche tagsüber dem Verdienste nachgehen müssen, aufzunehmen. Ich hatte diese Kleinsten in den armseligsten Verhältnissen, verwahrlost, an Leib und Seele gefährdet, vorgefunden und zuerst nur tagsüber, sodann, als die Notwendigkeit dazu sich herausstellte, zum Teil auch vollständig in Pflege genommen."[80] Es wurde ein Kinderhort für 40 bis 50 Kinder zur Tagesbetreuung errichtet[81] und für das Vereinshaus und Kinderheim eine eigene Wasserleitung installiert.[82]

Das Wachstum der sozial-karitativen Werke setzte sich fort. 1903 entstanden eine Kranken- und Pflegestation für verletzte Holzknechte und Arbeiter sowie Wohnungen für Evangelisten, zwei Jahre später wurde ein Teil des Wirtschaftsgebäudes als Kleinkinderheim umgebaut und der Kinderhort, in welchem auch Säuglinge betreut wurden, dorthin verlegt.[83] 1906 erfolgte der Ausbau des Heuschuppens über dem Saal der Kinderbewahranstalt als Wohnung für die Schwestern.

Im Jahr 1902 wurde der Krainerhof, die sogenannte „Schöffmann-Hube", gekauft, in „Herrnhilf" umbenannt und zu einem Heim, zunächst für Einleger, schon bald aber für Buben ausgebaut. Das Projekt nahm seinen Anfang dadurch, dass der Villacher Vikar Johannes Heinzelmann im Juli 1903 die Gräfin bat, zwei Waisenknaben aufzunehmen. Für „Herrnhilf" zuständig waren zunächst die Hauseltern Ziegler (1903-1907)[84], danach die Hauseltern Dopplinger (1907-1908)[85] und Gienger (seit 1908),[86]

1905 wurde der neben „Herrnhilf" gelegene Prin(t)schlerhof, ursprünglich gedacht für die Versorgung erkrankter Einleger, erworben.[87] Aus finanziellen Gründen konnte der Plan nicht umgesetzt werden, so dass das Haus, das seit 1910 die alttestamentliche Bezeichnung „Elim" trug, zunächst als Wohnung für Evangelisten und Mitarbeiter verwendet wurde. Im Frühjahr 1910 wurde es als zweite Knabenanstalt eröffnet[88], die Scheune zum neuen Betsaal neben dem Tarmann-Kinderheim ausgebaut. Verbunden mit einer Glaubenskonferenz wurde der neue Betsaal am 13. August 1911 eingeweiht. Im Haus „Elim" wohnten 1912 bereits 50 Kinder.

Da etwa ein Drittel der Knaben katholisch war, kam es immer wieder zu Konflikten mit der katholischen Kirche.[89] Grundsätzlich war die Zahl der katholischen Kinder, die aufgenommen werden durften, begrenzt. Der am 22.

---

[80] ALT, Jahresbericht, 1909, 8 f.; Elvine de La Tour, Ein Brief an Kinder, in: Gustav-Adolf-Blätter aus Württemberg 31, 1903, 46-48.

[81] ALT, Jahresbericht, 1907, 8 f.

[82] ALT, Jahresbericht, 1909, 12.

[83] ALT, Jahresbericht, 1913, 15 f.

[84] ALT, Jahresbericht, 1907, 13 f.; ALT, Jahresbericht, 1908, 6.

[85] ALT, Jahresbericht, 1908, 13-17.

[86] ALT, Jahresbericht, 1912, 11-15; ALT, Jahresbericht, 1913, 7-11.

[87] ALT, Jahresbericht, 1907, 10.

[88] 1912 wohnten bereits 50 Kinder im Haus „Elim".

[89] ALT, Jahresbericht, 1912, 14.

Mai 1914 herausgegebene Erlass untersagte den evangelischen Anstalten die Erziehung von katholischen Kindern. Es war beabsichtigt, die damals in evangelischen Erziehungsanstalten befindlichen Kinder katholischen Bekenntnisses unter die Aufsicht des Bezirksschulrates zu stellen. Einigen Kindern gelang es, zu fliehen und sich bei evangelischen Bauern zu verstecken. Selbst 1916, im Todesjahr der Gräfin, entstanden neue Schwierigkeiten, als die Bezirkshauptmannschaft versuchte, die katholischen Kinder aus dem evangelischen Institut herauszunehmen.

Auch in Russiz und Umgebung erfolgte der stete Ausbau des diakonischen Werkes von Elvine de La Tour. 1898 wurde im ersten Stock des Kollegiatsgebäudes in Russiz eine Kapelle errichtet und durch den bekannten Berliner Hofprediger Adolf Stoecker (1835-1909) und den Görzer Pfarrer Heinrich Medicus eingeweiht. Im November 1902 gelang es Elvine de La Tour, eine Abendschule, eine Musikschule und eine Lesestube in Russiz zu eröffnen. Der 1907 in Triest gebildete Verein der Inneren Mission fand in der Gräfin eine sehr wohlwollende Förderin. Am 15. November 1908 gründete sie in der Adriastadt ein „Christliches Hospiz“ für durchreisende Missionare, alleinstehende und stellensuchende Frauen aller Stände.[90] Dieses leiteten zunächst die beiden Vandsburger Diakonissen Ebbina Everts (1867-1937) und Anna Scheithauer (1887-1969), die auch für die Stadtmission zuständig waren. Während das Hospiz im Ersten Weltkrieg geschlossen wurde, diente es im Zweiten Weltkrieg der Aufnahme von verfolgten Juden, die bei ihrer Auswanderung nach Palästina in Triest auf ihr Schiff warten mussten.

Zu Pfingsten 1913 nahm Elvine de La Tour mit ihrer Mitarbeiterin Anna Heber an der zweiten österreichischen Konferenz für Innere Mission und an der achten österreichisch-ungarischen Gemeinschaftskonferenz teil.[91] Die Gräfin informierte zusammen mit ihren Mitarbeitern über die Entwicklung ihrer diakonischen Werke, für deren Aufrechterhaltung sie ihre privaten Einnahmen einsetzte, regelmäßig in den im Selbstverlag hergestellten „Jahresberichten über die Werke der Inneren Mission im Österreichischen Küstenland und in Treffen“. Darin dokumentierte sie auch genauestens die Spender samt Summe für das jeweilige Werk, darüber hinaus einzelne Natural-, „Liebes-“ und Weihnachtsgaben. Die sich ganz der Diakonie widmende Christin verfasste ferner schriftstellerische Beiträge für die „Gustav-Adolf-Blätter aus Württemberg“.[92]

Ihr vielseitiges karitatives Engagement erschöpfte sich nicht in all dem. Elvine de La Tour war auch Vorstandsmitglied des 1901 von Pfarrer Ernst Schwarz gegründeten „Evangelischen-Kirchlichen Hilfsvereines in Kärnten“ mit dem Sitz in Waiern. Sie stand ihrem Freund auch zur Seite, als sich für den

---

[90] ALT, Jahresbericht, 1909, 5, 14 f.; Patzelt, Evangelisches Leben, 108, 133.

[91] ALT, Jahresbericht, 1914, 4.

[92] So zum Beispiel „Ein Brief an Kinder“, in: 31. Jg., 1903, 46-48.

Verein finanzielle Schwierigkeiten ergaben. Die Gräfin half ihm spontan mit einer größeren Geldsumme aus.[93]

Der Ausbruch des Ersten Weltkrieges bescherte dem Lebenswerk der tatkräftigen evangelischen Christin große Not, ja mit einem Schlag schien ihr Erziehungswerk gefährdet.[94] Einen Tag nach der Kriegserklärung Italiens an Österreich-Ungarn besetzte die italienische Armee am 24. Mai 1915 Russiz. Das Schloss wurde geplündert, die Erziehungsanstalt noch im selben Jahr geschlossen und als Kriegslazarett umgewidmet. 40 Mädchen des Heimes flüchteten nach Treffen in Kärnten. In den 50 Jahren ihres Bestehens hatte die Anstalt über 500 Zöglinge und in der Privatvolksschule über 600 Kinder ausgebildet.[95] Nach dem Ersten Weltkrieg wurde das Mädchenheim durch Beschluss der italienschen Regierung in ein von Schwestern geführtes katholisches Kinderheim umgewandelt.

Elvine de La Tour, die in Russiz verbleiben wollte, wurde vertrieben und in einem Nachbarort auf nahezu unwürdigste Weise untergebracht.[96] Nachdem sich Freunde und sogar der Schweizer Bundespräsident für ihre Freilassung eingesetzt hatten, konnte die 74-jährige kranke Dame am 1. Oktober 1915 ausreisen und im Berner Diakonissenhaus untergebracht werden.[97] Im Dezember erreichte sie noch Stuttgart und wurde dort von Freunden gepflegt. Erst nach vielen Schwierigkeiten erhielt sie die Einreiseerlaubnis in ihre Heimat Kärnten, wo sie im Januar des darauf folgenden Jahres eintraf. Über ihre Erlebnisse aus dieser Zeit berichtete sie in einer Schrift, die unter den beiden Titeln „I. Aus meinen Erinnerungen in der Kriegszeit mit Italien (ab Frühjahr 1915)“ [98] und „II. Was ich bei meiner Rückkehr und im Frühjahr 1916 in Treffen (Kärnten) erlebte (Römische Verfolgungen)“ 1932 erneut gedruckt wurde.

Schon Mitte der neunziger Jahre war Elvine de La Tour Witwe geworden. Ihren Gatten, der zeit seines Lebens katholisch blieb und am 17. September 1894 verstarb, ließ sie zunächst im Grab der Familie Ritter in Görz beisetzen. 1898 wurden seine Gebeine in das Mausoleum überführt, das Elvine de La Tour unweit der Villa Russiz errichtet hatte. Im Jahre 1927 sollte er neben seiner ver-

---

93 Schaefer, Schwarz, 121 f., 153 f.

94 Worte der Wahrheit und Liebe, Christliches Wochenblatt für Österreich und Ungarn 11, 4. April 1915, 109 f.

95 Jubiläumsnummer der Gräfin Latour'schen Anstalten in Treffen und Russiz, in: Christentum der Tat. Hg. vom Zentralverein für innere Mission in Österreich 1, Wien 1923, Folge 4, 4.

96 Worte der Wahrheit und Liebe, Christliches Wochenblatt für Österreich und Ungarn 11, 27.Juni 1915, 205 f.; a.a.O., 8. August 1915, 232 f.

97 A.a.O., 31. Oktober 1915, 330 f.

98 Ebenso abgedruckt in: Die Wartburg, Deutsch-evangelisches Wochenblatt 15, 6. Oktober 1916, Nr. 41, 324-326; Worte der Wahrheit und Liebe 11, 28. November 1915, 360 ff.

storbenen Ehefrau im Park der Villa Patrizia in Treffen seine letzte Ruhestätte finden.[99]

Der evangelische Ortspfarrer von St. Ruprecht am Moos bei Villach, Karl Traugott Kaufmann, bei dem sie oft die Sonntagsgottesdienste besuchte, verehrte die Gräfin in ganz besonderer Weise. Sie, die oft bis zur Erschöpfung arbeitete und nicht die nötige Zeit für Erholung fand, verstarb im Alter von 74 Jahren am späten Nachmittag des 7. Oktober 1916.[100] Die Beisetzung fand sechs Tage später im Garten des Schlosses Treffen statt.[101] Mit Elvine de La Tour verlor die evangelische Kirche Österreichs eine der bedeutendsten Persönlichkeiten der Inneren Mission.[102]

In ihrem Testament hat sie einen großen Teil ihres Besitzes in Italien und Österreich den Zwecken der Diakonie vermacht. Zur Weiterführung ihres Werkes bildete sich noch im selben Jahr ein Arbeitsausschuss. Der „Zentralverein für Innere Mission" vertrat 1917 die Anstalten von Treffen bei der Kärntner Landesregierung, um die Bildung der „Evangelischen Stiftung der Gräfin Elvine de La Tour" und die Bestellung eines Kuratoriums zu erreichen.[103]

Allerdings wurde der wertvolle italienische Besitz von Elvine de La Tour, der im Gebiet der Isonzo-Schlachten lag, durch den Ersten Weltkrieg und dessen Folgen schwer geschädigt. Das Weingut Russiz wurde vom italienischen Staat beschlagnahmt; es konnte nicht mehr reaktiviert werden. Nicht nur die schwierige Nachkriegssituation, sondern auch unklare Verhältnisse bezüglich Eigentum und Rechtsnachfolge gefährdeten den Weiterbestand der von Elvine de La Tour gegründeten sozial-karitativen Einrichtungen. Nach dem Untergang der Habsburgermonarchie umfassten die Treffener Anstalten die beiden Altenheime „Vereinshaus", die Knabenanstalt „Elim", das Mädchenheim, die Privatvolksschule mit Öffentlichkeitsrecht, das Kleinkinder- und Säuglingsheim „Bethanien", das Knabenheim „Herrnhilf", zwei Landwirtschaften sowie die Missionsarbeit mit Predigerstationen in Kärnten.

Am 11. Februar 1926 wurde ein Übereinkommen zwischen der österreichischen Bundesregierung und dem italienischen Staat betreffend der Regelungen der Evangelischen Stiftung der Gräfin Elvine de La Tour in Rom unterzeichnet,

---

99 Das imposante Grabdenkmal erhebt sich in der hügeligen Landschaft, umgeben von den kostbaren Weinkulturen, dessen Förderer Theodor Graf de la Tour war. Die Führung des landwirtschaftlichen Betriebes übergab die Gräfin ihrem Neffen Rudolf von Gall.

100 ALT, Jahresbericht, 1912, 8.

101 ALT, Todesanzeige. Zum Zeitpunkt ihres Ablebens waren noch ihr Bruder Eugen und ihre Schwägerin Louise, ihre Schwester Frau von Gurniak sowie die Schwägerinnen Marie Ritter und Frau Klepsch Kloth von Rhoden am Leben.

102 Gustav-Adolf-Blätter aus Württemberg 44, 1916, 69 f.

103 Zur weiteren Entwicklung der Stiftung siehe: Gebt mir eure Armut. Ein Bericht über die Evangelische Stiftung der Gräfin de La Tour in Treffen. Aufgezeichnet von Friedrich Gienger, bearbeitet und ergänzt von Dorothea Gienger, Klagenfurt 1999; Jubiläumsnummer der Gräfin Latour'schen Anstalten in Treffen und Russiz, in: Christentum der Tat. Hg. vom Zentralverein für innere Mission in Österreich 1, Wien 1923, Folge 4, 3.

das die Aufgabe der in Italien liegenden Einrichtungen verlangte. Für die Stiftung bedeutete dies einen enormen finanziellen Verlust, denn nur etwa ein Zehntel des enteigneten Gutes wurde entschädigt.[104]

Heute umfassen die Arbeitszweige der „Evangelischen Stiftung der Gräfin Elvine de La Tour", die sich mit der Diakonie Waiern zur neuen Dachgesellschaft „Diakonie Kärnten" im Jahr 2003 zusammengeschlossen hat, die Fachbereiche Behinderten- und Altenhilfe, den Sozialpädagogischen Dienst für Kinder und Jugendliche, den Bereich Bildung und Erziehung sowie das Krankenhaus de La Tour. Was die herausragende evangelische Christin aus ihrem Glauben heraus an sozial-karitativen Impulsen und Förderungen verwirklichen wollte, lebt hier – freilich in einem veränderten kirchlichen und gesellschaftlichen Umfeld sowie in einem begrenzteren Umfang – fort und bezeugt die Fruchtbarkeit ihres diakonischen Wirkens.

---

[104] ALT, Übereinkommen vom 11. Februar 1926.

HEIKE LINDNER

Bertha von Suttner (1843-1914)

Bertha von Suttner. Aufnahme um 1905.

Das Thema „Frieden und Friedenssicherung" nimmt im werdenden Europa einen hohen Stellenwert ein. Im Entwurf über eine Verfassung für Europa, die der Europäische Konvent am 20. Juni 2003 dem Rat der EU vorlegte, ist in Artikel 3 als erstes Ziel für die Union formuliert, den Frieden, ihre Werte und das Wohlergehen ihrer Völker zu fördern.

Die Friedensarbeit Bertha von Suttners hat dazu geführt, dass konkrete politische und institutionelle Entwicklungen in Europa entstanden sind, die sich bis heute in der europäischen Friedenspolitik niederschlagen.

Bertha von Suttner wird am 9. Juni 1843 in Prag als Tochter des Grafen und der Gräfin Kinsky von Chinic und Tettau geboren. Die Familie gehört zum böhmischen Hochadel, der Vater stirbt noch vor der Geburt Berthas. Ihre Jugend verbringt sie in Wien und Klosterneuburg, die Familie verarmt zusehends durch die Glücksspiele der Mutter in Spielbanken. Als das Kinsky-Vermögen aufgebraucht ist, muss Bertha mit 30 Jahren selbst verdienen. Sie wird Erzieherin der Töchter des Freiherrn von Suttner. Dort lernt sie den sieben Jahre jüngeren Sohn Arthur Gundaccar von Suttner kennen. Die Familie Suttner ist gegen die sich anbahnende Verbindung; Bertha quittiert ihren Dienst auf Schloss Harmannsdorf und findet wegen ihrer sehr guten Fremdsprachenkenntnisse (sie spricht fließend Französisch, Italienisch und Englisch) eine kurzzeitige Anstellung als Sekretärin bei Alfred Nobel, der durch seine Sprengstofffabriken ein millionenschweres Vermögen aufbaut. Eine lebenslange Freundschaft zwischen Suttner und Nobel beginnt.

1876 vermählen sich Bertha und Arthur heimlich in Wien. Bertha und Arthur ziehen 1876 für neun Jahre nach Migrelien, Kaukasus (Georgien), wo sich beide schriftstellerisch und journalistisch betätigen. Ein Jahr später wird der Kaukasus Schauplatz kriegerischer Auseinandersetzungen zwischen Russland und der Türkei. Bertha von Suttner kommt unmittelbar in Berührung mit den Auswirkungen des Krieges. Seit dieser Zeit (1878) schildern Bertha und Arthur von Suttner die politischen Zustände im Kaukasus und verfassen gesellschaftskritische Texte und Essays. 1882-1885 werden Berthas ersten drei Romane[1] publi-

---

1 „Hanna" (1882), „Inventarium einer Seele" (Leipzig 1883), „Ein schlechter Mensch" (München 1885).

ziert. In „Inventarium einer Seele“ wird am Beispiel der Schlacht von Königgrätz zum ersten Mal die Frage nach der Berechtigung eines Krieges gestellt. Es fällt auf, dass Suttner stets das Soldatentum als System respektiert, sie unterscheidet klar zwischen Denkstrukturen, die ein System etablieren und dem Angehörigen bzw. Abhängigen eines solchen Systems in seinem Berufsstand: „...meine summarische Verurteilung eines Systems [begreift] durchaus nicht [in sich] die Vertreter eines von diesem Systeme hervorgerufenen Standes. ... Die Geringschätzung der Soldaten muss mir daher ferne liegen.“[2] Die Zeit im Kaukasus nutzen Bertha und Arthur ebenfalls für gemeinsame Studien der „Naturgelehrten und Naturphilosophen“, „aus deren Forschungen eine neue strahlende Entdeckung hervorbricht, nämlich die, dass unsere ganze herrliche Welt unter dem Gesetz der Entwicklung steht“,[3] darunter zählen Charles Darwin, der deutsche Naturforscher Ernst Haeckel, der englische Soziologe Herbert Spencer und der englische Historiker Henry Thomas Buckle (History of civilisation). 1885 kehren die Suttners nach Österreich auf Schloss Harmannsdorf zurück, nachdem sie sich mit der Familie Arthurs wieder versöhnt hatten. Beide nehmen am Schriftstellerkongress in Berlin teil. Bertha nennt diese Jahre „die Zeit der Revolution in der Literatur“, alles war im Aufbruch begriffen. Sie beschreibt die Stimmung als beförderlich für ihre Erkenntnis, dass die Zukunftsmenschheit immer tiefere und umfassendere Dimensionen anzunehmen bereit sei, welche sie das Bewusstsein der Solidarität nennt: „Das ist ein Bewußtsein, das noch kräftiger wirkt als das Gebot: ‚Liebe deinen Nächsten wie dich selbst.‘ Denn bei richtiger Solidarität ist der Nächste von vornherein mit sich Selbst identisch. Daß die Interessen aller zugleich die Interessen des einzelnen sind – und umgekehrt – , das gibt jedem einzelnen ein so erhöhtes Existenzgefühl, als wäre er das Ganze.“[4] Bertha von Suttner beschreibt an dieser Stelle bereits ihre gesellschaftspolitischen Gedanken, die für die Gründung der Friedensvereine ausschlaggebend sind, sie sieht aber auch die Schwierigkeiten, die aus einer Vereinsarbeit heraus entstehen können. Interessant ist der in ihren Äußerungen häufig anzutreffende Vergleich ihrer gesellschaftlich-moralischen Erkenntnisse mit Grundsätzen der Bibel, der – in diesem Falle die biblischen Gedanken der Nächstenliebe aufgreifend – zugunsten des Solidaritätsprinzips ausgeht.

1. „Das Maschinenzeitalter“ und die Idee des internationalen Schiedsgerichts

Ab 1886 folgt eine lange Arbeitszeit auf Schloss Harmannsdorf. In dieser Zeit schreibt Bertha von Suttner den „Schriftsteller-Roman“[5] und „Das Maschinenzeitalter. Zukunftsvorlesungen über unsere Zeit, eine politisch-philo-

---

2 Bertha von Suttner, Inventarium einer Seele, Dresden [4]1904, 122.

3 Bertha von Suttner, Memoiren, Stuttgart 1909, 113 f.

4 A.a.O., 126.

5 Erschienen in Dresden 1888.

sophische Schrift gegen den Nationalismus."[6] Dieses Buch markiert den eigentlichen Beginn ihrer Friedensarbeit. Sie versieht aus sozialpolitischen Gründen ihr Buch mit einem Pseudonym und bemerkt zu ihrer Entscheidung: „Es war gezeichnet von ‚Jemand'. Feigheit war nicht das Motiv dieser Pseudonymität; sondern weil es durchaus wissenschaftliche und philosophische Themen sind, über die im ‚Maschinenzeitalter' in ganz freier Weise verhandelt wird, so fürchtete ich, daß das Buch diejenigen Leser, die ich mir wünschte, nicht erreichen würde, wenn es mit einem Frauennamen gezeichnet wäre, denn in wissenschaftlichen Kreisen herrscht so viel Vorurteil gegen die Denkfähigkeit der Frauen, daß das mit einem Frauennamen gezeichnete Buch von solchen einfach ungelesen geblieben wäre, für die es eigentlich bestimmt war."[7] Es folgt ein Aufenthalt in Paris, wo sie wieder mit Alfred Nobel zusammen kommt. Diese Zeit ist von politischen Spannungen und Unruhen in Europa geprägt, welche in die Romane Bertha von Suttners einfließen. Es geht vornehmlich um die Regelung der Balkanfrage, durch die seit 1878 Kriegsgefahr in Europa herrscht, die auf dem Berliner Kongress, zu welchem 1878 Bismarck eingeladen hatte, gebannt worden war. Doch die Spannungen z. B. zwischen Österreich-Ungarn und Russland bleiben bestehen. Suttner knüpft hier in Paris zahlreiche Beziehungen, auch zu Mitgliedern der Pariser Académie, u. a. zu Ernest Renan, einem französischen Religionswissenschaftler, der die Spannungen zwischen Frankreich und Deutschland anklagt oder zu Alphonse Daudet, einem französischen Schriftsteller, der sich seit längerem mit dem Thema Krieg und Frieden auseinandersetzt. Bertha trifft auch auf den Schriftsteller Dr. Wilhelm Löwenthal, mit dem sie sich seit dem Erscheinen von „Inventarium einer Seele" regelmäßig Briefe schrieb. Diese Begegnungen von Paris, insbesondere die Anregungen Dr. Löwenthals, lassen Bertha von Suttner auf eine Friedensbewegung stoßen, die innerhalb Europas die unterschiedlichen zarten organisatorischen Anfänge angenommen hatte: „In einem Gespräch über Krieg und Frieden – ein Thema, das mir schon mächtig die Seele erfüllte –, teilte uns unser Freund, Dr. Wilhelm Löwenthal, mit, daß in London eine ‚International Peace and Arbitration-Association' bestehe, deren Zweck es sei, durch Schaffung und Organisierung der öffentlichen Meinung die Einsetzung eines internationalen Schiedsgerichts herbeizuführen, das – an Stelle der Waffengewalt – in zwischenstaatlichen Streitfällen zu entscheiden hätte."[8] Aufgrund dieser Begegnungen fügte Bertha von Suttner in ihrem Roman „Maschinenzeitalter" dem Kapitel „Zukunftsausblicke" einen Bericht über den Bestand der Londoner Liga bei. Sie ist fasziniert von dem Gedanken, dass in Fällen, in denen politische Diplomatie im Rahmen von zwischenstaatlichen Konflikten scheitert, nicht der Krieg als politisches Mittel eingesetzt wird, sondern ein unabhängiges internationales Schiedsgericht als Schlichterinstanz eine Lösung bzw. Einigung in Streitfällen herbeiführen

---

6 Zürich 1888.
7 Suttner, Memoiren, 129.
8 A.a.O., 136.

könnte. Suttner zeigt hier nicht nur eine vom Fortschrittsglauben getragene Analyse der gesellschaftlichen Verhältnisse auf, einer „Moderne", die die Menschheit in eine bessere und menschliche Welt führen könnte, sondern sie kritisiert außerdem, dass der Krieg das entscheidende Hemmnis für die Höherentwicklung des Menschen darstellt: „In einer Gesellschaft, in der das Vorrecht des Stärkeren so radikal ausgerottet wäre, daß in derselben die Gleichstellung der Frau erreicht worden wäre, würde überhaupt nicht mehr Krieg geführt."[9] Zahlreiche öffentliche Besprechungen ihres Buches machen deutlich, dass sich ihre Gedanken gesellschaftlich auszubreiten beginnen. Im Hause Alphonse Daudets erfährt Bertha neben der Londoner Friedensgesellschaft, die von Hodgson Pratt geführt wird, auch von der französischen unter Frédéric Passy, der italienischen unter Ruggiero Bonghi, vom dänischen Friedenskämpfer Frederik Bajer, in Deutschland von kleinen Vereinen, ebenfalls in Österreich, Ungarn, Norwegen, Schweden, in Genf von der „Internationalen Liga des Friedens und der Freiheit".[10] Von diesen Pariser Eindrücken und Gesprächen bewegt, setzt sie sich in ihrem Roman „Das Maschinenzeitalter" mit dem Satz „Si vis pacem, para bellum"[11] auseinander, über den sie schon oft mit Alfred Nobel gestritten hatte: Dem Prinzip des Friedenserhalts durch Abschreckung aufgrund von Aufrüstung. Die durch das Industriezeitalter hervorgerufene Waffenmaschinerie lässt eine Steigerung der Zerstörungsfähigkeit folgen, die ungeheures menschliches Leid und Vernichtung des Lebensraumes hervorruft. Ganz im Gegensatz zur Friedensliebe des Volkes hat „der Militarismus ... im Maschinenzeitalter eine solche Höhe und Blüte erreicht, wie im Mittelalter die Kirchenmacht ..., ein Zusammenbruch des anwachsenden Wehrwahnsinns in kurzer Frist war unvermeidlich. Jener Punkt, wo alles, was ist, aufhören muß – der Punkt der Unerträglichkeit nämlich – , von dem war die Waffenbelastung der Welt nicht mehr fern. Aller Reichtum, alle Volkskraft, alles *Leben* nur auf ein Ziel – Vernichtung – hingelenkt: ein solches System muß endlich entweder die Menschheit oder sich selber vernichten."[12] Die militärtechnischen Möglichkeiten des Industriezeitalters lassen eine Kriegsmaschinerie entstehen, deren Zerstörungsmacht kaum noch zu überbieten ist. Der Mann-Gegen-Mann-Kampf wird von einer kollektiven Auslöschung des gegnerischen Heeres durch einen einzigen Knopfdruck abgelöst. Die Vision der aus Wolkenhöhen herunterregnenden Sprengstoffpille, die in diesem Roman zum Ausdruck kommt, lässt heutigen Lesern Bilder von Hiroschima und Nagasaki aufsteigen. Eine solche

---

9 Zit.n. http://www.phil-fak.uni-duesseldorf.de/frauenarchiv/europa/suttner, 1 (vom 30. Juli 2003).

10 Brigitte Hamann, Bertha von Suttner. Ein Leben für den Frieden, München ³1991, 119 f.

11 Wenn du Frieden haben willst, musst du zum Kriege rüsten, sehr wahrscheinlich den Worten des spätrömischen Kriegsschriftstellers Fl. Vegatius Renatus in seinem „Leitfaden für die Kriegswissenschaft" entlehnt: „Qui desiderat pacem, praeparet bellum." Zit.n. Georg Büchmann, Geflügelte Worte, Berlin ³²1972, 590.

12 Bertha von Suttner, Das Maschinenzeitalter. Zukunftsvorlesungen über unsere Zeit, Dresden ³1899, 309 f.

Kriegsführung, so Berthas Gedankengänge, mache die Absurdität deutlich, das Scheitern jeglicher Versuche einer Sinngebung, die Leere der kriegspropagandistischen Formeln und der Opfergedanken, die diese Kriege zu rechtfertigen versuchen: „Für die höchsten Güter der Menschheit" oder „Einer für alle", was angesichts der militärtechnischen Entwicklungen in die widersinnige Formel umschlage: „Alle für keinen", der Möglichkeit der Gesamtauslöschung der Menschheit. Suttner setzt stets bei der Widersinnigkeit von Kriegen an sich an, weshalb sie als reale Möglichkeit der Politik immer auszuschließen seien.

Das Buch wird nach seinem Erscheinen vielfach rezensiert und besprochen. So findet sich in der Zeitung im Parlamentsbericht eine Rede des Philosophen Bartolomäus von Carneri, mit dem Bertha von Suttner seit einiger Zeit in brieflichem Kontakt steht. Ohne zu ahnen, dass es sich bei dem Autor „Jemand" um Bertha von Suttner handelt, erzählt Carneri Suttner von seiner Erwähnung dieses Buches und davon, dass einige Leute Carneri für den Autor hielten. Suttner gibt sich daraufhin Carneri als Autorin zu erkennen und lernt ihn im Herbst 1987 schließlich auch persönlich kennen. Carneri hat Suttners Arbeit stets aufmerksam und kritisch als Freund begleitet. Auch am sogenannten „Carneri-Tisch",[13] einer Art schöngeistigem Salon, den der österreichische Philosoph und Abgeordnete in Wien mit vielen seiner Parlaments-Kollegen und mit politischen, literarischen und gelehrten Persönlichkeiten regelmäßig abhält, nimmt sie teil. Die Friedens- und Abrüstungsidee gerät ins Blickfeld des Leitartikel-Kommentars in der Neuen Freien Presse und wird damit schnell verbreitet.

2. „Die Waffen nieder!" – Beginn der europäischen Friedensarbeit

Im „Maschinenzeitalter" konnte Bertha von Suttner die Themen Entwicklung der Kriegstechnologie – Unbegründbarkeit von Kriegen – Notwendigkeit der Abrüstung und Konfliktlösung durch die Einsetzung eines internationalen Schiedsgerichts begründen. Ihr durchschlagender europäischer Erfolg gelingt Bertha von Suttner aber erst durch ihren nächsten Roman „Die Waffen nieder! Eine Lebensgeschichte".[14] Das Buch handelt von der Lebensgeschichte der Baronin Martha von Tilling, die in den Kriegen von 1859 (Krieg Napoleons II. gegen Österreich), 1864 (Krieg Österreichs und Preußens gegen Dänemark), 1866 (Preußisch-Österreichischer Krieg) und 1870/71 (Krieg Deutschlands gegen Frankreich) zwei Ehemänner und ihren Sohn verliert. Suttners Genrewahl der Selbstbiografie soll eine subjektive und auf ihre psychologische Wirkung ausgerichtete Beschreibung von Kriegsschauplätzen in Europa erzielen, wodurch sie einen hohen Grad an Identifikation für eine breite Leserschaft anstrebt. Sie erreicht durch die Form des Frauenromans auch einen hohen Anteil

---

[13] Suttner, Memoiren, 139.

[14] Dieser Roman erscheint in Dresden 1889 und anschließend in folgenden Ausgaben: „Lay Down Your Arms" (England, 1892), „Ned med Vaabnene!" (Dänemark, 1892), „Ned med vapnen!" (Schweden, 1893), „Aseet pois" (Finnland, 1895), „Abbasso le Armi!" (Italien, 1897), „Bas les armes!" (Frankreich, 1899), „Abajos las Armas!" (Spanien, 1905).

weiblicher Leserschaft: „Es sollte die Geschichte einer jungen Frau werden, deren Schicksal mit den in unserer Zeit gefochtenen Kriegen eng verknüpft war.“[15] Suttner recherchiert in alten Zeitungen und Archiven, um Berichte von Kriegsberichterstattern und Militärärzten aufzufinden. Die Romanfigur des zweiten Ehemannes Marthas, Baron von Tilling,[16] verkörpert gegenüber der schrecklichen Kriegsmaschinerie das sog. „Edelmenschentum“, das die Vision der zukünftigen friedfertigen Menschheit ausdrückt. Realistische Schlachtfeldbeschreibungen und Kriegs- und Leidenserfahrungen aus der Sicht der sich gegen jegliche Heroisierungen auflehnenden Protagonistin wechseln sich ab mit abstrakt formulierten Menschheitsutopien.

In der folgenden Romanstelle berichtet der Regimentsarzt von dem Gang einer Sanitätspatrouille über eines der Schlachtfelder im preußisch-österreichischen Krieg von 1866. In diesen Gesamtkontext eingeflossen sind Erfahrungen, die Bertha von Suttner über die Bewegung des Roten Kreuzes gesammelt hat. Diese Worte sind aufzählend-sachlich ohne subjektiven Kommentar und wirken aufgrund ihrer bedrückenden Faktizität:

„Jetzt erst sieht man die Massenhaftigkeit der umherliegenden Leichen: Auf den Straßen, zwischen den Feldern, in den Gräben, hinter Mauertrümmern; überall, überall Tote. Geplündert, mitunter nackt. Ebenso die Verwundeten. Diese, die trotz der nächtlichen Arbeit der Sanitätsmannschaften noch immer in großer Zahl umherliegen, sehen fahl und zerstört aus, grün und gelb, mit stierem, stumpfsinnigem Blick.“[17] Der Roman zeigt aber auch sehr empathische Züge der Schlachtfeldschilderungen, mit denen Suttner die traditionellen Legitimationsversuche von Kriegen grundsätzlich infrage stellt: „Wenn einer nach verlorener Schlacht mit zerschmetterten Gliedern auf dem Felde liegen bleibt und da gefunden durch vier oder fünf Tage und Nächte an Durst, Hunger, unter unsäglichen Schmerzen, lebend verfaulend, zugrunde geht – dabei wissend, daß durch seinen Tod dem besagten Vaterlande nichts geholfen, seinen Lieben aber Verzweiflung gebracht worden – ich möchte wissen, ob er die ganze Zeit über mit jenem Rufe [‚Für das Vaterland‘] gern stirbt.“[18] Diese folgenden Zeilen bilden den Schlussteil des zweiten von sechs Abschnitten in „Die Waffen nieder!“ Der Gedanke einer neuen, besseren Menschheit ist ausgesprochen und wird nach den realistischen und empathischen Kriegsschauplatz-Passagen zur ausformulierten Gesellschaftsutopie – das Zentralwort an dieser Stelle lautet „Edelmenschentum“, hier schließt sich der (Generationen-) Kreis über die Romanfiguren, der Sohn Marthas greift die Gedanken seines getöteten Stiefvaters von Tilling auf und führt den bei Tilling gewandelten Ehrbegriff, aus welchem das Edelmenschentum entsteht, in den Gedanken der Gerechtigkeit als

---

[15] Suttner, Memoiren, 140.

[16] Ebd. Bertha erwähnt, dass sie in der Figur Baron von Tillings ihren Ehemann Arthur von Suttner sieht.

[17] A.a.O. 176 f.

[18] A.a.O., 154.

Grundlage allen sozialen Lebens, aus dem die Menschlichkeit erwächst: „Schon stürzt jener Wahn zusammen, kraft dessen der Staatsegoismus einen so täuschenden Anschein der Berechtigung hat – der Wahn, daß der Schaden des einen den Nutzen des anderen befördere ... Schon dämmert die Erkenntnis, daß die Gerechtigkeit als Grundlage alles sozialen Lebens dienen soll ... und aus solcher Erkenntnis wird die Menschlichkeit hervorblühen, die Edelmenschlichkeit."[19]

Bertha von Suttners Roman wird durch eine Rezension in der *Neuen Freien Presse*[20] zum durchschlagenden Erfolg verholfen. Viele weitere Besprechungen folgen, darunter auch in *Die neue Zeit*, dem Organ der deutschen Sozialisten, doch hier wird Suttners Zuwendung zur Londoner Liga, der Friedensinitiative, kritisch betrachtet: „Gewiß sind die Ziele dieser Assoziation edel und schön; nur ist der praktische Erfolg bis jetzt ausgeblieben."[21] Das Buch „Die Waffen nieder" wird in Feuilletons und auch in Parlamentsreden erwähnt. Suttner beschreibt ihre Intention in der Unterstützung der beginnenden Organisationsarbeit der Friedensbewegung, so dass ihr literarisches Engagement in Sachen Frieden immer mehr in ein politisch-aktives übergeht.

3. Bertha von Suttner gründet Friedensvereine

Während ihres Winteraufenthaltes in Venedig knüpft Bertha von Suttner weitere Kontakte zu Friedenskämpfern. Sie verhilft dem englischen Pazifisten Felix Moscheles zur Gründung einer Friedensgesellschaft in Venedig. Durch Moscheles gewinnt Suttner vollends Kontakt zur internationalen Friedensbewegung und nimmt ihre aktive Arbeit z. B. bezüglich des Anstrebens eines internationalen Schiedsgerichts auf. Um ihre Arbeit organisatorisch in andere Länder auszuweiten, bittet sie ihren Freund Alfred Nobel um finanzielle Unterstützung: „Es wäre schön, wenn der Erfinder des Kriegssprengstoffes einer der Förderer der Friedensbewegung wäre."[22] Nobel spendet Geld, so dass sich Bertha ihrem Anliegen widmen kann eine Interparlamentarische Union IPU in Österreich zu gründen, die für Schiedsgerichte und Rüstungsbeschränkung eintreten sollte. Diese IPU Österreichs sollte dann mit entsprechenden Vertretungen aus Deutschland, Frankreich und weiteren europäischen Staaten am 3. Internationalen Friedenskongress in Rom teilnehmen. Ihr nächstes Ziel gilt der Gründung eines österreichischen Friedensvereins. Der öffentliche Gründungsaufruf erscheint am 3. September 1891 in der *Neuen Freien Presse*. In ihren Ausführungen schreibt sie: „Die Dinge stehen so: Millionenheere – in zwei Lager geteilt, waffenklirrend – harren nur eines Winkes, um aufeinander loszustürzen; aber in der gegenseitigen, zitternden Angst vor der unermeßlichen Furchtbarkeit des dro-

---

[19] A.a.O., 299.

[20] Neue Freie Presse vom 15. März 1890, 1, in: Hamann, Bertha von Suttner, 134.

[21] Die neue Zeit 1890, Nr. 8, 140 ff., in: a.a.O., 135.

[22] Aus dem Riksarkivet Stockholm, Nachlaß Alfred Nobels vom 6. Februar 1891, in: a.a.O., 150.

henden Ausbruchs liegt einigermaßen Gewähr für dessen Verzögerung. Hinausschieben ist jedoch nicht Aufheben."[23] In den weiteren Ausführungen schreibt sie von der Notwendigkeit der Abrüstung und vom Einsetzen eines internationalen Rechtszustandes, von der wirksamen Verbreitung der Gedanken der Friedensbewegung durch öffentliche Bekenntnisse auf Seiten der Friedensanhänger.

Wieder ist ihr großer Erfolg beschieden, ihr Aufsatz wird mehrfach in Europa abgedruckt, Hunderte von Zustimmungserklärungen treffen ein. Bertha erkennt, dass es wichtig ist, prominente und aristokratische Namen für die Öffentlichkeitsarbeit in Sachen Friedensbewegung zu gewinnen. So sammelt sie Sympathiebekundungen z. B. von Leo Tolstoi, Ludwig Fulda, Max Nordau, M.G. Conrad, Ernst Haeckel, Conrad Ferdinand Meyer. Es gelingt ihr, Adelige und pensionierte Militärs in die Vorstände der Vereine zu bekommen. Doch es gab auch viel Kritik, so z. B. folgender Brief von Paul Heyse,[24] dem deutschen Schriftsteller, im Vorfeld der Vorbereitungen des Friedenskongresses in Rom: Es widerstrebe ihm, „fromme Wünsche, die sich für eine edlere, humane Minderheit von selbst verstehen, in feierlichen Protesten auszusprechen, von denen ich keinen praktischen Erfolg zu hoffen vermag. Solange die europäische Gesittung noch immer von halbasiatischer Barbarei bedroht ist, die sich niemals einem Schiedsspruch unterwerfen, sondern nur der Gewalt weichen wird, halte ich das Ceterum censeo solcher Kongresse sogar für eine Gefahr, wie alles, was unsere im Interesse des Weltfriedens unentbehrliche Wehrhaftigkeit beeinträchtigt."[25] Auf kritische Stimmen (die Friedensbewegung sei utopisch und chancenlos) reagierte Bertha von Suttner mit dem Argument, dass der Zweck des Kongresses darin liege, das Prinzip der Schiedsgerichtsverträge vorzubereiten, die dann von den Regierungen anerkannt und ausgeführt werden könnten.[26] Am 30. Oktober 1891 wird in Wien im Alten Rathaus die „Österreichische Friedensgesellschaft" gegründet, Präsidentin ist Bertha von Suttner, die Mitgliederzahl beträgt 2.000. Die Interparlamentarische Konferenz und der 3. Internationale Friedenskongress tagen in Rom Mitte November 1891. Dort lernt Bertha in Funktion der Präsidentin der Österreichischen Friedensgesellschaft und als inzwischen weltberühmte Schriftstellerin für den Frieden Fréderic Passy[27] (frz. Pazifist), Hodgson Pratt (engl. Pazifist), Frederik Bajer (dän. Schriftsteller und Pazifist), Elie Ducommon[28] (schweiz. Pazifist), Teodore Moneta[29] und weitere zahlreiche Pazifisten kennen. Als Zentrale für die Friedensgesellschaften wird ein Büro in Bern gegründet, Suttner wird Vizepräsidentin. Ihre nächste Zielsetzung besteht darin, der neu gegründeten österreichischen Friedensgesell-

---

[23] B. v. Suttner in einem Brief an Carneri vom 19. September 1891, in: a.a.O.,153.

[24] Paul Heyse erhielt den Friedensnobelpreis 1910.

[25] Suttner, Memoiren, 218.

[26] A.a.O., 161.

[27] Passy erhält im Jahre 1901 den Friedensnobelpreis.

[28] Ducommon erhält 1902 den Friedensnobelpreis.

[29] Moneta erhält 1907 den Friedensnobelpreis.

schaft ein Forum zur Information der Mitglieder und zum Meinungsaustausch zu schaffen. Hierzu bietet der aus Wien stammende Buchhändler in Berlin, Alfred Hermann Fried, seine Unterstützung an. Suttner und Fried geben die Zeitschrift „Die Waffen nieder" heraus. Die erste Ausgabe erscheint im Februar 1892 mit 370 Exemplaren. Bertha wendet wiederum dieselbe Werbestrategie an: Es gelingt ihr, Carneri, Rosegger (österr. Schriftsteller), Tolstoi und zahlreiche andere Personen des öffentlichen Lebens als Autoren zu gewinnen. Alfred Nobel hält sich mit öffentlichen Bekundungen für die Friedenssache zurück, unterstützt sie jedoch weiterhin durch Geldspenden. Suttner und Fried nehmen sich die Gründung einer deutschen Friedensgesellschaft in Berlin vor. Doch es zeigt sich schnell, dass bestehende nationale Konflikte solche Projekte stark belasten können: Die Frage Elsaß-Lothringens belastet eine gemeinsame Arbeit von deutschen und französischen Vertretern im nächsten Friedenskongress in Bern, so dass eine Gründung einer Friedensgesellschaft in Deutschland utopisch erscheint: „Die ganze Welt weiß doch, daß alle Kriegsgefahr, alle Rüstungen nur auf verschiedenen Auffassungen des Elsaß-Lothringen-Besitzes beruhen. Von vorneherein die deutsche Auffassung als die einzig richtige hinzustellen (wie es manche deutschen Friedensfreunde verlangten), dazu bedarf es keiner Friedensgesellschaft, das tut die para-bellum-Politik auch. Das ist dann gleichwertig mit den französischen Friedensparteien, welche sagen: Zuerst Elsaß-Lothringen zurück, dann der Frieden."[30] Doch Suttner erkennt, dass eine internationale Friedensbewegung ohne Deutschland oder Frankreich undenkbar sei, da diese Länder einen Angelpunkt für die Frage nach Krieg oder Frieden darstellten. So bestärkt sie Fried mit der Vorgehensweise, unbedingt die „überpolitische" Linie einzuhalten: „Die Lösung muß sein: *Wir* sagen nicht, wo in den schwebenden Konflikten das Recht liegt, wir wollen nur, daß eine Rechtsordnung und ein Tribunal geschaffen werde, wo die Kompetenten und die *Machthabenden* (das sind wir nicht) die Konflikte ohne Gewalt austragen."[31] Der 4. Internationale Friedenskongress in Bern findet 1892 ohne deutsche Vertreter statt. Die Angereisten kommen aus zahlreichen europäischen Ländern, und Hodgson Pratt bringt die interessante Nachricht: „Der Präsident der Vereinigten Staaten habe allen Staatsregierungen brieflich den Beschluß des amerikanischen Senats und Repräsentantenhauses mitgeteilt, den Wunsch betreffend, daß mit sämtlichen anderen Nationen dauernde Schiedsgerichtsverträge abgeschlossen werden. – Das war also der Beginn – von Amerika ausgegangen, von England unterstützt – der ‚permanenten Schiedsgerichtsverträge'."[32] Ein polnischer Vertreter bringt das Anliegen vor, dass die Teilung seines Landes rückgängig gemacht und Polen wieder zum Königreich gemacht werden solle. Der Redner wird zurückgewiesen mit der Erklärung, „daß der Kongreß sich unmöglich mit der Revision der

---

[30] B. v. Suttner in einem Brief an Fried Okt./Nov. 1892, in: Hamann, Bertha von Suttner, 180 f.

[31] Brief an Fried v. 16. Dezember 1892, in: a.a.O., 181.

[32] Suttner, Memoiren, 226.

polnischen Geschichte befassen könne. Die Gerechtigkeit der Zukunft ist vorzubereiten; die einzelnen Ungerechtigkeiten der Geschichte lassen sich nicht mehr rückgängig machen, denn die ganzen bestehenden Landesverteilungen sind ja auf dem Boden der Gewalt gegründet; neue Gesetze, neue Ordnungen – und die sollen angestrebt werden – haben keine rückwirkende Kraft."[33] Dieses Prinzip der Vorbereitung der „Gerechtigkeit der Zukunft" prägt stets die Arbeit Bertha von Suttners, sie beteuert immer wieder, „was ein Friedensverein nicht machen kann – nämlich *selber* den Frieden gründen, die politischen Kriegsursachen wegräumen."[34] Bertha von Suttner, T. Moneta (Italien) und S.J. Capper (England) stellen einen weitreichenden Antrag, der in seinen Forderungen an heutige Debatten um das „Vereinigte Europa" erinnert:

„In Erwägung, daß der durch den bewaffneten Frieden hervorgebrachte Schaden, sowie die ganz Europa stets bedrohende Gefahr eines großen Krieges ihren Grund in dem Zustande der Rechtlosigkeit haben, in welchem die verschiedenen Staaten Europas einander gegenüberstehen;

In Erwägung, daß ein europäischer Staatenbund, welcher auch im Interesse der Handelsbeziehungen aller Länder wünschenswert wäre – diesen Zustand der Rechtlosigkeit beseitigen und dauernde Rechtsverhältnisse in Europa schaffen würde;

In Erwägung endlich, daß ein solcher Staatenbund die Unabhängigkeit der einzelnen Nationen hinsichtlich ihrer inneren Angelegenheiten, daher auch ihrer Regierungsformen in nichts beeinträchtigen würde:

Ladet [sic!] der Kongreß die europäischen Friedensvereine und ihre Anhänger ein, als höchstes Ziel ihrer Propaganda einen Staatenbund auf Grundlage der Solidarität ihrer Interessen anzustreben. Er ladet ferner alle Gesellschaften der Welt ein, namentlich zur Zeit politischer Wahlen auf die Notwendigkeit eines dauernden Völkerkongresses hinzuweisen, welchem jede internationale Frage zu unterbreiten wäre, damit jeder Konflikt durch Gesetz, nicht aber durch Gewalt seine Erledigung finde."[35] Dieser Antrag fordert visionär, was heute politisch in der Europäischen Union im Rahmen der Diskussion der EU-Verfassung diskutiert wird: Das Verhältnis von EU-Verfassungsrecht und nationaler Gerichtsbarkeit der einzelnen Mitgliedsstaaten, der UNO-Versammlungen und ihrer Gremien, wie z.B. der Internationale Gerichtshof, der im Rahmen von Völkerrechtsverletzungen tätig wird.

4. Der Friedensnobelpreis

Wenige Tage vor Schluss der Konferenz treffen Bertha und Arthur von Suttner sich mit Alfred Nobel in Zürich. Nobel erklärt, dass er an die Abschreckungswirkung der fortgeschrittenen Militärtechnologien glaube, die mit seinen Dynamiterfindungen einen Krieg ermöglichen, in dem „sich zwei Armeekorps

---

[33] A.a.O., 230.
[34] Bertha von Suttner, Wohin? Berlin 1896, 80.
[35] Suttner, Memoiren, 227.

... gegenseitig in einer Sekunde werden vernichten können, [da] werden wohl alle zivilisierten Nationen zurückschaudern und ihre Truppen verabschieden."[36] In einem Brief von Januar 1893 schreibt Alfred Nobel Bertha von Suttner zum ersten Mal von seiner Idee, einen Teil seines Vermögens für die Stiftung eines Preises zur Verfügung zu stellen, der alle fünf Jahre verliehen werden soll: „Dieser Preis soll demjenigen oder derjenigen zuerkannt werden, der oder die Europa am weitesten voran gebracht hat auf dem Wege zur Befriedung der Welt. Ich spreche Ihnen gegenüber nicht von Abrüstung, die sich nur sehr langsam wird durchsetzen können, ich spreche nicht einmal von einem für alle Nationen verbindlichen Schiedsgericht. Aber man sollte bald dahin gelangen (und man kann das erreichen), daß alle Staaten sich verpflichten, sich gemeinsam gegen den ersten Angreifer zu wenden. Dann würden Kriege unmöglich werden, und man käme dazu, selbst die feindseligsten Staaten zu zwingen, einen Gerichtshof anzurufen oder sich ruhig zu verhalten. Wenn der Dreibund – statt dreier einzelner Staaten – alle Staaten um sich versammelte, wäre der Frieden für Jahrhunderte gesichert."[37] Ende 1892 wird in Berlin eine Friedensgesellschaft gegründet, doch die Frage um Elsaß-Lothringen erschwert weiterhin die Arbeit Alfred Herrmann Frieds in Berlin. 1893 findet im Rahmen der Weltausstellung auch ein Friedenskongress in Chicago statt, Bertha von Suttner kann aufgrund erneuter finanzieller Engpässe nicht dorthin reisen. Ebenso berichtet Bertha über einen Kongress der Religionen in Chicago: „Alle großen Kirchengemeinschaften der Erde hatten einen geistlichen Würdenträger dahin gesendet. Wohl auch zum erstenmal, daß die Verkünder verschiedener Glaubensbekenntnisse zusammentraten – nicht um einander zu bekehren oder zu bekämpfen, sondern um die Grundsätze hervorzukehren, die ihnen allen gemeinsam sind. Und christliche Bischöfe, mosaische Rabbiner, buddhistische und mohammedanische Priester fanden sich in dem Grundsatz geeinigt: Gott ist der Vater aller – also seien alle Brüder. Es war somit auch ein Friedensgrundsatz, der sich aus diesem Kongreß der Religionen ergeben hat."[38] Diese Zielsetzung erinnert an das 1990 von Hans Küng veröffentlichte Weltethos-Projekt, das Friedensarbeit auf der Grundlage der Schaffung einer neuen gemeinsamen Weltethik der Religionen leistet. Es folgen der 6. Friedenskongress in Antwerpen und die Volksvertreterkonferenz in Den Haag im Jahre 1894. Auf der Tagesordnung in Den Haag steht: „Vorbereitung eines Organisationsplanes eines internationalen

---

36 A.a.O., 233.

37 A.a.O., 234. Alfred Nobel spielt auf das am 20. Mai 1882 auf 5 Jahre abgeschlossene geheime Verteidigungsbündnis zwischen dem Deutschen Reich, Österreich-Ungarn und Italien an: falls einer der Verbündeten von zwei oder mehr Großmächten angegriffen würde, müssten die beiden anderen einschreiten. Der „Dreibund" wurde stillschweigend zuletzt im Jahre 1912 verlängert, jedoch im Ersten Weltkrieg durch die italienische Kriegserklärung an die bisherigen Verbündeten gesprengt.

38 A.a.O., 244.

Schiedsgerichtstribunals."[39] Es wird ein Antrag eingebracht, der folgenden Anspruch formuliert: „Die Schiedsgerichtsverträge seien nicht das letzte Wort zur Sicherung des Weltfriedens – ein ständiges Zentraltribunal, ein hoher Rat der Mächte – habe eingesetzt zu werden."[40] Fünf Jahre später, am 29. Juli 1899 wird in Den Haag das internationale Tribunal eingesetzt. In der Zwischenzeit findet 1896 in Budapest der 7. Weltfriedenskongress und die 7. Interparlamentarische Konferenz statt, nachdem sich Suttner für die Gründung eines Friedensvereins in Ungarn eingesetzt hatte, eine Friedensgesellschaft in Böhmen kommt nicht zustande. Wieder steht auf der Tagesordnung die Gründung eines permanenten internationalen Schiedsgerichtes. Man setzt sich auch dafür ein, dass Staaten, die (noch) kein Parlament besitzen – hier ist an Russland zu denken – an der Interparlamentarischen Konferenz teilnehmen dürfen. Bertha schreibt dazu in ihren Memoiren: „Es ist interessant, daß am 24. August 1898 von Rußland das Manifest ausgegangen ist, das die Friedenskonferenz im Haag einberufen hat."[41] Suttner berichtet Nobel, der inzwischen schwer erkrankt ist, von diesen Budapester Konferenzen. Alfred Nobel stirbt am 12. Dezember 1896 und hinterlässt ein Testament, das die zukünftigen Bereiche für die Nobelpreisvergabe regelt. 1898 sinkt das amerikanische Kriegsschiff „The Maine" im Hafen von Havanna, dieser Vorfall wird der Anlass zum Ausbruch des spanisch-amerikanischen Krieges um Kuba. Diese Ereignisse und auch die Kolonialpolitik der europäischen Großmächte[42] nimmt Bertha von Suttner mit Sorge zur Kenntnis. Angesichts der Jahrhundertwende ersehnt sich Suttner eine Internationale Friedenskonferenz, die Ähnliches zu leisten imstande ist wie die vom Begründer des Roten Kreuzes, Henri Dunant, bewirkte Einberufung der Genfer Konferenz, in welcher durch die Konvention vom 22. August 1864 dem Roten Kreuz internationaler Schutz geboten wurde, die Verwundeten und Kranken der Heere zu versorgen. Dunant war es gelungen, dass das Rote Kreuz durch Teilnahme offizieller Staatsstellen an der Genfer Konferenz zu einer politisch einflussreichen Institution avancierte. In Russland übergibt der Außenminister ausländischen Vertretern im Auftrag des Zaren ein Friedensmanifest, in dem es heißt: „Die Aufrechterhaltung des allgemeinen Friedens und eine mögliche Herabsetzung der übermäßigen Rüstungen, welche auf allen Nationen lasten, stellen sich in der gegenwärtigen Lage der ganzen Welt als ein Ideal dar, auf das die Bemühungen aller Regierungen gerichtet sein müßten." Der Zar betrachte es als seine Pflicht, „diesen unaufhörlichen Rüstungen ein Ende zu setzen und die Mittel zu

[39] A.a.O., 276.

[40] Ebd.

[41] A.a.O., 326. Als 1906 die Interparlamentarische Konferenz in London zusammentritt, existiert in St. Petersburg ein Parlament, das seine Vertreter in der ganzen Duma nach London schicken soll, am Tag der Eröffnungsrede kommt die Nachricht, dass die Duma aufgelöst worden ist.

[42] So z.B. die drohende Aufteilung Chinas unter die europäischen Großmächte nach dem verlorenen Krieg gegen Japan. Hierbei handelt es sich um einzelne Gebiete an der Ostküste Chinas.

suchen, dem Unheil vorzubeugen, das die ganze Welt bedroht", und schlage deshalb eine Konferenz vor, die „mit Gottes Hilfe ein günstiges Vorzeichen des kommenden Jahrhunderts" sein würde. Er ruft auf zu einer „solidarischen Weihe der Prinzipien des Rechts und der Gerechtigkeit, auf denen die Sicherheit der Staaten und die Wohlfahrt der Völker beruht."[43] Doch die Reaktionen in Presse und europäischen Regierungen sind sehr reserviert bis kritisch gegenüber dem Manifest. Vor dem westfälischen Provinziallandtag sagt Wilhelm II: „Der Friede wird nie besser gewährleistet sein, als durch ein schlagfertiges, kampfbereites deutsches Heer, wie wir es jetzt ... zu bewundern und uns darüber zu freuen die Gelegenheit haben. Gebe uns Gott, daß es uns immer möglich sei, mit dieser stets schneidigen und gut erhaltenen Waffe für den Frieden in der Welt zu sorgen! Dann möge sich der westfälische Bauer ruhig schlafen legen."[44] Deutsche Professoren und auch die Sozialisten bezweifeln die friedlichen Absichten des Zaren. In der *Deutschen Rundschau* „verhöhnt Karl Liebknecht die Friedensfreunde – hetzt zu englisch-russischem Krieg, nennt Stead [den prominenten englischen Pazifisten] des Zaren Tam-tam-Schwindler und dergleichen."[45] Wieder zeigt sich, dass die Haltung der Sozialdemokratie gegenüber Suttners Friedensarbeit sehr kritisch bis ablehnend ist. Ihr Ansatz ist stets folgender: „Die Sozialdemokraten wollten wohl das Ende des Militarismus – aber nicht von dieser Seite. Nur durch eine neue Wirtschaftsordnung, nur durch eine nach ihrem Sinne und durch ihre Partei, viel mehr durch ihre Klasse, erlangte Umwälzung sollte der Völkerfrieden erreicht werden."[46] 1899 beruft Zar Nikolaus II. die 1. Haager Friedenskonferenz ein, an der Bertha von Suttner als einzige Frau und Nichtregierungsvertreterin teilnimmt. Suttner bekommt im Umfeld dieser Konferenz zahlreiche Briefe, die Vorschläge zur Friedenssicherung enthalten. Sie wird als öffentliche Vertreterin der Friedensbewegung gesehen. Neben den europäischen Staaten nehmen die USA, Mexiko, China, Japan und Siam daran teil. Drei Kommissionen arbeiten zu folgenden Themen: Über Abrüstung, die Regelung des Kriegsrechts und das Schiedsgericht. Die Abrüstungskommission gelangt zu keinen Ergebnissen, da der russische Vorschlag eines fünfjährigen Rüstungsstillstandes abgelehnt wird. Die zweite Kommission beschließt ein Verbot von Dumdum-Geschossen,[47] Kampfgasen und des Bombenabwurfs von Ballons aus. In der dritten Kommission wird der Weg für internationale Schiedsgerichte und Vermittlerdienste geebnet. Es wird eine Konvention zur friedlichen Schlichtung internationaler Konflikte erlassen: Das Haa-

---

[43] Aus dem Friedensmanifest vom 24. August 1898 (St. Petersburg), in: Hamann, Bertha von Suttner, 237.

[44] A.a.O., 243 f.

[45] Bertha von Suttner in einem Brief an Fried v. 12. Juli 1889, a.a.O., 244.

[46] Bertha von Suttner, Das Maschinenzeitalter, Dresden ^{3}1899, 344 f.

[47] Dumdum-Geschosse sind benannt nach der Munitionsfabrik in Dum-Dum bei Kalkutta, Geschoss für Handfeuerwaffen aus Weichblei oder mit an der Spitze freiliegendem Bleikern (Halbmantelgeschoss), verursachen schwere Wunden.

ger Tribunal entsteht. Im April 1902 nimmt Bertha von Suttner am Internationalen Friedenskongress in Monaco teil. Im selben Jahr stirbt ihr Ehemann Arthur Gundaccar von Suttner, Schloss Harmannsdorf wird aufgegeben.1904 reist Suttner zum Weltfriedenskongress nach Boston und hält Vorträge in mehreren amerikanischen Städten. Sie wird beim amerikanischen Präsidenten Theodore Rossevelt empfangen. 1905 führt Suttner eine Vortragsreise in Deutschland durch. Sie bekommt den Friedensnobelpreis zugesprochen. Sie reist im April 1906 zur Verleihung des Friedensnobelpreises nach Oslo und anschließend weiter durch Skandinavien.

1907 findet die 2. Haager Friedenskonferenz statt, die vom amerikanischen Präsidenten Roosevelt einberufen wird. Doch die Konferenz scheitert an der Abrüstungsfrage. Bezeichnete Bertha die erste Haager Konferenz noch als „Friedenskonferenz", so wechselt sie jetzt enttäuscht die Terminologie: „Dem Vierbund Deutschland-Österreich-Ungarn-Rumänien und Türkei ist die Arbeit von allem Anfang an auferlegt worden, die Friedenskonferenz in Kriegsgebrauchskonferenz umzuwandeln. Viel ist ihnen schon gelungen. Die Friedens- und Schiedsgerichts- und Organisationsfrage wird von diesen mitteleuropäischen Mächten einfach ignoriert."[48] Neue Kriegstechnologien, v. a. im Flugzeugbereich und Aufrüstungen auf Seiten der europäischen Großmächte ließen einen „Zukunftskrieg" immer wahrscheinlicher werden.

1909 erscheinen ihre "Memoiren", und es findet ein Friedenskongress in London statt.

In ihrem Buch „Der Menschheit Hochgedanken" von 1911 schreibt Bertha von der Schreckensvision einer atomaren Waffe, das im Radium liegende Vernichtungspotenzial könnte – in kriegerischen Auseinandersetzungen eingesetzt – die totale Auslöschung bedeuten:

„Damit ist die Machtfülle in unsere Hand gegeben, für die uns noch das Fassungsvermögen fehlt. Ein Kraftquantum ist uns zur Verfügung gestellt, das alle Arbeitswirkung verhundertfachen, vertausendfachen, verhunderttausendfachen kann. ... . Der Radiumkondensator ist erfunden. Mit von Wolkenhöhen herabgesandten Radiumstrahlenbündeln in ein paar Minuten feindliche Flotten und Heere zu vernichten, feindliche Städte zu zertrümmern, ist Kinderspiel. Gegenseitig. Achtundvierzig Stunden nach der sogenannten ‚Eröffnung der Feindseligkeiten' könnten beide kriegsführende Parteien einander besiegen und im feindlichen Lande kein Gebäude und kein Lebewesen zurückgelassen haben."[49] Diese Gedanken erinnern sehr stark an die bereits 1899 in „Das Maschinenzeitalter" gemachten Beschreibungen zur Militärtechnologie einer „aus Wolkenhöhen herunterregnenden Sprengstoffpille."[50] 1912 verfasst sie „Die Barbarisierung der Luft", eine Flugschrift gegen die Bewaffnung von Luftfahrzeugen, es

---

[48] Bertha von Suttner in einem Brief an Fried vom 16. Juni 1908, in: Hamann, Bertha von Suttner, 288.

[49] Vgl. Anm. 9, (vom 30. Juli 2003).

[50] Vgl. Anm. 12.

folgt eine 2. Vortragsreise durch Nordamerika, die durch eine renommierte Frauenzeitung „The Woman's International Review" gefeiert wird, ebenso Vorträge in Prag, Dresden, Berlin, Breslau, Den Haag und Paris.

1914, in den Vorbereitungen zum Friedenskongress in Wien, erliegt sie in Wien am 21. Juni einem Krebsleiden.

DORIS MÖSER-SCHMIDT

Wilhelmina Clasina Blazejewski (1851-1927)

Wilhelmina Clasina Blazejewski. Aufnahme um 1914.

1. Zeitgeschichtlicher Hintergrund

„Es geht durch unser Vaterland durch Gottes Gnade eine wunderbare Bewegung, die Gemeinschaftsbewegung. … Überall bilden sich Gemeinschaften und damit bilden sich auch zu gleicher Zeit Bedürfnisse. Dürfen wir an diesen ohne Weiteres vorübergehen? Wir wissen, dass unter den vielen Schwestern, die aus den Gemeinschaften hervorgehen, das Bedürfnis nach einem Gemeinschafts-Schwesternhaus besteht. …

Bis jetzt stehen in der Arbeit an unseren Gemeinschaften vorzugsweise Männer. Wir glauben aber, unsere Gemeinschaften bedürfen auch des, dass Frauen und Jungfrauen mehr mitthätig werden."[1]

Carl Ferdinand Blazejewski formulierte mit diesen Worten die Vision, die eine kleine Gruppe von Pfarrern in Ostpreußen im ausgehenden 19. Jahrhundert bewegte. Aber es sollte eine Frau, genau genommen seine Frau Wilhelmina sein, die diese Vision durch ihren Einsatz und ihr Vorbild in der Gründungsphase in die Tat umsetzte.

Die Gemeinschaftsbewegung hatte Mitte des 19. Jahrhunderts in Ostpreußen[2] Fuß gefasst und in vielen Ortsvereinen und Kirchengemeinden prägte ein pietistisch-methodistischer Frömmigkeitsstil das geistliche Leben. Bekehrung und Heiligung wurden propagiert und fanden bei vielen Menschen offene Ohren und Herzen. So war es auch der Wunsch etlicher junger Frauen, ihr Leben

---

[1] Carl Ferdinand Blazejewski, Unsere objektiven Gründe für die Errichtung eines Gemeinschafts-Schwesternhauses, 2. In: Das Gemeinschafts-Schwesternhaus, Selbstverlag, o.J. [1901]. Es handelt sich bei dieser Schrift um eine Selbstdarstellung der Grundlagen und der Entwicklung des Gemeinschafts-Schwesternhauses das 1899 in Borken (heute Polen) von den Blazejewskis gegründet wurde.

[2] Eine ausführliche Beschreibung der historischen Entwicklung, die zur Gründung des Gemeinschafts-Schwesternhaus in Borken führten, findet sich bei: Frank Lüdke, Diakonische Evangelisation. Die Anfänge des Deutschen Gemeinschafts-Diakonieverbandes 1899-1933, Stuttgart 2003.

Gott zur Verfügung zu stellen und sich in einen lebenslangen Prozess der Heiligung zu begeben. Einige Frauen dieser Frömmigkeitsprägung traten in bestehende Diakonissen-Mutterhäuser ein, um als Diakonisse zu leben. Doch kamen sie mit ihrem Glaubensverständnis in den bestehenden Einrichtungen nicht zurecht und wandten sich mit ihrem Problem an die Ortspfarrer.

So sensibilisiert, dachten diese Pfarrer über die Gründung eines Gemeinschafts-Schwesternhauses nach, das ganz im Sinne dieser Frömmigkeit geführt werden sollte. Für die eigenen Schwestern planten die Gründer des Gemeinschafts-Schwesternhauses besondere Aufgaben, die über den Rahmen des damaligen Diakonissenwesens hinausgingen. Schwestern des Gemeinschafts-Schwesternhauses sollten in erster Linie Missionarinnen und Evangelistinnen in Gemeinschaften sein. Die diakonische Arbeit in der stationären oder gemeindlichen Krankenpflege sollte ihnen lediglich die Möglichkeiten bieten, Menschen zu einem erweckten und lebendigen Glauben einzuladen. Die „Seelengewinnung" war oberstes Ziel ihrer Arbeit.

Auf der ersten westpreußischen Gemeinschaftskonferenz im Februar 1899 wurde Carl Ferdinand Blazejewski von seinen dort anwesenden Pfarrerskollegen beauftragt, mit den Planungen für Organisation und inhaltliche Gestaltung der Ausbildung von Diakonissen zu beginnen. Bis zur tatsächlichen Gründung des Gemeinschafts-Schwesternhauses am 20. Oktober 1899 in Borken/Ostpreußen vergingen noch einige Monate. An diesem Tag nahm das Ehepaar Blazejewski fünf junge Frauen in ihr Pfarrhaus und ihre Familie auf.

2. Wilhelmina Blazejewski – Eckpunkte ihrer Biografie

Am 1. Mai 1851 wird in Utrecht Wilhelmina Clasina Campagne, die Tochter von Carel Campagne und seiner Frau Maria geb. Houtzagers, geboren. Im Oktober 1864 zieht die Familie nach Arnhem[3] um, wo sich ihre Spur verliert. Es ist nur überliefert, dass Wilhelmina wohl längere Zeit in einem Krankenhaus gearbeitet haben muss.[4]

Im Januar 1890 heiraten Wilhelmina und Carl Ferdinand Blazejewski in Rotterdam. Carl Ferdinand ist zu dieser Zeit Marinepfarrer.[5] Kurz nach der Hochzeit sticht das Schiff mit seiner Mannschaft zu einer eineinhalbjährigen Reise in die Karibik. Wilhelmina lebt derweil allein in Kiel. Als im Januar 1891 ihr erster Sohn Carl Ferdinand (jun.) geboren wird, befindet sich sein Vater in Kingstown auf St. Vincent. Erst im August 1891 kehrt Blazejewski zurück. Doch auf der jungen Familie lastet eine ungewisse Zukunft. Carl Ferdinand Blazejewski bittet aus gesundheitlichen Gründen um Entlassung aus der Marine. Eine Diabetes macht seinen Dienst auf See unmöglich. Dem Gesuch wird stattgegeben.

---

3 Auskunft des Stadtarchivs in Utrecht vom16. März 2005.

4 Ein Tag im Gemeinschafts-Schwesternhaus. Buchdruckerei C. Braus, Schwerte (Ruhr) o.J. [1901/1902].

5 „Am Kreuz." Erinnerungen an den Pfarrer Ferdinand Blazejewski in Borken, Selbstverlag des Gemeinschafts-Schwesternhauses, 1901, XI.

Im Mai 1892 zieht die Familie nach Borken/Ostpreußen. Blazejewski kann dort eine Landpfarrei übernehmen. Für ihn steht fest: "Mein Ruf geht nach Borken."[6] Wilhelmina akzeptiert den Weg ihres Mannes auch als ihren Weg.

Das Paar findet in Ostpreußen eine vom pietistisch-methodistischen Gemeinschaftswesen geprägte Kirchengemeinde vor. Sie kommen mit Menschen aus den Gemeinschaftskreisen zusammen und lernen deren Frömmigkeit kennen. Besonders das Buch „Pilgerreise" von John Bunyan,[7] das in diesen Kreisen damals weit verbreitet ist, beeinflusst ihre Glaubensentwicklung.

Blazejewski wird von einer großen inneren Unruhe über Glaubensfragen erfasst. Seine Frau schreibt dazu: „Uns beiden war der Zustand unerklärlich, weil wir von Bekehrung nichts wussten. In Borken fing mein Mann an, ruhelos zu arbeiten, und war ein eifriger Bußprediger. Der Kirchenbesuch war sehr groß. Um sieben Uhr schon stellten sich die Leute ein, auch die Gläubigen waren seine Zuhörer, doch von Bekehrung sprach er noch nicht."[8] Noch im Sommer 1892 erlebt Blazejewski seine Bekehrung. Wilhelmina folgt ihm auch auf dem Weg in diese Frömmigkeit.

Das Pfarrhaus in Borken wird bald zu einem Zentrum der Erweckungsbewegung. Blazejewskis führen ein offenes Haus. Oft sind Gäste zu Besuch. Es werden intensive Glaubensgespräche geführt und es wird viel gebetet.[9]

Wilhelmina wie auch ihr Mann nehmen in den folgenden Jahren eine geistliche Entwicklung im Sinne der ostpreußischen Gemeinschaftsbewegung, die geprägt ist vom Bestreben nach der eigenen Heiligung. Als Pfarrer wird Carl Ferdinand Blazejewski zu einer herausragenden Figur dieser Bewegung.

Im August 1893 nimmt Blazejewski an einer christlichen Studentenkonferenz in Frankfurt (Main) teil. Fast täglich berichtet er seiner Frau von seinem inneren Fragen und Suchen.[10]

Am 11. August formuliert er: „Hier in Frankfurt lerne ich erst erkennen, wie ich mich selbst liebe und nicht den Herrn. Damit ist viel, viel gewonnen. Jetzt heißt es in diesem Punkt anders werden."

In weiteren Briefen beschreibt er seiner Frau seine Entwicklung mit folgenden Worten: „Der Herr hat mein Herz erfaßt und mir meine Sünde aufgedeckt. Bete für mich, dass ich unter der Zucht des heiligen Geistes bleibe. Wie danke ich dem Herrn, daß Er mich hierher geführt und so mich innerlich vertieft hat! Er helfe mir weiter in der Heiligung."

---

6 A.a.O. XII.

7 Es handelt sich bei diesem Buch um die Parabel über den breiten und schmalen Weg. Der breite Weg führt in die Verdammnis, der schmale Weg durch die enge Pforte ins Paradies.

8 A.a.O., XII.

9 Brief einer Diakonisse des Kasseler Schwesternhauses 28.05.1900. ADGD 23 Pfarrer Blazejewski. Bei den Quellen die mit ADGD gekennzeichnet sind, handelt es sich um interne Akten des Archivs des Deutschen Gemeinschafts-Diakonieverbandes e.V., Marburg.

10 „Am Kreuz", XIII.

14. August: „Ich merke, wie unreif ich bin, der Herr hat mich zusammengebrochen und ich bitte um die Gnade, dass ich demütig, stille, einfältig vor ihm werde. Hoffentlich wirst Du bei meiner Rückkehr sagen, daß ich ein anderer geworden bin." 16. August: „Mir ist unsäglicher Segen geworden. Zwar das erkenne ich, ich muß von vorne anfangen, aber so ist es des Herrn Wille. Ich muß Ihm sterben, damit ich für Ihn lebe. Er gebe Seinen Segen dazu! Glaube auch Du, dass dies nur der Weg zur Höhe ist. Ihm sei Ehre. Ich bin so freudig."

Im Rückblick auf diese zentralen Erfahrungen schreibt Wilhelmina später: „Nach seiner Rückkehr war meines Mannes Predigtweise eine ganz andere geworden. Er predigte den nackten Glauben und stieß dadurch die alten Bekehrten, welche nur von Buße alles erwarteten, ab, so daß sie sich zurückzogen. Er arbeitete aber eifriger denn je. Jesus war ihm der erste geworden." [11]

Das Ehepaar erlebt in der Folgezeit einen geistlichen Aufbruch in der eignen Gemeinde wie auch in der ganzen Umgebung. C.F. Blazejewski ist oft zu missionarischen Einsätzen unterwegs. Seine Motivation ist nun „Seelen zu retten". Im Januar 1895 schreibt er: „Seit Weihnachten schenkt mir der Herr eine große Erweckung, ca. 150 Personen sind bis jetzt zum Frieden und zur Freude Jesu gekommen." [12]

Diese Entwicklung wird künftig das weitere Leben von Wilhelmina Blazejewski prägen. An der Seite ihres Mannes nimmt sie gleichfalls dessen Glaubenshaltung ein. Als im Jahr 1899 die Gründung eines Gemeinschafts-Schwesternhauses immer dringlicher wird, ist es für sie selbstverständlich, dass auch sie hinter diesem Anliegen steht.

Auf einer Gemeinschaftskonferenz wird Carl Ferdinand Blazejewski im Februar 1899 in Danzig damit beauftragt, sich mit organisatorischen und inhaltlichen Fragen im Hinblick auf die Führung eines Schwesternhauses vertraut zu machen. Dazu soll er eine Informationsreise zu den „deutschen gläubigen Diakonissenmutterhäusern"[13] unternehmen. Dafür fehlen ihm jedoch die finanziellen Mittel. Später schreibt er darüber: „Als ich nach Hause fuhr, sagte ich zum Herrn: Wenn es Deine Sache ist, und Du willst, daß ich in diese Sache eintrete, dann mußt Du mir die Mittel zu dieser Reise geben, ohne dass ich einem Menschen etwas davon sage. Zu Hause wurde mir klar, daß auch meine Frau mitreisen mußte, weil das Schwesternhaus eine Familie bilden soll und viele Sachen bedacht werden müssen, welche nur eine Frauenhand erledigen kann. Die Schwierigkeiten wuchsen, ja sie wurden sogar verdoppelt. Wir vertrauten dem Herrn, dass Er uns antworten würde." [14]

Auf wundersame Weise kommt tatsächlich das Geld für die Reise für beide zusammen. Im März 1899 besuchen sie verschiedene Diakonissenmutterhäuser.

---

[11] A.a.O., XIV.

[12] A.a.O., XV.

[13] Martin Krawielitzki: Carl Ferdinand Blazejewski. Sein Leben und Wirken. Marburg 1929, 29.

[14] A.a.O. 30.

Am wichtigsten werden die Gespräche mit dem Vorsteher des Berner Diakonissenmutterhauses Johann Friedrich Daendliker (1821-1900).[15]

Am 20. Oktober 1899 ist es dann so weit. Mit fünf jungen Frauen beginnt im Pfarrhaus von Borken die Arbeit des Gemeinschafts-Schwesternhauses. Wihelmina Blazejewski stellt sich mit ganzem Herzen dieser Herausforderung. Ihr Familienleben und das Leben des Schwesternhauses gehen vollkommen ineinander über. Sie erkennt in dem Dienst ihre eigene Berufung. In einem Nachruf schreiben die damaligen Verantwortlichen 1929: „Frau Pfarrer Blazejewski ist seinerzeit in Borken bei Bartenstein (Ostpr.) in selbstverleugnender Liebe und Hingabe den ersten Schwestern bei der Gründung unseres Diakonissenwerkes eine rechte Mutter gewesen. Die Pfarrfamilie beschränkte sich auf das allernotwendigste an Wohnräumen, um so für die Schwestern Raum zu machen, und teilte all ihren Besitz mit ihnen."[16]

Noch sind die Einnahmen für das Schwesternhaus nicht geregelt. Es gibt keinen Finanzierungsplan. Sowohl auf Kollekten wie auf die damals üblichen Bazare soll verzichtet werden. Alle Erwartungen richten sich darauf, dass Gott Menschen bereit macht, die nötigen Mittel zur Verfügung zu stellen: „Wir trauen es Ihm zu, dass Er Seinen Kindern es ins Herz geben wird, für die großen dazu erforderlichen Mittel ihre Hände Ihm freiwillig zu füllen, gerade so, wie Er uns so reichlich die Schwestern sendet und so freundlich die Türen zum Dienst öffnet."[17]

Zu den vielfältigen Aufgaben in ihrem Haushalt übernimmt Wilhelmina noch wesentliche Teile des Schwesternunterrichtes. Carl Ferdinand Blazejewski unterrichtet die theologischen Fächer, seine Frau Haushaltsführung, Hausordnung, Krankenpflege und anderes mehr.

Als Carl Ferdinand Blazejewski überraschend im Mai 1900 im Alter von 38 Jahren stirbt, steht Wilhelmine mit ihren drei Kindern (zwischen drei und acht Jahren) und den mittlerweile neun Schwestern allein da. Wie soll es nun weitergehen? Trotz Trauer und tiefem Schmerz über den Verlust ihres Mannes entscheidet Wilhelmina, die Schwesternarbeit weiterzuführen. Zuerst bleibt die Gemeinschaft im Pfarrhaus in Borken, um dann im November 1900 gemeinsam in das neu errichtete Schwesternhaus in Vandsburg (Westpreußen) überzusiedeln. Hier übernimmt Pfarrer Theophil Krawielitzki (1866-1942) die Leitung. Ein Chronist beschreibt die Zwischenzeit: „Dazwischen aber lagen Monate schwerer Prüfung und Sichtung für die kleine Schwesternschar und ihre Leiterin. Fast ohne alle geistliche Versorgung und ohne regelmäßigen Unterricht mussten sie sich der Hand des Herrn überlassen. Dazu war Frau Pfarrer Blazejewski körperlich durch den plötzlichen Tod ihres Gatten aufs Schwerste mitgenommen und für lange Zeit fast unfähig, dem Ganzen vorzustehen, bis der

---

[15] Vgl. Christine Stuber, Sophie von Wurstemberger (1809-1878).

[16] Nachruf Wilhelmina Blazejewski in: ADGD 23.

[17] Vom Gemeinschafts-Schwesternhaus zu Vandsburg. Selbstverlag des Gemeinschafts-Schwesternhauses Vandsburg (Westpreußen), o.J. [1904/1905?].

Herr sie bei einem Aufenthalt in dem christlichen Erholungsheim zu Bahnau durch Gebet wieder aufrichtete."[18] Diese Zeilen lassen nur erahnen, was in Wilhelmina vorgegangen sein muss. Aus ihrer tiefen und vertrauensvollen Beziehung zu Gott gewinnt sie Kraft zum Durchhalten.

Die Zahl der Schwestern wächst stetig. Ende 1901 gehören bereits 19 Frauen zur Schwesternschaft. Die Aufnahme und Unterweisung der Schwestern liegt auch weiterhin in Wilhelminas Händen. Die Anforderungen werden immer größer. Pfarrer Krawielitzki übernimmt zwar die geistliche Ausbildung der Schwestern, aber da er noch die Pfarrstelle in Vandsburg inne hat, ist seine Zeit begrenzt.

Im Frühjahr 1903 legt Wilhelmina die Arbeit in diesem Schwesternhaus nieder. Mittlerweile gehören zur Schwesternschaft etwa 60 Frauen.[19] Einige arbeiten auf auswärtigen Stationen, andere befinden sich zur Pflegeausbildung in einem Krankenhaus in Ems (heute: Bad Ems), das von Schwestern des Berner Diakonissenhauses geleitet wird. Es ist anzunehmen, dass dies Wilhelminas Kräfte übersteigt. Sie zieht mit ihren Kindern nach Steglitz bei Berlin um, wo ihre Kinder die höhere Schule besuchen. Hier engagiert sie sich aktiv in der örtlichen Gemeinschaftsarbeit. In ihrem Haus finden Bibelstunden statt; die missionarische Arbeit bleibt ihr weiterhin ein Herzensanliegen. Auch während dieser Zeit steht sie mit Schwestern des Gemeinschafts-Schwesternhauses in Kontakt. Die Beziehungen, die in den Jahren des intensiven Zusammenlebens gewachsen sind, bestehen weiter.

1912 führt der weitere Lebensweg Wilhelmina Blazejewski nach Marburg. 1908 war hier ein weiteres Diakonissenmutterhaus gegründet worden. Mittlerweile gab es bereits eine Reihe von Einrichtungen, in denen Schwestern tätig waren. Auch Theophil Krawielitzki war 1908 mit seiner Familie nach Marburg gezogen.

Zu dem Werk, das bescheiden im Haus Blazejewski angefangen hat, gehören 1912 ungefähr 400 Diakonissen, die in den drei Niederlassungen Vandsburg, Marburg und Gunzenhausen leben.[20] 1922 wird das Gemeinschafts-Schwesternhaus Vandsburg umbenannt in Deutscher Gemeinschafts-Diakonieverband e.V.

Nachdem ihre Kinder verheiratet sind, zieht Wilhelmina Blazejewski zu den Schwestern ins Mutterhaus. Am 18. Januar 1927 stirbt Wilhelmina Blazejewski. Sie wird zwischen den Schwestern beigesetzt.

„Der Herr hat diese teure Schwester zu einer Segensträgerin gemacht, und ihre Werke folgen ihr nach. Ihr verliert eine betende Mutter an ihr, und doch verliert Ihr sie auch nicht; denn der Same, den sie ausgestreut hat, ist ja aufge-

---

[18] Das Gemeinschafts-Schwesternhaus, Selbstverlag des Gemeinschafts-Schwesternhauses zu Vandsburg, o.J. [1900].

[19] Der Deutsche Gemeinschafts-Diakonieverband – vormals Evangelisches Schwesternhaus zu Vandsburg in Westpreußen. 1899-1927, Düsseldorf 1927, 225.

[20] A.a.O. 227.

gangen und wirkt sich weiterhin aus unter des Herrn Segenshand."[21] Mit diesen Worten antwortet die Leitung der Liebenzeller Mission auf die Todesnachricht von Wihelmina Blazejewski.

3. Inhaltliche Aspekte ihres Wirkens

Fünf Monate nach dem Tod ihres Mannes wendet sich Wilhelmina Blazejewski im Oktober 1900 in einem Rundbrief an die Freunde des Gemeinschafts-Schwesternhauses. Sie schreibt: „Allen teuern Geschwistern, welchen das Werk des Gemeinschafts-Schwesternhauses von dem Herrn auf's Herz gelegt ist, möchte ich nach längerer Frist hierdurch wieder einige kurze Nachrichten geben über die bisherige Entwicklung, damit die Fürbitte, deren wir so dringend bedürfen, ein bestimmtes Ziel habe." [22]

Sie teilt mit, dass sie im November nach Vandsburg umsiedeln wird, wo dann auch wieder interessierte Frauen als Schwestern aufgenommen werden sollen. In dem Brief gibt sie auch Auskunft über die inhaltlichen Schwerpunkte der Arbeit. Sie schreibt: „Unser Ziel besteht nach wie vor darin, der großen geistigen und leiblichen Not ringsumher zu steuern, indem wir entschiedene Mädchen für Jesu Dienst eine entsprechende Zubereitung ermöglichen wollen nach folgenden Gesichtspunkten:

1. Die Schwestern sollen eine sorgsame Ausbildung erhalten, welche in gewissem Sinne der eines Diakonissenhauses entspricht. Hauptsache dabei ist biblische Gründung, geistliche Vertiefung, praktische Hingabe und selbstverleugnende Arbeit in allem Dienst für Leib und Seele. Es handelt sich darum, dass jede Schwester selbstständig für ihre Person in der Führung des Herrn dienen lerne.
2. Die Schwestern sollen in allererster Linie für die Seelengewinnung und Seelenpflege erzogen werden. Die Ausbildung in der Krankenpflege, (für welche nach genügender Vorbereitung mit Rücksicht auf alle Anforderungen unserer Zeit gründlich in einem größeren Krankenhause gesorgt wird,) sowie die Ausübung derselben sind demnach diesem Gesichtspunkte unterstellt.
3. Die ausgebildeten Schwestern können je nach ihrer Berufung und Führung a) entweder in den Gemeinschaften als Diakonissen, b) oder in der Mission, c) oder in sonstiger Diakonissenarbeit (Kinderschule, Privatpflege etc.) dem Herrn dienen.
4. Es werden nur bekehrte Mädchen aufgenommen.
5. Die Arbeit und die Unterhaltung der Arbeiter geht aus dem Glauben. Schulden werden nicht gemacht.
6. Hauseltern und Schwestern bilden eine Familie.
7. Das Haus dient auch, soweit es erforderlich und möglich ist, als „Erholungsheim" für andere Personen."

[21] Kondolenzbrief der Liebenzeller Mission vom 21.01.1927 in: ADGD 23.

[22] Rundbrief Oktober 1900 von Wilhelmina Blazejewski in ADGD: 23.

Hier wird noch einmal besonders deutlich, was das tiefste Anliegen des Gemeinschafts-Schwesternhauses ist. Die Erziehung und Ausbildung der Schwestern zielt in erster Linie auf die Vertiefung und Weiterentwicklung des persönlichen Glaubens, die Heiligung, der jungen Frauen. Sie sollen für einen Dienst vorbereitet und ausgebildet werden, in dem es um „Seelengewinnung" und „Seelenpflege", also um geistliche Aufgaben geht. Die Schwestern, die zu den Mutterhäusern des Evangelischen Gemeinschafts-Schwesternhauses (ab 1922 Deutscher Gemeinschafts-Diakonieverband) gehören, sind in den klassischen Arbeitsfeldern für Diakonissen wie auch im Bereich der landeskirchlichen Gemeinschaften zu finden. Dort nehmen sie neben gemeindediakonischen Aufgaben weit reichende Verkündigungsaufgaben wahr. Das ist ein absolutes Novum für diese Zeit. Egal wo die Schwestern arbeiten, ihre erste Aufgabe ist die Verkündigung des Evangeliums und die Einladung zu einem persönlichen Glauben. Neben ihrem pflegerischen Einsatz halten die Schwestern auf dem Land selbstverständlich auch Frauenstunden und gemischte Bibelstunden ab. Infolgedessen werden die Schwestern in vielen Fällen sogar zu Gründerinnen landeskirchlicher Gemeinschaften. Andere Schwestern verbinden ihre Aufgaben in Krankenhäusern mit missionarischen Aktivitäten.

Der evangelistische Dienst gehört zu den Herzensanliegen Wilhelmine Blazejewskis. Während ihrer Berliner Zeit öffnet sie ihr Haus für missionarische Veranstaltungen und Bibelkreise der Gemeinschaft. Sie lädt Menschen ein, in eine persönliche Beziehung zu Gott zu treten und begleitet diese auf dem Weg der Glaubensvertiefung und Hingabe.

Als weitere Grundlage ihrer Arbeit ist zu nennen, was sie in oben genanntem Rundbrief unter Punkt sechs formuliert: „Hauseltern und Schwestern bilden eine Familie." Das Ehepaar nimmt die ersten Schwestern in sein Haus und die Familie auf. Man teilt Arbeit und Leben miteinander. Auch nach der Übersiedlung nach Vandsburg lebt Wilhelmina mit ihren Kindern unter den Schwestern.

Wie radikal sie das denkt und lebt wird an folgendem Ausspruch, der ihr zugeschrieben wird, deutlich: „Haben wir was, so haben auch die Schwestern etwas. Den Gegensatz „nichts" will ich nicht anführen, weil ich nicht glaube, dass Gott Seine Kinder Mangel leiden läßt und äußere Not."[23]

Wie eng und herzlich die Beziehung der Familie zu den Schwestern war, zeigt der umfangreiche Schriftverkehr, den die Schwestern und die Kinder des Gründerehepaares lange Zeit nach deren Tod miteinander führen.[24]

4. Würdigung

Beim Betrachten des Lebenslaufes von Wilhelmina Blazejewski bleiben viele Fragen offen. Bis zu ihrer Heirat sind die Informationen über ihren Werdegang sehr spärlich. Und doch tritt uns eine Frau entgegen, die, aus heutiger Sicht, mit ungewöhnlicher Entschlossenheit ihren Weg geht. Die gebürtige Holländerin

---

[23] „Am Kreuz", 70

[24] Schriftverkehr dokumentiert in: ADGD 23.

heiratet den deutschen Marinepfarrer Carl Ferdinand Blazejewski und betritt mit ihm eine ungewisse Zukunft. Sie folgt ihrem Mann in das äußerst ländliche Borken in Ostpreußen. Dort erlebt sie eine geistliche Entwicklung und wird zu einer prägenden Figur der ostpreußischen Gemeinschaftsbewegung und des daraus hervorgegangenen Gemeinschafts-Schwesternhauses. Sie nimmt die Herausforderung zur Gründung eines Schwesternhauses an und gibt damit die Intimität ihres Familienlebens auf.

Krisenhaft durchlebt sie den frühen Tod ihres Mannes. Trotzdem bleibt sie ihrem Auftrag treu. Ein tiefes Vertrauen in Gottes Führung kennzeichnet ihren Glauben.

Am Nadelöhr innerhalb der Geschichte des heute weit verzweigten Deutschen Gemeinschafts-Diakonieverbandes führt sie in selbstloser Weise den Faden weiter.

Sie muss aber auch erleben, wie sie damit an Grenzen kommt. Die Zahl der Schwestern nimmt rasch zu, und die Arbeit übersteigt ihre Kräfte. Vorübergehend zieht sie sich aus der Schwesternarbeit zurück, ohne ihrem missionarischen Engagement den Rücken zu kehren. Ihrem Anliegen, „Seelen für Gott gewinnen“, bleibt sie an jedem Ort treu.

Als familiäre Freiräume ihr 1912 den Umzug in das Mutterhaus gestatten, teilt sie erneut ihr Leben mit den Schwestern. Sie tritt nun aber nicht mehr in den Vordergrund. Als sie 1927 stirbt, wird sie inmitten der bereits verstorbenen Diakonissen auf dem Marburger Hauptfriedhof begraben

Jörg Ohlemacher

Adeline Gräfin Schimmelmann* (1854-1913)

Adeline Schimmelmann. Aufnahme von 1885, Heimatmuseum Göhren auf Rügen.

1. Herkommen und erste Prägungen

Adelaide, Karoline, Luise genannt „Adeline“ Gräfin Schimmelmann wurde am 19. Juli 1854 auf Schloss Ahrensburg/Holstein als 5. Kind von später insgesamt 10 Geschwistern geboren.

Die Vorfahren waren wirtschaftlich sehr erfolgreich gewesen und hatten hohe Staatsämter bekleidet.[1]

Auch der Vater Ernst Conrad Detlev Carl Joseph Lehnsgraf von Schimmelmann (14. Mai 1820 - 2. Juli 1885) zu Lindenborg war außerordentlich vermögend. Ihm gehörten nicht nur die Schlösser Lindenborg, Wandsbek und Ahrensburg mit jeweils umfangreichem Grundbesitz, sondern er verfügte auch über ein enormes Kapital von mehreren Millionen Dänischer Kronen. Adeline wuchs also in gesicherten Verhältnissen auf. Zum Vater hatte sie nach eigenen Worten ein inniges Verhältnis. Die Mutter blieb ihr fremd. Sie kritisierte an ihr – geb. Adelaide Freiin von Lützerode (14. Januar 1823 - 1. November 1890) – besonders einen luxuriösen Lebensstil.[2] Übel nahm Adeline der Mutter auch, dass sie die Tochter zu entfernter Verwandtschaft schickte, um einen unerwünschten Heiratsantrag zu vermeiden.

---

* Überarbeitete und ergänzte Fassung des Vortrags vom 13. Dezember 2002 in Göhren anlässlich der Veranstaltungsreihe „750 Jahre Mönchgut 1252-2002“.

1 Vgl. Christian Degn, Die Schimmelmanns im atlantischen Dreieckshandel, Kiel ³2004.

2 Angaben zur Familie nach Gotha (GhdA-Eintrag von 1960). Die wichtigste Quelle: Adeline Gräfin Schimmelmann, Streiflichter aus meinem Leben am deutschen Hofe, unter baltischen Fischern und Berliner Sozialisten und im Gefängnis, einschließlich. „Ein Daheim in der Fremde“ von Otto Funke. Selbstverlag, Elbersfeld 1901 (weitere Auflagen und Übersetzungen in mehreren Sprachen). Dazu das Lebensbild von Emil R. Wettstein, Lebensbild der Gräfin Schimmelmann weil. Hofdame I. M. der Kaiserin Auguste. Berlin o. J. [1914]. Und der Nachruf: N. N., Adeline Gräfin Schimmelmann. Kurzer Bericht über Leben, Zeugnis und Heimgang der Gräfin Adeline Schimmelmann. Kiel o. J. [1913].

Von 1872 bis 1890 war sie Hofdame der Kaiserin Augusta,[3] die für sie „wie eine Mutter“ war.[4] Sie charakterisiert die Kaiserin in ihrem Rückblick mit Worten, die andere später auf sie selbst angewendet haben: „Sie besaß einen energischen Willen, ein lebhaftes Temperament und eine ungewöhnlich klare und durchdringende Klugheit. Ihr weitsehender Blick führte sie oft zu einer Handlungsweise, die manche überraschte. ... Die Kaiserin hatte moralischen Mut und fürchtete sich nicht; Menschen die Wahrheit zu sagen. ... War sie überzeugt, dass irgendetwas recht war, so focht sie es mit größter Energie und Geschicklichkeit aus, koste es was es wolle.“ Neben der hohen Sittlichkeit hebt sie die umfassende Bildung der Kaiserin „in Künsten und Wissenschaften“ hervor.[5] Auch über religiöse Fragen tauschte sie sich mit der Kaiserin – ihrem großen Vorbild – aus.[6]

Aber in der Zeit bei Hofe sah sie sich religiös auch in einem Konflikt: „Das Evangelium von Jesu Christo war mir immer eine schöne Wahrheit gewesen; deren Inhalt ich wohl *glaubte*, aber deren Wahrheit ich nie *erfahren* hatte. Die persönliche Erfahrung des lebendigen Christus und die Macht seines Kreuzes waren noch nicht in meine Seele gedrungen.“[7]

2. Neue Orientierungen

Im Juli 1885 starb der Vater, mit dem sie sich innerlich eng verbunden fühlte. Sie schrieb: „Im letzten Lebensjahr meines Vaters, in dem er schwere Krankheiten durchzumachen hatte, wurde mir klar, dass ich Gott noch nicht über alles liebte (Luthers Erklärung zum ersten Gebot im Kleinen Katechismus: „Wir sollen Gott über alle Dinge fürchten, lieben und vertrauen.“), und meine Gebete in der Zeit waren meist nur der Schrei: ‚O Gott, gib mir nur einen Tropfen von der Liebe Christi und einen Funken von dem Heiligen Geist.‘“

Kurz nach dem Tod des Vaters hörte sie – wie einstmals der Kirchenvater Augustin (354-430) – eine Stimme, die zu ihr sagte: „Mein Kind deine Erlösung hängt nicht von deiner Liebe zu Mir, sondern von Meiner Liebe zu dir ab, gerade so, wie du bist. Da ging in meinem Herzen eine Sonne der Freude auf, die mir seitdem täglich scheint.“[8]

Es ist die Grunderfahrung Martin Luthers, die sie machte. Sie erfuhr die Liebe Gottes, die Annahme als Sünder – und das stellte ihr Leben auf den

---

3 Augusta Prinzessin von Sachsen-Weimar-Eisenach (30. September 1811 - 7. Januar 1890) war seit 11. Juni 1829 mit Wilhelm I. Ludwig dem Deutschen Kaiser und König von Preußen (22. März 1797 - 9. März 1888) verheiratet. Vgl. Deutsches Adelsarchiv (Hg.), Genealogisches Handbuch des Adels. Bd. 100 der Gesamtreihe = Genealogisches Handbuch der Fürstlichen Häuser XIV. Limburg 1991, 132.

4 Schimmelmann, Streiflichter, 17.

5 A.a.O., 17-21.

6 A.a.O., 21 f.

7 A.a.O., 23.

8 Ebd.

Kopf. Sie entdeckte in der Bibel, dass die Liebe Gottes etwas ist, was einen mitnimmt: Sie las im Evangelium nach Lukas:

„Wenn Du ein Mittag- oder Abendmahl machst, so lade nicht deine Freunde, noch deine Brüder, noch deine Nachbarn, die da reich sind, sondern, lade die Armen, die Krüppel, die Lahmen, die Blinden, so bist Du selig."[9]

„Aber wo waren diese Elenden zu finden? Nicht im königlichen Palast, noch auf den Gütern meines Vaters."[10]

In dieser geistigen Aufbruchsituation nahm sie im Februar 1886 an einer Vortragsveranstaltung des Bremer Pastors und religiösen Schriftstellers Otto Funke (1836-1910) teil. Er schrieb selbst über diese Berliner Versammlung: „Meine Absicht an jenem Abend war, zu zeigen, dass und wie jeder lebendige Christ berufen sei, an seinem Platze Menschenfischerei zu treiben und dem Herrn Seelen zu gewinnen. Vor allen Dingen geißelte ich auch den geadelten Müßiggang vieler Frauen und Jungfrauen der „höheren" Stände."[11] Er erwähnte – wahrscheinlich von angelsächsischen Beispielen ausgehend – , „dass auch Damen ein Missionswerk übernehmen könnten".[12] Adeline war tief beeindruckt von diesen Worten und seitdem betete sie, „um eine heilsame, wenn auch noch so niedrige Arbeit" im Weinberg Gottes.[13]

Der Tod des Vaters und Streit in der Familie machten sie krank und erholungsbedürftig. Ihr wurde ein Aufenthalt an der See verordnet und die Insel Rügen empfohlen. Im August 1886 sollte sie nach Thiessow in die Sommerfrische; da ihre Koffer aber fälschlich nach Göhren gebracht worden waren, blieb sie erst einmal dort – und fand Genesung für Leib und Seele – „aber nicht in erster Linie durch Seeluft und Waldesstille, sondern durch Arbeit, – durch herrliche, mühselige, viel verspottete Arbeit unter den Hunderten, ja Tausenden von Fischern, die hier verkehrten".[14]

Aber soweit war es 1886 noch nicht. Nur erste tiefgreifende Eindrücke erhielt sie bei diesem Kuraufenthalt. Von ihrem Quartier aus sah sie an einem Sonntagmorgen, wie ein Trupp Fischer „nach rührenden Versuchen, sich durch Bürsten der Jacken und Stiefel ein sonntägliches Ansehen zu geben, von Hotel zu Hotel, von Haus zu Haus zog, bescheiden um Lebensmittel bittend, für die sie auch gern bezahlen wollten. Aber überall wurden sie abgewiesen und kamen hungernd zurück. Das konnte ich nicht ansehen und ließ durch meine Köchin einen großen Kessel voll Kartoffeln und Fleisch kochen, dessen Inhalt bald verzehrt wurde. Ja, ich musste auch mein eigenes Essen zu den Leuten an den

---

[9] Lk 14,13.
[10] Schimmelmann, Streiflichter, 24.
[11] A.a.O., 31.
[12] A.a.O., 24; über mögliche Vorbilder vgl. Ruth Albrecht, Frauen, in: Geschichte des Pietismus IV. Glaubenswelt und Lebenswelten hg. v. Hartmut Lehmann, Göttingen 2004, 538-540.
[13] Schimmelmann, Streiflichter, 33.
[14] Ebd.

Strand wandern lassen. – Ich, die ich bisher von Hunger und Kummer nur aus Büchern gehört hatte, wurde durch diese Erfahrung tief ergriffen.“[15]

3. Göhren

Im Winter desselben Jahres 1886 gewannen weitgreifende Pläne in ihr Gestalt. „In meinen Kreisen“ – so schrieb sie – „zweifelte man allerdings ernstlich an der Gesundheit meines Verstandes, als ich anfing, meinen Plan auszuführen. Andere fanden, dass ich in eine höchst unweibliche Emanzipation hineinfalle. Wieder andere meinten, mein Unternehmen sei eine Art von Selbstmord, ich würde in einer solchen Umgebung verrohen oder doch erstarren.“[16]

Aber nicht nur die eigenen Leute, auch die Göhrener selbst waren skeptisch bis ablehnend. Göhren mauserte sich in der Zeit gerade zum Badeort, der für seine Gäste möglichst attraktiv sein wollte. Da störten die ungehobelten Seeleute und Fischer.[17] Manche Spannungen und auch handgreifliche Auseinandersetzungen hatte es in den vergangenen Jahren gegeben. Die Not der Fischer an der damals überfischten Ostsee wurde im Ort als Last empfunden.

Aber die Gräfin hatte ihre Vision und setzte sie um. Sie erwarb in Göhren ein Grundstück und baute 1887 darauf das „Seemannsheim“, groß genug, um 50 Personen ein einfaches Nachtlager bieten zu können, dazu eine Küche und einen Aufenthaltsraum.

Sie erhielt Unterstützung aus dem Kaiserhaus auch nachdem sie den Dienst als Hofdame mit dem Tod der Kaiserin am 7. Januar 1890 ganz aufgegeben hatte. „Das letzte Geschenk, welches die Kaiserin wohl gemacht hat (es war am Vorabend ihrer Krankheit) waren 200 Bibeln für meine Fischer.“[18]

Zu ihrer karitativen sozialen Arbeit gehörten für sie ganz selbstverständlich auch eine Morgen- und Abendandacht, – die sie als Frau, als Laie ohne theologische Bildung, hielt. Das war für ihre Zeit sehr ungewöhnlich und überschritt das herrschende Rollenverständnis. Aber die geistige und geistliche Orientierung aus dem Wort Gottes war ihr für sich selbst und „ihre“ Fischer und Seeleute wichtig.

Sie richtete eine kleine Bibliothek ein und schaffte Spiele an; im Winter ließ sie Tische und Stühle schnitzen, stellte das notwendige Werkzeug zur Verfügung und verschaffte so Einnahmen.

Otto Funke staunte bei seinem Besuch 1894 nicht schlecht, als er sich über die Verpflegung orientierte: Eine Schüssel Eintopf aus Erbsen, Bohnen, Kartoffeln und Speck. „Ich würde jedenfalls eine Woche lang an einer solchen Schüs-

---

[15] A.a.O., 36.

[16] Ebd.; vgl. Albrecht, Frauen, 540 zur Kritik auch aus frommen Kreisen.

[17] Vgl. Autorenkollektiv (Hg.), Mönchgut. Eine Landschaftsstudie. Natur- und kulturgeschichtliche Überblicke und Wanderungen. Göhren, Greifswald 1990, 61.

[18] Schimmelmann, Streiflichter, 38.

sel zu essen haben. Die treuen Pommern aber leeren sie (die Schüssel) oft zweimal in einem Sitz."[19]

Es gab Wirkungen ihrer Arbeit, die, nach ihren eigenen Aussagen, die Spannungen zu den Bewohnern Göhrens merklich verringerten.

Der Alkoholkonsum der Seeleute ging zurück und damit auch die Quote an Randale und Alkoholdelikten. Ein Geheimnis ihres Erfolges war, dass sie *Platt* sprach. Sie hatte es zuhause gelernt und das gab ihr Zugang zu den Herzen der Pommern, aber auch der ausländischen Seeleute, die sie allerdings auch auf Englisch oder einer der anderen sechs Sprachen, die sie beherrschte, anreden konnte (Schwedisch, Dänisch, Englisch, Französisch, Deutsch, (?)Italienisch).

Eine ausgesprochene Feindschaft entwickelte sich zu den Gastwirten, die Einbußen hinnehmen mussten. Das hatte später noch Folgen.

4. Die Greifswalder Oie

„Kurze Zeit, nachdem ich mein Seemannsheim in Göhren eröffnet hatte, fand ich, dass die uns gegenüberliegende Greifswalder Oie, mit ihren zwei Schnapslokalen alles wieder verdarb, was meine Fischerstube Gutes wirkte."[20] Sie errichtete auch dort ein Seemannsheim, das von 1889 bis 1894 in ihrem Besitz war, besonders als Verpflegungsstation und trocknete die beiden Kneipen sozusagen aus.[21]

Sie kaufte ein Schiff und steuerte oft selbst – obwohl sie durchaus nicht seefest war, sondern immer wieder bei den gegenläufigen Strömungsverhältnissen mit Seekrankheit zu kämpfen hatte. Von Mitte August bis Anfang November pendelte sie zwischen Göhren und der Oie hin und her. Unterstützt wurde sie dabei von drei halbwüchsigen Waisenjungen, die sie in ihre Obhut genommen hatte und später adoptierte.

Im ersten Jahr ihres Engagements auf der Oie wurden ihre Gebäude niedergebrannt. Sie machte die Gastwirte dafür verantwortlich, – gab aber nicht auf, sondern baute ein neues Heim, das Inselheim und beschäftigte eine Köchin und einen Kandidaten der Theologie, sozusagen als Geschäftsführer. „Bisweilen hatten wir 300-400 Fischer zu gleicher Zeit auf der Oie. In den Jahren bevor ich Hilfe und Lebensmittel hinbrachte, hatten stattdessen Saufereien und Schlägereien zu solchen Zeiten stattgefunden."[22]

---

19 A.a.O., 41.

20 A.a.O., 25.

21 „Als 1889 auf private dänische Initiative hin ein Seemannheim gegründet wurde, trat eine Besserung ein." Axel Dietrich, Die Greifswalder Oie. Helgoland der Ostsee. Geschichte einer Insel. Peenemünde 1993, 13. Dietrich zitiert ohne Verweis aus: Joachim Blüthagen, Greifswalder Oie und Ruden. Eine vergleichende Studie zur Inselkunde der Ostsee. Gotha 1952. Der Titel ist bei Dietrich im Literaturverzeichnis aufgeführt.

22 Schimmelmann, Streiflichter, 47.

Sie redete viel mit den Fischern und Seeleuten. „Unsere Unterhaltung ging meist zu ernsten Dingen über und fand in einer Bibelstunde ihren Abschluss."[23] Das Interesse der Öffentlichkeit an dieser ungewöhnlichen Frau war nicht gering. So brachte z.B. 1893 die *Illustrierte Zeitung* einen mit Holzschnitten bebilderten Bericht über die Insel, bei dem die Gräfin im Mittelpunkt stand. Sie wird dargestellt als Predigerin, die mit einem Buch in der Hand hinter einem Tisch steht, auf dem zwei weitere Bücher liegen. Ihr gegenüber sitzen und stehen Männer und Frauen, die zuhören. Sie ist in einfacher Landestracht gekleidet, um den Hals trägt sie eine Kette mit Schmuckkreuz. Bildunterschrift: „Predigende Dame".[24] „Meine Fischer sangen gerne (damals schon, die jetzt so bekannten schönen Jesuslieder von Sankey und aus allen Länder); wir wurden stets mit neuen versehen, durch Kantor Koch's „Ahlbecker" Gesangsverein."[25] „Der liebe Kantor Koch ... war ein Gottesmann aus der guten alten Zeit der pommerschen Erweckungen und des Arnd'schen Christentums."[26] Mit ihm und seiner Frau verband die Gräfin eine innige Freundschaft. Der Initiative dieses im Christentum tief verwurzelten Mannes verdanken die Ahlbecker u. a. ihren Kirchenbau.[27]

In einer Art Zwischenbilanz schrieb sie: „Ja, mit mütterlicher Liebe sorgte ich ... für „meine Fischer", wie sie sich selbst nannten. Die Liebe Christi „trieb mich" dazu.[28]

Ihre religiöse Motivation half ihr, Rückschläge hinzunehmen und Anfeindungen zu ertragen, aber sie motivierte sie auch, nicht nur im Sozialen stecken zu bleiben; sie führte eine umfangreiche Korrespondenz mit der Regierung in Ber-

---

[23] A.a.O., 48.

[24] Illustrierte Zeitung, No. 2619, 9. September 1893, 303; „Eine Kirche besitzt die Oie nicht, und aus diesem Grunde hält im Sommer eine Gräfin Schimmelmann Andachtsstunden." (Willy Stöwer). Eine S. Abb. auf 302.

[25] Schimmelmann, Streiflichter, 48. Johann Christian Koch (1818-1894) war seit 1841 Lehrer in Ahlbeck. 1883 wurde ihm der Kantortitel verliehen. Vgl. Karl Ernst, Chronik von Ahlbeck (Seebad) bis zum Jahre 1914. Manuskript 1930. Archiv der Kirchengemeinde Ahlbeck. Im Archiv findet sich eine Ausgabe von Ernst Gebhardt, Frohe Botschaft in Liedern. Meist aus englischen Quellen ins Deutsche übertragen ..., Basel ^{50}1896 [1. Aufl. Basel 1875]. Auf dem Titelblatt findet sich in Sütterlin-Handschrift der Vermerk (eines Enkels): „Kantor Johann Koch ... Meines Großvaters Lieblingslieder für seine Ahlbecker Sängerschar". Ira Sankey (1840-1908) begleitete Dwight L. Moody (1833-1899) als Sänger bei seinen Evangelisationen in Amerika und England. Die erste Auflage seiner „Gospel Hymns" war 1873 erschienen. Die Lieder Sankeys bildeten die hymnologische Grundlage für die angelsächsische Heiligungsbewegung (ohne allerdings selbst aus dieser zu stammen).

[26] Schimmelmann, Streiflichter, 48, Anm. Gemeint ist wohl Johann Arndt (1555-1621), dessen Theologie und Frömmigkeit die Grundhaltungen Adelines entsprechen. Einen direkten Beleg dafür, dass sie seine im 19. Jh. vielfach aufgelegten Schriften benutzt hat, haben wir bisher nicht.

[27] Vgl. die einschlägigen Berichte im Ahlbecker Kirchenarchiv.

[28] Schimmelmann, Streiflichter, 48 f.

lin und erreichte, dass eine hochrangige Delegation nach Göhren kam, um vor Ort die Probleme der Fischerei zu erörtern. Manche Verbesserungen konnten erreicht werden; aber insgesamt wollte sie doch ihrem eigentlichen Anliegen treu bleiben: Menschen für Jesus zu gewinnen.[29]

5. Krisen

Ab dem Jahre 1893 geriet das ganze Werk der Gräfin Schimmelmann in eine große Krise. Die Arbeit war so gewachsen, dass sie die finanziellen Möglichkeiten der Gräfin überstieg. Es bildete sich ein Verein „Seemannsheim" in Berlin, der ihr Werk auf sichere finanzielle Basis stellen wollte, – sich aber nach ihrer Meinung als Betrugsunternehmen erwies; denn die Initiatoren „wollten in den Seemanns- und Fischerheimen humanitäre Institutionen sehen, die den Leuten wohl große Annehmlichkeiten bieten, die sich aber pekuniär selbst tragen sollten, was … durch Bierausschank und höhere Preise fürs Essen erreicht werden musste. Für die Seite des Werks, die der Gräfin am meisten am Herzen lag, für die christliche Beeinflussung der Leute zeigten sie nicht das geringste Verständnis."[30] Sie ging nach Berlin, um Abstand zu gewinnen und neue Unterstützung zu suchen, scheiterte dort aber am Widerstand der christlichen Kreise, die ihrer „Stellung als Pionier für persönliche Missionsarbeit christlicher Damen" nur Unverständnis entgegenbrachten.[31] Etwas sarkastisch resümierte sie: „Es gibt nur einen Weg, auf welchem einer vornehmen Dame erlaubt ist, wirklich christliche Arbeit zu tun. Setzt euch eine weiße Haube auf und stellt euer geistiges Leben und eure Individualität unter die absolute Herrschaft – nicht Christi – sondern eines Diakonissenhauspastors und die einzige Sphäre, die christlichen Damen persönliche direkte Arbeit erlaubt, steht euch offen. Da ich keinen Ruf in mir fühlte, meinen Mitmenschen unter so sklavischen Bedingungen zu dienen und da ich mich entschlossen hatte, nur die Führerschaft Christi anzuerkennen, nahm ich mein Recht, Gott zu dienen wie er mich führen würde, allein in Anspruch, auch wenn das Verfolgung und Leiden einbrachte."[32]

6. Ein Anschlag mit Folgen

Zu der finanziellen Krise kam eine familiäre. Sie hatte in ihre Arbeit viel von ihrem persönlichen Kapital gesteckt und selbst außerordentlich bescheiden gelebt. Als sie nun, um Finanzlücken zu füllen, daran ging, ererbten Familien-

---

[29] A.a.O., 49-52.

[30] A.a.O., 57 f; Wettstein, Lebensbild, 49 f.

[31] A.a.O., 69; Wettstein weist allerdings auch auf positive Verbindungen zur Stadtmission und den Herrnhutern hin; vgl. a.a.O., 2-54: 92, 210-213.

[32] Ebd. Sie verweist an der Stelle auf die englischen und amerikanischen Verhältnisse, wo das selbständige Engagement von Frauen, „vom Evangelium sprechen zu wollen" ganz anders gewürdigt werde.

schmuck zu veräußern, griff die Familie ein, besonders ein jüngerer Bruder scheint der Drahtzieher gewesen zu sein.[33]

Unter einem Vorwand wurde sie nach Kopenhagen gelockt und dort mit der Diagnose, sie sei schon seit neun Jahren geisteskrank, vom Februar bis zum April 1894 in eine geschlossene Abteilung der dortigen psychiatrischen Klinik gesteckt – ohne ordentliches Verfahren. Der Klinikchef war bestochen. – Die Sache flog auf, als Freunde sie endlich fanden. Kopenhagen, ganz Dänemark hatte einen Skandal.[34]

Der Chefarzt wurde entlassen. Ihr Aufenthalt unter unwürdigen hygienischen Bedingungen unter „ruhelosen und heulenden" Patienten hatte ihr sehr zugesetzt – aber sie nicht gebrochen.

Sie kehrte nach einer Erholungszeit 1895 nach Göhren zurück. Das Heim, das zwischenzeitlich geschlossen worden war, eröffnete sie wieder. Die Station auf der Oie allerdings belebte sie nicht mehr. Die wurde von dem Verein Seemannsheim weiter betrieben. Aber ihr Leben nahm insgesamt eine ganz neue Wende; denn ihr Schicksal war in die Weltpresse geraten und so wurde ihr Radius immer weiter. Sie schreibt: „Während des verflossenen Jahres habe ich christliche Versammlungen in allen Kreisen der Gesellschaft gehalten. Meine öffentlichen Versammlungen sind häufig von Tausenden von Menschen besucht."[35]

Im Rückblick erfüllte sich ihr damit die Bitte, die sie in ihrer ersten Nacht in der „Irrenanstalt" an Gott gerichtet hatte: „Gewähre mir in dieser Stunde meine Bitte, dass diese Versuchung der Bösen, meine Lippen zu schließen, vereitelt wird, und dass durch mich, Dein geringes Werkzeug, Dein Evangelium, noch unter Tausenden verbreitet werde."[36]

Um das, was ihr die Hauptsache war, hatte sie gebeten, dass ihr die Verkündigung des Evangeliums nicht genommen werde.

In der Folgezeit gründete sie weitere Heime für Seeleute, eine „Internationale Seemannmission" (1896) mit der Zeitschrift „*Leuchtfeuer*".[37] „Der gedruckte Jahresbericht der Gräfin Adeline Schimmelmanns Internationale Mission G.m.b.H. von 1907/08" zeigt eine weite Wirksamkeit, die bis in die Kolonien reicht. Neben wenigen Großspenden erhielten ca. 1.200 Mitglieder des „Hilfsbundes" das Werk. Die Gräfin schrieb Traktate und entfaltete eine reiche Vortragstätigkeit, die bis nach England und in die Vereinigten Staaten von Amerika reichte.

---

[33] Ausführlicher Bericht: Schimmelmann, Streiflichter, 77-104 und Pressestimmen zu dem Skandal 105-110, vgl. auch 114 f. und Wettstein, Lebensbericht, 57-58.

[34] Nach dem Bericht ihres Biographen war sie in verschiedenen Kliniken, Wettstein, Lebensbild, 61, 65, 69.

[35] Vgl. den zusammenfassenden Bericht a.a.O., 155 und zur weiteren Geschichte des Seemannsheim-Vereins: Greifswalder Stadtarchiv Titel 111, Signatur 51a, Lagernr. 8255 u. die Berichte von C. K. Darius im Greifswalder Tageblatt vom 16. u. 17. August 1902.

[36] Wettstein, Lebensbild, 88 f.

[37] Zum Seemannsheim in Kiel vgl. Kieler Zeitung vom 15. Januar 1904 (Titelseite mit Abb. der Gräfin und des Hauses). Das „Leuchtfeuer" erschien von 1903-1915.

7. Die Reise durch den Nordosten des amerikanischen Kontinents

Gräfin Schimmelmann hörte für sich den Ruf, in den Norden Amerikas zu ziehen, ihr Zeugnis von der Menschenfreundlichkeit Gottes würde dort erwartet.

Sie kaufte einem dänischen Prinzen eine hochseetüchtige Segelyacht ab, rüstete diese aus und schickte sie mit einem Kapitän, zwei Mann Besatzung und ihren drei Adoptivsöhnen über den großen Teich. (30. April - 22. Juli 1898 von England aus nach Quebec).

Wegen ihrer eigenen Anfälligkeit für Seekrankheit folgte sie auf einer achttägigen Seereise mit einem großen Überseedampfer nach. Man traf sich am St. Lorenz Strom in Montreal, und von dort ging die Reise über viele Stationen bis ins Frühjahr 1900 über die großen Seen: Prescott, Kingston (Charlotte Bay), Rochester, Toronto, Buffalo, Cleveland, Detroit, Milwaukee bis Chicago, wo sie von Dezember 1898 bis März 1899 ihr Winterquartier nahm. An allen Orten hat sie Versammlungen gehalten und sich in besonderer Weise deutscher Auswanderer angenommen. Sie erregte viel Aufmerksamkeit und profitierte letztlich von dem großen öffentlichen Interesse, das ihr anfangs fremd war. Sie gewann Sponsoren ihrer Arbeit, so dass sie z.B. in Chicago während des Winters eine Armenküche einrichten und an 125 Tagen ihres Aufenthaltes täglich 400 Menschen eine warme Mahlzeit reichen konnte. Daneben hielt sie 107 evangelistische Vorträge während dieser Zeit. Ganz unterschiedliche Denominationen luden sie ein und gaben ihr ein Forum. Aus den Reden, die bei ihrer Verabschiedung aus Chicago gehalten wurden, geht hervor, worin sie ihren Ausgangspunkt für die Ansprachen genommen hatte.[38]

Aus den Ausführungen des Vertreters der Stadt Chicago, Dr. jur. Luther Laflin Mills, wie übrigens auch aus den anderen Ansprachen aus diesem Anlass, erfahren wir, dass sie immer ihren Ausgangspunkt beim Konkreten, bei ihren Erfahrungen mit den Seeleuten und Fischern in Göhren und auf der Oie genommen hatte. Er drückte es so aus:

„Aus dem von Vergnügen und frohen Zukunftshoffnungen erfüllten Leben, das sie bisher geführt, ging sie allein hinaus in die Dunkelheit, in das Elend, um die Armen und Gefallenen zu befreien, ihnen beizustehen und ihnen Hoffnung und Sehnsucht nach einem besseren Leben einzuflößen. Sie ging zu den Seeleuten an einer nordischen Küste und lebte in ihrer Mitte, wurde die Freundin der Freundlosen, speiste die Hungrigen und predigte den Armen das Evangelium des Meisters."[39]

Und der Vertreter der Kongregationalisten Pastor Dr. Beaton wusste sogar von ihrem Lebenswerk an der „Ostsee" zu berichten.[40]

So wie sie die erste europäische Evangelistin auf den großen Seen mit ihrem Schiff war, so war sie wohl auch die erste, die in Amerika die Fischer in Pommern ins Gerede brachte.

---

[38] Wettstein, Lebensbild, 117-136.

[39] A.a.O., 140.

[40] A.a.O., 148.

Die Rückreise führte sie wieder über Milwaukee, dann Rosine, Muskegon, Harbour Island (mit Erholung beim Fischen und Jagen), Cleveland und Buffalo; dann folgte ein Abstecher zu Lande nach New York, Baltimore, Philadelphia und Atlanta. Überall war sie eine gefragte Rednerin, auch bei einem Kongress des Jugendbundes EC (Christian Endeavour) in Detroit und einer Baptistenkonferenz in Atlanta.[41]

8. In Deutschland

Nach ihrer Rückkehr aus Amerika nahm sie mit einem neuen Schiff ihre evangelistische und soziale Tätigkeit wieder auf und wurde in alle Teile des deutschen Reiches zu Vorträgen gerufen.

Sie schipperte die gesamte Ostseeküste entlang, lud in den Häfen die Fischer und Seeleute zu einer Tasse Tee ein, verkündigte ihnen das Evangelium und verschenkte Traktate und Bücher.[42] Unterstützung erhielt sie von Mitgliedern des europäischen Hochadels und vielen Spendern aus allen Schichten der Bevölkerung.[43] Auch des öffentlichen Interesses konnte sie sicher sein, und sie war sich bewusst, dass ihre „Tätigkeit nicht ohne Bedeutung für die Arbeit der Frauen in Deutschland" war.[44]

Aber die Kirche und die landeskirchlichen Gemeinschaftskreise hielten Distanz zu ihr;[45] von einzelnen Pfarrern wurde sie scharf angegriffen nach dem Motto: „Das Weib schweige in der Gemeinde!"[46] Sie ließ sich davon nicht beeindrucken. „Ich bin ein Glied der lutherischen Kirche, aber meine Stellung zu den Christen aller Konfessionen ist kurz ausgedrückt durch Paulus: „Gnade mit allen, die da lieb haben unseren Herrn Jesum Christum unverrückt."[47] Der Zweck meines Lebens ist, den Willen Jesu nicht nur zu glauben, sondern ihn zu tun und den elenden, versuchten oder bedrückten und leidenden Brüdern „für die Jesus starb zu helfen, so gut ich kann."[48]

---

41 A.a.O., 181-184.

42 Vgl. den summarischen Bericht in Streiflichter, 115-118. Von einem Besuch bei General v. Viebahn in Stettin (dann in Colberg und Pillau) im August 1897 berichtet Hans Brandenburg, Georg von Viebahn. General und Evangelist, Aidlingen u. Wuppertal 1984, 141-143.

43 Schimmelmann, Streiflichter, 117.

44 Ebd.

45 Vgl. Paul Fleisch, Die moderne Gemeinschaftsbewegung in Deutschland I. Die Geschichte der deutschen Gemeinschaftsbewegung bis zum Auftreten des Zungenredens (1875-1907). 3. vermehrte und vollständig umgearbeitete Aufl. Leipzig 1912, 231, 383, 557.

46 Vgl. bes. P. Ludwig Heinrich Hunzinger, Gräfin Schimmelmann und Gottes Wort, zwei Vorträge gehalten zu Rostock. Rostock (Selbstverlag des Verf.) 1896, 32 S., bes. 11 unter Berufung auf Anweisungen des Apostels Paulus in 1 Kor. 14, 33-35 und 1. Tim 2, 11 f. Auf diese Angriffe antwortete der Adoptivsohn der Gräfin Paul Friedrich Schimmelmann, Das Weib schweige? Berlin o. J., 15 S., mit weitergreifenden Belegen aus der Bibel, dass Frauen das Recht zur öffentlichen Rede hätten.

47 Schimmelmann, Streiflichter, 117.

48 A.a.O., 18, 120.

Die Sorge um „ihre Fischer und Seeleute der Ostsee“ blieb bis zu ihrem Lebensende Teil ihrer Aufgaben, auch wenn ihre Wirksamkeit weit darüber hinausging. Doch ihre Erfahrungen in Göhren und auf der Oie hatten sie nachhaltig geprägt und in ihre Ansprachen flossen immer wieder Beispielgeschichten aus dieser ersten Zeit der tatkräftigen Bewährung ihres christlichen Glaubens ein.[49]

Adeline Gräfin Schimmelmann starb an einem Krebsleiden im Heim Zoar in Hamburg Eppendorf am 18. November 1913. Für ihre Trauerfeier hatte sie selbst noch eine Ansprache verfasst, die vom Pastor verlesen wurde. Auf dem Friedhof in Ahrensburg fand sie ihre letzte Ruhestätte (21. November).[50]

9. Theologie

Fragt man nach der Herkunft der theologischen Grundüberzeugungen und Motivationen Adeline Schimmelmanns, so stößt man immer wieder auf das Motiv der reinigenden, erlösenden Kraft des Blutes Christi. Bei ihrem Abschied aus Chicago hat sie ihre „volle, klare Wahrheit“[51] so zusammengefasst: „Sucht keinen andern Weg zum Heil als das Blut Christi. Versucht nicht, euch den Kopf zu zerbrechen, um das Heil zu verstehn! Ihr werdet's nie verstehen. Das menschliche Gehirn ist viel zu klein, um Gott und seine wunderbaren Gedanken zu begreifen …

Ich würde es nimmermehr wagen, heute abend hier aufzustehen, wie ich's hundert-, ja tausendmal schon getan habe, und zu bezeugen die rettende Macht des Blutes Christi, wenn ich sie nicht an mir selbst *erfahren* hätte. Wenn ich's bloß *gelehrt* worden wäre, könnte ich's nicht tun.“[52]

Was sie so 1899 ausführte, klingt auch in dem von ihr verfassten letzten „Zeugnis“ nach, das bei ihrer Beerdigung verlesen wurde: „Nicht um meines elenden Glaubens willen, der war oft jämmerlich genug, noch viel weniger um irgend welcher Werke oder Verdienste willen, sondern allein wegen Seines kostbaren, kostbaren Blutes, das er für mich vergossen hat und in meine Seele gegeben, so dass ich dadurch mit Ihm verbunden bin und göttliches Ewigkeitsleben habe. Alle Tränen, alles Leid, alle Verfolgung der Welt ist der Herrlichkeit nicht wert, die dieses Blut uns schenkte. Glaubt nicht, meine Freunde, dass es schon alleine durch das Abendmahl zu erlangen ist. Wie viele gehen zum Abendmahl und essen und trinken sich ein Gericht Gottes, weil sie dabei nicht wirklich Christi Blut in sich aufnehmen. … Damit mein Heiland dir es wirklich geben

---

49 Vgl. Sechs Vorträge der Gräfin Schimmelmann. Oktober 1901. Selbstverlag, (Druck der Stuttgarter Vereins-Buchdruckerei; in Kommission: „Elim“, Buchhandlung des Blauen Kreuzes, Barmen). 1901, 108 S. Auch im „Leuchtfeuer“ gab es solche Bezugsnahmen.

50 Zu ihrem letzten Lebensabschnitt vgl. Johannes Witt, Adeline Gräfin Schimmelmann †, in: Er kommt, 16. Jg., 15. Dezember 1913, 369-378. Vgl. auch den Nachruf in Leuchtfeuer 11. Jg., Dezember 1913, 134 f.

51 Wettstein, Lebensbild, 168.

52 A.a.O, 168 f. (Hervorhebungen im Original).

kann im Abendmahl oder ohne dasselbe, musst du dich Ihm auch mit Leib und Seele ganz und völlig als Sein Eigentum hingeben. Du bist teuer erkauft mit dem Herzblute Gottes und Seines Sohnes. Du musst dann ganz und völlig Sein Eigentum sein. Kein anderer Wille, keine andere Sache muss dir gelten mehr, als Seinen Willen zu tun. Und ist erst das Blut in dein Herz geflossen, so wirst du auch kein anderes Leben und Streben mehr haben, als Ihm zu dienen mit allem, was du bist und hast an dem Ort, wo Er dich hinstellt. ... Dein Leben ist kurz, die Ewigkeit ohne Ende. Du hast keine Zeit zu vergeuden. Gib dich und dein ganzes Leben dem Heilande hin und ruhe nicht, bis dass du weißt, dass Sein Blut dich durchdrungen hat. Dies geschieht nicht durch Werke oder Glauben, sondern durch deinen festen, wahren Willen und durch Gottes Gnade."[53]

Einerseits schließen sich diese Formulierungen an die lutherischen Grundüberzeugungen an, wie es z.B. in Luthers Kleinem Katechismus bei der Erklärung zum zweiten Artikel des Apostolischen Glaubensbekenntnisses heißt: „Ich glaube, dass Jesus Christus ... sei mein Herr, der mich verlornen und verdammten Menschen erlöset hat ... nicht mit Gold und Silber, sondern mit seinem heiligen teuren Blut und mit seinem unschuldigen Leiden und Sterben; auf dass ich sein eigen sei und in seinem Reich unter ihm lebe und ihm diene in ewiger Gerechtigkeit, Unschuld und Seligkeit."[54]

Zugleich wird aber auch deutlich, dass diese reformatorische Vorstellung im Sinne einer Blut-Mystik erweitert wird,[55] wie wir sie einerseits bei den Herrnhutern kennen,[56] zu denen die Gräfin gewisse Verbindungen pflegte, wie sie aber auch für die ältere Heiligungsbewegung und die Verkündigung in der Waleser Erweckung 1904/05 mit ihrer Protagonistin Jessie Penn-Lewis (1861-1927) kennzeichnend ist. In der Heiligungsbewegung waren es vor allem Theodor Jellinghaus (1841-1913) und Otto Stockmayer (1838-1917), die stilbildend wirkten mit ihrer Betonung der Versöhnungs- und Heiligungskraft des Blutes Jesu.[57]

---

[53] Wettstein, Lebensbild, 229-231. Vgl. N.N., Kurzer Bericht über Leben, Zeugnis und Heimgang der Gräfin Adeline Schimmelmann. Kiel o. J. [1913], 21-23.

[54] Zit.n. Martin Luther, Der Große und der Kleine Katechismus ausgewählt und bearbeitet von Kurt Aland und Hermann Kunst. Mit einem Geleitwort von Karl-Heinz Stoll und einer Einführung von Horst Reller. Göttingen 1983, 43 f. Auch im Großen Katechismus gebraucht Luther die Wendung „dass er für mich genug täte und bezahlte, was ich verschuldet habe, nicht mit Silber und Gold, sondern mit seinem eigenen teuren Blut", a.a.O., 45.

[55] Vgl. Kurt Reuber, Mystik in der Heiligungsfrömmigkeit der Gemeinschaftsbewegung. Gütersloh 1938, 185-188.

[56] Vgl. Dieterich Meyer, Zinzendorf und Herrnhut, in: Geschichte des Pietismus II. Der Pietismus im achtzehnten Jahrhundert, hg. v. Martin Brecht/Klaus Deppermann, Göttingen 1995, 4-106, bes. 49 f.

[57] Vgl. Paul Fleisch, Die Heiligungsbewegung. Von den Segenstagen in Oxford 1874 bis zur Oxford-Gruppen-Bewegung Frank Buchmans. Hg. u. eingel. von Jörg Ohlemacher. Gießen, Basel 2003, bes. 140-148 (Jellinghaus) u. 233-244. Wettstein, Lebensbild verweist auf eine kritische (aber im Prinzip wohlwollende) Stimme (Dekan aus Tuttlingen): „Nur glaube ich, würden Ihre Vorträge noch mehr der Gefahr einer gewissen Monotonie – ab-

Aber auch bei anderen Vertretern dieser Bewegung, die seit dem letzten Drittel des 19. Jahrhunderts in Europa und Nordamerika wirksam war, spielt diese in der Heiligen Schrift verwurzelte Heilsbegründung eine wichtige Rolle.

Auch bei J. Penn-Lewis spielt sie eine herausragende Rolle.[58] Gräfin Schimmelmann ist mehrere Male nach Wales gereist, hat die Bewegung kennen gelernt, in ihr mitgewirkt als Evangelistin und sich auch literarisch zustimmend mit ihr auseinandergesetzt.[59] Von einer Begegnung mit Penn-Lewis, die wie sie als freie Evangelistin arbeitete, berichtet sie allerdings nichts.[60] In der Waliser Erweckung fand sie: „Der Grund, auf dem sich alles gründet, ist *das erlösende Blut Christi* und der lebendige Heiland selbst."[61]

Mit der von Robert Pearsall Smith (1827-1898) ausgegangenen Strömung (1874/75) der Heiligungsbewegung setzt sich die Gräfin eher kritisch auseinander:[62] „Im Gegensatz zu den modernen Heiligungsbewegungen können wir die Bewegung in Wales, die Bekehrung des Christentums zur Kindlichkeit und zu praktischer Liebe nennen."[63] Zustimmend zitiert sie einen der Leiter der Bewegung, den Bergmann Evan Roberts (1878-1951): „Auf den Leim von der Heiligungstheorie kriechen wir nicht mehr, das ist hier eine überwundene Krankheit."[64]

Von Otto Stockmayer[65] und den überspannten Heiligungs- und Sündlosigkeitstheorien von Jonathan Paul (1853-1931) hielt sie nichts.[66]

Wenn ihre geistliche Orientierung nicht in der Frömmigkeit der Heiligungsbewegung liegt, wo liegt sie dann?

Vielleicht weist ihre enge Verbundenheit mit der Herzogin Vera von Württemberg, der sie einen ausführlichen Nachruf widmete, in eine ganz andere Richtung.[67]

---

gesehen von den eingestreuten Erzählungen und Erlebnissen – entgehen, wenn sie statt bei Jesu nur einseitig dabei zu verweilen, wie er uns durch sein Blut erlöst hat, noch mehr aus der biblischen Fülle ... vor Augen malen würden, a.a.O., 197.

58 Vgl. J. Penn-Lewis, Die verborgenen Quellen der Erweckung in Wales. Freienwalde 1905.

59 Vgl. A. Gräfin Schimmelmann, Unserer Erfahrungen in der Waleser Erweckung. Berlin o. J.[1905/06].

60 Eher distanziert heißt es: „Eine englische Dame, Mrs. Penn-Lewis, soll Bibelstunden unter den vornehmen Damen mit viel Segen halten." A.a.O., 72. Ausführliche Hinweise auf das Wirken der Gräfin Schimmelmann in Wales bringt Noel Gibbard, On the Wings of the Dove. The International Effects of the 1904-05 Revival. Bryntirion 2002, 37-39. Er erwähnt auch mehrere Reisen von J. Penn-Lewis nach Deutschland ab 1897.

61 Schimmelmann, Erfahrungen, 18; vgl. auch 31, 71, 75-77.

62 Schimmelmann, Erfahrungen, 34-41; sie spricht deutlich vom „ganze(n) Wust der heutigen Schriftverdrehungen und falschen pharisäischen Heiligungslehre", a.a.O., 42.

63 A.a.O., 12.

64 A.a.O., 47 vgl. 57, 76.

65 Vgl. Wettstein, Lebensbild, 56.

66 Schimmelmann, Erfahrungen, 76. Zu J. Pauls Heiligungsanschauungen vgl. Paul Fleisch, Heiligungsbewegung, 301-361.

„Ihr Christentum hatte etwas Kerniges, Gesundes, frei von den Schlacken der neueren Richtungen. Dazu trug ihre Freundschaft für die Schwester Anna in Cannstatt bei ... In dem Stübchen der Schwester Anna habe ich oft schöne Stunden mit beiden verleben können."[68] Die Herzogin hatte enge Verbindungen zu altpietistischen Gemeinschaftskreisen in Stuttgart, zu deren Unterstützerkreis auch Freifrau von Wächter-Lautenbach und Gräfin Marie Waldersee gehörten: einer der geistlichen „Spirituale" dieses Kreises, zu dem auch Gräfin Haslingen und Fräulein von Könneritz gehörten, war der Schulrektor Christian Dietrich.[69] Bei einer Versammlung der Freifrau von Wächter-Lautenbach hatte die Herzogin Vera bei einer Ansprache der Gräfin Schimmelmann, – „Donnerstag, den 17. Jan. 1901" – ihr einschneidendes Bekehrungserlebnis.[70] Wettstein nennt die Herzogin und Gräfin Marie [Waldersee?], „die beiden hohen Freundinnen der Gräfin".[71] Christian Dietrich, seit 1897 Leiter des Verbands der altpietistischen Gemeinschaften,[72] stand dem Übersteigerten und Übertriebenen in der Heiligungsbewegung außerordentlich kritisch gegenüber.[73] Seine Urteile und die der Gräfin Schimmelmann gleichen sich in der Sache sehr.

10. Perspektiven

Im gesetzten Rahmen lässt sich mehr nicht ausführen. Soviel bleibt festzuhalten:

Das Credo der Gräfin Schimmelmann, „das Blut Jesu Christi, Seines Sohnes, macht uns rein von aller Sünde" ist biblisch verwurzelt[74] und von daher bezieht sie ihre Glaubensgewissheit.[75]

---

[67] Adeline Gräfin Schimmelmann, Aus dem Leben I.[hrer] K.[öniglichen] H.[oheit] der Herzogin Vera v. Württemberg. Ihrem Andenken und unseren Freund gewidmet von ... Berlin o. J.

[68] A.a.O., 9. Schwester Anna war Stundenhalterin, eine bekannte „altpietistische Institution".

[69] Vgl. Gotthold Schmid, Von Kraft zu Kraft. Rektor Dietrichs Lebensgang und Lebenswerk. Stuttgart 1919, 63 f.

[70] Wettstein, Lebensbild, 204.

[71] A.a.O., 213. Gemeint sein kann neben der Herzogin auch Marie von Mecklenburg-Schwerin, vgl. a.a.O., 79, die sich nach ihrer Verschleppung in eine psychiatrische Klinik der Gräfin angenommen hatte. Vgl. auch Schimmelmann, Streiflichter, 103. Vgl. auch Wettstein, Lebensbild: „Nirgends aber im ganzen Deutschen Reich ist sie freudiger und herzlicher aufgenommen worden als im schönen Schwabenland. Ungezählte Vorträge hat sie hier gehalten und ihr Wirken war für Stadt und Land von hoher Bedeutung. In Stuttgart bekannte sich der ganze Hof zu ihr und ihrer Arbeit. ... Ihre besondere Freundin war die Herzogin Vera, die im Lauf der Zeit ihrem Herzen sehr nahe trat. Auch mit der Familie von Gemmingen war sie in Freundschaft verbunden." A.a.O., 191.

[72] Diese umfassten auch die herrnhutischen, kullernschen und hohenlohnischen Gemeinschaften Württembergs, vgl. SCHMID, Kraft, 65.

[73] A.a.O., 70 f.

[74] Vgl. 1 Joh 1,17; Eph. 1,7; Kol 1,14; 1. Petr 1,19, Hebr 13,12.

[75] Vgl. zeitgenössisch: Martin Kähler, Die Heilsgewißheit. Biblische Zeit- und Streitfragen zur Aufklärung der Gebildeten, VII. Serie, 9./10. Heft. Berlin 1912 und die spätere Ausei-

Das, was ihr widerfährt, bringt sie in Zusammenhang mit dieser Heilszusage. Das ganze Gewicht bleibt bei dem Werk Christi, das sie in ihrem „Bekehrungs"-Bericht zusammengefasst hat.[76] Als theologische Autodidaktin hat sie ihren Glauben in Grenzüberschreitungen gelebt, wie sie für das 19. Jahrhundert typisch, aber auch schon in pietistischen Traditionen des 18. Jahrhunderts präfiguriert waren. Diese Zusammenhänge genauer zu erforschen, ist eine der zukünftigen Aufgaben.[77] Man wird aus dem bisher Zusammengetragenen erwarten dürfen, dass lutherische und mystische Traditionen dabei ebenso ihre Rolle spielen wie die Rezeption altpietistischer und besonders herrnhutischer Traditionen. Aber auch mit manchen angelsächsischen Impulsen ist zu rechnen. Wie auch immer das Bild am Ende aussehen wird, es zeigt schon jetzt in Adeline Gräfin Schimmelmann – die erste Frau, die in Norddeutschland als freie Evangelistin gewirkt hat – eine eigenständige Erscheinung einer neuen Zeit.

nandersetzung mit seiner Position bei Hans Joachim Rothert, Gewißheit und Vergewisserung als theologisches Problem. Eine systematisch-theologische Untersuchung. Göttingen 1963.

[76] Vgl. Schimmelmann, Streiflichter, 23. und Wettstein, a.a.O., 37-39. Diese Linie zieht sich auch durch ihre Vorträge. Vgl. [o. Verf. oder Hg.]. Sechs Vorträge der Gräfin Schimmelmann. Oktober 1901. Als Manuskript gedruckt. Barmen o. J. [1901].

[77] Vgl. Ute Gause, Frauen und Frömmigkeit im 19. Jahrhundert: Der Aufbruch in die Öffentlichkeit. In: P u N 24, 1998, 309-327, Adelheid M. von Hauff, Regine Jolberg (1800-1870). Leben, Werk und Pädagogik. „Das ganze Wesen der Kinderpflege ist Liebe" (Veröffentlichungen des Diakoniewissenschaftlichen Instituts an der Universität Heidelberg 13), Heidelberg 2002.

Miroslav Kyska/Darina Verges

Kristina Royová (1860-1936)

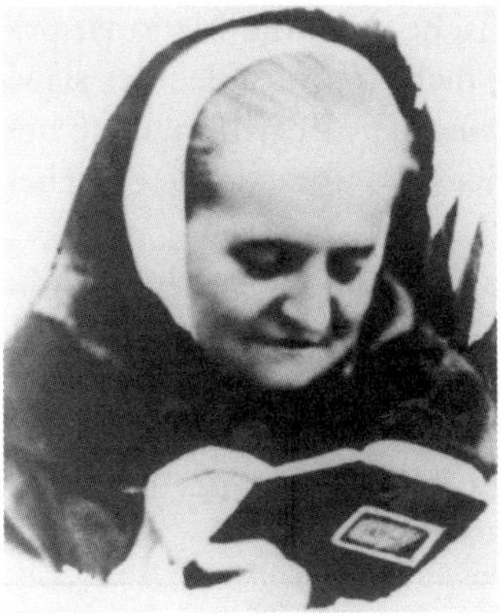

Kristína Royová. Aufnahme von 1930 von František Lukeš.

Die Slowakin Kristína Royová, die weithin als religiöse Schriftstellerin bekannt ist, gehört zu den bedeutendsten Frauen der slowakischen Diakonie. Zusammen mit ihrer Schwester Mária (1858-1924) initiierte sie den Bau eines Krankenhauses und war Mitbegründerin des ersten slowakischen Schwesterndiakonats, das sich um alte Menschen und vernachlässigte Kinder kümmerte.

Kristína Royová wurde am 18. August 1860 als zweite Tochter des evangelischen Pfarrers August Roy (1822-1884) und dessen Ehefrau Franziska Royová, geb. Holubyová (1839-1916) in Stará Turá, einem kleinen Städtchen am Fuße des Berges Javorina, zwischen den Weißen und Kleinen Karpaten gelegen, geboren. Um die Größe von Royovás Lebenswerk und all die Schwierigkeiten, die sie zu überwinden hatte zu begreifen, müssen wir uns in die damaligen Verhältnisse versetzen. Es war zu jener Zeit, als die Slowakei noch Oberungarn[1] hieß und dem Vielvölkerstaat Ungarn angehörte, in dem die nichtmagyarischen Nationalitäten etwa 60 Prozent der Bevölkerung ausmachten, wobei die Slawen den zahlenmäßig größten Teil bildeten. Die Politik der damaligen herrschenden magyarischen Kreise war die, dass alle Nichtmagyaren im Magyarentum aufgehen. Damit sollte erreicht werden, dass aus dem Vielvölkerstaat ein ethnisch und kulturell homogener magyarischer Staat würde. Aus dem „natio Hungarica" sollte also ein „natio Magyarica" werden. Die Slowaken waren von allen dort lebenden Nationalitäten der stärksten Entnationalisierung ausgesetzt.

An der Wende vom 18. zum 19. Jahrhundert begann jedoch die „nationale Bewusstwerdung" der Slowaken, deren Anfänge ins 18. Jahrhundert zurückreichen. Diese Bestrebungen waren stark beeinflusst von dem Gedankengut der deutschen Philosophie des 18. und 19. Jahrhunderts.[2] Zur nationalen Erwe-

---

1 Oberungarn innerhalb von Großungarn so genannt.

2 Das Studieninteresse der Slowaken richtete sich vor allem auf die deutschen Universitäten in Halle, Jena und Berlin, die im deutschen Geistesleben der dreißiger und vierziger Jahre des 19. Jahrhunderts einen führenden Platz einnahmen. Die slowakischen Gelehrten stan-

ckung der Slowaken trug nichtsdestoweniger auch die Idee der slawischen Wechselseitigkeit ihres Landsmannes Ján Kollárs (1793-1852)[3] bei.[4] Als in den zwanziger Jahren des 19. Jahrhunderts der magyarische Adel die Nationalsprachen zu unterdrücken begann, war Kollár bestrebt, nicht nur die Idee der slawischen Solidarität zu vertreten, sondern auch zwischen den Begriffen *Volk* und *Staat* zu unterscheiden und für den Begriff des Volkes die Sprache als entscheidendes Merkmal zu setzen.[5]

Die „nationale Erweckung" der Slowaken gewann im Laufe des 19. Jahrhunderts an Intensität. Es war die Zeit der literarischen Richtung der Romantik, die für die Slowaken von besonderer Bedeutung war. Sie stellte das Erwachen ihres nationalen Bewusstseins und die „Erinnerung" an ihre kulturelle und ethnische Eigenständigkeit[6] und Eigenart vor der Ankunft des Reitervolkes der Magyaren

---

den unter dem starken Einfluss von Hegel, Herder und Fichte und bekannten sich zu ihren deutschen Hochschullehrern und zu deren Einwirkung auf ihr nachfolgendes Wirken. Ein äußerst positives Echo in der Ideologie der slowakischen Nationalbewegung fanden die Ideen Herders zur Entwicklung der Menschheit, sein Humanitätsverständnis, seine Auffassung von der Nation und der Rolle der Sprache, sowie sein Verhältnis zur Volksdichtung.

3 Lyriker, Gelehrter, Evang. Geistslicher, ab 1849 Professor für slawische Archäologie in Wien.

4 Ein anderer Slowake, Pavol Jozef Šafárik, 1795-1861 (einer der Begründer der Slawistik, die er durch seine philologische und literarhistorische Arbeiten und kritische Studien zur slawischen Altertums- und Volkskunde nachhaltig beeinflusste), trug mit seinen wissenschaftlichen Arbeiten zum Zusammengehörigkeitsgefühl der Slawen bei. Die Slowaken fühlten sich bestätigt, im Vielvölkerstaat des damaligen Ungarn ein gleichberechtigtes Glied der großen Slawen-Familie zu sein, der nach Herders Prophezeiung eine glänzende Zukunft beschieden ist.

5 Es sei zu erwähnen, dass die Slowaken bis zum Ende des 18. Jahrhunderts keine gesamtnationale Schriftsprache besaßen. Außer den Mundarten wurde in der Slowakei auch die tschechische Bibelsprache als liturgische Sprache des protestantischen Teils der Slowaken und z.T. auch als Verwaltungs- und Literatursprache verwendet. Im Jahre 1787 kodifizierte Anton Bernolák (1762-1813) das Slowakische aus westslowakischem Dialekt. Im Jahre 1843 erfolgte die Fixierung der einheitlichen slowakischen Schriftsprache durch L'udovít Štúr (1815-1856) auf der Grundlage der mittelslowakischen Mundart. Štúr ist beeinflusst von Herder, dessen Hinweis auf die Volksdichtung weit über die Grenzen Deutschlands, besonders bei den slawischen Völkern Anregung fand, schuf das Schriftslowakische im Sinne der Romantik aus der Volkssprache, in der er die eigentümlichsten Merkmale des echten Slowakischen fand.

6 Gemeint ist hier das Staatsgebilde der Vorfahren der heutigen Slowaken des 9. Jhs., das allgemein „Großmährisches Reich" genannt wird. Die nähere Bestimmung „Groß" kommt zum ersten Mal in dem Werk „Über die Verwaltung des Reiches" (950-951) vor, das dem byzantinischen Kaiser Konstantin Porphyrogennetos (geb. 905, gest. 959) zugeschrieben wird. Meist wird dieses Gebiet in den alten Quellen als „Mähren", „Mährisches Reich" etc. bezeichnet. Die Bezeichnung „Mähren" und seine Formen haben hier ausschließlich einen geographischen und keinen ethnischen Charakter. Unter dem Mährischen Reich ist das Land zu verstehen, das sich vom Böhmisch-Mährischen Höhenzug bis zum Oberlauf der Theiß und vom Karpatenbogen bis zur mittleren Donau erstreckte. Das

in das Donaubecken um 900 dar. Die slowakische Intelligenz, die meist aus Geistlichen und Lehrern bestand, strebte nach nationaler Freiheit für das Volk. Die meisten „nationalen Erwecker" entstammten evangelischen Pfarrerfamilien oder waren selbst evangelische Theologen.[7] In den 40er Jahren des 19. Jahrhunderts war die Region am Fuße des Javorina eines der wichtigsten Zentren der Nationalbewegung. Hier wirkte der Publizist, Schriftsteller, Dichter, Organisator von Theatervorstellungen und evangelischer Geistlicher in einer Person, Jozef Miloslav Hurban (1817-1888), einer der drei wichtigsten Persönlichkeiten[8] der slowakischen Nationalbewegung, ein unbeugsamer Kämpfer gegen die magyarische Unterdrückung und für die Rechte des slowakischen Volkes. Mit diesem Jozef Miloslav Hurban[9] war die Familie Royová verwandt. Außerdem stand Kristínas Vater, der in Stará Turá 37 Jahre als Pfarrer wirkte und ein allseits beliebter Prediger und Seelsorger war, mit den Führern der Nationalbewegung im engen Kontakt. Es verwundert daher nicht, dass sich im künstlerischen Schaffen der Schwestern Royová neben ihrer christlichen Weltanschauung auch ihr slawophiles Empfinden widerspiegelt. In der Zeit der starken Magyarisierung des slowakischen Volkes begannen beide Schwestern slowakische Volkslieder zu sammeln.[10]

Eng verbunden war Kristína zeitlebens mit ihrer um zwei Jahre älteren Schwester Mária. Mária begann bereits mit 9 Jahren zu komponieren. Sie komponierte Kirchenlieder, Märsche, Nationalhymnen, Cracoviennes,[11] Lieder und schrieb Märchen und Romane. Sie übersetzte aus dem Slowakischen ins Deutsche und aus dem Deutschen ins Slowakische, darunter auch einige Texte ihrer

---

Zentrum dieses Gebildes war das slowakische Nitra (dt. Neutra). 902 begann die Invasion Pannoniens durch die altmagyarischen Stammesverbindungen. Zwischen 905 und 907 kam es zu einer entscheidenden Schlacht zwischen den slawischen Stämmen und den altmagyarischen Stammesverbindungen, die mit der Niederlage der ersteren ausging. Dadurch verlor der mährische Staat etwa 906 seine Souveränität an die Altmagyaren. Nach dem Zerfall des Mährischen Reichs wurde sein westlicher Teil – Mähren – ein integraler Teil des tschechischen Staates. Der östliche Teil dagegen – die Slowakei mit dem alten Zentrum des Reiches Nitra (Neutra) – wurde allmählich zu einem Bestandteil des multinationalen ungarischen Staatsgebildes, das zwar einerseits einiges aus der mährischen Gesellschaft (vor allem auf dem Gebiet der Wirtschaft und der staatlichen Organisation) übernommen hatte, andererseits jedoch die politische und kulturelle slowakische Repräsentation schrittweise eliminierte.

[7] Z.B. Ján Kollár, Pavol Jozef Šafárik, das Triumvirat: L'udovít Štúr, Michal Miloslav Hodža, Jozef Miloslav Hurban u.a.

[8] Zu dem Führungskern der slowakischen Nationalbewegung gehörten der Kodifikator der slowakischen Schriftsprache L'udovít Štúr, Michal Miloslav Hodža und Jozef Miloslav Hurban.

[9] K. Royová: Za svetlom a so svetlom. Stará Turá, 1928, S. 9. (Auf Deutsch erschienen unter dem Titel: Mit dem Licht in der Hand, 1931; weiter zitiert als: Za svetlom).

[10] Sie sind erschienen im 1. Band der *Slovenské Spevy* /dt. Übers. *Slowakische Lieder*/, Martin 1880.

[11] Polnischer Nationaltanz.

Schwester Kristína.[12] Maria verfasste etwa 120 Melodien, schrieb 114 eigene Liedtexte und übersetzte 100 geistliche Lieder aus dem Deutschen, Tschechischen und Englischen. All dies erschien in einem Liederbuch unter dem Titel *Piesne sionské*[13] /dt. Übers. *Die Lieder Zions*/. Vertonte Psalmen und biblische Texte kamen in der Edition *Spevy svedectva I-V* /dt. Übers. *Lieder des Zeugnisses I-V*/[14] heraus. Maria soll auch so gut Klavier gespielt haben, dass man geradezu von Virtuosität sprechen könnte.[15] Während Mária diese musikalische Begabung besaß, widmete sich Kristína von Jugend auf der Schriftstellerei.

Kristína und Mária Royová haben jedoch keine höhere Schulbildung erworben. Ihr Wissen erhielten sie zunächst durch den Unterricht, den ihnen die Kaplane (Vikare) ihres Vaters im Elternhaus erteilten. Dieses vertieften sie autodidaktisch und eigneten sich dadurch eine solide Bildung an.[16] Danach absolvierte Kristína ein Jahr lang eine deutsche Mittelschule in Bratislava und Mária in Modra.[17] Dort intensivierten sie ihre Kenntnis der deutschen Sprache. Unter den Kaplanen muss besonders Michal Roháček[18] erwähnt werden, der besondere Spuren im Leben der beiden Mädchen hinterließ. Er studierte Theologie in Erlangen. Dort wurde der junge Mann durch die beiden Theologen Gottfried Thomasius[19] und Heinrich Ebrard[20] sowohl von der lutherischen Theologie als auch von pietistisch-erwecklichem Gedankengut geprägt. Michal Roháček legte im Pfarrhaus eine Bibliothek[21] an, in der viele Bücher und Schriften aus dem Bereich der Inneren Mission vorhanden waren. Dazu kamen weitere Schriften aus dem zu jener Zeit in Budapest gegründeten Verlag von Viktor Horňanský, in dem vor allem Erweckungsschriften publiziert wurden. Die in diesem Verlag erschienenen Missionshefte gehörten zum Lesestoff der beiden Schwestern Royová. Einen weiteren Einfluss auf die Lektüre der beiden jungen Frauen nahm Paul Roy, der jüngere Bruder ihres Vaters. Er war gleichfalls Theologe und in jungen Jahren als Kaplan bei August Roy und später in dem benachbarten Dorf Kochanovce als Pfarrer tätig. Im Winter 1886/87 bekamen die beiden Frauen von Paul Roy die Zeitschrift *Betanie*, redigiert von dem Prediger der da-

---

[12] Vgl. Juraj Potúček, Piesňová tvorba Márie a Kristíny Royovej, /dt. Übers. Das Liedermachen der Mária und Kristína Royová/Teil II, Bratislava 1970.

[13] Stará Turá 1906.

[14] Bratislava 1937-1944.

[15] L'udovít Fazekáš, Chlapská bojovníčka. Životný profil Márie Royovej,in: Štafeta viery, Banská Bystrica 2002, 109.

[16] Vgl. Kristína Royová, Wie ich zum Licht kam. Autobiografie, Striegau 1905.

[17] Vgl. Evanjelici v dejinách slovenskej kultúry / Lutherans in the History of Slovak Culture. Teil II (M-Z). Bearbeitet vom Autorenkollektiv u. d. Leitung von Pavol Uhorskai, Liptovský Mikuláš 1997, 77. (Weiter zitiert als: Lutherans).

[18] Geb. am 21. April1849 in Stará Turá, gest. 5. Mai 1879 in Stará Turá.

[19] Geb. 1802 in Egenhausen, gest. am 24. Januar 1875.

[20] Geb. am 18. Januar 1818 in Erlangen, gest. 1888 in Erlangen.

[21] Vgl. Archiv der Evangelischen Gemeinde in Stará Turá.

maligen Freien Reformierten Kirche, Josef Kostomlatský[22] aus Písek (Böhmen). Beide Schwestern waren von der Zeitschrift so beeindruckt, dass sie häufiger als vorher in die Kirche gingen, die Bibel lasen, den Sonntag heiligten und Krankenbesuche machten. Mária begann einen Briefwechsel mit Josef Kostomlatský, der beide Schwestern im Jahre 1888 zu sich nach Písek einlud. Der Besuch bei dem Herausgeber hatte starken Einfluss auf die geistige Entwicklung der jungen Frauen. Aus Písek gingen sie nach Prag, wo sie dem damals bedeutenden Russlandevangelisten Friedrich Wilhelm Baedecker (1823-1906) begegneten, der sie im Glauben gefestigt und von der Richtigkeit des angetretenen Weges, das Evangelium zu verkünden, überzeugt hat. Nach ihrer Rückkehr aus Böhmen begannen sie mit ihrem Dienst zur Verbreitung des Evangeliums. Im Jahre 1900 nahmen sie sich der Kinder der Hausierer[23] an. So nannte man die Händler, die mit ihrer Ware, die vorwiegend aus Heimerzeugnissen bestand, während der Sommersaison[24] durch nahezu ganz Österreich-Ungarn wanderten. Solange die Eltern auf Reisen waren, waren die Kinder dieser Leute auf Gnade und Ungnade der Verwandten angewiesen. Maria und Kristina Royovás Sorge galt nun auch den verwaisten Kindern. Der ersten Waisen nahmen sich die Schwestern Royová bereits im Jahre 1880 an. Sie gründeten für diese eine Zufluchtsstätte, die den Namen „Utulňa" bekam. Später, im Laufe der Jahre, kaufte Kristína ein Haus für die Kinder, das nach Herrichtung als Kinderheim bzw. Waisenhaus diente, in dem etwa 40 Waisen ihr Zuhause fanden. Es wurde am 6. Juli 1926 eingeweiht unter dem Namen „Chalúpka" (Häuschen)[25]. In diesem Heim wurden auch Säuglinge untergebracht. Es war das einzige Waisenhaus im damaligen Ungarn, in dem ausschließlich Slowakisch gesprochen wurde.[26]

Die Schwestern richteten ihren Blick auch auf die Schulkinder. Diese versammelten sie bei sich daheim, erzählten ihnen biblische Geschichten und sangen mit ihnen geistliche Lieder. Der Kinderchor, der dadurch entstand, sang auch im Gottesdienst bei Abendmahlsfeiern und anderen wichtigen Ereignissen. Die Kleinen motivierten ihre Eltern, sich mit dem Glauben zu beschäftigen. Es entstanden daraus dann im Laufe der Zeit Versammlungen für Erwachsene, die am Sonntagmorgen vor dem allgemeinen Gottesdienst abgehalten wurden. Aus diesen religiösen Veranstaltungen ging später eine geistliche Erwe-

---

[22] Geb. 11.Februar 1848 in Nová Ves, gest. 1. Juni 1918 in Brno (Brünn).

[23] Za svetlom 142.

[24] Die Bevölkerung in und um Stará Turá herum nannte man „vareškári" (Kochlöffelerzeuger). Im Winter schnitzten sie Gebrauchsgegenstände aus Holz, um sie im Sommer irgendwo in der Monarchie zu verkaufen.

[25] Nach der Machtergreifung durch die Kommunisten im Jahre 1948 mussten die Diakonissen ihre Arbeit aufgeben. Im Jahre 1965 wurde das Haus abgerissen.

[26] Laut einem zu Weihnachten 1990 gesendetem Dokumentarfilm des Slowakischen Fernsehens über Kristína Royová unter dem Titel *Kto je Kristína Royová?* / dt Übers. *Wer ist Kristína Royová?* (Weiter zitiert als: Dokumentarfilm).

ckung in der Slowakei hervor.[27] Da die erweckten Kreise keine offiziell genehmigten Satzungen vorweisen konnten, waren sie häufig Angriffen von Seiten der Behörden (da die Slowakei damals ein Teil Ungarns war, waren es die magyarischen Behörden) ausgesetzt. Man hielt sie für staatsfeindliche Gruppen, die ihren Sitzungen durch die Hinzufügung eines geistlichen Programms einen religiösen Anstrich gaben. Die Gründung des Abstinenzvereins „Blaues Kreuz"[28] brachte eine gewisse offizielle Anerkennung mit sich. Der Sitz des Blauen Kreuzes in Ungarn war in Budapest. In Stará Turá entstand es am 1. Januar 1898[29] durch Initiative von Ján Chorvát,[30] dem ersten Generalsekretär des Blaukreuz-Verbandes in Ungarn.[31] J. Chorvát war ehemaliger Lehrer und Prediger, der 1896 seine Stelle in St. Helene (heute: Rumänien) verloren hatte und sich künftig für die Belange des Abstinenzvereins einsetzte. Für Kristína war der Verein im Rahmen der damaligen politischen Verhältnisse die beste Art, sich zu organisieren. Sie selbst hat für die Menschen in den erweckten Kreisen einfache Regeln verfasst:

- Täglich Gottes Wort lesen.
- Das Leben nach Gottes Wort richten.
- Verlorene Seelen zu Christus führen.
- Bereitschaft, für Christus Schmach zu leiden.
- Dem Alkohol entsagen.

In diesen Regeln kommt der religiöse Impetus Kristína Royovás zum Ausdruck. Sie lassen zugleich eine Nähe zu der sich zu jener Zeit konstituierenden Gemeinschaftsbewegung erkennen, aus welcher das Blaue Kreuz hervorgegangen ist.

In Stará Turá und Umgebung lebten zu jener Zeit etwa 6.000 Menschen. Es gab dort keinen Mediziner; die Krankenversorgung oblag dem Arzt der Nachbarstadt Myjava, der zweimal in der Woche zur Visite kam. Das nächstgelegene Krankenhaus war 50 km entfernt. Da es keine direkte Eisenbahnverbindung

---

[27] Miloslava Moštenanová, Vývin a vzrast kresťanskej a sociálnej práce Kristíny Royovej na Starej Turej /dt. Übers. Entwicklung und Wachstum christlicher und sozialer Arbeit von K. Royová in Stará Turá/.Ružomberok 1921.

[28] Der Hauptsitz des Blauen Kreuzes war in Genf. Gegründet wurde es vom Pfarrer der Evangelischen Kirche des Augsburger Bekenntnisses Luis Lucien Rochat im Jahre 1877 in Genf.

[29] Za svetlom, 110.

[30] Geboren am 2. März 1869 unweit von Stará Turá, in Višňové, gestorben am 11. Juni 1941 in Stará Turá. Er war mit einer der Schwestern Roys, mit Božena Royová verheiratet.

[31] An dieser Stelle scheint es angebracht zu erwähnen, dass nicht alle ‚ungarischen' Persönlichkeiten Magyaren waren. Z.B. war Ungarns Nationaldichter Sándor Petöfi (1823-1849), der bis heute der meist übersetzte Lyriker Ungarns ist, Sohn slowakischer Eltern und sein bürgerlicher Name war Alexander Petrovič. Interessant ist, dass ihn der in Fußnote 3 dieser Arbeit erwähnte Ján Kollár in einer Budapester ev. Kirche konfirmierte.

gab, mussten die Kranken per Kuhwagen dorthin gebracht werden.[32] Im Jahre 1911 entschloss sich Kristína Royová dem Beispiel Eva von Tiele-Wincklers in Miechowitz (Oberschlesien) folgend, ein Krankenhaus zu bauen. Es war ein einstöckiger Bau mit sechs Zimmern, in denen die Betten standen; im Erdgeschoss gab es Räume für das Personal und einen weiteren für die Behandlung. Die Einweihung dieses durch Selbsthilfe gebauten Krankenhauses fand am 26. November 1911 statt. Finanziert wurde das Hospital in Stará Turá durch Spenden der Bevölkerung von Stará Turá und Umgebung. Streng genommen hängt die Entstehung der Diakonie in Stará Turá, d.h. der ersten slowakischen Diakonie im allgemeinen, mit diesem Datum zusammen. Zu diesem Zeitpunkt war das Krankenhaus noch ohne Arzt und ohne Pflegepersonal. Die Notlage veranlasste Kristína Royová, sich an Eva von Tiele-Winckler zu wenden. Die beiden Frauen kannten sich seit 1905. Damals waren sie sich in Ligotka Kameralna auf einer Konferenz begegnet, bei der sich führende Personen der Erweckungsbewegung aus Schlesien, Deutschland und der Slowakei trafen. Eva von Tiele-Winckler entsprach der Bitte Kristínas und schickte zwei ihrer Diakonissen in das neu gegründete Krankenhaus. Sie war auch bereit, weitere Diakonissen für Kristína auszubilden.[33] Die Diakonissen verrichteten ihren Dienst im Krankenhaus, machten Krankenbesuche, kümmerten sich um die Armen, vor allem um die Kinder in der gesamten Umgebung von Stará Turá. Später wurden sie auch in staatlichen Krankenhäusern und bei Privatpatienten eingesetzt.

Am 12. Mai 1912 fand in Stará Turá die Gründungsfeier der ersten slowakischen Diakonie statt,[34] bei der auch Eva von Tiele-Winckler anwesend war.

Nach dem Tod ihrer Schwester Mária brauchte Kristína Hilfe. Aus dem mährischen Brno (Brünn) kam Mária Rafajová nach Stará Turá. Auf ihre Anregung hin wurde am 2. Januar 1930 dort der Diakonieverein „Vieroslava" gegründet. In dem Diakonieheim wurden Slowakinnen für den Dienst in Krankenhäusern, Kinder- und Altersheimen vorbereitet. Im Jahre 1930 begann der Diakonieverein *Vieroslava* auch eine eigene Zeitschrift *Večernica* (Abendstern) herauszugeben, die als Doppelheft sechsmal jährlich erschien. Im Jahr 1943 hatte sie bereits 1660 Abonnenten, darunter auch einige aus dem Ausland.

Im Alter von 73 Jahren ließ Kristína Royová noch ein Altersheim bauen, das 25-30 Personen aufnehmen konnte. Das Altersheim war zwar evangelisch, geführt wurde es aber überkonfessionell, im Geiste der Charitativ-Abstinenz-Bewegung des Blauen Kreuzes. Es wurde am 1. Mai 1933 eingeweiht. Auf dem Portal des Hauses stand der Bibelvers: „So du glauben wirst, wirst du die Herr-

---

32 Miroslav Kýška, Zbožnosť v službe Pánovej /dt. Übers. Frömmigkeit im Dienst des Herrn/, in: Evanjelický Posol spod Tatier /dt. Übers. Evangelischer Bote unterhalb der Tatra/, Liptovský Mikuláš 1986, 170-171.

33 Vgl. Michal Slavka, Naše korene /dt.Übers. Unsere Wurzeln/, Bratislava 1994.

34 Die Anfänge der Diakonie in der Slowakei reichen in das Jahr 1794, als die deutsche evangelische Gemeinde zu Bratislava ein Waisenhaus für Jungen ins Leben gerufen hat. Im Jahre 1805 entstand eine ähnliche Einrichtung für Mädchen.

lichkeit Gottes sehen."[35] Kristína Royová gab dem Altersheim den poetischen Namen „Heim der weißen Häupter."[36] In diesem Altersheim hat sie selbst ihre letzten drei Lebensjahre verbracht. Sie starb am 27. Dezember 1936.

Nach dem Ergreifen der Macht durch die Kommunisten im Jahre 1948 begann ein starker Druck auf die Kirche, der von Jahr zu Jahr intensiver wurde, bis die Kirche schließlich regelrecht verfolgt, viele Geistliche ins Gefängnis gesteckt und alle Vereine verboten und aufgelöst wurden. Dies drohte auch dem Diakonieverein *Vieroslava*, in dem 16 Diakonissen arbeiteten. Um die Gefahr abzuwenden, schloss sich *Vieroslava* der Diakonie der Evangelischen Kirche Augsburger Bekenntnisses (lutherische ev. Kirche) in der Slowakei an. Die Liquidierung der Kirche seitens des Staates ging jedoch ununterbrochen weiter. Im Dezember 1950 wurde dem Diakonieverein *Vieroslava* mitgeteilt, dass mit dem 1. Januar 1951 die beiden Häuser des Vereins und die Arbeit in ihnen in die Obhut des Staates kommen. Somit hörte das von Kristína Royová gegründete Werk auf zu existieren.

Anhang

Bis zum Fall des Kommunismus im Jahre 1989 wusste kaum jemand in der Slowakei, wer Kristína Royová war. Ihre Werke standen auf dem Index, sie entsprachen nicht der kommunistischen Ideologie. Nach der Wende im Jahre 1989 kehrten Werke zahlreicher Dichter und Schriftsteller auf die slowakische literarische Szene zurück. Darunter auch die von Kristína Royová..

Kristína Royová war neben ihren missionarischen und diakonischen Aktivitäten auch schriftstellerisch tätig. Sie schrieb viel und außergewöhnlich schnell. Nur in einigen Stunden entstand ihre Novelle *Bez Boha na svete* (1893) /dt. Übers. *Ohne Gott in der Welt*/. Dieses Werk erlebte Übersetzungen in 21 Sprachen. Es ist sogar das erste slowakische literarische Werk, das auf Chinesisch erschien. Diese Novelle wurde auch als erstes Buch von Kristína Royová in die deutsche Sprache übersetzt. Sie erschien 1902 im Verlag Reinhold Urban in Striegau. Dieses Buch erreichte mit 22 Abdrucken die höchste Auflagenzahl. Kristína Royová verfasste 77 christliche Erzählungen in unterschiedlicher Länge, die in 36 Sprachen übersetzt wurden. In deutscher Sprache existieren 36 Titel. Bibliographisch wurden ihre Schriften 1999 unter dem Titel: *Bibliografia literárnej tvorby Kristíny Royovej 1999* /dt. Übers. *Bibliographie des literarischen Schaffens Kristína Royová 1999*/ von Juraj Potúček und Michal Slavka erfasst.[37] Kristina Royová schrieb auch Artikel, über 1000[38] sind in verschiedenen Zeitschriften erschienen, viele davon in der Zeitschrift *Večernica* /dt. Übers. *Abendstern*/, die sie in den Jahren 1925-1936 redigierte.[39] Außerdem verfasste Kristína Royová

---

[35] Johannes 11,40.

[36] Im Original: Domov bielych hláv.

[37] Juraj Potúček und Michal Slavka (Hg.), Martin 1999.

[38] Vgl. Dokumentarfilm.

[39] Vgl. Lutherans, 77.

auch 97 geistliche Liedtexte, von denen einige in die Evangelischen Kirchen-Gesangbücher Eingang gefunden haben.[40]

Kristína Royová wendet sich in ihren Werken mit einer positiven Ansprache an ihre Leserinnen und Leser. Ihre Schriften sind missionarisch ausgerichtet, ohne als Lehrbücher einer christlichen Moral konzipiert worden zu sein. Die Texte geben Zeugnis von der Not ihres Landes und berichten zugleich von ihren eigenen Aktivitäten zur Linderung derselben. Die Bücher sind ansprechend, weil sie eine Einheit zwischen Wort und Leben bilden. Kristína Royová hat so geschrieben, wie sie gelebt hat und sie hat so gelebt, wie sie geschrieben hat.

Auch wenn die Schriften Kristína Royovás in christlichem Geist geschrieben sind, so enthalten sie doch keine christlich angestrichene Sinnlichkeit, wie es in manchen so genannten christlichen Romanen der Fall ist. Die Erzählungen sind keine Traktate; sie erheben eher den Anspruch, ein künstlerisches Gebilde zu sein. Die christliche Kunst will auf dem Weg der für Kristína Royová typischen Frömmigkeit und des von Gott geschaffenen Schönen zeigen, dass das Leben mit Jesus Christus ein glückliches und im tiefsten Sinn des Wortes ein schönes ist. Kristína Royová hat auch ein offenes Auge für die Schönheit der Natur. Leise Stimmungsbilder entstehen in natürlicher Weise aus der Situation heraus. Für Natur und Romantik empfängliche Menschen kommen bei der Autorin auf ihre Kosten. Durchgängig ist auch Kristínas Liebe zu ihrem Land und Volk erkennbar. In vielen Texten erscheint die Slowakei vor dem inneren Auge der Leserschaft als märchenhaft.

---

[40] Ebd.

EKKEHARD HIRSCHFELD

Therese von Hennigs (1861-1913) und Ingeborg von Hennigs (1867-1944)

Therese (links) und Ingeborg (rechts) von Hennigs. Aufnahme um 1912, Archiv der ehemaligen Heilandgemeinschaft/Evangelisch-Freikirchliche Gemeinde Berlin-Hasenheide.

Das 19. und beginnende 20. Jahrhundert darf als eine Zeit gesehen werden, in der ein neues diakonisches Denken und Handeln in Deutschland als Ausdruck gelebten Glaubens ungeahnte Kräfte im Dienst am Nächsten freigesetzt hat. Viele damals entstandenen Werke und Einrichtungen bestehen noch heute und sind mit den Namen von Frauen und Männern verbunden, die oft unter Einsatz von Vermögen und Lebenskraft Staunenswertes geleistet haben.

Allerdings ist manch eine diakonische Arbeit nur zu geringer Bekanntheit gelangt oder wurde nach einigen erfolgreichen Jahrzehnten wieder eingestellt. Zu den weniger bekannten Einrichtungen gehört die im Jahr 1900 gegründete Heilandsgemeinschaft in Berlin-Moabit, deren Gründerinnen Therese und Ingeborg von Hennigs nachfolgend vorgestellt werden.

1. Das Leben von Therese und Ingeborg von Hennigs bis 1895

a. Der familiäre Hintergrund

Bereits die Herkunft und elterliche Prägung legen Einflüsse nahe, die dazu führten, dass die beiden Schwestern von Hennigs ihr späteres Leben ganz diakonischen Aufgaben widmeten. Das Adelsgeschlecht von Hennigs stammte ursprünglich aus dem Baltikum und war Mitte des 18. Jahrhunderts nach Pommern eingewandert[1] Der Familienstammsitz und Geburtsort der beiden

---

[1] Zur Erforschung der Familiengeschichte und des Werdeganges von Therese und Ingeborg von Hennigs wurden in der Hauptsache folgende Quellen herangezogen:
Gräfin Elisabeth Waldersee, Eben-Ezer. I. 25 Jahre Gemeinschaftsarbeit in der Großstadt II. ‚Zugerichtet zum Werk des Dienstes'. Therese von Hennigs. Ein Lebensbild". Diese Broschüre wurde anlässlich des fünfundzwanzigjährigen Jubiläums der Heilandsgemeinschaft verfasst. Sie umreißt die Anfänge und die Arbeit der Heilandsgemeinschaft bis 1925 und enthält eine kleine Lebensbeschreibung von Therese von Hennigs sowie einige Zitate und Tagebuchaufzeichnungen. Sämtliche Hervorhebungen in den angeführten Zitaten finden sich auch im Original und werden im Folgenden nicht mehr einzeln erwähnt.

Schwestern war das Rittergut Techlin bei Grimmen in Vorpommern, wo die Familie bis zur Enteignung 1945 ansässig war. Der Vater, Hermann von Hennigs (1818-1890), wird als Rittergutsbesitzer mit Humor und wachem Geist beschrieben, der wissenschaftlichen und künstlerischen Interessen zugeneigt war. Diese Eigenschaften scheint er auch seiner ältesten Tochter Therese, die ihn bis in sein Alter auf Badereisen begleitete, vererbt zu haben. Die Mutter, Ernestine von Hennigs, geb. von dem Knesebeck (1829-1894), war eine gläubige Frau, die Kontakt zu dem Hofprediger Emil Frommel (1828-1896) pflegte. In der Familie wurden am Sonntagmorgen häufig Predigten von Charles Spurgeon (1834-1892) gelesen, was sicher dem Anliegen Ernestine von Hennigs entsprach, ihre Kinder im christlichen Glauben zu erziehen. Die Mutter wird charakterisiert als „eine vorbildliche Frau durch ihr rührend weites Herz für fremde Not trotz der eigenen großen Familie“.[2] Mit diesem Blick für die Not des Nächsten dürfte Ernestine von Hennigs ihren Töchtern Therese und Ingeborg eine Gesinnung mitgegeben haben, die für die spätere Gründung der Heilandsgemeinschaft prägend wurde. Dass auch die fromme Großmutter, Rosamunde von dem Knesebeck, geb. von Trotha (1796-1867), die ihre letzten siebzehn Lebensjahre auf Techlin verbracht hatte, auf Thereses religiöse Entwicklung Einfluss genommen hat, ist anzunehmen. Sie starb allerdings kurz vor Thereses sechstem Geburtstag, so dass die sechs Jahre jüngere Ingeborg diese Großmutter nicht mehr kennen lernen konnte.

Therese kam am 22. Januar 1861 als zehntes Kind ihrer Eltern zur Welt und Ingeborg am 28. Dezember 1867 als dreizehntes und jüngstes Kind. Sie überlebte ihre Schwester Therese um dreißig Jahre.

b. Therese von Hennigs

Tagebucheintragungen, die Therese von Hennigs während ihrer Konfirmationszeit begonnen hat, zeigen sie als religiös sensible und ernsthafte junge Frau, die früh nach sinnstiftenden Erfahrungen mit Gott suchte. Ihr Berufswunsch in dieser Zeit war, Lehrerin zu werden. Die nötige Begabung dazu hatte sie, doch zerschlug sich dieser Wunsch auf Grund eines Augenleidens. Stattdessen blieb sie zunächst auf dem heimatlichen Gut in Techlin und half in der eigenen großen Familie mit.

Anfang 1883, gerade zweiundzwanzig Jahre alt geworden, fasste Therese von Hennigs während einer dreimonatigen Zeit der Stille, den weitreichenden Entschluss, ehelos zu bleiben. Sie selbst sah diesen Weg als Gehorsamsschritt Gott gegenüber an. In ihrem Tagebuch hielt sie zu jener Zeit fest: „Wenn Du, Herr, mir dies Los beschieden hast, so will ich es tragen mit freudigem Herzen, weil Du es willst und es besser weißt. Hilf mir aber, daß ich nicht ein Stein in der Familie sei, der allen im Wege liegt, sondern laß mich ein „Eckstein“ werden, ein gutes Beispiel besonders für die jüngeren Schwestern zu strengster Pflichter-

---

2 Waldersee, Eben-Ezer, 34.

füllung und Opferfreudigkeit in bezug auf Vergnügungen, das helfe mir, Gott. Denn ich will ja so gerne jeden Beruf, den mir der liebe Gott schickt, erfüllen, weil *Er es will* und *wie Er es will.*"[3]

Einmal fällt auf, dass die Zweiundzwanzigjährige von der Ehelosigkeit als von einem Los spricht, das zu tragen sei; dabei liegt die Vermutung nahe, Therese habe sich nicht freiwillig zu dieser Lebensform entschlossen, sondern sich unter etwas über sie Verfügtes gestellt. Ihre Sehbehinderung mag durchaus als Begründung für den von ihr gewählten Weg dienen. Weiter formuliert Therese ihre Absicht, sich völlig unter den höheren und besseren Willen Gottes zu beugen, wobei die Absolutheit ihrer Selbstaufgabe, aber auch ihres Gottvertrauens zum Ausdruck kommt. Sodann benennt sie die Aufgabe, Vorbild für die jüngeren Schwestern zu sein. Dem Sinnzusammenhang nach scheint Therese von Hennigs dabei von ihren beiden jüngeren leiblichen Schwestern zu sprechen. Ihre strenge und ernsthafte Auffassung von „Pflichterfüllung" und „Opferfreudigkeit in Bezug auf Vergnügungen" dürfte repräsentativ sein für das Selbstverständnis vieler Frauen, die dem gleichen religiösen Milieu entstammten.

Freilich hat Therese von Hennigs die Lebensentscheidung zur Ehelosigkeit nicht ganz eigenständig gefasst. Der Anstoß kam vielmehr durch eine Predigt des Pfarrers Oskar Pank, (1838-1928), der bis 1882 als Superintendent an der Dreifaltigkeitskirche in Berlin wirkte. Hier wurde Pank einerseits stark mit sozialen Problemen, speziell unter Frauen, konfrontiert, andererseits bestand an dem Ort bereits eine ausgeprägte diakonische Arbeit, die seine ethischen Vorstellungen beeinflusst haben könnten.[4] In Panks Predigtband, den Therese von Hennigs gelesen hat, ist ein ganzer Predigtzyklus aufgeführt, der sich an den verschiedenen Lebensabschnitten des Menschen von „Des Menschen Wiege" bis zum „Grab" orientiert und die verschiedensten Lebensphasen und -lagen beleuchtet. Eine Predigt Panks, die Therese von Hennigs so nachhaltig angesprochen hat, handelt über „Die einsam Gebliebenen".[5] Die von Therese von Hennigs notierte doppelte göttliche Begründung ihres Ledigenstandes – „weil *Er es will* und *wie Er es will*" – stammt offensichtlich aus der genannten Predigt. Sie entspricht bis in die Wortwahl hinein dem dortigen Predigtaufbau. Seelsorgerlich behutsam ordnet Pank die Ehelosigkeit dem Ehestand nicht über oder

---

[3] A.a.O., 37.

[4] Vgl. Bettina Bab/Wolfgang Weiß, „Festschrift 250 Jahre Dreifaltigkeit 1739-1989: Beiträge zur Geschichte der Friedrichsstadt und der Kirchengemeinde im ehemaligen Berliner Regierungsviertel", Berlin 1990, 35-52.

[5] Oskar Pank, „Das zeitliche Leben im Lichte des ewigen Wortes. Predigten von O. Pank, Superintendent und Pastor an der Dreifaltigkeitskirche in Berlin", Berlin ²1881 (¹1880), 241-250. Übrigens ist auch ein weiterer Gedanke, den Therese in ihr Tagebuch notiert hatte – „Hilf mir aber, daß ich nicht ein Stein in der Familie sei, der allen im Wege liegt, sondern laß mich ein ‚Eckstein' werden." – von dieser Predigt Panks beeinflusst, vgl. a.a.O., 245. Daneben finden sich in Panks Predigtband, den Therese von Hennigs demzufolge gelesen hat, noch weitere Predigten, die einen ähnlich nachhaltigen Einfluss auf sie gehabt haben dürften.

unter, sondern nebeneinander, denn: „beide sind von Gott", wie und warum es Gott auch immer so gefügt haben mag. Zugleich sieht Pank den Stand der Ehelosigkeit dann als sinnerfüllt an, wenn sich die ehelos Gebliebenen – und zwar ganz gleich, ob Mann oder Frau – in besonderer Weise Gott zur Verfügung stellen, ihre Arbeit als Gottesdienst verrichten und v. a. in Stille dem Nächsten dienen.

Nun hat aber nicht nur diese eine Predigt nachhaltig auf Therese von Hennigs gewirkt, sondern noch eine zweite. Dabei handelt es sich um eine im April 1883 von Pfarrer Karl Kuhlo im Elisabeth-Krankenhaus gehaltene, die den „verborgenen Segen des Leides" zum Inhalt hatte. Therese von Hennigs notierte dazu in ihr Tagebuch: „Je schwerer und härter die Führung, je größer der Segen, denn der HErr schickt das Leid denen, die Er lieb hat, Seine Züchtigung hat den Zweck, demütig zu machen."[6] Auch das mag ein deutlicher Hinweis dafür sein, dass Therese von Hennigs ihre Ehelosigkeit zwar als Glaubensgehorsam, aber dennoch als leidvoll angesehen hat.

In beruflicher Hinsicht schlug Therese von Hennigs zunächst einen Weg ein, der nichts mit Diakonie auch nur im weitesten Sinne zu tun hatte: Sie wurde Bildende Künstlerin. Dabei konnte sie ihre künstlerische Begabung weiter entwickeln. Schon Mitte der 1880er Jahre hatte sie in Karlsbad, wohin sie ihre Eltern zur Kur begleitet hatte, von schweizerischen Holzschnitzern erste Anleitungen in der Holzschnitzkunst erhalten. Trotzdem konnte sie ihre künstlerischen Neigungen nach ihrer Rückkehr nicht weiter vertiefen, da sie auf dem elterlichen Gut unentbehrlich geworden war: Nach dem Tod des Vaters, Anfang 1890, stand Therese auf dem immerhin 585 Hektar umfassenden Anwesen ihrem jüngeren Bruder Fritz von Hennigs (1863-1919) bei dessen Verwaltungsaufgaben zur Seite, während ihre Mutter mit den beiden jüngsten Töchtern, Hedwig und Ingeborg, nach Berlin übersiedelte. Tatsächlich konnten die beiden Geschwister das Gut als Familienmittelpunkt erhalten. In dieser Funktion hat Therese von Hennigs fünf Jahre gewirkt. Dann aber, im November 1894, starb ihre Mutter und ihr Bruder Fritz heiratete nur zwei Monate später Hedwig von Restorff. Mit der Eheschließung ihres Bruders wurde Thereses Mitarbeit als Gutsverwalterin nicht mehr benötigt.

Zu Beginn des Jahres 1895 ging sie nach Berlin-Moabit, um ihre Kenntnisse innerhalb der Bildhauerei zu vervollständigen. Als Privatschülerin nahm sie in einem Berliner Atelier Unterricht und erlernte die Bildhauerei von Grund auf. Ermöglicht wurde dies durch die Herstellung einer Spezialbrille.

Doch bereits im Mai 1895, inmitten ihrer künstlerischen Ausbildung, fällte Therese eine weitere Lebensentscheidung von großer Tragweite. Eine Predigt des in Berlin-Moabit wirkenden Pfarrers Paul Lehmann über „den wahren Glauben" brachte sie dazu, ihr Leben ganz der Diakonie zu widmen.[7] So no-

---

[6] Waldersee, Eben-Ezer, 37.

[7] Pfr. Paul Lehmann (1847-1939) war seit 1892 zweiter Pfarrer in Berlin-Moabit. Seit 1896 wirkte er als erster Pfarrer in der Heilandsgemeinde.

tierte sie in ihrem Tagebuch: „Ich entschloß mich nach dieser Predigt, mich ganz in den Dienst des HErrn zu stellen und zwar zunächst als Johanniter-Schwester. Bis dahin glaubte ich, selig zu werden, da ich getauft war und nie etwas von den heiligen Glaubenssachen angezweifelt hatte, da es heißt: ‚Wer da glaubet und getauft wird, wird selig werden!' Nun lernte ich, daß der Glaube ein Zeugen von Gott ist, dass der Glaube ohne Werke tot ist."[8]

Hatte Therese von Hennigs zuvor ihren Glauben an der Taufgnade und am Nichtanzweifeln von Glaubenssätzen festgemacht, so definierte sie jetzt ihr Verständnis von Glauben völlig neu: Sie verstand Glauben nun nicht mehr sakramental und passiv, sondern als sichtbar gelebt und durch Dienst und Tat qualifiziert. Ihre Motivation, sich „ganz in den Dienst des HErrn zu stellen", entsprang damit einem vertieften, geistlich-theologisch neu gefassten Verständnis von Glauben.

Dieses Verständnis von Glauben, der sich als Diakonie äußert, hat von Therese von Hennigs ein großes Opfer abverlangt. Hatte sie sich schon zwölf Jahre zuvor – nicht ohne Schmerz – für die Ehelosigkeit entschieden, so musste sie jetzt erneut Verzicht lernen, denn Therese von Hennigs gab ihr Berufsziel als Künstlerin auf. Sie schrieb weiter in ihr Tagebuch: „Der Entschluß, meinen Künstlerberuf, der nun ganz offen vor mir lag, aufzugeben, wurde mir blutsauer, und es waren zwei starke Mächte, die in mir kämpften, aber Gott siegte!"[9] Therese von Hennigs hat also nicht den Weg gewählt, ihre künstlerische Begabung in den Dienst Gottes zu stellen – immerhin hatte sie zuvor ihre Kunst als *christliche* Kunst betrieben. Glaube hieß für Therese von Hennigs nun abermals, für Gott auf eigene Interessen, auf das Liebste zu verzichten, um dem Nächsten dienen zu können. Vier Jahre später, im Mai 1899, wird der Gedanke des Opfers in ihrem Tagebuch noch einmal deutlich: „*Jetzt* muß ich offen bekennen, daß es mir *kein Opfer* mehr ist, Gott zu dienen, im Gegenteil, daß ich es mit der größesten Freude tue und daß ich Gott nur danke, daß Er mich wert erachtet, mich in Seinen Dienst zu rufen. Erst in diesem Dienst bin ich ein wahres Gotteskind geworden und habe den wahren Weg und das rechte Ziel gelernt."[10]

Drei Monate vor ihrem Tod, im September 1913, äußerte sie sich ebenfalls über diesen tiefgreifenden Entschluss: „Aber in jener Nacht ... sah ich, daß ich auf dem breiten Weg war. Der Kampf dauerte von abends 10 bis früh 6 Uhr. Da bekam mich Gott in die Hand. Er hat viel Not mit mir gehabt, bis ich auf den Altar kam!"[11] Dieser Entschluss muss als geistlicher Durchbruch ihres Lebens gesehen werden; so hat es Therese von Hennigs jedenfalls selbst gedeutet, wenn sie noch auf dem Sterbebett 1913 über die achtzehn Jahre zurückliegende Entscheidung sprach.

---

[8] Waldersee, Eben-Ezer, 40.
[9] Ebd.
[10] Ebd.
[11] Ebd.

Therese von Hennigs verstand unter Glaubensdienst eindeutig den hingebungsvollen Dienst am Nächsten. Schon in ihrem Tagebucheintrag vom Mai 1895 hatte sie angedeutet, Johanniter-Schwester werden zu wollen. Gesundheitlich scheint Therese von Hennigs bereits damals nicht stabil gewesen zu sein, weswegen sie sich nicht für den Dienst der Diakonisse ausbilden ließ. Stattdessen machte sie im Sommer 1895 im Berliner Lazarus-Krankenhaus eine halbjährige Ausbildung als Schwester des Johanniter-Ordens, um anschließend häusliche Pflege in einem der vielen Berliner Gemeindebezirke auszuüben.

c. Ingeborg von Hennigs

Zur geistlichen Entwicklung Ingeborg von Hennigs liegen leider keine Quellen vor. Bekannt ist lediglich, dass sie als junge Frau einen ähnlichen Weg wie ihre ältere Schwester gegangen ist. Ingeborg blieb ebenfalls unverheiratet, wenngleich über ihre Motive nichts in Erfahrung zu bringen ist. Wenige Monate nach Therese, im September 1895, war auch sie zur Entscheidung gekommen, ihr Leben ganz in den Dienst den Nächstenliebe zu stellen. Wie bei ihrer Schwester war auch bei Ingeborg der Schritt mit einem schweren Verzicht verbunden. Ingeborg von Hennigs war gleichfalls musisch begabt und hatte eine Gesangsausbildung begonnen, um Sängerin zu werden. Bevor sie diese aber zum Abschluss brachte, hat sie ihr Berufsziel aufgegeben. Auch sie erlernte im Lazarus-Krankenhaus die Krankenpflege, allerdings erst ab September 1895. Diese Parallelität legt den Schluss nahe, dass Therese eine Vorbildfunktion für ihre jüngere Schwester hatte.

2. Das diakonische Werk der Schwestern Therese und Ingeborg von Hennigs

a. Erste diakonische Schritte

Nach Abschluss ihrer mehrmonatigen Ausbildung im Lazarus-Krankenhaus traten die beiden Schwestern nicht unmittelbar in die Ausübung ihres neuen Berufes ein. Stattdessen machten sie gemeinsam vom Winter 1896/97 bis zum Juli 1897 eine mehrmonatige Reise. Diese führte die Schwestern zunächst nach Rom und dann weiter ins damalige Palästina, wo sie das Land der Bibel kennen lernten und damit auch neue Impulse für ihre eigene Bibellektüre erhielten.

Von ihrer Reise zurückgekommen, begannen Therese und Ingeborg von Hennigs in der evangelischen Heilandsgemeinde im Berliner Stadtbezirk Moabit als fest angestellte Gemeindeschwestern zu arbeiten. Ihre Aufgabe war eine doppelte: Einmal ging es um häusliche Pflege und Haushaltshilfe im Gemeindebezirk mit ganz elementaren Aufgaben. Die beiden adeligen Schwestern pflegten Kranke und Alte, kochten Essen, schürten Feuer, ordneten Haushalte und versuchten, die Not und das menschliche Elend nach Kräften zu lindern, wenngleich der Besuch bei Pflegebedürftigen immer auch eine seelsorgerlich-geistliche Komponente hatte, also Gebet und Trost mit einschloss. Zum anderen aber traten die Schwestern in die Sonntagsschularbeit sowie in die Arbeit des Jungfrauenvereins ein, der von Pfarrer Johannes Waßmund (seit 1897 als zweiter Pfarrer an der Heilandsgemeinde) im Dezember 1897 gegründet worden war. Therese und Ingeborg von Hennigs übernahmen nach kurzer Zeit Leitungsfunktionen und mussten – weil der Platz im Konfirmandensaal nicht mehr ausreichte – bald in die Markthalle umziehen. Damit trat für beide Schwestern neben der häuslichen Pflege im Gemeindebezirk die Jugendarbeit stärker ins Blickfeld. Sie sollte fortan den Schwerpunkt ihrer Tätigkeit bilden.

In Ausübung ihres pflegerischen Dienstes und innerhalb der Kinder- und Jugendarbeit entwickelten Therese und Ingeborg von Hennigs zugleich das Leitbild ihres diakonischen Handelns weiter. Denn während der drei Jahre von 1897 bis 1900 wuchs nicht nur die Arbeit, sondern auch der Wunsch, nicht nur pflegerisch, sondern angesichts der geistlichen und seelischen Nöte auch stärker im Wort- und Verkündigungsdienst tätig zu werden; dieses Anliegen wurde seit 1899 durch einen Gebetskreis unterstützt. Therese und Ingeborg von Hennigs hatten während dieser drei Jahre mit einem intensiven persönlichen Bibelstudium begonnen.

b. Der Aufbau der Arbeit in Berlin-Moabit

Der Wunsch, die diakonische Tätigkeit missionarisch zu ergänzen, führte innerhalb der Heilandsgemeinde zur Gründung einer eigenen Gemeinschaft.[12] In der Strohmstraße 36 wurde in Moabit eine Wohnung mit Versammlungssaal gemietet und am 28. Oktober 1900 eingeweiht. Dieses Datum gilt als Geburtsstunde der Heilandsgemeinschaft.

Die Arbeit in der jungen Heilandsgemeinschaft – man kann es nicht anders sagen – blühte. Als Arbeitsbereiche werden genannt: Jungfrauen- und Mütter-Zusammenkünfte, Bibelstunden für Jedermann, Trinkerrettungs-Abende, Sonntagsschule und Kinderstunden (mit paralleler „Mutter-Kind-Gruppe“), Evangelisationsabende, Familienabende und Evangelisationsversammlungen mit über 300 Besuchern. Damit sind zum einen die Zielgruppen benannt, denen die diakonische Arbeit in der Heilandsgemeinschaft vor allem galt, zum anderen das ausgeprägt missionarische Verständnis der diakonischen Arbeit zum Ausdruck gebracht. Aufschlussreich sind alte Fotografien aus jener Zeit, die zeigen, dass die Arbeit mit Kindern und Jugendlichen in pädagogischer Hinsicht progressiv gewesen sein muss. Sie zeigen ganzheitliche Formen der Jugendarbeit, die auch Basteln und Werken, Musizieren, Ausflüge, Wanderungen usw. umfassten. Auch ein regelmäßiges Verteilblatt gab die Heilands-Gemeinschaft ab

---

[12] In einer sog. Gemeinschaft sammeln sich Christen, die in der Regel weiter zur Kirche gehören, aber zugleich ein ihrem Verständnis nach vertieftes Glaubensleben suchen. Typische Kennzeichen von Gemeinschaften sind nicht nur das missionarische Engagement und das ernsthaft gelebte Nachfolgeideal ihrer Mitglieder sowie das intensive und gemeinsame Bibelstudium, das Gemeinschaftsglieder in zusätzlichen Treffen neben dem Sonntagsgottesdienst betreiben, sondern vor allem das Laienideal. Die Gemeinschaftsbewegung ist wesentlich auch eine Laienbewegung: Laien verkündigen, evangelisieren, üben Seelsorge usw. Dies wurde um 1900 in Beziehung zum Amtsverständnis der Landeskirchen als Problem empfunden und darum weithin von Kirchenbehörden abgelehnt.

1900 heraus: Ein vierseitiges, wöchentlich erscheinendes Heft unter dem Namen „Für Alle. Organ der Heilands-Gemeinschaft“, das nicht nur die regelmäßigen und außerordentlichen Veranstaltungstermine enthielt, sondern auch evangelistische und theologische Texte.[13] Zusätzlich veröffentlichte die Heilandsgemeinschaft im Selbstverlag weitere Schriften, welche die geistliche und diakonische Arbeit unterstützten.[14] Neben diesen wachsenden Arbeitsbereichen setzte sich Ingeborg von Hennigs noch für eine weitere Arbeit ein, die allerdings nicht mit der Inneren, sondern der Äußeren Mission zusammenhing: Sie war Schriftführerin eines Missionsvereins, der im damaligen Palästina arbeitete.

Bald waren Therese und Ingeborg von Hennigs einschließlich der vielen Ehrenamtlichen nicht mehr in der Lage, die Arbeit zu bewältigen, so dass 1903 eine weitere Schwester fest angestellt werden musste. Auch der dreihundert Plätze fassende Versammlungssaal wurde bald zu klein. Mit dem Architekten Otto Johannis stand den Schwestern ein Fachmann zur Seite und auch die benötigten Gelder zum Grundstückskauf kamen rasch zusammen. So konnte im April 1904 in Berlin-Moabit in der Putlitzstraße 13 ein Grundstück gekauft und am 26. Juni 1904 mit der Grundsteinlegung begonnen werden. Am 5. April 1905 wurde die Einweihung des „Evangelischen Heilands-Gemeinschaftshauses Putlitzstraße 13“ gefeiert. Dieses Ereignis wurde auch außerhalb christlicher Kreise in der Berliner Presse zur Kenntnis genommen·[15]

Juristisch hatten die Schwestern mit fünf weiteren Personen eine Gesellschaft mit beschränkter Haftung gegründet. Da die beiden Schwestern ihr persönliches Vermögen in den Bau investiert hatten, blieben sie Geschäftsführerinnen der GmbH.[16] Die Heilandsgemeinschaft musste der GmbH Miete und Unterhaltskosten entrichten, die sich aus Spenden, Kollekten und Mitgliederbeiträgen zusammensetzten.

Wie viele Berliner Stadthäuser, bestand das Gebäude aus einem Vorder- und einem Hinterhaus (Gartenhaus). Das Vorderhaus war größtenteils vermietet, nur im Erdgeschoss zur Straße hin befanden sich zwei Einrichtungen der Gemeinschaft. Zum einen war hier (bis 1940) die Buchhandlung untergebracht, die aus einer kleinen Schriftenmission hervorgegangen war und auch das Publikati-

---

13 Das einzige dem Verf. zugängliche Exemplar war „Für Alle. Organ der Heilands-Gemeinschaft“, 4. 1904, Nr. 26.

14 So etwa: „Die Trunksucht eine Quelle größter Seelennot Familienelends und nationaler Gefahr. Zeugnisse einer Anzahl von Männern, die von der Trunksucht geheilt sind“, Berlin, o. J. [vor 1905], 22 Seiten.

15 So etwa: C. v. St., „Die feierliche Einweihung des Evangelischen Heilandsgemeinschaftshauses, NW, Putlitzstr. 13“, in: „Deutsche Warte. Berliner Tageszeitung für Politik und Gesellschaft, geistiges und wirtschaftliches Leben. Abendblatt“, 16. 1905, Nr. 101, 2.

16 Ingeborg von Hennigs, „Die Entstehung und Entwicklung der Heilandsgemeinschaft“, Berlin, o. J. (Archiv Hasenheide), fast vollständig abgedruckt in: Auf der Warte, 19. 1922, 29-30. Vgl. Waldersee, Eben-Ezer, 6.

onsorgan der Gemeinschaft „*Für Alle*" vertrieb. Zum anderen wurde hier eine Kaffee- bzw. Speisehalle betrieben, die alkoholfrei geführt wurde und Gästen bis zum Jahr 1922 Bewirtung anbot. Zusätzlich gehörten zur Kaffeehalle noch weitere Nebenräume für die Gemeinschaftsarbeit. Im hinteren Teil der Anlage, im Gartenhaus, lag freilich das Herzstück der Gemeinschaft: der im Erdgeschoss liegende zweigeschossige Saal mit sechs- bis achthundert Sitzplätzen. Weitere Nebenräume, sowie die Empore, standen den vielen Gruppen und Chören zur Verfügung. Dazu kamen Gästezimmer und Wohnmöglichkeiten; auch die Schwestern von Hennigs wohnten hier.

Damit waren in Moabit hervorragende Räumlichkeiten geschaffen, um die Arbeit der Heilandsgemeinschaft durchführen zu können. Mittlerweile blieben die Aktivitäten nicht nur auf die Putlitzstraße beschränkt. Im Lauf der Jahre schlossen sich in Berlin fünf Außenstationen der Heilandsgemeinschaft an, in denen hauptamtliche Schwestern und Ehrenamtliche beiderlei Geschlechts arbeiteten. Eine spezielle Aufgabe, der sich besonders Therese von Hennigs verschrieben hatte, war die seelsorgerliche Betreuung von Soldaten, die allerdings nicht in der Putlitzstraße, sondern in der Kaserne stattfand. Bis zu ihrem Tod ist ihr die Seelsorge an Soldaten, ihren „Jungens", und die Verteilung von Neuen Testamenten ein wichtiges Anliegen gewesen.

c. Außenkontakte

Die Arbeit der Schwestern Therese und Ingeborg von Hennigs fand nicht ohne Kontakte nach außen statt. Bereits zu Beginn ihrer Arbeit hatte ihr Bruder Fritz von Hennigs, Herr auf Techlin, seine Schwestern nach Kräften gefördert. Nach dessen frühem Tod 1919 übernahm sein ältester Sohn, Hermann von Hennigs (geb. 1896), den Familienbesitz und unterstützte die Arbeit seiner Tante Ingeborg. Über die Familienangehörigen hinausgehend, suchten die Schwestern von Hennigs schon früh Kontakt zu kirchlich engagierten Persönlichkeiten in und außerhalb Berlins. Besonders aufschlussreich ist das noch existierende Gästebuch mit seinen vielen Einträgen, das ab 1905 geführt wurde. So hatte besonders in der Anfangszeit der Heilandsgemeinschaft Graf Andreas von Bernstorff (1844-1907) die Arbeit unterstützt. Johannes Seitz (1829-1921) vom Bibelerholungsheim in Teichwolframsdorf war den Schwestern von Hennigs ebenso eng verbunden wie der um den Aufbau des Gemeinschaftschristentums so tatkräftig wirkende Pfarrer Leopold Wittekindt (1854-1923), der die bereits vom Sterben gezeichnete Therese im Juni 1913 in Techlin besucht und auch die Ansprache bei ihrer Gedächtnisfeier gehalten hatte. Als Vertreter der Landeskirche war Wilhelm Israel (1854-1847), von 1892 bis 1925 Pfarrer und seit 1917 auch Superintendent an St. Matthäi in Berlin, ein häufiger Gast und guter Freund der Gemeinschaft. Israel hielt sowohl die Traueransprache bei Therese von Hennigs Beerdigung als auch die Festrede zum fünfundzwanzigjährigen Jubiläum der Heilandsgemeinschaft. Neben vielen anderen seien noch stellvertretend genannt Pfarrer Dolman (1860-1949) vom Diakoniewerk Bethel in Hamburg und Heinrich Schädel (1874-1960), Direktor eines Waisenheims der methodistischen Kirche in Klosterlausnitz in Thüringen.[17] Neben den bereits Genannten hat ein Mann die Heilandsgemeinschaft in besonderer Weise geistlich-theologisch geformt: Prof. Ernst Ferdinand Ströter (1846-1922). Es war Ströters ausgeprägte heilsgeschichtliche Theologie, die sich sowohl Therese als auch Ingeborg von Hennigs zu Eigen gemacht hatten: „In dankbarem Rückblick auf den Dienst unseres teuren Lehrers und väterlichen Freundes, Prof. Ströter, will mir als das Größte und Beste, das er uns gab, das erscheinen, dass er uns mit unermüdlicher Geduld erzog, die Bibel als Ganzes zu studieren und dass er uns den Blick für die einheitlich übereinstimmenden Gedanken im Plan Gottes zu öffnen verstand. ... Uns diente diese Erziehung zum gründlichen, eigenen Schriftstudium dazu, die Wahrheit selbständig zu suchen und aus der Schrift selbst Klarheit zu gewinnen. Die Verkündigung des Heilsratschlusses Gottes, welcher ihm eine so wichtige Lebensaufgabe geworden war, wirkte neu belebend in schwerer Zeit für viele, stärkte uns den Mut und – fern davon, Lässigkeit und Trägheit zu fördern – gab sie immer neue Freudigkeit, das Werk der Seelenrettung und Evangelisation zu treiben.“[18] Bis zu seinem Tod war Ströter ein enger Freund der Heilandsgemeinschaft. Ingeborg von Hennigs hat eigenhändig ins Gästebuch eingetragen: „Professor Str. ging seit 1901 bei uns aus und ein, später mit seiner lieben Frau, zum letzten Mal 1921!“

d. Der frühe Tod von Therese von Hennigs

Therese von Hennigs war es nur dreizehn Jahre vergönnt, das Werk in der Heilandsgemeinschaft zu leiten. Überhaupt scheint Therese von Hennigs mit deutlichen gesundheitlichen Grenzen gelebt zu haben. Ihr Augenleiden hatte sie über Jahre eingeschränkt. Den Weg zur Diakonisse glaubte sie wegen ihrer schwachen Gesundheit nicht gehen zu können und machte deswegen nur eine halbjährige Pflegeausbildung. Sie litt unter schwerer Schlaflosigkeit und konnte erst 1901 im Erholungsheim in Teichwolframsdorf bei Johannes Seitz davon geheilt werden. Um 1908/1909 erkrankte sie (wahrscheinlich) an Krebs; ohne sich darüber im Klaren zu sein. Der Befund der Krankheit dürfte ab 1910 bekannt geworden sein. Die Krankheitsjahre waren von besseren und schlechteren Tagen gekennzeichnet. Im August 1912 zog sich Therese von Hennigs über ein Jahr in ihr Elternhaus nach Techlin zurück, wo sie in der Familie ihres Bruders lebte und gepflegt wurde. Während ihrer letzten Lebensjahre und -monate befasste sie sich vor allem mit der Bibel. Im September 1913 nahm sie im Wissen um ihren baldigen Tod Abschied von Techlin und kehrte in die Putlitzstraße zurück. Auf Weihnachten hin verschlechterte sich ihr körperlicher Zustand so sehr, dass ihre Schwester Ingeborg am 19. Dezember die Familienmitglieder

---

[17] O.V., Gästebuch der Heilandsgemeinschaft mit handschriftlichen Einträgen. Weitere Namen noch in: Ingeborg Coerdts, „Chronik der Evangelischen Heilandsgemeinschaft e.V., gegründet 1900“, o. O. [Berlin], o. J. [1995], 15-16.

[18] So Ingeborg von Hennigs in ihrem Nachruf auf E. F. Ströter, in: Heinrich Schädel, Lebensbild von Professor Ernst F. Ströter, Klosterlausnitz, o. J. [1923], 36.

nach Berlin rief. Am 25. Dezember 1913 starb Therese von Hennigs erst zweiundfünfzigjährig.

e. Ingeborg von Hennigs und die Bibelschule für junge Frauen

Nach dem Tod von Therese führte Ingeborg von Hennigs die Heilandsgemeinschaft als Leiterin weiter. Dabei kamen neben den bekannten Arbeitsbereichen neue hinzu, von denen zwei besonders erwähnt werden sollen. Ab 1920 fand in der Putlitzstraße einmal in der Woche ein Bibelkunde-Abend statt, in dem die Bibel „gründlich und systematisch" studiert wurde. Die Bibelkunde-Abende zeigen, dass für Ingeborg von Hennigs eine biblisch fundierte und umfassende Bildung unabdingbar für ein gesundes Glaubensleben war.

Noch deutlicher wird ihr Anliegen durch eine weitere Initiative erkennbar, die sie bereits am 1. Oktober 1919, also ein Jahr vor den Bibelkunde-Abenden, in Angriff nahm: die zweijährige Bibelschule für junge Frauen. Die Bibelschule war staatlich als Fachschule anerkannt und diente „zur Ausbildung für Jugendpflege".[19] Was damit gemeint war, zeigt das Curriculum, das folgende Fächer umfasste: Einführung in die ganze Schrift, Völkerkunde, äußere und innere Mission, Katechismus, Textbehandlung, Seelsorge, Kirchengeschichte, Methodik. Dazu kamen musikalische Anleitung, Handwerksausbildung und Buchführungsunterricht sowie Hauswirtschaft. Die musikalische Ausbildung speziell umfasste Chorsingen, Dirigieren und Harmonium spielen. Wenngleich auch geladene Gäste in der Putlitzstraße Bibelabende und -wochen hielten, die mit in den Unterricht integriert wurden, so wurde der Unterricht für die jungen Frauen doch in der Hauptsache von Ingeborg von Hennigs selbst und den Schwestern, die in der Heilands-Gemeinschaft arbeiteten, gehalten.

Ingeborg von Hennigs unterrichtete das Fach „Einführung in die ganze Schrift".[20] Damit hatte sie neben den praktischen und musischen Fächern in der Tat das theologische Hauptfach der Bibelschule sich selbst vorbehalten. Aus jener Zeit existieren noch vier Typoskripte, die als Unterrichtsbücher dienten und einen Eindruck geben, welche Inhalte in der Bibelschule vermittelt wurden. In ihrem Unterricht über das Alte Testament hat Ingeborg von Hennigs folgende Themen behandelt: Übersicht über die Bücher des Alten Testaments, Entstehung und Einheit der Schrift, Zeitalter im Plan Gottes und Haushaltungen (Dispensationen), Bundesschlüsse, Fragen zur Inspiration, Hinweise zum Bibellesen; dazu kommt eine vierzigseitige Zeittafel sowie kirchengeschichtliche und konfessionskundige Ausführungen. Nach einer Einführung in die fünf Bücher Mose folgte der annähernd zweihundert Seiten umfassende Hauptteil mit Anmerkungen zum Verständnis der alttestamentlichen Bücher. Dabei zeigt sich, dass Ingeborg von Hennigs mit ihren Bibelschülerinnen sämtliche Bücher des

---

[19] Ingeborg von Hennigs, „Die Bibelschule zur Ausbildung für Jugendpflege", Infoblatt, o.O. o.J.

[20] Es existieren noch vier Typoskripte, die Einblick in Umfang und Ausführungen dieses Unterrichts geben.

AT nach deren theologischen Grundaussagen befragt und im Stil einer Bibelkunde behandelt hat.

In gleicher Weise war auch der Unterricht über das Neue Testament aufgebaut. Nach der Behandlung von Einleitungsfragen, die sowohl landeskundliche wie auch theologische Themen umfassten, hat Ingeborg von Hennigs das Neue Testament vom ersten bis zum letzten Buch durchgenommen. Bei den theologischen Grundfragen fällt auf, dass ihr theologischer Ansatz für die gesamte Bibel ein durch und durch eschatologisch-heilsgeschichtlicher war. Ingeborg von Hennigs ging davon aus, dass die Geschichte keine abgeschlossene ist, sondern zukünftige Ereignisse wie die Sammlung Israels, die Entrückung der Gläubigen oder die Wiederkunft Christi zur Errichtung des Tausendjährigen Reiches noch zu erwarten sind. Weiter glaubte sie, dass Gottes Liebe nicht nur auf die Versöhnung und Erlösung Einzelner hinzielt, sondern jeden einzelnen Menschen, ja die gesamte Schöpfung umfasst.[21] Diese Gedanken zeigen, wie sehr sie das Gedankengut von E. F. Ströter aufgenommen und für sich fruchtbar gemacht hat; ihn zitiert sie in ihrem Manuskript häufig.

Über Ingeborg von Hennigs Schriftverständnis erhalten wir weiter Kenntnis aus dem dritten von ihr zusammengestellten Unterrichtswerk. Dafür hatte sie sich aus dem fünfbändigen Werk von John Urquharts *Die neuen Entdeckungen und die Bibel* ein annähernd dreihundert Seiten umfassendes Exzerpt angefertigt. Sie hatte das auf archäologischen Erkenntnissen basierende Buch vor allem wegen dessen Stoßrichtung gegen die kritische Theologie für ihren Unterricht ausgewertet; sie schreibt:

„Die wunderbaren Bestätigungen der unantastbaren Echtheit der Heiligen Schrift als Gottes Wort, wie sie uns durch die Ausgrabungen und Sprachforschungen im Orient geschenkt sind, geben eine Glaubensstärkung, wie gerade unsere Zeit sie bedarf. Denn je mehr uns die wachsende, innere Not unserer Jugend und ihre schwere Aufgabe entgegentritt, den Glauben an die Bibel allen Hindernissen zum Trotz festzuhalten, desto mehr erscheint mir das Urquhartsche Werk als ein Gottesgeschenk, welches gleichzeitig die Herzensverpflichtung in sich schließt, diese Hilfe auch anderen zuteil werden zu lassen. Hier werden alle, die berufen sind, Seelen mit dem Worte Gottes zum Heiland zu führen, und ebenso unsere ernstsuchende Jugend einen herrlichen Freund und Berater finden, welcher ihnen die Bibel als Gottes Wort immer lieber machen wird."[22]

Aus dem vierten Unterrichtsbuch geht hervor, dass die Fächer Völkerkunde, Kirchengeschichte und Äußere Mission von Agnes Schwarzkopf, einer in der

---

[21] Vgl. Ströter, „Die Entrückung", in: Ders. (Hg.), „Das Prophetische Wort. Ein Monatsheft für gläubige Schriftforscher" 1. 1907, 289-297: 321-326: 354-365; ders., „Die endliche Errettung aller Menschen, darf man sie glauben und lehren?", in: Ders. (Hg.), „Das Prophetische Wort" 5. 1911, 162-180; 307-343; ders. „Das Evangelium Gottes von der Allversöhnung in Christus", Chemnitz, o. J. [1916].

[22] Ingeborg von Hennigs, „Auszug aus dem 5bändigen Werk von Rev. Urquhart", Ia.

Heilands-Gemeinschaft arbeitenden Schwester unterrichtet wurden. Für die Geschichte der Gemeinschaftsbewegung griff man auf einen Vortrag zurück, den Gräfin Elisabeth Waldersee 1922 gehalten hatte; ebenso wurden auch Vorträge weiterer Referenten in den Unterricht aufgenommen.

Das breite Spektrum der Bibelschule mag zunächst überraschen. Doch wird dabei deutlich, dass es Ingeborg von Hennigs darum ging, die Schülerinnen durch die Ausbildung in Bibelkunde, Seelsorge und Methodik vor allem für die Jugendarbeit zu qualifizieren und zu einem intensiven, vertieften Bibelstudium zu führen. Ingeborg von Hennigs war davon überzeugt, dass echtes diakonisches Handeln nur von Menschen ausgeübt werden konnte, die selbst im Glauben standen und die in der Lage waren, diakonisches Handeln zugleich als seelsorgerlich und theologisch verantwortetes Handeln auszuüben. Dazu schreibt die gleichfalls zur Gemeinschaftsbewegung gehörende Gräfin Elisabeth Waldersee: „Die Schülerinnen sollen zu christlichen Persönlichkeiten erzogen werden, die später selbst Jugendarbeit und Volkserziehungsarbeit durch das Wort Gottes auszuüben imstande sein sollen.“[23]

Ingeborg von Hennigs folgt damit dem diakonischen Verständnis, das auch ihre Schwester Therese prägte: Gegenüber einem rein pflegerischen Ansatz waren beide der Überzeugung, dass Diakonie primär auf eine (geistlich) gesunde Seele zu zielen habe. Hier nähert sich die Auffassung der Heilandsgemeinschaft dem Diakonieverständnis Johann Hinrich Wicherns, für den Leib- und Seelsorge ebenfalls zusammen gehören und als „innere Mission“ zu verstehen sind.

Dass der Schwerpunkt ein geistlich-seelsorgerlicher war, wird schon daran erkennbar, dass nur ein Teil der Bibelschülerinnen im Lazaruskrankenhaus eine Krankenpflegeausbildung absolvierte. Andere ließen sich gar nicht im pflegerischen Beruf ausbilden, weil sie v. a. in der Kinder-, Jugend- und Frauenarbeit tätig sein wollten.

Bemerkenswert ist, dass der Bibelschulunterricht Frauen wie Ingeborg von Hennigs Wege zu einer Selbstständigkeit eröffnete, die durchaus emanzipatorische Züge aufwies, wenn dieser Terminus auch nicht zum Sprachgebrauch dieser Frauen gehörte. Für Ingeborg von Hennigs stellte ihre theologische Lehrtätigkeit absolut kein Problem dar; sie war sich darin mit vielen anderen Vertreterinnen der Gemeinschaftsbewegung einig, ohne dass diese Sicht von dem männlichen Teil dieser religiösen Bewegung geteilt wurde. Folgende Anzeige, als ein Beispiel von vielen, mag das verdeutlichen: „ ... *Bibelkursus* von Pfarrer Stockmayer und Pfarrer Wittekindt. Des beschränkten Raumes wegen nur *für Brüder*, besonders Reichgottesarbeiter und andere, die im Werke des HErrn mitanstehen.“[24] Auch Therese von Hennigs hatte eindeutig Position bezogen, sie

[23] Waldersee, Eben-Ezer, 8.

[24] „Versammlungs-Anzeigen“, in: „Auf der Warte. Ein Blatt zur Förderung und Pflege der Reichsgottesarbeit in allen Landen“, 7. 1910, 12.

wurde von Elisabeth Waldersee als „*Vorkämpferin ... für den Dienst der Frau am Wort*" bezeichnet.[25]

Damit fanden Frauen der Heilandsgemeinschaft in ihrer missionarisch-diakonischen Tätigkeit die Freiheit zur selbständigen Berufsausübung und anspruchsvollen theologischen Beschäftigung jenseits gesellschaftlicher Konventionen und Schranken. Interessanterweise kollidierte Ingeborg von Hennigs ausgesprochen konservatives Schriftverständnis in keiner Weise mit ihrem religiösen Selbstbewusstsein, das eine emanzipatorische Stoßrichtung erkennen lässt.

Ingesamt hat die Bibelschule für junge Frauen jedoch nur wenige Jahre bestanden. Die ersten sechs Bibelschulabsolventinnen wurden Ende Mai 1921 von dem Theologen Ernst F. Ströter eingesegnet. Ihr Ende fand die Bibelschule nahezu unbemerkt im Jahr 1933. Es bleibt zu fragen, ob die jährlich neu zu beantragende Anerkennung als Fachschule im Jahr der Machtergreifung durch die Nationalsozialisten nicht mehr zu erhalten war.

f. Der Fortgang der Arbeit bis zum Tod von Ingeborg von Hennigs

Mitte der zwanziger Jahre hatte sich die Arbeit, nicht zuletzt durch die Bibelschule und auch die Außenstationen, immer mehr ausgeweitet. Da die Heilandsgemeinschaft mittlerweile auch fünf Schwestern fest angestellt hatte, um die Arbeit zu bewältigen, stellte sich die Frage der Finanzen neu. Bislang hatte sich die Heilands-Gemeinschaft, unterstützt durch einige Freunde, selbst tragen können. Doch mit der nun erreichten Größe, verbunden mit neuen Arbeitsgebieten wie etwa der Bibelschule und der verstärkten Außenarbeit, wurden andere Mittel nötig. Deswegen sah sich die Heilandsgemeinschaft vor die Notwendigkeit gestellt, weitere potenzielle Spendenkreise anzusprechen. So wurde das Jubiläum 1925 dazu benutzt, auch eine gewisse Außenwirkung erzielen. Aus den Grußworten wird ersichtlich, welche Arbeitsbereiche die Heilandsgemeinschaft demnach im Jahr 1925 unter der Leitung von Ingeborg von Hennigs unterhielt: Jungfrauenverein, Frauenverein, „Freitagskinder", Männerbibelstunde, Sonntagsschule, Buchhandlung, Jungmänner-Verein (hervorgegangen aus Soldatenarbeit und Jungmänner-Heim der Vorkriegszeit), Waldmission (Evangelisation während der Sommermonate im Erholungsgebiet Jungfernheide an Sonntagen), Hofchor (Evangelistischer Gesang in den Höfen von Berliner Wohnhäusern), Jungfrauenchor, Bibelschule, Bibel- und Gebetsstunde, Küche; dazu kamen die Arbeit in der Zweiggemeinschaft in Reinickendorf (mit einer fest angestellten Schwester) sowie die Arbeiten in den Außenstationen.

Die Jubiläumsfeier dürfte zugleich den Zenit der Arbeit der Heilandsgemeinschaft markieren. Aus den folgenden Jahren ist nicht mehr viel dokumentiert. Die Bibelschule endete im Jahr 1933. Eine Bewährungsprobe war 1937/38 zu bestehen, als die Gestapo versuchte, konfessionelle Gruppen zu erfassen. Allerdings gelang es einem Förderer der Gemeinschaft, Architekt Johannis, weitere

[25] Waldersee, Eben-Ezer, 42.

Untersuchungen durch die Gestapo zu vermeiden.[26] 1940 musste schließlich doch die Buchhandlung aufgegeben werden.

Ingeborg von Hennigs selbst erlebte das Ende der nationalsozialistischen Schreckensherrschaft und des Krieges nicht mehr. Während der Bombenangriffe hielt sie sich nicht in Berlin, sondern bei ihrem Neffen Hermann in ihrem Heimatort Techlin auf. Dort starb sie überraschend am 29. Januar 1944 infolge eines Herzschlages. Ihrem Wunsch entsprechend, wurde sie in Techlin beerdigt.

3. Standpunkte

Im Folgenden sollen noch drei theologische Standpunkte von Therese und Ingeborg von Hennigs verdeutlicht werden, die ihr Verständnis von Diakonie präzisieren. Das christliche Ethos, das beide von den Mitgliedern der Heilandsgemeinschaft erwarteten, war hoch und spiegelt ihre eigenen Glaubensprinzipien wider. In einer zweiseitigen Handreichung für die Mitglieder der Heilandsgemeinschaft von 1913, die beide Schwestern gemeinsam verfasst haben, wird das exemplarisch deutlich.[27] Zunächst legen die Schwestern von Hennigs den Namen „Heilandsgemeinschaft" dahingehend aus, dass es in erster Linie um „Gemeinschaft mit Jesus" gehe. Dann umreißen sie ihre Erwartungen in sechs Punkten, nämlich dass die „Mitglieder

1. *täglich treu ihre Bibel lesen*, und zwar die *ganze* Bibel immer wieder von Anfang bis Schluß ...;
2. daß sie Gebetsmenschen werden ...;
3. daß sie *wandeln vor Gott*, und in Liebe, Fleiß, Treue, Demut und Friedfertigkeit ihren Mitmenschen ein Vorbild und Zeugnis sind ...;
4. daß sie sich, soweit es irgend in ihren Kräften steht, *treu* zu den *Versammlungen* der *Heilandsgemeinschaft halten*, es sei denn, daß Abwesenheit von Berlin, Krankheit oder sonstige triftige Gründe sie fernhalten ...;
5. daß sie nach Kräften werben und arbeiten für die Sache des Herrn ...;
6. daß sie den *Dank* für das, was sie in der Gemeinschaft fanden an Frieden, Wachstum und Erkenntnis auch dadurch mit der *Tat* beweisen, daß sie die Sache und die Interessen der Gemeinschaft als ihre *eigene* aufs Herz nehmen und ernstlich dafür Sorge tragen, dass die Heilandsgemeinschaft allen ihren Verpflichtungen ohne besonderes Mahnen der Mitglieder vor dem Jahresschluß gerecht werden können."

a. Bindung an die Schrift

Punkt eins steht nicht zufällig auch am Anfang. Sowohl Therese als auch Ingeborg haben intensiv Theologie getrieben. Ausgelöst durch die Reise nach Palästina 1896/97 war beiden Schwestern das persönliche Schriftstudium wichtig geworden. Die vielfältigen praktischen Arbeiten in der Gemeinschaft, ob im

---

[26] Coerdts, Chronik, 19-22.

[27] Therese und Ingeborg von Hennigs, „An die Mitglieder der Heilandsgemeinschaft", Techlin 1913.

Haus oder außerhalb, führten nicht dazu, dass die geistlich-theologische Arbeit vernachlässigt wurde – im Gegenteil: Gerade die diakonischen Tätigkeiten führten zum Schriftstudium. Das Leben mit dem Wort Gottes war für Therese und Ingeborg von Hennigs die Mitte ihres Glaubens. Dazu hat Therese von Hennigs auch in ihren letzten Lebensmonaten die Gemeinschaft immer wieder aufgefordert: „Stellen Sie sich unters Wort. Stützen Sie sich aufs Wort. Das Wort ist Kraft.“[28] Auch ein weiteres Anliegen ihrer Schwester Therese hat Ingeborg von Hennigs im Curriculum der Bibelschule verwirklicht: „Es ist so unbedingt notwendig, die ganze Bibel im Zusammenhang zu studieren.“[29] Beider Einstellung zur Schrift zeigt sich in folgendem Zitat: „Die Bibel ist nicht dazu da, daß wir sie kritisieren, sondern daß sie uns kritisiere. Wir müssen mit heiliger Scheu an sie herantreten, die Schuhe ausziehen – es ist heiliger Boden.“[30]

b. Nachfolge als Weg ins Leiden

Die folgenden Punkte der Handreichung machen weiter deutlich: Glauben bedeutet Nachfolge Christi, mit der auch Opfer einhergehen können. Leid wurde als ein Mittel verstanden, das näher zu Gott hinführte. Mit der Aufgabe ihrer künstlerischen Ambitionen und der Hinwendung zum Nächsten gingen die beiden Schwestern bewusst einen Weg, der mit Leid verbunden war. Einige Strophen aus Ingeborg von Hennigs Gedicht *Wer überwindet* bringen zum Ausdruck, was sie unter gelebtem Glauben verstand: [31]

‚Wer überwindet' – wunderbare Wege
der Gotteskinder, die dem Vater wert,
die auf geheimnisvolle Weise
im Feuer sind geglüht, geläutert und gestärkt.
In Glaubensproben, Trübsalshitzen
wird Gold geschmolzen und bewährt.
In heißer Glut läßt Gott die Seinen warten
Und bringt hindurch sie dennoch unversehrt.

Herr, mache mich ganz klein, geringe,
zu Staub, entblößt vom eignen Tun,
und lasse mich zu Deinen Füßen
im Glauben fest und kindlich ruh'n.
Dann fließt hinein in meine Prüfung
der Friedensstrom von Golgatha,

---

[28] Therese von Hennigs, „Für Kämpfer. Abschiedsworte einer Vollendeten“, hg. v. Hindenburg, Berlin 1915, 5.

[29] A.a.O., 7.

[30] A.a.O., 6.

[31] Ingeborg von Hennigs, „Wer überwindet“, in: Dies., „Lichtstrahlen für dunkle Zeit“, Berlin, 1947, 6.

und in Gemeinschaft Deiner Leiden
erleb' ich selig: ‚Du bist da!'.

c. Diakonie in Erwartung der Wiederkunft Christi

Die Theologie von Therese und Ingeborg von Hennigs war stark eschatologisch geprägt. Beide lebten in der Naherwartung von Christi Wiederkunft. Sichtbar wird dies auch auf der Inschrift auf dem Grabstein von Therese von Hennigs, die hier ihre grundlegende Glaubenshoffnung der Nachwelt hinterlassen hat: „Siehe, Ich komme bald, Amen. Ja, komm Herr Jesu" sowie „Die Toten in Christo werden auferstehen zuerst".[32] Auch die Trauerfeierlichkeiten anlässlich des Todes von Therese von Hennigs thematisierten ausdrücklich deren ausgeprägte Erwartung des wiederkommenden Christus. Gräfin Waldersee fasste über Therese von Hennigs zusammen: „*Das Haupt-Thema ihres Lebens* aber wurde der *wiederkommende HErr*! Sie faßte stets die großen göttlichen Gesichtspunkte und Ziele für die Zukunft ins Auge, die Zubereitung der Gemeinde für sein Kommen!"[33]

Auch für Ingeborg von Hennigs war die Erwartung des wiederkommenden Herrn Fundament ihres Glaubens. Bei den Feierlichkeiten zum 25jährigen Jubiläum formulierte sie: „Wir sind bekehrt zu dienen und zu warten auf den Sohn Gottes. Möchte die Heilands-Gemeinschaft stets aus Gliedern bestehen, die sich dieser Doppelaufgabe bewußt sind, möchten wir eine wartende Schar sein, die den wiederkommenden HErrn mit Freuden ersehnt."[34] Die Doppelaufgabe, von der Ingeborg von Hennigs hier sprach, wurde Besuchern des Hauses auch in der Weise augenfällig, dass beides im Saal als Motto zu lesen waren: „Dienet einander" sowie „Ja, Ich komme bald!"[35]

Auch wenn die Schwestern von Hennigs ihre Entscheidung zur Ehelosigkeit, ihren Verzicht auf einen künstlerischen Beruf und ihr diakonisches Handeln nicht unbedingt eschatologisch begründeten, so fällt doch auf, dass sich Eschatologie und Diakonie nicht spannungsgeladen gegenüber stehen, sondern ineinander greifen. Die Erwartung der Wiederkunft Jesu und das Hoffen auf ein universales Versöhnungs- und Erlösungshandeln Gottes mit der ganzen Schöpfung führten bei Therese und Ingeborg von Hennigs nicht zur Weltflucht oder zum Rückzug in fromme Spekulation und zum Heilsegoismus, sondern zum diakonischen und missionarischen Dienst am Nächsten. Entsprechend konnte Ingeborg von Hennigs noch kurz vor ihrem Tod sagen: „Mein Leben war so

[32] Skizze des Grabsteins in: Waldersee, Eben-Ezer, Bildeinlage zw. 48 u. 49. Vgl. ebenso a.a.O., 54.
[33] A.a.O., 44.
[34] Waldersee, Eben-Ezer, 10.
[35] A.a.O., 9.

wunderschön u. ich habe soviel Grund zu Danken; denn ich durfte ja das Schönste tun, was es gibt: Menschenseelen zu retten.“[36]

4. Nachklang

Fast vierundvierzig Jahre hat Ingeborg von Hennigs die Heilandsgemeinschaft geleitet, dreizehn Jahre zusammen mit ihrer Schwester Therese. Die Gemeinschaft musste nach dem Krieg ihren eigenen und neuen Weg finden, blieb theologisch aber in der Prägung der Gründerinnen. Doch was einst die Schwestern von Hennigs überhaupt zur Gründung der Heilandsgemeinschaft geführt hatte – die Jugendarbeit – konnte in den letzten Jahren immer weniger geleistet werden. Fast genau hundert Jahre nach ihrer Gründung löste sich die Gemeinschaft im Herbst 2003 auf, die verbliebenen und fast durchweg älteren Mitglieder schlossen sich anderen Gemeinden an. Das Lebenswerk von Therese und Ingeborg von Hennigs war damit Geschichte geworden. Das theologische Profil ihrer missionarisch-diakonischen Tätigkeit weist jedoch über ihre Zeit hinaus. Auch wenn das Werk, das untrennbar mit dem Namen der Schwestern von Hennigs verbunden ist, nicht mehr als Institution besteht, so sind sie als Frauen doch einen eigenständigen und selbstbewussten Weg gegangen, den beide aus ihrem tiefen Glauben an Christus begründeten.

[36] Ingeborg von Hennigs, „Letzte Worte unserer geliebten, verehrten Leiterin Ingeborg von Hennigs vor ihrem Heimgang am Sonnabend, den 29. Januar 1944“, Typoskript o.O. o.J. [1944] (Archiv der Heilandsgemeinschaft, Berlin Hasenheide).

Marjo-Riitta Anitkainen

Mathilda Wrede (1864-1928)[1]

Mathilda Wrede. Aufnahme von 1894, Museovirasto Helsinki.

Mathilda Augusta Wrede wurde als jüngstes von neun Kindern am 8. März 1864 geboren. Ihr Vater, Freiherr Carl Gustaf Wrede, war Gouverneur der Provinz Vaasa. Die Familie war nicht nur aufgrund der Stellung des Vaters, sondern auch aus genealogischer Sicht eine von Finnlands ältesten, bekanntesten und einflussreichsten Adelsfamilien. Die Familie Wrede gehörte der schwedischsprachigen Oberschicht Finnlands an und hatte zudem eine hohe Stellung auch innerhalb der internen Hierarchie des Adels inne.

Die Mutter Mathildas, Eleonora Margaretha Sofia Wrede, starb nur wenige Monate nach der Geburt des jüngsten Kindes. Die älteste Tochter Helena übernahm danach sowohl die Fürsorge für ihre jüngste Schwester als auch die Führung des häuslichen Alltags. Trotz des frühzeitigen Todes ihrer Mutter hatte Mathilda eine geordnete und schöne Kindheit. Dem Haushalt gehörten neben dem Vater und den Geschwistern auch Bedienstete an, die für das Mädchen eine wichtige Rolle spielten. Mathildes Kindheit war vom Spiel und der Tierhaltung des heimischen Hofes geprägt. Pferde und Hunde liebte Mathilda besonders.

Mathilda Wrede erhielt eine für ein dem Adel angehörendes Mädchen übliche Bildung. Von früh auf lernte sie Französisch. Darüber hinaus besuchte sie die örtliche Schule. Vom elften Lebensjahr an wurde sie in einer privaten Mädchenschule in Hamina unterrichtet. Die Schulmonate verbrachte sie von der Familie getrennt in einem Internat. Ihr Heimweh wurde durch die vor Ort lebenden Verwandten, ihre Schulkameradinnen und ihr Eichhörnchen erleichtert, das sie als Haustier auch in dem Mädchenpensionat halten durfte. Nachdem Mathilda im Alter von 15 Jahren die Schule beendet hatte, lebte sie wieder zuhause in Vaasa. Sie nahm an den Zerstreuungen der Stadt teil, folgte ab und an ihrem

[1] Der vorliegende Artikel wurde von Dr. theol. Otfried Czaika, Universitätslektor für Kirchengeschichte an der Universität Linköping (Schweden), aus dem Finnischen ins Deutsche übertragen.

Vater auf Dienstreisen und begann Englisch zu lernen. Bemerkenswert ist, dass sie im Unterschied zu vielen anderen schwedischsprachigen Adligen auch Finnisch lernte. Die Möglichkeit dazu erbot sich ihr in Rabbelung/Anjala (Südostfinnland), dem zweiten Wohnsitz der Familie. In Rabbelung verbrachte die Familie Wrede die Sommermonate. Mathilda Wrede nahm dort schon als kleines Mädchen am Finnischunterricht teil.[2]

Mathilda Wredes Kindheit und Jugend geben keinerlei Anhaltspunkte dafür, wie sich ihr späterer Lebensweg gestalten sollte. Die Lebensart einer finnischen Adligen wurde ebenso wenig wie die Ruhe im elterlichen Heim Teil ihres späteren Lebens. Stattdessen hatte Mathilda Wrede ein Erweckungserlebnis und widmete danach ihr Leben den kriminell gewordenen Menschen. Sie übertrat dabei die herrschenden Konventionen und Standesgrenzen, fand den Beifall der Sozialisten, deren Arbeit von konservativen Kreisen behindert wurde, und wurde dadurch selbst zur nationalen Bedrohung.

1. Der Beginn der Gefangenenfürsorge

Dies alles begann, als der Abgesandte des schwedischen Missionsverbunds (Svenska Missionsförbundet), Carl Orest, zu Beginn des Frühjahrs 1883 in Vaasa Erweckungsversammlungen abhielt. Am 5. März 1883 erlebte die 18-jährige Mathilda auf dieser Versammlung ihre Bekehrung zum bewussten Glauben an Jesus Christus.

Die Erweckung war für sie ein Erlebnis, das ihr Leben und Weltbild einschneidend veränderte. Tanz und andere weltliche Vergnügungen hatten von nun an in Mathildas Leben keinen Platz mehr. Ihre Tage verbrachte sie fortan mit Bibellesen und Gesprächen über den Glauben. Ein halbes Jahr nach ihrer Erweckung eröffnete sich für Wrede nochmals eine neue Welt, als ein Gefangener des Provinzgefängnisses in Vaasa, Otto Herman Gustafvasson, im Haus des Gouverneurs einige Reparaturarbeiten ausführte. Wrede begann, mit ihm über Glaubensdinge zu sprechen. Nach diesem Gespräch machte Gustafvasson einen überraschenden Vorschlag: Er bat seine Gesprächspartnerin, auch den anderen Gefangenen von ihrer eigenen Bekehrung und von Gott zu erzählen. Wrede versprach ihm, das Gefängnis zu besuchen. Ihr Vater versuchte zuerst, dies zu verhindern, gab ihrem Wunsch jedoch schließlich nach.[3]

Es blieb nicht bei dem einen Gefängnisbesuch, sondern Mathilda Wrede kehrte wieder und wieder in die Anstalt zurück. Sie begeisterte sich so sehr für die Missionierung der Gefangenen, dass sie regelmäßig das Gefängnis in Vaasa

---

[2] Evy Fogelberg, Vankien ystävä. Piirteitä Mathilda Wreden elämästä ja toiminnasta. Helsinki 1920, 9-13; Ester Ståhlberg, Mathilda Wrede. Porvoo [6]1951, 9-111; Marjo-Riitta Antikainen, Mathilda Augusta Wrede (1864-1928), Vankeinhoidon uudistaja, Vankien ystävä, kristillis-sosiaalisen työn aktiivi, in: Suomen kansallisbiografia (http://www.kansallisbiografia.fi), 2003.

[3] Kansallisarkisto/Finnisches Nationalarchiv Helsinki (= KA) EB, Alba Hellman an E Björkenheim 9. März 1883; Fogelberg, Vankien ystävä, 15-19; Ståhlberg, Wrede, 127 f., 143 f., 152. Ståhlberg verwendet in ihrem Buch über Gustafvasson auch dessen zweiten Namen.

besuchte. Zu einem vorübergehenden Ende kamen ihre Gefängnisbesuche, als sich Gouverneur Wrede von seinem Amt zurückzog und mit seiner Familie nach Anjala übersiedelte.[4] Der Wegzug aus Vaasa bedeutete jedoch weder eine echte Unterbrechung noch ein Ende ihrer Arbeit mit den Gefangenen. Den Kontakt zu den Häftlingen hielt Wrede zunächst durch einen Briefwechsel aufrecht.

Auch auf andere Art und Weise hatten die Gefangenen von Wredes Gedanken Besitz ergriffen. Einer Freundin schrieb sie: „Ich habe mich so sehr nach meinen lieben Gefangenen gesehnt, dass ich fast jede Nacht von ihnen träume."[5] Kein Wunder also, dass sie die Gefängnisbesuche fortsetzen wollte. In einem Schreiben bat sie den für die Gefängnisfürsorge zuständigen Oberdirektor Adolf Grotenfelt um Erlaubnis, alle Gefängnisse in Finnland besuchen zu dürfen. Dies begründete sie damit, dass Jesus in der Bibel dazu aufrief, Gefangene zu besuchen. Allerdings wurde dieser Brief niemals abgesandt, da Wrede letztendlich beschloss, nach Helsinki zu reisen und Grotenfelt dort persönlich zu treffen.[6]

Grotenfelt nahm das Projekt positiv auf und fertigte ein Empfehlungsschreiben an die Gefängnisse in Turku, Helsinki, Hämeenlinna und Lappeenranta aus. Die junge und unerfahrene Adlige erhielt damit von dem höchsten für die finnische Gefängnisfürsorge zuständigen Beamten die Erlaubnis für ihre Gefängnisbesuche und die damit verbundene Glaubensverkündigung. Offensichtlich betrachtete Oberdirektor Grotenfelt Wredes Pläne als vorübergehenden Idealismus und gab ihr daher leichtfertig seine Zustimmung. Auf Grotenfelts Beschluss hatte jedoch auch die Tatsache Einfluss, dass Wrede eine dem finnischen Adel angehörende privilegierte Person war. Ihre gesellschaftliche Stellung öffnete ihr Türen, durch die andere nur schwerlich gehen konnten. Die harmlose und kurzfristig erscheinende Wohltätigkeit eines hochstehenden Standesfräuleins wäre kaum zurückzuweisen gewesen. Zu Grotenfelts positivem Beschluss trug auch die Hoffnung bei, dass Wrede mit ihrem Projekt, unter den Gefangenen den Glauben an Gott zu verkündigen, entscheidend zur moralischen Besserung der straffällig gewordenen Personen beitragen könne. Der Glaube spielte eine bedeutende Rolle innerhalb der Gefangenenfürsorge, denn

---

[4] KA, ES 90 O. H. Gustafvasson an M. Wrede 10. Februar –23. Mai 1884; Fogelberg, Vankien ystävä, 22; Ståhlberg, Wrede, 152 ff.; Marjo-Riitta Antikainen, Sääty, sukupuoli, uskonto. Mathilda Wrede ja yhteiskunnan muutos 1883-1913 (Bibliotheca historica 83), Helsinki 2004, 26.

[5] Vaasan maakunta-arkisto/Archiv der Provinz Vaasa (= VMA) H 3 M. Wrede an Alba Hellman 11.-14. Juni 1884 und 7. Juli 1884.

[6] KA, EB Alba Hellman an E. Björkenheim 17. November 1884; Svenska Litteratursällskapet i Finland/Schwedische Literaturgesellschaft in Finnland (= SLSA) 859 mapp 6, M. Wrede an A. Grotenfelt 5. November 1884; Ståhlberg, Wrede, 176 f.

die herrschende Vorstellung war, dass ein Mangel an religiöser Bildung und Anleitung der Grund für Verbrechen seien.[7]

2. Die religiös-gesellschaftlichen Gesichtspunkte der Arbeit

Obwohl Mathilda Wrede Mitglied der lutherischen Kirche war, erlebte sie ihre Bekehrung zu einem bewussten Glauben im freikirchlichen Milieu. Die Erweckung hatte in vieler Hinsicht einen entscheidenden Einfluss auf ihr Leben.

Die aus der Freikirchlichkeit stammenden Auswirkungen zeigen sich darin, dass Wrede sich von Vergnügungen abwandte, die sie für weltlich hielt und stattdessen begann, sich ihrer evangelistischen Tätigkeit zu widmen. Bedeutsam war zudem, dass eine für die Freikirchlichkeit typische Gnadenverkündigung und soziale Aktivität in Wredes Heimatstadt Vaasa in den verschiedensten sozialen Betätigungen ihren Ausdruck fand. Da es in Vaasa ein großes Gefängnis gab, kam es auch vor, dass Angehörige der Freikirche ihre soziale Tätigkeit nicht nur auf Alkoholiker, Seeleute und auf für sittenlos gehaltene Frauen beschränkten, sondern diese auch auf Gefangene ausdehnten. Die aus der Freikirche stammenden Gläubigen hatten in Vaasa schon lange vorher ihre Seelsorge und ihren Verkündigungsdienst auf die Gefangenen ausgedehnt. Die Pionierin dieser Arbeit war die Buchhändlerin Alba Hellman gewesen, die schon Ende der 1860er Jahre mit Gefängnisbesuchen begonnen hatte. In den 1880er Jahren versah der ebenso erweckte Henrik Wrede, ein Bruder von Mathilda, die Gefangenenseelsorge. Nachdem Henrik Wrede im Herbst 1883 als Kolporteur nach Sibirien aufgebrochen war, um dort Bibeln zu verbreiten, setzte Mathilda die Arbeit des von ihr bewunderten Bruders fort.

Neben der christlich-sozialen Aktivität in freikirchlichen Kreisen zählte auch die Bewegungsfreiheit, die Frauen innerhalb dieser Glaubensgemeinschaften besaßen, zu den Bedingungen, die sich positiv auf den Beginn von Mathilda Wredes Gefangenenfürsorge auswirkten. Die Verkündigung wurde dort als Pflicht eines jeden Christen angesehen – gleichgültig, ob Mann oder Frau. So bezeugten beispielsweise gebildete Frauen öffentlich ihren Glauben und nahmen Kontakt zu religiösen Persönlichkeiten im Ausland auf.[8] Alba Hellman und andre freikirchliche Frauen stellten für Wrede Vorbilder dar, an deren Leben erkennbar wurde, wie eine Frau unter Absehung ihres Geschlechts mutig von ihrem Glauben reden und andere Menschen in geistigen Fragen anleiten konnte.

Diese aktive religiöse Tätigkeit der Frauen aus der Freikirche hob sich deutlich von der gewöhnlichen, gesellschaftlich akzeptierten Frauenrolle ab. In der

---

[7] KA, ES 90 A. Grotenfelt an P. A. Brofelt, A. W. Becker und G. A. Wahlström 19. November 1884; Wredebyn kartanon sukuarkisto/Familienarchiv des Hofes Wredeby (= W), 40 Tagebucheintrag 18. November 1884; Fogelberg, Vankien ystävä, 23; Ståhlberg, Wrede, 177 ff.

[8] John Forsberg, Kärlek och tro. Systrarna Hellmans liv och gärning. Vasa 1952, 38-39: 85-97: 103; Pirjo Markkola, Synti ja siveys. Naiset, uskonto ja sosiaalinen työ Suomessa 1860-1920. (Suomalaisen Kirjallisuuden Seuran Toimituksia 888), Tampere 2002, 74 f.

lutherischen Kirche in Finnland hatten religiös aktive Frauen gegen Ende des 19. Jahrhunderts vor allem die Aufgabe, als passive Hörerinnen von Gottes Wort die Kirchenbänke zu füllen. In der lutherischen Gedankenwelt verwirklichte die Frau ihre Berufung am ehesten im Heim; so diente sie Gott und dem Nächsten. Die Frau war vor allem Mutter. In der Öffentlichkeit und bei gesellschaftlich-politischen Angelegenheiten war der Mann der Anwalt der Frau. Dennoch hatte sich die Stellung des weiblichen Geschlechts allmählich verändert, zumal man begonnen hatte, die von Industrialisierung und Urbanisierung verursachten Probleme mit Hilfe der Inneren Mission zu lösen. Unter Aufnahme deutscher Vorbilder sah man auch in Finnland, dass andere Wege beschritten werden mussten, um entfremdeten Menschen auf eine neue Art und Weise das Evangelium zu verkündigen, nämlich mit den Mitteln der Diakonie. Das aus der lutherischen Lehre abgeleitete Verständnis, die Mutterrolle als Beruf zu begreifen, begann sich zu dem Beruf der Diakonisse zu entwickeln, den man als eine für Frauen angemessene Arbeit betrachtete.[9]

Ihre Zugehörigkeit zur Freikirche bedeutete für Mathilda Wrede auch, dass sie von der englischen Missions- und Heiligungsbewegung Vorbilder und Modelle für ihre Arbeit und darüber hinaus auch finanzielle Unterstützung erhielt. Gleichzeitig wurde ihre Arbeit ein Teil der internationalen Gefangenenarbeit. Wredes Tätigkeit war, abgesehen von den konkreten Kontakten, auch in Bezug auf die sich darin widerspiegelnden Ideen und Interessen international. Seelenverwandte fand man nicht nur bei den evangelistisch wirkenden Angehörigen der im 19. Jahrhundert entstandenen anglo-amerikanischen Erweckungsbewegung. Besonders die Quäker waren schon seit dem 18. Jahrhundert innerhalb der Gefangenenfürsorge aktiv gewesen. Die Quäker hatten einzelne Personen hervorgebracht, die, wie z. B. die Engländerin Elisabeth Fry (1780-1845), in der Gefangenenfürsorge tätig waren. Der Pionier der deutschen evangelischen Diakonie, Theodor Fliedner, hatte 1826 nicht nur die interkonfessionelle Rheinisch-Westfälische Gefängnisgesellschaft gegründet, sondern zusammen mit seiner Frau Friederike 1833 auch ein Asyl für haftentlassene Frauen.

Elisabeth Frys Nachfolge traten die Frauen in Zentraleuropa und Nordamerika an, die damit begannen, weibliche Häftlinge zu besuchen. Unter dem Einfluss der Quäker entwickelte sich in Nordamerika eine Organisation, die sich auf die Gefangenenfürsorge spezialisierte und eine der Hauptrichtungen innerhalb der Gefangenenfürsorge im 19. Jahrhundert wurde.[10]

---

[9] Pirjo Markkola (Hg.), Gender and Vocation. Women, Religion an Social change in the Nordic Countries, 1830-1940 (Studia Historica 64), Helsinki 2000,118–123. Zu Luthers Lehre vom Beruf vgl. Inger Hammar, Emansipation och religion. Den svenska kvinnorörelsens pionjärer i debatt om kvinnans kallelse ca 1860-1900. Stockholm 1999, 23-26: 251; Inger Hammar, From Fredrika Bremer to Ellen Key. Calling, Gender and the Emancipation Debate in Sweden, ca. 1830-1900, in: Markkola, Gender, 30-33.

[10] Lawrence M. Friedman, Crime and Punishment in American History, New York1993, 77-82; David J. Rotham, Perfecting the Prison: United States, 1789-1865, in: Norval Morris/ David J. Rotham (Hg.), The Oxford History of the Prisons. The Practice of Punishment in

Wrede begann mit der Missionierung der Gefangenen deshalb, weil dies auch ihre Glaubensgenossen taten. Zugleich sah sie sich durch ihr Menschen- und Gottesbild dazu verpflichtet, das Evangelium zu verkündigen. Ihrer religiösen Einstellung zufolge war der Mensch sündig und weltlich und konnte sich nicht aus eigener Kraft von seiner Affinität zum Bösen lösen. Gott dagegen sah sie als gnädigen Allherrscher. Zu ihrem Heil bedurften die Menschen der Rettung, die „allein Jesu Versöhnungsarbeit anbot". Sie berichtete den Gefangenen „von Jesus, dem Befreier von Sünden".[11]

Wrede war davon überzeugt, dass eine geistliche Erneuerung erstens einen klaren und bewussten Entschluss voraussetzte und zweitens ein Sich-Verlassen auf die göttliche Autorität und Gnade. Die lutherische Vorstellung von der Notwendigkeit einer geistlichen Veränderung erhielt zweifelsohne eine Verstärkung durch ihr eigenes Bekehrungserlebnis. Indem Wrede die Notwendigkeit der Entscheidung betonte, knüpfte sie eindeutig an die Tradition der Freikirche an.[12]

Religiöse Anschauungen beeinflussten Wredes Einstellung zur Gefangenenfürsorge. Obwohl die Gesellschaft die Gefangenen bereits verurteilt hatte, glaubte sie daran, dass Menschen, die straffällig geworden waren, ihre Schuld aber bekannt hatten, noch zu ändern seien. Wrede war davon überzeugt, dass die Veränderung des Einzelnen der wichtigste Ausdruck des Glaubens sei. In den Mittelpunkt ihrer Theologie stellte sie das Verhältnis des einzelnen Verbrechers zu Gott. Sie war der festen Überzeugung, eine innere Besserung und die Rettung der Seele sei durch den Glauben möglich. Diese Gedanken Wredes lassen die Anknüpfungspunkte zu den religiösen Vorstellungen und Ideen erkennen, die hinter der von den Quäkern praktizierten Gefangenenfürsorge stehen . Auch die Quäker waren überzeugt, dass der Glaube zur Besserung der Gefangenen entscheidend beitrug. Im Zentrum der Gefangenenfürsorge sollte daher die Seelenrettung der Verbrecher stehen.[13]

Western Society. New York/Oxford1995, 117-119; Lucia Zedner, Women, Crime and Custody in Victorian England, Oxford 1994, 117-121; Lucia Zedner, Wayward Sisters: The Prison for Women, in: Morris/Rotham, Prisons, 333-336; Annemieke van Drenth/Francisca de Haan, The Rise of Caring Power. Elizabeth Fry and Josephine Butler in Britain an the Netherlands, Amsterdam 1999, 51-80: 109-132.

[11] Vgl. u.a. SLSA 859 mapp 6, M. Wrede an A. Grotenfelt 5. November 1884; VMA, H 3 M. Wrede an Alba Hellman 11.-14. Juni 1884 und 7. Juli 1884.

[12] Zur freikirchlichen Religiosität vgl. Mikko Juva, Valtionkirkosta kansankirkoksi. Suomen kirkon vastaus kahdeksankymmentäluvun haasteeseen (Suomen Kirkkohistoriallisen Seuran Toimituksia 61), Porvoo 1960, 67, 78; Harald Wejryd, Från konventikel och väckelse till friförsamling och denomination. En skildring av Den fria missionens i Finland uppkomst och utveckling fram till 1890. (Skrifter utgivna av Svenska Kyrkohistoriska föreningen. II Ny följd. 41), Motala 1984, 119-120.

[13] Randall McGowen, The Well-Ordered Prison. England, 1780–1865, in: Morris/Rotham, Prisons, 95 ff; Lucia Zedner, Wayward Sisters: The Prison for Women, in: Morris/Rotham, Prisons, 333–336.

Außer der freikirchlichen Religiosität wirkten auf den Beginn von Wredes Arbeit auch das damalige Frauenideal und ihr durch Geburt ererbter gesellschaftlicher Status ein. Wredes Entschluss, ihr ganzes Leben der Gefangenenhilfe zu widmen, ist z.T. eine Folge der geschlechtsspezifischen Erziehung, die sie erhalten hatte. Mädchen von Stand wurden zur Hilfsbereitschaft und Selbstlosigkeit angehalten. Die adlige Abstammung und die gesellschaftliche Stellung der Familie verpflichteten Wrede dazu, gesellschaftliche Verantwortung zu übernehmen. Ihre Herkunft und der Dienstgrad ihres Vaters bedeuteten auch, dass sie leicht eine dem Gefangenenreglement entsprechende Erlaubnis zum Besuch eines Gefängnisses bekam. Der Beruf des Vaters und der hohe Stand der Familie ermöglichten es einer minderjährigen und unerfahrenen Frau, in die männliche, hierarchische und von der Außenwelt abgeschirmte Welt der Gefangenenfürsorge einzutreten. Zielbewusst nutzte die junge Mathilda Wrede die eigene gesellschaftliche Stellung, die des Vaters und den daraus resultierenden Bekanntenkreis für ihr diakonisches und missionarisches Wirken unter den Häftlingen aus.[14]

3. Eine Freundschaft, die Geschlechter- und Standesgrenzen überschreitet

Obwohl Wredes Verkündigungsarbeit innerhalb der Standes- und Geschlechterrolle ihrer Zeit sowohl Impulse als auch eine Basis erhielt, folgte sie darin doch nicht sklavisch den Vorbildern der Umwelt. Ihre Arbeit enthielt verschiedene Züge, die dem Zeitgeist widersprachen. Wrede brach auf eigene Art und Weise mit den Werten und Traditionen der finnischen Ständegesellschaft und begünstigte somit die Bildung einer gleichberechtigteren Volksgemeinschaft.

Von Anfang an war Wredes Art, den Gefangenen zu begegnen, ungewöhnlich. Sie überbrachte den Inhaftierten Informationen von deren Bekannten, bat sie, Platz zu nehmen, trank mit ihnen aus derselben Tasse, aß von deren Brot und reiste mit ihnen zusammen im Gefangenentransport. Sie verriet nicht Gefangene, die Tabak in die Anstalt geschmuggelt hatten, obwohl sie dazu im Prinzip verpflichtet gewesen wäre. Ihr unangepasstes Verhalten war eine bewusst gewählte Strategie, mit der sie das Vertrauen der Gefängnisinsassen gewinnen wollte. Gleichzeitig war es aber auch ein Ausdruck ihrer Empathie und Identifikation mit den Gefangenen. Nach Auffassung ihrer Verwandten neigte sie dabei hin und wieder zur Übertreibung. Beispielsweise versuchte sie für ihre tägliche Essensration nur soviel Geld auszugeben, wie im Gefängnis pro Tag und Gefangenem aufgewendet wurde. Ihren Verwandten, die darauf hinwiesen, dass die Kosten für das Gefängnisessen durch die große Herstellungsmenge niedrig gehalten werden konnten, schenkte sie keinen Glauben. Wrede beendete

---

[14] Antikainen, Wrede, 45, 49 f.

ihr Experiment erst als sie bemerkte, dass sie nicht von dem minimalen Quantum an Lebensmitteln leben konnte, das sie für wenige Groschen erhielt.[15]

Von der allgemeinen Konvention wich Wrede auch insofern ab, als sie sich nicht als „Mutter der Gefangenen“ und auch nicht als deren „Schwester“ profilieren wollte. Sie trat auch nicht als Freifräulein, sondern nur als „Fräulein Wrede“ auf, die „eine Freundin der Gefangenen“[16] sein wollte. Wenn man die hierarchische Ordnung der Gesellschaft und die allgemeine Stellung der damaligen Frauen berücksichtigt, so war die Nichtverwendung eines Adelstitels und die Betonung der Freundschaft mehr als nur eine augenfällige Ausnahme. Eine Frau, die der bedeutendsten gesellschaftlichen Gruppe angehörte, entsagte ihres Adelstitels für die Gefangenen, die der von der Gesellschaft marginalisiertesten und verachtetsten Volksgruppe angehörten. Dessen ungeachtet war die als „Fräulein“ auftretende Wrede trotzdem eine Gouverneurstochter, die ihren gesellschaftlichen Stand – da wo sie es für nötig erachtete – bewusst zum eigenen Vorteil ausnutzte.

Aus verschiedenen Gründen war es Wrede unmöglich, auf „Mütterlichkeit“ zu insistieren. Obwohl ihre Arbeit in vieler Hinsicht die hierarchische Gesellschaft mit ihrer Spannung zwischen oben und unten widerspiegelte, wollte Wrede nicht die Mutterrolle wählen. Eine Betonung der Mütterlichkeit hätte ihrer Art, sich mit den Gefangenen zu identifizieren, die Glaubwürdigkeit genommen, da eine Mutter als Teil der elterlichen Autorität auch gegenüber ihren Kindern Strenge walten lassen musste. Auch liebende Eltern müssen die Kinder erziehen und anleiten. Darüber hinaus dürfte Wredes Jugend und Kinderlosigkeit ihr die Annahme der Mutterrolle gegenüber erwachsenen Männern unmöglich gemacht haben, wenngleich das Alter nicht zwangsläufig eine mütterliche Beziehung zu älteren Personen ausschließen musste.[17] Schon aufgrund ihrer eigenen Biografie konnte sie die Mutterrolle nicht als die ihr natürliche Form der Beziehung zu den Gefangenen ansehen. Da Wrede ohne Mutter aufgewachsen war, war ihr die Mutterrolle fremd. Selbst ohne Mutter groß geworden, konnte sie anderen keine Mutter sein.

---

[15] W, 40 Tagebucheintrag 1.-9. April 1885, 10; Tagebucheintrag 8.-15. Juni 1885, 61-62; Tagebucheintrag 10. August 1885, 89; Tagebucheintrag 2. September 1885, 96-97; Tagebucheintrag 7. Juni 1886, 128; Tagebucheintrag 5.November-2. Dezember 1885, 123-124; Ester Ståhlberg, Mathilda Wreden testamentti, Porvoo 1949, 70 f.

[16] W, 40, Tagebucheintrag 8.-15. Juni 1885, 62; Wrede, M. 1889. Der von Wrede verwendete Begriff "Freund" (finn. „ystävä“, schw. „vän“,) ist schwer ins Deutsche übersetzbar. Die finnische Sprache kennt im Unterschied zum Deutschen keine Genera. Das Deutsche besitzt sowohl die maskuline Form „Freund“ wie auch die feminine Form „Freundin“. Im Finnischen ist das Wort „ystävä“ / „Freund“ dagegen ein völlig geschlechtsneutraler Begriff wie übrigens auch die finnischen Worte für den engl. Begriff „friend“.

[17] Zur Mutterrolle und Schwesternrolle: Vgl. Karin Lützen, The Cult of Domesticity in Danish Women´s Philantrophy, 1870-1920, in: Markkola, 155; Pirjo Markkola, Synti ja siveys. Naiset, uskonto ja sosiaalinen työ Suomessa 1860-1920. (Suomalaisen Kirjallisuuden Seuran Toimituksia 888), Tampere 2002.

Wrede hätte jedoch zur Definition ihrer Beziehung zu den Gefangenen die Geschwisterrolle wählen können. Ihrer eigenen Auffassung nach bestimmte jedoch der Begriff der Freundschaft am besten die Natur ihrer Arbeit. Zudem war Freundschaft ein völlig geschlechtsneutraler Begriff und daher eine ungefährliche Wahl. Es war ihr wichtig, bei ihrer Arbeit in den Gefängnissen eine gewisse Geschlechtslosigkeit zu demonstrieren. Weil die Mehrzahl der Gefangenen männlich war, konnte ihr Frausein und besonders eine Weiblichkeit, durch die sexuelle Bedürfnisse geweckt wurden, für ihren sittlichen Ruf ein schädliches Element sein. Wrede fürchtete, dass ihr Geschlecht für die Evangelisierung der Gefangenen hinderlich sein könnte. Es entlastete sie, als ihr signalisiert wurde, dass die Gefangenen „sie nicht als Frau sahen".[18]

Ungeachtet der Gefährlichkeit körperlicher Kontakte berührte Wrede die Gefangenen. Einem Gefangenen, der ein religiöses Buch nicht lesen wollte, klopfte sie auf die Schultern. Auf diese Art und Weise wollte sie ihre Freundschaft bezeugen und ihn dazu bewegen, das angebotene Buch zu nehmen und zugleich die anderen Gefangenen, welche die Szene verfolgt hatten, auffordern, dasselbe zu tun. Einen drohend auftretenden Gefangenen berührte Wrede, indem sie ihre Hand auf dessen geballte Fäuste legte.[19] Ihre physischen Kontakte hatten jedoch keinerlei sexuelle Bedeutung, sondern waren vielmehr Zeichen ihrer Empathie.

Wredes Freundschaft bewegte sich auf zwei Ebenen. Neben der gewöhnlichen Freundschaft konnte man im Gefängnis auch besonders „Glaubensfreundschaft" erfahren. Dies war möglich in der Gruppe von gleichdenkenden und -glaubenden Menschen. In Gemeinschaft mit einem gläubigen Gefangenen konnte Wrede alle standes- und geschlechtsbedingten Attitüden vergessen und herrschende soziale Rollen durchbrechen. Die gemeinsame Glaubenserfahrung verband Wrede und die Gefangenen derart, dass sie – Wredes eigener Aussage zufolge – nach einem intensiven Gespräch „Geschwister und Freunde im Herren"[20] waren. Der Glaube bildete einen Freiraum, in dem sich die der Oberschicht angehörende Wrede und ein gemeiner Gefangener als gleichwertige Gesprächspartner begegnen konnten. Die sozialen Unterschiede waren unter Glaubensfreunden völlig unbedeutend.

Durch die Betonung der geschlechtsneutralen Freundschaft schuf Wrede eine neue Möglichkeit, die Arbeit der Frau außerhalb des Hauses zu begründen. Sie beschritt nicht nur einen, zumindest bis zum damaligen Zeitpunkt für Frauen seltsamen Lebensweg, sondern begründete auch ihre Berufung auf eine damals für Frauen unbekannte und radikale Art und Weise. Im Unterschied zu den Frauen ihrer Zeit begann sie das Bild einer vom Geschlecht unabhängigen Tätigkeit zu schaffen, die auf Identifizierung und Freundschaft fußte. Für beide

[18] W, 40 Tagebucheintrag 1.-9. April 1885, 54; Fogelberg, Vankien ystävä, 34; Ståhlberg, Wrede, 212 f.

[19] W, 40 Tagebucheintrag 1.-9. April 1885, 18ff, 35-38.

[20] W, 40 Tagebucheintrag 8.-15. Juni 1885, 75.

Geschlechter bedeutete dies in der Praxis eine Besinnung auf das allgemein Menschliche, da Freundschaft kein geschlechtsspezifisches Wort war. Indem Wrede auf das geschlechtsunspezifische Wort Freundschaft Bezug nahm, durchbrach sie die Vorstellungen ihrer Zeit, welche die Unterschiede zwischen den Geschlechtern betonten. Mit ihren eigenen Charakterzügen und wegen der in der Gefangenenfürsorge vorherrschenden Maskulinität unterstrich sie, dass Menschlichkeit die bedeutendste Definition der einzelnen Geschlechter war. Gleichzeitig erteilte sie den geschlechtsspezifischen Definitionen von Weiblichkeit und Männlichkeit eine Absage.

Dennoch ist hervorzuheben, dass Wrede ungeachtet ihrer Identifikationsfähigkeit und der Betonung der Freundschaft ihre Ideale nicht vollständig verwirklichen konnte. Den männlichen Gefangenen gegenüber begegnete sie mit einer Empathie, die sie jedoch nicht auf weibliche Gefangene zu übertragen schaffte.

Gewöhnlich hatte man zwei unterschiedliche Auffassungen von Frauen, die für sittenlos gehalten wurden. Die eine war, sie als tragische Gestalten, als Opfer zu betrachten. Ein Großteil der Philanthropen begegnete den Prostituierten menschenfreundlich mitleidsvoll. Der zweiten Sichtweise zufolge, die sich auch Wrede zu eigen gemacht hatte, stellten diese Frauen eine Bedrohung für die Gesellschaft dar.[21] Wredes Erfahrungen nach waren weibliche Gefangene manipulierend, verlogen und moralisch verfallener als ihre männlichen Kollegen. Wrede schätzte gewisse männliche Charaktereigenschaften hoch und achtete bestimmte weibliche Charaktereigenschaften gering. Maskuline Züge betrachtete sie als Norm, während sie feminines Betragen kritisierte. Gleichzeitig taxierte sie weibliche Gefangene aus dem Blickwinkel einer strengen, der Oberschicht angehörenden Schwester. Das kalte und kritisierende Verhalten trat nur da in den Hintergrund, wo sie gläubigen weiblichen Gefängnisinsassen begegnete.[22]

4. Eine halboffizielle und fachmännische Arbeit

Die Hilfe, die Wrede den Gefangenen angedeihen ließ, wertete sie als ihre Berufung, als die ihr von Gott gegebene Lebensaufgabe. Obwohl sie sich anfangs mit der Rolle der geistlichen Helferin der Gefangenen identifizierte, konnte sie dennoch nicht ihre Augen vor deren anderen Bedürfnissen verschließen. Neben die Evangelisierung trat somit die materielle und finanzielle Hilfe. Inhaftierten half sie bei der Formulierung von Eingaben und Gnadengesuchen, Haftentlassenen bei der Arbeitssuche. Im Jahre 1886 gründete sie in Anjala zusammen mit

---

21 Anna Jansdotter, "Några juveler hemtade ur dyn..." Bibelqvinnan Elsa Borgs berättelser om sitt arbete bland prostituerade kvinnor vid sekelskiftet 1900 in: Køn, religion og kvinder i bevaegelse. Konferencerapport fra det VI. Nordiske kvindehistorikermode tisvildeleje 12.-15. August 1999. 2000, 206, 212.

22 W, 40 Tagebucheintrag 18. November 1884, 2-3; Tagebucheintrag 18.1.1889, 141; Fogelberg, Vankien ystävä, 65 f; Antikainen, Wrede, 70 f.

ihrem Bruder Henrik die Arbeiterkolonie Toivola,[23] deren Zielgruppe aus der Haft entlassene männliche Gefangene waren. Nach ein paar Jahren übernahm allerdings Henrik Wrede die Hauptverantwortung für die Arbeiterkolonie Toivola, da sich seine Schwester auf ihre Gefängnisbesuche in verschiedenen Gegenden Finnlands konzentrierte.

Aufgrund ihrer Berufung versuchte Mathilda Wrede in jeder Hinsicht zu beweisen, dass ihre Tätigkeit innerhalb der Gefangenenfürsorge eine fachmännische und ernstzunehmende Arbeit war. Sie entwarf sich eine selbst geschneiderte „Amtstracht". Anregungen dafür erhielt sie unter anderem von dem sog. Reformkleid[24] sowie von der Uniform, welche die weiblichen Offiziere der Heilsarmee trugen. An dem hohen Kragen des relativ einfachen, dunklen Kleides befestigte sie eine Silberbrosche, auf der die Inschrift „Gnade und Frieden" angebracht war. Dieser Wahlspruch war der Kern ihrer religiösen Verkündigung. Die „Amtstracht" sollte unterstreichen, dass sie einer eigenen, besonderen Berufung folgte und ihr Amt genauso verpflichtend und würdevoll war wie das aller anderen, die eine Amtskleidung trugen. Die Einfachheit der Kleidung unterstrich auch, dass sie nicht die Vorteile ihres Standes wahrnehmen, sondern sich den Gefangenen gleichstellen wollte.

Den Willen zu einer fachmännischen Arbeit spiegelt auch die Tatsache wider, dass Wrede seit dem Jahr 1889 auf eigene Kosten einen sog. Weihnachtsbrief drucken ließ, der einen von ihr verfassten Gruß an alle Gefangenen in Finnland enthielt. Ihre innere Verpflichtung zum Einsatz für die Gefangenen bedeutete für Wrede auch, dass sie ledig blieb und die Heiratsanträge ihres lebenslangen Freundes Fürst Paul Nicolay abschlägig beantwortete. Eine Heirat hätte zwangsläufig das Ende der Gefängnisarbeit bedeutet, da sie als Hausfrau für die Führung des Haushaltes und die Erziehung der Kinder zuständig gewesen wäre. Als unverheiratete Frau war Mathilda völlig frei, ihren eigenen Willen zu verwirklichen und ihrer Berufung zu folgen, dies konnte sie schon deshalb, weil ihre Schwester Helena sich um den Alltag der Familie Wrede sorgte.[25]

Bis zum Beginn der 1890er Jahre hatte Wrede einen halboffiziellen Status innerhalb der finnischen Gefangenenfürsorge. Sie wurde nicht dem offiziellen Korps der in der Gefangenenbetreuung tätigen Personen zugerechnet. Dennoch genoss sie einen derartigen öffentlichen Ruf und Einfluss, dass die Beamten, die für die Gefangenenfürsorge zuständig waren und sich ihr gegenüber bisher widersprüchlich verhalten hatten, sie als Mitglied in die neu gegründete Innung beriefen. Anders als viele andere Frauen der Ober- und Mittelschicht

---

23 Fogelberg, Vankien ystävä, 69f. Der finnische Name "Toivola" bedeutet soviel wie „Platz bzw. Ort der Hoffnung" (Anmerkung des Übersetzers).

24 Das sog. Reformkleid war ein vereinfachtes, aus dunklem Stoff hergestelltes Frauenkleid, das große Bewegungsfreiheit garantierte. Das Reformkleid wurde insbesondere von Vertreterinnen der Frauenbewegung bevorzugt, da es als gesundheitlich sinnvolles Kleidungsstück angesehen wurde und keinerlei für eitel gehaltenen Schmuck aufwies.

25 Wrede 1889-1912; Antikainen, Wrede, 79 f., 102.

mochte Wrede nicht die Vereinsarbeit, da sie fürchtete, dadurch ihre Individualität zu verlieren. Dessen ungeachtet wurde sie Mitglied der Vereinigung der in der Gefangenenfürsorge tätigen Männer, da sie somit hoffte, ihre Stellung gegenüber den ihr kritisch eingestellten Beamten absichern zu können. Ferner wollte sie als Fachmann in Erscheinung treten.

Wredes Berufung in die Innung gab ihrer Stellung in der Gesellschaft einen offiziellen Charakter und begünstigte ihre internationalen und nationalen Kontakte. Vor ihrem Eintritt hatte sie unter anderem 1890 eine persönliche Einladung zur Teilnahme an einem in St. Petersburg stattfindenden internationalen Kongress über Fragen der Gefangenenfürsorge erhalten. Der Kongress wurde von der internationalen Kommission für die Gefangenenfürsorge veranstaltet. Die Einladung war eine klare Übertretung des offiziellen staatlichen Protokolls. In den Augen der in Finnland für die Gefangenenfürsorge zuständigen Beamten bewies die Einladung, dass ihre Arbeit eine bemerkenswerte internationale Aufmerksamkeit und Wertschätzung erlangte. In der Realität war Wredes Name allerdings in erster Linie aufgrund der aus ihrem gesellschaftlichen Stand erwachsenen Kontakte auf die Teilnehmerliste gelangt und weniger aufgrund einer internationalen Wertschätzung. Durch Paul Nicolays Vermittlung war Wrede mit Familien der St. Petersburger Oberschicht bekannt geworden, die Informationen über ihre Arbeit in der Gefangenenfürsorge an russische Personen vermittelt hatten, welche die Arbeit des Kongresses unterstützten.

Auf dem Kongress nahm Wrede an der Diskussion teil und kritisierte die Ineffektivität der Gesetze und der üblichen Gefangenenfürsorge. Ihrer Auffassung zufolge konnten diese nicht „das Herz auch nur eines einzigen Verbrechers ändern, aber Gott kann dies". Trotz des Applauses riefen Wredes Ausführungen kein weiteres Gespräch hervor. Auch in der gemeinsamen Schlussverlautbarung, die sich mit diesem Problemkomplex befasste, gab man Wredes Sichtweise keinen Raum. Für Mathilda Wrede war der Kongress eine Enttäuschung. Sie wertete das Gespräch als gefühllos und empfand sich als einzige Fürsprecherin der Gefangenen auf dem Kongress. Da sich die internationale Gefangenenfürsorge zunehmend modernisierte und eine immer systematischere und besser organisierte Richtung einschlug, scheint es wahrscheinlich, dass die anderen Kongressteilnehmer Wredes Anschauungen für veraltet hielten. In einer Hinsicht konnte Wrede den Kongress allerdings als Erfolg verbuchen, da er sie in die finnischen Zeitungen brachte. Die so gewonnene Öffentlichkeit stützte ihre Stellung innerhalb der finnischen Gefangenenfürsorge.[26]

5. Von der Evangelistin zur Staatsfeindin

So lange Finnland eine Ständegesellschaft war und Wrede zumindest äußerlich die allgemeine Praxis der Gefangenenbetreuung befolgte, war ihre Stellung in

---

[26] Actes I 1890, XXXVI, 386-395: 621-625: 806; Fogelberg 1920, 93-94; Ståhlberg, Wrede, 330 f.; Antikainen, Wrede, 94 f., 111.

der Gefangenenfürsorge gesichert. Sie besaß Einfluss und die Vollmacht, ihre Arbeit zu verrichten.

Um die Jahrhundertwende änderte sich jedoch die Lage entscheidend. Seit dem Jahre 1809 war Finnland ein autonomes Großfürstentum unter der Krone Russlands gewesen. Gegen Ende des 19. Jahrhunderts begann Russland allerdings, die Gesetzgebung des gesamten Reiches zu vereinheitlichen. Da man in Finnland die Russifizierungspolitik als einen Angriff gegen die autonome Stellung betrachtete, begannen nun die Demonstrationen gegen die russische Zentralmacht. Manche trieben den Widerstand noch weiter. Bürger und Arbeiter wurden verschiedener politischer Verbrechen bezichtigt und z.B. wegen Verstoß gegen die Zensurverordnung oder aufgrund terroristischer Handlungen zu Haftstrafen verurteilt. Nicht alle sahen in den Angehörigen dieser neuen, sich aus politischen Häftlingen rekrutierenden Gruppe der Gefängnisinsassen, Verbrecher, sondern vielmehr heldenhafte Verteidiger Finnlands.

Der Widerstand gegen die Russen war ein Ausdruck der Veränderung, die innerhalb der finnischen Gesellschaft geschah. Aus demütigen Untertanen waren aktive Bürger geworden, die ihre Meinung äußerten und durch Demonstrationen und Streiks ein gleiches Wahlrecht für alle Bürger forderten. Einer ständischen Herkunft kam nicht mehr dieselbe Bedeutung zu wie in den 1880er Jahren, in denen Wrede ihre Arbeit begonnen hatte. Die im Standesdenken gründenden Rechte verloren an Bedeutung, als das Ständewahlrecht im Jahre 1906 durch eine Parlamentsreform abgeschafft wurde. Von gewissen Ausnahmen abgesehen, erhielten alle Männer und Frauen das aktive und passive Wahlrecht. Ungeachtet der großen politisch-gesellschaftlichen Umwälzungen versuchte man weiterhin, die Gefängnisinsassen zu demütigen Mitgliedern der alten Ständegesellschaft zu erziehen. Ein Zusammenstoß zwischen den Gefangenen und der Gefangenenfürsorge war unvermeidlich. Besonders die sozialistisch eingestellten Häftlinge begannen die Unmenschlichkeit der Gefangenenbetreuung zu kritisieren und forderten Veränderungen mit dem Instrument des Streiks. Die bürgerlichen Beamten betrachteten die sozialistischen Gefangenen als „Anarchisten" und „Terroristen" und den Sozialismus als Ursache für die gesellschaftlichen Unruhen.[27]

Der schwindende gesellschaftliche Einfluss des Adels schwächte auch Wredes Position in der Gefangenenfürsorge. In dieselbe Richtung wirkte auch die immer professioneller werdende Ausrichtung der Gefangenenfürsorge. Gefängnisdirektoren, -pfarrer, Ärzte und Buchhalter forderten mehr geschultes Personal. Die von außen kommende seelsorgerische Tätigkeit von Laien war nicht mehr im selben Maße wie früher erwünscht und geschätzt.[28]

Wrede reagierte offenkundig auf die Veränderungen der Gefangenenfürsorge. Sie löste ihre Arbeit von der traditionellen religiösen, auf Stand und Geschlecht

---

[27] Lenoblogosarchiv, Archiv des Provinzgefängnisses Viipuri, Jahresbericht 1907, Bericht über die Seelsorge und Schulunterricht; Antikainen, Wrede, 132 -137.

[28] A.a.O., 123-128: 145-149.

basierenden Ausgangsbasis. Um auch die dem Glauben abgeneigten sozialistischen Gefangenen zu erreichen, verminderte sie das Moment der Glaubensverkündigung. Ihre Tätigkeit passte sich in deutlich erkennbarem Maße den Veränderungen in der Gesellschaft an. Den Schwerpunkt ihrer Arbeit verlegte sie nun auf die humane Behandlung und die soziale Hilfe der Gefangenen. Zu einer Veränderung innerhalb ihrer Arbeit trug auch Wredes immer schwächer werdende Gesundheit bei. Durch ihre eigene Erkrankung wurde sie auf völlig neue Art und Weise auf die Pflege kranker Gefangener aufmerksam. Gleichzeitig begann sich zudem, ihr religiöses Denken zu verändern. Früher hatte sie betont, dass der Glaube an Jesus alles Weltliche ausschließe. Nun war sie der Auffassung, dass man Erlösung auch durch ein ehrliches und moralisch tadelloses Leben, durch Arbeit auf dem Lande, weit weg von den Sünden der verlockenden Städte, erlangen könnte. Theologisch gesprochen, veränderte sich Wredes Vorstellung von der Rechtfertigung des Sünders, also wie der Mensch vor Gott Gerechtigkeit erlangen und sich bewähren konnte. Daher konzentrierte sie sich trotz ihrer starken Betonung des Erweckungsgeistes auf die soziale Arbeit. Die soziale Arbeit war ihr Beitrag, den Gefangenen zu einem ehrlichen und gottgefälligen Leben zu verhelfen.

Ihre Erkrankung, die Veränderung in ihrer religiösen Vorstellungswelt und die Bildung einer neuen Gruppe von Gefangenen brachten Wrede zu einer immer kritischeren Sicht der bisherigen Gefangenenfürsorge. Sie begann Neuerungen zu fordern, besonders im Hinblick auf die Hygiene und Krankenversorgung der Gefangenen. Da keine Veränderungen geschahen, ging sie mit ihrer Kritik an die Öffentlichkeit und vermittelte interne Informationen der Gefangenen an einen Zeitungsredakteur. Damit erreichte sie besonders bei sozialistischen Gefangenen eine hohe Wertschätzung.[29]

Wredes veränderte Arbeitsweise blieb nicht ohne Folgen. Dazu trugen besonders jene in der Gefängnisfürsorge engagierten Beamten bei, die sich positiv gegenüber Russland verhielten. Aus ihrer Sicht führte die neue Tendenz innerhalb des Wirkens der Freundin der Gefangenen einen bedrohlich politischen Unterton mit sich. Ihrer Meinung nach enttäuschte Wrede ihre Unterstützer; verletzte ihre Berufung sowie die Pflichten ihres Standes und ihres Geschlechts. Da Wrede ferner die Gefangenenfürsorge kritisierte, das Vertrauen der sozialistischen Gefangenen genoss und deren Anliegen vertrat, wurde sie zur politischen Gestalt. Nach Auffassung der in der Gefangenenfürsorge tätigen Bürgerlichen trug Wredes Arbeit zum Zerbrechen der bestehenden und als moralisch angesehenen ständischen Gesellschaftsform bei. Auch die verfassungsmäßig denkenden Beamten kritisierten und politisierten ihre Arbeit: Wredes öffentliche Kritik an der Gefangenenfürsorge sei aufgrund der Russifizierung unklug.

Daher wurde Wrede nach Auffassung der in der Gefangenenfürsorge Tätigen zu einem für den gesellschaftlichen Frieden gefährlichen Faktor. Aus der Evan-

---

29 Wrede 1910; Fogelberg, Vankien ystävä, 213; Ståhlberg testamentti, 186; Antikainen Wrede, 143 ff., 150-154.

gelistin war eine Verräterin ihrer Klasse, eine politisch Abtrünnige und ein Staatsfeind geworden. Man ging davon aus, dass ihre Stellungnahmen die Streiks der Gefangenen und deren Aufruhr gegen die gesetzliche Regierungsgewalt vermehren würden. Wredes früherer Freund und Förderer, der Direktor des Turkuer Zuchthauses Direktor Vihtori Nybergh, behauptete ferner, dass Wrede die Autorität des Staates bedrohte. Der neue, russophile, Recht und Ordnung betonende Oberdirektor der Gefangenenfürsorge bestimmte im Jahre 1913, dass kein Externer mehr ohne Begleitung Gefangene treffen dürfte. Die von Wrede ausgehenden Probleme brachten ihn also dazu, die Gefängnisbesuche aller Externen einzuschränken.

Wrede vertraute darauf, dass die öffentliche Meinung sich auf ihre Seite stellen und ihr helfen würde, ihre verlorenen Rechte wiederzuerhalten. Ihre Hoffnungen wurden jedoch bitter enttäuscht. Obwohl eine Majorität der Presse die Situation mit Staunen bemerkte, wurden in den Kolumnen keine Diskussionen über den Sachverhalt geführt und die Nachrichten hatten keinerlei Einfluss auf das Endresultat. Einzelne Personen versuchten für Wrede Partei zu ergreifen, hatten damit aber keinen Erfolg.[30]

Damit blieb Wrede allein, ohne reelle Möglichkeit, die Arbeit weiterzuführen, die sie mehr als dreißig Jahre lang hatte ausüben können. Da sie die Meinung vertrat, die Inhaftierten könnten ihr in Gegenwart eines Wächters oder eines Beamten nicht offen über ihre Lage berichten, waren die Gefängnisbesuche in ihren Augen nutzlos geworden. Aus diesem Grund stellte sie ihre Gefängnisbesuche völlig ein.[31]

6. Mönche, Flüchtlinge und Friedensarbeit

In den folgenden Jahren erfüllte Mathilda Wrede ein Gefühl der Einsamkeit und Machtlosigkeit. Bald nach der Einstellung der Gefängnisbesuche verlor sie auch ihre Schwester Helena, die in ihrem Leben den Platz der Mutter eingenommen hatte. Wrede schrieb: „Als aus meinem Herzen zwei große Wurzeln gerissen wurden, die Gefangenen und Helena, wurde die Welt seltsam fremd und leer.“[32]

Die einsam gewordene Mathilda Wrede bekam jedoch regelmäßig zuhause Besuch, zumal ihr fünfzigster Geburtstag im Jahre 1914 in zahlreichen Zeitungen Beachtung fand. Freigelassene Gefangene und andere Hilfesuchende kamen in großer Zahl zu ihr. Langsam fand Wrede einen neuen Lebensinhalt, obwohl an die Stelle der Gefangenenbesuche keine vergleichbar herausragende und sie fordernde Aufgabe trat. Mit derselben Unnachgiebigkeit und Hingabe, die Wredes Gefängnisarbeit auszeichnete, engagierte sie sich nun für viele unterschiedliche Dinge und Menschen. Mit der Unterstützung von Verwandten und Be-

30 Fogelberg Vankien ystävä, 214 f , 218-223; Ståhlberg testamentti, 187, 191 f., 196 f.; Antikainen, Wrede, 154-170: 173 ff.

31 Dagens Tidning 241/5. September 1913.

32 SLSA 859 mapp 6 M. Wrede an J. Wrede 10. Juni 1916.

kannten kaufte sie beispielsweise einen Bauernhof in Karelien, um damit einem freigelassenen Gefangenen zu helfen. Die Absicht war, das Anwesen für die örtlichen Bewohner zu einem Modellhof auszubauen, auf dem den Menschen in religiösen und weltlichen Dingen geholfen werden konnte.[33]

Ihr bisheriges Leben und die schon vergangenen Prüfungen bei der Gefangenenarbeit ließen Wrede reifen. Sie widmete sich der Wohltätigkeit, hatte aber auch den Mut, sowohl Fragen an die Öffentlichkeit zu bringen, die sie als gesellschaftliches Unrecht erlebte als auch Beamte – oder gar die Arbeit des eben selbständig gewordenen finnischen Staates – zu kritisieren. Dies zeigte sich etwa zur Zeit des kurzen, aber blutigen finnischen Bürgerkrieges, der bald nach Finnlands Unabhängigkeit 1918 ausgebrochen war. Wrede stützte keine der kämpfenden Parteien, weder die revolutionären sozialistischen Truppen, die sog. Roten, noch die bürgerlichen, die Weißen. Stattdessen verurteilte sie die Gewalttätigkeiten als solche und stellte demonstrativ rote und weiße Nelken in eine Vase. Mit ihrem eigenen Einfluss versuchte sie zudem, die Lage aller Kriegsgefangenen zu verbessern.

Die Schrecken des Ersten Weltkrieges und des finnischen Bürgerkrieges sowie die Teilung des eigenen Volkes weckten Wredes Interesse für die Friedensarbeit. Gleichgesinnte fand Wrede im Internationalen Versöhnungsbund, an dessen Kongress sie in Dänemark teilnahm. In Finnland wirkte sie auch als ausgewiesene Abgeordnete dieser Organisation. Der Versöhnungsbund war eine überkonfessionell-christliche, im Zuge des Ersten Weltkrieges gegründete pazifistische Organisation, die gegen den Wehrdienst protestierte und die Jesu Liebe als Grund des Friedens betonte.

In den 20er Jahren half Wrede Russen, die wegen der bolschewistischen Revolution nach Finnland geflohen waren. Nachdem sie die Lage der Flüchtlinge kennen gelernt hatte, kritisierte sie auch in Zeitungsbeiträgen die Hilfspolitik des finnischen Staates. Sie forderte, dass der Staat nicht nur den aus Russland geflohenen finnischen, ingermanländischen und karelischen, sondern auch den der russischen Aristokratie angehörenden Flüchtlingen helfen sollte. Auf ihren Reisen nach St. Petersburg hatte sie deren Lebensweise kennen gelernt und konnte daher nun leicht ihre Not wahrnehmen.[34]

Das letzte sichtbare Ereignis in Wredes Leben war ihre Teilnahme am Kalenderstreit der orthodoxen Kirche. Die finnisch-orthodoxe Kirche hatte bei ihrer Trennung von der russisch-orthodoxen Kirche den gregorianischen Kalender in Gebrauch genommen, dem allerdings die Mönche des Klosters Valamo nicht folgen wollten. Wrede verteidigte die Mönche aus Valamo und brachte im Jahre 1925 die Angelegenheit bis zur internationalen World- Alliance-Bewegung und

---

[33] SLSA 859 mapp 6 M. Wrede an J. Wrede 10. Juni 1916; Fogelberg, Vankien ystävä, 243 ff.; Ståhlberg, testamentti, 225 f., 244.

[34] Fogelberg, Vankien ystävä, 260-277; Antikainen, Wrede (1864-1928); Eeva Hurskainen, Mathilda Wrede. Aatelistytön tie vankien ja pakolaisten ystäväksi. Hämeenlinna 2004, 151-161.

zum Völkerbund. Ihre Interventionen führten jedoch zu keinem Ergebnis, da man der Ansicht war, dass die Situation bereits innerhalb der orthodoxen Kirche auf legalem Wege gelöst sei.

Neben der Friedensarbeit, der Unterstützung für die Flüchtlinge und die Mönche, unternahm Wrede in den 20er Jahren (Vortrags-)Reisen durch Finnland, Schweden und Dänemark und besuchte internationale Kongresse in Skandinavien. Ihre letzten Lebensjahre verbrachte sie jedoch hauptsächlich zuhause, da ihre immer schwächer werdende Gesundheit ihr keine Reisen mehr erlaubte. Sie starb am Weihnachtsmorgen, dem 25. Dezember 1928, in Helsinki und wurde auf dem Friedhof der Familie Wrede in Anjala begraben. Die Gefangenen des Turkuer Zuchthauses fertigten einen Gedenkstein für ihr Grab.[35]

---

[35] Antikainen, Wrede (1864-1928); Hurskainen, Wrede 168 ff., 176-179.

ADELHEID M. VON HAUFF

Eva von Tiele-Winckler (1866-1930)[1]

Eva von Tiele-Winckler. Aufnahme um 1927, Stiftung Diakonissenhaus Friedenshort.

„Als das Leben noch vor mir lag wie ein unentdecktes Land und ich mit meinen 18 Jahren in ahnungsvoller Erwartung vor dem geheimnisreichen Tor der Zukunft stand, da wurde mir ein Schlüssel anvertraut ... Dieser Schlüssel hieß: ‚Alle Dinge sind möglich dem, der da glaubt!'

Vor mir das Leben mit seinen Möglichkeiten. Was sollte es mir bringen? Glück – Liebe – Genuß – Reichtum – irdische Freuden? Nach alledem verlangte mein Herz nicht. Ich hatte Blicke getan in die Not der Welt, in das Elend der Armen, und da begehrte ich eins – wirklich nur eins: Helfen wollte ich und dienen, mich selbst und alles, was ich war und hatte, hineinwerfen in den Jammer der Zeit und dasein für alle, die in Not und Schuld, in Einsamkeit und Verlassenheit meiner Hilfe bedürfen würden."[2]

So beginnt Eva von Tiele-Winckler ihre Erinnerungen und Erfahrungen. Diese Worte spiegeln die Motivation und den unbändigen Willen, das eigene Leben einem höheren Ziel unterzuordnen. Als 18-Jährige hatte die Tochter reicher Eltern erstmals mit offenen Augen die Not ihrer unmittelbaren Umgebung wahrgenommen und sich die Aufgabe gestellt, dieser zu wehren. Die Gründerin mehrerer diakonischer Einrichtungen verzehrte sich fortan im Dienst für ihre Nächsten – nicht selten bis an die Grenzen ihrer physischen und psychischen Kräfte.

---

1 Da auf den ursprünglich vorgesehenen Aufsatz kurzfristig verzichtet werden musste, habe ich mich entschlossen, einen Ausschnitt des Vortrags, den ich in Halle auf dem II. Internationalen Kongress für Pietismusforschung 2005 unter dem Titel „Zwischen Selbstbestimmung und göttlicher Führung: Frauen der deutschen Gemeinschaftsbewegung – ihre missionarischen und karitativen Aktivitäten" gehalten habe, für diese Publikation zu überarbeiten.

2 Eva von Tiele-Winckler, Nichts unmöglich! Erinnerungen und Erfahrungen von Schwester Eva von Tiele-Winckler, Dresden o.J., 5.

Wer war diese Frau, von der Gerta Scharffenorth schreibt, sie sei eine Frau gewesen, die ungewöhnlich tiefe Wirkungen hinterlassen habe, und deren Leben und Werk heute nur noch in Umrissen im Bewusstsein geblieben sei.[3] Eine Begründung vermutet Scharffenorth darin, dass der „Verlust der Ost-Gebiete jenseits von Oder und Neiße manche Spuren der auf Eva von Tiele-Winckler zurückgehenden Schwesternschaft verwischte", obwohl die Diakonissen sowohl in Freudenberg im Siegerland als auch in Heiligengrabe bei Wittstock bis in die Gegenwart hinein tätig sind. Zugleich scheint der nicht mehr gängige Sprachstil ihrer Schriften zu einer gewissen Vergessenheit beigetragen haben.[4]

Eva von Tiele-Winckler hat vor allen Dingen im religiösen Milieu der Gemeinschaftsbewegung[5] als christliche Schriftstellerin Bekanntheit erlangt. In diesen Kreisen finden ihre Schriften bis heute Verbreitung. Dass ihr umfangreiches Schrifttum nur geringes „fachtheologisches Interesse" erlangt hat, bemängelt Aleksander Radler in der Festschrift zum 100jährigen Jubiläum des Diakonissenmutterhauses Friedenshort in Freudenberg.[6] Radler vermutet einerseits, „daß rein wirkungsgeschichtlich ihre große Schöpfung des Mutterhauses „Friedenshort" ihr theologisches Werk in den Schatten stellte ...".[7] Andererseits mag ihr theologisches Denken selbst der Grund sein, da es „unbeschwert vom riesigen Ballast der wissenschaftlichen Schultheologie dahinschreitet".[8] Trotzdem meint Radler, bei Eva von Tiele-Winckler eine „tiefere Einheit von Spiritualität und Dogmatik" erkennen zu können, in der die theologischen Strukturen ihrer Erfahrungstheologie sichtbar werden.[9]

Für das Wirken und theologische Denken Eva von Tiele-Wincklers waren nach ihrer eigenen Einschätzung drei Männer von Bedeutung: Friedrich von Bodelschwingh (1831-1910), der Leiter der Betheler Anstalten, der Laientheologe Fritz Oetzbach,[10] den sie selbst den „Apostel des Glaubens"[11] nennt und der Gründer der China-Inland-Mission Hudson Taylor (1832-1905).

---

3 Vgl. Gerta Scharffenorth, Eva von Tiele-Winckler oder Die Praxis der Liebe, in: Karin Walter (Hg), Sanft und rebellisch. Mütter der Christenheit – von Frauen neu entdeckt, Freiburg 1990, 62-76.

4 A.a.O., 63 f.

5 Mit dem Terminus Gemeinschaftsbewegung wird eine Gruppe von Christinnen und Christen bezeichnet, die sich gegen Ende des 19. Jahrhunderts zur Erneuerung des älteren Pietismus und der Erweckungsbewegung zusammenschlossen. Es handelt sich dabei um eine innerkirchliche Reformbewegung.

6 Vgl. Aleksander Radler, Amor fidei perfectio. Die Heilsordnung als geistige Grundstruktur in der Frömmigkeit Eva von Tiele-Wincklers, in: Pietismus und Neuzeit. Ein Jahrbuch zur Geschichte des neueren Protestantismus 17, Göttingen 1991, 135-155.

7 A.a.O., 136.

8 Ebd.

9 Ebd.

10 Die ebenfalls dem Milieu der Gemeinschaftsbewegung entstammende religiöse Schriftstellerin Hedwig von Redern hat Fritz Oetzbach, einem „kleinen, verwachsenen Mann, dessen geistliche Spuren bis nach Russland und in die fürstlichen Schlösser der Ga-

Herausragendes hat Mutter Eva – wie sie später genannt wurde – vor allem als Gründerin mehrerer diakonischer Einrichtungen und als Initiatorin einer Schwesternschaft in Miechowitz im heutigen Polen geleistet. Lange bevor Hermann Gmeiner (1919-1986) 1949 die SOS-Kinderdörfer ins Leben rief, gründete Eva von Tiele-Winckler kleine Kinderheimaten, in denen Kinder verschiedenen Alters mit einer Diakonisse als Mütterchen – wie Eva die leitende Schwester nennen ließ – zusammenlebten.

1. Familiärer Hintergrund und Jugend

Eva von Tiele-Winckler wurde am 31. Oktober 1866 in Schloss Miechowitz in Oberschlesien als Tochter des aus verarmtem ostpreußischem Landadel stammenden Hubert von Tiele-Winckler (1813-1893)[12] und dessen Ehefrau Valeska von Winckler (1829-1880)[13] geboren. Das Ehepaar hatte neun Kinder, von denen Eva das zweitjüngste war. In besonderer Verbindung stand sie – gerade in späteren Jahren – zu ihrem Bruder Hans-Werner von Winckler (1865-1914).[14] Der Vater, Hubert von Tiele, war ursprünglich Offizier und wurde nach seiner Eheschließung Unternehmer. Wirtschaftliches Können, umfangreiches Wissen

garins und Lievens reichen, ein Denkmal gesetzt. Vgl. „Bruder Fritz" (Fritz Oetzbach). Ein Lebensbild nach eigenen Aufzeichnungen, hg.v. H.[edwig] von Redern, Barmen 1926.

[11] Eva von Tiele-Winckler, Denksteine des lebendigen Gottes. Aufzeichnungen selbsterlebter Führungen und Begebenheiten, Kassel 1952, 7.

[12] Hubert von Tiele stammte aus altem ostpreußischem Adel; seine Eltern hatten durch die napoleonischen Kriege ihr Vermögen verloren. Autodidaktisch erwarb sich der junge Offizier umfassende Kenntnisse in der Feldmesskunde und übernahm nach seiner Eheschließung das Erbe seiner Frau Valeska von Winckler. Zu seinem Besitz gehörten Bergwerke, Eisen-, Zink- und Galmeihütten und ein mit Patrimonialgerichtsbarkeit ausgestatteter Grundbesitz. 1854 erhielt er die Genehmigung zur Vereinigung seines Namens und Wappens mit dem seiner Gattin unter dem Namen Tiele-Winckler. Vgl. Gerhard Meyer, Eva von Tiele-Winckler. IN SERVIENDO CONSUMOR. Im Dienst des Nächsten verzehre ich mich, Ulm/Donau (1967), 11-16; Barbara Kanowsky, „Christusnachfolge und diakonisches Handeln bei Eva von Tiele-Winckler. Ein Beispiel für die ethische Motivation christlicher Diakonie um die Wende zum 20. Jahrhundert. Unveröffentlichte Hausarbeit im Rahmen der Ersten Staatsprüfung für das Lehramt für die Sekundarstufe II, Archiv des Friedenshort Mutterhauses in Freudenberg, 15.

[13] Valeska von Winckler war die Tochter von Franz Winckler und dessen erster Frau Alwine Kalide. Winckler brachte es durch Fleiß und den Besitz seiner zweiten Ehefrau, Marie Aresin geb. Domes, vom Bergmann zum Inhaber einer Kohlengrube. Im Laufe seines Lebens gelang es ihm, den Besitz wesentlich zu vergrößern; 1840 wurde er in den erblichen Adelsstand erhoben. Mit 24 Jahren verlor Valeska beide Eltern und stand als reiche Erbin von Miechowitz allein auf der Welt. Am 7. Dezember 1854 heiratete sie Hubert von Tiele. Eva von Tiele-Winckler hat ihrer Mutter in der Biografie „Die Bergmannstochter" ein Denkmal gesetzt. Die Tochter beschreibt Valeska von Winckler darin als weltoffene Katholikin mit mystisch-pantheistischem Einschlag und sozialethischer Verantwortung, die umfassend gebildet und tiefreligiös war. Vgl. Meyer, Eva, 11-15.

[14] Vgl. Meyer, Tiele-Winckler, 42. Hans-Werner von Tiele-Winckler gehörte zu den herausragenden Gestalten der sich in Berlin formierenden Gemeinschaftsbewegung.

und ungewöhnliche Willenskraft brachten den Industriellen zu großem Reichtum. Die vom Vater geerbte Willensstärke wurde im Leben der Tochter an vielen Stellen sichtbar. Wesentliche Stationen ihres Lebens zeigen Eva von Tiele-Winckler als selbstbewusste und glaubensstarke Frau, zu deren Antriebskräften sowohl eine große soziale Verantwortung gegenüber den Bedürftigen ihrer schlesischen Heimat als auch die innere Gewissheit gehörte: „Bei Gott ist nichts unmöglich." Mit den Worten: „Nichts unmöglich" hat Eva von Tiele-Winckler das Buch überschrieben, in dem sie ihre Erinnerungen und Erfahrungen einem breiten Publikum bekannt machte.

In ihrem Elternhaus waren beide Konfessionen vertreten. Hubert von Tiele-Winckler gehörte der evangelischen, seine Frau Valeska der katholischen Kirche an. Die Töchter wurden katholisch getauft und alle Kinder im Glauben der Mutter erzogen. In ihren Lebenserinnerungen schreibt Eva später: „Was wir Kinder an Gottessehnsucht in uns trugen, verdanken wir ihren Gebeten, ihrem Leben und ihren hinterlassenen Schriften, die uns auch in den Zeiten größter Gottesferne wie ein Zug nach oben und wie ein Ruf nach Hause waren."[15] Der Bibel und den Schriften der deutschen Mystiker Johannes Tauler (1300-1361), Meister Eckart (um 1260-1327) und Heinrich Seuse (1295-1366) entnahm die Mutter den Inhalt ihrer religiösen Erziehung.

Die väterliche Erziehung war von Strenge und Disziplin geprägt. So berichtet Eva aus ihrer Kindheit: Unser Vater gab „uns allerhand Proben auf, die für so kleine Kinder nur mit Aufbietung aller Kraft und Willensstärke zu bestehen waren. ... Einmal auf der Parkmauer stehend, hinter der sich ein tiefer, breiter Graben befand, rief mir der Vater zu: ‚Eva, spring hinüber!' Ich zögerte einen Augenblick. ... ‚Wirf dein Herz hinüber und spring nach!' lautete der Befehl. Ich sprang und erreichte den jenseitigen Grabenrand. Der Vater wußte, was er uns zumuten konnte."[16] Die angeborene Willensstärke fand hier Verstärkung; sie zeigte sich in Evas Leben besonders dann, wenn sie notwendige Entscheidungen zielstrebig und selbstbewusst durchsetzte.

Im Jahr 1880 starb Valeska von Tiele-Winckler nach jahrelangem Leiden. Mit dem frühen Tod der Mutter ging für das dreizehnjährige Mädchen „die Sonne unter". In dem Gedicht „Sehnsucht" fasst Eva einen Traum in Worte, in dem die verstorbene Mutter ihr erschienen war:

„Und ich dachte, nun bliebest Du bei uns,
Warst endlich gekommen zurück –
Und als ich erwachte, empfand ich's
Wie großes unendliches Glück.
Doch Du warst fort und entschwunden
Und alles nur ein Traum –
Und die Nacht ward tief und dunkel

---

[15] Eva von Tiele-Winckler, Wie der Friedenshort entstand, Lahr-Dinglingen (Baden), [5]1949, 8.

[16] A.a.O., 9.

Und öde und leer war der Raum."[17]

Der einzige Freund jener Zeit war ihr Hund, ein Bernhardiner. Mit ihm ging Eva über Stock und Stein. Dem Wunsch Rose von Tiele-Wincklers (1847-1930), der evangelischen zweiten Frau des Vaters, sich konfirmieren zu lassen, setzte Eva energisch Widerstand entgegen. Nie wollte sie sich zu einem Glaubensbekenntnis zwingen lassen, das sie nicht von Herzen bejahen konnte. Schon damals traf Eva von Tiele-Winckler ihre Entscheidungen unabhängig von Menschen. Auf jene Zeit geht auch ihr „Trieb" zum Helfen zurück.

Ein kleines Mädchen mit einer offenen Wunde am Bein, das in einer ärmlichen Hütte im Wald wohnte, wurde zum „Gegenstand meiner ersten Bemühungen".[18] Eva ging frühmorgens zu der Hütte, verband dem Kind seine Wunden und las ihm Gedichte aus einem Buch ihrer Mutter vor.[19]

Den eigentlichen Konfirmandenunterricht besuchte die Sechzehnjährige dann doch in Berlin, wo die Familie während der Wintermonate lebte. Eva hatte noch kein religiöses Fundament, aber sie suchte nach Wahrheit. Fragen wie: Was ist das Leben? Was ist der Tod? Was ist die Zeit? Was ist die Ewigkeit? quälten das Mädchen.

Es war während der Vorbereitung auf die Konfirmation, als Eva für sich allein die Bibel aufschlug und im Johannesevangelium[20] auf die Geschichte vom guten Hirten stieß. Dabei erkannte sie: „Ich bin das verirrte Schaf" und Jesus ist der gute Hirte. Das hatte sie noch nie gelesen, denn sie berichtet: „... wir durften bis dahin die Bibel nicht in die Hand nehmen. Jetzt im Unterricht musste ich sie zum Lernen haben."[21] Im Gebet wandte sie sich an Jesus: „Herr, wenn es wahr ist, dass du der gute Hirte bist, dann will ich auch zu Deiner Herde gehören."[22] Sie bezeichnet dieses Bekenntnis als den Beginn ihres neuen Lebens.

Es war kein Anstoß von außen nötig. Gott hatte sich dieser suchenden Seele durch sein Wort offenbart. Noch sprach sie mit keinem Menschen über ihren Neubeginn. Jedoch veränderte sich manches in Evas Leben. So ging sie z.B. freiwillig zur Kirche. Aber nicht nur dies: Mit der Offenbarung Christi erwachte in ihr eine große Liebe zu den Armen und Elenden ihrer Heimat.

Eva verstand ihre Bekehrung zugleich als Berufung, in den Dienst Jesu zu treten. Die erste Entscheidung, die sie traf, war das Erlernen der polnischen Sprache, die von der oberschlesischen Bevölkerung gesprochen wurde.[23] Sie lernte diese ohne Lehrer und Lehrbuch, allein mit Hilfe der polnischen Angestellten im elterlichen Schloss.

---

[17] Zit.n. Alex Funke, Eva von Tiele-Winckler. Mutter Eva, Hamburg ^{2}1986, 11.

[18] Tiele-Winckler, Friedenshort, 10.

[19] Ebd.

[20] Johannes 10, 1-29

[21] Walter Thieme, Mutter Eva. Die Lobsängerin der Gnaden Gottes. Werk und Leben von Eva von Tiele-Winckler, Kassel 1955, 32 f.

[22] Tiele-Winckler, Friedenshort, 11.

[23] Meyer, Tiele-Winckler, 4.

Beim Ordnen des mütterlichen Nachlasses fand sie die aus Kindheitstagen bekannten Schriften von Johannes Tauler. Seine Gedanken der Vereinigung mit Gott, die mit dem Absterben aller Welt- und Selbstliebe einhergehen soll, machte sich das Mädchen zu eigen. Ein gewisser mystischer Zug und eine Hinwendung zu dem Ordensgedanken der katholischen Kirche wird Eva von Tiele-Winckler lebenslang begleiten – die Frage, welcher Konfession sie wirklich angehöre, bewegte sie lange. Als sie sich in späteren Jahren erneut mit der Frage beschäftigte, zu welcher Kirche sie wirklich gehöre, war es Friedrich von Bodelschwingh der ihre Entscheidung, in der evangelischen Kirche zu bleiben, beeinflusste.[24]

Die Bestätigung ihrer Berufung fand Eva durch ein Wort aus dem Propheten Jesaja, das ihre Mutter vor langer Zeit aufgeschrieben hatte: „Brich dem Hungrigen dein Brot, und die, so im Elend sind, führe ins Haus ...“[25]

Diesem Ruf wollte sie folgen. Ohne von Menschen aufgefordert zu werden, fasste Eva den Entschluss, ehelos zu bleiben. Sie bat Gott, er möge sie vor jeder irdischen Liebe bewahren und alles von ihr fernhalten, was sie am Dienst für ihn hindern könnte. Es war nicht Sündenerkenntnis, die am Anfang stand, es war der Wille, Gott ganz zu gehören und ihm unter den Ärmsten der Armen zu dienen.

Ein Gedicht aus jener Zeit zeugt davon, dass Eva ihren Auftrag zugleich direkt an ihr Heimatland gebunden sah, in dem die sozialen Gegensätze von arm und reich besonders ausgeprägt waren.[26] Neben den Schlössern der Magnaten, zu denen auch ihr Elternhaus Miechowitz gehörte, standen die ärmlichen Katen der oberschlesischen Landbevölkerung, in denen Armut, Krankheitsnot und weit verbreiteter Alkoholismus katastrophale Verhältnisse verbreitete. In Evas Gedicht heißt es:

„Volk meiner Heimat in Nebel und Rauch,
dir bleib ich treu bis zum letzten Hauch!
...
Laß dienen mich treu bis zum letzten Hauch
Dem Volk meiner Heimat in Nebel und Rauch.
Vater im Himmel, Du hast es gehört,
Du hast mir das Wollen, das heiße, beschert;
So gib Deinen Segen nun auch zum Vollbringen,
O laß, Herr, das Werk meines Lebens gelingen!

---

[24] Vgl. Brief vom 1. Februar 1898 (handschr.); Hauptarchiv, Slg. DII/4. Bodelschwingh ermahnt Eva von Tiele-Winckler in der „una sancta“ zu bleiben. Zit.n. Kanowsky, Christusnachfolge, 18.

[25] Jesaja 58, 7 f.

[26] Die unter Friedrich d. Großen beginnende Schwerindustrie in Oberschlesien veränderte das soziale Gefüge des Landes vollkommen. Die Oberschicht setzt sich ursprünglich aus Binnendeutschen zusammen, zog aber auch die Intelligenz des Landes heran, während die Masse des Volkes sich nur allmählich aus ihrer Lethargie zu lösen begann. Vgl. Meyer, Tiele-Winckler, 2 f.

Laß dienen mich treu bis zum letzten Hauch
Dem Volk meiner Heimat in Nebel und Rauch!“[27]

Ihre erste Liebestätigkeit war mit der Almosenpraxis der Familie verbunden. Barbara Kanowsky schreibt: „Gemäß des preußischen ‚Gesetzes über den Unterstützungswohnsitz vom 31.12. 1848‘ waren die Tiele-Wincklers, da das Dorf Miechowitz keinem Gemeindeverband angehörte zur Unterstützung der ortsansässigen Armen verpflichtet.“[28] Täglich zur Mittagszeit kamen die zwölf ältesten und ärmsten Menschen des Dorfes in den Küchenvorraum des elterlichen Schlosses, wo sie sich eine Suppe abholten, in der alle Reste der Küche verarbeitet waren. Eva nutzte diese Gelegenheit, um mit dem „Volk ihrer Heimat“ in Kontakt zu kommen. Während sie beim Austeilen der Suppe half, begann sie, sich für ein halbverhungertes Trinkerkind einzusetzen. Als ihr Vater davon erfuhr, wurde ihr der Weg in den Küchenflur verboten. Sie durfte nicht mehr mit den Menschen aus dem Dorf sprechen. Damit wollte Eva sich nicht abfinden.

Ein anderer Entschluss jener Zeit zieht sich durch ihr künftiges Leben: Sie begann, Gott Unmögliches zuzutrauen. Wie Eva in dem oben zitierten Gedicht schreibt, war sie – in einer die Gemeinschaftsfrömmigkeit kennzeichnenden Art – davon überzeugt, Gott habe ihr den Wunsch, ihm zu dienen ins Herz gelegt. Wie sie diese Erkenntnis in ihren Lebensplan integrierte, schildert sie in ihren Lebenserinnerungen. Während eines Besuches in Bethel habe sie als Neunzehnjährige auf ein Blatt Papier geschrieben: „Der dir das Wollen gab, schlägt dir das Können nicht ab, den 25. August 1885.“[29] Innerlich war sie darin gewiss, von Gott in seinen Dienst gerufen zu sein. Da sie für die Realisierung ihres Wunsches mit dem Widerstand ihres Vaters rechnen musste, setzte sie, nach außen hin passiv, ihr ganzes Vertrauen in Gott. Sich selbst vergewisserte sie, indem sie nach ihrer Rückkehr ins heimatliche Schloss auf die Rückseite desselben Blattes schrieb: „Alle Dinge sind möglich bei Gott.“[30]

Selbstbewusstsein zeigte Eva in ihrem Umgang mit Gott. Weil sie überzeugt war, dass er ihre Gedanken inspirierte, blieb sie mit ihren Anliegen solange im Gebet vor ihm stehen, bis er ihr die Erfüllung gewährte.

Dem Wunsch, in Bethel die Krankenpflege zu lernen, gab der Vater dann doch nach, obwohl er sich für seine Tochter eine andere Zukunft vorgestellt hatte. Dazu schrieb Rose von Tiele-Winckler an Friedrich von Bodelschwingh: „... es [ist] meinem Manne sehr schwer geworden ..., Eva diesen Lebensberuf wählen zu lassen. ... Aber mein Mann hielt es nicht für recht, dem immer sehnsüchtiger hervortretenden Wunsche Evas – der augenscheinlich aus keiner bloßen Mädchenschwärmerei, sondern einem wirklichen inneren Drange entsprang – durchaus ablehnend gegenüberzutreten. ... Evas Wunsch geht ja vor allem da-

27 Tiele-Winckler, Friedenshort, 14.
28 Kanowsky, Christusnachfolge, 17.
29 Tiele-Winckler, Friedenshort, 17.
30 Ebd.

hin, nicht nur der leidenden Menschheit, sondern ganz besonders ihrer heimatlichen Bevölkerung Hilfe zu bringen. ... So geht denn meines Mannes Wunsch dahin, dass Eva sich der Erziehung der Kinder, vor allem des weiblichen Geschlechts widmet. Nicht Krankenpflege ist das Hauptbedürfnis hier ...“[31]

Eva drückt ihre Wahrnehmung in folgendem Gedicht aus:
„Wenn du einen Wunsch im Herzen hast,
Getragen lang und verborgen,
Und musstest dran denken ohn Ruh und Rast,
Drum beten, hoffen und sorgen,
Und es wird dir auf einmal dein Wunsch dann gewährt
Über Bitten weit und Verstehen,
Und du weißt es, es hat dich der Herr erhört,
Und es ist wie ein Wunder geschehen –“[32]

In beiden Gedichten zeigt sich das Schema, nach dem ihre künftigen Entscheidungen ablaufen:
Gott gibt ihr einen Wunsch, einen Gedanken ins Herz. Im Gebet wendet sie sich an Gott, ihm traut sie zu, Wege zu bahnen, die bis dahin ungebahnt waren. Ihr Vertrauen in Gott ist grenzenlos, ihr Vertrauen in sich und andere Menschen bleibt begrenzt.

Eva von Tiele-Wincklers Persönlichkeit zeigt zwei zum Teil einander entgegengesetzte Seiten. Da ist einmal die glaubensstarke Beterin, deren Entscheidungen spirituell motiviert sind und daneben steht die an sich selbst zweifelnde und nach Vollkommenheit strebende Seele. Neben Aufbrüchen und unermüdlichem Schaffen gibt es die vielen Krisen, die mit langen Krankheitszeiten einhergehen und sowohl körperliche als auch psychische Ursachen haben. Ihrer Sehnsucht nach Einsamkeit tragen gerade diese Zeiten im Besonderen Rechnung. So schreibt sie: „Die Einsamkeit ist eine Macht, und ihr Schweigen redet lauter als der rauschende Strom menschlicher Worte ...“[33]

2. Ein Frauenleben zwischen Selbstbestimmung und Glaubenszuversicht

Im Februar 1888 begann Eva von Tiele-Winckler ihre Liebestätigkeit mit der Einrichtung einer Näh- und Krankenstube. Dafür waren ihr im elterlichen Schloss zwei Zimmer zur Verfügung gestellt worden. Im selben Jahr schenkte der Vater ihr zu Weihnachten den Bauplan für ein eigenes Haus, den späteren Friedenshort. Dort sollte ihr diakonisches Wirken auf festen Grund gestellt werden.

Um sich auf die Leitung des Hauses vorzubereiten, verbrachte Eva erneut einige Monate in Bethel, um nach ihrer Rückkehr vor ihre erste große Aufgabe gestellt zu werden.

---

31 Thieme, Mutter Eva, zit.n. Meyer, Tiele-Winckler, 23 f.
32 Tiele-Winckler, Friedenshort, 19.
33 Tiele-Winckler, Denksteine, 75.

Eine rasant um sich greifende Scharlach- und Diphterieepidemie ließ den jungen Arzt, der sich gerade im Ort niedergelassen hatte, mit seiner Familie die Flucht ergreifen. Eva übernahm selbständig die Versorgung der Kranken und Sterbenden. Einmal die Woche schaute der Arzt der Nachbargemeinde nach den Schwerkranken. Ein älteres Grubenmädchen half Eva bei der Pflege. Gemeinsam versorgten die beiden über 230 Kinder, von denen 72 starben. Als die Epidemie überstanden war, erloschen auch Evas Kräfte.

Nach einer Erholungsreise konnte dann am 29. September 1890 Evas Haus, der Friedenshort, eingeweiht werden. Dieses erste Haus gab ihrem gesamten Werk den Namen.

Ihr Vater ging davon aus, dass sie als „Vorstandsdame" den Friedenshort verwalten und nur tagsüber in dem Gebäude leben würde. Eva aber hatte längst anders entschieden. Vordergründig sanftmütig und doch zutiefst willensstark setzte sie bereits am ersten Tag durch, ihr Leben Tag und Nacht mit den Armen teilen zu dürfen.

Als Hubert von Tiele-Winckler seiner Tochter an deren 25. Geburtstag mitteilte, sie könne nun ihr mütterliches Erbe antreten und dürfe fortan über die Zinsen desselben verfügen, war sie fassungslos. Von den Eltern äußerst einfach erzogen, hatte Eva bis dahin nicht geahnt, reich zu sein. Ihr geringes Taschengeld hatte sie gespart und mit den Armen geteilt. Nun sollte sie über eine unvorstellbar hohe Summe verfügen. Jährlich 12.000 Mark für den Friedenshort verbrauchen zu können, das war wie im Traum. Ihr erster Gedanke: „Mehr Geld für meine Kinder und Kranken ..."[34]

Eine Bedingung allerdings stellte der Vater: Sie müsse pro Jahr 2.000 Mark für Erholungsreisen verwenden. Aber selbst dafür fand sie einen Ausweg: „Ich brauchte ja nicht allein zu reisen, sondern konnte mir so viel Menschen mitnehmen, dass wir ohne Mühe die bestimmte Summe verbrauchten."[35]

Selbstbestimmt und mit Glaubenszuversicht ging Eva von Tiele-Winckler den eingeschlagenen Weg, als sie in Anbetracht ihres großen persönlichen Vermögens entschied, selbst arm zu werden und allen Besitz Gott zu weihen. Im Zusammenhang mit der Gründung ihres Glaubenswerkes formulierte sie: „Wir freuen uns, dass wir arm sein dürfen und abhängig von der täglichen Durchhilfe unseres Gottes."[36] Diese Entscheidung erinnert an Klara von Assisi (1193/94-1253), die sich als Tochter wohlhabender Eltern von Papst Innozenz IV. das Privileg der Armut erkämpft hatte. Klara folgte damit den Idealen ihres geistlichen Freundes Franz von Assisi (1181/82-1226). Eine selbstbewusste Franziskanische Theologie ist auch bei Eva von Tiele-Winckler erkennbar. So wie für Franz und Klara die Armut Jesu zum Beispiel wurde, so äußerte auch Eva von Tiele-Winckler: „Ist es ein Zufall, daß die Geburt des Sohnes Gottes in äußerster Bedrängnis und Armut vor sich ging? War's Zufall, daß – sterbend der Sohn

[34] Tiele-Winckler, Denksteine, 48.

[35] Ebd.

[36] Zit.n. Funke, Eva, 42.

des Höchsten nicht hatte, da er sein Haupt hinlegen konnte, ... Anfang und Ende seines Erdenganges höchste, bitterste Armut. ... Vielleicht ist die freiwillige Armut, die Christus empfohlen und vorgelebt hat von der Krippe bis zum Kreuz, einer d e r Züge Seines Lebens und Wesens, der am seltensten begehrt und zur Nachfolge ergriffen wird."[37]

Selbstbestimmt und mit Glaubenszuversicht folgte Mutter Eva ihrer Intuition, als immer mehr Not leidende Kinder eine Vergrößerung des Friedenshortes notwendig erscheinen ließen. Wiederholt war sie von dem Vorstand, der das mütterliche Erbe verwaltete, ermahnt worden, nicht mehr Menschen aufzunehmen, als von den vorhandenen Zinsen unterhalten werden konnten. Die Männer waren sich darin einig, alles dranzusetzen, um sie an rechnerische Grenzen zu binden. Eva jedoch war überzeugt: „das kann nicht Gottes Wille sein!"[38] In kindlichem Vertrauen suchte sie Hilfe bei Gott. Sie bat darum, er möge entweder die Herzen des Vorstandes so lenken, dass dieser mit ihren Plänen übereinstimme oder aber dem Werk einen anderen Vorstand geben.

Zielorientiert beschränkte sie sich aber nicht nur auf das Gebet; daneben handelte sie auch. Eva verfasste eine Denkschrift, in der sie ihre eigenen Gedanken niederlegte. Nach Erhalt dieses Textes trat der gesamte Vorstand zurück. Sie schreibt: „... ich war frei, als Stifterin einen neuen Vorstand zu bilden, zu dem ich nur solche Glieder wählte, ... die mit mir den Glaubensweg gehen konnten und die es wagen wollten, der Allmacht Gottes zu vertrauen ohne Rücksicht auf gezogene Grenzen von Kapital und Zinsen."[39]

Eva spricht von ihren Gründungen als von einem Glaubenswerk. Als die Ausgaben ein Defizit von 11.000 Mark erreicht hatten und für die laufenden Einnahmen keine Deckung vorhanden war, da beschloss sie dem Beispiel anderer Gründergestalten wie August Hermann Francke (1663-1727), Georg Müller (1805-1898) und Hudson Taylor zu folgen und ihr Haus in ein Glaubenswerk umzuwandeln.

Das noch vorhandene Kapital war satzungsgemäß festgelegt und konnte von ihr nicht angegriffen werden. Zugleich durfte sie keine weiteren Schulden machen. Sie musste vielmehr dafür Sorge tragen, dass die vorhandenen abgebaut wurden. Bis dahin hatte das Werk keine Spenden erhalten, da der Friedenshort bei potentiellen Spendern als wohlhabend galt.

Selbstbestimmt war ihr Entschluss, sich auch zukünftig nicht bettelnd an Menschen zu wenden. Fundraising war für Mutter Eva kein Thema. In Anbetracht des Defizits begann sie zusammen mit ihren Schwestern das Glaubensgebet. Gemeinsam beteten die Frauen, Gott möge ihrem Werk in dem zur Schuldendeckung verbleibenden Zeitraum von sechs Wochen den benötigten Betrag auf seine Weise zuführen. Nun „wurde aus einem Mutterhaus mit einer gesi-

---

[37] Zit.n. Thieme, Mutter Eva, 120 f.

[38] Tiele-Winckler, Denksteine, 55.

[39] A.a.O., 56.

cherten finanziellen Basis ein ‚Glaubenswerk', dessen Schwesternschaft auch in irdischen Bedürfnissen ihre Hoffnungen auf das erhörliche Gebet setzte(n).“[40]

Mit ihrer persönlichen Entscheidung, nicht Menschen um Geld zu bitten, stellte Eva sich sogar gegen die Praxis ihres väterlichen Freundes Friedrich von Bodelschwingh, der das Wort Jesu: „Bittet, so wird euch gegeben ...“ auch als Aufforderung verstand, andere Personen um deren Gaben zu bitten. Eva entschied anders, sie nannte ihr Wagnis das „Geheimnis der freiwilligen Armut“ und lud ihre Schwestern ein, die „Freiheit und Unabhängigkeit in bezug auf alle irdischen Lebensformen und Verhältnisse“ [41] mit ihr zu teilen. Wenige Tage nachdem Eva und ihre Schwestern mit dem Glaubensgebet begonnen hatten, gingen die ersten 3000 Mark von einer oberschlesischen Industriegesellschaft ein. Weitere Gaben folgten. Bis zum Stichtag (1. Juli) konnten alle Rechnungen beglichen werden.[42]

Selbstbestimmung und Glaubenszuversicht kennzeichnet Eva von Tiele-Wincklers Entscheidung, als sie 1905 beschloss, das in Schwierigkeiten geratene „Altdorfer Waisenhaus“ zu übernehmen. Ihr Vorstand verweigerte die Genehmigung zum Ankauf, da die Akquisition des Waisenhauses eine zu große Belastung für die Stiftung darstellen würde. Ein Wort aus dem Buch Jeremia wurde ihr zu einer „klaren Gottesweisung“. Sie schreibt: „... ich beschloss, trotz der Verweigerung meines Vorstandes, nicht als Leiterin des Friedenshortes, sondern als Privatperson unter Gründung eines neuen Vereins das Risiko der Übernahme Altdorf's auf mich zu nehmen. ... Wohl war es ein Wagestück, aber: wer wagt – gewinnt! Das gilt besonders dann, wenn der Glaube den Sprung hinein tut in das Erbarmen Gottes und Ihm zutraut, was bei Menschen unmöglich ist.“[43]

Glaubenszuversicht und selbstbestimmtes Handeln steht auch am Beginn der „Heimat für Heimatlose“. Der Friedenshort war längst überfüllt. Hilfsbedürftige Kinder warteten buchstäblich vor der Tür und baten um Einlass. Visionär stand ihr eine Neugründung in der näheren Umgebung von Breslau vor Augen. Danach verfasste sie ein Gedicht, das sie mit „Heimat für Heimatlose“ überschrieb. Die Verse zeigen „die Vision der Liebe Gottes, die (ihr) eine „Heimat für Heimatlose“ vor Augen stellt(e).“[44] Nachdem das Gedicht in dem von Pastor Ernst Modersohn (1870-1948) herausgegebenen christlichen Publikationsorgan erschienen war, trafen erste Spenden für die Neugründung ein. Entscheidender aber war: Ein Großkaufmann aus Breslau bot ihr – nachdem er das Gedicht gelesen hatte – ein Landgut in der Nähe von Breslau als Heimat für Heimatlose an. Nach Besichtigung des ihr offerierten Objektes nahm Mutter Eva am 19. April 1910 das Geschenk an. Die erste Heimat für Heimatlose auf dem

---

[40] Kanowsky, Christusnachfolge, 18.

[41] Zit.n. Funke, Eva, 43.

[42] Vgl.Tiele-Winckler, Denksteine, 58-62.

[43] Tiele-Winckler, Nichts unmöglich, 320 ff.

[44] Vgl. Tiele-Winckler; Denksteine, 89 ff.

Warteberg entstand. Ihr folgten im Laufe der Jahre über 40 weitere an verschiedenen Orten. Ausführlich berichtet Eva von Tiele-Winckler von unzähligen Gebetserhörungen, die von den Schwestern des Wartebergs erlebt wurden.

Dass diese Gebetserhörungen auch kritische Menschen beeindruckten, berichtet die katholische Philosophin und spätere Karmeliterin Edith Stein (1891-1942) in ihrer Autobiografie. Die Philosophin schreibt: „Den tiefsten Eindruck machte uns ein Kinderheim auf dem Warteberg, das wir mehrmals besuchten. ... Diakonissen aus dem Mutterhaus der ‚Mutter Eva' ... in Miechowitz ... verwalteten das Haus. Die Leiterin, die kleine bescheidene ... Schwester Frieda führte uns ..." und erzählte: „Wir brauchten so nötig eine Maschine, ... da haben wir darum gebetet, und bald bekamen wir eine". Edith Stein berichtet weiter: „Es waren wohl alle Freigeister, zu denen sie das sagte. Aber niemand lächelte. Wir beugten alle den Kopf vor diesem kindlichen Vertrauen."[45]

Zu den von Eva von Tiele-Winckler initiierten Aktivitäten gehörte auch der Dienst in der äußeren Mission, die sie ab 1908 zunächst für Norwegen und später für China, den Samoa-Inseln, für Ägypten, Guatemala, Indien und Syrien anregte und wohin sie Friedenshortschwestern entsandte.

Glaubenszuversicht und selbstbestimmtes Handeln leiteten Eva von Tiele-Winckler, als sie angeregt von dem Bibelwort: „Ich bin gefangen gewesen, und ihr habt mich nicht besucht!" zunächst Häftlinge besuchte, sich dann 1907 in einem Schreiben an Kaiser Wilhelm II. wandte und für sich und einige Schwestern um die Genehmigung bat, in Gefängnissen Seelsorge ausüben zu dürfen. Ihr wurde daraufhin durch ministeriellen Beschluss die freie, seelsorgerliche Betätigung in sämtlichen Frauengefängnissen und Zuchthäusern der Monarchie gewährt.[46] Es ging Mutter Eva auch bei diesem Arbeitszweig um den in Not geratenen Einzelnen. So berichtet sie von der Begegnung mit einer jungen Frau, die als Mörderin zum Tode verurteilt war. Den ersten Besuch bei dieser Gefangenen schildert sie so: „Da stand sie vor mir, totenblaß, auf dem nicht unschönen Gesicht starre Unbeugsamkeit, verbittert, hart. Was konnte ich tun? Nur eins, das arme, junge Ding in die Arme schießen und ihr sagen von der Liebe Dessen, der Sein Leben für Sünder auch für große, mit befleckten Händen hingegeben hätte. Was im einzelnen zwischen uns geredet wurde, weiß ich kaum mehr, nur dass sie Vertrauen faßte, mir erzählte von ihrer unglücklichen Jugend ..."[47] Neben dieser persönlichen Zuwendung setzte Eva von Tiele-Winckler sich für die Begnadigung dieser Gefangenen ein. Ihrem Gesuch wurde stattgegeben. Obwohl es im Verhalten der Begnadigten noch lange zu mancher „Schwankungen" kam, erlebte Mutter Eva sowohl hier wie in anderen Fällen, dass eine um Verständnis ringende Zugewandtheit mehr zur Verhaltensände-

---

[45] Edith Stein, Aus dem Leben einer jüdischen Familie. Das Leben Edith Steins: Kindheit und Jugend, Freiburg 1985, 162 f.

[46] Vgl. Tiele-Winckler, Nichts unmöglich, 331 ff.

[47] A.a.O., 333 f.

rung beiträgt als eine harte Strafe. Sie setzte zu ihrer Zeit Methoden ein, die er später in den Gefängnissen allgemein Einzug hielten.

Dem Liebesdienst Mutter Evas liegt bei allen ihren Gründungen das Menschenbild der Bibel zugrunde, wonach die Liebe Gottes im Besonderen dem schuldig gewordenen Menschen gilt. Ihre persönliche Gottesbeziehung charakterisiert vordergründig ihr Gespräch mit Gott. Wenn Claus Westermann zu Genesis 1, 27 schreibt: Der Mensch „ist darin Gottes Ebenbild, daß er Gott zu hören und zu ihm zu reden ... vermag“,[48] dann wird damit ein Licht auf Mutter Evas Gottes- und Menschenbild geworfen. Sie war überzeugt, Gottes Stimme zu hören. Betend und handelnd antwortete sie. Wenn sie gewiss war, dem Auftrag Gottes zu folgen, ging sie, ohne auf das Urteil anderer zu hören, zielstrebig ihren Weg.

In dem Text „Das Geheimnis eines glücklichen Lebens“ schrieb sie: „Setzte dich ganz ein für die erlangte Wahrheit und sei bereit, mit ihr zu stehen und zu fallen! Sei kindlich abhängig von Gott und königlich unabhängig von den Menschen, von ihrem Urteil, von Lob und Tadel! Bist du deiner Sache vor Gott gewiß, so gehe unentwegt und unerschrocken voran als ein Herold der Wahrheit und verkörpere sie in deinem Leben!“[49]

3. Schwesternschaft und Lebenskrisen

Es gibt aber auch die andere Seite in Eva von Tiele Wincklers Leben. Der Gründung ihrer Schwesternschaft gingen Jahre der Unruhe und inneren Krise voraus. Als Friedrich von Bodelschwingh 1892 den Friedenshort besuchte, erkannte er, dass die junge Eva sich in ihrem unermüdlichen Einsatz grenzenlos überforderte.[50] Bisher wurde sie nur von der Johanniterschwester Martha Magnus unterstützt. Der väterliche Freund gab nun den Anstoß zur Gründung einer eigenen Schwesternschaft. Dafür musste Eva Diakonisse werden und die Schwesterntracht anlegen. Obgleich diese Lebensform nicht den Vorstellungen ihres Vaters entsprach, gab er nach anfänglichem Widerstand seine Einwilligung.

Am 9. April 1893 wurde Eva von Tiele-Winckler nach einer Vorbereitungszeit in Bethel von Bodelschwingh als Diakonisse zum „Dienst in der Gemeinde Jesu“ eingesegnet. Mit dieser Einsegnungsformel war sie nicht an ein bestimmtes Mutterhaus gebunden. Sie leitete daraus das Recht und die Pflicht zum weltweiten Dienst der Nächstenliebe ab.

Als sie nach einer längeren Krankheit von Bethel heimkehrte, brachte sie von ihr formulierte und von Bodelschwingh durchgesehene „Regeln für die Gemeinschaft der Friedensschwestern“ mit in den Friedenshort. Gerade der Terminus „Regeln“ zeigt Evas Nähe zu katholischen Ordensgemeinschaften.

Vier der neun Regeln seien hier angeführt:

---

[48] Claus Westermann, Tausend Jahre und ein Tag, Stuttgart [4]1985, 13.

[49] Kleine Strahlen von der Lebenssonne, Dresden-A. 21, o.J., 5.

[50] Vgl. Thieme, Mutter Eva, 68-75.

1. In die Gemeinschaft der Friedensschwestern können nur Jungfrauen aufgenommen werden, die sich mit Leib und Seele gänzlich dem Dienst ihres Herrn und Heilandes hingeben wollen.
2. Sie haben ein Leben der Arbeit, der Armut und des Gehorsams zu erwarten und müssen freiwillig und völlig allem entsagen, was sich mit ihrem Beruf nicht vereinigen lässt.
3. Sie sollen mit ernster Treue nach bestem Können und Vermögen die Regeln ihrer Gemeinschaft befolgen, sollen sich aber stets bewusst sein, dass sie sich dadurch keinerlei Verdienst vor Gott oder Menschen erwerben und keine besondere Heiligkeit damit erlangen können, sondern daß ihnen diese Regeln nur gegeben sind, um ihnen eine Hilfe zu sein im täglichen Kampf der Selbstverleugnung in der Nachfolge ihres Herrn.
4. Ihre einzige Hoffnung im Leben und Sterben sei allein das vollgültige Verdienst Jesu Christi in der Kraft seines Todes, und die Liebe zu ihm, der uns erst geliebt hat, sei die Triebfeder aller ihrer Handlungen.[51]

Deutlich erkennbar sind in den beiden ersten Regeln die evangelischen Räte, die für katholische Ordensgemeinschaften konstitutiv sind: Armut, Keuschheit und Gehorsam. Darin spiegelt sich Evas ureigenster Wunsch. Sie hat ihn in einem späteren Brief an ihre Schwestern so formuliert: „Mir schwebte, ..., immer als Ideal das klösterliche, welt- und selbstverleugnende Leben ... vor Augen, welches mich persönlich ... mehr angezogen hatte als die freiere Gestaltung des Diakonissenwesens. ...

Ich fürchte, wenn es mir gelungen wäre, so hätte ich gern aus uns halb Diakonissen und halb Nonnen gemacht und seht mal, das geht doch nicht!"[52]

Ihre Zugehörigkeit zur Kirche der Reformation zeigt sich in der dritten Regel. In ihr drückt sie unmissverständlich aus, dass durch den Stand der Schwester weder ein Verdienst noch eine besondere Heiligkeit erworben werden kann.

Betrachtet man die Dienstanweisung für Diakonissen von Theodor Fliedner (1800-1864), so ist mit dieser übereinstimmend der Beweggrund für den Eintritt in die Schwesterngemeinschaft: Nämlich die Hingabe für den Dienst des Herrn und Heilandes Jesu Christi und die Liebe zu ihm. Aber im Gegensatz zu Fliedner, dessen Anweisungen aus 48 Paragraphen bestehen, sind Mutter Evas Regeln äußerst knapp formuliert. Vor allen Dingen fehlt ihnen gänzlich die Aufforderung, sich einer menschlichen Führung unterzuordnen.[53] Wenn Martin Gerhardt schreibt, „das unbedingte Gehorsamsverhältnis der Diakonissen zu (Fliedner) als dem ‚Inspektor der Anstalt' wie auch zur Vorsteherin als ‚Mutter'

---

[51] Thieme, Mutter Eva, 77 f.

[52] A.a.O., 83 f.

[53] Bei Fliedner heißt es: „Ihren Vorgesetzten haben sie um Gottes und des Gewissens willen mit Ehrerbietung und Verleugnung des einen Willens zu gehorchen und gegen alle andern sich eines ernsten und würdevollen Betragens zu befleißigen." Martin Gerhardt, Theodor Fliedner. Ein Lebensbild II, Düsseldorf-Kaiserswerth 1937, 86.

(beruhte) auf einem entschiedenen Führerprinzip", so war dies mit Eva von Tiele-Wincklers Verständnis von geistlicher Leitung nicht vereinbar. Den aus ihrer Persönlichkeit wie ihrer Erziehung ableitbaren Hang zum „Herrschen" konnte auch sie nicht verleugnen, aber ihre Hinkehr zur Christus ließ Eva einen anderen Weg wählen. Eine ihrer Schwestern charakterisiert sie so: „In Mutter Eva war Herrschergeist, aber ihre starke Natur hatte sich früh vor dem Herrn ... gebeugt ...

Die Bezeichnung Oberin hatte sie abgelehnt und verzichtete auf jedes äußere Zeichen von ihrer Würde. Dabei empfanden alle größte Achtung vor ihr." [54] Eva von Tiele-Winckler wird hier eine geistliche Autorität zugesprochen, die nicht mit Paragraphen eingefordert werden musste.

Den Aufbrüchen ihres Lebens und ihrer Arbeit folgten aber immer wieder Lebenskrisen, die sie an sich und ihrem Werk zweifeln ließen. Seit Mitte der neunziger Jahre hatte der Friedenshort zusätzlich einen Pfarrer in Leitungsposition. Auch Eva gehörte weiterhin dem Vorstand an. Sie selbst hatte Pfarrer Ebeling ausgesucht und musste doch bald erkennen, dass seine Art ihrer eigenen vollkommen entgegengesetzt war. Wechselnde Aufenthaltsorte, Krankheiten, Erholungsreisen und eine über fünf Jahre währende Zeit als Vorsteherin des Diakonissenmutterhauses Sarepta bei dem väterlichen Freund in Bethel folgten. Für ihre Stellvertretung in Miechowitz hatte Friedrich von Bodelschwingh gesorgt. 1901 kehrte Eva von Tiele-Winckler erneut nach Miechowitz zurück und stellte fest: „Der Friedenshort ist der schönste Fleck der Erde."[55] Sie brauchte die Heimat und den unmittelbaren Kontakt zu den Not leidenden Menschen.

Noch war die Zahl der Diakonissen – im Vergleich zu anderen Mutterhäusern – klein. Im Jahr 1905 reiste Eva auf Anregung einiger Frauen der Gemeinschaftsbewegung, zu denen auch ihre Freundin Jeanne Wasserzug (1867-1936), die charismatische Bibellehrerin der Frauenmissionsschule Malche,[56] gehörte, zweimal zu den Veranstaltungen der Waleser[57] Erweckungsbewegung nach England. Hier erlebte sie eine geistliche Wende. Sie schreibt darüber: „Mir war, als wäre ein neuer Lebensabschnitt für mich angebrochen: Tiefe Stille, großer Friede und nur der eine Wunsch, das eine Verlangen, nie ungehorsam zu sein Dem, Der von meinem Leben aufs neue Besitz genommen hatte, einzig da für Ihn, nicht mehr ich, sondern Er durch mich ... Noch in derselben Stunde be-

[54] Thieme, Mutter Eva, 245 f.

[55] Zit.n. Funke, Eva, 64.

[56] 1898 wurde in Bad Freienwalde das Bibelhaus Malche gegründet, in dem Frauen für den Verkündigungsdienst im In- und Ausland ausgebildet wurden. Jeanne Wasserzug hat mit ihrer Verkündigung die ersten Jahrzehnte dieser Ausbildungsstätte für Missionarinnen geprägt.

[57] Unter Evan Roberts (1878-1951) war 1904 in Wales eine große Erweckung geschehen. Dabei kamen Visionen, vom Geist geleitete Versammlungen und das Erlebnis der Geisttaufe zur Geltung. Ungewöhnlich war, dass viele Frauen als Evangelistinnen auftraten. Unter den Frauen hatte Jessie Penn-Lewis (1861-1927) eine herausragende Stellung.

kam ich den inneren Auftrag, zurückzureisen in die Heimat ... Dann ging's zurück in den Friedenshort, und als ich zum erstenmal die Schwestern um mich versammelte, da war's, um sie um Vergebung zu bitten für mein bisheriges Wirken und Dienen unter ihnen, ... Es sollte nun alles neu werden ..."[58] Das Eingestehen eigener Fehler gegenüber den Schwestern hatte ungewöhnliche Folgen.

Als im Oktober desselben Jahres ein neues Schwesternhaus, „Zionsstille", eingeweiht wurde, kam es während der Festwoche zu einer vom Geist gewirkten Erweckung unter den Schwestern und Gästen. Äußerlich zeigte sich das Wirken des Heiligen Geistes an einer sich rapide vergrößernden Zahl von Postulantinnen. Bereits im folgenden Jahr kamen ungefähr ebenso viele Schwestern, „wie in den vorhergehenden fünfzehn Jahren im ganzen eingetreten waren."[59] Die wachsende Schwesternschaft ermöglichte die Aufnahme neuer Arbeitszweige: die Gefängnisarbeit (1907), die Auslandsmission (1908) und die Gründung der Kinderheimaten (1910).

Bei all ihren Initiativen und bahnbrechenden Gründungen blieb Eva von Tiele-Winckler zeitlebens krankheitsanfällig. Oft musste sie ihre Arbeit für längere Krankenhausaufenthalte und Erholungsreisen unterbrechen. Ihr Streben nach Vollkommenheit und eine damit einhergehende Überforderung mag für viele Krisen ursächlich gewesen sein. Ihrem Tod am 21. Juni 1930 ging wiederum eine lange schwere Krankheit voraus.

Eva von Tiele-Winckler hat vielen Frauen einen religiös motivierten Weg in eine eigenständige Berufstätigkeit ermöglicht. Der Kampf für die Gleichberechtigung der Frau lag ihrem Wesen und ihrer Erziehung fern. Emanzipation bedeutete für sie, frei zu werden von Bindungen, die sie hinderten, ein Leben der Hingabe an Gott und ihre Nächsten zu führen.

Das von ihr ins Leben gerufene Werk existiert weiter. Als Schloss Miechowitz 1945 von russischen Soldaten besetzt wurde, setzten Schwestern mit polnischer Staatsangehörigkeit die Arbeit in Dziegelow bei Teschen fort. Später fand etwa die Hälfte der Schwesternschaft in der ehemaligen DDR in dem früheren Zisterzienserkloster Heiligengrabe bei Wittstock eine Heimat. Die anderen bezogen in Freudenberg im Siegerland eigene Räume, wo heute der Hauptsitz der Friedenshortschwestern ist.[60]

---

[58] Tiele-Winckler, Denksteine, 46 f.

[59] A.a.O., 48.

[60] Vgl. Funke, Eva, 65.

Frank Lüdke

Emilie Siekmeier (1871-1948)

Emilie Siekmeier. Aufnahme von 1930, Archiv des Deutschen Gemeinschafts-Diakonieverbands Marburg.

Im Jahr 1924 wurde Emilie Siekmeier zur ersten Generaloberin des Deutschen Gemeinschafts-Diakonieverbands (DGD) berufen.[1] Nachdem sie schon seit 1903 Führungsaufgaben im Vandsburger Stamm-Mutterhaus übernommen hatte, sollte sie bis zu ihrem Tod 1948 somit insgesamt 45 Jahre lang Leitungsverantwortung für ein Werk von schließlich fast 4.000 Diakonissen tragen, in welchem zu seiner Zeit ungefähr zwei Drittel aller Diakonissen der Gemeinschaftsbewegung organisiert waren. Schwester Emilie Siekmeier wurde damit ein prägendes Leitbild für das Verständnis eines neuartigen Diakonissentyps, der „Gemeinschaftsschwester".

Emilie Siekmeier wurde am 24. Februar 1871 als Älteste von sieben Geschwistern in Detmold geboren. Sie stammte aus einem alten lippischen Geschlecht, und ihr Elternhaus war traditionell reformiert geprägt. Im Jahr 1895 fuhr sie zum Jahresfest des ersten deutschen EC-Jugendbundes[2] im nahen Bad Salzuflen und schloss sich ihm an. Ihr aktiver Beitrag bestand in der regelmäßigen Verteilung von 30 Exemplaren der EC-Zeitschrift *Jugendhilfe*. Darin las sie

---

[1] Es gibt bisher nur eine einzige Veröffentlichung über Emilie Siekmeier. In dem 1949 kurz nach ihrem Tod erschienenen Heft: *Eine Magd des Herrn. Zum Gedächtnis an Schwester Emilie Siekmeier* finden sich auf 30 Seiten verschiedene als Nachruf gedachte Kurzberichte über Begegnungen mit ihr.

[2] Die Bewegung des *Jugendbunds für entschiedenes Christentum (EC)* wurde 1881 in den USA gegründet. In den von Beginn an gemischtgeschlechtlich geführten Jugendgruppen wurde die Gebetsversammlung in den Mittelpunkt gestellt, und die Mitglieder mussten ein Gelübde ablegen, in welchem sie sich zur Hingabe an Christus, zu intensiv gelebter persönlicher Frömmigkeit, zum Besuch der Versammlungen und zur Mitarbeit in der Ortsgemeinde verpflichteten. Dieses Jugendarbeits-Modell verbreitete sich weltweit rasant und wurde 1894 durch Adolf Stoecker und Friedrich Blecher auch nach Deutschland getragen. Zur Zeit gibt es EC-Verbände in 67 Ländern. Die heute so genannte Jugendarbeit „Entschieden für Christus" e.V. unterhält in Deutschland ca. 3000 Kinder-, Teenager- und Jugendgruppen.

von der Einrichtung einer so genannten *Weihestunde* im EC. Zusammen mit vier anderen jungen Frauen fuhr sie 1896 zur EC-Ortsgruppe nach Wuppertal, um dort eine *Weihestunde* mitzuerleben, was dazu führte, dass sich alle fünf entschieden, Diakonisse zu werden.[3] Emilies Schwester Minna, ihre Cousine und eine Freundin traten daraufhin in das Mutterhaus Bad Kreuznach ein und eine weitere Freundin ging in die China-Mission. Nur Emilie selbst konnte sich nicht vorstellen, in eines der bestehenden Mutterhäuser einzutreten, da diese meist mit der Prägung des EC nur wenig anfangen konnten.[4] Erst als sie in der *Jugendhilfe* las, dass in Borken/Ostpreußen ein neues Mutterhaus auf dem Boden der Gemeinschaftsbewegung gegründet wurde, wusste sie, wo sie eintreten wollte, denn hier entstand ein Schwesternhaus einer völlig neuen Art.

Als Gemeinschaftsbewegung bezeichnet man die pietistischen Vereine und Verbände innerhalb der evangelischen Kirche, die sich im späten 19. Jahrhundert – im Jahr 1888 – unter dem Dach des *Gnadauer Verbandes* vereinigten. Nachdem die Tradition des Barockpietismus um Philipp Jacob Spener (1635-1705), August Hermann Francke (1663-1727) und Nikolaus Ludwig Graf von Zinzendorf (1700-1760) schon zu Beginn des 19.Jahrhunderts durch die Erweckungsbewegung neu belebt worden war, kam es seit den 1870er Jahren vor allem durch Anstöße aus der angloamerikanischen Heiligungsbewegung zu starken pietistischen Aufbrüchen.[5] Im Vergleich zur altpietistischen Tradition wurden dabei zwei neue Akzentuierungen aufgenommen. Zum einen rückte durch Anstöße aus den USA das Thema *Evangelisation* in verstärktem Maße in den Mittelpunkt.[6] Nachdem Pietisten bis dahin fast sprichwörtlich als die *Stillen im*

---

3 „... wir gingen nach draußen. Dann sagte ich: ‚Weißt Du, Minna, ich werde Schwester, Du auch?' ‚Ich auch, ich auch'. Da stehen wir 5 und sehen uns an. Es war nichts von ‚Schwester' gesprochen worden, sondern vom Weinstock und den Reben, und wir waren alle fünf vom Herrn gerufen worden, Schwester zu werden. Wir waren ganz überwältigt." Selbstzeugnis von Emilie Siekmeier am 22. Februar 1940 in Marburg-Wehrda, in: *Archiv des Deutschen Gemeinschafts-Diakonieverbands (ADGD)* 215.5.

4 „Ich wollte nicht nach Kreuznach. Meine Schwester und meine Freundin haben nichts Schlechtes geschrieben, aber ich habe mir gesagt, ich will in ein entschiedenes, gläubiges Haus, das hatte die Jugendhilfe und das Lesen des Themas ausgewirkt." Ebd.

5 Zur Heiligungsbewegung vgl. Paul Fleisch, *Die Heiligungsbewegung. Von den Segenstagen in Oxford 1874 bis zur Oxford-Gruppenbewegung Frank Buchmans* , Gießen 2003 und die dortigen Literaturhinweise in Fußnote 019. Die vielfältigen Einflüsse bei der Entstehung der Gemeinschaftsbewegung beleuchtet Christoph Mehl, *Reich-Gottes-Arbeit. Der christliche Unternehmer Ernest Mehl (1836-1912) als Wegbereiter der Gemeinschaftsbewegung*, Neustadt a. d. Aisch 2001, 37-48.

6 Der Bonner Praktische Theologe Theodor Christlieb holte 1882 den deutsch-amerikanischen Methodistenprediger Friedrich von Schlümbach, der im Bereich der Ev. Landeskirchen die Sache der Evangelisation vorantreiben sollte. Dies führte 1884 in Bonn zur Gründung des *Deutschen Evangelisationsvereins*, um das Anliegen der Evangelisation in kirchliche Arbeit zu integrieren, und 1886 zur Gründung des *Johanneums* in Wuppertal, um Laienevangelisten auszubilden. Vgl. Dieter Lange, *Eine Bewegung bricht sich Bahn*, Gießen [3]1990, 58-60: 68-78.

Lande gegolten hatten, begannen Gemeinschaftskreise nun offensiv entkirchlichte Menschen zu evangelisieren, teilweise sogar nach amerikanischem Vorbild durch groß angelegte Evangelisationsveranstaltungen.

Der zweite neue Akzent der Gemeinschaftsbewegung lag in der verstärkten Betonung der persönlichen *Heiligung*, die in vielfältigen Schriften und Konferenzen thematisiert wurde. Natürlich hatten sich pietistische Kreise schon immer um die Konsequenzen des Glaubens im alltäglichen Leben gekümmert, nun aber rückte das Heiligungsverständnis vielfach in die Nähe eines methodistischen Zweistufen-Denkens. Demnach sollte das wahre Christsein erst mittels besonderer Hingabe erlangt werden, durch welche man einen Zustand erreicht, in dem eigene Charaktersünden dauerhaft besiegt sind und man besonders vollmächtig von Gott im evangelistischen Dienst gebraucht werden kann.

Im kirchlichen Bereich stand man gegen Ende des 19.Jahrhunderts einer solchen Frömmigkeit oftmals eher reserviert gegenüber. Auch in den meisten Diakonissen-Mutterhäusern fanden junge Frauen aus diesem Milieu nur schwer eine Heimat. Entscheidend war für sie dabei meistens, dass das Streben nach persönlicher Heiligung in den Mutterhäusern zu wenig ausgeprägt war. Aus Zweifel daran, ob man sich überhaupt in einer Gemeinschaft von *Bekehrten* befand, begannen die jungen Frauen aus der Gemeinschaftsbewegung dann oft ihre Mitschwestern mit ihrer eigenen theologischen Prägung zu missionieren, was natürlich zu Aufruhr und Konflikten führte. Vielfach traten diese jungen Mädchen dann schon bald wieder aus dem Mutterhaus aus und klagten ihrem pietistisch geprägten Gemeindepfarrer ihr Leid.

Besonders stark empfand man dieses Problem in den östlichen Gebieten Deutschlands, da hier die Landeskirchlichen Gemeinschaften nur auf wenig altpietistische Tradition zurückgreifen konnten und dafür umso mehr von den Akzenten der angloamerikanischen Heiligungsbewegung geprägt waren. Es war daher kein Zufall, dass gerade hier das erste Gemeinschafts-Schwesternhaus entstehen sollte. Ein Kreis von west- und ostpreußischen Pfarrern, der sich der Bewegung verpflichtet fühlte, wurde initiativ und Pfarrer Carl Ferdinand Blazejewski (1862-1900) wurde mit den Vorbereitungen einer Mutterhausgründung beauftragt. Da es schon einige Bewerberinnen gab, aber man auf die Schnelle kein geeignetes Gebäude fand, nahm Blazejewski am 20. Oktober 1899 die ersten vier jungen Frauen in sein Pfarrhaus in Borken/Ostpreußen auf.

In der Wartezeit bis zur Gründung des Borkener Mutterhauses bekam Emilie Siekmeier näheren Kontakt mit Betheler Diakonissen. Sie erhielt die offizielle Anfrage, ob sie aufgrund ihrer hauswirtschaftlichen Erfahrung nicht bereit wäre, im Auftrag des Bielefelder Mutterhauses ein Mädchenheim in Paris zu übernehmen. Sie schlug dieses Angebot aber aus und trat stattdessen am 20. April 1900 als sechste Schwester in das weit entfernte Schwesternhaus in Borken ein.[7]

---

7 „...wenn ich nachher gefragt wurde, wo willst du denn Schwester werden, dann habe ich gesagt wahrscheinlich in Borken in Ostpreußen, hinter Berlin. Wenn man sagte ‚hinter

Nach nur vier Wochen Jungschwesternzeit wurde Emilie Siekmeier schon als Gemeindeschwester der Borkener Kirchengemeinde angestellt. Kurz darauf allerdings, am 24. Mai 1900, starb Carl Ferdinand Blazejewski und die Zukunft des neuen Schwesternhauses war ungewiss. Zunächst wurde Emilie Siekmeier mit der Versorgung von Frau Blazejewski[8] und ihren drei kleinen Kindern beauftragt, da sie als 29-Jährige gut 10 Jahre älter war als fast alle anderen Schwestern und somit über mehr Lebenserfahrung und praktische Begabungen verfügte. Im November 1900 konnte die Schwesterngemeinschaft mit Frau Blazejewski dann schließlich in das westpreußische Vandsburg übersiedeln, wo der Ortspfarrer Theophil Krawielitzki (1866-1942) das junge Werk unter seine Obhut nahm.[9]

Bereits nach kurzer Zeit im Vandsburger Mutterhaus wurde Emilie Siekmeier dann im Februar 1901 zunächst in das nahe Langenau geschickt, wo sie als Gemeindeschwester auch Kindergottesdienst und *Jungfrauenstunden* halten konnte. Schon im Oktober wurde sie allerdings wieder in das Mutterhaus zurückgeholt, um Frau Blazejewski in der Mutterhausleitung und in der Versorgung der inzwischen 18 Schwestern zu helfen. Nach einem kurzen Einsatz in Berlin übernahm Emilie Siekmeier dann im Mai 1903 endgültig die Leitung über die inzwischen auf 60 Mitglieder angewachsene Schwesterngemeinschaft. Ihre Hauptaufgaben bestanden dabei vor allem in der Organisation des Mutterhausbetriebs, der seelsorgerlichen Begleitung der neuen Schwestern sowie vielen Besuchen auf den Stationen der Schwestern. Im November 1906 wurden Emilie Siekmeier und zwei andere Frauen in Vandsburg als erste Schwestern offiziell für ihren Dienst als Diakonisse eingesegnet. Unter ihrer Führung entwickelte sich im Vandsburger Mutterhaus auch aus geschlechtergeschichtlicher Perspektive eine sehr interessante Prägung. Da nämlich die Vandsburger Arbeit sehr stark von der angloamerikanischen Heiligungsbewegung beeinflusst war, wurde hier, wie an kaum einem anderen Ort, das sonst im Raum des deutschen Protestantismus übliche Geschlechterrollenkonzept aufgebrochen.

Die angloamerikanische Heiligungsbewegung wird heute als eine bedeutende Vorreiterin für den Kampf um die Gleichberechtigung der Frau angesehen. Schon 1835 begannen die amerikanische Methodistin Sarah Lankford und ihre Schwester Phoebe Palmer die *Tuesday Meetings for the Promotion of Holiness* in ih-

---

Berlin', dann fragten sie nicht weiter. Mein Vater hat den Kopf geschüttelt und gesagt: ‚Mädchen, Mädchen, hinter Berlin, bist du dir so sicher darin?' Ich habe gesagt: ‚Ich bin mir ganz sicher'." Selbstzeugnis von Emilie Siekmeier am 22. Februar 1940 in Marburg-Wehrda, in: *ADGD* 215.5. Später ging übrigens auch Emilie Siekmeiers Bruder Fritz (1878-1963) nach Ostpreußen und wurde Prediger der Bahnauer Bruderschaft.

8 Vgl. Doris Möser-Schmidt, Wilhelmine Clasina Blazejewski (1851-1927).

9 Die ausführliche Geschichte der Anfänge des Vandsburger Werkes findet sich in Frank Lüdke, *Diakonische Evangelisation. Die Anfänge des Deutschen Gemeinschafts-Diakonieverbands 1899-1933*, Stuttgart 2003.

rem gemeinsamen Privathaus.[10] Ab 1839 übernahm Phoebe Palmer die Leitung der Versammlungen, die von Gebet und Heiligungserfahrungen bestimmt waren und regelmäßig von ca. 200 Frauen und Männern besucht wurden, unter anderem auch von Bischöfen und Amtsträgern verschiedener Denominationen. Gemeinsam mit ihrem Mann Walter führte Phoebe Palmer über 300 Heiligungsversammlungen in den USA, Kanada und Großbritannien durch, ohne jedoch jemals durch ihre *Methodist Episcopal Church* offiziell ordiniert worden zu sein. Von großer Bedeutung wurde ihr 1843 erschienenes Werk *The Way of Holiness*, das 1867 die 50. Auflage erlebte.[11]

Phoebe Palmer war der Überzeugung, dass die Erfahrung der persönlichen Heiligung öffentlich bezeugt werden müsse, um sie zu behalten. Davon angeregt, überwanden sich viele Frauen zum ersten Mal dazu, öffentlich in christlichen Versammlungen zu sprechen.[12] 1859 erschien Phoebe Palmers Buch *The Promise of the Father; or, a Neglected Speciality of the Last Days*, in dem auf über 421 Seiten erstmals versucht wurde, das Recht der Frauen auf eine öffentliche Predigttätigkeit theologisch begründet zu fordern. Über Jahrzehnte blieb dieses Buch eine oft genutzte Quelle für die vielfältigen Bemühungen um die Gleichberechtigung von Frauen im geistlichen Dienst.

Kristallisationspunkt der frühen Heiligungsbewegung war das seit 1835 von Charles Finney geleitete Oberlin-College in Ohio.[13] Als erstes amerikanisches College wurde es koedukativ geführt, so dass Ende der 1840er Jahre auch Antoinette Brown (1825-1921) dort studieren konnte. Nach ihrem College-Abschluss drängte sie darauf, an den normalerweise für die Predigerausbildung der Männer vorbehaltenen theologischen Aufbaukursen teilzunehmen, was ihr schließlich auch gestattet wurde. Nach bestandener Abschlussprüfung wurde ihr allerdings die Verleihung des offiziellen theologischen Grades verweigert, und ein männlicher Absolvent musste ihre Abschlussarbeit bei der Graduierung vortragen.[14] Dennoch wurde Antoinette Brown am 15. September 1853 in einer

---

[10] Sarah Lankford (1806-1896) und Phoebe Palmer (1807-1874), beide geb. Worall, stammten aus einer wohlhabenden, streng methodistischen Familie in New York. Der methodistische Arzt Walter Clarke Palmer heiratete 1827 zunächst Phoebe und nach deren Tod dann Sarah im Jahr 1876.

[11] Phoebe Palmers immenser Einfluss auf die frühe amerikanische Heiligungsbewegung wird heute allgemein anerkannt. Vgl. Harold E. Raser, *Phoebe Palmer: Her Life and Thought*, Lewiston 1987; Charles Edward White, *The Beauty of Holiness: Phoebe Palmer as Theologian, Revivalist, Feminist and Humanitarian*, Grand Rapids 1986.

[12] Susie C. Stanley, „The Promise Fulfilled: Women's Ministries in the Wesleyan/Holiness Movement", in: Catherine Wessinger (Hg.), *Religious Institutions and Women's Leadership: New Roles Inside the Mainstream*, Columbia 1996, 140.

[13] Charles Grandison Finney (1792-1875) arbeitete zunächst als Rechtsanwalt und erwarb sich theologische Erkenntnisse im Selbststudium. Er gilt heute als erster Berufsevangelist.

[14] Vgl. Elizabeth Cazden, *Antoinette Brown Blackwell: A Biography*, Old Westbury 1983. Erst 1878, nach 28 Jahren, wurde Antoinette Brown vom Oberlin-College ein M.A. in Theologie nachträglich verliehen, im Jahr 1908 dann auch noch ein Ehrendoktor.

kleinen Kongregationalisten-Gemeinde in South Butler/New York als erste Frau der Welt offiziell ordiniert und in das Predigtamt eingesetzt.

Nachdem die Idee der Gleichberechtigung der Frau im geistlichen Dienst in den folgenden Jahrzehnten vor allem auch durch die Heilsarmee in den USA immer stärker Raum gewann, kam es in den 1870er Jahren dann schließlich auch zu entscheidenden Impulsen in Europa. Von großer Bedeutung war dabei das Engagement von Hanna Whitall Smith (1832-1911), die neben ihrem Mann Robert Pearsall Smith (1827-1898) auf großen Heiligungskonferenzen in Oxford (1874) und Brighton (1875) täglich als Rednerin auftrat. Da das öffentliche Lehren einer Frau in gemischtgeschlechtlichen Versammlungen stark umstritten war, nannte man ihre Veranstaltungen *Bible Reading* und merkte an, dass anwesende Männer nicht ausgeschlossen werden würden. Hanna Whitall Smith war eine hochbegabte Rednerin mit starker Überzeugungskraft, so dass auch viele deutsche Teilnehmer dieser Konferenzen zum ersten Mal tiefe geistliche Erfahrungen durch die Ansprache einer Frau machten. Gemeinsam mit den Schriften Hanna Whitall Smiths, in welchen sie auch die öffentliche Lehrtätigkeit von Frauen verteidigte und sich für das Frauenwahlrecht einsetzte, bewirkte dies in den folgenden Jahren eine zunehmende Offenheit von deutschen heiligungsbewegten Kreisen in der Frauenfrage.[15]

Die amerikanische Heiligungsbewegung war somit die erste christliche Bewegung, in welcher programmatisch für die Gleichberechtigung der Frauen in den Kirchen und Gemeinden gearbeitet wurde. Die Ursachen dafür lagen in einer besonderen Entfaltung einer methodistischen Pneumatologie, nach welcher die individuelle Heilserfahrung und die Erfüllung mit dem Heiligen Geist für Frauen und Männer gleichermaßen ohne Vermittlung eines Amtsinhabers möglich sei. Daraus leitete man ab, dass die Verteilung von Charismen ohne Ansehen des Geschlechts geschehe und somit Frauen auch zum Predigtamt begabt und damit auch berufen sein können.[16] Dazu kam, dass sich die Heiligungsbewegung in den USA meist in relativ jungen oder sogar neu gegründeten Kirchen durchsetzte, die nur mit wenig Traditionsballast zu kämpfen hatten. Dies begünstigte eine schnellere Umsetzung der neuen Ideen.

Als das Vandsburger Schwesternhaus seinen Aufschwung nahm, hatte sich im Raum der Evangelischen Kirche bis dato allerdings noch kaum etwas im Blick auf die öffentliche Lehr- und Leitungstätigkeit von Frauen in den Gemeinden getan. Nun geschah es aber, dass Vandsburger Schwestern, die an ver-

---

[15] Hannah Whitall Smiths Buch *The Christian's Secret of a Happy Life* (1870) wurde bis heute über drei Millionen mal verkauft und gilt als wirkungsreichstes Buch der Heiligungsbewegung neben William E. Boardmans *The Higher Christian Life* (1858), das auf einer Vorlage seiner Frau Mary basierte.

[16] Der methodistische Prediger Luther Lee stellte daher bei seiner Einführungspredigt für Antoinette Brown 1853 fest: „We are not here to make a minister. It is not to confer on this our sister, a right to preach the gospel. If she has not that right already, we have no power to communicate it to her." Zit.n. Barbara Brown Zikmund, „Women's Ministries Within the United Church of Christ", in: Wessinger, *Religious Institutions*, 68.

schiedenen Orten diakonische Aufgaben zu verrichten hatten, durch ihren ausgesprochen evangelistischen Lebensstil so nebenbei Frauen und Männer zu Bibel- und Gebetsstunden um sich sammelten. Diese Gruppen wurden durch die Schwestern ganz im Sinne der Heiligungsbewegung geprägt, und zwar in einem solch starken Ausmaß, dass man sich an den meisten Orten nicht zu einem Anschluss an bestehende altpietistische Gemeinschaften durchringen konnte. So kam es in den zwanziger Jahren zur Gründung von eigenständigen Gemeinschaften und schließlich sogar zu eigenen Gemeinschaftsverbänden, die nach vielen Auseinandersetzungen dann auch in den Gnadauer Verband aufgenommen werden konnten. Konfliktreich war hier neben dem besonders starken Akzent auf Heiligung und Evangelisation und einem etwas elitären Selbstbewusstsein der DGD-Gemeinschaften, vor allem der geistliche Dienst der DGD-Schwestern in gemischtgeschlechtlichen Versammlungen. Der DGD war vor dem 2.Weltkrieg der einzige Verband im Raum der Evangelischen Kirche, der es zuließ, dass Frauen auch vor Männern predigten. Dies wurde dezidiert theologisch begründet und macht die starke Prägung durch die Haltung der angloamerikanischen Heiligungsbewegung gerade in dieser Frage deutlich.[17] Da die altpietistische Tradition Leitung und Lehre durch Frauen in Gemeindeversammlungen ablehnte, kam es hier innerhalb der Gemeinschaftsbewegung zu scharfen Auseinandersetzungen, welche sogar beinahe die Aufnahme des DGD in den Gnadauer Verband 1923 verhindert hätten.

Bis Anfang der zwanziger Jahre waren aus dem Vandsburger Mutterhaus schon drei Tochtergründungen in Deutschland herausgewachsen, so dass man dem Gesamtwerk 1922 offiziell den Namen *Deutscher Gemeinschafts-Diakonieverband* (DGD) gab. Schon 1908 war Theophil Krawielitzki nach Marburg umgesiedelt, um sich dort der Neugründung des Mutterhauses Hebron und des Brüderhauses Tabor zu widmen. Schwester Emilie blieb nun als Alleinverantwortliche für 200 Schwestern in Vandsburg zurück und führte das Stamm-Mutterhaus auch durch die Zeit des Ersten Weltkrieges. Als Ergebnis des Krieges musste das Deutsche Reich Westpreußen an Polen abtreten, so dass auch Vandsburg am 24. Januar 1920 polnisch wurde. Schwester Emilie bekam den Auftrag, mit dem größten Teil der Schwestern (ca. 300) als Schwesternschaft *Neuvandsburg* an einen anderen Ort innerhalb des Deutschen Reiches umzusiedeln. Im Januar 1920 zog man zunächst in ein kleines eigenes Erholungsheim nach Berlin-Schlachtensee, im April von dort nach Rathen in der Sächsischen Schweiz und im März 1921 schließlich nach Elbingerode im Harz. Nachdem Schwester Emilie dort für stabile Strukturen gesorgt hatte, zog sie im Januar 1924 zu Theophil Krawielitzki nach Marburg, um von dort aus als Generaloberin des DGD die

---

[17] Vgl. *Der Zeugendienst der Frauen nach der Schrift*, Vandsburg, o.V. [wahrscheinlich Theophil Krawielitzki], o.J. [ca. 1910]; Ludwig Thimme, *Biblische Sätze über Frauendienst und Frauenreden*, Marburg o.J. [ca. 1920]; Fritz Mund, *Schwesterndienst am Wort in gemischten Versammlungen – sein biblisches Recht und seine Schranken*, Marburg 1924.

geistliche und konzeptionelle Mitverantwortung für die vier großen Mutterhäuser in Vandsburg, Elbingerode, Marburg und Gunzenhausen wahrzunehmen.[18]

Zu einer ganz besonderen Geschlechterrollenverteilung im DGD führte es, dass man neben der Schwesternarbeit im Jahr 1909 in Marburg auch schon begonnen hatte, Männer innerhalb des Vandsburger Werkes auszubilden. Von Anfang an waren die Brüder allerdings vor allem als Hilfskräfte für das stark expandierende Schwesternwerk gedacht. Besonders für schwere körperliche Arbeiten und spezielle geistliche und seelsorgerliche Dienste an Männern wurden sie dringend gebraucht. Diese interne Vorstellung, die Brüder als eine Art Hilfsschwestern für spezielle Arbeiten einzusetzen, führte von Beginn an zu einer stark defizitären Männer-Ausbildung, die sich erst Mitte der zwanziger Jahre langsam eigenständig gegenüber der Schwesternarbeit profilieren konnte.

Auf den Führungsebenen des Werkes blieb der DGD jedoch trotz der Beteiligung von leitenden Diakonissen ein Werk, das ganz im Sinne der patriarchalischen Strukturen des 19. Jahrhunderts geführt wurde. Auch Schwester Emilie Siekmeier hatte als Generaloberin zwar volles Mitspracherecht in allen entscheidenden Fragen, dennoch wurden die maßgeblichen Weichenstellungen im DGD vor allem von Theophil Krawielitzki und seinen theologischen Mitarbeitern vorgenommen. Ein besonderes Gepräge erhielt der DGD allerdings dadurch, dass die Schwestern generell ein höheres Ansehen besaßen als die Brüder, da sie als die weitaus größere Gruppe mehr Gewicht hatten und zudem diejenigen waren, mit deren Tätigkeit das ganze Werk begonnen hatte. Der DGD war im internen Bewusstsein der Gründungsjahrzehnte vor allem ein Schwesternwerk. Die Brüder wurden zunächst ganz nach der Art der Schwestern erzogen und ihre Aufgabe war es, das Schwesternsystem zu unterstützen.

Schon die Motivation zur Gründung des Vandsburger Schwesterhauses lag ja auch nicht in externen Zielen, sondern in der Erfüllung der Bedürfnisse junger Frauen, die sich nach einem Leben als Diakonisse innerhalb ihrer religiösen Prägung sehnten. Insofern hatte die Vandsburger Arbeit die wichtige Funktion, jungen Frauen aus der Gemeinschaftsbewegung eine gesellschaftlich anerkannte Alternative zur Rolle als Ehefrau und Mutter zu bieten. Dabei blieb man grundsätzlich innerhalb des Mutterhauses einer hierarchischen Ordnung im Sinne des Fliednerschen Grundmodells verhaftet, was den Schwestern nur wenig Freiraum zur eigenen Lebensgestaltung oder Mitbestimmung ließ. Der Ausgleich dafür bestand in der gesellschaftlichen Anerkennung einer Diakonisse zu einer Zeit, in welcher die unverheiratete Frau im Bereich des Protestantismus an-

---

[18] „Sie müssen jetzt solch ein Leben führen wie ich, bald da, bald dort. Sie müssen frei werden für das ganze Werk, ich kann es nicht mehr allein schaffen. Sie kennen die Schwestern alle auch von Marburg und Gunzenhausen usw. und können ihnen auch innerlich dienen." Theophil Krawielitzki zitiert von Emilie Siekmeier beim Abschied in Elbingerode am 14. Januar 1924, in *ADGD* 215.5.

sonsten eher mitleidsvoll betrachtet wurde.[19] Die gesellschaftliche Achtung wurde zu Beginn des Diakonissenwesens vor allem durch die Verwendung der Tracht einer verheirateten Bürgersfrau unterstützt. Nachdem aber schon in Kaiserswerth bald die Diakonissentrachten der allgemeinen Mode nicht mehr angeglichen wurden, wirkte die Tracht eher als ein Signal für eine transgeschlechtliche Identität der Schwester. Gerade diese Entwicklung des Diakonissentums als eine Art *Drittes Geschlecht* neben Frauen und Männern, eröffnete plötzlich auch Möglichkeiten aus dem sonst üblichen Gender-Konzept für Frauen auszubrechen, was im DGD auf vielfältige Weise genutzt wurde. Vor allem als leitende Schwestern in den Gemeinschaftsarbeiten bekamen die DGD-Schwestern ein erstaunliches Maß an Freiräumen und Leitungsaufgaben übertragen, denn hier, im geistlichen Dienst, kam nun die theologische Prägung der Heiligungsbewegung zum Tragen. In der werkinternen Pneumatologie nahm die Erfüllung mit dem Heiligen Geist eine solch zentrale Stellung ein, dass die üblichen Geschlechterdifferenzen dahinter zurücktreten mussten. Der Dienst der Schwestern wurde von Krawielitzki rein pragmatisch nach der sichtbaren evangelistischen Effektivität bewertet, was dazu führte, dass sichtlich begabten Schwestern auch der Dienst in bisherigen Männerdomänen gestattet wurde. Gerade durch die ausgeprägte Betonung der evangelistischen Arbeit im DGD kam es somit zum Abbau althergebrachter Geschlechtergrenzen, welcher dann auch zu einer emanzipatorischen Modernisierung der DGD-Gemeinschaftskreise führte. Das Vorbild der Gemeinschaftsschwestern, die selbstverantwortlich Bibelstunden leiteten, Kinder- und Jugendarbeiten aufbauten und oftmals auch regelmäßig predigten, wurde für Tausende von EC-Jugendbündlerinnen ein Vorbild für ein selbstbestimmtes Leben als Frau, was dazu führte, dass bei vielen dieser jungen Mädchen selbst der Wunsch entstand, Diakonisse im DGD zu werden. Auch die langfristige emanzipatorische Wirkung auf das Selbstverständnis der Frauen in Landeskirchlichen Gemeinschaften darf nicht unterschätzt werden, wobei hier allerdings auch gegenteilige Effekte wahrzunehmen waren. Gerade der Hinweis auf die weitgehende Betätigungsfreiheit der Diakonissen wirkte oftmals als Ventil, durch welches sich kein Druck im Hinblick auf emanzipatorische Veränderungen unter den Gemeinschaftsfrauen aufbauen konnte. Dies ist ein Beispiel für die häufige Beobachtung im Rahmen der Gender-Forschung, dass eine echte Frauenemanzipation manchmal gerade dadurch verhindert wurde, dass man bestimmten Frauen zunächst zwar neue Betätigungsfelder erschloss, durch die sie aber langfristig erst recht von Führungs-

[19] Noch in den zwanziger Jahren berichtete man im DGD von einer Bewerberin, die sich mit folgenden Worten die Aufnahmebedingungen erbat: „Wenn ich Diakonisse werde, zieht jeder Pastor und Doktor seinen Hut vor mir, ja selbst Offiziere grüßen mich, ich werde von jedermann geachtet, finde Eingang in die feinsten Kreise und werde mit der Zeit selbst eine gebildete Dame." In: *Der Deutsche Gemeinschafts-Diakonie-Verband 1899-1927*, Düsseldorf 1927, 49.

positionen ferngehalten wurden.[20] Die entscheidenden Befugnisse bekamen Diakonissen im DGD nie alleine, sondern wenn überhaupt, dann nur im Zusammenspiel mit einem ihnen zur Seite stehenden männlichen Mitarbeiter übertragen.

Von daher überrascht es auch nicht, dass sich im Deutschen Gemeinschafts-Diakonieverband trotz der zahlenmäßigen weiblichen Dominanz keine spezifisch weibliche Theologie oder Frömmigkeitspraxis nachweisen lässt. Alle DGD-Veröffentlichungen wurden vor dem 2.Weltkrieg allein von Männern verfasst und auch in den internen Dokumenten unterscheiden sich die Äußerungen der leitenden Schwestern kaum von denen der verantwortlichen Männer. Die Diakonissen im DGD hatten also nicht deswegen solch große Betätigungsfreiräume, weil sie sich einen besonderen Bereich weiblich geprägter Frömmigkeit erschlossen hätten, sondern weil ihnen der Weg eröffnet wurde, ehemals Männern vorbehaltene Aufgaben zu übernehmen. Diese sollten dann aber auch möglichst auf die vorgeprägte männliche Weise ausgeführt werden.

Emilie Siekmeiers Aufgaben als Generaloberin bestanden neben der Mitsprache in allen wichtigen Entscheidungen vor allem in der seelsorgerlichen Begleitung der Schwestern durch Briefkontakte und Stationsbesuche.[21] Ein gesellschaftspolitisches Engagement lag ihr fern. Als ihr Ende 1934 langsam das wahre Wesen des Dritten Reiches aufging, versuchte sie zwar zunächst noch Theophil Krawielitzki vom Austritt des DGD aus dem Gnadauer Verband abzuhalten, fügte sich dann aber und war forthin sehr zurückhaltend mit politischen Äußerungen.[22]

Nachdem Emilie Siekmeier die Geschicke des DGD durch die Kriege und Nachkriegszeit mit viel Engagement geleitet hatte, erlitt sie im März 1948 eine linksseitige Lähmung und starb am 10. November 1948 in Marburg.

---

[20] Vgl. Catherine Wessinger, „Women's Religious Leadership in the United States", in: Wessinger, *Religious Institutions*, 16-18.

[21] „Die Schwestern haben errechnet, dass ich in diesem Jahr von 58 Tagen 43 Tage von Marburg abwesend war." Emilie Siekmeier, Aus meiner 40-jährigen Dienstzeit, 19. Entwurf in: *ADGD* 215.5.

[22] „Wie so sehr schade ist das, dass Herr Pastor in dem neuen Büchlein am Schluss sich noch extra zum Dritten Reich sich [sic!] bekennen soll. ... Wenn ich daran denke, was in die Gemeinschaften hineinkommt, wenn wir jetzt aus dem Gnadauer Verband heraus müssten, sie würden durcheinander kommen, und die große Zerrissenheit, die noch nicht ist, fängt dann an, und für Gott kommt nichts heraus." Brief von Emilie Siekmeier an Theophil Krawielitzki am 16. November 1934, in: *ADGD* 215.4.

ULRIKE BUNDSCHUH

Elly Heuss-Knapp (1881-1952)

Elly Heuss-Knapp. Aufnahme um 1950, Deutsches Müttergenesungswerk.

Meinen ersten Kontakt mit dem Werk von Elly Heuss-Knapp hatte ich 1974 zu Beginn meiner Konfirmandenzeit in Stuttgart. Uns wurde eine Geldbüchse in die Hand gedrückt und ein Bündel Plastikblumen. Damit sollten wir für das Müttergenesungswerk sammeln. Mir war die ganze Sache ziemlich peinlich.

Heute, nach der Beschäftigung mit dem Leben und dem Werk von Elly Heuss-Knapp, finde ich es äußerst schade, dass wir damals nichts von ihrer beeindruckenden Persönlichkeit, ihrem Glauben und ihrem sozialpolitischen Engagement gehört haben. Sie hätte für uns Konfirmandinnen als beeindruckende Frau des 20. Jahrhunderts eine herausragende Zeugin für die Identität einer Christin und Bürgerin sein können.

Das Leben und Werk von Elly Heuss-Knapp lässt sich unter verschiedenen Blickwinkeln betrachten. Auffällig ist dabei die enge Verzahnung ihrer persönlichen Biographie mit den historischen Begebenheiten, den gesellschaftlichen Bedingungen und ihrem sozial-, kirchen- und frauenpolitischen Engagement. Im Folgenden bemühe ich mich nach einer biographischen Skizze um eine systematische Darstellung ihres Engagements unter vier Aspekten:

Elly Heuss-Knapp als Pädagogin: ihr Beitrag zur Entwicklung der sozialen Berufe;

Elly Heuss-Knapp als (Sozial-) Politikerin: ihr politisches und soziales Engagement in den unterschiedlichen Nöten der Zeit;

Elly Heuss-Knapp als Frau in der ersten Frauenbewegung: ihr Kampf um eine bessere soziale Lage, um Gleichberechtigung und Bildung;

Elly Heuss-Knapp als Christin: der Glaube als Richtschnur für ihre Lebensarbeit.

Ein solcher Zugang hat die Schwierigkeit, dass er Anliegen, Themen und Arbeitsfelder trennt, die sich in Elly Heuss-Knapps Leben ‚ergeben' haben und die für sie eng zusammen gehörten. Er ermöglicht es jedoch, ihre spezifischen Anliegen klar heraus zu arbeiten.

1. Elly Heuss-Knapp: der Lebensweg einer liberalen Protestantin und sozial engagierten Bürgerin[1]

Am 25. Januar 1881 wird Elly Heuss-Knapp als Elisabeth Eleonora Anna Justine Knapp in Straßburg geboren. Ihre Eltern sind Lydia Knapp, geborene von Karganow, und Georg Friedrich Knapp, der als Professor für Nationalökonomie an der Kaiser-Wilhelm-Universität in Straßburg lehrt. Elly ist das zweite Kind der Familie Knapp; sie hat eine ältere Schwester namens Marianne.

Da die Mutter nach ihrer Geburt für lange Zeit erkrankt ist, wächst Elly bis zum zweiten Lebensjahr bei den Großeltern in Braunschweig auf. Ihr Großvater, Friedrich Ludwig Knapp, der Professor für Chemie war, Schüler und Schwager von Justus Liebig, ist eine prägende Gestalt. Seine erzählerischen Fähigkeiten ziehen sie in seinen Bann. Schon als Kind und Heranwachsende beginnt sie, Geschichten zu schreiben und zu dichten. Der Großvater ist meistens der erste wohlwollende, aber auch korrigierende Leser. Bis zu seinem Tod schreiben sich Elly und er jede Woche mehrere Briefe.

Elly hat eine enge Beziehung zu ihrem Vater: jeden Mittag fördert er die unterschiedlichen Begabungen seiner Töchter. Während er mit Marianne Astronomie betreibt, ihre Freude am Zeichnen unterstützt, liest er mit Elly Literatur: Schiller, Goethe und seinen Lieblingsdichter Friedrich Hölderlin. Auch die biblischen Geschichten und Psalmen gehören zur häuslichen Bildung. Früh zeigt sich Ellys Interesse an Menschen, an Lebensgeschichten und ihre Fähigkeit, einfühlsam die Situation von anderen zu erfassen.

„Ich war vier Jahre alt, als mir die Augen geöffnet wurden, dass es nicht nur behütete Kinderstuben gäbe. Abends lag ich im Bett und dachte mir ganz klar aus, wie es sein müsse, als Kind armer Leute in den engen Gassen aufzuwachsen, wenn meine Mutter etwa auf den Wasserpritschen vor unseren Fenstern, auf den Knien liegend, die Wäsche fremder Leute im Flusswasser bürsten und spülen müsste ... Es war die erste Reflexion in meinem Leben und von nachhaltigem Einfluss. Die Spannung wurde gelöst durch den Gedanken: Die kommen auch in den Himmel, und in einer frühen Sorge um die Wohnungsnot in der Ewigkeit lief ich am anderen Tage allein auf die Straße bis in die Kalbsgasse hinein und fragte einen Schutzmann, wie viel Zimmer es im Himmel gäbe. Dort fand mich mein Vater und führte mich wieder heim.“[2]

Als Konfirmandin lässt sie sich für die Mitarbeit in der Sonntagsschule gewinnen und entdeckt ihre Freude und ein pädagogisches Geschick beim Erzählen der biblischen Geschichten. So beschließt sie, Lehrerin zu werden. Nachdem sie 1899 das Lehrerinnenexamen abgelegt hat, ist sie 1900 Mitbegründerin

---

[1] Vgl. für einen biographischen Überblick die Zeittafel, die der Sohn von Elly-Heuss-Knapp, Ernst Ludwig Heuss aufgestellt hat, in: Bürgerin zweier Welten: Elly Heuss-Knapp. Ein Leben in Briefen und Aufzeichnungen, hg. v. Margarethe Vater, Tübingen 1961, 359-378.

[2] Elly Heuss-Knapp, Zeugnisse ihres Wirkens. Auswahl und Einleitung von Anna Paulsen, Stuttgart 1959, 13.

einer weiterführenden Schule für Mädchen in Straßburg. Dort unterrichtet sie das Fach ‚Bürgerkunde'.

Wesentlich für ihre Jugendzeit in Straßburg ist ihre Zugehörigkeit zu einem Kreis von Freunden und Freundinnen, dem ‚Radelclub'[3]; in ihm treffen sich junge Menschen, die sich für Kunst und Kultur interessieren, die zusammen wandern, Fahrrad fahren und die gesellschaftlichen Verhältnisse und sozialpolitischen Notwendigkeiten diskutieren. Albert Schweitzer (1875-1965) gehört auch zu diesem Kreis.

Besonders geprägt wird Elly Heuss-Knapps bürgerschaftliches Engagement durch die Schriften von Friedrich Naumann (1860-1919). Schon als junges Mädchen abonniert sie die Zeitschrift ‚Die Hilfe'.[4] Was sie dort theoretisch aufnimmt, kann sie praktisch in der Arbeit des Straßburger Bürgermeisters Schwander wiederfinden, der die sozialen Probleme der Stadt konsequent angeht. Elly Heuss-Knapp arbeitet in der Armenpflege mit und wird als eine der ersten Bürgerinnen in den Armenrat der Stadt gewählt.

Ihre Interessen für Fragen der Ästhetik, für Dichtung und Literatur führen sie in einen neuen Konflikt. Im Unterschied zu ihrer Freundin Elsa Köberle, einer elsässischen Dichterin, und ihrem Freund Dr. Pierre Bucher, einem führenden konservativen Politiker und Literaten, die ihr beide von ihrem Engagement für soziale Fragen abraten, wendet sie sich vom „Ästhetizismus zum Ethos der sozialen Gesinnung und damit zu einem Leben in Dienst und Verantwortung."[5] Konsequent beginnt sie ein Studium der Volkswirtschaft erst in Freiburg, dann in Berlin. Dort intensivieren sich die persönlichen Kontakte mit dem Kreis um Friedrich Naumann. Bei ihm lernt sie auch ihren späteren Mann kennen, den Journalisten Theodor Heuss (1884-1963).

Ihr Interesse an der Realität lässt sie neben ihrem Studium praktisch tätig werden: sie lernt Alice Salomon (1872-1948)[6] kennen, eine führende Sozialpolitikerin, und hilft bei der Vorbereitung einer Ausstellung über die Situation von Heimarbeiterinnen. Sie arbeitet sich intensiv in die Problematik ein und macht während der Dauer der Ausstellung ehrenamtlich Führungen. In den folgenden Jahren ist sie eine gefragte Referentin zu diesem Thema.

---

[3] Vgl. Vater, Bürgerin, 20.

[4] Vgl. ihren Brief an Friedrich Naumann vom 10. Oktober 1902: „Ich kann sagen, dass Sie keinen geringen Teil an meiner Erziehung hatten, ich war fast noch ein Kind, als ich mir schon von meinem ersten Taschengeld die ‚Hilfe' hielt. Und Ihnen habe ich es zu danken, dass mir seither alle die sozialen Gedanken immer mehr zum Lebensinteresse und Lebensinhalt werden." in: Bürgerin, 32.

[5] Heuss-Knapp, Zeugnisse, 20.

[6] Alice Salomon wurde am 19. April 1872 in Berlin geboren. Sie arbeitete im Bund deutscher Frauenvereine und im Internationalen Frauenbund. 1908 eröffnete sie die Soziale Frauenschule in Berlin und engagierte sich in nationalen und internationalen Organisationen für Sozialarbeit und Sozialpädagogik. 1937 wurde sie von der Gestapo verhaftet und musste Deutschland verlassen. Sie starb am 30. August 1948 in New York.

Am 11. April 1908 heiratet sie Theodor Heuss. Sie werden von Albert Schweitzer getraut. Am 5. August 1910 wird ihr Sohn Ernst Ludwig Heuss geboren. Elly Heuss-Knapp ist danach lange Zeit krank. Überhaupt ist sie von schwacher Gesundheit und hat ein chronisches Herzleiden. Viele Jahre in ihrem Lebenslauf sind geprägt durch Wochen der Krankheit und von Kuraufenthalten. Wenn es die politischen und finanziellen Umstände zulassen, erholt sie sich in Badenweiler.

1912 zieht die Familie Heuss nach Heilbronn, weil Theodor Heuss dort Chefredakteur der ‚Neckarzeitung' wird. Elly Heuss-Knapp verlässt Berlin, sucht sich aber in Heilbronn sofort wieder soziale Arbeitsfelder. Die dabei geknüpften Kontakte nutzt sie, um im 1. Weltkrieg den Frauen, deren Männer im Krieg sind, zu Arbeit und Brot zu verhelfen. Während viele andere im bürgerlichen Lager sich von der nationalen Euphorie der Zeit anstecken lassen, finden sich bei ihr keine entsprechenden Äußerungen. Vielleicht ist es ihre elsässische Herkunft, die eine offene Feindschaft zwischen Franzosen und Deutschen nicht nachvollziehen kann; vielleicht ist es aber auch ihr großer Wunsch nach zivilen Umgangsformen und einem guten Miteinander in innergesellschaftlichen wie zwischenstaatlichen Konflikten, der sie Distanz zum Nationalismus halten lässt. Im letzten Kriegsjahr zieht die Familie Heuss wieder nach Berlin, weil Theodor Heuss vom Kreis der Politiker um Friedrich Naumann für Aufgaben nach dem Krieg vorgesehen ist.

Elly Heuss-Knapp setzt sich in den Jahren nach dem 1. Weltkrieg vehement für das Frauenwahlrecht ein. Sie ist Mitglied im Ausschuss der Frauenverbände zur Vorbereitung der Wahl für die Nationalversammlung. Auf Naumanns Wunsch lässt sie sich für die neu gegründete Deutsche Demokratische Partei (DDP) aufstellen. Jeden Abend fährt sie in Berlin, oft unter abenteuerlichen und gefährlichen Umständen, zu Wahlveranstaltungen.[7] Sowohl Theodor wie Elly Heuss werden jedoch nicht in die Nationalversammlung gewählt.

Während der Weimarer Republik orientiert sich Elly neu: wichtig wird ihr die Mitarbeit in der Kirchengemeinde zum Heilsbronnen in Berlin-Schöneberg. Dort freundet sie sich mit dem Pfarrer Otto Dibelius (1880-1967) an. An die Stelle des Engagements in der Partei und in der staatlichen Armenhilfe tritt nun eine Zeit intensiver kirchlicher Arbeit. Sie unterrichtet im religionspädagogischen Seminar unter Professor Delekat, im Pestalozzi-Fröbel-Haus und im Burckhardthaus.

Eine gewaltige Veränderung für das Leben der Familie Heuss bringt im Januar 1933 die Wahl Hitlers. Die kirchlichen Arbeitsfelder werden nach und nach verboten. Theodor Heuss verliert seine öffentlichen Ämter, seine Lehrtätigkeit an der Hochschule für Politik und sein Mandat im Reichstag. Auch dürfen beide keine politischen Gedanken mehr publizieren.

Elly Heuss-Knapp, inzwischen 52 Jahre alt, sattelt um: sie wird freiberuflich tätig als Werbetexterin. Während der zwölf Jahre des Nationalsozialismus hält

---

[7] Vgl. Vater, Bürgerin, bes. 168-170.

sie die Familie – der Sohn studiert inzwischen – über Wasser, indem sie für Persil, Nivea, Bosch, Bleyle, Kaisers Kaffee, AEG u.v.a. Werbung macht. So ist sie die Erfinderin des „akustischen Signals".[8]

Schmerzlich erlebt sie die Emigration von Freundinnen und Freunden, u.a. von Alice Salomon, Familie Stolper und Familie Stettiner-Fuhrmann. Sie hat Kontakt zur Bekennenden Kirche, hält Fürbitte für den gefangenen Martin Niemöller (1892-1984), ist gut befreundet mit dem damaligen Vikar Hellmut Gollwitzer (1908-1993) und leistet im Rahmen ihrer Möglichkeiten – ihr Telefon und ihre Post werden überwacht – Unterstützung für das Büro Gruber. Sie widmet den verfolgten Menschen des Nazi-Regimes ein Buch ‚Schmale Wege',[9] in dem sie die Schicksale von Menschen nachzeichnet, deren Leben durch die menschenverachtende und Menschen vernichtende Politik des Nationalsozialismus zerstört wurde.

Auf Betreiben ihres Sohnes verlassen Elly und Theodor Heuss 1943 Berlin und ziehen in zwei Dachstuben ins Haus von Ellys Schwester nach Heidelberg. Dort erleben sie das Kriegsende.

1945 wird Theodor Heuss Kultusminister in Nordbaden-Nordwürttemberg und Elly Heuss-Knapp Abgeordnete der neu gegründeten FDP im Stuttgarter Landtag. Als Mitglied in den Ausschüssen für Sozial- und Kulturpolitik arbeitet sie z.B. an neuen Lehr- und Lesebüchern mit. Besondere Freude macht ihr die Arbeit der Evangelischen Akademie Bad Boll; sie hält dort gerne Vorträge.

Am 12. September 1949 wird Theodor Heuss zum Bundespräsidenten gewählt. Auf Elly Heuss-Knapp warten nun Repräsentationspflichten. Ihr gelingt es, einen eigenen freien und warmherzigen Stil zu entwickeln.

Besonders liegen ihr die Kinder und Mütter der Nachkriegszeit am Herzen. Sie hatte schon im Juli 1949 Kontakt zum Bayrischen Mütterdienst. Es gelingt ihr, die Frauenverbände, die Kirchen und die freien Wohlfahrtsverbände zu versammeln und gemeinsam die Stiftung ‚Deutsches Müttergenesungswerk' zu errichten.

Nachdem ihr Herzleiden immer schlimmer wird, muss sie sich mehr und mehr zurückziehen. Am 19. Juli 1952 stirbt sie. Helmut Gollwitzer und Bischof Dibelius halten die Traueransprachen.

Anna Paulsen beendet ihre biographische Einleitung zu dem Band ‚Elly Heuss-Knapp. Zeugnisse ihres Wirkens' mit folgenden Worten: „So steht Frau Elly Heuss vor uns als ein evangelischer Mensch, ein Mensch, der den Ruf gehört hat, – , das Wort von der Berufung', so sagt ihr Mann, ‚würde sie wahrscheinlich für sich abgelehnt haben, aber den Ruf hat sie ein Leben lang gehört, den Ruf der Not und den Ruf zur Freude':"[10]

---

[8] Unter einem „akustischen Signal" versteht man in der Werbebranche eine Musik o.ä., die mit einem bestimmten Produkt verbunden ist und so von den Kunden bzw. Hörerinnen wiedererkannt werden kann.

[9] Elly Heuss-Knapp, Schmale Wege, Tübingen 1946.

[10] Heuss-Knapp, Zeugnisse, 53.

2. Elly Heuss-Knapp als (Sozial-)Pädagogin: ihr Beitrag zur Entwicklung der sozialen Berufe in Deutschland

In Elly Heuss-Knapps Lebenslauf hat es bis auf die Jahre des Nationalsozialismus, in denen sie nicht unterrichten durfte, kein Jahr gegeben, in dem sie nicht als Pädagogin tätig war. Seit ihrer Konfirmandenzeit in Straßburg setzt sie ihr pädagogisches Geschick auf unterschiedlichste Weise ein. Auffällig ist dabei ihre innovative Kraft:

Die Fortbildungsschule für Mädchen in Straßburg ist auf ihr Betreiben entstanden, weil sie den Zusammenhang von höherer Bildung und besseren Lebensbedingungen erkannt hat. In einer Zeit, in der das Spektrum der Frauenberufe sich erweitert, wird ein guter Schulabschluss für Mädchen von zentraler Bedeutung.

Das besondere pädagogische Interesse von Elly Heuss-Knapp liegt auf der Förderung der Fähigkeit zur Urteilsbildung und zu einem möglichst weiten Verständnis von Politik. „Sie möchte den Mädchen für ihr Leben Grundeinsichten mitgeben, die ihr Menschsein vertiefen und bereichern sollen."[11] Weil für ihr Fach ‚Bürgerkunde' kein Lehrbuch vorhanden ist, schreibt sie den Band: ‚Bürgerkunde und Volkswirtschaftslehre für Frauen'. Er erscheint 1910 und erfährt bis 1929 acht Auflagen. Dass Frauen als mündige Bürgerinnen anerkannt werden und dass sie dieses Recht auch wahrnehmen können, ist ihr zentrales Anliegen.[12]

Die meisten Jahre hat sie in berufsbildenden Einrichtungen für Frauen gelehrt. Zunächst im ‚Lette-Verein', der 1866 als ‚Verein zur Förderung der Erwerbstätigkeit des weiblichen Geschlechts' in Berlin gegründet wurde. Als Zielsetzung hatte er die Erweiterung der Berufsmöglichkeiten für Frauen des Bürgertums. Neben berufsbildenden Angeboten betrieb der ‚Lette-Verein' eine Art Arbeitsplatzvermittlung für Frauen und setzte sich für die Zulassung von Frauen zum Universitätsstudium ein.[13] Darüber hinaus unterrichtete sie in der Victoria Fortbildungsschule, im Pestalozzi-Fröbel-Haus, in dem seit 1879 Erzieherinnen ausgebildet werden, und ab 1923 im Burckhardthaus in Berlin-Dahlem.

1908 hatte Alice Salomon, mit der Elly Heuss-Knapp viele Jahre zusammengearbeitet hat, die erste nichtkonfessionelle Ausbildungsstätte für soziale Frauenberufe gegründet, die Soziale Frauenschule. Sie erwuchs aus dem Pestalozzi-Fröbel-Haus, in dem bereits eine Vielzahl von Ausbildungsgängen für Frauenberufe angeboten wurden: Kindergärtnerin, Kinderpflegerin, Hortnerin, Haushaltsleitung. Dazu kam in der Sozialen Frauenschule der Beruf der Fürsorgerin, der sich bald spezialisierte in die verschiedenen Handlungsfelder der Sozialpä-

---

[11] A.a.O., 21.

[12] Dies zeigt sich auch in ihrem Engagement für das Frauenwahlrecht.

[13] Vgl. Rosemarie Nave-Herz, Die Geschichte der Frauenbewegung in Deutschland, Bonn, ^{5}1997.

dagogik.[14] Elly Heuss-Knapp unterrichtet an der Sozialen Frauenschule schwerpunktmäßig Volkswirtschaft, Soziologie und Pädagogik..

Die Zuspitzung ihrer pädagogischen Arbeit auf die Sozialpädagogik entspricht ihrem Anliegen, Strukturen von Hilfe aufzubauen und Menschen, insbesondere Frauen zu gewinnen, sich mit Verstand und Herz zum Wohle anderer zu engagieren.

Neben ihrer Lehrtätigkeit arbeitet sie im Bereich der Erwachsenenbildung: sie nimmt eine umfangreiche Vortragstätigkeit wahr. Die Referate setzen aufklärerische und emanzipatorische Impulse; das gilt etwa für ihre Vorträge über die katastrophalen Arbeitsbedingungen von Heimarbeiterinnen, die sie im Anschluss an die große Ausstellung über Heimarbeit 1906 und 1907 gehalten hat.

Auch die politische Bedeutung dieser Arbeit ist nicht zu unterschätzen. Elly Heuss-Knapp lernt bei einem ihrer Vorträge die Mutter von Hugo Stinnes, dem Stahlbaron, kennen. Im März 1907 hält sie einen Vortrag in Mühlheim über die gegenwärtige soziale Lage, bei dem Stinnes selbst anwesend ist. Ein anderer Aspekt ihrer Vortragstätigkeit ist die Fort- und Weiterbildung von Frauen, die hauptamtlich in sozialen Berufen arbeiten. Sie redet vor Armen- und Waisenpflegerinnen.

Viele Vorträge befassen sich schließlich mit der Frauenarbeit und ihrer wesentlichen Bedeutung für die Volkswirtschaft. Hier finden wir Überschneidungen zu Elly Heuss-Knapps Wirken als Sozialpolitikerin.

Eine wichtige Facette ihrer pädagogischen Tätigkeit betrifft ihr Engagement im Bereich der Allgemeinbildung: durch ihre gesamte Vortragstätigkeit in circa 40 Jahren ziehen sich Themen von Kultur und Bildung. Es geht ihr um die Wertschätzung von Sprache, von Dialekt, von Dichtung, Märchen, Heiligenlegenden, der Bibel als prägendem Kulturgut. Als sie nach dem 2. Weltkrieg in der Schulkommission des Stuttgarter Landtags mitarbeitet, setzt sie auch dort ihren Anspruch an Literatur durch, Herzensbildung zu sein. Sie zitiert Adolf von Harnack (1851-1930): „Bildung ist wiedergewonnene Naivität."[15]

Zusammenfassend lässt sich über diese Vorträge sagen, dass sie aufklären und bilden sollen, ermutigend sind und oft predigtartige Schlüsse haben.[16] Es wäre eine lohnende Aufgabe, die Vorträge vergleichend auf Aufbau und Struktur zu analysieren.

3. Elly Heuss-Knapp als Sozialpolitikerin: ihr politisches und soziales Engagement in der Not ihrer Zeit

Elly Heuss-Knapp hat seit ihrer Jugend die sozialen Veränderungen aufmerksam beobachtet und darauf zu reagieren versucht. Mit dem Satz, „ich ging, wo-

---

[14] Vgl. Maike Eggemann/ Sabine Hering (Hg.), Wegbereiterinnen der modernen Sozialarbeit, Weinheim/ München 1999, 10.

[15] Elly Heuss-Knapp, Über das deutsche Märchen. Zum 250. Geburtstag von Wilhelm Grimm am 24. Februar 1936, in: Jugendweg 1936, hg. v. dies., hier zit.n. Zeugnisse, 105.

[16] Vgl. die zumeist allerdings gekürzten Vorträge in: Heuss-Knapp, Zeugnisse.

hin man mich rief",[17] hat sie ihre Bereitschaft beschrieben, sich realistisch und pragmatisch auf die aktuelle Not einzulassen. Durch ihre Impulse hat sie alle wichtigen Phasen der Entwicklung der Sozialarbeit in dieser Zeit mitgeprägt.[18]

Als im Zuge der voranschreitenden Industrialisierung deren katastrophale soziale Folgen sichtbar wurden, traf die Notwendigkeit, die Qualität der Fürsorge fort zu entwickeln, mit der Initiative der bürgerlichen Frauenbewegung zusammen, neue Berufsfelder für sich zu erschließen. Wie viele Frauen in anderen Städten auch, engagiert sich Elly Heuss-Knapp ehrenamtlich in der Straßburger kommunalen Armenpflege. Die hauptberufliche Fürsorgetätigkeit liegt dagegen noch in den Händen von kommunalen, männlichen Armenpflegern, die sich lange vehement gegen eine Ausweitung ihrer Arbeit durch Frauen wehren. Da die Not aber übergroß ist, setzen sich die Frauen durch, und die „soziale Arbeit (wird) innerhalb weniger Jahre zu einem Frauenberuf." Dabei treiben sie eine „weitreichende Ausweitung und Umstrukturierung des gesamten Sektors mit voran ... bzw. initiieren"[19] sie.

Elly Heuss-Knapps praktische Tätigkeit führt sie in die Politik. Schon während ihrer Straßburger Jugendzeit ist sie von Friedrich Naumann beeinflusst. Naumann fasziniert sie in seiner Identität als Theologe, Schriftsteller, Redner und Sozialpolitiker. Sie schreibt für die Zeitschrift ‚Die Hilfe' und tritt in die von ihm gegründete Partei ein.

Zeit ihres Lebens engagiert sie sich in verschiedenen liberalen Parteien: erst im Nationalsozialen Verein, in der Deutschen Demokratischen Partei (1919) und nach dem 2. Weltkrieg in der FDP. Ihre Prägung durch Naumann hat ihre Grundlage in der engen Verbindung von christlicher Motivation und politischem Willen zur Veränderung.

Elly Heuss-Knapp weiß um die Verführung der Macht im politischen Geschäft. In Abgrenzung hierzu sieht sie in Friedrich Naumann einen Menschen, der den Versuch unternommen hat, „die Macht mit der Gerechtigkeit, die Stärke mit der Reinheit der Hände zu vereinen. Das hat der Politiker Naumann in seinem ganzen Leben versucht."[20] Mit diesen Formulierungen beschreibt sie zugleich ihr eigenes Ideal des politischen Handelns.

Auch in der Kraft zur Analyse der gesellschaftlichen Situation zeigt sich eine große Verwandtschaft mit Naumann. Sie schreibt: „Anders als etwa Bodelschwingh, der immer den Einzelnen in seinem Leid sah, überblickte Naumann ganze Schichten und Klassen und suchte die Ursachen der sozialen Not wesentlich in der ökonomischen Lage des Proletariats."[21]

Eine solche Zugangsweise, für die das Verstehen von Prozessen der Betriebs- und der Volkswirtschaft eine wesentliche Hilfe zum Verstehen der sozialen Si-

---

[17] Zit.n. Ursula Salentin, Fünf Wege in die Villa Hammerschmidt, Freiburg 1989, 20.
[18] Vgl. Eggemann/Hering, Wegbereiterinnen, 7-12.
[19] A.a.O., 8.
[20] Heuss-Knapp, Zeugnisse, 72.
[21] Heuss-Knapp, Zeugnisse, 75 f.

tuation ist, liegt Elly Heuss-Knapp, als Tochter des Professors für Nationalökonomie Georg Knapp, nahe. Sie möchte diese Perspektive anderen Frauen weitergeben, für die Bildung in Fragen von Politik und Wirtschaft unüblich war, da sie die Sphäre des Häuslichen sprengt.

Wichtig ist dabei auch ihr Gedanke, den sie in unzähligen Vorträgen variiert, dass Einzelhaushalt und Gesamtökonomie zusammenhängen; ein Gedanke, der heute von der feministischen Ethik wieder aufgenommen und weiter entwickelt wird.[22]

An der Institutionalisierung des sozialen Frauenberufs in den zwanziger Jahren hat Elly Heuss-Knapp durch ihre Arbeit in den unterschiedlichen Ausbildungsstätten erheblichen Anteil. Sie freut sich, wenn sie Frauen ausgebildet hat und diese dann in Heimen oder auf dem Wohlfahrtsamt kompetent und engagiert arbeiten.[23]

Als während der Inflationszeit die staatliche Wohlfahrtspflege zusammenbricht, engagiert sich Elly Heuss-Knapp in der ‚Nachbarschaftshilfe', einer karitativen Hilfsorganisation, die von Anna von Gierke (1874-1943)[24] und Alice Salomon initiiert wurde.[25]

Nach dem 2. Weltkrieg übernimmt Elly Heuss-Knapp das Präsidium der Hoover-Speisung und damit Verantwortung für die Verteilung der Care-Pakete. Sie betont, dass es sich um einen Beitrag zur Versöhnung handelt, der auch als solcher in der Öffentlichkeit wahrgenommen werden soll.

Ihre größte sozialpolitische Leistung nach 1945 stellt die Errichtung des ‚Deutschen Müttergenesungswerks' dar. Nach einem Besuch beim Bayrischen Mütterdienst in Stein im Juli 1949 ist sie begeistert von der Arbeit, die von Antonie Nopitsch,[26] Maria Weigle und Liselotte Nold seit 1933 geleistet wurde. Sie setzt sich dafür ein, auf nationaler Ebene eine Einrichtung zu schaffen, die Müttern die Möglichkeit zu Erholungskuren geben soll.

In einem ungeheuren Kraftakt gelingt es ihr und Antonie Nopitsch, das erste interkonfessionelle Werk der freien Wohlfahrtspflege der Bundesrepublik Deutschland zu schaffen. Bewusst wird eine Rechtsform gewählt, die eine eigenständige Müttergenesungsarbeit ermöglicht, unabhängig von den Wohlfahrtsverbänden. Zur Begründung argumentieren sie damit, dass die Mütterge-

---

[22] Vgl. Ina Prätorius, Die Welt – ein Haushalt. Texte zur theologisch-politischen Neuorientierung, Mainz 2002.

[23] Vgl. den Brief vom 12. Februar 1932 in: Vater, Bürgerin, 210.

[24] Anna von Gierke wurde am 14. März 1874 in Breslau geboren. Sie gründete verschiedene soziale Bildungs- und Erziehungsinstitutionen und war Wegbereiterin sozialpädagogischer Frauenberufe. Sie arbeitete im Bund deutscher Frauenvereine und gehörte 1924 zu den Gründerinnen des Paritätischen Wohlfahrtsverbandes. 1925 rief sie die Zeitschrift „Soziale Arbeit" ins Leben. Während des Nationalsozialismus arbeitete sie eng mit der Bekennenden Kirche zusammen, organisierte Hilfe für Bedürftige und bot Verfolgten Unterschlupf. Sie starb am 3. April 1943 in Berlin.

[25] Vgl. Salentin, Wege, 35.

[26] Vgl. Beate Hofmann, Antonie Nopitsch (1901-1975).

nesung ein „'Brennpunkt der damaligen Sozialarbeit'"[27] sei und dass diese „Arbeit für die Frau und durch die Frau geleistet werden müsse."[28]

„Das Müttergenesungswerk war für mich eine wirkliche Krönung meines Lebens, und gerade deshalb ist es mir eine Pflicht, das Kuratorium daran zu erinnern, was mir an der Wahl das wichtigste war. Es ist die friedliche Zusammenarbeit, besonders auch zwischen den Konfessionen."[29]

4. Elly Heuss-Knapp als Frau der ersten Frauenbewegung: ihr Kampf um eine Verbesserung der sozialen Lage, um Gleichberechtigung und Bildung

Elly Heuss-Knapp gehört zum Kreis der Frauen, die zu Beginn des 20. Jahrhunderts wesentliche Beiträge zu einer positiven Veränderung der Lage von Frauen in Politik und Gesellschaft geleistet haben. Dabei ging es ihr insbesondere um eine Verbesserung der Bildung von Frauen und ihrer Arbeitsbedingungen, aber auch um die Frage nach ihren politischen Mitbestimmungsmöglichkeiten, insbesondere dem Wahlrecht, und um die Wahrnehmung von Frauen als Leidtragenden von Politik.

Aufgrund der Quellenlage ist es schwierig, Elly Heuss-Knapp einer spezifischen Strömung in der Frauenbewegung zuzuordnen. Laut Nave-Herz lassen sich zwei Grundlinien identifizieren: die eine verfolgt eine Politik der Egalität; die andere geht von der Differenz der Geschlechter aus und möchte Platz schaffen für eine Politik der Weiblichkeit.[30] Elly Heuss-Knapp hat in ihrer pragmatisch-politischen Art, je nach den Erfordernissen der Situation, mit Vertreterinnen beider Richtungen zusammengearbeitet, um ihr Ziel, die Verbesserung der Lebensbedingungen und der Zukunftschancen von Frauen, zu erreichen. So kooperiert sie insbesondere in den ersten Jahren nach Ende des 1. Weltkriegs mit den Frauen, die sich vordringlich für das Frauenwahlrecht einsetzen. Im Kontext ihres Bestrebens, die Qualität der Sozialarbeit und die Professionalität der Frauenberufe zu fördern, arbeitet sie gleichzeitig mit Frauen wie Gertrud Bäumer (1873-1954) zusammen, die in der Sozialpädagogik der „geistigen Mutterschaft"[31] zur Professionalität verhelfen wollen.

Deutlich ist, dass sie zum bürgerlichen Teil der Frauenbewegung gehört. Inwieweit sie Kontakt zur proletarischen Frauenbewegung hat, ist schwer festzustellen. Kannte sie Rosa Luxemburg (1871-1919) und Clara Zetkin (1857-1933)? Hat sie August Bebels Buch ‚Die Frau und der Sozialismus' gelesen? Ihre Of-

---

27 Beate Hofmann, Gute Mütter – starke Frauen. Geschichte und Arbeitsweise des Bayrischen Mütterdienstes, Stuttgart u.a. 2000, 193.

28 Ebd. Zum Ganzen vgl. die ausführliche Darstellung der Entstehungsgeschichte des Müttergenesungswerks in Beate Hofmann, Mütter, 185-200.

29 Ebd.

30 Vgl. Nave-Herz, Frauenbewegung, 24.

31 Diesen Begriff hat Henriette Schrader-Breymann geprägt; vgl. E. Hoffmann, Henriette Schrader-Breymann, Weinheim [2]1962, 11.

fenheit für die jeweilige Situation und ihre Bereitschaft, sich auf die gerade drängende Not einzulassen, deutet jedenfalls darauf hin, dass sie keinen Anlass sieht, sich an dieser Stelle grundsätzlich abzugrenzen, die Frauenfrage gegen die soziale Frage auszuspielen oder die zwischen beiden Problemen bestehende Spannung mit Hilfe der Unterscheidung zwischen einem Haupt- und einem Nebenwiderspruch zu lösen.

Für ihre eigene Stellung als Frau gilt, dass sie mit viel Selbstbewusstsein und mit einer großen Selbstverständlichkeit ihr Studium in einem Fach aufnimmt, das nicht als Grundlage für einen ‚typischen' Frauenberuf gilt. Selbstsicher behauptet sie sich im Kreise ihrer vorwiegend männlichen Kommilitonen. Als Ehefrau und Mutter hat sie ihre Interessen und Arbeitsthemen weiter verfolgt. In den dreißiger und vierziger Jahren wird sie eine erfolgreiche Geschäftsfrau. Dennoch gibt die Berufstätigkeit ihres Mannes den jeweiligen Wohnort vor und schafft die Lebensbedingungen, in denen sie sich dann arrangiert und ihre eigene Aufgabe angesichts der jeweiligen sozialen Lage findet.

Insgesamt lässt sich sagen, dass ihr Hauptaugenmerk auf dem Wohlergehen von Frauen liegt. An welchem Ort, in welcher gesellschaftlichen Situation oder Position, immer arbeitet sie daran, die Lebenssituation von Frauen zu verändern oder zu verbessern, sei es durch den Einsatz für ihre Gleichberechtigung und ihre politischen Rechte, sei es durch Bildungsmaßnahmen, sei es durch soziale Hilfe.

So lässt sich eine Linie ziehen von der Fortbildungsschule für Mädchen der jungen Elly Heuss-Knapp in Straßburg über die Bildungsarbeit in Berlin, die Arbeitsbeschaffung für Frauen von Soldaten in Heilbronn im 1. Weltkrieg, den Kampf um das Frauenstimmrecht in der Weimarer Republik und die aktive Beteiligung in der Nachbarschaftshilfe bis hin zum großen Werk der Müttergenesung nach dem 2. Weltkrieg. Dabei liegt ihr Hauptinteresse nicht darin, sich in den theoretischen Auseinandersetzungen zu positionieren, sondern aus einer gewissen ‚Bodenständigkeit' heraus realistisch und pragmatisch den Ruf der Zeit zu hören und in ihr verantwortlich zu handeln.

5. Elly Heuss-Knapp als Christin: der Glauben als Richtschnur für ihre Lebensarbeit

Elly Heuss-Knapp ist ganz selbstverständlich mit biblischen Gestalten und Geschichten aufgewachsen. Der Vater liest den Schwestern aus dem Buch Hiob vor und lässt sie Psalmen auswendig lernen.

Eine besondere Bedeutung bekommt das Straßburger Münster für sie. Sie verbindet damit ihren Glauben und ihre geistliche Heimat. Die Bilderbibel mit den Zeichnungen des Malers Julius Schnorr von Carolsfeld (1794-1872) prägen ihre Vorstellungskraft. Elly Heuss-Knapp nennt diese frühen Jahre im Rückblick ihre „erste Bibelepoche"[32].

[32] Vater, Bürgerin, 185.

Die zweite Epoche meint ihre Zeit als Konfirmandin, in der sie in der Sonntagsschule mitarbeitet und ihre Freude beim Erzählen biblischer Geschichten entdeckt.

Ihre Freundschaft mit Albert Schweitzer, die im ‚Radelclub' ihren Anfang nimmt, begleitet sie durch ihr ganzes Leben. Als dieser den Freundinnen und Freunden ankündigt, dass er, der Professor der Theologie, ein Medizinstudium aufnimmt, um in den Urwald zu gehen und dort als Arzt zu arbeiten, können sie sich das nicht vorstellen. Elly Heuss-Knapp schreibt Albert Schweitzer später, dass sie immer erst zehn Jahre später seine Lebensentscheidungen verstanden hätte. Allerdings spürt sie intensiv die Beweggründe seines Handelns. Zu einer Jugendfreundin sagt sie: „Nur so konnte er im Christentum bleiben, nachdem er die Leben-Jesu-Forschung geschrieben hatte."[33] Diese Interpretation weist auf einen wichtigen Aspekt in ihrem Verständnis des christlichen Glaubens hin: es geht für sie im Glauben auch immer um das notwendige Tun.

In einem Beitrag für die Zeitschrift ‚Der Jugendweg' stellt sie Albert Schweitzer vor als Theologen, der die Widersprüche zwischen Kultur und Theologie vereint hat: „Er glaubt, dass die Wahrheiten des Christentum sich auch dem denkenden Menschengeist als wahr erweisen müssen und dass sie als Richtschnur für die Lebensarbeit dienen können."[34] ‚Richtschnur für die Lebensarbeit', mit diesem Begriff lässt sich Elly Heuss-Knapps Glauben charakterisieren.

Als sie Albert Schweitzer zum 75.Geburtstag gratuliert, variiert sie dieses Verständnis: „Albert Schweitzer hatte mich gelehrt, was die Gleichnisse eigentlich sind, und zwar nicht, indem er darüber sprach, sondern indem er es durch sein Leben erwies: ihm waren sie Mahnzeichen, Wegweiser."[35] „Wir sind so angelegt, dass uns die Wahrheiten des Evangeliums aufleuchten, nicht so oft wir sie lesen, sondern wenn sie von einem Menschen gelebt werden; oft gibt das erst den Funken.[36]

Eine dritte Bibelepoche beginnt für sie privat mit der Suche nach einem Konfirmator für den Sohn Ernst Ludwig und gleichzeitig als Reaktion auf die gesellschaftliche Wende Anfang der zwanziger Jahre. Der 1. Weltkrieg und seine Folgen haben für Elly Heuss-Knapp den „Charakter eines Erdbebens".[37] Sie ist erschüttert über die Verdrängung der eigenen Schuld und die ihrer Meinung nach falschen Richtungen, die eingeschlagen werden. Interessant ist ihre Formulierung im Blick auf den 1. Weltkrieg, die schon auf das Stuttgarter Schuldbekenntnis verweist: „... wir haben nicht genug geliebt. Um diese Schuld will ich klagen."[38]

---

[33] Heuss-Knapp, Zeugnisse, 64.
[34] Ebd.
[35] A.a.O., 68.
[36] Ebd.
[37] Zeugnisse, 32.
[38] A.a.O., 34.

Als ihre Partei, die DDP, die überkonfessionelle Schule fordert, zieht sie sich deshalb aus der Parteiarbeit zurück.

Auch der drohende Zusammenbruch der Sozialsysteme der Weimarer Republik zwingt zu einer Veränderung des Denkens und Handelns. Elly Heuss-Knapp schreibt: „Wenn die Reichsversicherungsordnung in Flammen aufgeht, dann bleibt die schlichte, ewige Geschichte vom barmherzigen Samariter bestehen, dem Mann, der keine Recherchen machte, keine Akten anlegte."[39] Es gibt Zeiten, so sagt sie, da muss der Weg von der Sozialpolitik zur Caritas zurückgegangen werden, auch wenn sie weiß, dass die Caritas alleine nicht ausreicht, um in einem modernen Staat eine funktionierende Wohlfahrt aufrecht zu erhalten.

In dieser Situation wird die Begegnung mit Bischof Dibelius richtungsweisend. In ihm findet sie den Konfirmator für ihren Sohn und einen Theologen, der davon überzeugt ist, dass nun – nach dem Zusammenbruch aller Institutionen – das „Jahrhundert der Kirche" angebrochen ist.[40] Ihr eher individualistisch geprägter Glaube verändert sich, und sie findet über Dibelius den Weg zur Gemeinde am Heilsbronnen und zur Mitarbeit in der Kirche.

Kirche als Institution hat sie bis dahin eher als eng erlebt, „zu sehr mit einem Staat verbunden, der Beamtenstaat ... war."[41] Sie schreibt: „Das Wort von der Religion als Privatsache – es war in unserer Jugend unausgesprochen der Grundsatz der Gebildeten – das ist in seiner Nichtigkeit erkannt. Es bezieht sich auf die frei schwebende Religiosität, die man eine dritte Konfession genannt hat. Aber Religion heißt Bindung, und wenn sie überhaupt etwas ist, dann ist sie Gemeinschaftssache im tiefsten Wortverständnis."[42]

Über die Gemeinde erhält Elly Heuss-Knapp auch Anfragen zur Mitarbeit im Burckhardthaus. Mit Wilhelm Stählin (1883-1975) und Anna Paulsen (1893-1981) leitet sie geistliche Kurse für Wohlfahrtspflegerinnen. Sie ist maßgeblich beteiligt am Aufbau des Seminars für Kirchliche Frauenarbeit, der ersten Ausbildungsstätte für Gemeindehelferinnen.

Die Wende in der Theologie zur Dialektischen Theologie beeindruckt sie stark. Sie hält in dieser Zeit, 1925, einen Vortrag vor dem Evangelischen Verband der weiblichen Jugend Deutschland mit dem Titel: „Neue Menschen und die harte Wirklichkeit des Lebens". Darin plädiert sie entschieden für die Gestaltung in und an der Welt. „Es gilt, in dieser alten Welt zu stehen, verflochten mit den Händeln dieser Zeit bis an die Fingerspitzen, und trotzdem Christ zu sein und der Welt nicht zu verfallen."[43]

---

[39] A.a.O., 35.

[40] Vgl. Carsten Nicolaisen, Art. Otto Dibelius, in: TRE VIII, Berlin/ New York 1981, 729-731.

[41] Heuss-Knapp, Zeugnisse, 37.

[42] Salentin, Wege, 34 f.

[43] Heuss-Knapp, Zeugnisse, 88.

Als Berufsethik entfaltet sie Kol. 3,23: „Alles, was ihr tut, das tut von Herzen als dem Herrn und nicht den Menschen." In diesem Sinne kann für sie „alle Arbeit Gottesdienst sein".[44]

Dass Gott Anspruch auf alle Bereiche im Leben erhebt, wie es einige Jahre später die Barmer Theologische Erklärung formuliert, ist ihr ein zentrales Anliegen: „Wir brauchen die Erkenntnis, dass auch das Wirtschaftsleben irgendwie geschehen muss zur Ehre Gottes und dass die Kirche sich darum zu kümmern hat. Sie bekennt sich selbst ja ausdrücklich zur Aufgabe der Sozialgestaltung."[45] Für die einzelnen Menschen heißt das: „Alle Arbeit an der Welt steht unter der Unsicherheit des Erfolgs. Du sollst wissen, dass du stirbst, ehe die Welt sichtlich gebessert ist, und doch arbeiten, als ob es auf deine geringe Arbeit ankäme."[46] Die Wichtigkeit von sozialer Tätigkeit, deren Sinnhaftigkeit, steht für Elly Heuss-Knapp außer Frage. Dennoch relativiert sie auch diese Arbeit als eine im Licht des Evangeliums vorläufige.

Auch die Gefahren, die in helfenden Berufen liegen – wir sprechen heute vom ‚Helfersyndrom' – sieht sie deutlich: „Für den Empfangenden liegt gewiss eine Gefahr darin, dass er sich auf die Fürsorge verlässt, die eigene Initiative einbüsst, also entpersönlicht wird. Sollte Entpersönlichung aber nicht auch eine Gefahr für den Helfenden sein? Wer sich immer ausgibt, nie Zeit für sich selbst hat, immer für andere sorgt, ..., der ist bald wie eine ausgepresste Zitrone. Vor lauter Hingabe hat er dann nichts mehr zu geben. Dann kommt Jesus Christus zu uns und lehrt, dass alles Irdische nur ein Gleichnis ist, ..., – alles ist Gleichnis, es sind vergängliche Bilder für unvergängliche Wirklichkeit."[47]

Ob eine ‚vierte Bibelepoche' in Elly Heuss-Knapps Leben auszumachen ist, lässt sich schwer sagen. Biographisch ist festzuhalten, dass sie in der Zeit des Nationalsozialismus der Gemeinde treu bleibt. In Briefen an die emigrierten Freunde gibt es immer wieder Passagen, in denen sie ihr Leben oder das der Freunde ins Licht des Evangeliums rückt: „Christus ist oft in die Wüste gegangen zum Beten, obwohl ihn die Kranken belagerten. Es ist ein fast zu gewagter Vergleich, aber es ist doch Wegweisung. Man stärkt sich nicht nur selbst, das spüren auch die anderen."[48] „Für mich selber sind die Abende in der Dorfkirche hier und manche Sonntagvormittage in der Predigt von Guardini die wichtigsten Stunden augenblicklich. ... Wir haben auch so besonders nette Nachbarn, man hält zusammen, hilft sich aus und geht sogar zusammen in die Kirche, was doch gewiss in Berlin nicht allzu häufig ist."[49]

Ihre theologische Einstellung verändert und weitet sich unter der Perspektive des Kirchenkampfes: „Die katholische Kirche geht mir immer mehr auf. Mir

44 A.a.O., 89.
45 A.a.O., 92.
46 A.a.O., 94.
47 A.a.O., 95.
48 Brief vom 1. Oktober 1938 an Luise Bresslau-Hoff, in: M. Vater, Bürgerin, 268.
49 Brief vom 26. September 1939 an Gertrud Stettiner-Fuhrmann, in: A.a.O., 277.

scheint, dass unsere evangelische Gruppe, die Berneuchener etc. langsam darauf hinführen, und das bejahe ich. Freilich auf den reinen Katholizismus vorjesuitischer Prägung. Benediktiner!"[50]

Die Angst vor einem Krieg, die Sorge um die verfolgten Menschen, das Entsetzen über die Machtmaschine des Nationalsozialismus quälen Elly Heuss-Knapp: „Mein innerer Mensch nimmt nicht zu, sondern ab. Das einzige, was mir wirklich geholfen hat, waren fünf Abende bei Anna von Gierke, wo ich über die Gleichnisse sprach. Die kirchlichen Dinge liegen traurig."[51]

Nach dem Krieg vertiefen sich ihre Beziehungen zu Helmut Gollwitzer. Sie trifft Rudolf Alexander Schröder (1878-1962) in Bad Boll und ist begeistert von den Aufbrüchen, die möglich sind: „In Freiburg ist ... ein neuer Orden gegründet worden unter Studenten und anderen, bei denen die Leute alle Gelübde ablegen, also Gehorsam, Keuschheit und Armut ..., aber nicht ins Kloster gehen, sondern völlig unerkannt in der Welt arbeiten."[52] Als sie immer schwächer wird, bereitet sie sich auf ihr Sterben vor: „Sie führte immer mehr ein Leben ganz in innerer Sammlung und war dabei dankbar auch für Gebetsworte anderer Konfessionen."[53]

Den Glauben, den sie empfangen hat in Elternhaus und Konfirmandenunterricht, lebt und gestaltet sie in freier Weise. Christin zu sein ist ihr Gabe und Aufgabe. Sie sprengt den protestantischen Glauben des Bildungsbürgertums und es gelingt ihr, unprätentiös in der christlichen Gemeinde Wurzeln zu fassen und in schweren Zeiten Bekenntnis abzulegen.

---

50 Brief vom 17. Februar 1934 an Gertrud Stettiner-Fuhrmann, in: A.a.O., 238.

51 Brief vom 21. September 1934 an Gertrud Stettiner-Fuhrmann, in: A.a.O., 240.

52 Brief vom 26. Oktober 1948 an Toni Stolper, in: A.a.O., 325.

53 Heuss-Knapp, Zeugnisse, 53.

Ulrike Suhr

Elsa Brändström (1888-1948)

Elsa Brändström. Aufnahme um 1915.

Elsa Brändström hatte es eilig. Dies ist eine übereinstimmende Aussage über sie von Menschen, die sie kannten, die mit ihr gelebt und gearbeitet haben oder die ihr begegnet sind. Sie hatte es eilig, weil es viel zu tun gab. Es galt, Gefangene zu unterstützen, Spendengelder zu sammeln, ein Rehabilitationshaus und ein Kinderheim zu gründen, die gelieferte Kohle zu schaufeln, Flüchtlingsvisa zu besorgen. Elsa Brändström war eine Frau voller Energie und mit weitreichenden humanitären Aktivitäten. Elsa Brändström hatte es eilig: in Schweden und in Russland, in Deutschland und in den USA.

1. Biographische Stationen

a. Schweden: Heimat und „ein Übermaß an Glück"

Elsa Brändström wird am 26. März 1888 in Sankt Petersburg geboren. Sie ist die Tochter von Anna Brändström und ihrem Mann Edvard Brändström, dem schwedischen Militärattaché in Sankt Petersburg. Zwei Brüder, Per und Erik, werden zwei und vier Jahre nach ihr geboren. 1891 kehrt die Familie nach Schweden zurück und lebt in Linköping. Später bezeichnet sie das Leben in einer Kleinstadt als ideal für Kinder:„Die Kinder beherrschen die Kleinstadt, sie kennen jeden Winkel, und überall sind sie zu Hause .... Kleinstadtkinder bleiben geselliger als Landkinder, und in der Natürlichkeit und im Vertrauen übertreffen sie die Kinder der Großstadt."[1]

Die Kinder wachsen zwar nicht in einem liberalen Klima, aber doch mit großen Freiheiten auf. Der Vater ermutigt dazu, eigene Positionen zu vertreten. Elsa Brändström: „Ich glaube, ich kann sagen, dass ich, als ich noch Kind war, der Opposition angehörte. Und das hatte wohl seinen Grund in dem Einfluß, den mein Vater auf mich ausübte durch seine ständige Forderung, man müsse

[1] Norgard Kohlhagen, Elsa Brändström. Die Frau, die man Engel nannte, Stuttgart 1991, 16.

eine eigene Meinung haben. Und man müsse wissen, was man wolle und warum man es wolle."[2]

Hier klingt ein Grundton ihres Lebens an. Elsa Brändström wird später als eine Frau auftreten, die deutlich weiß, was sie will und warum. Und eilig hatte sie es schon als Kind: "An ihr helles Lachen und ihre großen, forschen Schritte erinnern sich alle, die Elsas Kindheit miterlebt haben."[3] Befreundet ist Elsa Brändström in dieser Zeit mit Elsa Björkmann, diese Freundschaft hält bis an das Lebensende.

Als die Schulzeit 1906 zu Ende geht, wird Elsa Brändströms Vater zum schwedischen Gesandten in St. Petersburg ernannt. Elsa Brändström aber entscheidet sich nicht für das gesellschaftliche Leben einer Diplomatentochter, sondern dafür, gemeinsam mit ihrer Freundin das Lehrerinnenseminar in Stockholm zu besuchen, auch wenn sie bald merkt, dass dies nicht der richtige Ort ist, um sie in ihrem Interesse für aktuelle soziale Fragen zu bestärken.

b. Russland und Sibirien: „Die Wirklichkeit ist noch viel schlimmer"

1908 siedelt sie wieder zu ihren Eltern nach St. Petersburg über, der Hauptstadt Russlands und dem Sitz des Zaren, einer Stadt mit 2 Millionen Einwohnern, „die verdrängt, dass es 1905 eine Revolution gab."[4] Noch bestimmt das gesellschaftliche Leben der Oberklasse Elsa Brändströms Leben. Seit dem Tod der Mutter 1913 übernimmt sie an deren Stelle Repräsentationsaufgaben und Hausfrauenpflichten. Gegenüber der Dichterin Selma Lagerlöf aber, die sie durch St. Petersburg begleitet, wird deutlich, dass sie etwas anderes im Leben sucht. Selma Lagerlöf erinnert sich später:

„Eines Tages ging ich aus, die Stadt, ihre Bazare und Kirchen kennen zu lernen. Es führte mich eine schwedische Dame: jung, blond, schön, von edelstem nordischen Typ. Ich wusste von ihr, dass sie ein glückliches Heim hatte. Und weil sie zu den höchsten Gesellschaftskreisen gehörte, konnte ich mir denken, dass ihr Leben sozusagen ein Tanz auf Rosen war. Unterwegs aber begann die junge Landsmännin von ihrer Sehnsucht zu sprechen: das unbefriedigende Vergnügungsleben zu verlassen, sich in eine ernste Arbeit voller Anforderungen zu stürzen und ihre Gaben einsetzen zu dürfen, um etwas aus eigener Kraft zu werden. Es schien indessen, als ob ihr der Weg zu diesem Ziel durch das Übermaß an Glück, in dem sie lebte, versperrt würde."[5]

Das „Übermaß an Glück" aber, von dem Selma Lagerlöf spricht, wird durch die politischen Entwicklungen nachhaltig in Frage gestellt. Auf die Ermordung des österreichisch-ungarischen Thronfolgers folgen im August 1914 die Kriegserklärungen der europäischen Mächte. Nach dem Ausbruch des 1. Weltkrieges

---

[2] A.a.O., 10.

[3] A.a.O., 9.

[4] A.a.O., 21.

[5] Magdalena Padberg, Das Leben der Elsa Brändström. Ein Hilfswerk in drei Erdteilen, Freiburg 1989, 49 f.

lässt sich Elsa Brändström zur russischen St.-Georgs-Schwester ausbilden, gemeinsam mit ihrer Freundin Ethel von Heidenstam, der Frau des schwedischen Legationsrats. Unsentimental, fast spöttisch, beschreibt Elsa Brändström, wie die Damen der russischen Gesellschaft auf die veränderte Situation reagierten:

„Bei Kriegsausbruch ließen sich eine große Zahl Damen der russischen Gesellschaft in einem kurzen Kursus zu Schwestern ausbilden. Sie überschwemmten die Krankenhäuser im Lande, in denen sie die ungenügende Zahl der Berufsschwestern ergänzen sollten. Diese Damen waren oft die Kopie einer barmherzigen Schwester. Hauptsächlich beschäftigten sie sich damit, Kissen aufzuschütteln, den Verwundeten die Stirn zu trocknen und ihr Haar zu kämmen. Hätten sie stattdessen ihre selbstgewählte Arbeit ernst genommen, so wären sie für ihre geduldigen russischen Soldaten unendlich segensreich gewesen. Aber als ihre Sensationslust gestillt war und die Beschäftigung den Reiz der Neuheit verlor, – als die überfüllten Lazarette die furchtbare Wirklichkeit unverhüllt zeigten, da flohen diese Damen zu ihren Diners, ihren Bridgepartien und Tanzvergnügen zurück.“[6]

Im Unterschied zu diesen Damen der Gesellschaft hält Elsa Brändström die furchtbare Wirklichkeit aus und bleibt. Zunächst kümmert sie sich um russische Verwundete, die in einem Lazarett der schwedischen Kolonie versorgt werden. Im Nikolaihospital, einem großen Lazarett, kommt sie zum ersten Mal mit deutschen Kriegsgefangenen in Berührung. Sie liegen in einem extra Saal, vom Chefarzt gegenüber Elsa Brändström und Ethel von Heidenstam lachend „Menagerie“ genannt. In der Konfrontation mit dem Leiden dieser Kriegsgefangenen findet Elsa Brändström das, was sie Selma Lagerlöf gegenüber als „ernste Arbeit voller Anforderungen“ benannt hat. In dem Vorwort zur deutschen Ausgabe ihres Buches „Unter Kriegsgefangenen in Russland und Sibirien 1914-1920“ heißt es rückblickend nüchtern: „Meine Schilderung stützt sich auf die Erfahrungen, die ich in fünfeinhalb Jahren unter Kriegsgefangenen in Russland und Sibirien gemacht habe. Vom Winter 1914 bis zum Sommer 1920 arbeitete ich nämlich unter den Kriegsgefangenen, teils privat, teils als Delegierte des Schwedischen Roten Kreuzes und mit Vollmacht der schwedischen und dänischen Gesandtschaft als Schutzmächte … Meine Tätigkeit hat mich mit etwa 700.000 Kriegsgefangenen in Lagern, in Lazaretten und auf Arbeitsplätzen in Verbindung gebracht.“[7]

Hinter diesen sparsamen Worten verbergen sich mehrere Reisen nach Sibirien (die erste 1915, die letzte 1918-20), wochenlange Zugreisen, Besuche von Gefangenenlagern, Gespräche mit Verantwortlichen, eine eigene Fleckentyphuserkrankung, die ihr fast das Leben kostete, eine zeitweilige Gefangenschaft, vor allem aber die Konfrontation mit den zum großen Teil katastrophalen Bedingungen, unter denen die Kriegsgefangenen lebten und die 700.000 von ihnen

---

[6] Elsa Brändström, Unter Kriegsgefangenen in Russland und Sibirien 1914-1920, Berlin 1922, 9 f.

[7] A.a.O., VII.

nicht überlebten. In einem Brief an ihren Vater vom 29. November 1915 aus Krasnojarsk heißt es: „Du weißt, dass wir hierherkamen und Elend und Not uns erwarteten. Aber die Wirklichkeit ist noch viel schlimmer."[8] Die Wirklichkeit, das bedeutet katastrophale hygienische Verhältnisse, keine ausreichende Versorgung der Kranken, grassierende Epidemien mit Tausenden von Opfern, kein Schutz vor der Kälte, Massengräber für die Toten.

Hinter dem knappen Bericht Elsa Brändströms verbirgt sich aber auch ein Charisma, das viele Kriegsgefangene als tröstend und lebensrettend empfanden: „Schwester Elsa hat uns nicht nur heile Schuhe und läusefreie Uniformen gegeben, ... sie gab uns unseren Menschenwert wieder."[9] Die Beschreibungen ehemaliger Kriegsgefangener lassen ahnen, dass mit dem Eintreffen Elsa Brändströms in ein Lager nicht nur die Aussicht auf konkrete materielle Verbesserungen näher rückte. Diese junge Frau strahlte Hoffnung, Zuwendung und Entschlossenheit aus. Sie konnte die Gefangenen mit ihrer bloßen Präsenz aus der Apathie aufrütteln: „Daß wir durchhielten, ist Elsa Brändströms Verdienst."[10]

Elsa Brändström wirkt durch ihre Gegenwart, ihre kraftvolle Energie, ihre Tatkraft, ihre Fähigkeit zur Zuwendung, sie wirkt, so ein Titel, der ihr zugesprochen wurde, als „Engel von Sibirien".

Zunächst widmet sie sich der Aufgabe, die Gefangenen vor ihrem Transport nach Sibirien mit dem zu versorgen, was zum Überleben notwendig ist, Kleidung, Verbandsmaterial, Ausrüstung. 1915 wechseln die beiden Freundinnen zum Schwedischen Roten Kreuz. Schweden ist im 1. Weltkrieg ein neutraler Staat und soll den Transport von Spenden nach Sibirien übernehmen. Mit ihrer Freundin reist Elsa Brändström im Herbst 1915 von Petrograd nach Sibirien, um den Transport zu überwachen und Gefangenenlager zu besuchen. Im Februar 1916 erkrankt sie im Lager Nertschinsk selbst lebensgefährlich an Flecktyphus. Auch im Revolutionsjahr 1917 begibt sie sich auf eine Reise nach Sibirien. Immer wieder kümmert sie sich um die Verbesserung der Lebensbedingungen der Gefangenen und darum, die Öffentlichkeit über die Verhältnisse zu informieren und dadurch Veränderungen zu bewirken.

Mit dem Frieden von Brest-Litowsk (3. März 1918) ist die Abmachung verbunden, mit dem Austausch der Kriegsgefangenen zu beginnen. Für den europäischen Teil Russlands kann dies bis zum Jahresende realisiert werden, der Bürgerkrieg zwischen Roten und Weißen jedoch bedeutet die Verlängerung der Gefangenschaft für diejenigen, die in Sibirien interniert sind. Im Juli 1918 tritt Elsa Brändström ihre 3. Sibirienreise an. Sie schreibt:

„Die Reise von Moskau nach Omsk dauerte etwa 6 Wochen. Mancher spannende Moment wurde durchlebt, als wir mit Genehmigung des Volkskommis-

---

[8] Kohlhagen, Brändström, 36.

[9] Padberg, Leben, 83.

[10] Heinz Vonhoff, Auskunft über Elsa Brändström. Ein Leben für Gefangene, Verfolgte und Hilflose, München 1980, 26.

sars Trotzki den letzten roten Posten hinter uns ließen und ... durch die Fronten fuhren, auf der weißen Seite zuerst von einer russischen Patrouille freundlich aufgenommen, dann von tschechischen Truppen (sic!) verhaftet, als Spione angeklagt, mit Erschießen innerhalb vierundzwanzig Stunden bedroht, aber von einem tschechischen Kriegsgericht freigesprochen und schließlich mit den uns anvertrauten Geldern glücklich in Omsk anlangten."[11] Die Lebensgefahr, in der die Delegation schwebte, wird in der lakonischen Schilderung Brändströms zu „spannenden Momenten".

Im April 1919 werden alle deutschen Hilfskommissionen aus Sibirien ausgewiesen, Elsa Brändström begleitet sie nach Wladiwostok und bleibt dann, als eine „freiwillige Kriegsgefangene", zurück, am Ende auch mit den Gefangenen im Lager lebend.

Erst im Frühjahr 1920 kehrt Elsa Brändström zurück, zunächst nach Petrograd, dann nach Schweden, wo ihr Vater inzwischen schwer erkrankt ist. Bereits auf der Schiffsreise, im Juli 1920, schreibt sie einen Aufruf an das internationale Komitee des Roten Kreuzes in Genf und fordert umfassende Hilfe und Rückführung aller Kriegsgefangenen. Gleichzeitig richtet sie einen Spendenaufruf an die Schwedinnen und Schweden zur Unterstützung der Gefangenen: „In wenigen Wochen steht der sibirische Winter vor der Tür. Das bedeutet Hunger, erfrorene Glieder und Tod für die meisten der Kriegsgefangenen, die gezwungen sind, noch zu überwintern. Der sechste Winter in Sibirien- das ist der Höhepunkt alles menschlichen Leidens!"[12]

Ihr Spendenaufruf hat Erfolg, in kurzer Zeit kommt eine große Summe für die Gefangenen zusammen. Für die letzten Gefangenen wird die Heimkehr erst 1921 realisiert.[13]

Während Elsa Brändström sich um ihren kranken Vater kümmert, dokumentiert sie gleichzeitig ihre Erfahrungen in Sibirien. Elsa Brändströms Vater stirbt am 9. November 1921. Ihr Buch „Unter Kriegsgefangenen in Russland und Sibirien 1914-1920" wird noch 1921 veröffentlicht. Das Buch dient einem Zweck. In ihrem Vorwort zur deutschen Ausgabe schreibt sie im März 1922 über das Elend der vielen ehemaligen Kriegsgefangenen, „die körperlich oder seelisch gebrochen" nach Hause zurückgekehrt sind und „den Kampf mit dem Leben noch nicht aufnehmen können". Deshalb hofft Elsa Brändström, mit dem Erlös des Buches und durch Spenden „eine Art Arbeitssanatorium schaffen zu können, in dem früheren Kriegsgefangenen aus Rußland durch Ruhe und sorgenfreie Arbeit die Möglichkeit gegeben werden soll, wieder lebenstüchtige und arbeitsfrohe Menschen zu werden." [14]

---

[11] Brändström, Unter Kriegsgefangenen, 117.

[12] Elsa Brändström, Aufruf „Till Sveriges Folk", dt: Schweden!, zit n. Margarethe Klante, Elsa Brändström. Ein Lebensbild, in: Hanna Lieker –Wentzlau (Hg.), Elsa Brändström-Dank, Berlin [5]1938, 7-31: 23.

[13] Vgl. Padberg, Leben, 101.

[14] Brändström, Unter Kriegsgefangenen, VIII.

Dieses Buch ist mehr Dokumentation als persönlicher Bericht, das Ich der Schreiberin tritt hinter die detaillierte Schilderung der Umstände der Kriegsgefangenschaft zurück.

Die deutsche Übersetzung erzielt vom Frühjahr 1922 bis zum Herbst 1931 sechs Auflagen.

c. Deutschland: Erholung für die Heimgekehrten und ein Ort für das Glück der Kinder

Die Hoffnung Elsa Brändströms, mit dem Buch eine finanzielle Basis für ein Heim zu ermöglichen, erfüllt sich, eine neue Aufgabe gewinnt Konturen. 1922 wird die Stiftung „Arbeitssanatorium für ehemalige kriegsgefangene Deutsche" gegründet, die Vorsteherin Elsa Brändström wird durch ein dreiköpfiges Kuratorium unterstützt. In der sächsischen Gemeinde Schmeckwitz findet sie ein Anwesen, Bad Marienborn, ein Grundstück mit Wohnhäusern, Badeeinrichtungen und Schwefelquellen, das für ihre Zwecke geeignet ist und nach einem Umbau Platz für 85 Kurgäste bietet. Schon am 1. September 1922 ziehen die ersten ehemaligen Kriegsgefangenen ein, die Nachfrage ist groß. Als Mitarbeiterinnen gewinnt Elsa Brändström Frauen, die ihr aus Russland vertraut sind, die Rot-Kreuz-Schwester Ella von Schack und ab 1924 Gräfin Alexandra Üxküll-Gyllenbrand, Oberin der Rittberg-Schwestern im DRK. Die ehemaligen Kriegsgefangenen kommen zu einer Aktiv-Kur nach Bad Marienborn. Bei den Arbeiten, die verrichtet werden müssen, beteiligt sich auch Elsa Brändström: „Teilnehmer berichteten, wie Schwester Elsa mit allen Gästen gemeinsam zum Beerenpflücken in die Wälder zog und danach Kreis- und Tanzspiele veranstaltete."[15]

Von 1922 bis 1929 kommen mehrere hundert Männer zur Erholung nach Bad Marienborn. Großen Wert legt Elsa Brändström darauf, dass soziale Unterschiede zwischen den Kurgästen hier keine Rolle spielen. Fast zeitgleich, im November 1922, erwirbt Elsa Brändström das Gut Schreibermühle bei Lychen, Kreis Templin/Uckermark, um in den Jahren der Inflation Marienborn zu versorgen.

Und noch ein zweites Projekt realisiert Elsa Brändström in diesen Jahren, ein Kinderheim für Kinder, deren Väter in russischer Gefangenschaft gewesen sind.

Vorher jedoch, im Januar 1923, bricht die inzwischen bekannte Wohltäterin in die USA auf, um Spenden für ihre Projekte zu sammeln, gemeinsam mit Gräfin Ellen Douglas, die mit ihr schon in Russland gearbeitet hat. Die Stimmung in den USA ist in dieser Zeit nicht deutschfreundlich. Aber dem Charisma Elsa Brändströms und ihrem Geschick ist es zu verdanken, dass diese Spendenreise erfolgreich ist. In zahlreichen Großstädten hält sie Vorträge, in Colleges, Fabrikhallen und Kirchen rechnet sie „den praktischen Amerikanern vor, dass sie für einen Kurgast monatlich etwa 30, für ein Kind etwa 20 Dollar benötigte."[16]

---

[15] Helene und Martin Schmidt, Elsa Brändström in Schmeckwitz, in: Martin Schmidt (Hg.), Die Oberlausitz und Sachsen in Mitteleuropa. FS Karlheinz Blaschke, Görlitz-Zitta 2003, 485-505: 494.

[16] Padberg, Leben, 161.

Die anstrengende Reise lohnt sich, im Oktober 1923 kehrt sie mit 100 000 Dollar wieder nach Marienborn zurück. Damit wird jetzt sowohl das Arbeitssanatorium als auch das neu gegründete Kinderheim Neusorge unterstützt. Im Mittweidaer Tageblatt vom 8. Januar 1924 heißt es: „Schloß und Orangerie des Rittergutes Neusorge sind vom Fürsorgeverband Leipzig an die Stiftung ‚Arbeitssanatorium für ehemalige kriegsgefangene Deutsche' auf zehn Jahre verpachtet worden ... Die Begründerin der genannten Stiftung ist Fräulein Elsa Brändström ...".[17]

Schwester Anni Rothe, eine ausgebildete Kinderschwester und bewährte Mitarbeiterin von Elsa Brändström, übernimmt die Leitung des Heimes. Das Konzept sieht vor, Kinder ehemaliger Kriegsgefangener für eine begrenzte Zeit zur Erholung oder für dauerhaften Aufenthalt aufzunehmen. Ende 1924 spricht Elsa Brändström schon von ca. 700 Kindern, die in Neusorge gewesen sind. Und in der Festnummer des Mittweidaer Tageblatts von 1930 heißt es über die Arbeit: „In diesem Sinne erzieht jetzt Schwester Anni Rothe mit sieben Diakonissinnen, vier Werkstudenten, vier Jugendleiterinnen und achtzehn Haushaltsschülerinnen die Jugend. Dienstpersonal im Haushalt ist nicht nötig, alle Arbeit ist gleichwertig. Die Kinder sind im Haushalt mit tätig und es ist eine Lust, zu beobachten, mit welcher Passion Jungen und Mädchen sich betätigen. Neben sechzig Stammkindern (Voll- und Halbwaisen ehemaliger sibirischer Gefangener) nimmt das Schloß 150 Erholungskinder auf, die nach einigen Wochen wechseln."[18]

Neusorge ist sowohl für Studenten und Studentinnen aus Dresden und Halle als auch für Fachleute ein interessanter Ort moderner Pädagogik. Die Kinder sind zum Teil psychisch traumatisiert und körperlich angeschlagen. In Neusorge leben sie in „Familien" mit 25 Personen. Das äußere Ambiente ist einfach gehalten, jedoch wird auf die Gestaltung von Festen, das Begehen des Kirchenjahres, auf Theaterabende und auf sportliche Betätigung viel Wert gelegt. Die Amerikanerin Margaret Cronau, die Neusorge besucht, schildert ihren Eindruck: „Alles höchst einfach, aber gewinnend durch seine Frische. Die Atmosphäre richtungsweisend demokratisch. Es gab keine Dienenden und keine Bedienten. Tischler, Gärtner, Erzieher und Kinder- sie lebten und arbeiteten gemeinsam."[19]

Die Verbundenheit der Kinder mit ihrer Heimat auf Zeit zeigt sich auch darin, dass es später regelmäßige Treffen der ehemaligen „Neusorger" gab. Ein ehemaliger Bewohner Neusorges schreibt 1989: „Vom sechsten bis zehnten Lebensjahr wuchs ich im Kinderheim Neusorge als Zögling der ‚Familie 8' auf. Aus heutiger Sicht muss ich sagen, dass die warmherzige, aber auch sehr energische Schwester Elsa Brändström uns allen stets ein Vorbild war ... Dieses Jahr

---

[17] Mittweidaer Tageblatt 8.1.1924.
[18] Edmund Polster, Zschöppichen mit Neusorge, Mittweidaer Tageblatt, Festnummer 1930.
[19] Padberg, Leben, 130.

werde ich 69 Jahre alt, aber die schöne Zeit in Neusorge werde ich nie vergessen."[20]

Neben diesen Projekten, in denen Elsa Brändström das gemeinsame Leben auf Zeit mitgestaltet, hat sie auch andere Verpflichtungen. So hält sie 1925 auf der Weltkirchenkonferenz für Praktisches Christentum in Stockholm auf Einladung von Erzbischof Nathan Söderblom einen Vortrag über „Liebestätigkeit als völkerverbindende Macht". Sie erhält mehrere Ehrendoktorwürden, so am 27. Juli 1927 durch die Universität Tübingen. In der Urkunde heißt es, dass die Rechtswissenschaftliche Abteilung Elsa Brändström, „die dem Gebote des Herzens folgend mutig für die Bedrängten eintrat und den Schwachen half, ... die Brücken schlug von Volk zu Volk und von Mensch zu Mensch, stärker als das Recht sie zu schaffen vermag, ehrenhalber die Würde des Doktors der Rechte" verleiht.[21]

In dieser Zeit lernt Elsa Brändström Robert Ulich (1890- 1977) kennen. Ulich, der als Ministerialreferent für Hochschulwesen und als Professor an der Kulturwissenschaftlichen Abteilung der Technischen Hochschule Dresden tätig ist, besucht mehrfach mit Studenten das Kinderheim Neusorge. Brändström und Ulich heiraten am 16. November 1929 in Marienborn. Für Robert Ulich ist es die zweite Ehe, aus der 1. Ehe mit der Regierungsrätin Else Ulich-Beil hat er zwei Söhne, Eckart und Konrad. Das Ehepaar Brändström-Ulich lebt in Dresden, mit einem offenen Haus für die „Neusorger Kinder". Dennoch ist es für viele Neusorger zunächst ein Schock, dass die bisher so selbstlos lebende „Schwester Elsa" ein eigenes, privates Leben beginnt. Am 3. Januar 1932 wird die Tochter Brita geboren.

Die Aufgaben der Heime scheinen mittlerweile weitgehend erfüllt. 1930 übernehmen die Rittberg-Schwestern des DRK mit Gräfin Üxküll das Bad Marienborn-Schmeckwitz, das Gut Schreibermühle wird 1931 verkauft. In Bezug auf Neusorge schreibt Elsa Brändström in einem Zeitungsartikel, der zugleich ein Rechenschaftsbericht ist: „In den vergangenen sieben Jahren hat das Kinderheim Schloß Neusorge 2933 Kinder zu mehrmonatigen Erholungskuren aufgenommen. ... Für die Stammkinder, die ganz bei uns erzogen wurden, war und ist Neusorge ihre Heimat. Alle diese Kinder sind nun aber herangewachsen und brauchen nicht mehr ein Kinderheim, sondern Freunde, die ihnen im Leben weiterhelfen. Und so habe ich mich entschlossen, zum 1. April 1931 die Pforten von Neusorge für die Kinder der ehemaligen Kriegsgefangenen zu schließen und meine Arbeit umzustellen."[22]

Der Pachtvertrag für Schloß Neusorge wird 1931 aufgelöst, die noch verbliebenen Kinder kamen in Internate. Der Leipziger Fürsorgeverein übernimmt

---

[20] Hans-Gisbert von Déchend, Leserbrief, Wochenpost 11, 1989, 15.

[21] Urkunde vom 27.7.1927, Universitätsarchiv Tübingen, Signatur: 132/32-1927.4.

[22] Kohlhagen, Brändström, 134 f.

wieder seinen Besitz.[23] Die Stiftung aber und die „Elsa-Brändström-Werbegemeinschaft der Frauen" existieren weiter und übernehmen es u.a., ehemalige Neusorger Kinder in ihrer Berufsausbildung finanziell zu unterstützen, bis die „Werbegemeinschaft" durch die Nazi-Behörden verboten wird.

d. USA: Ein „seltsamer Haushalt" und der Glaube an ein anderes Deutschland

Mit der Machtergreifung der Nationalsozialisten beginnt eine neue Phase im Leben des Ehepaars Brändström-Ulich. Robert Ulich war seit 1919 Mitglied der Sozialdemokratischen Partei und hatte u.a. Kontakt zu Paul Tillich.[24] Schon 1930 hatte er sein Amt im Erziehungsministerium niedergelegt, weil er sich in Entscheidungsbefugnissen eingeschränkt sah. Die Situation zu Beginn der nationalsozialistischen Herrschaft schildert er folgendermaßen: „When the Nazi flag was hoisted on the government buildings, I went to the Nazi minister … . Without waiting for what I wanted to say, he told me that he had already signed the dismissal of racially and politically undesirable professors. ‚Well,' I said, ‚I just wanted to make sure that I am among them.'"[25] Während die meisten politischen Freunde Ulichs bald darauf verhaftet werden, ist er zunächst durch die Bekanntheit seiner Frau geschützt, dennoch ist die Situation unsicher. Bald darauf entschließen sich Robert Ulich und Elsa Brändström, die Einladung der Harvard-Universität in Boston/Cambridge zu Gastvorlesungen zu nutzen und verlassen Deutschland am 11. Januar 1934. Wenig später folgen die Freundin Anni Rothe und die Tochter Brita. Auch der Protest ehemaliger Kriegsgefangener gegen die Ausreise verändert diese Entscheidung nicht. Eine telegrafische Einladung Hitlers an Elsa Brändström auf den Obersalzberg beantwortet die Eingeladene nach den Worten einer Mitarbeiterin mit dem schlichten „Nein. Elsa Brändström".[26]

Die erste Frau Robert Ulichs, Else Ulich-Beil, berichtet über diese Zeit: „Das Regime aber gab sich mit dieser Abfuhr nicht zufrieden. Der Propagandaminister Dr. Goebbels machte die Kriegsgefangenenverbände mobil, die den beiden Emigranten in Bremerhaven Ovationen darbrachten, und in der nationalsozialistischen Presse erschien ein Artikel unter der Überschrift 'Ovationen für Elsa Brändström, die mit ihrem Gatten vorübergehend Deutschland verlässt.' Der Sachverhalt wurde so dargestellt, als begleite sie nur ihren Mann, der zu einer Gastvorlesung an die Harvard-Universität reise. Dann dauerte es nicht mehr

---

[23] 1952 wird aus Schloss Neusorge ein Spezialkinderheim, das ab 1988 auch an das Wirken Elsa Brändströms erinnert und 2004 geschlossen wird, vgl. Hildegard Hesse, Couragierte und warmherzige Schwedin, Wochenpost 44, 1988.

[24] Vgl. Daven Barker, Glaube und Erfahrung. Das pädagogische Denken von Robert Ulich, Inaugural-Dissertation, Würzburg 2000, 212.

[25] Robert Ulich, An Autobiography, in: Robert J. Havighurst (Hg.), Leaders in American Education. The Seventieth Yearbook of the National Society for the Study of Education, II, Chicago, 1971, 413-441: 432.

[26] Kohlhagen, Brändström, 143.

lange, bis der sächsische Gauleiter Mutschmann Robert Ulichs Pension, die auf mein Konto überwiesen wurde, sperren ließ ...".[27]

Vor seiner Abreise verbringt das Ehepaar noch einige Tage bei Fritz und Anna Beata Warburg auf dem Kösterberg in Hamburg-Blankenese. Die geborene Schwedin Anna Warburg, die in Stockholm eine Fröbelgesellschaft gegründet hat, ist eine Freundin Elsa Brändströms, gemeinsam hatten sie in Schweden ein Kinderbuch mit dem Titel „Was sollen wir tun?" verfasst.[28] Das Haus der Warburgs, die während des Naziregimes emigrieren mussten, trägt seit 1950, auf die Bitte von Anna Warburg hin, den Namen Elsa- Brändström- Haus im Deutschen Roten Kreuz e.V. und beherbergt Mutter-Kind-Kuren, Bildungsveranstaltungen und Seminare für das Freiwillige Soziale Jahr.[29]

Die Tatsache der Emigration verhindert jedoch nicht die mehrmalige Auflage des zuerst 1932 erschienenen Buches „Elsa Brändström- Dank", herausgegeben von Hanna Lieker-Wentzlau. Dieses Buch enthält zum Teil biographische Erinnerungen an Elsa Brändström, u.a. von ehemaligen Kriegsgefangenen, zum Teil patriotische Texte für die schwedische Wohltäterin, die in Deutschland zu einer nationalen Heldin stilisiert wird. Im Nachwort der 5. Auflage 1938 schreibt die Herausgeberin: "Seit den Jahren des Weltkriegs ist der Name Elsa Brändström ein Begriff des Segens gleichermaßen im Altreich, in Deutsch-Österreich und im Sudetengau, ist sie selbst eine Bindung unter deutschen Stämmen geworden,- jetzt dankt ihr in Großdeutschland deutsche Treue mit diesem Buche!"[30] Zu diesem Zeitpunkt ist Elsa Brändström schon seit vier Jahren emigriert, was mit keinem Wort erwähnt wird. Bis 1942 erscheinen sieben Auflagen dieses Buches.

Der Neuanfang in den USA ist zwar nicht leicht, aber Robert Ulich hat bereits während seines Besuches 1930 ein Netzwerk von Freunden und Bekannten geknüpft, das ihm jetzt zugute kommt. Im April 1934 wird seine Gastprofessur um ein Jahr verlängert, 1935 wird er zum Professor für Geschichte und Philosophie der Erziehung berufen. Damit gibt es für die Familie eine dauerhafte Perspektive in den USA.

Die neue Aufgabe, der sich Elsa Brändström hier widmet, ist die Hilfe für Flüchtlinge. Robert Ulich: „Die obere Etage unseres Hauses in der Walker Street war immer von Immigranten bewohnt."[31] Die Wohnung wird zu einem Hilfezentrum für die Besorgung von Bürgschaften, Einwanderungspapieren

---

[27] Ebd.

[28] Ron Chernow, Die Warburgs. Odyssee einer Familie, Berlin 1994, 230.

[29] „Statt die großen Häuser zu verkaufen oder zu vermieten, die Max und Fritz (Warburg, Anm.U.S.) auf dem Kösterberg besessen hatten, beschloß Erich, sie für wohltätige Zwecke zu stiften. Im August 1949 zeigte er der Vizepräsidentin des Deutschen Roten Kreuzes, der Baronin Louise Sophie Knigge, die beiden Häuser...Um Fritz' und Annas Einverständnis zu erlangen...wurde es zu Ehren der Tochter des schwedischen Botschafters in der Sowjetunion...Elsa-Brändström-Haus genannt." Chernow, Die Warburgs, 689.

[30] Hanna Lieker-Wentzlau, Nachwort, in: Dies. (Hg.) Dank, 152.

[31] Kohlhagen, Brändström, 148.

und Arbeit für die Emigranten. Elsa Brändström zu diesem Engagement: „Hier sehe ich mehr vom bodenlosen Hunger der Seelen als in den Gefangenenlagern Sibiriens. Die Soldaten hatten ja noch die Hoffnung auf Heimkehr; den Flüchtlingen aber ist sogar das Brot der Sehnsucht nach Hause genommen worden."[32] Wieder einmal ist die Begabung Brändströms zur Organisation, mehr aber noch zur Ermutigung von Menschen, die alle Brücken hinter sich abgebrochen haben, gefragt. Im Nachruf Eric M. Warburgs, einem Neffen ihrer Freundin Anna Warburg, heißt es zu dieser Arbeit: „Dieses Werk war ihr Triumph. Ein Werk ohne Sensationen, ohne Romantik, ohne Prestige. Es war unpopulär, voller Schwierigkeiten und obendrein mit Vorurteilen und Feindseligkeiten belastet. Die Flüchtlinge waren Ungebetene, Mißverstandene, Bedürftige. Elsa Brandström-Ulich (sic!) stand ihnen zur Seite und baute zwischen ihnen und dem neuen Lande eine starke Brücke. Mit erstaunlicher Vitalität, mit dem starken Glauben, daß nichts unmöglich sei, schuf sie Arbeit und fand Zuflucht und Freunde für die vielen, die zu ihr kamen, Rat und Hilfe zu suchen. ...Wenn wir heute mit Stolz auf jene neuen Bürger sehen, die auf der Flucht vor Hitler zu uns kamen, so müssen wir dankbar anerkennen, dass vielen von ihnen durch Elsa Brandström der Weg geebnet wurde."[33]

Und schließlich gibt es seit 1939 ein Projekt von Frauen einiger Harvard-Professoren, um die Exilierten in ihrer neuen Heimat zu unterstützen. Sie gründen den „Window Shop", eine Kombination von Restaurant, Cafe und Laden, in dem die exilierten Europäer heimische Speisen kochen und selbstgefertigte Waren zum Verkauf anbieten. Elsa Brändström hat den Window Shop nicht gegründet, aber sie gehört dem Vorstand an und engagiert sich in der praktischen Arbeit beim Abwasch ebenso wie seit 1941 als Präsidentin dieser gemeinnützigen Organisation.

„Wenn Elsa Brändström in Cambridge ist, erscheint sie fast täglich im Window Shop, überprüft die Geschäfte, berät Neueingestellte, schlichtet die Konflikte ... Ihr Sinn fürs Praktische überträgt sich auf die Neuankömmlinge."[34] Eine Besucherin und begeisterte Kundin ist Eleanor Roosevelt, die für dieses Projekt wirbt.

Brandströms Tochter Brita erinnert sich an diese Zeit und den „seltsamen Haushalt" der Brändström-Ulichs: „Alles spielte sich anders ab als bei meinen Freunden. Wir sprachen deutsch. Wir waren fast nie allein während der Mahlzeiten. Addi (Anni Rothe, Anm. d.Verf.) kochte und versorgte uns. Mutter organisierte und war oft fort. Ich durfte mit farbigen und sehr armen Kindern

---

32 Padberg, Leben, 158.

33 Eric M. Warburg, Elsa Brandström zum Gedenken, Die Zeit, 11.3.1948.

34 Kohlhagen, Brändström, 157. Der Window Shop in Boston hat bis 1972 existiert. Heute gehört das historische Gebäude, Brattle Street 56, zum Nationalen Register historischer Plätze und ist Teil einer gemeinnützigen Organisation für Erwachsenenbildung. Wie in den Anfangsjahren des Window Shop befinden sich ein Cafe und Seminarräume in diesem Haus. Die Geschichte des Window Shop ist Gegenstand der Frauenforschung Bostons.

spielen- andererseits aber wurde ich auch zum Subdebütantinnen-Ball gemeldet, wo sich die höheren Töchter der Universitätsstadt amüsierten."[35]

1937 reisen Elsa Brändström und Robert Ulich mit ihrer Tochter nach Schweden, damit Brita die Heimat ihrer Mutter kennen lernt, und sie verbringen mehrere Monate in der Schweiz. Deutschland besuchen sie nicht. Auf die Nachricht vom Ausbruch des 2. Weltkriegs reagiert Elsa Brändström mit Entsetzen. Nach der Besetzung Norwegens durch Nazideutschland engagiert sie sich auf einer Vortragreise für die norwegische Widerstandsbewegung „Wings of Norway".

Mitte 1943 erkrankt Elsa Brändström an Brustkrebs und wird operiert, eine Phase langsamer Erholung folgt. Im Februar 1945 reist sie noch einmal nach Europa und gönnt sich bei dem anstrengenden Besuchs- und Vortragsprogramm keine Pause: „Wir wünschten ihr gelegentlich einen Tag der Ruhe, doch lehnte sie immer ab. Es sei Eile geboten, heißt es dann."[36] Schon in dieser Zeit beginnt sie mit der Sammlung von Sachspenden für die Nachkriegszeit, zunächst im Keller ihres Hauses in Boston. Die 1946 gegründeten Organisationen CARE (Cooperative of American Remittances to Europe) und CRALOG (Council of Relief Agencies Licensed for Operation in Germany) haben hier ihren Vorläufer.

Noch einmal erhält sie eine Anfrage. „Im vergangenen Herbst haben die deutschen evangelischen Hilfsgruppen bei mir angefragt, ob ich die Kinderhilfe in ihrem Hilfswerk organisieren wolle. Ich habe natürlich sofort zugesagt im Einverständnis mit meinem Mann und Brita, aber bisher die notwendigen Papiere nicht bekommen- und blieb also hier. Die Militärbehörden haben darüber zu bestimmen."[37] Aber die Entscheidungswege der zuständigen Behörden sind langwierig, und einer Einbindung in das Amerikanische Rote Kreuz stimmt Elsa Brändström nicht zu, weil sie nicht gebunden sein will.

Zu dieser Zeit ist Elsa Brändström schon krank und geschwächt. Sie leidet an unheilbarem Knochenkrebs, der sie die letzten 9 Monate ihres Lebens ans Bett fesselt.

Am 4. März 1948 stirbt Elsa Brändström. Nach den Trauerfeiern in Boston finden Gedenkfeiern in der Harvard- Universität und im Berliner Meistersaal statt, am 18. Juni 1948, dem Tag der Urnenbeisetzung, wird in der Stockholmer Gustav-Adolf-Kirche von der großen Schwedin Abschied genommen. Elsa Brändström ist bei ihren Eltern und Brüdern beigesetzt.

Ihr Mann Robert Ulich bleibt in den USA und heiratet 1949 die Amerikanerin Mary Ewin Palmer. 1952 wirkt er für ein Sommersemester als Gastprofessor an der Freien Universität in Berlin, in Harvard lehrt er bis 1961. Seine letzten Lebensjahre, von 1970 bis zu seinem Tod am 17. Juni 1977, verbringt er wieder

---

35 Padberg, Leben, 161 f.

36 A.a.O., 179.

37 Kohlhagen, Brändström, 163.

in Deutschland. Die Tochter Brita lebt in den USA.[38] Zum 100. Geburtstag Elsa Brändströms besucht ihre Enkelin, Marta Brändström-Skelding das Elsa-Brändström- Haus in Hamburg.[39]

2. Ein ungewöhnliches Frauenleben

Elsa Brändström hat sich für eine lange Zeit ihres Lebens gegen die traditionelle Frauenrolle entschieden. Erst spät heiratet sie und wird Mutter, und auch in dieser Lebensphase führt sie einen unkonventionellen Haushalt. Wie kommt es dazu? Sie wächst unter Bedingungen auf, die auch ein traditionelles Frauenleben ermöglicht hätten. Sie gehört dem Großbürgertum an, sie nimmt am gesellschaftlichen Leben in der russischen Hauptstadt teil, sie ist, so heißt es, eine große, hübsche junge Frau mit einer bemerkenswerten Ausstrahlung. Zu dem „Erbe" des Elternhauses gehört aber auch, wie Elsa Brändströms Mutter gegen das Unrecht aufzubegehren, das anderen Menschen zugefügt wird und sich wie ihr Vater mit Disziplin und Ernsthaftigkeit einer Aufgabe zu widmen. Deutlich wird, wie sehr sie, das älteste Kind, am Vater hängt. Seine Lebensprinzipien – dass es wichtig ist, eine eigene Meinung zu haben und für die eigenen Entscheidungen einzutreten – prägen auch seine Tochter. Sie macht sich früh unabhängig von gesellschaftlichen Erwartungen an junge Frauen ihrer Zeit. Schon die Ausbildung am Lehrerinnenseminar ist ein Schritt, der für die „höheren Töchter" in dieser Zeit eher ungewöhnlich ist. Ungewöhnlich ist auch die Idee, eine eigene Volkshochschule zu gründen.[40] Elsa Brändström sucht, wie sie es gegenüber Selma Lagerlöf äußert, nach einer Arbeit voller Anforderungen, „um etwas aus eigener Kraft zu werden."[41]. Ihr Entschluss, nach Sibirien zu reisen, bedeutet auch die Trennung von dem schon verwitweten und älter werdenden Vater. Er aber akzeptiert diese Entscheidung: „Meine Söhne kann ich nicht abhalten, ihrem Gewissen zu folgen. Wie soll ich es da bei meiner Tochter tun? Niemand kann einen Menschen daran hindern, das zu erfüllen, was er als seine Aufgabe erkennt."[42] Diese Äußerung ist bemerkenswert, weil sie in einer von der Hierarchie der Geschlechter bestimmten Zeit von der Gleichwertigkeit der Entscheidungen von Männern und Frauen spricht. Diese grundsätzliche Akzeptanz muss etwas gewesen sein, was Elsa Brändström ihre oft unkonventionellen Schritte ermöglicht hat. Aber sie kennt auch die andere Stimme in sich, die sich inmitten der Einöde Sibiriens nach einem privaten Leben sehnt. 1918 schreibt sie in ihr Tagebuch: „Den ganzen Vormittag gequält von einer infernalischen Sehnsucht, nach Hause zu fahren und ein neues Leben anzufangen, ein eigenes, privates Leben … Wenn es ein Mann gewesen wäre, der anders als ich gehandelt hätte vis-à-vis dieser Reise, so hätte ich ihn als einen Schwächling angese-

---

[38] Vgl. Barker, Glaube und Erfahrung, 20.
[39] Vgl. Hamburger Abendblatt 28.3.1988.
[40] Vgl. Padberg, Leben, 24 f.
[41] A.a.O., 49.
[42] Kohlhagen, Brändström, 34.

hen. Warum soll ich denn, weil ich eine Frau bin, mich selbst mit anderem Maß beurteilen?“[43]

Der Gedanke des Vaters Edvard Brändström findet sich hier noch einmal: warum sollen Frauen anders beurteilt werden als Männer? Es gibt jedoch eine andere Nuance in dieser Äußerung, weil Elsa unter der Diskrepanz zwischen diesem „richtigen“ Gedanken und dem „falschen“ Empfinden leidet. Sie glaubt, dass ihre Entscheidung für die Reise richtig war – und doch bleibt da eine ungestillte Sehnsucht, die sie sich zugleich aber kaum zugesteht.

Auffällig ist, dass Elsa Brändström in einer Zeit, in der sie eine junge Frau ist, von den Kriegsgefangenen eher zu einer Mutterfigur stilisiert wird. So heißt es in rückblickenden Erinnerungen an die Begegnung mit der jungen Schwedin: „Wenn wir denn untergehen, ..., dann lasse uns der Herrgott den letzten Atemzug tun unter den tröstenden Augen unserer Elsa Brändström, unserer großen und guten Mutter!“[44] Sowohl der Engel („der Engel von Sibirien“) als auch die Mutter sind Bilder, mit denen die Frau Elsa Brändström gleichsam asexualisiert wird. Und dieses Stereotyp bleibt noch lange Zeit bestehen, so dass die Nachricht von der bevorstehenden Heirat für viele Menschen, die Elsa Brändström in Marienborn und Neusorge betreut, überraschend kommt. Nicht allein die Entscheidung für ein eigenes Leben, also das, was sie sich schon 1918 gewünscht hat, erstaunt, sondern auch, dass sie, die einmal selbst von ihrem „Mangel an weiblichen Anlagen“[45] sprach, eine Zukunft als Ehefrau und Mutter wählt. Und es scheint, als ob es ihr gelungen ist, in diesem Leben zwischen öffentlichen Aufgaben und Privatheit trotz aller Schwierigkeiten eine Balance zu finden.

3. Die Arbeit voller Anforderungen und die Liebe zu den Deutschen

Seit dem Ausbruch des 1. Weltkriegs widmet sich Elsa Brändström der unmittelbaren und mittelbaren Unterstützung deutscher Kriegsgefangener. Und selbst am Ende des 2. Weltkriegs, im Frühjahr 1945, gilt ihr Einsatz den hungernden deutschen Kindern. Warum aber gerade dieses Engagement? Elsa Brändström: „Durch meinen Aufenthalt in Petersburg seit 1908, wo mein Vater schwedischer Gesandter war, lernte ich schon vor dem Kriege russische Verhältnisse kennen und kam gleich nach Kriegsausbruch in enge Zusammenarbeit mit allen Organisationen, die sich mit Gefangenen befaßten.“[46] Damit benennt sie zunächst ein äußeres Motiv, sie hat Zugang zu den Organisationen, die etwas bewirken können. In ihrer Charakterisierung russischer Verhältnisse aber wird noch etwas anderes deutlich. Elsa Brändström beschreibt die „Gutmütigkeit“ der Russen, aber auch ihren „Mangel an Organisationsfähigkeit, an Ausdauer

---

[43] A.a.O., 49.
[44] Karl Reichpietsch, in: Lieker-Wentzlau, Dank, 105 f.
[45] Kohlhagen, Brändström, 50.
[46] Brändström, Unter Kriegsgefangenen, VII.

und an Ordnungssinn“[47], und sie schildert ihre ersten Eindrücke der deutschen Kriegsgefangenen 1914 im Petersburger Nikolaihospital:

„Aus den Sälen mit russischen Verwundeten, die ein beklemmendes Gefühl hervorriefen, kamen wir in die ‚Menagerie': Die Gefangenen lagen hier unter schlechteren Verhältnissen als die Russen, es schlug uns aber eine Welle von zielbewusstem Willen, von Kraft und Zusammenhalt entgegen, die scharf gegen das erdrückende Gefühl der Hilflosigkeit bei den russischen Verwundeten abstach. Man musste sich unwillkürlich fragen, woher diese Kraft bei Menschen kam, die gefangen mit dem Tode rangen. Sie strömte aus der Kraftquelle hochstehender Kulturvölker, die den Menschen über seine Umgebung emporhebt.“[48]

Elsa Brändström konnte zu Beginn der 20er Jahre nicht wissen, welche Rolle die Begriffe Volk, Nation und Rasse für die Ideologie und Praxis des Nationalsozialismus 10 Jahre später spielen würden. Deutlich ist aber, dass hier etwas anklingt, was vor dem späteren Missbrauch durch die Nationalsozialisten nicht geschützt war.

Elsa Brändström wollte Menschen helfen, die unter furchtbaren und unmenschlichen Bedingungen gefangen gehalten worden. Sie wollte aber auch gerade diesen Menschen helfen, die sie als zu einem „hochstehenden Kulturvolk“ zugehörig empfand. Diese Verbundenheit mit dem deutschen Volk bestimmt ihren humanitären Einsatz über fast 20 Jahre. Für die Nationalsozialisten aber lässt sie sich nicht vereinnahmen. Mit ihrer Emigration in die USA, ihrer offenen Unterstützung der jüdischen Immigranten und ihrer heimlichen Unterstützung des norwegischen Widerstands zieht sie eine deutliche Grenze zum Nazi-Deutschland. Ihre Freundin Elsa Björkmann berichtet, dass sie auch in der Zeit des 2. Weltkrieges eine Affinität für Deutschland behält. Dabei gilt ihre Solidarität der gegen Hitler gerichtete Widerstandsbewegung, denn, so Elsa Björkmann:“… sie glaubte voll und fest an ein anderes Deutschland.“[49]

4. Eine subjektive Pädagogik

Ausschlaggebend für ihr Engagement im Kinderheim Schloss Neusorge ist zunächst das Versprechen, das sie kranken und sterbenden Kriegsgefangenen in Sibirien gab, sich um ihre Kinder zu kümmern. Auch enge Freunde von Elsa Brändström verstehen dieses Vorhaben nicht, sie aber weist auf die „heilige Last“[50] ihres Versprechens hin. Ihre pädagogischen Vorstellungen formuliert sie in einem Artikel der Zeitschrift „Heimkehrer“ im Dezember 1924, im März 1925 wurde der Artikel nochmals mit leichten Veränderungen gedruckt. Unter dem Titel „Einige Gedanken über Kindererziehung“ notiert sie, wie sie einschränkend sagt, subjektive Gedanken eines Laien. Das „Thema“ ihrer Pädagogik ist das Glück! Glück ist, so Brändström, die Quelle, die aus dem Kind her-

---

[47] A.a.O., 2.
[48] A.a.O., 10.
[49] Zit.n. Padberg, Leben, 160.
[50] A.a.O., 120.

aussprudelt und die nicht „trockengelegt" werden darf. „Es gibt deshalb nichts, wovor wir Erwachsene mehr Angst haben sollen, als auf das Lebendige eine tötende Hand zu legen." Eine glückliche Kindheit beinhaltet „hemmungslose Bewunderung" und die Freiheit des Kindes, seine „natürliche Neigung zum Schaffen", seine „Arbeitsintensität und Ausdauer" auszuleben. Brändström kritisiert eine Erziehung, die sich als bloßen Anpassungsprozeß versteht. Dagegen ruft sie: „Nein! Laßt das Kind und später den jungen Menschen auf seinem eigenen Gebiet schaffen und arbeiten, auch wenn die Arbeit aus dem Rahmen des Alltäglichen fällt. Lehrt das Kind, im Leben etwas zu wagen. Unendlich viel mehr Menschenleben verkümmern durch zu große Vorsicht im Leben, als daß Leben verloren gehen durch überschätzte Kraft und dummdreisten Uebermut ... Ein glücklicher Mensch besitzt ein starkes Selbstbewusstsein ... Ein glücklicher Mensch besitzt den Mut, der notwendig ist, das Leben nicht zu fürchten, dem Leben nicht auszuweichen." [51]

Hier wird deutlich, dass die Perspektive Elsa Brändströms nicht die einer professionellen Pädagogin ist, sondern die einer Frau, die selbst eine glückliche Kindheit erlebt hat, die gefördert wurde und Freiheit erfahren hat. Sie selbst mit ihren Erfahrungen, ihrem Wagemut und ihrer Ausdauer hat sich in das Bild dieses Kindes eingeschrieben, das aus dem Glück, aus der Bewunderung für Vorbilder und aus der Schaffenskraft heraus lebt. Selbstbewusstsein, Selbstdisziplin und Mut sind Eigenschaften der Autorin selbst. Es geht Elsa Brändström ganz wesentlich darum, etwas von dem, was ihr selbst zu einer Stärke im Leben verholfen hat, an die Kinder weiterzugeben, die infolge des Krieges körperlich und seelisch gelitten haben. Neusorge lebt weniger durch die Umsetzung pädagogischer Konzepte, es lebt vor allem durch das, was Elsa Brändström mit ihrem persönlichen Engagement und ihrer Lebenskraft vermittelt.

5. Elsa Brändström – eine Frau der Diakonie?

Ist es gerechtfertigt, Elsa Brändström als eine Frau der Diakonie zu bezeichnen? Diese Frage ist mit einer anderen Frage verbunden: Welche Rolle spielt der christliche Glaube in ihrem Leben?

Die biographischen Beschreibungen geben wenig Auskunft über ihre religiöse Prägung im Elternhaus. Von der Zeit ihres Konfirmandenunterrichts heißt es, dass sie in einen Gewissenskonflikt geriet und mit der Frage rang, ob sie reif genug sei, das Abendmahl zu empfangen. Der Ernsthaftigkeit des Dompropstes Personne war es zu verdanken, dass sie sich in dieser Frage nicht gedrängt fühlte und sich schließlich konfirmieren ließ.[52]

Eine ausdrücklich christliche Motivation für ihr Wirken in den russischen Kriegsgefangenenlagern nennt Elsa Brändström selbst nicht, wohl aber wird deutlich, dass das Leiden dieser Menschen sie nicht loslässt und sie zu einem

---

[51] Elsa Brändström, Einige Gedanken über Kindererziehung, Heimkehrer, März 1925, in: Lieker-Wentzlau, Dank, 135-138.

[52] Vgl. Kohlhagen, Brändström, 13.

Christentum der Tat nötigt. Und die ehemaligen Kriegsgefangenen erinnern sich, dass neben der konkreten materiellen Hilfe und der Verbesserung der konkreten Lagerbedingungen, die Elsa Brändström bewirkte, ihre zugewandte Haltung den Männern gegenüber von entscheidender Bedeutung war. Sie hatte die Fähigkeit, durch ihre Art der Ansprache den Gefangenen ihre Würde wiederzugeben.

Für ihr Christentum der Tat hat sie Verbündete. Mit dem schwedischen Erzbischof und Ökumeniker Nathan Söderblom (1866-1931) steht Elsa Brändström in so engem Kontakt, dass er ihre Amerikareise 1923 unterstützt und sie als Rednerin für die von ihm organisierte 1. Weltkirchenkonferenz für Praktisches Christentum (Life and Work) 1925 in Stockholm gewinnt. Am 26. August 1925, im Rahmen eines festlichen schwedischen Abends, geht es um den Tagesordnungspunkt IV H: „Die christliche Liebe als völkerversöhnende Macht“. Elsa Brändström beginnt ihre kurze Rede damit, dass sie die Frage der Völkerverständigung nicht theoretisch, sondern nur aus „persönlichen Beobachtungen und Erlebnissen in Russland und Sibirien, Deutschland, Österreich und Amerika während und nach dem Weltkriege“ betrachten könne.[53] Für Brändström wird vor allem durch das Gefühl eine Versöhnung unter den Völkern erreicht. Sie erinnert sich: „Ich habe gesehen, wie russische Bauersfrauen, gleich nachdem sie von ihren Söhnen und Männern Abschied genommen hatten, verwundeten Feinden zu trinken gaben. Ich habe in Sibirien gesehen, wie deutsche Gefangene ihre letzten Brotstücke mit hungernden Frauen und Kindern des feindlichen Volkes teilten.“[54]

Während also sogar im Krieg eine solche einigende Kraft zu spüren gewesen sei, fordert Brändström von den Trägern der Idee und Praxis der Völkerverständigung über den guten Willen hinaus „Willensstärke, Tüchtigkeit und Selbstdisziplin ...Vom materiellen Gesichtspunkt aus kann eine Liebesarbeit nie praktisch, sparsam und rationell genug gehandhabt werden.“[55] Brändström bezeichnet Liebesarbeit als „Kulturarbeit, welche wir immer als Kunst betrachten müssten.“ Die Menschen, die diese Arbeit leisteten, seien „nicht getrieben von langen Überlegungen der Pflicht und des Gewissens, sondern weil sie nicht anders konnten. Eine höhere Macht hat es ihnen eingeben, und sie haben das Schönste und Größte hervorgebracht: Liebe.“[56]

Auch diese Rede lässt sich wie ihre Gedanken über Kindererziehung als ein Text verstehen, in den sich die Rednerin selbst direkt und indirekt mit ihren Erfahrungen eingezeichnet hat. Nicht nur die konkreten Erlebnisse, auf die Elsa Brändström verweist, sind autobiographisch, auch die Beschreibung der in der „Liebestätigkeit“ wirkenden Menschen hat einen Anhalt in ihrem eigenen Wir-

---

[53] Elsa Brändström, in: Adolf Deißmann, Die Stockholmer Weltkirchenkonferenz, Berlin 1926, 539-542: 539.

[54] A.a.O., 540.

[55] A.a.O., 541.

[56] A.a.O., 542

ken. Es entspricht ihrem Selbstverständnis, an dieser Stelle nicht von sich selbst zu sprechen, ihr „Ich" gleichsam zurückzunehmen. In den Beschreibungen der Zeitgenossen Elsa Brändströms aber werden gerade Charakterzüge wie „Willensstärke, Tüchtigkeit und Selbstdisziplin" hervorgehoben. Und wenn sie schreibt, dass diese Menschen nicht aus langer Überlegung heraus handeln, „sondern weil sie nicht anders konnten", so ist auch dies eine indirekte Selbstaussage. Es fällt auf, dass Elsa Brändström selbst in dieser Rede vor einer christlichen Weltkonferenz nicht auf genuin christliche Termini zurückgreift, um die Notwendigkeit der Liebestätigkeit zu betonen. Sie spricht nicht von Nächstenliebe und göttlichem Gebot, nicht vom Beispiel Jesu Christi und von der Diakonie. Stattdessen verweist sie auf die „höhere Macht" und schließt mit dem Vers 1. Joh 4, 20.[57] Deutlich wird hier, dass es Elsa Brändström zunächst und vor allem um die praktische Tat geht, um die Liebestätigkeit als „Kunstwerk" und nicht um eine theologische Begründung dieses Handelns.

Diese Zurückhaltung in religiösen Fragen, eine Zurückhaltung, ihr eigenes Leben religiös zu deuten, zieht sich durch die Biographie Elsa Brändströms. Das wird auch in der Schilderung ihrer Trauung deutlich. Die Trauung wird von dem evangelischen Pfarrer Eduard Juhl, einem ehemaligen Kriegsgefangenen, im Bibliothekszimmer von Marienborn in kleinem Kreis vollzogen. In seinem kurzen Bericht heißt es:

„Schlicht war die Feier. So hatte sie es gewollt, und nicht anders ihr Gatte. Alles Persönliche beiseitelassen! So war es beider besonderer Wunsch, und so entsprach es ihrem ganzen Wesen. Nur unter dem Eindruck wuchtiger Worte Gottes, die sie selber gemeinsam gewählt, wollten sie stehen in dieser heiligen Stunde vor dem Altar."[58] Als Bibeltexte hatten Elsa Brändström und Robert Ulich Prediger 3, Psalm 103 und Psalm 121 ausgewählt. Eine Trauansprache aber hat es diesem Bericht nach nicht gegeben.

Auch ihr Wirken vollzieht sich nicht im Raum von Kirche und Diakonie. Es ist vor allem das schwedische Rote Kreuz, das den organisatorischen Rahmen für ihren Einsatz in Russland und Sibirien vorgibt, nach dem Ende des 2. Weltkrieges schafft Elsa Brändström sich mit der Stiftung eine Organisation selbst eine Organisation. Für ihre Aktivitäten sucht sie sich kompetente Partnerinnen wie Ethel von Heidenstam, Gräfin Üxküll, Anni Rothe und andere, oder sie ist Teil kleiner Delegationen. Insgesamt aber bewahrt sich Elsa Brändström immer eine bemerkenswerte Unabhängigkeit, Organisationen nimmt sie nur dort in Anspruch, wo sie ihr für ihr humanitäres Engagement nützlich erscheinen.

Dennoch ist sie natürlich auch im Raum der Kirche bekannt. Die Flüchtlingskomitees in den USA, in denen Elsa Brändström mitwirkt, sind zum Teil durch den protestantischen National Council of Churches und die „Nationale Katholische Wohlfahrts-Agentur" getragen. Und es sind die deutschen Kirchenmänner August Marahrens (1875-1950), Hanns Lilje (1899-1977) und

---

[57] „Wer seinen Bruder nicht liebt, den er sieht, wie kann er Gott lieben, den er nicht sieht?"

[58] Eduard Juhl, Elsa Brändströms Trauung, in: Lieker-Wentzlau, Dank, 148-149: 149.

Friedrich von Bodelschwingh (1877-1946) und der schwedische Erzbischof Erling Eidem, die sie bitten, sich der hungernden Kinder im Nachkriegsdeutschland anzunehmen.

In den ersten Mitteilungen des Evangelischen Hilfswerks heißt es: „Die Welt in ihrer Verwirrung braucht jemand, der die Schleusen der Hilfe nach Deutschland öffnet. Daß die evangelische Kirche hierzu Elsa Brändström berufen hat, ist viel, und daß Elsa Brändström ja gesagt hat, verdient viel Dankbarkeit ..."[59] Dass es zu der Realisierung dieses Plans nicht mehr kam, hat sie selbst sehr enttäuscht.

Elsa Brändström – eine Frau der Diakonie? Sicher nicht im klassischen Sinn. Sie hat nicht oder nur am Rande innerhalb der institutionalisierten Kirche oder der Diakonie gewirkt, und in ihren eigenen Aussagen war sie viel zu zurückhaltend, als dass sie ihr eigenes Handeln religiös begründet hätte. Aber wenn wir Diakonie mit den Worten Brändströms als eine Kunst verstehen, Bedingungen zu schaffen, in denen Menschen würdevoll leben können, dann hat sie ohne Zweifel auf verschiedenen Gebieten diakonisch gewirkt.

6. Die elementare Hilfe der Elsa Brändström

Der bekannteste Titel, den Elsa Brändström erhielt, lautet: Engel von Sibirien. Wenn wir diesen Titel ohne sentimentalen Beigeschmack hören können, dann sagt er, dass diese Frau etwas ausstrahlte, was von außen in eine Welt voller Hunger, Schmutz, Krankheit und Apathie kam. Elsa Brändström verkörperte in Sibirien wie in ihren anderen Wirkungsbereichen elementare Visionen von dem, wie Menschen leben sollen: sie haben ein Recht auf Brot, ein Recht auf einen Namen, ein Recht auf Zukunft. Für diese Rechte und damit für das Recht auf die Würde jedes menschlichen Lebens hat Elsa Brändström gearbeitet und gekämpft. Elsa Brändström war eine ungewöhnliche Frau, ein tatkräftiger Engel, eine gute Organisatorin, eine scheinbar furchtlose Fürsprecherin für Menschen, deren Stimme niemand hörte.

Wie der Engel, der dem Propheten Elia auf seinem Weg in die Wüste begegnet, sagt Elsa Brändström den Gefangenen, den traumatisierten Kindern, den verzweifelten Flüchtlingen: „Steh auf und iss, du hast noch einen weiten Weg vor dir." Sie hatte die Gabe, Menschen dabei zu helfen, Kräfte des Widerstands gegen die offensichtliche Not zu mobilisieren. Ihre Hilfe war elementar, direkt und unsentimental. Sie hat mit ihrer Fürsprache Menschenleben gerettet und mit ihrer Zuwendung Menschen geheilt. Sie war eine Frau mit großer Tatkraft, und sie hatte es eilig in ihrem Leben, weil die Not groß war.

---

[59] Padberg, Leben, 180f.

Martin H. Jung

Gertrud Kurz (1890-1972)

Gertrud Kurz. Aufnahme um 1967.

Gertrud Kurz gehört zu den vergessenen Gestalten der Geschichte, auch der Geschichte der weiblichen Diakonie. Außerhalb ihres Heimatlandes, der Schweiz, und außerhalb Israels, wo noch heute Menschen leben, die ihr das Leben verdanken, ist sie so gut wie unbekannt. In den einschlägigen Lexika ist nicht von ihr die Rede, und sie fehlt auch in den Lehrbüchern für den Religionsunterricht. Sie hätte aber mehr Beachtung verdient und wird sicherlich im Laufe der Zeit noch Beachtung finden. Gertrud Kurz zählte zu den geschichtlich bedeutenden Frauen des 20. Jahrhunderts. Sie engagierte sich in der Zwischenkriegszeit für Völkerversöhnung und gründete später den Christlichen Friedensdienst, eine noch heute existierende christliche Friedensorganisation. Sie engagierte sich in der Zeit, als Hitler sein Land mit Terror und Europa mit Krieg überzog, für Flüchtlinge. Sie engagierte sich nach 1945 für die Ökumene und für die christlich-jüdische Verständigung und gehörte zu den Ersten, die Kontakte mit Israel aufnahmen. Sie gehörte aber auch zu den Ersten, die soziale Hilfsmaßnahmen in den Palästinensergebieten in die Wege leiteten. Gertrud Kurz war ferner schriftstellerisch tätig; ihre kleinen Schriften standen in vielen kirchlichen und städtischen Bibliotheken. Alles in allem: Sie war eine prominente christliche Frau und eine bedeutende Gestalt der neueren Kirchengeschichte. Von den Menschen, denen sie geholfen hat und die vielfach mütterlicher Zuneigung entbehrten, wurde sie immer als „Mutter" bezeichnet und angesprochen, als „Mutter Kurz". Deswegen ist sie als die „Flüchtlingsmutter" in die Geschichte eingegangen. Mütterlichkeit strahlen auch die Bilder aus, die es von ihr gibt.[1]

---

[1] Bilder von Kurz finden sich in: Wege des Friedens. Gertrud Kurz zum 70. Geburtstag, hg. v. Rudolf Weckerling/Ruth Schmidt/Heinrich [Oskar] Kühner, Zollikon 1960, Blatt vor Titelblatt; Hans Schaffner (Hg.), Sie wagten neue Wege. Bekannte und unbekannte Frauen und Männer haben Großes geleistet, Bern/Wuppertal 1986, 263; Heinrich Fink, Gertrud Kurz. Das Boot ist nicht voll, in: Heinrich Fink (Hg.), Stärker als die Angst. Den sechs

1. Herkunft und frühe Biografie

Gertrud Kurz war Schweizerin und stammte aus dem kleinen, geschichtlich unbedeutenden Ort Lutzenberg im Kanton Appenzell-Außerrhoden. Sie war das älteste von vier Kindern und wurde am 15. März 1890 geboren. Ihre Eltern waren Reinhard und Clara Hohl-Custer. Der Vater war Seidengazefabrikant und wirkte neben seinem Beruf auch als Oberrichter und als Kantonsrat von Appenzell. Außerdem engagierte er sich für die Allgemeinheit in der „Appenzellischen Gemeinnützigen Gesellschaft", in der „Stiftung für das Alter" und im „Hilfsverein für Geisteskranke". Die Mutter wird als tief religiös und ebenfalls als sozial engagiert beschrieben.[2]

In ihrer Heimat besuchte Kurz die Primarschule (in Lutzenberg) und die Sekundarschule (in Rheineck), danach die Handelsschule im weit entfernt gelegenen Neuenburg (Neuchâtel) und zuletzt eine hauswirtschaftliche Schule in Deutschland, in Frankfurt am Main. Sie verlobte sich früh mit dem promovierten Naturwissenschaftler Albert Kurz (1886-1948), der aus Bern stammte, seine Kindheit und Jugend aber überwiegend in Trogen verbracht hatte. Ihm folgte sie 1912 nach Bern, wo Albert Kurz Lehrer am städtischen Gymnasium, später Rektor am Handelsgymnasium wurde. Gertrud Kurz gebar und erzog zwei Söhne und eine Tochter. Der erste Sohn (geb. 1913) wurde Arzt, der zweite (geb. 1915) Jurist und die Tochter (geb. 1921) Pfarrfrau.

Kurz lebte als ganz normale Ehefrau, Hausfrau und Mutter. Schon früh entfaltete sie allerdings ein soziales Engagement. Es galt zunächst den Wohnsitzlosen, den von ihr so bezeichneten „Brüdern von der Landstraße", die häufig an der Haustür der Familie in der Sandrainstraße anklopften. 1930 kam sie in Verbindung mit den „Kreuzrittern für den Frieden" und veränderte Schritt für Schritt ihr Leben.

2. Engagement in den „Kreuzrittern für den Frieden"

Die so genannte Kreuzritter-Bewegung entstand im Zusammenhang mit der französischen Besetzung des Ruhrgebiets 1923.[3] Deutschland war den Reparati-

---

Millionen, die keinen Retter fanden, Berlin (Ost) 1968, 89-98 u. Anhang, hier Anhang; Alfred A. Häsler, Das Boot ist voll. Die Schweiz und die Flüchtlinge 1933-1945, Zürich [1]1967, 363; B[arbara] Ri[ngeisen], Kurz, Gertrud, in: Schweizer Lexikon. Volksausgabe 7. Visp 1999, 120; Alfred A. Häsler, Gertrud Kurz, in: Grosse Schweizer und Schweizerinnen. Erbe als Auftrag. Hundert Porträts. Ein Beitrag zur 700-Jahr-Feier der Schweizerischen Eidgenossenschaft 1291-1991, hg.v. Erwin Jaeckle/Eduard Stäuble, Stäfa 1990, 653-657, hier 654 und besonders viele in: Streitfall Friede. Christlicher Friedensdienst 1938–1988. 50 Jahre Zeitgeschichte, Bern [1988].

2 Wichtige Quelle: Anni Bürgi-Kurz/Alfred Bürgi-Kurz, Ein Leben im Dienst des Friedens, in: Wege, 21-28.

3 Zur Entstehung und Geschichte der Bewegung vgl. Gertrud Kurz Die Kreuzritter, in: Judaica 1. 1945, 222-237 (Die von Kurz geschilderte Entstehungsgeschichte der Bewegung geht auf einen Bericht Eduard Thurneysens zurück, den dieser im Jahre 1930 im Zwingli-Kalender veröffentlicht hatte.); Etienne Bach, Et tout commença ainsi ..., in: Wege, 9 f.; Etienne Bach, Und so hat alles begonnen ..., in: a.a.O., 239; Eddy van den Brink, Der

onszahlungen, zu denen es von den Siegermächten des Ersten Weltkrieges im Friedensvertrag von Versailles verpflichtet worden war, nicht im vollen Umfang nachgekommen. Darauf besetzten französische und belgische Truppen zunächst 1919 Düsseldorf, Duisburg und Ruhrort, 1923 dann das ganze Ruhrgebiet, um sich zu holen, was ihnen Deutschland vorenthielt. Die Deutschen reagierten mit passivem Widerstand. Die Besetzung dauerte bis 1925.

In den französischen Besatzungstruppen diente Leutnant Etienne Bach (1892-1986), ein Pfarrersohn aus dem Elsass. Im Februar 1923 wurde er als Nachrichtenoffizier nach Recklinghausen geschickt, um dort Kontakte zum protestantischen und katholischen Klerus herzustellen. Als in Datteln an der Lippe Unruhen ausbrachen, wurde er als Vermittler beauftragt. Die Stadtverwaltung unter Oberbürgermeister Wille widersetzte sich allen Anordnungen der Franzosen. Am Karfreitag nahm Bach im „Lutherhaus" von Datteln an einem Gottesdienst teil, den Pastor Friedrich Wunderlich (1879-1949) hielt. Bei der Abendmahlsfeier traf er unvermutet mit dem Bürgermeister, seinem Gegner, zusammen. Gemeinsam standen sie vor dem Altar und empfingen Leib und Blut des Herrn, Gottes Angebot der Versöhnung. Diese symbolträchtige Begegnung bewirkte in Bach ebenso wie in Wille eine innere Wandlung. Von nun an kooperierten sie, soweit es die Umstände und ihre unterschiedlichen Rollen zuließen. Bach engagierte sich im Ruhrgebiet auch weiter als Schlichter, der Gewalt zu verhindern suchte und z.B. noch im gleichen Jahr in Gelsenkirchen erfolgreich verhinderte, wo eine aufgebrachte Menschenmenge das Rathaus stürmen wollte. Bach wurde in der Folgezeit so bekannt und populär, dass er von kirchlichen Kreisen mehrfach um einen Vortrag über den französischen Protestantismus gebeten wurde. Bei einem Jahresfest der lokalen Gemeinschaftskreise trat er sogar als Prediger auf. Nach dem Ende der Ruhrbesetzung hielt Bach Kontakt zu seinen neu gewonnenen deutschen Freunden und trachtete danach, für die deutsch-französische Verständigung zu wirken.

Deutschland und Frankreich waren – was man sich heute kaum mehr vorstellen kann – Erzfeinde. Seit dem frühen Mittelalter hatte eine Konkurrenzsituation bestanden, die in der Frühen Neuzeit in zahlreichen und verheerenden Kriegen gipfelte. Der vorläufige Höhepunkt der deutsch-französischen Kriegsgeschichte war der Erste Weltkrieg gewesen, der zwei Millionen Deutschen und einer Million Franzosen das Leben gekostet hatte. Bach wollte dazu beitragen, das deutsch-französische Verhältnis dauerhaft neu zu gestalten. 1925 gründete er die „Chevaliers servants du Prince de la Paix" oder kurz „Chevaliers de la

---

CFD in Holland, in: a.a.O., 66-69; Auguste Charlier, Le Mouvement CP en Belgique, in: a.a.O., 62-65; Auguste Charlier, Der CFD in Belgien, in: a.a.O., 250 f.; Emile Dallière, 1924, 1940, 1960. Trois dates: un seul chemin, in: a.a.O., 39–45; Emile Dallière, 1924, 1940, 1960. Drei Daten, ein Weg, in: a.a.O., 240–245; Hélène Kaufmann/Maria Brun, La Branche suisse du Mouvement Chrétien pour la Paix, in: a.a.O., 46-49; Amy R. Trocquemé, Le travail du Mouvement Chrétien pour la Paix (CP) en France, in: a.a.O., 50-54; Amy R. Trocquemé, Die Arbeit des Friedensdienstes in Frankreich, in: a.a.O., 247-249; Streitfall.

Paix", die Ritter des Friedefürsten[4] Jesus Christus. Die Bezeichnung war für den deutschen Sprachraum nicht ganz glücklich gewählt, da auf dem Hintergrund der ganz und gar nicht friedlichen mittelalterlichen Kreuzzüge missverständlich, mit „Kreuzritter-Bewegung" übersetzt. Wer Mitglied werden wollte, hatte Jesus Christus als Heiland zu bekennen und musste willens sein, den Frieden Christi im persönlichen Leben zu verwirklichen. Bald schon bildeten sich verschiedene Ortsgruppen. Hauptziel war es, Begegnungen zwischen Deutschen und Franzosen zu organisieren. Die Kreuzritter wurden zum Bahnbrecher des heute so selbstverständlichen deutsch-französischen Jugendaustauschs. Als die Bewegung an Größe gewonnen hatte, beendete Bach seinen Militärdienst und widmete sich ganz dieser neuen, friedlichen Aufgabe.

Die ersten Schweizer Anhängerinnen und Anhänger Bachs fanden sich 1925 in Genf. 1928 siedelte Bach selbst in die Schweiz über und bezog ein großzügiges Landhaus, die „Borcaderie", in Valangin (in der Schweiz), in der Nähe von Neuenburg. Von dort aus organisierte er seine europäische Friedensarbeit. Er gab ein Mitteilungsblatt heraus und veranstaltete jährliche Kongresse. Tagungsorte waren neben Valangin auch Lille in Frankreich und Bad Boll in Deutschland. 1937 verließ Bach jedoch die Schweiz wieder und wurde Pfarrer in Savoyen, zunächst in Annemasse, dann in Annecy. 1945 kam er als Offizier der französischen Besatzungsarmee wieder nach Deutschland.

Im Jahr 1930 kam Gertrud Kurz in Kontakt mit der Kreuzritter-Bewegung. Die erste Bernerin, die sich der Bewegung anschloss, war Dora Münger. Sie organisierte im Jahre 1930 eine Begegnung zwischen Bach und Kurz und führte diesen in das Haus am Sandrain. Kurz wurde daraufhin Mitglied der Organisation. 1931 nahm sie erstmals an einem Internationalen Kongress der Bewegung teil, und zwar in Liévin in Nordfrankreich. Dort befand sich ein Friedhof, auf dem 38.000 deutsche Soldaten ihre letzte Ruhe gefunden hatten. 1932 fand ein Kongress in Valangin statt. Auch an einer Jahrestagung in England nahm Kurz teil. In der Schweiz bildeten sich Kreuzritter-Gruppen außer in Genf und Bern auch in Basel, St. Gallen, Zürich und Lausanne.

Bald schon übernahm Kurz eigenständige Aufgaben innerhalb der Bewegung. Sie übersetzte zunächst regelmäßig das von Bach zusammengestellte französische Mitteilungsblatt ins Deutsche; später begann sie mit der eigenständigen Herausgabe eines deutschen Mitteilungsblattes. 1937 wurde Kurz Präsidentin der Schweizer Sektion, und 1938 wurde Kurz von Bach gebeten, in Bern ein internationales Sekretariat der Bewegung aufzubauen und zu leiten. Das Jahr 1938 sollte auch zu dem Jahr werden, in dem Gertrud Kurz der Bewegung eine neue Ausrichtung gab, die Ausrichtung auf die Flüchtlingshilfe.

Das letzte Treffen der Kreuzritter vor dem Krieg fand im Sommer 1939 in Flandern statt. Das Regiment der Nationalsozialisten hatte zu Meinungsverschiedenheiten in der Bewegung geführt. Kurz erinnert sich an das Treffen in Flandern: „Während die meisten die Mitverantwortung des Christen betonten

---

4 Vgl. Jesaja 9,5.

und es als Pflicht ansahen, zu einem vom Staat begangenen Unrecht nicht zu schweigen, glaubten einige deutsche Freunde, daß alle Maßnahmen des Staates anerkannt werden müßten, und ein von der Obrigkeit in Gang gesetztes Unrecht als ein von Gott auferlegtes Gericht und Leiden zu tragen sei."[5] Kurz wollte sich nicht mit Hoffen und Beten begnügen, sie wollte handeln und handelte auch. Die Kriegsjahre bedeuteten den Höhepunkt in Kurz' diakonischem Engagement.

3. Flüchtlingshilfe 1938 bis 1945

Das Jahr 1938 führte zu einer zweiten Wende im Leben von Gertrud Kurz nach der Wende von 1930, in deren Folge sie in die Kreuzritterbewegung eintrat. Die Präsidentin des Schweizer Zweigs und die Leiterin des Internationalen Sekretariats der Bewegung erlebte, wenn auch aus der Ferne, die Pogromnacht am 9. November 1938. Kurz erinnert sich: „Die Scherben klirrten so laut, daß keiner später mehr das Recht gehabt hat zu erklären, er habe von alledem nichts gewußt ..."[6] Kurz wusste von der Not der deutschen Juden und von der Not der Regimegegner in Deutschland, von denen bereits viele ins Ausland, auch in die Schweiz, geflohen waren. Unter dem Eindruck der Pogromnacht kam es in Bern zu einer denkwürdigen Weihnachtsfeier.

Am 22. Dezember 1938 feierten in Bern auf Einladung von Gertrud Kurz Deutsche und Schweizer, Juden und Christen, Not leidende Flüchtlinge und gut situierte Bürger gemeinsam das Christfest. Kurz hatte im Namen der Kreuzritter eingeladen, weil sie den Opfern des Nationalsozialismus, die in Bern lebten, etwas Gutes tun wollte. Die Feier, die sich an den darauf folgenden Weihnachtsfesten wiederholte, wurde zum Ausgangspunkt einer tatkräftigen Flüchtlingshilfe. Unter den Gästen des 22. Dezember 1938 war Arthur Crispien (1875-1946), der 1918/19 Innenminister von Württemberg gewesen war und 1920–1933 sozialdemokratischer Reichstagsabgeordneter, bis ihn die Nationalsozialisten der Beteiligung an der Reichtagsbrandstiftung anklagten. Er wurde für Gertrud Kurz zu einem wichtigen Mitarbeiter in der Flüchtlingshilfe.

Die Kreuzritter-Flüchtlingshilfe war ein eigenständiges privates Hilfswerk, das sich später der Zentralstelle für Flüchtlingshilfe angeschlossen hat. Die Leiterin war Gertrud Kurz, und das Zentrum des Hilfswerks war ihr Haus am Sandrain in Bern, ein kleines Giebelhaus über dem linken Ufer der Aare. Hier empfing und schrieb Kurz zahlreiche Briefe, bis zu dreißig pro Tag, erledigte Telefonate und empfing Besucher. Stundenlang stand sie während ihrer Sprechstunden den Flüchtlingen zum Gespräch und zur Beratung zur Verfügung. Zuhören können und trösten dürfen war dabei ebenso wichtig wie die Erteilung konkreter Ratschläge. Einer der von Kurz betreuten Flüchtlinge erfand für ihr

5 Gertrud Kurz, Entstehung und innere Ausrichtung des Christlichen Friedensdienstes 1923-1939, in: Gertrud Kurz, Im Dienst des Friedens, Wuppertal 1966, 5-17.

6 Zit.n. Rosmarie Kurz[-Hohl], Gertrud Kurz. Ein Leben im Dienst des Friedens und der Gerechtigkeit, in: Schaffner, Wege, 148-156, hier 149.

Haus die treffende, später viel zitierte, auf Mt 11,28 anspielende Bezeichnung „Konsulat der Mühseligen und Beladenen".[7] Kurz war Sozialarbeiterin, Rechtsberaterin und Seelsorgerin zugleich, und das alles, ohne je eine Ausbildung auf diesen Gebieten gemacht zu haben. Eine Mitarbeiterin stand ihr in organisatorischen Dingen zur Seite. In einem Nachbarhaus wurde eine Kleiderkammer eingerichtet. An jedem Donnerstag wurden nachmittags im „Daheim", dem Versammlungshaus der Kreuzritter in der Zeughausgasse, Zusammenkünfte für in der Schweiz lebende Flüchtlinge durchgeführt.

Die Schweiz war während der nationalsozialistischen Herrschaft ein beliebtes und begehrtes Zufluchtsgebiet für Flüchtlinge nicht nur aus Deutschland und aus Österreich, sondern auch aus dem von Deutschland besetzten Frankreich. Doch die kleine, politisch neutrale Schweiz mit ihren gut vier Millionen Einwohnern hatte zu dem anschwellenden Flüchtlingsstrom ein ambivalentes Verhältnis. Einerseits war die Schweizer Bevölkerung humanitär geprägt und deshalb hilfsbereit, gleichzeitig empfand man die Einwanderung aber als Bedrohung, fürchtete einen Arbeitsplatzmangel und beschwor die „Überfremdungsgefahr" (Heinrich Rothmund, 1938).[8] Auf Betreiben der Schweiz und zur Vermeidung des von der Schweiz angedrohten allgemeinen Visumzwangs im deutsch-schweizerischen Verkehr versah Deutschland von 1938 an die Pässe aller Juden mit einem drei Zentimeter großen J. So konnten die Schweizer Behörden bereits an der Grenze Juden als Juden erkennen. Hinzu kam, dass man in der Schweiz nichts tun wollte, was die Deutschen zu einem Angriff hätte provozieren können. Die Neutralität hatte auch zur Konsequenz, dass Unrecht nicht öffentlich beim Namen genannt werden sollte und konnte. Erst fünfzig Jahre nach Kriegsende wurde bekannt und offiziell bestätigt, dass die Schweiz selbst zutiefst verstrickt war in das nationalsozialistische Unrecht, indem unter der Hand mit den Nationalsozialisten politisch und wirtschaftlich kooperiert wurde und sich die Schweizer Banken an jüdischem Vermögen bereicherten. Von 1933 bis 1945 war die Situation durch folgende Entwicklung gekennzeichnet: Je gefährlicher die Lage in Deutschland für Andersdenkende und für Juden sowie Judenchristen wurde, desto zurückhaltender, ja abweisender wurde die Schweiz gegenüber Flüchtlingen.[9]

Kurz bemühte sich um die Flüchtlinge auf mehreren Ebenen. Im Vordergrund standen persönliche Hilfsmaßnahmen, also Einzelfallbetreuungen. Gleichzeitig leistete Kurz Aufklärungsarbeit durch ein regelmäßig erscheinendes Mitteilungsblatt und durch öffentliche Vorträge. Auf diese Weise konnte sie

---

7 Vgl. Gertrud Kurz, Der abgebrochene Zaun und andere Geschichten, hg.v. Rosmarie Kurz, Basel 1975, ²1976, 7. – Der Ausdruck war die Adresse eines Briefes, den die Berner Post korrekt zustellte.

8 Zit.n. Streitfall, 8.

9 Eine offizielle Darstellung und Dokumentensammlung zur Schweizer Flüchtlingspolitik ist bereits 1966 erschienen: Carl Ludwig/Eduard von Steiger, Die Flüchtlingspolitik der Schweiz seit 1933 bis zur Gegenwart, Bern 1966.

auch die für ihre Arbeit notwendigen Finanzmittel und Sachspenden erwerben. 1944 wurden für die Flüchtlinge 125.000 Franken gespendet und ausgegeben, ferner Lebensmittel, Wäsche, Kleider und Hausrat.[10] Die Gesamtaufwendungen der Jahre 1940 bis 1945 betrugen 440.000 Franken.[11] Ein drittes Aufgabengebiet ergab sich innerhalb ihres Engagements für Flüchtlinge aus Gesprächen, die in der Regel ohne großes Aufsehen mit Behörden geführt wurden und meist im Hintergrund stattfanden. Auch heute noch werden in der Schweiz, anders als in Deutschland, viele Dinge unter Verantwortungsträgern, die sich persönlich kennen, direkt besprochen und geregelt. Im Rückblick bezeichnete Kurz ihr Leben in jenen Jahren als „eine nie aufhörende Intervention".[12]

Die spektakulärste Intervention, die Gertrud Kurz zugunsten der Flüchtlinge unternahm, fand im Sommer 1942 statt, als in Deutschland bereits die so genannte Endlösung der Judenfrage angelaufen war. Aus dem von Deutschland besetzten Frankreich wurde in der Schweiz eine neue Flüchtlingswelle erwartet. Der Chef der Polizeiabteilung des Eidgenössischen Justiz- und Polizeidepartements Dr. Heinrich Rothmund (1888-1961) gab damals den viel kolportierten Ausspruch von sich, das „Boot" sei nunmehr „voll", und forderte die Abriegelung der französisch-schweizerischen Grenze. Für Kurz war die Schließung der Grenzen ein „Unrecht".[13] In der Schweiz lebten 8300 Flüchtlinge. Gertrud Kurz suchte den in der Bundesregierung für Flüchtlingsfragen zuständigen Bundesrat Eduard von Steiger (1881-1961) in seinem Feriendomizil auf dem Mont Pélerin über dem Genfersee auf und forderte von ihm in einem dreistündigen Gespräch, in dem sie ihm die Not der Flüchtlinge schilderte, die Öffnung der Grenzen. Obwohl Steiger zunächst nicht glauben wollte, dass Deutschland so viele Menschen einfach in den Tod schicke, hatte Kurz mit ihrer Intervention Erfolg; allerdings nur vorübergehend. Die Grenzen blieben offen, aber nicht dauerhaft. Bereits im Oktober gab es erneut Einschränkungen, und im Dezember folgten weitere Verschärfungen. In der Schweiz wurden in den dramatischen Jahren 1942 bis 1944 Flüchtlinge „nur aus Rassegründen" nicht als politische Flüchtlinge anerkannt und sollten deshalb nicht in die Schweiz aufgenommen werden. Erst im Juli 1944 wurde diese Einschränkung von der Polizeiabteilung aufgehoben. Viele Juden machten an der Grenze falsche Angaben, um ins Land gelassen zu werden. Alleinstehende gaben z. B. an, Kinder zu haben. Ihnen drohte die so genannte Refoulierung, die Zurückbringung an die Grenze, die Übergabe in die Hände der nationalsozialistischen Verfolger und Mörder. Manchmal wurden 1942/43 Juden nach Wochen und Monaten in der sicheren Schweiz wieder zurück an die Grenze gebracht. Große Flüchtlingsströme in die Schweiz gab es bereits 1938/39, nach der Pogromnacht, und dann wieder 1942,

---

[10] Kurz, Kreuzritter, 233.

[11] Streitfall, 19.

[12] Gertrud Kurz, Unterwegs für den Frieden. Erlebnisse und Erfahrungen, hg.v. Rosmarie Kurz, Basel 1977, 33.

[13] Zit.n. Fink, Kurz, 95.

als in Frankreich die Deportationen begannen. Im Spätherbst 1942 lebten 13.000 Flüchtlinge in der Schweiz, im Jahre 1943 waren es rund 60.000, am Ende des Krieges 115.000.

Der Anstoß zur Intervention auf dem Mont Pélerin war von Nationalrat Dr. Albert Oeri (1875-1950), dem Chefredakteur der „Basler Nachrichten", gekommen, mit dem Kurz befreundet und in der Sache verbunden war. In Kurz' Begleitung befand sich der jüdische Bankier Paul Dreyfus-de Günzburg aus Basel.[14] Die meisten Interventionen von Kurz zugunsten von Flüchtlingen verliefen weniger spektakulär. Mitunter spielten größere Geldbeträge eine Rolle. Der oben erwähnte Bankier stellte beispielsweise 50.000 Franken zur Verfügung, damit Kurz Kautionen für Flüchtlinge hinterlegen konnte.[15] Nicht alle ihre Interventionen waren freilich erfolgreich. Anfang 1942 bemühte sich Kurz sehr um eine Einreiseerlaubnis für die bedrängte Familie Klepper, allerdings vergeblich. Als Kurz Anfang Januar 1943 von der bereits einen Monat zuvor erfolgten Selbsttötung Kleppers, seiner Frau und seiner Stieftochter erfuhr, klagte sie in einem öffentlichen Vortrag: „Welche Tragik! Und welche Schuld von unserer Seite! ... darum: Nostra culpa, nostra maxima culpa!"[16] Kurz wies die Schuld nicht Steiger, Rothmund und anderen Verantwortungsträgern ihres Landes zu, sondern sprach von „unser aller Schuld". Wie eine Vorwegnahme der Stuttgarter Schulderklärung des deutschen Protestantismus klingt es, wenn Kurz um 1943 formulierte: „Wir haben zu wenig geglaubt, geliebt und gerufen ..."[17] Der von Kurz vertretene Gedanke der Kollektivschuld wurde verschiedentlich als unpolitisch kritisiert. Eine solche Kritik verkennt jedoch, dass Kurz nicht im politischen Sinn, sondern religiös von Schuld spricht und sprechen will. Als reformierte Christin wusste sie von der grundsätzlichen Schuldverstrickung und Ungerechtigkeit aller Menschen. Kurz war ferner sensibel für den auch in der Schweiz vorhandenen „Antisemitismus".[18]

Gertrud Kurz wollte keine Konfrontation mit den Schweizer Behörden. Sie leistete Überzeugungsarbeit und appellierte an die Menschlichkeit. Nur äußerst selten verließ sie den Boden der Legalität oder griff zum Mittel der Notlüge. Ihr radikalster Hilfeakt war eine bewusst gegebene Falschauskunft am Eidgenössischen Dank-, Buß- und Bettag des Jahres 1942. Im Wallis waren damals zwei Flüchtlingsfamilien von Grenzsoldaten aufgegriffen worden. Die Soldaten waren sich unsicher, ob die Grenzen gerade offen seien und sie die Flüchtlinge he-

---

[14] Kurz, Unterwegs, 20 f.

[15] A.a.O., 23.

[16] Zit.n. Fink, Kurz, 97.

[17] Zit.n. a.a.O., 95. – Noch deutlicher formulierte sie es in einem privaten Brief 1954: „Wir hätten alle – aber wirklich alle – viel lauter schreien müssen!" Gertrud Kurz: Brief an einen Pfarrer, zit.n. Hermann Kocher, „Flüchtlingsmutter" Gertrud Kurz-Hohl 1890-1972, in: Renate Bräuniger (Hg.), FrauenLeben Appenzell. Beiträge zur Geschichte der Frauen im Appenzellerland. 19. und 20. Jahrhundert, Herisau 1999, 706-722, hier 714.

[18] Kurz, Kreuzritter, 236.

reinlassen durften. Weil ihnen eine Kontaktaufnahme mit ihrer Dienststelle nicht gelang, riefen sie in ihrer Verlegenheit bei Kurz an, der sie Informiertheit hinsichtlich der Rechtslage unterstellten. Kurz begriff jedoch sofort die Not der Flüchtlinge im Wallis und gab den Soldaten wider besseres Wissen die Auskunft, die Grenze sei offen, und die Flüchtlinge dürften die Schweiz betreten.[19] Die Grenzsoldaten ließen die Flüchtlinge einreisen.

Zu einem ernsthaften Konflikt mit der Polizei kam es im Februar 1943. Bei einer Flüchtlingszusammenkunft im „Daheim“ hielt ein Journalist aus dem Rheinland, Dr. Mahlberg, eine Ansprache und erklärte: „Das Gefährt Adolf Hitlers saust mit rasender Geschwindigkeit dem Abgrund entgegen ...“[20] So etwas durfte damals in der Schweiz nicht öffentlich gesagt werden. Kurz wurde, ebenso wie Barth und andere kritische Geister, bespitzelt und polizeilich überwacht. Im Saal waren also Beobachter der Polizei. Kurz wurde verwarnt, und die Donnerstagsversammlungen der Flüchtlinge im „Daheim“ sollten verboten werden. Doch es fanden sich Fürsprecher, und das Verbot wurde schließlich nicht ausgesprochen. Trotz solcher kleiner Konflikte mit den Behörden fand Kurz' Engagement schon damals Anerkennung. Sie wurde Mitglied der Ende 1943, Anfang 1944 gegründeten „Sachverständigenkommission für Flüchtlingsfragen“. Im Januar 1944 und im Januar 1945 fanden in der Heimstätte für die reformierte Jugend in Gwatt ein- bis zweiwöchige Tagungen für Flüchtlinge und andere Interessierte, Schweizer und Ausländer, Pfarrer und Laien, statt, die dem Frieden und der Ökumene dienen wollten. Das war für Gertrud Kurz „Friedensarbeit“, durchgeführt „mitten im Krieg“ und „mit Menschen aus verfeindeten kriegführenden Ländern“, wie sie ihre Arbeit Ende 1945 charakterisierte.[21]

Gertrud Kurz hat sich 1938 bis 1945 mit großem Engagement für Flüchtlinge engagiert. Bemängeln kann man und bemängelt wurde, dass sie nicht im gleichen Maße die Öffentlichkeit über das ihr bekannte von Deutschland begangene Unrecht und die wirklich dramatische Situation der Verfolgten informiert hat. Kurz war bestens informiert. Sie stand in Verbindung mit der Bekennenden Kirche. In der Schweiz nahm sie an den Wipkinger Tagungen teil, zu denen sich Theologen aus dem Umfeld Karl Barths und Schweizer Sympathisanten der Bekennenden Kirche regelmäßig trafen. Im August 1939, kurz vor Ausbruch des Zweiten Weltkriegs, hatte sie noch einmal Deutschland besucht. Damals nahm sie in Soest/Westf. an dem Gottesdienst eines Bekenntnispfarrers teil und erfuhr z.B., dass Paul Schneider (1897-1939), „der Prediger von Buchenwald“, im Konzentrationslager ermordet worden war; der Pfarrer gab diese Nachricht

---

19 Vgl. Hermann Kocher, Rationierte Menschlichkeit. Schweizerischer Protestantismus im Spannungsfeld von Flüchtlingsnot und öffentlicher Flüchtlingspolitik der Schweiz 1933-1948, Zürich 1996, 144.

20 Kurz, Zaun, 40.

21 Kurz, Kreuzritter, 234.

seiner Gemeinde von der Kanzel herunter bekannt.[22] Kurz wusste 1942 von den „satanischen Plänen der Nazis“[23] und wurde Anfang 1943 durch eine vertrauliche Notiz aus Berlin über das Schicksal des Warschauer Gettos informiert, wo 450.000 Juden ums Leben gekommen waren.[24] Das von Kurz redigierte „Mitteilungsblatt der Kreuzritter“ leistete dennoch kaum Aufklärungsarbeit über die Situation der Flüchtlinge. Möglicherweise fand Kurz in ihren Vorträgen deutlichere Worte. Was sie der Öffentlichkeit in ihren Ansprachen mitteilte, ist allerdings leider nicht bekannt, da sie ohne Manuskript gesprochen hat und bedauerlicherweise auch von Besuchern keine Berichte über ihre Versammlungen vorliegen.

An einer spektakulären öffentlichen Aktion war Kurz aber doch beteiligt. Am 25. November 1942 fand in Wipkingen eine Sitzung statt, zu der Gertrud Kurz gemeinsam mit Paul Vogt (1900-1984), dem kirchlichen Flüchtlingspfarrer, die „Kommission des Schweizerischen evangelischen Hilfswerks für die Bekennende Kirche in Deutschland“ und eine Delegation der Schweizer Judenschaft eingeladen hatte. Im Einladungsschreiben vom 19. November war mit offenen Worten von der „große(n) Trübsal und Bedrängnis“ angesichts der „Abschlachtung“ der Juden die Rede. Auf der Sitzung sprachen der Züricher Rabbiner Dr. Zwi Taubes (1900 – nach 1965) und der deutsche Theologe Adolf Freudenberg (1894-1977), der mit einer Frau jüdischer Abstammung verheiratet war und schon länger in der Schweiz lebte. Beide verfügten über detaillierte Informationen über den sich vollziehenden Massenmord an den europäischen Juden und gaben sie den Anwesenden preis. Zu den Teilnehmern gehörten auch die Theologieprofessoren Karl Barth (Basel) und Oskar Farner (Zürich). Barth forderte, dem Bundesrat offen zu erklären, dass die Neutralitätspolitik der Schweiz einer „Lüge“ gleichkomme.[25] Als Ergebnis der Sitzung und als Versuch, die Öffentlichkeit zu erreichen und sie auf die Not aufmerksam zu machen, erschien im Januar 1943 die aus verschiedenen Einzelbeiträgen zusammengestellte Schrift „Judennot und Christenglaube“, in der Kurz in ihrem Beitrag über „Erfahrungen mit jüdischen Menschen“ berichtete.[26] Kurz sprach von der „Schuld“ der Christen an den „Verfolgungen“ der Juden, und vom aktuellen „namenlose(n) Leid“, benannte aber auch – heute befremdlich, da als Zugeständnis an die Antisemiten interpretierbar – „die unsympathischen Seiten des jüdischen Volkes“. Sie gab ihrem Wunsch Ausdruck, Gott selbst möge den Juden ihre Herzen für die Weihnachtsbotschaft öffnen, distanzierte sich aber von allen direkten Missionierungsbestrebungen. Kurz zitierte in ihrem Beitrag ferner

---

[22] Vgl. Fink, Kurz, 91.

[23] Zit.n. a.a.O., 94.

[24] Vgl. Streitfall, 24 f.

[25] Vgl. Eberhard Busch, Unter dem Bogen des einen Bundes. Karl Barth und die Juden 1933-1945, Neukirchen-Vluyn 1996, 495.

[26] Judennot und Christenglaube, hg.v. Schweizerischen Evangelischen Hilfswerk für die Bekennende Kirche in Deutschland, Zollikon-Zürich 1943, 29-34.

mehrfach aus Briefen, die sie von jüdischen Flüchtlingen erhalten hatte. Am Anfang des genannten Buches stand ein „Weihnachtsbrief an unsere Juden", den der Baseler Theologe Wilhelm Vischer (1895-1988) aufgesetzt und Paul Vogt bearbeitet hatte. Er war von 36 Christen, darunter Kurz, unterzeichnet.[27] In diesem Brief war mit Blick auf die eigene, christliche Religion von „Schuld", „Schamröte" und „Buße" die Rede und davon, dass die Christen „an den Juden gesündigt" hätten, aber es stand auch zu lesen: „Es betrübt und erschreckt uns, daß das Judenvolk Jesus nicht als den im Alten Testament angekündigten Messias erkennt und als seinen Erlöser annimmt." Am Schluss wurde den „jüdische(n) Brüder(n) und Schwester(n) versichert: „(W)ir beten für Sie, daß der treue Gott Sie heute durch alle ihre Drangsal hindurchtrage und seine herrlichen Verheißungen an Ihnen wahr mache."

Insgesamt fanden in der nationalsozialistischen Zeit etwa 50.000 Juden in der Schweiz Zuflucht. Viele von ihnen hatten ihre Rettung „Mutter Kurz" zu verdanken. Kurz' persönlich-religiöse Konsequenz aus der erlebten Not lautete folgendermaßen: „Wir lernen aus dem furchtbaren Geschehen in Deutschland, wohin ein Christentum führen kann, das nur privat und persönlich gelebt wird und von einer Mitverantwortung in politischen Dingen teilweise nichts wissen will."[28] Ein öffentlich und gemeinschaftlich gelebtes Christentum, das seine Mitverantwortung in politischen Angelegenheiten wahrnimmt, war Kurz' Anliegen nach 1945.

4. Flüchtlingshilfe und Versöhnungsarbeit nach 1945

„Der Krieg ist vorbei, aber noch haben wir keinen Frieden. Die Welt ist voller Trauer und Leid und Haß und Bitterkeit." So diagnostizierte Kurz Ende des Jahres 1945.[29] Sie wollte die Nachkriegszeit „mit Gott beginnen" und prangerte das Geschehene als das „grauenvolle" Ergebnis einer „gottlose(n) menschliche(n) Gesellschaft" an.[30]

Das Jahr 1945 markiert in der deutschen und der europäischen Geschichte eine tiefe Zäsur. In der Biografie von Gertrud Kurz bildete es dagegen keinen Einschnitt. Sie setzte ihr Engagement unter veränderten Rahmenbedingungen fort und weitete es aus. Weiterhin galt ihr hauptsächliches Engagement den Flüchtlingen. Nach 1945 waren es nicht mehr Flüchtlinge aus Deutschland, sondern solche aus Osteuropa, später auch aus Algerien, für die sie sich einsetzte. Außerdem hatte sie neben der Arbeit für die Kreuzritter in offiziellem Auftrag deutsche und österreichische Militärinternierte – das waren in der Regel Deserteure – zu betreuen. Von 1946 bis 1951 wirkte sie als Präsidentin der 1945

---

27 A.a.O., 7-9 (mit den Namen aller 36 Unterzeichner); Neudruck in: Karl Barth, Gesamtausgabe. Abt. 5, Briefe 4. Offene Briefe 1935-1942, hg.v. Diether Koch, Zürich 2001, 425 f. (hier 424, wird nur ein Teil der Unterzeichner genannt).

28 Kurz, Unterwegs, 50 f.

29 Kurz, Kreuzritter, 236.

30 Zit.n. Streitfall, 31.

von der Schweizerischen Zentralstelle für Flüchtlingshilfe gegründeten „Kommission für orthodoxe und mohammedanische Flüchtlinge".

Das Verhältnis zu Etienne Bach, ihrem einstigen Vorbild und Impulsgeber, hatte sich merklich abgekühlt. Bach akzeptierte die neue, einseitige Ausrichtung der Kreuzritter auf die Flüchtlingsarbeit nicht, und Kurz empfand kein Verständnis mehr für Bachs militärischen Sprach- und Umgangsstil. Folgerichtig wurde für die von Bach gegründete Bewegung 1946 ein neuer Name gewählt: Die Kreuzritter nannten sich jetzt „Christlicher Friedensdienst" (CFD). Im Sommer 1946 gab es eine erste Zusammenkunft in der reformierten Heimstätte in Gwatt am Thunersee. Eine weitere folgte im Sommer 1947 am selben Ort. 1948 fand ein Kongress in St. Germain-en-Laye in Frankreich statt und 1949 in Baarn in Holland.

Der CFD veranstaltete, wie die Kreuzritter in der Zwischenkriegszeit, weiterhin Jugendlager und wollte der Völkerversöhnung dienen, die Arbeit wurde aber kräftig ausgeweitet. Das erste Aufbaulager des CFD in der Nachkriegszeit fand 1952 in Blaugies in Belgien statt. Es widmete sich Displaced Persons und errichtete in dem ehemaligen Kloster Ste. Barbe eine Heimstatt für Heimatlose, ein Altersheim für Flüchtlinge. Weitere Länder, in denen Lager veranstaltet wurden, waren Griechenland und Algerien, später Rhodesien/Zimbabwe und Vietnam. Im südlichen Afrika versuchte der CFD auf einer Farm partnerschaftliche Beziehungen zwischen Schwarzen und Weißen aufzubauen. Schon zwischen 1952 und 1959 gab es insgesamt 47 Lager, und 1359 junge Menschen nahmen an ihnen teil.[31] Der Höhepunkt wurde 1969 erreicht, als allein in einem Jahr 100 Lager mit 1500 Teilnehmern durchgeführt wurden.[32] Danach begann das Interesse an solchen Lagern nachzulassen.

Durch die Flüchtlingsarbeit in den Jahren 1938 bis 1945 hatte Kurz ein nachhaltiges Interesse am Judentum bekommen. Sie rief christlich-jüdische Arbeitsgemeinschaften ins Leben, beteiligte sich 1957 an der Gründung der Gesellschaft Schweiz-Israel und unterstützte von 1958 an die Wiederaufforstung der Umgebung von Jerusalem. 1954 wurde ihr ein Besuch in Israel ermöglicht, auf Einladung der Jugend-Alijah. Auch in Israel wurden, beginnend mit dem Jahr 1959, Jugendlager durchgeführt. Kontakte gab es zum Kibbuz Ramat Jochanan in Galiläa und zum Kinderdorf Kirjath Yearim in Jerusalem. Dabei verfolgten Kurz und der CFD keinerlei judenmissionarische Absichten: „Wir treiben keine Mission", erklärte Kurz schon 1966.[33] Ihre Ziele waren Solidarität mit Israel und eine dialogorientierte Zurkenntnisnahme des Judentums. Auf Tagungen des CFD sprachen prominente dialogorientierte Juden wie Schalom Ben Chorin (1913-1999), und mit Friedrich-Wilhelm Marquardt (1928-2002) trat auch ein christlicher Bahnbrecher des christlich-jüdischen Dialogs auf. Und noch in einem weiteren Punkt waren Kurz und der CFD ihrer Zeit voraus: In den frühen

---

[31] Vgl. Hajo Riesser, Von Blaugies nach Igoumenitsa, in: Wege, 70–75.

[32] Vgl. Streitfall, 125.

[33] Gertrud Kurz, Der Christliche Friedensdienst in Israel, in: Kurz, Dienst, 38-40, hier 39.

60er Jahren begann die Organisation mit der Arbeit auf der damals noch nicht von Israel besetzten Westbank. Bei aller Freundschaft zu Israel wurde die Not der Palästinenser nicht übersehen. Schon 1955 hatte der CFD, allerdings erfolglos, versucht, bei einem Kongress Israelis und Palästinenser miteinander ins Gespräch zu bringen.[34] Kurz begriff schon früh die „Notsituation" der „Araberflüchtlinge" als indirekte Folge des durch den „Rassen-Aberglauben dem Judentum bereitete(n) Unrecht" und sprach deshalb von einer „weltweit wirksamen Schuldverstrickung".[35]

Ein weiterer Bereich, in dem Kurz wie zuvor tätig war, waren die Vortragsreisen. Schon bald nach Kriegsende besuchte sie Deutschland. 1949 nahm sie am ersten Evangelischen Kirchentag in Hannover teil und wirkte an zahlreichen weiteren Kirchentagen mit. 1950 machte sie eine weitere Deutschlandreise. Der gesamtdeutsche Kirchentag in Leipzig im Jahre 1954 öffnete ihr die Tür zu einer ersten Vortragsreise in der DDR, wo sie auch später oft zu Gast war. Einer ihrer Vorträge, mit dem sie 1959 durch Deutschland reiste, trug den Titel „Hat Karl Barth recht?" Sie nahm darin, sicherlich dem Baseler Professor überwiegend zustimmend, zu hoch kontroversen Fragen wie der Atombewaffnung und den Ost-West-Beziehungen Stellung, in denen sich Barth exponiert hatte und weswegen er in die Kritik geraten war.[36] Barth reagierte darauf im Januar 1960 mit einem Brief an Kurz, in dem er, das Engagement von Kurz unterstützend, seinen Wunsch äußerte, einmal einen Vortrag mit dem Titel „Frau Dr. Kurz hat sicher recht" zu halten.[37] Ihre Vortragstätigkeit führte Kurz auch nach Frankreich und nach Holland. Ein enger Kontakt entwickelte sich zur niederländischen Prinzessin Wilhelmine, die ebenfalls an der Friedensarbeit interessiert war. Im süddeutschen Raum unterstützte sie der Bad Cannstatter Dekan Gotthilf Weber (1900-1987), der selbst als Stadtpfarrer von Schwenningen während der Naziherrschaft Verfolgten Unterschlupf gewährt und vielen zur Flucht über die Grenze verholfen hatte.

Ein neuer Arbeitsbereich, mit dem es Gertrud Kurz nach 1945 zu tun bekam, war die Ökumene. Sie nahm 1945 als Delegierte der Evangelisch-Reformierten Landeskirche des Kantons Bern und einzige Frau in der Schweizer Delegation an der Gründungsversammlung des Ökumenischen Rates in Amsterdam teil. Anschließend wurde sie in die Ökumenische Kommission des Schweizerischen Evangelischen Kirchenbundes berufen. Gegenüber anderen Konfessionen und Religionen hatte Kurz keinerlei Berührungsängste. Gemeinsame Gottesdienste

---

[34] Vgl. Streitfall, 128.

[35] Kurz, Unterwegs, 74 f. (Kurz zitiert hier in einem Brief an Daniel van der Meulen zustimmend Worte des CFD-Freundes Pastor Arnold Willer).

[36] Zu Barths Position vgl. Eberhard Busch, Karl Barths Lebenslauf. Nach seinen Briefen und autobiographischen Texten, Zürich [6]2004, 446-450.

[37] Wege, 15-17, Zitat 16; Neudruck in: Karl Barth, Gesamtausgabe. Abt. 5, Briefe 1. Offene Briefe 1945-1968, hg.v. Dieter Koch, Zürich 1984, 485-488 (76), Zitat 488. – Eine anerkennende Äußerung Barths über Kurz, die 1958 den Ehrendoktor erhalten hatte, findet sich auch in einem Brief an Josef L. Hromádka vom 23. März 1963; vgl. a.a.O., 577, (84a).

mit Lutheranern und Katholiken, aber auch mit Juden waren für die reformierte Berner Christin eine Selbstverständlichkeit.

Dem Frieden versuchte Kurz in ihrer Heimatstadt Bern auch durch eine verstärkte Öffentlichkeitsarbeit zu dienen. Von 1954 an wurden auf ihre Anregung hin die Berner Friedenswochen veranstaltet, jährliche Veranstaltungszyklen zur Friedensfrage. Anfang der 70er Jahre wurde diese Idee auch in Deutschland aufgegriffen.

Das wichtigste Thema für alle am Frieden Interessierten war bereits in den 50er Jahren der Ost-West-Konflikt. Kurz widmete sich auch dieser Thematik und wandte sich gegen den verbreiteten oberflächlichen Antikommunismus. Bereits in den frühen 60er Jahren konnten CFD-Lager in der DDR durchgeführt werden. Dort gehörte der Theologieprofessor Heinrich Fink (geb. 1935), der heute als Abgeordneter der PDS im Bundestag sitzt, zu Kurz' Freundeskreis. DDR-Delegierte konnten an CFD-Kongressen teilnehmen, und Hunderte von CFD-Mitteilungsblätter wurden regelmäßig in die DDR verschickt.

Die Arbeit mit ehemaligen Flüchtlingen der NS-Zeit und Opfern der Konzentrationslager wurde von Kurz nach 1945 in der Schweiz auf eine stille, aber kontinuierliche Weise fortgesetzt. Im „Sonneblick“ in Walzenhausen (Kanton Appenzell), einem 1933 gegründeten evangelischen Sozialheim, fanden regelmäßig „Herbstbesinnungswochen für Kriegsversehrte“ statt. Einstige KZ-Häftlinge, Kriegsgefangene und Flüchtlinge aus vielen Ländern kamen zusammen, um sich auszutauschen und zu stärken. Auch gemeinsame Abendmahlsfeiern wurden bei diesen Zusammenkünften durchgeführt.

Nach dem Tod ihres Ehemannes im Jahre 1948 verließ Kurz das Haus am Sandrain und zog in eine Wohnung im Dittlingerweg 4, auf der anderen, rechten Seite der Aare. In den letzten Jahren knüpfte das diakonische Engagement von Kurz wieder an die ersten Anfänge an. Wie einst die „Brüder von der Landstraße“ so klopften nun mehr und mehr strafentlassene Schweizer im Dittlingerweg an, in der Erwartung, bei Mutter Kurz ein offenes Ohr zu finden und eine milde Gabe zu erhalten. Gleichzeitig widmete sich Kurz der Schriftstellerei.

5. Schriftstellerische Tätigkeit

Gertrud Kurz wirkte auch als Schriftstellerin. Von ihr existieren mehrere, wenn auch kleine Bücher, und manche hatten sogar zwei, drei oder vier Auflagen.[38] Es handelt sich um kleine, schmale Oktavbändchen mit groß gedruckten Texten. Teilweise sind sie mit Zeichnungen ausgestattet. Die Bücher erschienen entweder im Kiefel-Verlag in Wuppertal oder bei Reinhardt in Basel, zwei erst posthum. Die Titel lauten: O Heiland reiß die Himmel auf (1965), Im Dienst des Friedens (1966), Wanderndes Volk (1968), Der abgebrochene Zaun (1975),

[38] Sammelbände mit Erzählungen von Gertrud Kurz: O Heiland reiß die Himmel auf. Erinnerungen, Wuppertal 1965, [^{2}1965?], ^{3}1966, ^{4}1969; Wanderndes Volk. Kurze Erzählungen, Wuppertal 1968, ^{2}1968, ^{3}1970; Zaun; Unterwegs.

Unterwegs für den Frieden (1977). Manche der darin präsentierten Geschichten wurden von Kurz mehrfach veröffentlicht.

Kurz brachte zu Papier, was sie im Zusammenhang mit ihrem diakonischen Engagement erlebt hatte, und wollte damit für ihre humanitären Anliegen werben. Wir hören beispielsweise von Franz, dem „Würstlimann". Franz war einer der vielen Landstreicher, die im Sandrain bei der Familie Kurz halt machten. Zum Mittagessen an einem Sommertag gab es Wiener Würstchen. Die Familie und der Gast saßen im Freien unter einem Nussbaum. Als Franz seine Würstchen bekommen hatte, fragte er, ob er sie weiter hinten im Garten verzehren dürfe. Verwundert willigte das Ehepaar Kurz ein. Sie vermuteten, Franz wolle nicht mit Messer und Gabel, sondern mit den Händen essen. Franz zog sich in den Garten zurück. Das Ehepaar Kurz schlich ihm nach einiger Zeit nach, um zu beobachten, was sich dort ereignete. Doch Franz aß nicht wie erwartet mit den Händen, sondern fütterte Vögel. Er hatte zwei Würstchen im Mund, und auf deren Enden saß jeweils ein Vogel und pickte in die Würste. Weitere Vögel hielten sich, auf Nahrung wartend, in der Umgebung auf. Franz schaute dem Treiben der Vögel zu und freute sich. Kurz schließt ihre Erzählung mit folgender Bemerkung: „So sehen Menschen aus, die einen Reichtum zu verteilen haben und andere damit beglücken können." Die Geschichte „Der Würstlimann", veröffentlicht in dem 1968 erschienenen Sammelband „Wanderndes Volk",[39] der von Landstreichern und Flüchtlingen handelt, wendet sich gegen die Macht der Vorurteile, von der auch Kurz nicht frei war, und macht darauf aufmerksam, dass selbst Mittellose ihrer Mitwelt und ihren Mitmenschen etwas geben können. Die Geschichte zeigt ferner, dass zum Frieden die Harmonie der ganzen Schöpfung gehört, dass Menschen Tiere beglücken können und von den Tieren ihrerseits mit Freude erfüllt werden.

Kurz berichtet auch von allerhand merkwürdigen Begegnungen und Erfahrungen auf ihren zahlreichen Reisen und will mit diesen Geschichten Anstöße zum Nachdenken geben. Wir hören von einem anstrengenden 26. November, irgendwann in den 60er-Jahren. Zunächst sprach Kurz vormittags zu dreißig jungen Leuten, die im Dienste des CFD nach Israel fahren sollten. Nachmittags gab es eine Feier im Kongresshaus von Zürich, bei der 2000 junge Menschen als neue Schweizer Staatsbürger begrüßt wurden. Auch hier hatte Kurz mitzuwirken. Abends hatte sie noch in der Nähe von Basel einen Vortrag zu halten. Im Anschluss an die Feier in Zürich bot ihr der Stadtpräsident an, sie in einem Polizeiwagen nach Basel bringen zu lassen. Kurz nahm das Angebot an. In einem großen Auto mit der Aufschrift „Stadtpolizei Zürich" und einem Blaulicht ließ sich die Frau, die selbst keinen Führerschein besaß, zum nächsten Vortrag fahren. In den Dörfern des Kantons Baselland zog das Polizeifahrzeug mit der alten Frau viele Blicke auf sich. Die Leute mutmaßten, so vermutet Kurz, die alte Frau werde abgeführt. Als das Polizeifahrzeug wenige Minuten vor 20 Uhr, kurz bevor der Vortrag beginnen sollte, vor dem Pfarrhaus von Sissach hielt,

[39] Gertrud Kurz, Der Würstlimann, in: Kurz, Volk, 34-37, Zitat 37.

dachte der Pfarrer, ein Unglück sei passiert. Kurz schließt ihre Erzählung mit der Bemerkung, sie habe ihren Vortrag in der Kirche „erheitert von der ungewöhnlichen Reise“ gehalten, aber auch „richtig dankerfüllt, wieder am rechten Ort, nämlich in der Kirche zu stehen.“ Das Polizeifahrzeug und die Kirche symbolisieren die beiden Welten, in denen sich die Flüchtlingsmutter bewegte. Ihr eigentliches Zuhause, so bekennt sie, war jedoch die Kirche.[40]

Die meisten Texte, die Kurz veröffentlicht hat, sollen unterhalten, belehren und erbauen. Es gibt von ihr aber auch informativ berichtende Texte über die Stationen ihrer Flüchtlingsarbeit und über die Geschichte der Kreuzritter bzw. des CFD sowie aktuelle und programmatische Stellungnahmen zur Friedens- und Flüchtlingsproblematik.[41] Der 1966 erschienene Band „Im Dienst des Friedens“ enthält sowohl erbauliche als auch informierende Texte.[42]

6. Ehrungen und Würdigungen und die letzten Lebensjahre

In den 50er- und 60er-Jahren wurden Kurz in Anerkennung ihrer Verdienste zahlreiche Ehrungen zuteil. Zunächst bekam sie 1956 das Ehrenzeichen des Deutschen Roten Kreuzes und 1965 wurde ihr der Albert-Schweitzer-Preis verliehen. Zweimal, 1961 und 1962, war sie, wenn auch vergeblich, für den Friedensnobelpreis nominiert. 1961 erhielt ihn posthum der UN-Generalsekretär Dag Hammarskjöld (1905-1961), ein Schwede, und 1962 der Amerikaner Linus Carl Pauling (1901-1994), der sich gegen Atomwaffentests engagiert hatte. Kurz wurde 1966 mit einer Ehrenmitgliedschaft im Schweizer Friedensrat gewürdigt. 1992, zwanzig Jahre nach ihrem Tod, ehrte sie die Schweiz mit einer Gedenkmünze, auf der Name und Lebensdaten von Kurz symbolhaft einen Stacheldraht durchbrechen. Erstmals überhaupt wurde damit in der Schweiz eine Frau mit einer Gedenkmünze geehrt. Die vorläufig letzte Ehrung wurde Kurz 1998 zuteil: An ihrem Geburtshaus in Lutzenberg wurde eine Gedenktafel angebracht.

Die bedeutendste Würdigung, die Kurz erhalten hat, war die des Ehrendoktors der Universität Zürich. Die Theologische Fakultät verlieh ihr diese Auszeichnung 1958 als erster Frau überhaupt. In einem Glückwunschtelegramm schrieb damals Martin Niemöller (1892-1984) in der ihm eigenen provokativen Weise: „Möge sich Ihre Theologie an der Zürcher Fakultät durchsetzen!“[43] War Kurz eine Theologin? Wie sah ihre Theologie aus? Der hessen-nassauische Kirchenpräsident dachte an das von Kurz propagierte und praktizierte Christentum der Tat. Von den Theologieprofessoren erwartete der durch die Erfahrungen

---

[40] Gertrud Kurz: Im Wagen der Stadtpolizei Zürich, in: Kurz, Unterwegs, 94 f., Zitat 95.

[41] Geschichtliche und programmatische Veröffentlichungen von Gertrud Kurz: Noch einmal Wipkingen, in: Kirchenblatt für die reformierte Schweiz 97. 1941, 403 f.; Kreuzritter; Entstehung; Weltweite Aufbauarbeit nach dem Krieg, in: Dienst, 31-38.

[42] Kurz, Dienst.

[43] Zit.n. H[einrich] O[skar] Kühner, Zum 80. Geburtstag von Frau G. Kurz am 15. März 1970, in: Kirchenblatt für die reformierte Schweiz 126. 1970, 71 f., hier 71.

des Kirchenkampfes und eine langjährige KZ-Gefangenschaft nachhaltig veränderte ehemalige U-Boot-Kommandant Niemöller ebenso wie von den leitenden Kirchenmännern, dass sie theologische Erkenntnisse in diakonisches und politisches Handeln umsetzten und die Studierenden entsprechend lehrten.

Kurz genoss unter den führenden Theologen ihrer Zeit großes Ansehen. Zu einer Festschrift, die 1960 anlässlich ihres 70. Geburtstags erschien,[44] trugen neben Martin Niemöller u. a. Karl Barth, Georges Casalis, Heinrich Grüber, Joseph L. Hromádka und Willem A. Visser't Hooft bei. Die Herausgeber der Festschrift, der Berliner Studentenpfarrer Rudolf Weckerling, Ruth Schmidt und der Baseler Pfarrer Heinrich Kühner, würdigten Kurz in der Festschrift als „mater pacis".[45] In der Tat sieht man in ihr inzwischen nicht mehr nur die Flüchtlingsmutter, sondern auch eine „Friedenskämpferin".[46]

Zum Frieden erklärte Kurz: „Friede ist nicht nur eine Frucht der Liebe, sondern auch der Wahrheit und der Gerechtigkeit."[47] Sie grenzte sich damit von jedem falschen Frieden, jedem Stillhalten, jeder Friedhofsruhe ab. Nachdrücklich bekannte sie sich zum „Friedefürsten Jesus Christus".[48] Die „Selbstverständlichkeit", mit der manche Christen Kriege als unvermeidbar hinnahmen, war für sie eine „Sünde".[49] Kurz' diakonisches und politisches Engagement war zutiefst in ihrem christlichen Glauben verwurzelt, über den sie allerdings nur wenig gesprochen hat. Kurz praktizierte, wie von Niemöller gesehen, ein Christentum der Tat und verfolgte keinerlei missionarische oder evangelistische Zwecke. Jede pietistisch-erweckliche Aufdringlichkeit in Glaubensdingen war ihr fremd. Von Kindheit an war sie im ökumenischen Geist geprägt. Die Kirche von Thal in St. Gallen, in der sie konfirmiert wurde, war eine Simultankirche, in der sowohl Reformierte als auch Katholiken ihren Gottesdienst feierten. In den Jugendlagern des CFD wurden Bibelarbeiten und Andachten durchgeführt, und bei den internationalen Kongressen gab es Gottesdienste, die vor 1945 Bach selbst geleitet hatte. Der christliche Glaube war für Kurz eine Trost- und Kraftquelle. Dies wird an einzelnen Äußerungen in ihren Schriften deutlich. 1968 berichtet sie zum Beispiel, dass in vielen Gesprächen, die sie geführt hatte, „die Klage vom ungelebten Leben" aufgebrochen sei. Dazu meint Kurz: „Alles ungelebte Leben kann aber zu einem vollen Leben werden, und alle scheinbare Sinnlosigkeit kann einen Sinn bekommen dort, wo die Menschen nicht nur das Gute und Frohe, sondern auch das Schwere getrost

---

[44] Wege.

[45] A.a.O., 253.

[46] Rosmarie Kurz-Hohl, Gertrud Kurz (1890–1972). Die Flüchtlingsmutter und Friedenskämpferin, in: Zeitschrift für Religionsunterricht und Lebenskunde 12. 1983, 30 f., hier 30.

[47] Zit.n. Kurz[-Hohl], Kurz, 156.

[48] Kurz, Unterwegs, 152.

[49] Kurz, Kreuzritter, 236.

aus Gottes Hand entgegennehmen."[50] Die Begegnungen mit den Notleidenden waren für sie, in Anlehnung an Mt 25, Christusbegegnungen. Dankbar bekennt sie: „Die Brüder von der Landstraße haben großen Reichtum in mein Leben gebracht ..." und äußert die Vermutung, „... daß in ihrer armseligen Gestalt manches Mal Christus selbst mit seiner Verheißung bei uns eingekehrt ist."[51] Dabei wahrte Kurz aber immer eine demütige Gesinnung. 1969 erklärte sie schuldbewusst: „Innerlich fehlte es uns an jenem Glauben, der Berge versetzt und der weiß, daß, wenn Gott einem eine schwere Aufgabe auferlegt, er auch hilft, sie zu tragen."[52] Nach 1945 findet man bei Kurz zunehmend Worte der Kirchenkritik. Sie fordert die Kirche dazu auf, „ihr Wächteramt immer ernster" zu nehmen.[53] Im Rückblick auf die Jahre 1933 bis 1945 kritisiert sie, „dass die Botschaft von Jesus Christus nicht voll und ganz, das heisst die Menschen ergreifend und verpflichtend, verkündigt worden ist."[54] Von den Befreiungsbewegungen der Dritten Welt und der damit verbundenen „Neuentdeckung des Evangeliums" erwartet sie 1971 eine „neue Reformation".[55]

Das Engagement von Gertrud Kurz war immer christlich-humanitär, nicht politisch. Es hatte aber dennoch politische Relevanz. Dabei war sie immer auf Ausgleich und Versöhnung bedacht. Als sich 1941 die Teilnehmer der Wipkinger Tagungen über die Frage stritten, ob auch in der Gegenwart noch der Satz richtig sei: „Das Heil kommt von den Juden" (Joh 4,22), oder ob es jetzt heißen müsse: „Das Heil kam von den Juden",[56] mahnte sie zu einer ernsthaften Diskussion dieser theologischen Frage, aber auch zur Versöhnung.[57]

Kurz arbeitete immer ehrenamtlich. Sie bezog für ihre Tätigkeit nie einen Lohn. Vortragshonorare verwendete sie zur Finanzierung der Flüchtlingshilfe und der Friedensarbeit. Bis zu ihrem Tod blieb Kurz die Leiterin des Internationalen Christlichen Friedensdienstes. Die letzte Zeit ihres Lebens verbrachte sie in einem Altersheim, im Alexandraheim in Bern. Im letzten ihrer vielen Briefe, die sie in ihrem langen Leben geschrieben hatte, intervenierte sie noch einmal zugunsten eines Verfemten. Sie verteidigte in einem Schreiben an die Mitglieder des Kirchengemeinderates der Heiliggeistkirche Bern den auch in der Schweiz wegen seiner politischen Positionen zur Aufrüstung und zum Kommunismus umstrittenen Martin Niemöller. Kurz kommentierte die für sie schmerzvollen Auseinandersetzungen Mitte der 50er Jahre, die zu einem Redeverbot für Niemöller in der Heiliggeistkirche geführt hatten, wie folgt: „Niemöller, der in

---

[50] Kurz, Volk, 27.

[51] A.a.O., 62 f.

[52] Zit.n. Kurz[-Hohl], Kurz, 152.

[53] Kurz, Unterwegs, 70.

[54] A.a.O., 56.

[55] Zit.n. Kurz-Hohl, Gertrud Kurz (1890-1972), 31.

[56] Vgl. G[ottlob] W[ieser], Die vierte Wipkinger Tagung, in: Kirchenblatt für die reformierte Schweiz 97. 1941, 374-376.

[57] Kurz, Wipkingen.

Konzentrationslagern gelitten hatte, dachte in manchen Dingen anders als wir. Unsere vorgefassten Meinungen waren uns aber wichtiger als die leidvollen Erfahrungen eines Mannes, der daraus unliebsame – uns fremde – Konsequenzen zog." Und weiter: „Ich schämte mich, und viele andere schämten sich mit mir."[58]

Kurz starb am Montag, dem 26. Juni 1972 in Bern im 83. Lebensjahr. Die Trauerfeier im Berner Münster hielt der durch seine Auftritte auf Kirchentagen auch in Deutschland bekannte Pfarrer Walter Lüthi (1901–1982). Die linke, kirchenkritische Monatsschrift „Junge Kirche" würdigte sie als eine „charismatische Frau".[59] Auch in anderen Zeitungen und Zeitschriften erschienen Nachrufe.[60]

Den Christlichen Friedensdienst, in dessen Aufbau Kurz Jahrzehnte ihres Lebens investiert hat, gibt es noch heute. Er hat seine Gestalt und Ausrichtung allerdings gewandelt. Der Christliche Friedensdienst ist heute Teil der internationalen „Youth Action für Peace" (YAP) und versteht sich als „ein Hilfswerk und eine Friedensorganisation mit feministischer Grundhaltung und Zielsetzung". Er unterstützt Projekte im In- und Ausland „zur Stärkung der politischen, wirtschaftlichen und sozialen Einflussnahme von Frauen und zur Entwicklung von zivilen und gewaltfreien Formen der Konfliktaustragung". Seine Zentrale hat er weiterhin in Bern, und er wird von einer Präsidentin geleitet.[61]

Dem Vermächtnis von Gertrud Kurz dient in der Schweiz ferner die „Stiftung Gertrud Kurz" (SGK), gegründet unmittelbar nach dem Tod von Kurz. Die Stiftung engagiert sich für Integration, Toleranz und Solidarität. Konkret werden kleine Integrationsprojekte wie Näh- und Kochkurse, Sprach- und Computerkurse für ausländische Frauen finanziell gefördert.[62]

Eine zufriedenstellende wissenschaftliche Aufarbeitung des Lebens und Wirkens der Flüchtlingsmutter ist bislang nicht erfolgt und ist ein dringendes Desiderat. Es existieren Lexikonartikel[63] und teilweise zu Lebzeiten, teilweise posthum erschienene Aufsätze,[64] die von Kurz handeln, ferner gibt es Monografien

---

58 Kurz, Unterwegs, 149-152, Zitate 151.

59 N. N., Gertrud Kurz. † am 26. Juni 1972, in: Junge Kirche 33. 1972, 463.

60 Folgende Nachrufe sind mir bekannt: H[einrich] O[skar] Kühner, Zum Gedenken an Gertrud Kurz-Hohl, in: Neue Zürcher Zeitung. Fernausgabe, Nr. 177, 30. Juni 1972, 31; ohne Verfasser, ohne Titel, in: Evangelische Kommentare 5. 1972, 505; N. N., Streiflichter auf das Wirken von Frau Dr. h. c. Gertrud Kurz (1890-1972), in: Christlicher Friedensdienst, Mitteilungsblatt 321, September 1972.

61 URL: http://www.cfd-ch.org/organisa.html (1. Juli 2004).

62 URL: http://www.gertrudkurz.ch (25. Juni 2004).

63 Ringeisen, Kurz 120.

64 Literatur über Kurz: Fritz Wartenweiler, Eine Mutter. Gertrud Kurz, in: Fritz Wartenweiler, Habt Dank ihr Frauen, Zürich 1958, 88-103; Bürgi-Kurz, Leben; Paul Vogt, Mutter kann hören, in: Wege, 36-38; Hedwig Noll, Aus dem Leben der Flüchtlingsmutter Gertrud Kurz, in: Die Ernte. Schweizerisches Jahrbuch 42. 1961, 158-167; Fink, Kurz; Kühner, Geburtstag; Christlicher Friedensdienst, Mitteilungsblatt, 15.3.1970, Sondernummer zum

zur Schweizer Flüchtlingspolitik und über Karl Barth, in denen sie Erwähnung findet.[65] Insbesondere bemühte sich Kurz' Schwiegertochter Rosmarie Kurz-Hohl (1926-2002), die sich ebenfalls im CFD engagierte, ihr Andenken zu wahren und Informationen über sie zu verbreiten.[66] Ferner existiert eine ungedruckte Lizenziatsarbeit im Fach Neueste Schweizer Geschichte, verfasst von Lucia Probst und Katrin Hafner. Sie kann über das Internet bestellt werden.[67] Aus dem Leben und über das Wirken von Gertrud Kurz haben sich zahlreiche Archivalien erhalten. Der CFD hat bereits vor einigen Jahren das Flüchtlingsarchiv von Kurz dem Archiv für Zeitgeschichte an der Eidgenössischen Technischen Hochschule Zürich übergeben. Es enthält in 25 Regalmetern Materialien der Kreuzritter-Bewegung ab 1930, ferner die Geschäftsakten des Hilfswerks und des CFD von 1938 bis 1972, darunter Flüchtlingslisten, Fotografien und Korrespondenzen. Erst wenige Flüchtlingsbriefe an Kurz wurden veröffentlicht.[68]

Das vielleicht Wichtigste zum Schluss: Stattgefunden hat inzwischen eine kritische Aufarbeitung der Schweizergeschichte in der NS-Periode. Nach Anfängen in den 70er-Jahren, angestoßen u.a. durch ein provozierendes Buch des Journalisten und Schriftstellers Alfred Häsler (geb. 1921),[69] erfolgte in den 90er-Jahren in der Schweiz die historische und moralische Aufarbeitung der eigenen Verstrickung in die NS-Geschichte. Kurz hatte dies immer gefordert und war

---

80. Geburtstag von Gertrud Kurz; B. Seefeld, Das Porträt, in: Schweizer Frauenblatt, 20.3.1970; Ursula Geiger, Mutter der Heimatlosen und Verfolgten. Ein Lebensbild von Gertrud Kurz (SJW 1446), Zürich 1978; Victor Conzemius, Christen unserer Zeit. 50 Porträtskizzen, Freiburg/Schweiz 1988, 81-85; Häsler, Kurz; Maja Wicki, Einmischung in die offizielle Flüchtlingspolitik. T. 2: Frauenpolitik im Dienste der Flüchtlingshilfe, in: Rote Revue 1. 1994, 34-38, hier 36; Kocher, Flüchtlingsmutter; Hans Amann, Appenzeller im Dienste der Menschlichkeit. Jakob Künzler, Gertrud Kurz-Hohl, Carl Lutz, in: Appenzellische Jahrbücher 123. 1995, 17-33; Hulda Baumann, Die Flüchtlingsmutter Gertrud Kurz-Hohl. Zum 10. Todestag einer unvergesslichen grossen Appenzellerin, in: Appenzeller Zeitung 1982, 146 (26.6.1982), 8 f. und 152 (3.7.1982), 8.

65 Häsler, Boot; Marksteine. 50 Jahre helfen, [Zürich] 1986; Kocher, Menschlichkeit, bes. 133-145; Marianne Jehle-Wildberger, Das Gewissen sprechen lassen. Die Haltung der Evangelisch-Reformierten Kirche des Kantons St. Gallen zum Kirchenkampf, zur Flüchtlingsnot und zur Flüchtlingspolitik 1933-1945, Zürich 2001; Busch, Bogen; Busch, Lebenslauf.

66 Veröffentlichungen von Rosmarie Kurz-Hohl über Gertrud Kurz: Kurz-Hohl, Gertrud Kurz (1890-1972); Kurz-[Hohl], Kurz; Rosmarie Kurz-Hohl, Gertrud Kurz 1890-1972. Bürgerlich pietistisches Erbe und Friedensarbeit, in: Schritte ins Offene 1991, Heft 4, 28-33.

67 URL: http://www.gertrudkurz.ch/gk_portrait_lizenziatsarbeit.htm (1.7.2004).

68 Hermann Kocher, Heimatlos in einer gnadenlosen Zeit. Flüchtlingsbriefe an Gertrud Kurz, Paul Vogt und Clara Ragaz, in: Rudolf Karlen (Hg.), Fluchtpunkte. Menschen im Exil, Basel 1986, 48-67. – Flüchtlingsbriefe an Kurz wurden auch abgedruckt in: Wege, 29-35.

69 Häsler, Boot (weitere Aufl. mit unterschiedlichen Erscheinungsorten: [2]1968, [4]1979, [5]1981, [6]1985, [7]1989, [8]1989, [9]1992). – Auch englische und französische Ausgaben sind erschienen.

damit ihrer Zeit um Jahrzehnte voraus. 1945 hatte Kurz, mit einem Wort Christoph Friedrich Blumhardts, als ein Volk bezeichnet, dessen „Missetaten sich gleichsam verschlupft (versteckt) haben hinter einem ordentlichen Wesen".[70]

[70] Kurz, Kreuzritter, 236.

BEATE HOFMANN

Antonie Nopitsch (1901-1975)

Toni Nopitsch. Aufnahme um 1971, Frauenwerk Stein.

Antonie Nopitsch hat Diakoniegeschichte geschrieben, weil sie – zusammen mit Elly Heuss-Knapp,[1] der Frau des ersten Bundespräsidenten – 1950 die erste interkonfessionelle Organisation der freien Wohlfahrtspflege gegründet hat: die Elly Heuss-Knapp-Stiftung Deutsches Müttergenesungswerk. Der Weg zu diesem Werk beginnt in den 30er Jahren, als Nopitsch die Mütterhilfe der Evangelischen Reichsfrauenhilfe kennen lernt. 1933 arbeitslos geworden, gründet sie die evangelische Mütterhilfe der Vereinigung evangelischer Frauenverbände in Bayern. Mütterhilfe, das heißt Müttererholung und Mütterschulung, bzw. Frauenbildung. Die politische Situation kommt ihr zu Hilfe, Mütterarbeit ist im neuen Staat opportun. Nach einigen nationalsozialistischen Ver- und Entwicklungen distanziert sich Nopitsch klar vom NS-Staat und akzentuiert den kirchlichen Aspekt ihrer Arbeit. Der Bayerische Mütterdienst, wie die Arbeit inzwischen heißt, wird schnell zu der evangelischen Frauenorganisation in Bayern, die gemeindliche Frauenarbeit und diakonisches Engagement, Bildung und publizistisches Wirken verbindet. Nach dem Krieg engagiert Nopitsch sich für Flüchtlingsfrauen, gibt ihnen in verschiedenen Projekten Arbeit und baut ein neues Mütterkurheim in Stein bei Nürnberg, das mit Tagungsstätte, Bibelschule und Bürohaus zum neuen Zentrum der Arbeit wird. Mitten in diese Aktivitäten kommt die Währungsreform, die das Werk an den Rand des finanziellen Ruins führen. Der Besuch von Elly Heuss-Knapp im Oktober 1949 bringt die Wendung: Elly Heuss-Knapp, selber Sozialexpertin, sieht den Wert der Arbeit und beschließt, schon schwer herzkrank, Nopitsch zu helfen und ihren Einfluss als zukünftige First Lady in die Erhaltung der Müttergenesung einzubringen. Bis heute ist das Kurangebot für belastete Mütter – das inzwischen zu den Pflicht-

[1] Vgl. Ulrike Bundschuh, Elly Heuss-Knapp (1881-1952).

leistungen der Krankenkassen zählt, aber immer wieder von Spardiktaten bedroht ist – ein Weg, Frauen zu stärken sowie Familien zu entlasten und so vor dem Zusammenbruch zu bewahren.

Dazu hat Dr. Antonie Nopitsch im Bayerischen Mütterdienst – heute FrauenWerk Stein in der ELKiB – eine Organisation geschaffen, die zu einem Ort gelebter Frauendiakonie, Frauenbildung und Frauenspiritualität geworden ist. Bis in die 70er Jahre von Frauen geleitet und dominiert, war das Werk kein Mutterhaus, auch keine Kommunität, sondern ein charismatisch geführter, familiär strukturierter Verbund von Frauen, die das Engagement für Frauen in Kirche und Gesellschaft verband.
Wer war die Frau, die hinter diesem Werk stand und was waren ihre Motive?

1. Biografisches

Antonie Nopitsch wurde am 3. August 1901 in Traunstein in Oberbayern geboren.[2] Sie stammt aus einer bürgerlichen Familie; der Vater war Tierarzt, die Mutter kam aus einer Künstlerfamilie. Ihre Familie wird als bewusst evangelisch, aber nicht pietistisch beschrieben. Nopitschs Vater starb 1918, als die Tochter 17 war; die Mutter sorgte dafür, dass die Tochter als eine der wenigen Frauen im Jahr 1919 Abitur machen und studieren konnte. Die Mutter hat auch das soziale Engagement ihrer Tochter unterstützt. Für das erste Weihnachtsfest ohne den Vater 1918 räumte sie ihr Wohnzimmer aus, ließ einfache Holzbänke zimmern und ermöglichte es so ihrer Tochter, eine Lesestube für Kinder aus sozial schwachen Familien in München einzurichten.[3]

Nopitsch wollte einen sozialen Beruf ergreifen, entschied sich mangels entsprechender Studienmöglichkeiten in München für das Fach Nationalökonomie und schloss ihr Studium 1925 mit einer Promotion ab. Nach einem Auslandsaufenthalt in England bei den Quäkern in Birmingham wurde sie 1927 Dozentin an der Sozialen Frauenschule der Diakonissenanstalt Neuendettelsau in Nürnberg, wo sie Fürsorgerinnen ausbildete, bis die Schule verkleinert und nach Neuendettelsau verlegt werden musste. Nopitschs Überlegungen, selber Diakonisse zu werden, trat ihre Mutter energisch entgegen.[4]

---

[2] Für nähere Informationen zur Biografie verweise ich auf das Porträt von Nopitsch in Beate Hofmann, Gute Mütter – starke Frauen. Geschichte und Arbeitsweise des Bayerischen Mütterdienstes, Stuttgart, Berlin, Köln 2000, S.128-138 und auf das Kurzporträt von Gudrun Diestel, Antonie Nopitsch 1901-1975. Die Fürsprecherin der Frauen und Mütter, in: Karl Leipziger (Hg.), Helfen in Gottes Namen. Lebensbilder aus der Geschichte der bayerischen Diakonie, München 1986, 257-312. Antonie Nopitsch hat auch selbst ihr Leben aufgeschrieben: Der Garten auf dem Dach. Erinnerungen, Nürnberg ²1995. Vgl. außerdem die Festschrift aus Anlass des 100. Geburtstages von Dr. Antonie Nopitsch, Erinnerungen an Dr. Antonie Nopitsch, hg. v. FrauenWerk Stein e.V., Stein 2002.

[3] Vgl. Nopitsch, Garten, 36.

[4] Vgl. a.a.O., 70: „Nur das leidenschaftlich vorgebrachte und schließlich überzeugende Argument meiner Mutter, ich würde nicht nur mich selbst, sondern die gesamte Schwes-

1933 arbeitslos geworden, gründete sie im Frühjahr 1933 den Bayerischen Mütterdienst als eine Initiative evangelischer Frauenverbände zur Unterstützung von Frauen und Müttern durch Müttergenesung, Mütterschulung bzw. Frauenbildung und gemeindliche Frauenarbeit. Später kam noch der Laetare-Verlag als einer der ersten von Frauen geleiteten Verlage für theologische und pädagogische Literatur hinzu.[5] In ihrem rasch wachsenden Werk war Nopitsch bis zu ihrer Pensionierung 1965 tätig; sie starb am 10. Januar 1975. Sie war nicht verheiratet und teilte von 1945 bis 1970 ihr Leben mit Liselotte Nold, einer jung verwitweten Pfarrfrau, die neben ihr zur zentralen Leitungsfigur beim Bayerischen Mütterdienst wurde. Überregionale Bedeutung erlangte Nopitsch zum einen als bayerische Vertreterin in der evangelischen Frauenarbeit in Deutschland (ab 1935) und als erste Geschäftsführerin (1950-1965) und Mitinitiatorin des Deutschen Müttergenesungswerkes – in Zusammenarbeit mit Elly Heuss-Knapp. Ihr Engagement kreist um ein Hauptthema, nämlich um die Rolle von Müttern für Familie und Gesellschaft und um die Bedeutung der Müttergenesung; daneben setzte sie sich für mehr Mitwirkungsmöglichkeiten von Frauen in der Kirche ein und für Maßnahmen zugunsten der Flüchtlinge und Vertriebenen nach 1945. Ihrem Selbstverständnis nach wollte Nopitsch als Frau in der Kirche anderen Frauen helfen.

2. Prägungen

Nicht die Frauenbewegung, sondern die Jugendbewegung hat das soziale Engagement von Antonie Nopitsch geweckt und ihre Frömmigkeit geprägt. Als Jugendliche gründete sie mit einer katholischen Freundin eine gemischtgeschlechtliche und ökumenische Jugendgruppe namens „Heimat“, die Nopitsch über 50 Jahre lang zur spirituellen und familiären Heimat wurde. Die Ziele der Gruppe wurden z.B. so formuliert: „Sendung unserer Gemeinschaft ist, daß wir den Auftrag, den Gott an alle Menschen richtet, erkannt haben und ihn gemeinsam erfüllen wollen.“[6]

Dies sollte durch Selbsterziehung und soziale Arbeit geschehen, doch auch Freizeitgestaltung durch Musik, Tanz, Literatur, Theaterspielen, Wandern am Wochenende und auf großen Fahrten gehörte dazu. Mit der „Heimat“ entwickelte Nopitsch ihre ersten sozialen Aktivitäten. So organisierte die Gruppe eine Jugendbuchausstellung, aus der eine Kinderlesestube für Straßenkinder aus Münchener Armenvierteln erwuchs. Später hat Nopitsch wichtige Prinzipien der Jugendbewegung auf ihre soziale Arbeit übertragen, nämlich den Gedanken der Selbsttätigkeit und Autonomie sowie die Ablehnung äußerer Organisationsformen zugunsten einer inneren Verbundenheit.

---

ternschaft durch mein ungebärdiges Wesen unglücklich machen, hielt mich von diesem heroischen Entschluß ab.“

[5] Der Verlag fusionierte später mit dem des Burckhardthauses und ist heute unter dem Namen Burckhardthaus-Laetare-Verlag bekannt.

[6] Vgl. Nopitsch, Garten, 59.

Wichtige Impulse erhielt Nopitsch aus der Ökumene. Als Protestantin im katholischen Oberbayern aufgewachsen und „bayerisch barock" geprägt, zeigte sie sich der katholischen Volksfrömmigkeit (z.B. bei der Sammlung und Aufstellung von Krippen) aufgeschlossen. Das Studium bei den Quäkern in Birmingham war durch die Begegnung mit einer anderen Spiritualität und Sozialarbeit, sicher auch im Blick auf die dortige Frauenbewegung für Nopitsch eine Horizonterweiterung, die sie auch später bei aller vorhandenen Bajuwarität nie provinziell werden ließ. Sie schreibt zusammenfassend über das, was ihr erster Englandaufenthalt ihr mitgab: „Eine Ahnung davon, daß im Leben einer Gemeinschaft Fähigkeit zu individuellem Einsatz und Verantwortungsbewußtsein dadurch geweckt werden, daß der einzelne die persönliche Freiheit mit der notwendigen inneren Bindung vereinen muß und kann."[7]

Inspirierend wirkte auf sie auch die Begegnung mit sozialen Initiativen in den Slums von London. Dort sah sie, wie einzelne Menschen durch Ideenreichtum sinnvolle Wege zur Linderung der Not fanden: „Damals wurde mir eindringlich klar, wie wesentlich es ist, den Menschen auf eigene Füße zu stellen, ihn aber gleichzeitig nicht allein zu lassen, und daß der Fremde dem Fremden oft ein besserer Helfer ist als der Nahestehende."[8]

3. Die Anfänge des Bayerischen Mütterdienstes und die Struktur der Arbeit im Nationalsozialismus

1927 aus England nach Deutschland zurückgekehrt, erhielt Nopitsch nach mehreren Praktika bei Berufsberatung, Rotem Kreuz und Polizeipflege[9] im Mai 1927 eine Stelle als Lehrerin an der neugegründeten Sozialen Frauenschule in Nürnberg, die von der Evang.-Luth. Diakonissenanstalt Neuendettelsau getragen wurde. Sie hatte dort Sozialpolitik und Wohlfahrtspflege zu unterrichten. Während der Praktikumszeiten ihrer Schülerinnen arbeitete sie selbst immer wieder in diversen sozialen Einrichtungen, z.B. in der Städtischen Krankenhausfürsorge, beim Evang. Jugenddienst in Nürnberg, bei der Familienfürsorge und in einem Kinderheim, um ihren Erfahrungshorizont in der sozialen Arbeit zu erweitern. Ihre Eigenständigkeit und ihre unkonventionelle Art führten zu Konflikten mit der Schulleitung, die ihr schließlich – als die Schule aus finanziellen Gründen nach Neuendettelsau verlegt werden musste – zu Ostern 1933 kündigte.

Schon 1932, auf einer Tagung in Berlin, erhielt Nopitsch den entscheidenden Anstoß zur Gründung ihres eigenen Werkes durch die Begegnung mit der Mütterarbeit der Evangelischen Reichsfrauenhilfe. Dank ihrer Fähigkeit, andere Menschen für etwas zu begeistern, bekam sie die Unterstützung der bayerischen

---

7 A.a.O., 53.

8 A.a.O., 54 f.

9 Nopitsch erwähnt in diesem Zusammenhang, wie schwer es für Akademikerinnen damals war, eine Anstellung zu finden, weil Frauen zwar der Weg zum Studium, aber nicht in die entsprechenden Berufe eröffnet worden war, vgl. a.a.O., 69.

evangelischen Frauenverbände zum Aufbau einer kirchlichen Arbeit mit Müttern in Bayern. Drei ehemalige Schülerinnen ihrer Frauenschule waren bereit, sie auf eigenes Risiko und anfangs rein ehrenamtlich in ihrer Arbeit zu unterstützen.

Mit einer breit angelegten Werbekampagne zum Muttertag 1933 wollte Nopitsch auf ihre gerade gegründete Initiative für Mütter aufmerksam machen und die Unterstützung des NS-Regimes wie der städtischen und kirchlichen Behörden erreichen. Ihre Idee, Müttern durch rechtzeitige Erholung und durch Schulung zu helfen, war durch Kontakte zu Klara Lönnies vom Mütterdienst der Reichsfrauenhilfe in Berlin angeregt und konkretisiert worden. Von Lönnies übernahm sie in den Anfangsjahren die Propaganda und die Begründung für ihre Arbeit. Eine Kostprobe: „Dieser Arbeit liegt zu Grunde der Gedanke, daß auf der einen Seite eine rechte Mütterschulung geboten werden muß. Hier soll die evangelische Frauenwelt erfaßt und durchdrungen werden mit dem Bewußtsein der Verantwortung gegenüber dem deutschen Volk und soll hingeführt werden zu echtem aus dem Evangelium erwachsenden Muttersinn. Die Abneigung gegen den Mutterberuf, die Abtreibungsseuche, die jährlich etwa 30 000 Frauen das Leben gekostet hat, die Scheu und Angst vor dem Kind müssen in ihrer natur- und gottwidrigen Art erkannt und mit allen Mitteln bekämpft werden. Die Erneuerung unseres Volkslebens hängt im stärksten Maße ab von der Erneuerung des Muttersinnes."[10]

Das ist bei Lönnies abgeschrieben, die mit ihrer Mutterideologie auch die ideellen Grundlagen und die praktischen Aktivitäten der auf Mutterschaft fixierten nationalsozialistischen Frauenpolitik vorbereitet hat und durch die zunehmende Vergöttlichung der Mutter bei der Reichsfrauenhilfe in Schwierigkeiten geriet.[11] Der zitierte Artikel fährt fort: „Auf der anderen Seite gilt es der Müttererholung das Augenmerk zuzuwenden. Alle Berufstätigen haben ihren Urlaub, um sich neue Kräfte zu sammeln für die Weiterarbeit; die Mütter haben vielfach nie eine Zeit der Ausspannung. Gerade sie brauchten solch eine Zeit am nötigsten. Von sorgenvollen Jahren schwergebeugt kämpft manche Mutter einen schweren Kampf gegen äußere und innere Nöte ihrer Familie. Die tägliche Sorge um die Nahrung, die Knappheit der Existenzmittel, Arbeitslosigkeit des Mannes und der Kinder, Schwierigkeiten der Erziehung, alles lastet auf der Mutter. Was wunder, wenn sie müd und mutlos wird und verzweifelt? Ist aber die Mutter krank, so leidet die ganze Familie. Hier gilts zu helfen. Die Mutter muß innerlich und äußerlich einmal zur Ruhe, muß zu sich selber kommen können."

In diesem Passus, der aus Nopitschs Feder stammt, steht die Not der Frauen im Vordergrund. Signifikant ist auch, dass das „zur Ruhe kommen" ergänzt

---

10 „Evangelische Mütterhilfe" im Evang. Gemeindeblatt Nürnberg 40.14. Mai 33, 251.

11 Vgl. dazu Jochen-Christoph Kaiser, Frauen in der Kirche. Evangelische Frauenverbände im Spannungsfeld von Kirche und Gesellschaft 1890-1945, hg. v. Annette Kuhn, Düsseldorf 1985 (Geschichtsdidaktik: Studien, Materialien 27), 194-206.

wird durch „zu sich selber kommen". An dieser kurzen Passage zeichnen sich die Schwerpunkte der Arbeit von Antonie Nopitsch bereits ab: Für sie ist der Gedanke der Erholung nicht primär der der Schulung oder gar der politischen Indoktrinierung. Sie will vor allem Frauen und deren Familien helfen und in der Gesellschaft Verständnis und Akzeptanz für die Idee der Müttergenesung wecken. So schafft sie Räume für Frauen, in denen sie zu sich selbst kommen können.

Dazu wurden Frauen in kirchliche Erholungshäuser geschickt und in Gemeinden Schulungskurse für Hauswirtschaft, Säuglingspflege und Kindererziehung angeboten. Schnell zeigte sich, dass die Frauen sich schlecht erholten, wenn sie in den Kuren sich selbst überlassen wurden. Darum entwickelte Nopitsch das Konzept der Mütterfreizeit, bei dem eine Freizeitleiterin ein Programm mit Bibelarbeiten, Gesprächen, Ausflügen, Bastelarbeiten etc. gestaltete. Bald mietete Nopitsch für diese Arbeit eigene Häuser an, die sie mit viel Geschick vor der staatlichen Vereinnahmung bewahrte.

Die Initiative Nopitschs fand schnell staatliche und kirchliche Unterstützung, weil es 1933 politisch opportun war, eine solche Initiative vorweisen zu können. Obwohl der zukünftige Landesbischof Meiser das Engagement Nopitschs zuerst bremsen wollte, widmete er die Kollekte seines Einführungsgottesdienstes dem Mütterdienst. Die Gemeinde St. Lorenz bot Nopitsch Räume für Büroarbeit und Schulungen an. Nopitsch avancierte zur Koordinatorin der Mütterarbeit auf städtischer Ebene und bekam sogar ein Angebot, bei der NSV zu arbeiten, das sie aber aus ideologischen Gründen ablehnte.[12]

Die Phase relativ ungetrübter nationalsozialistischer Begeisterung war – wie bei vielen kirchlichen Mitarbeitenden – nur kurz. Im Laufe des Jahres 1935 distanzierte sich Nopitsch zunehmend von Klara Lönnies und vom Nationalsozialismus insgesamt; dies wird sichtbar in der Gründung einer eigenen „Schriftenreihe für die Evangelische Mutter", die das von den nationalsozialistischen Frauenorganisationen übernommene Blatt „Mutter und Volk" in den kirchlichen Frauenkreisen in Bayern ersetzte. Entsprechend verschwand auch die völkische Sprache aus Nopitschs öffentlichem Vokabular.

Zu dieser Veränderung haben mehrere Faktoren beigetragen: Erstens hat die Einschränkung der evangelischen Frauenarbeit durch die Gründung entsprechender staatlicher Organisationen wie des Reichsmütterdienstes und des Hilfswerkes „Mutter und Kind" den anfänglichen Enthusiasmus und die Aufbruchsstimmung der evangelischen Frauen erheblich gedämpft, da durch diese Maßnahmen die kirchliche Mütterarbeit beschnitten wurde und sichtbar wurde: der Nationalsozialismus wird die kirchliche Frauenarbeit nicht – wie erhofft[13] –

---

[12] Vgl. Nopitsch, Garten, 86. Nopitsch war bedeutet worden, dass z.B. ein Kreuz über ihrem Schreibtisch nicht erwünscht wäre.

[13] Diese Hoffnung der evangelischen Frauen beruhte auf dem Engagement der Nationalsozialisten für Mutterschaft, das durch entsprechende sozialpolitische Maßnahmen konkretisiert werden sollte. Die evangelischen Frauen hatten den Eindruck, hier wür-

fördern, sondern beschneiden. Auch der Konflikt um Agnes v. Grone, die Leiterin des Frauenwerkes der Deutschen Evangelischen Kirche (DEK) hat Nopitschs Haltung beeinflusst. A.v. Grones Versuch, den NS-Staat zu bejahen und gleichzeitig die institutionelle Unabhängigkeit der evangelischen Frauenarbeit zu bewahren, scheiterte an dem uneingeschränkten Machtanspruch des totalitären Regimes. Nopitsch erkannte daran den Gegensatz zwischen Christentum und NS-Ideologie.[14] Dadurch musste ihr auch klar sein, dass die Hinwendung zur Kirche und das Ringen um deren Unabhängigkeit eine Abwendung vom NS-Staat und seinen Zielen bedeutete, auch wenn sie dies nicht als politische Opposition verstanden wissen wollte. Diese Erkenntnis und die erfahrene Beschränkung und Bedrohung der kirchlichen Arbeit haben Nopitsch kirchenpolitisch aktiv werden lassen.

Schließlich hat die Begegnung mit Menschen wie Maria Weigle und Friedrich von Bodelschwingh Nopitsch und ihren Mitarbeiterinnen geholfen, die eigene theologische Position zu klären und hilfreiche Kriterien an die Hand zu bekommen. Das kommt zum Ausdruck, wenn Nopitsch in ihrer Biographie rückblickend schreibt: „[Die Frauen] lernten sich auseinanderzusetzen mit dem, was gegen ihren Glauben stand. Dabei wurde ihr Urteil auch in den übrigen Lebensfragen reifer, sicherer, nüchterner. Sie wurden gefeit gegen politische Parolen und Phrasen. Die bayerische Landeskirche hatte in dieser für sie so schweren Zeit mündige und selbständig denkende Mitarbeiterinnen bekommen. Sie mögen mit dazu beigetragen haben, daß die ‚Deutschen Christen' im bayerischen Raum kaum Fuß fassen konnten".[15]

Die weltanschauliche Distanzierung fand ihren Ausdruck in einer engeren Anbindung an die Kirche, die Nopitsch als Bereicherung ihrer Arbeit empfand, ohne sie – etwa in einem volksmissionarischer Impetus – zur treibenden Feder der Arbeit werden zu lassen. Sie wollte nicht Unglauben bekämpfen, sondern Frauen und Kindern Wegweisung und Wegzehrung in einer schwierigen Situation geben.

Die Mütterschulung wurde den kirchlichen Trägern 1935 verboten und ganz in die Hände nationalsozialistischer Organisationen gelegt. Nopitsch bot stattdessen mit ihren Helferinnen in den Gemeinden Bibelarbeiten und Singnachmittage an. In diesem Zusammenhang begann sie, angeregt durch den Pfarrer Georg Börner, mit einer Mitarbeiterin Krippen aus dem Salzburger Land zu sammeln. Einige dieser Krippen hat sie an fränkische Gemeinden

den ihre eigenen Vorstellungen und Arbeitsformen (z.B. in der Arbeit von Klara Lönnies bei der Reichsfrauenhilfe) aufgegriffen und reichsweit politisch umgesetzt.

14 Entscheidende Bedeutung wird hier das Gespräch vom 25. Juni 1935 mit v. Grone und Scholtz-Klink gehabt haben, wo Nopitsch den Gegensatz zwischen beiden Anschauungen explizit formulierte, vgl. das Protokoll des Gesprächs in LKAH N 10, Nr.33.

15 Nopitsch, Garten, 85.

weitergegeben, andere sind in ihre große „Steiner Krippe" gewandert, die noch heute besteht.[16]

Die Bedeutung Nopitschs ist für diese Zeit vor allem regional zu sehen. In Bayern wurde sie zur maßgeblichen Repräsentantin evangelischer Frauenarbeit. Im reichsweiten Konflikt um die Frauenarbeit war sie zwar präsent, aber sie hielt sich eher im Hintergrund und zog dort einige Fäden, indem sie die bayerischen Kirchenvertreter informierte und aktivierte, wenn sie es für sinnvoll hielt.[17]

Nopitschs Interesse galt der Bewahrung ihrer Arbeit. Durch die Betonung der religiösen Seite der Frauenarbeit in Briefen und Petitionen versuchte sie, die Frauenarbeit als systemstabilisierend und politisch harmlos darzustellen und die politische Infragestellung des Totalitätsanspruchs des Nationalsozialismus zu verwischen, gleichzeitig aber auch die politischen Interessen (z.B. keine Unruhe unter der Bevölkerung in Kriegszeiten) geschickt zu nutzen. So gelang es ihr, die Beschlagnahmung von Erholungshäusern und die Schließung von Dienststellen zu verhindern.

Neben dieser offiziellen Strategie, die den Totalitätsanspruch des Nationalsozialismus nicht offensiv infrage stellt oder kritisiert, lassen sich bei Nopitsch Elemente eines als Dissens[18] einzustufenden Verhaltens wie die Umgehung von Versammlungs- oder Druckverboten nachweisen. Ob dahinter tiefe politische Überzeugung oder ein kluger, aber auch naiver Pragmatismus steht, ist aus den Quellen schwer zu sagen, weil solche Maßnahmen im Nachhinein als Widerstand dargestellt und glorifiziert wurden.[19] Nopitsch war vor allem bestrebt, den errungenen Handlungsspielraum zu verteidigen. Dies ist ihr im wesentlichen gelungen, damit hat sie sich aber auch – ganz im Sinne der damaligen Interpretation der lutherischen Zwei-Reiche-Lehre – zufrieden gegeben.

---

[16] Nopitsch trug im Lauf der Zeit eine große Barockkrippe aus der Gegend von Ebensee zusammen, die mehrere hundert Figuren umfasst und in der Advents- und Weihnachtszeit in Stein im Speisesaal aufgebaut wurde.

[17] Zu den Einzelheiten dieses Ringens vgl. Hofmann, Mütter, 65 ff.

[18] Zum Dissensbegriff vgl. Ian Kershaw, „Widerstand ohne Volk?" Dissens und Widerstand im Dritten Reich, in: Schmädeke, Jürgen/Steinbach, Peter (Hg.): Der Widerstand gegen den Nationalsozialismus. Die deutsche Gesellschaft und der Widerstand gegen Hitler, München, Zürich 1985, 779-798: 785.

[19] Vgl. z.B. Nopitsch, Garten, 85 f, oder die telegrammartige Kurzbiographie des Müttergenesungswerkes zum Tode von Toni Nopitsch vom 10. Januar 1975 (BMD ei II-5, Trauerakt Nopitsch): „Als das NS-Regime den Kirchen die Erholungsheime wegzunehmen beginnt, Errichtung eigener Häuser des Mütterdienstes unter großen Schwierigkeiten. Unentwegte Bemühung, durch Verhandlungen ohne Rücksicht auf persönliche Gefährdung die Möglichkeit zur Frauenarbeit zu erhalten... 3 Mio Hefte der 'Schriftenreihe für die evangelische Mutter', zum Teil illegal gedruckt und geschickt als Gegenmittel gegen die NS-Ideologie eingesetzt ..."

4. Kontinuitäten und Neuanfänge nach 1945

Die Arbeit des Mütterdienstes konnte nach Kriegsende ungebrochen fortgesetzt werden. In zwei eigenen Kurheimen, zu denen bald drei weitere Häuser hinzukamen, wurde den von Krieg und Wiederaufbau geschwächten Müttern Erholung angeboten. Bereits 1946 wurde erst in Mittelberg im Allgäu und dann in Stein in Kooperation mit dem Jugendwerk und der Inneren Mission eine Bibelschule, später Gemeindehelferinnenseminar genannt, gegründet, das unter der Leitung der rheinischen Theologin Maria Weigle Frauen für die pädagogische Arbeit in Gemeinden, in der Jugendarbeit und in den verschiedenen Arbeitsfeldern des Mütterdienstes ausbildete. In den 50er Jahren wurde auch die Mütterschularbeit wieder aufgenommen. Dazu wurden in München, Nürnberg und Bayreuth eigene Räume geschaffen, die später unter dem Namen Familienbildungsstätten Kurse anboten, die Frauen (seit den 70er Jahren auch Männer) in ihren Aufgaben in den Familien unterstützen. Hauswirtschaftliche, pädagogische, beziehungsorientierte, aber auch gesellschaftspolitische Themen bestimmen das Programm. Fortbildungen für Pfarrfrauen, die Unterstützung des Weltgebetstags, die publizistische Arbeit im 1946 gegründeten Laetare-Verlag bildeten weitere Arbeitsbereiche, die zunehmend von Liselotte Nold, seit 1942 die Weggefährtin Nopitschs, gestaltet wurden.

Eine neue Aufgabe war die Flüchtlingsarbeit. Angestoßen durch einen Hilferuf im Juni 1945, als ein Konvoi mit 8000 Flüchtlingen unversorgt in Nürnberg landete, begann der Mütterdienst zuerst, die Versorgung von Flüchtlingen durch Spenden aus der Bevölkerung und den Kirchengemeinden zu organisieren; dann wurden durch die Produktion von Stoffblumen für die Müttergenesungssammlungen und durch die Herstellung von Trachtenpuppen, die vor allem in den USA verkauft wurden, Arbeitsmöglichkeiten für die Flüchtlingsfrauen geschaffen. Durch Mütterabende in entlegenen Flüchtlingslagern im Bayerischen Wald und Niederbayern wurde den schlesischen oder ostpreußischen Frauen Lebenshilfe angeboten. Die Bemühungen um Integration in die neue Heimat wurden durch die Publikationen des Verlags, in denen die Situation der Flüchtlinge häufig aufgegriffen wurde, unterstützt. Aus diesem Engagement wuchs eine Arbeit für Aussiedler, die bis in die 90er Jahre Menschen aus Osteuropa das Heimischwerden in Deutschland erleichtern sollte.

Aus den Erfahrungen des Nationalsozialismus zog Nopitsch nach 1945 klare politische Lehren. So erklärte sie 1946 auf einer Sitzung der gesamtdeutschen evangelischen Frauenarbeit:

„Wir müssen heute die Mütter schulen, auch in der Politik. Die Urteilslosigkeit der Deutschen bedroht ihre Existenz".[20]

Dies geschah durch Informationen über bevorstehende Wahlen und über Kandidatinnen für öffentliche Ämter. Antonie Nopitsch wurde 1946 als Vertreterin der evangelischen Frauen in das sog. bayerische Vorparlament beru-

[20] Nopitsch auf der Sitzung des Ev. Frauenwerkes am 25. März 1946 in Bethel, BMD B III-1, EFB Berichte, allg. Schriftwechsel 1944-48.

fen.[21] Dessen Hauptfunktion war der Kontakt zwischen Bevölkerung und Regierung. Entsprechend berichtete sie von den elenden Zuständen in den Flüchtlingslagern, die der Mütterdienst betreute, und erkämpfte bauliche Verbesserungen.

Ihre Auffassung von der politischen Aufgabe der Frau nach 1945 tritt in einigen ihrer Reden aus dieser Zeit zutage. Dabei zeigt sich, dass Nopitsch – ausgehend von einem bestimmten Verständnis der Geschlechterrollen – den Einsatz der Frauen für soziale Aufgaben betonte und die „Stunde der Frauen" gekommen sah. So sagte sie als evangelische Vertreterin auf dem Frauenkongress in Frankfurt 1948: „Es ist eine einzige unerhörte Gelegenheit, daß die Frauen eines ganzen Volkes sich vom Haß zur Liebe wenden, daß sie, die Gott der Herr vom innersten Wesen her anders geschaffen hat als den Mann, daß sie wirklich als Frauen handeln und entscheiden, daß sie es nicht mehr ertragen können, daß die einen alles haben und die anderen nichts. ... Wir schauen zurück in die Jahrhunderte. Immer wieder haben die Männer in aller Welt ihr Schwert erhoben und haben gekämpft um Ideen, um Programme, um Freiheit. Und da stehen wir Frauen und sehen die heilige, ewige Ordnung in der Schöpfung Gottes. Wir hören Programme und Ideen und sehen hinter ihnen die wahre Wirklichkeit, das Kind, seinen Hunger, sein Weinen, sein Lachen, sein bißchen Glück".[22]

An dieser Passage wird deutlich, wie Nopitsch ihr Frauenbild durch die Figur der Schöpfungsordnung theologisch legitimiert und daraus die besondere Aufgabe der Frauen ableitet, nämlich den Einsatz für die Linderung der Not und die praktische, nicht ideologische Arbeit für den sozialen Frieden im Land.

Ihr großes Lebensthema war die Hilfe für Mütter. Dieses Engagement fand ab 1950 durch die Gründung und Entwicklung des Deutschen Müttergenesungswerkes (MGW) seinen Höhepunkt und seine bundesweit wirksame Form. Hauptaufgabe des MGW war die Sammlung von Geldern, die Entwicklung von Richtlinien und Kurstandards und deren Kontrolle, die Koordination der Arbeit der verschiedenen Träger von Müttergenesung und vor allem die Öffentlichkeitsarbeit. Dazu hat Nopitsch als Initiatorin und Geschäftsführerin entscheidend beigetragen hat. In dieser Funktion trat Nopitsch auch in der Rolle einer gesellschaftlichen Lobbyistin für Frauenfragen jenseits der kirchlichen Kreise auf. Sie nahm diese Aufgabe vor allem bei den jährlichen Pressekonferenzen zur Muttertagssammlung und bei dem Kampf um die finanzielle Absicherung der Müttergenesung im Bundessozialhilfegesetz wahr. Wo immer sie als Rednerin oder zur Mitarbeit in Gremien gebeten wurde, engagierte sie sich für dieses Thema, z.B. von 1949-51 im Verwaltungsausschuss und im Wiederaufbauausschuss des Hilfswerkes der EKD, später im Diakonischen Rat und der diakonischen Konferenz und von 1949 bis 1961 als EKD-Synodale. Auch bei ihren

---

[21] Vgl. Nopitsch, Garten, 111. Nopitsch war eine von vier Frauen unter 128 Mitgliedern, neben einer katholischen, einer sozialistischen und einer kommunistischen Vertreterin.

[22] Rede von Nopitsch auf dem Frauenkongress in der Paulskirche in Frankfurt, Frühjahr 1948, in: „Der Mütterdienst" 6, 1948, 2 f; auch abgedruckt in Nopitsch, Garten, 225 f.

Reden vor dem Frauenkongress in Frankfurt 1948 oder vor dem Fürsorgetag 1963 waren die wirksame Hilfe für Mütter und die Aufgaben der Frauen und Mütter in der Gesellschaft ihre Themen.[23] Durch ihre Position als Geschäftsführerin des MWG erhielt Nopitsch 1958 einen Sitz im Hauptausschuss des Deutschen Vereins für öffentliche und private Fürsorge, so dass sie auch an der Gestaltung der Wohlfahrtspolitik Anteil hatte. In späteren Jahren sah Nopitsch zunehmend die Notwendigkeit, die Bildungschancen für Frauen zu verbessern, doch überließ sie diese Aufgabe weitgehend ihrer Partnerin Liselotte Nold.[24] Nopitschs Beiträge in der „Schriftenreihe für die evangelische Mutter" oder der Arbeitshilfe „Der Mütterdienst" bzw. „Laetare" beschäftigten sich häufig mit der Arbeit für das Müttergenesungswerk oder mit ihren „Hobbys", dem Garten, den Tieren oder den Krippen.

Doch hatte die Funktion im MGW auch eine interessante Rückwirkung auf Nopitschs Frauenbild – es entidealisierte und entideologisierte sich. Dazu ein Beispiel: In einem Referat auf dem Fürsorgetag 1963, das Nopitsch in ihrer Biografie als Lebensbilanz wertet, greift Nopitsch Vorwürfe gegen Mütter, z.B. im Blick auf deren Berufstätigkeit, auf und kontrastiert sie mit Daten aus der Praxis der Müttergenesungskuren. Sie führt die besondere gesundheitliche Gefährdung vieler Frauen auf die „Überforderung, die in der Situation der Mutter in der modernen Gesellschaft begründet ist", zurück. So wüssten viele junge Menschen wenig über die „inneren und äußeren Aufgaben einer Ehefrau", weil sie keine Gelegenheit gehabt hätten, sie kennen zu lernen; die Ehe sei so oft nicht „Ort der Zuflucht", sondern erfordere viel Arbeit und „Hintanstellung der persönlichen Wünsche". Die Aufopferung vieler Frauen wird nicht mehr unkritisch gesehen. Vielmehr betont Nopitsch, wie wichtig es sei, „in aller Verantwortung für die Familie einen kleinen Bezirk eigenen Lebens [zu] bewahren".[25]

Besondere Aufgaben nahm Antonie Nopitsch auch in der Ökumene wahr. Nach 1945 entwickelte sie intensive Kontakte in die USA, vor allem zu der dortigen kirchlichen Frauenbewegung. Vermittelt durch Ruth Woodsmall, einer kirchlich engagierten Mitarbeiterin der Militärregierung, nahm sie 1948 als Vertreterin der deutschen evangelischen Frauen an der Frauenvorkonferenz in Baarn und dann an der ersten Vollversammlung des Ökumenischen Rates der Kirchen in Amsterdam teil. Ende 1948 reiste sie im Rahmen des Demokratisierungsprogramms für deutsche Frauen und als Überbringerin des deutschen

---

[23] Beide Reden sind a.a.O., 222-226 und 235-255 abgedruckt.

[24] So schreibt sie a.a.O., 206: „Hilfe für die Mutter ist nun weitgehend auch Bildungsarbeit geworden, Mithilfe bei der Formung der Persönlichkeit."

[25] A.a.O., 244. Sie sagt weiter: „Wie wichtig das ist, erleben wir an den Frauen zwischen 40 und 55 Jahren. Viele von ihnen sind in der Fürsorge für Kinder und Mann völlig aufgegangen. Eines Tages erschrecken sie über die große Selbstverständlichkeit, mit der Mann und Kinder ihre Opfer annehmen, vor allem das Opfer ihres Personseins. Nicht selten können sie nur noch durch Krankheiten auf sich aufmerksam machen."

Dankes für die amerikanische CARE-Aktion in die USA; von dort brachte sie als „Souvenir“ die Gebetsordnung für den Weltgebetstag der Frauen mit, der – anfangs organisiert vom Bayerischen Mütterdienst – seit 1949 auch von deutschen Frauen gefeiert wird. Die Begegnung mit den Amerikanerinnen und deren Wertschätzung ihrer Arbeit hat Nopitschs Selbstbewusstsein bestärkt und ihre öffentlichen Reden nach 1945 frauenpolitisch profiliert.

Nachdem Antonie Nopitsch in Amsterdam 1948 noch als weitgehend stille Beobachterin an der Vollversammlung des ÖRK teilgenommen hatte,[26] wuchsen ihr beim nächsten ökumenischen Großereignis in Deutschland leitende Aufgaben zu. Sie war für die Vorbereitung und Durchführung der Sektion VI „Verantwortliche Frauen in einer verantwortlichen Kirche“ bei der Vollversammlung des Lutherischen Weltbundes 1952 in Hannover zuständig. Schwerpunkt der Sektion VI, die sich erstmals ausschließlich dem Thema „Frauen“ widmete, war die Frage nach der Verantwortung der Frau in Kirche und Gemeinde. Um den Austausch in Hannover möglichst fundiert stattfinden zu lassen, wurden in den Mitgliedskirchen Studienkreise eingerichtet, die Berichte zu den einzelnen Themen erarbeiten sollten. So bot die Vollversammlung Gelegenheit zu einer weltweiten Bestandsaufnahme kirchlicher Arbeit von Frauen und eine erste Plattform zur gemeinsamen Arbeit als Lutheranerinnen. Durch die Arbeit der Sektion sollte gezeigt werden, daß die Kirche auf die „wirklichen Lebensfragen der heutigen Menschen“ konkrete Antworten geben könne. Erst 20 Jahre später und nach zwei Frauenkonferenzen, die von Nopitsch mit viel Engagement vorangetrieben worden waren, wurde schließlich das Sekretariat für Frauenarbeit beim LWB eingerichtet.

Besonders wirkungsvoll für die ökumenischen Beziehungen des Mütterdienstes war eine Aktion ganz anderer Art, die Antonie Nopitsch und ihre Mitarbeiterinnen für die LWB-Tagung in Hannover starteten. Unter dem Motto „Thanks for CARE“ riefen sie Frauenkreise in ganz Deutschland auf, als Zeichen des Dankes für alle ausländischen Teilnehmerinnen der Konferenz Dankespäckchen zu packen, die als „Gruß aus Deutschland“ lukullische Spezialitäten und Kunsthandwerk aus der Gegend sowie „persönliche Schätze“ wie wertvolles Porzellan oder Schmuck enthalten sollten.[27] Die Päckchen wurden mit einer Banderole mit der Aufschrift „Thanks for CARE“ als Zeichen der Dankbarkeit der deutschen Frauen an alle internationalen Teilnehmerinnen verteilt. Diese Aktion, die Nopitschs Leidenschaft fürs Schenken internationale Wirkung verschaffte, zeigt den bundesweiten Wirkungsbereich, den der Mütter-

[26] Vgl. a.a.O., 123.

[27] Der Aufforderungsbrief vom 7. Juni 1952, LKAN LKR V 963 b, 1951-55, II (2989), nennt verschiedene Dinge, die das Paket enthalten könnte und schließt die Aufzählung mit den Worten: „Alles, was ihre Phantasie ersinnen kann an Dingen, die für die Menschen anderer Länder einen liebevollen Dankesgruß darstellen können, alles – nur ja keinen Kitsch.“

dienst zu jener Zeit hatte und sorgte für zusätzliche internationale Bekanntheit.[28]

Was für ein Mensch war Antonie Nopitsch? Fotos zeigen sie als dynamische, aber auch Wärme und Freundlichkeit ausstrahlende Persönlichkeit. Die Faszination, die sie auf andere ausübte, spricht stark aus den Berichten der Menschen, mit denen sie arbeitete. Sie wird als sehr charmant beschrieben, als mutig und zugleich schüchtern und bescheiden. Vielen galt sie als Inbegriff von Mütterlichkeit, was ihr in einem Nachruf den Titel „Mater matrum" einbrachte.[29] Sie war eine aufmerksame Gastgeberin, die weder Mühen noch Aufwand scheute, damit sich Menschen in Stein wohl fühlten.[30] Nold sieht in dieser liebevollen Gastlichkeit wie in der Gärtnerleidenschaft von Nopitsch den Versuch, „in die große Welt mit all ihren Ängsten und Spannungen kleine Welten hineinzubauen, ein Angebot von Zufluchtsstätten oder Paradiesen. Sie hätte so gerne eine heile Welt geschaffen."[31]

Durch Widerstände oder Hindernisse ließ sie sich nicht beirren und verfolgte hartnäckig einmal gesteckte Ziele.[32] Zu ihrer facettenreichen Persönlichkeit gehört, dass sie sehr gerne Auto fuhr und es in der Nachkriegszeit bei Pannen auch selbst reparierte; andererseits wird sie als „sehr bayerisch" beschrieben, was sich im häufigen Tragen von Dirndln und dem Aufziehen der bayerischen Fahne bei festlichen Gelegenheiten in Stein äußerte.

5. Diakonische Würdigung

Anders als den diakonischen Pionierinnen und Pionieren des 19. Jahrhunderts geht es Nopitsch nicht mehr um die grundsätzliche Etablierung sozialer Grundversorgung. Dieses Ziel verfolgt sie lediglich direkt nach dem Krieg in der Flüchtlingshilfe. In den anderen Bereichen ihrer Tätigkeit setzt Nopitsch den

---

[28] Nopitsch, Garten, 184, berichtet von 500 Paketen, die gepackt wurden. Sie erwähnt auch, dass die Aktion einer guten Atmosphäre auf der Konferenz dienen sollte. Der Bericht von Nold, "Frauen in aller Welt danken, bitten und arbeiten", Nürnberg 1952, 47 f, zitiert aus bewegten Dankesbriefen, die zeigten: „Das Dankeszeichen ist angenommen worden".

[29] Vgl. Nachruf im Deutschen Allgemeinen Sonntagsblatt vom 19. Januar 1975, BMD ei II-5, „Dr. A. Nopitsch".

[30] So erzählt die Journalistin Martha Maria Gehrke in ihrem Nachruf in der Frankfurter Rundschau vom 25. Januar 1975, wie Nopitsch bei einer Funkaufnahme extra Frankenwein für die übermüdeten Techniker herbeischleppte und abends die Journalistin „als strahlende Gastgeberin" in ein gutes Lokal in Nürnberg einlud. Auch Nold erzählt, daß Nopitsch immer mehreren Mitarbeiterinnen den Auftrag gab, eine Wärmflasche in das Bett eines Gastes zu legen und nach der Abreise von Gästen regelmäßig fragte „Waren s'gern da?", vgl. „Liebe zum Lebendigen", „Schriftenreihe für die evangelische Frau" Nr.268, 20.

[31] A.a.O., 19 f.

[32] So erzählen die Vertreterinnen des Müttergenesungswerkes a.a.O.,.12, dass Nopitsch bürokratische Schwierigkeiten nie akzeptieren konnte und erklärte „Jeder Mensch muß doch einsehen, daß es hier um Hilfe für die überforderten Mütter geht." Wurde etwas als unmöglich bezeichnet, antwortete sie nur: „ Ich habe immer das Unmögliche gewollt!"

Sozialstaat mit seinen Sicherungsstrukturen voraus. Ihr geht es darum, die vorhandene soziale Arbeit möglichst sinnvoll zu gestalten und dort zu helfen, wo es möglichst effektiv ist: „Während der sieben Jahre meiner Lehrtätigkeit [an der Sozialen Frauenschule] wurde ich zwar sicherer in der Beherrschung des Stoffes, aber er wurde mir zugleich immer fragwürdiger. Über der an sich zweckmäßig aufgebauten und gut funktionierenden Organisation der Wohlfahrtspflege stand für mich das erschreckende Wort: „Zu spät." Warum wartete man so lange, bis ein junger Mensch ein ‚Fall' des Jugendgerichts, der Schutzaufsicht, der Fürsorgeerziehung wurde? Warum überließ man einen Mann seiner Sucht, bevor die Trinkerfürsorge einsetzte? Warum wurde man auf die körperliche und seelische Überforderung einer Mutter erst aufmerksam, wenn ein akutes Leiden sie ins Krankenhaus brachte? War das alles unvermeidbar? Wie könnte man rechtzeitig helfen?"[33]

Obwohl Nopitsch von ihren Mitarbeiterinnen „die Doktorin" genannt wurde, war sie keine intellektuelle Vordenkerin, sondern eine soziale Pragmatikerin. Sie wollte Not lindern und zwar konkret die Not von Frauen, deren Erschöpfung sie täglich beobachten konnte – in der Straßenbahn, auf dem Marktplatz, im Wohnhaus wie bei der eigenen, vom Tod zweier Söhne tief deprimierten Mutter. Nopitsch agierte nicht sozialreformerisch oder parteipolitisch; sie wollte nicht staatliche oder gesellschaftliche Strukturen grundlegend verändern, sondern innerhalb der bestehenden Strukturen mehr Rechte für Frauen und mehr Aktionsmöglichkeiten erkämpfen. Dabei agierte Nopitsch fachlich kompetent und professionell. Ihre solide Ausbildung half ihr, das Notwendige zu erkennen und zu tun und dafür Programme zu entwickeln.[34]

Dennoch ist gerade die Schaffung des Mütterdienstes als eines Ortes, der von Frauen für Frauen gestaltet war, auch programmatisch wirksam geworden: als Nährboden für kirchliche Frauenarbeit, feministische Theologie und die gerechte Gemeinschaft von Frauen und Männern, an deren Entstehung Steiner Mitarbeiterinnen, Freunde und Schülerinnen des Gemeindehelferinnenseminars in vielfältigen Funktionen Anteil hatten.

Das diakonische Engagement Nopischs war immer genderorientiert. Sie wollte als Frau Frauen helfen. Darum waren am Müttergenesungswerk auch nur die Frauenvereinigungen der verschiedenen Wohlfahrtsverbände beteiligt. Dabei setzte Nopitsch an der klassischen Frauenrolle, nämlich der Mutterrolle an. Doch Nopitschs Ziel war es nicht einfach, Frauen zu besseren Müttern zu machen. Sie wollte Frauen einen Raum bieten, wo sie sich und ihren Glauben finden. Geprägt vom Ideal der geistigen Mütterlichkeit der ersten Frauenbewe-

---

[33] Nopitsch, Garten, 71 f.

[34] Beispielhaft sind die Entwicklung des Freizeitkonzeptes in den Mütterkuren aus der Beobachtung der Kurverläufe heraus oder die Arbeitsbeschaffungsmaßnahmen für die Flüchtlingsfrauen, vgl. a.a.O., 79.

gung[35] wird das Werk mit seinem klaren Engagement für Frauen und der Möglichkeit, auch theologisch und spirituell selbstbestimmte Räume zu betreten und zu gestalten, eine Brücke in die zweite Frauenbewegung.

Nopitsch kämpfte erfolgreich darum, das Frauenwerk nicht unter männliche Leitung oder Bevormundung seitens der Kirchenleitung zu stellen. Dieses Ringen um Autonomie und Bewegung statt Institutionalisierung und Funktionalisierung hat dem Werk eine hohe Flexibilität gegeben und vor einer schnellen Erstarrung von Strukturen bewahrt. Bis 1948 existierte der Mütterdienst nicht als Verein, sondern als Initiative der Vereinigung ev. Frauenverbände in Bayern ohne eigene Rechtsform und ohne klare Organisationsstruktur und gesicherte Finanzierung. Das war im Nationalsozialismus von Vorteil, weil die Unterbindung kirchlicher Verbandsaktivitäten durch das NS-Regime das Werk nicht traf und sich die Arbeit dadurch entfalten konnte. Doch hat diese ganz eigene Mischung aus Arbeitsbeziehung, Gesinnungsverein, Freundschaft und Familie auch Schattenseiten für die Mitarbeiterinnen, die ihr Leben ganz dem Werk und dem charismatischen Willen seiner Leiterin zur Verfügung stellen mussten, ohne die formale Ordnung eines Mutterhauses und bis in die 60er Jahre fernab von Tarifverträgen und normalem Arbeitsrecht.

So wurde Führung vor allem über persönliche Beziehungen ausgeübt und hatte deutlich emotionale Komponenten. Entsprechend war eine Mitarbeiterin beim Mütterdienst nicht einfach Bürokraft oder Kurleiterin, wie es in ihrem Arbeitsvertrag stand, sondern sie war Teil einer Gemeinschaft, die bestimmte Ziele, Lebensformen und Verpflichtungen hatte, auch wenn diese – im Unterschied zu einer Kommunität – nie offiziell deklariert wurden.[36] Der personenzentrierte Führungsstil hatte Auswirkungen auf fast alle Bereiche der Organisation: Nicht nur die Personalführung wurde davon dominiert, auch die Verbindungen mit der Außenwelt, die Arbeitsweise, der Umgang mit Ressourcen, die Ziele und das Organisationsleitbild sowie die Organisationsstruktur waren davon bestimmt. Beim Bayerischen Mütterdienst wurden z.B. Kontakte zu anderen kirchlichen Einrichtungen oder zur Kirchenleitung nicht auf offiziellem Wege, sondern über persönliche Bekanntschaften gepflegt. Zuschüsse wurden zwar beantragt, aber durch persönliche Besuche im Landeskirchenamt flankiert, bis die Bemühungen zum Erfolg führten.

---

[35] Christoph Sachße, Fremdhilfe als Selbsthilfe – Die bürgerliche Frauenbewegung und die Entstehung beruflicher Sozialarbeit, in: Neue Praxis 13. 1983, 30-36: 31, beschreibt dieses Ideal so: „Unter Mütterlichkeit wurde nicht nur die leibliche Mutterschaft, sondern der Inbegriff der sozialisativen, hegenden und pflegenden Potenzen der Frau, ihre Fähigkeit zu gefühlvoller Emotionalität und Wärme verstanden. Nicht nur die Mutter also ist mütterlich, sondern die Frau schlechthin." Vgl. dazu z.B. Nopitschs Aussage in ihrem Brief vom 24. November 1946, BMD ei IV-4, Mitarbeiterrundbriefe: „Nicht wahr, wir wollen keine strengen Berufsfrauen werden mit harten Gesichtern, sondern liebe, mütterliche Wesen".

[36] Dies kommt auch im Vereinsnamen „Arbeitsgemeinschaft Bayerischer Mütterdienst der Ev.-Luth. Kirche e.V." zum Ausdruck.

Dieser Führungsstil hatte große Stärken, aber auch deutliche Schwächen. Zu den positiven Konsequenzen gehörte z.B. die hohe Motivation und Identifikation mit der Arbeit, die durch diesen Führungsstil erzeugt wurde. Mitarbeitende fühlten sich in ihrem Tun durch die Leitung wahr- und ernstgenommen; sie erfuhren, dass ihr Beitrag für das Werksganze von großer Bedeutung war; darum waren sie bereit, mehr als den Mindesteinsatz an Zeit und Kraft zu geben.[37]

Beim Bayerischen Mütterdienst war der personenzentrierte Führungsstil vielfältig wahrnehmbar. Die persönliche Wertschätzung wurde bereits bei der Anwerbung von Mitarbeitenden vermittelt, wenn es hieß: „Sie können wir brauchen, bleiben Sie bei uns." Der Personenzentrierung entspricht auch, dass Menschen nicht nur dann zum Mütterdienst geholt wurden, wenn eine Stelle frei war, sondern auch angeworben wurden, weil sie interessant waren und etwas von ihnen „zu erwarten war". Die genauen Aufgaben wurden manchmal erst im Nachhinein geklärt oder auch verändert.

Durch diese Art der Rekrutierung wurde der innovative Charakter des Mütterdienstes und die Lebendigkeit und Zeitgemäßheit seiner Arbeit gefördert. Voraussetzung der Rekrutierungsstrategie war die Autonomie der Leiterinnen bei Stellenbesetzungen sowie das Wachstum des Werkes bzw. die Fähigkeit von Nopitsch und Nold, die nötigen Ressourcen zur Bezahlung neuer Mitarbeiterinnen zu sichern.

Diese die Person in den Blick nehmende Führungsweise strahlte auch auf die Arbeitsformen aus: Nicht nur Mitarbeitende, auch die Menschen, die die Dienste des Mütterdienstes in Anspruch nahmen, wurden als Persönlichkeiten gewürdigt und wahrgenommen, z.B. durch eine liebevolle Gastlichkeit, und durch eine gesprächsorientierte Arbeitsweise, die es ermöglichte, auf die vorhandenen Fragen und Bedürfnisse einzugehen.

Der eigentliche Kern der Personenzentrierung beim Mütterdienst lässt sich jedoch nicht in bestimmte Methoden fassen, er liegt in der Qualität der Beziehungen. Eine Autorin aus dem hauseigenen Laetare-Verlag fasst ihre Beobachtungen zusammen: „Ich bin gar nicht so überzeugt, daß in Stein eine bessere Arbeit gemacht worden ist, aber die hatte ein Zentrum, die hatte eine Ausstrahlungskraft. Und ich glaube halt, daß alle diese sehr menschlichen Beziehungen dazu auch beigetragen haben."[38]

Eine Folge der personenzentrierten Führung beim Mütterdienst war der Verzicht auf differenzierte formale Organisationsstrukturen und auf klare Kompetenzaufteilungen: Die Fäden liefen bei Nopitsch und Nold zusammen, die individuell Mitarbeitende förderten durch Fortbildungen oder andere Maßnahmen und sie von Fall zu Fall mit verantwortlichen Aufgaben betrauten, ohne diese

---

[37] Vgl. die folgende Erzählung einer Mitarbeiterin: „Da hat die Doktorin gesagt, wir müßten das noch schreiben, und ich hab innerlich gezittert, und an sich war ich auch hundsgemein müde, und dann hat sie gesagt: 'Aber E. [Vorname], ich kann's doch nicht alleine schreiben. Sie müssen mir helfen' ... und dann hab ich's getan." Hofmann, Mütter, 262.

[38] A.a.O., 308.

Verantwortlichkeiten aber grundsätzlich zu regeln und einen Anspruch auf Fördermaßnahmen einzuführen. Ihre Gewährung blieb vom persönlichen Wohlwollen der Leiterinnen abhängig. Auch die Aufgabenteilung zwischen Nopitsch und Nold war bis zur Übergabe der Leitung an Nold im Jahr 1965 nicht klar geregelt und führte zu einigen Komplikationen bei Erkrankungen.

Diese Schattenseiten des personenorientierten Führungsstils führten beim Mütterdienst zu massiven Umstrukturierungen in den 70er Jahren, die zugleich ein Spiegel der wachsenden Professionalisierung und Spezialisierung in der sozialen Arbeit waren. So wurden Fachabteilungen mit abgegrenzten Aufgaben sowie Stellen- und Haushaltsplänen eingeführt; Mitbestimmungsfragen wurden offiziell geklärt und die Führung des Werkes in die Hände eines Teams gelegt.

Diakonisch betrachtet ist das Besondere am Bayerischen Mütterdienst die Vernetzung diakonischer und gemeindlicher Arbeit. Schon 1933 wurde durch einen Aufruf im Amtsblatt ein Netzwerk von Mütterdienstbeauftragten in den Gemeinden geschaffen. Dieses Netzwerk bildeten vor allem die bayerischen Pfarrfrauen. Sie wurden Mitarbeiterinnen und Zielgruppe des Mütterdienstes zugleich. Einerseits warben sie Teilnehmerinnen für die Kuren und hielten Mütterkreise und andere Bildungsmaßnahmen, andererseits bot ihnen der Mütterdienst Fortbildungen und damit geistliche und pädagogische Unterstützung für ihr Engagement in den Gemeinden. Es ist kein Zufall, dass auch die bayerische Pfarrfrauenarbeit ihren Sitz in Stein hat, ebenso wie die Weltgebetstagsarbeit auf nationaler und bayerischer Ebene.

Diese Vernetzung in die Gemeinden hat viele Aktivitäten erst ermöglicht, z.B. die schnelle Hilfe für Flüchtlinge oder die Thanks for CARE-Aktion 1952 in Hannover. Und sie hat den Mütterdienst fest in der bayerischen Landeskirche verankert, obwohl Nopitsch nicht Mitglied in der Landessynode war (zu den ersten beiden Delegierten ab 1959 gehörte ihre Mitstreiterin Liselotte Nold) und obwohl Nopitsch nicht aus einer bayerischen Pfarrersdynastie kam und keine einflussreichen Verwandten in der Kirche hatte.

Nopitsch nutzte im Sinne der Personenorientierung auch ihre persönlichen Beziehungen, z.B. zu Friedrich von Bodelschwingh, der in Zeiten des Kirchenkampfes als Freund und Ratgeber fungierte; zu dem späteren hannoverschen Landesbischof Hanns Lilje, der 1945 nach seiner Freilassung aus amerikanischer Kriegsgefangenschaft einige Wochen beim Mütterdienst blieb und vor allem die ökumenischen Aktivitäten des Werkes ermöglichte; zu Theodor Heuss, der nach dem Tod seiner Frau im Jahr 1952 die Müttergenesung weiterhin politisch und öffentlich unterstützte und die Verankerung im Bundessozialhilfegesetzes vorantrieb. Auch der Druckereibesitzer Ulrich half Nopitsch weit über eine Geschäftsbeziehung hinaus: Er mietete für sie in den 30er Jahren unter dem Deckmantel der Firmenerholung ein Haus für Mütterkuren an, als dies für kirchliche Träger nicht mehr möglich war, er versteckte verbotene Schriften zwischen den Druckbögen der Reichsparteitage, die der NS-Musterbetrieb belieferte, er baute für sie Ende der 30er Jahre ein Haus in Deutenbach, das sie bis an ihr Lebensende mit Irmingard Weidner und von 1945 bis ca. 1970 auch mit Liselotte Nold bewohnte.

Feministisch gesehen ist Nopitsch ein Beispiel für die Mühen und die Schwierigkeiten, mit denen eine Frau in der ersten Hälfte des 20. Jahrhunderts in Kirche und Diakonie kämpfen musste, wenn sie eigenständig etwas tun wollte. Kirche und verfasste Diakonie begegneten ihr mit großem Mißtrauen: So versuchten Vertreter der Inneren Mission oder der Diakonie anfangs immer wieder, den Mütterdienst in ihre Organisation einzugliedern. In der Finanzkrise nach der Währungsreform wurde das Werk von einem landeskirchlich besetzten Kuratorium kontrolliert.[39] Und der Satz des designierten Landesbischofs Meiser zu Beginn von Nopitschs Wirken steht wohl stellvertretend für viele erfahrene Demütigungen: „Wenn Sie sich hinaufdienen, helfe ich Ihnen vielleicht einmal."[40]

Nopitsch setzte dagegen den Ruf nach mehr Verantwortung für Frauen. In der EKD-Synode, der sie ab 1948 als Vertreterin der Frauenarbeit angehörte, trat sie vor allem als Initiatorin und Vorsitzende des „Synodalausschusses für Arbeit und Stellung der Frau in der Kirche" auf. Auf der Synode 1950 in Berlin-Weißensee gab sie einen Bericht über die Situation der Frau in der Kirche, der zeigt, mit welchen Argumentationslinien sie in einer männerdominierten Kirche und Diakonie Handlungsspielräume für Frauen erkämpfen wollte: „Die Frau kann nur dann wirklich arbeiten, wenn sie eine Verantwortung hat und wenn man ihr etwas zutraut. Wir stehen in der Kirche immer zwischen zwei Sätzen. Der eine Satz heißt: Das war noch nie da, – und der andere Satz heißt: Das haben wir alles schon. Zwischen diesen zwei schrecklichen Sätzen müssen wir uns unsere Arbeit irgendwie erkämpften. Nun ist es so, daß es vielen Frauen gar nicht liegt, sich so etwas zu erkämpfen. Sie ziehen leider Gottes die andere Konsequenz und gehen in die Welt, wo sie nicht so um Mitarbeit kämpfen müssen. Es ist eine Tragik, daß eine ganze Reihe begabtester und tüchtigster und auch christlicher Frauen nicht in der Kirche mitarbeiten, und zwar einfach deswegen nicht, weil es ihnen so schwergemacht wird. So muß ich also jetzt das Groteske tun und Sie um das bitten, was Ihnen sicher schwerfällt, nämlich daß sie uns ermutigen sollen, mitzuarbeiten".[41]

Nopitsch benannte auch konkrete Forderungen: „Gott hat der Frau eine ganz besondere Fähigkeit mitgegeben – das, glaube ich, muß man einmal sagen dürfen –, und das ist die, daß sie in den karitativen Dingen vielleicht einen etwas anderen und manchmal vielleicht auch tieferen Blick hat. Bitte, warum werden wir hier nicht verantwortlich eingesetzt? Wir möchten nun ernstlich darum bit-

---

[39] Zu den Einzelheiten vgl. Hofmann, Mütter, 101 ff. und185 ff.

[40] Nopitsch, Garten, 76.

[41] Berlin-Weißensee 1950, Bericht über die zweite Tagung der ersten Synode der Evangelischen Kirche in Deutschland vom 23.-27. April 1950, hg. im Auftrage des Rates von der Kirchenkanzlei der Evangelischen Kirche in Deutschland, Hannover o.J., 346-349. Die Rede ist in einer deutlich abweichenden Fassung abgedruckt in Nopitsch, Garten, 186-189.

ten, daß bei der Neuordnung der Fragen des Hilfswerks und der Inneren Mission von allem Anfang an wir nicht nur zum Mitdienen, sondern auch zum Mitlenken eingeschaltet werden".[42]

Am Ende ihrer Rede forderte sie: „Geben Sie uns mehr Raum, geben Sie uns mehr Verantwortung. Wir bitten nicht um Recht, wirklich nicht, sondern darum, daß wir einen Dienst, zu dem wir uns berufen fühlen, ausführen dürfen".[43]

[42] Berlin-Weißensee 1950, 347.

[43] A.a.O., 349. In den Wiederaufbauausschuss und den Verwaltungsrat des Hilfswerkes der EKD wurde sie berufen, nachdem sie sich vehement für die Mitsprache von Frauen in diesem Gremium eingesetzt und erklärt hatte, es sei unverständlich und werde sich noch bitter rächen, dass keine einzige Frau verantwortlich im Hilfswerk mitarbeite.

EBBA HAGENBERG-MILIU

Brigitte Schröder (1917-2000)

Brigitte Schröder. Aufnahme um 1992, Evangelische Krankenhaus-Hilfe.

Nein, es war kein Mann, der in den letzten Jahrzehnten eine der heute größten deutschen Ehrenamtlichen-Organisationen fast im Alleingang aufgebaut hat: die Evangelische und Ökumenische Krankenhaus- und Altenheim-Hilfe (EKH), kurz die „Grünen Damen und Herren". Es war mit Brigitte Schröder eine dieser tatkräftigen Frauen, die ab 1945 das Nachkriegs-Deutschland mit gestalteten. 1917 im schlesischen Breslau geboren, hatte die Bankierstochter im Berlin der Weimarer Republik die typische Jugend einer „höheren Tochter" durchlaufen und auf Betreiben der Mutter einen klassischen Frauenberuf erlernt. Doch diese Brigitte Landsberg hatte schon als junge Hauswirtschaftlerin in Krankenhaus und Altenheim Profil gezeigt und sogar die Hürden, die die Rassepolitik des Nationalsozialismus ihr als Halbjüdin stellten, mutig übersprungen: Nur weil sie sich, blutjung wie sie war, 1941 unerschrocken direkt ans Reichswehrministerium wandte, wurde ihr und dem Soldaten und nachmaligen Bundesminister Gerhard Schröder im Unrechtsstaat die Heirat erlaubt.

Dann in den Jahren nach dem Zweiten Weltkrieg sollte sich, wie das bei vielen der Zeitgenossen geschah, Brigitte Schröders Aktivität explosionsartig entfalten. Denn die dreifache Mutter war, kaum dass sie 1949 in Düsseldorf am Rhein heimisch wurde, als CDU-Lokalpolitikerin, als kirchliche Mitarbeiterin in Presbyterien und zahlreichen Kuratorien tätig. Brigitte Schröder gründete einen regional bekannten Arbeitskreis evangelischer Eltern und Erzieher, der sich über ein Dutzend Jahre der traumatisierten Nachkriegsjugend annahm. Ab 1962 in Bonn zu Hause, hob sie alsbald einen wichtigen sozialen Dienst innerhalb des Außenministeriums aus der Taufe, nämlich den Frauen- und Familiendienst FFD, der heute noch nach ihren Grundprinzipien des Ehrenamtes arbeitet. Und nicht zuletzt wurde sie die Ideengeberin, der „Motor" und die langjährige Vorsitzende der deutschen Krankenhaus- und Altenheim-Hilfe.

Das heißt, Brigitte Schröder schickte ab 1969 bald in der gesamten damaligen Bundesrepublik Gruppen von Frauen und später auch Männern aus, die sich ehrenamtlich um das Wohl Kranker und Alter kümmerten und die heute nicht mehr aus den Einrichtungen wegzudenken sind. Weil diese „Damen und Herren“ in den lindgrünen Kitteln eben eines mitbringen, was Ärzte und Pfleger kaum mehr aufbringen können: Zeit für den einzelnen Menschen, für seine Bedürfnisse, für seine Sorgen und Nöte. Dabei wollte diese Brigitte Schröder gerade in ihren Bonner Jahren ab 1962 auch ihrem Mann Gerhard konsequent zur Seite stehen. Der baute nämlich seit 1949 als Bundestagsabgeordneter und davon allein 16 Jahre als Innen-, Außen- und Verteidigungsminister die junge Republik mit auf.

Seine Frau, die wie selbstverständlich zum Dienst an der Familie erzogen worden war, schaffte es aber gleichwohl, sich an der Seite dieses erfolgsgewohnten Politikergatten zu einer auch in der Öffentlichkeit eigenständig agierenden Persönlichkeit zu entwickeln. Mit diplomatischem Geschick, mit umfassendem Organisationstalent und mit unermüdlichem Einsatz setzte sie mit ihrer Evangelischen Krankenhaus-Hilfe, allen anfänglichen Widerständen zum Trotz, in der deutschen Diakonie einen Meilenstein. Zumal ihr nach 1990 als fast 80-Jähriger sogar noch die Weichenstellung gelang, aus einer rein bundesdeutschen eine gesamtdeutsche Organisation mit gut 10.000 Hilfskräften in über 700 Krankenhäusern und Altenheimen zu formen.

1. „Die erste Düsseldorfer Gruppe war natürlich für alle ein Wagnis“

Wie ging nun in den sechziger Jahren des vergangenen Jahrhunderts eine Frau vor, wenn sie sich mutig als Fernziel vorgab: ein deutsches Pendant zu den US-amerikanischen „Pink Ladys“ zu schaffen, wenn sie also eine überregionale Freiwilligen-Hilfsorganisation für Krankenhäuser aus der Taufe heben wollte? Was tat sie, wenn sie dafür in ihrer Zeit deutschlandweit auf keinerlei Vorarbeiten aufbauen konnte? Und wenn sie dazu überhaupt erst noch Gleichgesinnte von ihrer Idee überzeugen musste? Die Antwort: Sie fing ganz klein an. Sie stellte sich erst einmal ein Nahziel, suchte sich Bundesgenossen in ihrem näheren Umfeld und ließ dann sozusagen einen Versuchsballon starten. „Ich mag nicht gern in die Luft hinein spinnen“,[1] beschrieb Brigitte Schröder, die Ministerfrau mit den vielen sozialen Arbeitsgebieten, die für sie typische vorsichtige Aktionsweise später einmal im Interview. Wobei ihr in diesem Fall der erste Vorstoß gleich misslang. Die Kontaktaufnahme zur großen Frauenorganisation ihrer eigenen Partei wurde für die erfahrene CDU-Lokalpolitikerin Mitte der sechziger Jahre zum Misserfolg. Die Damen der Frauenunion sahen das Aufgabengebiet ehrenamtlicher Hilfe am Krankenbett partout nicht als das ihrige an, verwiesen die Parteikollegin und Außenministergattin an kirchliche Organisationen. Es mussten also über kurz oder lang andere Mitstreiterinnen her. Doch erst einmal hatte sich natürlich ein einzelnes Krankenhaus bereit zu erklären, die Weichen für den Einsatz einer Ehrenamtlichen-Gruppe überhaupt zu stellen.

---

[1] Zit.n. Ebba-Hagenberg-Miliu, Brigitte Schröder. Deutschlands „Erste Grüne Dame“, Leipzig 2003, 163.

Logischerweise setzte sich Brigitte Schröder als ehemaliges Mitglied im Kuratorium des Evangelischen Krankenhauses Düsseldorf 1966 nun genau mit diesem Haus in Verbindung. Hier wollte sie ihren Versuchsballon starten. Das Nahziel hieß: in diesem Krankenhaus Fuß zu fassen, Erfahrungen zu sammeln, zu reüssieren. „Zu meiner großen Überraschung war das Kuratorium von meinem Konzept überzeugt. Doch es blieb natürlich für alle ein Wagnis",[2] schrieb sie selbst nieder. Bis zu diesem Zeitpunkt hatte es in Deutschland selbstverständlich schon da und dort einzelne ehrenamtliche Besuchsdienstler in Krankenhäusern gegeben, die meist von den örtlichen kirchlichen Gemeinden ausgeschickt wurden. Diese Tätigkeit war jedoch weder organisiert noch steckte so etwas wie eine Konzeption dahinter. Brigitte Schröder schilderte später folgende Situation, die sie als häufige Krankenhauspatientin wohl einige Male miterlebt hatte: „Es kommt da also so eine unglückselige Frau aus der Gemeinde ins Krankenhaus, hat keinen Kontakt, rennt unvorbereitet in ein Zimmer und schwitzt. Der Patient liegt da und schwitzt auch. Er weiß nicht, wie er die Frau wieder loswird. Beide wollen das Beste und tun sich doch gegenseitig furchtbar weh". Einzelne Freiwillige, die ansonsten wie „arme Lämmer auf den Stationen rumlaufen, und keiner weiß, was die eigentlich wollen",[3] einzelne Freiwillige also müssten in einem neuen Hilfsdienst gebündelt werden und, mit dem Rückhalt der Gruppe, regelmäßig an die Krankenbetten geschickt werden können, so lautete Brigitte Schröders Idee.

„Ich wollte also einen Dienst einführen, der feste und einheitliche Regeln hatte",[4] einen, der weder dem Ärzte- und Pflegepersonal noch den Putzkräften die Arbeit wegnahm, der aber eines mitbrachte, was die anderen notgedrungen entbehrten: Zeit, sich auf den einzelnen Patienten einzulassen, und Geduld, ihm die eine oder andere Handreichung anzubieten. Die Kuratoriumsentscheidung von Düsseldorf war nun 1966/67 eindeutig: Von 10 Stimmen votierten neun sofort für den Schröder-Plan. Allein die damalige Oberin, also quasi das erste Versuchskaninchen, muss die Bedenken des Personals vorgetragen haben. Brigitte Schröder rekapitulierte später: „Es gab z. B. Schwestern, die sagten, wir würden ja auch gerne am Bett sitzen. Und dann kommen diese feinen Damen, die reden dann wohl noch schlecht über uns, weil wir mal `ne Zigarette rauchen müssen, und es wird Unstimmigkeiten geben".[5] Aber jeder habe doch schon damals gewusst, dass die Schwestern nach ihren acht Stunden erschöpft nach Hause gingen. Die hätten doch gar nicht mehr am Krankenbett sitzen können. Und ihr Hauptargument habe geheißen: „Wir nahmen niemandem etwas weg".[6] Was schließlich auch die kritische Düsseldorfer Oberin eingesehen haben muss. Denn als der Dienst Freiwilliger sich also ab 1969 ein ganzes Probejahr lang

2 Zit.n. a.a.O., 164.
3 Zit.n. a.a.O., 164-165.
4 Zit.n. a.a.O., 165.
5 Zit.n. a.a.O., 166.
6 Zit.n. ebd.

durch die Stationen arbeitete, da habe es „witzigerweise" überhaupt keine Schwierigkeiten mehr gegeben, so Brigitte Schröder Jahre danach mit schelmischem Lächeln.

Sie hatte natürlich auch eine bestens geeignete Gruppe von Düsseldorfer Frauen für ihr ureigenes Projekt auf den Weg schicken können. Denn in Sachen Mitarbeiterwerbung war die damalige Bonner Ministergattin längst fündig geworden. Zum einen konnte sie ja aus ihrem Düsseldorfer Lebensjahrzehnt auf eine Liste möglicher Kandidatinnen aus dem von ihr gegründeten Arbeitskreis evangelischer Eltern und Erzieher zurückgreifen. Erika Pfeiffer, ab 1969 die Düsseldorfer Einsatzleiterin der ersten EKH-Gruppe und damit auch die erste praktisch arbeitende Grüne Dame Deutschlands, war ein solcher Glücksfall. Auch über die Schiene Krankenhausausschuss des Düsseldorfer Stadtrats, dem sie als Ratsfrau bis 1964 angehörte, konnte Brigitte Schröder nun Ende der sechziger Jahre Kontakte knüpfen. Auf Kirchenkreisebene war sie als langgediente Düsseldorfer Presbyterin ebenfalls bekannt. Und auch ihre Arbeitsgespräche im Diakoniewerk Kaiserswerth, dessen Vorstand sie über viele Jahre angehörte, werden weitergeholfen haben. Zum anderen konnte Brigitte Schröder 1967/68, als es mit ihrem Selbsthilfe-Projekt ernst wurde, auch als Mitglied des Deutschen Evangelischen Frauenbunds Geschlechtsgenossinnen aus diesem Kreis für eine Mitarbeit begeistern: eine Stephanie von Mackensen in Düsseldorf z. B. gehörte schon 1969 dazu und kurze Zeit später im Evangelischen Krankenhaus Köln-Kalk eine Waltraud Beier.

„Brigitte Schröder kurbelt die Krankenhaus-Hilfe an. Erste Gruppe aus der Taufe gehoben. 60 Damen meldeten sich. Wir brauchen aber noch etwa 200" zitierten die Düsseldorfer Nachrichten am 17. Juni 1969 die EKH-Gründerin. Und kündigten gleich noch eine kommende Werbeaktion an: „Frau Schröder will bei Cocktails erneut die Trommel rühren".[7] Denn das gehörte ja zum bewährten Arbeitsstil der langjährigen Ministerfrau: ihre sozialen Projekte in gepflegter Atmosphäre anzubahnen, um dann mir nichts dir nichts zur Sache zu kommen. Wer wollte also noch regelmäßig für ein paar Wochenstunden den bis heute EKH-typischen lindgrünen Kittel überstreifen?

2. „In der Anfangszeit mussten wir jede weitere Stationsschwester erst mal für uns gewinnen"

Später blickte Brigitte Schröder so auf diese Pionierphase zurück: „Wir hatten bald einen Katalog von zwanzig dreißig Diensten zusammengestellt, die den Arbeitsbereich von Schwestern und Pflegern nicht berührten. Das begann im Krankenhaus beim Empfang an der Pforte, ging über Besuche bei Patienten, über kleine Besorgungen, Telefonate, übers Briefschreiben bis zum Blumenversorgen. Ausgeschlossen waren immer Pflegedienste und Putzarbeiten".[8] Was alsbald auch in anderen evangelischen Krankenhäusern Nordrhein-Westfalens

---

[7] Zit.n. a.a.O., 168.

[8] Zit.n. a.a.O., 169-170.

bekannt wurde. Am Anfang sei sie schon von Haus zu Haus, ab 1977 auch von Altenheim zu Altenheim gefahren, habe Klinken geputzt und den Leuten erzählt, „wie toll diese ehrenamtliche Hilfe für die Patienten und Heimbewohner, aber auch für die Krankenhäuser und Altenheime selbst ist".[9] Das Evangelische Krankenhaus Köln-Kalk ließ sich als nächstes überzeugen. 1971 nahm dort die zweite EKH-Gruppe unter Waltraud Beier ihre Arbeit auf. Ab 1972 zogen zwei Bonner Krankenhäuser nach.

Im Schneeballsystem hatte Brigitte Schröder dabei auch in der damaligen Bundeshauptstadt Ansprechpartnerinnen gefunden. Sie hatte aus persönlichen Kontakten die eine oder andere Mitarbeit entwickelt, die dann wiederum andere Hilfswillige „ansteckte". Hoffnungsfroh machten sich die Frauen also in die entsprechenden Häuser auf – aber die waren zu Beginn regelrecht unglücklich mit der jeweiligen Vorstandsentscheidung. Was würde passieren, wenn man die EKH-Laiengruppen auf die Stationen ließ? „Man hatte Angst, die neuen Leute stünden nur herum und hätten nichts zu tun",[10] berichtete Marie-Luise Isbary, eine der EKH-Pionierinnen, später. Das Personal habe mit der Idee damals einfach noch nichts anfangen können. Man habe nicht geglaubt, dass jemand anderen helfen wolle, ohne dafür bezahlt zu werden. Das Ehrenamt, es war Anfang der siebziger Jahre noch fast ein Fremdwort im typischen deutschen evangelischen Krankenhaus und gelangte erst durch das EKH-Projekt in die Köpfe der Menschen. Brigitte Schröder hat dieses nimmermüde Werben um Anerkennung später einmal so beschrieben: „In der Anfangszeit mussten wir jede weitere Stationsschwester erst mal für uns gewinnen".[11]

Oder, von ihr anders ausgedrückt: Jedes Haus musste „Stück für Stück erobert" werden, bis das „Lieblingskind" einer einzelnen Frau zum unverzichtbaren Dienst an heute über 700 Krankenhäusern und Altenheimen Deutschlands reifen sollte. 1974 fasste eine erste ökumenische Gruppe unter der Einsatzleitung von Brigitte Werkle auch in Duisburg Fuß, 1976 dann erstmals ein Kinderkrankenhaus-Team unter Ehrengard von Cossel in St. Augustin bei Bonn. Schon im folgenden Jahr sollte man ebenfalls in St. Augustin die erste Altenheim-Hilfsgruppe gründen. Brigitte Schröder hatte ihre Idee also geduldig vorangetrieben, hatte starke Nerven gezeigt, wenn Gegenwind aufkam, und sich sofort die nächste Aufgabe gestellt, wenn die Zeit reif war. Das lief zwar nicht nach einer umfassenden Strategie ab, war aber als Initiative der kleinen Schritte äußerst effektiv. Dabei habe sie jedoch von Anfang an das Ziel vor Augen gehabt, „dass aus dem Flämmchen eine Flamme wird",[12] so Marie-Luise Isbary. Aus dem Stadium des Flämmchens fühlten sich die Selbsthilfegruppen 1977 längst herausgewachsen. Und es war nur konsequent, dass sie sich jetzt auch offiziell zur Arbeitsgemeinschaft Evangelische Krankenhaus-Hilfe, kurz EKH,

---

[9] Zit.n. a.a.O., 170.

[10] Zit.n. a.a.O., 172.

[11] Zit.n. a.a.O., 173.

[12] Dieses und die folgenden Zitate: Zit.n. a.a.O. 174.

zusammenschlossen, die 1981 die Ergänzung Evangelische und Ökumenische Krankenhaus- und Altenheim-Hilfe erhielt. Eine Flamme war angezündet.

Jahre später hat Brigitte Schröder einmal vor Elevinnen evangelischer Mütterschulen in einer Rede all das aufgezählt, was sie auch in ihrem Leben als „Die Mitverantwortung der Frau im öffentlichen Leben" auffasste. Da war einmal das Prinzip, den Verein, die Organisation, die Kirche, denen man angehörte, „mit neuem Leben zu erfüllen", sich also nicht zurückzulehnen und zu warten, bis andere Menschen Dinge taten, die einem selbst gar nicht zusagten. Man solle sich ruhig den Kopf darüber zerbrechen, „was man gemeinsam alles Nützliches tun könnte". Wenn die Frau noch dazu den Mut habe, etwas Eigenständiges auf die Beine zu stellen, dann solle sie auf keinen Fall vor der eigenen Courage zurückschrecken. Und auch nicht vor der Finanzfrage kapitulieren. „Wichtig sind die Idee und ihre Durchführung. Das Geld findet sich, wenn das Vorhaben einleuchtet". Typisch Brigitte Schröder, die Frau, die immer nach vorne blickte und der es ein Gräuel war, wenn selbst innerhalb der Kirche primär auf die Finanzen geschielt wurde. Erschreckend finde sie es, wenn selbst mancher Pfarrer bei allen Vorhaben erst die Kirchensteuerstelle befrage. Wo wären Fliedner, wo Wichern, wo wären all die Frauen und Männer der frühen Zeit geblieben, die diakonische Werke ins Leben riefen, wenn sie vorher erst die vorhandenen Gelder abgezählt hätten.

3. „Schauen Sie sich immer nach Menschen um, die Ihnen helfen"

Sie hatte ohnehin in all den ersten Jahren viel aus ihrer eigenen Schatulle in den EKH-Topf eingezahlt, wobei ihr das als gut situierter Ministergattin natürlich auch nicht sonderlich schwer gefallen sein dürfte. Und sie hatte den Vorteil gehabt, bei politischen Empfängen den einen oder anderen illustren Tischherrn gleich einmal auf mögliche Unterstützung ansprechen zu können. Sie hatte durch eigene Kontakte und die ihres Mannes Möglichkeiten, an erstaunliche Spenden für ihr EKH-Projekt heranzukommen, und diese Möglichkeiten nutzte sie, patent wie sie war, auch konsequent. Da war sie sicher im Vergleich zu vielen, die ebenfalls Gelder für diakonische Zwecke sammelten, im Vorteil. Aber ihre Zuversicht, eine eigene gute Idee auch mit allen verfügbaren mentalen und praktischen Mitteln in die Tat umzusetzen, die wollte sie in ihrer Rede an evangelischen Schulen diesen jungen Frauen mitgeben.

„Nehmen Sie Ihr Vorhaben in Angriff, aber denken Sie niemals, Sie könnten alles alleine schaffen. Schauen Sie sich nach Menschen um, die Ihnen helfen. Nehmen Sie alle Willigen auf, auch wenn Sie erst einmal denken, sie passen nicht. Wir unterschätzen unsere Mitmenschen ja so leicht".[13] Genau die Maßregeln, nach denen Brigitte Schröder erst den Arbeitskreis evangelischer Eltern und Erzieher, dann den Frauen- und Familiendienst des Auswärtigen Amtes und schließlich die Evangelische Krankenhaus-Hilfe aufgebaut hatte, die gab die alte Frau hier an die junge Generation weiter. Man glaubt hier zwischen den

---

[13] Dieses und die folgende Zitate: Zit.n. a.a.O. 175.

Zeilen auch das heraus zu lesen, was sie EKH-Mitstreiterinnen manchmal diskret auf den Weg in die Gruppenarbeit mitgab: „Aufmüpfige Leute darf man nicht ausstoßen, die muss man einbinden". Was ihr mit ihrem diplomatischen Geschick denn auch im engeren EKH-Umkreis gelungen ist. Streitereien oder gar Intrigen hätte Brigitte Schröder etwa im Vorstand ohnehin nicht zugelassen, berichtete Ex-Schatzmeisterin Anna-Klara Böninger im Nachhinein. „In der Zusammenarbeit zeigte sie eine große Gelassenheit. Ich habe sie in all den Jahren nie wütend erlebt". Sie war zu sehr Respektsperson, als dass sie sich zu unbedachten Äußerungen hätte hinreißen lassen. Wobei es die EKH-Gründerin 1977 sicher auch als persönlichen Triumph empfinden konnte, eine angesehene Hilfsorganisation in die Gänge gebracht und inzwischen schon Hunderte von einsatzbereiten Frauen um sich geschart zu haben.

Wie schon in so vielen Erfolgssituationen ihres Lebens war sie jedoch weit davon entfernt, sich dafür feiern zu lassen. Als man ihr 1978, wie übrigens ein weiteres Mal noch 1985, das Bundesverdienstkreuz am Bande bzw. das Verdienstkreuz 1. Klasse verlieh, da wird sie das einerseits schon gefreut haben. Der Umwelt teilte sie jedoch, unpathetisch wie sie war, einfach mit, die Zeitungsartikel darüber doch am besten gleich im Papierkorb zu versenken. Und was in dieser Generation sonst meist Ehefrauenaufgabe war, nämlich bei der Ehrung daneben zu stehen, zu lächeln und einfach einmal nur stolz zu sein, das hatte an diesem Sommerabend 1978 Bundesaußenminister a. D. Gerhard Schröder zu leisten. Was er jedoch sichtbar gerne tat, wenn man die Zeitungsfotos von damals betrachtet. Die waren allerdings noch zeitgemäß untertitelt mit Sätzen wie „Politiker-Ehefrau stand im Mittelpunkt". Als ob Brigitte Schröder das Verdienstkreuz der Bundesrepublik Deutschland für ihren Gattinnenstatus erhalten hätte.

Die reiche Palette ihrer Verpflichtungen sollte es denn auch sein, die Brigitte Schröder schließlich über die schmerzhaftesten Momente ihres Lebens hinwegtrugen. Die Krankheit, der Tod selbst Nahestehender konnten ihr letztlich nichts anhaben. Als Ehemann Gerhard am Abend des 31. Dezember 1989 nach langer Krankheit starb, fühlte sich die Witwe den kommenden Belastungen durchaus gewachsen. Sie hatte sich, wie Menschen in ihrer Nähe wussten, bei den verschiedenen gesundheitlichen Zusammenbrüchen ihres Mannes schon mehrfach mit dem Gedanken befassen müssen, von ihm Abschied zu nehmen. Jetzt also blieb sie gefasst. Sie versah Hunderte von Trauerdankschreiben mit persönlichen Worten, organisierte auch den großen Festakt für den langjährigen Bundespolitiker mit gewohnter Akkuratesse, begann sofort, den politischen Nachlass ihres Mannes zu ordnen – und stürzte sich alsbald wieder in ihre eigene Arbeit.

„Das Schlimmste fühlt man sowieso erst später", hieß eines ihrer Leitworte und, mit dem Apostel Paulus gesprochen: „Deine Augen seien nach vorne gerichtet".[14] Da war ja gerade in Sachen Evangelische Krankenhaus-Hilfe noch

---

[14] Zit.n. a.a.O., 189.

jede Menge zu tun. Seit dem offiziellen Zusammenschluss zur EKH 1977 war es mit der Krankenhaus-Hilfe schon kontinuierlich weitergegangen. Die EKH selbst war 1977 eine Mitgliedschaft im Diakonischen Werk der Rheinischen Landeskirche eingegangen. 1981 folgte der Eintritt ins zentrale Diakonische Werk der Evangelischen Kirche in Deutschland. Enge Verbindungen zum Deutschen Evangelischen Krankenhausverband waren entstanden. Bis 1982 hatten sich von der Keimzelle Rheinland aus Gruppen in allen anderen Bundesländern gebildet. Was aber natürlich nicht denkbar war ohne die solidarische Mitarbeit der anderen großen Damen der EKH-Anfänge: Erika Pfeiffer, Anna-Klara Böninger, Marie-Luise Isbary und Brigitte Werkle. Sie fuhren inzwischen als EKH-Botschafterinnen durch die Lande, berieten Gruppen vor Ort, warben „Frischlinge" und polierten so das gute Image des Ehrenamtlichen-Dienstes auf.

4. „Möglichst jeden Tag sollte eine Mitarbeiterin im Krankenzimmer vorbeischauen"

Das bürokratisch Notwendige jedoch geschah bis 1992 allein vom Schreibtisch einer einzelnen Frau im Bonner Pappelweg aus. Vom Waschkorb zum ersten Karteikasten kann man die Entwicklung umreißen, die Brigitte Schröder dabei als verwaltungstechnische Autodidaktin hier in ihrem hellen Schlaf- und Arbeitszimmer mit Blick aufs rheinische Siebengebirge durchlief. Da entstanden an einer einfachen Schreibmaschine die vielen Briefe an einzelne Gruppen, an befreundete Organisationen, an mögliche Spendengeber, an Freunde und Förderer der EKH. Da stritt sie manchen Strauß mit den Gewerkschaften aus, die anfangs die Ehrenamtlichkeit des Dienstes nicht recht schlucken wollten. Und nicht zuletzt entstanden hier auch die jährlichen Fragebögen an die Gruppen. Die wollten dann wieder ausgewertet werden, um schließlich in das seit 1979 vervielfältigte Mitarbeiterblatt „EKH-Information" einzugehen.

Eine Sisyphusarbeit, die der fleißigen Brigitte Schröder aber große Freude bereitet hat. Dazu hieß es immer wieder, Rat fragenden Gruppenleiterinnen in problematischen Situationen Unterstützung zu signalisieren. Wenn Gruppen noch Versicherungsunterlagen der Berufsgenossenschaft für Gesundheitsdienste und Wohlfahrtspflege benötigten. Oder wenn Probleme misslungener Öffentlichkeitsarbeit drängten. Hoch hatte Brigitte Schröder sich inzwischen ihr Ziel gesteckt: „Möglichst jeden Tag sollte zumindest eine Mitarbeiterin oder ein Mitarbeiter in jedem Kranken- und Altenzimmer vorbeischauen können".[15] Das wünschte sie sich im internen Rundbrief „EKH-Information" 1986. Dafür mussten aber auf jeden Fall neue Ehrenamtliche geworben werden. Zumal sie später erzählte: „Auch damals standen die Leute nicht an der Tür und schrieen: Hurra, wenn wir kamen".[16] Für eine umfassende Öffentlichkeitsarbeit war jedoch kein Geld da. Denn die EKH war inzwischen sicher eine der großen sozi-

---

[15] Zit.n. a.a.O., 196.
[16] Zit.n. a.a.O., 197.

alen Organisationen geworden, aber eine, die eben mit dem geringst möglichen materiellen Aufwand betrieben wurde.

So schrieb die Vorsitzende eben selbst in evangelischen Fachblättern und trat, wie im „ZDF-Gesundheitsmagazin" 1984, auch im Fernsehen auf. Da machte die inzwischen 67-Jährige im Diskussionskreis mit den damals ebenfalls bekannten Politikerfrauen Mildred Scheel, Marita Blüm, Hannelore Kohl und Veronica Carstens eine sehr gute Figur, saß lächelnd in der Runde und vertrat die Position ihrer EKH mit einfachen, aber argumentativ wirksamen Worten. Sie begriff den Auftritt als einmalige Chance, den Bekanntheitsgrad der EKH bundesweit zu erhöhen. Und vertrat ihr Anliegen auch in kirchlichen Kreisen geschickt. Die Niederschrift einer in der Stuttgarter Hauptgeschäftsstelle des Diakonischen Werks geführten Diskussion über Probleme des evangelischen Krankenhauses von 1973 zeigt Brigitte Schröder in der für sie typischen Gesprächsstrategie. Erst wartete sie ab, wie die hochkarätigen und meist hauptamtlich tätigen Diskussionspartner ihre Argumentationslinien abgesteckt haben würden. Erst nach etwa der Hälfte der Zeit meldete sich die erfahrene Taktikerin mit einer eher bestätigenden Anmerkung zu Wort. Um dann nach einem erneuten Anlauf voll ins Gespräch einzusteigen: mit genau formulierten eigenen Vorstellungen, dann mit ganz konkreten Empfehlungen und schließlich mit einer detaillierten Schilderung des EKH-Ansatzes. Die Evangelische Krankenhaus- und Altenheim-Hilfe hätte sich in all diesen Jahren keine geeignetere Botschafterin wünschen können als diese Frau.

Brigitte Schröder pflegte übrigens auch zur 1974 nach dem EKH-Modell gegründeten Katholischen Krankenhaus-Hilfe intensive Kontakte. Sie hatte ja nach eigenem Bekunden von Anfang an auf ökumenischer Basis geplant. „Wir waren halt anfangs nur in den evangelischen Krankenhäusern vertreten",[17] begründete Brigitte Schröder später die Einschränkung in der Bezeichnung. Zu diesem Zeitpunkt war ihr die Einbindung der Gruppen in die jeweiligen Kirchengemeinden noch ungemein wichtig gewesen. „Die sollen sich verzahnen. Das war mein Wunsch damals". Er wurde sicher aus der Hoffnung genährt, über die Gemeinden jederzeit weitere EKH-Helferinnen gewinnen zu können. Diese würden sich dem Krankenhaus in ihrem nächsten Umfeld besonders verbunden fühlen, wenn der entsprechende Pfarrer für die Idee warb, scheint sie gehofft zu haben. Dass dieser fromme Wunsch auch gelegentlich unliebsame Folgen haben konnte, hat Brigitte Schröder dann wohl im Laufe der Zeit gemerkt. Von manchen langjährigen EKH-Aktiven ist zu hören, Gemeinde- oder insbesondere auch Krankenhauspfarrer hätten ab und an die Tendenz, „Gewehr bei Fuß zu stehen, um die EKH-Gruppe gleich in den eigenen Dienst zu stellen".[18]

Unabhängigkeit als Verband und als EKH-Gruppe zu wahren, das war jedoch eines der wichtigsten Prinzipien Brigitte Schröders. Auf jeden Fall war in

---

[17] Dieses und das folgende Zitat: Zit.n. a.a.O. 199.
[18] Dieses und die folgenden Zitate: Zit.n. a.a.O. 200.

späteren Jahren von ihr nichts mehr zu hören von einer Verzahnung von Team- und kirchengemeindlicher Arbeit. „Unser Gebot ist nur, dass aus der Gruppe heraus niemand gegen die Kirchen arbeiten oder die Tätigkeit als Missionsgebiet ansehen darf". Eine Horrorvorstellung für die überzeugte Christin: den ehrenamtlichen Dienst am Nächsten auf diese Weise schamlos auszunutzen. Einige, über die Jahre aber insgesamt nur wenige Mitarbeiter mit dieser Zielrichtung hätten sofort aus der EKH ausscheiden müssen, sagte Brigitte Schröder im Rückblick realistisch. Andererseits war sie ja ein Mensch, der immer „auf der positiven Seite" stehen wollte. Warum sollte die Beziehung Kirche und EKH nicht auf andere Weise fruchtbar gemacht werden? Sie konnte es sich durchaus vorstellen, dass der eine oder andere, der bei der EKH arbeitete, erst dadurch wieder zur Kirche fand. EKH-Arbeit begriff Brigitte Schröder somit keineswegs nur als Segen für den anderen, den Kranken, den Alten, den Hilfsbedürftigen, sondern auch als Erfüllung für den Helfenden selbst.

5. „Sie hat Menschen zu Sternstunden erfüllten Lebens verholfen"

„Je älter unsere Mitarbeiter werden, umso mehr hängen sie an dieser Arbeit, weil der Weg zum Patienten oft auch für sie die einzige Verbindung nach außen, zu anderen Sichtweisen und Meinungen geworden ist". Das hatte die lebenserfahrene Frau inzwischen erkannt. Ein festes EKH-Team habe zudem den erfreulichen Nebeneffekt, „dass sich in der Gruppe Menschen bis zu ganz engen Freundschaften zusammenfinden, die vielleicht bis dahin mutterseelenallein waren". Brigitte Schröder habe Menschen ganz unterschiedlicher Prägung das Ehrenamt zum Mut machenden Angebot werden lassen, lobte Professor Theodor Schober, der langjährige Präsident des Diakonischen Werkes, die Leistung der EKH-Gründerin nach ihrem Tod. Diesen Frauen und Männern habe sie die persönliche Erfahrung der diakonischen Doppel-Existenz „Zum Helfen leben – zum Leben helfen" ermöglicht und ihnen „ohne es immer zu wissen, zu Sternstunden erfüllten Lebens"[19] verholfen. Hehre Worte, die aber im Falle dieser patenten Frau wirklich zutrafen.

Die Gründung von Selbsthilfe-Organisationen wie den Frauen- und Familiendienst des Auswärtigen Amtes oder die Evangelische Krankenhaus-Hilfe standen übrigens in einer Landsbergschen Familientradition: Mutter und Tanten hatten sich ebenfalls sozial betätigt. Dabei waren die – wie auch Brigitte Schröder – kleinen starken Landsberg-Frauen jeweils eher die „Macherinnen" im Hintergrund und nicht diejenigen, die den Bedürftigen selbst ganz praktisch halfen. „Ich habe Brigitte Schröder ein einziges Mal dazu überreden können, selbst mit ans Krankenbett zu gehen", schmunzelte später Mitstreiterin Anna-Klara Böninger. Das habe die EKH-Gründerin, soviel bekannt war, ansonsten nie getan. „Sie wollte nicht recht, ging dann aber doch los",[20] fuhr Böninger fort. Nach einer Viertelstunde in den Zimmern sei Brigitte Schröder absolut

[19] Zit.n. a.a.O., 201.
[20] Zit.n. a.a.O. 202.

hilflos zurückgekommen und habe gesagt, sie fürchte, als EKH-Vorsitzende erkannt zu werden. Was sicherlich ein Hindernis war.

Die Anonymität, die Distanz zwischen Betreuendem und Betreuten, die war eine der wichtigsten Voraussetzungen für das vertrauensvolle Gespräch am Bett, für das gebotene Schweigen danach. In diesem Fall konnte bei ihrem damaligen Bekanntheitsgrad als Politikergattin keine Anonymität garantiert sein. Aber auch ein anderes Argument stach. Die weiche Hinwendung dem ihr unbekannten Patienten gegenüber war wohl Brigitte Schröders Sache nie gewesen. Sie war halt die geborene Organisatorin. Und dazu eine so unsentimentale Frau, dass es Grüne Damen und Herren mit ihr selbst als Patientin nicht immer so ganz einfach hatten. „Einmal soll sie, als sie aus einem Krankenhaus entlassen war, gestöhnt haben: Diese Grünen Damen können ja manchmal entsetzlich sein“.[21] Schröder-Nachfolgerin Gabriele Trull lacht noch heute über die selbstironischen Bemerkungen ihrer Vorgängerin.

Und die konnte ja auch ansonsten wirklich humorvoll sein. Wie sollte man als EKH-Repräsentantin auf zahllosen ähnlich ablaufenden Einweihungen und Jubiläen auch immer gleichbleibend Freude und Würde an den Tag legen, wenn man sich nicht im engsten Kreis dann ab und an einmal Luft machen durfte: über das schiefe Flötenspiel der auftretenden Kinder etwa oder über den immer wiederkehrend gereichten Marmorkuchen. Wie sollte man anders als mit Humor darauf reagieren, dass einige der ersten Grünen Herren, die seit 1977 zu den Grünen Damen stießen, postwendend in die Führungspositionen der Gruppen strebten und damit nicht gerade Frieden stifteten? Urkunden für Jubilare hatte Brigitte Schröder längst eingeführt, im sicheren Gefühl, den lang gedienten Kräften damit die verdiente Anerkennung zu geben. Aber wenn z. B. jemandem das Abschlusspapier über eine Schulung wichtiger schien als der Lerneffekt, dann amüsierte sie sich schon mal diskret und sagte: „Sollen sie sich das Zertifikat doch übers Bett hängen“.[22] Ihr selbst erschien die praktische Arbeit, die die Gruppen leisteten, immer als viel wertvoller. Sie selbst brauchte keine Bescheinigungen.

Die EKH-Vorstandsdamen haben ihre Vorsitzende in diesen aktiven Jahren aber auch das eine oder andere Mal angeschlagen erlebt. Wenn Brigitte Schröder nämlich in Folge ihrer immer wiederkehrenden Migränebeschwerden weiß im Gesicht war und die Augen nur wenig öffnete, dann wusste man, sie hatte die Schmerzen mit Medikamenten vertrieben, um bei keiner der Sitzungen fehlen zu müssen. „Ich habe sie nie schwach gesehen“, bewunderte Anna-Klara Böninger im Nachhinein die nie versiegende Disziplin dieser Frau. „Sie nahm jeden von uns ernst. Sie war mit ganzem Herzen bei der Sache. Sie hatte Charisma“. Es war die Periode, in welcher der Begriff Grüne Damen und der Name Brigitte Schröder zum Synonym geworden waren. Es waren aber auch die Jahr-

21 Zit.n. ebd.

22 Dieses und die Folgenden Zitate: Zit.n. 203.

zehnte, in denen diese tatkräftige Frau von ihrem Mann Gerhard am meisten gebraucht wurde.

6. Immer der Familie und der diakonischen Arbeit verpflichtet

„Du hast das Leben eines großdimensionierten, aber auch eigensinnigen und Raum beanspruchenden Mannes mitgeführt, sein gesellschaftliches Leben organisiert, seine Reisen mitgemacht und schließlich bis an die Grenze der eigenen Erschöpfung auch seine Krankheit, die deshalb lange Zeit auch nicht als eine wirklich schwere Krankheit erschien, sondern nur als ein etwas weiter Pendelausschlag im normalen Gang der Dinge."[23] So sollte Sohn Jan Schröder seiner Mutter den Dank der Familie 1997 zu ihrem 80. Geburtstag ausdrücken. Brigitte Schröder war also immer beides in vollem Maße: ihrer Familie verpflichtet und, so möchte man es behaupten, genauso dem diakonischen „Lieblingskind", ihrer Krankenhaus- und Altenheim-Hilfe, die sie von bescheidenen Anfängen inzwischen zu einem beachtlichen sozialen Dienst von 500 Gruppen in damals allen Bundesländern Westdeutschlands geformt hatte. Sohn Jan nannte die Art, mit der sie diesen beiden für sie wichtigsten Anforderungen damals gerecht wurde und ein „bedeutendes und erfülltes Leben" führte, eine „große Kunst". Seine Mutter habe die einschränkenden Bedingungen um sich herum klar definiert und sich daraus einen Entfaltungsraum geschaffen, in dem sie etwas Sinnvolles zuwege bringen konnte.

Und das sollte Brigitte Schröder auch im letzten Lebensjahrzehnt, das nach 1989 noch vor ihr lag, mit allen ihren verbliebenen Kräften weiter tun. In den neuen Bundesländern gelang es ihr nach dem Mauerfall ebenfalls EKH-Gruppen aufzubauen. Als sie ihrem 80. Geburtstag entgegensah, als Krankheit sie zu zeichnen begann, da gab sie 1996 nach 27 Jahren die EKH-Leitung an die heutige Bundesvorsitzende Gabriele Trull weiter und zog sich auf eine beratende Funktion zurück. Als Brigitte Schröder dann am 27. Oktober 2000 im Alter von 83 Jahren im Kreise ihrer Familie ruhig entschlief, da konnte sie auch, was die EKH betraf, loslassen: Sie hatte die Krankenhaus- und Altenheim-Hilfe in all den Jahren höchsten Einsatzes längst in trockene Tücher gebracht.

Eine Frau also, keine politische oder kirchliche Großorganisation, eine Einzelne stampfte einen inzwischen in Deutschland unverzichtbaren christlichen Dienst wie die EKH aus dem Boden. Eine Frau setzte für das Prinzip Ehrenamtlichkeit in Krankenhaus und Altenheim unübersehbar Zeichen, die von Kirche und Gesellschaft längst dankbar angenommen wurden. Und das alles in unserer an weiblichen Leitfiguren der Diakonie immer noch so armen Zeit. Wobei ja letztlich noch heute Frauen im Bereich der Diakonie weniger in den hauptamtlichen, sondern in den unbezahlten Leitungspositionen zu finden sind. Eine vollauf der Familie verpflichtete Frau wie Brigitte Schröder hätte das auch nicht anders gewollt. Und doch. Welchen Gestaltungsspielraum genoss gerade diese Frau in ihrer selbst gegründeten Organisation. Sie setzte sich Nahziel für Nah-

---

[23] Zit.n. a.a.O., 204.

ziel, ohne dabei jemals das Ganze, eine deutschlandweite Krankenhaus-Hilfe, aus den Augen zu verlieren. Und sie beherrschte im Gegensatz zu vielen ihrer Geschlechtsgenossinnen das, was man heute Fundraising nennt, ganz intuitiv – und konnte so ihren Grünen Damen und Herren in ihrer Zeit immer eine relative Unabhängigkeit bewahren.

Und das mit einer Energie, die die Mitmenschen motivierte, mit anzupacken. Geschöpft hat Brigitte Schröder diese vorantreibende Kraft zeit ihres Lebens aus einem wachen sozialen Gewissen und aus einer unerschütterlichen Glaubensfestigkeit. Das heißt, sie war für so viele Menschen als praktizierende Christin glaubwürdig, weil sie eben nicht theologisierte, weil sie nie missionierte, sondern praktisch Dienst am Nächsten ausführte. Indem sie ihre große Organisationsgabe am Ende ihres Lebens noch einmal ganz in eine umfassende diakonische Aufgabe steckte. Dass Brigitte Schröder dabei einem heutzutage aus der Mode geratenen Verständnis von Ehrenamtlichkeit als zeitlich unbegrenzter Verpflichtung anhing, das macht sie primär wohl als historische Figur innerhalb der Diakonie interessant. Dass sie beim EKH-Aufbau verwaltungstechnisch sozusagen in der Steinzeit arbeitete, darüber mag man aus heutiger Sicht sogar schmunzeln.

Aber eines macht dieser Grande Dame auch im 21. Jahrhundert so leicht keiner nach. Nämlich eine rapide anwachsende, flächendeckend arbeitende Organisation über fast drei Jahrzehnte so erfolgreich und konfliktarm zu führen. Und das mit einem erstaunlich modernen Leitungskonzept: mit situativem Führungsstil, mit geglücktem Delegieren von Verantwortung sowie mit überzeugender emotionaler und sozialer Kompetenz. Um das zu erlernen, belegen heutzutage Manager die teuersten Seminare. Brigitte Schröder, die frühere „höhere Tochter“, der die gewünschte Ausbildung verwehrt blieb, erarbeitete sich das Rüstzeug dafür alleine Schritt für Schritt: vom evangelischen Arbeitskreis im Düsseldorf der fünfziger Jahre über den FFD des Auswärtigen Amtes in den Sechzigern bis zu ihrem Lebenswerk EKH. Auch da fand also schließlich eine einzelne Frau andere Frauen, die sich anstecken ließen. Und gemeinsam bauten sie ein neues Haus der Diakonie.

Autorinnen und Autoren

RUTH ALBRECHT, Dr. theol., Jg. 1954; Privatdozentin an der Theologischen Fakultät der Universität Hamburg und Pastorin in der Krankenhausseelsorge in Hamburg.

MARJO-RIITTA ANTIKAINEN, Dr. theol., Jg. 1963; promoviert an der Universität Helsinki.

TOBIAS ARAND, Dr. phil., Jg. 1967; Leiter der Abteilung Praxisphasen im Zentrum für Lehrerbildung der Westfälischen Wilhelms-Universität Münster.

ULRIKE BUNDSCHUH, Theologin Jg. 1960; Schulpfarrerin und Dozentin für Religionspädagogik am Evangelischen Fröbelseminar (Fachschule für Sozialpädagogik und Heilpädagogik).

JAKOB EISLER, Dr. phil., Historiker, Jg. 1967; wissenschaftlicher Mitarbeiter beim Landeskirchlichen Archiv Stuttgart.

INGE GROLLE, Dr. phil., Jg. 1931; zahlreiche Arbeiten zur Sozial- und Frauengeschichte Hamburgs.

EBBA HAGENBERG-MILIU, Dr. phil., Jg. 1957; Verlagslektorin, Text- und Bild-Journalismus; Mitarbeiterin des General-Anzeigers Bonn, von epd und Medien der Rheinischen Landeskirche; Buchautorin.

ADELHEID M. VON HAUFF, Dr. paed., Jg. 1951; Lehrbeauftragte am Diakoniewissenschaftlichen Institut der Universität Heidelberg und an der Pädagogischen Hochschule Heidelberg, Lehrerin.

MICHAELA VON HELD, Dipl. Volkswirtin, Jg. 1971; Lehrkraft im Bereich der Berufsförderung.

GISELA HENGSTENBERG, Dr. rer.soc., Kulturwissenschaftlerin, Jg. 1944; freiberuflich tätig.

EKKEHARD HIRSCHFELD, Theologe, Jg. 1965; Pfarrer im Schuldienst, wiss. Arbeit über Ernst Ferdinand Ströter.

BEATE HOFMANN, Dr. theol.; Pfarrerin; Professorin für kirchliche Bildungsarbeit und Gemeindepädagogik an der Evangelische Fachhochschule Nürnberg.

MARTIN H. JUNG, Dr. theol. habil., Jg. 1956; Universitätsprofessor am Institut für Evangelische Theologie an der Universität Osnabrück.

SR. DORIS KELLERHALS, lic.theol., Jg. 1953; Oberin des Diakonissenhauses Riehen.

ANDREA KITTEL, M.A., Kulturwissenschaftlerin, Jg. 1957; wissenschaftliche Mitarbeiterin im Landeskirchlichen Museum Ludwigsburg.

CARLA KRAMER, Dr. phil., Jg. 1941; Gymnasiallehrerin i.R.; langjährige Dozentin für Medienpädagogik an einer evangelischen Fachschule für Sozialpädagogik und Redakteurin der diakonischen Zeitschrift „Auf Draht".

WOLFGANG KRESS, M. A., Jg. 1956; Freier Journalist und Historiker; diverse Veröffentlichungen.

MIROSLAV KÝŠKA, Dr. theol., Jg. 1928; Pfarrer und Mitarbeit am Generalbischofsamt in Bratislava, von 1986-1999 Direktor des Evangelischen Verlags Tranoscius.

HEIKE LINDNER, Dr. theol. Jg. 1961; Dozentin für Evangelische Theologie/Religionspädagogik an der Pädagogischen Hochschule Heidelberg.

FRANK LÜDKE, Dr. theol. Jg. 1965; Dozent für Kirchengeschichte am Theologischen Seminar Tabor in Marburg.

ELISABETH MOLTMANN-WENDEL, Dr. theol., Jg. 1926; zahlreiche Veröffentlichungen im Bereich Kirche, Frauen, Feministische Theologie.

DORIS MÖSER-SCHMIDT Jg. 1961; Diplompsychologin; z.Zt. im Aufbaustudium Diakoniewissenschaft, Dozentin am Theologischen Seminar Tabor in Marburg, langjährige Mitarbeiterin im Deutschen Gemeinschafts-Diakonieverband e.V.

K. EBERHARD OEHLER, Dr. rer. nat., Jg. 1922; Prof. em., Chemiker und Kirchenmusiker.

JÖRG H. OHLEMACHER, Dr. theol., Jg. 1944; Professor für Praktische Theologie mit dem Schwerpunkt Religionspädagogik an der Ernst-Moritz-Arndt-Universität Greifswald.

ILONA CHRISTA SCHEIDLE, M.A. Historikerin, Jg. 1965.

URSULA SCHOEN, Dr. theol. Jg. 1962; Diakoniewissenschaftlerin und Pfarrerin am Ökumenischen Zentrum der Christuskirche in Frankfurt a.M.

CHRISTINE SCHULER, Jg. 1970; Lehrerin an einer Realschule für Religion, Englisch und Französisch.

LUKREZIA SEILER, Jg. 1934; Journalistin und Publizistin; von 1971-1994 leitende Redaktorin des Riehener Jahrbuches „z'Rieche".

MICHAELA SOHN-KRONTHALER, Dr. theol. habil., Jg. 1969; Professorin/Leiterin des Instituts für Kirchengeschichte und Kirchliche Zeitgeschichte an der Theologischen Fakultät der Universität Graz.

CHRISTINE STUBER, Dr. theol., Jg. 1964; Pfarrerin; Religions- und Hebräischlehrerin an der Kantonsschule (Gymnasium) im Aargau.

ULRIKE SUHR, Dr. theol., Jg. 1955; Professorin an der Evangelischen Fachhochschule für Sozialpädagogik des Rauhen Hauses in Hamburg.

DARINA VERGES, Dr. phil., Jg. 1948; Studium der Slawistik, Geschichte und Anglistik in Heidelberg; Mitarbeit an lexikalischen Projekten.

GERLINDE VIERTEL, Dr. paed., Jg. 1939; Diakoniewissenschaftlerin.

MONIKA ZEILFELDER-LÖFFLER, Dr. theol., Jg. 1963; Pfarrerin.

PETER ZIMMERLING, Dr. theol. habil., Jg. 1958; Professor für Praktische Theologie an der Universität Leipzig.